Catalog of Series
in
Japan

2011–2016

I
General

Compiled by

Nichigai Associates, Inc.

©2018 by Nichigai Associates, Inc.

Printed in Japan

本書はディジタルデータでご利用いただくことが
できます。詳細はお問い合わせください。

●編集担当● 尾崎 稔

刊行にあたって

　全集、講座、叢書、大系、著作集、選集など一般に図書館で「シリーズ物」と呼ばれている図書群の収集には、時に困難が伴う。刊行頻度がさまざまであったり、終期が明確でなかったり、途中で構成に変更があったりすることなどがその原因だが、全集の規模が大きくなればなるほど全体の構成の把握が難しくなり、選書にあたる図書館員にとっては悩みの種となる。

　1992年に小社が出版した「全集・叢書総目録45/90」は、戦後刊行された国内の全集・叢書類を幅広く収録し、各巻の書誌情報を一覧できるようにしたものである。この継続版として、1999年に「91/98」、2005年に「1999-2004」、2011年に「2005-2010」を出版し、多くの図書館から好評をもって迎えられた。本書はその継続版として出版するものであり、全集・叢書類約2.5万種を収録している。2007年出版の「全集・叢書総目録　明治・大正・昭和戦前期」を併せれば約150年分のシリーズ物を一望することが可能となる。

　今版でも、基本的な収録方針や構成は前版を継承し、Ⅰ　総記、Ⅱ　人文、Ⅲ　社会、Ⅳ　科学・技術・産業、Ⅴ　芸術・言語・文学の5分冊とした。このほかに検索の便を図るため、5巻分全ての全集・叢書名から掲載巻のページが引ける総索引を別巻として付している。総索引には、各巻には収録されない全1冊の全集や著作集、選集なども記載している。分野を判断しがたい全集・叢書類については、まず総索引を当たっていただきたい。

これまでの版と同様、収書・選書に役立つ基本ツールとして、多くの図書館で本書を活用していただければ幸いである。

　2017年9月

　　　　　　　　　　　　　　　日外アソシエーツ

目　次

凡　例 ……………………………………………………………… (6)

総　記

　知識・学術一般 …………………………………………………… 1
　情報科学 …………………………………………………………… 69
　図書館 ……………………………………………………………… 173
　出版・書誌 ………………………………………………………… 185
　百科・雑学 ………………………………………………………… 229
　一般論文集・講演集・雑著 ……………………………………… 234
　逐次刊行物 ………………………………………………………… 240
　団体・博物館 ……………………………………………………… 240
　ジャーナリズム・新聞 …………………………………………… 244
　一般叢書・全集 …………………………………………………… 249
　古典籍叢書 ………………………………………………………… 460

全集・叢書名索引 …………………………………………………… 467

凡　例

1. 本書の内容

1) 本書は、図書館等で一般にシリーズ物などと呼ばれている図書群（以下「全集・叢書類」という）を対象に、それぞれのシリーズを構成する各巻の書名、著者名、出版年月などを記した図書目録である。

2) 全集・叢書類の網羅的な把握に努めたが、以下のものは原則その対象外とした。

    （1）文庫・新書・ノベルス

    （2）児童書・学習参考書

    （3）漫画・劇画

    （4）雑誌別冊（ムック）

    （5）遺跡や文化財の調査報告書

3) 全集・叢書類はその主題により以下の5冊に分けた。なお、多数の主題にまたがるもの、特定の主題をもたないものは「総記」に収録した。

    Ⅰ　総　記

    Ⅱ　人　文

    Ⅲ　社　会

    Ⅳ　科学・技術・産業

    Ⅴ　芸術・言語・文学

4)「Ⅵ　総索引」には、上記5冊に収録した全集・叢書類全点のほか、Ⅰ～Ⅴには収録していない全1冊の全集・著作集も掲載した。

2. 収録の対象

1) 総記編には、2011（平成23）年から2016（平成28）年までの6年間に日本国内で刊行された情報科学、図書館学、ジャーナリズム等の分野の全集・叢書類、および多数の主題にまたがる、または特定の主題をもたない全集・叢書類を収録した。

2) 2010（平成22）年以前に刊行された上記分野の全集・叢書類でも、

前版未収録のものは含めた。

3) 前版にも収録された全集・叢書類については、前版での掲載巻頁を補記した。

4) 収録点数は1,794種18,810点である。

3. 排　列

1) NDC（日本十進分類法）の2次区分におおむね従って全体を11分野に分け、それぞれの分野ごとに全集・叢書名の五十音順に排列した。欧文の全集・叢書名については五十音の後にABC順で排列した。

2) 全集・叢書名が同一の場合は、出版者名の五十音順とした。

3) 同一全集・叢書内における各巻の排列は、原則として全集・叢書の番号順とした。番号が不明だったり番号をもたない場合は刊行年月順に排列した。

4. 記載事項

1) 全集・叢書名見出し

書名／著編者名／出版者名／刊行年／前版掲載巻頁（⇒で示した）

2) 各巻内容

全集・叢書番号／各巻書名／各巻巻次／（副叢書名／副叢書番号）／版表示／各巻著者／出版年月

5. 全集・叢書名索引

本文に掲載した全集・叢書名を五十音順に排列し、その掲載頁を示した。

6. 書誌事項等の出所

本目録に掲載した図書の書誌事項等は主に次の資料に拠っている。

JAPAN／MARC

bookplus

(7)

総　記

総記　　　　　　　　　　　　　　　　　　　　知識・学術一般

知識・学術一般

愛知教育大学ブックレット　愛知教育大学出版会
2006〜2014　⇒Ⅳ－1
◇高大連携スクール—平成22年度テキスト（CC 3）
（愛知教育大学学生支援委員会高大連携特別選抜
推薦入学試験部会編）　2010.4
◇高大連携スクール—平成23年度テキスト（CC 4）
（愛知教育大学学生支援委員会高大連携特別選抜
推薦入学試験部会編）　2011.4
◇高大連携スクール—平成24年度テキスト（CC 5）
（愛知教育大学入試委員会高大連携特別選抜推薦
入学試験部会編）　2012.4
◇高大連携スクール—平成25年度テキスト（CC 6）
（愛知教育大学入試委員会高大連携特別選抜推薦
入学試験部会編）　2013.6
◇理科研究—物理分野（FD 6）（岩山勉、宮川貴彦、
住野豊、矢崎太一編著）　2014.3
◇高大連携スクール—平成26年度テキスト（CC 7）
（愛知教育大学, 愛知教育大学附属高等学校共編）
2014.6

愛知大学経営総合科学研究所叢書　愛知大学経営
総合科学研究所　1990〜2016　⇒Ⅰ－213
36　日本の空港と国際観光（神頭広好、麻生憲一、
角本伸晃、張慧娟、竹内啓仁、黄天錦著）　2011.3
37　都市の立地構造—幾何学、地理学および集積経
済からの発想（神頭広好著）　2011.3
38　都市の形成, 市場および集積の経済（神頭広好
著）　2012.2
39　サービスの新規顧客獲得研究に向けて—サー
ビス概念及びサービスの広告方法研究のレビュー
（太田幸治著）　2012.3
40　愛知県における廃棄物処理の10年間の推移（有
沢健治, 冨増和彦, 吉本理沙著）　2012.11
41　都市化の集積経済効果と空間距離　訂正再版
（神頭広好著）　2013.3
42　日本における水辺のまちづくり—蟹江町、柳
川市、香取市を対象にして（神頭広好, 駒木伸比

古, 吉本理沙, 麻生憲一, 角本伸晃, 張慧娟, 長橋
透, 野呂純一著）　2013.3
43　日本における水辺のまちづくり　2（神頭広好、
麻生憲一, 角本伸晃, 駒木伸比古, 張慧娟, 藤井孝
宗著）　2014.3
44　戦時期三菱財閥の経営組織に関する研究（石井
里枝著）　2014.3
45　岐阜県高山のまちづくり（石井里枝, 麻生憲一,
神頭広好, 駒木伸比古, 張慧娟著）　2015.3
45　岐阜県高山のまちづくり　訂正再版（石井里
枝, 麻生憲一, 神頭広好, 駒木伸比古, 張慧娟著）
2015.4
46　戦前期の日本企業における社会貢献活動—三
菱財閥の寄附に関する検討を中心として（石井里
枝著）　2015.3
47　日本におけるアウトレットモールの空間分析
（石井里枝, 神頭広好著）　2016.3
48　宇宙物理学の都市空間への応用（神頭広好著）
2016.12

愛知大学文学会叢書　梓出版社　2012
18　対話ヘーゲル『大論理学』—存在の旅へ（海老
沢善一著）　2012.12

愛知大学文学会叢書　春風社　2006〜2014
⇒Ⅴ－359
19　ジョンソンと「国語」辞典の誕生—十八世紀
巨人の名言・金言（早川勇著）　2014.3

愛知大学文学会叢書　ナカニシヤ出版　2015
20　かかわりを求める女性心理（武田圭太著）
2015.3

愛知大学文学会叢書　文絹堂　2012
17　ドイツ人はどこまでドイツ？—国民性をめ
ぐるステレオタイプ・イメージの虚実と因由（ヘ
ルマン・バウジンガー著, 河野真訳）　2012.3

知識・学術一般

青山学院大学経済研究所研究叢書　汲古書院
2016
8　元代音研究―『脈訣』ペルシャ語訳による　研
究篇（遠藤光暁著）　2016.3
8　元代音研究―『脈訣』ペルシャ語訳による　資
料篇（遠藤光暁著）　2016.3

青山学院大学経済研究所研究叢書　日本経済評論
社　2011
7　ジョン・ローの虚像と実像―18世紀経済思想の
再検討（中川辰洋著）　2011.1

青山学院大学総合研究所叢書　アルク企画開発部
2010〜2011　⇒Ⅴ-312
◇国際言語管理の意義と展望―企業、行政におけ
る実践と課題（本名信行, 猿橋順子, 竹下裕子, 米
岡ジュリ, 斎藤智恵, 松本明子, 柴田亜矢子著）
2011.3

青山学院大学総合研究所叢書　学文社　2009〜
2013　⇒Ⅲ-1
◇中小企業の企業連携―中小企業組合における農
商工連携と地域活性化（森川信男編著）　2013.3

青山学院大学総合研究所叢書　教文館　2008〜
2014　⇒Ⅱ-138
◇キリスト教大学の使命と課題―青山学院の原点
と21世紀における新たなる挑戦（青山学院大学総
合研究所キリスト教文化研究部編）　2011.3
◇学問論と神学（W.パネンベルク著, 浜崎雅孝, 清
水正, 小柳敦史, 佐藤貴史訳）　2014.3

青山学院大学総合研究所叢書　勁草書房　2008〜
2014　⇒Ⅲ-1
◇近代国家の形成とエスニシティ―比較史的研究
（渡辺節夫編）　2014.3

青山学院大学総合研究所叢書　弘文堂　2011
◇国家と言語―前近代の東アジアと西欧（土方洋
一, 渡辺節夫編）　2011.3

青山学院大学総合研究所叢書　新教出版社　2015
◇21世紀の信と知のために―キリスト教大学の学
問論（茂牧人, 西谷幸介編）　2015.2

青山学院大学総合研究所叢書　水声社　2009〜
2016　⇒Ⅴ-150
◇戦争・詩的想像力・倫理―アイルランド内戦、核
戦争、北アイルランド紛争、イラク戦争（伊達直

之, 堀真理子, 佐藤亨, 外岡尚美著）　2016.3

青山学院大学総合研究所叢書　宣伝会議　2007〜
2011　⇒Ⅲ-1
◇青山文化研究―その歴史とクリエイティブな魅
力（井口典夫編著）　2011.3

青山学院大学総合研究所叢書　同文舘出版　2007
〜2015　⇒Ⅰ-15
◇利用者指向の国際財務報告（橋本尚編著）　2015.
3

青山学院大学総合研究所叢書　日本キリスト教団
出版局　2016
◇3.11以降の世界と聖書―言葉の回復をめぐって
（福嶋裕子, 大宮謙, 左近豊, スコット・ヘイフマ
ン編著）　2016.3

青山学院大学総合研究所叢書　日本評論社　2012
◇市町村合併のシナジー効果―改革時代の自治体
「意識」の分析（矢吹初, 内山義英, 高橋朋一, 吉
岡祐次, 深江敬志著）　2012.7

青山学院大学総合研究所叢書　文真堂　2013
◇日本・モンゴルEPAの研究―鉱物資源大国モン
ゴルの現状と課題（岩田伸人編著, 松岡克武, 桜
井雅夫, カール・レンツ著）　2013.3

青山学院大学総合研究所叢書　平凡社　2015
◇東北の震災復興と今和次郎―ものづくり・くら
しづくりの知恵（黒石いずみ著）　2015.3

青山学院大学総合研究所叢書　ミネルヴァ書房
2012
◇国際政治から考える東アジア共同体（山本吉宣,
羽場久美子, 押村高編著）　2012.4

青山学院大学総合研究所叢書　有志舎　2012
◇近世・近代における文書行政―その比較史的研
究（小名康之編）　2012.3

青山学院大学総合研究所叢書　有信堂高文社
2015
◇ヒューマン・ライツ教育―人権問題を「可視化」
する大学の授業（ヒューマン・ライツ教育研究会
編）　2015.3

青山学院大学総合研究所叢書　ヨベル　2014
◇大学のあり方―諸学の知と神の知（スタンリー・
ハワーワス著, 東方敬信監訳）　2014.4

総記 知識・学術一般

アジア研究所叢書 亜細亜大学アジア研究所
1987〜2016 ⇒Ⅰ-222
25 グローバル化と変容するアジア(鯉淵信一, 金柄徹, 関口真理, 倉沢愛子, 范云濤著) 2011.2
26 高齢化とアジア(小峰隆夫, 小林熙直, 大泉啓一郎, 野副伸一著) 2012.3
27 アジア:政治の季節—どう政治は変わるか(野副伸一, 永綱憲悟, 滝井光夫, 阿部純一, 鈴置高史著) 2013.3
28 不透明さ増す国際情勢と新政権の課題(遊川和郎, 秋田浩之, 平井久志, 奥田聡, 宮家邦彦著) 2014.3
29 膨張する中国と世界(奥田聡, 石川幸一, 平野克己, 川島真, 藤森浩樹著) 2015.3
30 中国との距離に悩む周縁(遊川和郎, 平井久志, 広瀬陽子, 鈴木有理佳, 松田康博著) 2016.1

明日へ翔ぶ 風間書房 2008〜2014 ⇒Ⅰ-15
2 (人文社会学の新視点)(公益信託松尾金蔵記念奨学基金編) 2011.3
3 (人文社会学の新視点)(松尾金蔵記念奨学基金編) 2014.3

ASシリーズ Academia society 杉田米行監修
大学教育出版 2011〜2015
第1巻 アメリカ政治史の基本—植民地時代からオバマ大統領, 沖縄問題まで(向井洋子著) 2011.9
第2巻 英語で学ぶ現代アメリカ水産業(山元里美著) 2011.10
第3巻 ヒップホップの政治学—若者文化によるアメリカの再生(川村亜樹著) 2012.1
第4巻 英語で現代中国・アジアを多角的に読む—The Nikkei weeklyを活用したプラクティカル・イングリッシュ・トレーニング(川村亜樹編著) 2012.4
第6巻 社会保障の源流を探る—教典に描かれた貧困観と貧困への対応(増山道康著) 2012.10
第8巻 英語と日米比較で学ぶアメリカ政治(山岸敬和, Michael Callaghan Pisapia著) 2013.4
第9巻 北東アジアのことばと人々(樋口謙一郎編著) 2013.10
第15巻 大統領の演説と現代アメリカ社会(花木亨著) 2015.12

MICSオケイジョナル・ペーパー 明治学院[大学]キリスト教研究所 2002〜2012 ⇒Ⅰ-394
13 藤村から始まる白金文学誌(村上文昭[著], 明治学院キリスト教研究所編) 2011.1
15 ローマ字聖書Yohanne no fuku-in—明治学院大学図書館所蔵:『約翰伝福音書』対照:解説・註解(ヘボン, S.R. ブラウン訳, 鈴木進編) 2012.3

桜美林ブックス 桜美林学園出版部 2010〜2013 ⇒Ⅰ-250
001 レバノン杉物語—「ギルガメシュ叙事詩」から地球温暖化まで(伊藤章治, 岡本理子著) 2010.5
002 戯れ歌が謡う現代中国—「調和社会」への道(南雲智著) 2010.5
003 ことばを旅して(玉井道, 石川伸晃, 石郷岡幸男, 室岡一郎著) 2011.7
004 村上春樹—「小説」の終わり(紺野馨著) 2013.3

大阪大学新世紀レクチャー 大阪大学出版会
2003〜2016 ⇒Ⅰ-251
◇新ウェルネス栄養学 第3版(西原力編) 2010.4
◇教育社会学への招待(若槻健, 西田芳正編, 志水宏吉監修) 2010.4
◇グローバル人間学の世界(中村安秀, 河森正人編) 2011.4
◇ドイツ現代史探訪—社会・政治・経済(鳩沢歩編著, 鳩沢歩, 山根徹也, 奥波一秀, 北島瑞穂, 田中ひかる, 宗像せび著) 2011.10
◇抵抗変化メモリの知的材料設計(計算機マテリアルデザイン先端研究事例 2)(笠井秀明, 岸浩史著) 2012.9
◇ヨーロッパ・ことばと文化—新たな視座から考える(野村泰幸編) 2013.10
◇医療通訳士という仕事—ことばと文化の壁をこえて(中村安秀, 南谷かおり編) 2013.10
◇日本国憲法を考える 第3版(松井茂記著) 2014.3
◇平和研究入門(木戸衛一編) 2014.4
◇歯科補綴学模型実習マニュアル 改訂版(矢谷博文, 前田芳信編著) 2014.12
◇新ウェルネス栄養学 第4版(西原力編) 2015.3
◇ジェンダー・スタディーズ—女性学・男性学を

知識・学術一般

学ぶ　改訂版（牟田和恵編）　2015.3
◇リスク社会を生きる若者たち―高校生の意識調査から（友枝敏雄編）　2015.4
◇インドネシア上演芸術の世界―伝統芸術からポピュラーカルチャーまで（福岡まどか著）　2016.3
◇共生学が創る世界（河森正人, 栗本英世, 志水宏吉編集）　2016.3

大阪大学総合学術博物館叢書　大阪大学出版会
2006～2016　⇒Ⅱ-208
5　巨大絶滅動物マチカネワニ化石―恐竜時代を生き延びた日本のワニたち（小林快次, 江口太郎著, 大阪大学総合学術博物館監修）　2010.6
6　東洋のマンチェスターから「大大阪」へ―経済でたどる近代大阪のあゆみ（阿部武司, 沢井実著, 大阪大学総合学術博物館監修）　2010.11
7　森野旧薬園と松山本草―薬草のタイムカプセル（髙橋京子, 森野燾子著, 大阪大学総合学術博物館監修）　2012.3
8　ものづくり上方 “酒” ばなし―先駆・革新の系譜と大阪高等工業学校醸造科（松永和浩編著, 大阪大学総合学術博物館監修）　2012.10
9　戦後大阪のアヴァンギャルド芸術―焼け跡から万博前夜まで（橋爪節也, 加藤瑞穂編著）　2013.7
10　野中古墳と「倭の五王」の時代（高橋照彦, 中久保辰夫編著）　2014.2
11　漢方今昔物語―生薬国産化のキーテクノロジー（大阪大学総合学術博物館監修, 高橋京子, 小山鉄夫編著）　2015.3
12　待兼山少年―大学と地域をアートでつなぐ “記憶” の実験室（橋爪節也, 横田洋編著）　2016.3
13　懐徳堂の至宝―大阪の「美」と「学問」をたどる（湯浅邦弘著）　2016.10

大手前大学公開講座講義録　大手前大学　2005～2016　⇒Ⅲ-444
平成22年度　味覚と文芸―阪神文化へのいざない～学んで体感・阪神間～（大手前大学総合企画室（公開講座担当）編）　2011.3
平成23年度　歴史と文化の旅―阪神文化へのいざない―学んで体感・阪神間（大手前大学総合企画室（公開講座担当）編）　2012.7
平成24年度　アートと聖地―阪神文化へのいざない―学んで体感・阪神間（大手前大学総合企画室（公開講座担当）編）　2013.7

平成25年度　集う―衣・食・住・遊（大手前大学就業力支援・社会連携室編）　2016.7

大手前大学比較文化研究叢書　思文閣出版　2002～2016　⇒Ⅰ-251
7　一九二〇年代東アジアの文化交流　2（川本皓嗣, 上垣外憲一編）　2011.6
8　比較詩学と文化の翻訳（川本皓嗣, 上垣外憲一編）　2012.6
9　一九三〇年代東アジアの文化交流（上垣外憲一編）　2013.5
10　日仏文学・美術の交流―「トロンコワ・コレクション」とその周辺（石毛弓, 柏木隆雄, 小林宣之編）　2014.3
11　日仏マンガの交流―ヒストリー・アダプテーション・クリエーション（石毛弓, 柏木隆雄, 小林宣之編）　2015.3
12　江戸文化が甦る―トロンコワ・コレクションで読み解く琳派から溝口健二まで（石毛弓, 柏木隆雄, 小林宣之編）　2016.3

岡山大学文学部研究叢書　岡山大学文学部　1987～2015　⇒Ⅰ-252
29　江戸時代三都出版法大概―文学史・出版史のために（山本秀樹著）　2010.2
30　フランス思想史序説（山口信夫著）　2010.2
31　中国近代文化史研究―時間・空間・表象（遊佐徹著）　2011.2
35　山下りん研究（鐸木道剛著）　2013.3
37　鉄器時代と中世前期のアイルランド（新納泉著）　2015.3

大人の教養読本知恵のわ　日経BPコンサルティング　2016
vol.2（JBCCホールディングスLink編集室編著）　2016.6

科学研究費報告書　東京学芸大学　2014
平成25年度　インドの昔話、その歴史と現在（石井正己[ほか著]）　2014.2
平成26年度　植民地時代の東洋学ネフスキーの業績と展開　2014.10

学習院大学研究叢書　学習院大学　1984～2013　⇒Ⅰ-254
40　イギリス文学・文化論考―ロマン主義を中心として（松島正一著）　2011.11
41　加藤弘之と明治国家―ある「官僚学者」の生

涯と思想（田頭慎一郎著）　2013.11

学術選書　京都大学学術出版会　2005〜2016
　⇒Ⅳ-4
050　書き替えられた聖書─新しいモーセ像を求めて（秦剛平著）　2010.11
051　オアシス農業起源論（古川久雄著）　2011.3
052　イスラーム革命の精神（嶋本隆光著）　2011.4
053　心理療法論（心の宇宙　7）（伊藤良子著）　2011.9
054　イスラーム文明と国家の形成（諸文明の起源　4）（小杉泰著）　2011.12
055　聖書と殺戮の歴史─ヨシュアと士師の時代（秦剛平著）　2011.12
056　大坂の庭園─太閤の城と町人文化（飛田範夫著）　2012.7
057　歴史と事実─ポストモダンの歴史学批判をこえて（大戸千之著）　2012.11
058　神の支配から王の支配へ─ダビデとソロモンの時代（秦剛平著）　2012.12
059　古代マヤ石器の都市文明（諸文明の起源 11）増補版（青山和夫著）　2013.3
060　天然ゴムの歴史─ヘベア樹の世界一周オデッセイから「交通化社会」へ（こうじや信三著）　2013.5
061　わかっているようでわからない数と図形と論理の話（西田吾郎著）　2013.6
062　近代社会とは何か─ケンブリッジ学派とスコットランド啓蒙（田中秀夫著）　2013.7
063　宇宙と素粒子のなりたち（糸山浩司，横山順一，川合光，南部陽一郎著）　2013.8
064　インダス文明の謎─古代文明神話を見直す（長田俊樹著）　2013.10
065　南北分裂王国の誕生─イスラエルとユダ（秦剛平著）　2013.11
066　イスラームの神秘主義─ハーフェズの智慧（嶋本隆光著）　2014.10
067　愛国とは何か─ヴェトナム戦争回顧録を読む（ヴォー・グエン・ザップ著，古川久雄訳・解題）　2014.12
068　景観の作法─殺風景の日本（布野修司著）　2015.1
069　空白のユダヤ史─エルサレムの再建と民族の危機（秦剛平著）　2015.2
070　描かれたオランダ黄金世紀─ヨーロッパ近代文明の曙（諸文明の起源 10）（樺山紘一著）　2015.6
071　カナディアンロッキー─山岳生態学のすすめ（大園享司著）　2015.8
072　マカベア戦記─ユダヤの栄光と凋落　上（秦剛平著）　2015.11
073　異端思想の500年─グローバル思考への挑戦（大津真作著）　2016.1
074　マカベア戦記─ユダヤの栄光と凋落　下（秦剛平著）　2016.3
075　懐疑主義（松枝啓至著）　2016.7
076　埋もれた都の防災学─都市と地盤災害の2000年（釜井俊孝著）　2016.9
077　集成材─〈木を超えた木〉開発の建築史（小松幸平著）　2016.11

学術選書　三重大学出版会　2010〜2011
◇経度の発見と大英帝国（石橋悠人著）　2010.4
◇経度の発見と大英帝国　改訂版（石橋悠人著）　2011.3
◇反核都市の論理─『ヒロシマ』という記憶の戦争（安藤裕子著）　2011.8

学術叢書　学術出版会　2004〜2016　⇒Ⅰ-254
◇幸田露伴論考（登尾豊著）　2006.10
◇臨時教育審議会─その提言と教育改革の展開（渡部蓊著）　2006.12
◇公教育制度における教員管理規範の創出─「品行」規範に着目して（尾崎公子著）　2007.8
◇二十世紀中国文学図志（楊義，張中良著，中井政喜著・訳，森川（麦生）登美江，星野幸代訳）　2009.6
◇ルィセンコ主義はなぜ出現したか─生物学の弁証法化の成果と挫折（藤岡毅著）　2010.9
◇健康教育教科「保健科」成立の政策形成─均質的健康空間の生成（七木田文彦著）　2010.11
◇近代日本教員統制の展開─地方学務当局と小学校教員社会の関係史（山田恵吾著）　2010.11
◇近代日本教育会史研究　続（梶山雅史編著）　2010.11
◇東アジアの新産業集積─地域発展と競争・共生（平川均，多和田真，奥村隆平，家森信善，徐正解編著）　2010.11
◇エスニック地理学（杉浦直著）　2011.2
◇ヴィクトリア朝期の英国とアーノルド父子─文学・教育・時代思潮をめぐって（宮川敏春著）　2011.5
◇学校における平和教育の思想と実践（西尾理著）

知識・学術一般　　　　　　　　　　　　総記

2011.7
◇物語の記憶―シェイクスピア、女性、ロビン・フッド（上野美子著）　2011.7
◇アメリカの環境教育―歴史と現代的課題（荻原彰著）　2011.9
◇愛国心―国家・国民・教育をめぐって（市川昭午著）　2011.9
◇カルピス創業者三島海雲の企業コミュニケーション戦略―「国利民福」の精神（後藤文顕著）　2011.9
◇日本不動産金融史―都市農工銀行の歴史的意義（植田欣次著）　2011.10
◇韓国・朝鮮社会文化史と東アジア（平木実著）　2011.10
◇国民統合と歴史学―スターリン期ソ連における『国民史』論争（立石洋子著）　2011.11
◇現代日本の私立小学校受験―ペアレントクラシーに基づく教育選抜の現状（望月由起著）　2011.11
◇大学教育における相互行為の教育臨床心理学的研究―「フレーム」とその変容に着目して（神藤貴昭著）　2011.12
◇近代旅行記の中のイタリア―西洋文化移入のもう一つのかたち（真銅正宏著）　2011.12
◇コスプレでつながる中国と日本（にっぽん）―越境するサブカルチャー（化浜著）　2012.3
◇近代日本幼稚園教育実践史の研究（小山みずえ著）　2012.5
◇協働型事業における行政と市民との関係性―日米中比較を通じて（若杉英治著）　2012.5
◇日本占領と宗教改革―Chrysanthemum vs Christianity（岡崎匡史著）　2012.7
◇介護現場における人材の確保と定着―持続可能性の高い施策をめざして（宮本恭子著）　2012.7
◇「国文学」の戦後空間―大東亜共栄圏から冷戦へ（笹沼俊暁著）　2012.9
◇芥川竜之介中国題材作品と病（孔月著）　2012.9
◇戦争のなかの詩人たち―「荒地」のまなざし（宮崎真素美著）　2012.9
◇アメリカ教育改革の最前線―頂点への競争（北野秋男, 吉良直, 大桃敏行編）　2012.10
◇ドゥルーズ＝ガタリのシステム論と教育学―発達・生成・再生（森田裕之著）　2012.10
◇現代トルコにおける政治的変遷と政党1938〜2011―政治エリートの実証分析の視点から（宮下陽子著）　2012.12
◇協業と社会の民俗学―協同労働慣行の現代民俗

誌的研究（和田健著）　2012.12
◇現代家族における墓制と葬送―その構造とメンタリティの変容（安藤喜代美著）　2013.1
◇公立学校の教員人事システム（川上泰彦著）　2013.2
◇重い精神障害のある人への包括型地域生活支援―アウトリーチ活動の理念とスキル（三品桂子著）　2013.3
◇グローバル時代における結婚移住女性とその家族の国際比較研究（中嶋和夫監修, 尹靖水, 近藤理恵編著）　2013.3
◇グローバル化した日本のマンガとアニメ（白石さや著）　2013.3
◇Popの交錯する地勢―アメリカ/ウォーホルと沖縄のポップ文化誌（山城雅江著）　2013.5
◇新聞に見る初期日本映画史―名古屋という地域性をめぐって（小林貞弘著）　2013.7
◇ハプスブルク軍政国境の社会史―自由農民にして兵士（カール・カーザー著, 越村勲, 戸谷浩編訳）　2013.11
◇中央銀行制度の経済学―新制度経済学からのアプローチ（折谷吉治著）　2013.11
◇現代倫理学の挑戦―相互尊重を実現するための自己決定とジェンダー（根村直美著）　2013.12
◇戦後教育改革期における現職研修の成立過程（佐藤幹男著）　2013.12
◇フランス公衆衛生史―19世紀パリの疫病と住環境（大森弘喜著）　2014.5
◇近代日本算術教育史―子どもの「生活」と「主体性」をめぐって（桜井恵子著）　2014.7
◇戦後日本の地域と教育―京都府奥丹後における教育実践の社会史（小林千枝子著）　2014.9
◇小学校初任教師の成長・発達を支える新しい育成論（後藤郁子著）　2014.10
◇明治期地域学校衛生史研究―中津川興風学校の学校衛生活動（高橋裕子著）　2014.11
◇子ども虐待対応のための教育訓練実践モデル―修正デザイン・アンド・ディベロップメント〈M-D&D〉を用いて（原佳央理著）　2014.12
◇「山びこ学校」のゆくえ―戦後日本の教育思想を見直す（奥平康照著）　2016.2

神奈川大学人文学研究叢書　神奈川大学人文学研究所編　御茶の水書房　2006〜2015
⇒Ⅲ−453
28　世界の色の記号―自然・言語・文化の諸相（三

星宗雄編著） 2011.3

30 グローバル化の中の日本文化 2012.3

31 植民地近代性の国際比較―アジア・アフリカ・ラテンアメリカの歴史経験（永野善子編著） 2013.3

33 色彩の快：その心理と倫理（三星宗雄著） 2014.3

34 先住民運動と多民族国家―エクアドルの事例研究を中心に（新木秀和著） 2014.3

35 近現代中国人日本留学生の諸相―「管理」と「交流」を中心に（大里浩秋, 孫安石編著） 2015.3

神奈川大学人文学研究叢書 研文出版 2013

32 戦後日本と中国・朝鮮―プランゲ文庫を一つの手がかりとして（大里浩秋編） 2013.3

神奈川大学人文学研究叢書 神奈川大学人文学研究所編 青娥書房 2016

38 文化を折り返す―普段着でする人類学（小馬徹著） 2016.3

神奈川大学人文学研究叢書 神奈川大学人文学研究所編 青弓社 2012～2016

29 〈悪女〉と〈良女〉の身体表象（笠間千浪編著） 2012.2

37 〈68年〉の性―変容する社会と「わたし」の身体（小松原由理編著） 2016.2

神奈川大学入門テキストシリーズ 神奈川大学編 御茶の水書房 2002～2016 ⇒Ⅰ－262

◇中国と日本―未来と歴史の対話への招待（村井寛志, 張翔, 大里浩秋, 小林一美著） 2011.2

◇若者は無限の可能性を持つ―学長から学生へのメッセージ2007-2012年度（中島三千男著） 2014.2

◇君たちに伝えたい神奈川の裁判（小森田秋夫編） 2015.3

◇フィールドワーク事始め―出会い、発見し、考える経験への誘い（小馬徹著） 2016.3

金沢大学日中無形文化遺産プロジェクト報告書 金沢大学人間社会研究域 2010～2012

第4集 白山麓東二口地区「でくまわし」字幕つき上演会（平成21年12月20日）報告書（金沢大学日中無形文化遺跡プロジェクトでくまわし班編） 2010.3

第5集 いしかわ太鼓まっぷ 2010（金沢大学日中無形文化遺産プロジェクト和太鼓研究グループ編） 2010.3

第6集 アジア音楽をもっと知ろう！―シルクロード音楽 シンポジウム（阿布都西庫尔・阿不都熱合曼編） 2010.3

第7集 国際シンポジウム「石の匠―石工技術から探る日中交流―」（中村慎一編） 2010.7

第8集 中国雲南少数民族の無形文化遺産の世界（西本陽一編） 2010.3

第9集 中国雲南ラフ族村の生活誌アユ村の現在と過去（西本陽一著） 2010.7

第10集 鏡花と能楽―「歌行灯」成立100年記念（西村聡編） 2011.3

第11集 蘇州大学図書館蔵弾詞『珍珠塔』（上田望編） 2011.3

第13集 観光から見る東アジアのエスニシティと国家―国際シンポジウム（アートル・ジョン編, 野沢豊一, 碇陽子編訳） 2011.2

第14集 新しい民俗芸能の創出の道（ジョン・アートル, 野沢豊一編） 2011.3

第15集 石川県の太鼓文化（金沢大学日中無形文化遺産プロジェクト和太鼓研究グループ編） 2011.3

第17集 和泉流狂言の伝承―金沢と名古屋：東京文化財研究所無形文化遺産部公開学術講座・金沢大学日中無形文化遺産プロジェクト公開講座（西村聡編） 2012.1

第18集 石川県の太鼓文化 加賀太鼓篇（金沢大学日中無形文化遺産プロジェクト和太鼓研究グループ編） 2012.2

第19集 日本人の声楽のルーツを探る―公開講座 声明篇（浅井暁子編） 2012.3

第20集 ウイグル社会とその伝統音楽（淑瑠ラフマン著） 2012.3

第21集 蘇州大学図書館蔵弾詞『玉蜻蜓』（黒田譜美編） 2012.3

第22集 寧波走書演唱本「毛竜出京」（施凱盛編） 2012.3

第23集 蘇州大学図書館蔵宝巻六種（上田望編） 2012.3

金沢大学人間社会研究叢書 世界思想社 2011～2016

◇インド密教の儀礼世界（森雅秀著） 2011.1

◇地域戦略と自治体行財政（武田公子著） 2011.12

◇ビザンツ貴族と皇帝政権―コムネノス朝支配体制の成立過程（根津由喜夫著） 2012.2

◇ホロコースト後のユダヤ人―約束の土地は何処

知識・学術一般

か（野村真理著）　2012.11

◇死の島からの旅―福永武彦と神話・芸術・文学
（岩津航著）　2012.12

◇自由市場資本主義の再形成と動揺―現代比較社
会経済分析（堀林巧著）　2014.2

◇農地管理と村落社会―社会ネットワーク分析か
らのアプローチ（吉田国光著）　2015.3

◇人びとはなぜ満州へ渡ったのか―長野県の社会
運動と移民（小林信介著）　2015.3

◇虚構の生―堀辰雄の作品世界（飯島洋著）　2016.
3

関西大学東西学術研究所国際共同研究シリーズ
関西大学出版部　2011

9　泊園記念会創立50周年記念論文集（吾妻重二編）
2011.10

関西大学東西学術研究所国際共同研究シリーズ
関西大学東西学術研究所　2013

10　戦争の記録と表象―日本・アジア・ヨーロッ
パ（増田周子編著）　2013.3

関西大学東西学術研究所訳注シリーズ　関西大学
出版部　2012

14　東西文化の翻訳―「聖像画」における中国同
化のみちすじ（内田慶市，柏木治編訳）　2012.3

関西大学東西学術研究所訳注シリーズ　関西大学
東西学術研究所　2011〜2016

12-2　参天台五台山記　下（［成尋］［原著］，藤善
真澄訳注）　2011.3

15　マニフェスト―ダダからクレアシオニスムへ
（ビセンテ・ウイドブロ著，鼓宗訳）　2013.3

16　ミルチャ・エリアーデ―聖なるものをめぐる
哲学（マルセリーノ・アヒース＝ビリャベルデ著，
平田渡訳）　2013.3

17　クレアシオニスムの詩学―ラテンアメリカの
アヴァンギャルド（ビセンテ・ウイドブロ著，鼓
宗編訳）　2015.3

18　神話から神化へ―中国民間宗教における神仏
観（劉雄峰著，二階堂善弘監訳）　2015.12

19　サーカス―えも言われぬ美しさの、きらびや
かにして、永遠なる（ラモン・ゴメス・デ・ラ・
セルナ著，平田渡訳）　2016.3

**関西大学文化交渉学教育研究拠点次世代国際学術
フォーラムシリーズ**　関西大学文化交渉学教育
研究拠点　2011〜2012

第3輯　文化交渉における画期と創造―歴史世界と
現代を通じて考える（荒武賢一朗，池田智恵編著）
2011.3

第4輯　近代世界の「言説」と「意象」―越境的文化
交渉学の視点から（荒武賢一朗，宮嶋純子編著）
2012.1

関西学院大学研究叢書　朝日出版社　2015

第171編　カナダの暮らしと言語―カナダ英語の背
景（浅田寿男著）　2015.3

関西学院大学研究叢書　大阪大学出版会　2016

第173編　テマ反乱とビザンツ帝国―コンスタンテ
ィノープル政府と地方軍団（中谷功治著）　2016.
3

関西学院大学研究叢書　関西学院大学出版会
2011〜2016

第142編　ケアワーカーのQWLとその多様性―ギ
ルド理論による実証的研究（李政元著）　2011.3

第143編　毫モ異ナル所ナシ―伊沢修二の音律論
（吉田孝著）　2011.3

第146編　多様性のなかのフランス語―フランコ
フォニーについて考える（鳥羽美鈴著）　2012.3

第151編　近代日本の光と影―慈善・博愛・社会事
業をよむ（室田保夫著）　2012.3

第152編　音楽療法の視点に立った保育支援の試
み―実践記録の分析と新たな提案（谷村宏子著）
2012.3

第153編　VBMにおける業績評価の財務業績効果
に関する研究―事業単位の価値創造と利益管理・
原価管理の関係性（徳崎進著）　2012.2

第156編　財産開示の実効性―執行債権者と執行債
務者の利益（内山衛次著）　2013.2

第159編　要支援被疑者の供述の自由（京明著）
2013.3

第160編　日英語に見るもののとらえ方（嶋村誠著）
2014.3

第161編　介護人材の定着促進に向けて―職務満足
度の影響を探る（大和三重著）　2014.3

第163編　〈社会的なもの〉の運命―実践・言説・規
律・統治性（KGUP série社会文化理論研究）（田
中耕一著）　2014.3

第164編　企業のリスクマネジメントとキャプティ
ブの役割（前田祐治著）　2015.3

総記　　　　　　　　　　　　　　　　　　　　　　知識・学術一般

第165編　死生学とQOL（藤井美和著）　2015.2

第169編　簿記教育上の諸問題（島本克彦著）
2015.3

第170編　ひとりから始める事起こしのすすめ―地
域復興のためのゼロからの挑戦と実践システム
理論　鳥取県智頭町30年の地域経営モデル（岡田
憲夫著）　2015.3

第172編　丸山真男「古層論」の射程（冨田宏治著）
2015.2

第175編　環境メディア・リテラシー―持続可能な
社会へ向かって（ガブリエレ ハード著）　2016.
3

第177編　ソーシャルワークにおけるネットワーク
概念とネットワーク・アプローチ（松岡克尚著）
2016.3

第180編　アメリカ大リーグにおけるイノベーショ
ンの系譜（福井幸男著）　2016.3

第182編　Shrinkage Regression Estimators
and Their Feasibilities（Masayuki Jimichi著）
2016.11

関西学院大学研究叢書　教文館　2012～2013

第150編　ルカ神学の探究（嶺重淑著）　2012.3

第155編　無教会としての教会―内村鑑三における
「個人・信仰共同体・社会」（岩野祐介著）　2013.
3

関西学院大学研究叢書　研究社　2016

第174編　「わたしのソーシャリズム」へ―二〇世
紀イギリス文化とレイモンド・ウィリアムズ（大
貫隆史著）　2016.3

関西学院大学研究叢書　彩流社　2013

第154編　日本社会を「逃れる」―オーストラリア
へのライフスタイル移住（長友淳著）　2013.3

関西学院大学研究叢書　松籟社　2011

第138編　読み直すトマス・ハーディ（福岡忠雄著）
2011.2

関西学院大学研究叢書　新教出版社　2013

162編　古代イスラエル預言者の特質―伝承史的・
社会史的研究（樋口進著）　2013.9

関西学院大学研究叢書　新評論　2011

第149編　アジア市場を拓く―小売国際化の100年
と市場グローバル化（川端基夫著）　2011.12

関西学院大学研究叢書　世界思想社　2011～2015

第139編　環境問題の科学社会学（立石裕二著）
2011.3

第168編　参加型アクションリサーチ〈CBPR〉の
理論と実践―社会変革のための研究方法論（武田
丈著）　2015.3

関西学院大学研究叢書　創文社　2012

第145編　ガラテヤ共同体のアイデンティティ形成
（浅野淳博著）　2012.3

**関西学院大学研究叢書　千倉書房　2002～2015
⇒Ⅲ－10**

第181編　テレワーク導入による生産性向上戦略
（古川靖洋著）　2015.11

関西学院大学研究叢書　中央公論新社　2015

第178編　NORAD北米航空宇宙防衛司令部（桜田
大造著）　2015.12

関西学院大学研究叢書　ナカニシヤ出版　2015

第167編　宗教の社会貢献を問い直す―ホームレス
支援の現場から（白波瀬達也著）　2015.4

**関西学院大学研究叢書　日本キリスト教団出版局
2015**

第166編　天国での再会―日本におけるキリスト教
葬儀式文のインカルチュレーション（中道基夫
著）　2015.3

関西学院大学研究叢書　日本評論社　2012

第148編　現代日本の景気循環（村田治著）　2012.
3

関西学院大学研究叢書　法律文化社　2012

第147編　移行期正義―国際社会における正義の追
及（望月康恵著）　2012.3

**関西学院大学研究叢書　ミネルヴァ書房　2008～
2016　⇒Ⅲ－10**

第176編　集団就職とは何であったか―〈金の卵〉
の時空間（山口覚著）　2016.1

**関西学院大学研究叢書　有斐閣　2003～2011
⇒Ⅲ－10**

第141編　福祉国家の制度発展と地方政府―国民健
康保険の政治学（北山俊哉著）　2011.3

第144編　行政法執行システムの法理論（曽和俊文
著）　2011.3

全集・叢書総目録 2011-2016　9

知識・学術一般　　　　　　　　　　　　総記

九州大学人文学叢書　九州大学出版会　2012〜
2015

1　王昭君から文成公主へ―中国古代の国際結婚
（藤野月子著）　2012.3

2　水の女―トポスへの船路（小黒康正著）　2012.
4

3　小林方言とトルコ語のプロソディー―一型アク
セント言語の共通点（佐藤久美子著）　2013.3

4　背表紙キャサリン・アーンショー―イギリス小
説における自己と外部（鵜飼信光著）　2013.3

5　朝鮮中近世の公文書と国家―変革期の任命文書
をめぐって（川西裕也著）　2014.3

6　始めから考える―ハイデッガーとニーチェ（菊
地恵善著）　2014.1

7　日本の出版物流通システム―取次と書店の関係
から読み解く（秦洋二著）　2015.3

8　御津の浜松一言抄―『浜松中納言物語』を最終
巻から読み解く（辛島正雄著）　2015.3

共愛学園前橋国際大学ブックレット　上毛新聞社
事業局出版部　2009〜2016　⇒Ⅰ−266

3　『上毛新聞』に見る敗戦後の群馬県（大沼久夫
著）　2011.3

4　近代群馬のキリスト教教育（宮崎俊弥著）
2012.5

5　「大人になること」のレッスン―「親になるこ
と」と「共生」（後藤さゆり, 奥田雄一郎, 呉宣児,
平岡さつき, 前田由美子, 大森昭生著）　2013.12

6　一からはじめる英和辞典―メタ認知能力を身に
つけよう（中山夏恵, 大崎さつき著）　2015.3

7　情報倫理の入り口（村山賢哉著）　2016.3

教育研究プロジェクト特別講義　総合研究大学院
大学文化科学研究科日本文学研究専攻　2005〜
2012

第1号　国文学研究資料館の調査・収集事業の研究分
野開拓への寄与―特別講義（松野陽一著）　2005.
8

第2号　文学研究資料・情報のデータベースと国際
コラボレーション（安永尚志著）　2005.8

第3号　ヨーロッパ演劇の観点からみた日本の伝統
演劇―楽劇, 舞踊, 戯曲というテーマを中心に
（ボナヴェントゥーラ・ルペルティ著）　2006.1

第4号　リチャード・ゴードン・スミスの日本発見
（伊井春樹著）　2006.1

第5号　古典和歌における模倣（松村雄二著）
2006.3

第6号　日本近現代文芸と古典評価―「中世美学」
の成立をめぐって（鈴木貞美著）　2006.3

第7号　隅田川楳屋図と向島百花園の成立（鈴木淳
著）　2006.11

第8号　博物館と大学院―「神社とは何か」の研究
展示から見えてきたもの（新谷尚紀著）　2006.11

第9号　近代日本の「公」と「私」―公文書の成立
（丑木幸男著）　2007.3

第10号　人間の由来と病気（高畑尚之著）　2007.3

第11号　南北朝の政治と文化―二条良基と足利義
満の和漢聯句（小川剛生著）　2007.11

第12号　人工物とのつきあい方―ユーザー工学か
らのアプローチ（黒須正明著）　2007.11

第14号　宇宙の果てまで―すばる望遠鏡プロジェ
クト二十年の軌跡（小平桂一著）　2008.10

第15号　もう一つの大江山鬼退治の物語（小林健二
著）　2009.3

第16号　新古今集を読むということ―江戸後期の
注釈から（寺島恒世著）　2009.7

第17号　私説・書誌学のすすめ（佐々木孝浩著）
2009.11

第18号　江戸漢詩史再考―格調詩に盛り込みうる
もの（宮崎修多著）　2009.11

第19号　本文を読むということ（今西祐一郎著）
2010.1

第20号　上古・中古時代の「さやけし」と「さや」
語群をめぐって（アルド・トリーニ著）　2010.9

第21号　室町の和歌を読む（海野圭介著）　2010.
10

第22号　与謝野晶子の源氏物語翻訳と自筆原稿（神
野藤昭夫著）　2011.2

第23号　目から鱗が落ちる近世アーカイブズを楽
しむ（高橋実著）　2012.3

京都学園大学総合研究所叢書　晃洋書房　2003〜
2016　⇒Ⅲ−12

16　薬剤師のこれから―医療人養成のための教育
とは（伊原千晶編著）　2016.4

京都学園大学総合研究所叢書　ナカニシヤ出版
2016

［15］　京の筏―コモンズとしての保津川（手塚恵
子, 大西信弘, 原田禎夫編）　2016.3

京都学園大学総合研究所叢書　日本評論社　2012

14　心理臨床の法と倫理（伊原千晶編著, 岩下雅充,
禹鍾泰, 川本哲郎, 佐別当義博, 出口治男, 村本詔

総記　　　　　　　　　　　　　　　　　　　　知識・学術一般

司［執筆］）　2012.4

京都女子大学研究叢刊　京都女子大学　1973〜
　2016　⇒Ⅰ−266
48　管弦楽の為の紋様（安村好弘作曲）　2010.11
49　『三社託宣』の研究と資料（八木意知男著）
　2011.2
50　管弦楽の為の「天地悠久」（安村好弘作曲）
　2013.1
51　教育問題に対する教育的対応に関する研究─
　教育問題に対するあるべき対応について（田井康
　雄著）　2013.10
52　京都女子大学図書館蔵谷山文庫本『古今溫渭
　鈔』所載声点の研究（西崎亨編著）　2015.1
53　明治年間刺繍参考画集─高島屋史料館所蔵
　2015（広田孝著）　2016.2
54　ミセス・ダロウェイの永遠の一日─モダニズ
　ム・アイコンの転生の系譜（広田園子著）　2016.
　10

京都大学人文科学研究所共同研究資料叢刊　京都
　大学人文科学研究所　2010〜2016
第8号　西洋のフィクション・東洋のフィクション
　─国際シンポジウム（大浦康介編）　2010.6
第9号　中川文庫貴重書目録─京都大学人文科学研
　究所所蔵（王寺賢太編）　2016.11

京都大学人文科学研究所共同研究報告　晃洋書房
　2012〜2013
◇コンタクト・ゾーンの人文学　第3巻　Reli-
　gious Practices/宗教実践（田中雅一、小池郁子
　編）　2012.10
◇コンタクト・ゾーンの人文学　第4巻
　Postcolonial/ポストコロニアル（田中雅一、奥
　山直司編）　2013.3

教養教育院セミナー報告　東北大学教養教育院
　［編］　東北大学教養教育院　2012〜2016
平成23年度　2012.5
平成24年度　2013.5
平成25年度　2014.7
平成26年度　2015.5
平成27年度　2016.5

熊本大学政創研叢書　成文堂　2007〜2016
　⇒Ⅲ−13
8　エンターテイメント・エデュケーション─社会
　変化のためのコミュニケーション戦略（Arvind

Singhal, Everett M.Rogers著, 河村洋子訳）
　2011.3
9　持続可能な地下水利用に向けた挑戦─地下水
　先進地域熊本からの発信（嶋田純、上野真也編）
　2016.2
10　地域を育てる大学の挑戦（松本泰道、上野真也
　編）　2016.3

GLOCOLブックレット　大阪大学グローバルコ
　ラボレーションセンター　2009〜2012
　⇒Ⅲ−133
5　ベトナムにおける栄養と食の安全（住村欣範編）
　2011.3
7　フード・セキュリティと紛争（松野明久、中川
　理編）　2012.1
8　トランスナショナルな子どもたちの教育を考え
　る（三田貴、矢元貴美編）　2012.3
9　新咸臨丸プロジェクト2011（久保井亮一、兼松
　泰男、敦賀和外編）　2012.3

慶応義塾大学教養研究センター極東証券寄附講座
　慶応義塾大学出版会　2013〜2016
◇〈対話〉共生（生命の教養学 8）（慶応義塾大学教
　養研究センター、鈴木晃仁編、深津武馬、市野川
　容孝著）　2013.8
◇成長（生命の教養学 4）（慶応義塾大学教養研究
　センター、高桑和巳編）　2013.9
◇新生（生命の教養学 10）（慶応義塾大学教養研究
　センター、高桑和巳編）　2014.7
◇性（生命の教養学 11）（慶応義塾大学教養研究セ
　ンター、高桑和巳編）　2015.9

慶応義塾大学教養研究センター選書　慶応義塾大
　学教養研究センター　2007〜2016　⇒Ⅴ−384
8　身近なレトリックの世界を探る─ことばからこ
　ころへ（金田一真澄著）　2011.5
9　触れ、語れ─浮世絵をめぐる知的冒険（浮世絵っ
　てどうやってみるんだ？ 会議編）　2011.5
10　牧神の午後─マラルメを読もう（原大地著）
　2011.5
11　産む身体を描く─ドイツ・イギリスの近代産
　科医と解剖図（石原あえか編）　2012.3
12　汎瞑想─もう一つの生活、もう一つの文明へ
　（熊倉敬聡著）　2012.3
13　感情資本主義に生まれて─感情と身体の新た
　な地平を模索する（岡原正幸著）　2013.3
14　ベースボールを読む（吉田恭子著）　2014.3

知識・学術一般

15　ダンテ『神曲』における数的構成（藤谷道夫著）
2016.3

研究資料　兵庫県立大学政策科学研究所　2010～
2016

no.231　神戸コンシューマー・スクール2010での
xcampus分析事例―主要食品トランス脂肪酸摂
取に関するスカイライン図・扇形散布図・三色
三角バブルグラフ（斎藤清［著］）　2010.11

no.232　沿革変更級郡荘内尋常小学校―史料復刻
（柏木敦［著］）　2011.3

no.233　わが国の年平均気温の変化（植野和文
［著］）　2011.6

no.234　神戸コンシューマー・スクール2011での
xcampus分析事例―国民生活センターPIO-NET
データにみる高齢者消費生活相談のグラフ（斎藤
清［著］）　2011.10

no.235　海外インターンシップを通じた「グロー
バル人材」教育の実施と課題（梅野巨利，山口隆
英［著］）　2011.11

no.236　タイの高齢者介護と医療に関する考察（車
井浩子，金子勝規［著］）　2012.1

no.237　兵庫県内地域ブロック別経済指標の推計
と課題（兵庫県立大学地域経済指標研究会［著］）
2012.1

no.238　付加価値会計の生成について―各国にお
ける付加価値会計の導入と発展の経緯（牟礼恵美
子［著］）　2012.2

no.239　スポーツ観光を活かした地域の活性化の
あり方―神戸マラソン開催の経済効果の測定を
通じて（兵庫県立大学地域経済指標研究会［著］）
2012.5

no.240　グローバル経営における経営現地化問題
の検討―日本企業への示唆（笠原民子，西井進剛
［著］）　2012.6

no.241　隣接地域からみたニュータウンの評価
―神戸市西区櫨谷町を事例に（植野和文［著］）
2012.6

no.242　阪神圏女性の就業意識調査―集計結果（車
井浩子，横山由紀子［著］）　2012.6

no.243　貿易障壁の引き下げと自国市場効果―国
際立地選択を含む独占的競争貿易モデル（西山博
幸［著］）　2012.6

no.244　米国製造業の雇用創出に関する一考察―
理論および企業レベルデータによる実証分析（西
山博幸［著］）　2012.6

no.245　神戸コンシューマー・スクール2012での

xcampus分析事例―PIO-NETデータにみる高齢
者消費生活相談のグラフィックス実践・追補と
立体模型（斎藤清［著］）　2012.7

no.246　2カ国・多国間における自由貿易協定の広
がりに伴う兵庫経済への影響（兵庫県立大学地域
経済指標研究会［著］）　2012.8

no.247　ニュータウン隣接地域の居住環境の構造分
析―神戸市西区櫨谷町を事例に（植野和文［著］）
2012.10

no.248　品質上昇型プロダクト・サイクルモデル
における定常状態の安定性に関する分析―模倣
活動が外生的で追従者が非効率なケース（清水隆
則［著］）　2012.10

no.249　進化する海外企業研修―大学院経営研究
科第2回海外企業研修の実施と課題（梅野巨利，山
口隆英［著］）　2012.11

no.253　第2回神戸マラソンの応援・観戦者の動向
（加藤恵正，芦谷恒憲，小沢康英［著］）　2013.5

no.254　本学経営専門職大学院教育の現状と課題
―本経営研究科修了生および在校生対象のアン
ケート調査回答結果に基づいて（安田義郎［著］）
2013.6

no.255　社会福祉学教育と福祉就労の接続に関す
るアンケート調査（吉田和夫，水野利英［著］）
2013.10

no.256　課題探求型海外企業研修の成果と課題―
大学院経営研究科第3回海外企業研修を終えて
（梅野巨利，秋山秀一，安田義郎，山口隆英［著］）
2013.12

no.257　道徳授業案の系譜　1（柏木敦［著］）
2014.3

no.258　日本経済の長期停滞と産業（萩原弘子編）
2014.3

no.259　車依存社会の構造分析―兵庫県北播磨地
域を事例に（植野和文［著］）　2014.4

no.260　第3回神戸マラソンの応援・観戦者の動向
（加藤恵正，芦谷恒憲，小沢康英［著］）　2014.4

no.261　大学院経営研究科第4回海外企業研修報
告（梅野巨利，秋山秀一，アレクシ・コタンサン
［著］）　2014.11

no.262　米国ワシントン州の「地域が支える食と
農」―地産地消のオルタナティブ市場の創出（牧
野松代，西川祥子［著］）　2015.2

no.263　第4回神戸マラソンの応援・観戦者の動向
（加藤恵正，芦谷恒憲，小沢康英［著］）　2015.4

no.264　人，資源，そして生活（植野和文［著］）
2015.5

no.265　朝来市における新設事業所の開業と事業所に関する調査報告書（朝来市, 兵庫県立大学政策科学研究所［監修］, 奥貫麻紀［著］）　2015.5

no.266　大学院経営研究科第5回海外企業研修報告（梅野巨利［著］）　2015.12

no.267　ベトナムにおける介護労働の現状（山田航, 車井浩子［著］）　2016.1

no.268　関西圏女性の仕事と子育てに関する意識調査（無業者）―集計結果：介護職希望者の特徴（車井浩子, 横山由紀子［著］）　2016.1

no.269　関西圏女性の仕事と子育てに関する意識調査（有業者）―集計結果：介護職従業者の特徴（車井浩子, 横山由紀子［著］）　2016.1

no.270　中高年者の引退と健康・社会参加―『中高年者縦断調査』を用いた記述的・予備的研究（菅万理［著］）　2016.1

no.271　第5回神戸マラソンの応援・観戦者の動向（加藤恵正, 芦谷恒憲, 細見正樹, 小沢康英［著］）　2016.4

no.272　充実した経営系専門職大学院教育―アンケート回答結果に見る明確な目標（安田義郎［著］）　2016.8

no.273　熊本地震における地域産業の課題―被災後3か月のブランチ・プラント経済の実態と被災額の推計（加藤恵正, 本荘雄一［著］）　2016.10

no.274　兵庫県内における女性介護労働者の意識調査―集計結果：雇用形態による比較（車井浩子, 横山由紀子［著］）　2016.11

研究資料シリーズ　アジア太平洋研究センター［編］　早稲田大学アジア太平洋研究センター　2010～2015

第1号　太平洋問題調査会関係資料―太平洋会議参加者名簿とデータ・ペーパー一覧（山岡道男［著］）　2010.3

第2号　日韓自動車産業の中国展開（小林英夫, 大野陽男, 金英善著）　2010.3

第3号　M. ガウス回想録―戦前期インドネシア留学生の日本体験（マフユディン・ガウス著, 後藤乾一編訳）　2012.10

第4号　戦前の財団法人日本タイ協会会報集成解題（村嶋英治, 吉田千之輔編）　2013.2

第5号　朝河貫一資料―早稲田大学・福島県立図書館・イェール大学他蔵（山岡道男, 増井由紀美, 五十嵐卓, 山内晴子, 佐藤雄基著）　2015.2

研究双書　アジア経済研究所　1990～2016　⇒Ⅰ-270

no.587　メキシコのビジネスグループの進化と適応―その軌跡とダイナミズム（星野妙子著）　2010.10

no.588　中国の水環境保全とガバナンス―太湖流域における制度構築に向けて（大塚健司編）　2010.11

no.589　アジアの産業発展と技術者（佐藤幸人編）　2010.11

no.590　中東アラブ諸国における民間部門の発展（土屋一樹編）　2010.12

no.591　国際資金移動と東アジア新興国の経済構造変化（国宗浩三編）　2010.12

no.592　グローバル競争に打ち勝つ低所得国―新時代の輸出指向開発戦略（山形辰史編）　2011.1

no.593　朝鮮社会主義経済の理想と現実―朝鮮民主主義人民共和国における産業構造と経済管理（中川雅彦著）　2011.1

no.594　新興諸国における高齢者生活保障制度―批判的社会老年学からの接近（宇佐見耕一編）　2011.3

no.595　ラオスにおける国民国家建設―理想と現実（山田紀彦編）　2011.10

no.596　変容する途上国のトウモロコシ需給―市場の統合と分離（清水達也編）　2011.10

no.597　開発途上国と財政ガバナンス改革（小山田和彦編）　2012.1

no.599　現代インドの国際関係―メジャー・パワーへの模索（近藤則夫編）　2012.2

no.600　交錯する台湾社会（沼崎一郎, 佐藤幸人編）　2012.3

no.601　タイの立法過程―国民の政治参加への模索（今泉慎也編）　2012.3

no.602　中国太湖流域の水環境ガバナンス―対話と協働による再生に向けて（大塚健司編）　2012.12

no.603　グローバル金融危機と途上国経済の政策対応（国宗浩三編）　2013.1

No.604　南アフリカの経済社会変容（牧野久美子, 佐藤千鶴子編）　2013.3

No.605　環境政策の形成過程―「開発と環境」の視点から（寺尾忠能編）　2013.2

No.606　ミャンマーとベトナムの移行戦略と経済政策（久保公二編）　2013.3

no.607　高度経済成長下のベトナム農業・農村の

発展（坂田正三編） 2013.12

No.608 和解過程下の国家と政治—アフリカ・中東の事例から（佐藤章編） 2013.12

no.609 国際産業連関分析論—理論と応用（玉村千治, 桑森啓編） 2014.3

No.610 途上国からみた「貿易と環境」—新しいシステム構築への模索（箭内彰子, 道田悦代編） 2014.3

No.611 東アジアにおける移民労働者の法制度—送出国と受入国の共通基盤の構築に向けて（山田美和編） 2014.3

No.612 「ポスト新自由主義期」ラテンアメリカにおける政治参加（上谷直克編） 2014.11

No.613 国際リユースと発展途上国—越境する中古品取引（小島道一編） 2014.12

No.614 「後発性」のポリティクス—資源・環境政策の形成過程（寺尾忠能編） 2015.2

No.615 ココア共和国の近代—コートジボワールの結社史と統合的革命（佐藤章著） 2015.3

No.616 アジアの生態危機と持続可能性—フィールドからのサステイナビリティ論（大塚健司編） 2015.3

No.617 変容する中国・国家発展改革委員会—機能と影響に関する実証分析（佐々木智弘編） 2015.2

No.618 新興諸国の現金給付政策—アイディア・言説の視点から（宇佐美耕一, 牧野久美子編） 2015.3

No.619 中国の都市化—拡張, 不安定と管理メカニズム（天児慧, 任哲編） 2015.3

no.620 アフリカ土地政策史（武内進一編） 2015.11

no.621 独裁体制における議会と正当性—中国, ラオス, ベトナム, カンボジア（山田紀彦編） 2015.11

no.622 アフリカの「障害と開発」—SDGsに向けて（森壮也編） 2016.2

No.623 経済地理シミュレーションモデル—理論と応用（熊谷聡, 磯野生茂編） 2015.12

No.624 「人身取引」問題の学際的研究—法学・経済学・国際関係の観点から（山田美和編） 2016.3

no.625 太平洋島嶼地域における国際秩序の変容と再構築（黒崎岳大, 今泉慎也編） 2016.3

no.626 ラテンアメリカの市民社会組織—継続と変容（宇佐見耕一, 菊池啓一, 馬場香織編） 2016.11

研究叢書 桃山学院大学総合研究所 1991〜2014
⇒Ⅰ-272

28 The Jacobean politics and the creation of the King's Men in 1603（Ono Yoshiko［著］） 2010.11

29 国民経済計算における銀行業、保険業の産出（生産額）測定研究序説（桂昭政著） 2014.3

公益財団法人鍋島報效会研究助成研究報告書 鍋島報效会［編］ 鍋島報效会 2006〜2016
⇒Ⅰ-193

第5号（鍋島報效会） 2011.10
第6号 2014.1
第7号 2016.2

皇学館大学講演叢書 皇学館大学出版部 2009〜2016

第121輯 中世の神宮式年遷宮（白山芳太郎［述］） 2009.7

第122輯 『平家物語』巻第一「祇園精舎」を読む—国史学と仏教学の立場より（多田実道［述］） 2009.9

第123輯 近世の神宮式年遷宮（松本丘［述］） 2009.12

第125輯 韓天寿が愛した石刻資料（上小倉一志［述］） 2011.2

第126輯 古代の神宮式年遷宮（井後政晏［述］） 2011.3

第127輯 大伯皇女（大島信生［述］） 2011.3

第128輯 武士道（菅野覚明［述］） 2011.5

第130輯 建学の精神について（伴五十嗣郎［述］） 2012.4

第131輯 伊藤若冲との出会い—光を描いた男（Joe D. Price［述］, 豊住誠, サミュエル・アネスリー共訳） 2012.4

第132輯 森鷗外の独逸体験と東洋（半田美永［述］） 2012.5

第133輯 俊乗房重源の参宮（多田実道［述］） 2012.11

第134輯 日本人の「主体」性（菅野覚明［述］） 2012.11

第135輯—第142輯 伊勢の神宮と式年遷宮（清水潔, 岡田登, 多田実道, 岡野友彦, 上野秀治, 松浦光修, 谷口裕信, 田浦雅徳著） 2012.11

第143輯 江戸川乱歩と名張（三品理絵［述］） 2012.12

総記　　　　　　　　　　　　　　　　　　　　　　　　　　　　　知識・学術一般

第144輯　泉鏡花の文学と伊勢―光と闇の古市（三品理絵［述］）　2012.12

第145輯　子どもの育ちと遊び（田口鉄久［述］）　2013.1

第146輯　西洋音楽黎明期における子どもの歌（錦かよ子［述］）　2013.2

第147輯　子ども観の変遷（野々垣明子［述］）　2013.3

第148輯　版画の話―その歴史とウォーターレスリトグラフ技法について（加藤茂外次［著］）　2013.3

第149輯　ことばと文化の諸相（山田やす子［述］）　2013.6

第150輯　世界的気候変動の中の日本史（深草正博［述］）　2013.9

第151輯　英語はどこから来たのか？―英語の歴史と語源（児玉玲子［述］）　2013.11

第152輯　伊勢から熊野へ―折口信夫の足跡と神道観（半田美永［述］）　2013.11

第153輯　勉強ができなくなる方法勉強ができるようになる方法（有門秀記［述］）　2013.12

第154輯　日本人はなぜ英語が苦手なのか（豊住誠［述］）　2013.12

第155輯　天心・岡倉覚三とアメリカ―ポストモダンをみすえて（池田久代［述］）　2015.1

第156輯　社会情報と人づくり（藤井恭子［述］）　2015.3

第157輯　中国の茶文化について（張磊［述］）　2015.3

第158輯　現代日本社会学部が目指すもの（新田均［述］）　2015.3

第159輯　社会臨床とまちづくり（筒井琢磨［述］）　2015.3

第160輯　正直と浄明の心（白山芳太郎［述］）　2015.3

第161輯　三名山の神様・仏様（河野訓［述］）　2016.3

第162輯　暮らしのなかの神々―ロボット掃除機とハハキの対話（桜井治男［述］）　2016.3

高等研選書　国際高等研究所　1999〜2011
⇒Ⅰ−278

25　能と京劇―日中比較演劇論（金文京著）　2011.10

26　生活習慣病の面白健康科学―元気に生きるための食事と運動（森谷敏夫著）　2011.1

27　ヒトの心と社会の由来を探る―霊長類学から

見る共感と道徳の進化（山極寿一著）　2011.7

高等研報告書　国際高等研究所　2004〜2013
⇒Ⅰ−278

0319　医学データベース―疾患遺伝子変異情報（情報生物学講義6（生命情報の大規模化とその科学））（松原謙一監修，蓑島伸生著）　2005.3

0401　多様性の起源と維持のメカニズム（吉田善章編）　2005.1

0801　量子情報の数理に関する研究―エントロピー・ゆらぎ・ミクロとマクロ・アルゴリズム・生命情報（大矢雅則研究代表）　2008.8

0803　思考の脳内メカニズム（波多野誼余夫研究代表）　2009.6

0901　学習の生物学（星元紀研究代表）　2011.1

0906　スキルと組織（榎木哲夫研究代表）　2011.3

1001　グローバリゼーションと市民社会（仁科一彦研究代表）　2011.9

1002　女性研究者と科学技術の未来（伊藤厚子研究代表）　2011.3

1003　スンマとシステム―知のあり方（亀本洋研究代表）　2011.3

1004　細胞履歴に基づく植物の形態形成（鎌田博研究代表）　2011.7

1005　生物進化の持続性と転移（津田一郎研究代表）　2011.5

1007　すきまの組織化（鳥海光弘研究代表）　2011.3

1008　エネルギー科学における多階層連結コンピューティング（三間圀興研究代表）　2011.3

1101　芸術と脳の対話―絵画と文学に表象される、時間と空間の脳による認識（近藤寿人研究代表）　2012.2

1102　近代精神と古典解釈―伝統の崩壊と再構築（手島勲矢研究代表）　2012.3

1201　法と倫理のコラボレーション―活気ある社会への規範形成（服部高宏研究代表）　2013.2

1202　受容から創造性へ―日本近現代文学におけるスタンダールの場合（ジュリー・ブロック研究代表）　2013.3

甲南大学総合研究所叢書　甲南大学総合研究所　1986〜2015　⇒Ⅰ−278

106　大学教育における学習への動機づけ研究―甲南大学の教育効果を高めるための1つの試み　2011.3

107　大学とメディアとの新たなる連携を求めて―

知識・学術一般

教育・研究・社会貢献　2011.11

108　高齢者の認知機能に及ぼす歩行運動効果の電気生理学的研究及びバイオメカニクス的研究―歩行時の加速度に着目して　2011.3

109　会社法理論とファイナンス理論の相互作用の国際比較　2011.3

110　東アジアにおける戦争と絵画　2012.3

111　日本語教育用学習支援システムを利用した読解教材の開発　2012.3

112　日本におけるマイノリティ企業家の研究　2012.3

113　アジア地域における"持続可能な未来"のための環境教育学　2012.3

114　新発見された強相関物質における超伝導発現および金属絶縁体転移の機構解明　2013.1

115　異文化接触のダイバーシティ　2013.2

116　日本と中国における企業間ネットワークの形成とその効果について―企業間ストラテジックアライアンスとICTシステムの両面からのアプローチ　2013.3

117　平生釟三郎におけるイギリス的伝統　2013.3

119　甲南大学における教育哲学―学生の心に響く大学教育の実践に向けて　2014.1

120　多言語Wikipediaの差分情報抽出手法に関する研究　2014.1

121　Impact on the L2 writing ability of learners by explicit teaching of an ICT-mediated genre-based approach to writing　2014.3

122　小・中学生向け「地域語教材」開発のための基礎的研究　2014.2

123　甲南大学生のためのSLSP（second language for specific purposes）教育の研究　2015.2

124　地域文化保全のための伝統的知識の再評価―持続可能な衣・食・住の教育をベースにした環境教育のエリア研究　2015.2

神戸学院大学人文学部人間文化研究叢書　人文書院　1992～2013　⇒Ⅰ-279

◇生活用水・排水システムの空間的展開（矢嶋巌著）　2013.3

神戸国際大学経済文化研究所叢書　アビッツ　2013

15　観光教育とは何か―観光教育のスタンダード化（前田武彦編著）　2013.3

神戸国際大学経済文化研究所叢書　ミネルヴァ書房　1992～2014　⇒Ⅰ-279

16　大学教育の変貌を考える（三宅義和, 居神浩, 遠藤竜馬, 松本恵美, 近藤剛, 畑秀和著）　2014.3

17　現代の死と葬りを考える―学際的アプローチ（近藤剛編著）　2014.10

神戸市外国語大学研究叢書　神戸市外国語大学外国学研究所　1990～2016　⇒Ⅰ-279

第47冊　古代スラヴ語ノート（井上幸和著）　2011.3

第48冊　日本人の物語（村田邦夫著）　2011.3

第49冊　兼満漢語満洲套話清文啓蒙―翻字・翻訳・索引　2011（竹越孝著）　2012.3

第50冊　アッセマーニ逍遥―アブラコス福音書を巡って（井上幸和著）　2012.3

第51号　永遠回帰の思想―九鬼周造の時間論（小浜善信［著］）　2013.3

第52号　韻書と等韻図　1（太田斎［著］）　2013.3

第55号　信仰と法規制―アメリカ法の議論から（山口智［著］）　2015.3

第56号　授業談話を変えるアクティビティ開発―教師が手作りする授業（三野宮春子［著］）　2015.3

第57号　チベット語文法研究（武内紹人著）　2016.3

第58号　国際商取引におけるsoft law（中村嘉孝著）　2016.3

神戸女学院大学総文叢書　冬弓舎　2002～2014　⇒Ⅰ-39

9　キリストの道―真実の自己の究明（松田央著）　2011.3

10　思考のリフォーム（難波江和英著）　2012.3

11　精神保健福祉士の実践と養成教育―〈自分らしく生きる〉を支援する（金田知子, 岩田泰夫編著, 精神保健福祉士養成課程OG会・教員著）　2013.

12　東日本大震災と私たち―和合亮一講演会「わたしを生きる、あなたを生きる。」（神戸女学院大学文学部総合文化学科編著）　2014.3

国際学術文化振興センター学術叢書　Josai International Center for the Promotion of Art and Science Josai University　2011

◇Urashimaso（by Minako Oba, translated by Yu Oba）　2011.3（第2刷）

総記　　　　　　　　　　　　　　　　　　　　　　　　　　知識・学術一般

国際教養大学課題解決型科目授業報告書　国際教養大学教務課教育推進プロジェクトチーム　2015
◇農家民宿経営者のライフストーリー─地域発展論2014秋田県仙北市（椙本歩美編）　2015.3
◇新波で学ぶ地域社会─PBL地域環境論2014秋田県秋田市（椙本歩美編）　2015.3
◇萱ケ沢で学ぶ地域社会─PBL地域環境論2014秋田県秋田市（椙本歩美編）　2015.3

国際教養大学課題解決型授業報告書　Akita International University［Educational Renovation Project Team］　2014
◇Marketing and branding in tourism─with the view to promoting tourism in Akita, Japan a project based learning course jointly conducted by Akita International University and San Francisco State University（editor：Masahiko Agata）　c2014
◇International migration, transnational family, and community building─comparative perspectives　［2014］

国際シンポジウム　国際日本文化研究センター　1989～2015　⇒Ⅰ-192
26　東アジアにおける近代諸概念の成立─第26回国際研究集会（鈴木貞美, 劉建輝編）　2012.3
29　前近代における東アジア三国の文化交流と表象─朝鮮通信使と燕行使を中心に（劉建輝編）　2011.3
31　東アジアにおける学芸史の総合的研究の継続的発展のために─第31回国際研究集会（鈴木貞美, 劉建輝編）　2013.3
40　植民地帝国日本における支配と地域社会─第40回国際研究集会（松田利彦編）　2013.3
41　近代と仏教（末木文美士編）　2012.3
42　帝国と高等教育─東アジアの文脈から 第42回国際研究集会（酒井哲哉, 松田利彦編）　2013.3
43　Pour un Vocabulaire de la spatialité Japonaise─第43回国際研究集会（フィリップ・ボナン, 西田雅嗣, 稲賀繁美編）　2013.3
44　東アジアにおける知的交流─キイ・コンセプトの再検討（鈴木貞美, 劉建輝編）　2013.11
45　怪異・妖怪文化の伝統と創造─ウチとソトの視点から（小松和彦編）　2015.1

国際文化研究所モノグラフシリーズ　kansai Gaidai University　2013
no.30　New horizons in English language teaching─language, literature and education selected papers from the Kansai Gaidai IRI Forum（edited by Masanori Toyota, Shigeo Kikuchi）　2013.12

コンタクト・ゾーンの人文学　晃洋書房　2011
第1巻　Problematique/問題系（田中雅一, 船山徹編）　2011.4
第2巻　Material Culture/物質文化（田中雅一, 稲葉穣編）　2011.4

コンフリクトの人文学　大阪大学グローバルCOEプログラムコンフリクトの人文学国際研究教育拠点編　大阪大学出版会　2009～2012　⇒Ⅰ-40
第3号　2011.3
第4号　2012.1
第5号　2012.3

埼玉学園大学研究叢書　明石書店　2016
第14巻　生命・人間・教育─豊かな生命観を育む教育の創造（松永幸子, 三浦正雄編著）　2016.11

埼玉学園大学研究叢書　笠間書院　2016
第12巻　古代日本漢詩文と中国文学（胡志昂著）　2016.2

埼玉学園大学研究叢書　三元社　2012
第6巻　一九三〇年代日本における家庭教育振興の思想─「教育する母親」を問題化した人々（志村聡子著）　2012.10

埼玉学園大学研究叢書　社会評論社　2011～2014
第4巻　21世紀の企業情報開示─欧米市場におけるIR活動の展開と課題（米山徹幸著）　2011.12
第7巻　現代社会における組織と企業行動（奥山忠信, 張英莉編著）　2012.11
第8巻　貨幣理論の現代的課題─国際通貨の現状と展望（奥山忠信著）　2013.7
第10巻　現代社会における経済・経営のダイナミズム（張英莉, 堂野崎衛編著）　2014.12

埼玉学園大学研究叢書　ナカニシヤ出版　2012
第5巻　成人期の文化間移動と文化的アイデンティティ─異文化間結婚の場合（鈴木一代著）　2012.2

全集・叢書総目録 2011-2016　**17**

知識・学術一般

総記

埼玉学園大学研究叢書　人間と歴史社　2014
第9巻　パンデミック―〈病〉の文化史（赤阪俊一, 米村泰明, 尾崎恭一, 西山智則著）　2014.2

埼玉学園大学研究叢書　白桃書房　2011
第3巻　会計国際化の研究―国際会計制度の変遷とIFRSの現状分析（李相和著）　2011.2

埼玉学園大学研究叢書　八千代出版　2015
第11巻　中国企業における組織と個人の関係（張英莉著）　2015.11

佐賀大学文化教育学部研究叢書　作品社　2012
7　臨床知と徴候知（後藤正英, 吉岡剛彦編）　2012.3

佐賀大学文化教育学部研究叢書　知泉書館　2014
9　杜甫の詩と生活―現代訓読文で読む（古川末喜著）　2014.12

佐賀大学文化教育学部研究叢書　明治図書出版　2014
8　学校秀才を育てる学力・自分づくりが求める学力―聞き語り "学びのヒストリー" から明日の教育を考える（佐長健司編）　2014.3

札幌大学附属総合研究所booklet　札幌大学附属総合研究所　2010～2012　⇒Ⅱ-14
第2号　民主党政権と「地域主権」（浅野一弘著）　2010.12
第3号　ドストエフスキーと現代―黙過と共苦（亀山郁夫著）　2011.3
第4号　アイヌ民族と教育政策―新しいアイヌ政策の流れのなかで（常本照樹著）　2011.12
第5号　現代企業社会のあり方を問う―大学生の就活実態から考える（森田孝二著）　2012.2
第6号　環太平洋の環境と文明を考える―札幌大学創立45周年記念公開シンポジウム（本田優子, 加藤博文, 高宮広土, 坂井正人, 青山和夫, 米延仁志著）　2012.10
第7号　世界の中の日本文化と日本文学（ドナルド・キーン著）　2012.12

静岡産業大学オオバケBOOKS　静岡産業大学編　静岡新聞社　2015～2016
◇爆買いを呼ぶおもてなし―中国人誘客への必須15の常識・非常識（柯麗華著）　2015.12
◇大化けの極意―人生を変える大化けスイッチ（大坪檀著）　2016.10

静岡大学公開講座ブックレット　静岡大学生涯学習教育研究センター, 静岡大学社会連携推進機構, 静岡大学イノベーション社会連携推進機構　2012～2016
4　いま、再び〈いのち〉を考える（静岡大学生涯学習教育研究センター編）　2012.1
5　〈いのち〉と環境を考える（静岡大学生涯学習教育研究センター編）　2012.3
6　沼津の古代遺跡を考える（静岡大学生涯学習教育研究センター編）　2012.3
7　食と健康を科学する（静岡大学社会連携推進機構編）　2013.3
8　災害を知り、防災を考える（静岡大学イノベーション社会連携推進機構編）　2014.3
9　〈生きる〉を考える（静岡大学・読売新聞連続市民講座 2015年度）（静岡大学イノベーション社会連携推進機構編）　2016.3

静岡大学人文学部研究叢書　新評論　2012
31　観光の活性化と地域振興―伊豆の観光を考える（野方宏編）　2012.3

静岡大学人文学部研究叢書　南山堂　2011
25　くすりの小箱―薬と医療の文化史（湯之上隆, 久木田直江編）　2011.3

静岡大学人文学部研究叢書　六一書房　2007～2011　⇒Ⅱ-441
26　手越向山遺跡の研究―東海東部における弥生時代中期畠状遺跡・方形周溝墓の調査（静岡大学考古学研究報告 第2冊）（静岡大学人文学部考古学研究室編著）　2011.4

静岡大学人文学部叢書　自治体研究社　2011
27　「分権改革」と地方財政―住民自治と福祉社会の展望（川瀬憲子著）　2011.2

静岡大学人文学部叢書　風響社　2012
30　モンゴル人ジェノサイドに関する基礎資料　4　毒草とされた民族自決の理論（内モンゴル自治区の文化大革命 4）（楊海英編）　2012.3

静岡大学人文社会科学部研究叢書　御茶の水書房　2015
No.50　韓国経済発展論―高度成長の見えざる手（朴根好著）　2015.3

総 記

知識・学術一般

静岡大学人文社会科学部研究叢書　汲古書院　2015

48　近代天津の「社会教育」―教育と宣伝のあいだ（戸部健著）　2015.3

静岡大学人文社会科学部研究叢書　好文出版　2013

No.39　一人称複数代名詞における除外と包括の対立―漢語諸方言を中心に（張盛開著）　2013.2

静岡大学人文社会科学部研究叢書　晃洋書房　2016

No.55　地域経済分析ハンドブック―静岡モデルから学ぶ地方創生（山下隆之編著）　2016.3

静岡大学人文社会科学部研究叢書　思文閣出版　2014

No.46　日本中世の地域社会と仏教（湯之上隆著）　2014.10

静岡大学人文社会科学部研究叢書　昭和堂　2014

43　中世チェコ国家の誕生―君主・貴族・共同体（藤井真生著）　2014.2

静岡大学人文社会科学部研究叢書　知泉書館　2013～2014

34　科学技術研究の倫理入門（ミヒャエル・フックス編著, 松田純監訳, 小椋宗一郎, 堂囿俊彦, 中野真紀, 宮島光志, 中沢武, 神馬幸一訳）　2013.3

44　医療と身体の図像学―宗教とジェンダーで読み解く西洋中世医学の文化史（久木田直江著）　2014.3

静岡大学人文社会科学部研究叢書　南山堂　2014

41　こんなときどうする？ 在宅医療と介護―ケースで学ぶ倫理と法（松田純, 青田安史, 天野ゆかり, 宮下修一編集）　2014.3

静岡大学人文社会科学部研究叢書　日本評論社　2016

No.53　地域間産業連関分析の理論と実際（浅利一郎, 土居英二著）　2016.2

静岡大学人文社会科学部研究叢書　羽衣出版　2015

39　時代と格闘する人々（静岡県近代史研究会編）　2015.3

静岡大学人文社会科学部研究叢書　風響社　2013～2016

32　モンゴル人ジェノサイドに関する基礎資料　5　被害者報告書1（内モンゴル自治区の文化大革命5）（楊海英編）　2013.3

42　モンゴル人ジェノサイドに関する基礎資料　6　被害者報告書2（内モンゴル自治区の文化大革命6）（楊海英編）　2014.1

52　モンゴル人ジェノサイドに関する基礎資料　8　反右派闘争から文化大革命へ（内モンゴル自治区の文化大革命8）（楊海英編）　2016.3

静岡大学人文社会科学部研究叢書　文真堂　2013

第40号　消費税ほど公平な税はない：課税原則と実態―西欧並み20％台で社会保障充実, 財政再建, 震災復興（桜井良治著）　2013.1

《思想・多島海》シリーズ　法政大学出版局　2004～2011　⇒Ⅰ-287

18　形而上の中世都市―散歩の文化学　中世篇（前野佳彦著）　2010.10

19　中世的修羅と死生の弁証法―事件の現象学　中世篇（前野佳彦著）　2011.10

上智大学新書　Sophia University Press上智大学出版　2012～2016

◇脳科学に何が期待できるか？―脳と倫理（上智大学生命倫理研究所編）　2012.3

002　激動するアジアの大学改革―グローバル人材を育成するために（北村友人, 杉村美紀共編）　2012.9

002　激動するアジアの大学改革―グローバル人材を育成するために　増補版（北村友人, 杉村美紀共編）　2016.11

003　グローバル化のなかの大学―教育は社会を再生する力をはぐくむか（上智大学グローバル・コンサーン研究所, 国際基督教大学社会科学研究所共編）　2013.4

004　生命倫理の希望―開かれた「パンドラの箱」の30年（町野朔著）　2013.9

005　死ぬ意味と生きる意味―難病の現場から見る終末医療と命のあり方（浅見昇吾編）　2013.10

006　北米研究入門―「ナショナル」を問い直す（上智大学アメリカ・カナダ研究所編）　2015.3

007　「見えざる手」と「見えざる心」―ワーク・アンド・ファミリーのゆくえ（平尾桂子著）　2015.9

知識・学術一般

総記

上智大学ヨーロッパ研究所研究叢書 上智大学
ヨーロッパ研究所 2008〜2016 ⇒Ⅴ−741
5 ヨーロッパ映画の現在（村田真一, 吉村和明編）
2011.3
6 日常的な言葉遣い—ヨーロッパの言語をめぐっ
て（林メーナー・エルケ, 高橋亮介編）2013.2
7 ヨーロッパサッカーと日本（市之瀬敦編）
2014.3
8 フェリペ3世のスペイン—その歴史的意義と評
価を考える（松原典子編）2015.3
9 ヨーロッパ映画における「ボーダー」（村田真一
編）2016.3

湘南国際村ブックレット ［かながわ国際交流財
団湘南国際村学術研究センター］2009〜2010
◇池内了さんが語る地球市民として科学を見つめ
なおす（池内了［述］, かながわ国際交流財団湘南
国際村学術研究センター企画・編集）2009.12
◇広井良典さんが語るケア・コミュニティ・自然
—創造的定常経済システムへの展望（広井良典
［述］, かながわ国際交流財団湘南国際村学術研
究センター企画・編集）2010.5

情報とフィールド科学 京都大学学術出版会
2015〜2016
1 映画から世界を読む（山本博之著）2015.3
2 灯台から考える海の近代（谷川竜一著）2016.
3
3 雑誌から見る社会（山本博之著）2016.3
4 被災地に寄り添う社会調査（西芳実著）2016.
3

シリーズ「知の津梁」琉球大学ブックレット 琉
球大学 2015
1 「沖縄文学」への招待（大城貞俊著）2015.3
2 沖縄の自然は大丈夫？—生物の多様性と保全
（中西希, 中本敦, 広瀬裕一著）2015.3
3 沖縄からの眼差し・沖縄への眼差し（石原昌英
編）2015.3

新天理図書館善本叢書 天理大学附属天理図書館
編 天理大学出版部 2015〜2016
1 古事記道果本 播磨国風土記 2016.2
2 日本書紀乾元本 1 2015.4
3 日本書紀乾元本 2 2015.6
4 古語拾遺—嘉禄本・暦仁本（［斎部広成］［著］）
2015.10
5 明月記（［藤原定家］［著］）2015.12

6 定家筆古記録（［藤原定家］［筆］）2015.8
8 三宝類字集—高山寺本 2016.4
13 源氏物語—池田本 1 桐壺・帚木・空蝉 夕
顔・若紫（［紫式部］［著］）2016.6
14 源氏物語—池田本 2 末摘花・紅葉賀 花宴・
葵・賢木（［紫式部］［著］）2016.8
15 源氏物語—池田本 3 須磨・明石・澪標・蓬
生 関屋・絵合・松風（［紫式部］［著］）2016.10
16 源氏物語—池田本 4 薄雲・朝顔・少女 玉
鬘・初音・胡蝶（［紫式部］［著］）2016.12

人文科学研究所報告書 大東文化大学人文科学研
究所 2014〜2015
平成25年度 古英語作品の本文研究をたどって—
古英詩Andreasの写本・刊本・日本語散文訳（網
代敦編）2014.3
2014年度 影印『六経補疏』（焦循著, 吉田篤志編）
2015.3

人文学のフロンティア大阪市立大学人文選書 和
泉書院 2010〜2016 ⇒Ⅴ−546
2 万葉歌木簡を追う（栄原永遠男著）2011.1
3 私もできる西洋史研究—仮想大学に学ぶ（井上
浩一著）2012.5
4 アートの力（中川真著）2013.4
5 モダンドラマの冒険（小田中章浩著）2014.3
6 ヒュームの人と思想—宗教と哲学の間で（中才
敏郎著）2016.3
7 京町家を愉しむ—行動建築学から見る町家の再
生と暮らし（伊藤正人著）2016.10

人文研ブックレット 中央大学人文科学研究所
1993〜2013 ⇒Ⅰ−296
25 ジョンソンとボズウェル—最期の言葉 談話会
（諏訪部仁著）2010.12
26 14世紀のイギリス文学—歴史と文学の世界 公
開研究会（池上忠弘著）2011.3
27 カトリックとシェイクスピア—談話会（竹中昌
宏著）2012.3
28 キーツのシェイクスピア—談話会（上坪正徳
著）2012.3
29 多文化社会における国民形成—タイの事例と
EUの事例：公開研究会（研究会チーム「多文化
社会と教育研究」著）2012.3
30 トリスタン物語—変容するトリスタン像とそ
の「物語」公開講演会・公開研究会（佐佐木茂
美著）2013.3

20 全集・叢書総目録 2011-2016

総 記   知識・学術一般

人文研ブックレット　同志社大学人文科学研究所編　同志社大学人文科学研究所　1994〜2016　⇒Ⅲ－26

no.35　アメリカン・ボード創立二〇〇年―第70回公開講演会　2011.1

no.36　今どきの大学生は？―当世書生気質　第71回公開講演会　2011.2

no.37　同志社大学とアーモスト大学との交流史―第72回公開講演会　続　2011.3

no.38　日本生まれのランドマーク商品たち―第73回公開講演会　2011.9

no.39　グローバル競争枠組みの変化と日本企業の対応―鉄鋼業・建設業からみる事業システムの進化：第74回公開講演会　2012.1

no.40　アメリカ日系二世と越境教育―第75回公開講演会　2012.2

no.41　植民地支配責任を考える―歴史と法のあいだ：第76回公開講演会「国際シンポジウム」　2012.3

no.42　戦後日本における行動する知識人―私たちは何を学ぶことができるか：第77回公開講演会　2013.1

no.43　過去の記憶の場としての近代―第78回公開講演会「国際シンポジウム」　2013.3

no.44　金融危機と日本経済―第79回公開講演会　2013.3

no.45　カリマンタン/ボルネオにおけるアブラヤシ農園拡大とその影響―生産システム・地域社会・熱帯林保護　第80回公開講演会「国際シンポジウム」　2013.3

no.46　大学はこうしてつくられる―高等教育の社会史　第81回公開講演会　2013.6

no.47　Power in contemporary Japan―第82回公開講演会【国際シンポジウム】　2014.12

no.48　市民化する住民、開発と公害を生きる―第83回公開講演会　2015.1

no.49　戦後日本思想と東アジア―知識人と民衆　第84回公開講演会　2015.3

no.50　都市を占拠する―闇市・バラック街から見た都市空間の「戦後」第85回公開講演会　2015.3

no.51　歴史と記憶の形成―第86回公開講演会　2016.1

no.52　沖縄と村から見る戦後の日本―第87回公開講演会　2016.2

no.53　インドネシア・リアウ州のアブラヤシと煙害―グローバル化が促す農園企業・小農の行動とその帰結　第88回公開講演会「シンポジウム」　2016.3

no.54　香りと音楽―第89回公開講演会　2016.11

人文社会科学研究科研究プロジェクト報告書　千葉大学大学院人文社会科学研究科　2010〜2015

第122集　中国と日本の医療・社会保障システムの比較研究　2003-2012年度(広井良典編)　2013.2

第160集　発達障害児における脳機能解析　2006-2012年度(杉田克生編)　2013.2

第162集　中世東国史の総合的研究　2006-2010年度(佐藤博信編)　2011.2

第166集　日本の社会・労働運動の史的研究　2006-2010年度(三宅明正編)　2011.2

第182集　小学校算数科と中学校数学科の指導の連続性に関する研究　2007-2009年度(松尾七重編)　2010.2

第185集　犯罪・修復・責任　2007-2009年度(嶋津格編)　2010.3

第201集　取締役の監視義務　2008-2011年度(遠藤美光編)　2012.2

第203集　哲学的自然主義の諸相の展開　2008-2010年度(田島正樹編)　2011.2

第204集　民事法および医療法に関する日中の比較研究　2008-2010年度(植木哲編)　2010.3

第205集　現代健康教育におけるスポーツ・栄養の役割(村松成司編)　2011.2

第206集　地方自治体における再生可能エネルギー政策の検討　2008-2009年度(倉阪秀史編)　2010.3

第207集　マイノリティの言語実践と社会行動―文化・越境・歴史　2009年度(土田知則編)　2010.2

第209集　医療と法―医療同意に関する一考察　2008-2010年度(植木哲編)　2010.3

第210集　日本社会における「家」と「家族」の位相　2008-2009年度(米村千代編)　2010.2

第211集　日本語とそれをとりまく言葉たち　2　(2008-2009年度)(神戸和昭編)　2010.2

第214集　世代間交流を通じた相互扶助活動の活性化に関する実証的研究　2008-2009年度(広井良典編)　2010.2

第217集　日本における「標準化」の史的考察　2008-2011年度(三宅明正編)　2012.2

第219集　イメージ・政治・メディア　2008-2010

知識・学術一般

総記

年度（三宅晶子編）　2011.2

第220集　記録史料と日本近世社会　5（記録史料に関する総合的研究　6（2008-2009年度））（菅原憲二編）　2010.2

第222集　途上国、伝統文化、そして開発　2009年度（武井秀夫編）　2010.3

第223集　ケイパビリティ・アプローチの史学的研究　2009年度（安孫子誠男編）　2010.2

第224集　ワークフェア改革とフレキシキュリティ・モデル　2009-2011年度（安孫子誠男編）　2012.2

第225集　インドシナ諸国の教育カリキュラムの調査　2009-2011年度（吉田雅巳編）　2012.2

第226集　北東アジア近代移行期における社会変容　2（2009年度）（山田賢編）　2010.2

第227集　グローバリゼーションの状況下における民族知の変容と生成に関する研究（小谷真吾編）　2014.2

第228集　接触場面の変容と言語管理（接触場面の言語管理研究　vol.8（2009年度））（村岡英裕編）　2010.2

第230集　国際協力の民族誌　2009-2010年度（武井秀夫編）　2011.2

第231集　社会運動と新しい働き方に関する研究　2009-2010年度（尾形隆彰編）　2011.2

第232集　帝国・人権・ジェンダーに関する比較研究　2009-2012年度（栗田禎子編）　2013.2

第233集　近代ヨーロッパにおける地域の再編成と社会秩序　2009-2011年度（小沢弘明編）　2012.2

第234集　近代日本政治思想史におけるドイツ観念論政治思想の有する意義についての研究　2009-2012年度（小林正弥編）　2013.2

第237集　起業家教育に関する実践的研究　2010年度（藤川大祐編）　2011.2

第238集　接触場面・参加者・相互行為（接触場面の言語管理研究 vol.9（2010年度））（村岡英裕編）　2011.2

第239集　ユーラシアの多言語社会と言語政策　2010-2011年度（中川裕編）　2012.2

第240集　記録史料と日本近世社会　6（記録史料に関する総合的研究　7（2010-2011年度））（菅原憲二編）　2012.3

第241集　空間を記述する　2010-2012年度（武井秀夫編）　2012.2

第242集　自由と拘束—社会と法の哲学のために

2010-2011年度（嶋津格編）　2012.2

第243集　個体と権利　2010-2011年度（嶋津格編）　2012.2

第244集　日本語とそれをとりまく言葉たち　3　2010-2011年度（神戸和昭編）　2012.2

第245集　サービス労働のあり方と多様化する働き方　2010-2011年度（片桐雅隆編）　2012.2

第246集　中日における教員養成カリキュラムの考察　2010-2011年度（磯崎育男編）　2012.2

第247集　日中企業システムの比較制度論的研究　2010-2011年度（我孫子誠男編）　2012.2

第248集　外来性に関わる通時性と共時性（接触場面の言語管理研究 vol. 10（2011年度））（村岡英裕編）　2012.2

第250集　近現代東アジアにおける相互認識と表象—「脱亜」と「アジア主義」　2011年度（山田賢編）　2012.2

第251集　型式論の実践的研究—地域編年研究の広域展開を目指して　1　2010-2012年度（柳沢清一編）　2013.2

第252集　現代日本の政策の革新と政治の革新　2010-2012年度（宮崎隆次編）　2013.2

第253集　日独比較民事法　2010-2012年度（半田吉信編）　2013.2

第254集　サービサイズ概念の背景・効果・政策に関する研究　2010-2012年度（倉阪秀史編）　2013.2

第255集　子どものための哲学教育研究　2010-2012年度（山田圭一編）　2013.2

第256集　経済連携協定に基づくフィリピン人看護師候補者受入れ政策　2010-2012年度（磯崎育男編）　2013.2

第257集　都市コミュニティにおける相互扶助と次世代育成　2010-2012年度（水島治郎編）　2013.2

第258集　現代共犯論の日独比較法研究　2011-2012年度（石井徹哉編）　2013.2

第259集　空間と表象（上村清雄編）　2013.2

第260集　境界と差異の社会学　2011-2012年度（米村千代編）　2013.2

第261集　安全と新しい働き方　2012年度（尾形隆彰編）　2013.2

第262集　社会とつながる学校教育に関する研究　2012年度（藤川大祐編）　2013.2

第263集　国際的な自動車リユース・リサイクルに関する学際的研究　2012年度（福田友子編）　2013.

総記　　　　　　　　　　　　　　　　　　　　知識・学術一般

2

第264集　東アジア「近世」比較社会史研究　2012
　年度（山田賢編）　2013.2

第267集　福祉思想に関する研究（広井良典編）
　2014.2

第269集　古代地中海世界における文化受容の諸断
　面　2011-2013年度（保坂高殿編）　2014.2

第271集　法の主観的価値と客観的機能について
　（嶋津格編）　2014.2

第272集　現代的ライフスタイルにおける運動・健
　康教育の必要性について　2012-2013年度（村松
　成司編）　2014.2

第273集　言語接触と言語変化―ユーラシアにおけ
　る言語の混交（田口善久編）　2014.2

第275集　モンゴル高原における文化資源の生成と
　保全に関する研究　2012-2014年度（児玉香菜子
　編）　2014.2

第276集　型式論の実践的研究　2　2013年度（柳
　沢清一編）　2014.2

第278集　接触場面における言語使用と言語態度
　（接触場面の言語管理研究 vol.11）（村岡英裕編）
　2014.2

第279集　歴史＝表象の現在（上村清雄編）　2014.
　2

第280集　新しい働き方とコミュニケーション（尾
　形隆彰編）　2014.2

第292集　接触場面における相互行為の蓄積と評価
　（接触場面の言語管理研究 vol.12）（村岡英裕編）
　2015.2

第294集　歴史＝表象の現在　2　記憶/集積/公
　開（上村清雄編）　2015.3

人文社会科学ライブラリー　東北大学出版会
　2010〜2015　⇒Ⅲ－501

第2巻　竹を吹く人々―描かれた尺八奏者の歴史と
　系譜（泉武夫著）　2013.3

第3巻　台湾社会の形成と変容―二元・二層構造か
　ら多元・多層構造へ（沼崎一郎著）　2014.3

第4巻　言葉に心の声を聞く―印欧語・ソシュール・
　主観性（阿部宏著）　2015.3

人文知　秋山聡，唐沢かおり，熊野純彦，佐藤健二，
　野崎歓，林徹編集委員　東京大学出版会　2014

1　心と言葉の迷宮（唐沢かおり，林徹編）　2014.7

2　死者との対話（秋山聡，野崎歓編）　2014.11

3　境界と交流（熊野純彦，佐藤健二編）　2014.9

椙山女学園大学研究叢書　岡田宏子　2010

37　歳をとるほど大胆になるわ―歌曲集（アストラ・
　ブローグ詩，岡田宏子訳，加藤由美子曲）　2010.
　2

椙山女学園大学研究叢書　成文堂　2010〜2011
　⇒Ⅲ－27

42　観光による地域活性化の経済分析（角本伸晃
　著）　2011.2

椙山女学園大学研究叢書　税務経理協会　2009〜
　2011　⇒Ⅲ－27

43　地方分権の税法学（林仲宣著）　2011.1

椙山女学園大学研究叢書　ナカニシヤ出版　2014

45　メディアと人間―メディア情報学へのいざな
　い（林文俊，谷口俊治，米田公則編著）　2014.2

椙山女学園大学研究叢書　風媒社　2016

46　泉州南王子村の村落空間形成（高阪謙次著）
　2016.2

聖学院大学研究叢書　聖学院大学出版会　2001〜
　2014　⇒Ⅲ－28

8　ニーバーとリベラリズム―ラインホールド・ニー
　バーの神学的視点の探求（高橋義文著）　2014.3

9　近代日本精神史の位相―キリスト教をめぐる思
　索と経験（村松晋著）　2014.3

**聖カタリナ大学・聖カタリナ大学短期大学部研究
叢書**　聖カタリナ大学・聖カタリナ大学短期大
学部企画　創風社出版　2013〜2016

1　オルテガ・イ・ガセットにおける人生論（ホビ
　ノ・サンミゲル著）　2013.8

2　玉川の文化史―六玉川の古歌と風土（玉井建三
　著）　2015.3

3　外国人住民の「非集住地域」の地域特性と生活
　課題―結節点としてのカトリック教会・日本語
　教室・民族学校の視点から（徳田剛，二階堂裕子，
　魁生由美子著）　2016.3

生活・言語文化国際交流研究会研究論文集　熊本
大学教育学部［編］　「生活・言語文化」国際交
流研究会編集委員会　2011〜2014

◇　2011.3

2　2013.3

3　2014.3

知識・学術一般

成蹊大学アジア太平洋研究センター叢書　風間書房　2013
◇グローバル化の中のポストコロニアリズム―環太平洋諸国の英語文学と日本語文学の可能性（大熊昭信, 庄司宏子編著）　2013.3

成蹊大学アジア太平洋研究センター叢書　現代人文社　2014
◇難民・強制移動研究のフロンティア（墓田桂, 杉木明子, 池田丈佑, 小沢藍編著）　2014.3

成蹊大学アジア太平洋研究センター叢書　コロナ社　2011～2014
◇沙漠を森に―温暖化への処方箋（小島紀徳, 江頭靖幸編著）　2011.3
◇分散システム：P2Pモデル（滝沢誠, 榎戸智也共著）　2014.4

成蹊大学アジア太平洋研究センター叢書　彩流社　2004～2014　⇒Ⅲ－28
◇アメリカン・ヴァイオレンス―見える暴力・見えない暴力（権田建二, 下河辺美知子編著）　2013.5
◇日本表象の地政学―海洋・原爆・冷戦・ポップカルチャー（遠藤不比人編著）　2014.3

成蹊大学アジア太平洋研究センター叢書　三元社　2016
◇移動する人びとの教育と言語―中国朝鮮族に関するエスノグラフィー（趙貴花著）　2016.2
◇危機言語へのまなざし―中国における言語多様性と言語政策（石剛編）　2016.9

成蹊大学アジア太平洋研究センター叢書　新曜社　2015～2016
◇ライフスタイルとライフコース―データで読む現代社会（山田昌弘, 小林盾編）　2015.6
◇メディアと文化の日韓関係―相互理解の深化のために（奥野昌宏, 中江桂子編）　2016.3

成蹊大学アジア太平洋研究センター叢書　多賀出版　2015
◇従業員と顧客の自発的貢献行動（上田泰編著）　2015.9

成蹊大学アジア太平洋研究センター叢書　東方書店　2014
◇アジアからの世界史像の構築―新しいアイデンティティを求めて（湯山トミ子, 宇野重昭編著）　2014.6

成蹊大学アジア太平洋研究センター叢書　東北大学出版会　2013
◇カントからヘルダーリンへ―ドイツ近代思想の輝きと翳り（瀬戸一夫著）　2013.12

成蹊大学アジア太平洋研究センター叢書　未来社　2011～2013
◇デモクラシーとナショナリズム―アジアと欧米（加藤節編）　2011.3
◇デモクラシーとコミュニティ―東北アジアの未来を考える（中神康博, 愛甲雄一編）　2013.9

成蹊大学人文叢書　風間書房　2003～2016
　⇒Ⅰ－298
8　異言語と出会う, 異文化と出会う（成蹊大学文学部学会編）　2011.3
9　音と映像―授業・学習・現代社会におけるテクノロジーの在り方とその役割（成蹊大学文学部学会編）　2012.3
10　シェイクスピアを教える（成蹊大学文学部学会編）　2013.3
11　データで読む日本文化―高校生からの文学・社会学・メディア研究入門（成蹊大学文学部学会編, 小林盾, 吉田幹生責任編集）　2015.3
12　ダイナミズムとしてのジェンダー―歴史から現在を見るこころみ（成蹊大学文学部学会編, 竹内敬子, 中江桂子責任編集）　2016.3

生存学研究センター報告　立命館大学グローバルCOEプログラム「生存学」創成拠点, 立命館大学生存学研究センター　2008～2016
　⇒Ⅳ－233
14　「異なり」の力学―マイノリティをめぐる研究と方法の実践的課題（山本崇記, 高橋慎一編）　2010.11
15　日本における翻訳学の行方（佐藤＝ロスベアグ・ナナ, 渡辺公三編）　2010.12
16　聴覚障害者情報保障論―コミュニケーションを巡る技術・制度・思想の課題（坂本徳仁, 桜井悟史編）　2011.7
17　歴史から現在への学際的アプローチ（角崎洋平, 松田有紀子編）　2012.3
18　医療機器と一緒に街で暮らすために―シンポジウム報告書（権藤真由美, 野崎泰伸編）　2012.3
19　戦後日本の老いを問い返す（小林宗之, 谷村ひ

総記

とみ編）　2013.2

20　障害学国際セミナー　2012（川端美季, 吉田幸恵, 李旭）　2013.3

21　生存をめぐる規範―オルタナティブな秩序と関係性の生成に向けて（大谷通高, 村上慎司編）2014.3

22　生殖をめぐる技術と倫理―日本・ヨーロッパの視座から（小門穂, 吉田一史美, 松原洋子編）2014.3

23　アフリカの病・医療・障害の現場から―アフリカセミナー『目の前のアフリカ』での活動を通じて（新山智基編）　2015.3

24　〈抵抗〉としてのフェミニズム（堀江有里, 山口真紀, 大谷通高編）　2016.3

25　生殖と医療をめぐる現代史研究と生命倫理（吉田一史美, 由井秀樹編）　2016.3

26　生存をめぐる規範と秩序（藤原信行, 中倉智徳編）　2016.3

叢書・ウニベルシタス　法政大学出版局　1957～2016　⇒Ⅰ-306

2　空と夢―運動の想像力にかんする試論　新装版（ガストン・バシュラール［著］, 宇佐見英治訳）2016.1

23　群衆と権力　上　新装版（エリアス・カネッティ［著］, 岩田行一訳）　2010.9

24　群衆と権力　下　新装版（エリアス・カネッティ［著］, 岩田行一訳）　2010.9

29　欲望の現象学―ロマンティークの虚偽とロマネスクの真実　新装版（ルネ・ジラール［著］, 古田幸男訳）　2010.11

32　宗教の自然史―ヒューム宗教論集 1　新装版（デイヴィッド・ヒューム［著］, 福鎌忠恕, 斎藤繁雄訳）　2011.3

61　宗教とエロス　新装版（ヴァルター・シューバルト［著］, 石川実, 平田達治, 山本実訳）　2015.3

70　自然宗教に関する対話（ヒューム宗教論集 2）新装版（デイヴィッド・ヒューム［著］, 福鎌忠恕, 斎藤繁雄訳）　2014.10

75　文明化の過程　上　ヨーロッパ上流階層の風俗の変遷　改装版（ノルベルト・エリアス［著］, 赤井慧爾, 中村元保, 吉田正勝訳）　2010.10

76　文明化の過程　下　社会の変遷/文明化の理論のための見取図　改装版（ノルベルト・エリアス［著］, 波田節夫, 溝辺敬一, 羽田洋, 藤平浩之訳）2010.10

97　批評の解剖　新装版（ノースロップ・フライ［著］, 海老根宏, 中村健二, 出淵博, 山内久明訳）2013.11

104　言語芸術作品―文芸学入門　第2版 新装版（ヴォルフガング・カイザー著, 柴田斎訳）　2015.4

106　レオナルド・ダ・ヴィンチ―芸術家としての発展の物語　第2版 新装版（ケネス・クラーク［著］, 丸山修吉, 大河内賢治訳）　2013.11

111　大革命前夜のフランス―経済と社会　新装版（アルベール・ソブール［著］, 山崎耕一訳）2015.3

112　知覚の現象学　改装版（モーリス・メルロ＝ポンティ［著］, 中島盛夫訳）　2015.12

133　石器時代の経済学　新装版（マーシャル・サーリンズ［著］, 山内昶訳）　2012.6

134　世の初めから隠されていること　新装版（ルネ・ジラール［著］, 小池健男訳）　2015.2

150　奇蹟論・迷信論・自殺論―ヒューム宗教論集 3　新装版（デイヴィッド・ヒューム［著］, 福鎌忠恕, 斎藤繁雄訳）　2011.3

157　蜂の寓話―私悪すなわち公益　新装版（バーナード・マンデヴィル［著］, 泉谷治訳）　2015.8

158　アーリア神話―ヨーロッパにおける人種主義と民族主義の源泉　新装版（レオン・ポリアコフ著, アーリア主義研究会訳）　2014.12

169　カバラとその象徴的表現　新装版（ゲルショム・ショーレム［著］, 小岸昭, 岡部仁訳）　2011.9

176　真理と方法―哲学的解釈学の要綱 2　新装版（ハンス＝ゲオルク・ガダマー［著］, 轡田収, 巻田悦郎訳）　2015.6

177　真理と方法―哲学的解釈学の要綱 3（ハンス＝ゲオルク・ガダマー［著］, 轡田収, 三浦国泰, 巻田悦郎訳）　2012.11

190　神の存在論的証明―近世におけるその問題と歴史　新装版（ディーター・ヘンリッヒ［著］, 本間謙二, 須田朗, 中村文郎, 座小田豊訳）　2012.7

198　儀礼としての相互行為―対面行動の社会学：新訳版　新訳版 新装版（アーヴィング・ゴッフマン著, 浅野敏夫訳）　2012.6

204　象徴の理論　新装版（ツヴェタン・トドロフ［著］, 及川馥, 一之瀬正興訳）　2011.4

244　知識人の終焉　新装版（ジャン＝フランソワ・リオタール［著］, 原田佳彦, 清水正訳）　2010.6

252　知覚の本性―初期論文集　新装版（モーリ

知識・学術一般　　　　　　　　　　　　　　　　　　　　総記

ス・メルロ=ポンティ［著］, 加賀野井秀一編訳）
2015.6

256　大学制度の社会史　新装版（ハンス=ヴェル
ナー・プラール［著］, 山本尤訳）　2015.2

281　他者の言語―デリダの日本講演　新装版（ジ
ャック・デリダ［著］, 高橋允昭編訳）　2011.5

289　ヴィーコ自叙伝　新装版（ジャンバッティス
タ・ヴィーコ［著］, 福鎌忠恕訳）　2015.11

300　ヨーロッパの日記　第1部　ヨーロッパの日
記の基本モチーフ　新装版（グスタフ・ルネ・ホッ
ケ［著］, 石丸昭二, 柴田斎, 信岡資生訳）　2014.
12

300　ヨーロッパの日記　第2部　ヨーロッパ日記
選　新装版（グスタフ・ルネ・ホッケ［著］, 石丸
昭二, 柴田斎, 信岡資生訳）　2014.12

304　死にゆく者の孤独　新装版（ノルベルト・エ
リアス著, 中居実訳）　2010.12

330　ユダヤ人国家―ユダヤ人問題の現代的解決の
試み　新装版（テオドール・ヘルツル［著］, 佐藤
康彦訳）　2011.10

340　科学史・科学哲学研究　新装版（ジョルジュ・
カンギレム［著］, 金森修監訳）　2012.7

368　レンブラントとイタリア・ルネサンス　新装
版（ケネス・クラーク［著］, 尾崎彰宏, 芳野明訳）
2015.7

378　中世の食生活―断食と宴　新装版（ブリジッ
ト・アン・ヘニッシュ［著］, 藤原保明訳）　2015.
2

409　蜂の寓話―私悪すなわち公益　続　新装版
（バーナード・マンデヴィル［著］, 泉谷治訳）
2015.8

426　見えるものと見えざるもの　新装版（モーリ
ス・メルロ=ポンティ著, クロード・ルフォール
編, 中島盛夫監訳, 伊藤泰雄, 岩見徳夫, 重野豊隆
訳）　2014.4

428　カント入門講義―『純粋理性批判』読解のた
めに　新装版（ハンス・ミヒャエル・バウムガル
トナー［著］, 有福孝岳監訳）　2011.4

453　ウィトゲンシュタイン評伝―若き日のルート
ヴィヒ1889-1921　新装版（ブライアン・マクギ
ネス［著］, 藤本隆志, 今井道夫, 宇都宮輝夫, 高
橋要訳）　2016.1

530　他者のような自己自身　新装版（ポール・リ
クール［著］, 久米博訳）　2010.5

600　パンと競技場―ギリシア・ローマ時代の政治
と都市の社会学的歴史　新装版（ポール・ヴェー

ヌ［著］, 鎌田博夫訳）　2015.11

640　崇高とは何か　新装版（ミシェル・ドゥギー
他［著］, 梅木達郎訳）　2011.9

644　歴史と記憶　新装版（ジャック・ル・ゴフ［著］,
立川孝一訳）　2011.11

651　法の力　新装版（ジャック・デリダ［著］, 堅
田研一訳）　2011.5

694　〈教育〉の社会学理論―象徴統制,〈教育〉の
言説, アイデンティティ　新装版（バジル・バー
ンスティン［著］, 久冨善之, 長谷川裕, 山崎鎮親,
小玉重夫, 小沢浩明訳）　2011.12

700　マリア―処女・母親・女主人　新装版（クラ
ウス・シュライナー［著］, 内藤道雄訳）　2011.
11

704　報酬主義をこえて　新装版（アルフィ・コー
ン［著］, 田中英史訳）　2011.10

707　われwell と他者―フランス思想における他者
像　新装版（ツヴェタン・トドロフ［著］, 小野潮,
江口修訳）　2015.2

744　非人間的なもの―時間についての講話　新装
版（ジャン=フランソワ・リオタール［著］, 篠原
資明, 上村博, 平芳幸浩訳）　2010.6

754　未完の菜園―フランスにおける人間主義の思
想　新装版（ツヴェタン・トドロフ［著］, 内藤雅
文訳）　2011.5

763　コペルニクス的宇宙の生成　3（ハンス・ブ
ルーメンベルク［著］, 座小田豊, 後藤嘉也, 小熊
正久訳）　2011.10

767　社会の法　1　新装版（ニクラス・ルーマン
［著］, 馬場靖雄, 上村隆広, 江口厚仁訳）　2016.
1

779　貨幣の哲学　新装版（エマニュエル・レヴィ
ナス著, ロジェ・ビュルグヒュラーヴ編, 合田正
人, 三浦直希訳）　2014.4

802　人間の将来とバイオエシックス　新装版（ユ
ルゲン・ハーバーマス［著］, 三島憲一訳）　2012.
8

803　他者の受容―多文化社会の政治理論に関する
研究　新装版（ユルゲン・ハーバーマス［著］, 高
野昌行訳）　2012.8

830　心・身体・世界―三つ撚りの綱/自然な実在
論　新装版（ヒラリー・パトナム著, 野本和幸監
訳, 関口浩喜, 渡辺大地, 池田さつき, 岩沢宏和
訳）　2011.6

845　社会を越える社会学―移動・環境・シチズン
シップ　改装版（ジョン・アーリ［著］, 吉原直樹

総記　　　　　　　　　　　　　　　　　　　　　　　　知識・学術一般

監訳）　2015.6

847　事実/価値二分法の崩壊　新装版（ヒラリー・パトナム［著］, 藤田晋吾, 中村正利訳）　2011.6

898　水と夢―物質的想像力試論　新装版（ガストン・バシュラール［著］, 及川馥訳）　2016.1

915　ムージル伝記　2（カール・コリーノ［著］, 早坂七緒, 水藤竜彦, 北島玲子, 赤司英一郎, 高橋完治, 渡辺幸子, 満留伸一郎訳）　2012.12

916　ムージル伝記　3（カール・コリーノ［著］, 早坂七緒, 北島玲子, 赤司英一郎, 堀田真紀子, 高橋完治, 渡辺幸子, 満留伸一郎訳）　2015.12

937　ショーペンハウアー哲学の再構築―『充足根拠律の四方向に分岐した根について』（第一版）訳解　新装版（アルトゥール・ショーペンハウアー［著］, 鎌田康男, 斎藤智志, 高橋陽一郎, 臼木悦生訳著）　2010.5

938　湖水地方案内（ウィリアム・ワーズワス［著］, 小田友弥訳）　2010.6

939　エピクロスの園のマルクス（フランシーヌ・マルコヴィッツ［著］, 小井戸光彦訳）　2010.7

940　ギヨーム・ポステル―異貌のルネサンス人の生涯と思想（ウィリアム・J.ブースマ［著］, 長谷川光明訳）　2010.7

941　象徴形式の形而上学（エルンスト・カッシーラー遺稿集 第1巻）（エルンスト・カッシーラー［著］, 笠原賢介, 森淑仁訳）　2010.8

942　自動車と移動の社会学―オートモビリティーズ（M.フェザーストン, N.スリフト, J.アーリ編著, 近森高明訳）　2010.9

942　自動車と移動の社会学―オートモビリティーズ　新装版（M.フェザーストン, N.スリフト, J.アーリ編著, 近森高明訳）　2015.11

943　吐き気―ある強烈な感覚の理論と歴史（ヴィンフリート・メニングハウス［著］, 竹峰義和, 知野ゆり, 由比俊行訳）　2010.8

944　存在なき神（ジャン=リュック・マリオン［著］, 永井晋, 中島盛夫訳）　2010.8

945　ガリレオの振り子―時間のリズムから物質の生成へ（ロジャー・ニュートン［著］, 豊田彰訳）　2010.10

946　中世の知識と権力―知は力となる（マルティン・キンツィンガー［著］, 井本晌二, 鈴木麻衣子訳）　2010.11

947　アーカイヴの病―フロイトの印象（ジャック・デリダ［著］, 福本修訳）　2010.11

948　ウィーン五月の夜（レオ・ペルッツ［著］, ハ

ンス=ハラルト・ミュラー編, 小泉淳二, 田代尚弘訳）　2010.12

949　ダーウィンの珊瑚―進化論のダイアグラムと博物学（ホルスト・ブレーデカンプ［著］, 浜中春訳）　2010.12

950　ロマン主義―あるドイツ的な事件（リュディガー・ザフランスキー［著］, 津山拓也訳）　2010.12

951　大恐慌のアメリカ―ポール・クローデル外交書簡1927-1932（ポール・クローデル［著］, 宇京頼三訳）　2011.1

952　冒険のバロック―発見の時代の文化（ヴィンフリート・フロイント［著］, 佐藤正樹, 佐々木れい訳）　2011.1

953　限りある思考（ジャン=リュック・ナンシー［著］, 合田正人訳）　2011.2

954　クリスティアーネとゲーテ―詩人と生きた女性の記録（ジークリット・ダム［著］, 西山力也訳）　2011.4

955　神話の変奏（ハンス・ブルーメンベルク［著］, 青木隆嘉訳）　2011.4

956　物象化―承認論からのアプローチ（アクセル・ホネット［著］, 辰巳伸知, 宮本真也訳）　2011.6

957　秘義なきキリスト教（ジョン・トーランド［著］, 三井礼子訳）　2011.6

958　科学の花嫁―ロマンス・理性・バイロンの娘（ベンジャミン・ウリー［著］, 野島秀勝, 門田守訳）　2011.7

959　無知な教師―知性の解放について（ジャック・ランシエール［著］, 梶田裕, 堀容子訳）　2011.8

960　言説、形象（ディスクール、フィギュール）（ジャン=フランソワ・リオタール［著］, 三浦直希, 合田正人監修）　2011.9

961　社会構造とゼマンティク　1（ニクラス・ルーマン［著］, 徳安彰訳）　2011.9

962　社会構造とゼマンティク　2（ニクラス・ルーマン［著］, 馬場靖雄, 赤堀三郎, 毛利康俊, 山名淳訳）　2013.7

963　社会構造とゼマンティク　3（ニクラス・ルーマン［著］, 高橋徹, 赤堀三郎, 阿南衆大, 徳安彰, 福井康太, 三谷武司訳）　2013.12

964　前キリスト教的直観―甦るギリシア（シモーヌ・ヴェイユ［著］, 今村純子訳）　2011.10

965　哲学者の使命と責任（ジャンニ・ヴァッティモ［著］, 上村忠男訳）　2011.10

966　動物論―デカルトとビュフォン氏の見解に関

知識・学術一般

する批判的考察を踏まえた, 動物の基本的諸能力を解明する試み（エティエンヌ・ボノ・ド・コンディヤック［著］, 古茂田宏訳） 2011.11

967 ライプニッツのデカルト批判 上（イヴォン・ベラヴァル［著］, 岡部英男, 伊豆蔵好美訳） 2011.12

968 社会の政治（ニクラス・ルーマン［著］, 小松丈晃訳） 2013.11

969 自律の創成―近代道徳哲学史（J.B. シュナイウィンド［著］, 田中秀夫監訳, 逸見修二訳） 2011.11

970 諸学の体系―学問論復興のために（パウル・ティリッヒ［著］, 清水正, 浜崎雅孝訳） 2012.1

971 イメージの前で―美術史の目的への問い（ジョルジュ・ディディ＝ユベルマン［著］, 江沢健一郎訳） 2012.2

972 自己を超えて―ウィトゲンシュタイン, ハイデガー, レヴィナスと言語の限界（ポール・スタンディッシュ［著］, 齋藤直子訳） 2012.3

973 眼に映る世界―映画の存在論についての考察（スタンリー・カヴェル［著］, 石原陽一郎訳） 2012.4

974 アメリカという敵―フランス反米主義の系譜学（フィリップ・ロジェ著, 大谷尚文, 佐藤竜二訳） 2012.7

975 時間の前で―美術史とイメージのアナクロニズム（ジョルジュ・ディディ＝ユベルマン［著］, 小野康男, 三小田祥久訳） 2012.6

976 ゾーハル―カバラーの聖典（エルンスト・ミュラー編訳, 石丸昭二訳） 2012.7

977 弱い思考（ジャンニ・ヴァッティモ, ピエル・アルド・ロヴァッティ編, 上村忠男, 山田忠彰, 金山準, 土肥秀行訳） 2012.8

978 ベルクソン書簡集 1 1865-1913（アンリ・ベルクソン［著］, 合田正人監修, ボアグリオ治子訳） 2012.7

981 ウルストンクラフトの北欧からの手紙（メアリ・ウルストンクラフト［著］, 石幡直樹訳） 2012.8

982 ジェルメーヌ・ティヨン―レジスタンス・強制収容所・アルジェリア戦争を生きて（ジェルメーヌ・ティヨン［著］, ツヴェタン・トドロフ編, 小野潮訳） 2012.9

983 再配分か承認か？―政治・哲学論争（ナンシー・フレイザー, アクセル・ホネット［著］, 加藤泰史監訳, 高畑祐人, 菊地夏野, 舟場保之, 中村

修一, 遠藤寿一, 直江清隆訳） 2012.10

984 スペイン・イタリア紀行（アーサー・ヤング［著］, 宮崎揚弘訳） 2012.9

985 アカデミック・キャピタリズムとニュー・エコノミー―市場, 国家, 高等教育（S.スローター, G.ローズ［著］, 成定薫監訳, 阿曽沼明裕, 杉本和弘, 羽田貴史, 福留東土訳） 2012.11

986 ジェンダーの系譜学（ジェニファー・ジャーモン［著］, 左古輝人訳） 2012.11

987 根源悪の系譜―カントからアーレントまで（リチャード・J.バーンスタイン［著］, 阿部ふく子, 後藤正英, 斎藤直樹, 菅原潤, 田口茂訳） 2013.1

988 安全の原理（ヴォルフガング・ソフスキー［著］, 佐藤公紀, S.マスロー訳） 2013.5

989 散種（ジャック・デリダ［著］, 藤本一勇, 立花史, 郷原佳以訳） 2013.2

990 ルーマニアの変容（シオラン［著］, 金井裕訳） 2013.2

991 ヘーゲルの実践哲学―人倫としての理性的行為者性（ロバート・B・ピピン［著］, 星野勉監訳, 大橋基, 大藪敏宏, 小井沼広嗣訳） 2013.4

992 倫理学と対話―道徳的判断をめぐるカントと討議倫理学（アルブレヒト・ヴェルマー［著］, 加藤泰史監訳, 御子柴善之, 舟場保之, 松本大理, 庄司信訳） 2013.4

993 哲学の犯罪計画―ヘーゲル『精神現象学』を読む（ジャン＝クレ・マルタン［著］, 信友建志訳） 2013.6

994 文学的自叙伝―文学者としての我が人生と意見の伝記的素描（サミュエル・テイラー・コウルリッジ著, 東京コウルリッジ研究会訳） 2013.5

995 道徳から応用倫理へ（公正の探求 2）（ポール・リクール［著］, 久米博, 越門勝彦訳） 2013.7

996 限界の試練―デリダ, アンリ, レヴィナスと現象学（フランソワ＝ダヴィッド・セバー［著］, 合田正人訳） 2013.7

997 導きとしてのユダヤ哲学―ローゼンツヴァイク、ブーバー、レヴィナス、ウィトゲンシュタイン（ヒラリー・パトナム［著］, 佐藤貴史訳） 2013.9

998 複数的人間―行為のさまざまな原動力（ベルナール・ライール［著］, 鈴木智之訳） 2013.10

999 解放された観客（ジャック・ランシエール［著］, 梶田裕訳） 2013.11

1000 エクリチュールと差異―新訳（ジャック・デリダ［著］, 合田正人, 谷口博史訳） 2013.12

総記　　　　　　　　　　　　　　　　　　　　　　　　　　　　　知識・学術一般

1001　なぜ哲学するのか？（ジャン＝フランソワ・リオタール［著］，松葉祥一訳）　2014.3

1002　自然美学（マルティン・ゼール［著］，加藤泰史，平山敬二監訳，阿部美由起，小川真人，菅原潤，高畑祐人，長沢麻子，宮島光志訳）　2013.12

1003　翻訳の時代―ベンヤミン「翻訳者の使命」註解（アントワーヌ・ベルマン［著］，岸正樹訳）　2013.12

1004　世界リスク社会（ウルリッヒ・ベック［著］，山本啓訳）　2014.1

1005　ティリッヒとフランクフルト学派―亡命・神学・政治（深井智朗監修，F.W.グラーフ，A.クリストファーセン，E.シュトルム，竹淵香織編）　2014.2

1006　加入礼・儀式・秘密結社―神秘の誕生―加入礼の型についての試論（ミルチャ・エリアーデ［著］，前野佳彦訳）　2014.1

1007　悪についての試論（ジャン・ナベール［著］，杉村靖彦訳）　2014.2

1008　規則の力―ウィトゲンシュタインと必然性の発明（ジャック・ブーヴレス［著］，中川大，村上友一訳）　2014.4

1009　中世の戦争と修道院文化の形成（キャサリン・アレン・スミス［著］，井本晌二，山下陽子訳）　2014.4

1010　承認をめぐる闘争―社会的コンフリクトの道徳的文法　増補版（アクセル・ホネット［著］，山本啓，直江清隆訳）　2014.7

1011　グローバルな複雑性（ジョン・アーリ［著］，吉原直樹監訳，伊藤嘉高，板倉有紀訳）　2014.3

1012　ゴヤ啓蒙の光の影で（ツヴェタン・トドロフ［著］，小野潮訳）　2014.9

1013　無神論の歴史―始原から今日にいたるヨーロッパ世界の信仰を持たざる人々　上（ジョルジュ・ミノワ［著］，石川光一訳）　2014.7

1013　無神論の歴史―始原から今日にいたるヨーロッパ世界の信仰を持たざる人々　下（ジョルジュ・ミノワ［著］，石川光一訳）　2014.7

1014　観光のまなざし　増補改訂版（ジョン・アーリ，ヨーナス・ラースン［著］，加太宏邦訳）　2014.9

1015　創造と狂気―精神病理学的判断の歴史（フレデリック・グロ［著］，沢田直，黒川学訳）　2014.8

1016　世界内政のニュース（ウルリッヒ・ベック［著］，川端健嗣，ステファン・メルテンス訳）　2014.9

1017　生そのものの政治学―二十一世紀の生物医学，権力，主体性（ニコラス・ローズ［著］，檜垣立哉監訳，小倉拓也，佐古仁志，山崎吾郎訳）　2014.10

1018　自然主義と宗教の間―哲学論集（ユルゲン・ハーバーマス［著］，庄司信，日暮雅夫，池田成一，福山隆夫訳）　2014.10

1019　われわれが生きている現実―技術・芸術・修辞学（ハンス・ブルーメンベルク［著］，村井則夫訳）　2014.11

1020　現代革命の新たな考察（エルネスト・ラクラウ［著］，山本圭訳）　2014.12

1021　知恵と女性性―コジェーヴとシュトラウスにおける科学・政治・宗教（ロラン・ビバール［著］，堅田研一訳）　2014.12

1022　イメージとしての女性―文化史および文学史における「女性的なるもの」の呈示形式（ジルヴィア・ボーヴェンシェン著，渡辺洋子，田辺玲子訳）　2014.12

1023　思想のグローバル・ヒストリー―ホッブズから独立宣言まで（デイヴィッド・アーミテイジ［著］，平田雅博，山田園子，細川道久，岡本慎平訳）　2015.3

1024　人間の尊厳と人格の自律―生命科学と民主主義的価値（ミヒャエル・クヴァンテ［著］，加藤泰史監訳）　2015.3

1025　見えないこと―相互主体性理論の諸段階について（アクセル・ホネット［著］，宮本真也，日暮雅夫，水上英徳訳）　2015.5

1026　市民の共同体―国民という近代的概念について（ドミニク・シュナペール［著］，中嶋洋平訳）　2015.5

1027　目に見えるものの署名―ジェイムソン映画論（フレドリック・ジェイムソン［著］，椎名美智，武田ちあき，末広幹訳）　2015.6

1028　無神論（アレクサンドル・コジェーヴ［著］，今村真介訳）　2015.6

1029　都市と人間（レオ・シュトラウス［著］，石崎嘉彦，飯島昇蔵，小高康照，近藤和貴，佐々木潤訳）　2015.7

1030　世界戦争（ミシェル・セール［著］，秋枝茂夫訳）　2015.8

1031　中欧の詩学―歴史の困難（ヨゼフ・クロウトヴォル［著］，石川達夫訳）　2015.8

1032　フランスという坩堝―一九世紀から二〇世

知識・学術一般　　　　　　　　　　　　　　　　　　　　　　　総記

紀の移民史（ジェラール・ノワリエル［著］，大中一弥，川崎亜紀子，太田悠介訳）　2015.9

1033　技術の道徳化―事物の道徳性を理解し設計する（ピーター＝ポール・フェルベーク［著］，鈴木俊洋訳）　2015.10

1034　他者のための一者―レヴィナスと意義（ディディエ・フランク［著］，米虫正巳，服部敬弘訳）　2015.10

1035　ライプニッツのデカルト批判　下（イヴォン・ベラヴァル［著］，岡部英男，伊豆蔵好美訳）　2015.12

1036　熱のない人間―治癒せざるものの治療のために（クレール・マラン［著］，鈴木智之訳）　2016.2

1037　哲学的急進主義の成立　1　ベンサムの青年期1776-1789年（エリー・アレヴィ［著］，永井義雄訳）　2016.8

1038　哲学的急進主義の成立　2　最大幸福主義理論の進展1789-1815年（エリー・アレヴィ［著］，永井義雄訳）　2016.10

1039　哲学的急進主義の成立　3　哲学的急進主義（エリー・アレヴィ［著］，永井義雄訳）　2016.12

1040　核の脅威―原子力時代についての徹底的考察（ギュンター・アンダース［著］，青木隆嘉訳）　2016.5

1041　基本の色彩語―普遍性と進化について（ブレント・バーリン，ポール・ケイ［著］，日高杏子訳）　2016.5

1042　社会の宗教（ニクラス・ルーマン［著］，土方透，森川剛光，渡会知子，畠中茉莉子訳）　2016.6

1043　セリーナへの手紙―スピノザ駁論（ジョン・トーランド［著］，三井礼子訳）　2016.6

1044　真理と正当化―哲学論文集（ユルゲン・ハーバーマス［著］，三島憲一，大竹弘二，木前利秋，鈴木直訳）　2016.6

1045　実在論を立て直す（ヒューバート・ドレイファス，チャールズ・テイラー［著］，村田純一監訳，染谷昌義，植村玄輝，宮原克典訳）　2016.6

1046　批評的差異―読むことの現代的修辞に関する試論集（バーバラ・ジョンソン［著］，土田知則訳）　2016.7

1047　インティマシーあるいはインテグリティー―哲学と文化的差異（トマス・カスリス［著］，衣笠正晃訳）　2016.7

1048　翻訳そして/あるいはパフォーマティヴ―脱構築をめぐる対話（ジャック・デリダ著，豊崎光

一著・訳，守中高明監修）　2016.9

1049　犯罪・捜査・メディア―19世紀フランスの治安と文化（ドミニク・カリファ［著］，梅沢礼訳）　2016.10

◇スポーツと文明化―興奮の探求　新装版（ノルベルト・エリアス，エリック・ダニング著，大平章訳）　2010.12

◇人間の美的教育について　新装版（フリードリヒ・フォン・シラー著，小栗孝則訳）　2011.2

◇社会を越える社会学―移動・環境・シチズンシップ　新装版（ジョン・アーリ著，吉原直樹監訳）　2011.2

◇近代の観察　新装版（ニクラス・ルーマン著，馬場靖雄訳）　2012.9

◇社会の芸術　新装版（ニクラス・ルーマン著，馬場靖雄訳）　2012.9

◇場所を消費する　新装版（ジョン・アーリ著，吉原直樹，大沢善信監訳，武田篤志，松本行真，斎藤綾美，末良哲，高橋雅也訳）　2012.9

◇文化の場所―ポストコロニアリズムの位相　新装版（ホミ・K.バーバ著，本橋哲也，正木恒夫，外岡尚美，阪元留美訳）　2012.9

◇時間と他者　新装版（エマニュエル・レヴィナス著，原田佳彦訳）　2012.11

◇暴力と聖なるもの　新装版（ルネ・ジラール著，古田幸男訳）　2012.11

◇理性・真理・歴史―内在的実在論の展開　新装版（ヒラリー・パトナム著，野本和幸，中川大，三上勝生，金子洋之訳）　2012.11

◇言語芸術・言語記号・言語の時間　新装版（ロマン・ヤコブソン著，浅川順子訳）　2012.11

◇絵画における真理　上　新装版（ジャック・デリダ著，高橋允昭，阿部宏慈訳）　2012.11

◇真理と方法　1　哲学的解釈学の要綱（ハンス＝ゲオルク・ガダマー著，轡田收，麻生建，三島憲一，北川東子，我田広之，大石紀一郎訳）　2012.11

◇正義の他者―実践哲学論集　新装版（アクセル・ホネット著，加藤泰史，日暮雅夫ほか訳）　2013.6

◇討議倫理　新装版（ユルゲン・ハーバーマス著，清水多吉，朝倉輝一訳）　2013.7

◇言語の牢獄―構造主義とロシア・フォルマリズム　新装版（フレドリック・ジェイムソン著，川口喬一訳）　2013.10

◇ベンヤミンの現在　新装版（ノルベルト・ボル

総記　　　　　　　　　　　　　　　　　　　知識・学術一般

ツ, ヴィレム・ファン・レイイェン著, 岡部仁訳）
2013.10

◇感覚の分析　新装版（エルンスト・マッハ著, 須
藤吾之助, 広松渉訳）　2013.10

◇ドゥルーズの哲学　新装版（マイケル・ハート著,
田代真, 井上摂, 浅野俊哉, 暮沢剛巳訳）　2013.
10

◇写真論―その社会的効用　新装版（ピエール・ブ
ルデュー監修, 山県熙, 山県直子訳）　2013.12

◇脱構築とプラグマティズム―来たるべき民主主
義　新装版（シャンタル・ムフ編, ジャック・デ
リダ, リチャード・ローティ, サイモン・クリッ
チリー, エルネスト・ラクラウ著, 青木隆嘉訳）
2013.12

◇聖と俗―宗教的なるものの本質について　新装版
（ミルチャ・エリアーデ著, 風間敏夫訳）　2014.
1

◇スピノザと表現の問題　新装版（ジル・ドゥルー
ズ著, 工藤喜作, 小柴康子, 小谷晴勇訳）　2014.1

◇諸個人の社会―文明化と関係構造　新装版（ノル
ベルト・エリアス著, ミヒャエル・シュレーター
編, 宇京早苗訳）　2014.2

◇モーツァルト―ある天才の社会学　新装版（ノル
ベルト・エリアス著, 青木隆嘉訳）　2014.2

◇ユダヤ神秘主義―その主潮流　新装版（ゲルショ
ム・ショーレム著, 山下肇, 石丸昭二, 井ノ川清,
西脇征嘉訳）　2014.5

◇煉獄の誕生　新装版（ジャック・ル・ゴッフ著,
渡辺香根夫, 内田洋訳）　2014.5

◇所有の歴史―本義にも転義にも　新装版（ジャッ
ク・アタリ著, 山内昶訳）　2014.5

◇他者の記号学―アメリカ大陸の征服　新装版（ツ
ヴェタン・トドロフ著, 及川馥, 大谷尚文, 菊地
良夫訳）　2014.6

◇贈与の謎　新装版（モーリス・ゴドリエ著, 山内
昶訳）　2014.6

◇情念の政治経済学　新装版（アルバート・O.ハー
シュマン著, 佐々木毅, 旦祐介訳）　2014.6

◇マーラー―音楽観相学　新装版（テオドール・W.
アドルノ著, 竜村あや子訳）　2014.6

◇アルバン・ベルク―極微なる移行の巨匠　新装
版（テーオドール・W.アドルノ著, 平野嘉彦訳）
2014.6

◇生命の哲学―有機体と自由　新装版（ハンス・ヨー
ナス著, 細見和之, 吉本陵訳）　2014.10

◇中世の旅　新装版（ノルベルト・オーラー著, 藤

代幸一訳）　2014.11

◇地獄の歴史　新装版（アリス・K.ターナー著, 野
崎嘉信訳）　2014.11

◇外国人―我らの内なるもの　新装版（ジュリア・
クリステヴァ著, 池田和子訳）　2014.11

◇聖句の彼方―タルムード　読解と講演　新装版（エ
マニュエル・レヴィナス著, 合田正人訳）　2014.
11

◇ロマン主義のレトリック　新装版（ポール・ド・
マン著, 山形和美, 岩坪友子訳）　2014.12

◇言語起源論　新装版（ヨハン・ゴットフリート・
ヘルダー著, 大阪大学ドイツ近代文学研究会訳）
2015.1

◇人間の原型と現代の文化　新装版（アーノルト・
ゲーレン著, 池井望訳）　2015.1

◇カント―その生涯と思想　新装版（アルセニイ・
グリガ著, 西牟田久雄, 浜田義文訳）　2015.4

◇法の現象学　新装版（アレクサンドル・コジェー
ヴ著, 今村仁司, 堅田研一訳）　2015.4

◇文明の滴定―科学技術と中国の社会　新装版（ジ
ョゼフ・ニーダム著, 橋本敬造訳）　2015.4

◇ヨーロッパ精神の危機―1680‐1715　新装版
（ポール・アザール著, 野沢協訳）　2015.4

◇われわれのあいだで―"他者に向けて思考するこ
と"をめぐる試論　新装版（エマニュエル・レヴィ
ナス著, 合田正人, 谷口博史訳）　2015.5

◇ポール・ヴァレリー―1871‐1945　新装版（ド
ニ・ベルトレ著, 松田浩則訳）　2015.5

◇始まりの現象―意図と方法　新装版（エドワード・
W.サイード著, 山形和美, 小林昌夫訳）　2015.12

◇イングランド18世紀の社会　新装版;復刊（ロイ・
ポーター著, 目羅公和訳）　2016.5

◇見えないものを見る―カンディンスキー論　新
装版;復刊（ミシェル・アンリ著, 青木研二訳）
2016.5

◇身体の哲学と現象学―ビラン存在論についての
試論　新装版;復刊（ミシェル・アンリ著, 中敬夫
訳）　2016.5

◇時代おくれの人間　上　第二次産業革命時代に
おける人間の魂　新装版;復刊（ギュンター・ア
ンダース著, 青木隆嘉訳）　2016.5

◇時代おくれの人間　下　第三次産業革命時代に
おける生の破壊　新装版;復刊（ギュンター・ア
ンダース著, 青木隆嘉訳）　2016.5

知識・学術一般

叢書コンフリクトの人文学　小泉潤二, 栗本英世監修　大阪大学出版会　2012

1　コンフリクトから問う―その方法論的検討（冨山一郎, 田沼幸子編）　2012.3

2　コンフリクトと移民―新しい研究の射程（池田光穂編）　2012.3

3　競合するジャスティス―ローカリティ・伝統・ジェンダー（牟田和恵, 平沢安政, 石田慎一郎編）　2012.3

4　コンフリクトのなかの芸術と表現―文化的ダイナミズムの地平（圀府寺司, 伊東信宏, 三谷研爾編）　2012.3

拓殖大学研究叢書　鳳書房　2014

◇日本と東南アジア―さらなる友好関係の構築へ向けて（社会科学42）（井上治編）　2014.12

拓殖大学研究叢書　成文堂　2007〜2012
　⇒Ⅲ-30

◇東南アジアと中国・華僑（社会科学38）（吉野文雄編）　2012.3

拓殖大学研究叢書　税務経理協会　2013

◇ロジスティクスの改革最前線と新しい課題（社会科学41）（芦田誠著）　2013.3

拓殖大学研究叢書　拓殖大学　2005〜2014
　⇒Ⅰ-320

◇法と経済学企業組織論に係る分析手法の研究―財産権, 取引コスト, エージェンシー・コスト, コースの定理の関連性（社会科学37）（中村竜哉著）　2010.12

◇徳富蘇峰とアメリカ（社会科学36）（沢田次郎著）　2011.3

◇ラフカディオ・ハーンとジェイムズ・トムソン―『四季』をめぐって（人文科学16）（先川暢郎著）　2011.12

◇日本人とCSR―遊戯・フロー体験・ダイバーシティ corporate social responsibility（社会科学39）（潜道文子著）　2014.3

地域研究叢書　京都大学学術出版会　1996〜2015
　⇒Ⅰ-320

21　世界システムと地域社会―西ジャワが得たもの失ったもの1700-1830（大橋厚子著）　2010.7

22　都市を生きる人々―バンコク・都市下層民のリスク対応（遠藤環著）　2011.2

23　カンボジア村落世界の再生（小林知著）　2011.2

24　海域世界の地域研究―海民と漁撈の民族考古学（小野林太郎著）　2011.3

25　草の根グローバリゼーション―世界遺産棚田村の文化実践と生活戦略（清水展著）　2013.1

26　屋敷地林と在地の知―バングラデシュ農村の暮らしと女性（吉野馨子著）　2013.2

27　メコンデルタの大土地所有―無主の土地から多民族社会へフランス植民地主義の80年（高田洋子著）　2014.3

28　現代ラオスの中央地方関係―県知事制を通じたラオス人民革命党の地方支配（瀬戸裕之著）　2015.3

29　天然資源をめぐる政治と暴力―現代インドネシアの地方政治（森下明子著）　2015.3

30　暴力と適応の政治学―インドネシア民主化と地方政治の安定（岡本正明著）　2015.6

知をめぐる対話　かながわ国際交流財団湘南国際村学術研究センター　2011

vol.2（財団法人かながわ国際交流財団湘南国際村学術研究センターインタビュー集）（かながわ国際交流財団湘南国際村学術研究センター企画・編集）　2011.2

知の形成シリーズ・生活の中の教養　釧路短期大学生活科学科, 生涯教育センター　2013〜2015

◇釧路の魚でクッキング（芳賀みづえ著）　2013.3

◇はじめて読む新約聖書（田村毅朗著）　2015.2

中央研究院人文社会科学研究中心専書　中央研究院人文社会科学研究中心　2013〜2014

60　東アジア世界における日本と台湾（黄自進主編）　2013.7

63　日本文学における台湾（張季琳主編）　2014.10

64　現代日本の社会心理と感情（周玉慧主編）　2014.10

中央大学学術シンポジウム研究叢書　中央大学出版部　1998〜2016　⇒Ⅰ-196

8　21世紀東ユーラシアの地政学（滝田賢治編著）　2012.3

9　ナノスケール・ミクロスケールから見えるビックな世界（新藤斎編著）　2013.10

10　東京・多摩地域の総合的研究（第25回中央大学学術シンポジウム研究叢書編集委員会編）　2016.3

総記　　　　　　　　　　　　　　　　　　　　　　　　知識・学術一般

中央大学学術図書　中央大学出版部　1980〜2016
　⇒Ⅰ−322
76　近世イギリス文学と《自然》―シェイクスピア
　　からブレイクまで（森松健介著）　2010.12
77　米国税務会計史―確定決算主義再検討の視点
　　から（矢内一好著）　2011.5
78　「帝国」と自治―リージョンの政治とローカル
　　の政治（古城利明著）　2011.8
79　政治権力と思想―開放の政治、はるかなフー
　　コー（渡辺俊彦著）　2011.12
80　現代米国税務会計史（矢内一好著）　2012.6
81　デジタルメディアの情報インデックスと知識
　　地図の研究（斉藤孝著）　2012.8
82　大都市行政とガバナンス（佐々木信夫著）
　　2013.7
83　企業経済学の基礎―企業目的、歴史と理論、方
　　法（高橋由明著）　2013.8
84　地域活性化のポリティクス―スポーツによる
　　地域構想の現実（小林勉著）　2013.11
85　中国の「新劇」と日本―「文明戯」の研究（飯
　　塚容著）　2014.8
86　労働者人格権の法理（角田邦重著）　2014.10
87　植民地朝鮮の米と日本―米穀検査制度の展開
　　過程（李熒娘著）　2015.1
88　F.リスト研究―自治・分権思想と経済学（片桐
　　稔晴著）　2015.3
89　台湾海陸客家語語彙集―附同音字表（遠藤雅裕
　　著）　2016.3
90　刑事政策の国際的潮流（藤本哲也著）　2016.9
91　国際航空自由化研究序説―レジームの変容と
　　競争・協調（塩見英治著）　2016.10

中央大学人文科学研究所研究叢書　中央大学人文
科学研究所編　中央大学出版部　1986〜2016
　⇒Ⅰ−323
51　映像表現の地平　2010.12
52　情報の歴史学　2011.3
53　フランス十七世紀の劇作家たち　2011.3
54　文法記述の諸相　2011.3
55　英雄詩とは何か　2011.12
56　第二次世界大戦後のイギリス小説―ベケット
　　からウィンターソンまで　2013.3
57　愛の技法―クィア・リーディングとは何か
　　2013.3
58　アップデートされる芸術―映画、オペラ、文
　　学　2014.3

59　アフロ・ユーラシア大陸の都市と国家　2014.
　　3
60　混沌と秩序―フランス十七世紀演劇の諸相
　　2014.3
61　島と港の歴史学　2015.3
62　アーサー王物語研究―源流から現代まで
　　2016.3
63　文法記述の諸相　2　2016.3

中京大学文化科学叢書　勁草書房　2011〜2015
12　多元を生きる（創立25周年記念誌編集委員会
　　編）　2011.3
13　ヨーロッパ文化の光と影（文化科学叢書編集委
　　員会編）　2012.3
14　子どもと〈遊び〉（酒井敏編）　2013.3
16　刻まれた旅程―英文学から英語圏文学へ（栂正
　　行、小田原謡子著）　2015.3

中京大学文化科学叢書　中京大学文化科学研究所
　2001〜2016　⇒Ⅰ−323
12　多元を生きる―創立25周年記念誌（創立25周
　　年記念誌編集委員会編）　2011.3
13　ヨーロッパ文化の光と影（文化科学叢書編集委
　　員会編）　2012.3
14　子どもと〈遊び〉（酒井敏編）　2013.3
15　中国地名カタカナ表記の研究―教科書・地図
　　帳・そして国語審議会（明木茂夫著）　2014.3
17　東海の「道」から見た上代文学―東海・東山
　　道を基軸に（佐藤隆編著）　2016.3

中京大学文化科学叢書　東方書店（発売）　2014
15　中国地名カタカナ表記の研究―教科書・地図
　　帳・そして国語審議会（明木茂夫著）　2014.3

中部学院大学シリーズ　Kadokawa　2014
◇スクールソーシャルワーク論（宮嶋淳著）　2014.
　3

中部学院大学シリーズ　みらい　2007〜2015
　⇒Ⅴ−342
◇「型」を学ぼう―レポートの作成（新茂之, 吉川
　杉生著）　2015.5

中部大学ブックシリーズアクタ　中部大学　2005
　〜2016　⇒Ⅰ−323
17　学問の森へ―若き探求者による誘い（岩間優
　　希, 栃井裕美, 平井芽阿里, 影浦順子著, 小島亮
　　編）　2011.3

全集・叢書総目録 2011-2016　**33**

知識・学術一般

18 伽藍が赤かったとき―1970年代を考える（諏訪兼位，田口富久治，岩間優希，影浦順子，竹川慎吾，小島亮著） 2012.2

19 「お雇い」鉱山技師エラスマス・ガワーとその兄弟（山本有造著） 2012.9

20 蛙は，なん匹？―芭蕉の「古池や」の謎を解く（鶴田正道著） 2013.4

21 はらっぱ教室―峰地光重の生活綴方（豊田ひさき著） 2014.3

22 樹の力（グレッチェン・C・デイリー，チャールズ・J・カッツ・Jr著，南基泰，宗宮弘明編訳） 2014.10

23 ESD自然に学び大地と生きる（宗宮弘明，南基泰編） 2014.11

24 「バルバリア海賊」の終焉―ウィーン体制の光と影（桃井治郎著） 2015.3

25 大学での学び―桃園からの夢想（山下興亜著） 2016.3

26 土岐川・庄内川源流森の健康診断―恵那の森からの学び（上野薫，南基泰編著） 2016.5

27 ジャーニー・ウイズ・セミコンダクター―東芝，スタンフォード，そしてサムスン電子（宮本順一著） 2016.12

調査研究報告 学習院大学東洋文化研究所編 学習院大学東洋文化研究所 1977～2016
⇒Ⅰ−324

no.56 学習院大学東洋文化研究所所蔵資料紹介―末松保和資料（李正勲，長沢裕子，吉田愛，橋本陽著） 2012.3

no.57 遊牧世界と農耕世界の接点―アジア史研究の新たな史料と視点（鮫田善之，井黒忍，飯山知保，小沼孝博，David Brophy執筆） 2012.11

no.58 達成動機づけにおける重要な他者の果たす役割―日本と韓国の比較研究（伊藤忠弘，上淵寿，藤井勉，大家まゆみ執筆） 2013.3

no.60 小倉進平関係文書目録―学習院大学東洋文化研究所所蔵（杉田善弘監修，辻大和，富沢萌未，水野圭士編，通堂あゆみ，三ツ井崇解説） 2016.3

TU選書 大正大学出版会 2002～2012
⇒Ⅱ−119

7 浄土教の世界（勝崎裕彦，林田康順編，小沢憲珠監修） 2011.3

8 小児科医が語る子育て支援の実際―支援者をサポートするために（中村敬著） 2011.3

9 天台仏教の教え（塩入法道，池田宗譲編，多田孝文監修） 2012.3

帝塚山大学出版会叢書 帝塚山大学出版会 2008～2013 ⇒Ⅰ−326

◇親密な人間関係と憲法（羽淵雅裕著） 2012.3

◇僧寺と尼寺（森郁夫，甲斐弓子共著） 2012.3

◇古代朝鮮の造瓦と仏教（清水昭博著） 2013.3

同志社大学人文科学研究所研究叢書 現代史料出版 2016

51 越境する「二世」―1930年代アメリカの日系人と教育（吉田亮編著） 2016.3

同志社大学人文科学研究所研究叢書 晃洋書房 2002～2014 ⇒Ⅱ−157

41 パサージュ文化論―〈花・歌・人形〉の開かれた文化研究（岡林洋編著） 2011.3

45 アーモスト大学と同志社大学の関係史（同志社大学人文科学研究所編） 2013.3

47 カルチャー・ミックス―文化交換の美学序説（岡林洋編著） 2014.3

同志社大学人文科学研究所研究叢書 人文書院 2014

46 「マニュアル」の社会史―身体・環境・技術（服部伸編） 2014.2

同志社大学人文科学研究所研究叢書 同文舘出版 2013～2015

44 ランドマーク商品の研究―商品史からのメッセージ 5（石川健次郎編著） 2013.3

50 商品と社会―ランドマーク商品の研究（川満直樹編著） 2015.3

同志社大学人文科学研究所研究叢書 日本生活協同組合連合会出版部 2012

43 大学の協同を紡ぐ―京都の大学生協（名和又介，庄司俊作，井上史編） 2012.5

同志社大学人文科学研究所研究叢書 不二出版 2012

42 アメリカ日系二世と越境教育―1930年代を主にして（吉田亮編著） 2012.2

同志社大学人文科学研究所研究叢書 法律文化社 2015

49 戦後日本思想と知識人の役割（出原政雄編） 2015.1

総記　　　　　　　　　　　　　　　　　　　　　　　　　　　　知識・学術一般

同志社大学人文科学研究所研究叢書　ミネルヴァ
書房　2001〜2011　⇒Ⅲ－316
40　公的ガバナンスの動態研究―政府の作動様式
の変容（新川達郎編著）　2011.3

東洋通信　東洋大学通信教育部　2014
2014特別号（東洋大学通信教育部［編］）　2014.12

名古屋外大ワークス　名古屋外国語大学出版会
2015〜2016
1　サミットがわかれば世界が読める（高瀬淳一著）
2015.10
2　留学と日本人―空海からノーベル賞受賞者まで
われわれは何をめざして海を渡るのか（丹羽健夫
著）　2016.6

名古屋学院大学総合研究所研究叢書　渓水社
2013
25　シッディ・クール―モンゴル説話集（西脇隆夫
編）　2013.1

名古屋学院大学総合研究所研究叢書　晃洋書房
2015〜2016
26　企業間分業とイノベーション・システムの組
織化―日本自動車産業のサステナビリティ考察
（佐伯靖雄著）　2015.2
27　日本における保守主義はいかにして可能か―
志賀重昂を例に（荻原隆著）　2016.3

名古屋市立大学人間文化研究叢書　新泉社　2013
3　グローバル社会を歩く―かかわりの人間文化学
（赤嶺淳編）　2013.3

名古屋市立大学人間文化研究叢書　刀水書房
2014
［4］　民族浄化のヨーロッパ史―憎しみの連鎖の
20世紀（ノーマン・M・ナイマーク著, 山本明代
訳）　2014.7

名古屋市立大学人間文化研究叢書　風媒社　2012
2　公教育と子どもの生活をつなぐ香港・台湾の教育
改革（山田美香著）　2012.3（MARCは2011.3）

名古屋市立大学人間文化研究叢書　丸善プラネッ
ト　2015
5　不確実状況下における多目的計画問題に対する
意思決定手法（矢野均著）　2015.2

奈良教育大学ブックレット　東山書房　2008〜
2012　⇒Ⅴ－16
第3号　バルシューレ―幼児のためのボール遊びプ
ログラム（ハイデルベルク大学スポーツ科学研究
所, バルシューレジャパン著）　2011.3
第4号　食べる力は生きる力―クッキングからはじ
める食育（鈴木洋子著）　2011.3
第5号　世界遺産教育は可能か―ESD（持続可能な
開発のための教育）をめざして（田淵五十生著）
2011.3
第6号　母子の絆―健康な母と子を育むカルシウム
栄養（米山京子著）　2012.3
007　「できる」教師への道―教職大学院生の学び
（奈良教育大学教職大学院ブックレット作成委員
会著）　2012.3

奈良女子大学文学部〈まほろば〉叢書　かもがわ出
版　2012〜2016
◇大学の現場で震災を考える―文学部の試み（三野
博司編著）　2012.3
◇現場の心理学（浜田寿美男, 麻生武編著）　2012.
12
第3巻　語りべのドイツ児童文学―O・プロイスラー
を読む（吉田孝夫著）　2013.2
◇ベネディクト・アンダーソン奈良女子大学講義
（ベネディクト・アンダーソン［述］, 小川伸彦,
水垣源太郎編）　2014.3
第5巻　「徒然草」ゼミナール（鈴木広光編著）
2014.3
◇和合亮一が語る福島―講演会・インタビューと
奈良女子大生の福島訪問記（和合亮一［述］, 鈴木
康史編）　2015.4
◇イギリスの詩を読む―ミューズの奏でる寓意・
伝説・神話の世界（斉藤美和編著）　2016.3

南山大学学術叢書　共立出版　2011
◇多群連続モデルにおける多重比較法―パラメト
リック, ノンパラメトリックの数理統計（白石高
章著）　2011.12

南山大学学術叢書　勁草書房　2015
◇日本における司法消極主義と積極主義　1　憲法
訴訟の軌跡と展望（中谷実著）　2015.2

南山大学学術叢書　彩流社　2012
◇読みの抗争―現代批評のレトリック（武田悠一
著）　2012.4

知識・学術一般

総 記

南山大学学術叢書 成文堂 2006〜2016
　⇒Ⅲ−34
◇フランス刑法の現状と欧州刑法の展望（末道康之
　著） 2012.2
◇刑法の論点と解釈（丸山雅夫著） 2014.11
◇アリストテレスの法思想―その根柢に在るもの
　（高橋広次著） 2016.2

南山大学学術叢書 名古屋大学出版会 2002〜
　2014 ⇒Ⅲ−34
◇「腹の虫」の研究―日本の心身観をさぐる（長谷
　川雅雄著，辻本裕成，ペトロ・クネヒト，美濃部
　重克［著］） 2012.5
◇アメリカ医療制度の政治史―20世紀の経験とオ
　バマケア（山岸敬和著） 2014.3

南山大学学術叢書 日本評論社 2010〜2016
　⇒Ⅲ−34
◇司法の独立性とアカウンタビリティ―イギリス
　司法制度の構造転換（榊原秀訓著） 2016.3

南山大学学術叢書 風行社 2013
◇ユートピア学の再構築のために―「リーマン・
　ショック」と「三・一一」を契機として（菊池理
　夫著） 2013.2

南山大学学術叢書 勉誠出版 2013
◇所与と自由―近現代文学の名作を読む（細谷博
　著） 2013.1

南山大学学術叢書 法律文化社 2014
◇ヴェトナム戦争研究―「アメリカの戦争」の実
　相と戦争の克服（藤本博著） 2014.12

南山大学学術叢書 ミネルヴァ書房 2015
◇親鸞とキェルケゴールにおける「信心」と「信仰」
　―比較思想的考察（スザ ドミンゴス著） 2015.
　1

南山大学学術叢書 有志舎 2014
◇帝国の思考―日本「帝国」と台湾原住民（松田京
　子著） 2014.3

新潟県立大学公開講座 新潟県立大学地域連携セ
　ンター 2012〜2014
平成23年度 新潟で東日本大震災を受け止める―
　記録集 2012.3
平成24年度 第4号 阿賀野川流域から世界へ―記
　録集 2013.3

平成25年度 第5号 新潟における食の風景―Food-
　scape in Niigata「新潟の食・人・場」 記録集
　2014.3

新潟大学人文学部研究叢書 知泉書館 2011〜
　2016
7 英語の語彙システムと統語現象（大石強著）
　2011.3
8 ブロッホと「多元的宇宙」―グローバル化と戦
　争の世紀へのヴィジョン（吉田治代著） 2011.3
9 南満州鉄道沿線の社会変容（芳井研一編）
　2013.3
11 環東アジア地域の歴史と「情報」（関尾史郎編）
　2014.3
12 縄文の儀器と世界観―社会変動期における精
　神文化の様相（阿部昭典著） 2015.3
13 語りによる越後小国の昔ばなし（馬場英子著）
　2016.3

二松学舎大学学術叢書 研文出版 2012〜2015
◇近出殷周金文考釈 第1集 河南省（高沢浩一編）
　2012.3
◇近出殷周金文考釈 第2集 陝西省 四川省 内蒙
　古 山西省（高沢浩一編） 2013.3
◇近出殷周金文考釈 第3集 北京市・遼寧省・山
　東省・安徽省・江蘇省・浙江省・湖北省・湖南
　省・広州市（高沢浩一編） 2014.3
◇近出殷周金文考釈 第4集 出土地未詳編（高沢
　浩一編） 2015.3

二松学舎大学学術叢書 思文閣出版 2011〜2014
◇日本文学の「女性性」（増田裕美子，佐伯順子編）
　2011.2
◇源平の時代を視る―二松学舎大学附属図書館所
　蔵奈良絵本『保元物語』『平治物語』を中心に（磯
　水絵，小井土守敏，小山聡子編） 2014.2

日常を拓く知 神戸女学院大学文学部総合文化学
　科監修 世界思想社 2013〜2016
1 知る・学ぶ（大橋完太郎編） 2013.8
2 恋する（河西秀哉編） 2014.3
3 伝える（建石始編） 2014.8
4 食べる（景山佳代子編） 2015.2
5 旅する（桐生裕子編） 2015.8
6 支える（与那嶺司編） 2016.1

日文研叢書 三元社 2013
◇植民地朝鮮と宗教―帝国史・国家神道・固有信

総記　　　　　　　　　　　　　　　　　　　　　　　　　　　知識・学術一般

仰（磯前順一，尹海東編著）　2013.1

日文研叢書　思文閣出版　2016
◇記念植樹と日本近代―林学者本多静六の思想と
事績（岡本貴久子著）　2016.3

日文研叢書　［人間文化研究機構］国際日本文化研
究センター　1993〜2016　⇒Ⅰ－335
46　明治期「新式貸本屋」目録の研究（浅岡邦雄，
鈴木貞美編著）　2010.11
47　「近代の超克」と京都学派―近代性・帝国・普
遍性（酒井直樹，磯前順一編著）　2010.11
48　『Japan To-Day』研究―戦時期『文芸春秋』の
海外発信（鈴木貞美編著）　2011.3
49　古丁研究―「満州国」に生きた文化人（梅定娥
著）　2012.3
50　植民地朝鮮と宗教―帝国史・国家神道・固有
信仰（磯前順一，尹海東編著）　2013.1
51　ブッダの変貌―交錯する近代仏教（末木文美
士，林淳，吉永進一，大谷栄一編）　2014.3
52　帝国支配と朝鮮表象―朝鮮写真絵葉書と帝展
入選作にみる植民地イメージの伝播（朴美貞著）
2014.3
53　記念植樹と日本近代―林学者本多静六の思想
と事績（岡本貴久子著）　2016.3

日文研叢書　法蔵館　2014
◇ブッダの変貌―交錯する近代仏教（末木文美士，
林淳，吉永進一，大谷栄一編）　2014.3

日文研叢書　臨川書店　2016
◇森幸安の描いた地図　増補改訂（辻垣晃一，森洋
久編著）　2016.3

日文研フォーラム　国際日本文化研究センター編
国際日本文化研究センター　1999〜2014
⇒Ⅰ－336
第214回　ヨーロッパ人の日本宗教へのアプローチ
―エミールギメと日本の僧侶，神主との問答（フ
レデリック・ジラール［述］）　2010.9
第235回　「訳する」とはどういうことか？―翻訳
を歴史的現象として考える（ジェフリー・アング
ルス［述］）　2010.10
第240回　小田実の思想と文学―全体小説を短編
で書くこと（ローマン・ローゼンバウム［述］）
2011.3
第241回　亡命ロシア人が見た近代日本（アイーダ・
スレイメノヴァ［述］）　2011.3

第252回　ベトナムの習慣と信仰を古典文学に探る
（グエン ティ オワイン［述］）　2012.9
第253回　天寿の域にいたる道―貝原益軒の『養生
訓』を中心に（劉克申［述］）　2012.6
第254回　帝誅しと帝諌めの物語―狩野重信筆「帝鑑
図・咸陽宮図屏風」を読む（楊暁捷［述］）　2012.
6
第255回　東アジア近代史における「記憶と記念」
（都珍淳，馬曉華，松田利彦［述］）　2012.11
第256回　近代日中知識人の自他認識―思想交流史
からのアプローチ（徐興慶［述］）　2013.1
第257回　日本映画に於ける原型的な表現方法（ア
ンドリヤナ ツヴェトコビッチ［述］）　2013.5
第259回　中国文化への誘い―漢字からのアプロー
チ（金哲会［述］）　2013.2
第263回　スリランカにおける演劇史と日本の伝統
演劇の影響について（クラティラカ・クマーラシ
ンハ［述］）　2013.7
第268回　耳塚の「霊魂」をどう考えるか（魯成煥
［述］）　2013.10
第275回　『吾妻鏡』の謎―清朝へ渡った明治の性
科学（唐権［述］）　2014.9
第276回　めぐりめぐる日本文化（高馬京子，ハラ
ルド・フース，深井晃子［述］）　2014.8

日中国際学術セミナー論文集　島根大学　2014
第10回（島根大学［編］）　［2014］

日中国際学術セミナー論文集　島根大学・寧夏大
学国際共同研究所　2015
第12回（島根大学・寧夏大学国際共同研究所）（島
根大学寧夏大学国際共同研究所［編］）　2015.3

日本女子大学叢書　明石書店　2009〜2013
⇒Ⅲ－731
13　女子理学教育をリードした女性科学者たち―
黎明期・明治期後半からの軌跡（蟻川芳子監修，
日本女子大学理学教育研究会編著）　2013.2

日本女子大学叢書　学文社　2011
11　ボランティア活動とおとなの学び―自己と社
会の循環的発展（田中雅文著）　2011.5

日本女子大学叢書　翰林書房　2010〜2014
5　阿部次郎をめぐる手紙―平塚らいてう/茅野雅
子・蕭々/網野菊/田村俊子・鈴木悦/たち（青木
生子，原田夏子，岩淵宏子編）　2010.9
6　『青鞜』と世界の「新しい女」たち（「新しい女」

全集・叢書総目録 2011-2016　**37**

知識・学術一般

研究会編）　2011.2

15　近代女子高等教育機関における体育・スポーツの原風景―成瀬仁蔵の思想と日本女子大学校に原型をもとめて（馬場哲雄著）　2014.2

日本女子大学叢書　くろしお出版　2013
14　「ている」「ていた」「ていない」のアスペクト―異なるジャンルのテクストにおける使用状況とその用法（江田すみれ著）　2013.3

日本女子大学叢書　現代書館　2014
16　原子力推進の現代史―原子力黎明期から福島原発事故まで（秋元健治著）　2014.9

日本女子大学叢書　春風社　2011
12　作品は「作者」を語る―アラビアン・ナイトから丸谷才一まで（ソーントン不破直子, 内山加奈枝編著）　2011.10

日本女子大学叢書　塙書房　2015
17　万葉悲別歌の意匠（平舘英子著）　2015.3

日本女子大学叢書　ブリュッケ　2007～2016　⇒Ⅱ－406
18　美と大衆―ジャポニスムとイギリスの女性たち（粂和沙著）　2016.9

日本女子大学叢書　木鐸社　2011
10　教育行政の政治学―教育委員会制度の改革と実態に関する実証的研究（村上祐介著）　2011.2

日本大学文理学部叢書　日本大学文理学部　2001～2014　⇒Ⅰ－337
9　21世紀の学問方法論（宮原琢磨編著）　2013.4
10　化学英語用例辞典（田中一範, 飯田隆, 藤本康雄編）　2014.3

日本大学法学部叢書　弘文堂　2014
第35巻　日米安保条約と事前協議制度（信夫隆司著）　2014.9

日本大学法学部叢書　国書刊行会　2015
第37巻　「神」の人―19世紀フランス文学における司祭像（江島泰子著）　2015.12

日本大学法学部叢書　三恵社　2007～2014　⇒Ⅲ－37
第32巻　アダム・スミスの思想像（山口正春著）　2010.10
第36巻　アダム・スミスとその周辺―思想・経済・

社会（山口正春著）　2014.12

日本大学法学部叢書　時潮社　2007～2012　⇒Ⅲ－37
第34巻　アメリカの貿易政策と合衆国輸出入銀行（山城秀市著）　2012.5

日本大学法学部叢書　駿河台出版社　2011
第31巻　ある危険な関係―アニエスとデルマンシュ（玉井通和著）　2011.3

日本大学法学部叢書　中央経済社　2016
第38巻　商標法の研究（土肥一史著）　2016.3

日本大学法学部叢書　日本加除出版　2013
第33巻　戸籍実務の理論と家族法（山川一陽著）　2013.3

日本大学法学部叢書　吉川弘文館　2015
第39巻　近世仏教の制度と情報（朴沢直秀著）　2015.6

阪大リーブル　大阪大学出版会　2010～2016
023　フランス表象文化史―美のモニュメント（和田章男著）　2010.9
024　漢学と洋学―伝統と新知識のはざまで（懐徳堂）（岸田知子著）　2010.9
025　ベルリン・歴史の旅―都市空間に刻まれた変容の歴史（平田達治著）　2010.10
026　下痢、ストレスは腸にくる（石蔵文信著）　2011.1
027　セルフメディケーションのためのくすりの話（那須正夫著）　2011.3
028　格差をこえる学校づくり―関西の挑戦（志水宏吉編）　2011.4
029　リン資源枯渇危機とはなにか―リンはいのちの元素（大竹久夫編著, 長坂徹也, 松八重一代, 黒田章夫, 橋本光史執筆）　2011.7
030　実況（ライブ）★料理生物学（小倉明彦著）　2011.10
031　夫源病―こんなアタシに誰がした（石蔵文信著）　2011.11
032　ああ、誰がシャガールを理解したでしょうか？―二つの世界間を生き延びたイディッシュ文化の末裔（囮府寺司編, 囮府寺司, 樋上千寿, 和田恵庭著）　2011.12
33　懐徳堂ゆかりの絵画（懐徳堂）（奥平俊六編著）　2012.3
34　試練と成熟―自己変容の哲学（中岡成文著）

総記　　　　　　　　　　　　　　　　　　　知識・学術一般

2012.4

35　ひとり親家庭を支援するために―その現実から支援策を学ぶ(神原文子, しんぐるまざあず・ふぉーらむ・関西編著)　2012.8

36　知財インテリジェンス―知識経済社会を生き抜く基本教養(玉井誠一郎著)　2012.8

37　幕末鼓笛隊―土着化する西洋音楽(奥中康人著)　2012.11

38　ヨーゼフ・ラスカと宝塚交響楽団(根岸一美著)　2012.11

39　上田秋成―絆としての文芸(飯倉洋一著)　2012.12

40　フランス児童文学のファンタジー(石沢小枝子, 高岡厚子, 竹田順子著)　2012.12

41　東アジア新世紀―リゾーム型システムの生成(河森正人著)　2013.3

42　芸術と脳―絵画と文学、時間と空間の脳科学(近藤寿人編)　2013.3

43　グローバル社会のコミュニティ防災―多文化共生のさきに(吉富志津代著)　2013.3

44　グローバルヒストリーと帝国(秋田茂, 桃木至朗編)　2013.3

45　屏風をひらくとき―どこからでも読める日本絵画史入門(奥平俊六著)　2014.3

46　アメリカ文化のサプリメント―多面国家のイメージと現実(森岡裕一著)　2014.1

47　ヘラクレスは繰り返し現われる―夢と不安のギリシア神話(内田次信著)　2014.3

48　アーカイブ・ボランティア―国内の被災地で、そして海外の難民資料を(大西愛編)　2014.6

49　サッカーボールひとつで社会を変える―スポーツを通じた社会開発の現場から(岡田千あき著)　2014.6

50　女たちの満洲―多民族空間を生きて(生田美智子編)　2015.4

51　隕石でわかる宇宙惑星科学(松田准一著)　2015.12

52　むかしの家に学ぶ―登録文化財からの発信(畑田耕一編著)　2016.2

53　奇想天外だから史実―天神伝承を読み解く(高島幸次著)　2016.3

54　とまどう男たち　生き方編(伊藤公雄, 山中浩司編)　2016.7

55　とまどう男たち　死に方編(大村英昭, 山中浩司編)　2016.7

56　グローバルヒストリーと戦争(秋田茂, 桃木至朗編著)　2016.4

57　世阿弥を学び、世阿弥に学ぶ―12人の専門家が「世阿弥」を語る 講演・対談集(大槻文蔵監修, 天野文雄編集)　2016.7

阪南大学叢書　金沢文圃閣　2013

97　児童書批評誌『ホーン・ブック』の研究―歴代編集長と協力者 1924-2000年(藤野寛之著)　2013.3

阪南大学叢書　金子書房　2012

92　エンプロイアビリティにみる大学生のキャリア発達論―新時代の大学キャリア教育のあり方(寿山泰二著)　2012.3

阪南大学叢書　現代図書　2014

101　観光による地域社会の再生―オープン・プラットフォームの形成に向けて(森重昌之著)　2014.3

阪南大学叢書　晃洋書房　2004～2016
⇒Ⅰ-341

90　中国文化史上における漢賦の役割(高橋庸一郎著)　2011.3

91　カリフォルニア政治とラティーノ―公正な市民生活を求めるための闘い(賀川真理著)　2011.3

96　デジタルアニメーション―Flashの基礎技法(田上博司著)　2012.10

105　ブランド価値創造戦略に求められるもの―目に見えるものを通して目に見えない何かを捉える(平山弘著)　2016.3

阪南大学叢書　税務経理協会　2014

100　経営と情報の深化と融合(伊田昌弘監修, 阪南大学経営情報学部編)　2014.1

阪南大学叢書　文理閣　2012～2016

94　超世紀不況と日本の流通―小売商業の新たな戦略と役割(仲上哲著)　2012.3

95　取り戻した9億円―相互信金出資金返還訴訟の記録(桜田照雄著)　2013.3

98　人間的価値と正義(牧野広義著)　2013.3

99　英語とはどのような言語か―英語を効率よく学びたい人のために(長谷川恵洋著)　2014.3

102　経済・環境・スポーツの正義を考える(尼寺義弘, 牧野広義, 藤井政則編著)　2014.3

104　コミットメント制度としてのEU―特恵的貿易協定の政治経済学(井上裕司著)　2016.3

知識・学術一般

阪南大学叢書　ミネルヴァ書房　2011〜2016

89　現代中小企業の発展プロセス―サプライヤー関係・下請制・企業連携（関智宏著）　2011.4

106　ヘーゲル論理学と矛盾・主体・自由（牧野広義著）　2016.3

阪南大学翻訳叢書　晃洋書房　2002〜2016
⇒Ⅲ－196

25　スポーツ倫理学の射程―ドーピングからフェアネスへ（クラウディア・パヴレンカ編著, 藤井政則訳）　2016.3

阪南大学翻訳叢書　ナカニシヤ出版　2015

24　制度経済学―政治経済学におけるその位置　上（ジョン・ロジャーズ・コモンズ著, 中原隆幸訳）　2015.3

阪南大学翻訳叢書　日外アソシエーツ　2011

22　新・イギリス公共図書館史―社会的・知的文脈1850-1914（アリステア・ブラック著, 藤野寛之訳・解説）　2011.2

阪南大学翻訳叢書　文理閣　2012

23　リーメンシュナイダーとその工房（イーリス・カルデン・ローゼンフェルト著, 溝井高志訳）　2012.3

比較文化研究ブックレット　鶴見大学比較文化研究所企画・編集　神奈川新聞社　2002〜2016
⇒Ⅴ－395

no.9　人文情報学への招待（大矢一志著）　2011.3

No.10　作家としての宮崎駿―宮崎駿における異文化融合と多文化主義（相良英明著）　2012.3

No.11　森田雄三演劇ワークショップの18年―Mコミュニティにおけるキャリア形成の記録（吉村順子著）　2013.3

No.12　PISAの「読解力」調査と全国学力・学習状況調査―中学校の国語科の言語能力の育成を中心に（岩間正則著）　2014.3

No.13　国のことばを残せるのか―ウェールズ語の復興（松山明子著）　2015.3

No.14　南アジア先史文化人の心と社会を探る―女性土偶から男性土偶へ：縄文・弥生土偶を参考に（宗台秀明著）　2016.3

bibliotheca hermetica叢書　勁草書房　2013〜2015

◇天才カルダーノの肖像―ルネサンスの自叙伝、占星術、夢解釈（榎本恵美子著, ヒロ・ヒライ編集）　2013.7

◇パラケルススと魔術的ルネサンス（菊地原洋平著, ヒロ・ヒライ編集）　2013.12

◇テクストの擁護者たち―近代ヨーロッパにおける人文学の誕生（アンソニー・グラフトン著, ヒロ・ヒライ監訳・解題, 福西亮輔訳）　2015.8

125ライブラリー　125ライブラリー［出版］編集委員会編　中央大学出版部　2011〜2014

001　改革派詩人が見たフランス宗教戦争―アグリッパ・ドービニェの生涯と詩作（高橋薫著）　2011.3

002　今を生きる若者の人間的成長（都筑学著）　2011.3

3　発掘で探る縄文の暮らし―中央大学の考古学（小林謙一著）　2011.3

4　旅をして, 出会い, ともに考える―大学で初めてフィールドワークをするひとのために（新原道信著）　2011.3

5　英語史で解きほぐす英語の誤解―納得して英語を学ぶために（堀田隆一著）　2011.10

006　テレビドラマを学問する（宇佐美毅著）　2012.8

007　オペラハウスから世界を見る（森岡実穂著）　2013.3

008　超然トシテ独歩セント欲ス―英吉利法律学校の挑戦（菅原彬州監修, 森光編著）　2013.3

009　高校生が見たサハリン・樺太―中央大学杉並高校研修旅行の記録（菊地明範, 山田篤史編著）　2014.3

HUMAN　人間文化研究機構監修　平凡社　2012〜2016

vol.02（2012 March）　特集：京都・江戸はどう描かれたか―洛中洛外図、江戸名所図と風俗画（知の森へのいざない）　2012.3

vol.03（2012 December）　〈特集〉災害はどのように語られてきたか（知の森へのいざない）　2012.12

vol.04（2013 June）　〈特集〉巨大古墳と王権（知の森へのいざない）　2013.6

vol.05（2013 December）　〈特集〉酒と日本文化（知の森へのいざない）　2013.12

vol.06（2014 July）　〈特集〉日本の魑魅魍魎（知の森へのいざない）　2014.7

vol.07（2014 December）　〈特集〉漢字の過去・現在・未来（知の森へのいざない）　2014.12

総記　　　　　　　　　　　　　　　　　　　　　　　　知識・学術一般

vol.08（2016 January）〈特集〉日本文化の東と西（知の森へのいざない）　2016.1

Human　人間文化研究機構監修　角川学芸出版　2011
vol.1（知の森へのいざない）　2011.2

広島経済大学研究双書　翰林書房　2014
第41冊　芥川竜之介の童話—神秘と自己像幻視の物語（武藤清吾著）　2014.2

広島経済大学研究双書　渓水社　2004〜2013　⇒Ⅲ－337
第40冊　中国対外経済貿易体制史　上（片岡幸雄著）　2013.3

広島経済大学研究双書　ジャパンインターナショナル総合研究所　2011
第35冊　こちらはFMハムスター—地域コミュニティの未来を担う小さな一歩（松井一洋, 長谷川泰志, 古本泊著）　2011.3

広島経済大学研究双書　創文企画　2015
第42冊　スポーツと人権・福祉—「スポーツ基本法」の処方箋（内海和雄著）　2015.1

広島経済大学研究双書　中央経済社　2010　⇒Ⅲ－337
第34冊　キャッシュ・フロー会計情報論—制度的背景と分析手法（永田靖著）　2010.12

広島経済大学研究双書　広島経済大学地域経済研究所　1982〜2016　⇒Ⅲ－337
第36冊　ビジネス教育における新手法の開発—「日本の18歳にふさわしいビジネス教育の入口」の探究（細井謙一, 山内昌斗, 永田靖, 神尾陽一, 福田覚共著）　2011.3
第37冊　言葉力による逆発想のススメ—ビジネスにおける逆転の発想を生み出す言葉の力に関する研究（中村克洋著）　2011.11
第39冊　金融時系列分析の理論と応用（前川功一, 得津康義編著）　2012.3
第43冊　キャリア教育と進路指導に関する研究（餅川正雄著）　2016.3
第44冊　東アジアの経済成長の持続可能性について（福居信幸, 前川功一, 増原義剛, 野北晴子, 糠谷英輝, 小笠原礼以, 小松正昭編著）　2016.3

広島経済大学研究双書　不昧堂出版　2012
第38冊　オリンピックと平和—課題と方法（内海和雄著）　2012.6

広島経済大学地域経済研究所報告書　広島経済大学地域経済研究所　2007〜2016　⇒Ⅲ－41
◇不確実かつ曖昧な環境下での2レベル計画モデルの提案と進化計算に基づく解法の構築（共同研究 09-A）（丹羽啓一, 片桐英樹, 久保大支［著］）　2012.12
◇FMハムスターによる地域コミュニケーションの変化と展望（共同研究 11-B）（松井一洋, 堂本絵理［著］）　2013.2
◇スポーツを活用した地域活性化に関する考察（共同研究 11-A）（椛本伸悦, 永田靖, 松本耕二, 山本公平, 渡辺泰弘［著］）　2014.1
◇学習指導技量の評定結果を活用した教育実習指導に関する研究（共同研究 12-C）（志々田まなみ, 三山緑, 田中泉, 神田義浩, 胤森裕暢, 桜田裕美子［著］）　2015.2
◇The development and applications of the HUE Language Proficiency（HUELP）database（共同研究 12-B）（J.A.S.Wild, Namiko Sakoda［著］）　2015.2
◇プロ・スポーツクラブ（球団）の地域密着の総合的研究（共同研究 12-A）（内海和雄, 藤口光紀, 渡辺勇一, 中嶋則夫, 椛本伸悦, 松本耕二, 岡安功, 渡辺泰弘［著］）　2016.1

広島修道大学学術選書　いなほ書房　2013
59　グローバル化と文化変容（中根光敏, 今田純雄編著）　2013.10

広島修道大学学術選書　海文堂出版　2015
64　eラーニングは教育を変えるか—Moodleを中心としたLMSの導入から評価まで（大沢真也, 中西大輔編）　2015.9

広島修道大学学術選書　学文社　2011
52　学び直し可能な社会と大学—これからのキャリア教育（落合功著）　2011.5

広島修道大学学術選書　九州大学出版会　2007〜2012　⇒Ⅲ－41
50　株主間契約と定款自治の法理（田辺真敏著）　2010.10
53　都市交通政策概論—自動車と公共交通（木谷直俊著）　2012.3

知識・学術一般   総記

広島修道大学学術選書　勁草書房　2016
65　地域産業政策論（太田耕史郎著）　2016.8

広島修道大学学術選書　商事法務　2016
66　オランダ会社法（田辺真敏著）　2016.9

広島修道大学学術選書　中央経済社　2013
56　森林バイオマス活用の地域開発─鍵を握る産
　　業クラスター（広島修道大学森林バイオマス研究
　　会編）　2013.2
60　地域中核企業の環境経営─移転・普及のメカ
　　ニズム（金原達夫, 羅星仁, 政岡孝宏著）　2013.
　　10

広島修道大学学術選書　同文舘出版　2013
57　税務貸借対照表に対する商事貸借対照表の基
　　準性の原則─ドイツ税務会計の考察（中田清著）
　　2013.9

**広島修道大学学術選書　日本経済評論社　2012〜
　　2015**
54　近代塩業と商品流通（落合功著）　2012.12
第62号　帝国主義期イギリス海軍の経済史的分析
　　1885〜1917年─国家財政と軍事・外交戦略（藤田
　　哲雄著）　2015.9

広島修道大学学術選書　日本評論社　2014
58　中国物権変動法制の構造と理論─日本法との
　　双方向的比較の視点から（鄭芙蓉著）　2014.2

広島修道大学学術選書　白桃書房　2015
63　環境経営のグローバル展開─海外事業および
　　サプライチェーンへの移転・普及のメカニズム
　　（金原達夫, 村上一真著）　2015.12

広島修道大学学術選書　雄松堂書店　2013
61　青木周弼の西洋医学校構想（森川潤著）　2013.
　　12

**広島修道大学学術選書　レクシスネクシス・ジャ
　　パン　2012**
55　アメリカ連邦証拠規則（田辺真敏著）　2012.
　　12

**広島修道大学研究叢書　広島修道大学学術交流セ
　　ンター　2008〜2012　⇒Ⅲ−542**
第144号　広島における公共交通の社会学─路面電
　　車と乗合バスの変容（日隈健壬, 中尾正俊, 八木
　　秀彰共著）　2011.9
第145号　国際航空輸送の経済規制（ラモン・ディ

ミュリアス著, 木谷直俊訳）　2011.9
第146号　萩藩好生堂教諭役青木周弼（森川潤著）
　　2012.7

**広島修道大学研究叢書　広島修道大学ひろしま未
　　来協創センター　2014〜2015**
第147号　脊椎動物網膜視細胞の神経伝達物質─グ
　　ルタミン酸の放出と再利用（高橋恭一著）　2014.
　　6
第148号　地域産業政策─内発的産業振興策の検討
　　（太田耕史郎著）　2015.6

**広島修道大学テキストシリーズ　晃洋書房　2015
　　〜2016**
◇生きること死ぬこと物語ること─終末期医療と
　　倫理（宮坂和男著）　2015.8
◇21世紀の商学原論講義─経済, 商, 法の3極思考
　　（柏木信一著）　2016.4

**広島修道大学テキストシリーズ　創成社　2012〜
　　2013**
◇環境経営入門─理論と実践（金原達夫著）　2012.
　　8
◇観光ビジネスの基礎（木谷直俊著）　2013.9

**広島大学出版会オンデマンド　広島大学出版会
　　2013〜2016**
1　英語の冠詞─歴史から探る本質　増補版（樋口
　　昌幸著）　2013.2
2　物理化学monographシリーズ　上（山崎勝義著）
　　2013.8
3　物理化学monographシリーズ　下（山崎勝義著）
　　2013.8
4　国際連盟教育使節団中国教育の改進─ヨーロッ
　　パ四賢人の見た日中開戦前夜の中国教育（国際連
　　盟教育使節団［著］, 大塚豊訳）　2014.3
5　体育授業の目標と評価（木原成一郎編著）
　　2014.11
6　地球のしくみを理解する─広島大学理学部地球
　　惑星システム学科へようこそ（広島大学理学部地
　　球惑星システム学科編）　2015.10
7　近現代経済史研究の理論を問う（高橋衛著）
　　2016.10
8　物理化学monographシリーズ　下　第2版（山
　　崎勝義著）　2016.11

**弘大ブックレット　弘前大学出版会　2006〜2014
　　⇒Ⅰ−351**
no.7　ものづくりに生きる人々─旧城下町・弘前

42　全集・叢書総目録　2011-2016

総記

知識・学術一般

の職人（杉山祐子, 山口恵子編）　2011.3

no.8　ブナの森の湖沼群―白神山地・十二湖の水
　　生生物を探る（大高明史著）　2012.2

no.9　里の自然学―津軽の人と自然と（竹内健悟
　　編）　2012.2

no.10　津軽から発信！　国際緊急医療援助に生き
　　る朝日茂樹医師のJDR活動編（弘前大学人文学部
　　柑本英雄ゼミブックレット編集委員会編, 柑本英
　　雄, 佐藤菜穂子, 近藤麻衣監修）　2013.7

no.11　津軽から発信！　母国を離れプロフェッショ
　　ンに生きる国際コーディネーター編（弘前大学人
　　文学部柑本英雄ゼミブックレット編集委員会編,
　　柑本英雄, 佐藤菜穂子監修）　2014.1

no.12　山田野―陸軍演習場・演習廠舎と跡地の100
　　年（中田書矢, 稲垣森太, 村上亜弥著, 高瀬雅弘編
　　著）　2014.10

Ferris books　フェリス女学院大学　2001～
　　2016　⇒Ⅰ－351

18　めざすは貧困なき世界―政府と市民の国際開
　　発協力（高柳彰夫著）　2011.12

19　J-popをつくる！―まねる、学ぶ、生み出す（川
　　本聡胤著）　2013.1

20　私が変われば、世界は変わる―フェリスのボ
　　ランティア（大倉一郎, 広石望, 小笠原公子著）
　　2014.2

21　国語辞典女子―今日から始める日本語研究（勝
　　田耕起著）　2014.3

22　英語学習の素朴な疑問と謎―第二言語習得研
　　究からみえるもの（大畑甲太著）　2016.2

福井県大学連携リーグ双書　福井県大学連携リー
　　グ　2010～2015　⇒Ⅲ－338

2　一歩先行く地域医療―はじめよう住民・行政・
　　医療者の三位一体による地域医療革命 2010年度
　　福井県大学連携リーグ連携企画講座（井階友貴編
　　著）　2011.3

3　健康と長寿から地域を捉え直す―こころ・から
　　だ・しゃかいの視点から 2011年度ふくい総合学
　　2013.3

4（2013年度）　里地里山里海の生きもの学（吉岡俊
　　人編著）　2014.3

5（2014年度）　変貌するアジアと域内経済協力（丸
　　屋豊二郎編著）　2015.3

仏教大学研究叢書　仏教大学　2007～2016
　　⇒Ⅱ－365；Ⅲ－42

2　平安期の願文と仏教的世界観　オンデマンド版
　　（工藤美和子著）　2016.5

11　古代東北仏教史研究（窪田大介著）　2011.3

12　中国五代国家論（山崎覚士著）　2010.11

12　中国五代国家論　オンデマンド版（山崎覚士
　　著）　2016.9

13　斎藤喜博教育思想の研究（増田翼著）　2011.1

14　近世上方歌舞伎と堺（斉藤利彦著）　2012.2

15　学校図書館における特別支援教育のあり方―
　　日英のフィールド調査から考える（松戸宏予著）
　　2012.2

16　へき地保育の展望（西垣美穂子著）　2012.3

17　スサノヲの変貌―古代から中世へ（権東祐著）
　　2013.2

18　早池峰岳神楽の継承と伝播（中嶋奈津子著）
　　2013.2

19　三池炭鉱炭じん爆発事故に見る災害福祉の視
　　座―生活問題と社会政策に残された課題（田中智
　　子著）　2012.10

20　黄檗禅と浄土教―万福寺第四祖独湛の思想と
　　行動（田中実マルコス著）　2014.2

21　古事記変貌する世界―構造論的分析批判（アン
　　ダソヴァ・マラル著）　2014.3

22　近世京都近郊の村と百姓（尾脇秀和著）　2014.
　　2

23　高校相談活動におけるコーディネーターとし
　　ての教師の役割―その可能性と課題（石川美智子
　　著）　2015.1

24　中国におけるモンゴル民族の学校教育（ウルゲ
　　ン著）　2015.2

25　碇の文化史（石原渉著）　2015.2

26　宇佐八幡神話言説の研究―『八幡宇佐宮御託
　　宣集』を読む（村田真一著）　2016.2

27　没理想論争とその影響（坂井健著）　2016.2

28　大学全入時代における進路意識と進路形成―
　　なぜ四年制大学に進学しないのか（長谷川誠著）
　　2016.2

ブックレット群馬大学　上毛新聞社事業局出版部
　　2007～2013　⇒Ⅰ－355

6　情報社会のいじめ問題―解決に向けた地域から
　　のアプローチ（伊藤賢一, 平塚浩士, 富山慶典, 滝
　　充, 下田博次, 小熊良一, 管野吉雄, 黒須俊夫編）
　　2011.4

7　最強エレメントケイ素の不思議（海野雅史ほか

知識・学術一般

総記

著） 2011.8

8 震災の中の群馬―情報の観点から振り返り、そして前へ（群馬大学社会情報学部附属社会情報学研究センター編、岡田浩、木下浩美、宮地由高、伊藤信明、稲垣昌茂［述］） 2012.3

9 第一線の科学者が語る生活習慣病研究の最前線―メタボ・老化・がん研究からiPS細胞まで（北村忠弘、北川浩史、穂坂正博、小島至著、久保原禅編著） 2012.9

10 上州中山道の地形散歩（熊原康博著） 2013.3

11 外来動物の脅威―群馬県における生息・生態・諸影響と防除方法（石川真一、西村尚之、斎藤晋、峰村宏、宍田幸男編） 2013.3

ブックレット新潟大学 新潟大学大学院現代社会文化研究科ブックレット新潟大学編集委員会編 新潟日報事業社 2010〜2013

◇日本列島の生い立ち―腕足類の化石からみた大昔の日本（田沢純一著） 2010.12

56 サヴォイ・オペラへの招待―サムライ、ゲイシャを生んだもの（金山亮太著） 2010.12

60 新潟〈うた〉の文化誌―人は何故うたうか越後に響くうたの原風景（伊野義博著） 2013.1

61 ジオパーク―大学から地域へ、そして世界へ（松岡篤、栗原敏之著） 2013.3

62 新潟と全国のご当地グルメを考える（田村秀著） 2013.5

63 平家を語る琵琶法師（鈴木孝庸著） 2013.9

64 地域ブランド・イノベーション―新潟から人と文化と空間のあり方を考える（長尾雅信、小浦方格著） 2013.12

プリミエ・コレクション 京都大学学術出版会 2011〜2016

1 中国の経済発展と制度変化（厳成男著） 2011.6

2 問いとしてのスピリチュアリティ―「宗教なき時代」に生死を語る（林貴啓著） 2011.6

3 「語り合い」のアイデンティティ心理学（大倉得史著） 2011.6

4 デカルトの方法（松枝啓至著） 2011.6

5 臨床教育と〈語り〉―二宮尊徳の実践から（中桐万里子著） 2011.6

6 先秦時代の領域支配（土口史記著） 2011.6

7 体制転換と社会保障制度の再編―ハンガリーの年金制度改革（柳原剛司著） 2011.6

8 ツツバ語―記述言語学的研究（内藤真帆著）

2011.8

9 長城と北京の朝政―明代内閣政治の展開と変容（城地孝著） 2012.6

10 シュタイナー「自由」への遍歴―ゲーテ・シラー・ニーチェとの邂逅（井藤元著） 2012.5

11 コーポレート・ガバナンスの進化と日本経済（福田順著） 2012.4

12 近代中国と広域市場圏―海関統計によるマクロ的アプローチ（木越義則著） 2012.5

13 「姉小路式」テニヲハ論の研究（劉志偉著） 2012.6

14 『純粋理性批判』の方法と原理―概念史によるカント解釈（渡辺浩一著） 2012.6

15 ベルクソン哲学と科学との対話（三宅岳史著） 2012.7

16 美と深層心理学（東畑開人著） 2012.6

17 「記憶違い」と心のメカニズム（杉森絵里子著） 2012.6

18 わたしを律するわたし―子どもの抑制機能の発達（森口佑介著） 2012.6

19 デフォーとイングランド啓蒙（林直樹著） 2012.6

20 中世イタリアの地域と国家―紛争と平和の政治社会史（佐藤公美著） 2012.10

21 詩のジャポニスム―ジュディット・ゴーチエの自然と人間（吉川順子著） 2012.7

22 沖縄軍人妻の研究（宮西香穂里著） 2012.11

23 表象とアルシーヴの解釈学―リクールと『記憶、歴史、忘却』（川口茂雄著） 2012.8

24 社会体の生理学―J・S・ミルと商業社会の科学（川名雄一郎著） 2012.7

25 GHQの占領政策と経済復興―再興する日本綿紡績業（大畑貴裕著） 2012.7

26 マルクス派最適成長論（金江亮著） 2013.2

27 アダム・スミスの近代性の根源―市場はなぜ見出されたのか（野原慎司著） 2013.3

29 存在論と宙吊りの教育学―ボルノウ教育学再考（井谷信彦著） 2013.3

30 人生の意味の心理学―実存的な問いを生むこころ（浦田悠著） 2013.3

31 神社・学校・植民地―逆機能する朝鮮支配（樋浦郷子著） 2013.3

32 魏晋南朝の遷官制度（藤井律之著） 2013.3

33 夢とモノノケの精神史―平安貴族の信仰世界（上野勝之著） 2013.3

34 宮沢賢治現実の遠近法（佐々木ボグナ著）

総記　　　　　　　　　　　　　　　　　　　　　　　　　　知識・学術一般

2013.3

35　山歌の民族誌—歌で詞藻（ことば）を交わす（梶丸岳著）　2013.3

36　〈仏の物語〉の伝承と変容—草原の国と日出ずる国へ（山口周子著）　2013.3

37　中華と対話するイスラーム—17-19世紀中国ムスリムの思想的営為（中西竜也著）　2013.3

38　動物の錯視—トリの眼から考える認知の進化（中村哲之著）　2013.3

39　軍馬と農民（大滝真俊著）　2013.3

40　オセアニア芸術—レッド・ウェーヴの個と集合（渡辺文著）　2014.3

41　建物疎開と都市防空—「非戦災都市」京都の戦中・戦後（川口朋子著）　2014.3

42　名望家と〈開化〉の時代—地域秩序の再編と学校教育（塩原佳典著）　2014.3

43　フリッツ・イェーデの音楽教育—「生」と音楽の結びつくところ（小山英恵著）　2014.3

44　心を読みすぎる—心の理論を支えるワーキングメモリの心理学（前原由喜夫著）　2014.3

46　亜寒帯植民地樺太の移民社会形成—周縁的ナショナル・アイデンティティと植民地イデオロギー（中山大将著）　2014.3

47　甲骨文字と商代の信仰—神権・王権と文化（陳捷著）　2014.3

48　動物の計画能力—「思考」の進化を探る（宮田裕光著）　2014.3

49　始源の思索—ハイデッガーと形而上学の問題（田鍋良臣著）　2014.3

50　風流天子と「君主独裁制」—北宋徽宗朝政治史の研究（藤本猛著）　2014.3

51　地方債市場の国際潮流—欧米日の比較分析から制度インフラの創造へ（三宅裕樹著）　2014.3

52　沖縄の人とブタ—産業社会における人と動物の民族誌（比嘉理麻著）　2015.3

53　見えない偏見の科学—心に潜む障害者への偏見を可視化する（栗田季佳著）　2015.3

54　"異"なるものと出遭う—揺らぎと境界の心理臨床学（田中崇恵著）　2015.3

55　談話空間における文脈指示（劉驫著）　2015.2

56　中国の資源税（何彦旻著）　2015.3

57　唐代の文学理論—「復古」と「創新」（永田知之著）　2015.3

58　プラトンとミーメーシス（田中一孝著）　2015.3

59　朱子学の時代—治者の〈主体〉形成の思想（田中秀樹著）　2015.3

60　武具が語る古代史—古墳時代社会の構造転換（川畑純著）　2015.3

61　鑑襞を纏った徳—ヒューム社交と時間の倫理学（林誓雄著）　2015.2

62　パーク・バレル・ポリティクス—委員会制度の政治経済学（大久保和宣著）　2015.3

63　〈教育の自由〉と学校評価—現代オランダの模索（奥村好美著）　2016.3

64　読書と言語能力—言葉の「用法」がもたらす学習効果（猪原敬介著）　2016.3

65　「記号」と「言語」—アウグスティヌスの聖書解釈学（須藤英幸著）　2016.3

66　ガンダーラ彫刻と仏教（内記理著）　2016.3

67　中国中古の書学理論（成田健太郎著）　2016.3

68　詩の哲学—ベネデット・クローチェとイタリア頽廃主義（国司航佑著）　2016.3

69　レトリックと意味の創造性—言葉の逸脱と認知言語学（小松原哲太著）　2016.3

70　「こと」の認識「とき」の表現—フランス語のquand節と半過去（高橋克欣著）　2016.3

71　帝国を創った言語政策—ダイチン・グルン初期の言語生活と文化（庄声著）　2016.3

72　祈雨・宝珠・竜—中世真言密教の深層（スティーブン・トレンソン著）　2016.3

73　国家・教会・個人—ジョン・ロックの世俗社会認識論（武井敬亮著）　2016.3

74　蚕糸と現代中国（倪卉著）　2016.3

75　民族境界の歴史生態学—カメルーンに生きる農耕民と狩猟採集民（大石高典著）　2016.3

83　平沼騏一郎と近代日本—官僚の国家主義と太平洋戦争への道（萩原淳著）　2016.12

文京学院大学総合研究所叢書　文京学院大学総合研究所　2014〜2016

1　ビジネス倫理学入門（ジョゼフ・R.デジャルダン著, 文京学院大学グローバル・カリキュラム研究会訳）　2014.6

2　トルコと日本の経済・経営関係—国際共同研究（関根謙司, ユスフ・エルソイ・ユルドゥルム, 川辺信雄編著）　2016.6

3　マンガ・アニメにみる日本文化—国際共同研究（加藤佐和子, アイシェヌール・テキメン, マグダレナ・ヴァシレヴァ編著）　2016.6

放送大学教材　放送大学教育振興会　2011〜2016

◇教育入門—文献で読み解く教育の社会的基盤（岩

知識・学術一般

木秀夫, 大淀昇一著) 2011.3

◇教育と社会(岩永雅也著) 2011.3

◇児童・生徒指導の理論と実践(住田正樹, 岡崎友典編著) 2011.3

◇乳幼児の保育と教育―子どもの最善の利益を求めて(岡崎友典, 林信二郎編著) 2011.3

◇子ども・若者の文化と教育(武内清, 岩田弘三編著) 2011.3

◇特別支援教育基礎論 新訂(吉田昌義, 鳥居深雪編著) 2011.3

◇特別支援教育総論 新訂(宮崎英憲, 山本昌邦著) 2011.3

◇発達心理学概論(氏家達夫, 陳省仁編著) 2011.3

◇心理統計法(大沢光, 神宮英夫著) 2011.3

◇比較行動学―ヒト観の再構築(藤田和生著) 2011.3

◇精神分析とユング心理学(大場登, 森さち子著) 2011.3

◇乳幼児・児童の心理臨床 新訂(山口義枝編著) 2011.3

◇現代哲学への挑戦(船木亨著) 2011.3

◇日本語からたどる文化(大橋理枝, ダニエル・ロング著) 2011.3

◇世界の名作を読む 改訂版(工藤庸子編著) 2011.3

◇言葉と発想(伊藤笏康著) 2011.3

◇英語圏の言語と文化(井口篤, 大橋理枝編著) 2011.3

◇日本古代中世史(五味文彦, 佐藤信編著) 2011.3

◇イスラーム世界の歴史的展開(三浦徹編著) 2011.3

◇舞台芸術への招待(青山昌文編著) 2011.3

◇博物館概論 改訂新版(吉田憲司編著) 2011.3

◇グローバリゼーションの人類学―争いと和解の諸相(本多俊和(スチュアート・ヘンリ), 大村敬一編著) 2011.3

◇観光の新しい潮流と地域(原田順子, 十代田朗編著) 2011.3

◇現代の生活問題 改訂版(中川清著) 2011.3

◇人口減少社会のライフスタイル(宮本みち子著) 2011.3

◇ものとして、心としての衣服(牛腸ヒロミ編著) 2011.3

◇健康と社会(井上洋士, 山崎喜比古編著) 2011.3

◇疾病の成立と回復促進 改訂新版(松尾ミヨ子, 大和谷厚編著) 2011.3

◇在宅看護論 新訂(福島道子, 河野あゆみ編著) 2011.3

◇今日のメンタルヘルス(石丸昌彦編著) 2011.3

◇循環器病の健康科学(多田羅浩三, 吉川純一著) 2011.3

◇高齢者の生活保障(金子勇編著) 2011.3

◇欧米の社会福祉の歴史と展望(松村祥子編著) 2011.3

◇子どもの生活と児童福祉(田沢あけみ編著) 2011.3

◇企業・消費者・政府と法―消費生活と法(来生新, 山本裕子著) 2011.3

◇現代日本の政治 改訂新版(久米郁男, 河野勝著) 2011.3

◇消費者と証券投資 改訂版(林敏彦, 佐賀卓雄編著) 2011.3

◇NPOマネジメント 改訂版(河合明宣, 斎藤正章著) 2011.3

◇市民と社会を考えるために 改訂版(天川晃, 高木保興編著) 2011.3

◇格差社会と新自由主義(坂井素思, 岩永雅也編著) 2011.3

◇技術経営の考え方(東千秋, 柴山盛生編著) 2011.3

◇グローバル化と日本のものづくり(藤本隆宏, 中沢孝夫編著) 2011.3

◇進化する情報社会(児玉晴男, 小牧省三編著) 2011.3

◇エネルギーと社会(鈴木基之, 柏木孝夫著) 2011.3

◇微分方程式への誘い(熊原啓作, 室政和著) 2011.3

◇基礎化学 新訂(浜田嘉昭, 斎藤清機著) 2011.3

◇物理の世界 改訂新版(生井沢寛, 米谷民明著) 2011.3

◇生物界の変遷―進化生物学入門 改訂版(松本忠夫, 二河成男編著) 2011.3

◇進化する宇宙 新訂(海部宣男, 吉岡一男編著) 2011.3

◇科学的探究の方法(浜田嘉昭著) 2011.3

◇ドイツ語入門1 2011(清野智昭著) 2011.3

◇ドイツ語入門2 2011(清野智昭著) 2011.3

◇初歩のアラビア語 2011(鷲見朗子編著) 2011.

総記　　　　　　　　　　　　　　　　　　　　　　知識・学術一般

3
◇物質・材料工学と社会　新訂（秋鹿研一，東千秋著）　2011.9
◇地域社会の教育的再編―［地域教育社会学］（岡崎友典，夏秋英房著）　2012.3
◇現代の生涯学習（岩永雅也著）　2012.3
◇学校と法（坂田仰編著）　2012.3
◇家庭教育論（住田正樹編著）　2012.3
◇教育史入門（森川輝紀，小玉重夫編著）　2012.3
◇心理と教育を学ぶために（小川正人，森津太子，山口義枝編著）　2012.3
◇認知神経科学（道又爾，岡田隆著）　2012.3
◇乳幼児心理学（山口真美，金沢創編著）　2012.3
◇心理学概論（星薫，森津太子著）　2012.3
◇交通心理学（蓮花一己，向井希宏編著）　2012.3
◇近代哲学の人間像（佐藤康邦著）　2012.3
◇日本文学概論（島内裕子著）　2012.3
◇グローバル化時代の人文地理学（小林茂，宮沢仁編著）　2012.3
◇「ひと学」への招待―人類の文化と自然（内堀基光著）　2012.3
◇博物館資料論　改訂新版（佐々木利和，湯山賢一編著）　2012.3
◇博物館資料保存論（本田光子，森田稔編著）　2012.3
◇博物館展示論（佐々木利和，松原茂，原田一敏編著）　2012.3
◇博物館教育論（寺島洋子，大髙幸編著）　2012.3
◇食と健康　改訂版（小城勝相，清水誠編著）　2012.3
◇生活経済学（大藪千穂著）　2012.3
◇人体の構造と機能　新訂（大和谷厚，佐伯由香編著）　2012.3
◇社会保険の現代的課題（田中耕太郎著）　2012.3
◇社会福祉入門　改訂新版（大橋謙策編著）　2012.3
◇社会福祉と権利擁護（大曽根寛編著）　2012.3
◇市民生活と裁判（来生新，川島清嘉編著）　2012.3
◇行政法　新訂（磯部力著）　2012.3
◇市民社会と法　新訂（道幸哲也，加藤智章編著）　2012.3
◇現代南アジアの政治（堀本武功，三輪博樹編著）　2012.3
◇政治学入門（辻中豊著）　2012.3
◇労働経済　改訂版（松繁寿和著）　2012.3

◇日本経済史　改訂新版（宮本又郎編著）　2012.3
◇ファイナンス入門（斎藤正章，阿部圭司著）　2012.3
◇ケースで学ぶ現代経営学（小倉行雄，佐藤善信編著）　2012.3
◇社会のなかの会計　新訂（斎藤正章，石川純治著）　2012.3
◇経営学入門　新訂（小倉行雄，斉藤毅憲編著）　2012.3
◇社会技術概論　改訂版（小林信一編著）　2012.3
◇都市社会の社会学―［都市社会学の基礎概念と応用］（森岡清志編著）　2012.3
◇社会統計学入門（林拓也編著）　2012.3
◇産業とデザイン（仙田満，若山滋編著）　2012.3
◇問題解決の進め方（柴山盛生，遠山紘司編著）　2012.3
◇データからの知識発見（秋光淳生著）　2012.3
◇情報機器利用者の調査法（黒須正明，高橋秀明編著）　2012.3
◇映像メディアとCGの基礎（近藤智嗣，浅井紀久夫著）　2012.3
◇デジタル情報の処理と認識（柳沼良知，鈴木一史著）　2012.3
◇ネットワークとサービス（近藤喜美夫，葉田善章著）　2012.3
◇初歩からの数学　新訂（隈部正博著）　2012.3
◇身近な統計　改訂版（熊原啓作，渡辺美智子著）　2012.3
◇初歩からの化学　新訂（髙栁正夫著）　2012.3
◇初歩からの物理学―物理へようこそ　新訂（米谷民明，生井沢寛著）　2012.3
◇生物圏の科学―生物集団と地球環境（松本忠夫編著）　2012.3
◇自然を理解するために―現代の自然科学概論（海部宣男，星元紀編著）　2012.3
◇発音をめぐる冒険―A WILD PRONUNCIA-TION CHASE（井口篤，ステュウット・ヴァーナムーアットキン著）　2012.3
◇現代行政学　'12（西尾隆編著）　2012.3
◇フランス語入門1　'12（原和之，山上浩嗣編著）　2012.3
◇フランス語入門2　'12（宮下志朗，中井珠子編著）　2012.3
◇韓国語入門1　'12（浜之上幸著）　2012.3
◇韓国語入門2　'12（平香織著）　2012.3
◇学校図書館メディアの構成　新訂（北克一，平井

知識・学術一般

尊士著）　2012.6
◇看護管理と医療安全（大島弓子, 飯島佐知子編著）
　2012.6
◇認知心理学（高野陽太郎著）　2013.3
◇思春期・青年期の心理臨床　改訂版（佐藤仁美,
　西村喜文編著）　2013.3
◇色を探究する（佐藤仁美編著）　2013.3
◇仏教と儒教—日本人の心を形成してきたもの（竹
　村牧男, 高島元洋編著）　2013.3
◇日本の物語文学（島内裕子編著）　2013.3
◇文学のエコロジー（宮下志朗編著）　2013.3
◇英語の軌跡をたどる旅—The Adventure of En-
　glishを読む（井口篤, 寺沢盾著）　2013.3
◇歴史からみる中国（吉沢誠一郎編著）　2013.3
◇日本近世史（杉森哲也編著）　2013.3
◇西洋音楽史（岡田暁生著）　2013.3
◇博物館情報・メディア論（西岡貞一, 篠田謙一編
　著）　2013.3
◇博物館経営論（佐々木亨, 亀井修編著）　2013.3
◇新しい住宅の世界（難波和彦著）　2013.3
◇生活者のための不動産学入門（斉藤広子, 中城康
　彦編著）　2013.3
◇運動と健康　改訂版（臼井永男著）　2013.3
◇市民のための健康情報学入門（戸ケ里泰典, 中山
　和弘編著）　2013.3
◇リハビリテーション　改訂新版（金田嘉清編著）
　2013.3
◇疾病の回復を促進する薬　新訂（福永浩司, 渡辺
　泰男編著）　2013.3
◇睡眠と健康（宮崎総一郎, 佐藤尚武編著）　2013.
　3
◇障がいのある生活を支援する（吉川雅博, 朝日雅
　也編著）　2013.3
◇民法（円谷峻著）　2013.3
◇現代環境法の諸相　改訂版（北村喜宣著）　2013.
　3
◇事例から学ぶ日本国憲法（岡田信弘著）　2013.3
◇国際理解のために（高橋和夫著）　2013.3
◇現代の国際政治　改訂版（高橋和夫著）　2013.3
◇日本政治外交史　改訂版（御厨貴, 牧原出著）
　2013.3
◇現代経済学　改訂新版（依田高典著）　2013.3
◇マーケティング（橋田洋一郎, 須永努著）　2013.
　3
◇国際経営　新訂（原田順子, 洞口治夫編著）
　2013.3

◇組織運営と内部監査　改訂版（斎藤正章, 蟹江章
　編著）　2013.3
◇問題解決の数理（大西仁著）　2013.3
◇コンピュータと人間の接点（黒須正明, 暦本純一
　著）　2013.3
◇メディアと学校教育（中川一史, 苑復傑編著）
　2013.3
◇データ構造とプログラミング（鈴木一史著）
　2013.3
◇コンピュータの動作と管理（葉田善章著）　2013.
　3
◇デジタル情報と符号の理論（加藤浩編著）　2013.
　3
◇遠隔学習のためのパソコン活用（三輪眞木子, 秋
　光淳生編著）　2013.3
◇計算事始め（川合慧編著）　2013.3
◇統計学　改訂版（藤井良宜著）　2013.3
◇数学の歴史（三浦伸夫著）　2013.3
◇力と運動の物理　新訂（米谷民明, 岸根順一郎著）
　2013.3
◇現代化学（浜田嘉昭, 菅原正編著）　2013.3
◇生命分子と細胞の科学（二河成男編著）　2013.3
◇惑星地球の進化　改訂版（松本良, 浦辺徹郎, 田
　近英一編著）　2013.3
◇宇宙を読み解く　改訂版（吉岡一男, 海部宣男著）
　2013.3
◇英文法A to Z（井口篤著）　2013.3
◇経済学入門　’13（西村理著）　2013.3
◇初歩のスペイン語　’13（竹村文彦, 坂田幸子編
　著）　2013.3
◇学校経営と学校図書館　新訂（野口武悟, 前田稔
　編著）　2013.6
◇老年看護学　新訂（井出訓編著）　2013.6
◇学力と学習支援の心理学（市川伸一編著）　2014.
　3
◇肢体不自由児の教育　改訂版（川間健之介, 西川
　公司編著）　2014.3
◇錯覚の科学（菊池聡編著）　2014.3
◇心理学研究法　改訂新版（大野木裕明, 渡辺直登
　編著）　2014.3
◇社会心理学（森津太子編著）　2014.3
◇教育心理学概論　新訂（三宅芳雄, 三宅なほみ著）
　2014.3
◇認知行動療法（下山晴彦, 神村栄一編著）　2014.
　3
◇中高年の心理臨床（斎藤高雅, 高橋正雄編著）

総記　　　　　　　　　　　　　　　　　　　　　　　　　　知識・学術一般

◇心理臨床の基礎　改訂版(小野けい子編著)
2014.3
◇ドイツ哲学の系譜(佐藤康邦，湯浅弘編著)
2014.3
◇哲学への誘い　改訂版(佐藤康邦著)　2014.3
◇和歌文学の世界(島内裕子，渡部泰明編著)
2014.3
◇ヨーロッパ文学の読み方―古典篇(宮下志朗，井口篤編著)　2014.3
◇南北アメリカの歴史(網野徹哉，橋川健竜編著)
2014.3
◇歴史と人間　新訂(吉田光男，杉森哲也編著)
2014.3
◇日本美術史　改訂版(佐藤康宏著)　2014.3
◇文化人類学　改訂新版(内堀基光，奥野克巳編著)
2014.3
◇リスク社会のライフデザイン―変わりゆく家族をみすえて(宮本みち子，岩上真珠編著)　2014.3
◇安全・安心と地域マネジメント(堀井秀之，奈良由美子編著)　2014.3
◇臨床家族社会学(清水新二編著)　2014.3
◇食安全性学(小城勝相，一色賢司編著)　2014.3
◇災害看護学・国際看護学(小原真理子編著)
2014.3
◇感染症と生体防御　改訂新版(田城孝雄，北村聖編著)　2014.3
◇死生学入門(石丸昌彦編著)　2014.3
◇地域福祉の展開　改訂版(平野隆之，原田正樹編著)
2014.3
◇アジアの社会福祉と国際協力(桂良太郎，西郷泰之編著)　2014.3
◇国際ボランティアの世紀(山田恒夫編著)　2014.3
◇国際法(柳原正治著)　2014.3
◇著作権法概論　3訂版(作花文雄，吉田大輔著)
2014.3
◇社会と銀行　改訂版(吉野直行編著)　2014.3
◇管理会計　改訂版(斎藤正章著)　2014.3
◇大学マネジメント論(山本眞一，田中義郎著)
2014.3
◇アグリビジネスと日本農業(河合明宣，堀内久太郎編著)　2014.3
◇途上国を考える(高木保興，河合明宣著)　2014.3
◇都市・建築の環境とエネルギー(梅干野晁編著)

2014.3
◇記号論理学(加藤浩，土屋俊著)　2014.3
◇情報社会のユニバーサルデザイン(広瀬洋子，関根千佳編著)　2014.3
◇情報のセキュリティと倫理(山田恒夫編著)
2014.3
◇ソフトウェアのしくみ(岡部洋一著)　2014.3
◇コンピュータのしくみ　改訂版(岡部洋一著)
2014.3
◇日常生活のデジタルメディア(青木久美子，高橋秀明著)　2014.3
◇通信概論(近藤喜美夫著)　2014.3
◇数値の処理と数値解析(桜井鉄也著)　2014.3
◇情報化社会と教育(苑復傑，中川一史編著)
2014.3
◇情報ネットワーク(芝崎順司著)　2014.3
◇情報社会の法と倫理(尾崎史郎，児玉晴男編著)
2014.3
◇技術マネジメントの法システム(児玉晴男編著)
2014.3
◇解析入門　新訂(河添健著)　2014.3
◇入門線型代数　改訂版(隈部正博著)　2014.3
◇場と時間空間の物理―電気，磁気，重力と相対性理論(米谷民明，岸根順一郎著)　2014.3
◇生活と化学(浜田嘉昭，花岡文雄編著)　2014.3
◇初歩からの生物学　改訂新版(松本忠夫，二河成男著)　2014.3
◇太陽系の科学　改訂版(吉岡一男，海部宣男編著)
2014.3
◇中国語1　'14　北京のふたり(木村英樹，宮本徹編著)　2014.3
◇中国語2　'14　汪曽祺「我的母親」他(木村英樹，宮本徹編著)　2014.3
◇母性看護学　改訂新版(斎藤いずみ編著)　2014.6
◇成人看護学　改訂新版(井上洋士編著)　2014.6
◇ケースで学ぶ現代経営学　改訂版(小倉行雄，佐藤善信編著)　2014.7
◇日本の教育改革(小川正人，岩永雅也編著)
2015.3
◇乳幼児の保育・教育　新訂(岡崎友典，梅沢実編著)　2015.3
◇道徳教育の方法(堺正之著)　2015.3
◇特別支援教育基礎論　改訂新版(安藤隆男編著)
2015.3
◇特別支援教育総論　改訂新版(柘植雅義，木舩憲

全集・叢書総目録 2011-2016　　49

知識・学術一般

幸編著） 2015.3

◇知的障害教育総論　新訂（太田俊己, 藤原義博編著） 2015.3

◇教育学入門（岡崎友典, 永井聖二編著） 2015.3

◇教育の社会学（近藤博之, 岩井八郎編著） 2015.3

◇心理カウンセリング序説　改訂版（大場登編著） 2015.3

◇人格心理学　改訂新版（大山泰宏著） 2015.3

◇英語で描いた日本（大橋理枝, ジョン・ブロウカリング著） 2015.3

◇日本語概説（月本雅幸編著） 2015.3

◇『古事記』と『万葉集』（多田一臣著） 2015.3

◇日本語とコミュニケーション（滝浦真人, 大橋理枝著） 2015.3

◇英語で読む科学（井口篤, 大橋理枝編著） 2015.3

◇韓国朝鮮の歴史（吉田光男編著） 2015.3

◇日本の近現代（季武嘉也編著） 2015.3

◇生活環境と情報認知（川原靖弘, 片桐祥雅編著） 2015.3

◇今日のメンタルヘルス　改訂版（石丸昌彦編著） 2015.3

◇認知症と生きる（井出訓編著） 2015.3

◇健康長寿のためのスポートロジー（田城孝雄, 内藤久士編著） 2015.3

◇公衆衛生（田城孝雄, 横山和仁著） 2015.3

◇少子社会の子ども家庭福祉（山県文治著） 2015.3

◇社会福祉の国際比較（埋橋孝文編著） 2015.3

◇高齢期の生活と福祉（山田知子編著） 2015.3

◇現代日本の政治（飯尾潤著） 2015.3

◇ロシアの政治と外交（横手慎二編著） 2015.3

◇世界の中の日本　新訂（高橋和夫著） 2015.3

◇財政と現代の経済社会（諸富徹著） 2015.3

◇証券市場と私たちの経済（野間敏克著） 2015.3

◇環境の可視化―地球環境から生活環境まで（梅干野晃, 中村恭志編著） 2015.3

◇環境と社会　新訂（植田和弘, 大塚直著） 2015.3

◇市民自治の知識と実践（山岡竜一, 岡崎晴輝編著） 2015.3

◇社会調査の基礎　新訂（北川由紀彦, 山北輝裕著） 2015.3

◇貧困と社会（西沢晃彦著） 2015.3

◇グローバル化と日本のものづくり　新訂（藤本隆宏, 新宅純二郎著） 2015.3

◇グローバル化と私たちの社会（原田順子, 北川由紀彦著） 2015.3

◇新しい時代の技術者倫理（札野順編著） 2015.3

◇多様なキャリアを考える（道幸哲也, 原田順子編著） 2015.3

◇エネルギーと社会　新訂（迫田章義, 堤敦司編著） 2015.3

◇自然言語処理（黒橋禎夫著） 2015.3

◇進化する情報社会　改訂版（児玉晴男, 小牧省三編著） 2015.3

◇Webのしくみと応用（森本容介編著） 2015.3

◇非ユークリッド幾何と時空（橋本義武著） 2015.3

◇分子分光学（浜田嘉昭, 安池智一著） 2015.3

◇量子と統計の物理（米谷民明, 岸根順一郎著） 2015.3

◇動物の科学　新訂（二河成男, 東正剛編著） 2015.3

◇植物の科学　改訂版（塚谷裕一, 荒木崇編著） 2015.3

◇暮らしに役立つバイオサイエンス（岩橋均, 重松亨編著） 2015.3

◇宇宙とその進化（吉岡一男編著） 2015.3

◇はじめての気象学（田中博, 伊賀啓太著） 2015.3

◇自然科学はじめの一歩（岸根順一郎, 大森聡一編著） 2015.3

◇ヨーロッパの歴史　1　ヨーロッパ史の視点と方法（草光俊雄, 甚野尚志編著） 2015.3

◇ヨーロッパの歴史　2　植物からみるヨーロッパの歴史（草光俊雄, 菅靖子編著） 2015.3

◇ドイツ語1　'15（清野智昭著） 2015.3

◇ドイツ語2　'15（清野智昭著） 2015.3

◇読書と豊かな人間性　新版（朝比奈大作, 米谷茂則著） 2015.6

◇精神看護学（松下年子編著） 2015.6

◇現代日本の教師―仕事と役割（油布佐和子編著） 2015.9

◇幼児教育の指導法（師岡章編著） 2015.9

◇発達科学の先人たち（岩永雅也, 星薫編著） 2016.3

◇学校と法　改訂版（坂田仰編著） 2016.3

◇カリキュラムと学習過程（浅沼茂, 奈須正裕編著） 2016.3

総記　　　　　　　　　　　　　　　　　　　　　　　　知識・学術一般

◇乳幼児心理学　改訂版(山口真美, 金沢創編著)
　2016.3
◇心理臨床とイメージ　改訂版(小野けい子, 佐藤
　仁美編著)　2016.3
◇心理臨床と身体の病(小林真理子編著)　2016.3
◇西洋哲学の起源(荻野弘之, 桑原直己著)　2016.
　3
◇経験論から言語哲学へ(勢力尚雅, 古田徹也著)
　2016.3
◇上田秋成の文学(長島弘明著)　2016.3
◇日本語リテラシー(滝浦真人著)　2016.3
◇世界文学への招待(宮下志朗, 小野正嗣編著)
　2016.3
◇ラテン語の世界(ヘルマン・ゴチェフスキ著)
　2016.3
◇音を追究する(大橋理枝, 佐藤仁美編著)　2016.
　3
◇Walking with Writers—A Literary Journey
　around England(井口篤, ステュウット・ヴァー
　ナムーアットキン著)　2016.3
◇西洋芸術の歴史と理論(青山昌文著)　2016.3
◇博物館展示論　新訂(稲村哲也編著)　2016.3
◇博物館教育論　新訂(大高幸, 端山聡子編著)
　2016.3
◇生活経済学　新訂(重川純子著)　2016.3
◇生活における地理空間情報の活用(川原靖弘, 関
　本義秀編著)　2016.3
◇看護学概説　新訂(井出訓, 井上洋士編著)
　2016.3
◇基礎看護学　新訂(戸ケ里泰典, 井上智子編著)
　2016.3
◇社会福祉への招待(岩田正美編著)　2016.3
◇社会保険のしくみと改革課題(田中耕太郎著)
　2016.3
◇社会福祉と法(大曽根寛編著)　2016.3
◇刑事法(白取祐司著)　2016.3
◇現代の行政と公共政策(西尾隆編著)　2016.3
◇政治学へのいざない(御厨貴, 山岡竜一編著)
　2016.3
◇権力の館を考える(御厨貴編著)　2016.3
◇東アジアの政治社会と国際関係(家近亮子, 川島
　真編著)　2016.3
◇パレスチナ問題(高橋和夫著)　2016.3
◇現代会計(斎藤真哉著)　2016.3
◇初級簿記　改訂版(斎藤正章著)　2016.3
◇地域と都市の防災(目黒公郎, 村尾修編著)

　2016.3
◇社会学入門　改訂版(森岡清志編著)　2016.3
◇移動と定住の社会学(北川由紀彦, 丹野清人著)
　2016.3
◇海からみた産業と日本(池田竜彦, 原田順子編著)
　2016.3
◇情報学へのとびら(加藤浩, 大西仁編著)　2016.
　3
◇アルゴリズムとプログラミング(鈴木一史著)
　2016.3
◇データの分析と知識発見(秋光淳生著)　2016.3
◇CGと画像合成の基礎(浅井紀久夫著)　2016.3
◇映像コンテンツの制作技術(近藤智嗣著)　2016.
　3
◇ユーザ調査法(黒須正明, 高橋秀明編著)　2016.
　3
◇身近なネットワークサービス(葉田善章著)
　2016.3
◇入門微分積分(石崎克也著)　2016.3
◇初歩からの物理(岸根順一郎, 米谷民明著)
　2016.3
◇エントロピーからはじめる熱力学(安池智一, 秋
　山良著)　2016.3
◇生物環境の科学(加藤和弘著)　2016.3
◇ダイナミックな地球(大森聡一, 鳥海光弘編著)
　2016.3
◇韓国語1　'16(浜之上幸著)　2016.3
◇韓国語2　'16(内山政春著)　2016.3
◇情報メディアの活用　3訂版(山本順一, 気谷陽
　子編著)　2016.6
◇学習指導と学校図書館　改訂新版(堀川照代, 塩
　谷京子編著)　2016.6
◇学校図書館メディアの構成　改訂新版(北克一,
　平井尊士編著)　2016.6
◇小児看護学　新訂(江本リナ編著)　2016.6

放送大学叢書　　左右社　2009～2016　⇒Ⅲ-44
5　比較技術でみる産業列国事情―アメリカ、中国、
　インド、そして日本(森谷正規著)　2009.7
009　建築を愛する人の十二章(香山寿夫著)
　2010.3
012　〈科学の発想〉をたずねて―自然哲学から現
　代科学まで(橋本毅彦著)　2010.10
013　初歩から学ぶ金融の仕組み(岩田規久男著)
　2010.11
014　老いの心の十二章(竹中星郎著)　2011.5
015　西洋近代絵画の見方・学び方(木村三郎著)

知識・学術一般

2011.8

016 学校と社会の現代史(竹内洋著) 2011.9

017 〈こころ〉で視る・知る・理解する―認知心理学入門(小谷津孝明著) 2011.12

018 安全で良質な食生活を手に入れる―フードシステム入門(時子山ひろみ著) 2012.3

019 西部邁の経済思想入門(西部邁著) 2012.6

020 学びの心理学―授業をデザインする(秋田喜代美著) 2012.9

021 日本人の住まいと住まい方(平井聖著) 2013.3

022 日常生活の探究―ライフスタイルの社会学(大久保孝治著) 2013.6

023 宇宙像の変遷―古代神話からヒッグス粒子まで(金子務著) 2013.12

024 変化する地球環境―異常気象を理解する(木村竜治著) 2014.3

025 少年非行―社会はどう処遇しているか(鮎川潤著) 2014.6

026 家族と法―比較家族法への招待(大村敦志著) 2014.12

027 芸術は世界の力である(青山昌文著) 2014.12

028 立憲主義について―成立過程と現代(佐藤幸治著) 2015.4

029 心をめぐるパラダイム―人工知能はいかに可能か(西川泰夫著) 2015.8

030 科学の考え方―論理・作法・技術(浜田嘉昭著) 2015.10

031 ミュージックスとの付き合い方―民族音楽学の拡がり(徳丸吉彦著) 2016.4

032 哲学の原点―ソクラテス・プラトン・アリストテレスの知恵の愛求としての哲学(天野正幸著) 2016.6

033 方丈記と住まいの文学(島内裕子著) 2016.7

034 戦前史のダイナミズム(御厨貴著) 2016.9

035 ヘーゲルを読む―自由に生きるために(高山守著) 2016.10

036 社会調査―しくみと考えかた(原純輔著) 2016.12

放送大学大学院教材 放送大学教育振興会 2011〜2016

◇発達運動論(臼井永男,岡田修一著) 2011.3

◇生活リスクマネジメント(奈良由美子著) 2011.3

◇発達心理学特論 新訂(子安増生編著) 2011.3

◇生涯発達心理学研究(星薫編著) 2011.3

◇現代社会心理学特論(森津太子著) 2011.3

◇教育文化論特論(鈴木晶子著) 2011.3

◇現代教育改革論―世界の動向と日本のゆくえ(江原武一,南部広孝編著) 2011.3

◇臨床心理学特論 改訂新版(斎藤高雅編著) 2011.3

◇臨床心理地域援助特論 改訂版(箕口雅博編著) 2011.3

◇地域の発展と産業(河合明宣編著) 2011.3

◇行政裁量論(原島良成,筑紫圭一著) 2011.3

◇20世紀中国政治史研究(西村成雄編著) 2011.3

◇21世紀メディア論(水越伸著) 2011.3

◇国語国文学研究の成立(長島弘明編著) 2011.3

◇現代地球科学(川上紳一,藤井直之編著) 2011.3

◇道徳性形成・徳育論(押谷由夫編著) 2011.9

◇臨床心理学研究法特論―臨床心理学プログラム(放送大学大学院文化科学研究科) 新訂(斎藤高雅,元永拓郎編著) 2012.3

◇居住環境整備論―生活健康科学プログラム(放送大学大学院文化科学研究科)(藤本信義,小林秀樹編著) 2012.3

◇教育行政と学校経営(放送大学大学院文化科学研究科)(小川正人,勝野正章編著) 2012.3

◇教育心理学特論(放送大学大学院文化科学研究科)(三宅芳雄編著) 2012.3

◇パーソナル・ネットワーク論(放送大学大学院文化科学研究科)(森岡清志編著) 2012.3

◇産業立地と地域経済(放送大学大学院文化科学研究科)(松原宏著) 2012.3

◇eラーニングの理論と実践(放送大学大学院文化科学研究科)(青木久美子編著) 2012.3

◇データベースと情報管理(放送大学大学院文化科学研究科)(三輪眞木子,柳沼良知編著) 2012.3

◇情報学の新展開(放送大学大学院文化科学研究科)(川合慧編著) 2012.3

◇臨床心理面接特論―心理療法の世界 臨床心理学プログラム(放送大学大学院文化科学研究科) 3訂版(大場登,小野けい子編著) 2013.3

◇障害児・障害者心理学特論―臨床心理学プログラム(放送大学大学院文化科学研究科) 新訂(田中新正,古賀精治編著) 2013.3

◇ヘルスリサーチの方法論―生活健康科学プログラム(放送大学大学院文化科学研究科)(井上洋

総記

知識・学術一般

士編著） 2013.3

◇カリキュラム編成論―人間発達科学プログラム
（放送大学大学院文化科学研究科）（田中博之著）
2013.3

◇日本の技術・政策・経営―社会経営科学プログ
ラム（放送大学大学院文化科学研究科）（東千秋,
柴山盛生著） 2013.3

◇環境工学―社会経営科学プログラム（放送大学
大学院文化科学研究科） 新訂（岡田光正編著）
2013.3

◇自治体ガバナンス―社会経営科学プログラム
（放送大学大学院文化科学研究科）（稲継裕昭著）
2013.3

◇美学・芸術学研究―人文学プログラム（放送大学
大学院文化科学研究科）（青山昌文著） 2013.3

◇アフリカ世界の歴史と文化―ヨーロッパ世界との
関わり 人文学プログラム（放送大学大学院文化
科学研究科）（草光俊雄, 北川勝彦編著） 2013.3

◇ことばとメディア―情報伝達の系譜 人文学プロ
グラム（放送大学大学院文化科学研究科）（宮本
徹, 大橋理枝編著） 2013.3

◇音楽・情報・脳―情報学プログラム（放送大学大
学院文化科学研究科）（仁科エミ, 河合徳枝編著）
2013.3

◇ソフトウェア工学―情報学プログラム（放送大学
大学院文化科学研究科）（玉井哲雄, 中谷多哉子
著） 2013.3

◇研究のためのICT活用―情報学プログラム（放送
大学大学院文化科学研究科）（高橋秀明, 柳沼良
知編著） 2013.3

◇現代物理科学の論理と方法―自然環境科学プロ
グラム（放送大学大学院文化科学研究科）（米谷
民明編著） 2013.3

◇家族心理学特論―臨床心理学プログラム（放送大
学大学院文化科学研究科） 3訂版（亀口憲治著）
2014.3

◇福祉政策の課題―人権保障への道 生活健康科
学プログラム（放送大学大学院文化科学研究科）
（大曽根寛編著） 2014.3

◇生活支援の社会福祉―生活健康科学プログラム
（放送大学大学院文化科学研究科）（松村祥子, 山
田知子編著） 2014.3

◇人的資源管理―社会経営科学プログラム（放送大
学大学院文化科学研究科）（原田順子, 奥林康司
編著） 2014.3

◇社会の協力論―協力はいかに生成され、どこに
限界があるか 社会経営科学プログラム（放送大

学大学院文化科学研究科）（坂井素思著） 2014.
3

◇中世・ルネサンス文学―人文学プログラム（放送
大学大学院文化科学研究科）（宮下志朗, 井口篤
編著） 2014.3

◇21世紀メディア論―情報学プログラム（放送大
学大学院文化科学研究科） 改訂版（水越伸著）
2014.3

◇知的創造サイクルの法システム―情報学プログ
ラム（放送大学大学院文化科学研究科）（児玉晴
男著） 2014.3

◇現代生物科学―生物多様性の理解 自然環境科
学プログラム（放送大学大学院文化科学研究科）
（松本忠夫, 二河成男編著） 2014.3

◇物質環境科学―自然環境科学プログラム（放送大
学大学院文化科学研究科） 新訂（浜田嘉昭, 花
岡文雄編著） 2014.3

◇宇宙・自然システムと人類―自然環境科学プロ
グラム（放送大学大学院文化科学研究科） 新訂
（海部宣男, 杉山直, 佐々木晶編著） 2014.3

◇投影査定心理学特論―臨床心理学プログラム（放
送大学大学院文化科学研究科）（小川俊樹, 伊藤
宗親編著） 2015.3

◇発達心理学特論―人間発達科学プログラム 臨床
心理学プログラム（放送大学大学院文化科学研究
科）（荻野美佐子編著） 2015.3

◇現代社会心理学特論―人間発達科学プログラム
臨床心理学プログラム（放送大学大学院文化科学
研究科） 改訂版（森津太子著） 2015.3

◇心理・教育統計法特論―人間発達科学プログラ
ム 臨床心理学プログラム（放送大学大学院文化
科学研究科） 新訂（小野寺孝義編著） 2015.3

◇学校臨床心理学・地域援助特論―人間発達科学
プログラム 臨床心理学プログラム（放送大学大
学院文化科学研究科）（倉光修編著） 2015.3

◇生活ガバナンス研究―生活健康科学プログラム
（放送大学大学院文化科学研究科）（宮本みち子,
奈良由美子編著） 2015.3

◇家族生活研究―家族の景色とその見方 生活健康
科学プログラム（放送大学大学院文化科学研究
科） 新訂（清水新二, 宮本みち子編著） 2015.3

◇食健康科学―生活健康科学プログラム 自然環境
科学プログラム（放送大学大学院文化科学研究
科） 新訂（小城勝相, 清水誠編著） 2015.3

◇健康科学―生活健康科学プログラム（放送大学
大学院文化科学研究科）（田城孝雄, 星旦二編著）

知識・学術一般

総記

2015.3

◇スポーツ・健康医科学―生活健康科学プログラム（放送大学大学院文化科学研究科）（河合祥雄編著）　2015.3

◇新時代の社会教育―人間発達科学プログラム（放送大学大学院文化科学研究科）（鈴木真理著）　2015.3

◇海外の教育改革―人間発達科学プログラム（放送大学大学院文化科学研究科）（坂野慎二，藤田晃之編著）　2015.3

◇人間発達論特論―人間発達科学プログラム（放送大学大学院文化科学研究科）（住田正樹，田中理絵著）　2015.3

◇地域の発展と産業―社会経営科学プログラム（放送大学大学院文化科学研究科）　改訂版（河合明宣編著）　2015.3

◇国文学研究法―人文学プログラム（放送大学大学院文化科学研究科）（島内裕子著）　2015.3

◇日本史史料論―人文学プログラム（放送大学大学院文化科学研究科）（五味文彦，杉森哲也編著）　2015.3

◇コンピューティング―原理とその展開　情報学プログラム　自然環境科学プログラム（放送大学大学院文化科学研究科）（川合慧，萩谷昌己著）　2015.3

◇数理科学―離散モデル　自然環境科学プログラム（放送大学大学院文化科学研究科）（石崎克也著）　2015.3

◇精神医学特論―生活健康科学プログラム　臨床心理学プログラム（放送大学大学院文化科学研究科）　新訂（石丸昌彦，広瀬宏之著）　2016.3

◇教育行政と学校経営―人間発達科学プログラム（放送大学大学院文化科学研究科）　改訂版（小川正人，勝野正章編著）　2016.3

◇道徳教育の理念と実践（放送大学大学院文化科学研究科）（押谷由夫編著）　2016.3

◇道を極める―日本人の心の歴史（放送大学大学院文化科学研究科）（魚住孝至著）　2016.3

◇人類文化の現在：人類学研究（放送大学大学院文化科学研究科）（内堀基光，山本真鳥編著）　2016.3

◇データベースと情報管理―情報学プログラム（放送大学大学院文化科学研究科）　改訂版（柳沼良知，三輪眞木子編著）　2016.3

◇計算論―自然環境科学プログラム（放送大学大学院文化科学研究科）　改訂版（隈部正博著）　2016.3

◇地球史を読み解く（放送大学大学院文化科学研究科）（丸山茂徳編著）　2016.3

北大文学研究科ライブラリ　北海道大学出版会
2010～2016　⇒Ⅰ-364

4　老い翔る―めざせ、人生の達人（千葉恵編著）　2011.3

5　笑い力―人文学でワッハッハ（千葉恵編著）　2011.3

6　誤解の世界―楽しみ、学び、防ぐために（松江崇編著）　2012.3

7　生物という文化―人と生物の多様な関わり（池田透編著）　2013.3

8　生と死を考える―宗教学から見た死生学（宇都宮輝夫編著）　2015.3

9　旅と交流―旅からみる世界と歴史（細田典明編著）　2015.3

10　食と文化―時空をこえた食卓から（細田典明編著）　2015.3

11　新渡戸稲造に学ぶ―武士道・国際人・グローバル化（弥和順，佐々木啓編著）　2015.5

12　時を編む人間―人文科学の時間論（田山忠行編著）　2015.8

13　空間に遊ぶ―人文科学の空間論（田山忠行編著）　2016.6

北海道大学大学院文学研究科研究叢書　北海道大学出版会　2011～2014

20　スイスドイツ語―言語構造と社会的地位（熊坂亮著）　2011.8

21　エリアーデの思想と亡命―クリアーヌとの関係において（奥山史亮著）　2012.8

22　日本語統語特性論（加藤重広著）　2013.3

23　名付けえぬ風景をめざして―ランドスケープデザインの文化人類学（片桐保昭著）　2013.3

24　立憲民政党と政党改良―戦前二大政党制の崩壊（井上敬介著）　2013.8

25　ローマ帝国の統治構造―皇帝権力とイタリア都市（飯坂晃治著）　2014.3

26　郭店楚簡『五行』と伝世文献（西信康著）　2014.3

27　戦国秦漢出土術数文献の基礎的研究（大野裕司著）　2014.6

28　日本のアクティブエイジング―「少子化する高齢社会」の新しい生き方（金子勇著）　2014.8

総記　　　　　　　　　　　　　　　　　　　　　　　　　知識・学術一般

松山大学研究叢書　御茶の水書房　2011〜2014
第68巻　在宅福祉政策と住民参加型サービス団体
　―横浜市ホームヘルプ協会と調布ゆうあい福祉
　公社の設立過程（松原日出子著）　2011.3
第81巻　帝国農会幹事岡田温―1920・30年代の農
　政活動　上巻（川東竫弘著）　2014.7
第82巻　帝国農会幹事岡田温―1920・30年代の農
　政活動　下巻（川東竫弘著）　2014.11

松山大学研究叢書　ぎょうせい（発売）　2015
第84巻　最新解説地方自治法　2015年版（妹尾克
　敏著）　2015.3

松山大学研究叢書　晃洋書房　2002〜2016
　⇒Ⅲ－45
第70巻　E.M. フォースターの謎―小説放棄に至る
　苦悩と葛藤（岡山勇一著）　2012.2
第71巻　保守優位県の都市政治―愛媛県主要都市
　の市政と市長選（市川虎彦著）　2011.11
第72巻　労働法の原点―今こそ求められる労使関
　係法理（村田毅之著）　2011.12
第74巻　日本の労使関係法―集団的労使関係法と
　個別的労使紛争処理制度（村田毅之著）　2012.9
第79巻　労働法の現在―流動化する労働法規制の
　諸様相（村田毅之著）　2014.8
第80巻　現代化する社会（今枝法之著）　2014.7
第83巻　現代の国際通貨制度（松浦一悦著）　2015.
　3
第85巻　労使関係法―集団的労使関係法と個別的
　労使紛争処理制度（村田毅之著）　2015.9
第86巻　The effects of explicit reading strat-
　egy instruction on student strategy use and
　metacognitive awareness development（Yukiko
　Taki著）　2016.3

松山大学研究叢書　成文堂　2013
第75巻　正当防衛権の構造（明照博章著）　2013.2

松山大学研究叢書　せりか書房　2011
第66巻　フィールドワークのアポリア―エスノメ
　ソドロジーとライフストーリー（山田富秋著）
　2011.3

松山大学研究叢書　日本経済評論社　2011〜2016
第67巻　近代日本の外交論壇と外交史学―戦前期
　の『外交時報』と外交史教育（伊藤信哉著）　2011.
　3
第87巻　アメリカ大手銀行グループの業務展開―

OTDモデルの形成過程を中心に（掛下達郎著）
　2016.3

松山大学研究叢書　ひつじ書房　2014
第78巻　言語行為と調整理論（ひつじ研究叢書 言
　語編第110巻）（久保進著）　2014.2

松山大学研究叢書　ふくろう出版　2012
第77巻　パワフル・メディシン―処方せん薬のベ
　ネフィット・リスク・コストから、医療のある
　べき姿を考える（ジェリー・エイボン著, 松岡一
　郎監訳, 小林三和子, 野元裕, 山口巧訳）　2012.9

宮崎公立大学定期公開講座　鉱脈社　2009〜2011
　⇒Ⅲ－555
16　国際社会と暮らしを考える（宮崎公立大学地域
　貢献部会編）　2011.8

**武蔵野大学シリーズ　武蔵野大学出版会　2005〜
2011　⇒Ⅲ－46**
9　緑の水利権―制度派環境経済学からみた水政策
　改革（野田浩二著）　2011.1

**明治大学公開文化講座　明治大学人文科学研究所
編　明治大学人文科学研究所　1982〜2015
　⇒Ⅰ－201**
30　沖縄と「戦世（いくさゆ）」の記憶　2011.3
31　孤立と社会　2012.7
32　書物としての宇宙　2014.5
33　シェイクスピアと日本　2015.3

**明治大学人文科学研究所叢書　エイデル研究所
2013**
◇教育委員会制度論―歴史的動態と〈再生〉の展望
　（三上昭彦著）　2013.3

明治大学人文科学研究所叢書　おうふう　2014
◇歌の原初へ―宮古島狩俣の神歌と神話（居駒永幸
　著）　2014.4

明治大学人文科学研究所叢書　笠間書院　2013
◇古典にみる日本人の生と死―いのちへの旅（原道
　生, 金山秋男, 居駒永幸著）　2013.5

明治大学人文科学研究所叢書　晃洋書房　2016
◇環境リスク社会の到来と環境運動―環境的公正
　に向けた回復構造（寺田良一著）　2016.3

明治大学人文科学研究所叢書　書肆心水　2014
◇他者のトポロジー――人文諸学と他者論の現在（岩

知識・学術一般

野卓司編） 2014.12

明治大学人文科学研究所叢書 而立書房 2012
◇新劇とロシア演劇—築地小劇場の異文化接触（武田清著） 2012.3

明治大学人文科学研究所叢書 成文堂 2011
◇現代韓国の市民社会論と社会運動（大畑裕嗣著） 2011.3

明治大学人文科学研究所叢書 知泉書館 2011〜2014
◇〈大学〉再考—概念の受容と展開（別府昭郎編） 2011.3
◇顔とその彼方—レヴィナス『全体性と無限』のプリズム（合田正人編） 2014.2
◇近代大学の揺籃——一八世紀ドイツ大学史研究（別府昭郎著） 2014.4

明治大学人文科学研究所叢書 東京大学出版会 2014
◇江戸・東京の都市史—近代移行期の都市・建築・社会（松山恵著） 2014.3

明治大学人文科学研究所叢書 日本経済評論社 2014
◇労働の経済地理学（中沢高志著） 2014.2

明治大学人文科学研究所叢書 白水社 2015
◇パリ移民映画—都市空間を読む—1970年代から現在（清岡智比古著） 2015.3

明治大学人文科学研究所叢書 ひつじ書房 2011
◇言語機械の普遍幻想—西洋言語思想史における「言葉と事物」問題をめぐって（浜口稔著） 2011.3

明治大学人文科学研究所叢書 文化書房博文社 2009〜2012 ⇒V－21
◇「哲学的人間学」への七つの視角（山口泰司著） 2012.3

明治大学人文科学研究所叢書 文真堂 2013
◇組織の理論社会学—コミュニケーション・社会・人間（竹中克久著） 2013.3

明治大学人文科学研究所叢書 明治書院 2016
◇漱石テクストを対象とした語り言語の研究—『三四郎』『道草』を中心に（石出靖雄著） 2016.1

明治大学人文科学研究所叢書 山川出版社 2016
◇十八世紀ロシアの「探検」と変容する空間認識—キリーロフのオレンブルク遠征とヤーロフ事件（豊川浩一著） 2016.12

明治大学人文科学研究所叢書 雄山閣 2012
◇人類史と時間情報—「過去」の形成過程と先史考古学（阿部芳郎編） 2012.3

明治大学リバティブックス 明治大学出版会 2012〜2016
◇ビリー・ワイルダーの映画作法（瀬川裕司著） 2012.3
◇中国・台湾・香港映画のなかの日本（林ひふみ著） 2012.3
◇サステナブル社会のまちづくり—ドイツ・EUの実務に学ぶ（沢田誠二編著, H・シュトレープ, 小林正美, 永松栄著） 2012.11
◇カナダ文化万華鏡—『赤毛のアン』からシルク・ドゥ・ソレイユへ（小畑精和著） 2013.3
◇世論調査を読む—Q&Aから見る日本人の〈意識〉（井田正道著） 2013.12
◇オペラは脚本（リブレット）から（辻昌宏著） 2014.3
◇社会政策を問う—国際比較からのアプローチ（加藤久和著） 2014.8
◇アメリカ自然思想の源流—フロントカントリーとバックカントリー（柴崎文一著） 2014.10
◇現象数理学の冒険（三村昌泰編著） 2015.1
◇コンテンツは民主化をめざす—表現のためのメディア技術（宮下芳明著） 2015.3
◇映画のなかの御茶ノ水（中村実男著） 2015.9
◇漆学—植生, 文化から有機化学まで（宮腰哲雄著） 2016.3

ものと人間の文化史 法政大学出版局 1968〜2016 ⇒Ⅰ－371
151 楠（矢野憲一, 矢野高陽著） 2010.9
152 温室（平野恵著） 2010.11
153 檜（有岡利幸著） 2011.3
154 落花生（前田和美著） 2011.7
155 イルカ—海豚（田辺悟著） 2011.8
156 輿（桜井芳昭著） 2011.9
157 桃（有岡利幸著） 2012.1
158 鮪（田辺悟著） 2012.4
159 香料植物（吉武利文著） 2012.6
160 牛車（桜井芳昭著） 2012.8

総記　　　　　　　　　　　　　　　　　　　　　　知識・学術一般

161　白鳥（赤羽正春著）　2012.9
162　柳（有岡利幸著）　2013.6
163　柱（森郁夫著）　2013.9
164　磯（田辺悟著）　2014.1
165　タブノキ（山形健介著）　2014.3
166　栗（今井敬潤著）　2014.6
167　花札（江橋崇著）　2014.6
168　椿（有岡利幸著）　2014.11
169　織物（植村和代著）　2014.12
170　ごぼう（冨岡典子著）　2015.6
171　鱈（赤羽正春著）　2015.7
172　酒（吉田元著）　2015.8
173　かるた（江橋崇著）　2015.11
174　豆（前田和美著）　2015.11
175　島（田辺悟著）　2015.12
176　欅（有岡利幸著）　2016.5
177　歯（大野粛英著）　2016.11
178　はんこ（久米雅雄著）　2016.12

山形大学人文学部叢書　山形大学人文学部　2012
～2016
1　邦銀のアジア進出と国際競争力（山口昌樹著）
　2012.11
2　東日本大震災の地域経済への影響―企業経営・
　雇用・金融（戸室健作, 殷勇, 山口昌樹著）　2013.
　2
3　現地学習を中心にした災害復興学の実践―「地
　誌学」における取り組み　山形大学YU-GP（阿部
　宏慈［著］, 山田浩久編著）　2013.3
4　観光資源の有効活用と中心市街地の再生―連携
　自治体山形県上山市（山田浩久編著）　2014.3
5　ロシアの南―近代ロシア文化におけるヴォルガ
　下流域, ウクライナ, クリミア, コーカサス表
　象の研究（中村唯史編）　2014.3
6　A model based on F1F2 values for native and
　non-native speakers' speech（Tomita, Kaoru
　［著］）　2014.9
7　現代視覚表象におけるメディア的身体の研究
　（阿部宏慈, 中村唯史編）　2015.3
8　観光まちづくりによる中心市街地の再生―連携
　自治体山形県上山市（山田浩久著）　2015.3
9　インバウンド観光に向けた地域資源の発掘と
　検証―連携自治体山形県上山市（山田浩久編著）
　2016.3

山口県立大学桜の森アカデミーブックレット　マ
ルニ　2016
no.1　吉田松陰とゆかりの人々（小山良昌編著）
　2016.3
no.2　子育てマイスターハンドブック―sakuran-
　bou（加登田恵子, 杉山美羽編著）　2016.3

UPコレクション　東京大学出版会　2013～2016
◇比較文明　新装版（伊東俊太郎著）　2013.7
◇日本の社会科学　増補新装版（石田雄著）　2013.
　7
◇戦後政治と政治学　新装版（大嶽秀夫著）　2013.
　7
◇生きものと放射線―UPバイオロジー　新装版
　（江上信雄著）　2013.7
◇陸上植物の種―UPバイオロジー　新装版（岩槻
　邦男著）　2013.7
◇社会科学における数と量　増補新装版（竹内啓
　著）　2013.7
◇日本の法を考える　新装版（利谷信義著）　2013.
　8
◇東洋とは何か　新装版（仁井田陞著）　2013.8
◇マムルーク―異教の世界からきたイスラムの支
　配者たち　新装版（佐藤次高著）　2013.8
◇〈法〉の歴史　新装版（村上淳一著）　2013.8
◇文明の考古学―〈原日本〉を求めて　新装版（神
　島二郎著）　2013.9
◇心理学と教育実践の間で　新装版（佐伯胖, 宮崎
　清孝, 佐藤学, 石黒広昭著）　2013.9
◇アクティブ・マインド―人間は動きのなかで考
　える　新装版（佐伯胖, 佐々木正人編）　2013.9
◇ニヒリズム―内面性の現象学　新装版（渡辺二郎
　著）　2013.9
◇分裂病と人類　新版（中井久夫著）　2013.9
◇時と暦　新装版（青木信仰著）　2013.9
◇細胞（UPバイオロジー）　第3版 新装版（佐藤七
　郎著）　2013.9
◇和風と洋式　増補新装版（京極純一著）　2013.10
◇帝国主義と民族　新版（江口朴郎著）　2013.11
◇歴史学叙説　新装版（永原慶二著）　2013.12
◇ゲルマン法史における自由と誠実　新装版（村上
　淳一著）　2014.8
◇ドイツ市民法史　新装版（村上淳一著）　2014.8
◇中世文学の世界　新装版（久保田淳著）　2014.9
◇歴史の方法について　新装版（小谷汪之著）
　2014.9

知識・学術一般　　　　　　　　　　　　　　　　総記

◇農学の思想―マルクスとリービヒ　増補新装版（椎名重明著）　2014.9
◇場の思想　新装版（清水博著）　2014.9
◇日本・1945年の視点　新装版（三輪公忠著）　2014.9
◇風月無尽―中国の古典と自然　新装版（前野直彬著）　2015.2
◇子どもの「自己」の発達　新装版（柏木恵子著）　2015.7
◇子どもの自分くずしと自分つくり　新装版（竹内常一著）　2015.7
◇縞々学―リズムから地球史に迫る　新装版（川上紳一著）　2015.7
◇王朝女流文学の世界　新装版（秋山虔著）　2015.9
◇ベトナムの世界史―中華世界から東南アジア世界へ　増補新装版（古田元夫著）　2015.9
◇日本文学の近代と反近代　新装版（三好行雄著）　2015.10
◇未完の占領改革―アメリカ知識人と捨てられた日本民主化構想　増補新装版（油井大三郎著）　2016.3

横浜市立大学新叢書　横浜市立大学学術研究会　2013～2015
1　普仏戦争―籠城のパリ132日（松井道昭著）　2013.7
2　読んで愉しむイギリス文学史入門（白井義昭著）　2013.7
3　過去の再演を越えて―精神分析的ロール・プレイング（川幡政道著）　2013.9
4　天狼俳句の英訳―誓子・敏雄・綾子（山口誓子, 三橋敏雄, 細見綾子著, 古平隆編著・共訳, Alfred H.Marks, Kyoko Selden共訳）　2014.1
5　日中間戦争と中国人文学者―郁達夫、柯霊、陸蠡らをめぐって（鈴木正夫著）　2014.7
6　レリギオ―〈宗教〉の起源と変容（三上真司著）　2015.7
7　韓国の財政と地方財政（鞠重鎬著）　2015.9
8　資料を見て考えるホロコーストの歴史―ヴァンゼー会議とナチス・ドイツのユダヤ人絶滅政策（ヴァンゼー会議記念館編著, 山根徹也, 清水雅大訳）　2015.11

リサーチ・シリーズ　アジア太平洋研究センター［編］　早稲田大学アジア太平洋研究センター　2010～2012
第1号　中国に帰ったタイ華僑共産党員―欧陽恵氏のバンコク, 延安, 大連, 吉林, 北京での経験（村嶋英治, 鄭成［著］）　2012.12
第3号　超高齢社会対策へのICT活用事例（小尾敏夫, 岩崎尚子［著］）　2010.9
第4号　エジプトにおける文化遺産の保存問題―史跡整備の動向とその背景（長谷川奏, 北村蔵治著）　2011.3

立正大学文学部学術叢書　Kadokawa　2015～2016
1　唐代の医薬書と敦煌文献（岩本篤志著）　2015.3
2　インターネット普及期以降の地域情報化とコミュニケーション変容（浅岡隆裕著）　2016.3

立命館大学人文学企画叢書　文理閣　2014～2016
01　間文化性の哲学（谷徹編）　2014.8
02　災害の地理学（吉越昭久編）　2014.7
03　日本人の国際移動と太平洋世界―日系移民の近現代史（米山裕, 河原典史編著）　2015.4
04　観光の地理学（立命館大学地理学教室編）　2015.7
05　メディア表現と伝達効果（仲山豊秋著）　2015.7
06　外国から来た子どもの学びを支える―公立中学校における母語を活用した学習支援の可能性（清田淳子編）　2016.3
07　人間を生きるということ―「体験」の教育人間学に向けて（鳶野克己編）　2016.3

立命館大学文学部人文学研究叢書　風間書房　2012～2016
1　杜陀日記の研究―近世僧侶の旅日記（［称瑞］［原著］, 中西健治著）　2012.12
2　坂道の傾斜知覚の研究（対梨成一著）　2013.3
3　リアリズムと身体―プロレタリア文学運動におけるイデオロギー（鳥木圭太著）　2013.7
4　宮本百合子における女性労働と政治―一九三〇年代プロレタリア文学運動の一断面（池田啓悟著）　2015.4
5　アニメーションの想像力―文字テクスト/映像テクストの想像力の往還（禧美智章著）　2015.10
6　清初皇帝政治の研究（磯部淳史著）　2016.3

総記　　　　　　　　　　　　　　　　　　　　　　　知識・学術一般

7　森川竹磎『詞律大成』本文と解題（森川竹磎［著］，萩原正樹編）　2016.3

リバティアカデミーブックレット　明治大学リバティアカデミー編　明治大学リバティアカデミー　2005〜2016　⇒Ⅲ－55

no.14　マーケティング戦略展開―花王のマーケティングの実践を事例として　2011.3
no.15　団地再生・まちづくり実践講座　1　サステナブル時代の住環境づくりプロジェクトの進め方　2011.3
no.16　西洋古版本の手ほどき　基礎編　2011.3
no.17　黒曜石をめぐるヒトと資源利用（明治大学黒耀石研究センター公開講座　第1回）　2012.3
no.18　有機農業のすすめ　アグリサイエンス講座　市民農園型農業講座　2012.3
no.19　"実践"地域ブランディング―コンテクストデザインの可能性　2012.3
no.20　黒曜石をめぐるヒトと資源利用　part 2（明治大学黒耀石研究センター公開講座　第2回）　2013.3
no.21　笑い笑われまた笑う―楽しく元気な笑い学入門　2013.3
no.22　ランの世界―その魅力・希少種の保護・鑑賞と栽培　2013.3
no.23　黒曜石をめぐるヒトと資源利用　part 3（明治大学黒耀石研究センター公開講座　第3回）　2014.3
no.24　『遠野物語』を読む　2014.3
no.25　不拡大永続主義のすすめ　2014.3
no.26　為替物語―外国為替を知れば激動のグローバル経済が見えてくる（鈴木成高，木村好作，石橋満［著］）　2015.3
no.27　漆塗りを楽しむ「漆塗りペンダント作り講座」ワークブック（宮腰哲雄，小林恵美［著］）　2015.3
no.28　テレビCMとその時代/テレビCMとその時代Ⅱ（伊藤真弓編，山崎信英，松岡正，高橋信之，古沢謙，高橋千佳子，出口豊［著］）　2015.3
no.29　『遠野物語』を読む　2（永藤靖，立野正裕，堂野前彰子［著］）　2015.3
no.30　日本近代文学と〈家族〉の風景　戦後編（松下浩幸，黒崎峰孝，冨沢成実，西連寺成子［著］）　2015.3
no.31　都市空間を歩く―近代日本文学と東京　第3輯（佐藤義雄，長沼秀明，松下浩幸［著］）　2016.3

no.32　『遠野物語』を読む　3（永藤靖，堂野前彰子［著］）　2016.3
no.33　世界の「聖地」を旅する第一の旅路（立野正裕，伊藤竜哉［著］）　2016.3

りぶらりあ選書　法政大学出版局　1969〜2015　⇒Ⅰ－380

◇子どもの描画心理学　新装版（グリン・V.トーマス，アンジェル・M.J.シルク著，中川作一監訳）　2011.9
◇倫理学　新装版（ジョージ・エドワード・ムーア著，深谷昭三訳）　2011.11
◇変化の原理―問題の形成と解決　新装版（ポール・ワツラウィック，ジョン・H.ウィークランド，リチャード・フィッシュ著，長谷川啓三訳）　2011.11
◇考える/分類する―日常生活の社会学（ジョルジュ・ペレック著，阪上脩訳）　2012.5
◇戦争論―われわれの内にひそむ女神ベローナ　新装版（ロジェ・カイヨワ著，秋枝茂夫訳）　2013.8
◇年齢意識の社会学　新装版（ハワード・P.チュダコフ著，工藤政司，藤田永祐訳）　2015.5

竜谷叢書　和泉書院　2013

29　形式語研究論集（研究叢書 440）（藤田保幸編）　2013.10

竜谷叢書　開拓社　2011〜2015

22　英語ジョークの研究―関連性理論による分析（東森勲著）　2011.11
33　メタ表示と語用論（東森勲編，中島信夫，五十嵐海理，東森勲［執筆］）　2015.3

竜谷叢書　晃洋書房　2009〜2016　⇒Ⅱ－27

33　未完の教育学者―谷本富の伝記的研究（滝内大三著）　2014.3
39　現象学と科学批判（丸山徳次著）　2016.11

竜谷叢書　彩流社　2016

36　フィッツジェラルドと短編小説（藤谷聖和著）　2016.2

竜谷叢書　三人社　2013〜2016

31　植民地朝鮮と日本仏教（中西直樹著）　2013.10
35　仏教国際ネットワークの源流―海外宣教会（1888年―1893年）の光と影（中西直樹，吉永進一著）　2015.6

全集・叢書総目録 2011-2016　**59**

38　植民地台湾と日本仏教（中西直樹著）　2016.6

竜谷叢書　自照社出版　2009〜2013　⇒Ⅱ-133
26　仏教とカウンセリングの理論と実践―仏の教えと心の癒し（友久久雄編）　2013.2

竜谷叢書　清文堂出版　2013
30　室町時代のことばと資料（来田隆著）　2013.12

竜谷叢書　永田文昌堂　2012〜2013
24　『略論安楽浄土義』の基礎的研究（矢田了章編）　2012.3
28　日本仏教の受容と変容（赤松徹真編）　2013.6

竜谷叢書　法蔵館　2011〜2016
23　親鸞の解釈と方法（杉岡孝紀著）　2011.8
27　現代社会の無明を超える―親鸞浄土教の可能性（藤能成著）　2013.7
37　仏教と心理学の接点―浄土心理学の提唱（藤能成編著）　2016.7

竜谷叢書　ミネルヴァ書房　2013
［32］　社会福祉の定義と価値の展開―万人の主権と多様性を活かし、格差最小の共生社会へ（加藤博史著）　2013.11

竜谷叢書　竜谷学会　2012
25　児童読物の軌跡―戦争と子どもをつないだ表現（相川美恵子著）　2012.8

竜谷大学国際社会文化研究所叢書　くろしお出版　2016
19　機能文法による日本語モダリティ研究（角岡賢一編著，飯村竜一，五十嵐海理，福田一雄，加藤澄著）　2016.12

竜谷大学国際社会文化研究所叢書　晃洋書房　2007〜2014　⇒Ⅰ-380
12　日本の大学評価―歴史・現状・評価文化（細川孝編著）　2012.9
14　経済成長のダイナミズムと地域格差―内モンゴル自治区の産業構造の変化と社会変動（河村能夫編著）　2013.4
16　アフリカ・ドラッグ考―交錯する生産・取引・乱用・文化・統制（落合雄彦編著）　2014.5

竜谷大学国際社会文化研究所叢書　日本経済評論社　2014
第17巻　「多文化共生」を問い直す―グローバル化時代の可能性と限界（権五定，斎藤文彦編著）　2014.9

竜谷大学国際社会文化研究所叢書　日本評論社　2016
第18巻　消費者法の現代化と集団的権利保護（中田邦博，鹿野菜穂子編）　2016.8

早稲田大学アジア・ムスリム研究所リサーチペーパー・シリーズ　Waseda University Institute for Asian Muslim Studies research paper series　早稲田大学重点領域［研究］機構プロジェクト研究所早稲田大学アジア・ムスリム研究所　2013〜2014
vol.1　イスラームと日本―史資料と分析　2013.11
vol.2　中国新疆のムスリム史―教育、民族、言語（野田仁編）　2014.3
vol.3　食のハラール（砂井紫里編）　2014.3

早稲田大学学術叢書　早稲田大学出版部　2009〜2016　⇒Ⅰ-385
9　経営変革と組織ダイナミズム―組織アライメントの研究（鈴木勘一郎著）　2011.3
10　帝政期のウラジオストク―市街地形成の歴史的研究（佐藤洋一著）　2011.3
11　民主化と市民社会の新地平―フィリピン政治のダイナミズム（五十嵐誠一著）　2011.3
12　石が語るアンコール遺跡―岩石学からみた世界遺産（内田悦生著）　2011.3
13　モンゴル近現代史研究：1921〜1924年―外モンゴルとソヴィエト，コミンテルン（青木雅浩著）　2011.3
14　金元時代の華北社会と科挙制度―もう一つの『士人層』（飯山知保著）　2011.3
15　平曲譜本による近世京都アクセントの史的研究（上野和昭著）　2011.3
16　Pageant fever—local history and consumerism in Edwardian England（Ayako Yoshino著）　2011.3
17　全契約社員の正社員化―私鉄広電支部・混迷から再生へ（1993年〜2009年）（河西宏祐著）　2011.5
17　全契約社員の正社員化―私鉄広電支部・混迷から再生へ（1993年―2009年）　新装版（河西宏祐著）　2012.7
18　対話のことばの科学―プロソディが支えるコミュニケーション（市川熹著）　2011.6
19　人形浄瑠璃のドラマツルギー―近松以降の浄

瑠璃作者と平家物語（伊藤りさ著）　2011.9

20　清朝とチベット仏教―菩薩王となった乾隆帝（石浜裕美子著）　2011.9

21　ヘーゲル・未完の弁証法―「意識の経験の学」としての『精神現象学』の批判的研究（黒崎剛著）　2012.3

22　日独比較研究市町村合併―平成の大合併はなぜ進展したか？（片木淳著）　2012.6

23　Negotiating History—From Romanticism to Victorianism（Rieko Suzuki著）　2012.6

24　人類は原子力で滅亡した―ギュンター・グラスと『女ねずみ』（杵淵博樹著）　2013.3

25　兵式体操成立史の研究（奥野武志著）　2013.5

26　分水と支配―金・モンゴル時代華北の水利と農業（井黒忍著）　2013.5

27　島村抱月の文芸批評と美学理論（岩佐壮四郎著）　2013.5

28　企業競争力と人材技能―三井物産創業半世紀の経営分析（高橋弘幸著）　2013.7

29　アジア冷戦に挑んだ平和運動―タイ共産党の統一戦線活動と大衆参加（高橋勝幸著）　2014.1

30　人道的介入―秩序と正義，武力と外交（小松志朗著）　2014.2

31　後漢政治制度の研究（渡辺将智著）　2014.3

32　制度変革の政治経済過程―戦前期日本における営業税廃税運動の研究（石井裕晶著）　2014.4

33　オッフェンバックと大衆芸術―パリジャンが愛した夢幻オペレッタ（森佳子著）　2014.5

34　英国のシティズンシップ教育―社会的包摂の試み（北山夕華著）　2014.6

35　An automodular view of English grammar（Yoshio Ueno［著］）　2014.6

36　地域銀行の経営行動―変革期の対応（森祐司著）　2014.12

37　アクティブ・ライフスタイルの構築―身体活動・運動の行動変容研究（竹中晃二著）　2015.3

38　アリストテレスの存在論―〈実体〉とは何か（岩田圭一著）　2015.3

39　格差社会の住宅政策―ミックスト・インカム住宅の可能性（渡辺詞男著）　2015.3

40　環境リスク管理の法原則―予防原則と比例原則を中心に（藤岡典夫著）　2015.3

41　中国独占禁止法―法体系とカルテル規制の研究（陳丹舟著）　2015.5

42　An automodular view of ellipsis（Yoshio Ueno［著］）　2015.5

43　日本復帰と反復帰―戦後沖縄ナショナリズムの展開（小松寛著）　2015.5

44　近代武道・合気道の形成―「合気」の技術と思想（工藤竜太著）　2015.11

45　戦後日本の対外文化政策―1952年から72年における再編成の模索（牟倫海著）　2016.3

46　前漢国家構造の研究（楯身智志著）　2016.3

47　日中漢字文化をいかした漢字・語彙指導法―「覚える」から「考える」へ（李軍著）　2016.3

48　柔道整復師―接骨術の西洋医学化と国家資格への歩み（湯浅有希子著）　2016.6

49　長沙走馬楼呉簡の研究―倉庫関連簿よりみる孫呉政権の地方財政（谷口建速著）　2016.11

050　現代日本語の文法構造　形態論編（上野義雄著）　2016.12

早稲田大学図書館文庫目録　早稲田大学図書館

1962～2015　⇒Ⅰ-179

第20輯　九曜文庫目録―文庫30（早稲田大学図書館編）　2012.3

第21輯　雲英文庫目録―文庫三一（早稲田大学図書館編）　2015.3

早稲田大学ブックレット　早稲田大学出版部

2012～2014

◇被災地の子どもの心に寄り添う―臨床心理学からのアドバイス（「震災後」に考える 12）（本田恵子編著）　2012.4

◇三陸にジオパークを―未来のいのちを守るために（「震災後」に考える 13）（高木秀雄著）　2012.4

◇大規模災害に強い自治体間連携―現場からの報告と提言（「震災後」に考える 14）（稲継裕昭編著）　2012.4

◇文化遺産の保全と復興の哲学―自然との創造的関係の再生（「震災後」に考える 11）（中川武＋中川研究室編著）　2012.4

◇《当事者》としていかに危機に向き合うか―震災復興の政治経済学を求めて 2（「震災後」に考える 16）（河野勝，小西秀樹，荒木一法，清水和巳，友利厚夫著）　2012.4

◇早く的確な救援のために―初動体制ガイドラインの提案（「震災後」に考える 17）（中村民雄編著）　2012.4

◇「日常」の回復―江戸儒学の「仁」の思想に学ぶ（「震災後」に考える 15）（土田健次郎著）　2012.4

知識・学術一般　　　　　　　　　　　　　　　　　　　　　総 記

◇新聞は大震災を正しく伝えたか―学生たちの紙面分析（「震災後」に考える 18）（花田達朗, 教育学部花田ゼミ編著）　2012.5

◇東日本大震災と環境汚染―アースドクターの診断（「震災後」に考える 19）（香村一夫, 名古屋俊士, 大河内博著）　2012.6

◇ともに生きた伝えた―地域紙『石巻かほく』の1年（「震災後」に考える 20）（三陸河北新報社著）2012.6

◇フクシマ原発の失敗―事故対応過程の検証とこれからの安全規制（「震災後」に考える 21）（松岡俊二著）　2012.7

◇災害に強い社会をつくるために―科学者の役割・大学の使命（「震災後」に考える 22）（鎌田薫編, 浦野正樹, 岡芳明, 鈴村興太郎, 浜田政則著）　2012.9

◇復興に女性たちの声を―「3・11」とジェンダー（「震災後」に考える 23）（村田晶子編著）　2012.9

◇あの日私たちは東北へ向かった―国際協力NGOと3・11（「震災後」に考える 24）（多賀秀敏編著, 国際協力NGOセンター著）　2012.9

◇ジャーナリズムの〈いま〉を問う―早稲田ジャーナリズム大賞パネルディスカッションより（「震災後」に考える 25）（早稲田大学広報室編, 佐野真一, 後藤謙次, 江川紹子, 深川由起子, 八巻和彦著）　2012.11

◇風化と闘う記者たち―忘れない平成三陸大津波（「震災後」に考える 26）（岩手日報社編集局著）2012.11

◇原発政策を考える3つの視点―震災復興の政治経済学を求めて 3（「震災後」に考える 27）（斎藤純一, 川岸令和, 今井亮佑著）　2013.2

◇震災後に読む文学（「震災後」に考える 28）（堀内正規編）　2013.3

◇津波被災地の500日―大槌・石巻・釜石にみる暮らし復興への困難な歩み（「震災後」に考える 29）（浦野正樹, 野坂真, 吉川忠寛, 大矢根淳, 秋吉恵著）　2013.4

◇ふくしま・震災後の生活保障―大学生たちの目で見た現状（「震災後」に考える 30）（菊池馨実編, 早稲田大学菊池ゼミ, 福島大学長谷川ゼミ著）2013.4

◇ガジュマルの支援のすすめ―東日本大震災と人間科学 1―人ひとりのこころに寄り添う（「震災後」に考える 31）（辻内琢也編著）　2013.5

◇ともに創る！ まちの新しい未来―気仙沼復興塾の挑戦（「震災後」に考える 32）（早田宰, 加藤基樹, 沼田真一, 阿部俊彦編著）　2013.8

◇復興まちづくりに文化の風を―日中共同ワークショップの試み（「震災後」に考える 33）（中川武, 日中共同ワークショップ編集委員会編）　2013.10

◇原子力規制委員会の社会的評価―3つの基準と3つの要件（「震災後」に考える 34）（松岡俊二, 師岡慎一, 黒川哲志著）　2013.12

◇フクシマから日本の未来を創る―復興のための新しい発想（「震災後」に考える 35）（松岡俊二, いわきおてんとSUN企業組合編）　2013.12

◇大災害時に物流を守る―燃料多様化による対応を（「震災後」に考える 36）（早稲田大学マーケティング・コミュニケーション研究所編）　2014.4

◇東京湾岸の地震防災対策―臨海コンビナートは大丈夫か（「震災後」に考える 37）（浜田政則, 樋口俊一, 中村孝明, 佐藤孝治, 飯塚信夫著）　2014.9

早稲田大学モノグラフ Waseda University monograph　早稲田大学出版部　2009～2015　⇒Ⅰ-385

27　Geschriebene Schauspielkunst―Die Performativitat der Satire bei Karl Kraus und ihr historischer sowie sprachkritischer Hintergrund（Eiji Kouno［著］）　2010.11

28　浄瑠璃と平家物語―源平物浄瑠璃の作劇法を巡って（伊藤りさ著）　2010.11

29　FGM（女性性器損傷）とジェンダーに基づく迫害概念をめぐる諸課題―フェミニズム国際法の視点からの一考察（長島美紀著）　2010.11

30　Creating public value―the challenges of localization for Japanese corporations in China（Keikoh Ryu［著］）　2010.11

31　中国知的財産法制度における公益と私益（兪風雷著）　2010.11

32　王夫之思想研究―『読四書大全説』における「作聖之功」議論を中心にして（松野敏之著）　2010.11

33　東アジア地域空間の変動と形成―分裂と階層化のダイナミズム（森川裕二著）　2010.11

34　鶴見祐輔の広報外交――「自由主義的」保守主義者の活動の特徴とその限界性（上品和馬著）2011.3

35　エックハルトの「神人合一」思想におけるキリスト論的問題（菊地智著）　2011.3

総 記　　　　　　　　　　　　　　　　　　　　　　　　　　　　知識・学術一般

36　言語の間主観性—認知・文化の多様な姿を探る（武黒麻紀子編）　2011.3

37　日本語のリズム習得と教育（木下直子著）　2011.3

38　貧困と女性、二重の制約は克服できるか—インドの農村酪農協同組合によるエンパワーメント（秋吉恵著）　2011.3

39　江藤新平と維新政府—明治草創期の国家形成に関する基礎的研究（星原大輔著）　2011.3

40　エリアナ・パヴロバによる日本へのバレエ移植（川島京子著）　2011.3

41　日韓関係における歴史認識問題の反復—教科書問題への対応過程（鄭根珠著）　2011.3

42　平安後期文学の研究—御堂流藤原氏と歴史物語・仮名日記（中村成里著）　2011.3

43　日本とインドにおける疱瘡治癒祈願の舞踊研究—グラフノーテーションによる動作分析を中心に（高橋京子著）　2011.3

44　Consuming Japan—the consumption of Japanese cultural products in Thailand（Noboru Toyoshima［著］）　2011.10

45　兵式体操成立史研究—近代日本の学校教育と教練（奥野武志著）　2011.10

46　メアリ・シェリー小説論—男性英雄像の破壊、廃墟化、及び英雄に代わる女性像（市川純著）　2011.10

47　ギュンター・グラス『女ねずみ』論—人類滅亡のリアリティと「原子力時代」の文学（杵淵博樹著）　2011.10

48　メイエルホリドの演劇理論研究（倉石義久著）　2011.10

49　中国における医師の民事責任の法的構造（川城憶紅著）　2011.10

50　日中戦争期における中国共産党の対日プロパガンダ戦術・戦略—日本兵捕虜対応に見る「2分法」の意味（趙新利著）　2011.10

51　OJTを通じたホワイトカラーの技能形成—「キャリア」、「不確実性への対応」、「組織編成」、明治大正期三井物産の事例から（高橋弘幸著）　2011.11

52　A sense of recursive history—Woolf and Lessing（Kayoko Saito［著］）　2011.10

53　日本の知識人と記紀神話—津田左右吉・和辻哲郎・丸山真男・河合隼雄（沢智恵著）　2011.10

54　農村景観の資源化による動態的保全—中国広西竜脊棚田地域を事例に（菊池真純著）　2012.3

55　中国民事訴訟における「挙証責任」（白迎春著）　2012.3

56　持続可能な自然資源の保全・利用のためのエコツーリズム—日本の世界自然遺産・白神山地を事例として（岩本英和著）　2012.3

57　冷戦初期の「平和運動」—タイ共産党の統一戦線活動と大衆参加（高橋勝幸著）　2012.3

58　日本語の動詞アクセントの習得（劉佳琦著）　2012.3

59　システム設計視点によるサービス設計理論と方法論—高顧客価値のためのサービスシステムの効率的設計（三原康司著）　2012.3

60　地域日本語活動と参加者の学び—媒介物に着目した活動改善の可能性（遠藤知佐著）　2012.3

61　携帯通信サービス市場における消費者行動意図—日本と韓国を事例にして（全ヨンギュンステファン著）　2012.3

62　A study of the Thai political novel from the 1980s to the 2000s—temporal trends and discourse（Kosit Tiptiempong［著］）　2012.3

63　人道的介入における武力行使と外交交渉—ソマリア、ボスニア、コソボを事例として（小松志朗著）　2012.3

64　日中の内部者取引規制の研究（井小胖著）　2012.3

65　後漢の皇帝支配体制と政治制度の構造（渡辺将智著）　2012.10

66　レジ袋の環境経済・政策研究—環境政策手法の選択問題（熊捕崇将著）　2012.10

67　終末期医療をめぐる比較法的考察—日本と中国を中心に（劉建利著）　2012.11

68　台湾総督府の統治政策と台湾人—包摂・適応・自主の観点からの再考（野口真広著）　2012.11

69　日本語母語話者に対する中国語発音教育の理論と実践（松本洋子著）　2012.10

70　フランスの医療保障システムの歴史的変容（松本由美著）　2012.11

71　学習における意図の制御機能—潜在・顕在学習の実験パラダイムによる検証（宮脇郁著）　2012.11

72　戦前期日本における制度変革—営業税廃税運動の政治経済過程（石井裕晶著）　2012.11

73　オッフェンバックの『夢幻オペレッタ』—1870年代パリの演劇文化の変容とミドルカルチャーの誕生（森佳子著）　2012.11

74　A multi-agent scheduling system for just-in-time production（Wei Weng［著］）　2012.10

全集・叢書総目録 2011-2016　**63**

知識・学術一般

総記

75 M&Aと会計情報に関する理論的、実証的研究
（花村信也著） 2012.11

76 アメリカ映画史におけるラジオの影響—異な
るメディアの出会い（仁井田千絵著） 2012.11

77 人文系大学院留学生の文章課題遂行過程にお
ける管理プロセス（宮崎七湖著） 2012.10

78 ロサンゼルス市におけるミックスト・インカ
ム住宅の開発事業—アフォーダブル住戸供給手
法としての可能性（渡辺詞男著） 2013.2

80 中国反壟断法（独占禁止法）におけるカルテル
規制と社会主義市場経済—産業政策と競争政策
の「相剋」（陳丹舟著） 2013.2

81 授業実践における日本語学習者のコミュニケー
ション観に関する研究—「ありたい自分」の実現
を支援する教育を目指して（徳間晴美著） 2013.
3

82 地域銀行の行動分析—地域経済環境と銀行行
動の変容（森祐司著） 2013.2

83 トルコにおける「国民音楽」の成立（浜崎友絵
著） 2013.3

84 京都議定書第二約束期間に向けたA/R CDM
の改善方策（山ノ下麻木乃著） 2013.3

85 対象の認識における情報の時間空間的統合と
知覚的表象の形成（鵜沼秀行著） 2013.3

86 人によりそい、社会と対峙する日本語教育—
日本社会における移住者のエスノグラフィーか
ら見えるもの（八木真奈美著） 2013.2

87 コミュニティの再創成に関する考察—新たな
互酬性の形成と場所の創出からなる地域協働（古
市太郎著） 2013.3

88 The role of estrogen in modifying thermoreg-
ulation and related behavioral responses（Yuki
Uchida［著］） 2013.10

89 中国天然ガス市場自由化と不可欠施設の開放・
分離規制の在り方—日本欧州の経験を中国に（魏
宏標著） 2013.11

90 共同正犯と従犯の区別に関する研究—日中比
較法的考察（謝佳君著） 2013.11

91 戦後沖縄における帰属論争と民族意識—日本
復帰と反復帰（小松寛著） 2013.11

92 Study on probabilistic model building
genetic network programming（Xianneng Li
［著］） 2013.10

93 シャトーブリアンにおける自由の表象（高橋久
美著） 2013.11

94 共生社会の構築を支える日本語教師養成の実

践研究（鈴木寿子著） 2013.11

95 南方熊楠と近代日本（雲藤等著） 2013.11

96 合気道における合気の意味の歴史的研究（工藤
竜太著） 2013.12

97 奥宮慥斎の研究—明治時代を中心にして（杉山
剛著） 2013.12

98 日本の女子中等教育における「体操科」の展
開と「女子体育論」の諸相—明治後期から大正
期における女子体育振興方策に着目して（春日芳
美著） 2013.11

99 ヘドニック・アプローチによる地域住民の選
好の推定—東京大都市圏の賃貸住宅を事例とし
て（河合伸治著） 2014.3

100 eラーニングとピア・レスポンスを組み合わ
せたブレンド型授業の文章作成力に及ぼす効果
（冨永敦子著） 2014.2

101 漢代二十等爵制の研究（楯身智志著） 2014.
2

102 イノベーションエコシステムのための社会シ
ステム設計法の研究—医療情報オープンソース
ソフトウェア事例研究を中心として（岸田伸幸
著） 2014.3

103 予防原則と比例原則—環境リスク管理におけ
る「保護の水準」の分析から（藤岡典夫著） 2014.
3

104 南部藩の能楽（青柳有利子著） 2014.2

105 韓国における伝統武芸の創造（朴周鳳著）
2014.3

106 川端康成の「魔界」に関する研究—その生成
を中心に（李聖傑著） 2014.3

107 戦前期・戦中期における日本の「ユーラシア
政策」—トゥーラン主義・「回教政策」・反ソ反共
運動の視点から（シナン・レヴェント著） 2014.
11

108 漢字文化を生かした漢字・語彙指導法の開発
—日中比較研究を軸に（李軍著） 2014.11

109 陸九淵と陳亮—朱熹論敵の思想研究（中嶋諒
著） 2014.10

110 近代中国における探偵小説の誕生と変遷（池
田智恵著） 2014.11

111 柔道整復師形成過程の歴史的研究—医学およ
び医療制度の分析と天神真楊流柔術（湯浅有希子
著） 2014.10

112 日韓領土問題の原風景（黄宰源著） 2014.11

113 東京大都市圏における社会経済構造の変化に
伴う郊外産業圏域の変容—産業構造の知識化に

総記　　　　　　　　　　　　　　　　知識・学術一般

よる事業所立地原理の変化に着目して（山村崇著）　2015.2

114　中国反壟断法（独占禁止法）における企業結合規制—日本法との比較法的研究（権金亮著）2015.3

115　不法行為法における公平責任（毛東恒著）2015.3

116　労働者の傷病と産業医の関与についての法政策—フランス労働医が有する就労可能性判定機能の歴史的分析を手がかりとして（鈴木俊晴著）2015.3

117　菊池俊諦の児童保護・児童福祉思想に関する研究—戦前・戦中・戦後の軌跡と現代児童福祉法制への継承（竹原幸太著）　2015.3

118　江戸後期の職業詩人研究—大窪詩仏を中心として（張洵著）　2015.3

119　海上物品運送人の定額賠償制度に関する研究（旭聡史著）　2015.3

120　東北アジア・サブリージョンにおける内発的越境ガバナンス—「北東アジア地域自治体連合（NEAR）」の事例研究（中山賢司著）　2015.3

CARLS series of advanced study of logic and sensibility　Centre for Advanced Research on Logic and Sensibility the Global COE Program, Keio University　2011〜2012

vol.4（2010）（渡辺茂編著）　2011.3

vol.5　2011（渡辺茂編著）　2012.2

Centre for Advanced Research on Logic and Sensibility　Keio University Press 2012

◇Future Trends in the Biology of Language（edited by Shiro Ojima, Yukio Otsu, John F. Connolly, Guillaume Thierry）　2012.3

◇Logic and Sensibility（Shigeru Watanabe編著）2012.3

Collection UTCP　UTCP　2007〜2012
　⇒Ⅰ－391

5　Can philosophy constitute resistance?（Tetsuya Takahashi［著］）　c2008

9　Amour et savoir—etudes Lacaniennes（Kazuyuki Hara［著］）　c2011

10　Practicing philosophy between China and Japan（Nakajima Takahiro［著］）　c2011

11　Segni e voci dalla letteratura Italiana—da Dante a D'annunzio（Muramatsu Mariko［著］）

c2012

Global COE program international conference series　名古屋大学大学院文学研究科　2011〜2012

no.11　文献学と解釈学の間—「テクスト布置の解釈学的研究と教育」第11回国際研究集会報告書（松沢和宏編著）　2011.9

no.12　歴史におけるテクスト布置—「テクスト布置の解釈学的研究と教育」第12回国際研究集会報告書（加納修編）　2012.3

no.13　哲学的解釈学からテクスト解釈学へ—「テクスト布置の解釈学的研究と教育」第13回国際研究集会報告書（松沢和宏編著）　2012.3

JSPS　Japan Society for the Promotion of Science　2011〜2016

2011-2012（Japan Society for the Promotion of Science）（日本学術振興会）　2011.10

2012-2013（Japan Society for the Promotion of Science）（日本学術振興会）　2012.10

2013-2014（Japan Society for the Promotion of Science）（日本学術振興会）　2013.12

2014-2015（Japan Society for the Promotion of Science）（edit：Policy Planning, Information and Systems Division, Administration Department）　2015.1

2015-2016（Japan Society for the Promotion of Science）（edit：Policy Planning, Information and Systems Division, Administration Department）　2015.11

2016-2017（edit：Policy Planning, Information and Systems Division, Administration Department）　2016.11

Kansai University Institute of Oriental and Occidental Studies Study Report Series　Kansai University Press　2016

53　The Cultural Interaction of East Asia Seas in the Early Modern（Akira MATSUURA［著］）2016

Keio communication review　［Keio Institute for Journalism, Media & Communication Studies］　2015

◇KCR anthology—journalism, communication, policy（edited by Keio Institute for Journalism, Media & Communication Studies）　c2015

知識・学術一般

Keio SFC Journal 慶応義塾大学湘南藤沢学会［編］ 慶応義塾大学湘南藤沢学会 2002〜2016 ⇒Ⅲ−65

vol.10 no.1 デザインのこれから 2010.9

vol.10 no.2 現代東アジアの諸問題：「20年」をこえて 2011.3

vol.11 no.1 気候変動と環境の新しいパラダイム 2011.9

vol.11 no.2 高等教育 2012.3

vol.12 no.1 「日本社会」の未来構想大きな転換点その先に 2012.9

vol.12 no.2 学びのための環境デザイン 2013.3

vol.13 no.1 日本研究プラットフォーム・ラボとSFCの国際化戦略—「新しい『日本研究』の理論と実践」プロジェクトを中心に 2013.9

vol.13 no.2 コンピュータシステムの新潮流 2014.3

vol.14 no.1 SFCが拓く知の方法論 2014.10

vol.14 no.2 「スポーツ」の多様性を探る 2015.3

vol.15 no.1 世界を救え−SFCバイオの挑戦 2015.9

vol.15 no.2 新しい安全保障論の展開 2016.3

vol.16 no.1 東日本大震災からの復興と人口減少時代の国土のあり方 2016.9

La science sauvage de poche 明治大学出版会 2014〜2016

01 インヴェンション（高山宏，中沢新一著） 2014.3

02 贈与の哲学—ジャン＝リュック・マリオンの思想（岩野卓司著） 2014.3

03 民芸のインティマシー—「いとおしさ」をデザインする（鞍田崇著） 2015.3

04 日本人の魂の古層（金山秋男編著，居駒永幸，岩野卓司，中沢新一著） 2016.3

Monograph series 上智大学アジア文化研究所 2011〜2015

2011 no.6 A catalogue of the Maisie Van Vactor collection of Maranao materials in the Arabic script at the Gowing Memorial Research Center (compiled by：Labi Riwarung, Primo Salivio, Kawashima Midori, edited by：Kawashima Midori) c2011

2011 no.7 資源化される海—先住民族モーケンと特殊海産物をめぐる生態史（鈴木佑記［著］） c2011

2011 no.8 「国内避難民」とは誰か—スーダン共和国ハルツームにおけるククの人々の歴史・生活・アイデンティティ（飛内悠子［著］） c2011

2012 no.9 エジプト都市部における出稼ぎ労働者の社会的ネットワークと場をめぐる生活誌（岡戸真幸［著］） c2012

2012 no.10 The Qur'an and Islamic manuscripts of Mindanao (contributors：Tirmizy E. Abdullah, Annabel Teh Gallop, Kawashima Midori, Ervan Nurtawab, Labi Sarip Riwarung, edited by：Kawashima Midori) c2012

2012 no.11 日本占領期ビルマにおけるカレン＝タキン関係—ミャウンミャ事件と抗日蜂起をめぐって（池田一人［著］） c2012

2013 no.12 Inculturating inculturation—considering multiculturalism within the Roman Catholic Church of Japan amongst Japanese, Filipinos, and Filipino-Japanese (Alec LeMay ［著］) c2013

2013 no.13 都市原住民の生活誌—台北に移住したアミの「都市」、「故郷」、「共同体」（岡田紅理子［著］） c2013

2014 no.14 Indonesian diaspora communities of migrant domestic workers—life history of their struggles and social and spiritual satisfaction through networking and print media (Ria Fitoria［著］) c2014

2014 no.15 インドネシア、トロウラン遺跡出土の陶磁器（坂井隆，大橋康二［著］） c2014

2014 no.16 19世紀後半におけるアフガニスタン情勢と英領インド関係—第二次アフガン戦争期を中心に（登利谷正人［著］） c2014

2014 no.17 The "white man's burden" and the Islamic movement in the Philippines—the petition of Zamboanga Muslim leaders to the Ottoman Empire in 1912 (Kawashima Midori ［著］) c2014

2015 no.18 タ・ソムの出入口に施された図像表現とその配置構成—プレア・カン及びジャヤタターカ周辺の寺院群に関する調査報告（久保真紀子［著］） c2015

Monograph series Research Institute for Language and Culture, Yasuda Women's University 2011〜2012

no.14 Sensory communication and human interconnectedness (author：Richard R.P.

総記   知識・学術一般

Gabbrielli) 2011.3
no.15 Language education and brain science
(author：Satoko Hamamoto) 2012.3

Monograph series 研究叢書 Research
Institute, Momoyama Gakuin University
2016
30 Studies of post-1841 Irish family structures
(Yoshifumi Shimizu［著］) 2016.12

**Monograph series in foreign studies 研究叢
書** Research Institute of Foreign Studies,
Kobe City University of Foreign Studies 2014
no.53 El Español y el Japonés (Noritaka
Fukushima［著］) 2014.3
no.54 The spirit of no place—reportage, trans-
lation and re-told stories in Lafcadio Hearn
(Nabae Hitomi［著］) 2014.3

Nanzan University Monograph Series
Maruzen Planet 2016
◇WHAT makes Toyota different from others？
(Hiroshi Gankoji著) 2016.3

Nichibunken monograph series The
International Research Center for Japanese
Studies 2002～2016 ⇒ I − 394
no.12 Governance and policing of colonial Korea
—1904-1919 (Matsuda Toshihiko［著］) 2011.
1
no.13 "Pirate" publishing—the battle over per-
petual copyright in eighteenth-century Britain
(Yamada Shōji［著］, translated by Lynne E.
Riggs) 2012.12
no.14 Shunga—ten questions and answers
(Hayakawa Monta［著］, translated by C.
Andrew Gerstle) 2013.12
no.18 The influenza pandemic in Japan, 1918-
1920—the First World War between hu-
mankind and a virus (Hayami Akira［著］,
translation by Lynne E.Riggs, Takechi Man-
abu) 2015
no.19 Daimyo gardens (Shirahata Yōzaburō
［著］, translated by Imoto Chikako, Lynne E.
Riggs) 2016

OCAMI studies Osaka Municipal
Universities Press 2011
volume 4 Teaching and learning of knot the-

ory in school mathematics (Akio Kawauchi,
Tomoko Yanagimoto［編］) ［2011］

Occasional papers 上智大学アジア文化研究
所 2016
2016 no.19 現代シリアの短編小説ザカリーヤー・
ターミル著『酸っぱいブドウ（ヒスリム）』(ザ
カリーヤー・ターミル［著］, 柳谷あゆみ［著］)
c2016
2016 no.20 在外ビルマ人コミュニティの形成と
課題—日本と韓国を事例に (根本敬編, 梶村美紀,
宣元錫共著) c2016
2016 no.21 The faces of being church among
migrant Filipinos in Japan (edited by：Terada
Takefumi) c2016

**Occasional research reports of
international oriental studies 国際東方学
研究叢刊** Institute for Research in
Humanities, Kyoto University 2014
no.1 Documents and writing materials in East
Asia—workshop in Kyoto, 21 November, 2013
(edited by Tomoyuki Nagata) 2014.12

Pieria Books 東京外国語大学出版会 2009～
2015 ⇒ I − 180
◇ドストエフスキー共苦する力 (亀山郁夫著)
2009.4
◇演劇の未来形 (谷川道子著) 2014.10
◇慈悲深き神の食卓—イスラムを「食」からみる
(八木久美子著) 2015.6

Premiere Collection Kyoto University Press
2014
◇GROWTH, CYCLES, AND DISTRIBUTION
—A KALECKIAN APPROACH (Hiroaki
SASAKI［編］) 2014

**Report of research collaboration &
management support course for
international research output training 国
際研究発信力強化プログラム・リサーチC&M
報告書** Center for On-Site Education and
Research, Integrated Area Studies Unit,
Center for the Promotion of Interdisciplinary
Education and Research, Kyoto University
2014～2016
2013 Social transition and its impact on South-
ern Africa (compiled by Antonie L.Chigeda,

全集・叢書総目録 2011-2016 **67**

知識・学術一般

総記

Yanin Zi） 2014.3

2013 Environmental issues and livelihood concern in Myanmar（edited by Nyein Chan） 2014.7

2014 Managing natural resources towards sustainable livelihoods development（compiled by Thinn Thinn） 2015.3

2015 Sunni and Shia at the crossroad—rethinking its history, thoughts and practices（edited by Yamamoto Naoki, Matsuda Kazunori, Yusak Nailil Muna, Futatsuyama Tatsuro） 2016.3

2015 Thailand and Indochinese counterparts revisited—governance, social network and the China factor（edited by Yu-Sheng Lin, Miku Takeguchi, Thawatchai Worrakittimalee） 2016.3

Report on the research projects Graduate School of Humanities and Social Sciences, Chiba University 2010

第183集 Cultural heritage of Germanic tribes（edited by Michiko Ogura） 2010.1

SFC-RMN 慶応義塾大学湘南藤沢学会 2014

2013-1 L'humanisme est une éthique. Penser la critique lévinassienne de l'antihumanisme（Yasutake Miyashiro著） 2014.3

SFC-SWP 慶応義塾大学湘南藤沢学会 2013〜2016

2013-1 パフォーマンス—ムーブメントによる抑制感情の外化と感情移入による生の実感（研究会優秀論文 2013年度 春学期）（宮嶋歩著, 国枝孝弘監修） 2013.9

2013-2 理想の大学・理想の大学生—SFC生の就職活動の成功要因に関する実証的分析（研究会優秀論文 2013年度 春学期）（井口俊太朗著, 中室牧子監修） 2013.9

2013-3 ドイツにおける移民政策「統合コース」の検証—フランス・オランダの例との比較を交えて（研究会優秀論文 2012年度 秋学期）（広松淳平著, 古石篤子監修） 2014.1

2013-4 夫婦間の意識の差からみた双方が満足する男性の育児参加（研究会優秀論文 2013年度 秋学期）（鷲見祐介著, 秋山美紀監修） 2014.2

2013-5 故人/社会との関係性を結び直す死別の文学表象（研究会優秀論文 2013年度 秋学期）（小

池貴彦著, 国枝孝弘監修） 2014.3

2013-6 教育は経済成長に寄与するか（研究会優秀論文 2013年度 秋学期）（加藤隆一著, 中室牧子監修） 2014.4

2014-1 病気を持ちながら大人になるということ—小児期発症の疾患を持ちながら大人になった当事者と支援者たちの語りより（研究会優秀論文 2014年度 秋学期）（佐藤優希著, 秋山美紀監修） 2015.3

2014-2 女子大生の子宮頸がんの認識と検診受診プロセスに関する研究（研究会優秀論文 2014年度 秋学期）（生井茜者著, 秋山美紀監修） 2015.3

2014-3 Congressional attitude towards Japan-U.S. relationship（研究会優秀論文 2014年度 秋学期）（Toshiki Matsukiyo著, Jim Foster監修） 2015.3

2014-4 複合生態系における宿主—細菌間相互作用の解明（研究会優秀論文 2014年度 秋学期）（伊藤優太郎著, 冨田勝監修） 2015.4

2014-5 パレスチナ問題における二国家案考察—問題の歴史と内部構図の理解を通じて（研究会優秀論文 2014年度 秋学期）（ハディハーニ著, 奥田敦監修） 2015.4

2014-6 阿嘉島における人々の祈り—イスラームの視点から考える（研究会優秀論文 2014年度 秋学期）（小林智都者著, 奥田敦監修） 2015.4

2014-7 当事者と他者をつなぐ芸術（研究会優秀論文 2014年度 秋学期）（高本友子著, 国枝孝弘監修） 2015.4

2015-1 タブレット端末導入による個別学習の効果測定—個人の学力レベルに合わせた競争システムは子どもの学力を向上させるか（研究会優秀論文 2015年度 春学期）（山越梨沙子著, 中室牧子監修） 2015.9

2015-2 エクリチュールに見る〈現実〉と〈異世界〉の往還—人間らしさを汲み取る文学的体験の考察（研究会優秀論文 2015年度 秋学期）（吉田将梧著, 国枝孝弘監修） 2016.3

2015-3 写真による既存認識の更新—写真の中の世界と, 自らの日常に見出す新たな関係性（研究会優秀論文 2015年度 秋学期）（湯本愛著, 国枝孝弘監修） 2016.3

2015-4 実効的な地震防災コミュニケーション—地震動予測地図の効果測定と実践的防災教育の展開（研究会優秀論文 2015年度 秋学期）（永松冬青著, 大木聖子監修） 2016.3

総記　　　　　　　　　　　　　　　　　　　　　　　　　　　情報科学

2015-5　脳卒中上肢運動障害患者のリーチ運動を評価する（研究会優秀論文 2015年度 秋学期）（張有沙者, 牛山潤一監修）　2016.3

2015-6　読書時における聴覚感度の低下―感覚ゲーティングと嗜好性（研究会優秀論文 2015年度 秋学期）（辻田悠介著, 牛山潤一監修）　2016.3

2015-7　人工知能の自然言語理解に関する哲学的検討―Searleの「中国語の部屋」における射程の分析を通じて（研究会優秀論文 2015年度 秋学期）（水上拓哉著, 宮代康丈監修）　2016.3

2015-8　仕事における居場所概念の構築と尺度の作成（研究会優秀論文 2015年度 秋学期）（氏家慶介著, 秋山美紀監修）　2016.3

2015-9　皮膚常在菌叢の包括的理解に向けて（研究会優秀論文 2015年度 秋学期）（吉川実亜著, 先端生命科学研究会監修）　2016.3

2015-10　アニマルキャップ細胞群を用いた胚全体構造の構築への挑戦（研究会優秀論文 2015年度 秋学期）（森本健太著, 先端生命科学研究会監修）2016.3

2015-11　Transcriptome analysis of the extremophile Ramazzottius varieornatus aimed for the comprehensive identification of genes related to anhydrobiosis（研究会優秀論文 2015年度 秋学期）（吉田祐貴著, 先端生命科学研究会監修）　2016.3

2015-12　ヒズメット運動における宗教の役割―教育活動が学生に与える影響をもとに（研究会優秀論文 2015年度 秋学期）（楠原亜貴著, 奥田敦監修）　2016.3

2015-13　藤沢市の六会ムサッカーを中心としたスリランカ人ムスリムコミュニティ―食生活の観点から日本での共生を考える（研究会優秀論文 2015年度 秋学期）（入来智美著, 奥田敦監修）　2016.3

2016-1　生徒・児童のレジリエンス教育―小・中学生におけるレジリエンスと教員の質とアクティブ・ラーニングとの関連（研究会優秀論文 2015年度 秋学期）（和田晃世著, 中室牧子監修）　2016.5

2016-2　ジュニア・アスリートのスポーツ障害予防に向けて―ウェブサイトの作成と評価（研究会優秀論文 2016年度 春学期）（佐治楓著, 秋山美紀監修）　2016.9

SI libretto　専修大学出版局　2010～2015
004　「生きづらさ」の時代―香山リカ×上野千鶴

子＋専大生（香山リカ, 上野千鶴子, 嶋根克己著）2010.11

005　読書と人生―刑法学者による百学百話（日高義博著）　2011.7

006　日本語の風景―文字はどのように書かれてきたのか（専修大学図書館編）　2015.4

The Japanese Society for Oceanic Studies monograph series　The Japanese Society for Oceanic Studies　2013～2014

vol.1　The story of Raga―David Tevimule's ethnography on his own society, North Raga of Vanuatu（by Masanori Yoshioka）　c2013

vol.2　Reconsidering orientalism/occidentalism―representations of a Japanese martial art in Melbourne（Mayuko Maekawa［著］）　2014

University of Hyogo monograph　Institute for Policy Analysis and Social Innovation University of Hyogo　2010

vol.83　Possible reliability problems affecting use of TOEIC IP test scores（Brian D.Bresnihan［著］）　2010

情報科学

IS人材のためのキャリア形成のヒント　日本情報システムユーザー協会［編］　日本情報システム・ユーザー協会　2011
第1巻（傾向調査編）　2011.9
第2巻（ISプロフェッショナル紹介編）　2011.9
第3巻（ISプロフェッショナルからのメッセージ編）2011.9
第4巻（組織戦略編）　2011.9

iOS SDKプログラミング・リファレンス　マイナビ　2013
Foundation/UIKit編（大森智史, 中野洋一著）2013.2

I/O BOOKS　工学社　1991～2016　⇒Ⅰ-1
◇はじめてのWindows HPCシステム―手持ちのパソコンが, 「スーパーコンピュータ」になる！（柴田良一著）　2010.10
◇はじめてのnero10―映像・音楽・データの「編集」「書き込み」「バックアップ」！（御池鮎樹著）2010.11

全集・叢書総目録 2011-2016　**69**

情報科学

◇はじめての「Go言語」—Googleが提供する高速コンパイラ言語（茨木隆彰著）　2010.11

◇OpenGLでつくる3Dアプリケーションシステム—CAD & CG「3D-CADの基本」から「設計」「実装」まで（田中成典監修）　2010.11

◇AR入門—身近になった拡張現実　現実の映像に情報を加えて創る世界！（佐野彰著）　2010.11

◇Shade 11 CG上級テクニックガイド（加茂恵美子著）　2010.11

◇はじめてのRuby on Rails 3—「Webアプリケーション」作りに定番の「フレームワーク」を使う！（清水美樹著）　2010.11

◇仕様記述言語「Z」（ゼッド）—「仕様」の数学的構造化に「自然言語」を使う！（赤間世紀著）　2010.11

◇はじめてのObjective-C—「Mac OS 10」「iPhone」「iPod Touch」「iPad」アプリケーションの開発言語！（手塚文博著）　2010.12

◇「臥竜（ガロン）」で作るシミュレーションゲーム—複雑なルールや操作を廃し、直感的に操作できるゲーム・システム（山田友梨著）　2010.12

◇はじめてのUbuntu（ウブンツ）10—使いやすいLinux環境の「導入」から「活用」まで！（大村正道著）　2010.12

◇データマイニングがわかる本—大量のデータから「知識」「情報」を発掘する！（赤間世紀著）　2010.12

◇はじめてのPremiere Elements 9—高機能ビデオ編集ソフトを使いこなす！（勝田有一朗著）　2010.12

◇はじめてのSkype 5—Skype 5.0対応　国内も海外も無料で通話できる！（御池鮎樹著）　2010.12

◇独習者のための理系大学数学—数学を武器として使いこなす！（山本健二著）　2010.12

◇詳解NetSNMP—「ルータ」「スイッチ」など「ネットワーク機器」管理のためのプロトコル（赤松徹, 植田浩光著）　2011.1

◇システム設計教科書—「分析」「設計」から「評価」「管理」まで（赤間世紀著）　2011.1

◇背景CGテクニックガイド—「パース」「空気遠近法」「透視図法」から「室内」「自然物」まで具体的テクニック満載！（出雲寺ぜんすけ著）　2011.1

◇基礎からのPICマイコン—マイクロコントローラ「PIC16F」の「構成」「命令」「動作」（横井与次郎著）　2011.1

◇はじめてのWindows Media Player 12—「Windows 7」ユーザーなら使いこなしたい、多機能ソフト！（御池鮎樹著）　2011.1

◇HTML5＋JavaScript速攻レッスン—次世代動的Webアプリの作り方！（白長須真乃介著）　2011.1

◇基礎からのAndroidプログラミング—「Android SDK」「Eclipse」を使ったアプリケーション開発（IO編集部編）　2011.1

◇Flex4プログラミングガイド—Webアプリ開発のための「ツール」＆「開発フレームワーク」（広畑大雅著）　2011.2

◇はじめてのAcrobat 10（テン）—PDFファイルの「作り方」から「活用法」まで、詳しく解説！（大沢文孝著）　2011.2

◇iPadで作曲入門—オリジナル曲をシーケンサーが演奏し、音声合成ソフトが歌う！（DJ SEN著）　2011.2

◇はじめてのiMovie—「MacOS 10」付属の「動画編集ソフト」を使う！（清水美樹著）　2011.2

◇はじめてのオープンCAE—フリーの解析ソフトを使って、高度な「ものづくり」を目指す！（柴田良一, 野村悦治著）　2011.2

◇やさしい！Facebook Q&A—世界最大のSNSの使い方が楽々わかる！　パソコン スマートフォン ケータイ（東京メディア研究会著）　2011.2

◇「Maxima」と「Scilab」で学ぶ古典制御—「ラプラス変換」「伝達関数」から「フィードバック制御」まで（川谷亮治著）　2011.3

◇高校物理雑記帳—「実験」と「工作」のアイデア満載！（村田憲治著）　2011.3

◇はじめての「C#」グラフィックス—無料の「Visual C#2010 Express」でGUIをつくる！（赤間世紀著）　2011.3

◇はじめてのEMC2（ツー）—フリーの「制御プログラム」で高度な「ものづくり」！（赤堀拓也著）　2011.3

◇はじめてのSound it！—「録音」「編集（加工・変換エフェクト）」から、「CD作成」まで！（御池鮎樹著）　2011.3

◇Maximaで学ぶ微分積分—フリーの「数式処理ソフト」を使って効率的に学習（赤間世紀著）　2011.4

◇mixiで学ぶOpenSocialアプリケーション開発—日本で一番人気のSNSのアプリを作成　多くのSNSで動作する共通仕様アプリを作る！（田中成典監修）　2011.4

◇独習者のための高校物理—理系なら必須の基本

総 記　　　　　　　　　　　　　　　　　　　　　　　　　　　　　　　情報科学

分野を完全マスター！（松永捷一著）　2011.4

◇はじめてのWindows Liveムービーメーカー──無料で使えるマイクロソフトのビデオ編集ソフト（勝田有一朗著, 第二IO編集部編）　2011.4

◇iPadで描くデジタルイラスト──「ArtRage」「Adobe Ideas」「SketchBook Pro」を使って指で描く！（Kome, DO NOT EAT著）　2011.4

◇はじめての伝達関数──制御工学の基礎を完全マスター！　商用の「MATLAB」とフリーの「Octave」「FreeMAT」を自在に活用！（一条博著）　2011.4

◇理工系大学院入試問題演習　電気通信メディア編（姫野俊一著, 第二IO編集部編）　2011.4

◇ソケット通信プログラミング──「iPhone」と「Windowsマシン」でデータを送受信する！（大川善邦著）　2011.5

◇C# プログラミング入門──「オブジェクト指向」の「プログラミング手法」を基礎から解説（出井秀行著）　2011.5

◇わかる！ EVO（イーボ）WiMAX──「WiMAX」&「3G」で「デザリング」可能なスーパーマシン！（東京メディア研究会著）　2011.5

◇Shade 12 CGテクニックガイド（加茂恵美子著）　2011.5

◇Maximaで学ぶ線形代数──「ベクトル」「行列」の基礎から「線形空間」「固有値」まで（赤間世紀著）　2011.5

◇はじめてのPHP──「手軽」に使える「埋め込み型」のプログラミング言語（山野ヒロカズ著）　2011.5

◇わかるFirefox──人気ブラウザの「基本操作」から「アドオン」まで（IO編集部著）　2011.5

◇HTML5　Canvasでつくる RPG──HTML5（Canvas）+JavaScriptで、Webゲームをつくる！（宍戸輝光著）　2011.6

◇はじめてのSmallBasic──マイクロソフトが提供するシンプルなプログラミング言語（茨木隆彰著）　2011.6

◇OpenGL+GLSLによる物理ベースCGアニメーション──「物理」と「API」「シェーダ言語」を組み合わせる！ Visual C++（酒井幸市著）　2011.6

◇超臨界──暴発4秒前：ハイテク社会への警鐘　増補版（綱淵輝幸著）　2011.6

◇Scalaではじめるプログラミング──「Java」「.NET」のソフト資産を生かして開発を効率化！（赤間世紀著）　2011.6

◇物理学ノート「力と運動」──「定量的な実験力」&「現象の数式化力」（大多喜重明, 長井清香著）　2011.6

◇Androidプログラミング入門──「Eclipse」と「Android SDK」を使ったアプリケーション開発！（清水美樹著）　2011.6

◇楽しく学べるAndroidプログラミング──「お絵描きツール」「加速度センサ」「地図表示」「Twitterクライアント」…etc（村山要司著）　2011.6

◇IPv6導入ガイド（大沢文孝著）　2011.6

◇iPhoneによるロボット制御──「ソケット通信」を使って「シミュレータ」上で動かす（大川善邦著）　2011.7

◇「GIMP」「Inkscape」ではじめるグラフィック&フォトレタッチ──フリーソフトで本格的な「素材制作」&「写真加工」！（Kome, DO NOT EAT著）　2011.7

◇Linuxカーネル解析入門　増補版（平田豊著）　2011.7

◇楽譜を使わない作曲入門──音楽を直感的に作る！「ピアノロール」でできる裏口からの作曲法！（御池鮎樹著）　2011.7

◇はじめての量子化学計算──基礎と可視化 表計算ソフト「Excel」で分子の状態を計算（河波保雄著）　2011.7

◇やさしいIT講座──6時間でわかるPCの基本　改訂版（米村貴裕著）　2011.7

◇わかる！ iPad2（東京メディア研究会著）　2011.7

◇やさしいロボット工作──1人でこなす！「設計」「加工」「調整」「機械加工」「回路製作」「プログラミング」（神田民太郎著）　2011.7

◇Maximaによる力学入門──物理に必須の知識を、無料のソフトを使って完全理解！（赤間世紀著）　2011.8

◇はじめてのInkscape──「Windows」「Linux」「MacOS 10」で使える、フリーの「ドロー系」ソフト　増補版（初野文章著, 第二IO編集部編）　2011.8

◇はじめてのAzPainter 2──シンプルで使いやすいフリーのペイント・ソフト（吉田喜彦著, 第二IO編集部編）　2011.8

◇わかる！ Androidスマートフォン（東京メディア研究会著）　2011.8

◇はじめてのTMPG Enc──無料で使える、高機能MPEGエンコーダ Tsunami MPEG Encoder（勝田有一朗著）　2011.8

◇はじめてのFreeMat──オープンソースの数値計

全集・叢書総目録 2011-2016　71

情報科学　　　　　　　　　　　　　　　　　　　　　　　　　　　　総記

算システム（赤間世紀著）　2011.9

◇はじめてのBlackBerry―ビジネス用スマートフォンの基本的な使い方！（清水美樹著）　2011.9

◇シミュレーションで学ぶ電磁気学―フリーの「数式」「数値処理」ソフト「Maxima」を活用！（中力真一著）　2011.9

◇ファンクション＋アクション＝プログラム―関数型プログラミングのススメ　問題を適切な大きさに分解するスケーラブルな手法（金谷一朗著）2011.9

◇はじめてのBlender2.5―「初心者」から「プロ」まで使える、フリーの3D-CGソフト（山崎聡著）2011.9

◇わかるThunderbird―人気メーラーの「基本操作」と「アドオン」（IO編集部編）　2011.9

◇今さら人に聞けないWord2010の常識―初心者がつまずく盲点をインストラクターが伝授！（森博之著、第二IO編集部編）　2011.10

◇物理シミュレータAlgodooで学ぶ力学―ダウンロードから、実際の解析まで（高橋善樹著）2011.10

◇WiMAX Wi-Fi無線ネットワーク―「インターネット」も「家庭内LAN」も無線になる！（IO編集部編）　2011.10

◇HSP＋Easy3Dで作る3Dアクションゲーム―初心者でも簡単にできる「3DアクションRPG」！（魔女オイラ著、おにたま、おちゃっこ監修）　2011.10

◇はじめてのGmail―Googleの「Webメール」を使いこなす！（本間一著）　2011.10

◇はじめてのopenFrameworks―「クリエイティブ・コーディング」のための「C++」用フレームワーク！（泉本優輝著）　2011.10

◇Androidによるロボット制御―「ソケット」「スレッド」の基本的な使い方から、「物理シミュレータ」まで（大川善邦著）　2011.10

◇C#によるデジタル信号処理プログラミング―オーディオ信号に「効果」を与えるテクニック（三上直樹著）　2011.11

◇WOLF RPGエディターではじめるゲーム制作―公式ガイド：「イベントコマンド」と「データベース」で、ゲームシステムを自由に作る！（SmokingWOLF著、第二IO編集部編）　2011.11

◇はじめてのFlash PIC―ブラウザでPICをシミュレートできる無料ツール！（石川清輝著）　2011.11

◇基礎からのCentOS 6―「安定」「無償」で人気のリナックスを徹底解説！（内田保雄著）　2011.11

◇「ツイッター」「ブログ」「ホームページ」導入と使い方―市民が情報発信するコミュニケーションツール！（梅原嘉介著）　2011.11

◇CPU&GPUがわかる本―激変するパソコン最重要パーツの最新知識!!（IO編集部編）　2011.11

◇パソコンでつくるペーパークラフト　3（米村貴裕著）　2011.11

◇ブレッドボードによる電子回路実験―はんだ付け不要の実験基板でいろいろな回路を試す！（鈴木美朗志著）　2011.12

◇はじめてのPremiere Elements 10―高機能ビデオ編集ソフトを使いこなす！（勝田有一朗著）2011.12

◇「Qt（キュート）」プログラミング入門―使いやすいフレームワークを基礎から解説（津田伸秀著）　2011.12

◇1人でつくるRuby on Rails3アプリケーション―Webアプリケーションの開発から公開まで！（堀正義著）　2011.12

◇Webクリエイターズガイドブック―「HTML」「CSS」の基礎を固めて、思いどおりのWebデザイン表現（Mana著）　2011.12

◇Scilabで学ぶフィードバック制御―フリーの「数値計算ソフト」で「PID制御」をマスター！（横田満穂著）　2011.12

◇やさしいPixia教室―無料のペイントソフトでイラストを描こう！（とまさん著）　2012.1

◇やさしい！　Windows Liveメール―標準メールソフトの導入から活用まで！（東京メディア研究会著）　2012.1

◇自然言語処理教科書―コンピュータサイエンスの注目分野を概観！（赤間世紀著）　2012.1

◇DreamweaverではじめるWebサイト構築―「HTML」「CSS」を効率良くコーディング（村山秀明著）　2012.1

◇Photoshop Elements CGイラスト講座―絵師4人がメイキングの全工程を公開！　vol.2（IO編集部編）　2012.1

◇OpenGL＋GLSLによる物理ベースCGアニメーション―「物理」と「API」「シェーダ言語」を組み合わせる！：Visual C++　2（酒井幸市著）2012.1

◇はじめてのGoogle App Engine―Go言語編：

72　全集・叢書総目録 2011-2016

「Webアプリ」を「GAE/G」で手軽に「開発」「公開」「運用」！(茨木隆彰著)　2012.2

◇はじめてのWindows Phoneプログラミング―プログラミングツール「Visual Studio＆デザインツール「Expression Blend(泉本優輝, 大場知悟著)　2012.2

◇Androidタブレットプログラミング入門―Tegra搭載機をターゲットに、簡単なプログラムからはじめる！(大川善邦著)　2012.2

◇ボーカロイドで作曲入門―「音楽初心者」のための「最短ステップ」！：AHS公認ガイドブック(岩井悠, 大室渓著)　2012.2

◇はじめてのVisual C++プログラミング講座―知識ゼロからスタート！(米村貴裕著)　2012.2

◇BlueGriffonによるホームページ作成―「HTML5」に対応した無料のホームページ作成ソフト(内田保雄著)　2012.2

◇わかる！　iPhoneカメラ―本体＆アプリの活用法(ZAPA著)　2012.2

◇VideoStudioではじめるビデオ編集講座―「動画編集」の基本的な「流れ」を解説！(西村太一著)　2012.3

◇はじめてのMusicMaker MX―簡単な操作で本格的な音楽を作る！(勝田有一朗著)　2012.3

◇Androidでプログラミング―「SL4A」環境でパソコンなしのお手軽プログラミング！(大沢文孝著)　2012.3

◇リスク工学入門―「リスク」の基本概念から「分析」「評価」とその手法まで(赤間世紀著)　2012.3

◇Android NDK入門―Native Development Kit：「開発キット」NDKを使ってC/C++言語でアプリ開発！(清水美樹著)　2012.3

◇Android NDK演習―Native Development Kit：「開発キット」NDKを使ってC/C++言語でアプリ開発！(清水美樹著)　2012.3

◇シンセアプリではじめる音楽制作―iPad、PC、DSで、自由自在に音作り！(菊地一著, IO編集部編集)　2012.4

◇早わかりWindows8―新OSの「特徴」と「使い方」をチェック！(IO編集部編集)　2012.4

◇人工知能教科書―主要分野をコンパクトに解説(赤間世紀著, IO編集部編集)　2012.4

◇Android4.0入門―アンドロイドプログラミングの基本「Layout」「Event処理」「Graphics」：「ウィジェット」や「レイアウト」が基礎からわかる！(片山幸雄著, IO編集部編集)　2012.4

◇マイコンボードArduinoではじめる電子工作―オープンソースのマイコンボードで手軽に電子工作！(nekosan著, IO編集部編集)　2012.4

◇はじめてのOpenGL―Visual C++：ライブラリを使った「3D-CGプログラミング」の基本　改訂版(MICC著, IO編集部編集)　2012.4

◇はじめてのPixia5―無料で使える高機能ペイントツール(土屋徳子著, IO編集部編集)　2012.4

◇文系理系大学院入試問題演習―「文理系大学院修士課程」「国家公務員試験」問題収録　外語編英文和訳和文英訳複合問題〈附〉独語仏語(姫野俊一, 近藤正臣著, IO編集部編集)　2012.4

◇コンピュータ超入門―「基本中の基本」を、わかりやすく解説！(赤間世紀著, IO編集部編集)　2012.5

◇HTML5入門―Flash代替として注目！　最新マークアップ言語(村山秀明著, IO編集部編集)　2012.5

◇PHP入門―サーバサイド用スクリプト言語：「基本操作」から「グラフィックス描画」「セッション管理」まで(片山幸雄著, IO編集部編集)　2012.5

◇セキュリティソフト導入ガイド―目的に合ったベストのソフトを選ぶ(御池鮎樹著, IO編集部編集)　2012.5

◇コンピュータの未来技術―「身近なハイテク」「近未来の最先端技術」が分かる！(勝田有一朗著, IO編集部編集)　2012.5

◇Android4.0演習―「Androidアプリ」や「ゲーム」の作り方が身につく！：アンドロイドプログラミングの実践「データベース」「ネットワーク」「ゲームの作成」(片山幸雄著, IO編集部編集)　2012.5

◇DirectX 9実践プログラミング(IO編集部編集)　2012.5

◇Maximaによる電磁気学入門―「クーロンの法則」から「マクスウェル方程式」まで(赤間世紀著, IO編集部編集)　2012.6

◇Shade 13 CGテクニックガイド―国内シェアNo.1の3D-CGソフト「シェード」(加茂恵美子著, IO編集部編集)　2012.6

◇裏から見たインターネット―「サイバー攻撃対策」から「DVDの裏技」まで(米村貴裕著, IO編集部編集)　2012.6

◇Webゲーム練習帳―HTML5：「Canvas」と

情報科学

「JavaScript」を使ったプログラミング（宍戸輝光著，ＩＯ編集部編集）　2012.6

◇はじめてのビデオチャット―無料の「TV電話」をパソコンで実現！（本間一著，ＩＯ編集部編集）　2012.6

◇理系のための「C♯」プログラミング―「C♯の機能」から「微分方程式」「高速フーリエ変換」まで（三上直樹著，ＩＯ編集部編集）　2012.6

◇MPEG4入門―「圧縮の基本」から「MPEGの基本」「MPEG4の実際」まで―《新世代》動画フォーマットのすべて　改訂版（滝本往人著，ＩＯ編集部編集）　2012.6

◇理系大学院入試問題演習―「工学」「理学」「理工学」「薬学」…研究科を目指す方必読！　1　量子力学 統計力学（姫野俊一著，ＩＯ編集部編集）　2012.6

◇はじめてのG-Simple―CAD/CAM技術をフリーソフトで身につける！　改訂版（赤堀拓也著，ＩＯ編集部編集）　2012.7

◇PHP演習―サーバーサイド用スクリプト言語：「データベース」と「MySQL」から、「オブジェクト指向」まで（片山幸雄著，ＩＯ編集部編集）　2012.7

◇フリーソフトコンピューティング―科学技術計算ソフトの入力から利用法まで（赤間世紀著，ＩＯ編集部編集）　2012.7

◇Unityゲームプログラミング―フリーの「ゲームエンジン」で開発！（XELF著，ＩＯ編集部編集）　2012.7

◇データ解析のための「R」入門（熊沢光正著，ＩＯ編集部編集）　2012.7

◇はじめてのVirtualBox―オープンソースの「仮想化ツール」の使い方を詳細解説！（清水美樹著，ＩＯ編集部編集）　2012.7

◇mbed+Androidデータ通信プログラミング―小型マイコンボード：センサが発信したデータをサーバに蓄積しておき、スマホから利用！（大川善邦著，IO編集部編集）　2012.8

◇超カンタン！LINE―グループコミュニケーションアプリ人気急上昇！：スマートフォン携帯電話Windows/Mac（東京メディア研究会著）　2012.8

◇Win32APIによるOpenGL 3Dプログラミング―「グラフィックスボード」の機能を活かして描画！（伊藤拡著，ＩＯ編集部編集）　2012.8

◇「.NET開発者」のためのSilverlight入門―XAMLからはじめるアプリケーション開発の基礎（森博之著，ＩＯ編集部編集）　2012.8

◇高校教師が教える化学実験室―高校大学の授業にプラスアルファ！ ユニークな実験集（山田暢司著，ＩＯ編集部編集）　2012.8

◇京大生が書いた高校化学―「有効数字の見方」や「化学式の書き方」からはじめる！　基礎編（松本直樹著，ＩＯ編集部編集）　2012.8

◇理系大学院入試問題演習―「工学」「理学」「理工学」…研究科を目指す方必読！　2　固体物性 半導体物性 プラズマ物性（姫野俊一著，ＩＯ編集部編集）　2012.8

◇はじめてのProcessing―MITで開発された初心者向けプログラミング言語（赤間世紀著，ＩＯ編集部編集）　2012.9

◇統計解析ソフト「SAS」―「データ・ハンドリング」から「統計解析」「レポート/グラフの作成」まで（高浪洋平，舟尾暢男著，ＩＯ編集部編集）　2012.9

◇cocos2dでつくるiPhoneゲーム―for Objective-C：自由で速い、ゲーム用フレームワークを使う！（久保島祐磨著，ＩＯ編集部編集）　2012.9

◇はじめてのJRuby on Rails―「Java」＋「Ruby」でWebアプリケーション開発（清水美樹著，ＩＯ編集部編集）　2012.9

◇Arduino+Bluetooth Androidプログラミング―サブボード「シールド」で機能強化！：小型マイコンにつないだ外部アクセサリをスマホで制御（丸石康、鈴木圭介、仲見川勝人著，ＩＯ編集部編集）　2012.9

◇スペックを"読む"本―「中身」を識って、「賢い」買い物！（勝田有一朗著，ＩＯ編集部編集）　2012.9

◇京大生が書いた高校化学　理論編　化学反応 熱化学 酸塩基 酸化還元…がわかる！（松本直樹著，ＩＯ編集部編集）

◇「B's Recorder GOLD11」の達人になる本―「CD」「DVD」「Blu-ray Disc」オリジナルディスクを作る！（御池鮎樹著，ＩＯ編集部編集）　2012.10

◇基礎からわかる「Wi-Fi」＆「無線LAN」―「無線通信」の「仕組み」から安全な活用法まで（滝本往人著，ＩＯ編集部編集）　2012.10

◇デジタル同人誌の作り方―「本作りのノウハウ」から「イベントの作法」「配本のテクニック」まで（宮下てるあき著，ＩＯ編集部編集）　2012.10

◇Metasequoia CGテクニックガイド―3D-CGの

74　全集・叢書総目録 2011-2016

総記　情報科学

◇基本事項から「モデリング」「材質設定」「レンダリング」まで（加茂恵美子著，ＩＯ編集部編集）2012.10

◇はじめての Logic Pro—《プロ》も使えるAppleのMac用作曲ソフト（木南直著，ＩＯ編集部編集）2012.10

◇理系大学院入試問題演習—「工学」「理学」「理工学」…研究科を目指す方必読！　3　計測 電気機器 電力工学（姫野俊一，井上道男著，ＩＯ編集部編集）　2012.10

◇形式手法教科書—「論理学」を用いた、「ソフト工学」への数学的アプローチ（赤間世紀著，ＩＯ編集部編集）　2012.11

◇Maximaで解く古典制御＆現代制御—「数値計算ソフト」の使い方と「制御理論」の実際（浪花智英著，ＩＯ編集部編集）　2012.11

◇Kinect for Windows SDKプログラミングガイド—Visual C++：5種のセンサで人間の動きをとらえる！（杉浦司，岩崎秀介著，ＩＯ編集部編集）2012.11

◇Sencha Touchではじめるモバイルアプリ開発—無料で使える「HTML5」＆「JavaScript」開発フレームワーク（きしだなおき著，ＩＯ編集部編集）　2012.11

◇OpenGL＋GLSLによる「流れ」のシミュレーション—Visual C++：数値解析で微分方程式を解く（酒井幸市著，ＩＯ編集部編集）　2012.11

◇C# による「Windowsフォーム」プログラミング—「フォーム」「イベント」など基本の技法から、規模の大きい「アプリケーション」の実例まで（三上直樹著，ＩＯ編集部編集）　2012.12

◇はじめてのCoffeeScript—簡単なプログラミング言語で、素早い「JavaScript」開発！（清水美樹著，ＩＯ編集部編集）　2012.12

◇MATLAB画像処理入門—使い方の基本から、画像処理まで（高井信勝著，ＩＯ編集部編集）　2013.1

◇Maximaで学ぶ微分方程式—「1階微分方程式」から「演算子法」、「力学」「電子回路」「生態モデル」まで（赤間世紀著，ＩＯ編集部編集）　2013.1

◇はじめてのLibreOffice—無料で使える「統合オフィスソフト」を使いこなす！（松宮哲著，ＩＯ編集部編集）　2013.1

◇基礎からわかる「電波」と「通信」—「ラジオ」「テレビ」「近距離通信」「無線LAN」…の仕組み（滝本往人著，ＩＯ編集部編集）　2013.1

◇スマートフォン個人情報が危ない！—実際の「事件例」をもとに「セキュリティ対策」を解説（御池鮎樹著，ＩＯ編集部編集）　2013.1

◇はじめてのPremiere Elements 11—高機能ビデオ編集ソフトを使いこなす！（勝田有一朗著，ＩＯ編集部編集）　2013.1

◇キットではじめるマイコンボード—「ボード」の組み立てから「各種センサ」の取り付け、「動作確認」まで（川口昌良著，ＩＯ編集部編集）　2013.2

◇AzPainter2 CGイラスト講座—4作品のメイキング全工程を公開！（サカクラ著，ＩＯ編集部編集）2013.2

◇Processingではじめるプログラミング—楽しく、簡単に、Javaベースの言語を学ぶ（加藤直樹著，ＩＯ編集部編集）　2013.2

◇Processing GUIプログラミング—インストール方法からプログラムの作成法まで（赤間世紀著，ＩＯ編集部編集）　2013.2

◇理系大学院入試問題演習　4　基礎数学編（姫野俊一著，ＩＯ編集部編集）　2013.2

◇はじめてのBlender—「初心者」から「プロ」まで使える、フリーの3D-CGソフト　エフェクト＆シミュレーション編（山崎聡著，ＩＯ編集部編集）　2013.2

◇はじめてのサクラエディター—オープンソースの高機能エディタを使いこなす！（清水美樹著，ＩＯ編集部編集）　2013.3

◇回路シミュレータ「Qucs」による「電子回路」入門—ソフトのダウンロードから回路の学習まで（斉藤剛史著，ＩＯ編集部編集）　2013.3

◇mbed＋MAPLEボードプログラミング—「mbed」のプログラミングから、「MAPLEボード」を使った機能拡張まで　マイクロコントローラ ベースボード（大川善邦著，ＩＯ編集部編集）　2013.3

◇はじめてのCakePHP—日本でも人気！　無料で使えるPHP用フレームワーク（樺嶋芳充著，ＩＯ編集部編集）　2013.3

◇はじめての電子出版—「電子書籍」の作り方から「電子書店」での販売まで！（タナカヒロシ著，ＩＯ編集部編集）　2013.3

◇基礎からわかる「Web」と「ネットワーク」—「情報」が21世紀の社会をかたちづくる！（滝本往人著，ＩＯ編集部編集）　2013.3

◇基礎からのMPEG—ビデオフォーマットの仕組みを徹底解説！（眉村雅人著，ＩＯ編集部編集）

情報科学

総記

2013.4

◇C言語教科書―「言語仕様」から「データ構造」「アルゴリズム」の実装まで(田中成典監修,ＩＯ編集部編集)　2013.4

◇マルチメディア入門　増補版(赤間世紀著,ＩＯ編集部編集)　2013.4

◇Visual Studioグラフィックス―リアルな「3D-CG」を「ベジェ曲面」でつくる!(若松功著,ＩＯ編集部編集)　2013.4

◇はじめてのiMovie―「OS 10」に標準搭載の「動画編集ソフト」を使う!　改訂版(清水美樹著,ＩＯ編集部編集)　2013.4

◇AR入門―身近になった拡張現実 現実の映像に情報を加えて創る世界!　改訂版(佐野彰著,ＩＯ編集部編集)　2013.5

◇速習JavaScript―「HTML5+JavaScript+CSS」でミニゲーム制作!(大西武著,ＩＯ編集部編集)　2013.5

◇WebGL/three.jsではじめる3D-CGプログラミング―Webブラウザ用の「3D-CG描画API」が簡単に使える!(宍戸輝光著,ＩＯ編集部編集)　2013.5

◇「Kinect」×「Mindstorms NXT」「ロボット」プログラミング―4種の「センサ情報」で「ロボット」を動かす!(軽部禎文,馬場一行著,ＩＯ編集部編集)　2013.5

◇はじめてのCubase 7―「定番」音楽制作ソフトを徹底解説!(高井竜郎著,ＩＯ編集部編集)　2013.5

◇マトリクス法による「構造解析」―「平面骨組」の計算コードの使い方をわかりやすく解説(藤井文夫著,ＩＯ編集部編集)　2013.5

◇256将軍と学ぶWebサーバ―「仕組み」と「構築法」のイロハがわかる!(小笠原種高,大沢文孝著,ＩＯ編集部編集)　2013.6

◇「R」ではじめる統計―基礎概念の学習とフリーソフトによる演習で完全理解!(赤間世紀著,ＩＯ編集部編集)　2013.6

◇Vue風景CGテクニックガイド―3D-CG景観作成ソフト(加茂恵美子著,ＩＯ編集部編集)　2013.6

◇AviUtlではじめる動画編集―フリーの「高機能」編集ソフトを使いこなす!(勝田有一朗著,ＩＯ編集部編集)　2013.6

◇物理学ノート「電磁気」―「定量的な実験力」「現象の数式化力」(大多喜重明,長井清香著,ＩＯ編集部編集)　2013.6

◇「有限要素法」と「トラス計算」「固有振動数解析」―「N88-BASIC」「Visual C++」プログラムでアルゴリズムがわかる!(小田政明著,ＩＯ編集部編集)　2013.6

◇ソーラー発電LEDではじめる電子工作―電気の発生から発光まで実験!(神田民太郎著,ＩＯ編集部編集)　2013.7

◇「OpenGL ES」ではじめる3D-CGプログラミング―「スマホ」「タブレット」用3D/2D描画の基礎(清水美樹著,ＩＯ編集部編集)　2013.7

◇たまご大事典―「小学生」「主婦」「業界人」の、すべての疑問に答える!(高木伸一著,ＩＯ編集部編集)　2013.7

◇文系のためのAndroidアプリ開発―JavaとAndroidの「基礎知識」!(梅原嘉介,小川敬治著,ＩＯ編集部編集)　2013.7

◇はじめてのAdobe Edgeツール&サービス―無料で使える高機能「Web制作用ツール」(タナカヒロシ著,ＩＯ編集部編集)　2013.7

◇「Raspberry Pi」でつくる電子工作―"小さなPC"〈Linuxボード〉の導入と使い方(nekosan著,ＩＯ編集部編集)　2013.7

◇巨大地震は「解離水」の爆縮で起きる!(石田昭著)　2013.7

◇IFTTTレシピブック―「Twitter」「Facebook」「YouTube」…を連携!(本間一著,ＩＯ編集部編集)　2013.8

◇「Scilab」&「Xcos」で学ぶ現代制御―グラフィカルなシミュレーションツールを活用!(多田和也著,ＩＯ編集部編集)　2013.8

◇ワークフローでアプリ開発―.NET FrameworkのWorkflow Foundationで直感プログラミング!プログラミングなしでアプリ開発!(小尾智之著,ＩＯ編集部編集)　2013.8

◇はじめてのDAZ Studio―モデリングなしで3D-CGキャラクターを作る!(琴吹青著,ＩＯ編集部編集)　2013.8

◇基礎からわかる統計学―主要テーマを、項目別に徹底解説!(赤間世紀著,ＩＯ編集部編集)　2013.8

◇今さら人に聞けない「MS Office 2013」の常識―つまずきやすい盲点をわかりやすく解説!(松宮哲著,ＩＯ編集部編集)　2013.9

◇WebGLによる「3D-CG」アニメーション―HTML5+JavaScript programming Web上で使える3DグラフィックスAPI(酒井幸市著,ＩＯ編集部編集)　2013.9

76　全集・叢書総目録 2011-2016

総記　　　　　　　　　　　　　　　　　　　　　　　　　　　　情報科学

◇プログラムの読み方がわかる本―「C」「C++」によるソースコードを読み解く！（小野田保穂著，ＩＯ編集部編集）　2013.9

◇CSS3教科書―サイトデザインのための「スタイルシート」規格（片山幸雄著，ＩＯ編集部編集）2013.9

◇国産マイコンボードGR-SAKURAではじめる電子工作―「Arduino互換」で「シールド」がそのまま使える！（倉内誠著，ＩＯ編集部編集）　2013.9

◇CGイラストテクニック講座―AzPainter2 NekoPaint Artweaver MyPaint SAI 人気「お絵かきソフト」の使い方のコツ！（サクラ著，ＩＯ編集部編集）　2013.9

◇Photoshop CCテクニックガイド―Adobe 定番の多機能「フォトレタッチソフト」を使いこなす！（タナカヒロシ著，ＩＯ編集部編集）　2013.10

◇ブレッドボードで作る歩行ロボット―「動作原理」「機構」「組み立て方」がわかる！（剣崎純著，ＩＯ編集部編集）　2013.10

◇速習Flash 3D―「ActionScript3＋ライブラリ」でミニゲーム制作！（大西武著，ＩＯ編集部編集）2013.10

◇「3Dプリンタ」で遊ぼう―「モデリング」「出力」「仕上げ」コツがわかる！　工作の基礎知識から出力工程の実際まで！（rerofumi著，ＩＯ編集部編集）　2013.10

◇はじめてのMusic Creator―初心者にやさしい音楽製作ソフトの使い方（山口道明著，ＩＯ編集部編集）　2013.10

◇「ロボット」がわかる本―マイコンボードから，本格的ロボットまで（ＩＯ編集部編）　2013.10

◇「Kivy」ではじめるPythonプログラミング―グラフィックライブラリでアニメーションを表現！（清水美樹著，ＩＯ編集部編集）　2013.11

◇アルゴリズム大事典―アイデア→アルゴリズム→プログラム（橋本英美著，ＩＯ編集部編集）　2013.11

◇Shade 3D ver.14 CGテクニックガイド―統合型3D-CGソフトが「3Dプリンタ」に対応！（加茂恵美子著，ＩＯ編集部編集）　2013.11

◇はじめてのBootstrap―「見栄えのするサイト」を手軽に作る！（槙俊明著，ＩＯ編集部編集）　2013.11

◇Kinect for Windows SDK実践プログラミング―「深度センサ」「カラーセンサ」「マイクアレイ」を活用！　Visual Studio〈C++〉（杉浦司，中村

薫著，ＩＯ編集部編集）　2013.11

◇Amazon Web ServicesではじめるWebサーバー―「アマゾン」の「クラウド」でWebサーバ構築！（大沢文孝著，ＩＯ編集部編集）　2013.11

◇はじめてのBlender　アニメーション編　3D-CGアニメーション制作の統合環境（山崎聡著，ＩＯ編集部編集）　2013.11

◇フーリエ変換とラプラス変換―「同じところ」と「違うところ」を知って，使いこなす！　基礎理論から，電気回路への応用まで（三上直樹著，ＩＯ編集部編集）　2013.12

◇背景CG実践テクニック―「室内」「廃墟」「時差」「ファンタジー」（彩玉著，ＩＯ編集部編集）　2013.12

◇はじめてのmbed電子工作―「マイコンボード」で「アイデア」を素早く実現する！（勝純一著，ＩＯ編集部編集）　2013.12

◇Adobe InDesign CCテクニックガイド―定番の多機能「DTPソフト」を使いこなす！（タナカヒロシ著，ＩＯ編集部編集）　2013.12

◇Mac DTM入門―「Logic Pro 10」で音楽制作 楽器や譜面が分からない初心者でも曲が作れる！（木南直著，ＩＯ編集部編集）　2013.12

◇「BeagleBone Black」で制御するロボットの作り方―「Ubuntu」＆「キャタピラ車キット」ではじめる（吉海智晃著，ＩＯ編集部編集）　2013.12

◇はじめてのAngularJS―「双方向データ結合」＆「依存性注入」「Model」「View」「Controller」に分離して作業を明確化！（吉田徹生著，ＩＯ編集部編集）　2013.12

◇「ビッグデータ」がわかる本―「ICT」の発達で可能になった「多量データ」の利用技術「Information」「Communication」「Technology」（赤間世紀著，ＩＯ編集部編集）　2014.1

◇はじめてのPremiere Elements 12―高機能「ビデオ編集ソフト」を使いこなす！（勝田有一朗著，ＩＯ編集部編集）　2014.1

◇ソーシャルゲームイラストテクニック講座―「アートディレクター」「イラストレーター」2つの視点で解説！（フーモア著，ＩＯ編集部編集）2014.1

◇JavaScript教科書―文法の基礎とプログラミングの実践的知識（片山幸雄著，ＩＯ編集部編集）2014.1

◇3Dプリンタがわかる本―「3Dプリンタ」の基本

全集・叢書総目録 2011-2016　　**77**

情報科学　　　　　　　　　　　　　　　　　　　　　　　　　　　　　　　総記

と「家庭用」の役立つ実践的知識（生座本真著，I
O編集部編集）　2014.1

◇「Maxima」と「Scilab」で学ぶ古典制御—「ラ
プラス変換」「伝達関数」から「フィードバック
制御」まで　改訂版（川谷亮治著，IO編集部編
集）　2014.2

◇EDIUS Neoではじめる動画編集—高機能・高効
率な動画編集ソフトの使い方（杉原春仁著，IO
編集部編集）　2014.2

◇オープンCAE「Salome-Meca」ではじめる構造解
析—プリポスト＋構造解析ソルバ オープンソー
スでできる業務レベルの解析環境（柴田良一著，
IO編集部編集）　2014.2

◇3Dプリンタ＆3Dソフトガイドブック—Shade・
Metasequoia・CLIP STUDIO MODELER・Au-
todesk 123D Catch 「3D-CG」データから「立
体」を作る！（IO編集部編）　2014.2

◇Arduinoではじめるロボット製作—マイコンボー
ドを使って電子工作＆プログラミング（米田知晃,
荒川正和著，IO編集部編集）　2014.2

◇FireAlpacaイラストテクニック講座—人気の「お
絵かきソフト」使い方のコツ！（サカクラ著，IO
編集部編集）　2014.2

◇はじめてのGarageBand—Mac標準搭載！ 初心
者向け「音楽制作ソフト」（清水美樹著，IO編集
部編集）　2014.3

◇自分で作るリニアモータカー—「コイル」「制御
回路」「レール」など、パーツからすべて自作！
（神田民太郎著，IO編集部編集）　2014.3

◇Painter X3テクニックガイド—アナログ感覚の
デジタルペイントソフト（タナカヒロシ著，IO
編集部編集）　2014.3

◇はじめてのKingsoft Office—Writer Spread-
sheets Presentation 手軽に使えて高機能！（本
間一著，IO編集部編集）　2014.3

◇MAYA LT 3D-CGキャラクター講座—「2Dイラ
スト」をスマホで動く「3D-CG」に！（フーモア
著，IO編集部編集）　2014.3

◇WebGLによる物理シミュレーション—
HTML5＋JavaScript programming Webで使え
る3DグラフィックスAPI（酒井幸市著，IO編集
部編集）　2014.4

◇JavaScriptゲーム制作教科書—Webブラウザ上
で動くゲームを作る！（片山幸雄著，IO編集部
編集）　2014.4

◇はじめてのApp Inventor—ブロックを組み合わ

せてアプリを作る！（浜出俊晴著，IO編集部編
集）　2014.4

◇ライブラリではじめるC言語ゲーム開発—プロ
グラム作りの実力を設計から身につける！（片倉
永輝著，IO編集部編集）　2014.4

◇コンピュータ技術最前線—「パソコン」「タブレッ
ト」「スマホ」の“奥の奥”までわかる！（IO編
集部編）　2014.4

◇はじめてのBlender 3Dプリンタ編 「フリーの
3DCGソフト」＋「3Dプリンタ」で立体出力！
（山崎聡著，IO編集部編集）　2014.4

◇やさしい！ Windows Liveメール—標準メールソ
フトの導入から活用まで！ 第2版（東京メディ
ア研究会著）　2014.5

◇はじめてのMarkdown—軽量マークアップ言語
の記法と使い方（清水美樹著，IO編集部編集）
2014.5

◇集合知入門—インターネットで実現した「知識
の統合」（赤間世紀著，IO編集部編集）　2014.5

◇電子工作ガイドブック—「PICマイコン」「歩行ロ
ボット」「FM音源ボード」「DC電子ブレーカー」
「ハンダ付けのコツ」……「手軽な工作」から
「本格的な工作」まで（IO編集部編集）　2014.5

◇はじめてのClojure—Java環境「JVM」上で動く
Lisp系プログラミング言語（登尾徳誠著，IO編
集部編集）　2014.5

◇Metasequoia 4 CGテクニックガイド—「モデリ
ング」の基礎から「3Dプリント」まで！（加茂恵
美子著，IO編集部編集）　2014.6

◇はじめてのZBrush—直感的に使える「3D-CG
ソフト」（新井克哉著，IO編集部編集）　2014.6

◇はじめてのToyStudio—「3D-CGアニメーショ
ン」が簡単に作れる！（中西康司著，IO編集部
編集）　2014.6

◇Leap Motionプログラミングガイド—「手」「指」
の動きをセンサで検出！（中村薫著，IO編集部
編集）　2014.6

◇たまご大事典—「小学生」「主婦」「業界人」の、
すべての疑問に答える！ 改訂版（高木伸一著，
IO編集部編集）　2014.7

◇Java8ではじめる「ラムダ式」—冗長なプログラ
ムの実装が簡潔に！（清水美樹編集）　2014.7

◇Clip Studio Paintマンガ制作テクニック—最新
ソフトウェアで描くデジタルマンガ（おぎのひと
し著，IO編集部編集）　2014.7

◇Arduinoでつくるボクシングロボット—ロボット

78　全集・叢書総目録 2011-2016

搭載マイコンを「マイコンボード」で開発！（川野亮輔著, I O編集部編集）　2014.7

◇逆引きAviUtl動画編集—「やりたいこと」70項目の手順がすぐに分かる（勝田有一朗著, I O編集部編集）　2014.7

◇アルゴリズム入門—プログラミングの考え方がわかる（石橋亨［著］）　2014.7

◇クラウド利用術最前線—「ネットワーク技術」の"今"がわかる！（I O編集部編）　2014.8

◇はじめてのCakePHP—日本でも人気！ 無料で使えるPHP用フレームワーク　改訂版（樺嶋芳充著, I O編集部編集）　2014.8

◇TWE-Liteではじめるカンタン電子工作—「無線システム」が「つなぐ」だけで出来る！（大沢文孝著, I O編集部編集, 東京コスモス電機監修）　2014.8

◇特訓Photoshop—プロのテクニック教えます！ 使い方＆考え方（小笠原広記著, I O編集部編集）　2014.8

◇〈特講〉工業数学—ようこそ、フーリエ、ラプラスの世界へ！ フリーの数値計算ソフト「Scilab」でチェック！（前田裕著, I O編集部編集）　2014.8

◇はじめてのSwiftプログラミング—「iOSアプリ」の開発が容易に！（清水美樹著, I O編集部編集）　2014.8

◇逆引きiMovie動画編集—「やりたいこと」の手順がスグに解る！（hamochiku著, I O編集部編集）　2014.9

◇Spineでつくる2Dイラストアニメーション—「イラスト」を「ボーン」で動かす！（フーモア著, I O編集部編集）　2014.9

◇GIMP2.8レタッチガイド—無料で使える高機能フォトレタッチソフト（タナカヒロシ著, I O編集部編集）　2014.9

◇はじめての「123D Design」—無料で使える「3D CAD」ソフト（nekosan著, I O編集部編集）　2014.9

◇Arduinoでつくる二足歩行ロボット—マイコン搭載ロボットを「Arduino Unoボード」で開発（川野亮輔著, I O編集部編集）　2014.9

◇オープンCAE「Salome-Meca」構造解析—プリポスト＋構造解析ソルバ オープンソースでできる業務レベルの解析環境　「固有値」「熱伝導」解析編（柴田良一著, I O編集部編集）　2014.9

◇LATEX論文作成マニュアル—「論文」の書き方と「LATEX」の使い方（赤間世紀著, I O編集部編集）　2014.10

◇はじめての「Megpoid Talk」—あの「メグッポイド」が、文章を読み上げる！（御池鮎樹著, I O編集部編集）　2014.10

◇VideoStudio動画編集テクニック—プロ品質の動画を低価格でつくる！（西村太一著, I O編集部編集）　2014.10

◇「ボカロP（プロデューサー）」になる本—「ボーカロイド」を使って音楽をプロデュース！（タック二階堂著, I O編集部編集）　2014.10

◇「TINA」による電子回路設計—電子回路の基礎教育に適したシミュレータ（阿部寛著, I O編集部編集）　2014.10

◇Structure Synthで描く3D-CGアート—不思議な造形を自動生成！（柴田良一著, I O編集部編集）　2014.10

◇「μITRON」入門—"組み込み系"「リアルタイムOS」の基礎（佐々木芳明著, I O編集部編集）　2014.11

◇はじめてのSpring Boot—スプリング・フレームワークで簡単Javaアプリ開発（槙俊明著, I O編集部編集）　2014.11

◇はじめてのParaView—高度なグラフやアニメーションを描くオープンソース・ソフト　改訂版（林真著, I O編集部編集）　2014.11

◇ロボット技術最前線—基本技術から実際のマシンの仕組みまで（I O編集部編）　2014.11

◇はじめてのキャラミんStudio—「ミュージック・ビデオ」が簡単に作れる！（小笠原種高著, I O編集部編集）　2014.11

◇Swiftではじめるパソコンアプリ開発—簡単な「GUIアプリ」をつくる！（清水美樹著, I O編集部編集）　2014.12

◇「R」ではじめるプログラミング—「統計処理」と「プログラミング」を同時にマスター！（赤間世紀著, I O編集部編集）　2014.12

◇WebGLによる「流れ」と「波」のシミュレーション—HTML5＋JavaScript programming Web上で使える3DグラフィックスAPI（酒井幸市著, I O編集部編集）　2014.12

◇3D-CGプログラマーのためのクォータニオン入門—「ベクトル」「行列」「テンソル」「スピノール」との関係が分かる！　増補版（金谷一朗著, I O編集部編集）　2015.1

◇はじめての「AutoCAD LT」—「2D-CADソフト」の定番（CAD百貨著, I O編集部編集）　2015.

情報科学

総記

1

◇「VR」「AR」技術最前線―「仮想現実」と「拡張現実」の基本と技術がわかる！（ＩＯ編集部編）2015.1

◇はじめてのPainter2015―アナログ感覚のペイントソフト（タナカヒロシ著，ＩＯ編集部編集）2015.1

◇「Androidセンサ」機能別アプリ開発―「Androidスマホ」内蔵の「センサ」で「アプリ」を作る（田中成典，窪田諭監修，ＩＯ編集部編集）2015.1

◇Leap Motionプログラミングガイド―「手」「指」の動きをセンサで検出！　改訂版（中村薫著，ＩＯ編集部編集）2015.2

◇はじめての「Android5」プログラミング―「仕様変更」や「新機能」を中心にチェック！（清水美樹著，ＩＯ編集部編集）2015.2

◇「電磁石」のつくり方〈徹底研究〉―アマチュアからセミプロまで，これだけわかれば完璧！（神田民太郎著，ＩＯ編集部編集）2015.2

◇「PureData」ではじめるサウンド・プログラミング―「音」「映像」のための「ビジュアル・プログラミング」言語（中村隆之著，ＩＯ編集部編集）2015.2

◇物理の小箱―身の回りの現象の「理屈」を「物理」で考える（一宮彪彦著，ＩＯ編集部編集）2015.2

◇はじめてのBlender　ゲーム編　フリーの「3D-CGソフト」＆「内蔵ゲームエンジン」でゲーム制作！（山崎聡著，ＩＯ編集部編集）2015.2

◇Maya & Unity 3Dゲーム制作―「3D-CGソフト」＋「ゲームエンジン」の使い方（フーモア著，ＩＯ編集部編集）2015.3

◇「Galileo2」ではじめる電子工作―インテルの「IoT」開発用ボードを使いこなす！（吉海智晃著，ＩＯ編集部編集）2015.3

◇SwiftによるiPhoneプログラミング入門―新言語によるiPhoneアプリ開発（大川善邦著，ＩＯ編集部編集）2015.3

◇3Dゲーム制作のためのCryEngine―高性能＆多機能「ゲームエンジン」を使いこなす！（益田貴光著，ＩＯ編集部編集）2015.3

◇Processing2ではじめるOpenCV画像処理プログラミング―「Windows」「MacOS」「Linux」「ライブラリ」を使って手軽に画像処理！（林良二著，ＩＯ編集部編集）2015.3

◇プロのイラストテクニック―「イラストレーター」「漫画家」のテクニックを伝授！（だろめおん，nidoro，中村遼太，おぎのひとし［著］，ＩＯ編集部編集）2015.4

◇「MuseScore」ではじめる楽譜作成―オープンソースで無料！「Windows」「MacOS」「Linux」対応（仙石けい著，ＩＯ編集部編集）2015.4

◇高校教師が教える物理実験室―家庭でできる高校物理「力学」「波動」「電磁気」の実験（山本明利著，ＩＯ編集部編集）2015.4

◇基礎からわかる「Bluetooth」―近距離に特化した無線通信規格（滝本往人著，ＩＯ編集部編集）2015.5

◇Metasequoia3Dプリンタ出力ガイド―「モデリング」の基礎から「3Dプリント」まで！（加茂恵美子著，ＩＯ編集部編集）2015.5

◇DirectX11 3Dプログラミング―定番「3DグラフィックスAPI」の基礎知識と使い方〈Visual C++使用〉　改訂版（ＩＯ編集部編集）2015.5

◇3D-CGソフトの選び方―Maya LT Shade Blender Metasequoia 主要ソフトの「基本操作」と「インターフェイス」をチェック！（ＩＯ編集部編，フーモア，加茂恵美子，山崎聡〔執筆〕）2015.5

◇IoTがわかる本―身の周りのモノをネットワークにつなぐ！（ＩＯ編集部編集）2015.5

◇DNAコンピュータがわかる本―究極の「超小型コンピュータ」の現状と展望（赤間世紀著，ＩＯ編集部編集）2015.5

◇作りながら学ぶ電子回路の設計―電子工作に必要な基本の知識（石橋孝昭著，ＩＯ編集部編集）2015.6

◇プログラムのつくり方―プログラミングを根本から理解！（大沢文孝著，ＩＯ編集部編集）2015.6

◇ドローン完全ガイド―「種類」「仕組み」と，「用途」「安全性」を解説！（ＩＯ編集部編集）2015.6

◇ROSではじめるロボットプログラミング―フリーのロボット用「フレームワーク」（小倉崇著，ＩＯ編集部編集）2015.6

◇はじめてのMonoプログラミング―Windows以外でも「.NETアプリ」が動く！（清水美樹著，ＩＯ編集部編集）2015.7

◇「Raspberry Pi 2」でMathematicaプログラミング―「超低価格マシン」で「数式処理ソフト」を使いこなす！（大川善邦著，ＩＯ編集部編集）2015.7

総記　　　　　　　　　　　　　　　　　　　　　　　　　　　　情報科学

◇センサ技術最前線—「光」「音」「気温」「体温」「振動」「電気」「磁気」…etc（I O編集部編）　2015.7

◇仮想デスクトップ「VDI」「DaaS」入門—「シン・クライアント」の選定から「サービス」の導入まで（西島剛著，I O編集部編）　2015.7

◇Haxeプログラミング入門—1つのプログラムから，いろいろな言語に自動変換！（尾野政樹，ディーグエンタテインメント著，I O編集部編）2015.8

◇iBeaconアプリ開発ガイド—「iPhone」「iPad」で使える近距離通信（吉田秀利著，I O編集部編）2015.8

◇IchigoJamではじめる電子工作＆プログラミング—「マイコンボード」＋「BASIC」で簡単にプログラムを動かす！（Natural Style著）　2015.8

◇基礎からのBlender—フリーの3D-CGソフトで「モデリング」「シーン作成」！　ver2.7（山崎聡著，I O編集部編）　2015.8

◇RTMではじめるロボットアプリ開発—「ロボット」を動かす「ソフト」の使い方（セック著）2015.8

◇はじめてのAtomエディター〈オープンソース〉開発者向け「テキストエディタ」（清水美樹著，I O編集部編）　2015.9

◇ファジーでデータを読む—ラフにしか収集できない「生データ」から「使える結論」を抽出！（秋山好一著，I O編集部編）　2015.9

◇マッチムーブテクニックガイド—「動き」に合わせて「2D」「3D」オブジェクトを合成！（山崎善史著，I O編集部編）　2015.9

◇「8pino」ではじめるミニマム電子工作—超小型の「Arduino互換」マイコンボード（重村敦史著，I O編集部編，VITRO監修）　2015.9

◇Arduinoではじめる手作り電子楽器—ブレッドボードを使った音の電子工作（中西宣人著，I O編集部編）　2015.9

◇Unity & Puppet 2Dではじめる2Dゲーム制作—2Dイラストに「ボーン」を入れて動かす（フーモア著，I O編集部編）　2015.10

◇GLUT/freeglutによるOpenGL入門—「OpenGL Utility Toolkit」で簡単3Dプログラミング！（床井浩平著，I O編集部編）　2015.10

◇ウェーブレット変換がわかる本—「周波数解析」の新理論（赤間世紀著，I O編集部編）　2015.10

◇Edison & ArduinoではじめるIoT開発—インテルCPU搭載の超小型基板（nekosan著，I O編集部編集）　2015.10

◇はじめてのKrita—オープンソースの高機能ペイントソフト（タナカヒロシ著，I O編集部編集）2015.10

◇BISHAMONではじめるゲームエフェクト制作—ゲーム開発で使える簡単「3Dエフェクト」ツール！（マッチロック著，I O編集部編集）　2015.11

◇Godot Engineではじめるゲーム制作—オープンソースのゲームエンジン（天沢らせん著，I O編集部編集）　2015.11

◇「Raspberry Pi 2」＆Scratchでプログラミング—「ブロック」式の簡単プログラミングを「超低価格マシン」で！（大川善邦著，I O編集部編集）2015.11

◇TWE-Liteではじめる「センサー」電子工作—「加速度」「位置」「温度」の情報を無線で飛ばす！（大沢文孝著，I O編集部編集）　2015.11

◇サウンドエフェクトの作り方—「炎の音」「爆発音」「ロボット動作音」…「効果音」を作る！（小川哲弘著，I O編集部編集）　2015.12

◇「Miyagino」ではじめる電子工作—Arduino互換マイコンボードの製作と応用（小嶋秀樹，鈴木優著，I O編集部編集）　2015.12

◇OpenCV3ではじめるWindowsアプリ開発—「Direct2D」と「MFC」による「画像」の「GUI描画」（林良二著，I O編集部編集）　2015.12

◇はじめてのプロジェクションマッピング—フリーソフトとプロジェクターを使って，映像投影！（小笠原種高著，I O編集部編集）　2015.12

◇高校教師が教える身の回りの理科—身近な日常生活の現象を理論的に解説「色」「おいしさ」「料理」「ダイエット」「スポーツ」「毒」「薬物乱用」「放射線」（長谷川裕也著，I O編集部編集）　2015.12

◇Design Spark PCBプリント基板CADの使い方—MIDI基板の製作を例に，「設計」「作成」の基礎から解説！（ぼうきち著，I O編集部編集）　2016.1

◇基礎からのFreeCAD—オープンソースの3次元CAD（坪田遼著，I O編集部編集）　2016.1

◇高校教師が教える化学実験室—高校大学の授業にプラスアルファ！ユニークな実験集　改訂版（山田暢司著，I O編集部編集）　2016.1

◇Shade 3D ver.15 CGテクニックガイド—「自由

全集・叢書総目録 2011-2016　81

情報科学

総 記

曲面」「ポリゴン」対応の統合型3D-CGソフト（加茂恵美子, sisioumaru著, IO編集部編集）　2016.1

◇やさしい電子工作―「電子回路」「プログラム」「外装加工」－ゼロから通して作る（神田民太郎著, IO編集部編集）　2016.1

◇LTspice電子回路シミュレータ―無料で使える、「部品選定」「アイデア検証」「特性のグラフ表示」ソフト（北川章夫著, IO編集部編集）　2016.2

◇Audacityではじめる音声編集―「切り貼り」「ノイズ除去」「ピッチ変更」「エフェクト」…（夢前黎著, IO編集部編集）　2016.2

◇電子部品ハンドブック―「抵抗」「コンデンサ」「ダイオード」「IC」「トランジスタ」「センサ」「スイッチ」…（千野行広著, IO編集部編集）　2016.2

◇Houdiniではじめる3Dビジュアルエフェクト―ノードベースの3D-CGツールを使いこなす（平井豊和著, IO編集部編集）　2016.2

◇オープンCAE「Salome-Meca」構造解析―プリポスト＋構造解析ソルバ オープンソースでできる業務レベルの解析環境　「弾塑性」「接触」解析編（柴田良一著, IO編集部編集）　2016.2

◇LATEX快適タイピング―《タイプを節約する方法》「単語登録」「ショートカット・キー」「マクロ」「関数作成」（小林雅人著, IO編集部編集）2016.3

◇基礎からわかる「IoT」と「M2M」―情報の「特異点」を生み出す、最先端の技術（滝本往人著, IO編集部編集）　2016.3

◇はじめてのMATLABプログラミング―「個人」から「業務」まで幅広く使える数値計算＆解析ソフト（大川善邦著, IO編集部編集）　2016.3

◇基礎からのCAD―「基礎知識」から「三次元CAD」の利用事例まで　改訂版（田中成典監修, IO編集部編集）　2016.3

◇Arduino電子工作―「電子オルガン」「電卓」「ブートローダ/スケッチライタ」を作る！（谷川寛著, IO編集部編集）　2016.4

◇Unreal Engine 4ゲーム制作入門―プロの現場で使われてる、最先端の「ゲーム・エンジン」（石松正徳著, IO編集部編集）　2016.4

◇Maximaで学ぶ解析力学―「考え方」と「使い方」に的を絞った、「解説＆演習」書（上田晴彦著, IO編集部編集）　2016.4

◇はじめてのDocker―「仮想化技術」で「サーバ」

を簡単構築（西島剛著, IO編集部編集）　2016.4

◇Fusion360 3D-CADリファレンス―高機能3D-CADソフトが実質無料で使える！（吉良雅貴著, IO編集部編集）　2016.5

◇はじめてのVisual Studio Code―「Windows/Mac/Linux」で使えるオープンソースのコードエディタ（清水美樹著, IO編集部編集）　2016.5

◇ClangではじめるC言語―「MacOS」「FreeBSD」「Android NDK」の標準コンパイラをWindowsで（小田政明著, IO編集部編集）　2016.5

◇基礎からのシェルスクリプト―「Linux」「MacOS」「Windows」で使える「バッチ処理」！（萩原利男著, IO編集部編集）　2016.5

◇Webシステム用ライブラリ活用ガイド―短いコードを書くだけでプログラムの「使い勝手」が大きく変わる！（大沢文孝著, IO編集部編集）　2016.5

◇人工知能ガイドブック―「ビッグデータ＋人工知能」時代目前―その可能性と問題点（IO編集部編）　2016.6

◇「Scilab」＆「Xcos」で学ぶ現代制御―グラフィカルなシミュレーションツールを活用！　増補版（多田和也著, IO編集部編集）　2016.6

◇はじめてのVideoStudio X9―簡単な操作で、プロ並みの動画を作る！（勝田有一朗著, IO編集部編集）　2016.6

◇ビギナーのためのLive2Dテクニックガイド―イラストに命を吹き込む「Modeler」＆「Animator」！（神吉李花著, IO編集部編集）　2016.6

◇はじめてのCubase Elements 8―入門者向け「音楽制作ソフト」の決定版！（本間一著, IO編集部編集）　2016.7

◇JavaScriptとWebGLによる画像処理プログラミング―「2D」「3D」画像処理の「加工」「解析」「合成」（酒井幸市著, IO編集部編集）　2016.7

◇ロボット技術ガイドブック―基本技術から「人工知能」「自動運転」まで（IO編集部編）　2016.7

◇「スマホ」時代のコンピュータ活用術―PCの使い方を「性能」「価格」「機能拡張」から考える！（IO編集部編）　2016.7

◇基礎からのOpenSCAD―部品をプログラミングでつくる！　「Windows/Mac/Linux」用オープンソース「3D-CADソフト」（nekosan著, IO編集部編集）　2016.7

◇はじめてのMongoDB―オープンソースの

総記　　　　　　　　　　　　　　　　　　　　　　　　　　情報科学

NoSQLデータベース（小笠原徳彦著，ＩＯ編集部編集）　2016.7

◇TYRANOSCRIPTではじめるノベルゲーム制作—フリーで使える「アドベンチャー・ゲーム」制作ツール（シケモクMK著，ＩＯ編集部編集）　2016.8

◇「IchigoJam」＋「PanCake」ではじめる電子工作＆プログラミング—「BASIC」プログラムが使える超小型"パソコン"と"拡張ボード"（Natural Style著，ＩＯ編集部編集）　2016.8

◇Java将棋のアルゴリズム—アルゴリズムの強化手法を探る　改訂版（池泰弘著，ＩＯ編集部編集）2016.8

◇「サイバー危機（クライシス）」の記録—a decade record〈2007-2016〉（御池鮎樹著，ＩＯ編集部編集）　2016.8

◇はじめての「123D Design」〈ver2〉—無料で使える「3D CAD」ソフト（nekosan著，ＩＯ編集部編集）　2016.9

◇「VR」「AR」技術ガイドブック—「仮想現実」「拡張現実」の現在と未来（ＩＯ編集部編）2016.9

◇はじめてのSpring Boot—スプリング・フレームワークで簡単Javaアプリ開発　改訂版（槙俊明著，ＩＯ編集部編集）　2016.9

◇「GR-PEACH」ではじめる電子工作—高性能CPUを搭載した，「Arduino互換」マイコンボード（GADGET RENESASプロジェクト著，ＩＯ編集部編集）　2016.9

◇「LoRa」導入ガイド—Low Power Long Range「IoT」「LoRa」の仕組みから，「IoTアプリケーション」の実例まで（吉田秀利，尾鷲彰一著，ＩＯ編集部編集）　2016.9

◇FL　STUDIOではじめるDTM入門—高機能「DAWソフト」で作曲！（FloatGarden著，ＩＯ編集部編集）　2016.10

◇「littleBits」ではじめる電子工作—「電子回路」を「磁石」でつないで確認！（田中正吾著，ＩＯ編集部編集）　2016.10

◇1週間でできるkintone—構築→運用社内だけで完結 クラウド上で「データベース」を使った「アプリ」を作る！（タナカヒロシ著，ＩＯ編集部編集）　2016.10

◇「実況動画」のつくり方—「テーマ」「機材」「編集」…コンテンツの"質"を上げる！（小笠原種高著，ＩＯ編集部編集）　2016.10

◇「科学技術計算」で使うPython—「配列処理」「グラフ作成」から「統計解析」「数式処理」まで（林真著，ＩＯ編集部編集）　2016.10

◇ウェーブレット変換がわかる本　実践編　R用Waveletパッケージ「Rwave」（赤間世紀著，ＩＯ編集部編集）　2016.10

◇はじめての「Ruby on Rails」5—「Webアプリ」作りに定番の「フレームワーク」を使う！（清水美樹著，ＩＯ編集部編集）　2016.11

◇OpenToonzではじめるアニメーション制作—「作画」「彩色」「合成」「ムービー出力」…アニメ制作の統合環境（泉津井陽一著，ＩＯ編集部編集）2016.11

◇キットで学ぶ「リンク機構」—「機械工学」の重要分野「機構学」！（馬場政勝著，ＩＯ編集部編集）　2016.11

◇小型マイコンボードを使った電子工作ガイド—「基礎知識」「ボード解説」「簡単な応用」「IoTへの応用」（ＩＯ編集部編）　2016.11

◇はじめてのSubstance Painter—3D形状に"非破壊"で直接ペイント（吉阪豊著，ＩＯ編集部編集）2016.11

◇わかる構造力学—「数式」や「用語」の意味を「源流」から完理解！（ハナダユキヒロ著，ＩＯ編集部編集）　2016.12

◇パソコンで「音」を処理する—「録音」「再生」から「波形解析」までチェック！（君島武志著，ＩＯ編集部編集）　2016.12

◇「Adobe Audition」ではじめる音声編集—「歌声」から「ゲーム効果音」まで！（中村隆之著，ＩＯ編集部編集）　2016.12

◇Linuxカーネル「ソースコード」を読み解く（平田豊著，ＩＯ編集部編集）　2016.12

ijデジタルBOOK　インプレスジャパン　2009〜2014　⇒Ⅰ-213

◇メタリック素材集—クールで硬派なテクスチャ＆パーツ（デザイン）　2010.12

◇Photoshop Design Toolsスタイル＆アクション—瞬速デザイン素材集（デザイン）（インプレスPC編集部編）　2010.12

◇大人ラグジュアリー—装飾パーツ素材集（デザイン）　2011.2

◇手作りHappy Wedding—ウエディングペーパーアイテムと小物の本（ホーム）（インプレスPC編集部編）　2011.3

◇売上アップに効くPOP（ポップ）広告・チラシが

情報科学

カンタンに作れる本（POP）　改訂版（彩工房著）
2011.3

◇3枚企画書が60分（ロクジュップン）で作れる本
—バイキング形式で組み合わせ自由自在！（［ビ
ジネス］）（葛原裕一著）　2011.3

◇味紙とヴィンテージな雑貨たち—大人可愛い素
材集（ingectar-e著）　2011.4

◇Photoshop Design Toolsシェイプ＆カラー—瞬
速デザイン素材集（デザイン）（インプレスPC編
集部編）　2011.4

◇南の島と海の素材集（デザイン）　2011.6

◇和×艶やかモダン—ジャポネスク素材集（［デザ
イン］）（なせつ著）　2011.7

◇Photoshop Design Tools PREMIUM EDITION
ブラシ＆パターン—瞬速デザイン素材集（デザイ
ン）（インプレスPC編集部編）　2011.7

◇四季花暦—和花素材集　上巻（デザイン）（成願
義夫著）　2012.1

◇大人セレブリティー—装飾パーツ素材集（デザイ
ン）　2012.3

◇Webフォントコレクション—サイトデザインに差
をつける：Webで使えるフォント集（フォント）
（インプレスPC編集部編）　2012.3

◇DTPの現場で役立つOpenTypeフリーフォント
コレクション（フォント）（インプレスPC編集部
編）　2012.3

◇学校・自治会で使えるプリント＆イラスト3500
（ホーム）（インプレスPC編集部編）　2012.3

◇かわいい手作りPOP素材集（POP）（Corekiyo
CG&ARTWORKS）　2012.6

◇小さな雑貨とファブリックの素材集—My fa-
vorite collection（デザイン）（Yoshiko Designs
著）　2012.6

◇四季花暦—和花素材集　下巻（デザイン）（成願
義夫著）　2012.6

◇パリと雑貨とクラシカル—大人可愛い素材集
（［デザイン］）（ingectar-e CG&ARTWORKS）
2012.7

◇動物と植物の素材集—美しい自然のグラフィッ
クアーカイブ（デザイン）（斎藤州一著）　2012.
8

◇おしゃれなフリーフォントと飾りパーツの素
材集—FONT & PARTS Collection（フォント）
（Power Design CG&ARTWORKS）　2013.2

◇かわいい手作り学級アイテム素材集（ホーム）
（Corekiyo CG&ARTWORKS）　2013.3

◇TrueTypeフォントパーフェクトコレクション—
Fonts by Bitstream Inc（フォント）　改訂6版
（深沢英次, インプレス編集部編）　2013.3

◇デザインがグッと良くなる定番フリーフォント
1600セレクション（フォント）（インプレスPC編
集部編）　2013.3

◇京千代紙と和の文様セレクション—日本の伝統が
育んだ美の素材集（デザイン）　改訂版（SIFCA
CG&ARTWORKS）　2013.6

◇Romantic Memories—憧れのコフレ素材集（デザ
イン）（奥出絵里子 CG&ARTWORKS）　2013.
7

◇書き換えるだけ！A4一枚企画書・報告書「通る」テ
ンプレート集（ビジネス）（藤木俊明著）　2013.
7

◇大人可愛い背景と写真の素材集（デザイン）
（ingectar-e著）　2013.11

◇可愛いフリーフォントと飾りパーツの素材集—
FONT & PARTS Collection（フォント）（Power
Design CG&ARTWORKS）　2014.2

◇美タイピング完全マスター練習帳（［ホーム］）
（隅野貴裕監修）　2014.5

◇ふれあい素材集プリント＆イラスト3000—自治
体・公務員・福祉活動に役立つ（ホーム）（イン
プレスPC編集部編）　2014.6

◇筆の味わい素材集—和のこころでおもてなし（デ
ザイン）（伊藤哲也, 斉藤薫著）　2014.6

ITスキル標準導入活用事例集　情報処理推進機構
［編］　情報処理推進機構IT人材育成本部ITス
キル標準センター　2010〜2012
2010　2010.5
2011　2011.4
2012　2012.3

IT Text　情報処理学会編集　オーム社　2000〜
2016　⇒Ⅰ-14

◇情報ネットワーク（一般教育シリーズ）（岡田正,
駒谷昇一, 西原清一, 水野一徳共著）　2010.10

◇離散数学（松原良太, 大嶌彰昇, 藤田慎也, 小関健
太, 中上川友樹, 佐久間雅, 津垣正男共著）　2010.
10

◇メディア学概論（山口治男著）　2011.3

◇情報とコンピュータ（一般教育シリーズ）（河村
一樹, 和田勉, 山下和之, 立田ルミ, 岡田正, 佐々
木整, 山口和紀共著）　2011.9

◇情報とネットワーク社会（一般教育シリーズ）（駒

谷昇一, 山川修, 中西通雄, 北上始, 佐々木整, 湯瀬裕昭共著) 2011.12

◇数理最適化(久野誉人, 繁野麻衣子, 後藤順哉共著) 2012.8

◇情報通信ネットワーク(阪田史郎, 井関文一, 小高知宏, 甲藤二郎, 菊池浩明, 塩田茂雄, 長敬三共著) 2015.10

◇情報と職業 改訂2版(駒谷昇一, 辰己丈夫共著) 2015.11

◇ソフトウェア開発 改訂2版(小泉寿男, 辻秀一, 吉田幸二, 中島毅共著) 2015.12

◇ヒューマンコンピュータインタラクション 改訂2版(岡田謙一, 西田正吾, 葛岡英明, 仲谷美江, 塩沢秀和共著) 2016.3

◇音声認識システム 改訂2版(河原達也編著) 2016.9

◇人工知能 改訂2版(本位田真一監修, 松本一教, 宮原哲浩, 永井保夫, 市瀬竜太郎共著) 2016.10

◇画像工学(堀越力, 森本正志, 三浦康之, 沢野弘明共著) 2016.12

ITナビゲーター 野村総合研究所ICT・メディア産業コンサルティング部著 東洋経済新報社 2011〜2016
2012年版 2011.12
2013年版 2012.12
2014年版 2013.12
2015年版 2014.12
2016年版 2015.12
2017年版 2016.12

ITブッククラシックス 技術評論社 2010
⇒Ⅰ-15
◇システム管理者の眠れない夜―ほんとうに価値のあるシステムを求めて(柳原秀基著) 2010.12
◇暗黒のシステムインテグレーション―コンピュータ文化の夜明けのために(森正久著) 2010.12

IT Leaders選書 インプレス 2016
◇IoTによってビジネスを変える―CIOのための「IT未来予測」(大和敏彦著) 2016.2
◇崩壊の危機に瀕するパスワード問題(鵜野幸一郎著) 2016.2
◇2020年を見据えたグローバル企業のIT戦略―クラウド/ビッグデータ/IoT/GRC(入江宏志著) 2016.2

IT・Literacy 日本文教出版 2016
Scratch・ドリトル編(プラクティス「情報科」)(吉田葵, 佐々木寛著, 兼宗進, 辰己丈夫, 中野由章, 伊藤一成監修) 2016.5

ITロードマップ 東洋経済新報社 2011〜2016
2011年版(情報通信技術は5年後こう変わる！)(野村総合研究所技術調査部著) 2011.1
2012年版(情報通信技術は5年後こう変わる！)(野村総合研究所イノベーション開発部著) 2012.1
2013年版(情報通信技術は5年後こう変わる！)(野村総合研究所イノベーション開発部著) 2013.1
2014年版(情報通信技術は5年後こう変わる！)(野村総合研究所先端ITイノベーション部著) 2014.1
2015年版(情報通信技術は5年後こう変わる！)(野村総合研究所基盤ソリューション企画部著) 2015.1
2016年版(情報通信技術は5年後こう変わる！)(野村総合研究所デジタルビジネス推進部著) 2016.3

iPhoneアプリを作ってみよう 秀和システム 2012
診断アプリ編(ちょっとアレンジするだけで完成！)(藤永真至, 吉野祐樹著) 2012.10

iPhoneアプリ・クリエイターズファイル 翔泳社 2011
2011-2012(馬渡徹郎, ディーフォース著) 2011.6

アクティブラーニングで学ぶJavaプログラミングの基礎 大野澄雄編 コロナ社 2014〜2015
1 2015.3
2 2014.10

アップルトレーニングシリーズ ボーンデジタル 2004〜2010 ⇒Ⅰ-16
◇Mac OS 10 Support Essentials v10.6―Mac OS 10 v10.6のサポートとトラブルシューティング(Kevin M.White著, Bスプラウト訳) 2010.9
◇Mac OS 10 Server Essentials v10.6―Mac OS 10 Server v10.6、運用とサポートのためのガイド(Arek Dreyer, Ben Greisler著, Bスプラウト訳) 2010.10

情報科学 総記

Adobe JavaScriptシリーズ インプレスR&D, インプレス〔発売〕 2016
◇Premiere Pro & Media Encoder自動化サンプル集 PDF版;新版(古籏一浩著) 2016.12

REBOKシリーズ 近代科学社 2014〜2015
2 要求工学実践ガイド(情報サービス産業協会RE-BOK企画WG編) 2014.3
3 REBOKに基づく要求分析実践ガイド(青山幹雄監修, NTTソフトウェアイノベーションセンタ編, 飯村結香子, 斎藤忍著) 2015.8

アルゴリズムイントロダクション T.コルメン, C.ライザーソン, R.リベスト, C.シュタイン共著, 浅野哲夫, 岩野和生, 梅尾博司, 山下雅史, 和田幸一共訳 近代科学社 2007〜2013
⇒Ⅰ−17
第2巻 高度な設計と解析手法・高度なデータ構造・グラフアルゴリズム(世界標準MIT教科書) 第3版 2012.12
総合版 第1巻+第2巻+精選トピックス〈第1〜35章, 付録〉(世界標準MIT教科書) 2013.12

アルゴリズムを学ぼう アスキー・メディアワークス 2013
続(川中真耶, 杵淵朋彦, 椎名俊輔共著) 2013.8

アンドロイドプログラミング最初の一歩 パルフ出版 2016
3 Android Studio 2を使う前にEclipseでAndroidプログラミングの基礎を学ぶ(佐藤浩著) 2016.8

Androidプログラミングレシピ Dave Smith, Jeff Friesen著, 吉川邦夫訳 インプレスジャパン 2013
アーキテクチャ/UI/ネットワーク編 増補改訂版 2013.9
メディア/データ/システム/ライブラリ/NDK編 増補改訂版 2013.9

いちばんやさしいExcel 2016 森田圭著 日経BP社 2016
初級(スクール標準教科書) 2016.6
中級(スクール標準教科書) 2016.6
上級(スクール標準教科書) 2016.6

いちばんやさしいWord 2016 森田圭著 日経BP社 2016
初級(スクール標準教科書) 2016.9
中級(スクール標準教科書) 2016.9
上級(スクール標準教科書) 2016.9

今すぐ使えるかんたんEx 技術評論社 2015〜2016
◇Windows8.1プロ技セレクション—決定版(リブロワークス著) 2015.3
◇Excelプロ技セレクション—決定版(リブロワークス著) 2015.3
◇Excel関数プロ技セレクション—決定版(井上香緒里著) 2015.3
◇Excelマクロ&VBAプロ技セレクション—決定版(門脇香奈子著) 2015.3
◇アフィリエイト本気で稼げる!プロ技セレクション(竹中綾子, 三木美穂著) 2015.5
◇Wordプロ技セレクション—決定版(鈴木光勇著) 2015.6
◇PowerPointプロ技セレクション—決定版(稲村暢子著) 2015.6
◇Windows 10プロ技セレクション—決定版(リブロワークス著) 2015.12
◇iPad〈決定版〉プロ技セレクション—本当に使える286技(リンクアップ著) 2016.3
◇Excel文書作成プロ技セレクション—決定版(尾崎裕子著) 2016.5
◇Wi-Fi&自宅LANプロ技セレクション—決定版(芹沢正芳, オンサイト, 山本倫弘著) 2016.6
◇Googleサービスプロ技セレクション—決定版(リンクアップ著) 2016.7
◇ヤフオク!本気で儲ける!プロ技セレクション(梅田潤著) 2016.8
◇Excelプロ技BESTセレクション(井上香緒里著) 2016.9
◇Excel関数プロ技BESTセレクション(リブロワークス著) 2016.9
◇Excelマクロ&VBAプロ技BESTセレクション(土屋和人著) 2016.9
◇Excel & Wordプロ技BESTセレクション(門脇香奈子著) 2016.9
◇Facebookページ本気で稼げる!プロ技セレクション(斎藤哲著) 2016.10
◇Excelデータベースプロ技BESTセレクション(国本温子著) 2016.10

総記　　　　　　　　　　　　　　　　　　　　　　　　　　　　　　　情報科学

◇PowerPoint2016プロ技BESTセレクション（稲村暢子著）　2016.12

Imasugu Tsukaeru Kantan Series　技術評論社　2008〜2016　⇒Ⅰ-18
◇今すぐ使えるかんたんWindows 7—SP1 & IE9対応（阿久津良和, 技術評論社編集部著）　2011.9
◇今すぐ使えるかんたんインターネット＆電子メール—Windows 7 & Internet Explorer 9対応（技術評論社編集部, Ayura著）　2011.10
◇今すぐ使えるかんたんSEO&SEM（鈴木将司監修, リンクアップ編著）　2011.10
◇今すぐ使えるかんたんグーグルGoogle入門（AYURA著）　2012.5
◇今すぐ使えるかんたんMacBook（小原裕太著）　2012.5
◇今すぐ使えるかんたんExcel文書作成（門脇香奈子著）　2012.7
◇今すぐ使えるかんたんExcelデータベース（井上香緒里著）　2012.7
◇今すぐ使えるかんたんiPad（田中拓也著）　2012.7
◇今すぐ使えるかんたんFacebook入門（松本剛著）　2012.8
◇今すぐ使えるかんたんiWork（松井幹彦著）　2012.10
◇今すぐ使えるかんたんMac OS 10 Mountain Lion—Version 10.8（太木裕子著）　2012.11
◇今すぐ使えるかんたんWindows8（オンサイト, 技術評論社編集部著, 阿久津良和監修）　2012.11
◇今すぐ使えるかんたんExcel & Word 2010（技術評論社編集部, AYURA著）　2012.11
◇今すぐ使えるかんたんPhotoshop Elements 11（技術評論社編集部, リブロワークス著）　2012.12
◇今すぐ使えるかんたんパソコン家計簿　[2012]（井上香緒里著）　2012.12
◇今すぐ使えるかんたんiPhone 5入門（柳井美紀著）　2013.1
◇今すぐ使えるかんたんJimdo—無料で作るホームページ（門脇香奈子著）　2013.2
◇今すぐ使えるかんたんぜったいデキます！ パソコン超入門（井上香緒里著）　2013.3
◇今すぐ使えるかんたんExcel 2013（技術評論社編集部, AYURA著）　2013.3
◇今すぐ使えるかんたんWord 2013（技術評論社編集部, AYURA著）　2013.3
◇今すぐ使えるかんたんPowerPoint 2013（技術評論社編集部, 稲村暢子著）　2013.3
◇今すぐ使えるかんたんiPad完全（コンプリート）ガイドブック—困った解決＆便利技（リンクアップ著）　2013.4
◇今すぐ使えるかんたんExcel関数（日花弘子著）　2013.5
◇今すぐ使えるかんたんインターネット＆電子メール（技術評論社編集部, AYURA著）　2013.5
◇今すぐ使えるかんたんWord & Excel 2013（技術評論社編集部, AYURA著）　2013.6
◇今すぐ使えるかんたんビデオ編集＆DVD作り（リンクアップ著）　2013.6
◇今すぐ使えるかんたんOutlook 2013（松田真理著）　2013.7
◇今すぐ使えるかんたんぜったいデキます！ メール＆インターネット（門脇香奈子著）　2013.7
◇今すぐ使えるかんたんWi-Fi無線LAN入門ガイド（オンサイト著）　2013.7
◇今すぐ使えるかんたんパソコンLAN（リブロワークス著）　2013.8
◇今すぐ使えるかんたんぜったいデキます！ CD&DVD作り（オンサイト著）　2013.8
◇今すぐ使えるかんたんノートパソコン入門（佐々木康之著）　2013.9
◇今すぐ使えるかんたんWord & Excel & PowerPoint 2013（技術評論社編集部, AYURA, 稲村暢子著）　2013.9
◇今すぐ使えるかんたんExcelマクロ＆VBA（門脇香奈子著）　2013.10
◇今すぐ使えるかんたんWindows 8完全（コンプリート）ガイドブック—困った解決＆便利技（技術評論社編集部, AYURA著）　2013.10
◇今すぐ使えるかんたんインターネット＆メールの困った！ を今すぐ解決する本（技術評論社編集部, AYURA著）　2013.10
◇今すぐ使えるかんたんはがき・名簿・宛名ラベル（技術評論社編集部, AYURA著）　2013.11
◇今すぐ使えるかんたんPhotoshop Lightroom5RAW現像入門（北村智史著）　2013.11
◇今すぐ使えるかんたんアフィリエイト攻略スタートブック（リンクアップ著）　2013.11
◇今すぐ使えるかんたんPhotoshop Elements 12（技術評論社編集部, リブロワークス著）　2013.12

情報科学　　　　　　　　　　　　　　　　　　　　総記

◇今すぐ使えるかんたんWindows8.1（オンサイト，技術評論社編集部著）　2013.12

◇今すぐ使えるかんたんExcel文書作成（稲村暢子著）　2014.1

◇今すぐ使えるかんたん自作パソコン（リンクアップ著）　2014.2

◇今すぐ使えるかんたんAccess 2013（井上香緒里著）　2014.2

◇今すぐ使えるかんたんiPhone 5s/5c入門（柳井美紀著）　2014.3

◇今すぐ使えるかんたんiPhone5sc完全（コンプリート）ガイドブック―困った解決＆便利技（リンクアップ著）　2014.4

◇今すぐ使えるかんたんiPad完全（コンプリート）ガイドブック―困った解決＆便利技（リンクアップ著）　2014.4

◇今すぐ使えるかんたんMacBook（小原裕太著）　2014.5

◇今すぐ使えるかんたんWindows7　最新版（オンサイト著）　2014.5

◇今すぐ使えるかんたんWord 2013の困った！を今すぐ解決する本（技術評論社編集部，AYURA著）　2014.6

◇今すぐ使えるかんたんWindows 8.1完全（コンプリート）ガイドブック―困った解決＆便利技（技術評論社編集部，AYURA著）　2014.6

◇今すぐ使えるかんたんぜったいデキます！パソコン超入門（井上香緒里著）　2014.6

◇今すぐ使えるかんたんFacebookページ作成＆運営入門（リンクアップ著，斎藤哲監修）　2014.6

◇今すぐ使えるかんたんiMovie　最新2014年版（山本浩司著）　2014.6

◇今すぐ使えるかんたんiPad（田中拓也著）　2014.7

◇今すぐ使えるかんたんExcel 2013の困った！を今すぐ解決する本（技術評論社編集部，AYURA著）　2014.7

◇今すぐ使えるかんたんWindows8.1（オンサイト，技術評論社編集部著）　2014.7

◇今すぐ使えるかんたんWindowsタブレット入門（オンサイト著）　2014.8

◇今すぐ使えるかんたんOS 10 Mavericks完全攻略ガイドブック―Version 10.9（リブロワークス著）　2014.8

◇今すぐ使えるかんたんWordPress入門（富士ソフト著）　2014.9

◇今すぐ使えるかんたんEVERNOTE（リンクアップ著）　2014.10

◇今すぐ使えるかんたんOffice 2013（技術評論社編集部，AYURA，稲村暢子著）　2014.11

◇今すぐ使えるかんたんヤフオク！攻略スタートブック（リンクアップ著）　2014.12

◇今すぐ使えるかんたんネットショップ開店＆運営スタートブック（永峰英太郎著）　2014.12

◇今すぐ使えるかんたんPhotoshop Elements 13（技術評論社編集部著）　2014.12

◇今すぐ使えるかんたんOS 10 Yosemite完全攻略ガイドブック―決定版 Version 10.10（リブロワークス著）　2015.1

◇今すぐ使えるかんたんLINEライン入門（リブロワークス著）　2015.2

◇今すぐ使えるかんたんGoogleアナリティクス（プラグマティック・テクノロジーズ著）　2015.2

◇今すぐ使えるかんたんiLife ＆ iWork―iPhoto, iMovie, GarageBand, Pages, Numbers, Keynote（小原裕太著）　2015.3

◇今すぐ使えるかんたんiPad完全（コンプリート）ガイドブック―困った解決＆便利技（リンクアップ著）　2015.3

◇今すぐ使えるかんたんJimdo―無料で作るホームページ　改訂新版（門脇香奈子著）　2015.6

◇今すぐ使えるかんたんExcelピボットテーブル（きたみあきこ著）　2015.6

◇今すぐ使えるかんたんiPad（田中拓也著）　2015.6

◇今すぐ使えるかんたんMacBook完全（コンプリート）ガイドブック―困った解決＆便利技（柴田文彦, 広田稔, 外村克也著）　2015.7

◇今すぐ使えるかんたんPhotoshop Lightroom 6&CC RAW現像入門（北村智史著）　2015.8

◇今すぐ使えるかんたんホームページHTML&CSS入門（リブロワークス著）　2015.8

◇今すぐ使えるかんたんWindows10（オンサイト，技術評論社編集部著）　2015.8

◇今すぐ使えるかんたんGmail入門（AYURA著）　2015.8

◇今すぐ使えるかんたんWindows 10完全（コンプリート）ガイドブック―困った解決＆便利技（リブロワークス著）　2015.9

◇今すぐ使えるかんたんWindowsタブレット（オンサイト，技術評論社編集部著）　2015.11

◇今すぐ使えるかんたんぜったいデキます！イ

総記　　　　　　　　　　　　　　　　　　　　情報科学

ンターネット＆メール超入門（門脇香奈子著）
2015.11

◇今すぐ使えるかんたんWord 2016（技術評論社編
集部，AYURA著）　2015.11

◇今すぐ使えるかんたんExcel 2016（技術評論社編
集部，AYURA著）　2015.11

◇今すぐ使えるかんたんPowerPoint 2016（技術評
論社編集部，稲村暢子著）　2015.11

◇今すぐ使えるかんたんOutlook 2016（技術評論
社編集部，マイカ著）　2015.11

◇今すぐ使えるかんたんWord ＆ Excel 2016（技
術評論社編集部，AYURA著）　2015.11

◇今すぐ使えるかんたんPhotoshop Elements 14
（技術評論社編集部著）　2015.12

◇今すぐ使えるかんたんインターネット＆メール
（リブロワークス著）　2015.12

◇今すぐ使えるかんたんExcelマクロ＆VBA（門脇
香奈子著）　2016.1

◇今すぐ使えるかんたんExcel関数（日花弘子著）
2016.1

◇今すぐ使えるかんたんビデオ編集＆DVD作り（リ
ンクアップ著）　2016.2

◇今すぐ使えるかんたんAccess 2016（井上香緒里
著）　2016.3

◇今すぐ使えるかんたん自作パソコン（リンクアッ
プ著）　2016.5

◇今すぐ使えるかんたん大事典Windows10（オンサ
イト，阿久津良和，技術評論社編集部著）　2016.
5

◇今すぐ使えるかんたんはじめてのMacBook入門
（小原裕太著）　2016.5

◇今すぐ使えるかんたんネットワークのしくみ超
入門（網野衛二著）　2016.6

◇今すぐ使えるかんたんExcelピボットテーブル
（きたみあきこ著）　2016.6

◇今すぐ使えるかんたんWord ＆ Excel ＆ Power-
Point〈Office 2016対応版〉（技術評論社編集部，
AYURA，稲村暢子著）　2016.7

◇今すぐ使えるかんたんはがき作成（技術評論社編
集部，AYURA著）　2016.10

◇今すぐ使えるかんたんノートパソコンWin-
dows10入門（門脇香奈子著）　2016.10

◇今すぐ使えるかんたんPhotoshop Elements 15
（技術評論社編集部著）　2016.12

◇今すぐ使えるかんたんPremiere Elements 15（山
本浩司著）　2016.12

今すぐ使えるかんたんPLUS　技術評論社　2009
〜2014　⇒Ⅰ-19

◇3ステップでしっかり学ぶC# 入門（杉浦賢著）
2011.5

◇Androidアプリ大事典（佐野正弘，2106bpm，
memn0ck，mi2_303，小林健志，野々村由美，布
施繁樹，吉川英一，渡辺洋介著）　2011.9

◇iPhone（アイフォーン）アプリ大事典（芝田隆広，
オンサイト著）　2011.9

◇EVERNOTE活用大事典（仁志睦著，バウンド
編）　2012.2

◇Facebook活用大事典（横田真俊著，バウンド編）
2012.5

◇iPhone活用大事典―250の凄ワザが大集合！（佐
藤新一，いとうあき，井上真花，秋葉けんた著）
2012.6

◇Twitter活用大事典（リブロワークス著）　2012.
7

◇アフィリエイト攻略大事典―儲かる100ワザ！
（リンクアップ著）　2012.7

◇アメブローアメーバブログ―活用大事典（リンク
アップ著）　2012.8

◇Gmail活用大事典（リンクアップ著）　2012.10

◇iPad活用大事典―最新の活用技が満載！（伊藤朝
輝，佐藤新一，松村武宏，マイカ著）　2012.10

◇iPhoneアプリ大事典　2013年度版（芝田隆広，オ
ンサイト著）　2012.10

◇Mac OS10活用大事典―236の便利技が大集合！
（スタジオポルト著）　2013.1

◇Windows 8活用大事典（阿久津良和著）　2013.1

◇iPhone5活用大事典―295の凄ワザが大集合！
（伊藤朝輝，佐藤新一，松村武宏，マイカ著）
2013.3

◇Androidアプリ大事典　2013年版（鈴木友博，日
沼諭史著）　2013.3

◇HTML&CSS逆引き大事典（境祐司著）　2013.6

◇iPadアプリ大事典　2013年版（芝田隆広，永田一
八著）　2013.6

◇iPad mini活用大事典―最新の活用事例が満載！
（松村武宏，伊藤朝輝，佐藤新一，井上真花，村瀬
浩司著）　2013.8

◇ヤフオク！ 攻略大事典―儲ける94ワザ！（山口
裕一郎，リンクアップ著）　2013.10

◇iPhoneアプリ大事典　2014年版（田中拓也，芝田
隆広，永田一八著）　2013.10

◇iPhone5s/5c完全（コンプリート）大事典―激ワ

情報科学　　　　　　　　　　　　　　　　　　　　　　　　　　　総記

ザ凄ワザ裏ワザが満載！(井上真花, 伊藤朝輝,
佐藤新一, 松村武宏, 村瀬浩司著)　2014.1
◇LINE完全(コンプリート)大事典(リンクアップ
著)　2014.2
◇iPad mini/Air完全(コンプリート)大事典—便
利な活用技が満載！(村瀬浩司, 松村武宏, 井上
真花, 伊藤朝輝, 佐藤新一著)　2014.3
◇Skype完全(コンプリート)大事典(リンクアップ
著)　2014.3
◇Androidアプリ完全(コンプリート)大事典
2014年版(鈴木友博, 日沼諭史著)　2014.3
◇EVERNOTE完全(コンプリート)大事典(仁志
睦著, バウンド編)　2014.7

今すぐ使えるかんたんPLUS+　技術評論社
2014～2016
◇Googleサービス完全(コンプリート)大事典(リ
ンクアップ著)　2014.10
◇iPhoneアプリ完全(コンプリート)大事典　2015
年版(田中拓也, 阿久津良和, オンサイト著)
2014.10
◇iPadアプリ完全(コンプリート)大事典—珠玉の
アプリ900以上大収録!!(田中拓也, 阿久津良和,
オンサイト著)　2014.12
◇iPhone 6完全(コンプリート)大事典—激ワザ凄
ワザ裏ワザが満載！(秋葉けんた, 伊藤朝輝, 井上
真花, 佐藤新一, 松村武宏, 村瀬浩司著)　2015.1
◇iPhone 6 Plus完全(コンプリート)大事典—激
ワザ凄ワザ裏ワザが満載！(秋葉けんた, 伊藤朝
輝, 井上真花, 佐藤新一, 松村武宏, 村瀬浩司著)
2015.1
◇Androidアプリ完全(コンプリート)大事典
2015年版(鈴木友博, 日沼諭史著)　2015.2
◇Excel関数完全(コンプリート)大事典(日花弘子
著)　2015.5
◇iPad完全(コンプリート)大事典—基本技からプ
ロ技まで盛りだくさん！(秋葉けんた, 伊藤朝
輝, 井上真花, 佐藤新一, 松村武宏, 村瀬浩司著)
2015.9
◇Excel関数組み合わせ完全(コンプリート)大事
典(日花弘子著)　2015.9
◇Windows 10完全(コンプリート)大事典(阿久津
良和著)　2015.10
◇iPhoneアプリ完全(コンプリート)大事典　2016
年版(田中拓也, 阿久津良和, 永田一八著)　2015.
10
◇iPhone 6s/6s Plus完全(コンプリート)大事典—

知っておきたい小技&裏技が満載！(秋葉けん
た, 井上真花, 佐藤新一, 松村武宏, 村瀬浩司著)
2016.1
◇Androidアプリ完全(コンプリート)大事典
2016年版(ライターズハイ著)　2016.1
◇Dropbox & Google Drive & OneDrive & Ever-
note完全(コンプリート)大事典(リンクアップ
著)　2016.3
◇iPhoneアプリ完全(コンプリート)大事典　2017
年版(田中拓也, 永田一八著)　2016.10

今すぐ使えるかんたんmini　技術評論社　2008
～2016　⇒Ⅰ-19
◇iPhone(アイフォーン)「厳選」アプリ徹底活用
技(芝田隆広著)　2010.12
◇iPhone(アイフォーン)基本&(アンド)便利技
改訂新版(田中拓也著)　2010.12
◇PDF徹底活用ガイド—Quality Gaaiho PDF
Suite対応(クオリティソフト著)　2010.12
◇EVERNOTE基本&(アンド)便利技(リンクア
ップ著)　2011.1
◇iPod touch基本&(アンド)便利技(技術評論社
編集部著)　2011.1
◇facebook基本&(アンド)便利技(横田真俊著)
2011.1
◇Android厳選アプリ徹底活用技(佐野正弘著)
2011.1
◇iPod+iTunes基本&(アンド)便利技　2011(技
術評論社編集部著)　2011.1
◇iPad厳選アプリ徹底活用技(小原裕太著)　2011.
3
◇Twitterツイッター基本&(アンド)便利技　改
訂新版(リンクアップ著)　2011.5
◇デジカメ写真やさしくわかる整理&(アンド)活
用入門—Windows 7対応(大西すみこ著)　2011.
5
◇GoodReaderグッドリーダー基本&(アンド)便
利技(リンクアップ著)　2011.6
◇ウォークマンWALKMAN基本&(アンド)便利
技(リンクアップ著)　2011.6
◇Excel文書作成基本&便利技—Excel 2010/2007
対応(Ayura著)　2011.6
◇グーグルGoogle検索&(アンド)便利技　改訂新
版(技術評論社編集部, AYURA著)　2011.6
◇メール&インターネット基本&便利技—Win-
dows 7対応 Internet Explorer 9/Windows Live
メール対応(高橋慈子, 八木重和著)　2011.7

90　全集・叢書総目録 2011-2016

総記　　　　　　　　　　　　　　　　　　　　　　　　　　　　情報科学

◇Panasonic Lumix GF1/GF2基本＆便利ガイド
（吉田忍著）　2011.7
◇もっとじょうずに！デジタル一眼撮影ハンドブッ
ク（MOSH books著）　2011.7
◇Excelマクロ＆VBA基本技—Excel 2010/2007/
2003対応（門脇香奈子著）　2011.7
◇Wi-Fi無線LAN基本＆（アンド）便利技（リンク
アップ著）　2011.9
◇Nikon D7000基本＆（アンド）応用撮影ガイド
（長谷川丈一著）　2011.9
◇Excel関数小事典—Complete 415 Excel Func-
tions Excel 2010/2007/2003/2002/2000対応
（技術評論社編集部著）　2011.9
◇iPad基本＆（アンド）便利技—iPad/iPad 2対応
（技術評論社編集部著）　2011.10
◇デジタル一眼そこが知りたい！解決ハンドブッ
ク—今すぐわかる！ Q&A 88（工藤智道, 沢村
徹, 西村春彦, 吉住志穂, 吉森信哉著）　2011.11
◇Androidスマートフォン×Googleビジネス活用
技（リンクアップ著）　2011.11
◇FC2（ツー）ブログ基本＆（アンド）便利技（加山
恵美, エディポック著）　2011.11
◇Excel & Word 2010基本技（技術評論社編集部,
AYURA著）　2011.12
◇USBメモリー基本＆（アンド）便利技—Windows
7/Vista/XP対応 Windows7完全対応版（オンサ
イト著）　2011.12
◇ソニーα NEX-C3（スリー）基本＆（アンド）便利
ガイド（MOSH books著）　2011.12
◇図解HTML5（ファイブ）（リブロワークス著）
2011.12
◇Outlook 2010基本技（松田真理著）　2011.12
◇Google+グーグルプラス基本＆（アンド）便利技
（リンクアップ著）　2011.12
◇デジタル一眼交換レンズ基本＆（アンド）活用ガ
イド（沢村徹著）　2012.1
◇Canon EOS Kiss X5（ファイブ）基本＆（アン
ド）便利ガイド（北村智史, その江, 吉森信哉著）
2012.1
◇iPod touch基本＆（アンド）便利技—iOS 5対応
（リンクアップ著）　2012.1
◇iPhone（アイフォーン）基本＆（アンド）便利技
改訂第3版（田中拓也著）　2012.1
◇Access 2010/2007基本技（技術評論社編集部,
AYURA著）　2012.2
◇Excel 2010で困ったときの解決＆（アンド）

便利技—Windows 7対応（技術評論社編集部,
AYURA著）　2012.2
◇Word 2010で困ったときの解決＆（アンド）
便利技—Windows 7対応（技術評論社編集部,
AYURA著）　2012.2
◇パソコンで困ったときの解決＆（アンド）便利技
—Windows 7対応（技術評論社編集部, AYURA
著）　2012.2
◇PowerPoint 2010で困ったときの解決＆（アン
ド）便利技—Windows 7対応（技術評論社編集部,
AYURA著）　2012.2
◇Dropbox基本＆便利技（リンクアップ著）　2012.
5
◇Excelグラフ基本＆便利技（AYURA著）　2012.5
◇Nikon D5100基本＆応用撮影ガイド（長谷川丈一
著）　2012.5
◇Excel関数組み合わせ事典（日花弘子著）　2012.
5
◇iCloud基本＆便利技（リンクアップ著）　2012.6
◇PENTAX K-5基本＆応用撮影ガイド（長谷川丈
一著）　2012.6
◇ソニーα NEX-7基本＆応用撮影ガイド（その江,
長谷川丈一, 沢村徹著）　2012.7
◇OneNote2010基本＆便利技（松田真理著）
2012.7
◇Nikon1 V1基本＆応用撮影ガイド（北村智史, 西
村春彦, 吉森信哉著）　2012.7
◇FUJIFILM X-Pro1基本＆応用撮影ガイド（稲垣
徳文, MOSH books著）　2012.7
◇図解デジタル一眼のしくみ（永田一八, 吉田浩章
著）　2012.7
◇OLYMPUS OM-D E-M5基本＆応用撮影ガイド
（桃井一至, 編集部著）　2012.8
◇iPad基本＆便利技（リブロワークス著）　2012.8
◇Skype基本＆便利技（リンクアップ著）　2012.9
◇Excel & Word & PowerPoint 2010基本技（技術
評論社編集部著）　2012.10
◇Excel関数で困ったときの解決＆便利技（技術評
論社編集部, AYURA著）　2012.10
◇Facebook & Twitter基本＆便利技（リンクアッ
プ著）　2012.10
◇Excel & Word 2010厳選便利技（技術評論社編
集部, AYURA著）　2012.10
◇SONY α77基本＆応用撮影ガイド（MOSH books
著, 並木隆監修）　2012.12
◇Nikon D3200基本＆応用撮影ガイド（MOSH

全集・叢書総目録 2011-2016　**91**

情報科学

総 記

books著) 2012.12

◇スマホで楽しむfacebook基本＆便利技(鈴木朋子著) 2012.12

◇図解クラウド(富士ソフト著) 2012.12

◇iPod touch基本＆便利技(リンクアップ著) 2013.1

◇iPhone 5基本＆便利技―au完全対応版(田中拓也著) 2013.1

◇iPhone 5基本＆便利技―SoftBank完全対応版(田中拓也著) 2013.1

◇オリンパスPEN Lite E-PL5基本＆応用撮影ガイド(ミゾタユキ, ナイスク著) 2013.1

◇Canon EOS 7D基本＆応用撮影ガイド(並木隆, ナイスク著) 2013.2

◇Canon EOS Kiss X6i基本＆応用撮影ガイド(MOSH books, 小沢太一, 合地清晃著) 2013.2

◇iPad基本＆便利技(リブロワークス著) 2013.2

◇iPod nano基本＆便利技(リンクアップ著) 2013.3

◇iTunes 11基本＆便利技(リンクアップ著) 2013.3

◇Canon EOS M基本＆応用撮影ガイド(種清豊, ナイスク著) 2013.4

◇Nikon D800完全活用マニュアル(吉森信哉, その江著) 2013.5

◇Twitterツイッター基本＆便利技 改訂3版(リンクアップ著) 2013.5

◇EVERNOTE基本＆便利技 改訂新版(リンクアップ著) 2013.6

◇LINEライン基本＆活用技(リンクアップ著) 2013.6

◇Windowsショートカットキー徹底活用技(井上香緒里著) 2013.6

◇iPod touchで困ったときの解決＆便利技(リンクアップ著) 2013.7

◇CD&DVD作成基本＆便利技(尾崎裕子著) 2013.7

◇Outlook 2013基本技(松田真理著) 2013.8

◇Windows 8基本技(技術評論社編集部, AYURA著) 2013.8

◇Excel関数基本技(日花弘子著) 2013.8

◇Excel 2013厳選便利技(技術評論社編集部, AYURA著) 2013.8

◇PowerPoint 2013基本技(稲村暢子著) 2013.8

◇Word 2013厳選便利技(技術評論社編集部, AYURA著) 2013.8

◇Excel 2013基本技(技術評論社編集部, AYURA著) 2013.8

◇Word 2013基本技(技術評論社編集部, AYURA著) 2013.8

◇iPhone得する情報整理ワザ(OZPA著, リンクアップ編) 2013.8

◇Nikon D5200基本＆応用撮影ガイド(酒井梨恵, ナイスク著) 2013.8

◇PENTAX K-5 2/2s基本＆応用撮影ガイド(MOSH books著, 中村文夫監修) 2013.8

◇オリンパスPEN E-P5基本＆応用撮影ガイド(曽根原昇, ナイスク著) 2013.9

◇Canon EOS 5D Mark3 完全活用マニュアル(合地清晃, MOSH books著) 2013.10

◇スマホで使うEVERNOTE基本＆便利技(仁志睦著, バウンド編) 2013.10

◇USBメモリー徹底活用技(オンサイト著) 2013.10

◇オリンパスPEN Lite E-PL6基本＆応用撮影ガイド(ミゾタユキ, ナイスク著) 2013.10

◇スマホで楽しむLINE基本＆便利技(リンクアップ著) 2013.11

◇Wi-Fi無線LAN基本＆便利技 改訂新版(リンクアップ著) 2013.11

◇LUMIX GF6基本＆応用撮影ガイド(ミゾタユキ, ナイスク著) 2013.11

◇PDFビジネス徹底活用技(リンクアップ著) 2013.12

◇Nikon D600基本＆応用撮影ガイド(その江著) 2013.12

◇Nikon D7100基本＆応用撮影ガイド(並木隆, MOSH books著) 2013.12

◇Canon EOS 6D基本＆応用撮影ガイド(長谷川丈一著) 2013.12

◇iPhoneではじめる株取引(バウンド著) 2013.12

◇PENTAX Q7基本＆応用撮影ガイド(曽根原昇, ナイスク著) 2013.12

◇Canon EOS 70D基本＆応用撮影ガイド(GOTOAKI, ナイスク著) 2014.1

◇iPhone 5s/5c基本＆便利技(田中拓也著) 2014.1

◇iPhone 5s/5c基本＆便利技(田中拓也著) 2014.1

◇オリンパスOM-D E-M1基本＆応用撮影ガイド

総 記　　　　　　　　　　　　　　　　　　　　　　　　情報科学

（服部考規, ナイスク著）　2014.1

◇Excelマクロ＆VBA基本技（門脇香奈子著）
2014.1

◇iPhoneで楽しむLINE基本＆便利技（リンクアッ
プ著）　2014.2

◇Windows8＆Surface厳選アプリ徹底活用技（阿
久津良和著）　2014.2

◇Facebook困ったときの解決＆便利技（鈴木朋子
著）　2014.2

◇iPhone 5s/5c基本＆便利技（田中拓也著）　2014.
3

◇iPad　Air基本＆便利技（リブロワークス著）
2014.3

◇iPad　mini基本＆便利技（リブロワークス著）
2014.3

◇Canon EOS Kiss X7基本＆応用撮影ガイド（佐
藤かな子, ナイスク著）　2014.3

◇Canon EOS Kiss X7i基本＆応用撮影ガイド（佐
藤かな子, ナイスク著）　2014.3

◇オリンパスOM-D E-M10基本＆応用撮影ガイド
（吉住志穂, 礒村浩一, ナイスク著）　2014.4

◇ソニーαNEX-5T/5R基本＆応用撮影ガイド（清
水徹, ナイスク著）　2014.4

◇iCloud基本＆便利技（リンクアップ著）　2014.4

◇Nexus7（オンサイト著）　2014.4

◇PENTAX K-3基本＆応用撮影ガイド（酒井梨恵,
ナイスク著）　2014.5

◇Nikon　D610基本＆応用撮影ガイド（並木隆,
MOSH books著）　2014.5

◇Nikon　D5300基本＆応用撮影ガイド（MOSH
books著）　2014.5

◇facebook基本＆便利技　改訂新版（リンクアップ
著）　2014.5

◇LINE基本＆活用技　最新版（リンクアップ著）
2014.6

◇Word＆Excel 2013基本技（技術評論社編集部,
AYURA著）　2014.6

◇ScanSnap徹底活用技（芝田隆広著）　2014.6

◇Windows8.1基本技（技術評論社編集部, AYURA
著）　2014.7

◇SONY α7R＆α7基本＆応用撮影ガイド（清水
徹, ナイスク著）　2014.7

◇RICOH GR基本＆応用撮影ガイド（内田ユキオ,
ナイスク著）　2014.7

◇Word＆Excel＆PowerPoint＆Outlook 2013
基本技（技術評論社編集部, AYURA, 稲村暢子

著）　2014.7

◇LUMIX　GM基本＆応用撮影ガイド（河野鉄平,
MOSH books著）　2014.8

◇Windows8.1特選活用技（リンクアップ著）
2014.8

◇Excel 2013で困ったときの解決＆便利技（技術評
論社編集部, AYURA著）　2014.9

◇Word 2013で困ったときの解決＆便利技（技術評
論社編集部, AYURA著）　2014.9

◇Nikon D3300基本＆応用撮影ガイド（ミゾタユキ,
ナイスク著）　2014.9

◇Excel関数で困ったときの解決＆便利技（技術評
論社編集部, AYURA著）　2014.10

◇LINE＆Twitter＆Facebook基本＆便利技（リ
ンクアップ著）　2014.10

◇Windows8.1メール＆インターネット活用編（高
橋慈子, 八木重和著）　2014.10

◇Canon EOS Kiss X70基本＆応用撮影ガイド（鶴
巻育子, MOSH books著）　2014.10

◇SONY α6000基本＆応用撮影ガイド（河野鉄平,
MOSH books著）　2014.11

◇デジカメ写真やさしくわかる整理＆活用入門（大
西すみこ著）　2014.12

◇Excelグラフ基本＆便利技（AYURA著）　2014.
12

◇Excel文書作成基本＆便利技（稲村暢子著）
2014.12

◇オリンパスPEN Lite E-PL7基本＆応用撮影ガイ
ド（コムロミホ, ナイスク著）　2014.12

◇Nikon 1 V3/J4基本＆応用撮影ガイド（三井公一,
ナイスク著）　2015.1

◇デジタル一眼プロはこう撮る！撮影技
（GOTOAKI, ナイスク著）　2015.1

◇Access　2013/2010基本技（技術評論社編集部,
AYURA著）　2015.1

◇iPhone 6 10倍使える！コレだけ技─NTT do-
como版（田中拓也, オンサイト著）　2015.1

◇iPhone 6 10倍使える！コレだけ技─au版（田中
拓也, オンサイト著）　2015.1

◇iPhone 6 10倍使える！コレだけ技─SoftBank
版（田中拓也著）　2015.1

◇iPhone 6 Plus10倍使える！コレだけ技─NTT
docomo版（田中拓也, オンサイト著）　2015.1

◇iPhone 6 Plus 10倍使える！コレだけ技─au版
（田中拓也, オンサイト著）　2015.1

情報科学

総 記

◇iPhone 6 Plus10倍使える！ コレだけ技―Soft-Bank版（田中拓也著） 2015.1

◇iPad Air 2基本＆便利技（リブロワークス著） 2015.3

◇iPad mini 3基本＆便利技（リブロワークス著） 2015.3

◇LUMIX GH4基本＆応用撮影ガイド（山本一維, MOSH books著） 2015.3

◇Nikon D810完全撮影マニュアル（河野鉄平, MOSH books著） 2015.3

◇PowerPointで困ったときの解決＆便利技（AYURA著） 2015.3

◇Nikon Dfプロフェッショナル撮影ガイド（萩原俊哉, 高桑正義, ナイスク著） 2015.3

◇OLYMPUS OM-D E-M5 Mark2基本＆応用撮影ガイド（吉住志穂, 中村貴史, ナイスク著） 2015.4

◇iTunes 12基本＆便利技（リンクアップ著） 2015.5

◇Nikon D750基本＆応用撮影ガイド（上田晃司, MOSH books著） 2015.5

◇LUMIX GM5/GM1S基本＆応用撮影ガイド（コムロミホ, ナイスク著） 2015.5

◇iPod touch基本＆便利技（リンクアップ著） 2015.5

◇Canon EOS 7D Mark2基本＆応用撮影ガイド（ナイスク著） 2015.6

◇Excelピボットテーブル基本＆便利技（井上香緒里著） 2015.6

◇星空＆夜景＆花火撮影ハンドブック（中西昭雄, 川北茂貴, 金武武, MOSH books著） 2015.7

◇アメブロ基本＆便利技（リンクアップ著） 2015.7

◇デジタル一眼プロはこう撮る！ 構図技（河野鉄平, ナイスク著） 2015.8

◇Windows10基本技（技術評論社編集部, AYURA著） 2015.8

◇LINEで困ったときの解決＆便利技（リンクアップ著） 2015.8

◇Nikon D7200基本＆応用撮影ガイド（ミゾタユキ, ナイスク著） 2015.9

◇Nikon D5500基本＆応用撮影ガイド（吉森信哉, ナイスク著） 2015.9

◇Canon EOS 8000D基本＆応用撮影ガイド（中村貴史, MOSH books著） 2015.10

◇PENTAX K-S2基本＆応用撮影ガイド（IDE,

MOSH books著） 2015.10

◇ヤフーYahoo！ 基本＆便利技（AYURA著） 2015.10

◇OLYMPUS OM-D E-M10 Mark2基本＆応用撮影ガイド（桃井一至, ナイスク著） 2015.10

◇図解HTML5 & CSS3 最新版（リブロワークス著） 2015.11

◇Canon EOS M3基本＆応用撮影ガイド（久保直樹, MOSH books著） 2015.11

◇Canon EOS Kiss X8i基本＆応用撮影ガイド（種清豊, ナイスク著） 2015.12

◇FUJIFILM X-T10基本＆応用撮影ガイド（岡本洋子, 有人, ナイスク著） 2016.1

◇Word 2016基本技（技術評論社編集部, AYURA著） 2016.2

◇Excel 2016基本技（技術評論社編集部, AYURA著） 2016.2

◇Excel 2016厳選便利技（技術評論社編集部, AYURA著） 2016.2

◇Excelで困ったときの解決＆便利技（技術評論社編集部, AYURA著） 2016.2

◇Excel関数基本＆便利技（日花弘子著） 2016.2

◇Excelマクロ＆VBA基本＆便利技（門脇香奈子著） 2016.2

◇PowerPoint 2016基本技（稲村暢子著） 2016.2

◇Outlook 2016基本＆便利技（技術評論社編集部, マイカ著） 2016.2

◇iPhone 6s/6s Plus全部使える！ 150ワザ―docomo対応版（田中拓也, 永田一八, オンサイト著） 2016.2

◇iPhone 6s/6s Plus全部使える！ 150ワザ―au対応版（田中拓也, 永田一八, オンサイト著） 2016.2

◇iPhone 6s/6s Plus全部使える！ 150ワザ―Soft-Bank対応版（田中拓也, 永田一八著） 2016.2

◇iPad全部使える！ 150ワザ（リンクアップ著） 2016.2

◇Instagramインスタグラムはじめる＆楽しむガイドブック（藤田和重, ナイスク著） 2016.3

◇SONY RX100基本＆応用撮影ガイド（伴貞良, MOSH books著） 2016.3

◇Excel全（オール）関数辞典（技術評論社編集部, AYURA著） 2016.5

◇Word & Excel 2016基本技（技術評論社編集部, AYURA著） 2016.5

◇LINE基本＆活用技 改訂新版（リンクアップ著）

総記

2016.5

◇USBメモリー徹底活用技(オンサイト著) 2016.5

◇Wi-Fi無線LAN基本＆便利技(リンクアップ著) 2016.5

◇OLYMPUS PEN-F基本＆応用撮影ガイド(コムロミホ, ナイスク著) 2016.5

◇Apple Music基本＆便利技(オンサイト著) 2016.6

◇Windows10で困ったときの解決＆便利技(技術評論社編集部, AYURA著) 2016.7

◇Excelグラフ基本＆便利技(AYURA著) 2016.7

◇Access 2016基本技(技術評論社編集部, AYURA著) 2016.8

◇CD&DVD作成超入門(オンサイト著) 2016.9

◇SONY α6300基本＆応用撮影ガイド(伴貞良, MOSH books著) 2016.10

◇Excel & Word & PowerPoint 2016基本技(AYURA, 稲村暢子, 技術評論社編集部著) 2016.10

◇Windowsショートカットキー徹底活用技(リンクアップ著) 2016.10

◇Word 2016厳選便利技(AYURA著) 2016.11

◇Canon EOS 80D基本＆応用撮影ガイド(村上悠太, MOSH books著) 2016.11

◇PENTAX K-1基本＆応用撮影ガイド(種清豊, ナイスク著) 2016.12

◇スマホで楽しむLINE超入門(リンクアップ著) 2016.12

◇Nikon D500プロフェッショナル撮影ガイド(塩見徹, ナイスク著) 2016.12

◇Canon PowerShot G基本＆応用撮影ガイド(佐藤かな子, ナイスク著) 2016.12

◇Windows10厳選便利技(オンサイト著) 2016.12

◇Wordで困ったときの解決＆便利技(AYURA著) 2016.12

イラスト＆ケーススタディー PHP研究所 2013

◇よくわかる！ 情報セキュリティの基本(萩原栄幸監修, PHP研究所編) 2013.12

イラスト図解式 わかりやすさにこだわった SBクリエイティブ 2016

◇この一冊で全部わかるクラウドの基本―実務で生かせる知識が, 確実に身につく(林雅之著) 2016.8

情報科学

eラーニングを利用した情報処理基礎 金沢大学情報グループテキスト編集委員会編 学術図書出版社 2013〜2014

Windows8, Office 2013対応編 2013.4

Windows8.1, Office 2013対応編 2014.4

医療情報リテラシー 土橋朗編 政光プリプラン 2010〜2013 ⇒ I－20

演習編 上巻 第3版 2011.3

演習編 上巻 第4版 2012.3

演習編 上巻 第5版 2013.3

演習編 下巻 第3版 2011.3

演習編 下巻 第4版 2012.3

演習編 下巻 第5版 2013.3

岩波講座計算科学 宇川彰, 押山淳, 小柳義夫, 杉原正顕, 住明正, 中村春木編集 岩波書店 2012〜2013

1 計算の科学(宇川彰, 押山淳, 小柳義夫, 杉原正顕, 住明正, 中村春木著) 2013.4

2 計算と宇宙(宇川彰, 青木慎也, 初田哲男, 柴田大, 梅村雅之, 西村淳著) 2012.2

3 計算と物質(押山淳, 天能精一郎, 杉野修, 大野かおる, 今田正俊, 高田康民著) 2012.7

4 計算と生命(柳田敏雄, 木下賢吾, 笠原浩太, 木寺詔紀, 林重彦, 江口至洋, 高木周著) 2012.9

5 計算と地球環境(住明正, 露木義, 河宮未知生, 木本昌秀著) 2012.4

6 計算と社会(杉原正顕, 高安美佐子, 和泉潔, 佐々木顕, 杉山雄規著) 2012.6

別巻 スーパーコンピュータ(小柳義夫, 中村宏, 佐藤三久, 松岡聡著) 2012.3

インターネット社会を生きるための情報倫理 情報教育学研究会(IEC)・情報倫理教育研究グループ著 実教出版 2011〜2012

2011(情報books plus！) 2011.2

2012(情報books plus！) 2012.2

インターフェースspecial CQ出版 2013〜2016

◇お手軽ARMコンピュータラズベリー・パイでI/O(インターフェース編集部編) 2013.4

◇LinuxガジェットBeagleBone BlackでI/O(インターフェース編集部編) 2014.3

◇スマホでI/O！myアダプタ全集(インターフェース編集部編) 2014.4

◇ブラウザでお絵描きI/O！ Node-REDで極楽コ

全集・叢書総目録 2011-2016 **95**

ンピュータ・プログラミング—あのラズベリー・パイもこのラズベリーパイもサクサク動かせる！（桑野雅彦著）　2016.5

インターフェースzero　CQ出版　2012〜2013

no.1　やさしい組み込みCプログラミング（Interface編集部編）　2012.3

no.2　マイコンの仕組みとプログラミング（Interface編集部編）　2012.7

no.3　OSで楽チン！32ビット・マイコン開発（Interface編集部編）　2012.9

no.4　Hello Worldから始めるFPGA入門（三好健文著, Interface編集部編）　2013.1

No.05　ラズベリー・パイで作る手のひらLinuxパソコン—キーボード/モニタ/DVD/カメラをつないでLet'sプログラミング（“ゼロ”から学び, プログラミングを楽しもう）（中村文隆著）　2013.9

インターフェース・デザイン・シリーズ　CQ出版　2011〜2013

◇USB 3.0設計のすべて—規格書解説から物理層のしくみ, 基板・FPGA・ソフトウェア設計, コンプライアンス・テストまで（野崎原生, 畑山仁, 永尾裕樹編著）　2011.10

◇高速ビデオ・インターフェースHDMI & DisplayPortのすべて—4K2K高精細画像データを10Gbps超で伝送できる（長野英生著）　2013.8

インタフェースデザインの心理学　オライリー・ジャパン　2016

続　ウェブやアプリに新たな視点をもたらす+100の指針（Susan Weinschenk著, 武舎広幸, 武舎るみ, 阿部和也訳）　2016.8

Informatics & IDEA　SBクリエイティブ　2015〜2016

◇土日でわかるPHPプログラミング教室—短期集中講座（吉谷愛著）　2015.12

◇入門SEOに効くWebライティング—サイトの価値を高める正しいコンテンツの作り方 集客力をアップする60のレッスン！（宮嵜幸志, 中島健治, 石村浩延著）　2015.12

◇ゲームプランナー集中講座—ゲーム創りはテンポが9割（吉沢秀雄著）　2015.12

◇かんたんだけどしっかりわかるExcelマクロ・VBA入門—短時間で身につく忙しい人のためのエクセルの教科書（古川順平著）　2016.2

◇確かな力が身につくPython「超」入門（鎌田正浩著）　2016.3

◇本気ではじめるiPhoneアプリ作り—黒帯エンジニアがしっかり教える基本テクニック（ヤフー黒帯シリーズ）（西磨翁著）　2016.3

◇Amazon Web Servicesクラウドネイティブ・アプリケーション開発技法—一番大切な知識と技術が身につく The Best Developers Guide of AWS for Professional Engineers（佐々木拓郎監著, 佐藤瞬, 石川修, 高柳怜士, 佐藤雄也, 岸本勇貴著）　2016.4

◇この一冊で全部わかるサーバーの基本（イラスト図解式）（きはしまさひろ著）　2016.4

◇この一冊で全部わかるネットワークの基本（イラスト図解式）（福永勇二著）　2016.4

◇基本からしっかり身につくAndroidアプリ開発入門—プロが本気で教えるアプリ作りの基本「技」（ヤフー黒帯シリーズ）（森洋之著）　2016.8

◇確かな力が身につくPHP「超」入門（松浦健一郎, 司ゆき著）　2016.10

◇データを集める技術—最速で作るスクレイピング&クローラー（佐々木拓郎著）　2016.12

◇本気ではじめるiPhoneアプリ作り—黒帯エンジニアがしっかり教える基本テクニック（ヤフー黒帯シリーズ）（西磨翁著）　2016.12

インフラエンジニアの教科書　シーアンドアール研究所　2016

2　スキルアップに効く技術と知識（佐野裕著）　2016.9

インプレスR&Dインターネットメディア総合研究所「OnDeck調査レポートシリーズ」　インプレスR&Dインターネットメディア総合研究所　2012〜2013

◇電子書籍ストア利用動向調査—OnDeck 2012年9月調査版（OnDeck編集部編）　2012.10

◇電子書籍ストア利用動向調査—OnDeck 2012年12月調査版（OnDeck編集部編）　2013.1

インプレスR&Dインターネットメディア総合研究所「新産業技術レポートシリーズ」　インプレスR&Dインターネットメディア総合研究所　2009〜2013　⇒Ⅳ−521

◇ソースコード付き〈デジタル放送対応〉BMLブラウザ実装ハンドブック（テレビ朝日メディアプレックス監修, 田中賢一郎著）　2009.11

◇日米欧のスマートグリッド政策と標準化動向

総 記　　　　　　　　　　　　　　　　　　　　　　　　　　　情報科学

2010（新井宏征, 埋田奈穂子著）　2009.12

◇iPhoneアプリヒットコンテンツ調査報告書
2010（高木利弘, 松木英一, 藤本裕之著）　2010.
4

◇Android開発最新動向レポート　2010（日本
Androidの会編著）　2010.5

◇クアルコムの次世代プラットフォーム戦
略 —LTE/Android/Snapdragon/Brew　MP/
MediaFLO　2010（平野正喜著）　2010.6

◇組込みAndroid技術動向レポート—セットトッ
プボックスからカーナビまで組込み機器に広
がるAndroid　2010（Open Embedded Software
Foundation監修, 福田昌弘著, インターネットメ
ディア総合研究所編）　2010.7

◇IPTV用の新標準「LIME」ハンドブック—BML
を拡張しHTML5のサブセットを目指す汎用仕様
2010（川森雅仁著）　2010.9

◇電子出版文書フォーマット技術動向調査報告書—
EPUB, XMDFをはじめとする18フォーマット
徹底解説　2010-2011（イースト監修, インター
ネットメディア総合研究所編）　2010.9

◇HTML5技術動向調査報告書—次世代ウェブを創
る標準技術の全容とベンダーの取り組み　2011
（矢倉真隆, 古籏一浩, 小松健作著）　2010.11

◇世界のLTE最新動向—サービス/料金体系/キャ
リア動向/周波数利用/標準化　2011（飯塚留美,
武田まゆみ, 深沢香代子著）　2010.12

◇iOS/Android対応アプリ開発ツール「Corona
SDK」ハンドブック　2011（山本直也, 坂本俊
之, 藤川佑介著）　2011.1

◇標準化/特許/知的財産戦略　2011（平松幸男, 小
町祐史著）　2011.6

◇Wi-Fiネットワーク最新技術動向—世界のWi-Fi
スポット/Wi-Fiオフロード/スーパーWi-Fi/メ
ッシュネットワーク（802.11s）/スマートグリッ
ド　2012（岸田重行, 迫田和之, 古川浩著）　2012.
2

◇iPhone・iPadヒットアプリ調査報告書—App
Store全22カテゴリーの分析と傾向・ランキング
データ付属　2012（高木利弘著, インターネット
メディア総合研究所編）　2012.4

◇スマートTV時代のマルチメディア言語「LIME」
の最新動向—豊富なサンプルコード（アプリケー
ション事例）付き　2012（川森雅仁著）　2012.4

◇次世代網を実現するOpen Flow技術最新動向—
活発化するONFの標準化活動とOpenFlow製品

の開発　2013（関谷勇司, 岩田淳, 佐宗大介, 下
条真司, 河合栄治著）　2012.10

◇ワイヤレス電力伝送（WPT）技術の最新動向—
活発化するWPC/A4WP/IECからBWFまでの
標準化活動を網羅　2013（庄木裕樹著）　2013.2

**インプレスR&Dインターネットメディア総合研
究所「新産業調査レポートシリーズ」**　インプ
レスR&Dインターネットメディア総合研究所
2009〜2013　⇒Ⅳ−522

◇世界のモバイルキャリア戦略調査報告書—20か
国の電波政策と34社の国際事業展開　2010（マ
ルチメディア振興センター電波利用調査部著）
2009.11

◇レンタルサーバー調査報告書　2010（インター
ネットメディア総合研究所著）　2009.11

◇電子黒板・学校ICT化の将来展望　2009.12

◇Salesforceプログラミングバイブル　改訂新版
（ウェブインパクト著）　2009.12

◇スマートフォン利用動向調査報告書　2010
2009.12

◇ケータイ利用動向調査—クロス集計データ付属
2010 企業利用編　2009.12

◇ケータイ利用動向調査—クロス集計データ付属
2010 企業モバイルウェブサイト編　2009.12

◇ケータイ利用動向調査—クロス集計データ付属
2010 個人利用：コンテンツ・ウェブサイト編
2009.12

◇ケータイ利用動向調査—クロス集計データ付属
2010 個人利用：キャリア・端末編　2009.12

◇世界の電子ブックリーダー調査報告書—Amazon
Kindleをはじめとする34機種の仕様とファイル
フォーマット　2010（イースト著）　2010.1

◇世界のモバイルアプリマーケットプレース調査
報告書—App Store、Android Marketが拓くコ
ンテンツ流通革命　2010　2010.2

◇CSAクラウド・セキュリティ・ガイダンス—日
本語版（Cloud Security Alliance著, ASP・SaaS
インダストリ・コンソーシアム訳）　2010.3

◇SEO/SEM事業者比較調査報告書　2010（世良裕
之著）　2010.3

◇米国の電子書籍産業動向調査報告書　2010（イン
ターネットメディア総合研究所編）　2010.5

◇インターネット利用動向調査　2010 企業ウェブ
サイト編（インターネットメディア総合研究所
編）　2010.6

◇インターネット利用動向調査　2010 企業利用編

全集・叢書総目録 2011-2016　**97**

（インターネットメディア総合研究所編） 2010.
6

◇データセンター調査報告書 2010（インプレスビ
ジネスメディアデータセンター完全ガイド編集
部監修, インターネットメディア総合研究所編）
2010.6

◇日米中ソーシャルアプリビジネス調査報告書
2010（沢紫臣監修, インターネットメディア総合
研究所編, 沢紫臣, 関直幸, 西田光毅著） 2010.6

◇インターネット利用動向調査 2010 個人利用編
（インターネットメディア総合研究所編） 2010.
6

◇電子コミックビジネス調査報告書 2010（高木
利弘著, インターネットメディア総合研究所編）
2010.7

◇電子書籍ビジネス調査報告書 2010 ケータイ・
PC編（高木利弘著, インターネットメディア総
合研究所編） 2010.7

◇電子書籍ビジネス調査報告書 2010 新プラット
フォーム編（インプレスR&Dインターネットメ
ディア総合研究所編） 2010.7

◇米国電子出版DAM/DAD事業者調査報告書—
急成長する電子出版支援ビジネス16社の概要
2011（インプレスR&Dインターネットメディア
総合研究所編） 2010.9

◇ARビジネス調査報告書—急伸する日米欧の拡張
現実感サービスとプレイヤーの最新動向 2011
（日立コンサルティング著） 2010.10

◇位置情報連動型ビジネス調査報告書—エンタメ
から生活情報までジオメディアが切り拓く新世
代ネットサービス 2011（三好雅士, 関治之著）
2010.10

◇世界のモバイルキャリア戦略調査報告書 2011
（マルチメディア振興センター電波利用調査部
著） 2010.11

◇スマートフォン利用動向調査報告書 2011
2010.12

◇ケータイ利用動向調査—ローデータ付属 2011
企業利用編（インターネットメディア総合研究所
編） 2010.12

◇世界の動画配信ビジネス調査報告書—Hulu、
Netflixなど35サービスの現状分析とApple TV、
Google TVの最新動向 2011（高木利弘, 清水計
宏著） 2010.12

◇ケータイ利用動向調査—ローデータ付属 2011
個人利用編（インターネットメディア総合研究所
編） 2010.12

◇世界の電子ブックリーダー調査報告書—タブレッ
ト端末で激変する業界の最新動向と66機種の全
仕様 2011（藤原隆弘著） 2011.1

◇世界のモバイルアプリ市場調査報告書—激化す
るApp store、Android marketのプラットフォー
ム競争 2011（佐々木陽監修, インターネットメ
ディア総合研究所編） 2011.3

◇iPadヒットアプリ調査報告書—人気アプリから
展望するタブレット時代のデジタルコンテンツビ
ジネス 2011（高木利弘, 松木英一著, インター
ネットメディア総合研究所編） 2011.3

◇クラウド環境におけるアイデンティティ管理ガイ
ドライン—内部統制に対応した統合ID管理の計
画から導入まで（日本ネットワークセキュリティ
協会標準化部会セキュリティにおけるアイデン
ティティ管理ワーキンググループ編） 2011.4

◇インターネット個人利用動向調査—ローデータ
付属 2011（インターネットメディア総合研究所
編） 2011.6

◇米国電子書籍ビジネス調査報告書—日本を超え
る急成長を遂げた電子出版産業の全貌 2011（イ
ンターネットメディア総合研究所編） 2011.6

◇電子コミックビジネス調査報告書 2011
（OnDeck編集部監修, インターネットメディア
総合研究所編） 2011.7

◇電子書籍ビジネス調査報告書 2011（OnDeck編
集部監修, インターネットメディア総合研究所
編） 2011.7

◇中国電子書籍ビジネス調査報告書 2011（寺田真
治著） 2011.7

◇ソーシャルメディア調査報告書—市場動向/事
業者紹介/ユーザー調査—クロス集計データ付属
2011（インターネットメディア総合研究所編, 太
駄健司, 西田光毅, 沢紫臣著） 2011.8

◇データセンター調査報告書 2011（インプレスビ
ジネスメディア完全ガイド編集部監修, インター
ネットメディア総合研究所編） 2011.8

◇企業ソーシャルメディア利用動向調査報告書—
注目活用事例と企業担当者1000人調査—クロス
集計データ付属 2011（インターネットメディア
総合研究所編, 太駄健司, インターネットメディ
ア総合研究所著） 2011.9

◇クラウドコンピューティングにおけるセキュリ
ティリスク 2011（勝見勉, 石田淳一著） 2011.
10

◇米国アマゾンのデジタルコンテンツビジネス戦

略—Kindle Fireで加速するAmazon. comのメディア事業—電子書籍、映像、音楽など　2012（インターネットメディア総合研究所編）　2011.10

◇スマートフォン/ケータイ利用動向調査—ローデータ　2012 企業利用編（インターネットメディア総合研究所編）　2011.11

◇EPUBによる電子出版ビジネスソリューション調査報告書—EPUB 3が可能にする新しい用途と制作環境　2012（藤原隆弘著, OnDeck編集部編）　2011.11

◇世界のスマートフォン市場動向調査報告書—国別市場概況とグローバルメーカー・キャリアの戦略分析　2012（マルチメディア振興センター電波利用調査部著）　2011.11

◇スマートフォン/ケータイ利用動向調査—ローデータ　2012 個人利用編（インターネットメディア総合研究所編）　2011.11

◇スマートフォン利用動向調査報告書　2012（MCPCスマートフォン推進委員会監修, インターネットメディア総合研究所編）　2011.12

◇位置情報連動型ビジネス調査報告書　2012（関治之, さかいとわこ, 鈴木まなみ著）　2011.12

◇タブレット端末利用動向調査報告書　2012（MCPCスマートフォン推進委員会監修, インターネットメディア総合研究所編）　2011.12

◇Android利用動向調査報告書　2012（インターネットメディア総合研究所編）　2012.1

◇スマートフォン時代の世界のアプリ市場調査報告書　2012（佐々木陽監修, 佐々木陽, 石野純也, 野田順義, 水野政司, インターネットメディア総合研究所著, インターネットメディア総合研究所編）　2012.2

◇世界のモバイルキャリア戦略調査報告書　2012（マルチメディア振興センター電波利用調査部著）　2012.3

◇電子雑誌ビジネス調査報告書—米国の最先端事例にみるデジタルマガジンの将来展望　2012（インターネットメディア総合研究所編）　2012.5

◇インターネット個人利用動向調査—ローデータ付属　2012（インターネットメディア総合研究所編）　2012.6

◇電子書籍ビジネス調査報告書　2012（インターネットメディア総合研究所編）　2012.7

◇データセンター調査報告書　2012（[インプレスビジネスメディア]データセンター完全ガイド監修, インターネットメディア総合研究所編）　2012.8

◇ソーシャルメディア調査報告書　2012（インターネットメディア総合研究所編, 公文紫都, 高柳慶太郎, 沢紫臣, インターネットメディア総合研究所著）　2012.8

◇アカデミッククラウド調査報告書　2012（吉岡信和, 棟朝雅晴, 本橋賢二, 西村一彦, 谷沢智史, 横山重俊著）　2012.8

◇電子コミックビジネス調査報告書　2012（インターネットメディア総合研究所編）　2012.9

◇世界のスマートフォン＆タブレット市場動向調査報告書—国別市場概況とグローバルメーカーの戦略分析　2013（マルチメディア振興センター電波利用調査部著）　2012.9

◇NFCビジネス最新動向調査報告書　2013（星暁雄著, インターネットメディア総合研究所編）　2012.10

◇スマートフォン/ケータイ利用動向調査2013ローデータ　個人利用編（インターネットメディア総合研究所編）　2012.11

◇スマートフォン/ケータイ利用動向調査2013データ集　個人キャリア端末編（インターネットメディア総合研究所編）　2012.11

◇スマートフォン/ケータイ利用動向調査2013データ集　個人コンテンツアプリ編（インターネットメディア総合研究所編）　2012.11

◇位置情報ビジネス調査報告書　2013（関浩之, 鈴木まなみ, 藤沢幸生著, インターネットメディア総合研究所編）　2012.11

◇ソーシャルコマース調査報告書　2013（インターネットメディア総合研究所編）　2012.11

◇LINE利用動向調査報告書　2013（公文紫都著, インターネットメディア総合研究所編）　2012.11

◇スマートフォン/タブレット利用動向調査2013データ集　企業利用編（インターネットメディア総合研究所編）　2012.11

◇スマートフォン/タブレット利用動向調査2013ローデータ　企業利用編（インターネットメディア総合研究所編）　2012.11

◇スマートフォン利用動向調査報告書　2013（MCPCスマートモバイル活用委員会監修, インターネットメディア総合研究所編）　2012.12

◇タブレット利用動向調査報告書　2013（MCPCスマートモバイル活用委員会監修, インターネットメディア総合研究所編）　2012.12

情報科学

◇動画配信ビジネス調査報告書　2013（甲斐祐樹著，インターネットメディア総合研究所編）　2013.2

◇米国アマゾンのデジタルコンテンツビジネス戦略　2013（インターネットメディア総合研究所編）　2013.2

◇世界のモバイルキャリア戦略調査報告書　2013（マルチメディア振興センター電波利用調査部著，インターネットメディア総合研究所編）　2013.3

◇O2Oビジネス調査報告書　2013（鈴木まなみ，前川純一著，インターネットメディア総合研究所編）　2013.3

インプレスR&D<next publishing>　インプレスR&D　2012〜2016

◇DSP/RTBオーディエンスターゲティング入門―ビッグデータ時代に実現する「枠」から「人」への広告革命（New thinking and new ways）（横山隆治，菅原健一，楳田良輝著）　2012.5

◇日本の電子出版を創ってきた男たち―この声を聞かずして、電子出版を語るなかれ。（OnDeck books）（OnDeck編集部編）　2012.5

◇黒船特許の正体―Apple、Amazon、Googleの知財戦略を読み解く（OnDeck books）（松倉秀実著）　2012.6

◇知らないと始められない電子出版最新用語集（OnDeck books）（hon.jp著，OnDeck編集部編）　2012.9

◇オープンクラウド入門―CloudStack、OpenStack、OpenFlow、激化するクラウドの覇権争い（Cloudシリーズ）（林雅之著）　2012.9

◇モチベーションを科学する―チームメンバーの成長欲求を引き出す12の法則（IT leader books）（大塚雅樹著）　2012.9

◇APT対策入門―新型サイバー攻撃の検知と対応（Security series）（日本セキュリティ監査協会，APTによる攻撃対策と情報セキュリティ監査研究会編）　2012.10

◇インターネット・サイエンスの歴史人物館―情報通信技術の礎を築いた科学者たち（New thinking and new ways）（岩山知三郎著）　2012.10

◇日本人が知らない中国インターネット市場―2011.11-2012.10 現地発ITジャーナリストが報告する5億人市場の真実（New thinking and new ways）（山谷剛史著）　2012.11

◇テレビのIT革命―ソーシャルTVとスマートTV

が切り拓く新市場　上　欧米先進企業の挑戦（New thinking and new ways）（清水計宏著）　2012.11

◇電子書籍端末の最新技術―Kindle、koboの読書機能から次世代端末に求められる要素技術まで（New thinking and new ways）（藤原隆弘著）　2012.12

◇ロンドン五輪でソーシャルメディアはどう使われたのか―データで読むソーシャリンピック元年（New thinking and new ways）（野々下裕子著）　2012.12

◇アプリビジネスで転ばないためのスマートフォンプライバシーの基礎知識（New thinking and new ways）（寺田真治著）　2012.12

◇プロフェッショナルのためのGoogleアナリティクス完全マニュアル―ver.5対応版（New thinking and new ways）（衣袋宏美著）　2012.12

◇米国モバイル通信市場アウトルック　2013（New thinking and new ways）（前田正明著）　c2013

◇情報セキュリティ内部監査の教科書（Security series）（日本セキュリティ監査協会編）　2013.2

◇日本のITなんか変？―次世代のデジタル産業を担う若者たちへ（IT leader books）（木内里美著）　2013.2

◇出版・商業印刷物製作の必要知識（OnDeck books）（古殿竜夫編著）　2013.2

◇キャンパス経由ブラジル行き―大学サッカープレーヤーが語るJリーグ、そして世界への道（OnDeck books）（飯嶋玲子著・撮影, オフィスNID編）　2013.2

◇"ダメ老人"観察記―福祉の美名に乗じる、驚くべき老人たち（OnDeck books）（川本鉄馬編著）　2013.2

◇懸賞応募はビジネスだ！―ビジネス感覚で取り組めば、ネットでウハウハ懸賞生活（OnDeck books）（松本真司編著）　2013.2

◇編集漂流記（OnDeck books）（神谷竜介編著）　2013.2

◇デジタル世代の伝統文化入門―伝統文化の本質は遊びにあり（OnDeck books）（田村信幸編著）　2013.2

◇おとなのIT法律事件簿―弁護士が答えるネット社会のトラブルシューティング（New thinking and new ways）（蒲俊郎著）　2013.3

◇企業システムのためのパブリッククラウド入門―主要ベンダ11社を徹底紹介（Cloudシリーズ）（加藤章著）　2013.3

総 記　　　　　　　　　　　　　　　　　　　　　　　　　　　　　　　　　情報科学

◇Visual BasicによるKinect基本プログラミング
　—センサーを使ったアプリ開発を学ぶ（Think it
　books）（薬師寺国安著）　2013.3
◇ひと目で伝わる！ ワンランク上のグラフ作成術
　（Web-tan books）（衣袋宏美著）　2013.3
◇調査統計データのリテラシー超入門（Web-tan
　books）（衣袋宏美著）　2013.3
◇これからの「教育」の話をしよう—教育改革×
　ソーシャル力（New thinking and new ways）（学
　校広報ソーシャルメディア活用勉強会編）　2013.
　5
◇DMP入門—顧客を知るためのデータマネジメ
　ントプラットフォーム（New thinking and new
　ways）（横山隆治, 菅原健一, 草野隆史著）　2013.
　5
◇クラウド環境におけるアイデンティティ管理ガ
　イドライン—内部統制に対応した統合ID管理の
　計画から導入まで。（Security series）　改訂新版
　（日本ネットワークセキュリティ協会アイデン
　ティティ管理ワーキンググループ編）　2013.6
◇電子書籍ストア利用動向調査—OnDeck 2013年
　4月調査版（OnDeck books）（OnDeck編集部編）
　2013.6
◇クラウドソーシングの衝撃—雇用流動化時代の働
　き方・雇い方革命（New thinking and new ways）
　（比嘉邦彦, 井川甲作著）　2013.7
◇「電子書籍に関する公立図書館での検討状況
　のアンケート」実施報告書—公立図書館電子書
　籍サービスをめぐる、今後の期待と課題を分析
　（Research report）（電子出版制作・流通協議会
　著）　2013.8
◇iPadでは物足りない人のためのNexus7スピード
　入門—Nexus7（2012）/（2013）・Android4.3対応
　（New thinking and new ways）（塩田紳二著）
　2013.9
◇日本のICT教育にもの申す！—教育プラットフ
　ォームによる改革への提言（New thinking and
　new ways）（関島章江著）　2013.9
◇CloudStack実践ガイド　前編（Cloudシリーズ）
　（大削緑著）　2013.9
◇Adobe JavaScriptリファレンス（New thinking
　and new ways）（古籏一浩著）　2013.10
◇CloudStack実践ガイド　後編（Cloudシリーズ）
　（大削緑著）　2013.10
◇仕事で使う人のためのNexus7セキュリティ入門
　—BYOD時代のタブレットセキュリティガイド
　（New thinking and new ways）（塩田紳二著）

　2013.11
◇MacでWindowsを使う本（New thinking and
　new ways）（向井領治著）　2013.11
◇Internet of Everythingの衝撃—IoT/M2M基盤
　上で人・モノ・データ・プロセスがつながる（Cisco
　シリーズ）（シスコシステムズ合同会社IoTイン
　キュベーションラボ著）　2013.12
◇SDNの実践技術（Interop Tokyoセミナー）（伊勢
　幸一, 浅羽登志也, 高添修, 小松康二著）　2013.
　12
◇ASTERIA WARP基礎と実践—データ連携ソフ
　トのデファクトスタンダードこれ1冊で早わか
　り！（New thinking and new ways）（インフォ
　テリア著）　2013.12
◇イーサネットファブリックとOpenFlow（Interop
　Tokyoセミナー）（濤川慎一, 小宮崇博著）　2013.
　12
◇テレビのIT革命　中　スマートTVをめぐる韓
　国・中国メーカーの攻防（New thinking and new
　ways）（清水計宏著）　2013.12
◇HTMLとCSS, JavaScriptで作る、リッチな
　iBooks電子書籍（OnDeck books）（久松慎一著）
　2014.1
◇ITの正体—なぜスマホが売れると、クルマが売れ
　なくなるのか？（New thinking and new ways）
　（湧川隆次, 校条浩著）　2014.1
◇オープンデータ超入門（New thinking and new
　ways）（林雅之著）　2014.2
◇テレビのIT革命　下　次世代テレビ市場へ挑む
　日本メーカー（New thinking and new ways）（清
　水計宏著）　2014.2
◇1日で読めてわかるTCP/IPのエッセンス（New
　thinking and new ways）（榊正憲著）　2014.3
◇実践クラウドソーシング—アイデア・発想をす
　ぐビジネスにするためのオンライン人材活用術
　（New thinking and new ways）（比嘉邦彦監修,
　松浦拓平, 吉村恭輔, 後藤匠, 井川甲作著）　2014.
　3
◇位置情報ビッグデータ—ウェアラブルコンピュー
　ティング時代を切り拓く（New thinking and new
　ways）（神武直彦, 関治之, 中島円, 古橋大地, 片
　岡義明著）　2014.3
◇OpenStack Swiftによるオブジェクトストレージ
　入門（Cloudシリーズ）（山県陽著）　2014.3
◇Objective-Cの要点—iOSアプリ開発の基本中の
　基本（New thinking and new ways）（柴田文彦
　著）　2014.4

全集・叢書総目録 2011-2016　　101

情報科学　　　　　　　　　　　　　　　　　　　　　　　　　　　　　　　　　総記

◇SDN/OpenFlowで進化する仮想ネットワーク入門（Cloudシリーズ）　改訂新版（伊勢幸一著）2014.4

◇挫折のすすめ―成功と誤算のネット起業家半生記（New thinking and new ways）（平石郁生著）2014.4

◇ExtendScript　Toolkit　（ESTK）―Adobe JavaScript開発の必須ツール　基本編（Adobe JavaScriptシリーズ）（古籏一浩著）　2014.4

◇ゲームを作りながら楽しく学べるHTML5+CSS+JavaScriptプログラミング（New thinking and new ways）（田中賢一郎著）　2014.5

◇文具王・高畑正幸とカラクリ大好き・大谷和利が見つけた3DプリンタCellPの楽しみ方―デスクトップ・ファクトリーの時代がやってきた（New thinking and new ways）（高畑正幸, 大谷和利著）　2014.5

◇日本人が知らない中国ネットトレンド―スマートデバイスの普及動向からネット言論規制まで2014（New thinking and new ways）（山谷剛史著）　2014.5

◇おとなが読んで・知って・まもるこどもiPad（New thinking and new ways）（吉田メグミ著）　2014.6

◇20代からの独立論　前編（New thinking and new ways）（公文紫都著）　2014.6

◇20代からの独立論　後編（New thinking and new ways）（公文紫都著）　2014.7

◇今、見直すCSS―ネット時代の、これから始めるプログラミング　文書のスタイル制御のはじめの一歩（林拓也著）　2014.8

◇今、見直すHTML―ネット時代の、これから始めるプログラミング　文書マークアップのはじめの一歩（林拓也著）　2014.8

◇Microsoft Azureへの招待（New thinking and new ways）（日本マイクロソフト著）　2014.8

◇楽しいプログラミング―オブジェクト指向言語Rubyを使って（New thinking and new ways）増補改訂新版（小波秀雄, 丸野由希著）　2014.9

◇自動車ビッグデータでビジネスが変わる！―プローブカー最前線（New thinking and new ways）（杉浦孝明, 佐藤雅明著）　2014.9

◇花のパソコン道―パソコンでいきいきライフ―熟年さんのパソコン物語（New thinking and new ways）（若宮正子著）　2014.9

◇Linuxコマンドライン入門―ネット時代の、これから始めるプログラミング　1日目（大津真著）2014.9

◇Linuxコマンドライン入門―ネット時代の、これから始めるプログラミング　2日目（大津真著）2014.9

◇Linuxコマンドライン入門―ネット時代の、これから始めるプログラミング　3日目（大津真著）2014.9

◇Linuxコマンドライン入門―ネット時代の、これから始めるプログラミング　4日目（大津真著）2014.9

◇オンラインビデオ広告入門―テレビCMを超える！　クロスデバイス時代のコンテンツ新戦略（New thinking and new ways）（横山隆治, 楳田良輝, 栄枝洋文, 松矢順一著）　2014.10

◇「花子とアン」のふるさとから―夫婦で歩く馬込文士村ガイド（New thinking and new ways）（佐山一郎, 佐山真理子著）　2014.10

◇インターネット私史―その礎を築いた友たちへ（New thinking and new ways）（高橋徹著）2014.11

◇米光一成ブックレビュー　vol.1　新刊めったくたガイド 2005年編（New thinking and new ways）（米光一成著）　2014.11

◇米光一成ブックレビュー　vol.2　新刊めったくたガイド 2006年編（New thinking and new ways）（米光一成著）　2014.11

◇Linuxコマンドライン入門―ネット時代の、これから始めるプログラミング　5日目（大津真著）2014.11

◇Linuxコマンドライン入門―ネット時代の、これから始めるプログラミング　6日目（大津真著）2014.11

◇闘技場の人（サヤマ・ペーパーバックス Digital remastered 1）（佐山一郎著）　2014.12

◇Illustrator自動化　基本編（Adobe JavaScriptシリーズ）（古籏一浩著）　2014.12

◇みおふぉん公式ガイド　iPhone編（New thinking and new ways）（向井領治著, インターネットイニシアティブ監修）　2015.1

◇「ブレない」自分のつくり方―格差時代のサバイバル読書術（サヤマ・ペーパーバックス Digital remastered 2）（佐山一郎著）　2015.2

◇『テクニウム』を超えて―ケヴィン・ケリーの語るカウンターカルチャーから人工知能の未来まで（Next vision）（ケヴィン・ケリー［述］, 服

部桂インタビュー・構成） 2015.3

◇6日間で楽しく学ぶLinuxコマンドライン入門—コマンドラインは恐くない ネット時代の、これから始めるプログラミング（大津真著） 2015.4

◇私、神人（カミンチュ）の「たまご」なんです。—押し掛け旦那は、ワガママな3人の"神様"（Next pleasure）（とよみ作） 2015.4

◇仕事で使える！ Googleドキュメント—Chromebookビジネス活用術（仕事で使える！ シリーズ）（深川岳志著, 佐藤芳樹監修） 2015.4

◇仕事で使える！ Googleスプレッドシート—Chromebookビジネス活用術（仕事で使える！ シリーズ）（丹羽国彦著, 佐藤芳樹監修） 2015.4

◇仕事で使える！ Googleカレンダー—Chromebookビジネス活用術（仕事で使える！ シリーズ）（佐藤芳樹著） 2015.4

◇Photoshop自動化 基本編（Adobe JavaScriptシリーズ）（古籏一浩著） 2015.4

◇内部不正対策14の論点（New thinking and new ways）（日本ネットワークセキュリティ協会組織で働く人間が引き起こす不正・事故対応ワーキンググループ編） 2015.5

◇未来を変える通貨—ビットコイン改革論（New thinking and new ways）（斉藤賢爾著） 2015.5

◇仕事で使える！ Googleフォーム—webフォーム＆アンケート活用術（仕事で使える！ シリーズ）（丹羽国彦著, 佐藤芳樹監修） 2015.5

◇仕事で使える！ Gmail—クラウドメール徹底活用術（仕事で使える！ シリーズ）（深川岳志著, 佐藤芳樹監修） 2015.5

◇極道乱れ恋唄—仁義なき恋愛抗争 護崎竜牙編 シリーズ1 静かなる男（Next pleasure）（松雪綾著） 2015.5

◇極道乱れ恋唄—仁義なき恋愛抗争 護崎竜牙編 シリーズ2 兆候（Next pleasure）（松雪綾著） 2015.5

◇極道乱れ恋唄—仁義なき恋愛抗争 護崎竜牙編 シリーズ3 極道の女（Next pleasure）（松雪綾著） 2015.5

◇仕事で使える！ Google Apps 導入編 次世代クラウドグループウェアの全貌（仕事で使える！ シリーズ）（佐藤芳樹著） 2015.5

◇仕事で使える！ Chromeアプリ徹底活用—シナリオ別厳選アプリ一挙解説（仕事で使える！ シリーズ）（深川岳志著, 佐藤芳樹監修） 2015.6

◇仕事で使える！ Googleクラウド会議術—会議スタイル・イノベーションガイド（仕事で使える！ シリーズ）（橋口剛著） 2015.6

◇テレワークが未来を創る—働き方改革で実現するトランスボーダー社会（New thinking and new ways）（日本テレワーク学会編） 2015.6

◇仕事で使える！ Googleドライブ—クラウドストレージ徹底活用術（仕事で使える！ シリーズ）（佐藤芳樹著） 2015.6

◇仕事で使える！ Google Apps セキュリティー解説編（仕事で使える！ シリーズ）（橋口剛著） 2015.6

◇仕事で使える！ Googleサイト—クラウド時代のポータル構築術（仕事で使える！ シリーズ）（丹羽国彦著, 佐藤芳樹監修） 2015.7

◇はじめてのChromebook—クラウドで全部作業できるパソコンの第一歩（New thinking and new ways）（一条真人著） 2015.7

◇ECサイト構築ソフトCS-Cart公式スタートアップガイド—ver 4.2.4-jp-1対応（OnDeck books）（フロッグマンオフィス, あんどぷらす著） 2015.7

◇仕事で使える！ Chromebook—ビジネスマンのクラウド活用ガイド（仕事で使える！ シリーズ）最新改訂版（深川岳志著, 佐藤芳樹監修） 2015.7

◇仕事で使える！ Googleハングアウト—クラウドコミュニケーション徹底活用術（仕事で使える！ シリーズ） Ver.1.1（佐藤芳樹著） 2015.7

◇仕事で使える！Chromebook 設定＆応用編 クラウド活用ワークスタイル導入ガイド（仕事で使える！ シリーズ）（小林直史著, 佐藤芳樹監修） 2015.7

◇みおふぉん公式ガイド ZenFone2/5編（New thinking and new ways）（向井領治著, インターネットイニシアティブ監修） 2015.7

◇みおふぉん公式ガイド iPhone編（New thinking and new ways） 改訂新版（向井領治著, インターネットイニシアティブ監修） 2015.7

◇仕事で使える！ Chromebook ビジネス活用編 クラウド時代のパソコン管理術（仕事で使える！ シリーズ）（佐藤芳樹著） 2015.7

◇Chrome・Chromebook定番「拡張機能」セレクションズ（New thinking and new ways）（武井一巳著） 2015.8

◇仕事で使える！ Chromeデジタルサイネージ—IoTで変わるデジタル広告ビジネス（仕事で使える！ シリーズ）（小林直史著） 2015.8

情報科学　　　　　　　　　　　　総記

◇仕事で使える！ Googleスライド―クラウド時代のプレゼンテーション活用術（仕事で使える！ シリーズ）（丹羽国彦著, 佐藤芳樹監修）　2015.8

◇仕事で使える！ Google Apps　モバイルデバイス管理編（仕事で使える！ シリーズ）（佐藤芳樹著）　2015.8

◇仕事で使える！ Googleサイト　活用編（仕事で使える！ シリーズ）（松田篤之著, 佐藤芳樹監修）　2015.8

◇仕事で使える！ Google Apps　脱MS Office編（仕事で使える！ シリーズ）（橋口剛, 相村崇, 上原哲哉著）　2015.8

◇JavaScriptでインタラクティブ3Dコンテンツを作ろう―Kinect+jThree+Milkcocoaを使って東北ずん子と踊る（New thinking and new ways）（大田昌幸, 落合渉悟, 菅原のびすけ, 中佳博, 山本允葵著）　2015.9

◇仕事で使える！ Windows 10―Googleの提唱する100％web実践ガイド（仕事で使える！ シリーズ）（佐藤芳樹著）　2015.9

◇Adobe Premiere Pro CCエフェクト＆トランジション大全（New thinking and new ways）（石坂アツシ著）　2015.9

◇VMware導入ガイド―MacでWindowsを使う（New thinking and new ways）（向井領治著）　2015.9

◇Boot Camp導入ガイド―MacでWindowsを使う（New thinking and new ways）（向井領治著）　2015.9

◇Kinect　v2楽しいプログラミング入門（New thinking and new ways）（大田昌幸, 江田周平著）　2015.9

◇楽しく学ぶJava入門　1日目　はじめてのJavaプログラミング（New thinking and new ways）（大津真著）　2015.9

◇楽しく学ぶJava入門　2日目　変数と基本データ型（New thinking and new ways）（大津真著）　2015.9

◇Cypherクエリー言語の事例で学ぶグラフデータベースNeo4j（New thinking and new ways）（クリエーションライン監修, 李昌桓著）　2015.10

◇楽しく学ぶJava入門　3日目　オブジェクトと文字列の基本操作（New thinking and new ways）（大津真著）　2015.10

◇楽しく学ぶJava入門　4日目　配列とコレクションクラスの操作（New thinking and new ways）（大津真著）　2015.10

◇楽しく学ぶJava入門　5日目　いろいろな制御構造（New thinking and new ways）（大津真著）　2015.10

◇楽しく学ぶJava入門　6日目　ストリームとファイルの読み書き（New thinking and new ways）（大津真著）　2015.10

◇楽しく学ぶJava入門　7日目　メソッドの定義とオリジナルのクラスの作成（New thinking and new ways）（大津真著）　2015.10

◇アイデアソンとハッカソンで未来をつくろう（New thinking and new ways）（G空間未来デザインプロジェクト編）　2015.11

◇仕事で使える！ Google Apps「入門全集」（仕事で使える！ シリーズ）（佐藤芳樹監修）　2015.11

◇仕事で使える！ Google Apps「活用全集」（仕事で使える！ シリーズ）（佐藤芳樹監修）　2015.11

◇オープンデータ時代の標準web API Sparql（New thinking and new ways）（加藤文彦, 川島秀一, 岡別府陽子, 山本泰智, 片山俊明著）　2015.11

◇原発再稼働、なぜ？―国・行政が出した一つの結論（インプレスR&D・OKwave）（インプレスR&D・OKwave特別編集部編）　2015.11

◇赤鉛筆とキーボード―デジタル時代の編集者（OnDeck books）（井芹昌信著）　2015.11

◇Premiere Pro&Media Encoder自動化サンプル集（Adobe JavaScriptシリーズ）（古籏一浩著）　2015.12

◇アイデアスケッチの教科書（New thinking and new ways）（Artist Hal_著）　2015.12

◇エストリビューターとして活躍する方法―電子出版のプロデューサーになろう（OnDeck books）（細田朋希著）　2015.12

◇誰も教えてくれなかった中小企業のメール活用術（OnDeck books）（水谷哲也著）　2015.12

◇仕事で使える！ Google Chromebook「導入全集」―クラウドに最適化された新しいパソコン環境の全貌！（仕事で使える！ シリーズ）（小林直史監修）　2015.12

◇仕事で使える！ Chromebox for meetings―Googleの次世代ビデオ会議でビジネスを変える！（仕事で使える！ シリーズ）（小林直史著）　2015.12

◇ボカロビギナーズ！ ボカロでDTM入門（OnDeck books）（Gcmstyle（アンメルツP）著）　2015.12

◇未来型国家エストニアの挑戦―電子政府がひらく世界（ラウル・アリキヴィ, 前田陽二著）　2016.

総記　　　　　　　　　　　　　　　　　　　　　　情報科学

1

◇クラウド時代の思考ツールWorkFlowy入門
　（OnDeck books）（彩郎著）　2016.1

◇ネットと共に成長する出版へNextPublishingの
　すすめ（インプレスR&D NextPublishingセン
　ター著）　2016.1

◇スマホ・タブレットで子どもの能力を開発しよ
　う（OnDeck books）（瀬戸武生著）　2016.1

◇子どもをうつから救う！一家族のための症例別
　対応ガイド（New thinking and new ways）（武
　田浩一著）　2016.2

◇電子辞書のすべて（JEPA books）（日本電子出版
　協会レファレンス委員会著）　2016.2

◇電子出版時代の著作権入門―出版契約に必要な
　実務知識のエッセンス（JEPA books）（村瀬拓男
　著, 日本電子出版協会著作権委員会編）　2016.2

◇ゲーム開発が変わる！Google Cloud Platform実
　践インフラ構築―Googleクラウドの解説とリー
　ドエンジニアによるインフラ構築事例集！（New
　thinking and new ways）（野下洋, 芝尾幸一郎,
　野辺宏一郎, 岡田 正之, 渡辺 宏樹, 長谷川 祐介
　著, 橋口剛著・監修）　2016.3

◇Web集客が驚くほど加速するベネフィットマー
　ケティング「ベネマ集客術」（OnDeck books）
　（Tiger著）　2016.3

◇ITを巡るプロパテント／アンチパテントの潮流―
　パテントプールからパテント・トロール防衛ま
　で（OnDeck books）（小山田和将著）　2016.3

◇サポート業務の極意―いかにしてストレスな
　く, 顧客満足度を上げることができるか（OnDeck
　books）（メトロ著）　2016.3

◇仕事で使える！ Google Cloud Platform―最新
　クラウドインフラ導入マニュアル（仕事で使え
　る！ シリーズ）（吉積礼敏, 福田潔著）　2016.3

◇楽しく学ぶJava入門―合本（New thinking and
　new ways）（大津真著）　2016.4

◇くぼたつ式思考カード54―新しいことを考え出
　す知恵と技術（New thinking and new ways）（久
　保田達也著）　2016.4

◇ネットと共に成長する出版へNextPublishing
　のすすめ　パートナー編（インプレスR&D
　NextPublishingセンター著）　2016.5

◇ネットと共に成長する出版へNextPublishingの
　すすめ　著者編（インプレスR&D NextPublish-
　ingセンター著）　2016.5

◇ネットと共に成長する出版へNextPublishingの
　すすめ　編集者編（インプレスR&D NextPub-
　lishingセンター著）　2016.5

◇オリンピックITの挑戦―システムが支える大会
　の舞台裏（New thinking and new ways）（田崎
　雅彦著）　2016.5

◇イベンターノートが声優にインタビューしてみま
　した―データと生の声で探る声優イベントの世
　界（New thinking and new ways）（イベンター
　ノート編）　2016.6

◇日本はなぜ負けるのか―インターネットが創り
　出す21世紀の経済力学（New thinking and new
　ways）（藤原洋著）　2016.6

◇熊本地震体験記―震度7とはどういう地震なの
　か？（New thinking and new ways）（井芹昌信
　著）　2016.6

◇仕事で使える！ Googleカレンダー―クラウド時
　代のスケジュール管理術（仕事で使える！シリー
　ズ）　最新改訂版（佐藤芳樹著）　2016.6

◇プライバシー影響評価ガイドライン実践テキス
　ト（New thinking and new ways）（瀬戸洋一著）
　2016.7

◇情報セキュリティ内部監査の教科書（Security se-
　ries）　改訂新版（日本セキュリティ監査協会編）
　2016.7

◇自宅でできる 翻訳の仕事（OnDeck books）（奥田
　百子著）　2016.7

◇TensorFlowはじめました―実践！最新Googleマ
　シンラーニング（New thinking and new ways）
　（有山圭二著）　2016.7

◇地方創生時代のためのITを活用した情報発信ガ
　イド（OnDeck books）（取出新吾著）　2016.7

◇契約が10倍取れる！ メール術（OnDeck books）
　（石井秀幸著）　2016.7

◇社会人から大学院へ進学するには―学び直しの
　方法論（OnDeck books）（高木聡一郎著）　2016.
　8

◇地方議会や教育機関のためのライトライブ配信
　のすすめ（OnDeck books）（谷川正継著）　2016.
　8

◇IT管理者のための情報セキュリティガイド
　（Security series）（二木真明著, エクスジェン・
　ネットワークス監修）　2016.9

◇上坂すみれの文化部は大手町を歩く（New think-
　ing and new ways）（上坂すみれの文化部は夜歩
　く編）　2016.9

◇今, 見直すHTML&CSS　改訂版（林拓也著）

2016.12

インプレス［ビジネスメディア］「新産業技術レポートシリーズ」 インプレスビジネスメディア 2013〜2016

◇M2Mの最新動向と国際標準―ビッグデータ/クラウド/IoT/通信技術/導入事例からoneM2Mまで インプレスsmart gridフォーラム 2013（稲田修一, 入鹿山剛堂, 小林中, 富田二三彦, 長谷川一知, 山崎徳和, 山中幸雄著） 2013.5

◇ギガビットへ向かうWi-Fiネットワーク最新技術動向―世界のWi-Fiスポット/Wi-Fiオフロード/LTEとの比較/SNSとの連携/O2O/メッシュネットワーク（802.11s）/スマートグリッド インプレスsmart gridフォーラム 2013-2014（岸田重行, 迫田和之, 古川浩著） 2013.7

◇M2M/IoTを支える最新モバイルネットワーク技術 2015-2016（大沢智喜, 服部武, インプレスSmartGridニューズレター編集部著） 2015.9

◇位置情報ビジネス報告書 2016（上田直生, 梅元建次朗, 黒瀬翼, 鈴木まなみ, 関治之, 中尾真二著, インプレスSmartGridニューズレター編集部編） 2016.1

インプレス選書 インプレスジャパン 2011〜2012

001 エンジニアとしての生き方―IT技術者たちよ, 世界へ出よう！（中島聡著） 2011.3

2 IT社会の経済学―バークレー流入門講座101（青木理音著） 2011.9

003 IT時代の震災と核被害（コンピューターテクノロジー編集部著） 2011.12

004 グーグル化の見えざる代償―ウェブ・書籍・知識・記憶の変容（シヴァ・ヴァイディアナサン著, 久保儀明訳） 2012.2

005 挑まなければ, 得られない（及川卓也著） 2012.5

インプレス総合研究所「新産業調査レポートシリーズ」 インプレス 2014〜2016

◇電子書籍ビジネス調査報告書 2014 第2版（インプレス総合研究所編） 2014.8

◇データセンター調査報告書 2014（［インプレス］データセンター完全ガイド監修, インプレス総合研究所編） 2014.9

◇インターネット通販TOP 100調査報告書 2014（ネットショップ担当者フォーラム監修, インプレス総合研究所編） 2014.11

◇動画配信ビジネス調査報告書 2015 第2版（森田秀一著, インプレス総合研究所編） 2015.6

◇電子書籍ビジネス調査報告書 2015（インプレス総合研究所編） 2015.7

◇データセンター調査報告書 2015（［インプレス］データセンター完全ガイド監修, インプレス総合研究所編） 2015.10

◇ウェアラブルビジネス調査報告書 2016（森田秀一著, インプレス総合研究所著・編） 2015.12

◇ドローンビジネス調査報告書 2016（春原久徳, 小池良次, Clue著, インプレス総合研究所著・編） 2016.3

◇動画配信ビジネス調査報告書 2016（森田秀一著, インプレス総合研究所著・編） 2016.6

◇電子書籍ビジネス調査報告書 2016（インプレス総合研究所編） 2016.7

インプレスビジネスメディアインターネットメディア総合研究所「新産業調査レポートシリーズ」 インプレスビジネスメディア 2013

◇データセンター調査報告書 2013（［インプレスビジネスメディア］データセンター完全ガイド監修, インターネットメディア総合研究所編） 2013.9

インプレスビジネスメディアインプレス総合研究所「新産業調査レポートシリーズ」 インプレスビジネスメディア 2014

◇動画配信ビジネス調査報告書 2014（甲斐祐樹著, インプレス総合研究所編） 2014.5

Visual（ヴィジュアル）Basic 2010逆引き大全 至高の技 秀和システム 2011

データベース+印刷/帳票編（SQL Server/Oracle/MySQL/Access対応）（増田智明, 池谷京子著） 2011.10

上を目指すプログラマーのためのiPhoneアプリ開発テクニック インプレスジャパン 2013

ios7編（加藤寛人, 西方夏子, 藤川宏之, 鈴木晃, 高丘知央共著） 2013.12

Web Site Expert 技術評論社 2011

#34 特集・Facebookが来る!!（技術評論社編集部編） 2011.2

WEB+DB PRESS 技術評論社 2011〜2016

Vol.70 特集 Rails高速化 CoffeeScript Web広告 オートマトン（WEB+DB PRESS編集部編）

総 記　　　　　　　　　　　　　　　　　　　　　　　　　　　情報科学

2012.9

Vol.77（WEB+DB PRESS編集部編）　2013.11

Vol.80（WEB+DB PRESS編集部編）　2014.5

Vol.86　チーム開発の心得 Atom/Docker/React（WEB+DB PRESS編集部編）　2015.5

Vol.93　2016.7

総集編（vol.1～60）　2011.11

総集編［3］〈Vol.1～72〉12年分のバックナンバーを大収録　2013.7

Webデザイナー養成講座　技術評論社　2015

◇jQuery仕事の現場でサッと使える！ デザイン教科書―［プロに必要な実践知識がここにある！］（吉本集著, ロクナナワークショップ監修）　2015.5

◇WordPress仕事の現場でサッと使える！ デザイン教科書（中島真洋著, ロクナナワークショップ監修）　2015.7

◇JavaScript仕事の現場でサッと使える！ デザイン教科書（柳井政和著, ロクナナワークショップ監修）　2015.7

ウェブの仕事力が上がる標準ガイドブック　ワークスコーポレーション, ボーンデジタル　2007～2015　⇒Ⅳ-523

1　Webリテラシー　第2版　2011.3

1　Webリテラシー―全日本能率連盟登録資格Web検定公式テキスト　第3版　2015.12

2　Webデザイン　第2版　2013.5

3　Webディレクション　第2版　2011.12

ウェブビズ　技術評論社　2011

◇Webサイト構築・運用のコストと効果がバッチリわかる（若狭信治, 長友強, 長尾和彦, 一法師桜子著）　2011.5

WEB+DB PRESS plusシリーズ　技術評論社　2007～2016　⇒Ⅰ-132

◇正規表現書き方ドリル―すらすらと手が動くようになる（杉山貴章著, 木本裕紀監修）　2011.1

◇プロセッサを支える技術―果てしなくスピードを追求する技術（Hisa Ando著）　2011.1

◇オンラインゲームを支える技術―壮大なプレイ空間の舞台裏（中嶋謙互著）　2011.4

◇エンジニアのプレゼン/スライド作成入門―基本はシンプル。安心感のある説明資料をサクサク作りたい（杵淵聡著）　2011.4

◇良いコードを書く技術―読みやすく保守しやす

いプログラミング作法（県俊貴著）　2011.5

◇シェルスクリプト基本リファレンス―# !/bin/shで、ここまでできる　改訂新版（山森丈範著）　2011.5

◇Jenkins実践入門―ビルド・テスト・デプロイを自動化する技術（佐藤聖規監修・著, 和田貴久, 河村雅人, 米沢弘樹, 山岸啓著, 川口耕介監修）　2011.12

◇日本語入力を支える技術―変わり続けるコンピュータと言葉の世界（徳永拓之著）　2012.3

◇Emacs実践入門―思考を直感的にコード化し、開発を加速する（大竹智也著）　2012.4

◇Mobageを支える技術―ソーシャルゲームの舞台裏（DeNA著）　2012.7

◇CakePHP2実践入門（安藤祐介, 岸田健一郎, 新原雅司, 市川快, 渡辺一宏, 鈴木則夫著）　2012.11

◇ノンプログラマのためのJavaScriptはじめの一歩（外村和仁著）　2012.12

◇JUnit実践入門―体系的に学ぶユニットテストの技法（渡辺修司著）　2012.12

◇Webサービス開発徹底攻略―クックパッド｜ニコニコ動画｜pixiv｜ライブドア｜リーンスタートアップ　2013.3

◇JavaScript徹底攻略―jQuery｜Node.js｜クライアントサイドMVC｜CoffeeScript｜Backbone.js　2013.3

◇ITシステム開発徹底攻略―要件定義｜システム設計｜プロジェクトマネジメント｜業務システム｜ドキュメント　2013.5

◇開発ツール徹底攻略―Git｜GitHub｜Jenkins｜Vim｜Emacs｜Linuxの基礎知識　2013.5

◇コーディングを支える技術―成り立ちから学ぶプログラミング作法（西尾泰和著）　2013.5

◇Perl徹底攻略―再入門｜高速Web開発｜イベント駆動｜大規模システム｜ログ活用｜パフォーマンス改善　2013.8

◇Web開発の基礎徹底攻略―Web技術まるごと整理｜コーディング｜設計｜データベース＆SQL｜インフラ　2013.8

◇インフラデザインパターン―安定稼動に導く127の設計方式（杉原健郎, 吉田一幸, 岩崎賢治, 三浦広志, 吉田佐智男著）　2014.3

◇データベース徹底攻略―DB設計｜SQLアタマ｜MySQL｜MongoDB｜Redshift｜Redis　2014.4

情報科学　　　　　　　　　　　　　　　　　　　総 記

◇GitHub実践入門―Pull Requestによる開発の変革（大塚弘記著）　2014.4
◇チーム開発実践入門―共同作業を円滑に行うツール・メソッド（池田尚史，藤倉和明，井上史彰著）2014.5
◇コンピュータアーキテクチャ技術入門―高速化の追求×消費電力の壁（Hisa Ando著）　2014.6
◇Chef実践入門―コードによるインフラ構成の自動化（吉羽竜太郎，安藤祐介，伊藤直也，菅井祐太朗，並河祐貴著）　2014.6
◇Ruby徹底攻略―Ruby 2.1｜Rails 4｜テスト最前線｜RubyGems｜RubyMotion｜mruby｜自動化　2014.7
◇フロントエンド開発徹底攻略―HTML5/CSS3/JavaScript｜UIデザイン｜CoffeeScript｜Sass/Compass　2014.8
◇クラウドを支える技術―データセンターサイズのマシン設計法入門（ルイス・アンドレ・バロッソ，ジミー・クライダラス，ウルス・ヘルツル著，Hisa Ando訳）　2014.10
◇サーバ／インフラ徹底攻略―AWS｜テスト駆動インフラ｜Immutable Infrastructure｜nginx｜メンテナンス　2014.12
◇関数プログラミング実践入門―簡潔で，正しいコードを書くために（大川徳之著）　2014.12
◇理論から学ぶデータベース実践入門―リレーショナルモデルによる効率的なSQL（奥野幹也著）2015.3
◇データベースの気持ちがわかるSQLはじめの一歩（朝井淳著）　2015.4
◇スクラム実践入門―成果を生み出すアジャイルな開発プロセス（貝瀬岳志，原田勝信，和島史典，栗林健太郎，柴田博志，家永英治著）　2015.4
◇正規表現技術入門―最新エンジン実装と理論的背景（新屋良磨，鈴木勇介，高田謙著）　2015.5
◇SQL実践入門―高速でわかりやすいクエリの書き方（ミック著）　2015.5
◇Jenkins実践入門―ビルド・テスト・デプロイを自動化する技術　改訂新版（川口耕介監修，佐藤聖規監修・著，和田貴久，河村雅人，米沢弘樹，山岸啓著）　2015.7
◇2Dグラフィックスのしくみ―図解でよくわかる画像処理技術のセオリー（FireAlpaca開発チーム著）　2015.9
◇WEB＋DB　PRESS　総集編［4］〈Vol.1～84〉14年分の記事が一冊に！　2015.9

◇Amazon Web Services実践入門（舘岡守，今井智明，永淵恭子，間瀬哲也，三浦悟，柳瀬任章著）2015.12
◇APIデザインケーススタディ―Rubyの実例から学ぶ。問題に即したデザインと普遍の考え方（田中哲著）　2016.1
◇nginx実践入門（久保達彦，道井俊介著）　2016.2
◇Selenium実践入門―自動化による継続的なブラウザテスト（伊藤望，戸田広，沖田邦夫，宮田淳平，長谷川淳，清水直樹，Vishal Banthia著）　2016.3
◇Webサービス開発徹底攻略　vol.2　LINE｜ドラゴンクエスト10｜freee｜DMM.com｜継続的改善　2016.3
◇SQL書き方ドリル―すらすらと手が動くようになる 元祖　改訂第3版（羽生章洋，和田省二，菅井大輔著）　2016.5
◇クラウド開発徹底攻略―AWS自動化｜Docker｜Google Cloud Platform｜Heroku｜BigQuery2016.6
◇Atom実践入門―進化し続けるハッカブルなエディタ（大竹智也著）　2016.8
◇関数プログラミング実践入門―簡潔で，正しいコードを書くために　増補改訂（大川徳之著）2016.10

Web MOVIE Creators'　翔泳社　2012～2013
◇わかむらPの動画レシピ―フリーツールでニコニコ動画/YouTubeに挑戦（ワカムラアツシ著）2012.7
◇P（プロデューサー）さんのためのPMDエディタの本（でで，かんなP著）　2013.8

衛星通信ガイドブック　サテマガBI（ビー・アイ）　2005～2016　⇒Ⅰ-21
2010（サテマガBI（株）編）　2010.7
2011（サテマガBI（株）編）　2011.6
2012　2012.6
2013　2013.6
2014　2014.6
2015　2015.6
2016（サテマガBI（株）編）　2016.6

映像情報社会システムシリーズ　日本・社会システムラボラトリー　2009～2012
vol.1　デジタルコンテンツ市場の調査と研究　2010（コンテンツビジネス研究室調査・編集）　2009.11

108　全集・叢書総目録 2011-2016

vol.2 テレビ・放送・公益メディア市場の調査と研究 2010（デジタル公益メディア研究室調査・編集） 2010.10

vol.3 デジタルコンテンツ市場の調査と研究 2012（コンテンツビジネス研究室調査・編集） 2011.10

vol.4 テレビ・放送・公益メディア市場の調査と研究 2013（デジタル公益メディア研究室調査・編集） 2012.12

Excel徹底活用シリーズ SB［ソフトバンク］クリエイティブ 2005〜2014 ⇒Ⅰ-21
◇Excel関数大事典—Excel2000/2002/2003/2007/2010対応 第3版（泉稔子著） 2011.1
◇やさしくわかるExcel関数・マクロ—Excel2000/2002/2003/2007/2010対応 第3版（西沢夢路著） 2011.4
◇やさしくわかるExcel VBA（ブイビーエー）プログラミング—Excel2000/2002/2003/2007/2010対応 第4版（七条達弘, 渡辺健, 鍛治優著） 2011.5
◇仕事に役立つExcelデータベース—Excel2000/2002/2003/2007/2010対応 第3版（古川順平著） 2011.6
◇仕事に役立つExcelビジネスデータ分析—Excel 2000/2002/2003/2007/2010対応 第3版（日花弘子著） 2011.7
◇仕事に役立つExcel統計解析—Excel 2000/2002/2003/2007/2010対応 第3版（日花弘子著） 2011.9
◇仕事に役立つExcel VBA（ブイビーエー）実用サンプル—Excel 2000/2002/2003/2007/2010対応 第3版（渡辺ひかる著） 2011.12
◇仕事に役立つExcelグラフの達人—フルカラー（日花弘子著） 2012.7
◇やさしくわかるExcel関数・マクロ 第4版（西沢夢路著） 2013.7
◇やさしくわかるExcel VBAプログラミング 第5版（七条達弘, 渡辺健, 鍛治優著） 2013.9
◇仕事に役立つExcelデータベース 第4版（古川順平著） 2013.11
◇仕事に役立つExcelビジネスデータ分析 第4版（日花弘子著） 2013.12
◇仕事に役立つExcel統計解析 第4版（日花弘子著） 2014.4

Excelの極意 早坂清志著 毎日コミュニケーションズ 2004〜2011 ⇒Ⅰ-22
1 関数（Excel 2010 2007 2003 2002対応） 2010.12
2 グラフ（Excel 2010 2007 2003 2002対応） 2011.2
3 データベース（Excel 2010 2007 2003 2002対応） 2011.7
4 VBA（ブイビーエー）（Excel 2010 2007 2003 2002対応） 2011.9

SEを極める50の鉄則 馬場史郎著, 日経コンピュータ編 日経BP社 2010
入門編 新版 2010.12
マネジメント編 新版 2010.12

SEC books オーム社 2005〜2010 ⇒Ⅰ-22
◇組込みソフトウェア開発向けコーディング作法ガイド—C++言語版 ESCR ver1.0（情報処理推進機構ソフトウェア・エンジニアリング・センター編） 2010.11

SEC books 佐伯印刷 2011
◇定量的品質予測のススメ 続（情報処理推進機構ソフトウェア・エンジニアリング・センター編） 2011.3

SEC books 情報処理推進機構 2010〜2016 ⇒Ⅰ-23
◇高信頼化ソフトウェアのための開発手法ガイドブック—予防と検証の事例を中心に（情報処理推進機構ソフトウェア・エンジニアリング・センター監修） 2011.3
◇組込みソフトウェア開発向けコーディング作法ガイド—C言語版 ESCR ver 1.1（情報処理推進機構ソフトウェア・エンジニアリング・センター編） 2011.6
◇組込みソフトウェア開発向け品質作り込みガイド—ESQR ver. 1.1 改訂版（情報処理推進機構技術本部ソフトウェア・エンジニアリング・センター編著） 2011.7
◇組込みソフトウェア向けプロジェクト計画立案トレーニングガイド—ESMG ver. 1.0（情報処理推進機構技術本部ソフトウェア・エンジニアリング・センター編著） 2011.11
◇組込みソフトウェア開発における品質向上の勧め テスト編—事例集（情報処理推進機構技術本部ソフトウェア・エンジニアリング・センター

情報科学

編） 2012.11

◇組込みソフトウェア向け設計ガイド—ESDR 事例編（情報処理推進機構技術本部ソフトウェア・エンジニアリング・センター編著） 2012.11

◇共通フレーム2013—経営者，業務部門とともに取組む「使える」システムの実現 ソフトウェアライフサイクルプロセスSLCP-JCF 2013 国際規格適合（情報処理推進機構技術本部ソフトウェア・エンジニアリング・センター編） 2013.3

◇組込みソフトウェア開発における品質向上の勧め バグ管理手法編（情報処理推進機構技術本部ソフトウェア・エンジニアリング・センター編） 2013.3

◇プロセス改善ナビゲーションガイド—SPINA³CH（スピナッチキューブ）で進める自律改善 自律改善編（情報処理推進機構技術本部ソフトウェア・エンジニアリング・センター編） 2013.3

◇組込みソフトウェア開発向けコーディング作法ガイド—C言語版 ESCR ver.2.0（情報処理推進機構技術本部ソフトウェア高信頼化センター編） 2014.3

◇組込みソフトウェア開発向けコーディング作法ガイド—C++言語版 ESCR C++ver.2.0 改訂版（情報処理推進機構技術本部ソフトウェア高信頼化センター編） 2016.10

◇ソフトウェア開発データ白書 2016-2017 業種編 金融・保険業（情報処理推進機構技術本部ソフトウェア高信頼化センター監修） 2016.10

◇ソフトウェア開発データ白書 2016-2017 業種編 情報通信業（情報処理推進機構技術本部ソフトウェア高信頼化センター監修） 2016.10

◇ソフトウェア開発データ白書 2016-2017 業種編 製造業（情報処理推進機構技術本部ソフトウェア高信頼化センター監修） 2016.10

SEは死滅する 日経BP社 2016
技術者に未来はあるか編（木村岳史著） 2016.2

SQL Server 2012の教科書 ソシム 2012
開発編（基礎から実践まで学べる）（松本美穂, 松本崇博著） 2012.9

SQL Server 2016の教科書 ソシム 2016
開発編（基礎から実践まで学べる）（松本美穂, 松本崇博著） 2016.8

SQL Server2012逆引き大全515の極意 秀和システム 2012
データベース構築管理編（長岡秀明著） 2012.12

SCC Books エスシーシー 1996〜2016
⇒Ⅰ-24

B-346 これでわかるExcel 2010（大野恵太著） 2010.8

B-347 これでわかるWord 2010（大野恵太著） 2010.8

B-348 これでわかるPowerPoint 2010（「SCCライブラリーズ」制作グループ編著） 2010.8

B-349 これでわかるAccess 2010（「SCCライブラリーズ」制作グループ編著） 2010.8

B-350 これでわかるWordとExcel 2010（大野恵太著） 2010.9

B-352 実践プレゼン・スキルアップ—PowerPoint 2010活用編（「SCCライブラリーズ」制作グループ編著） 2011.2

B-353 お気に入りVIDEOをプロデュースPremiere Elements 9（大野恵太著） 2011.2

B-354 今日からはじめるやさしいワードとエクセル2010—ウィンドウズ7版 IT講習会用テキスト（コスモピアパソコンスクール編著, 花田潤者） 2011.2

B-355 エクセル2010関数のアイデア箱—Windows 7対応（ソレカラ社編者） 2011.5

B-356 お気に入りVIDEOをプロデュースPremiere Elements 10—Windows版（「SCCライブラリーズ」制作グループ編者） 2011.12

B-357 iPhone（アイフォーン）アプリをプロデュースiOS SDK 5（「SCCライブラリーズ」制作グループ編者） 2012.2

B-358 ゲーム作りで学ぶJavaプログラミング入門—Java 7版（工学研究社編者, 中島省吾著） 2012.4

B-359 HTML5でモバイルアプリ開発入門—モバイルアプリをプロデュース（「SCCライブラリーズ」制作グループ編者） 2012.7

B-360 HTML演習 —HTML5対応版：Webアプリケーション構築に必要なHTML、CSS、JavaScriptの基礎を学ぶ（中島省吾著） 2012.12

B-361 お気に入りVIDEOをプロデュースPremiere Elements 11—Windows版（「SCCライブラリーズ」制作グループ編者） 2012.12

B-362 Java入門—Java7版（Javaバイブルシリー

総記　　　情報科学

ズ）（SCC出版局編集）　2013.2

B-363　オブジェクト指向プログラミング―Java7版（Javaバイブルシリーズ）（SCC出版局編集）2013.2

B-364　Webアプリケーション構築―Java7版（Javaバイブルシリーズ）（SCC出版局編集）2013.3

B-365　これでわかるExcel2013―基本＆テクニック エクセルの操作がスムーズに学べる！ オールカラー（鈴木光勇著）　2013.11

B-366　これでわかるWord2013―オールカラー 基本＆テクニック ワードの操作がスムーズに学べる！（鈴木光勇著）　2013.12

B-367　これでわかるPowerPoint 2013―オールカラー 基本＆テクニック パワーポイントの操作がスムーズに学べる！（鈴木光勇著）　2014.1

B-368　これでわかるAccess 2013―オールカラー 基本＆テクニック アクセスの操作がスムーズに学べる！（鈴木光勇著）　2014.2

B-369　お気に入りVIDEOをプロデュースPremiere Elements 12―Windows版（「SCCライブラリーズ」制作グループ編著）　2014.1

B-370　今日からはじめるやさしいパソコン―ウィンドウズ8.1版（IT講習会用テキスト）（コスモピアパソコンスクール編著, 花田潤著）　2014.3

B-371　今日からはじめるやさしいワードとエクセル2013―ウィンドウズ8.1版（IT講習会用テキスト）（コスモピアパソコンスクール編著, 矢島悠子, 花田潤著）　2014.3

B-372　Excelビジネス活用！ 仕事がはかどる116のテクニック（「SCCライブラリーズ」制作グループ編著）　2014.3

B-373　エクセルで分析, パワポでプレゼン！―説得力を高めるプレゼン活用テクニック（「SCCライブラリーズ」制作グループ編著）　2014.3

B-374　わかりすぎるVisual Basic 2013の教科書―サンプルゲームを動かしながらVBプログラムの基礎が学べる！（中島省吾著）　2014.3

B-375　これでわかるWordとExcel2013―オールカラー 基本＆テクニック ワードとエクセルの操作がスムーズに学べる！（鈴木光勇著）　2014.10

B-376　わかりすぎるJava8の教科書―サンプルゲームを動かしながらJavaプログラムの基礎が学べる！（中島省吾著）　2014.10

B-377　わかりすぎる情報セキュリティの教科書―いい人も悪い人もいるインターネットの世界

（SCC教育事業推進本部セキュリティ教育部編著）　2014.12

B-378　情報と職業（広石良雄著）　2014.12

B-379　わかりすぎるC言語の教科書―C言語習得のポイントが見えてくる！（中島省吾著）　2015.1

B-380　お気に入りVIDEOをプロデュースPremiere Elements 13―Windows版（「SCCライブラリーズ」制作グループ編著）　2014.12

B-382　コンピュータ数学　新装版（SCC出版局編）　2015.2

B-383　Excelではじめるビジネスデータ分析―ビッグデータにも挑戦！（鈴木光勇著）　2015.9

B-384　最新わかりすぎる情報セキュリティの教科書―いい人も悪い人もいるインターネットの世界（SCC教育事業推進本部セキュリティ教育部編著）　2016.2

B-385　初歩からわかる数学的ロジカルシンキング―使うのは中学の数学だけ！（永野裕之著）2015.9

B-386　お気に入りVIDEOをプロデュースPremiere Elements 14―Windows版（「SCCライブラリーズ」制作グループ編著）　2015.12

B-387　誤努力―やりたいことの探し方（中井淳夫著）　2016.2

B-388　Java8問題集―理解を深める500問（大森俊太郎著）　2016.3

B-389　図解でわかるアジャイル・プロジェクトマネジメント（鈴木安而著）　2016.6

B-390　Excelビジネス活用！ 仕事がはかどる116のテクニック（鈴木光勇, 「SCCライブラリーズ」制作グループ編著）　2016.12

B-391　お気に入りVIDEOをプロデュースPremiere Elements 15―Windows版（「SCCライブラリーズ」制作グループ編著）　2016.12

"絵で見てわかる"シリーズ　翔泳社　2015
◇絵で見てわかるIoT/センサの仕組みと活用（河村雅人, 大塚紘史, 小林佑輔, 小山武士, 宮崎智也ほか著）　2015.3

NHK ITホワイトボックス　講談社　2011
◇パソコンとケータイ頭のいい人たちが考えたすごい！「仕組み」―世界一やさしいネット力養成講座（NHK「ITホワイトボックス」プロジェクト編）　2011.9
◇頭のいい人が変えた10の世界（NHK「ITホワイ

全集・叢書総目録 2011-2016　**111**

情報科学

総記

トボックス」プロジェクト編） 2011.12

FOM出版のみどりの本　FOM出版　2013〜2016
◇よくわかる初心者のためのパソコン入門（富士通エフ・オー・エム著制作）　2013.1
◇よくわかるMicrosoft Word 2013 & Microsoft Excel 2013 & Microsoft PowerPoint 2013（富士通エフ・オー・エム著制作）　2013.3
◇よくわかるMicrosoft Excel 2013　基礎（富士通エフ・オー・エム著制作）　2013.3
◇よくわかるMicrosoft Excel 2013　応用（富士通エフ・オー・エム著制作）　2013.3
◇よくわかるMicrosoft Word 2013　基礎（富士通エフ・オー・エム著制作）　2013.3
◇よくわかるMicrosoft Word 2013　応用（富士通エフ・オー・エム著制作）　2013.3
◇よくわかるMicrosoft Word 2013 & Microsoft Excel 2013（富士通エフ・オー・エム著制作）　2013.4
◇Webクリエイター能力認定試験〈HTML4.01対応〉〈上級〉公認テキスト＆問題集—サーティファイWeb利用・技術認定委員会公認（よくわかるマスター）　改訂3版　2013.5
◇よくわかる初心者のためのMicrosoft Excel 2013（富士通エフ・オー・エム著制作）　2013.5
◇よくわかるホームページ・ビルダー17（富士通エフ・オー・エム著制作）　2013.5
◇よくわかる初心者のためのMicrosoft Word 2013（富士通エフ・オー・エム著制作）　2013.6
◇Webクリエイター能力認定試験〈HTML4.01対応〉〈初級〉公認テキスト＆問題集—サーティファイWeb利用・技術認定委員会公認（よくわかるマスター）　改訂3版　2013.6
◇よくわかるMicrosoft Access 2013　基礎（富士通エフ・オー・エム著制作）　2013.6
◇よくわかるMicrosoft Access 2013　応用（富士通エフ・オー・エム著制作）　2013.8
◇よくわかるMicrosoft PowerPoint 2013　基礎/応用セット（富士通エフ・オー・エム著制作）　2013.9
◇よくわかる筆ぐるめ21—富士ソフト株式会社認定（富士通エフ・オー・エム著制作）　2013.10
◇よくわかる初心者のためのMicrosoft PowerPoint 2013（富士通エフ・オー・エム著制作）　2013.10
◇よくわかるMicrosoft Word 2013ドリル（富士通エフ・オー・エム著制作）　2013.11
◇ウェブデザイン技能検定3級過去問題集—特定非

営利活動法人インターネットスキル認定普及協会公認（よくわかるマスター）（インターネットスキル認定普及協会著）　2014.3
◇ウェブデザイン技能検定2級過去問題集—特定非営利活動法人インターネットスキル認定普及協会公認（よくわかるマスター）（インターネットスキル認定普及協会著）　2014.3
◇MOS Excel2013対策テキスト（よくわかるマスター）　2014.4
◇MOS Word2013対策テキスト（よくわかるマスター）　2014.4
◇MOS Microsoft Excel 2013対策テキスト＆問題集—Microsoft Office Specialist（よくわかるマスター）　2014.7
◇MOS Microsoft Word 2013対策テキスト＆問題集—Microsoft Office Specialist（よくわかるマスター）　2014.7
◇MOS Microsoft Excel 2013模擬問題集—Microsoft Office Specialist（よくわかるマスター）　2014.7
◇MOS Microsoft Word2013模擬問題集—Microsoft Office Specialist（よくわかるマスター）　2014.7
◇よくわかるMicrosoft Word 2013 & Microsoft Excel 2013スキルアップ問題集　操作マスター編（富士通エフ・オー・エム著制作）　2014.7
◇よくわかるMicrosoft Word 2013 & Microsoft Excel 2013スキルアップ問題集　ビジネス実践編（富士通エフ・オー・エム著制作）　2014.7
◇よくわかるMicrosoft Excel 2013マクロ/VBA（富士通エフ・オー・エム著制作）　2014.9
◇Microsoft Office Specialist Microsoft Excel 2010総仕上げ1週間完全プログラム（よくわかるマスター）　2014.9
◇Microsoft Office Specialist Microsoft Word 2010総仕上げ1週間完全プログラム（よくわかるマスター）　2014.9
◇MOS Microsoft PowerPoint 2013対策テキスト＆問題集—Microsoft Office Specialist（よくわかるマスター）　2014.11
◇MOS Microsoft Access 2013対策テキスト＆問題集—Microsoft Office Specialist（よくわかるマスター）　2014.11
◇よくわかるMicrosoft Word 2013演習問題集（富士通エフ・オー・エム著制作）　2014.12
◇よくわかるMicrosoft Word 2013 & Microsoft

Excel 2013 & Microsoft PowerPoint 2013（富士通エフ・オー・エム著制作）　2014.12

◇よくわかるMicrosoft Excel 2013 VBAプログラミング実践（富士通エフ・オー・エム著制作）　2015.1

◇よくわかるMicrosoft Word 2013 & Microsoft Excel 2013（富士通エフ・オー・エム著制作）　2015.1

◇MOS Microsoft Excel 2013 Expert対策テキスト＆問題集—Microsoft Office Specialist　Part1（よくわかるマスター）　2015.1

◇MOS Microsoft Word 2013 Expert対策テキスト＆問題集—Microsoft Office Specialist　Part1（よくわかるマスター）　2015.1

◇基本情報技術者試験対策テキスト　平成27-28年度版（よくわかるマスター）　2015.2

◇基本情報技術者試験直前対策2週間完全プログラム（よくわかるマスター）　2015.3

◇よくわかるMicrosoft Excel 2013演習問題集（富士通エフ・オー・エム著制作）　2015.3

◇MOS Microsoft Excel 2013 Expert対策テキスト＆問題集—Microsoft Office Specialist　Part2（よくわかるマスター）　2015.3

◇MOS Microsoft Word 2013 Expert対策テキスト＆問題集—Microsoft Office Specialist　Part2（よくわかるマスター）　2015.3

◇よくわかるホームページ・ビルダー19（富士通エフ・オー・エム著制作）　2015.4

◇MOS Microsoft Excel 2013対策テキスト＆問題集—Microsoft Office Specialist（よくわかるマスター）　改訂版　2015.6

◇MOS Microsoft Word 2013対策テキスト＆問題集—Microsoft Office Specialist（よくわかるマスター）　改訂版　2015.6

◇MOS Microsoft Access 2013対策テキスト＆問題集—Microsoft Office Specialist（よくわかるマスター）　改訂版　2015.6

◇よくわかるMicrosoft Access 2013　ビジネス活用編（富士通エフ・オー・エム著制作）　2015.6

◇MOS Microsoft PowerPoint 2013対策テキスト＆問題集—Microsoft Office Specialist（よくわかるマスター）　改訂版　2015.7

◇よくわかるMicrosoft PowerPoint 2013　ビジネス活用編（富士通エフ・オー・エム著制作）　2015.7

◇日商PC検定試験文書作成3級公式テキスト＆問題集（よくわかるマスター）（日本商工会議所IT活用能力検定試験制度研究会編）　2015.8

◇日商PC検定試験データ活用3級公式テキスト＆問題集（よくわかるマスター）（日本商工会議所IT活用能力検定試験制度研究会編）　2015.8

◇よくわかるHTML5 & CSS3—ウェブサイト構築の基本と実践（富士通エフ・オー・エム著制作）　2015.9

◇よくわかる筆ぐるめ23—富士ソフト株式会社認定 簡単！年賀状＆宛名印刷（富士通エフ・オー・エム著制作）　2015.9

◇日商PC検定試験文書作成2級公式テキスト＆問題集（よくわかるマスター）（日本商工会議所IT活用能力検定試験制度研究会編）　2015.10

◇日商PC検定試験プレゼン資料作成3級公式テキスト＆問題集（よくわかるマスター）（日本商工会議所IT活用能力検定試験制度研究会編）　2015.11

◇よくわかるMicrosoft Excel 2013　基礎（富士通エフ・オー・エム著制作）　2015.11

◇よくわかるMicrosoft Word 2013　基礎（富士通エフ・オー・エム著制作）　2015.11

◇よくわかるMicrosoft Excel 2013　応用（富士通エフ・オー・エム著制作）　2015.11

◇日商PC検定試験データ活用2級公式テキスト＆問題集（よくわかるマスター）（日本商工会議所IT活用能力検定試験制度研究会編）　2015.12

◇日商PC検定試験プレゼン資料作成2級公式テキスト＆問題集（よくわかるマスター）（日本商工会議所IT活用能力検定試験制度研究会編）　2015.12

◇よくわかるMicrosoft PowerPoint 2013　基礎（富士通エフ・オー・エム著制作）　2015.12

◇よくわかるMicrosoft Word 2013　応用（富士通エフ・オー・エム著制作）　2015.12

◇よくわかるMicrosoft PowerPoint 2013　応用（富士通エフ・オー・エム著制作）　2015.12

◇日商PC検定試験文書作成・データ活用・プレゼン資料作成3級知識科目公式問題集（よくわかるマスター）（日本商工会議所IT活用能力検定試験制度研究会編）　2016.3

◇日商PC検定試験文書作成・データ活用・プレゼン資料作成2級知識科目公式問題集（よくわかるマスター）（日本商工会議所IT活用能力検定試験制度研究会編）　2016.3

情報科学

総 記

FPGAプログラミング大全 秀和システム 2016
Xilinx編〈小林優著〉 2016.12

MSDNプログラミングシリーズ 日経BP社
2010〜2016 ⇒Ⅰ－123
◇プログラムを作ろう！ Microsoft Visual C#
2010入門―Expressエディションで学ぶはじめて
のプログラミング〈池谷京子著〉 2010.11
◇プログラムを作ろう！ Microsoft ASP.NET4入
門―Expressエディションで学ぶはじめてのプロ
グラミング〈広瀬嘉久著, 山田祥寛監修〉 2010.
11
◇ひと目でわかるMicrosoft Visual C# 2010アプ
リケーション開発入門〈伊藤達也, チーム・エム
ツー著〉 2010.11
◇ひと目でわかるMicrosoft ASP.NET MVCアプ
リケーション開発入門―Visual Studio 2010対応
〈増田智明著〉 2010.11
◇.NET開発テクノロジー入門―Visual Studio
2010対応版〈マイクロソフトエバンジェリスト
チーム著, 新村剛史監修〉 2010.12
◇ひと目でわかるMicrosoft Visual Basic 2010デー
タベース開発入門〈ファンテック著〉 2011.1
◇C# ショートコードプログラミング―短いコー
ドで生産性を高める必修テクニック〈川俣晶著〉
2011.1
◇プログラミングWindows7〈矢嶋聡著〉 2011.5
◇Windows Azure APIリファレンス〈川俣晶著〉
2011.7
◇Windows Azureアプリケーション開発入門―作
って感じるクラウドコンピューティング 第2版
〈酒井達明著〉 2011.8
◇プログラミングWindows Phone―Windows
Phone開発の基本をわかりやすく解説！〈高橋忍
著〉 2011.10
◇Windows Azure Platform開発入門〈森島政人,
広瀬嘉久, 大和屋貴仁, 土井毅, 安東沙織著, 山田
祥寛監修〉 2012.1
◇ひと目でわかるWindows Azureアプリケーショ
ン開発入門〈増田智明著〉 2012.2
◇プロフェッショナルVisual C++ 2010―基本か
ら各種テクノロジーでの活用法まで〈矢嶋聡著〉
2012.7
◇Visual Studio 2012新機能マスターブック〈川俣
晶著〉 2012.9
◇プロフェッショナルマスターVisualC#2012―9
のカテゴリでマスターする最新C# テクニック

〈川俣晶著〉 2013.3
◇ひと目でわかるWindowsストアアプリ開発入門
Visual C# 2012編〈増田智明著〉 2013.6
◇C# ショートコードプログラミング―短いコー
ドで生産性を高める必修テクニック 第2版〈川
俣晶著〉 2014.1
◇ひと目でわかるVisual Basic 2013/2012データ
ベース開発入門〈ファンテック著〉 2014.3
◇ひと目でわかるVisualC# 2013/2012アプリケー
ション開発入門〈伊藤達也, チーム・エムツー著〉
2014.4
◇C# によるiOS、Android、Windowsアプリケー
ション開発入門―Xamarin+Visual C# で複数
OS対応のネイティブアプリを開発する〈増田智
明, 大西彰著〉 2014.6
◇.NET開発テクノロジ入門 2014年版〈小高太郎,
酒井達明, 芝村達郎, 中原幹雄, 山田祥寛, 和田健
司著, 日本マイクロソフトエバンジェリストチー
ム監修〉 2014.6
◇ひと目でわかるVisual Basic 2013/2012アプリ
ケーション開発入門〈池谷京子著〉 2014.9
◇ユニバーサルWindowsアプリ開発入門〈川俣晶
著〉 2016.6
◇ひと目でわかるVisual C# 2015アプリケーショ
ン開発入門〈伊藤達也著〉 2016.10
◇ASP.NET MVCプログラミング入門〈増田智明
著〉 2016.11

エンジニア〈確実〉養成講座Ver.1.0 技術評論社
2013
◇仕事ではじめるプログラミング研修前の基礎の
基礎〈谷尻豊寿監修, 谷尻かおり著〉 2013.12

エンタテインメントコンピューティング 情報処
理学会［編］ 情報処理学会 2011〜2012
2011〈welcome to the real world！〉 2011.9
2012 2012.9

エンベデッドシステムマーケット 富士経済
2010〜2014
2010〈組込みシステムマーケット〉〈大阪マーケティ
ング本部第一事業部調査・編集〉 2010.5
2014〈大阪マーケティング本部第二事業部調査・編
集〉 2014.3

Object Oriented SELECTION 翔泳社
2000〜2016 ⇒Ⅰ－28
◇実践テスト駆動開発―テストに導かれてオブジェ

総記　　　　　　　　　　　　　　　　　　　　　　　　情報科学

クト指向ソフトウェアを育てる（Steve Freeman, Nat Pryce著, 和智右桂, 髙木正弘訳）　2012.9
◇ディシプリンド・アジャイル・デリバリー―エンタープライズ・アジャイル実践ガイド（Scott W. Ambler, Mark Lines著, 藤井智弘監修）　2013.6
◇組織パターン―チームの成長によりアジャイルソフトウェア開発の変革を促す（Classics）（James O.Coplien, Neil B.Harrison著, 和智右桂訳）　2013.8
◇アジャイルソフトウェア要求―チーム、プログラム、企業のためのリーンな要求プラクティス（Dean Leffingwell著, オージス総研訳, 藤井拓監訳）　2014.2
◇エッセンシャルスクラム―アジャイル開発に関わるすべての人のための完全攻略ガイド（Kenneth S.Rubin著, 岡沢裕二, 角征典, 髙木正弘, 和智右桂訳）　2014.7
◇実践ドメイン駆動設計―エリック・エヴァンスが確立した理論を実際の設計に応用する（Vaughn Vernon著, 髙木正弘訳）　2015.3
◇ビヨンドソフトウェアアーキテクチャ―マーケティングとテクノロジーの調和による革新（Classics）（Luke Hohmann著, 岡沢裕二, 和智右桂訳）　2015.10
◇レガシーソフトウェア改善ガイド―複合型アプリケーション時代に即した開発・保守技法（Chris Birchall著, 吉川邦夫訳）　2016.11

覚えないで作るAndroid業務アプリ即席組み立てキット　秀和システム　2013
パンフレット編（髙木佑介著）　2013.9

Oracle現場主義　SBクリエイティブ　2014〜2015
◇プロとしてのOracle PL/SQL入門　第3版（アシスト教育部著）　2014.6
◇プロとしてのOracleアーキテクチャ入門―図解と実例解説で学ぶ、データベースの仕組み　第2版（渡部亮太著）　2015.5

学生のための情報リテラシー　東京電機大学出版局　2011
Office 2010/Windows 7版（若山芳三郎著）　2011.2

学研WOMAN　学研パブリッシング, 学研プラス　2014〜2016
◇Excelを楽しく使いこなす87のレシピ（大井しょ

うこ, 国本温子, 日花弘子, 学研WOMAN編集部執筆）　2014.7
◇Wordを楽しく使いこなす73のレシピ（コスモメディ, 学研WOMAN編集部執筆）　2014.7
◇Excel関数を楽しく使いこなす104のレシピ（国本温子, 不二桜, 学研WOMAN編集部執筆）　2014.12
◇お仕事にすぐ使えるPCスキルが楽しく身につくレシピ―これ1冊でExcel・Word・PowerPoint・Outlookがわかる（国本温子, コスモメディ, 佐々木康之, 日花弘子, 大井しょうこ, 学研WOMAN編集部執筆）　2015.3
◇Windows10をもっと楽しく便利に使いこなすレシピ（国本温子, 庄子元, コスモメディ, 学研WOMAN編集部執筆）　2015.9
◇一瞬で仕事が片づく！エクセル時短ワザ―SNOOPYのスキルアップBOOK（星野未知, 不二桜, 学研WOMAN編集部執筆）　2015.9
◇「さすが！」と思わせるエクセル関数ワザ―SNOOPYのスキルアップBOOK（国本温子, 不二桜, AYURA, 学研WOMAN編集部執筆）　2015.9
◇エクセル＆ワード＆パワボ完全ガイド（SNOOPYのスキルアップBOOK）（国本温子, 学研WOMAN編集部執筆）　2016.1
◇仕事で信頼されるエクセルのお作法（SNOOPYのスキルアップBOOK）（国本温子, 日花弘子, 不二桜, 学研WOMAN編集部執筆）　2016.1
◇Excelの困った！をさくっと解決するレシピ（コスモメディ, 国本温子, 学研WOMAN編集部執筆）　2016.4
◇仕事の書類がかんたんに作れる！エクセル＆ワード＆パワボの時短レシピ（国本温子, 学研WOMAN編集部執筆）　2016.7
◇いちばんよくわかる！ワード基本＆便利ワザ（SNOOPYのスキルアップBOOK）（国本温子, 学研WOMAN編集部執筆）　2016.10

角川EPUB選書　KADOKAWA　2013〜2015
001　ルールを変える思考法（川上量生［著］）　2013.10
002　グーグル、アップルに負けない著作権法（角川歴彦［著］）　2013.10
003　HTML5で描く未来―「クラウド2.0」が社会を変える（西村卓也［著］）　2013.10
004　アルゴリズムが世界を支配する（クリストファー・スタイナー［著］, 永峯涼訳）　2013.10

全集・叢書総目録 2011-2016　**115**

情報科学 | 総記

005 「ひらめき」を生む技術（伊藤穰一［著］，狩野綾子訳）2013.12

006 コンテンツと国家戦略—ソフトパワーと日本再興（中村伊知哉［著］）2013.12

007 ネトウヨ化する日本—暴走する共感とネット時代の「新中間大衆」（村上裕一［著］）2014.2

008 ソーシャルマシン—M2MからIoTへつながりが生む新ビジネス（ピーター・センメルハック［著］，小林啓倫訳）2014.4

009 宇宙はなぜこのような形なのか（渡部潤一監修，NHK「コズミックフロント」制作班［著］）2014.4

010 情報汚染の時代（高田明典［著］）2014.6

011 「仮想通貨」の衝撃（エドワード・カストロノヴァ［著］，伊能早苗，山本章子訳）2014.6

012 ブレークポイント—ウェブは過成長により内部崩壊する（ジェフ・スティベル［著］，今井和久訳）2014.8

013 アカマイ—知られざるインターネットの巨人（小川晃通［著］）2014.8

014 群衆の智慧（ジェームズ・スロウィッキー［著］，小高尚子訳）2014.10

015 元素変換—現代版〈錬金術〉のフロンティア（吉田克己［著］）2014.10

016 社会をつくれなかったこの国がそれでもソーシャルであるための柳田国男入門（大塚英志［著］）2014.10

017 デジタル教育宣言—スマホで遊ぶ子ども、学ぶ子どもの未来（石戸奈々子［著］）2014.12

018 Google vsトヨタ—「自動運転車」は始まりにすぎない（泉田良輔［著］）2014.12

019 デジタルの作法—1億総スマホ時代のセキュリティ講座（宮田健［著］）2015.2

020 なぜ日本は〈メディアミックスする国〉なのか（マーク・スタインバーグ［著］，大塚英志監修，中川譲訳）2015.3

021 人工知能は人間を超えるか—ディープラーニングの先にあるもの（松尾豊［著］）2015.3

角川インターネット講座 村井純，伊藤穰一，川上量生，まつもとゆきひろ代表監修
KADOKAWA 2014～2015

01 インターネットの基礎—情報革命を支えるインフラストラクチャー（村井純著）2014.10

02 ネットを支えるオープンソース—ソフトウェアの進化（まつもとゆきひろ監修）2014.11

03 デジタル時代の知識創造—変容する著作権（長尾真監修）2015.1

04 ネットが生んだ文化（カルチャー）—誰もが表現者の時代（川上量生監修）2014.10

05 ネットコミュニティの設計と力—つながる私たちの時代（近藤淳也監修）2015.8

06 ユーザーがつくる知のかたち—集合知の深化（西垣通監修）2015.3

07 ビッグデータを開拓せよ—解析が生む新しい価値（坂内正夫監修）2015.9

08 検索の新地平—集める、探す、見つける、眺める（高野明彦監修）2015.4

09 ヒューマン・コマース—グローバル化するビジネスと消費者（三木谷浩史監修）2014.10

10 第三の産業革命—経済と労働の変化（山形浩生監修）2015.2

11 進化するプラットフォーム—グーグル・アップル・アマゾンを超えて（出井伸之監修）2015.7

12 開かれる国家—境界なき時代の法と政治（東浩紀監修）2015.6

13 仮想戦争の終わり—サイバー戦争とセキュリティ（土屋大洋監修）2014.12

14 コンピューターがネットと出会ったら—モノとモノがつながりあう世界へ（坂村健監修）2015.5

15 ネットで進化する人類—ビフォア/アフター・インターネット（伊藤穰一監修）2015.10

かんたん「通勤快読」 技術評論社 2003～2012
⇒Ⅰ-31

◇Excel 2010帳票作成・集計に使える〈関数の実践〉技—基本の関数を実践的に使いこなそう！（川口輝久著）2011.1

◇Excel 2010帳票入力・転記で楽する〈マクロの実践〉技—入力用のダイアログボックスを作ろう！（川口輝久著）2011.1

◇Excel 2010集計・抽出の仕事に使える〈関数の基本〉技—実務に必要な関数の基本がすぐわかる！（「通勤快読」特別編集チーム著）2011.4

◇Excel 2010定型処理の仕事で楽する〈マクロの基本〉技—繰り返し行う実務をかんたん自動化！（「通勤快読」特別編集チーム著）2011.4

◇Excel2010作表・計算の仕事に役立つ〈実践〉技—いつもの仕事のスピード＆効率アップ！（「通勤快読」特別編集チーム著）2011.10

◇PowerPoint2010ビジュアルで差を付ける〈プレ

総 記　　　　　　　　　　　　　　　　　　　　　　情報科学

ゼン〉技――工夫でスライドの見栄えが劇的アッ
プ！（髙橋慈子著）　2012.5

かんたんプログラミングVisual Basic 2010　技
術評論社　2012
基礎編（川口輝久著）　2012.1

機械学習プロフェッショナルシリーズ　杉山将編
講談社　2015〜2016
◇機械学習のための確率と統計（杉山将著）　2015.
4
◇深層学習（岡谷貴之著）　2015.4
◇オンライン機械学習（海野裕也, 岡野原大輔, 得
居誠也, 徳永拓之著）　2015.4
◇トピックモデル（岩田具治著）　2015.4
◇統計的学習理論（金森敬文著）　2015.8
◇サポートベクトルマシン（竹内一郎, 烏山昌幸著）
2015.8
◇確率的最適化（鈴木大慈著）　2015.8
◇異常検知と変化検知（井手剛, 杉山将著）　2015.
8
◇劣モジュラ最適化と機械学習（河原吉伸, 永野清
仁著）　2015.12
◇スパース性に基づく機械学習（冨岡亮太著）
2015.12
◇生命情報処理における機械学習――多重検定と推
定量設計（瀬々潤, 浜田道昭著）　2015.12
◇ヒューマンコンピュテーションとクラウドソー
シング（鹿島久嗣, 小山聡, 馬場雪乃著）　2016.4
◇変分ベイズ学習（中島伸一著）　2016.4
◇ノンパラメトリックベイズ――点過程と統計的機
械学習の数理（佐藤一誠著）　2016.4
◇グラフィカルモデル（渡辺有祐著）　2016.4
◇バンディット問題の理論とアルゴリズム（本多淳
也, 中村篤祥著）　2016.8
◇ウェブデータの機械学習（ダヌシカ ボレガラ, 岡
崎直観, 前原貴憲著）　2016.8
◇データ解析におけるプライバシー保護（佐久間淳
著）　2016.8
◇機械学習のための連続最適化（金森敬文, 鈴木大
慈, 竹内一郎, 佐藤一誠著）　2016.12
◇関係データ学習（石黒勝彦, 林浩平著）　2016.12
◇オンライン予測（畑埜晃平, 滝本英二著）　2016.
12

基礎情報処理　日経BP社　2014〜2016
1（中桐大寿監修, 豊浦由浩ほか著）　2014.4

1　第2版（中桐大寿監修, 豊浦由浩ほか著）　2015.
2
1　第3版（中桐大寿監修, 豊浦由浩, 越智徹ほか著）
2016.2

KINECT for Windows SDKプログラミング
秀和システム　2012
C#編（中村薫, 田中和希, 宮城英人著）　2012.4
C++編（中村薫, 斎藤俊太, 宮城英人著）　2012.6

技評SE選書　技術評論社　2009〜2011
⇒Ⅰ－33
020　SEが20代で身につけておきたいこと（荒井玲
子, 深沢隆司, 前田卓雄, 柴田芳樹, 三宅和之著）
2011.4

**岐阜女子大学文化情報研究センターデジタル
ミュージアム案内**　岐阜女子大学サテライト
キャンパス文化情報研究センター　2011
2010（岐阜女子大学サテライトキャンパス文化情報
研究センター編）　2011.1

今日から始める弥生給与　ソシム　2005〜2015
⇒Ⅰ－36
16（大森登志男著）　2015.11

教情研究　日本教育情報学会　2010
EI10-1　デジタル・アーカイブ研究会／教育資料研
究会（日本教育情報学会, デジタル・アーカイブ
研究会, 教育資料研究会編）　2010.2
EI10-2　デジタル・アーカイブ研究会／教育資料研
究会（日本教育情報学会, デジタル・アーカイブ
研究会, 教育資料研究会編）　2010.11

キーワードで学ぶ最新情報トピックス　久野靖,
佐藤義弘, 辰己丈夫, 中野由章監修　日経BP社
2012〜2016
2013　インターネットと情報機器を上手に利用す
るために　2012.12
2014　インターネットと情報機器を上手に利用す
るために　2013.12
2015　インターネットと情報機器を上手に利用す
るために　2015.1
2016　インターネットと情報機器を上手に利用す
るために　2016.1

Quick Master of Web Design　技術評論社
2013
◇速習WebデザインHTML & CSS――レッスン＆レ

全集・叢書総目録 2011-2016　**117**

情報科学

総 記

ットライ形式で基本が身につく（さわだえり著）　2013.4

組込みエンジニア教科書　翔泳社　2006〜2016
⇒Ⅰ–36
◇組込みソフトウェア開発のための構造化プログラミング（SESSAME WG2編）　2016.9

組込みシステム基礎技術全集　情報処理学会［編］
CQ出版　2008〜2011　⇒Ⅳ–527
vol.3　組込みソフトウェア開発技術（沢田篤史, 平山雅之編著）　2011.2

グリーン・プレスDIGITALライブラリー　グリーン・プレス　2008〜2016　⇒Ⅰ–37
32　EDIUS Neo 3マスターガイド—ノンリニアビデオ編集ソフトウェア（阿部信行著）　2011.3
33　COREL VideoStudio X4 Pro Ultimateオフィシャルガイドブック（阿部信行著）　2011.5
34　CyberLink PowerDirector 10オフィシャルガイドブック（阿部信行著, CyberLink監修）　2011.10
35　COREL PaintShop Pro 14オフィシャルガイドブック（土屋徳子著）　2011.11
36　COREL VideoStudio X5 Pro/Ultimateオフィシャルガイドブック（阿部信行著）　2012.5
37　PhotoDirector 4オフィシャルガイドブック—CyberLink（CyberLink監修, 土屋徳子著）　2012.9
38　PowerDirector 11オフィシャルガイドブック—CyberLink（［CyberLink］［監修］, 阿部信行著）　2012.9
39　COREL PaintShop Pro X5オフィシャルガイドブック（土屋徳子著）　2012.11
40　EDIUS Neo3.5マスターガイド—ノンリニアビデオ編集ソフトウェア（阿部信行著）　2012.12
41　COREL VideoStudio X6 PRO/ULTIMATEオフィシャルガイドブック（阿部信行著）　2013.4
42　COREL VideoStudio X7 PRO/ULTIMATEオフィシャルガイドブック（阿部信行著）　2014.3
43　Parallels Desktop 10 for Mac公式ユーザーガイド（土屋徳子著）　2014.11
44　Corel VideoStudio X8 PRO/ULTIMATEオフィシャルガイドブック（山口正太郎著）　2015.5
45　Parallels Desktop 11 for Mac公式ユーザーガ

イド—MacでもWindowsが使える（土屋徳子著）　2015.10
46　Corel VideoStudio X9 PRO/ULTIMATEオフィシャルガイドブック（山口正太郎著）　2016.3

計算科学講座　金田行雄, 笹井理生監修　共立出版　2010〜2014　⇒Ⅰ–37
3（第1部計算科学の基盤）　統計・多変量解析とソフトコンピューティング—超多自由度系解析を目指して（古橋武編）　2012.8
3（第1部計算科学の基盤）　統計・多変量解析とソフトコンピューティング—超多自由度系解析を目指して　改訂版（古橋武編）　2014.9
4（第1部計算科学の基盤）　計算科学のための並列計算—大規模計算への第一歩（石井克哉編）　2014.7
5（第2部計算科学の展開）　乱流の計算科学—乱流解明のツールとしての大規模数値シミュレーション（金田行雄編）　2012.7
6（第2部計算科学の展開）　分子システムの計算科学—電子と原子の織り成す多体系のシミュレーション（笹井理生編）　2010.11
7（第2部計算科学の展開）　ゲノム系計算科学—バイオインフォマティクスを越え, ゲノムの実像に迫るアプローチ（美宅成樹編）　2013.1
9（第3部計算科学の横断概念）　超多自由度系の最適化（古橋武, 笹井理生編）　2013.5
10（第3部計算科学の横断概念）　超多自由度系の新しい科学（笹井理生編）　2010.11

計測自動制御学会先端電子計測部会講演会　資料
計測自動制御学会計測部門先端電子計測部会　2013
◇先端セキュリティ技術—顔認証システムの動向　2013.10

ケヴィン・ケリー著作選集　ポット出版　2012
1（ケヴィン・ケリー著, 堺屋七左衛門訳）　2012.11

現代電子情報通信選書『知識の森』　オーム社　2012〜2014
◇感覚・知覚・認知の基礎（電子情報通信学会編, 乾敏郎監修）　2012.1
◇医療情報システム（電子情報通信学会編, 黒田知宏監修）　2012.1
◇画像入力とカメラ（寺西信一監修, 電子情報通信

学会編） 2012.6

◇宇宙太陽発電（篠原真毅監修, 電子情報通信学会編） 2012.7

◇電子システムの電磁ノイズ—評価と対策（井上浩監修, 電子情報通信学会編） 2012.12

◇マイクロ波伝送・回路デバイスの基礎（橋本修監修, 電子情報通信学会編） 2013.2

◇将来ネットワーク技術—次世代から新世代へ（浅見徹監修, 電子情報通信学会編） 2013.9

◇ネットワークセキュリティ（佐々木良一監修, 電子情報通信学会編） 2014.3

◇無線通信の基礎技術—ディジタル化からブロードバンド化へ（村瀬淳監修, 電子情報通信学会編） 2014.11

現代プレミアブック 講談社 2010〜2012

◇中美恵のキレイになるマクロビダイエット—溜めないカラダのつくり方（中美恵著, 中広行監修） 2010.10

◇フェイスブック—私たちの生き方とビジネスはこう変わる（イケダハヤト著） 2011.2

◇最強世代1988（イチキューハチハチ）—田中将大, 斎藤佑樹, 坂本勇人, 前田健太…11人の告白（節丸裕一著） 2011.3

◇ふるさと再生—架け橋を創る人たち（坪田知己著） 2011.3

◇日本人を強くする（岡田武史, 白石豊著） 2011.9

◇ステイタスブレイン—覚醒と昏睡の間に存在する脳のダイヤモンドリング現象（大井静雄著） 2011.10

◇統合知一"ややこしい問題"を解決するためのコミュニケーション（山田まさる著） 2012.1

◇Social Good小事典（市川裕康著） 2012.7

現場のプロが教えるWebディレクションの最新常識 エムディエヌコーポレーション, インプレス〔発売〕 2014

2（知らないと困るWebデザインの新ルール）（中村健太監修, 一戸健宏, 大串肇, 合志建彦, 高瀬康次, 田口真行共著） 2014.8

公開講座「情報と人間」講演録 白鴎大学〔情報処理教育研究センター〕 2005〜2016

volume 3（第8回—第12回）（情報処理教育研究センター主催）（白鴎大学総合研究所情報処理教育研究センター〔編〕）〔2005〕

volume 4（第13回—第16回）（情報処理教育研究センター主催）（白鴎大学情報処理教育研究センター運営委員会編） 2007.11

volume 5（第17回—第20回）（白鴎大学情報処理教育研究センター）（白鴎大学情報処理教育研究センター運営委員会編） 2010.3

volume 6（第21回—第24回）（白鴎大学情報処理教育研究センター）（白鴎大学情報処理教育研究センター運営委員会編） 2011.11

volume 8（第29回—第32回）（白鴎大学情報処理教育研究センター）（白鴎大学情報処理教育研究センター編） 2016.3

ココ出る！ アイテックIT人材教育研究部編著 アイテック 2015〜2016

◇極選分析基本情報技術者予想問題集 2015.10

◇極選分析応用情報技術者予想問題集 2015.11

◇極選分析情報セキュリティスペシャリスト予想問題集 2015.11

◇極選分析データベーススペシャリスト予想問題集 2015.12

◇極選分析プロジェクトマネージャ予想問題集 2015.12

◇極選分析システム監査技術者予想問題集 2015.12

◇極選分析（ごくせん）ネットワークスペシャリスト予想問題集 2016.6

◇極選分析（ごくせん）ITストラテジスト予想問題集 2016.6

◇極選分析（ごくせん）システムアーキテクト予想問題集 2016.6

◇極選分析（ごくせん）ITサービスマネージャ予想問題集 2016.6

◇極選分析（ごくせん）基本情報技術者予想問題集 第2版 2016.10

◇極選分析（ごくせん）応用情報技術者予想問題集 第2版 2016.10

心の影 ロジャー・ペンローズ［著］, 林一訳 みすず書房 2016

1（意識をめぐる未知の科学を探る） 新装版 2016.11

2（意識をめぐる未知の科学を探る） 新装版 2016.11

コノマド 技術評論社 2011

◇iPhone×USTREAMルーキーズ—好奇心でいき

情報科学

なり始める24時間ライブ中継放送局（西村俊一著）　2011.2

◇iPadいつどこスケッチライフ—絵の具もペンもいらないお気楽イラスト生活（Necojita著）　2011.3

これからはじめるVisual C++ 2010　秀和システム　2011

基礎編（Visual C++ 2010 express対応）（赤坂玲音著）　2011.6

コレだけ！ 技シリーズ　技術評論社　2015

◇eBay個人輸入＆輸出 はじめる＆儲ける超実践テク（林一馬, 山口裕一郎, 柿沼たかひろ著）　2015.2

コンピュータ科学者がみた日本語の表記と入力
山田尚勇著, 岡留剛監修　くろしお出版　2013〜2014

1　脳と色彩の基礎科学　2013.2
2　文字入力とテクノロジー　2014.6

Computer Graphics Gems JP　ボーンデジタル　2013〜2015

2013/2014（コンピュータグラフィックス技術の最前線）（五十嵐悠紀, 井尻敬, 梅谷信行, 金森由博, 徳吉雄介, 堀田一弘, 向井智彦, 安田廉, 山本醍田著）　2013.12

2015（コンピュータグラフィックス技術の最前線）（山本醍田, 鈴木健太郎, 小口貴弘, 徳吉雄介, 白鳥貴亮, 向井智彦, 五十嵐悠紀, 岡部誠, 森本有紀, 上滝剛, 坂東洋介著）　2015.9

コンピュータサイエンス教科書シリーズ　コロナ社　2006〜2013　⇒Ⅳ−529

5　論理回路（曽和将容, 範公可共著）　2013.9
10　インターネット（加藤聡彦著）　2012.12

コンピュータの構成と設計　デイビッド・A.パターソン, ジョン・L.ヘネシー著, 成田光彰訳　日経BP社　2006〜2014　⇒Ⅰ−40

上（ハードウエアとソフトウエアのインタフェース）　第4版　2011.11
上（ハードウエアとソフトウエアのインタフェース）　第5版　2014.12
下（ハードウエアとソフトウエアのインタフェース）　第4版　2011.11
下（ハードウエアとソフトウエアのインタフェース）　第5版　2014.12

コンピュータ理論の起源　近代科学社　2014

第1巻　チューリング（伊藤和行編, チューリング［著］, 佐野勝彦, 杉本舞訳・解説）　2014.1

サイバーセキュリティ　［内閣官房情報セキュリティセンター］情報セキュリティ政策会議, サイバーセキュリティ戦略本部　2014〜2016

2014（内閣官房［編］）　2014.7
2016　2016.8
2015　2015.9

The Java Series　丸善出版　2014

◇Effective Java　第2版（ジョシュア・ブロック著, 柴田芳樹訳）　2014.2

30時間アカデミック　実教出版　2009〜2016　⇒Ⅰ−41

◇データベース＋Access2007/2010（Windows対応）（町田欣弥, 安積淳著）　2011.1
◇Webデザイン（影山明俊, 石上美季子著）　2013.10
◇プレゼンテーション＋PowerPoint 2013（池内健治, 高沢圭一著）　2013.10
◇情報基礎Word & Excel 2013（杉本くみ子, 大沢栄子著）　2013.12
◇情報リテラシーOffice 2013（杉本くみ子, 大沢栄子著）　2013.12
◇情報リテラシーOffice 2016（杉本くみ子, 大沢栄子著）　2016.7
◇情報基礎Word & Excel 2016（杉本くみ子, 大沢栄子著）　2016.12

30時間でマスター　実教出版　2015

◇パーフェクト演習Word2013（杉本くみ子, 大沢栄子著）　2015.11
◇パーフェクト演習Excel2013（杉本くみ子, 大沢栄子著）　2015.11

サンデー・プログラマのための教科書シリーズ　CQ出版　2012

◇シミュレータで理解しながら習得するアセンブラ言語CASL2—COMET2シミュレータ・ソフトで動かしながら学習できる（中村文隆著）　2012.5
◇Androidによるマイコン・ボード制御入門—全部入りマイコン・ボードmbedとイーサネットでつながる（大川善邦著）　2012.8

総記　　　　　　　　　　　　　　　　　　　　　　　　　　　　　　　　情報科学

算譜科学研究速報　産業技術総合研究所［組込み
システム技術連携研究体］　2010～2012

AIST-PS-2010-6　ディペンダブルシステムワーク
ショップ―論文集　第8回（産業技術総合研究所
（組込みシステム技術連携研究体）編）　2010.9

AIST-PS-2010-7　A note on "D-Cases as proofs
as programs"―in English（Makoto Takeyama
［著］）　2010.10

AIST-PS-2011-1　形式手法の産業界応用ワークシ
ョップ―予稿集　2011（産業技術総合研究所組込
みシステム技術連携研究体編）　2011.4

AIST-PS-2011-2　SENS-specification language
for embedded network systems-toward au-
tomatic test generation―preliminary version
（Eun Hye Choi, Takahiro Ando, Hideaki Nishi-
hara, Masahiro Aoki, Keiichi Yoshisaka, Takao
Sonoda, Shouichi Hasuike, Osamu Mizuno
［著］）　2011.8

AIST-PS-2012-1　Interpretation of STM by CSP
（Yoriyuki Yamagata, Weiqiang Kong, Akira
Fukuda, Noriyuki Katahira, Van Tang Nguyen,
Hitoshi Ohsaki［著］）　2012.1

AIST-PS-2012-2　ディペンダブルシステムワーク
ショップ＆シンポジウム2011論文集（産業技術総
合研究所（組込みシステム技術連携研究体）編）
2012.1

AIST-PS-2012-3　システムのコンポーネント構成
に着眼したCDネット販売における障害対応のas-
surance case作成（湯浅能史, 木下佳樹［著］, 産
業技術総合研究所（組込みシステム技術連携研究
体）編）　2012.5

The Art of Computer Programming
DONALD E.KNUTH著, 有沢誠, 和田英一監訳
ドワンゴ　2015

volume1　Fundamental Algorithms（日本語版）
（青木孝, 筧一彦, 鈴木健一, 長尾高弘訳）　2015.
6

2　Seminumerical Algorithms（日本語版）（斎藤博
昭, 長尾高弘, 松井祥悟, 松井孝雄, 山内斉訳）
2015.7

3　Sorting and Searching（日本語版）（石井裕一郎,
伊知地宏, 小出洋, 高岡詠子, 田中久美子, 長尾高
弘訳）　2015.10

CVIMチュートリアルシリーズ　アドコム・メ
ディア　2008～2013　⇒Ⅰ-116

◇コンピュータビジョン最先端ガイド　3　Bun-

dle Adjustment, ICP, Bag-of-Features, Nearest
Neighbor Search, Stochastic Image Processing
（八木康史, 斎藤英雄編, 岡谷貴之, 増田健, 黄瀬
浩一, 柳井啓司, 和田俊和, 安田宗樹, 片岡駿, 田
中和之著）　2010.12

◇コンピュータビジョン最先端ガイド　4　Com-
putational Photography, Image Noise Analysis,
Optics, Coded Imaging, Reflectance & Scatter-
ing, Color（八木康史, 斎藤英雄編, 高松淳, 日浦
慎作, 長原一, 富永昌治, 向川康博著）　2011.12

◇コンピュータビジョン最先端ガイド　5　Pho-
tometric stereo, multi-view stereo, 3D recon-
struction using structured light（八木康史, 斎藤
英雄編, 松下康之, 古川泰隆, 川崎洋, 古川亮, 佐
川立昌著）　2012.12

◇コンピュータビジョン最先端ガイド　6　Volu-
metric imaging, geometric computation, sparse
representation, deep learning（八木康史, 斎藤英
雄編）　2013.12

シェアNo.1の秘訣　財界研究所　2014
2（日本IT特許組合, 『財界』編集部著）　2014.3

JISAブックレッツ　情報サービス産業協会
2004～2016　⇒Ⅰ-122

3　さわやかマナー―より良い人間関係と信頼され
る社会人を目指して　第9版（テプコシステムズ
著）　2011.4

5　SEのための特許入門　改訂第4版（情報サービ
ス産業協会編集, 水谷直樹監修）　2012.10

6　情報サービスと著作権　改訂第2版（情報サービ
ス産業協会編集, 吉田正夫監修）　2012.3

9　情報サービス産業で働く人のためのメンタルヘ
ルスケアハンドブック―明日のあなたの笑顔の
ために（東京海上日動メディカルサービス著, 山
本晴義監修）　2010.11

10　個人情報保護ハンドブック―プライバシーの
セキュリティ　2011.4

10　個人情報保護ハンドブック―プライバシーの
セキュリティ　第2版　2013.5

11　法務・契約ハンドブック―プロジェクトマネジ
メントの基礎知識（情報サービス産業協会編集）
2016.1

C# プログラミングの冒険　技術評論社　2015
実践編　ただ書けるだけじゃ物足りない!!―入門を
終えても, まだまだ覚えるべきことがある……目

全集・叢書総目録 2011-2016　**121**

情報科学

総記

指せ、C#プログラマーの星！（川俣晶著）　2015.
5

静岡学術出版静岡産業ブックス　ITSC静岡学術
出版事業部　2009〜2011　⇒Ⅰ–42
110001　Java GUI編—SwingからAndroid開発ま
で（水野信也、中田誠、上杉徳彦、永田正樹著）
2011.7

自然言語処理シリーズ　奥村学監修　コロナ社
2009〜2015　⇒Ⅰ–43
4　機械翻訳（渡辺太郎、今村賢治、賀沢秀人、Neu-
big, Graham, 中沢敏明共著）　2014.2
5　特許情報処理：言語処理的アプローチ（藤井敦、
谷川英和、岩山真、難波英嗣、山本幹雄、内山将夫
共著）　2012.12
7　対話システム（中野幹生、駒谷和範、船越孝太郎、
中野有紀子共著）　2015.2
8　トピックモデルによる統計的潜在意味解析（佐
藤一誠著）　2015.4

実習ライブラリ　サイエンス社　2004〜2016
⇒Ⅰ–43
3　実習情報リテラシ（重定如彦、河内谷幸子共著）
2011.4
9　実習Visual Basic—だれでもわかるプログラミ
ング　最新版（林直嗣、児玉靖司共著）　2014.1
10　実習情報リテラシ　第2版（重定如彦、河内谷
幸子共著）　2015.2
11　実習データベース—ExcelとAccessで学ぶ基本
と活用（内田治編著、藤原丈史、吉沢康介、三宅修
平共著）　2016.1

自分で選べるパソコン到達点。　技術評論社
2006〜2011　⇒Ⅰ–43
◇これからはじめるエクセル2010の本（井上香緒里
著）　2011.8
◇これからはじめるワード2010の本（門脇香奈子
著）　2011.8
◇これからはじめるWindows7（セブン）の本（井上
香緒里著）　2011.10
◇これからはじめるパワーポイント2010の本（門脇
香奈子著）　2011.10

JavaFX GUIプログラミング　カットシステム
2012
Vol.1（大村忠史著）　2012.10

Java Programming Guide　秀和システム
2012〜2014
◇Eclipse4.2ではじめるJavaプログラミング入門
（掌田津耶乃著）　2012.9
◇Eclipse4.3ではじめるJavaプログラミング入門
（掌田津耶乃著）　2013.9
◇Eclipse4.4ではじめるJavaプログラミング入門
（掌田津耶乃著）　2014.8

Java言語プログラミングレッスン　結城浩著　ソ
フトバンククリエイティブ　2005〜2012
⇒Ⅰ–44
上　Java言語を始めよう　第3版　2012.11
下　オブジェクト指向を始めよう　第3版　2012.
11

Javaの手ほどき　中島雄洋著　誠文堂新光社
2015
学習編（例題学習と問題演習）　2015.1
演習編（例題学習と問題演習）　2015.1

ジャパンナレッジライブラリアンシリーズ　ネッ
トアドバンス　2016
◇図書館を変える！ウェブスケールディスカバリー
入門（飯野勝則著）　2016.1

ジャンルコードと分類法　Paradoxical Library
2011〜2016
2　ジャンルコードの選び方　C81準拠版
（myrmecoleon著）　2011.8
2　ジャンルコードの選び方　C83準拠版
（myrmecoleon著）　2012.8
3　コミケ・pixiv・ニコニコ動画—あるいはCGM
文化の現在（myrmecoleon著）　2012.8
3　コミケ・pixiv・ニコニコ動画—あるいはCGM
文化の現在　2014（Myrmecoleon著）　2014.8
EX　世界のUGCと二次創作の現状—deviantART
を調べてみた。　ver.0.2（Myrmecoleon著）
2015.8
Ex-C90　コミックマーケット91のジャンルコード
改訂を勝手に解説してみた。（Myrmecoleon著）
2016.8

週刊アスキーBOOKS　週刊アスキー編集部編
アスキー・メディアワークス　2011〜2012
vol.01　超ウィンドウズ7技集　2011.6
vol.02　パソコン自作入門　2011.6
vol.03　スマートフォン購入術　2011.6

122　全集・叢書総目録 2011-2016

総記　　　　　　　　　　　　　　　　　　　　　　　　　情報科学

vol.04　遊べるフェイスブック　2011.7

vol.05　ツイッター超拡張祭　2011.8

vol.06　グーグルマニアックス＋　2011.9

vol.07　必携アドオン150─ブラウザーの不満解消
にちょい足し拡張機能　2011.10

vol.08　ウィンドウズフォン！─マイクロソフトの
スマートフォン大解剖　2011.11

vol.09　はじめてのiPhone─ケータイ乗り換えか
らiCloudのコツまで　2011.12

vol.10　はじめてのMac─ウィンドウズユーザーの
ためのOS 10 Lion　2011.12

vol.11　超アンドロイドアプリ─コレだけは入れて
おきたい、おすすめ無料アプリ　2012.1

vol.12　極iPhoneアプリ─必ず入れておきたい、ど
定番おすすめアプリ　2012.1

vol.13　tumblrの使い方─次世代SNSでネットの話
題を丸々ゲット！　2012.2

vol.14　Yahoo！超活用術─最新サービスも100
パーセント使いこなす！　2012.3

10万人のためのIT経営バイブル　日経BP社
2013

vol.1　ビッグデータ革命が変える企業経営─特別
編集版　［2013］

Shuwasystem PC Guide Book　秀和システ
ム　2006～2013　⇒Ⅰ-128

◇超簡単エバーノートを1時間で使いこなす本─最
新 便利技 ポケット図解（中村有里著）　2011.2

◇アメブロを1時間で使いこなす本─最新 超入門
ポケット図解（中村有里著）　2011.8

◇最新版フェイスブックを1時間で使いこなす本─
ポケット図解：便利技：超入門：超簡単（中村有
里著）　2012.6

◇超簡単ツイッターが1時間で身につく本─ポケッ
ト図解：便利技：最新版　第2版（中村有里著）
2012.7

◇超簡単ブログを1時間で作る本─ポケット図解：
便利技　第3版（中村有里著）　2012.8

◇超簡単最新スマホでフェイスブックをとことん
楽しむ本─ポケット図解（音賀鳴海、アンカー・
プロ著）　2012.9

◇最新版フェイスブックを1時間で使いこなす本─
ポケット図解：超簡単：便利技：超入門　第2版
（中村有里著）　2013.1

◇超簡単iPhone 5を楽しむ本─ポケット図解：最
新版：いますぐ使える便利技（野田ユウキ、アン

カー・プロ著）　2013.1

◇超簡単Nexus 7を楽しむ本─ポケット図解：最
新版：いますぐ使える便利技（野田ユウキ、アン
カー・プロ著）　2013.2

◇タイピングが1週間で身につく本─ポケット図解：
超入門：超簡単　最新版（佐藤大翔、アンカー・
プロ著）　2013.2

◇超簡単Windows 8/RTがとことん解かる本─ポ
ケット図解 最新版 いますぐ使える便利技（野田
ユウキ、アンカー・プロ著）　2013.8

趣味発見！　FOM出版　2013～2015

◇なるほど楽しいワード2013　基礎からじっくり
入門編（富士通エフ・オー・エム著制作）　2013.
5

◇なるほど楽しいワード2013　作品づくりにチャ
レンジ編（富士通エフ・オー・エム著制作）　2013.
6

◇なるほど楽しいエクセル2013　基礎からじっく
り入門編（富士通エフ・オー・エム著制作）　2013.
7

◇なるほど楽しいエクセル2013　データ活用にチャ
レンジ編（富士通エフ・オー・エム著制作）　2013.
7

◇なるほど楽しいウィンドウズ8.1（富士通エフ・
オー・エム著制作）　2013.11

◇なるほど楽しいワード2013ドリル（富士通エフ・
オー・エム著制作、ワークアカデミー著）　2013.
12

◇なるほど楽しいワード2010ドリル（富士通エフ・
オー・エム著制作、ワークアカデミー著）　2014.
1

◇なるほど楽しいワード2010＆エクセル2010　基
礎からじっくり入門編（富士通エフ・オー・エム
著制作）　2014.3

◇なるほど楽しいワード2010＆エクセル2010　チ
ャレンジ編（富士通エフ・オー・エム著制作）
2014.3

◇なるほど楽しいワード2013＆エクセル2013　基
礎からじっくり入門編（富士通エフ・オー・エム
著制作）　2014.3

◇なるほど楽しいワード2013＆エクセル2013　チ
ャレンジ編（富士通エフ・オー・エム著制作）
2014.3

◇なるほど楽しいエクセル2010ドリル（富士通エ
フ・オー・エム著制作）　2014.4

◇なるほど楽しいエクセル2013ドリル（富士通エ

情報科学　　　　　　　　　　　　　　　　　　　　　　　　　　　　　　　　　総記

フ・オー・エム著制作）　2014.5
◇iPhoneの写真上達講座―脱初心者誰でもできる
コツを伝授（ビビッドパートナーズ著）　2014.9
◇エクセル2013―大きなページでシンプルな表現
でよくわかる　入門編（富士通エフ・オー・エム
著制作）　2014.9
◇エクセル2013―大きなページでシンプルな表現
でよくわかる　チャレンジ編（富士通エフ・オー・
エム著制作）　2014.9
◇パソコン超入門はじめの一歩―大きなページでシ
ンプルな表現でよくわかる（富士通エフ・オー・
エム著制作）　2014.12
◇なるほど楽しいウィンドウズ8.1（富士通エフ・
オー・エム著制作）　2015.2
◇ワード2013―大きなページでシンプルな表現で
よくわかる　入門編（富士通エフ・オー・エム著
制作）　2015.3
◇ワード2013―大きなページでシンプルな表現で
よくわかる　チャレンジ編（富士通エフ・オー・
エム著制作）　2015.3
◇ワードとエクセルでプロ並みはがき作成―年賀
状・はがきデザイン＆宛名印刷（富士通エフ・
オー・エム著制作）　2015.8
◇ウィンドウズ10―大きなページでシンプルな表
現でよくわかる（富士通エフ・オー・エム著制作）
2015.9

趣味発見！ プレミアム　FOM出版　2015
◇ワードで楽しく自分史作成―企画から製本まで
ヒントいっぱい自分史作成レッスン（富士通エ
フ・オー・エム著制作）　2015.4
◇デジタル写真自由自在―ワードで楽しく写真をア
レンジ（富士通エフ・オー・エム著制作）　2015.
5
◇パワーポイント自由自在―かんたん！ ステキ！
写真をいかした作品づくり（富士通エフ・オー・
エム著制作）　2015.8

Shoeisha digital first　翔泳社　2016
◇LPICレベル2 201スピードマスター問題集―ワ
イド版（Linux教科書）　オンデマンド印刷版（大
竹竜史著）　2016.1
◇LPICレベル2 202スピードマスター問題集―ワ
イド版（Linux教科書）　オンデマンド印刷版（大
竹竜史著）　2016.1
◇Gold Oracle Database 12c Upgrade―ワイド版
新機能　解説編（オラクルマスター教科書）　オ

ンデマンド印刷版（代田佳子著）　2016.1
◇Gold Oracle Database 12c Upgrade―ワイド版
新機能　練習問題編（オラクルマスター教科書）
オンデマンド印刷版（代田佳子著）　2016.1
◇Android実践プログラミング―現場で生ま
れた設計パターン。　オンデマンド印刷版
（TechBooster著, mhidaka編）　2016.4
◇The web explorer　オンデマンド印刷版
（TechBooster著, mhidaka編）　2016.4
◇デベロッパーのキャリアと働き方を語ろう
vol.1（竹迫良範, 岩崎浩文, 西村真里子［述］,
CodeZine編集部編著）　2016.4
◇デベロッパーのキャリアと働き方を語ろう　vol.
2（及川卓也, 平栗遵宜, 渥美俊英, 福井厚［述］,
CodeZine編集部編著）　2016.4
◇高度試験午前I・II―過去問題集 ワイド版　平成
24年度 春期（情報処理教科書）　オンデマンド印
刷版（松原敬二著）　2016.5
◇高度試験午前I・II―過去問題集 ワイド版　平成
24年度 秋期（情報処理教科書）　オンデマンド印
刷版（松原敬二著）　2016.5
◇高度試験午前I・II―過去問題集 ワイド版　平成
25年度 春期（情報処理教科書）　オンデマンド印
刷版（松原敬二著）　2016.5
◇高度試験午前I・II―過去問題集 ワイド版　平成
25年度 秋期（情報処理教科書）　オンデマンド印
刷版（松原敬二著）　2016.5
◇高度試験午前I・II―過去問題集 ワイド版　平成
26年度 春期（情報処理教科書）　オンデマンド印
刷版（松原敬二著）　2016.5
◇高度試験午前I・II―過去問題集 ワイド版　平成
26年度 秋期（情報処理教科書）　オンデマンド印
刷版（松原敬二著）　2016.5
◇Silver Oracle Database 12c―ワイド版　解説編
1（オラクルマスター教科書）　オンデマンド印
刷版（林優子, 代田佳子）　2016.6
◇Silver Oracle Database 12c―ワイド版　解説編
2（オラクルマスター教科書）　オンデマンド印
刷版（林優子, 代田佳子）　2016.6
◇Silver Oracle Database 12c―ワイド版　練習問
題編（オラクルマスター教科書）　オンデマンド
印刷版（林優子, 代田佳子著）　2016.6
◇ネットワークスペシャリスト―もっと解きたい
人のための過去問題集 ワイド版　平成21年度 午
後（情報処理教科書）　オンデマンド印刷版（ICT
ワークショップ著）　2016.7

総記　　　　　　　　　　　　　　　　　　　　　　　　　　　　情報科学

◇ネットワークスペシャリスト―もっと解きたい
人のための過去問題集　ワイド版　平成22年度 午
後（情報処理教科書）　オンデマンド印刷版（ICT
ワークショップ著）　2016.7
◇データベーススペシャリスト―もっと解きたい
人のための過去問題集　ワイド版　平成22年度 午
後（情報処理教科書）　オンデマンド印刷版（IT
のプロ46著）　2016.7
◇ネットワークスペシャリスト―もっと解きたい
人のための過去問題集　ワイド版　平成23年度 午
後（情報処理教科書）　オンデマンド印刷版（ICT
ワークショップ著）　2016.7
◇データベーススペシャリスト―もっと解きたい
人のための過去問題集　ワイド版　平成23年度 午
後（情報処理教科書）　オンデマンド印刷版（IT
のプロ46著）　2016.7
◇ネットワークスペシャリスト―もっと解きたい
人のための過去問題集　ワイド版　平成24年度 午
後（情報処理教科書）　オンデマンド印刷版（ICT
ワークショップ著）　2016.7
◇データベーススペシャリスト―もっと解きたい
人のための過去問題集　ワイド版　平成24年度 午
後（情報処理教科書）　オンデマンド印刷版（IT
のプロ46著）　2016.7
◇ネットワークスペシャリスト―もっと解きたい
人のための過去問題集　ワイド版　平成25年度 午
後（情報処理教科書）　オンデマンド印刷版（ICT
ワークショップ著）　2016.7
◇データベーススペシャリスト―もっと解きたい
人のための過去問題集　ワイド版　平成25年度 午
後（情報処理教科書）　オンデマンド印刷版（IT
のプロ46著）　2016.7
◇ネットワークスペシャリスト―もっと解きたい
人のための過去問題集　ワイド版　平成26年度 午
後（情報処理教科書）　オンデマンド印刷版（ICT
ワークショップ著）　2016.7
◇データベーススペシャリスト―もっと解きたい
人のための過去問題集　ワイド版　平成26年度 午
後（情報処理教科書）　オンデマンド印刷版（IT
のプロ46著）　2016.7
◇ネットワークスペシャリスト―もっと解きたい
人のための過去問題集　ワイド版　平成27年度 午
後（情報処理教科書）　オンデマンド印刷版（ICT
ワークショップ著）　2016.7
◇システム監査技術者午後過去問題集　平成23年
度（情報処理教科書）（落合和雄著）　2016.10

◇システム監査技術者午後過去問題集　平成24年
度（情報処理教科書）（落合和雄著）　2016.10
◇システム監査技術者午後過去問題集　平成25年
度（情報処理教科書）（落合和雄著）　2016.10
◇システム監査技術者午後過去問題集　平成26年
度（情報処理教科書）（落合和雄著）　2016.10
◇システム監査技術者午後過去問題集　平成27年
度（情報処理教科書）（落合和雄著）　2016.10
◇Beリーダーとしてのセルフイメージを作れ―米
国陸軍士官学校「ウエストポイント」の教える
リーダーシップ教本（Biz/Zine）（村上知紀著）
2016.12
◇ビジネスモデルデザインの道具箱―14のフレーム
ワークでイノベーションを生む（Biz/Zine）（白
井和康著）　2016.12

情報演習　カットシステム　2004〜2016
　⇒I－45
4　HTMLワークブック―ステップ30（相沢裕介著）
2005.12
6　C言語ワークブック―ステップ30（田原淳一郎,
小林弘幸著）　2005.6
7　C++ワークブック―ステップ30（黒木啓之著）
2005.12
13　(新)JavaScriptワークブック―ステップ30（相
沢裕介著）　2011.12
14　HTML5 & CSS3ワークブック―ステップ30
（相沢裕介著）　2012.12
20　Word 2010ワークブック―ステップ30（相沢裕
介著）　2011.1
21　Excel 2010ワークブック―ステップ30（相沢裕
介著）　2011.2
22　PowerPoint 2010ワークブック―ステップ30
（相沢裕介著）　2011.3
23　Word 2013ワークブック―ステップ30（相沢裕
介著）　2014.3
24　Excel 2013ワークブック―ステップ30（相沢裕
介著）　2014.4
25　PowerPoint 2013ワークブック―ステップ30
（相沢裕介著）　2014.5
30　Photoshop CS6ワークブック―ステップ30（海
川メノウ著）　2016.10

情報科学こんせぷつ　野崎昭弘, 黒川利明, 疋田輝
雄〔ほか〕編　朝倉書店　1997〜2014
　⇒I－45
4　アルゴリズムの基礎―進化するIT時代に普遍な

全集・叢書総目録 2011-2016　　**125**

情報科学

本質を見抜くもの（岩野和生著）　2010.10

7　ソフトウェア工学　第3版（中所武司著）　2014.3

情報がひらく新しい世界　共立出版　2011

6　Javaによるプログラミング入門—第2版（久野禎子, 久野靖著）　2011.1

情報技術シリーズ　日本理工出版会　2003〜2015　⇒Ⅳ-531

◇オペレーティングシステム〈OS〉基本技術　第2版（小林哲二著）　2015.10

情報系教科書シリーズ　オーム社　2014

◇コンパイラ（湯浅太一著）　2014.9

情報工学テキストシリーズ　共立出版　2010〜2015　⇒Ⅰ-46

第2巻　知的システム工学（三木光範著）　2011.10

第3巻　画像情報処理（三木光範編, 渡部広一著）　2012.4

第4巻　コンピュータネットワーク（三木光範編, 佐藤健哉, 昔農凜太朗著）　2014.4

第5巻　自然言語処理（三木光範編, 加藤恒昭著）　2014.12

第6巻　データベース—基礎からネット社会での応用まで（三木光範, 田中美里著）　2015.9

情報工学入門選書　オーム社　2014

◇コンパイラ（辻野嘉宏著）　2014.9

情報システム入門　日科技連出版社　2010

社会を守る暗号セキュリティ編（福井幸男著）　2010.12

情報システムユーザースキル標準導入活用事例集
情報処理推進機構［編］　情報処理推進機構IT人材育成本部ITスキル標準センター　2010〜2012

2010　2010.5

2011　2011.4

2012　2012.3

情報処理安全確保支援士試験対策　TAC出版事業部　2016

◇情報処理安全確保支援士合格テキスト　2017年度版（TAC〔情報処理講座〕編著）　2016.8

◇情報処理安全確保支援士合格トレーニング　2017年度版（TAC〔情報処理講座〕編著）　2016.8

情報処理学会シンポジウムシリーズ　情報処理学会　2004〜2016　⇒Ⅰ-47

vol.2009 no.12　ゲーム・プログラミングワークショップ　第14回（2009）　2009.11

vol.2010 no.9　コンピュータセキュリティシンポジウム論文集　2010 第1分冊　2010.10

vol.2010 no.9　コンピュータセキュリティシンポジウム論文集　2010 第2分冊　2010.10

vol.2010 no.10　組込みシステムシンポジウム2010論文集　2010.10

vol.2010 no.11　マルチメディア通信と分散処理ワークショップ論文集　2010.10

vol.2010 no.12　ゲーム・プログラミングワークショップ　第15回（2010）　2010.11

vol.2010 no.13　コンピュータシステム・シンポジウム論文集　2010.11

vol.2010 no.14　インターネットと運用技術シンポジウム2010論文集　2010.11

vol.2010 no.15　人文工学の可能性—異分野融合による「実質化」の方法 人文科学とコンピュータシンポジウム論文集 じんもんこん2010　2010.12

vol.2011 no.1　高度交通システム2011シンポジウム論文集—スマートフォンが拓く新テレマティクス　2011.1

vol.2011 no.1　マルチメディア, 分散, 協調とモバイル（DICOMO 2011）シンポジウムアブストラクト集　2011.6

vol.2011 no.2　ウインターワークショップ2011・イン・修善寺論文集　2011.1

vol.2011 no.3　インタラクション論文集　2011　2011.3

vol.2011 no.4　情報教育シンポジウム論文集（情報処理学会コンピュータと教育研究会［編］）　2011.8

vol.2011 no.6　ゲーム・プログラミングワークショップ　第16回　2011　2011.10

vol.2011 no.7　GN Workshop2011論文集　2011.11

vol.2011 no.8　「デジタル・アーカイブ」再考—いま改めて問う記録・保存・活用の技術：人文科学とコンピュータシンポジウム論文集：じんもんこん2011　2011.12

vol.2012 no.1　ウインターワークショップ2012・イン・琵琶湖論文集　2012.1

vol.2012 no.1　マルチメディア, 分散, 協調とモバ

イル（DICOMO 2012）シンポジウムアブストラクト集　2012.6

vol.2012 no.2　高度交通システム2012シンポジウム論文集―LTE・車載機器関連の動向　2012.1

vol.2012 no.3　インタラクション論文集　2012　2012.3

vol.2012 no.4　情報教育シンポジウム論文集（情報処理学会コンピュータと教育研究会［編］）2012.8

vol.2012 no.6　ゲーム・プログラミングワークショップ　第17回　2012　2012.11

vol.2012 no.7　つながるデジタルアーカイブ―分野・組織・地域を越えて　人文科学とコンピュータシンポジウム論文集　じんもんこん2012　2012.11

vol.2013 no.1　高度交通システム2013シンポジウム論文集―時空間情報の高精度化とその応用　2013.3

vol.2013 no.2　マルチメディア, 分散, 協調とモバイル（DICOMO 2013）シンポジウムアブストラクト集　2013.7

vol.2013 no.2　情報教育シンポジウム論文集（情報処理学会コンピュータと教育研究会, 情報処理学会教育学習支援情報システム研究会［編］）2013.8

vol.2013 no.4　人文科学とコンピュータの新たなパラダイム―IPSJ SIG-CH/PNC/ECAI/CIAS Joint Symposium 人文科学とコンピュータシンポジウム論文集　じんもんこん2013　2013.12

vol.2014 no.1　高度交通システム2014シンポジウム論文集―ITSとスマートシティ　2014.1

vol.2014 no.2　情報教育シンポジウム論文集（情報処理学会コンピュータと教育研究会, 情報処理学会教育学習支援情報システム研究会［編］）2014.8

vol.2014 no.3　オープン化するヒューマニティーズ―その可能性と課題を考える　人文科学とコンピュータシンポジウム論文集　じんもんこん2014　2014.12

vol.2015 no.1　高度交通システム2015シンポジウム論文集―安全安心社会の実現に向けたITS　2015.1

vol.2015 no.2　じんもんこんの新たな役割―知の創成を目指す文理融合のこれから　人文科学とコンピュータシンポジウム論文集　じんもんこん2015　2015.12

vol.2016 no.1　高度交通システム2016シンポジウム論文集―自動運転時代に向けたITS技術　2016.1

vol.2016 no.2　人文学情報の継承と進化―ビッグデータとオープンデータの潮流の中で　人文科学とコンピュータシンポジウム論文集　じんもんこん2016　2016.12

◇インタラクション論文集　2013　2013.2

◇マルチメディア, 分散, 協調とモバイル（DICOMO 2016）シンポジウムアブストラクト集　2016.6

情報処理技術者高度試験速習シリーズ　TAC出版事業部　2016

◇ITストラテジスト午後2最速の論文対策―スキマ時間に "これだけ"　第3版（広田航二著）　2016.8

◇プロジェクトマネージャ午後1最速の記述対策―"読むだけ"で合格　2017年度版（三好隆宏著）2016.10

◇プロジェクトマネージャ午後2最速の論述対策―"これだけ"で合格　2017年度版（三好隆宏著）2016.10

情報デザインシリーズ　東京電機大学出版局
2002〜2014　⇒Ⅲ－276

◇ユーザーエクスペリエンスの測定―UXメトリクスの理論と実践（Tom Tullis, Bill Albert著, 篠原稔和監訳, ソシオメディア訳）　2014.11

情報ネットワーク科学シリーズ　電子情報通信学会監修　コロナ社　2015
第1巻　情報ネットワーク科学入門（村田正幸, 成瀬誠編著）　2015.10
第2巻　情報ネットワークの数理と最適化―性能や信頼性を高めるためのデータ構造とアルゴリズム（巳波弘佳, 井上武共著）　2015.12
第3巻　情報ネットワークの分散制御と階層構造（会田雅樹著）　2015.10
第5巻　生命のしくみに学ぶ情報ネットワーク設計・制御（若宮直紀, 荒川伸一共著）　2015.10

情報books plus！　実教出版　2004〜2013
⇒Ⅰ－61

◇インターネット社会を生きるための情報倫理［2013］（情報教育学研究会・情報倫理教育研究グループ著）　2013.3

情報科学

情報リテラシー　富士通エフ・オー・エム著制作
　FOM出版　2013～2016
アプリ編　2013.10
アプリ編　2016.3
入門編（情報モラル&情報セキュリティ）　2013.12
入門編　2016.3
総合編（情報モラル&情報セキュリティ）　2014.2
総合編　2016.3

情報リテラシー　日経BP社　2014
基礎編（鳥越昇, 日経BP社著）　2014.3

知らないと困るWebデザインの新ルール　エム
　ディエヌコーポレーション　2014～2015
3　現場のプロが教えるWebデザイン&レイアウト
　の最新常識（面白法人カヤック監修）　2014.9
4　現場のプロが教えるHTML+CSSコーディング
　の最新常識（大竹孔明, 小川裕之, 高梨ギンペイ,
　中江亮共著）　2015.4
5　現場のプロが教えるWebマーケティングの最新
　常識（アクティブコア, エコンテ, オプト, カー
　ツメディアワークス, グルーバー, クロスフィニ
　ティ, ソウルドアウト, データアーティスト, ポッ
　プインサイト, メンバーズ, ロフトワーク共著）
　2015.8

知らないと困るWebの新ルール　エムディエヌ
　コーポレーション　2016
ISSUE01　現場のプロが教えるSEOの最新常識（ジ
　オコード著）　2016.4
ISSUE02　現場のプロが教えるWeb制作の最新常
　識　アップデート版（久保知己, 酒井優, 塚口祐
　司, 前川昌幸共著）　2016.6

シリーズアジャイルソフトウェア開発技術　東京
　電機大学出版局　2012～2013
◇Java（基礎編）（長瀬嘉秀監修, 浜川剛, 山下智也
　編, テクノロジックアート著）　2012.5
◇Ruby（基礎編）（長瀬嘉秀監修, 川端崇裕編, テ
　クノロジックアート著）　2012.5
◇アジャイル概論（応用編）（長瀬嘉秀監修, 設楽亮
　輔, 中佐藤麻記子編, テクノロジックアート著）
　2012.5
◇リファクタリング（応用編）（長瀬嘉秀監修, 設楽
　秀輔編, テクノロジックアート著）　2013.5
◇テスト駆動開発（応用編）（長瀬嘉秀監修, 設楽秀
　輔編, テクノロジックアート著）　2013.6

◇データベース（基礎編）（長瀬嘉秀監修, 橋本大輔
　編, テクノロジックアート著）　2013.6

知りたい! テクノロジー　技術評論社　2006～
　2011　⇒Ⅳ-532
◇図解SQLこれからはじめる基本の知識（島田裕二
　著）　2011.1
◇図解クラウド仕事で使える基本の知識（杉山貴章
　著）　2011.8

事例でわかる情報モラル　実教出版　2016
2016（30テーマ）（実教出版編修部編）　2016.2

進化技術ハンドブック　電気学会進化技術応用調
　査専門委員会編　近代科学社　2010～2012
　⇒Ⅰ-61
第2巻　応用編―情報・通信システム（玄光男, 辻村
　泰寛編集責任）　2011.11
第3巻　応用編：生産・物流システム（大野勝久, 岡
　本東全体編集責任）　2012.6

人工知能テクノロジー　日経BP社　2016
2017（ディープラーニング、音声対話、自動運転、
　製造業へのインパクト）（日経エレクトロニクス
　編）　2016.9

人工知能の未来　園田展人監修・著　日経BP社
　2016
1（2017-2021）　2016.11
2（2017-2021）　2016.11

神速Photoshop　アスキー・メディアワークス,
　KADOKAWA　2013～2016
グラフィックデザイン編（浅野桜, 石嶋未来, 加藤
　才智, 服部紗和, ハマダナヲミ著）　2013.1
グラフィックデザイン編（浅野桜, 村上良日, 加藤
　才智, ハマダナヲミ著）　2016.3
Webデザイン編（イシジマミキ, 庄崎大祐, 鈴置菜
　津女, 鴇崎亘, 橋本和宏, ハマダナヲミ, 細川富代
　著）　2014.3

新・明解C言語　柴田望洋著　SBクリエイティブ
　2014～2015
入門編　2014.8
中級編　2015.6
実践編　2015.12

新わかりやすいJava　秀和システム　2015
入門編（川場隆著）　2015.4

図解事典　秀和システム　2013
◇最新標準パソコン用語事典—オールカラーPC/ICT完全図解　2013-2014年版（秀和システム第一出版編集部編著）　2013.4

Scalaテキスト　カットシステム　2015
基本文法編（池田成樹著）　2015.11

すぐにパソコンが使える本　日経BP社　2004〜2013　⇒Ⅰ-62
基本操作編（日経パソコン・スタートブック：Windows 8対応版）（日経パソコン［編］）　2013.1
基礎用語編（日経パソコン・スタートブック：Windows 8対応版）（日経パソコン編集編）　2013.1

すぐわかるポケット！　アスキー・メディアワークス　2010〜2012　⇒Ⅰ-63
◇仕事にすぐ効く！ Excel自由自在（アスキードットPC編集部編）　2010.11
◇仕事にすぐ効く！ Windows7自由自在（アスキードットPC編集部編）　2010.11
◇仕事にすぐ効く！ iPhone 4自由自在（マックピープル編集部編）　2010.11
◇仕事にすぐ効く！ Excel関数読んでわかる基本ワザ（アスキードットPC編集部編）　2010.12
◇仕事にすぐ効く！ パソコンの速ワザ—キーボード2秒テク（大重雄二著）　2010.12
◇もっと楽しい使いこなし！ iPod touch 4G自由自在（マックピープル編集部編）　2010.12
◇仕事にすぐ効く！ HTML 5読本—ウェブの最先端を読み解く！（春日智博, 植木晧共著）　2011.1
◇もっと楽しい使いこなし！ iTunes+iPod自由自在（マックピープル編集部編）　2011.1
◇仕事にすぐ効く！ Excelらくらく集計テク（アスキードットPC編集部編）　2011.1
◇仕事にすぐ効く！ EVERNOTE完全活用（花岡貴子著）　2011.2
◇仕事にすぐ効く！ SugarSync自由自在（アスキードットPC編集部編）　2011.2
◇仕事にすぐ効く！ PowerPointプレゼンの極意（枚田香著）　2011.3
◇仕事にすぐ効く！ facebookスタートガイド（アスキー書籍編集部編）　2011.3
◇仕事にすぐ効く！ Google便利ワザ・瞬ワザ（アスキードットPC編集部著）　2011.4
◇仕事にすぐ効く！ Excelグラフの作り方—顧客や上司の心を動かす！（枚田香著）　2011.5
◇仕事にすぐ効く！ スマートフォン基礎入門（gooスマホ部監修）　2011.6
◇仕事にすぐ効く！ クラウド基礎入門—デキる人のファイル管理術（アスキードットPC編集部編）　2011.7
◇仕事にすぐ効く！ Excelマクロ＆VBA—作業自動化の秘策（アスキードットPC編集部編）　2011.8
◇仕事にすぐ効く！ パソコン便利＆活用ベスト100—Windows7 SP1対応（アスキードットPC編集部編）　2011.9
◇仕事にすぐ効く！ Excelらくらくビジネス文書（早坂清志著）　2011.10
◇Excel関数パーフェクト事典—仕事にすぐ効く！（早坂清志著）　2011.11
◇Office 2010ハンドブック—仕事にすぐ効く！：ビジネス必携：Excel・Word・PowerPoint完全攻略（アスキードットPC編集部編）　2011.12
◇パソコン1秒操作法ショートカットキー151連発—仕事にすぐ効く！（アスキードットPC編集部編）　2012.1
◇デジタル写真「どう撮る？」ハンドブック—「いいね！」写真にしたい！：目からウロコの必撮テク1-2-3（藤木裕之著）　2012.2
◇「必携」メールの活用と新常識—仕事にすぐ効く！：メールソフトの使い方から失敗しないメール送受信術まで（杉山美奈子著）　2012.2
◇みんなやってる！ facebook完全活用ガイド—タイムライン＆スマホ対応版（アスキー書籍編集部編）　2012.9

スッキリわかるJava入門　インプレス［ジャパン］　2012〜2014
実践編（中山清喬著）　2012.9
実践編　第2版（中山清喬著）　2014.9

ずっと受けたかったソフトウェアエンジニアリングの授業　鶴保征城, 駒谷昇一共著　翔泳社　2006〜2011　⇒Ⅰ-63
1　増補改訂版　2011.1
2　増補改訂版　2011.1

ずっと受けたかったソフトウェアエンジニアリングの新人研修　翔泳社　2012〜2014
開発現場編（大森久美子, 西原琢夫著, 宇治則孝監修）　2012.2

情報科学

総記

◇(エンジニアになったら押さえておきたい基礎知識) 第2版(宇治則孝監修, 大森久美子, 岡崎義勝, 西原琢夫著) 2014.2

スピードマスター 技術評論社 2016
◇1時間でわかるワードの操作―仕事の現場はこれで充分! "新感覚"のパソコン実用書(リブロワークス著) 2016.9
◇1時間でわかるエクセルVLOOKUP関数―デキる同僚はみんな使ってる! "新感覚"のパソコン実用書(木村幸子著) 2016.9
◇1時間でわかるエクセルピボットテーブル―上級職の必須ツールを最短でマスター "新感覚"のパソコン実用書(木村幸子著) 2016.9
◇1時間でわかるエクセルの操作―仕事の現場はこれで充分! "新感覚"のパソコン実用書(榊裕次郎著) 2016.9

Smart Mobile Developer 翔泳社 2011～2016
◇Androidタブレットアプリ開発ガイド―画面設計とタブレット機能および外部APIの実装まで Android SDK 3対応(井形圭介, 上中正統, 尾古豊明, 加藤勝也, 小林慎治, 瀬戸健二, 高木基成, 日高正博, 夜子まま著) 2011.9
◇作ればわかる! Androidプログラミング―10の実践サンプルで学ぶAndroidアプリ開発入門(金宏和実著) 2011.10
◇Android4プログラミング教本―Google Android SDK 4.0の開発者が知っておくべき基礎知識(Mark Murphy著, クイープ監訳) 2012.2
◇Android ADK組込みプログラミング完全ガイド(丸石康, 日高正博, 鈴木圭介, 伊勢正尚著) 2012.8
◇iPhone & Androidアプリ内課金プログラミング完全ガイド(佐藤航陽, 加藤勝也, 瀬戸健二, 日高正博著) 2012.11
◇作ればわかる! Androidプログラミング―10の実践サンプルで学ぶAndroidアプリ開発入門 第2版(金宏和実著) 2013.4
◇Android NFCプログラミング完全ガイド(Re：Kayo-System, 高尾安奈著) 2013.9
◇Sencha TouchでつくるHTML5モバイルアプリ(John Earl Clark, Bryan P.Johnson著, キヤノンITソリューションズ監修, プロシステムエルオーシー訳) 2014.1
◇作ればわかる! iPhoneプログラミング―挫折せず最後まで作り通せるiOSアプリ開発 "実践" 入門(佐々木良介, 山下佳隆著) 2014.3
◇作ればわかる! Titanium Mobileプログラミング―JavaScriptによるiOSネイティブアプリ実践開発(金宏和実著) 2014.9
◇作ればわかる! Androidプログラミング―10の実践サンプルで学ぶAndroidアプリ開発入門 第3版(金宏和実著) 2015.6
◇作ればわかる! Androidプログラミング―10の実践サンプルで学ぶAndroidアプリ開発入門 第4版(金宏和実著) 2016.5

three.jsによるHTML5 3Dグラフィックス 遠藤理平著 カットシステム 2013～2016
上(ブラウザで実現するOpenGL〈WebGL〉の世界) 2013.10
上 改訂版 2016.7
下(ブラウザで実現するOpenGL〈WebGL〉の世界) 2014.2
下 改訂版 2016.11

z/OSテクニカル・ハンドブック アルテシード 2012～2013
◇MVSアドバンスト・スキル vol. 1 オペレーション/ジョブ管理編(神居俊哉著, 高尾司監修) 2012.7
◇MVSアドバンスト・スキル vol.2 データ管理編(神居俊哉著, 高尾司監修) 2013.4

セミナーテキスト 日経BP社 2010～2016
◇Microsoft Access 2010基礎(日経BP社 著) 2010.7
◇Microsoft Excel VBA―2010/2007/2003対応(奥田英太郎, 佐藤啓著) 2011.7
◇Windows8(土岐順子著) 2012.11
◇Microsoft Word 2013 基礎(日経BP社著・制作) 2013.2
◇Microsoft Excel 2013 基礎(日経BP社著・制作) 2013.2
◇Microsoft PowerPoint 2013 基礎(日経BP社著・制作) 2013.2
◇Microsoft Access 2013 基礎(日経BP社著・制作) 2013.2
◇Microsoft Word 2013 基礎(日経BP社著) 2013.2
◇Microsoft Excel 2013 基礎(日経BP社著) 2013.2

総記　　　　　　　　　　　　　　　　　　　　　　　　　情報科学

◇Microsoft PowerPoint 2013　基礎（日経BP社著）　2013.2
◇Microsoft Access 2013　基礎（日経BP社著）　2013.2
◇Microsoft Word 2013　応用（日経BP社著・制作）　2013.3
◇Microsoft Excel 2013　応用（日経BP社著・制作）　2013.3
◇Microsoft PowerPoint 2013　応用（日経BP社著・制作）　2013.3
◇Microsoft Access 2013　応用（日経BP社著・制作）　2013.3
◇Microsoft Word 2013　応用（日経BP社著）　2013.3
◇Microsoft Excel 2013　応用（日経BP社著）　2013.3
◇Microsoft PowerPoint 2013　応用（日経BP社著）　2013.3
◇Microsoft Access 2013　応用（日経BP社著）　2013.3
◇Windows8.1（土岐順子著）　2014.3
◇Word 2016　基礎（日経BP社著）　2015.12
◇Excel 2016　基礎（日経BP社著）　2015.12
◇PowerPoint 2016　基礎（日経BP社著）　2015.12
◇Access 2016　基礎（日経BP社著）　2015.12
◇Word 2016　応用（日経BP社著）　2016.3
◇Excel 2016　応用（日経BP社著）　2016.3
◇PowerPoint 2016　応用（日経BP社著）　2016.4
◇Access 2016　応用（日経BP社著）　2016.4

先輩が教える　カットシステム　2004〜2016　⇒Ⅰ-65
series20　実験データ処理に使うExcel 2010活用法—はじめて使うExcelのちょっとした入門書（嶋貫健司著）　2011.2
series21　論文・レポート作成に使うWord 2010活用法—スタイル活用テクニックと数式ツールの使い方（嶋貫健司著）　2011.3
series22　効果的な論文発表のためのPowerPoint 2010徹底ガイド—研究発表に使える実践テクニック（相沢裕介著）　2010.12
series23　統計処理に使うExcel 2010活用法—データ分析に使えるExcel実践テクニック（相沢裕介著）　2010.10
Series25　データ処理に使うExcel 2013活用法（相沢裕介著）　2013.9

Series26　統計処理に使うExcel 2013活用法—データ分析に使えるExcel実践テクニック（相沢裕介著）　2013.6
series27　論文・レポート作成に使うWord2013活用法—スタイル活用テクニックと数式ツールの使い方（相沢裕介著）　2013.11
Series28　効果的な論文発表のためのPowerPoint 2013徹底ガイド—研究発表に使える実践テクニック（相沢裕介著）　2013.12
series30　論文・レポート作成に使うWord 2016活用法—スタイル活用テクニックと数式ツールの使い方（相沢裕介著）　2016.4
Series31　統計処理に使うExcel 2016活用法—データ分析に使えるExcel実践テクニック（相沢裕介著）　2016.2
series32　就職前に覚えておくべきExcel 2016必須テクニック（相沢裕介著）　2016.7

即戦力エンジニア養成講座　技術評論社　2012
◇iOSアプリケーション開発入門（新居雅行著）　2012.8

速戦！ ポケットマニュアル　速効！ ポケットマニュアル編集部著　毎日コミュニケーションズ，マイナビ［出版］　2005〜2016　⇒Ⅰ-68
◇Word 2010 & 2007基本ワザ&便利ワザ—Windows版（東弘子著）　2011.2
◇Excel 2010 & 2007基本ワザ&便利ワザ—Windows版（工藤喜美枝著）　2011.2
◇PowerPoint 2010 & 2007基本ワザ&便利ワザ—Windows版（野々山美紀, 白鳥睦, 木下貴博著）　2011.4
◇Excel関数小事典—2010 & 2007 & 2003 & 2002対応Windows版（不二桜著）　2011.4
◇Word基本ワザ&便利ワザ　2014.5
◇Excel基本ワザ&便利ワザ　2014.5
◇PowerPoint基本ワザ&便利ワザ　2014.5
◇Windows8.1基本ワザ&便利ワザ　2014.5
◇Excel関数基本ワザ&便利ワザ　2014.8
◇Excel基本ワザ&仕事ワザ—2016 & 2013 & 2010 & 2007（速効！ ポケットマニュアル編集部著）　2016.5
◇PowerPoint基本ワザ&仕事ワザ—2016 & 2013 & 2010 & 2007（速効！ ポケットマニュアル編集部著）　2016.5
◇Word基本ワザ&仕事ワザ—2016 & 2013 & 2010 & 2007（速効！ ポケットマニュアル編集部著）

全集・叢書総目録 2011-2016　　131

情報科学　　　　　　　　　　　　　　　　　　　　　　　　　　　　　　　総記

2016.6

Software Design総集編　技術評論社　2013
1990〜2000　11年分のバックナンバーを大収録
2013.7

Software Design plusシリーズ　技術評論社
2010〜2016　⇒Ⅳ－564
◇プロのためのLinuxシステム構築・運用技術―システム構築運用/ネットワーク・ストレージ管理の秘訣がわかる SAN, iSCSI, VLAN, L2/L3スイッチ, プロセス/メモリ/ファイルシステム管理, 問題判別, プロとしてのLinux技術 Red Hat Enterprise Linux対応（中井悦司著）　2011.1
◇Nagios統合監視「実践」リファレンス（佐藤省吾, Team-Nagios著）　2011.4
◇サーバ/インフラエンジニア養成読本―現場で役立つ知恵と知識が満載！（Software Design編集部編）　2011.5
◇Linuxエンジニア養成読本―仕事で使うための必須知識＆ノウハウ満載！（Software Design編集部編）　2011.5
◇プロのためのLinuxシステム・ネットワーク管理技術―ネットワーク・インフラ構築, セキュリティ管理, 仮想化技術の極意がわかる セキュリティ管理, iptables, OpenLDAP, Kerberos, KVM仮想化環境, プロとしてのLinuxネットワーク管理技術 Red Hat Enterprise Linux対応（中井悦司著）　2011.6
◇オープンソース・ソフトウェアルータVyatta入門―実践ルーティングから仮想化まで（近藤邦昭, 松本直人, 浅間正和, 大久保修一著）　2011.7
◇Androidエンジニア養成読本―現場で役立つノウハウと仕事にしたい人のための必須知識満載！（Software Design編集部編）　2011.11
◇PCのウイルスを根こそぎ削除する方法（本城信輔著）　2011.12
◇2週間でできる！スクリプト言語の作り方（千葉滋著）　2012.3
◇Webエンジニアのためのデータベース技術「実践」入門（松信嘉範著）　2012.4
◇もっと自在にサーバを使い倒す業務に役立つPerl（木本裕紀著）　2012.4
◇プロになるためのデータベース技術入門―MySQL for Windows困ったときに役立つ開発・運用ガイド：なぜ, あなたはDBを使いこなせないのか（木村明治著）　2012.4

◇サーバ構築の実際がわかるApache「実践」運用/管理（鶴長鎮一著）　2012.4
◇サーバ/インフラエンジニア養成読本　管理/監視　24時間365日稼働を支える知恵と知識が満載！（Software Design編集部）　2012.4
◇サーバ/インフラエンジニア養成読本―クラウドな現場で役立つ知恵と知識が満載！　仮想化活用編（Software Design編集部）　2012.4
◇プロのためのLinuxシステム・10年効く技術―シェルスクリプトを書き, ソースコードを読み, 自在にシステムを作る（中井悦司著）　2012.7
◇図解でわかるAndroidアプリケーション開発教科書（三苫健太著）　2012.8
◇Mapion・日本一の地図システムの作り方（マピオン著）　2012.11
◇Webサービスのつくり方―「新しい」を生み出すための33のエッセイ（和田裕介著）　2012.12
◇プロになるためのJavaScript入門―node.js, Backbone.js, HTML5, jQueryMobile（河村嘉之, 川尻剛著）　2013.1
◇はじめてのOSコードリーディング―UNIX V6で学ぶカーネルのしくみ（青柳隆宏著）　2013.2
◇クラウド時代のネットワーク技術OpenFlow実践入門（高宮安仁, 鈴木一哉著）　2013.2
◇サウンドプログラミング入門―音響合成の基本とC言語による実装（青木直史著）　2013.3
◇Trac入門―ソフトウェア開発・プロジェクト管理活用ガイド　改訂（菅野裕, 今田忠博, 近藤正裕, 杉本琢磨著）　2013.4
◇JavaScriptライブラリ実践活用厳選111（WINGSプロジェクト著）　2013.4
◇小飼弾のコードなエッセイ―我々は本当に世界を理解してコードしているのだろうか？（小飼弾著）　2013.5
◇データベースエンジニア養成読本―DBを自由自在に活用するための知識とノウハウ満載！　ガッチリ！最新技術　2013.8
◇Linuxシステム〈実践〉入門（沓名亮典著）　2013.8
◇Raspberry Pi〈実用〉入門―手のひらサイズのARM/Linuxコンピュータを満喫！（Japanese Raspberry Pi Users Group著）　2013.8
◇データサイエンティスト養成読本―ビッグデータ時代のビジネスを支えるデータ分析力が身につく！　2013.9
◇Androidエンジニア養成読本―現場で役立つノウ

総記

ハウと仕事にしたい人のための必須知識満載！
Vol.2 開発環境を見直して効率アップさまざま
な悩みを解決するTips満載！（Software Design
編集部編） 2013.9

◇「独習Linux専科」サーバ構築/運用/管理―あなた
に伝えたい技と知恵と鉄則（中井悦司著） 2013.
10

◇PHPエンジニア養成読本―現場で役立つイマド
キ開発ノウハウ満載！（ガッチリ！ 最新技術）
2013.10

◇はじめての3Dプリンター―3Dデータ作成/出力ま
るごと体験ガイド（水野操, 平本知樹, 神田沙織,
野村毅著） 2013.10

◇おいしいClojure入門―関数型脳を育てるスペシ
ャルメニュー（ニコラ・モドリック, 安部重成著）
2013.10

◇レベルアップObjective-C（沼田哲史著） 2013.
12

◇Androidライブラリ実践活用厳選111（菊田剛著）
2014.1

◇Apache Solr入門―オープンソース全文検索エン
ジン Solr 4対応, 検索エンジンの仕組み解説〈ス
キーマ定義〉〈インデックス作成〉〈検索〉, XML/
JSONフロントエンドプログラミング, レコメン
デーション, ManifoldCF, SolrCloud 改訂新版
（大谷純, 阿部慎一朗, 大須賀稔, 北野太郎, 鈴木
教嗣, 平賀一昭著, リクルートテクノロジーズ,
ロンウイット監修） 2014.1

◇過負荷に耐えるWebの作り方―国民的アイドル
グループ選抜総選挙の舞台裏 毎秒1万アクセス
（パイプドビッツ著） 2014.1

◇HTML5ハイブリッドアプリ開発〈実践〉入門（久
保田光則, アシアル著） 2014.1

◇Zabbix統合監視徹底活用―複雑化・大規模化す
るインフラの一元管理（池田大輔著） 2014.3

◇GPU並列図形処理入門―CUDA・OpenGLの導
入と活用（乾正知著） 2014.3

◇エンジニアのためのデータ可視化〈実践〉入門―
D3.jsによるWebの可視化（森藤大地, あんちべ
著） 2014.3

◇Webアプリエンジニア養成読本―しくみ, 開発,
環境構築・運用…全体像を最新知識で最初から！
（10年先も役立つ力をつくる）（和田裕介, 石田絢
一, すがわらまさのり, 斎藤祐一郎著） 2014.4

◇Linuxエンジニア養成読本―クラウド時代も, シ
ステムの基礎と基盤はLinux！（10年先も役立つ
力をつくる） 改訂新版 2014.4

◇iOSアプリエンジニア養成読本―クリエイティブ
な開発のための技術力/デザイン力/マインドを
養う！（10年先も役立つ力をつくる）（高橋俊光,
諏訪悠紀, 湯村翼, 平屋真吾, 平井祐樹著） 2014.
4

◇サーバ/インフラエンジニア養成読本―現場で役
立つ知恵と知識が満載！（10年先も役立つ力をつ
くる） 改訂新版 2014.5

◇アドテクノロジープロフェッショナル養成読本
―デジタルマーケティング時代の広告効果を最
適化！（10年先も役立つ力をつくる） 2014.5

◇サーバ/インフラエンジニア養成読本 仮想化
活用編 クラウドな現場で役立つ知恵と知識が
満載！（10年先も役立つ力をつくる） 改訂新版
2014.5

◇サーバ/インフラエンジニア養成読本 管理/監
視編 24時間365日稼働を支える知恵と知識が
満載！（10年先も役立つ力をつくる） 改訂新版
2014.5

◇Zabbix統合監視実践入門―障害通知, 傾向分析,
可視化による省力運用 改訂版（寺島広大著）
2014.7

◇Vyatta仮想ルータ活用ガイド―仮想ネットワー
ク設計とプライベートクラウドの構築（松本直人,
さくらインターネット研究所, 日本Vyattaユー
ザー会著） 2014.7

◇PHPライブラリ＆サンプル実践活用厳選100―
Webサービス編/UI編/ユーティリティ編/通信
編/フレームワーク編（WINGSプロジェクト著）
2014.7

◇フロントエンドエンジニア養成読本―HTML,
CSS, JavaScriptの基本から現場で役立つ技術ま
で満載！（10年先も役立つ力をつくる） 2014.8

◇Hinemos統合管理〈実践〉入門（倉田晃次, 沢井健,
幸坂大輔著, NTTデータ監修） 2014.9

◇サーバ/インフラエンジニア養成読本 ログ収集
～可視化編 現場主導のデータ分析環境を構築！
（ガッチリ！ 最新技術） 2014.9

◇内部構造から学ぶPostgreSQL設計・運用計画の
鉄則（勝俣智成, 佐伯昌樹, 原田登志著） 2014.
10

◇WordPressプロフェッショナル養成読本―Web
サイト運用の現場で役立つ知識が満載！（ガッチ
リ！ 最新技術） 2014.11

◇JavaScriptエンジニア養成読本―Webアプリ開発
の定番構成Backbone.js+CoffeeScript+Gruntを
1冊で習得！（10年先も役立つ力をつくる）（吾郷

情報科学　　　　　　　　　　　　　　　　　　　　　　　　　　　　　　　　総記

協, 山田順久, 竹馬光太郎, 和智大二郎著）　2014.
11

◇OpenSSH〈実践〉入門（川本安武著）　2014.12

◇Javaエンジニア養成読本―現場で役立つ最新知識、満載！（10年先も役立つ力をつくる）（きしだなおき, のざきひろふみ, 吉田真也, 菊田洋一, 渡辺修司, 伊賀敏樹著）　2014.12

◇データサイエンティスト養成読本―ビジネスデータ分析の現場で役立つ知識が満載！　R活用編（10年先も役立つ力をつくる）　2015.1

◇事例から学ぶ情報セキュリティ―基礎と対策と脅威のしくみ（中村行宏, 横田翔著）　2015.2

◇Laravelエキスパート養成読本―モダンな開発を実現するPHPフレームワーク！（ガッチリ！ 最新技術）（川瀬裕久, 古川文生, 松尾大, 竹沢有貴, 小山哲志, 新原雅司著）　2015.5

◇Pythonエンジニア養成読本―いまどきの開発ノウハウ満載！（10年先も役立つ力をつくる）（鈴木たかのり, 清原弘貴, 嶋田健志, 池内孝啓, 関根裕紀, 若山史郎著）　2015.5

◇シェルプログラミング実用テクニック（上田隆一著, USP研究所監修）　2015.6

◇AWK実践入門―ライトウェイトなテキスト処理言語の超定番（中島雅弘, 富永浩之, 国信真吾, 花川直己著）　2015.6

◇サーバ/インフラエンジニア養成読本　基礎スキル編　自習環境でシェル、viエディタ、Perlをマスター！（10年先も役立つ力をつくる）（福田和宏, 中村文則, 竹本浩, 木本裕紀著）　2015.6

◇Dockerエキスパート養成読本―活用の基礎と実践ノウハウ満載！（ガッチリ！ 最新技術）（杉山貴章, 大滝隆太, Yugui, 中津川篤司, 前仏雅人, 松原豊, 米林正明, 松本勇気著）　2015.7

◇C# エンジニア養成読本―はじめて学ぶC# から最新C#6.0まで情報満載！（10年先も役立つ力をつくる）（岩永信之, 山田祥寛, 井上章, 伊藤伸裕, 熊家賢治, 神原淳史著）　2015.9

◇Docker実践入門―Linuxコンテナ技術の基礎から応用まで Docker Hub、Dockerfile、Kubernetes、Atomic Host（中井悦司著）　2015.10

◇データサイエンティスト養成読本　機械学習入門編　ビッグデータ時代のビジネスを支える最新知識が満載！（10年先も役立つ力をつくる）（比戸将平, 馬場雪乃, 里洋平, 戸嶋龍哉, 得居誠也, 福島真太朗, 加藤公一, 関喜史, 阿部厳, 熊崎宏樹著）　2015.10

◇Android Wearアプリ開発入門（神原健一著）　2015.12

◇Unityエキスパート養成読本―ゲーム開発の現場で役立つノウハウ満載！（ガッチリ！ 最新技術）（佐藤圭明, 村上哲太郎, 大塚壮太郎, 渡部聡, 渡辺俊光, 新井隆祥, 相良康介, 吉田奉正, 石黒祐輔, 大庭俊介著）　2016.1

◇ソフトウェアエンジニアのためのITインフラ監視〈実践〉入門（斎藤祐一郎著）　2016.2

◇Unreal Engine & Unityエンジニア養成読本―イマドキのゲーム開発最前線！（10年先も役立つ力をつくる）（ITAKO, 大嶋剛直, 多久島信隆, 河野修弘著）　2016.3

◇クラウド時代のネットワーク技術OpenFlow実践入門　増補改訂版（高宮安仁, 鈴木一哉, 松井暢之, 村木暢哉, 山崎泰宏著）　2016.3

◇AWSエキスパート養成読本―Amazon Web Servicesに最適化されたアーキテクチャを手に入れる！（ガッチリ！ 最新技術）（吉田真吾, 今井智明, 大滝隆太, 松井基勝, 冨永善視, 藤原吉規, 大栗宗彰）　2016.4

◇サーバ構築の実例がわかるSamba〈実践〉入門　改訂新版（高橋基信著）　2016.4

◇サーバ/インフラエンジニア養成読本―現場で役立つ知識と技術が満載！（10年先も役立つ力をつくる）　改訂3版　2016.4

◇はじめてのLisp関数型プログラミング―ラムダ計算からリファクタリングまで一気にわかる（五味弘著）　2016.4

◇サーバ/インフラエンジニア養成読本　DevOps編　Infrastructure as Codeを実践するノウハウが満載！（ガッチリ！最新技術）（吉羽竜太郎, 新原雅司, 前田章, 馬場俊彰著）　2016.4

◇基礎からのWebアプリケーション開発入門―Webサーバを作りながら学ぶ（前橋和弥著）　2016.7

◇データサイエンティスト養成読本―プロになるためのデータ分析力が身につく！（10年先も役立つ力をつくる）　改訂2版（佐藤洋行, 原田博植, 里洋平, 和田計也, 早川敦士, 倉橋一成, 下田倫大, 大成浩子, 奥野晃裕, 中川帝人, 長岡裕己, 中原誠著）　2016.9

◇Linuxエンジニア養成読本―IoTもクラウドも、システムの基礎と基盤はLinux！（10年先も役立つ力をつくる）　改訂3版　2016.9

◇プロのためのLinuxシステム構築・運用技術―システム構築運用/ネットワーク・ストレージ管理

総 記　　　　　　　　　　　　　　　　　　　　　　　　　　　情報科学

の秘訣がわかる キックスタートによる自動イン
ストール、運用プロセスの理解、SAN/iSCSI、L2/
L3スイッチ、VLAN, Linuxカーネル、systemd、
ファイルシステム、問題判別ノウハウ、プロとし
てのLinux技術　改訂新版（中井悦司著）　2016.
10
◇ポートとソケットがわかればインターネットが
わかる―TCP/IP・ネットワーク技術を学びたい
あなたのために（小川晃通著）　2016.12

ソフトウェア・テストPRESS　技術評論社
2011
総集編　2011.8

大学生の知の情報ツール　森園子編著　共立出版
2012～2015
1　Word & PowerPoint（池田修、坂本憲昭、永田
大、守屋康正著）　2012.3
1　Word & PowerPoint　第2版（池田修、坂本憲
昭、永田大、守屋康正著）　2015.5
2　Excel＆情報検索とGoogle活用（池田修、永田大、
守屋康正著）　2012.9
2　Excel＆情報検索とGoogle活用　第2版（池田修、
谷口厚子、永田大、守屋康正著）　2015.5

高橋敏也の改造バカ一台＆動く改造バカ超大全
高橋敏也著　インプレス　2015
風雲編　1999-2007　2015.7
怒濤編　2007-2015　2015.7

知の科学　オーム社　2005～2012　⇒Ⅰ-70
◇オントロジー工学の理論と実践（溝口理一郎著、
人工知能学会編集）　2012.4

超わかるシリーズ　スタンダーズ　2015
◇YouTubeとニコニコ動画をDVDにしてテレビで
見るための本　2015〈最新版〉　ネット動画をダ
ウンロード→かんたんDVD化！　2015.7
◇おとなのネットツアー―超ベストな裏動画サイ
トを楽しみまくる！　2015.9

ディジタル信号処理シリーズ　CQ出版　2005～
2013　⇒Ⅳ-536
◇やり直しのための工業数学―Scilabで学ぶ情報基
礎、誤り訂正符号、暗号　情報通信編（三谷政昭
著）　2011.5
◇やり直しのための工業数学―Scilabで学ぶ信号数
学、信号解析、信号処理　信号処理＆解析編　改
訂新版（三谷政昭著）　2012.5

◇ディジタル音声＆画像の圧縮/伸張/加工技術―
大容量化するマルチメディア・データを転送・保
存・活用するために（尾知博監修、川村新、黒崎
正行著）　2013.5

できる逆引き　インプレス［ジャパン］　2013～
2016
◇Excel関数を極める勝ちワザ740（羽山博、吉川明
広、できるシリーズ編集部著）　2013.12
◇GoogleアナリティクスWeb解析の現場で使える
実践ワザ240（木田和広、できるシリーズ編集部
著）　2015.3
◇Excel VBAを極める勝ちワザ700（国本温子、緑
川吉行、できるシリーズ編集部著）　2016.6

できるクリエイターシリーズ　インプレス［ジャ
パン］　2002～2016　⇒Ⅰ-76;Ⅳ-536
◇できるクリエイター逆引きHTML+CSSデザイ
ン事典―Webクリエイターの現場で必要な基本
と最新動向（加藤善規、平沢隆、できるシリーズ
編集部著）　2011.10
◇できるクリエイターPhotoshop独習ナビ（古岡ひ
ふみ、できるシリーズ編集部著）　2012.10
◇できるクリエイターIllustrator独習ナビ（三浦悟、
鈴木貴子、できるシリーズ編集部著）　2012.11
◇できるクリエイターGIMP2.8独習ナビ（ドルバッ
キーヨウコ、オブスキュアインク、できるシリー
ズ編集部著）　2013.2
◇できるクリエイターInkscape独習ナビ（大西すみ
こ、小笠原種高、羽石相、山本潤一、できるシリー
ズ編集部著）　2016.9

できる大事典　インプレス［ジャパン］　2005～
2016　⇒Ⅰ-79
◇Excel 2010―Windows 7/Vista/XP対応（尾崎裕
子、日花弘子、できるシリーズ編集部著）　2011.
10
◇Word 2010　Windows 7/Vista/XP対応（嘉本
須磨子、神田知宏、できるシリーズ編集部著）
2012.5
◇Excel & Word 2010 Windows7/Vista/XP対応
（尾崎裕子、日花弘子、嘉本須磨子、神田知宏、で
きるシリーズ編集部著）　2012.9
◇Windows8（羽山博、吉川明広、松村誠一郎、でき
るシリーズ編集部著）　2013.6
◇Windows 10（羽山博、吉川明広、できるシリーズ
編集部著）　2016.3

全集・叢書総目録 2011-2016　**135**

情報科学　　　　　　　　　　　　　　　　　　　　　　　　　　　　　　　　　　　総記

◇Excel 2016（尾崎裕子, 日花弘子, できるシリーズ編集部著）　2016.10

できるビジネス　インプレス　2015〜2016
◇「あるある」で学ぶ忙しい人のためのExcel仕事術（植山周志, できるシリーズ編集部著）　2015.4
◇新しい文章力の教室―苦手を得意に変えるナタリー式トレーニング（唐木元著）　2015.8
◇ビジネス教養としてのデザイン―資料作成で活きるシンプルデザインの考え方（佐藤好彦著）2015.8
◇子どもにプログラミングを学ばせるべき6つの理由―「21世紀型スキル」で社会を生き抜く（神谷加代, できるシリーズ編集部著, 竹林暁監修）2015.10
◇「あるある」で学ぶ忙しい人のためのパソコン仕事術（杉山靖彦, できるシリーズ編集部著）　2015.11
◇「あるある」で学ぶ余裕がないときの心の整え方（川野泰周著）　2016.10

できるfor Woman　インプレス　2015
◇Excelお悩み解決BOOK（きたみあきこ, できるシリーズ編集部著）　2015.7
◇Wordお悩み解決BOOK（井上香緒里, できるシリーズ編集部著）　2015.7
◇Windows 10お悩み解決BOOK（広野忠敏, できるシリーズ編集部著）　2015.12

できるPRO　インプレス［ジャパン］　2006〜2016　⇒Ⅳ-537
◇VMware vSphere 5（大久保健一, 工藤真臣, 沢田礼子, 三好哲生, できるシリーズ編集部著, ヴイエムウェア監修）　2012.5
◇Apache Webサーバー　改訂版（辻秀典, 渡辺高志, 鈴木幸敏, できるシリーズ編集部著）　2013.2
◇CentOS 6 サーバー（辻秀典, 渡辺高志, できるシリーズ編集部著）　2013.7
◇MySQL（赤井誠, できるシリーズ編集部著）2014.11
◇WordPress―Linuxユーザーのための構築&運用ガイド（大月宇美, できるシリーズ編集部著）2014.12
◇Red Hat Enterprise Linux 7（平初, できるシリーズ編集部著）　2015.7
◇VMware vSphere 6（大久保健一, 大塚弘毅, 染谷

文昭, 照川陽太郎, 中川明美, 松本光平, 三好哲生, できるシリーズ編集部著）　2015.8
◇CentOS 7サーバー（辻秀典, 渡辺高志, できるシリーズ編集部著）　2016.6

できるポケット　インプレス［ジャパン］　2004〜2016　⇒Ⅰ-80
◇iPhone（アイフォーン）4（フォー）をスマートに使いこなす基本&（アンド）活用ワザ200（法林岳之, 橋本保, 清水理史, 白根雅彦, できるシリーズ編集部著）　2010.11
◇auIS03をスマートに使いこなす基本&（アンド）活用ワザ150（法林岳之, 橋本保, 清水理史, 白根雅彦, できるシリーズ編集部著）　2010.12
◇仕事に使えるExcel 2010マクロ&VBA（ブイビーエー）がマスターできる本―Windows 7/Vista/XP対応（小舘由典, できるシリーズ編集部著）2011.2
◇Nozbeクリエイティブ仕事術―公式ガイド（倉園佳三, できるシリーズ編集部著）　2011.3
◇docomo REGZA Phoneをスマートに使いこなす基本&活用ワザ150（法林岳之, 橋本保, 清水理史, 白根雅彦, できるシリーズ編集部著）　2011.3
◇docomo LYNX 3Dをスマートに使いこなす基本&（アンド）活用ワザ150（法林岳之, 橋本保, 清水理史, 白根雅彦, できるシリーズ編集部著）2011.3
◇docomo Xperia arcスマートに使いこなす基本&（アンド）活用ワザ150（法林岳之, 橋本保, 清水理史, 白根雅彦, できるシリーズ編集部著）　2011.4
◇Twitterをスマートに使いこなす基本&（アンド）活用ワザ100（コグレマサト, いしたにまさき, 堀正岳, できるシリーズ編集部著）　2011.4
◇au REGZA Phone IS04スマートに使いこなす基本&（アンド）活用ワザ150（法林岳之, 橋本保, 清水理史, 白根雅彦, できるシリーズ編集部著）2011.5
◇AQUOS PHONEスマートに使いこなす基本&（アンド）活用ワザ150―docomo（法林岳之, 橋本保, 清水理史, 白根雅彦, できるシリーズ編集部著）　2011.6
◇Xperia acroスマートに使いこなす基本&（アンド）活用ワザ150（法林岳之, 橋本保, 清水理史, 白根雅彦, できるシリーズ編集部著）　2011.7
◇AQUOS PHONEスマートに使いこなす基本&

（アンド）活用ワザ150　SoftBank（法林岳之, 橋本保, 清水理史, 白根雅彦, できるシリーズ編集部著）　2011.7

◇docomo F-12Cスマートに使いこなす基本&（アンド）活用ワザ150（法林岳之, 橋本保, 清水理史, 白根雅彦, できるシリーズ編集部著）　2011.8

◇INFOBARスマートに使いこなす基本&（アンド）活用ワザ150（法林岳之, 橋本保, 清水理史, 白根雅彦, できるシリーズ編集部著）　2011.9

◇G'zOneスマートに使いこなす基本&活用ワザ150—au G'zOne IS11CA（法林岳之, 橋本保, 清水理史, 白根雅彦, できるシリーズ編集部著）　2011.9

◇Word&Excel 2010/2007がマスターできる本—Windows 7/Vista/XP対応（田中亘, 小舘由典, できるシリーズ編集部著）　2011.9

◇Googleスマートに使いこなす基本&活用ワザ180（渥美祐輔, できるシリーズ編集部著）　2011.9

◇SoftBank iPhone（アイフォーン）4（フォー）Sスマートに使いこなす基本&（アンド）活用ワザ200（法林岳之, 橋本保, 清水理史, 白根雅彦, できるシリーズ編集部著）　2011.11

◇Google+スマートに使いこなす基本&（アンド）活用ワザ70（コグレマサト, いしたにまさき, 堀正岳, できるシリーズ編集部著）　2011.11

◇au AQUOS PHONE IS13SHスマートに使いこなす基本&（アンド）活用ワザ150（法林岳之, 橋本保, 清水理史, 白根雅彦, できるシリーズ編集部著）　2011.12

◇au iPhone（アイフォーン）4（フォー）Sスマートに使いこなす基本&（アンド）活用ワザ206（法林岳之, 橋本保, 清水理史, 白根雅彦, できるシリーズ編集部著）　2011.12

◇docomo AQUOS PHONE SH-01Dスマートに使いこなす基本&（アンド）活用ワザ150（法林岳之, 橋本保, 清水理史, 白根雅彦, できるシリーズ編集部著）　2012.1

◇Eye-Fi公式ガイド写真がもっと楽しくなる基本&（アンド）活用ワザ70（北真也, できるシリーズ編集部著）　2012.2

◇docomo Xperia NXスマートに使いこなす基本&（アンド）活用ワザ150—Xperia NX SO-02D（法林岳之, 橋本保, 清水理史, 白根雅彦, できるシリーズ編集部著）　2012.3

◇docomo Xperia acro HD SO-03Dスマートに使いこなす基本&（アンド）活用ワザ150（法林岳之,

橋本保, 清水理史, 白根雅彦, できるシリーズ編集部著）　2012.3

◇Mac OS 10（テン）Lionスマートに使いこなす基本&（アンド）活用ワザ150（リブロワークス, できるシリーズ編集部著）　2012.3

◇HTML&CSS入門—Windows 7/Vista/XP対応（佐藤和人, できるシリーズ編集部著）　2012.3

◇facebookスマートに使いこなす基本&（アンド）活用ワザ200　2012年増補改訂版（田口和裕, 毛利勝久, 森嶋良子, できるシリーズ編集部著）　2012.4

◇新iPadスマートに使いこなす基本&活用ワザ150（法林岳之, 橋本保, 清水理史, 白根雅彦, できるシリーズ編集部著）　2012.4

◇Xperia acro HD IS12Sスマートに使いこなす基本&活用ワザ150（法林岳之, 橋本保, 清水理史, 白根雅彦, できるシリーズ編集部著）　2012.5

◇LINE公式ガイドスマートに使いこなす基本&活用ワザ100（コグレマサト, まつゆう*, できるシリーズ編集部著）　2012.6

◇iPod touchスマートに使いこなす基本&活用ワザ130（法林岳之, 橋本保, 清水理史, 白根雅彦, できるシリーズ編集部著）　2012.6

◇Skypeスマートに使いこなす基本&活用ワザ100（まつもとあつし, 山口真弘, できるシリーズ編集部著）　2012.7

◇ARROWS Xスマートに使いこなす基本&活用ワザ150—docomo ARROWS X F-10D（法林岳之, 橋本保, 清水理史, 白根雅彦, できるシリーズ編集部著）　2012.8

◇Word & Excel & PowerPointがマスターできる本—速習!!ビジネスの基礎力（井上香緒里, できるシリーズ編集部著）　2012.8

◇docomo AQUOS PHONE sv SH-10Dスマートに使いこなす基本&活用ワザ150（法林岳之, 橋本保, 清水理史, 白根雅彦, できるシリーズ編集部著）　2012.9

◇スマートフォンでfacebook&Twitterを使いこなす本（立花岳志, できるシリーズ編集部著）　2012.10

◇SoftBank iPhone 5スマートに使いこなす基本&活用ワザ210（法林岳之, 橋本保, 清水理史, 白根雅彦, できるシリーズ編集部著）　2012.11

◇au iPhone 5スマートに使いこなす基本&活用ワザ210（法林岳之, 橋本保, 清水理史, 白根雅彦, できるシリーズ編集部著）　2012.11

情報科学

◇Amazon Kindleクリエイティブ読書術（倉園佳三，できるシリーズ編集部著）　2013.3

◇スマートフォンでEVERNOTEを使いこなす本（北真也，できるシリーズ編集部著）　2013.3

◇facebookスマートに使いこなす基本＆活用ワザ210　増補改訂3版（田口和裕，毛利勝久，森嶋良子，できるシリーズ編集部著）　2013.3

◇docomo AQUOS PHONE ZETA SH-06Eスマートに使いこなす基本＆活用ワザ150（法林岳之，橋本保，清水理史，白根雅彦，できるシリーズ編集部著）　2013.6

◇スマートフォンで5万円ではじめられる！　株取引をマスターする本（大竹のり子，できるシリーズ編集部著）　2013.6

◇Excel 2013基本マスターブック（小舘由典，できるシリーズ編集部著）　2013.9

◇Excel関数基本マスターブック（尾崎裕子，できるシリーズ編集部著）　2013.9

◇Excelマクロ＆VBA基本マスターブック（小舘由典，できるシリーズ編集部著）　2013.9

◇Excel困った！＆便利技182（きたみあきこ，できるシリーズ編集部著）　2013.9

◇iPhone5sc基本＆活用ワザ完全ガイドdocomo対応（法林岳之，橋本保，清水理史，白根雅彦，できるシリーズ編集部著）　2013.11

◇iPhone5sc基本＆活用ワザ完全ガイドau対応（法林岳之，橋本保，清水理史，白根雅彦，できるシリーズ編集部著）　2013.11

◇iPhone5sc基本＆活用ワザ完全ガイドSoftBank対応（法林岳之，橋本保，清水理史，白根雅彦，できるシリーズ編集部著）　2013.11

◇AQUOS PHONE ZETA基本＆活用ワザ完全ガイド（法林岳之，橋本保，清水理史，白根雅彦，できるシリーズ編集部著）　2013.12

◇Windows8.1基本マスターブック（法林岳之，一ケ谷兼乃，清水理史，できるシリーズ編集部著）　2014.2

◇Word ＆ Excel 2013基本マスターブック（田中亘，小舘由典，できるシリーズ編集部著）　2014.2

◇Access基本マスターブック（広野忠敏，できるシリーズ編集部著）　2014.2

◇これからはじめるLINE基本＆活用ワザ公式ガイド—安心安全（コグレマサト，まつゆう＊，できるシリーズ編集部著）　2014.2

◇Excel関数全事典（羽山博，吉川明広，できるシリーズ編集部著）　2014.3

◇EVERNOTE基本＆活用ワザ完全ガイド（コグレマサト，いしたにまさき，堀正岳，できるシリーズ編集部著）　2014.5

◇GALAXY S5基本＆活用ワザ完全ガイド（法林岳之，橋本保，清水理史，白根雅彦，できるシリーズ編集部著）　2014.5

◇HTML ＆ CSS基本マスターブック（佐藤和人，できるシリーズ編集部著）　2014.6

◇Windows8.1困った！＆便利技204（広野忠敏，できるシリーズ編集部著）　2014.6

◇Windows7困った！＆便利技200（広野忠敏，できるシリーズ編集部著）　2014.6

◇OneNote2013基本マスターブック（インサイトイメージ，できるシリーズ編集部著）　2014.6

◇au Androidスマートフォン基本＆活用ワザ完全ガイド（法林岳之，橋本保，清水理史，白根雅彦，できるシリーズ編集部著）　2014.6

◇ショートカットキー全事典—一瞬で差がつくPC活用術　Windows ＆ IE/Word/Excel/PowerPoint/Outlook/Gmail/Googleカレンダー（インサイトイメージ，できるシリーズ編集部著）　2014.9

◇Excelグラフ基本マスターブック（きたみあきこ，できるシリーズ編集部著）　2014.9

◇Excelピボットテーブル基本マスターブック（門脇香奈子，できるシリーズ編集部著）　2014.9

◇Accessクエリ基本マスターブック（国本温子，きたみあきこ，できるシリーズ編集部著）　2014.9

◇iPhoneアプリ超事典1000　2015年版（リブロワークス著）　2014.9

◇iPhone 6基本＆活用ワザ100au対応（法林岳之，橋本保，清水理史，白根雅彦，できるシリーズ編集部著）　2014.10

◇iPhone 6基本＆活用ワザ100docomo対応（法林岳之，橋本保，清水理史，白根雅彦，できるシリーズ編集部著）　2014.10

◇iPhone 6基本＆活用ワザ100SoftBank対応（法林岳之，橋本保，清水理史，白根雅彦，できるシリーズ編集部著）　2014.10

◇iPhone 6 Plus基本＆活用ワザ100au対応（法林岳之，橋本保，清水理史，白根雅彦，できるシリーズ編集部著）　2014.10

◇iPhone 6 Plus基本＆活用ワザ100 docomo対応（法林岳之，橋本保，清水理史，白根雅彦，できるシリーズ編集部著）　2014.10

総記　　　　　　　　　　　　　　　　　　　　　　　　　　　　　情報科学

◇iPhone 6 Plus基本＆活用ワザ100 SoftBank対応（法林岳之，橋本保，清水理史，白根雅彦，できるシリーズ編集部著）　2014.10

◇Androidスマートフォンアプリ超事典1000　2015年版（アンドロイダー著）　2014.11

◇HTML5&CSS3/2.1全事典（小川裕子，加藤善規，できるシリーズ編集部著）　2015.3

◇LINE & Instagram & Facebook & Twitter基本＆活用ワザ140（田口和裕，森嶋良子，毛利勝久，できるシリーズ編集部著）　2015.3

◇au Androidスマートフォン基本＆活用ワザ完全ガイド（法林岳之，橋本保，清水理史，白根雅彦，できるシリーズ編集部著）　2015.9

◇Windows10基本マスターブック（法林岳之，一ケ谷兼乃，清水理史，できるシリーズ編集部著）2015.9

◇Windows10困った！＆便利技205（広野忠敏，できるシリーズ編集部著）　2015.9

◇iPhoneアプリ超事典1000　2016年版（リブロワークス著）　2015.9

◇iPhone 6s基本＆活用ワザ100au完全対応（法林岳之，橋本保，清水理史，白根雅彦，できるシリーズ編集部著）　2015.10

◇iPhone 6s基本＆活用ワザ100ドコモ完全対応（法林岳之，橋本保，清水理史，白根雅彦，できるシリーズ編集部著）　2015.10

◇iPhone 6s基本＆活用ワザ100ソフトバンク完全対応（法林岳之，橋本保，清水理史，白根雅彦，できるシリーズ編集部著）　2015.10

◇iPhone 6s Plus基本＆活用ワザ100au完全対応（法林岳之，橋本保，清水理史，白根雅彦，できるシリーズ編集部著）　2015.11

◇iPhone 6s Plus基本＆活用ワザ100ドコモ完全対応（法林岳之，橋本保，清水理史，白根雅彦，できるシリーズ編集部著）　2015.11

◇iPhone 6s Plus基本＆活用ワザ100ソフトバンク完全対応（法林岳之，橋本保，清水理史，白根雅彦，できるシリーズ編集部著）　2015.11

◇Androidスマートフォンアプリ超事典1000　2016年版（アンドロイダー著）　2015.12

◇Excel 2016基本マスターブック（小舘由典，できるシリーズ編集部著）　2016.2

◇Word 2016基本マスターブック（田中亘，できるシリーズ編集部著）　2016.2

◇Word & Excel 2016基本マスターブック（田中亘，小舘由典，できるシリーズ編集部著）　2016.2

◇PowerPoint 2016基本マスターブック（井上香緒里，できるシリーズ編集部著）　2016.2

◇これからはじめるLINE基本＆活用ワザ　改訂新版（コグレマサト，まつゆう*，できるシリーズ編集部著）　2016.3

◇OneNote2016/2013基本マスターブック（インサイトイメージ，できるシリーズ編集部著）　2016.4

◇Excel困った！＆便利技200（きたみあきこ，できるシリーズ編集部著）　2016.4

◇Excelピボットテーブル基本マスターブック（門脇香奈子，できるシリーズ編集部著）　2016.4

◇Excelマクロ＆VBA基本マスターブック（小舘由典，できるシリーズ編集部著）　2016.4

◇iPhone SE基本＆活用ワザ100ドコモ完全対応（法林岳之，橋本保，清水理史，白根雅彦，できるシリーズ編集部著）　2016.5

◇iPhone SE基本＆活用ワザ100au完全対応（法林岳之，橋本保，清水理史，白根雅彦，できるシリーズ編集部著）　2016.5

◇iPhone SE基本＆活用ワザ100ソフトバンク完全対応（法林岳之，橋本保，清水理史，白根雅彦，できるシリーズ編集部著）　2016.5

◇LINE & Instagram & Facebook & Twitter基本＆活用ワザ150　改訂新版（田口和裕，森嶋良子，毛利勝久，できるシリーズ編集部著）　2016.8

◇iPhoneアプリ超事典1000　2017年版（リブロワークス著）　2016.9

◇Windows10基本マスターブック　改訂2版（法林岳之，一ケ谷兼乃，清水理史，できるシリーズ編集部著）　2016.10

◇Windows10困った！＆便利技213　改訂2版（広野忠敏，できるシリーズ編集部著）　2016.10

◇auのiPhone 7基本＆活用ワザ100（法林岳之，橋本保，清水理史，白根雅彦，できるシリーズ編集部著）　2016.10

◇ドコモのiPhone 7基本＆活用ワザ100（法林岳之，橋本保，清水理史，白根雅彦，できるシリーズ編集部著）　2016.10

◇ソフトバンクのiPhone 7基本＆活用ワザ100（法林岳之，橋本保，清水理史，白根雅彦，できるシリーズ編集部著）　2016.10

◇auのiPhone 7 Plus基本＆活用ワザ100（法林岳之，橋本保，清水理史，白根雅彦，できるシリーズ

情報科学 総記

編集部著） 2016.10

◇ドコモのiPhone 7 Plus基本＆活用ワザ100（法林岳之，橋本保，清水理史，白根雅彦，できるシリーズ編集部著） 2016.10

◇ソフトバンクのiPhone 7 Plus基本＆活用ワザ100（法林岳之，橋本保，清水理史，白根雅彦，できるシリーズ編集部著） 2016.10

◇Excel関数基本マスターブック（尾崎裕子，できるシリーズ編集部著） 2016.11

◇Excelグラフ基本マスターブック（きたみあきこ，できるシリーズ編集部著） 2016.11

◇Access基本マスターブック（広野忠敏，できるシリーズ編集部著） 2016.12

◇Accessクエリ基本マスターブック（国本温子，きたみあきこ，できるシリーズ編集部著） 2016.12

◇HUAWEI P9/P9 lite基本＆活用ワザ完全ガイド（法林岳之，清水理史，できるシリーズ編集部著） 2016.12

◇Androidスマートフォンアプリ超事典1000［2016-2］（アンドロイダー著） 2016.12

できるポケット＋　インプレスジャパン　2004〜2014　⇒Ⅰ-80

◇GALAXY S—ドコモスマートフォンSC-02B（法林岳之，橋本保，清水理史，白根雅彦，できるシリーズ編集部著） 2010.11

◇iPod touch—iOS 4.2対応　改訂版（田中拓也，できるシリーズ編集部著） 2010.12

◇GALAXY Tab—ドコモスマートフォンSC-01C（法林岳之，橋本保，清水理史，白根雅彦，できるシリーズ編集部著） 2011.1

◇RosettaStone Version 4（フォー）TOTALe—英語（アメリカ）対応（まつもとあつし，できるシリーズ編集部著） 2011.3

◇EVERNOTE　改訂版（コグレマサト，いしたにまさき，堀正岳，できるシリーズ編集部著） 2011.3

◇MEDIAS—ドコモスマートフォンN-04C（法林岳之，橋本保，清水理史，白根雅彦，できるシリーズ編集部著） 2011.5

◇opTimus PAD—ドコモスマートフォンL-06C（法林岳之，橋本保，清水理史，白根雅彦，できるシリーズ編集部著） 2011.6

◇サイボウズLive（加山恵美，エディポック，できるシリーズ編集部著） 2011.6

◇GALAXY S 2（ツー）—ドコモスマートフォンSC-02C（法林岳之，橋本保，清水理史，白根雅彦，

できるシリーズ編集部著） 2011.6

◇MEDIAS WP—ドコモスマートフォンN-06C（法林岳之，橋本保，清水理史，白根雅彦，できるシリーズ編集部著） 2011.7

◇opTimus bright—ドコモスマートフォンL-07C（法林岳之，橋本保，清水理史，白根雅彦，できるシリーズ編集部著） 2011.7

◇Dropbox（コグレマサト，するぷ，できるシリーズ編集部著） 2011.7

◇Androidスマートフォン仕事術—Android 2.3対応（甲斐祐樹，できるシリーズ編集部著） 2011.8

◇GALAXY Tab 10.1（ジュッテンイチ）LTE—ドコモタブレットSC-01D（法林岳之，橋本保，清水理史，白根雅彦，できるシリーズ編集部著） 2011.10

◇Sony Tablet Sシリーズ（法林岳之，橋本保，清水理史，白根雅彦，できるシリーズ編集部著） 2011.11

◇GALAXY S 2（ツー）LTE—docomo NEXT series SC-03D（法林岳之，橋本保，清水理史，白根雅彦，できるシリーズ編集部著） 2011.12

◇GALAXY NEXUS—docomo NEXT series SC-04D（法林岳之，橋本保，清水理史，白根雅彦，できるシリーズ編集部著） 2011.12

◇GALAXY Tab 7.0（ナナテンゼロ）Plus—ドコモタブレットSC-02D（法林岳之，橋本保，清水理史，白根雅彦，できるシリーズ編集部著） 2012.1

◇au GALAXY S 2（ツー）WiMAX—ISW11SC（法林岳之，橋本保，清水理史，白根雅彦，できるシリーズ編集部著） 2012.3

◇Gmail—Android/iPhone/Windows/Mac対応　改訂版（まつもとあつし，できるシリーズ編集部著） 2012.3

◇BlackBerry Bold 9900（法林岳之，一ヶ谷兼乃，清水理史，できるシリーズ編集部著） 2012.3

◇OneNote—2010/Android/iPad/iPhone/Windows Phone対応（インサイトイメージ，できるシリーズ編集部著） 2012.4

◇GALAXY Note—docomo NEXT series SC-05D（法林岳之，橋本保，清水理史，白根雅彦，できるシリーズ編集部著） 2012.4

◇Optimus it—docomo with series L-05D（法林岳之，橋本保，清水理史，白根雅彦，できるシリーズ編集部著） 2012.7

◇GALAXY S3—docomo NEXT series SC-06D

総記　　　　　　　　　　　　　　　　　　　　　　　　　　　情報科学

（法林岳之，橋本保，清水理史，白根雅彦，できる
シリーズ編集部著）　2012.7
◇Apple TV─第3世代Apple TV〈2012年モデル〉
（松村太郎，できるシリーズ編集部著）　2012.7
◇Optimus Vu─docomo NEXT series L-06D（法
林岳之，橋本保，清水理史，白根雅彦，できるシ
リーズ編集部著）　2012.8
◇au GALAXY S 3 Progre─SCL21（法林岳之，橋
本保，清水理史，白根雅彦，できるシリーズ編集
部著）　2012.11
◇GALAXY Tab 7.7 Plus─ドコモタブレットSC-
01E（法林岳之，橋本保，清水理史，白根雅彦，で
きるシリーズ編集部著）　2012.11
◇docomo optimus G─docomo NEXT series L-
01E（法林岳之，橋本保，清水理史，白根雅彦，で
きるシリーズ編集部著）　2012.11
◇au optimus G─LGL21（法林岳之，橋本保，清
水理史，白根雅彦，できるシリーズ編集部著）
2012.11
◇GALAXY Note2─docomo NEXT series SC-
02E（法林岳之，橋本保，清水理史，白根雅彦，で
きるシリーズ編集部著）　2012.11
◇GALAXY S3α─docomo NEXT series SC-03E
（法林岳之，橋本保，清水理史，白根雅彦，できる
シリーズ編集部著）　2012.12
◇USBメモリー─データ移動だけじゃもったいな
い！　改訂版（柳井美紀，できるシリーズ編集部
著）　2013.2
◇Optimus G Pro─docomo NEXT series L-04E
（法林岳之，橋本保，清水理史，白根雅彦，できる
シリーズ編集部著）　2013.4
◇GALAXY S4─docomo SC-04E（法林岳之，橋本
保，清水理史，白根雅彦，できるシリーズ編集部
著）　2013.5
◇optimus it─L-05E 2013年夏モデル（法林岳之，
橋本保，清水理史，白根雅彦，できるシリーズ編
集部著）　2013.6
◇G2L-01F─docomo 2013年冬モデル（法林岳之，
橋本保，清水理史，白根雅彦，できるシリーズ編
集部著）　2013.10
◇GALAXY Note3 SC-01F─docomo 2013年冬モ
デル（法林岳之，橋本保，清水理史，白根雅彦，で
きるシリーズ編集部著）　2013.11
◇ビッグデータ入門─分析から価値を引き出すデー
タサイエンスの時代へ いま必要な知識が3時間で
身につく（小林孝嗣，できるシリーズ編集部著）

2014.1
◇これだけは知っておきたいWindows XP & Of-
fice 2003サポート終了の危険と対策（清水理史，
できるシリーズ編集部著）　2014.2

DESIGN&WEB TECHNOLOGY　翔泳社
2012～2014
◇ノン・プログラマのためのjQuery Mobile標準ガ
イドブック（木曽隆，高橋定大著）　2012.4
◇InDesign CS6で作るEPUB 3標準ガイドブック
（森裕司，境祐司，林拓也，向井領治著）　2012.7
◇EC-CUBE公式完全ガイド─ECサイト構築・カ
スタマイズ・運用のすべて（朝山俊雄著，梶原直
樹監修）　2012.8
◇WordPressプラグイン＆WebAPI活用ガイドブ
ック（Advanced WordPress）（星野邦敏，西川伸
一著）　2013.1
◇現場のプロが教えるスマートフォンサイト制作
ガイドブック─HTML5 & CSS3 & JavaScript
（松田直樹，宮山純著）　2013.2
◇HTML5とJavaScriptによるiPhone/Android両
対応アプリ開発ガイド（大友聡之，坂手寛，清水
崇之，城口良太，高木基成，床井幹人，野島447慈，
渡辺俊輔著）　2013.3
◇Adobe Edge Animate標準ガイドブック（大谷剛
著）　2013.7
◇Sass & Compass徹底入門─CSSのベストプラ
クティスを効率よく実現するために 導入方法か
ら環境構築，現場での使いこなし，チューニン
グ，中上級テクニックまで（Wynn Netherland,
Nathan Weizenbaum, Chris Eppstein, Brandon
Mathis著，石本光司監修，トップスタジオ監訳・
訳）　2014.3

デザインの学校　技術評論社　2010～2016
⇒Ⅰ－83
◇これからはじめるInDesignの本（波多江潤子著，
ロクナナワークショップ監修）　2011.3
◇これからはじめるWebデザインの本（ロクナナ
ワークショップ著）　2011.10
◇これからはじめるAutoCADの本─AutoCAD/
AutoCAD LT 2010/2011/2012対応（稲葉幸行
著）　2011.10
◇これからはじめるActionScriptの本（林拓也著，
ロクナナワークショップ監修）　2012.1
◇これからはじめるIllustrator & Photoshopの本
（黒野明子著，ロクナナワークショップ監修）

情報科学　　　　　　　　　　　　　　　　　　　　　　　　総記

2012.3
◇これからはじめるGIMPの本(山本浩司著)
2012.5
◇これからはじめるHTML & CSSの本(千貫りこ
著, ロクナナワークショップ監修)　2012.6
◇これからはじめるFlashの本(林拓也著, ロクナ
ナワークショップ監修)　2012.9
◇これからはじめるDreamweaverの本(山本和泉
著, ロクナナワークショップ監修)　2012.9
◇これからはじめるIllustratorの本(佐々木京子著,
ロクナナワークショップ監修)　2012.12
◇これからはじめるPhotoshopの本(宮川千春, 木
俣カイ著, ロクナナワークショップ監修)　2012.
12
◇これからはじめるInDesignの本(波多江潤子著,
ロクナナワークショップ監修)　2013.3
◇これからはじめるFireworksの本(#fc0著, ロク
ナナワークショップ監修)　2013.3
◇これからはじめるAutoCADの本(稲葉幸行著)
2013.12
◇これからはじめるIllustrator & Photoshopの本
(黒野明子著, ロクナナワークショップ監修)
2014.3
◇これからはじめるPhotoshopの本(宮川千春, 木
俣カイ著, ロクナナワークショップ監修)　2014.
8
◇これからはじめるIllustratorの本(佐々木京子著,
ロクナナワークショップ監修)　2014.11
◇これからはじめるAfter Effectsの本(佐藤太郎,
白井小太郎著, ロクナナワークショップ監修)
2015.12
◇これからはじめるIllustrator & Photoshopの本
(黒野明子著, ロクナナワークショップ監修)
2016.3
◇これからはじめるAutoCADの本(稲葉幸行著)
2016.10

デジタル仕事術　技術評論社　2009〜2013
　⇒Ⅳ-537
◇Evernoteとアナログノートによるハイブリッド
発想術(倉下忠憲著)　2012.8
◇新iPhone「女子」よくばり活用術(高橋浩子著)
2013.5
◇スマホ女子よくばり活用術―Androidでハッピー
モバイル(自由が丘デジージョの会著)　2013.5

デジタル・スタディーズ　石田英敬, 吉見俊哉, マ
イク・フェザーストーン編　東京大学出版会
2015
第1巻　メディア哲学　2015.7
第2巻　メディア表象　2015.9
第3巻　メディア都市　2015.10

デジタルハリウッドの本 基礎からしっかり学べ
る信頼の一冊　技術評論社　2013〜2015
◇グラフィック＆WebデザインIllustrator & Pho-
toshop CS6(デジタルハリウッド著)　2013.6
◇グラフィックデザインIllustrator & Photoshop
(デジタルハリウッド著)　2015.10

デジハリデザインスクールシリーズ　デジタルハ
リウッド著　技術評論社　2008〜2011
　⇒Ⅳ-537
◇グラフィックデザインIllustrator&Photoshop―
CS5　2011.4
◇WebデザインHTML&Dreamweaver―CS5
2011.4
◇WebデザインFlash―CS5　2011.6

TechNet ITプロシリーズ　日経BP社　2011〜
2014
◇ひと目でわかるSharePoint Server 2010基本機能
でここまで使える! ビジネス活用33の事例(村
田聡一郎, 近藤正俊, 丹内幸男, 井村克也著, リア
ルコム監修)　2011.3
◇Windows Server仮想化テクノロジ入門(山内和
朗著)　2011.4
◇ひと目でわかるSharePoint Server 2010(山崎愛,
北端智, 西岡真樹著)　2011.7
◇ひと目でわかるSharePoint Server 2007基本機能
でここまで使える! ビジネス活用33の事例(村
田聡一郎, 近藤正俊, 丹内幸男, 井村克也著, リア
ルコム監修)　2011.7
◇Windows Server2012テクノロジ入門―新世代
OSの新機能・機能強化のすべて(山内和朗著)
2012.10
◇ひと目でわかるSQL Server 2012―導入から管理
まで, わかりやすく解説!(沖要知著)　2012.11
◇ひと目でわかるWindows Server 2012(天野司
著)　2012.11
◇Office365チームサイト活用ガイド―SharePoint
Onlineで情報共有!(中村和彦著)　2012.11
◇ひと目でわかるActive Directory Windows
Server 2012版(Yokota Lab, Inc.著)　2013.2

142　全集・叢書総目録 2011-2016

総記

情報科学

◇ひと目でわかるHyper-V Windows Server 2012
版（Yokota Lab, Inc.著）　2013.5
◇ひと目でわかるリモートデスクトップサービス
Windows Server 2012版（Yokota Lab, Inc.著）
2013.7
◇グループポリシー逆引きリファレンス厳選92
（横山哲也, 片岡クローリー正枝, 河野憲義著）
2013.8
◇ひと目でわかるSQL Server 2012　レポート編
（清藤めぐみ著）　2013.8
◇ひと目でわかるSharePoint Server 2013（山崎愛,
西岡真樹著）　2013.9
◇ひと目でわかるWindows Server 2012 R2（天野
司著）　2013.12
◇Office 365チームサイト活用ガイド—SharePoint
Onlineで情報共有！　2013年版（中村和彦著）
2013.12
◇ひと目でわかるSQL Server 2012　セルフサービ
スBI編（清藤めぐみ著）　2013.12
◇ひと目でわかるExchange Server 2013（竹島友
理, 飯室美紀, 田島静著）　2014.2
◇Windows Server 2012 R2テクノロジ入門—さら
に進化したOSの新機能・機能強化の全貌（山内
和朗著）　2014.2
◇ひと目でわかるActive　Directory　Windows
Server 2012 R2版（Yokota Lab, Inc.著）　2014.
2
◇ひと目でわかるSharePoint 2013　サイトカスタ
マイズ＆開発編（奥田理恵著）　2014.4
◇ひと目でわかるHyper-V Windows Server 2012
R2版（Yokota Lab, Inc.著）　2014.8
◇Windows PowerShell実践システム管理ガイド—
Windows管理の自動化・効率化に役立つPower-
Shell活用法　第2版（横田秀之, 河野憲義, 目時秀
典著）　2014.11

同学社基本用語辞典シリーズ　同学社　2012
◇IT基本用語辞典—独—日—英（鈴木敦典, 保阪靖
人, 成田克史, 福元圭太編著）　2012.3

独習KMC　京大マイコンクラブ著　京大マイコ
ンクラブ　2011〜2016
vol.1　2011.8
vol.2　2011.12
vol.3　2012.8
vol.4　2012.12
vol.5　2013.8
vol.6　2013.12

vol.7　2015.8
vol.8　2015.12
vol.9　2016.8
vol.10　2016.12

独習コンピュータ科学基礎　翔泳社　2011〜2012
1　離散構造—アルゴリズムの原理を学ぶ（James
L.Hein著, 神林靖訳）　2011.6
2　論理構造—インテリジェントシステムの原理を
学ぶ（James L. Hein著, 神林靖訳）　2011.12
3　計算構造—コンピュータプログラムの原理を学
ぶ（James L.Hein著, 神林靖訳）　2012.4

独習Java　翔泳社　2009〜2013　⇒Ⅰ-86
サーバサイド編　第2版（山田祥寛著）　2013.1

独習情報処理技術　翔泳社　2010
入門編（矢沢久雄著）　2010.11

トップエスイー実践講座　本位田真一監修　近代
科学社　2007〜2012　⇒Ⅰ-86
4　VDM++による形式仕様記述—形式仕様入門・
活用の第一歩（石川冬樹著, 荒木啓二郎監修）
2011.7
5　UPPAALによる性能モデル検証—リアルタイ
ムシステムのモデル化とその検証（大須賀昭彦監
修, 長谷川哲夫, 田原康之, 磯部祥尚著）　2012.9
6　並行システムの検証と実装—形式手法CSPに基
づく高信頼並行システム開発入門（東野輝夫監
修, 磯部祥尚著）　2012.12

ナチュラルコンピューティング・シリーズ　萩谷
昌己, 横森貴編　近代科学社　2011〜2015
第0巻　自然計算へのいざない（小林聡, 萩谷昌己,
横森貴編著）　2015.11
第1巻　光計算（谷田純著）　2011.3
第2巻　DNAナノエンジニアリング（小宮健, 滝ノ
上正浩, 田中文昭, 浜田省吾, 村田智共著）　2011.
4
第3巻　カオスニューロ計算（堀尾喜彦, 安達雅春,
池口徹共著）　2012.11
第5巻　可逆計算（森田憲一著）　2012.3
第6巻　量子計算（西野哲朗, 岡本竜明, 三原孝志共
著）　2015.10

NEKO series　粂井康孝著　SB［ソフトバン
ク］クリエイティブ　2005〜2016　⇒Ⅰ-123
◇猫でもわかるWindowsプログラミング　第4版
2012.7

情報科学

総 記

◇猫でもわかるC言語プログラミング　第3版　2013.6

◇猫でもわかるC++プログラミング　第2版　2013.8

◇猫でもわかるWindowsプログラミングC#版　2014.1

◇猫でもわかるC#プログラミング　第3版　2016.3

ネットワークセキュリティ　情報通信振興会　2015

入門編(Eric Maiwald著, 金沢薫, 竹田義行訳)　2015.7

ネットワークトラブル対応徹底解説　日経BP社　2014

2　モバイル/クラウド時代のネットワーク設計・構築・運用術(富士通認定プロフェッショナル(FCP)ITアーキテクト(ネットワーク)著, 日経コミュニケーション編集)　2014.4

博物館、図書館、教育、観光などのデジタル・アーカイブ学習用素材　岐阜女子大学, 岐阜女子大学文化情報研究センター制作　岐阜女子大学　2010〜2011　⇒Ⅰ-88

2　2010.9

3　2011.3

初めてのC++プログラミング初学者にささげる問題集&解答解説集　デザインエッグ　2014

2014年度版 アルゴリズム編(30分×50問)(中山功一著)　2014.4

初めてのPerl　オライリー・ジャパン　2003〜2013　⇒Ⅰ-88

続　改訂第2版(Randal L.Schwartz, brian d foy, Tom Phoenix著, 伊藤直也監訳, 長尾高弘訳)　2013.8

〈はたらくことば〉の科学　櫂歌書房　2016

◇〈はたらくことば〉の神経科学―からだはことばをはらむ(嶋津好生編著)　2016.1

◇〈意味〉の結合科学―概念ネットワークの賦活制御　制御するのは, 自然？ 神？ 自己？ ことばがはたらき, こころをはぐくむ(嶋津好生編著)　2016.1

◇〈からだ・ことば・こころ〉の三位一体論―からだは, ことばのはたらきによって, こころをやどしはぐくむ(嶋津好生著)　2016.1

パッケージソリューション・マーケティング便覧　富士キメラ総研　2010

2010(研究開発本部第二研究開発部門調査・編集)　2010.5

パーフェクトガイドシリーズ　SB[ソフトバンク]クリエイティブ　2006〜2013　⇒Ⅰ-89

◇iPhone(アイフォーン)4S PERFECT GUIDE―最強のスマホiPhoneの活用術が満載!!(石川温, 石野純也, 小林誠, 房野麻子著)　2011.12

◇iCloud PERFECT GUIDE(小林誠, 村元正剛, 山路達也著)　2012.1

◇第3世代iPad PERFECT GUIDE(石川温, 石野純也, 小林誠, 房野麻子, 村元正剛著)　2012.4

◇GoogleドライブPERFECT GUIDE―Androidユーザー待望の純正ストレージ(石井英男, 小林誠, 村元正剛著)　2012.7

◇iPhone5 PERFECT GUIDE―最速・最高なiPhoneの活用術が満載!!(石川温, 石野純也, 小林誠, 房野麻子著)　2012.10

◇iPad mini PERFECT GUIDE(石川温, 石野純也, 小林誠, 房野麻子, 村元正剛著)　2012.12

◇第4世代iPad PERFECT GUIDE(石川温, 石野純也, 小林誠, 房野麻子, 村元正剛著)　2012.12

◇Kindle Fire HD PERFECT GUIDE(小竹佑児, 村元正剛著)　2013.2

◇iPad Air PERFECT GUIDE(石川温, 石野純也, 小林誠, 房野麻子, 村元正剛著)　2013.11

◇iPad mini Retina PERFECT GUIDE(石川温, 石野純也, 小林誠, 房野麻子, 村元正剛著)　2013.12

10　iPad PERFECT GUIDE―ネットライフを変えるiPadの魅力を徹底解説 iOS4対応版(石川温, 石野純也, 小林誠, 房野麻子著)　2011.1

11　AndroidアプリPERFECT GUIDE―アプリマスターへの道を開く(石井英男, 石野純也, 今西絢美, 小林誠, 坪山博貴著)　2011.2

11　iPad 2(ツー) PERFECT GUIDE―さらに洗練されたiPad 2の魅力を徹底解説(石川温, 石野純也, 小林誠, 房野麻子, 村元正剛著)　2011.5

林晴比古実用マスターシリーズ　林晴比古著　ソフトバンククリエイティブ　2006〜2013　⇒Ⅰ-90

◇明快入門Visual Basic 2010　2010.11

◇明快入門Visual C++ 2010　2011.3

◇C++言語クイック入門＆（アンド）リファレンス
　2011.8
◇〈明快入門〉インタプリタ開発―基本技術から処
　理系の実装まで　2012.2
◇新Linux/UNIX入門　第3版　2012.7
◇明快入門Java　2012.12
◇明快入門C　2013.3
◇明快入門C　スーパービギナー編　2013.7

パワーテクニック　技術評論社　2015〜2016
◇〈逆引き〉Wordパワーテクニック601+66Tips
　（西上原裕明著）　2015.2
◇〈逆引き〉Excel関数パワーテクニック600（不二
　桜著）　2016.6
◇〈逆引き〉Excel VBAパワーテクニック525（大村
　あつし，古川順平著）　2016.7

PHPによるWebアプリケーションスーパーサン
プル　ソフトバンククリエイティブ　2006〜
　2012　⇒Ⅳ－562
活用編　第3版（マッキーソフト著）　2012.1

PHP Programming Guide　秀和システム
　2013
◇Eclipse PDTではじめるPHPプログラミング入
　門（掌田津耶乃著）　2013.9

Beginner's Best Guide to Programming
　翔泳社　2013〜2014
◇スラスラわかるC#（岩永信之著）　2013.3
◇スラスラわかるJavaScript（生形可奈子著）
　2013.3
◇スラスラわかるC++（矢沢久雄著）　2013.12
◇スラスラわかるJava（中垣健志，林満也著）
　2014.1
◇スラスラわかるPHP（志田仁美著，アシアル監
　修）　2014.6

ビジネスファミ通　エンターブレイン，Kadokawa
　2010〜2014
◇電子書籍革命の真実―未来の本のミライ（西田
　宗千佳著）　2010.12
◇ファミ通ゲーム白書　2011　2011.5
◇証言。『革命』はこうして始まった―プレイステー
　ション革命とゲームの革命児たち（赤川良二著）
　2011.8
◇形なきモノを売る時代―タブレット・スマート
　フォンが変える勝ち組、負け組（西田宗千佳著）

　2011.9
◇世界のエンタメ業界地図　2012年版（エンターブ
　レイングローバルマーケティング局編）　2011.
　9
◇もしもあの写真がネットにバラまかれたら―あ
　なたの知らないスマートフォン・ソーシャルネッ
　トワークの落とし穴（佐野正弘著）　2011.10
◇スティーブ・ジョブズ奇跡のスマホ戦略―ポス
　ト・Jobsのプラットフォーム戦争の勝者は？（石
　川温著）　2011.12
◇食いっぱぐれない「働き方」のテクニック（金子
　哲雄著）　2012.3
◇ファミ通ゲーム白書　2012　2012.5
◇世界のエンタメ業界地図　2013年版（エンターブ
　レイングローバルマーケティング局編）　2012.
　12
◇ファミ通ゲーム白書―FGH　2013　2013.5
◇ファミ通ゲーム白書―FGH　2014　2014.6

PCポケットカルチャー　技術評論社　2010
　⇒Ⅳ－562
◇ファミコンの驚くべき発想力―限界を突破する
　技術に学べ（松浦健一郎，司ゆき著）　2010.11
◇PCスキル便利帳―Windows7からツイッターま
　で　2011（志村俊朗著）　2010.12

ビッグデータ・IoT・AI総覧　日経BP社　2016
2016-2017（日経ビッグデータ編）　2016.8

ビッグデータ・IoT総覧　日経BP社　2015
2015-2016（日経ビッグデータ編）　2015.8

ビッグデータ総覧　日経BP社　2013〜2014
2013（日経BPビッグデータ・プロジェクト編）
　2013.7
2014 マーケティングテクノロジー編（日経ビッグ
　データ編集部編）　2014.3
2014-2015（日経ビッグデータ編）　2014.6

100倍活用ポケット　アスペクト　2011
01　Androidアプリ―いちばん「使える」アプリの
　本！（アスペクト編集部編）　2011.4
02　GALAXY S―いちばん「使える」解説本！（ア
　スペクト編集部編）　2011.4
03　facebook―facebookをはじめたいアナタに!!
　（［アスペクト編集部］［編］）　2011.4
04　Androidアプリ○×レビュー（アスペクト編集
　部編）　2011.6

情報科学 総記

05 MEDIAS—基本操作から便利アプリまで完全網羅!!(アスペクト編集部編) 2011.6

06 XPERIA arc—最速&極薄のAndroidケータイ!!(アスペクト編集部編) 2011.7

07 iPad2—"あっと驚く"使い方、教えます 2011.8

標準化ガイドブック 日本画像情報マネジメント協会標準化委員会編纂 日本画像情報マネジメント協会 2009〜2012

2008(ドキュメントマネジメント) 改訂版 2009.5

2012(ドキュメントマネジメント) 2012.4

プログラマー〈確実〉養成講座Ver.1.0 技術評論社 2016

◇これからはじめるプログラミング作って覚える基礎の基礎—最も親しみやすいプログラミング言語「Scratch」で身につけよう!(谷尻かおり著, 谷尻豊寿監修) 2016.8

Programmer's SELECTION 翔泳社 1993〜2015 ⇒Ⅰ-92

◇入門HTML5プログラミング—5つのワークショップによって効率的にマスターするHTML5+CSS3/JavaScriptアプリケーション構築(MATTHEW DAVID著, プロシステムエルオーシー監修) 2011.3

◇入門Amazon SimpleDBプログラミング—身近なKVS/クラウドストレージ活用の基礎知識からAPI、クライアント開発まで(Mocky Habeeb著, 長尾高弘訳) 2011.3

◇エッセンシャルGoogle Web Toolkit 2—Javaのスキルを無駄にすることなく、クラウドにも即応できる高品質なwebアプリケーション構築を目指す(Federico Kereki著, クイープ監修) 2011.7

◇コアjQuery+プラグイン/jQuery UI開発実践技法(Bear Bibeault, Yehuda Katz著, 吉川邦夫訳) 2011.8

◇ASP(えーえすぴー).NET MVC(えむぶいしー)2プログラミングリソース—モデル/ビュー/コントローラの概要から、ルーティング/バインダ/テスト/実サイト構築まで、知りたいことのすべてに答える(Jeffrey Palermo, Ben Scheirman, Jimmy Bogard, Eric Hexter, Matt Hinze著, 新丈径監訳) 2011.11

◇Beginning Java EE 6—GlassFish 3で始めるエンタープライズJava(Antonio Goncalves著, 日本オラクル監訳, プロシステムエルオーシー訳) 2012.3

◇NoSQLプログラミング実践活用技法(Shashank Tiwari著, 長尾高弘訳, 中村泰久監修) 2012.5

◇実践プログラミングDSL—ドメイン特化言語の設計と実装のノウハウ(Debasish Ghosh著, 佐藤竜一監訳) 2012.6

◇Kinectソフトウェア開発講座(Jarrett Webb, James Ashley著, プロシステムエルオーシー訳, 初音玲監修) 2012.8

◇実践プログラミングWebGL—HTML & JavaScriptによる3Dグラフィックス開発(ANDREAS ANYURU著, 吉川邦夫訳) 2012.10

◇入門Objective-C2.0—Mac OS10で走るソフトウェアも、iOSで動くアプリケーションも、Appleプラットフォームでの開発を支える基礎中の基礎を完全網羅 第2版(Scott Knaster, Waqar Malik, Mark Dalrymple著, クイープ監訳) 2012.11

◇空飛ぶPython即時開発指南書(Naomi Ceder著, 新丈径監訳) 2013.2

◇JavaScript Ninjaの極意—ライブラリ開発のための知識とコーディング(John Resig, Bear Bibeault著, 吉川邦夫訳) 2013.5

◇C# プログラマのための.NETアプリケーション最適化技法(Sasha Goldshtein, Dima Zurbalev, Ido Flatow著, プロシステムエルオーシー訳) 2013.7

◇JavaScriptによるWindows8.1アプリケーション構築—JavaScriptとWinJS、そしてWinRTを使って、デスクトップからストアアプリまでWindows8.xプラットフォームで動作するアプリケーションを構築する(Chris Sells, Brandon Satrom, Don Box著, 新丈径監訳) 2013.9

◇R&JavaScriptによるデータ解析と視覚化テクニック—データをビジュアライズするために知っておきたいR言語とD3ライブラリの使い方のすべて(Tom Barker著, クイープ監訳) 2013.11

◇実践Node.jsプログラミング—Node.jsの基礎知識からアプリケーション開発、テスト、配置/応用までスケーラブルで高速なWeb構築に必要なすべて(Mike Cantelon, Marc Harter, T.J. Holowaychuk, Nathan Rajlich著, 生越昌己監修, 吉川邦夫訳) 2014.6

◇入門Backbone.js—Webアプリケーションにしっ

146 全集・叢書総目録 2011-2016

かりした骨格と見通しの良さを付与し開発効率とメンテナンス性を高めるMVCフレームワークの理解と実践（James Sugrue著, クイープ監訳）2014.8

◇Gitで困ったときに読む本（Włodzimierz Gajda著, 長尾高弘訳）2014.10

◇TypeScript実践プログラミング―JavaScriptを使いやすくスケーラブルな言語へと拡張し開発をパワーアップするための現実解（Steve Fenton著, クイープ訳, 鈴木幸敏監修）2015.1

◇Swiftデザインパターン―プロフェッショナルを目指すSwiftプログラマのためのパターン別設計技法とそのケーススタディ（Adam Freeman著, クイープ訳）2015.10

PROGRAMMER'S RECIPE 翔泳社
2012～2016

◇Scala逆引きレシピ―すぐに美味しいサンプル＆テクニック300（竹添直樹, 島本多可子著）2012.7

◇PHP逆引きレシピ―すぐに美味しいサンプル＆テクニック315　第2版（鈴木憲治, 山田直明, 山本義之, 浅野仁, 桜井雄大, 安藤建一著）2013.10

◇Java逆引きレシピ―プロが選んだ三ツ星レシピ達人が選んだ珠玉の現場ワザ（竹添直樹, 高橋和也, 織田翔, 島本多可子著）2014.4

◇iOSアプリ開発逆引きレシピ―プロが選んだ三ツ星レシピ（趙文来, 金祐煥, 加藤勝也, 岸本和也, 山古茂樹, 胡俏, 清水崇之, 山本美香著）2014.4

◇Androidアプリ開発逆引きレシピ―プロが選んだ三ツ星レシピ（Re：Kayo-System著）2014.5

◇JavaScript逆引きレシピ―達人が選んだ珠玉の現場ワザ（プロが選んだ三ツ星レシピ）（山田祥寛著）2014.8

◇WordPress Web開発逆引きレシピ（プロが選んだ三ツ星レシピ）（藤本壱著）2016.3

◇C#逆引きレシピ（プロが選んだ三ツ星レシピ）（arton著）2016.6

プログラマの種シリーズ：SE必修！ ソフトバンククリエイティブ 2012

◇基礎からのMySQL　改訂版（西沢夢路著）2012.5

◇基礎からのAndroidプログラミング（金田浩明著）2012.11

プログラミング学習シリーズ 翔泳社 1999～2016 ⇒Ⅰ-93

◇SQL―ゼロからはじめるデータベース操作　第2版（ミック著）2016.6

プログラミングの教科書 技術評論社 2010～2016 ⇒Ⅰ-94

◇C言語ポインタが理解できない理由（わけ）　改訂新版（朝井淳著）2011.5

◇C言語入門書の次に読む本　改訂新版（坂井弘亮著）2011.5

◇かんたんVisual C++（堀義博著）2011.6

◇かんたんJavaScript（アンク著）2012.12

◇かんたんAndroidアプリ作成入門（朝井淳著）2013.5

◇かんたんUML入門（竹政昭利, 林田幸司, 大西洋平, 三村次朗, 藤本陽啓, 伊藤宏幸著, オージス総研監修）2013.7

◇かんたんPerl（深沢千尋著）2016.2

プログラミングのための計算機科学入門 オーム社 2014

1　始めるための基本事項（島川博光編著, 島川博光, 高田秀志, 原田史子, 山本哲男, 糸賀裕弥共著）2014.12

2　巣立つための体系的知識（島川博光編著, 高田秀志, 毛利公一, 横田裕介, 桑原寛明共著）2014.9

BASIC MASTER SERIES 秀和システム
2004～2016 ⇒Ⅰ-111

305　はじめてのiPhone（アイフォーン）3GS―iPhone OS 3対応版 iPhone 3GS/3G iTunes Win/Mac対応（小原裕太著）2009.10

340　はじめてのWord&Excel&PowerPoint2010―Windows 7/Vista/XP対応（羽石相著）2010.11

341　はじめてのデジカメRAW現像―Photoshop Lightroom3 Windows7/Vista/XP/Mac OS10対応（ゆうきたかし, 桐生彩希著）2010.12

342　はじめてのiPod & iTunes（アイチューン）10―Windows 7/Vista/XP/Mac OS 10対応（小原裕太著）2010.12

343　はじめてのiPad 3G/Wi-Fi iOS4.2対応―Windows 7/Vista/XP/Mac OS 10対応（小原裕太著）2011.1

344　はじめてのPhotoshop Elements 9―Windows 7/Vista/XP/Mac OS 10対応（ゆうきたか

情報科学　　　　総記

し，桐生彩希著）　2011.1

345　はじめてのホームページ・ビルダー15—Windows 7/Vista/XP対応（桑名由美著）　2010.12

346　はじめてのExcelピボットテーブル—Excel 2010/2007/2003/2002対応（城井田勝仁著）2011.1

347　はじめてのWindows Live Essentials入門（村松茂著）　2011.1

348　はじめてのExcel 2010—2010/2007/2003/2002 Windows 7/Vista/XP SP3対応　実用関数編（Studioノマド著）　2011.3

349　はじめてのパソコン・スマートフォンスタートブック　2011〜2012年版（秀和システム編集部編，大沢文孝監修）　2011.3

350　はじめてのホームページHTML5入門—Windows 7/Vista/XP/Mac OS 10対応（荒石正二著）　2011.4

351　はじめてのOneNote 2010—Windows 7/Vista/XP SP3対応（Studioノマド著）　2011.6

352　はじめてのFacebook入門—決定版（落合正和著）　2011.5

353　はじめてのiPad2 3G/Wi-Fi iOS4.3対応—Windows 7/Vista/XP/Mac OS 10対応（小原裕太著）　2011.7

354　はじめてのAndroidプログラミング入門—決定版（五十嵐貴之著）　2011.7

355　はじめてのMac OS 10（テン）Lion（小原裕太著）　2011.10

356　はじめてのインターネット＆メール—Windows 7版（戸内順一著）　2011.10

357　はじめての安全なパソコンのお引っ越し　Windows→Macintosh（リブロワークス著）2011.11

358　はじめてのホームページ・ビルダー16—Windows 7/Vista/XP対応（桑名由美著）　2011.11

359　はじめてのPhotoshop Elements 10（ゆうきたかし，桐生彩希著）　2011.11

360　はじめてのiPhone（アイフォーン）4S—iOS5対応（小原裕太著）　2011.12

361　はじめてのiPod touch—iOS5対応（小原裕太著）　2012.2

362　はじめてのソーシャルメディア入門—決定版（田村憲孝著）　2011.12

363　はじめてのクラウドコンピューティング入門—決定版（田村憲孝著）　2012.1

364　はじめてのFC2（ツー）ブログ最新かんたん

ブログ作成入門（高橋慈子，柳田留美著）　2012.3

365　はじめての図解パソコン入門　2012〜2013年版（大沢文孝，小笠原種高監修）　2012.4

366　はじめての最新Facebook入門—決定版（時枝宗臣，松本敏彦著）　2012.5

367　はじめての新しいiPad第3世代—iOS5.1対応（小原裕太著）　2012.5

368　はじめてのデジカメRAW現像Photoshop Lightroom4（ゆうきたかし，桐生彩希著）　2012.6

369　はじめての最新Facebook活用—決定版（原久鷹著）　2012.6

370　はじめてのアメブロ入門—決定版（月野るな著）　2012.7

371　はじめてのアメブロ活用—決定版（藤原聖仁著）　2012.7

372　はじめてのIllustrator CS6—Win & Mac対応（羽石相著）　2012.6

373　はじめてのDreamweaver CS4/5/6（桑名由美著）　2012.7

374　はじめてのPhotoshop CS6（ゆうきたかし，桐生彩希著）　2012.7

375　はじめてのFileMaker Pro 12（Studioノマド著）　2012.7

376　はじめてのiOSアプリプログラミング入門—決定版（弁崎宗義著）　2012.7

377　はじめてのInDesign CS4/5/6（羽石相著）2012.8

378　はじめてのMac OS 10 Mountain Lion（小原裕太著）　2012.9

379　はじめてのGoogle Analytics　最新版（富士ソフト著）　2012.8

380　はじめてのWindows8　最新機能編（村松茂著）　2012.10

381　はじめての最新Evernote入門—決定版（原久鷹著）　2012.10

382　はじめてのホームページ・ビルダー17（桑名由美著）　2012.11

383　はじめてのWindows8　基本編（戸内順一著）2012.11

384　はじめてのWord 2010—Windows8完全対応版（ゲイザー著）　2012.11

385　はじめてのExcel 2010—Windows8完全対応版（村松茂著）　2012.11

386　はじめてのPowerPoint 2010—Windows8完

総記　　　　　　　　　　　　　　　　　　　　　　　　　　　　　　情報科学

全対応版（リブロワークス著）　2012.11

387　はじめてのWord & Excel 2010―Windows8完全対応版（Studioノマド著）　2012.11

388　はじめての最新Google入門―徹底活用決定版（田村憲孝著）　2012.10

389　はじめての最新LINE入門―徹底活用決定版（原久鷹著）　2012.11

390　はじめてのPhotoshop Elements 11（ゆうきたかし, 桐生彩希著）　2012.12

391　はじめてのPremiere Elements 11（羽石相著）　2012.12

392　はじめてのiPhone5（小原裕太著）　2012.12

393　はじめてのGIMP2.8（羽石相著）　2012.12

394　はじめてのLAN&Wi-Fi（小原裕太著）　2013.3

395　はじめてのSEO&SEM　最新版（富士ソフト著）　2012.12

396　はじめてのノートパソコン（桑名由美著）　2012.12

397　はじめてのiPod touch（小原裕太著）　2013.2

398　はじめてのiPad mini（小原裕太著）　2013.2

399　はじめての安全なパソコンのお引っ越し―XP→Windows8（村松茂著）　2013.1

400　はじめてのWindows RT―タブレットPC入門（リブロワークス著）　2013.3

401　はじめてのWord 2013（ゲイザー著）　2013.2

402　はじめてのExcel 2013（村松茂著）　2013.2

403　はじめてのPowerPoint 2013（リブロワークス著）　2013.2

404　はじめてのAccess 2013（大沢文孝, 小笠原種高著）　2013.2

405　はじめてのWord & Excel 2013（Studioノマド著）　2013.2

406　はじめてのWord & Excel & PowerPoint 2013（羽石相著）　2013.5

407　はじめてのOutlook2013（小原裕太著）　2013.5

408　はじめてのWindowsムービーメーカー（羽石相著）　2013.3

409　はじめてのGmail（桑名由美著）　2013.4

410　はじめてのWindows8　活用編（村松茂著）　2013.5

411　はじめての簡単WordPress入門―決定版（原久鷹著）　2013.4

412　はじめての簡単Excel VBA―決定版（金城俊哉著）　2013.5

413　はじめてのOneNote 2013（Studioノマド著）　2013.6

414　はじめての最新簡単Facebook入門―決定版（時枝宗臣, 松本敏彦著）　2013.6

415　はじめてのヤフオク！―収入・節約120％活用マニュアル（Studioノマド著）　2013.7

416　はじめてのExcelピボットテーブル（城井田勝仁著）　2013.7

417　はじめてのSurface Pro/RT完全活用マニュアル（富士ソフト著）　2013.7

418　はじめてのPHOTOSHOP LIGHTROOM5デジカメRAW現像（ゆうきたかし, 桐生彩希著）　2013.8

419　はじめてのAccess2013　ビジネス実用編（大沢文孝, 小笠原種高著）　2013.9

420　はじめてのCD&DVD制作（羽石相著）　2013.9

421　はじめてのインターネット＆メール（戸内順一著）　2013.9

422　はじめてのホームページ＆HTML5（荒石正二著）　2013.9

423　はじめての無料でできるホームページ作成最新HTML5+CSS入門（Studioノマド著）　2013.8

424　はじめてのFC2ブログかんたん作成入門（高橋慈子, 柳田留美著）　2013.9

425　はじめてのExcel2013　ビジネス実用編（大沢文孝, 小笠原種高著）　2013.10

426　はじめてのホームページ・ビルダー18（桑名由美著）　2013.11

427　はじめての安全なパソコンのお引っ越し―7/Vista→Windows8（村松茂著）　2013.11

428　はじめてのWordPressリデザイン＆カスタマイズ（原久鷹著）　2013.11

429　はじめてのPremiere Elements 12（羽石相著）　2013.12

430　はじめてのWindows 8.1　基本編（戸内順一著）　2013.12

431　はじめてのPhotoshop Elements 12（ゆうきたかし, 桐生彩希著）　2014.1

432　はじめてのIllustrator　CC/CS6/CS5/CS4（羽石相著）　2014.1

433　はじめてのPhotoshop　CC/CS6/CS5/CS4（ゆうきたかし, 桐生彩希著）　2014.3

情報科学 総記

434 はじめてのFileMaker Pro 13（Studioノマド
著） 2014.2

435 はじめての無料でできるキヤノンDPP RAW
現像入門（ゆうきたかし, 桐生彩希著） 2014.6

436 はじめての無料でできるWindowsムービー
メーカー（羽石相著） 2014.7

437 はじめてのグーグルアナリティクス入門
（Studioノマド著） 2014.7

438 はじめてのPremiere Elements 13（羽石相著）
2014.11

439 はじめてのホームページ・ビルダー19（桑名
由美著） 2014.11

440 はじめてのPhotoshop Elements 13（ゆうき
たかし, 桐生彩希著） 2014.11

441 はじめての図解でわかるスマートフォン入門
（高橋慈子, 八木重和, 荒巻順著） 2014.12

442 はじめての図解でわかる格安スマホ入門（高
橋慈子, 八木重和著） 2015.4

443 はじめての今さら聞けないLINE入門（高橋慈
子, 柳田留美著） 2015.7

444 はじめてのWindows10 基本編（戸内順一
著） 2015.8

445 はじめての今さら聞けないスマホカメラ入門
（桑名由美著） 2015.9

446 はじめての今さら聞けないGoPro入門（日沼
論史著） 2015.10

447 はじめてのFileMaker Pro 14（Studioノマド
著） 2015.10

448 はじめてのWord 2016（桑名由美, Studioノ
マド著） 2015.10

449 はじめてのExcel 2016（リブロワークス著）
2015.10

450 はじめてのPowerPoint 2016（高橋慈子, 冨永
敦子著） 2015.12

451 はじめてのWordPress入門 最新版（原久鷹
著） 2015.12

452 はじめてのWord & Excel 2016（Studioノマ
ド著） 2016.1

453 はじめてのGmail入門（桑名由美著） 2016.
2

454 はじめてのWindowsムービーメーカー（羽石
相著） 2016.1

455 はじめてのFacebook入門 最新版（時枝宗臣
著） 2016.2

456 はじめての無料でできるホームページ作成
Jimdo入門（桑名由美著） 2016.3

457 はじめてのAccess 2016（小笠原種高, 大沢文
孝著） 2016.3

458 はじめての今さら聞けないWi-Fi入門（荒石
正二著） 2016.3

459 はじめての今さら聞けないネット検索（羽石
相著） 2016.3

460 はじめてのOffice 2016（村松茂, Studioノマ
ド著） 2016.3

461 はじめてのスマホのデータ移行（Studioノマ
ド著） 2016.3

462 はじめての今さら聞けないスマートフォン入
門（高橋慈子, 八木重和著） 2016.3

463 はじめての今さら聞けないツイッター入門
（八木重和著） 2016.3

464 はじめてのExcelピボットテーブル（城井田勝
仁著） 2016.4

465 はじめての無料ホームページデビュー――Win-
dows10対応最新版（日向凛著） 2016.4

466 はじめてのメルカリの使い方（桑名由美著）
2016.6

467 はじめての今さら聞けないFacebook（金城俊
哉著） 2016.7

468 はじめての今さら聞けないYouTube入門（八
木重和著） 2016.7

469 はじめてのスマートフォンの困ったをサクッ
と解決（Studioノマド著） 2016.7

470 はじめての今さら聞けないアフィリエイト入
門（染谷昌利著） 2016.8

471 はじめての今さら聞けないエクセル（羽石相
著） 2016.9

472 はじめてのWindows10 基本編（戸内順一
著） 2016.8

473 はじめてのFC2ブログこだわりブログ作成入
門（高橋慈子, 柳田留美著） 2016.8

474 はじめての無料ネットショップ作り―最新版
（日向凛著） 2016.8

475 はじめてのパソコンのイラッをズバリ！ 解
決（村松茂著） 2016.9

476 はじめてのエクセルのイラッをズバリ！ 解
決（Studioノマド著） 2016.9

477 はじめてのワードのイラッをズバリ！ 解決
（Studioノマド著） 2016.9

478 はじめての今さら聞けないWindowsパソコン
（羽石相著） 2016.9

479 はじめてのOfficeのイラッをズバリ！ 解決
（八木重和著） 2016.10

総記

480　はじめてのホームページ・ビルダー21（桑名由美著）　2016.11

481　はじめてのPython AIプログラミング（金城俊哉著）　2016.11

482　はじめての〈最新〉Androidプログラミング（五十嵐貴之, 志磨敦史, 黒木亮人著）　2016.12

483　はじめてのPremiere Elements 15（羽石相著）　2016.12

484　はじめての今さら聞けないiPhone入門（吉岡豊著）　2016.12

BASIC LESSON For Web Engineers　ソフトバンク（SB）クリエイティブ　2013～2015
◇基礎からのPHP（西沢夢路著）　2013.4
◇基礎からのWordPress　改訂版（高橋のり著）　2015.4

ポケットカルチャー　技術評論社　2010～2011
◇AR（エーアール）（拡張現実）で何が変わるのか？（ソーシャルメディア・セミナー 1）（川田十夢, 佐々木博著, ソーシャルメディア・セミナー編）　2010.12
◇電子書籍の作り方―EPUB, 中間ファイル作成からマルチプラットフォーム配信まで（境祐司著）　2011.1
◇日本的ソーシャルメディアの未来（ソーシャルメディア・セミナー 2）（浜野智史, 佐々木博著, ソーシャルメディア・セミナー編）　2011.3
◇クラウドなんてこわくない！（ソーシャルメディア・セミナー 3）（牧野武文, 佐々木博著, ソーシャルメディア・セミナー編）　2011.6
◇Ustreamメディアの作り方―トレンドに身を投じたひとびと（志村俊朗, 久米春如著）　2011.6

ポケット詳解　秀和システム　2011～2016
◇Cisco IOSコマンド辞典―IOS 15.X対応版（松崎敬著）　2011.2
◇SQL辞典―7大データベース対応　第2版（堀江美彦著）　2011.10
◇WebAPI（エーピーアイ）辞典―7大Web API対応（3Dogs著）　2012.4
◇jQuery Mobile辞典（ハヤシユタカ, 原理恵著）　2012.5
◇JavaScript辞典（3Dogs著）　2012.6
◇Windowsコマンド辞典（岡田庄司著）　2013.3
◇MacUNIXコマンド辞典―Mac OS 10ターミナルコマンド（3Dogs著）　2013.11

◇SQL辞典　第3版（堀江美彦著）　2016.11

ポケット百科　翔泳社　2011～2015
◇Xperia arc知りたいことがズバッとわかる本（佐野正弘, memn0ck著）　2011.5
◇facebook知りたいことがズバッとわかる本（ガイアックスソーシャルメディアラボ著）　2011.6
◇iPad 2（ツー）知りたいことがズバッとわかる本（田中裕子著）　2011.6
◇GALAXY S2（ツー）知りたいことがズバッとわかる本（柳谷智宣著）　2011.7
◇Xperia acro知りたいことがズバッとわかる本―docomo対応（佐野正弘, memn0ck著）　2011.7
◇GoodReader知りたいことがズバッとわかる本―iPhone/iPod touch/iPad対応（柳谷智宣著）　2011.10
◇Gmail & Googleドキュメント知りたいことがズバッとわかる本（武井一巳著）　2011.10
◇iPhone4（フォー）S知りたいことがズバッとわかる本（田中裕子著）　2011.11
◇iPod touch知りたいことがズバッとわかる本―iOS 5搭載iPod touch対応（田中裕子著）　2011.11
◇Google+知りたいことがズバッとわかる本（武井一巳著）　2011.12
◇GALAXY S2（ツー）LTE知りたいことがズバッとわかる本（柳谷智宣著）　2011.12
◇Xperia acro HD知りたいことがズバッとわかる本―docomo対応（佐野正弘, memn0ck, 鈴木友博著）　2012.3
◇iPad知りたいことがズバッとわかる本（田中裕子著）　2012.4
◇facebook知りたいことがズバッとわかる本　増補改訂版（ガイアックス ソーシャルメディア ラボ監修・著, 鈴木朋子著）　2012.7
◇Twitter知りたいことがズバッとわかる本（林俊二著）　2012.8
◇LINE知りたいことがズバッとわかる本（リブロワークス著）　2012.11
◇iPhone5知りたいことがズバッとわかる本―au版（田中裕子, 鈴木朋子, 鈴木友博著）　2012.11
◇iPhone5知りたいことがズバッとわかる本―SoftBank版（田中裕子, 鈴木朋子, 鈴木友博著）　2012.11
◇Nexus7知りたいことがズバッとわかる本―Googleタブレット（武井一巳, 村上俊一著）

情報科学

総記

2012.12

◇iPad mini知りたいことがズバッとわかる本（田中裕子著）　2012.12

◇Kindle Fire HD知りたいことがズバッとわかる本（武井一巳著）　2013.2

◇EVERNOTE知りたいことがズバッとわかる本（ばんか著）　2013.8

◇iPhone5sc知りたいことがズバッとわかる本—docomo版（田中裕子著）　2013.10

◇iPhone5sc知りたいことがズバッとわかる本—SoftBank版（田中裕子著）　2013.11

◇iPhone5sc知りたいことがズバッとわかる本—au版（田中裕子著）　2013.11

◇iPad mini Retinaディスプレイモデル iPad Air 知りたいことがズバッとわかる本（田中裕子著）2013.12

◇LINE知りたいことがズバッとわかる本　最新改訂版（リブロワークス著）　2014.2

◇Googleサービス知りたいことがズバッとわかる本（海老名久美著）　2015.3

◇Surface Pro 4知りたいことがズバッとわかる本（橋本和則, 橋本直美著）　2015.12

Pocket Reference　技術評論社　1997〜2016
⇒Ⅰ–95

◇SQLiteポケットリファレンス—version 2/3対応（五十嵐貴之著）　2010.11

◇vi（ブイアイ）/Vim（ブイアイエム）コマンドポケットリファレンス（山森丈範著）　2010.11

◇Excel VBA（ブイビーエー）ポケットリファレンス—Excel 2010/2007/2003/2002/2000/97対応　改訂第3版（前田智美著）　2010.12

◇Photoshopポケットリファレンス—CS5/CS4/CS3/CS2/CS対応 オールカラー（マッキーソフト編, 広田正康監修）　2011.4

◇Javaポケットリファレンス（高江賢著, 山田祥寛監修）　2011.4

◇C言語標準文法ポケットリファレンス—ANSI C、ISO C99対応（河西朝雄著）　2011.5

◇Excel関数ポケットリファレンス—Excel 2010/2007/2003/2002/2000対応（日花弘子著）　2011.5

◇Twitter API（エーピーアイ）ポケットリファレンス—PHP, Java, JavaScript他対応（山本裕介著）　2011.8

◇PL/SQLポケットリファレンス—Oracle Database 11g/10g対応（IPイノベーションズ

著）　2011.10

◇JavaScriptポケットリファレンス　改訂第5版（古籏一浩著）　2011.10

◇UNIXコマンドポケットリファレンス—ビギナー編　改訂第4版（石田つばさ著）　2011.11

◇Illustratorポケットリファレンス—CS5/CS4/CS3/CS2/CS対応（広田正康著）　2011.12

◇C#ポケットリファレンス（土井毅, 高江賢, 飯島聡, 高尾哲朗著, 山田祥寛監修）　2012.1

◇Windowsコマンドプロンプトポケットリファレンス—Windows7/Vista/XP/2000/2008 Server対応（山近慶一著）　2012.1

◇jQuery Mobileポケットリファレンス—jQuery Mobile1.0対応（森直彦著）　2012.2

◇Ruby on Rails 3ポケットリファレンス（山田祥寛著）　2012.2

◇HTML5開発ポケットリファレンス（片淵彼富著, 山田祥寛監修）　2012.5

◇COBOLポケットリファレンス（細島一司著）2012.7

◇Gitポケットリファレンス（岡本隆史, 武田健太郎, 相良幸範著）　2012.8

◇InDesignポケットリファレンス（広田正康著）2012.12

◇スタイルシートポケットリファレンス　改訂新版（藤本壱著）　2013.3

◇統計処理ポケットリファレンス—Excel & R対応（涌井良幸, 涌井貞美著）　2013.3

◇Windows PowerShellポケットリファレンス　改訂新版（牟田口大介著）　2013.3

◇VMwareポケットリファレンス（田口貴久, 遠山洋平, 志茂吉建著, 日本仮想化技術監修）　2013.4

◇C++ポケットリファレンス（高橋晶, 安藤敏彦, 一戸優介, 楠田真矢, 道化師, 湯朝剛介著）　2013.6

◇Windows8開発ポケットリファレンス（阿佐志保, 森島政人, 飯島聡, 土井毅, 花田善仁著, 山田祥寛監修）　2014.3

◇Oracleデータベースポケットリファレンス（若杉司著）　2014.3

◇Android SDKポケットリファレンス（しげむらこうじ著）　2014.4

◇HTML5&CSS3ポケットリファレンス（森史憲, 藤本壱著）　2014.6

◇サーブレット&JSPポケットリファレンス（山田

総 記　　　　　　　　　　　　　　　　　　　　　　　　　　　　情報科学

祥寛著）　2015.2

◇PHPポケットリファレンス　改訂第3版（大垣靖男著）　2015.4

◇Linuxコマンドポケットリファレンス　改訂第3版（沓名亮典著）　2015.6

◇C++ポケットリファレンス　改訂新版（高橋晶、安藤敏彦、一戸優介、楠田真矢、道化師、湯朝剛介著）　2015.6

◇Nginxポケットリファレンス（鶴長鎮一、馬場俊彰著）　2015.10

◇正規表現ポケットリファレンス　改訂新版（宮前竜也著）　2015.12

◇Swiftポケットリファレンス（片淵彼富著、山田祥寛監修）　2016.4

◇Windowsコマンドプロンプトポケットリファレンス　改訂新版（山近慶一著）　2016.4

◇Javaポケットリファレンス　改訂新版（高江賢著、山田祥寛監修）　2016.4

マイクロソフト公式解説書　日経BPソフトプレス、日経BP社　2009〜2016　⇒Ⅰ‐97

◇徹底解説Windows HPC Server 2008クラスタ構築と実践テクニック（マイクロソフトITプロフェッショナルシリーズ）（鈴木洋一、谷村吉隆、柴田直樹著）　2009.11

◇プログラミング.NET　Framework（Jeffrey Richter著、藤原雄介訳）　2011.2

◇プログラミングMicrosoft ASP.NET 4（Dino Esposito著、クイープ訳）　2012.1

◇インサイドMicrosoft SharePoint 2010（Ted Pattison, Andrew Connell, Scot Hillier, David Mann著、トップスタジオ訳）　2012.1

◇Windows Sysinternals徹底解説—Windows管理者必携ツールを使い尽くすためのバイブル（Mark E. Russinovich, Aaron Margosis著、山内和朗訳）　2012.4

◇プログラミングMicrosoft ASP.NET MVC（Dino Esposito著、井上章監訳、クイープ訳）　2012.5

◇インサイドWindows　上（Mark E.Russinovich, David A.Solomon, Alex Ionescu著、クイープ訳）　2012.10

◇インサイドWindows　下（Mark E.Russinovich, David A.Solomon, Alex Ionescu著、クイープ訳）　2013.6

◇HTML、CSS、JavaScriptによるプログラミングWindowsストアアプリ（Kraig Brockschmidt著、

田中賢一郎監訳）　2013.9

◇プログラミングWindows—C#とXAMLによるWindowsストアアプリ開発　上（Charles Petzold著、クイープ訳）　2013.9

◇プログラミング.NET　Framework　第4版（Jeffrey Richter著、藤原雄介訳）　2013.10

◇プログラミングWindows—C#とXAMLによるWindowsストアアプリ開発　下（Charles Petzold著、クイープ訳）　2013.10

◇プログラミングWindows　Runtime（Jeffrey Richter, Maarten van de Bospoort著、藤原雄介訳）　2014.6

◇プログラミングMicrosoft ASP.NET MVC　第3版（Dino Esposito著、井上章監訳、クイープ訳）　2014.11

◇プログラミングASP.NET　SignalR（José M. Aguilar著、井上章監訳、クイープ訳）　2014.11

◇C# 実践開発手法—デザインパターンとSOLID原則によるアジャイルなコーディング（Gary McLean Hall著、クイープ訳、長沢智治監訳）　2015.6

◇.NETのエンタープライズアプリケーションアーキテクチャー.NETを例にしたアプリケーション設計原則（Dino Esposito, Andrea Saltarello著、クイープ訳、日本マイクロソフト監訳）　2015.6

◇脱オンプレミス！クラウド時代の認証基盤Azure Active Directory完全解説—IDaaSに対応するためのシステム設計とは（Vittorio Bertocci著、安納順一、富士栄尚寛監訳、クイープ訳）　2016.6

マイクロソフトコンサルティングサービステクニカルリファレンスシリーズ　日経BP社　2011

◇Windows Azureエンタープライズアプリケーション開発技法（赤間信幸著）　2011.12

マイコン活用シリーズ　CQ出版　2004〜2016　⇒Ⅳ‐549

◇Cで開発するPICモジュール・プログラム・サンプル集—mikroC PROでらくらくプログラミング（稲崎弘次著）　2011.7

◇mbed/ARM活用事例—世界で利用の広まる組み込みマイコンを理解するために（エレキジャック編集部編）　2011.10

◇現場で使えるローエンド・マイコン活用事例集—PICとAVRマイコン＋C言語プログラミング（石神芳郎著）　2012.2

◇Arduinoで計る、測る、量る—計測したデータを

情報科学 　　　　　　　　　　　　　　　　　　　　　　　　総 記

LCDに表示，SDカードに記録，無線／インターネットに送る方法を解説（神崎康宏著）　2012.3

◇Arduino実験キットで楽ちんマイコン開発—ミニ・モジュールをブレッドボードに挿してLet's プログラミング！（中尾司著）　2013.3

◇ZigBee/Wi-Fi/Bluetooth無線用Arduinoプログラム全集—定番モジュールXBeeとRN-42XVP をつないで今すぐワイヤレス通信（国野亘著）　2014.5

◇定番！ ARMキット＆PIC用Cプログラムでいきなりマイコン制御—USB/I2CからA-D/PWMまで，どんな機能もあっさり動かせる（芹井滋喜著）　2016.2

Mynavi Advanced Library　マイナビ　2014

◇Web制作者のためのGit入門（大杉充，外村和仁著，CodeGrid編）　2014.6

My Linuxシリーズ　CQ出版　2016

◇動くメカニズムを図解＆実験！ Linux超入門—コンピュータの性能を100％引き出すために（宗像尚郎，海老原祐太郎共著）　2016.5

MacPeople Books　アスキー・メディアワークス　2008〜2012　⇒Ⅰ-103

◇Mac OS 10実践活用大全—Mac OS10 10.6 Snow Leopard対応版（柴田文彦，向井領治著）　2010.11

◇MacBookパーフェクトガイド　2011（マックピープル編集部著）　2010.12

◇iMacパーフェクトガイド　2011（マックピープル編集部著）　2010.12

◇Office 2011 for Macパーフェクトガイド—Word/Excel/PowerPoint/Outlookの操作のツボを解説（小山香織著，マックピープル編集部編）　2011.2

◇iOSプログラミング—Adobe Flashで作るiOSアプリ（JETMAN著）　2011.2

◇Mac OS 10 10.7 LionパーフェクトガイドPlus（マックピープル編集部編）　2011.8

◇MacBookパーフェクトガイドPlus—OS 10 Lion対応版　2012（マックピープル編集部著）　2012.1

◇iMacパーフェクトガイドPlus—OS 10 Lion対応版　2012（マックピープル編集部著）　2012.1

◇iPhone 4SパーフェクトガイドPlus（マックピープル編集部著）　2012.2

◇iPod touchパーフェクトガイドPlus　2012（マックピープル編集部著）　2012.2

◇MacBook Airパーフェクトガイド—Mountain Lion対応版：最新CPUとUSB3.0を搭載した，大人気のモバイルマシン！（マックピープル編集部著）　2012.8

◇OS 10 10.8 Mountain Lionアップグレードガイド（マックピープル編集部著）　2012.8

◇MacBook Proパーフェクトガイド—Mountain Lion対応版：すべてのユーザーにお勧めのオールインワンノートマシン！（マックピープル編集部著）　2012.8

◇iOS6アップグレードガイド—iPhone 4/iPhone 4S/iPadは，まだまだ使える！（マックピープル編集部著）　2012.10

◇iPhone5 パーフェクトガイド—デザイン刷新！薄く軽くなった最新iPhoneのすべて：iOS 6対応版（マックピープル編集部著）　2012.10

◇iPhone 5コンプリートガイド—ソフトバンクもauもこれ一冊ですべてわかる!!（マックピープル編集部著）　2012.10

◇OS 10 10.8 Mountain Lionコンプリートガイド（マックピープル編集部著）　2012.11

◇iPod touchパーフェクトガイド　2013　4インチRetinaディスプレイ，高速CPU，500万画素カメラを搭載（マックピープル編集部著）　2012.11

◇iPad miniパーフェクトガイド　2013（マックピープル編集部著）　2012.11

◇MacBookコンプリートガイド—Air、Pro、Retinaを徹底解説最新のOS10もマスターできる（マックピープル編集部著）　2012.12

◇iMacコンプリートガイド—最新の一体型マシンとOS10のすべてがわかる（マックピープル編集部著）　2012.12

MacFan BOOKS　毎日コミュニケーションズ，マイナビ［出版］　1994〜2016　⇒Ⅰ-104

◇MacBook入門・活用ガイド—Mac OS 10 v10.6"Snow Leopard" & iLife'11対応版　2011（松山茂，矢橋司著）　2010.12

◇iLife'11「iPhoto・iMovie・GarageBand・iDVD・iWeb」入門・活用ガイド（伊達千代著）　2011.1

◇GarageBand'11マスターブック（木村公彦著）　2011.1

◇Office for Mac 2011マスターブック（東弘子著）　2011.1

◇iMovie '11マスターブック（TART DESIGN著）　2011.3

総 記 情報科学

◇iTunes 10マスターブック（TART DESIGN, 丸山陽子著） 2011.3

◇Mac OS 10 Lionマスターブック（小山香織著） 2011.8

◇MacBook入門・活用ガイド—OS 10 Lion対応版 2011-2012（松山茂, 矢橋司著） 2011.9

◇iMac入門・活用ガイド—OS 10 Lion対応版 2012（松山茂, 矢橋司著） 2011.11

◇Mac OS 10 Mountain Lionマスターブック（小山香織著） 2012.8

◇MacBookマスターブック 2012-2013（松山茂, 矢橋司著） 2012.8

◇Mac不安ちゃん—しなっちファミリー劇場（みずしな孝之著） 2012.11

◇iMacマスターブック 2013（松山茂著） 2013.2

◇Mac OS 10 Mavericksマスターブック（小山香織著） 2013.12

◇MacBook Air & Proマスターブック 2014（松山茂, 矢橋司著） 2013.12

◇iMacマスターブック 2014（松山茂, 矢橋司著） 2014.1

◇iPhoto・iMovie・GarageBand & iTunesマスターブック（TART DESIGN著） 2014.2

◇Pages・Numbers・Keynoteマスターブック（東弘子著） 2014.2

◇GarageBandマスターブック（木村公彦, 内山秀樹著） 2014.3

◇iMovieマスターブック（TART DESIGN著） 2014.5

◇MacBook Air & Proマスターブック（松山茂, 矢橋司著） 2014.12

◇OS 10 Yosemiteマスターブック（小山香織著） 2014.12

◇iMacマスターブック（松山茂, 矢橋司著） 2015.2

◇Office 2016 for Macマスターブック（東弘子著） 2015.9

◇OS 10 El Capitanマスターブック（小山香織著） 2015.11

◇MacBook Air & Proマスターブック（松山茂, 矢橋司著） 2015.12

◇iPadマスターブック 2016（小山香織, 丸山陽子著） 2016.2

◇macOS Sierraマスターブック（小山香織著） 2016.10

◇MacBookマスターブック（松山茂, 矢橋司著） 2016.12

まったく初めての人の超ビギナー本　マイナビ出版　2016

◇大きな字だからスグ分かる！ iPhoneかんたん入門（飯塚直著） 2016.3

◇大きな字だからスグ分かる！ iPadかんたん入門（小山香織著） 2016.3

◇大きな字だからスグ分かる！ ワード＆エクセルかんたん入門（木村幸子著） 2016.4

◇大きな字だからスグ分かる！ ウィンドウズ10かんたん入門（東弘子著） 2016.4

◇大きな字だからスグ分かる！ LINEかんたん入門（東弘子著） 2016.6

丸善ライブラリー　丸善出版　2012〜2016

380 IDの秘密（情報研シリーズ 14）（佐藤一郎著, 国立情報学研究所監修） 2012.3

381 ウェブらしさを考える本—つながり社会のゆくえ（情報研シリーズ 15）（大向一輝, 池谷瑠絵著, 国立情報学研究所監修） 2012.3

382 これも数学だった!?—カーナビ・路線図・SNS（情報研シリーズ 16）（情報・システム研究機構国立情報学研究所監修, 河原林健一, 田井中麻都佳著） 2013.3

383 ソフト・エッジ—ソフトウェア開発の科学を求めて（情報研シリーズ 17）（情報・システム研究機構国立情報学研究所監修, 中島震, みわよしこ著） 2013.3

384 量子元年、進化する通信（情報研シリーズ 18）（情報・システム研究機構国立情報学研究所監修, 佐々木雅英, 根本香絵, 池谷瑠絵著） 2014.3

385 おしゃべりなコンピュータ—音声合成技術の現在と未来（情報研シリーズ 19）（情報・システム研究機構国立情報学研究所監修, 山岸順一, 徳田恵一, 戸田智基, みわよしこ著） 2015.3

386 カメラ？ カメラ！ カメラ!?—計算をはじめた未来のカメラたち（情報研シリーズ 20）（情報・システム研究機構国立情報学研究所監修, 児玉和也, 財部恵子著） 2016.3

387 時代（とき）を映すインフラ—ネットと未来（漆谷重雄, 栗本崇著, 情報・システム研究機構国立情報学研究所監修） 2016.10

全集・叢書総目録 2011-2016　155

情報科学

マルチプラットフォームのためのOpenGL ES入門　山下武志著　カットシステム　2014

基礎編（Android/iOS対応グラフィックスプログラミング）　2014.5

応用編（Android/iOS対応グラフィックスプログラミング）　2014.6

未来へつなぐデジタルシリーズ　共立出版　2011～2016

1　インターネットビジネス概論（片岡信弘, 工藤司, 石野正彦, 五月女健治著）　2011.10

2　情報セキュリティの基礎（手塚悟編著, 佐々木良一監修）　2011.10

3　情報ネットワーク（宇田隆哉［ほか］著, 白鳥則郎監修）　2011.11

4　品質・信頼性技術（松本平八, 松本雅俊, 多田哲生, 益子洋治, 山田圀裕著）　2011.12

5　オートマトン・言語理論入門（大川知, 広瀬貞樹, 山本博章著）　2012.1

6　プロジェクトマネジメント（江崎和博, 髙根宏士, 山田茂, 髙橋宗雄著）　2012.2

7　半導体LSI技術（牧野博之, 益子洋治, 山本秀和著）　2012.3

8　ソフトコンピューティングの基礎と応用（馬場則夫, 田中雅博, 吉冨康成, 満倉靖恵, 半田久志著）　2012.4

9　デジタル技術とマイクロプロセッサ（小島正典, 深瀬政秋, 山田圀裕著）　2012.5

10　アルゴリズムとデータ構造（西尾章治郎監修, 原隆浩, 水田智史, 大川剛直著）　2012.6

11　データマイニングと集合知―基礎からWeb, ソーシャルメディアまで（石川博, 新美礼彦, 白石陽, 横山昌平著）　2012.7

12　メディアとICTの知的財産権（菅野政孝, 大谷卓史, 山本順一著）　2012.8

13　ソフトウェア工学の基礎（神長裕明, 郷健太郎, 杉浦茂樹, 高橋正和, 藤田茂, 渡辺喜道著）　2012.9

14　グラフ理論の基礎と応用（舩曳信生, 渡辺敏正, 内田智之, 神保秀司, 中西透著）　2012.10

15　Java言語によるオブジェクト指向プログラミング（吉田幸二, 増田英孝, 中島毅著）　2012.11

16　ネットワークソフトウェア（角田良明編著）　2013.1

17　コンピュータ概論（白鳥則郎監修）　2013.1

18　シミュレーション（白鳥則郎監修, 佐藤文明, 斎藤稔, 石原進, 渡辺尚著）　2013.2

19　Webシステムの開発技術と活用方法（速水治夫編著, 服部哲, 大部由香, 加藤智也, 松本早野香著）　2013.3

20　組込みシステム（水野忠則監修, 中条直也, 井上雅裕, 山田圀裕著）　2013.4

21　情報システムの開発法：基礎と実践（村田嘉利編著, 大場みち子, 伊藤恵, 佐藤永欣著）　2013.9

22　ソフトウェアシステム工学入門（五月女健治, 工藤司, 片岡信弘, 石野正彦著）　2014.4

23　アイデア発想法と協同作業支援（宗森純, 由井薗隆也, 井上智雄著）　2014.5

24　コンパイラ（佐渡一広, 寺島美昭, 水野忠則著）　2014.6

25　オペレーティングシステム（菱田隆彰, 寺西裕一, 峰野博史, 水野忠則著）　2014.9

26　データベース―ビッグデータ時代の基礎（白鳥則郎監修, 三石大, 吉広卓哉編著）　2014.9

27　コンピュータネットワーク概論（水野忠則監修）　2014.9

28　画像処理（白鳥則郎監修）　2014.10

29　待ち行列理論の基礎と応用（川島幸之助監修, 塩田茂雄, 河西憲一, 豊泉洋, 会田雅樹著）　2014.10

30　C言語（白鳥則郎監修, 今野将編集幹事・著, 杉浦茂樹, 久保田稔, 打矢隆弘, 河口信夫, 佐藤文明著）　2014.11

31　分散システム（水野忠則監修）　2015.9

32　Web制作の技術―企画から実装, 運営まで（松本早野香編著, 服部哲, 大部由香, 田代光輝著）　2015.11

33　モバイルネットワーク（水野忠則, 内藤克浩監修）　2016.3

34　データベース応用―データモデリングから実装まで（片岡信弘, 宇田川佳久, 工藤司, 五月女健治著）　2016.8

明解C++　SBクリエイティブ　2014

中級編　新版（柴田望洋著）　2014.3

メディア学大系　相川清明, 飯田仁監修　コロナ社　2013～2016

1　メディア学入門（飯田仁, 近藤邦雄, 稲葉竹俊共著）　2013.3

2　CGとゲームの技術（三上浩司, 渡辺大地共著）　2016.4

3　コンテンツクリエーション（近藤邦雄, 三上浩

司共著） 2014.10

4 マルチモーダルインタラクション（榎本美香, 飯田仁, 相川清明共著） 2013.10

6 教育メディア（稲葉竹俊, 松永信介, 飯沼瑞穂共著） 2015.4

7 コミュニティメディア（進藤美希著） 2013.5

8 ICTビジネス（榊俊吾著） 2015.4

9 ミュージックメディア（大山昌彦, 伊藤謙一郎, 吉岡英樹共著） 2016.9

10 メディアICT（寺沢卓也, 藤沢公也共著） 2013.10

やさしいC ソフトバンククリエイティブ 2012
アルゴリズム編（高橋麻奈著） 2012.3

やさしいJava 高橋麻奈著 SB［ソフトバンク］クリエイティブ 2005〜2016 ⇒Ⅰ-106
オブジェクト指向編 2012.3
活用編 第4版 2013.9
活用編 第5版 2016.10

やさしいプログラミング カットシステム 2003〜2015 ⇒Ⅳ-550
◇LATEXはじめの一歩—Windows 7/Vista/XP対応（土屋勝著） 2011.9
◇LATEXはじめの一歩（土屋勝著） 2013.5
◇C言語はじめの一歩 第2版（豊沢聡著） 2013.12
◇Javaはじめの一歩 第3版（池田成樹著） 2014.6
◇UNIXはじめの一歩 第2版（池田成樹著） 2015.1

やさしく学べるExcel 2010スクール標準教科書
日経BP社著 日経BP社 2010〜2012 ⇒Ⅰ-106
1 2010.11
2 2011.6
3 2012.3

やさしく学べるWord 2010スクール標準教科書
日経BP社著 日経BP社 2010〜2012 ⇒Ⅰ-107
1 2010.11
2 2011.6
3 2012.3

ヤフー黒帯シリーズ SBクリエイティブ 2016
◇黒帯エンジニアが教えるプロの技術Android開発の教科書（筒井俊祐, 里山南人, 松田承一, 笹城戸

裕記, 毛受崇洋著） 2016.6

山形県IT関連企業ガイドブック 山形県情報産業協会 2012
2012（山形県のIT関連企業119事業所掲載）（山形県情報産業協会） 2012.3

よくわかるマスター FOM出版 2013〜2016
◇基本情報技術者試験対策テキスト 平成25-26年度版（富士通エフ・オー・エム著制作） 2013.2
◇基本情報技術者試験直前対策2週間完全プログラム 2013.4
◇ITパスポート試験対策テキスト 平成26-27年度版 2014.2
◇ITパスポート試験直前対策1週間完全プログラム（富士通エフ・オー・エム著制作） 2016.1
◇ITパスポート試験対策テキスト&過去問題集 平成28-29年度版 2016.1
◇ITパスポート試験書いて覚える学習ドリル 2016.2
◇短期集中！ 情報セキュリティマネジメント試験 2016.3
◇情報セキュリティマネジメント試験対策テキスト&過去問題集 平成28年度秋期 2016.8
◇情報セキュリティマネジメント試験対策テキスト&過去問題集 平成29年度版 2016.12
◇基本情報技術者試験対策テキスト 平成29-30年度版 2016.12

ライブラリ情報学コア・テキスト サイエンス社 2007〜2016 ⇒Ⅰ-108
3 アルゴリズム設計とデータ構造（平田富夫著） 2015.7
9 コンピュータアーキテクチャの基礎（北村俊明著） 2010.11
18 自然言語処理概論（黒橋禎夫, 柴田知秀共著） 2016.10
24 プログラミング言語の基礎概念（五十嵐淳著） 2011.7

Linux逆引き大全360の極意 秀和システム 2011
サーバセキュリティ編（CentOS/Ubuntu対応） 第2版（田鍬享著） 2011.1

Linux逆引き大全555の極意 秀和システム 2011
コマンド編（Red Hat Enterprise Linux、Cen-

情報科学　　　　　　　　　　　　　　　　　　　　　総記

tOS Vine Linux、Debian GNU/Linux Ubuntu、
Plamo Linux対応）　第2版（伊藤幸夫著）　2011.
3

Linux逆引き大全600の極意　秀和システム
2010
ネットワークサーバ構築編（CentOS 5対応）（長岡
秀明著）　2010.11

リモート監視関連市場徹底総調査　富士経済
2010～2012
2010（大阪マーケティング本部第一事業部調査・編
集）　2010.10
2013（大阪マーケティング本部第二事業部調査・編
集）　2012.12

琉大生のための情報リテラシーガイドブック　琉
球大学編　琉球大学　2011～2015
2011　2011.3
2012　2012.3
2013　2013.3
2014　2014.3
2015　2015.3

レクチャーノート/ソフトウェア学　武市正人, 米
沢明憲編　近代科学社　1992～2016
⇒Ⅰ-108
36　ソフトウェア工学の基礎　17（高田真吾, 福田
浩章編）　2010.11
37　ソフトウェア工学の基礎　18（門田暁人, 上野
秀剛編）　2011.11
38　ソフトウェア工学の基礎　19　日本ソフトウ
ェア科学会FOSE 2012（鵜林尚靖, 亀井靖高編）
2012.12
39　ソフトウェア工学の基礎　20　日本ソフトウ
ェア科学会FOSE 2013（岡野浩三, 関沢俊弦編）
2013.11
40　ソフトウェア工学の基礎　21　日本ソフトウ
ェア科学会FOSE 2014（花川典子, 尾花将輝編）
2014.12
41　ソフトウェア工学の基礎　22　日本ソフトウ
ェア科学会FOSE 2015（青木利晃, 豊島真澄編）
2015.11
42　ソフトウェア工学の基礎　23　日本ソフトウ
ェア科学会FOSE 2016（阿万裕久, 横川智教編）
2016.12

LET'S ENJOY COMPUTING　静岡大学・
大学教育センター情報科目部運営委員会編　学
術図書出版社　2012～2014
2012（情報処理）　2012.3
2014（情報処理）　2014.3

論理と感性の先端的教育研究拠点　慶応義塾大学
［編］　慶応義塾大学グローバルCOEプログラ
ム人文科学分野論理と感性の先端的教育研究拠
点　2008～2012　⇒Ⅰ-109
vol.4（2010）（活動報告書 慶応義塾大学グローバル
COEプログラム）　2011.3
vol.5　2011（活動報告書：慶応義塾大学グローバ
ルCOEプログラム）　2012.3

わかりやすいC　秀和システム　2011
入門編（川場隆著）　2011.10

わかりやすいJava　秀和システム　2009～2012
⇒Ⅰ-109
オブジェクト指向入門編（川場隆著）　2012.9

わかりやすいパターン認識　オーム社　2014
続　教師なし学習入門（石井健一郎, 上田修功共著）
2014.8

わかるPOCKET　学研パブリッシング　2013～
2014
◇仕事がはかどるExcel「時短」技（Q&A方式）（金
矢八十男著）　2013.9
◇仕事がはかどるExcel関数ワザ大全（Q&A方式）
（わかる編集部編）　2014.7

**ADDISON-WESLEY PROFESSIONAL
COMPUTING SERIES**　丸善出版　2014
◇More Effective C++―プログラムとデザインを
改良するための新35項目　新訂版（スコット・メ
イヤーズ著, 安村通晃, 伊賀聡一郎, 飯田朱美, 永
田周一訳）　2014.2
◇Effective C++―プログラムとデザインを改良す
るための55項目（スコット・メイヤーズ著, 小林
健一郎訳）　2014.3

ADVANCED MASTER　秀和システム
2004～2015　⇒Ⅰ-110
SERIES24　はじめての稼ぐホームページ作りの
ツボ　最新版（望月高清著）　2012.11
SERIES25　はじめての無料ネットショップ作りの
ツボ　最新版（ケイズプロダクション著）　2012.

158　全集・叢書総目録 2011-2016

11

SERIES26　はじめての無料ホームページデビュー最新版（鈴木朋子著）　2012.12

SERIES27　はじめての美的ホームページ作りのツボ―最新版（ケイズプロダクション著）　2012.12

SERIES028　はじめての稼げるホームページ作り―最新版（武藤正隆著）　2015.12

Android Programming Guide　秀和システム　2013

◇Eclipseではじめる Android プログラミング入門（掌田津耶乃著）　2013.2

/ART/OF/REVERSING　オライリー・ジャパン　2010　⇒Ⅰ－110

◇アナライジング・マルウェア―フリーツールを使った感染事案対処（新井悠, 岩村誠, 川古谷裕平, 青木一史, 星沢裕二著）　2010.12

Artwork sample　技術評論社　2008～2012　⇒Ⅴ－118

◇CSS+HTML Web レイアウト second すぐに使えるアートワーク（渥美聡子著）　2011.1

◇金銀配色＆デザイン―すぐに使えるアートワーク（ランディング著）　2011.8

◇CSS+HTML Web レイアウトすぐに使えるアートワーク　3rd（渥美聡子著）　2012.10

Ascii Addison Wesley programming series　アスキー・メディアワークス　2006～2011　⇒Ⅰ－110

◇The Art of Computer Programming―日本語版 volume 4 Fascicle 1　Bitwise Tricks & Techniques―Binary Decision Diagrams（DONALD E.KNUTH著, 和田英一訳）　2011.5

ASPECT LIGHTBOX　アスペクト　2011

◇ケータイのデザイン（ヒヨコ舎編著）　2011.1

Books for Web Creative　技術評論社　2010～2012　⇒Ⅰ－114

◇Webデザイン標準テキスト―変化に流されない制作コンセプトと基本スタイル（境祐司著）　2010.7

◇Movable Type による実用サイト構築術―ウェブシステムとしての活用ノウハウ MT5/5.1対応（長内毅志, 柳下剛利, 柳谷真志, 野田純生著）　2011.7

◇Webデザイナーのための WordPress 入門―テー

マカスタマイズから CMS サイト構築まで 3.x対応（高山一登著）　2011.10

◇Webデザイナーのための jQuery 入門―魅力的なユーザーインターフェースを手軽に作る（高津戸壮著）　2012.1

◇HTML5マークアップ入門―生まれ変わった HTML によるマークアップのすべて（森史憲著）　2012.4

◇スマートフォンサイト設計入門―使いやすく魅力的なサイトをデザインする（アイ・エム・ジェイマルチデバイスLab.著）　2012.8

CG Pro Insights　ボーンデジタル　2016

◇たっきゅんのガチンコツール開発部―Maya Python 101（伊藤達弘著）　2016.5

◇マヤ道!!（Eske Yoshinob著）　2016.12

Codezine　翔泳社　2016

◇モノのインターネットのコトハジメ―internet of things（Shoeisha digital first）　オンデマンド印刷版（松本直人著）　2016.4

◇Android改善プログラミング―開発速度を上げるための実装と検証（Shoeisha digital first）　オンデマンド印刷版（TechBooster著, mhidaka編）　2016.4

CodeZine BOOKS　翔泳社　2006～2016　⇒Ⅰ－115

◇風雲！ ITおじさん（春吉86%著）　2014.4

◇システムテスト自動化標準ガイド（Mark Fewster, Dorothy Graham著, テスト自動化研究会訳）　2014.12

◇HBase徹底入門―Hadoopクラスタによる高速データベースの実現（鈴木俊裕, 梅田永介, 柿島大貴著）　2015.1

◇スターティングGo言語（松尾愛賀著）　2016.4

◇Amazon Web Servicesではじめる新米プログラマのためのクラウド超入門（阿佐志保著, 山田祥寛監修）　2016.6

◇即戦力にならないといけない人のためのJava入門―エンタープライズシステム開発ファーストステップガイド（竹田晴樹, 渡辺裕史, 佐藤大地, 多田丈晃, 上川伸彦著）　2016.7

◇エンジニアが生き残るためのテクノロジーの授業―変化に強い人材になれる技術と考え方（増井敏克著）　2016.12

情報科学　　　　　　　　　　　　　　　　　　　　　　総記

Computer Science Library　サイエンス社
2006〜2014　⇒Ⅰ−115

5　暗号のための代数入門（萩田真理子著）　2010.
12

6　コンピュータアーキテクチャ入門（城和貴著）
2014.1

7　オペレーティングシステム入門（並木美太郎著）
2012.7

10　システムプログラミング入門―UNIXシステム
コール，演習による理解（渡辺知恵美著）　2011.
4

11　ヒューマンコンピュータインタラクション入
門（椎尾一郎著）　2010.12

15　メディアリテラシ（植田祐子，増永良文共著）
2013.8

別巻1　数値計算入門〈C言語版〉（河村哲也，桑名
杏奈共著）　2014.1

COMPUTER TECHNOLOGY　CQ出版
2003〜2012　⇒Ⅰ−116

◇組み込みソフトへの数理的アプローチ―形式手
法によるソフトウェアの仕様記述と検証（藤倉俊
幸著）　2012.4

DB magazine selection　翔泳社　2000〜2016
⇒Ⅰ−116

◇ダイアグラム別UML徹底活用　第2版（井上樹
著）　2011.2

◇情シス担当者のための絵で見てわかる情報セキュ
リティ（ラックデータベースセキュリティ研究所
著）　2011.4

◇グラス片手にデータベース設計―販売管理シス
テム編　第2版（梅田弘之著）　2016.2

DB selection　翔泳社　1999〜2012　⇒Ⅰ−118

◇機能で学ぶOracle Database入門―エンジニア
が知っておきたいRDBMSの基本（一志達也著）
2011.9

◇即戦力が身につくOracle PL/SQL入門―ツール
で学ぶOracleストアドプログラミング（一志達也
著）　2011.9

◇Oracle SQLチューニング―パフォーマンス改善
と事前対策に役立つ：本気で学ぶ実践的な考え方
とテクニック（加藤祥平，中島益次郎著）　2011.
12

◇絵で見てわかるシステム構築のためのOracle設
計（加藤健，前島裕史，岡田憲昌，有滝永，草彅康
裕著，小田圭二監修）　2012.2

◇新・門外不出のOracle現場ワザ―エキスパート
が明かす運用・管理の極意（小田圭二，大塚信男，
五十嵐建平，谷敦雄，宮崎博之，神田達成，村方仁
著）　2012.8

◇絵で見てわかるITインフラの仕組み（山崎泰史，
三縄慶子，畔勝洋平，佐藤貴彦著，小田圭二監修）
2012.9

Design & IDEA　SBクリエイティブ　2015〜
2016

◇人を惹きつける美しいウェブサイトの作り方―
人に伝わるデザインと制作のレッスン（瀬口理恵
著）　2015.9

◇実践でスグに役立つ新しいWebデザイン＆制作
入門講座―CSSフレームワークとグリッドで作
るマルチデバイス対応サイト（下野宏著）　2015.
10

◇Photoshopしっかり入門―知識ゼロからきちん
と学べる！（まきのゆみ著）　2015.10

◇ビジネスサイトをこれからつくるWordPressデ
ザイン入門―サイト制作から納品までのはじめ
の一歩（プライム・ストラテジー監修，秋元英輔，
清野奨著）　2016.2

◇たった2日で楽しく身につくHTML/CSS入門教
室（高橋朋代，森智佳子著）　2016.3

◇Illustratorしっかり入門―知識ゼロからきちんと
学べる！（高野雅弘著）　2016.6

◇現場のプロが本気で教えるHTML/CSSデザイン
講義（森本恭平，平谷奈緒子，中西生乃著）　2016.
8

◇いちばんよくわかるHTML5 & CSS3デザイン
きちんと入門（狩野祐東著）　2016.11

Design lab+　ソフトバンククリエイティブ
2010〜2011

◇タイポグラフィの基本ルール―プロに学ぶ，一
生枯れない永久不滅テクニック（大崎善治著）
2010.12

◇Illustratorの基本ルール―プロに学ぶ，一生枯れ
ない永久不滅テクニック（三浦悟史著）　2011.3

◇Photoshopデザインラボ―プロに学ぶ，一生枯
れない永久不滅テクニック　改訂第2版（藤本圭
著）　2011.4

Developer's Library　ピアソン桐原　2012〜
2013

◇Androidワイヤレスアプリケーション開発　第1
巻　Android基本編（ローレン・ダーシー，シェー

ン・コンダー著, パセイジ訳） 2012.7

◇HTML5開発クックブック（チャック・ハドソン, トム・レッドベター著, パセイジ訳） 2012.12

◇Objective-C明解プログラミング―基礎から応用までステップ・バイ・ステップ方式でわかりやすく解説（スティーブン・G・コーチャン著, 柴田芳樹訳） 2013.5

DEV Engineer's Books 翔泳社 2016

◇DevOps導入指南―Infrastructure as Codeでチーム開発・サービス運用を効率化する（河村聖悟, 北野太郎, 中山貴尋, 日下部貴章, リクルートテクノロジーズ著） 2016.10

DIGITAL DESIGN MASTER SERIES
ウイネット 2012～2013

◇Illustrator & Photoshopデザインエクササイズ（ウイネット編著） 2012.10

◇HTML+CSSクイックマスター―HTMLとCSSを知る最初の一冊（ウイネット編著） 2012.10

◇Webクリエイターのためのベーシックデザイン―Webデザインの基礎を知る必読書（ウイネット編著） 2013.6

for Smartphone Developers マイナビ
2013～2014

◇cocos2d-xによるiPhone/Androidアプリプログラミングガイド（清水友晶著） 2013.6

◇iPhone/Android「通知機能」プログラミング徹底ガイド―「ユーザ通知」「デバイス通知」の基本から実践まで（神原健一, 高橋和秀, 山田暁通著） 2013.12

◇Corona SDKで作るiPhone/Androidアプリプログラミング―「簡単」で「楽しい」ゲームフレームワークではじめよう！（小野哲生著） 2014.6

Get！ CompTIA ウチダ人材開発センタ
2015～2016

◇Cloud+クラウド時代の必修科目―試験番号CV0-001（越智徹, 出木原裕順, 間島利也, 宮崎竜二, ウチダ人材開発センタ著） 2015.3

◇Security+セキュリティ社会の必修科目―試験番号SY0-401（鈴木朋夫, ウチダ人材開発センタ著） 2015.10

◇IT Fundamentals ICT教育の必修科目―試験番号FC0-U51（越智徹, 出木原裕順, 間島利也, 宮崎竜二, 佐藤雅一, ウチダ人材開発センタ著） 2015.10

◇ザ・コミュニケーション―気づいてわかる, できて身につく社会で輝く9つのスキル（加藤竜哉, ウチダ人材開発センタ著） 2015.12

◇Network+ネットワークエンジニアの必修科目―試験番号N10-006（阪西敏治, 岡島厚子, 佐藤雅一, ウチダ人材開発センタ著） 2016.1

◇組織内研修の極意―講師が知っておくべき12のスキル CompTIA CTT+（佐野雄大, 冨田伸一郎, ウチダ人材開発センタ著） 2016.8

◇Network+ネットワークエンジニアの必修科目―試験番号：N10-006 第2版（阪西敏治, 岡島厚子, 佐藤雅一, ウチダ人材開発センタ著） 2016.12

Google Expert Series インプレスジャパン
2012～2013

◇HTML5ガイドブック 増補改訂版（羽田野太巳, 太田昌吾, 伊藤千光, 古籏一浩, 小松健作, 吉川徹共著） 2012.10

◇開発者のためのChromeガイドブック（吉川徹, あんどうやすし, 田中洋一郎, 小松健作共著） 2013.7

Handbook Series ソフトバンククリエイティブ 2011

◇Excel VBA（ぶいびーえー）ハンドブック（田中敦基著） 2011.2

◇PHPハンドブック（柏岡秀男著） 2011.5

Hobby×iPhone Series メディアファクトリー 2010 ⇒Ⅰ－119

001 音楽ファンのための「本当に使える」iPhoneアプリガイド（iPhoneアプリ愛好会音楽分科会編） 2010.9

002 自転車ファンのための「本当に使える」iPhoneアプリガイド（iPhoneアプリ愛好会自転車分科会編） 2010.9

Human-harmonized information technology, Springer 2016

volume 1 Vertical impact（Toyoaki Nishida editor） c2016

Impress kiso series インプレス［ジャパン］
2005～2016 ⇒Ⅰ－119

◇基礎PHP 改訂3版（WINGSプロジェクト, 高江賢, 森山絵美, 風田伸之, 山田奈美美, 山田祥寛監修） 2010.6

◇基礎Ruby on Rails―入門から実践へステップ

情報科学

総 記

アップ…！　改訂新版(黒田努, 佐藤和人共著, オイアクス監修)　2012.3
◇基礎Visual Basic 2012―入門から実践へステップアップ(羽山博著)　2013.3
◇基礎Ruby on Rails―入門からゆっくりとステップアップ　改訂3版(黒田努, 佐藤和人共著, オイアクス監修)　2015.5
◇基礎Python(大津真著)　2016.3
◇基礎Visual Basic 2015―入門から実践へステップアップ(羽山博著)　2016.3

impress top gear　インプレス　2014〜2016
◇Javaプログラマーなら習得しておきたいJava SE 8実践プログラミング(Cay S.Horstmann著, 柴田芳樹訳)　2014.9
◇VMware Horizon導入実践ガイド―モバイルクラウド時代のワークスタイル変革(大谷篤志, 工藤真臣, 熊谷哲人, 染谷文昭, 照川陽太郎, 三ツ木恒幸, 山辺和篤著)　2014.11
◇CentOS 7実践ガイド―IT技術者のための現場ノウハウ(古賀政純著)　2015.3
◇Scala関数型デザイン＆プログラミング―Scalazコントリビューターによる関数型徹底ガイド(Paul Chiusano, Rúnar Bjarnason著, クイープ訳)　2015.3
◇Game Programming Patterns―ソフトウェア開発の問題解決メニュー(Robert Nystrom著, 武舎広幸監訳, 阿部和也, 上西昌弘訳)　2015.9
◇CUDA Cプロフェッショナルプログラミング(John Cheng, Max Grossman, Ty McKercher著, クイープ訳, 森野慎也監訳)　2015.9
◇Docker実践ガイド―IT技術者のための現場ノウハウ(古賀政純著)　2015.12
◇Python機械学習プログラミング―達人データサイエンティストによる理論と実践(Sebastian Raschka著, クイープ訳, 福島真太朗監訳)　2016.7
◇OpenStack実践ガイド―IT技術者のための現場ノウハウ(古賀政純著)　2016.9
◇Deep Learning Javaプログラミング―深層学習の理論と実装(巣籠悠輔著訳)　2016.10
◇Amazon Web Servicesネットワーク入門―初めて作るクラウドインフラ(大沢文孝著)　2016.11
◇Ansible実践ガイド―IT技術者のための現場ノウハウ(北山晋吾著)　2016.12

Industrial computing series　CQ出版　2008〜2011　⇒Ⅳ－557
◇マルチメディア・ストリーミング技術―動画・音声コンテンツ伝送技術のすべて(笠野英松著)　2011.12

InfoCom Be-TEXT　オーム社　2011〜2013
◇情報通信概論(西園敏弘, 増田悦夫, 宮保憲治共著)　2011.10
◇情報ネットワーク(西園敏弘, 増田悦夫, 宮保憲治共著)　2011.10
◇情報・符号理論―ディジタル通信の基礎を学ぶ(神谷幸宏, 川島幸之助共著)　2012.3
◇情報セキュリティ(小林吉純著)　2013.3

Information & Computing　サイエンス社　1984〜2016　⇒Ⅰ－119
113　3D-CAD/CG入門―Inventorと3ds Maxで学ぶ図形科学　第2版(鈴木賢次郎, 横山ゆりか, 金井崇共著)　2012.1
114　ソーシャルコンピューティング入門―新しいコンピューティングパラダイムへの道標(増永良文著)　2013.3
115　3D-CAD/CG入門―Inventorと3ds Maxで学ぶ図形科学　第3版(鈴木賢次郎, 横山ゆりか, 金井崇, 舘知宏共著)　2016.9
ex.41　文科系のためのコンピュータリテラシ―Microsoft Officeによる　第5版(草薙信照, 植松康祐共著)　2011.1
ex.42　情報処理―Concept & Practice　第3版(草薙信照著)　2012.1
ex.43　情報活用力を培うための情報リテラシ(井川信子著)　2014.5
ex.44　文科系のためのコンピュータリテラシ―Microsoft Officeによる　第6版(草薙信照, 植松康祐共著)　2014.12
ex.45　コンピュータと情報システム　第2版(草薙信照著)　2015.9

Information science & engineering　サイエンス社　2000〜2012　⇒Ⅰ－119
T4　自然言語処理の基礎　新訂版(吉村賢治著)　2012.11

INTRODUCTION KIT SERIES　秀和システム　2002〜2012　⇒Ⅰ－120
11　Ubuntu Linux入門キット(水野源著)　2012.7

162　全集・叢書総目録 2011-2016

総記

情報科学

IT architects' archive 翔泳社 2005〜2011
⇒Ⅰ‒120
◇システムアーキテクチャ構築の実践手法―ITアーキテクトが持つべき設計プロセス作法 ソフトウェア開発の実践（ピーター・イールズ, ピーター・クリップス著, 榊原彰監訳, 西原裕善, 吉田幸彦, 五十嵐正裕, 山本久好, 金元隆志訳） 2010.12
◇アーキテクチャ中心設計手法―ソフトウェア主体システム開発のアーキテクチャデザインプロセス ソフトウェア開発の実践（アンソニー・J.ラタンゼ著, 橘高陸夫監訳訳, 浜田一規, 長谷川倫也, 杉浦真理, 遠藤美乃里, 玉川憲, 川田雅人, 遠藤一雄訳） 2011.1
◇エリック・エヴァンスのドメイン駆動設計―ソフトウェア開発の実践 ソフトウェアの核心にある複雑さに立ち向かう（エリック・エヴァンス著, 今関剛監訳, 和智右桂, 牧野祐子訳） 2011.4

NEXT-ONE 翔泳社 2012〜2016
◇パターンでわかるHadoop MapReduce―ビッグデータのデータ処理入門（三木大知著） 2012.8
◇Cassandra実用システムインテグレーション―NoSQLデータベース（中村寿一, 長田伊織, 谷内隼斗, 藤田洋, 森井幸希, 岸本康二著） 2013.1
◇Apache Spark入門―動かして学ぶ最新並列分散処理フレームワーク（猿田浩輔, 土橋昌, 吉田耕陽, 佐々木徹, 都築正宜著, 下垣徹監修） 2015.10
◇詳解MySQL5.7―止まらぬ進化に乗り遅れないためのテクニカルガイド（奥野幹也著） 2016.8

Next Publishing インプレスR&D 2016
◇サイバーセキュリティ2020―脅威の近未来予測（日本ネットワークセキュリティ協会未来予測プロジェクト編） 2016.1
◇驚異！デジカメだけで月面や土星の輪が撮れる―ニコンCOOLPIX P900天体撮影テクニック（山野泰照著） 2016.1
◇僕が伝えたかったこと、古川享のパソコン秘史 Episode1 アスキー時代（古川享著） 2016.1
◇ベルウッドの軌跡―日本のフォーク、ロックの礎を築いた伝説のレーベルのドキュメント（奥和宏著） 2016.2
◇BtoC向けマーケティングオートメーションCCCM入門（岡本泰治, 橋野学著） 2016.2
◇メイカーズのエコシステム―新しいモノづくりがとまらない。（OnDeck Books）（高須正和, ニ

コニコ技術部深圳観察会編） 2016.4
◇フェアユースは経済を救う―デジタル覇権戦争に負けない著作権法（城所岩生著） 2016.11
◇これからインターネットに起こる『不可避な12の出来事』―今後の社会・ビジネスを破壊的に変える「新たなるデジタルテクノロジー」を読み解く（NEXT VISION）（ケヴィン・ケリー著, 服部桂訳） 2016.11
◇日本はなぜ負けるのか―インターネットが創り出す21世紀の経済力学 新版（藤原洋著） 2016.11

NII technical report National Institute of Informatics 2010〜2016
NII-2010-2E Typing software articles with Wikipedia category structure（Liang Xu, Hideaki Takeda, Masahiro Hamasaki, Huayu Wu［著］） 2010.7
NII-2010-3E Translation of multi-stated language（Makoto Tatsuta［著］） 2010.7
NII-2011-1E Inner-iteration Krylov subspace methods for least squares problems（Keiichi Morikuni, Ken Hayami［著］） 2011.4
NII-2011-2E Cluster Newton method for sampling multiple solutions of an underdetermined inverse problem―parameter identification for pharmacokinetics（Yasunori Aoki, Ken Hayami, Hans De Sterck, Akihiko Konagaya［著］） 2011.8
NII-2012-1E FGMRES for linear discrete ill-posed problems（Keiichi Morikuni, Lothar Reichel, Ken Hayami［著］） 2012.1
NII-2012-2E Formalization of lemma for adjacent replacement paths（Makoto Tatsuta［著］） 2012.2
NII-2012-3E Almost affine lambda terms（Makoto Kanazawa［著］） 2012.5
NII-2012-4E Rank-based similarity search―reducing the dimensional dependence（Michael E. Houle, Michael Nett［著］） 2012.6
NII-2012-5E Convergence of inner-iteration GMRES methods for least squares problems（Keiichi Morikuni, Ken Hayami［著］） 2012.8
NII-2013-1E A short tutorial of the scenario markup language（Kugamoorthy Gajananan［著］） 2013.1
NII-2013-2E Improvements to the cluster New-

情報科学

ton method for underdetermined inverse problems（Philippe J.Gaudreau, Ken Hayami, Yasunori Aoki, Hassan Safouhi, Akihiko Konagaya［著］）　2013.11

NII-2013-3E　Multi-dimensional trees and a Chomsky-Schützenberger-weir representation theorem for simple context-free tree grammars（Makoto Kanazawa［著］）　2013.11

NII-2013-4E　Convergence of inner-iteration GMRES methods for least squares problems　Revised version（Keiichi Morikuni, Ken Hayami［著］）　2013.11

NII-2014-1E　Estimating continuous intrinsic dimensionality（Laurent Amsaleg, Oussama Chelly, Teddy Furon, Stéphane Girard, Michael E.Houle, Michael Nett［著］）　2014.3

NII-2014-2J　科研費研究分野とWeb of Scienceサブジェクトエリアのマッピング（蔵川圭, 孫媛, 相沢彰子［著］）　2014.6

NII-2014-3E　Jacobian-free three-level trust region method for nonlinear least squares problems（Wei Xu, Ning Zheng, Ken Hayami［著］）　2014.9

NII-2015-1E　Modulus-type inner outer iterative methods for nonnegative constrained least squares problems（Ning Zheng, Ken Hayami, Jun-Feng Yin［著］）　2015.1

NII-2015-2E　Inlierness, outlierness, hubness and discriminability—an extreme-value-theoretic foundation（Michael E.Houle［著］）　2015.3

NII-2015-3E　Intrinsic dimensional outlier detection in high-dimensional data（Jonathan von Brünken, Michael E.Houle, Arthur Zimek［著］）　2015.3

NII-2015-4E　Distributional learning of some nonlinear tree grammars（Alexander Clark, Makoto Kanazawa, Gregory M.Kobele, Ryo Yoshinaka［著］）　2015.10

NII-2016-1E　Modulus-type inner outer iteration methods for nonnegative constrained least squares problems　Revised version（Ning Zheng, Ken Hayami, Jun-Feng Yin［著］）　2016.1

NII-2016-2E　ArtViz—a web platform for artist data visualization and exploration（Oana Balaceanu, Hideaki Takeda［著］）　2016.2

NII-2016-3E　Implementation of interior-point methods for LP based on Krylov subspace it-

erative solvers with inner-iteration preconditioning（Yiran Cui, Keiichi Morikuni, Takashi Tsuchiya, Ken Hayami［著］）　2016.5

NII-2016-4E　Measuring dependency via intrinsic dimensionality（Simone Romano, Oussama Chelly, Vinh Nguyen, James Bailey, Michael E. Houle［著］）　2016.6

NII-2016-5E　The vulnerability of learning to adversarial perturbation increases with intrinsic dimensionality（Laurent Amsaleg, James Bailey, Sarah Erfani, Teddy Furon, Michael E. Houle, Miloš Radovanović, Nguyen Xuan Vinh［著］）　2016.6

NII-2016-6E　Weak vs. strong finite context and kernel properties（Makoto Kanazawa［著］）　2016.7

NII-2016-7E　Enhanced estimation of local intrinsic dimensionality using auxiliary distances（Oussama Chelly, Michael E.Houle, Ken-ichi Kawarabayashi［著］）　2016.8

NII-2016-8E　Profiling internet scanners—spatial and temporal structures（Johan Mazel, Romain Fontugne, Kensuke Fukuda［著］）　2016.12

OBJECT TECHNOLOGY SERIES　オーム社　2014

◇リファクタリング—既存のコードを安全に改善する　新装版（Martin Fowler著, 児玉公信, 友野晶夫, 平沢章, 梅沢真史共訳, オーム社開発局企画編集）　2014.7

OSHIGE INTRODUCTION NOTE　ソーテック社　2007～2015　⇒Ⅴ−172

◇詳細！ Objective-C iPhoneアプリ開発入門ノート（大重美幸著）　2013.7

◇詳細！ Objective-C iPhoneアプリ開発入門ノート（大重美幸著）　2013.11

◇詳細！ Apple Watchアプリ開発入門ノート（大重美幸著）　2015.6

Paso ASAHI ORIGINAL　朝日新聞出版生活・文化編集部編　朝日新聞出版　2012～2016

◇エクセル2010で困ったときに開く本—大きな文字＆大画面版　2012.4

◇ワード2010で困ったときに開く本—大きな文字＆大画面版　2012.4

◇Word ＆ Excelで困ったときに開く本　2014

総 記　　　　　　　　　　　　　　　　　　　　　　　　　　　　情報科学

2014.4

◇Word ＆ Excelで困ったときに開く本　2015
2015.3

◇Word ＆ Excelで困ったときに開く本　2016
2016.4

◇Windows10で困ったときに開く本─困ったmini
Q&Aで97の疑問にズバリ答えます！（朝日新聞
出版生活・文化編集部編）　2016.7

Perfect Master　秀和システム　1993〜2016
⇒Ⅰ－124

110　Access VBAパーフェクトマスター─Mi-
crosoft Access VBA Access 2007完全対応Access
2003/2002対応　Windows 7/Vista/XP完全対応
（岩田宗之著）　2009.10

123　Excel関数パーフェクトマスター─Microsoft
Office　Excel　2010/2007/2003/2002完全対応
Windows 7/Vista対応（土屋和人著）　2010.12

124　ホームページ・ビルダー15パーフェクトマ
スター─Version 15/14/13/12/11完全対応 Win-
dows 7/Vista/XP対応（高見有希著）　2011.2

125　PowerPoint 2010パーフェクトマスター─Mi-
crosoft Office 2010 Windows 7完全対応 Win-
dows Vista対応（山内敏昭，山添直樹，綾部洋平
著）　2011.4

126　VisualC++ 2010パーフェクトマスター─Mi-
crosoft Visual Studio 2010 Windows7完全対応
Windows Vista/XP対応（金城俊哉著）　2011.6

127　Windows Server 2008 R2パーフェクトマス
ター─Microsoft Windows Server 2008 R2（野
田ユウキ，アンカー・プロ著）　2011.8

128　Visual Basic 2010パーフェクトマスター─
Microsoft Visual Studio 2010 Windows 7完全対
応Windows Vista/XP対応（金城俊哉著）　2011.
10

129　VisualC# 2010パーフェクトマスター─Win-
dows 7完全対応Windows Vista/XP対応：Mi-
crosoft Visual Studio 2010（金城俊哉著）　2011.
11

130　ホームページ・ビルダー16パーフェクトマ
スター─Version 16/15/14/13/12/11完全対応：
Windows 7/Vista/XP対応（高見有希著）　2011.
12

131　Mac OS 10 Lion v10.7パーフェクトマスター
─Apple MacOS 10 Lion（野田ユウキ，アンカー・
プロ著）　2012.1

132　Androidプログラミングパーフェクトマス

ター─with JDK/Eclipse/ADT/Android SDK：
ダウンロードサービス付（金城俊哉著）　2012.7

133　Adobe Photoshop CS6パーフェクトマスター
（神﨑洋治，土屋徳子，藪田織也著）　2012.10

134　Adobe Illustrator CS6パーフェクトマスター
（玉生洋一著）　2012.7

135　Adobe Dreamweaver CS6パーフェクトマス
ター─ダウンロードサービス付（金城俊哉，秀和
システム第一出版編集部著）　2012.8

136　Javaプログラミングパーフェクトマスター─
ダウンロードサービス付（金城俊哉著）　2012.11

137　OS 10 & iOSパーフェクトマスター─OS 10
Mountain Lion/iOS 6（野田ユウキ，アンカー・
プロ著）　2012.12

138　ホームページ・ビルダー17パーフェクトマ
スター─ダウンロードサービス付（高見有希著）
2012.12

139　iPhone & iOSアプリプログラミングパーフェ
クトマスター─OS 10 Mountain Lion/iOS 6（金
城俊哉著）　2013.2

140　Adobe InDesign CS6パーフェクトマスター
─ダウンロードサービス付（玉生洋一著）　2013.
3

141　Excel 2013パーフェクトマスター─Microsoft
Office 2013 ダウンロードサービス付（金城俊哉，
秀和システム第一出版編集部著）　2013.4

142　Windows8パーフェクトマスター─Microsoft
Windows8（野田ユウキ著）　2013.5

143　Word 2013パーフェクトマスター─Microsoft
Office 2013 ダウンロードサービス付（若林宏，ア
ンカー・プロ著）　2013.5

144　Windows Server 2012パーフェクトマスター
─Microsoft Windows Server 2012（野田ユウキ，
アンカー・プロ著）　2013.8

145　Access2013パーフェクトマスター─Mi-
crosoft Office 2013（岩田宗之著）　2013.8

146　Word & Excel 2013パーフェクトマスター─
Microsoft Office 2013（野田ユウキ，アンカー・
プロ著）　2013.9

147　PowerPoint 2013パーフェクトマスター─Mi-
crosoft Office 2013（綾部洋平，山添直樹，十柚木
なつ著）　2013.9

148　Adobe Illustrator CCパーフェクトマスター
─ダウンロードサービス付（玉生洋一著）　2013.
11

149　Visual Basic 2013パーフェクトマスター

情報科学

—Microsoft Visual Studio 2013（金城俊哉著）
2013.12

150　ホームページ・ビルダー18パーフェクトマ
スター—ダウンロードサービス付（高見有希著）
2013.12

151　Access VBAパーフェクトマスター—Mi-
crosoft Access VBA ダウンロードサービス付
（岩田宗之著）　2013.12

152　Visual C# 2013パーフェクトマスター—Mi-
crosoft Visual Studio 2013 ダウンロードサービ
ス付（金城俊哉著）　2013.12

153　Excel VBAパーフェクトマスター—Mi-
crosoft Excel VBA ダウンロードサービス付（土
屋和人著）　2014.2

154　Visual C++2013パーフェクトマスター—Mi-
crosoft Visual Studio 2013 ダウンロードサービ
ス付（金城俊哉著）　2014.3

155　Excel関数パーフェクトマスター—Microsoft
Office ダウンロードサービス付（土屋和人著）
2014.4

156　Androidアプリ開発パーフェクトマスター—
with JDK/Android Studio/Android SDK（金城
俊哉著）　2014.9

157　ホームページ・ビルダー19パーフェクトマス
ター（金城俊哉著）　2014.12

158　Excelビジネス統計パーフェクトマスター—
ダウンロードサービス付（金城俊哉著）　2015.5

159　JavaScript Web開発パーフェクトマスター—
ダウンロードサービス付（金城俊哉著）　2015.7

160　WordPress本格Webサイト構築パーフェクト
マスター（音賀鳴海, アンカー・プロ著）　2015.
10

161　PHPサーバーサイドプログラミングパーフェ
クトマスター（金城俊哉著）　2015.10

163　Javaサーバーサイドプログラミングパーフェ
クトマスター（金城俊哉著）　2015.12

164　Visual Basic 2015パーフェクトマスター—
Microsoft Visual Studio Community 2015版（金
城俊哉著）　2016.8

165　Windows10パーフェクトマスター—Mi-
crosoft Windows10（野田ユウキ著）　2016.9

166　Visual C# 2015パーフェクトマスター—Mi-
crosoft Visual Studio Community 2015版（金城
俊哉著）　2016.10

167　Pythonプログラミングパーフェクトマスター
（金城俊哉著）　2016.11

168　Excel VBAパーフェクトマスター—Mi-
crosoft Excel 2016（土屋和人著）　2016.11

169　Androidアプリ開発パーフェクトマスター—
with JDK/Android Studio/Android SDK　最
新版（金城俊哉著）　2016.12

PERFECT SERIES　技術評論社　2008〜
2016　⇒Ⅰ-126

01　パーフェクトC#　改訂3版（斎藤友男, 醍醐竜
一著）　2013.6

02　パーフェクトJava　改訂2版（井上誠一郎, 永
井雅人著）　2014.12

03　パーフェクトPHP（小川雄大, 柄沢聡太郎, 橋
口誠著）　2010.12

04　パーフェクトJavaScript（井上誠一郎, 土江拓
郎, 浜辺将太著）　2011.10

05　パーフェクトPython（Pythonサポーターズ
著）　2013.4

06　パーフェクトRuby（Rubyサポーターズ著）
2013.9

07　パーフェクトRuby on Rails（すがわらまさの
り, 前島真一, 近藤宇智朗, 橋立友宏著）　2014.7

08　パーフェクトJava EE（井上誠一郎, 槙俊明, 上
妻宜人, 菊田洋一著）　2016.8

Prime master series　秀和システム　2008〜
2012　⇒Ⅰ-126

010　はじめてのExcelの困った！ 今すぐ解決—対
応2010&2007（Studioノマド著）　2010.11

011　はじめてのPowerPointの困った！ 今すぐ解
決—対応2010&2007（八木重和著）　2010.10

012　はじめてのLANの困った！ 今すぐ解決（荒
石正二著）　2010.12

013　はじめてのWindows 7（セブン）の遅い
重い！ 今すぐ解決—オールエディション
対　応Ultimate/Enterprise/Professional/Home
Premium/Starter（村松茂著）　2010.11

014　はじめてのWordの困った！ 今すぐ解決—対
応2010&2007（ゲイザー著）　2011.4

015　はじめてのIllustratorの困った！ 今すぐ解決
—対応CS〜CS5（羽石相著）　2011.6

016　絶対解決Wi-Fi&LANの遅い繋がらない！—
解決手順がすぐに見つかるダイレクトINDEX式
解説書 Wi-FiとLANの開設と速度アップを簡単
手順で実現！（はじめてのシリーズ）（村松茂著）
2011.8

017　絶対解決Photoshopの困った！—解決手順が

すぐに見つかるダイレクトINDEX式解説書 フォトレタッチのレベルを向上させるヒントが満載！CS5 Elements9 Lightroom3（はじめてのシリーズ）（ゆうきたかし, 桐生彩希著）　2011.9

018　絶対解決スマートフォンで困った！―解決手順がすぐに見つかるダイレクトINDEX式解説書：あなたの「困った」「わからない」の答えが簡単手順と大画面で解決できる本（はじめてのシリーズ）（富士ソフト著）　2012.3

019　絶対解決iPhone（アイフォーン）で困った！―解決手順がすぐに見つかるダイレクトINDEX式解説書：人に聞けない初歩的トラブルから使いこなすための疑問まで瞬間解決！：4S/4/3GS対応（はじめてのシリーズ）（Studioノマド著）　2012.3

020　絶対解決Macで困った！―解決手順がすぐに見つかるダイレクトINDEX式解説書：あなたの「困った」「わからない」の答えが簡単手順と大画面で解決できる本：Lion対応版（はじめてのシリーズ）（富士ソフト著）　2012.4

021　絶対解決Twitter & Facebookで困った！―解決手順がすぐに見つかるダイレクトINDEX式解説書：あなたの「困った」「わからない」の答えが簡単手順と大画面で解決できる本（はじめてのシリーズ）（富士ソフト著）　2012.6

Proceedings in information and communications technology PICT　Springer　2012～2013

3　Computer Aided Surgery—7th Asian Conference on Computer Aided Surgery Bangkok, Thailand, August 2011 proceedings（Takeyoshi Dohi, Hongen Liao editors）　c2012

4　Advanced methods, techniques, and applications in modeling and simulation—Asia Simulation Conference 2011, Seoul, Korea, November 2011 proceedings（Jong-Hyun Kim, Kang-sun Lee, Satoshi Tanaka, Soo-Hyun Park editors）　c2012

5　Theory and Practice of Computation—Workshop on Computation : Theory and Practice Quezon City, Philippines, September 2011 proceedings（Shin-ya Nishizaki, Masayuki Numao, Jaime Caro, Merlin Teodosia Suarez editors）　c2012

6　Natural computing and beyond—Winter School Hakodate 2011, Hakodate, Japan, March 2011 and 6th International Workshop on Natural Computing, Tokyo, Japan, March 2012, proceedings（Yasuhiro Suzuki, Toshiyuki Nakagaki editors）　c2013

7　Theory and practice of computation—2nd workshop on computation : theory and practice, Manila, The Philippines, September 2012, proceedings（Shin-ya Nishizaki, Masayuki Numao, Jaime Caro, Merlin Teodosia Suarez editors）　c2013

Professional Ruby series　翔泳社　2008～2012　⇒Ⅳ－562

◇The RSpec Book（David Chelimsky, Dave Astels, Zach Dennisほか著, クイープ訳・監修, 角谷信太郎, 豊田祐司監修）　2012.2

ROA Holdings, Inc.report　ROA Holdings　2009～2011

no.90801　Indian mobile market dynamics and forecast　2008-2013　c2010

no.9124　進化する日本モバイルSNS市場分析　2010.1

no.9125　サムスン電子とLG電子の競争力分析　2008年版　2010.1

no.9126　日本移動体通信市場の予測　2009年　2010.2

no.9127　携帯ライフログ・ビジネスの展望と課題　2009.2

no.9128　グローバル携帯端末のUIトレンド分析　2009.2

no.9129　日本モバイルIP電話サービスの展望　2009.2

no.9130　日本モバイルブロードバンドサービスの市場展望　2009.3

no.9131　モバイル電子マネー市場の現状とNFCが招く市場変革　2009.3

no.9132　携帯G空間サービスの展望と課題　2009.5

no.9133　国内外モバイル広告市場の現況と展望　2009.5

no.9134　ネットブック市場の展望と課題　2009.7

no.9135　日本テレマティクス市場展望　2009.8

no.9136　モバイルデジタルサイネージの展望　2009.8

no.9138　モバイルマルチメディア放送市場の展望と課題　2009.9

no.9139　サムスン電子の携帯電話端末事業戦略分

析 2009.10

no.9140 韓国ポイント市場の展望と課題 2009.10

no.9141 米国バイオテクノロジー市場の現状と課題 2009.11

no.9142 日本携帯電話市場の予測 2009.11

no.10150 B2C向けモバイルM2Mの展望と課題 2010.8

no.11160 2011年度グローバルタブレット端末ベンダーの差別化戦略とその方向性—2010-2011年の主要デバイスベンダーの動向を中心に 2011.6

no.10143 ホームICTサービス市場の展望と課題 2010.1

no.10144 日本移動体通信市場の予測 2010年 2010.2

no.10145 中国携帯電話市場の予測（市場別の移動体通信市場の予測） 2010.4

no.10146 エマージングデバイスの進化方向性と戦略課題 2010.4

no.10147 韓国スマートグリッドの動向 2010.5

no.10148 「プライベート化」と「モバイル化」に向かう国内クラウド・サービスの展望 2010.7

no.10149 スマートテレビ市場動向とその波及効果 2010.8

no.10151 日本スマートフォン市場分析 2010 2010.8

no.10152 サムスン電子とLG電子の競争力分析 2010年版 2010.11

no.10153 3.9G世代におけるモバイル・デバイスの展望 2010 2010.11

no.10154 B2C向けテレマティクス・サービス・プロバイダー（TSP）の展望と課題 2010.11

no.11155 日本移動体通信市場の予測 2011年 2011.2

no.11156 ソーシャルコマース市場動向と予測 2011.2

no.11157 日本市場のNスクリーン及びマルチデバイス事業動向—デバイスメーカー、キャリア、インターネット事業者の戦略分析を中心に 2011.3

no.11158 日本モバイルNFCペイメントの展望と課題—NFC搭載スマートフォンのビジネスモデル分析 2011.4

no.11159 スマートフォンを基軸としたモバイル広告市場ビジネスモデルの展望—アプリ内広告（Apple、Google）とSNS連動広告（Facebook）の

台頭 2011.5

no.11161 国内スマートフォンセキュリティ市場の展望 2011.7

no.11162 モバイルディスプレイの将来展望—モバイルディスプレイの発展方向と技術トレンド編 2011.8

no.11163 韓国携帯電話市場の予測—2011-2015年の市場予測（市場別の移動体通信市場の予測） 2011.9

no.11164 モバイルディスプレイの需給展望と企業戦略—短期（2011年後半から1年）の予測と長期予測（2011年後半から5年）編 2011年版 2011.9

Small Business Support 翔泳社 2013〜2016

◇小さな会社のGoogle Apps導入・設定ガイド—導入支援なしでもできる!!（サテライトオフィス著） 2013.1

◇小さなお店のiPad販促活用ガイド—お客様のニーズをキャッチ！（原田充, 中村義和著） 2013.1

◇小さなECサイトのWordPress＋Welcart導入・設定ガイド—Welcart公式ガイド（南部正光, 森川徹志著） 2013.5

◇小さな会社のFacebookページ集客・販促ガイド—「いいね！」がガンガン集まる！（深谷歩著） 2013.6

◇小さな会社のAccessデータベース作成・運用ガイド—業務でバッチリ使える！（丸の内とら著） 2013.7

◇小さな会社のWordPressサイト制作・運営ガイド—自前でできる！（田中勇輔著） 2013.9

◇小さな会社のOffice 365導入・設定ガイド—もう困らない！（Microsoft監修, 富士ソフト著） 2013.9

◇小さな会社のExcelデータベース作成・運用ガイド—VBAを使わずに作れる！（クレッシェンド著） 2013.10

◇小さな会社のFileMakerデータベース作成・運用ガイド—自前でもカンペキ！（富田宏昭著） 2014.3

◇小さな会社のLAN構築・運用ガイド—ちゃんとつながる！ Windowsだけでも大丈夫！（橋本和則著） 2014.4

◇小さなお店のYahoo！ ショッピング出店・運営ガイド—人気のショップを自分で作れる！（田中正志著） 2014.6

総 記   情報科学

◇小さな会社のWindowsXP→8.1データ移行・設定ガイド—もう迷わない！（橋本和則著）　2014.6

◇小さなお店のLINE@集客・販促ガイド—お店はいつも大繁盛！（松浦法子監・著, 深谷歩著）　2014.7

◇現場で役立つWindows Server 2012 R2 Essentials構築・運用ガイド—もう迷わない!!（沢田賢也著, Microsoft監修）　2014.12

◇現場で役立つExcel & Accessデータ連携・活用ガイド—仕事がはかどる！（立山秀利著）　2015.2

◇小さな会社のAccessデータベース作成・運用ガイド—自力で手軽に作成できる！（丸の内とら著）　2016.7

◇小さな会社のExcel VBA業務自動化アプリケーション作成・運用ガイド—知識ゼロでも作れる！（武藤玄, 早坂清志, 植木悠二著）　2016.8

◇小さな会社のFileMakerデータベース作成・運用ガイド—出先でサクッとデータ更新！（富田宏昭著）　2016.9

smart phone programming bible　ソシム
2012〜2015

◇Android ADKプログラミング＆電子工作バイブル（岩田直樹, 杉浦登, 高木基成, 原田明憲, 吉田研一著）　2012.6

◇iPhone/iPad/iPod touchプログラミングバイブル（布留川英一著）　2012.11

◇Windows8プログラミングバイブル　Windowsストアアプリ＆ HTML5/CSS3/JavaScript編（布留川英一著）　2012.11

◇iPhone/iPad/iPod touchプログラミングバイブル（布留川英一著）　2013.11

◇iPhone/iPadプログラミングバイブル（布留川英一著）　2014.11

◇Androidプログラミングバイブル（布留川英一著）　2015.2

◇iPhone/iPadプログラミングバイブル—iOSの新機能やアプリ内課金などのマネタイジングのサンプルを多数収録!!（布留川英一著）　2015.11

SOFTWARE PATTERNS SERIES　丸善出版　2014

◇オブジェクト指向のこころ—デザインパターンとともに学ぶ（アラン・シャロウェイ, ジェームズ・R・トロット著, 村上雅章訳）　2014.2

Studies in computational intelligence
series editor Janusz Kacprzyk　Springer
2014〜2015

volume 535　Novel insights in agent-based complex automated negotiation（Ivan Marsa-Maestre, Miguel A.Lopez-Carmona, Takayuki Ito, Minjie Zhang, Quan Bai, Katsuhide Fujita editors）　c2014

volume 564　Smart modeling and simulation for complex systems—practice and theory（Quan Bai, Fenghui Ren, Minjie Zhang, Takayuki Ito, Xijin Tang editors）　c2015

volume 596　Next frontier in agent-based complex automated negotiation（Katsuhide Fujita, Takayuki Ito, Minjie Zhang, Valentin Robu editors）　c2015

TECHNICAL MASTER　秀和システム
2002〜2016　⇒Ⅳ−564

63　はじめてのASP.NET4プログラミング　Visual C# 編（土井毅, 広瀬嘉久著, 山田祥寛監修）　2011.4

64　はじめてのASP.NET4（フォー）プログラミング　Visual Basic編（土井毅, 広瀬嘉久著, 山田祥寛監修）　2011.5

65　はじめてのJavaフレームワーク—Struts 2/Spring/Hibernate対応　第3版（岡田賢治著）　2011.6

66　はじめてのCentOS6—Linuxサーバ構築編（デージーネット著）　2011.10

67　はじめてのJSP＆サーブレット—Eclipse 3.7 Indigo+Tomcat 7対応版（東浩二著, 山田祥寛監修）　2012.4

68　はじめてのScientific Linux 6　Linuxサーバ構築編（デージーネット著）　2012.7

69　よくわかるSQL Server 2012　データベース構築・管理入門編（長岡秀明著）　2012.9

70　はじめてのAndroidアプリ開発—Android4対応版（山田祥寛著）　2012.12

71　はじめてのWindows LAN & Wi-Fi（岡田庄司著）　2012.12

72　はじめてのVisual Studio 2012（大和屋貴仁監修, 飯島聡, 菅原允, 内藤弘之著）　2012.12

73　はじめてのVisual Basic 2012（初音玲著）　2013.2

74　はじめてのiPhone/iPadアプリ開発（吉田裕美著）　2013.3

全集・叢書総目録 2011-2016　**169**

情報科学　　　　　　　　　　　　　　　　　　　　　　総記

75　はじめてのVisual C# 2012（初音玲著）　2013.6

76　はじめてのJavaScript—Covering DOM LEVEL 2 and XMLHttpRequest LEVEL 2（掌田津耶乃著）　2013.5

77　はじめてのHTML+CSS（猿橋大著）　2013.6

78　よくわかるWindows Server 2012　ネットワーク構築・管理入門編（長岡秀明著）　2013.6

79　はじめてのVisualC++2012（赤坂玲音著）　2013.7

80　よくわかるServer Core（長岡秀明著）　2013.12

81　はじめてのTeam Foundation Server（TFSUG著）　2014.1

82　はじめてのCentOS 7　Linuxサーバ構築編（デージーネット著）　2014.10

83　はじめてのiOSアプリ開発（長谷川智希著, デジタルサーカス監修）　2015.4

84　はじめてのASP.NET Webフォームアプリ開発（土井毅著, 山田祥寛監修）　2015.11

85　はじめてのASP.NET Webフォームアプリ開発（土井毅著, 山田祥寛監修）　2015.12

86　はじめてのJSP＆サーブレット　第2版（東浩二著, 山田祥寛監修）　2016.10

87　はじめてのAndroidアプリ開発　第2版（山田祥寛著）　2016.12

The Addison-Wesley Microsoft Technology Series　日経BP社　2016
◇マイクロサービスwith Docker on Azure（Boris Scholl, Trent Swanson, Daniel Fernandez著, 佐藤直生監訳, クイープ訳）　2016.11

The Addison-Wesley Signature Series　ピアソン桐原　2012
◇ドメイン特化言語—パターンで学ぶDSLのベストプラクティス46項目（A MARTIN FOWLER SIGNATURE BOOK）（マーチン・ファウラー著, ウルシステムズ監訳, 大塚庸史, 坂本直紀, 平沢章, 大友鮎美訳）　2012.5
◇スクラムを活用したアジャイルなプロダクト管理—顧客に愛される製品開発（A MIKE COHN SIGNATURE BOOK）（ローマン・ピヒラー著, 江端一将訳）　2012.11

The Big Nerd Ranch Guide　ピアソン桐原　2012
◇Objective-Cプログラミング（アーロン・ヒレガス著, 堂阪真司訳）　2012.10

Theory in practice　オライリー・ジャパン　2006〜2012　⇒Ⅰ-131
◇ビューティフルテスティング—ソフトウェアテストの美しい実践（Tim Riley, Adam Goucher編, 大西建児監訳, 児島修訳）　2010.10
◇ビューティフルデータ（Toby Segaran, Jeff Hammerbacher編, 堀内孝彦, 真鍋加奈子, 苅谷潤, 小俣仁美, 篠崎誠訳）　2011.2
◇ウェブオペレーション—サイト運用管理の実践テクニック（John Allspaw, Jesse Robbins編, 角征典訳）　2011.5
◇アート・オブ・コミュニティ—「貢献したい気持ち」を繋げて成果を導くには（Jono Bacon著, 渋川よしき訳）　2011.5
◇ビューティフルビジュアライゼーション（Julie Steele, Noah Iliinsky編, 増井俊之監訳, 牧野聡訳）　2011.10
◇リーダブルコード—より良いコードを書くためのシンプルで実践的なテクニック（Dustin Boswell, Trevor Foucher著, 角征典訳）　2012.6

THINK IT BOOKS　インプレス　2015〜2016
◇Windows Azure Packプライベートクラウド構築ガイド—Windows Azure PackとHyper-Vを使った仮想マシン提供サービスを手順を追って詳細に解説！（樋口勝一著）　2015.9
◇DevOpsを支えるHashiCorpツール大全—Vagrant/Packer/Terraform/Serf/Consul HashiCorp公認パートナーが解説するインフラ構築運用のベストプラクティス！（前仏雅人著, クリエーションライン監修）　2015.10
◇上級ユーザーのためのWindows 10アップグレード技術ガイド（塩田紳二著）　2015.10
◇ミニフライス盤CNC化実践マニュアル—ものづくりをステップアップ（榊正憲著）　2016.2
◇SoftLayer詳細解説ガイド—サーバーストレージネットワークから負荷分散セキュリティ監視認証API活用までSoftLayerに関する詳細情報を集約（安田智有, 安田忍, 畑大作, 山本直哉, 玉川雄一, 佐々木敦守, 木村了著）　2016.3
◇Windows 10ユニバーサルアプリ開発—「Win-

総記   情報科学

dows 10 Mobile」が続々と登場VS Community
2015で作ったアプリを実機で動かしてみよう！
（薬師寺国安著）　2016.3
◇Unity 5ゲーム開発はじめの一歩―実際にゲーム
を開発しながら、Unity 5の基本操作と機能がわ
かる！　簡単なスクリプトも書ける！（古波倉正
隆著）　2016.3
◇MySQL Clusterによる高可用システム運用ガイ
ド―インストールからバックアップ/リストア、
サイジングやレプリケーションまで、MySQL
Clusterの運用ノウハウが身につく！（山崎由章
著）　2016.4
◇OpenStack構築手順書〈Liberty版〉（日本仮想化
技術著）　2016.5
◇OpenStack構築手順書〈Kilo版〉（日本仮想化技
術著）　2016.5
◇OpenStack-Ansibleで作るHA環境構築手順書
〈Kilo版〉（日本仮想化技術著）　2016.5
◇OpenStack構築手順書〈Mitaka版〉（日本仮想化
技術著）　2016.7
◇OpenDaylight構築実践ガイド―オープ
ンソースSDN〈Software Defined Net-
work〉OpenDaylight & OpenStackで実現する
NFVオーケストレーション（倉橋良、鳥居隆史、
安座間勇二、高橋信行著）　2016.10
◇Ansible徹底活用ガイド（平初、平原一帆、小野寺
大地、安久隼人、坂本諒太、冨永善視著）　2016.
10
◇ownCloudセキュアストレージ構築ガイド―セキ
ュリティ要件を満たすオープンソースのオンライ
ンストレージ導入から構築/運用まで徹底解説！
（スタイルズ著）　2016.11
◇MySQL即効クエリチューニング―とにかく
MySQLを速くしたい人へ！　プロのMySQLデー
タベース管理者から学ぶパフォーマンスチュー
ニングの極意（yoku0825著）　2016.12

Tokyo tech be-text　オーム社　2009～2011
⇒Ⅰ-131
◇数理計画法（尾形わかは著）　2010.11
◇ゲーム理論（武藤滋夫著）　2011.6

UNIX & Information Science　サイエンス
社　2000～2015　⇒Ⅰ-131
4　やさしく学べるC言語入門―基礎から数値計算
入門まで　第2版（皆本晃弥著）　2015.3

User Hand Book　秀和システム　2010～2016
⇒Ⅰ-131
5　Excel2010ユーザー・ハンドブック―Microsoft
Office 2010 Windows 7完全対応Windows
Vista/XP対応　基本技＆便利技（野田ユウキ, ア
ンカー・プロ著）　2010.12
6　Word2010ユーザー・ハンドブック―基本技＆便
利技 Microsoft Office 2010 Windows 7完全対応
Windows Vista/XP対応（野田ユウキ, アンカー・
プロ著）　2010.12
7　Word & Excel2010ユーザー・ハンドブック―
基本技＆便利技 Microsoft Office 2010 Windows
7完全対応Windows Vista/XP対応（野田ユウキ,
アンカー・プロ著）　2010.12
8　WindowsPC（パソコン）倍速・時短テクニック
ユーザー・ハンドブック―Microsoft Windows
7/Vista/XP（玉生洋一著）　2011.2
9　Excel VBA（ブイビーエー）実践テクニッ
クユーザー・ハンドブック―基本技＆便利
技 Microsoft Office Excel2010/2007完全対応
Windows7/Vista対応（道用大介著）　2011.5
10　Windows8ユーザー・ハンドブック　スタン
ダード編　基本技、便利技、裏技（金城俊哉著）
2013.2
11　Windows8ユーザー・ハンドブック　カスタ
マイズ編　快速、快適、安全対策（金城俊哉著）
2013.2
12　Windows8倍速・時短技ユーザー・ハンドブッ
ク―Microsoft Windows8/7/Vista/XP（玉生洋
一著）　2013.6
13　PowerPoint2013ユーザー・ハンドブック―Mi-
crosoft Office 2013 基本技＆実践技（松本光春
著）　2013.8
14　Excel2013ユーザー・ハンドブック―Microsoft
Office 2013 グラフ表現＆マクロ作成＆ピボット
テーブル活用技（金城俊哉著）　2013.10
15　Word2013ユーザー・ハンドブック―基本技
＆便利技 Microsoft Office 2013（野田ユウキ, ア
ンカー・プロ著）　2013.12
16　Excel2013ユーザー・ハンドブック―仕事に役
立つ基本技＆便利技 Microsoft Office 2013（野田
ユウキ, アンカー・プロ著）　2013.12
17　Excel VBA実践テクユーザー・ハンドブック
―仕事に使える基本技＆応用技 Microsoft Office
2013（道用大介著）　2013.12
18　Adobe Illustratorデザイン時短技ユーザー・

全集・叢書総目録 2011-2016　　171

情報科学

総 記

ハンドブック―プロの現場で使ってる（玉生洋一著）　2015.2

19　Microsoft Windows10ユーザー・ハンドブック―知りたいことがすぐわかる！　いつでも頼れる便利技（金城俊哉著）　2016.3

VRSJ research report　The Virtual Reality Society of Japan　2012

vol.1 no.AE1　Abstracts of Exhibition and Workshop on Future of Media Art and Computer Entertainment―Kathmandu, Nepal, Nov.　2 and 3, 2012：research reports of Special Interest Group on Art & Entertainment Virtual Reality Society of Japan　c2012

Web designing books　毎日コミュニケーションズ, マイナビ　2010～2015　⇒Ⅳ－565

◇Dreamweaver効率的サイトデザイン術215―Web制作が3倍早くなる！　CS3/CS4/CS5対応（茂木葉子著）　2010.11

◇基本からしっかりわかるWORDPRESS 3.Xカスタマイズブック―Twenty Eleven対応版（大藤幹著）　2011.11

◇Webサイト設計のためのデザイン＆プランニング―ドキュメントコミュニケーションの教科書（Dan M.Brown著, 奥泉直子訳, 佐藤伸哉監訳）　2012.5

◇スマートフォンサイトのためのHTML5＋CSS3（エ・ビスコム・テック・ラボ著）　2012.8

◇HTML5スタンダード・デザインガイド―Webサイト制作者のためのビジュアル・リファレンス＆セマンティクスによるコンテンツデザインガイド（エ・ビスコム・テック・ラボ著）　2013.2

◇CSS3スタンダード・デザインガイド―Web制作者のためのビジュアル・リファレンス　改訂第2版（エ・ビスコム・テック・ラボ著）　2013.5

◇Webクリエイターのための CreateJSスタイルブック―JavaScript＋HTML5で作るアニメーション/インタラクティブコンテンツ（野中文雄著）　2013.6

◇Movable Type 6本格活用ガイドブック―テンプレートのカスタマイズとData APIを徹底攻略！（藤本壱, 柳谷真志, 奥脇知宏著, シックス・アパート監修）　2013.11

◇スマートフォン＆タブレットアプリ開発会社年鑑　2014（栗原亮, 氷川りそな, 福島健一郎著）　2013.11

◇concrete5公式活用ガイドブック―直感的に操作できる新世代CMSの基本、活用からカスタマイズ、運用まで（猪上博史, Katz Ueno, 榊友哉, 佐々木多生, 中根紳一, 菱川拓郎, 吉川智久著, concrete5日本ユーザーグループ監修）　2014.2

◇これからの「標準」を身につける HTML＋CSSデザインレシピ（エ・ビスコム・テック・ラボ著）　2014.3

◇スマートフォン＆タブレットアプリ開発会社年鑑　2015（栗原亮, 氷川りそな, 福島健一郎著）　2014.10

◇これからの「標準」を学ぶマルチデバイス対応サイト構築（エ・ビスコム・テック・ラボ著）　2015.4

WEB Engineer's Books　翔泳社　2015～2016

◇ブレイクスルーJavaScript―フロントエンドエンジニアとして越えるべき5つの壁 オブジェクト指向からシングルページアプリケーションまで（太田智彬, 田辺丈士, 新井智士, 大江遼, アイ・エム・ジェイ著）　2015.4

◇HTML5/CSS3モダンコーディング―フロントエンドエンジニアが教える3つの本格レイアウト スタンダード・グリッド・シングルページレイアウトの作り方（吉田真麻著）　2015.11

◇エンジニアのためのGitの教科書―実践で使える！バージョン管理とチーム開発手法（リクルートテクノロジーズ, リクルートマーケティングパートナーズ, 河村聖悟, 太田智彬, 増田佳太, 山田直樹, 葛原佑伍, 大島雅人, 相野谷直樹共著）　2016.1

WEB PROFESSIONAL　アスキー・メディアワークス, KADOKAWA　2011～2016　⇒Ⅳ－567

◇iPhone（アイフォーン）＋Androidスマートフォンサイト制作入門（たにぐちまこと著）　2011.2

◇HTML5（ファイブ）＋JavaScriptアイデア＆実践サンプル（古籏一浩著）　2011.2

◇リスティング広告プロの思考回路（佐藤康夫, 杉原剛, 有園雄一, 岡田吉弘, 高崎青史, 来田貴弘, 西原元一著）　2011.12

◇標準HTML5タグリファレンス（藤本壱著）　2012.1

◇jQuery Mobileスマートフォンサイトデザイン入門（西畑一馬, 鍋坂理恵著）　2012.2

◇Google上位表示64の法則（藤井慎二郎著）

総 記　　　　　　　　　　　　　　　　　　　　　　　　図書館

2012.2

◇ECサイト「4モデル式」戦略マーケティング（権成俊、村上佐央里著）　2012.9

◇Webライティング実践講座―ニュースリリースから商品説明まで（林千晶、中野克平編著、中田一会、小川治人、井上果林、吉沢瑠美、君塚美香著）　2012.12

◇iPhone＋Androidスマートフォンサイト制作入門　改訂新版（たにぐちまこと著）　2013.3

◇Web制作の現場で使うjQueryデザイン入門　改訂新版（西畑一馬著）　2013.3

◇デザイナーのためのiPhoneアプリUI/UX設計（大橋学、段霞、野沢紘子、堀内孝彦、真鍋和人著）　2013.5

◇レスポンシブWebデザイン―マルチデバイス時代のコンセプトとテクニック（菊池崇著）　2013.7

◇HTML5マークアップ―現場で使える最短攻略ガイド（浜俊太朗著）　2013.12

◇レスポンシブEメールデザイン―マルチデバイス時代の魅せるメルマガの作り方（こもりまさあき著）　2015.1

◇CSS3 & jQueryで作るスマートフォンサイトUI図鑑（礒田優、久保知己、近藤直人、早川稔、宮田優希著、まぼろし監修）　2015.2

◇コンセプトダイアグラムでわかる〈清水式〉ビジュアルWeb解析（清水誠著）　2015.3

◇ECサイト〈新〉売上アップの鉄則119―オムニチャネル時代の集客から接客まで（いつも.著）　2015.7

◇デザイナー＆ディレクターが写真を上手に撮る本―Web制作のための撮影から管理、レタッチまで（岡田陽一著）　2015.10

◇事例に学ぶスマホアプリマーケティングの鉄則87―企画からプロモーション、分析、マネタイズまで（池村修著）　2016.1

◇運用型広告プロの思考回路―AdWords/Yahoo！/Facebook広告の効果を最大化するベストプラクティス（佐藤康夫、杉原剛、有園雄一、岡田吉弘、高崎青史、坂萩馨、西原元一、清水一樹、和泉晴之、中川雄大、畑秀一郎、渡辺晃大、杉本晃一著）　2016.3

◇動画で学ぶWordPressの学校―初めてWebサイトを立ち上げるときに読む本（たにぐちまこと著）　2016.3

◇書かなきゃいけない人のためのWebコピーライティング教室（森田哲生著）　2016.6

◇実践！ Instagramビジュアルマーケティング―共感される公式アカウントの企画・運営からキャンペーンまで（田中千晶著）　2016.10

YOUR BOOKS　双葉社　2014

01　ぼくらの未来のつくりかた（家入一真著）　2014.5

02　ナタリーってこうなってたのか（大山卓也著）　2014.8

図書館

アーカイブズ講座報告書　中津市教育委員会［編］中津市教育委員会　2014〜2016

1　福沢旧居襖下張文書　2014.3

2　福沢旧居襖下張文書　2015.3

3　小田部家襖下張文書　2016.3

あしあと　浦和子どもの本連絡会　2012

no.5（2006-2010年度活動記録誌）（浦和子どもの本連絡会）　2012.4

新しい教育をつくる司書教諭のしごと　全国学校図書館協議会　2002〜2014　⇒Ⅰ－133

第2期　2　教科学習に活用する学校図書館―小学校・探究型学習をめざす実践事例（小川三和子著）　2010.7

第2期　3　授業で活用する学校図書館―中学校・探究的な学習を目ざす実践事例（稲井達也編著）　2014.8

厚木の図書館　厚木市教育委員会社会教育部（教育総務部）中央図書館編　厚木市教育委員会教育総務部中央図書館, 社会教育部中央図書館　2011〜2016

2010	2011.6
2011	2012.6
2012	2013.8
2013	2014.7
2014	2015.6
2015	2016.6

アンダンテ　京都家庭文庫地域文庫連絡会40周年記念事業実行委員会　2014

2（京都家庭文庫地域文庫連絡会40周年記念事業実行委員会編）　2014.10

全集・叢書総目録 2011-2016　**173**

図書館

医学用語シソーラス 医学中央雑誌刊行会編 医学中央雑誌刊行会 2003〜2011 ⇒Ⅰ-133
カテゴリー別キーワードリスト 第7版 2011.1
50音順キーワードリスト 第7版 2011.1

市川市の図書館 市川市教育委員会生涯学習部中央図書館 2013
昭和編（市川市教育委員会生涯学習部中央図書館編） 2013.2

茨城県図書館協会調査研究委員会報告書 茨城県図書館協会 2010〜2016
2 茨城県図書館情報ネットワークシステムの再構築に関する調査報告 2010.3
3 図書館と著作権 2012.3
〔4〕 茨城県における学校図書館と公共図書館等の連携に関する調査報告（茨城県図書館協会調査研究委員会〔著〕） 2014.3
5 「指定管理者制度」を導入している図書館についての調査報告（茨城県図書館協会調査研究委員会〔著〕） 2016.3

いま、世界で読まれている105冊 テン・ブックス 2013
2013（eau bleu issue）（TEN-BOOKS編） 2013.12

岩田書院ブックレット 岩田書院 1996〜2015 ⇒Ⅰ-133
アーカイブズ系 A-16 時を貫く記録の保存―日本の公文書館と公文書管理法（全国歴史資料保存利用機関連絡協議会近畿部会編） 2011.3
◇いま求められる図書館員―京都大学教育学部図書室の35年（アーカイブズ系 A-17）（福井京子著） 2012.4
◇公文書管理法とアーカイブズ―史料としての公文書（アーカイブズ系 A-18）（中野目徹著） 2015.4

「絵本で子育て」叢書 「絵本で子育て」センター 2007〜2014 ⇒Ⅰ-134
002 絵本講師の本棚から―わたしの心のなかにある絵本たち（絵本講師の会編） 2011.5
004 絵本講師の本棚から―わたしの心のなかにある絵本たち 続（絵本講師の会編） 2012.3
005 こども・えほん・おとな―松居直講演録（松居直著） 2013.4
006 絵本講師の本棚から―わたしの心のなかにある絵本たち 続々（絵本講師の会編集） 2013.7
007 絵本とジャーナリズム（むのたけじ著） 2013.12
008 子どもに絵本を届ける大人の心構え（藤井勇市著） 2014.10

絵本の読み聞かせガイド ライフ出版社 2015
part3 地域を変えた「絵本の読み聞かせ」のキセキ―シニアボランティアはソーシャルキャピタルの源泉 現役シニアボランティアが選んだ子どもたちに何度でも読んであげたい絵本続々101選（世代間交流プロジェクト「りぷりんと・ネットワーク」編著,藤原佳典監修） 2015.4

「絵本は人生に三度」手帖 平凡社 2011
1 雨の降る日は考える日にしよう（柳田邦男著） 2011.3
2 夏の日の思い出は心のゆりかご（柳田邦男著） 2011.4
3 悲しみの涙は明日を生きる道しるべ（柳田邦男著） 2011.7

大人のための絵本セラピー 瑞雲舎 2016
2 絵本はこころの架け橋（岡田達信著） 2016.2

おはなし会プログラム NPO読書サポート 2014
part2（季節別・年齢別 厳選プログラム131本収録）（「この本読んで！」編集部編） 2014.3

音訳テキスト 全国視覚障害者情報提供施設協会 2012〜2013
デイジー編集入門編（視覚障害者用録音図書製作のために）（全国視覚障害者情報提供施設協会録音委員会音訳テキスト〈デイジー編集入門編〉プロジェクト委員会編集） 2012.10
音訳入門編（視覚障害者用録音資料製作のために）（全国視覚障害者情報提供施設協会録音委員会音訳テキスト〈音訳入門編〉製作プロジェクト編集） 2013.4

学図教ブックレット 日本学校図書館教育協議会 2009〜2013 ⇒Ⅰ-134
no.6 学校教育と学校図書館―シンポジウム子どもに応える学校図書館―学校図書館教育の今、これから職員の現状と課題（日本学校図書館教育協議会編） 2011.4
no.7 学校教育と学校図書館―シンポジウム専任司書教諭の果たすべき職務とは（日本学校図書館教育協議会編） 2013.8

総記

図書館

家族で楽しむ絵本とあそび 生命保険協会 2014
vol.4（生命保険協会） 2014.6

ガタスタ屋の矜持 豊﨑由美著 本の雑誌社
2012〜2013
寄らば斬る！篇 2012.6
場外乱闘篇 2013.1

学校図書館員の専門性を探る 日本図書館協会学
校図書館部会 2011
part 3（日本図書館協会学校図書館部会第39回夏
季研究集会東京大会報告集）（日本図書館協会）
2011.1

学校図書館学 大串夏身監修 青弓社 2015
1 学校経営と学校図書館（渡辺重夫著） 2015.7
2 読書の指導と学校図書館（小川三和子著）
2015.10

学校図書館から教育を変える 国土社 2013〜
2014
2 学校図書館の力を活かす（五十嵐絹子, 藤田利
江編著） 2013.1
3 学びを拓く授業モデル（五十嵐絹子, 藤田利江
編著） 2014.2

学校図書館関係者スキルアップ研修会報告書 大
分県立図書館 2013
平成24年度（大分県立図書館編） 2013.3

学校図書館図解・演習シリーズ 志村尚夫, 天道
佐津子 青弓社 2003〜2011 ⇒Ⅰ-135
5 読書と豊かな人間性の育成 改訂版（天道佐津
子編著） 2011.2

蒲池正夫図書館関係著作集 植村芳浩 2014
手稿編（私家版）（蒲池正夫著） 2014.2

逆転の読書 文芸社 2015
続（読書放浪記）（西島建男著） 2015.8

記録学研究 ビスタ ピー・エス 2005〜2013
⇒Ⅰ-135
8号 現代韓国国家記録管理の展開―1969年から李
明博政権成立まで（野木香里, 崔誠姫訳） 2011.
4
9号 多様なアーカイブ・小さなアーカイブ―盧
武鉉大統領の死後 前編（崔誠姫, 金美花翻訳）
2013.4

くむ組む くむ組む 2012〜2015
vol.2 確率―直線本―リスクを一直線上に並べて
みた 2012.8
vol.3 盗電本―電気窃盗の歴史からみる無体物窃
盗 2013.4
vol.4 分類コード本―その順序が気になる 2014.
8
vol.5 くまぬいぐるみ本―移行対象としてのぬい
ぐるみ 2014.12
vol.6 葉書本―はがきサイズの謎と郵便事業の近
代化 2015.8
vol.7 国立国会図書館本 2 2015.12

倉敷の図書館 倉敷市立図書館 2013
基本編（図書館要覧）（倉敷市立中央図書館） 2013.
6

黒田寛一読書ノート 黒田寛一著 こぶし書房
2015〜2016
第1巻 1948年3月―9月 2015.9
第2巻 1948年9月―12月 2015.9
第3巻 1949年1月―9月 2015.12
第4巻 1949年9月―12月 2015.12
第5巻 1950年1月―4月 2016.4
第6巻 1950年5月―8月 2016.4
第7巻 1950年9月―1951年8月 2016.9
第8巻 1951年9月―1952年4月 2016.9
第9巻 1952年5月―11月 2016.12
第10巻 1952年11月―1953年4月 2016.12

KSPシリーズ 京都図書館情報学研究会 2005
〜2014 ⇒Ⅰ-147
11 デジタル情報資源の検索 増訂第3版（高鍬裕
樹著） 2011.2
12 中国公共図書館の評価システムと現状（川崎良
孝, 徐瑛, 劉暁丹, 徐宏宇著） 2011.5
13 21世紀の図書館におけるプライヴァシーと情報
の自由（アメリカ図書館協会知的自由部編著, 高
鍬裕樹, 久野和子, 川崎智子, 川崎良孝訳） 2012.
4
14 秘密性とプライヴァシー―アメリカ図書館協
会の方針（川崎良孝編著, 高鍬裕樹, 川崎智子著）
2012.6
15 中国の大学図書館における学習支援に関する
調査報告（川崎良孝, 呑海沙織, 李霞, 劉暁丹, 徐
宏宇著） 2012.7
16 デジタル情報資源の検索 増訂第4版（高鍬裕

図書館

総記

樹著） 2012.10

17 図書館と民営化（ジェーン・ジェラード, ナンシー・ボルト, カレン・ストレッジ著, 川崎良孝訳） 2013.11

18 デジタル情報資源の検索 増訂第5版（高鍬裕樹著） 2014.3

19 上海地区モバイル図書館サービスに関する調査報告（川崎良孝, 劉暁丹, 徐宏宇著, 桜井待子訳） 2014.10

現代図書館情報学シリーズ 高山正也, 植松貞夫監修 樹村房 2011〜2016

1 図書館概論（高山正也, 岸田和明編, 逸村裕, 渋谷嘉彦, 平野英俊共著） 2011.9

2 図書館制度・経営論（糸賀雅児, 薬袋秀樹編集, 市川恵理, 内野安彦, 荻原幸子, 桑原芳哉, 高山正也, 鑓水三千男共著） 2013.12

3 図書館情報技術論（杉本重雄著代表, 杉本重雄, 阪口哲男, 永森光晴, 原田隆史, 藤田岳久編集） 2014.3

4 図書館サービス概論（宮部頼子編集, 逸村裕, 荻原幸子, 斎藤泰則, 松本直樹, 宮原志津子共著） 2012.4

5 情報サービス論（山﨑久道編集, 大庭一郎, 渋谷嘉彦, 杉江典子, 原田智子, 松下鈞, 村上篤太郎共著） 2012.4

6 児童サービス論（植松貞夫, 鈴木佳苗編集, 岩崎れい, 河西由美子, 高桑弥須子, 平沢佐千代, 堀川照代共著） 2012.10

7 情報サービス演習（原田智子編集, 江草由佳, 小山憲司共著） 2012.6

7 情報サービス演習 改訂（原田智子編著, 江草由佳, 小山憲司著） 2016.12

8 図書館情報資源概論（高山正也, 平野英俊編集, 岸田和明, 岸美雪, 小山憲司, 村上篤太郎共著） 2012.7

9 情報資源組織（田窪直規編, 小林康隆, 原田隆史, 山﨑久道, 山本昭, 渡辺隆弘共著） 2011.4

9 情報資源組織論 改訂（田窪直規編著, 岸田和明, 小林康隆, 時実象一, 山﨑久道, 渡辺隆弘著） 2016.3

10 情報資源組織演習（小西和信, 田窪直規編集, 川村敬一, 小林康隆, 時実象一, 鴇田拓哉, 松井純子, 渡辺隆弘共著） 2013.11

11 図書・図書館史（佃一可編集, 久野淳一, 佐藤達生, 鈴木良雄, 呑海沙織, 中田節子, 山田真美共著） 2012.4

12 図書館施設論（植松貞夫著） 2014.3

耕 山梨子どもの本研究会 2008〜2013
⇒Ⅰ−135

第6集 40周年の歩み（実践研究記録集）（山梨子どもの本研究会編） 2013.8

講座図書館情報学 山本順一監修 ミネルヴァ書房 2013〜2016

1 生涯学習概論―知識基盤社会で学ぶ・学びを支える（前平泰志監修, 渡辺洋子編著） 2014.4

2 図書館概論―デジタル・ネットワーク社会に生きる市民の基礎知識（山本順一著） 2015.5

3 図書館制度・経営論―ライブラリー・マネジメントの現在（安藤友張編著） 2013.3

4 図書館情報技術論―図書館を駆動する情報装置（河島茂生編著） 2013.3

10 情報資源組織論―よりよい情報アクセスを支える技とシステム（志保田務編著） 2014.4

10 情報資源組織論―よりよい情報アクセスを支える技とシステム 第2版（志保田務編著） 2016.4

11 情報資源組織演習―情報メディアへのアクセスの仕組みをつくる（竹之内禎, 長谷川昭子, 西田洋平, 田嶋知宏編著） 2016.9

国際子ども図書館調査研究シリーズ ILCL research series 国立国会図書館国際子ども図書館 2011〜2014

no.1 児童サービス研修のいまとこれから（国立国会図書館国際子ども図書館編） 2011.9

no.2 図書館による授業支援サービスの可能性―小中学校社会科での3つの実践研究（国立国会図書館国際子ども図書館編） 2012.8

no.3 学校図書館におけるコレクション形成―国際子ども図書館の中高生向け「調べものの部屋」開設に向けて（国立国会図書館国際子ども図書館編） 2014.3

子どもの本と児童文化講座 沖縄県子どもの本研究会 2011

第39回 子どもの読書・子どもの未来を考える―古田足日・広瀬恒子対談録（古田足日, 広瀬恒子［述］, 沖縄県子どもの本研究会, 親子読書地域文庫全国連絡会編） 2011.9

この文庫がすごい！ 宝島社 2013

2013年版 エンターテインメント文庫の最新トレ

ンド！（『このミステリーがすごい！』編集部編）
2013.7

困ったときには図書館へ　悠光堂　2015
2　学校図書館の挑戦と可能性（神代浩, 中山美由紀編著）　2015.11

怖い本と楽しい本　毎日新聞社　2012
1998〜2004（毎日新聞「今週の本棚」20年名作選）（丸谷才一, 池沢夏樹編）　2012.9

コンセプチュアル・ブックガイドシリーズ　明月堂書店　2011
01　〈建築〉としてのブックガイド（藤原ちから, 辻本力編）　2011.2

堺市の図書館を考える　堺市の図書館を考える会　2015
2014　図書館が日本を救う！―堺からの発信 常世田良氏講演会記録（常世田良［述］, 堺市の図書館を考える会編）　2015.4

JLA図書館実践シリーズ　日本図書館協会　2004〜2016　⇒Ⅰ－136
1　実践型レファレンス・サービス入門　補訂版（斎藤文男, 藤村せつ子著）　2014.5
7　インターネットで文献探索　2013年版（伊藤民雄著）　2013.5
7　インターネットで文献探索　2016年版（伊藤民雄著）　2016.5
16　図書分類からながめる本の世界（近江哲史著）　2010.12
17　闘病記文庫入門―医療情報資源としての闘病記の提供方法（石井保志著）　2011.6
18　児童図書館サービス　1　運営・サービス論（日本図書館協会児童青少年委員会児童図書館サービス編集委員会編）　2011.9
19　児童図書館サービス　2　児童資料・資料組織論（日本図書館協会児童青少年委員会児童図書館サービス編集委員会編）　2011.11
20　「図書館学の五法則」をめぐる188の視点―『図書館の歩む道』読書会から（竹内悊編）　2012.4
21　新着雑誌記事速報から始めてみよう―RSS・APIを活用した図書館サービス（牧野雄二, 川嶋斉著）　2012.12
22　図書館員のためのプログラミング講座（山本哲也著）　2013.9
23　RDA入門―目録規則の新たな展開（上田修一,

蟹瀬智弘著）　2014.2
24　図書館史の書き方・学び方―図書館の現在と明日を考えるために（奥泉和久著）　2014.6
25　図書館多読への招待（酒井邦秀, 西沢一編著）　2014.8
26　障害者サービスと著作権法（日本図書館協会障害者サービス委員会, 著作権委員会編）　2014.9
27　図書館資料としてのマイクロフィルム入門（小島浩之編, 安形麻理, 上田修一, 小島浩之, 佐野千絵, 野中治, 矢野正隆著）　2015.3
28　法情報の調べ方入門―法の森のみちしるべ（ロー・ライブラリアン研究会編）　2015.5
29　東松島市図書館3.11からの復興―東日本大震災と向き合う（加藤孔敬著）　2016.3
30　「図書館のめざすもの」を語る（第101回全国図書館大会第14分科会運営委員編）　2016.7
31　学校図書館の教育力を活かす―学校を変える可能性（塩見昇著）　2016.11

JLA図書館情報学テキストシリーズ　塩見昇, 栄田正美, 小田光宏〔ほか〕編　日本図書館協会　1997〜2016　⇒Ⅰ－136
2-2　図書館経営論（永田治樹著）　2011.7
2-6　情報検索演習（大谷康晴編, 安形輝, 石田栄美, 大谷康晴, 中島玲子共著）　2011.1
3-1　図書館概論（塩見昇編著）　2012.12
3-1　図書館概論　新訂版（塩見昇編著）　2013.11
3-1　図書館概論　3訂版（塩見昇編著）　2014.5
3-1　図書館概論　4訂版（塩見昇編著）　2015.2
3-2　図書館制度・経営論（永田治樹編著）　2016.3
3-5　情報サービス論（小田光宏編著）　2012.8
3-6　児童サービス論（堀川照代編著）　2014.2
3-7　情報サービス演習（斎藤泰則, 大谷康晴編著）　2015.3
3-8　図書館情報資源概論（馬場俊明編著）　2012.12
3-9　情報資源組織論（柴田正美著）　2012.6
3-9　情報資源組織論　新訂版（柴田正美著）　2016.1
3-10　情報資源組織演習（和中幹雄, 山中秀夫, 横谷弘美共著）　2014.1
3-10　情報資源組織演習　新訂版（和中幹雄, 山中秀夫, 横谷弘美共著）　2016.3
3-11　図書・図書館史（小黒浩司編著）　2013.1
3 別巻　図書館員のための生涯学習概論（朝比奈大作著）　2013.2

図書館

総 記

JLSブックレット Jissen Librarianshipの会
2014
no.1 理想の学校図書館を求めて―その半世紀を
ふりかえる（紺野順子著） 2014.3

滋賀の図書館 滋賀県公共図書館協議会編 滋賀
県公共図書館協議会 2009〜2015
2008 2009.3
2014 2015.3

司書教諭テキストシリーズ 朝比奈大作監修 樹
村房 2015〜2016
2-1 学校経営と学校図書館（中村百合子編集, 河野
哲也［執筆］, 中村百合子著者代表） 2015.11
2-2 学校図書館メディアの構成（小田光宏編集, 小
田光宏, 今井福司, 高橋知尚, 庭井史絵, 村上泰子
著） 2016.2
2-3 学習指導と学校図書館（斎藤泰則編集, 斎藤泰
則, 江竜珠緒, 富永香羊子, 村木美紀著） 2016.2

実践図書館情報学シリーズ 志保田務, 高鷲忠美
監修 学芸図書 2012〜2015
3 図書館サービス概論（志保田務, 杉山誠司, 家禰
淳一編著） 2013.7
4 読書で豊かな人間性を育む児童サービス論（難
波博孝, 山元隆春, 宮本浩治編著） 2012.9
7 図書館情報資源組織論（高鷲忠美, 佐藤翔, 中園
長新著） 2014.11
9 図書・図書館史―此処に無知終わり,「知」始
まる（原田安啓著） 2013.6
10 生涯学習論―つなぎ広げる学びの循環（中道厚
子, 設楽馨, 大平睦美著） 2015.11

実践報告集 三重県学校図書館協議会 2014
2 世界を広げるブックトーク（三重県学校図書館
協議会司書部ブックトーク研究会著） 2014.5

18歳の読書論 晃洋書房 2014
続（図書館長からのメッセージ）（和田渡著） 2014.
8

書物学 勉誠出版 2014〜2015
第2巻 書物古今東西（勉誠編集部編） 2014.5
第4巻 出版文化と江戸の教養（勉誠編集部編）
2015.2
第6巻 「書」が語る日本文化（勉誠編） 2015.11

シリーズ絵本をめぐる活動 朝倉書店 2015〜
2016
1 絵本ビブリオLOVE―魅力を語る・表現する（中
川素子編） 2015.11
2 絵本ものがたりFIND―見つける・つむぐ・変
化させる（今田由香, 大島丈志編） 2016.5

シリーズ絵本セラピー講座 あいり出版 2014〜
2015
第1巻 絵本を愉しむ―自分のことが好きになる
（笹倉剛著） 2014.7
第2巻 絵本セラピーのすすめ―絵本の新しい世界
を拓く（笹倉剛著） 2015.11

シリーズ学習者のエンパワーメント 全国学校図
書館協議会 2010
第1巻 21世紀を生きる学習者のための活動基準
（アメリカ・スクール・ライブラリアン協会編,
全国SLA海外資料委員会訳, 渡辺信一, 平久江祐
司, 柳勝文監訳） 2010.8
第2巻 学校図書館メディアプログラムのためのガ
イドライン（アメリカ・スクール・ライブラリア
ン協会編, 全国SLA海外資料委員会訳, 渡辺信一,
平久江祐司, 柳勝文監訳） 2010.8

シリーズ学校図書館 少年写真新聞社 2009〜
2014 ⇒Ⅰ－138
◇学校図書館発育てます！ 調べる力・考える力―
中学校の実践から（遊佐幸枝著） 2011.7
◇授業で役立つブックトーク―中学校での教科別
実践集（上島陽子著） 2012.11
◇学校図書館に司書がいたら―中学生の豊かな学
びを支えるために（村上恭子著） 2014.7

シリーズ学校図書館学 全国学校図書館協議会
「シリーズ学校図書館学」編集委員会編 全国
学校図書館協議会 2010〜2011 ⇒Ⅰ－138
第1巻 学校経営と学校図書館 2011.3
第3巻 学習指導と学校図書館 2010.6
第4巻 読書と豊かな人間性 2011.4
第5巻 情報メディアの活用 2010.9

シリーズ図書館情報学 東京大学出版会 2013
1 図書館情報学基礎（根本彰編） 2013.5
2 情報資源の組織化と提供（根本彰, 岸田和明編）
2013.7
3 情報資源の社会制度と経営（根本彰編） 2013.
6

総記　　　　　　　　　　　　　　　　　　　　　　　　　　　　　　図書館

シリーズ・図書館情報学のフロンティア　日本図
　書館情報学会研究委員会編　勉誠出版　2001～
　2010　⇒Ⅰ-138
no.10　図書館・博物館・文書館の連携　2010.10

シリーズ私と図書館　女性図書館職研究会・日本
　図書館研究会図書館職の記録研究グループ
　2011～2016
no.4　ネパールと私、そして図書館―青年海外協
　力隊、シニア海外ボランティア、多文化社会(山
　田伸枝著、北野康子、深井耀子、田口瑛子企画・
　編集)　2011.2
no.5　現場からの図書館学―私の図書館人生を顧
　みて(伊藤昭治著、田口瑛子, 深井耀子企画・編
　集)　2011.11
no.6　図書館から、図書館を超えて―視覚障害学
　生との出会い、DAISY、国際貢献(河村宏語り
　手, 赤瀬美穂、田口瑛子, 深井耀子企画・編集)
　2014.10
no.7　歩みをふりかえって―都立図書館の司書と
　して―中国、韓国・朝鮮語資料、組合活動を中
　心に(迫田けい子著, 深井耀子, 田口瑛子, 赤瀬美
　穂企画・編集)　2016.11

「新聞読んで」感想文コンクール受賞作品集　北
　国新聞社　2011
1(2005、2006、2007)　2011.9
2(2008、2009、2010)　2011.9

新編図書館学教育資料集成　教育史料出版会
　1998～2016　⇒Ⅰ-139
3　図書館サービス論―新訂版(塩見昇編)　2011.
　3
4　情報サービス論―新訂版(阪田蓉子編)　2010.
　4
4　情報サービス論　新訂2版(阪田蓉子編)　2015.
　3
10(塩見昇)　2012.5
10　学校教育と学校図書館(学校図書館論 1)　新
　訂3版(塩見昇編)　2016.5

数字で見る図書館活動　調布市立図書館［編］　調
　布市立図書館　2011～2016
平成22年度版(概要と統計)　2011.8
平成23年度版(概要と統計)　2012.8
平成24年度版(概要と統計)　2013.8
平成25年度版(概要と統計)　2014.8
平成26年度版(概要と統計)　2015.8

平成27年度版(概要と統計)　2016.8

ず・ぼん　ポット出版　2011
16　図書館と電子書籍(図書館とメディアの本)
　(ず・ぼん編集委員会編)　2011.1

誠道学術叢書　誠道書店　2007～2015
　⇒Ⅰ-140
3　情報資源組織演習　目録編(新藤透著)　2012.
　4
4　図書館情報学教科書と司書課程に関する研究
　(新藤透著)　2012.5
5　情報資源組織演習　分類編(新藤透著)　2013.
　7
6　よしもとばなな書誌稿(平野千鶴, 新藤透著)
　2015.5

誠道学術叢書wide版　誠道書店　2014～2015
◇情報資源組織分類法演習(新藤透著)　2014.9
2　情報資源組織目録法演習(新藤透著)　2015.4
3　情報資源組織分類法演習　改訂第2版(新藤透
　著)　2015.9

専門情報機関総覧　専門図書館協議会調査分析委
　員会編　専門図書館協議会　2012～2015
2012　2012.1
2015　2015.2

その本、読みたい！　村上淳子編著　国土社
　2013
低学年(読みきかせ+ぷちブックトーク)　2013.3
高学年(読みきかせ+ぷちブックトーク)　2013.3

大学教育と「絵本の世界」　創風社　2015
中巻　憲法・戦争・教育改革, 3.11東日本大震災と
　子ども・教育, いじめ問題を考える(前島康男著)
　2015.10

大学図書館の近代化をめざして・その行方　金子
　豊　2011～2015
続　大学部局図書館・室の展望とその課題―昭和
　40年代後半から50年代にみる東京大学附属図書
　館の改革をめぐって(金子豊編著)　2011.6
集大成　岸本英夫図書館関係著作集―大学図書館の
　あるべき姿を求めて(岸本英夫[著], 金子豊編)
　2015.6

大図研シリーズ　大学図書館問題研究会出版部,
　出版委員会　1979～2013　⇒Ⅰ-140
no.28　これからの学術系電子メディア(あるいは

全集・叢書総目録 2011-2016　　**179**

電子出版)―大学図書館問題研究会第19回オープンカレッジ報告集（大学図書館問題研究会出版部編）　2011.7

no.29　大学図書館員は消耗品か？―業務委託・市場化テストをめぐって 大学図書館問題研究会オープンシンポジウム（大学図書館問題研究会出版部編）　2011.8

no.30　震災そのとき、その後―震災と図書館について考える：大学図書館問題研究会オープンシンポジウム（大学図書館問題研究会出版部編）　2011.12

no.31　大学図書館のアドボカシーとは？―存在意義を伝え、共感を得るためには 大学図書館問題研究会オープンシンポジウム（大学図書館問題研究会出版委員会編）　2013.3

楽しいかけあい語りのガイド―子どもへの指導法　一声社　2010　⇒Ⅰ-140

2　三人語り・四人語り・クラス語り―子ども集団を変える語りの力（末吉正子著）　2010.4

多摩デポブックレット　共同保存図書館・多摩　2009〜2015　⇒Ⅰ-140

4　現在（いま）を生きる地域資料―利用する側・提供する側 特定非営利活動法人共同保存図書館・多摩第4回多摩デポ講座（2009・3・1）・第6回多摩デポ講座（2009・10・18）より（平山恵三、蛭田広一著）　2010.11

5　図書館のこと、保存のこと（竹内悊, 梅沢幸平著）　2011.5

6　図書館の電子化と無料原則―特定非営利活動法人共同保存図書館・多摩第4回総会（2011・5・29）より（津野海太郎著）　2011.10

7　多摩を歩いて三七年半―街、人、暮らし、そして図書館：特定非営利活動法人共同保存図書館・多摩 第8回多摩デポ講座〈2010・7・9〉より（山田優子著）　2012.5

8　被災資料救助から考える資料保存―東日本大震災後の釜石市での文書レスキューを中心に 特定非営利活動法人共同保存図書館・多摩 第13回多摩デポ講座〈2012・2・25〉より（青木睦著）　2013.11

9　電子書籍の特性と図書館―特定非営利活動法人共同保存図書館・多摩 第14回多摩デポ講座〈2012・8・5〉より（堀越洋一郎著）　2013.11

10　図書館連携の基盤整備に向けて―図書館を支える制度の不備と「図書館連合」の提案 特定非

営利活動法人共同保存図書館・多摩 二〇一四年度通常総会記念講演（2014・5・18）より（松岡要著）　2015.1

次の本へ　苦楽堂　2015

続（苦楽堂編）　2015.12

鶴岡は読書のまち　「読書のまち鶴岡」宣言をすすめる会　2014

2（リレーエッセー「私と読書」）（「読書のまち鶴岡」宣言をすすめる会編）　2014.3

TCLブックレット Tokyo Children's Library booklet　東京子ども図書館　2016

◇ブックトークのきほん―21の事例つき（東京子ども図書館編, 杉山きく子責任編集）　2016.8

東大教師が新入生にすすめる本　東京大学出版会　2016

2009-2015（東京大学出版会『UP』編集部編）　2016.3

読者からの手紙　サンマーク出版　2012

vol.2（手のひらに、一冊のエネルギー。）（サンマーク出版TB編集部編）　2012.2（第5刷）

読書感想文コンクール受賞作品集　別府溝部学園短期大学図書館［編］　別府溝部学園短期大学図書館　2011〜2016

第1集　2011.3

第2集　2016.11

読書三昧　宮川久子　2013

3集（古典を読む会編）　2013.5

読書指導の新しい展開　吉永幸司, 常諾真教, 森邦博　明治図書出版　2011

低学年　2011.3

中学年　2011.3

高学年　2011.3

図書館を家具とレイアウトで生きかえらせるシリーズ　図書館づくりと子どもの本の研究所　2010〜2014

no.3　図書館家具絵物語　増補改訂2版（平湯文夫編著）　2010.5

no.4　3千円から3万円でできる学校図書館の手づくり改修法（津留千亜里, 中島洋子, 竹村聡, 平湯文夫編著）　2011.7

no.4　3千円から3万円でできる学校図書館の手づ

総記　　　　　　　　　　　　　　　　　　　図書館

くり改修法　増補新版（林美智子, 津留千亜里, 中島洋子, 山本みづほ, 畠本孝子, 竹村聡, 平湯文夫編著）　2014.7

図書館学古典翻訳セレクション　金沢文圃閣
2006〜2011　⇒Ⅰ-142
7　セイヤーズの児童図書館マニュアル（ウィリアム・バーウィック・セイヤーズ著, 伊香左和子監修, 藤野寛之翻訳・解説）　2011.12

図書館サポートフォーラムシリーズ　日外アソシエーツ　2014〜2016
◇図書館からの贈り物（梅沢幸平著）　2014.12
◇情報貧国ニッポン―課題と提言（山崎久道著）　2015.5
◇図書館づくり繁盛記―住民の叡智と力に支えられた図書館たち！（大沢正雄著）　2015.6
◇図書館員のための解題づくりと書誌入門（平井紀子著）　2016.1
◇デジタル環境と図書館の未来―これからの図書館に求められるもの（細野公男, 長塚隆共著）　2016.3
◇図書館はまちのたからもの―ひとが育てる図書館（内野安彦著）　2016.5
◇海を渡ってきた漢籍―江戸の書誌学入門（高橋智著）　2016.6

図書館小稿集　日出弘　2016
第8集（日出弘著）　2016.6

図書館情報学シリーズ　大串夏身, 金沢みどり監修　学文社　2006〜2011　⇒Ⅰ-143
3　図書館サービス論（金沢みどり著）　2011.4
4　情報サービス論及び演習（中西裕, 松本直樹, 伊藤民雄著）　2011.8

図書館政策資料　日本図書館協会　2008〜2015　⇒Ⅰ-143
10　指定管理者制度 2（日本図書館協会）　2005.9
11（日本図書館協会）　2007.10
13　指定管理者制度 3（日本図書館協会）　2011.10
14　公契約条例（日本図書館協会編）　2015.7
15　学校図書館関係資料　2（日本図書館協会編）　2015.7

図書館調査研究リポート　国立国会図書館関西館図書館協力課　2005〜2014　⇒Ⅰ-143
no.12　中国国家図書館の現況（国立国会図書館関西館図書館協力課編）　2010.11
no.13　東日本大震災と図書館（国立国会図書館関西館図書館協力課編）　2012.3
no.14　日本の図書館におけるレファレンスサービスの課題と展望（国立国会図書館関西館図書館協力課編）　2013.3
no.15　地域活性化志向の公共図書館における経営に関する調査研究（国立国会図書館関西館図書館協力課編）　2014.3

図書館と私の出会い　［佐々木孝一］　2010
3（佐々木孝一著）　2010.11

図書館の基本を求めて　田井郁久雄著　大学教育出版　2008〜2016　⇒Ⅰ-143
4　2011.1
5　2012.8
6　『風』『談論風発』2011〜2012より　2014.1
7　2015.5
8　『風』『談論風発』2014〜2015より　2016.12

図書館の自由ニューズレター集成　日本図書館協会図書館の自由委員会編　日本図書館協会　2015〜2016
3　2006-2010　2015.10
4　2011-2015　2016.10

図書館流通センター図書館経営寄附講座・調査研究報告　筑波大学大学院図書館情報メディア研究科図書館流通センター図書館経営寄附講座　2009〜2016　⇒Ⅰ-144
3　地方分権時代の公立図書館経営（森川世紀著）　2011.3
4　図書館法と図書館の60年の歩み（手塚健郎著）　2011.3
5　図書館現職者のための体系的研修の試み―上田女子短期大学「図書館職員学び直し講座」の場合（市川恵理著）　2013.3
6　これからの自治体経営と公立図書館（野本祐二著）　2014.3
7　人口減少社会における公立図書館経営（鷺頭美央著）　2016.3
8　国及び地方公共団体における図書館政策の現状と課題（毛利るみこ著）　2016.3

とりこになる本　アーツアンドクラフツ　2013
2（東京・世田谷の「Fの会」で読んだ本から）（三宅喜代子著）　2013.9

図書館 総記

都立図書館・学校支援シリーズ 東京都立多摩図書館［児童青少年資料係］ 2011〜2016
◇読み聞かせに挑戦！ 中学生・高校生編 2011.3
◇特別支援学校での読み聞かせ─都立多摩図書館の実践から（東京都立多摩図書館執筆） 2013.4
◇これならできる！自由研究─111枚のアイディアカード集 冊子版（東京都立多摩図書館編） 2014.5
◇ひとりでよめるよ（東京都立多摩図書館編） 2016.3

トンデモ本の新世界 文芸社 2012
世界滅亡編（と学会著） 2012.12

トンデモ本の世界 楽工社 2011
X（と学会著） 2011.7

トンデモマンガの世界 楽工社 2010
2（と学会著） 2010.6

日本近代図書館学叢書 慧文社 2016
◇図書館教育 新訂版（田中敬著） 2016.12

日本十進分類法 もりきよし原編 日本図書館協会 2014
1 本表・補助表編 新訂10版/日本図書館協会分類委員会/改訂 2014.12
2 相関索引・使用法編 新訂10版/日本図書館協会分類委員会/改訂 2014.12

日本・中国・韓国子ども童話交流参加者感想文
日中韓子ども童話交流事業実行委員会, 中国関心下一代工作委員会, ソウル特別市教育庁, ユネスコ・アジア太平洋国際理解教育院編 日中韓子ども童話交流事業実行委員会 2014〜2016
2013 2014.1
2015 2016.1

猫町ブックレット 猫町文庫 2011
no.4 図書館が元気になれば学校が変わる（福岡哲司編著） 2011.5

ネットワーク時代の図書館情報学 勉誠出版
2009〜2012 ⇒Ⅰ-144
◇情報行動─システム志向から利用者志向へ（三輪真木子著） 2012.3

ノンフィクションはこれを読め！ 成毛真編著 中央公論新社 2013〜2014
2013 HONZが選んだ110冊 2013.10
2014 HONZが選んだ100冊 2014.10

はじめよう学校図書館 全国学校図書館協議会 2011〜2016
1 学校図書館、まずはこれから（中村伸子著） 2012.6
2 学校図書館メディアの選びかた（高橋知尚著） 2012.7
3 その蔵書、使えますか？─図書の更新のすすめ（竹村和子著） 2012.7
4 学校図書館をデザインする─メディアの分類と配置（大平睦美著） 2012.8
5 初めての読書指導─アイディア25 小学校編（福田孝子著） 2012.7
6 授業にいかす情報ファイル（藤田利江著） 2011.8
7 読書生活をひらく「読書ノート」（杉本直美著） 2013.6
8 気になる著作権Q&A─学校図書館の活性化を図る（森田盛行著） 2013.7
9 読書イベントアイデア集 中・高校生編（高見京子著） 2014.2
10 探究的な学習を支える情報活用スキル─つかむ・さがす・えらぶ・まとめる（塩谷京子著） 2014.7
11 心をつかむオリエンテーション（小日向輝代著） 2014.7
12 学校図書館ボランティアへの期待（対崎奈美子, 山田万紀恵著） 2016.4

葉山芸大BOOK 用美社 2011〜2012
01 美しい本 2011.10
02 本に恋して（葉山芸大出版部編） 2012.7

東村山市文庫サークル連絡会 ［東村山市文庫サークル連絡会］ 2011
2（東村山市文庫サークル連絡会） 2011.7

兵庫県子どもの図書館研究会のあゆみ 兵庫県子どもの図書館研究会 2014
3 1985.4-2009.3（片桐由美子, 角田美津子編） 2014.4

総 記

図書館

広島大学文書館研究叢書　広島大学文書館　2008
　〜2016　⇒Ⅲ−740
2　個人文書の収集・整理・公開に関する諸課題—
　第1回広島大学文書館研究集会記録集（広島大学
　文書館編）　2016.7

福島図書館研究所叢書　福島図書館研究所　2002
　〜2015　⇒Ⅰ−145
◇南崎昌彦所蔵野球関係図書目録（図書館研究シ
　リーズ6）（南崎昌彦著，福島図書館研究所編）
　2011.8
◇福島の文庫・コレクション—事典 暫定・私家版
　（図書館研究シリーズ7）（福島図書館研究所編）
　2014.1
◇現代図書館考近代日本図書館の歩みと展望—『福
　島図書館研究所通信』2005-2014より（図書館研
　究シリーズ8）（天谷真彰著）　2014.10
◇文献宇宙とライブラリアン—図書館にできるこ
　とを探る（図書館研究シリーズ9）（村田修身著）
　2015.3

ブックガイドシリーズ　人文書院　2012〜2015
◇環境と社会（基本の30冊）（西城戸誠，舩戸修一
　編）　2012.12
◇経済学（基本の30冊）（根井雅弘編）　2014.6
◇宗教学（基本の30冊）（大田俊寛著）　2015.4
◇日本史学（基本の30冊）（保立道久著）　2015.9

ブックガイドシリーズ基本の30冊　人文書院
　2010〜2012
◇東アジア論（丸川哲史著）　2010.10
◇倫理学（小泉義之著）　2010.10
◇科学哲学（中山康雄著）　2010.10
◇グローバル政治理論（土佐弘之編）　2011.6
◇日本思想史（子安宣邦著）　2011.8
◇メディア論（難波功士著）　2011.8
◇文化人類学（松村圭一郎著）　2011.10
◇政治哲学（伊藤恭彦著）　2012.1

ベーシック司書講座・図書館の基礎と展望　二村
　健シリーズ監修　学文社　2011〜2016
1　図書館の基礎と展望（二村健著）　2011.8
2　図書館情報技術論（斎藤ひとみ，二村健編著）
　2012.3
3　情報資源組織論（榎本裕希子，石井大輔，名城邦
　孝著）　2012.3
4　情報サービス論（竹之内禎編著）　2013.10
5　図書館制度・経営論（手嶋孝典編著）　2013.1

7　児童サービス論（望月道浩，平井歩実編著）
　2015.3
8　図書館情報資源概論（藤田岳久編著）　2016.10
9　図書館施設特論（福本徹著）　2012.3
10　図書・図書館史（千錫烈編著）　2014.2

ポスト・ブックレビューの時代　右文書院　2008
　〜2010　⇒Ⅰ−145
下巻（1986-1997）（倉本四郎書評集）（倉本四郎著，
　渡辺裕之編）　2010.4

本を読もう！　和光大学附属梅根記念図書情報
　館［編］　和光大学附属梅根記念図書・情報館
　2011〜2014
第3集（きみたちに読んでほしい本を3冊あげると）
　2011.3
第4集（きみたちに読んでほしい本を3冊あげると）
　2014.3

本に遇う　言視舎，彩流社　2010〜2016
　⇒Ⅰ−145
1　酒と本があれば、人生何とかやっていける（河
　谷史夫著）　2011.10
2　夜ごと、言葉に灯がともる（河谷史夫著）　2010.
　12
3　持つべき友はみな、本の中で出会った（河谷史
　夫著）　2016.5

本はおもしろい　神田外語大学附属図書館　2005
　〜2012　⇒Ⅰ−145
2011（『本はおもしろい2011』編集委員会編）　2011.
　4
2012（『本はおもしろい2012』編集委員会編）　2012.
　4

身近な図書館を求めて　福島市の図書館を育てる
　市民の会　2010
その6（福島市の図書館を育てる市民の会）　2010.
　12

みんなで使おう！　学校図書館　東京学芸大学学
　校図書館運営専門委員会編　東京学芸大学附属
　学校運営部　2011〜2016
vol.2（「先生のための授業に役立つ学校図書館活用
　データベース」報告集）　2011.3
vol.3（「先生のための授業に役立つ学校図書館活用
　データベース」報告集）　2012.3
vol.4（「先生のための授業に役立つ学校図書館活用
　データベース」報告集）　2013.3

全集・叢書総目録 2011-2016　　183

図書館 総記

vol.5（「先生のための授業に役立つ学校図書館活用データベース」報告集）2014.3

vol.6（「先生のための授業に役立つ学校図書館活用データベース」報告集）2015.3

vol.7（「先生のための授業に役立つ学校図書館活用データベース」報告集）2016.3

みんなの図書館 蛭川済美図書館100周年記念事業実行委員会 2011

3（蛭川済美図書館100周年記念誌）（蛭川済美図書館）2011.3

メディアセブンアニュアル コミュニティデザイン協議会［編］ コミュニティデザイン協議会 2007〜2013 ⇒ I -146

4 2009年7月1日―2010年6月30日（川口市立映像・情報メディアセンターメディアセブン年次報告）2010.10

5（川口市立映像・情報メディアセンターメディアセブン年次報告）2012.2

6 2011年7月1日―2012年6月30日（川口市立映像・情報メディアセンターメディアセブン年次報告）2013.1

メディア専門職養成シリーズ 山本順一, 二村健監修 学文社 2000〜2013 ⇒ I -146

3 学習指導と学校図書館 第3版（渡辺重夫著）2013.3

愉快な本と立派な本 毎日新聞社 2012

1992〜1997（毎日新聞「今週の本棚」20年名作選）（丸谷才一, 池沢夏樹編）2012.5

豊かな心と確かな学力を育成する学校図書館教育指導資料 大分県教育委員会 2013

第2集 学校全体で取り組む学校図書館活用教育指導事例（大分県教育庁義務教育課編）2013.3

よみがえるケイブンシャの大百科 いそっぷ社 2015

完結編 伝説の90〜2000年代バイブル（有田シュン編著）2015.11

ライブラリー図書館情報学 大串夏身, 金沢みどり監修 学文社 2012〜2016

1 生涯学習概論（渡部幹雄著）2016.1

2 図書館概論（大串夏身, 常世田良著）2012.4

2 図書館概論 第2版（大串夏身, 常世田良著）2014.4

3 図書館情報技術論（日高昇治著）2013.5

4 図書館制度・経営論（柳与志夫著）2013.9

5 図書館サービス概論（金沢みどり著）2014.1

5 図書館サービス概論 第2版（金沢みどり著）2016.1

6 情報サービス論及び演習（中西裕, 松本直樹, 伊藤民雄著）2012.11

7 児童サービス論（金沢みどり著）2012.9

7 児童サービス論 第2版（金沢みどり著）2014.8

8 図書館情報資源概論（伊藤民雄著）2012.9

9 情報資源組織論及び演習（那須雅熙著）2012.1

9 情報資源組織論及び演習 第2版（那須雅熙著）2016.2

10 図書・図書館史（綿抜豊昭著）2014.4

ライブラリーぶっくす 勉誠出版 2016

◇ささえあう図書館―「社会装置」としての新たなモデルと役割（青柳英治編著, 岡本真監修）2016.1

◇図書館員をめざす人へ（後藤敏行著）2016.3

◇知って得する図書館の楽しみかた（吉井潤著）2016.4

レクチャーブックス・お話入門 東京子ども図書館 2008〜2014 ⇒ I -147

6 語る人の質問にこたえて（松岡享子著）2011.10

7 語るためのテキストをととのえる―長い話を短くする 新装改訂版（松岡享子編著）2014.6

レファレンス研究分科会報告 私立大学図書館協会東地区部会研究部レファレンス研究分科会 2012

2010-2011（私立大学図書館協会東地区部会研究部レファレンス研究分科会編）2012.3

レファレンス事例集 北九州市立中央図書館 2012

3 図書館質問箱―たずねる、しらべる、であう 2012.3

わかる！図書館情報学シリーズ 日本図書館情報学会研究委員会編 勉誠出版 2014〜2016

第1巻 電子書籍と電子ジャーナル 2014.11

第2巻 情報の評価とコレクション形成 2015.10

第3巻 メタデータとウェブサービス 2016.11

総記

鷲田小弥太書評集成 鷲田小弥太著 言視舎
2011～2013
1（1983-1990） 甦る1980年代 2011.6
2（1991-1997） 失われざる1990年代 2011.10
3 日本と日本人の21世紀―1998-2010 2013.3

Library card photo collection series URO
Quality Labs 2014
◇Library card photo collection―library card in
90 cities in Japan and 4 foreign countries
（author Hisahiro Yoshizaki, edited by Uro
Quality Labs） 2014.8

**Outline of the Kyoto University Library
Network** edited by Kyoto University
Library Network Kyoto University Library
Network 2011～2016
2011 2011
2015-2016 2015
2017 2016

出版・書誌

愛知県EL新聞記事情報リスト エレクトロニッ
ク・ライブラリー編 エレクトロニック・ライ
ブラリー 2007～2015 ⇒Ⅰ-148
2010-1 2011.2
2010-2 2011.2
2010-3 2011.2
2010-4 2011.2
2010-5 2011.2
2010-6 2011.2
2010-7 2011.2
2011-1 2012.2
2011-2 2012.2
2011-3 2012.2
2011-4 2012.2
2011-5 2012.2
2012-1 2013.2
2012-2 2013.2
2012-3 2013.2
2012-4 2013.2
2012-5 2013.2
2012-6 2013.2
2012-7 2013.2
2013-1 2014.2
2013-2 2014.2
2013-3 2014.2
2013-4 2014.2
2013-5 2014.2
2013-6 2014.2

2013-7 2014.2
2014-1 2015.2
2014-2 2015.2
2014-3 2015.2
2014-4 2015.2
2014-5 2015.2
2014-6 2015.2
2014-7 2015.2

愛知県ELNET新聞記事情報リスト エレクトロ
ニック・ライブラリー編 エレクトロニック・
ライブラリー 2016
2015-1 2016.2
2015-2 2016.2
2015-3 2016.2
2015-4 2016.2
2015-5 2016.2
2015-6 2016.2
2015-7 2016.2

青森県EL新聞記事情報リスト エレクトロニッ
ク・ライブラリー編 エレクトロニック・ライ
ブラリー 2007～2015 ⇒Ⅰ-148
2010-1 2011.2
2010-2 2011.2
2010-3 2011.2
2010-4 2011.2
2011-1 2012.2
2011-2 2012.2
2011-3 2012.2
2011-4 2012.2
2012-1 2013.2
2012-2 2013.2
2012-3 2013.2
2012-4 2013.2
2012-5 2013.2
2013-1 2014.2
2013-2 2014.2
2013-3 2014.2
2014-1 2015.2
2014-2 2015.2
2014-3 2015.2

青森県ELNET新聞記事情報リスト エレクトロ
ニック・ライブラリー編 エレクトロニック・
ライブラリー 2016
2015-1 2016.2
2015-2 2016.2
2015-3 2016.2

秋田県EL新聞記事情報リスト エレクトロニッ
ク・ライブラリー編 エレクトロニック・ライ
ブラリー 2007～2015 ⇒Ⅰ-149
2010-1 2011.2
2010-2 2011.2

全集・叢書総目録 2011-2016 **185**

出版・書誌   総記

2011-1　2012.2
2011-2　2012.2
2012-1　2013.2
2012-2　2013.2
2012-3　2013.2
2013-1　2014.2
2013-2　2014.2
2014-1　2015.2
2014-2　2015.2

秋田県ELNET新聞記事情報リスト　エレクトロ
ニック・ライブラリー編　エレクトロニック・
ライブラリー　2016
2015-1　2016.2
2015-2　2016.2

新しい絵本1000　NPO読書サポート　2013
part 2　2008-2012年版(テーマ別ガイド 子ども
と読みたい！)(「この本読んで！」編集部編)
2013.3

熱田神宮熱田文庫蔵書目録　熱田神宮宮庁　2011
2　岡田重精文庫目録(熱田神宮熱田文庫編)
2011.3

ELNET新聞記事年鑑　エレクトロニック・ライ
ブラリー編　エレクトロニック・ライブラリー
2015～2016
2014 機械工業 1　2015.2
2014 機械工業 2　2015.2
2014 機械工業 3　2015.2
2014 機械工業 4　2015.2
2014 機械工業 5　2015.2
2014 機械工業 6　2015.2
2014 芸術・芸能 1　2015.2
2014 芸術・芸能 2　2015.2
2014 芸術・芸能 3　2015.2
2014 芸術・芸能 4　2015.2
2014 政治 1　2016.2
2014 政治 2　2016.2
2014 政治 3　2016.2
2014 政治 4　2016.2
2014 立法　2016.2
2014 選挙 1　2016.2
2014 選挙 2　2016.2
2014 選挙 3　2016.2
2014 行政 1　2016.2
2014 行政 2　2016.2
2014 行政 3　2016.2

2014 行政 4　2016.2
2014 行政 5　2016.2
2014 行政 6　2016.2
2014 行政 7　2016.2
2014 行政 8　2016.2
2014 行政 9　2016.2
2014 行政 10　2016.2
2014 行政 11　2016.2
2014 行政 12　2016.2
2014 地方自治 1　2016.2
2014 地方自治 2　2016.2
2014 地方自治 3　2016.2
2014 地方自治 4　2016.2
2014 地方自治 5　2016.2
2014 地方自治 6　2016.2
2014 司法 1　2016.2
2014 司法 2　2016.2
2014 司法 3　2016.2
2014 司法 4　2016.2
2014 外交 1　2016.2
2014 外交 2　2016.2
2014 外交 3　2016.2
2014 外交 4　2016.2
2014 軍事 1　2016.2
2014 軍事 2　2016.2
2014 軍事 3　2016.2
2014 軍事 4　2016.2
2014 経済 1　2016.2
2014 経済 2　2016.2
2014 経済 3　2016.2
2014 財政 1　2016.2
2014 財政 2　2016.2
2014 金融 1　2016.2
2014 金融 2　2016.2
2014 金融 3　2016.2
2014 金融 4　2016.2
2014 金融 5　2016.2
2014 金融 6　2016.2
2014 金融 7　2016.2
2014 金融 8　2016.2
2014 金融 9　2016.2
2014 金融 10　2016.2
2014 金融 11　2016.2
2014 金融 12　2016.2
2014 貿易 1　2016.2

総記   出版・書誌

2014 貿易 2 2016.2   2014 サービス 7 2016.2
2014 産業界 1 2016.2   2014 サービス 8 2016.2
2014 産業界 2 2016.2   2014 サービス 9 2016.2
2014 産業界 3 2016.2   2014 サービス 10 2016.2
2014 産業界 4 2016.2   2014 サービス 11 2016.2
2014 労働 1 2016.2   2014 サービス 12 2016.2
2014 労働 2 2016.2   2014 開発建設 1 2016.2
2014 労働 3 2016.2   2014 開発建設 2 2016.2
2014 労働 4 2016.2   2014 開発建設 3 2016.2
2014 情報 1 2016.2   2014 開発建設 4 2016.2
2014 情報 2 2016.2   2014 開発建設 5 2016.2
2014 情報 3 2016.2   2014 開発建設 6 2016.2
2014 情報 4 2016.2   2014 金属・鉱業 1 2016.2
2014 情報 5 2016.2   2014 金属・鉱業 2 2016.2
2014 情報 6 2016.2   2014 金属・鉱業 3 2016.2
2014 企業 1 2016.2   2014 金属・鉱業 4 2016.2
2014 企業 2 2016.2   2014 金属・鉱業 5 2016.2
2014 企業 3 2016.2   2014 金属・鉱業 6 2016.2
2014 企業 4 2016.2   2014 電気・電子 1 2016.2
2014 企業 5 2016.2   2014 電気・電子 2 2016.2
2014 企業 6 2016.2   2014 電気・電子 3 2016.2
2014 企業 7 2016.2   2014 電気・電子 4 2016.2
2014 企業 8 2016.2   2014 化学・医薬 1 2016.2
2014 企業 9 2016.2   2014 化学・医薬 2 2016.2
2014 企業 10 2016.2   2014 化学・医薬 3 2016.2
2014 企業 11 2016.2   2014 農林水産 1 2016.2
2014 企業 12 2016.2   2014 農林水産 2 2016.2
2014 企業 13 2016.2   2014 農林水産 3 2016.2
2014 企業 14 2016.2   2014 農林水産 4 2016.2
2014 企業 15 2016.2   2014 科学技術・理工学 2016.2
2014 企業 16 2016.2   2014 宇宙・地球 2016.2
2014 企業 17 2016.2   2014 生命工学 2016.2
2014 企業 18 2016.2   2014 社会 1 2016.2
2014 企業 19 2016.2   2014 社会 2 2016.2
2014 企業 20 2016.2   2014 社会 3 2016.2
2014 企業 21 2016.2   2014 社会 4 2016.2
2014 企業 22 2016.2   2014 社会 5 2016.2
2014 企業 23 2016.2   2014 社会 6 2016.2
2014 企業 24 2016.2   2014 社会 7 2016.2
2014 サービス 1 2016.2   2014 社会 8 2016.2
2014 サービス 2 2016.2   2014 社会 9 2016.2
2014 サービス 3 2016.2   2014 社会 10 2016.2
2014 サービス 4 2016.2   2014 社会 11 2016.2
2014 サービス 5 2016.2   2014 社会 12 2016.2
2014 サービス 6 2016.2   2014 医学 1 2016.2

全集・叢書総目録 2011-2016 **187**

出版・書誌

総記

2014 医学 2　2016.2
2014 医学 3　2016.2
2014 動植物　2016.2
2014 生活 1　2016.2
2014 生活 2　2016.2
2014 生活 3　2016.2
2014 生活 4　2016.2
2014 生活 5　2016.2
2014 生活 6　2016.2
2014 生活 7　2016.2
2014 生活 8　2016.2
2014 生活 9　2016.2
2014 生活 10　2016.2
2014 生活 11　2016.2
2014 生活 12　2016.2
2014 福祉 1　2016.2
2014 福祉 2　2016.2
2014 環境 1　2016.2
2014 環境 2　2016.2
2014 事件 1　2016.2
2014 事件 2　2016.2
2014 事件 3　2016.2
2014 事件 4　2016.2
2014 文化 1　2016.2
2014 文化 2　2016.2
2014 文化 3　2016.2
2014 事故 1　2016.2
2014 事故 2　2016.2
2014 災害 1　2016.2
2014 災害 2　2016.2
2014 災害 3　2016.2
2014 災害 4　2016.2
2014 教育 1　2016.2
2014 教育 2　2016.2
2014 教育 3　2016.2
2014 教育 4　2016.2
2014 人文・社会科学　2016.2
2014 スポーツ 1　2016.2
2014 スポーツ 2　2016.2
2014 スポーツ 3　2016.2
2014 スポーツ 4　2016.2
2014 スポーツ 5　2016.2
2014 スポーツ 6　2016.2
2014 諸工業 1　2016.2
2014 諸工業 2　2016.2

2014 諸工業 3　2016.2
2014 諸工業 4　2016.2
2014 諸工業 5　2016.2
2014 諸工業 6　2016.2

石川県EL新聞記事情報リスト　エレクトロニッ
　ク・ライブラリー編　エレクトロニック・ライ
　ブラリー　2007～2015　⇒Ⅰ-149
2010-1　2011.2
2010-2　2011.2
2010-3　2011.2
2011-1　2012.2
2011-2　2012.2
2011-3　2012.2
2012-1　2013.2
2012-2　2013.2
2012-3　2013.2
2013-1　2014.2
2013-2　2014.2
2013-3　2014.2
2014-1　2015.2
2014-2　2015.2
2014-3　2015.2

石川県ELNET新聞記事情報リスト　エレクトロ
　ニック・ライブラリー編　エレクトロニック・
　ライブラリー　2016
2015-1　2016.2
2015-2　2016.2
2015-3　2016.2

伊東富太郎コレクション　桑名市教育委員会
　2012
3　山川力雄氏寄贈資料目録（桑名市教育委員会）
　2012.3

茨城県EL新聞記事情報リスト　エレクトロニッ
　ク・ライブラリー編　エレクトロニック・ライ
　ブラリー　2007～2015　⇒Ⅰ-149
2010-1　2011.2
2010-2　2011.2
2010-3　2011.2
2011-1　2012.2
2011-2　2012.2
2011-3　2012.2
2011-4　2012.2
2011-5　2012.2
2012-1　2013.2
2012-2　2013.2
2012-3　2013.2
2013-1　2014.2
2013-2　2014.2
2013-3　［2014］

188　全集・叢書総目録 2011-2016

2014-1 2015.2
2014-2 2015.2
2014-3 2015.2

茨城県ELNET新聞記事情報リスト　エレクトロ
ニック・ライブラリー編　エレクトロニック・
ライブラリー　2016

2015-1 2016.2
2015-2 2016.2
2015-3 2016.2

いま、この本　杉並区立中央図書館編　杉並区立
中央図書館　2005〜2016　⇒Ⅰ-149

2010-2011 2011.3
2011-2012 2012.3
2012-2013 2013.3
2013-2014 2014.3
2014-2015 2015.3
2015-2016 2016.3

イメージ別レイアウトシリーズ　パイ・インター
ナショナル　2011

ガーリー＆キュート編　2011.1
クール＆スタイリッシュ編　2011.1

イメージ別レイアウトスタイルシリーズ　パイイ
ンターナショナル　2012〜2014

ジャパンスタイル編　Modern & Stylish/Girly &
Natural/Traditional & Basic　2012.6
ナチュラル編　Organic & Eco/Girly & Sweet/
Nature & Earth　2012.6
アナログ編　Girly/Natural/Stylish　2013.5
FOR MEN STYLISH & CASUAL|
POWERFUL & POP|MODE & COOL|
MANNISH DESIGN FOR GIRLS　2014.6

岩崎文庫貴重書書誌解題　東洋文庫日本研究班編
纂　東洋文庫　2000〜2016　⇒Ⅰ-149

7　2013.3
8　東洋文庫絵本コレクション　2016.3

岩手県EL新聞記事情報リスト　エレクトロニッ
ク・ライブラリー編　エレクトロニック・ライ
ブラリー　2007〜2015　⇒Ⅰ-149

2010-1 2011.2
2010-2 2011.2
2010-3 2011.2
2011-1 2012.2
2011-2 2012.2
2011-3 2012.2
2011-4 2012.2
2011-5 2012.2

2011-6 2012.2
2011-7 2012.2
2011-8 2012.2
2011-9 2012.2
2011-10 2012.2
2011-11 2012.2
2012-1 2013.2
2012-2 2013.2
2012-3 2013.2
2012-4 2013.2
2012-5 2013.2
2012-6 2013.2
2012-7 2013.2
2013-1 2014.2
2013-2 2014.2
2013-3 2014.2
2013-4 2014.2
2013-5 2014.2
2014-1 2015.2
2014-2 2015.2
2014-3 2015.2
2014-4 2015.2
2014-5 2015.2

岩手県ELNET新聞記事情報リスト　エレクトロ
ニック・ライブラリー編　エレクトロニック・
ライブラリー　2016

2015-1 2016.2
2015-2 2016.2
2015-3 2016.2
2015-4 2016.2
2015-5 2016.2

印刷博物館講演録　凸版印刷印刷博物館　2013〜
2016

◇明治の印刷表現―版画を中心に 企画展「印刷都市
東京と近代日本」第1回講演会（岩切信一郎［述］,
川井昌太郎企画・編集）　2013.3
◇文明開化期の東京と横浜―企画展「印刷都市東
京と近代日本」第2回講演会（高村直助［述］, 川
井昌太郎企画・編集）　2013.3
◇空海からのおくりもの―「ん」の誕生秘話 企画
展「空海からのおくりもの」第1回講演会（山口
謠司［述］, 中西保仁企画・編集）　2013.5
◇高野版とはなにか―企画展「空海からのおくり
もの」第2回講演会（小秋元段［述］, 中西保仁企
画・編集）　2013.5
◇朝鮮金属活字文化の誕生展―韓国清州古印刷博
物館姉妹提携10周年記念（緒方宏大企画・編集）
2014.12
◇スイスのブックデザイン―本の過去と未来 「世
界のブックデザイン2013-14」講演会（ローラン

出版・書誌　　　　　　　　　　　　　　　　　　　　総記

ド・シュティーガー［述］, 蔵原順子通訳, 寺本美
奈子企画・編集）　2015.3

◇図書館再生―なぜ図書館は生まれ変わるのか「ヴ
ァチカン教皇庁図書館展II書物がひらくルネサン
ス」オープニング講演・シンポジウム（中西保仁,
石橋圭一企画・編集）　2016.2

◇アルド・マヌーツィオの魅力―「ヴァチカン教
皇庁図書館展II書物がひらくルネサンス」対談
（雪嶋宏一, 白井敬尚［述］, 中西保仁, 石橋圭一
企画・編集）　2016.3

**インプレスR&Dインターネットメディア総合研
究所「電子書籍ビジネスシリーズ」**　インプレ
スR&Dインターネットメディア総合研究所
2011

◇電子出版ハンドブック　2011（インターネットメ
ディア総合研究所編）　2011.3

**インプレスビジネスメディア「新産業調査レポー
トシリーズ」**　インプレスビジネスメディア
2013

◇電子書籍ビジネス調査報告書　2013　第2版（イ
ンターネットメディア総合研究所編）　2013.8

**ヴァチカン教皇庁図書館展 Bibliotheca
Apostolica Vaticana exhibition**　凸版印刷
印刷博物館　2015

2　書物がひらくルネサンス―印刷博物館開館15周
年記念特別企画展図録　2015.4

エディターシップ　日本編集者学会編　日本編集
者学会, トランスビュー〔発売〕　2011～2013

Vol.1　時代を画した編集者　2011.11

Vol.2　書物の宇宙、編集者という磁場　2013.5

愛媛県EL新聞記事情報リスト　エレクトロニッ
ク・ライブラリー編　エレクトロニック・ライ
ブラリー　2007～2015　⇒I－150

2010-1　2011.2
2010-2　2011.2
2011-1　2012.2
2011-2　2012.2
2012-1　2013.2
2012-2　2013.2
2012-3　2013.2
2013-1　2014.2
2013-2　2014.2
2013-3　2014.2
2014-1　2015.2
2014-2　2015.2

愛媛県ELNET新聞記事情報リスト　エレクトロ
ニック・ライブラリー編　エレクトロニック・
ライブラリー　2016

2015-1　2016.2
2015-2　2016.2

MdN DESIGN BASICS　エムディエヌコー
ポレーション　2002～2015　⇒I－180

◇新詳説DTP基礎　改訂3版（波多江潤子著）
2012.2

◇新詳説DTP基礎　改訂4版（波多江潤子著）
2015.2

**エンタテインメントと著作権―初歩から実践ま
で―**　著作権情報センター　2006～2014
⇒I－150

5　インターネットビジネスの著作権とルール（福
井健策編, 福井健策, 池村聡, 杉本誠司, 増田雅史
著）　2014.7

大分県EL新聞記事情報リスト　エレクトロニッ
ク・ライブラリー編　エレクトロニック・ライ
ブラリー　2007～2015　⇒I－150

2010-1　2011.2
2010-2　2011.2
2011-1　2012.2
2011-2　2012.2
2012-1　2013.2
2012-2　2013.2
2012-3　2013.2
2013-1　2014.2
2013-2　2014.2
2013-3　2014.2
2014-1　2015.2
2014-2　2015.2

大分県ELNET新聞記事情報リスト　エレクトロ
ニック・ライブラリー編　エレクトロニック・
ライブラリー　2016

2015-1　2016.2
2015-2　2016.2

大垣市立図書館郷土資料目録　大垣市教育委員会
編纂　大垣市教育委員会　2005～2016
⇒I－150

第30集　家分文書　2011.3
第31集　家分文書　2012.3
第32集　家分文書　2012.12
第33集　家分文書　2014.2
第34集　家分文書　2015.2
第35集　家分文書　2016.2

総記　　　　　　　　　　　　　　　　　　　　　　　　出版・書誌

大河内文庫目録　大東文化大学図書館編　大東文
化大学図書館　2013
1-1（大東文化大学図書館所蔵）　2013.3
1-2（大東文化大学図書館所蔵）　2013.3
2（大東文化大学図書館所蔵）　2013.3

大阪府EL新聞記事情報リスト　エレクトロニッ
ク・ライブラリー編　エレクトロニック・ライ
ブラリー　2007～2015　⇒Ⅰ-151
2010-1　2011.2
2010-2　2011.2
2010-3　2011.2
2010-4　2011.2
2010-5　2011.2
2010-6　2011.2
2010-7　2011.2
2010-8　2011.2
2010-9　2011.2
2010-10　2011.2
2010-11　2011.2
2010-12　2011.2
2010-13　2011.2
2010-14　2011.2
2011-1　2012.2
2011-2　2012.2
2011-3　2012.2
2011-4　2012.2
2011-5　2012.2
2011-6　2012.2
2011-7　2012.2
2011-8　2012.2
2011-9　2012.2
2011-10　2012.2
2011-11　2012.2
2011-12　2012.2
2012-1　2013.2
2012-2　2013.2
2012-3　2013.2
2012-4　2013.2
2012-5　2013.2
2012-6　2013.2
2012-7　2013.2
2012-8　2013.2
2012-9　2013.2
2012-10　2013.2
2012-11　2013.2
2012-12　2013.2
2012-13　2013.2
2012-14　2013.2
2012-15　2013.2
2012-16　2013.2
2013-1　2014.2
2013-2　2014.2
2013-3　2014.2
2013-4　2014.2
2013-5　2014.2
2013-6　2014.2
2013-7　2014.2
2013-8　2014.2
2013-9　2014.2
2013-10　2014.2
2013-11　2014.2
2013-12　2014.2
2013-13　2014.2
2013-14　2014.2
2013-15　2014.2
2013-16　2014.2
2014-1　2015.2
2014-2　2015.2
2014-3　2015.2
2014-4　2015.2
2014-5　2015.2
2014-6　2015.2
2014-7　2015.2
2014-8　2015.2
2014-9　2015.2
2014-10　2015.2
2014-11　2015.2
2014-12　2015.2
2014-13　2015.2
2014-14　2015.2

大阪府ELNET新聞記事情報リスト　エレクトロ
ニック・ライブラリー編　エレクトロニック・
ライブラリー　2016
2015-1　2016.2
2015-2　2016.2
2015-3　2016.2
2015-4　2016.2
2015-5　2016.2
2015-6　2016.2
2015-7　2016.2
2015-8　2016.2
2015-9　2016.2
2015-10　2016.2
2015-11　2016.2
2015-12　2016.2
2015-13　2016.2
2015-14　2016.2

大屋幸世叢刊　大屋幸世著　日本古書通信社
2010～2014　⇒Ⅴ-439
2　近代日本文学書の書誌・細目八つ　2011.2
3　近代日本文学への糸口―明治期の新聞文芸欄、
鷗外・直哉、モダン語　2011.9
4　小辞典探索―'75-'05　国語辞典と古語辞典の部
2013.8
5　小辞典探索　漢和辞典と英和辞典の部　2014.3
6　小辞典探索　和英辞典と英英辞典の部　2014.7

全集・叢書総目録 2011-2016　　**191**

出版・書誌　　　　　　　　　　　　　　　　　　　　　　　　総記

7　百円均一本蒐集日誌　2014.12

岡山県EL新聞記事情報リスト　エレクトロニック・ライブラリー編　エレクトロニック・ライブラリー　2007〜2015　⇒Ⅰ-151
2010-1　2011.2
2010-2　2011.2
2010-3　2011.2
2011-1　2012.2
2011-2　2012.2
2011-3　2012.2
2012-1　2013.2
2012-2　2013.2
2012-3　2013.2
2013-1　2014.2
2013-2　2014.2
2013-3　2014.2
2014-1　2015.2
2014-2　2015.2
2014-3　2015.2

岡山県ELNET新聞記事情報リスト　エレクトロニック・ライブラリー編　エレクトロニック・ライブラリー　2016
2015-1　2016.2
2015-2　2016.2
2015-3　2016.2

おきなわ　不二出版　2015
全6巻+別冊1　復刻版　2015.1

沖縄県EL新聞記事情報リスト　エレクトロニック・ライブラリー編　エレクトロニック・ライブラリー　2007〜2015　⇒Ⅰ-152
2010-1　2011.2
2010-2　2011.2
2010-3　2011.2
2010-4　2011.2
2010-5　2011.2
2010-6　2011.2
2010-7　2011.2
2011-1　2012.2
2011-2　2012.2
2011-3　2012.2
2011-4　2012.2
2011-5　2012.2
2011-6　2012.2
2012-1　2013.2
2012-2　2013.2
2012-3　2013.2
2012-4　2013.2
2012-5　2013.2
2012-6　2013.2
2012-7　2013.2
2012-8　2013.2
2012-9　2013.2
2012-10　2013.2
2013-1　2014.2
2013-2　2014.2
2013-3　2014.2
2013-4　2014.2
2013-5　2014.2
2013-6　2014.2
2013-7　2014.2
2013-8　2014.2
2013-9　2014.2
2013-10　2014.2
2014-1　2015.2
2014-2　2015.2
2014-3　2015.2
2014-4　2015.2
2014-5　2015.2
2014-6　2015.2
2014-7　2015.2
2014-8　2015.2

沖縄県ELNET新聞記事情報リスト　エレクトロニック・ライブラリー編　エレクトロニック・ライブラリー　2016
2015-1　2016.2
2015-2　2016.2
2015-3　2016.2
2015-4　2016.2
2015-5　2016.2
2015-6　2016.2
2015-7　2016.2
2015-8　2016.2

沖縄文化　不二出版　2014
第5巻〜第8巻　第40号〜第60号　復刻版　2014.11

外国著作権法令集　著作権情報センター　2003〜2015　⇒Ⅰ-152
44（英国編）（大山幸房訳）　2010.12
45（韓国編）（金亮完訳）　2011.2
46　ロシア編（桑野雄一郎訳）　2012.3
47　タイ編（財田寛子, 横山真司共訳, 阿部浩二監修）　2012.12
48　カンボジア編（財田寛子, 横山真司共訳, 阿部浩二監修）　2014.3
49　メキシコ編（大山幸房訳）　2014.11
50　ケニア編（財田寛子訳）　2015.3
51　ブラジル編（横山真司訳）　2015.3
52　ペルー編（原謙一訳）　2015.3

総記　　　　　　　　　　　　　　　　　　　　　　　　　　　　出版・書誌

解題書目　青森県立図書館編　青森県立図書館
　1971～2016　⇒Ⅰ－152
第39集　滝屋文書　続3　2011.3
第40集　滝屋文書　続4　2012.3
第41集　滝屋文書　続5　2013.3
第42集　滝屋文書　続6　2014.3
第43集　滝屋文書　続7　2015.3
第44集　滝屋文書　続8　2016.3

開知新聞　不二出版　2015
第1巻～第3巻　第1号～第227号・第444・446～448・
　460号　復刻版　2015.1

香川県EL新聞記事情報リスト　エレクトロニッ
　ク・ライブラリー編　エレクトロニック・ライ
　ブラリー　2007～2015　⇒Ⅰ－152
2010-1　2011.2
2010-2　2011.2
2011-1　2012.2
2011-2　2012.2
2012-1　2013.2
2012-2　2013.2
2013-1　2014.2
2013-2　2014.2
2014-1　2015.2
2014-2　2015.2

香川県ELNET新聞記事情報リスト　エレクトロ
　ニック・ライブラリー編　エレクトロニック・
　ライブラリー　2016
2015-1　2016.2
2015-2　2016.2

学園評論　不二出版　2012
第4巻・第6巻＋別冊1　復刻版　2012.1

鹿児島県EL新聞記事情報リスト　エレクトロ
　ニック・ライブラリー編　エレクトロニック・
　ライブラリー　2007～2015　⇒Ⅰ－152
2010-1　2011.2
2010-2　2011.2
2010-3　2011.2
2010-4　2011.2
2011-1　2012.2
2011-2　2012.2
2011-3　2012.2
2012-1　2013.2
2012-2　2013.2
2012-3　2013.2
2013-1　2014.2
2013-2　2014.2
2013-3　2014.2
2013-4　2014.2

2014-1　2015.2
2014-2　2015.2
2014-3　2015.2
2014-4　2015.2
2014-5　2015.2

鹿児島県ELNET新聞記事情報リスト　エレクト
　ロニック・ライブラリー編　エレクトロニッ
　ク・ライブラリー　2016
2015-1　2016.2
2015-2　2016.2
2015-3　2016.2
2015-4　2016.2
2015-5　2016.2

学会年報・研究報告論文総覧　日外アソシエーツ
　編　日外アソシエーツ　1994～2010
　⇒Ⅰ－152
2003-2009 第1巻（総合篇）第2巻（人文・芸術篇）
　2010.11
2003-2009 第5巻（言語・文学・外国研究篇）　2010.
　9
2003-2009 別巻（総索引）　2010.12

神奈川県EL新聞記事情報リスト　エレクトロ
　ニック・ライブラリー編　エレクトロニック・
　ライブラリー　2007～2015　⇒Ⅰ－153
2010-1　2011.2
2010-2　2011.2
2010-3　2011.2
2010-4　2011.2
2010-5　2011.2
2010-6　2011.2
2010-7　2011.2
2011-1　2012.2
2011-2　2012.2
2011-3　2012.2
2011-4　2012.2
2011-5　2012.2
2011-6　2012.2
2011-7　2012.2
2011-8　2012.2
2012-1　2013.2
2012-2　2013.2
2012-3　2013.2
2012-4　2013.2
2012-5　2013.2
2012-6　2013.2
2012-7　2013.2
2012-8　2013.2
2013-1　2014.2
2013-2　2014.2
2013-3　2014.2
2013-4　2014.2

出版・書誌　　　　　　　　　　　　　　　　　　　　　総記

2013-5	2014.2
2013-6	2014.2
2013-7	2014.2
2013-8	2014.2
2014-1	2015.2
2014-2	2015.2
2014-3	2015.2
2014-4	2015.2
2014-5	2015.2
2014-6	2015.2
2014-7	2015.2
2014-8	2015.2

神奈川県ELNET新聞記事情報リスト　エレクト
ロニック・ライブラリー編　エレクトロニック・ライブラリー　2016

2015-1	2016.2
2015-2	2016.2
2015-3	2016.2
2015-4	2016.2
2015-6	2016.2
2015-7	2016.2
2015-8	2016.2

川越市立中央図書館収蔵文書目録　川越市立中央図書館　2005〜2012　⇒Ⅰ-153
3　霞ヶ関村役場文書（川越市立中央図書館編）2012.3

河出ブックス　河出書房新社　2010〜2016
017　近代都市パリの誕生―鉄道・メトロ時代の熱狂（北河大次郎著）　2010.6
018　路上の全共闘1968（三橋俊明著）　2010.6
023　1950年代―「記録」の時代（鳥羽耕史著）2010.12
024　フーコー講義―現代思想の現在（檜垣立哉著）2010.12
025　スパイ・爆撃・監視カメラ―人が人を信じないということ（永井良和著）　2011.2
026　失われたものを数えて―書物愛憎（高田里恵子著）　2011.2
027　信徒内村鑑三―人と思考の軌跡（前田英樹著）2011.2
028　自動車と建築―モータリゼーション時代の環境デザイン（堀田典裕著）　2011.4
029　「海の道」の三〇〇年―近現代日本の縮図瀬戸内海（武田尚子著）　2011.4
030　言葉の誕生を科学する（小川洋子, 岡ノ谷一夫著）　2011.4
031　解放令の明治維新―賤称廃止をめぐって（塩

見鮮一郎著）　2011.6
032　知覚の正体―どこまでが知覚でどこからが創造か（古賀一男著）　2011.6
033　法とは何か―法思想史入門（長谷部恭男著）2011.8
034　原発と原爆―「核」の戦後精神史（川村湊著）2011.8
035　現代日本建築家列伝―社会といかに関わってきたか（五十嵐太郎著）　2011.10
036　腸は第二の脳―整腸とメンタルヘルス（松生恒夫著）　2011.10
037　竹中労（ろう）―左右を越境するアナーキスト：人と思考の軌跡（鈴木邦男著）　2011.12
038　世界史の中のフクシマ―ナガサキから世界へ（陣野俊史著）　2011.12
039　戦後SF事件史―日本的想像力の70年（長山靖生著）　2012.2
040　ドゥルーズ―群れと結晶：現代思想の現在（宇野邦一著）　2012.2
041　戦後部落解放運動史―永続革命の行方（友常勉著）　2012.4
042　日本語にとってカタカナとは何か（山口謡司著）　2012.4
043　ニッポンの塔―タワーの都市建築史（橋爪紳也著）　2012.5
044　日本ファシズム論争―大戦前夜の思想家たち（福家崇洋著）　2012.6
045　建築と言葉―日常を設計するまなざし（小池昌代, 塚本由晴著）　2012.6
046　レヴィ＝ストロース―まなざしの構造主義（現代思想の現在）（出口顯著）　2012.7
047　医療とは何か―現場で根本問題を解きほぐす（行岡哲男著）　2012.8
048　レヴィナス―壊れものとしての人間（現代思想の現在）（村上靖彦著）　2012.8
049　エネルギーの科学史（小山慶太著）　2012.10
050　平成史（小熊英二編著, 貴戸理恵, 菅原琢, 中沢秀雄, 仁平典宏, 濱野智史著）　2012.10
051　いま、柳田国男を読む（石井正己著）　2012.12
052　ニーチェ―ニヒリズムを生きる（中島義道著）2013.2
053　超人の倫理―〈哲学すること〉入門（江川隆男著）　2013.2
054　ベースボール労働移民―メジャーリーグから「野球不毛の地」まで（石原豊一著）　2013.2

総記　　　　　　　　　　　　　　　　　　　　　　　　出版・書誌

055　検閲帝国ハプスブルク（菊池良生著）　2013.
　　4
056　信長政権─本能寺の変にその正体を見る（渡
　　辺大門著）　2013.4
057　科学を語るとはどういうことか─科学者、哲
　　学者にモノ申す（須藤靖、伊勢田哲治著）　2013.
　　6
058　幸福の文法─幸福論の系譜、わからないもの
　　の思想史（合田正人著）　2013.6
059　カッパ・ブックスの時代（新海均著）　2013.
　　7
060　科学歳時記一日一話（小山慶太著）　2013.8
061　「若者」とは誰か─アイデンティティの30年
　　（浅野智彦著）　2013.8
062　現代経済学のエッセンス─初歩から最新理論
　　まで（川越敏司著）　2013.10
063　宗教と学校（橘木俊詔著）　2013.10
064　性と柔─女子柔道史から問う（溝口紀子著）
　　2013.11
065　バタイユ─呪われた思想家（江沢健一郎著）
　　2013.11
066　「格差」の戦後史─階級社会日本の履歴書　増
　　補版（橋本健二著）　2013.12
067　思考術（大沢真幸著）　2013.12
068　平成史　増補新版（小熊英二編著）　2014.2
069　「こども哲学」で対話力と思考力を育てる（河
　　野哲也著）　2014.4
070　ペンギンが教えてくれた物理のはなし（渡辺
　　佑基著）　2014.4
071　アメリカ的、イギリス的（テリー・イーグル
　　トン著、大橋洋一、吉岡範武訳）　2014.5
072　思想史の名脇役たち─知られざる知識人群像
　　（合田正人著）　2014.6
073　ドゥルーズと狂気（小泉義之著）　2014.7
074　誰がタブーをつくるのか？（永江朗著）
　　2014.8
075　「地元」の文化力─地域の未来のつくりかた
　　（苅谷剛彦編著）　2014.9
076　未来の社会学（若林幹夫著）　2014.10
077　こんにちは、ユダヤ人です（ロジャー・パル
　　バース、四方田犬彦著）　2014.10
078　「世代」の正体─なぜ日本人は世代論が好き
　　なのか（長山靖生著）　2014.12
079　戦国の日本語─五百年前の読む・書く・話す
　　（今野真二著）　2015.2
080　科学の現場─研究者はそこで何をしているの

か（坂井克之著）　2015.2
081　真田幸村と真田丸─大坂の陣の虚像と実像
　　（渡辺大門著）　2015.4
082　古代エジプト死者からの声─ナイルに培われ
　　たその死生観（大城道則著）　2015.6
083　「旅」の誕生─平安─江戸時代の紀行文学を
　　読む（倉本一宏著）　2015.6
084　法とは何か─法思想史入門　増補新版（長谷
　　部恭男著）　2015.7
085　定本風俗営業取締り─風営法と性・ダンス・
　　カジノを規制するこの国のありかた（永井良和
　　著）　2015.8
086　江戸城のインテリア─本丸御殿を歩く（小粥
　　祐子著）　2015.8
087　事件！─哲学とは何か（スラヴォイ・ジジェ
　　ク著、鈴木晶訳）　2015.10
088　「若者」とは誰か─アイデンティティの30年
　　増補新版（浅野智彦著）　2015.12
089　1980年代（斎藤美奈子、成田竜一編著）　2016.
　　2
090　和食とうま味のミステリー─国産麹菌オリゼ
　　がつむぐ千年の物語（北本勝ひこ著）　2016.3
091　はじまりの戦後日本─激変期をさまよう人々
　　（橋本健二著）　2016.4
092　日本仏教史（ひろさちや著）　2016.5
093　世界を読み解くためのギリシア・ローマ神話
　　入門（庄子大亮著）　2016.6
094　ことばあそびの歴史─日本語の迷宮への招待
　　（今野真二著）　2016.6
095　いま、〈日本〉を考えるということ（木村草太
　　編著、大沢真幸、山本理顕著）　2016.6
096　心理療法という謎─心が治るとはどういうこ
　　とか（山竹伸二著）　2016.7
097　夢みる教養─文系女性のための知的生き方史
　　（小平麻衣子著）　2016.9
098　「戦後」はいかに語られるか（成田竜一著）
　　2016.10
099　帝国のオペラ─《ニーベルングの指環》から
　　《ばらの騎士》へ（広瀬大介著）　2016.12

**関西大学泊園文庫自筆稿本目録稿　関西大学アジ
ア文化研究センター　2012**
甲部（吾妻重二編）　2012.3

飢餓陣営叢書　言視舎　2012〜2014
◇次の時代のための吉本隆明の読み方　増補言視
　舎版（村瀬学著、佐藤幹夫聞き手）　2012.5

全集・叢書総目録 2011-2016　　**195**

出版・書誌

◇吉本隆明の言葉と「望みなきとき」のわたしたち（瀬尾育生著, 佐藤幹夫聞き手）　2012.9

3　生涯一編集者（小川哲生著, 佐藤幹夫構成・註釈）　2013.2

4　石原吉郎―寂滅の人（勢古浩爾著）　2013.6

5　徹底検証古事記―すり替えの物語を読み解く（村瀬学著）　2013.10

6　〈戦争〉と〈国家〉の語りかた―戦後思想はどこで間違えたのか（井崎正敏著）　2013.11

7　橋爪大三郎のマルクス講義―現代を読み解く『資本論』（橋爪大三郎著, 佐藤幹夫聞き手）　2014.1

8　人はなぜ過去と対話するのか―戦後思想私記（近藤洋太著）　2014.4

菊池市中央公民館蔵和漢籍目録　菊池市教育委員会　2015
第1稿（大島明秀編）　2015.3

岐阜県EL新聞記事情報リスト　エレクトロニック・ライブラリー編　エレクトロニック・ライブラリー　2007〜2015　⇒Ⅰ－153

2010-1	2011.2
2010-2	2011.2
2011-1	2012.2
2011-2	2012.2
2012-1	2013.2
2012-2	2013.2
2012-3	2013.2
2013-1	2014.2
2013-2	2014.2
2013-3	2014.2
2014-1	2015.2
2014-2	2015.2
2014-3	2015.2

岐阜県ELNET新聞記事情報リスト　エレクトロニック・ライブラリー編　エレクトロニック・ライブラリー　2016

2015-1	2016.2
2015-2	2016.2
2015-3	2016.2

きみには関係ないことか　かもがわ出版　2011
'03〜'10（戦争と平和を考えるブックリスト）（京都家庭文庫地域文庫連絡会編）　2011.4

君尹彦氏文書目録　豊頃町教育委員会　2016
2（佐藤信勝, 大和田努, 松本あづさ, 谷本晃久編）　2016.3

究books　日本図書設計家協会　2006〜2010

◇造本講座『本文用紙は誰が決める？』（日本図書設計家協会研究委員会編）　2006.12

◇データ入稿講座『入稿データの責任は誰にある？』（日本図書設計家協会研究委員会編）　2008.12

◇造本講座和装本は誰でもできる？（日本図書設計家協会研究委員会企画・編集）　2010.12

京都府EL新聞記事情報リスト　エレクトロニック・ライブラリー編　エレクトロニック・ライブラリー　2007〜2015　⇒Ⅰ－153

2010-1	2011.2
2010-2	2011.2
2010-3	2011.2
2010-4	2011.2
2011-1	2012.2
2011-2	2012.2
2011-3	2012.2
2011-4	2012.2
2012-1	2013.2
2012-2	2013.2
2012-3	2013.2
2012-4	2013.2
2012-5	2013.2
2013-1	2014.2
2013-2	2014.2
2013-3	2014.2
2013-4	2014.2
2013-5	2014.2
2014-1	2015.2
2014-2	2015.2
2014-3	2015.2
2014-4	2015.2

京都府ELNET新聞記事情報リスト　エレクトロニック・ライブラリー編　エレクトロニック・ライブラリー　2016

2015-1	2016.2
2015-2	2016.2
2015-3	2016.2
2015-4	2016.2

基督教青年　不二出版　2010　⇒Ⅰ－154
第1号 - 第10号　明治22年9月 - 23年6月　復刻版　2010.12

近現代のブックデザイン考　武蔵野美術大学美術館・図書館　2012

1　書物にとっての美（新島実監修, 寺山祐策, 白井敬尚共同監修）　2012.10

総記　　　　　　　　　　　　　　　　　　　　　　　　　　　　出版・書誌

近代雑誌目次文庫　目次文庫編集委員会編　ゆま
に書房　1989〜2013　⇒Ⅰ-154
74　社会学編　第24巻（しん）　2010.11
75　社会学編　第25巻（しん）　2011.3
76　社会学編　第26巻（すて〜そう）　2011.7
77　社会学編　第27巻（そう〜ちい）　2011.11
78　社会学編　第28巻（ちい〜でも）　2012.3
79　社会学編　第29巻（とう〜にほ）　2012.7
80　社会学編　第30巻（にほ〜ふく）　2012.11
81　社会学編　第31巻（ふじ〜ろう）　2013.3
82　社会学　第32巻（ろう）　2013.7

熊本県EL新聞記事情報リスト　エレクトロニッ
ク・ライブラリー編　エレクトロニック・ライ
ブラリー　2007〜2015　⇒Ⅰ-154
2010-1　2011.2
2010-2　2011.2
2010-3　2011.2
2011-1　2012.2
2011-2　2012.2
2012-1　2013.2
2012-2　2013.2
2012-3　2013.2
2013-1　2014.2
2013-2　2014.2
2013-3　2014.2
2014-1　2015.2
2014-2　2015.2
2014-3　2015.2

熊本県ELNET新聞記事情報リスト　エレクトロ
ニック・ライブラリー編　エレクトロニック・
ライブラリー　2016
2015-1　2016.2
2015-2　2016.2
2015-3　2016.2

グラフィックデザイナーのための本　日本グラ
フィックデザイナー協会　2016
2　タイプフェイスの法的保護（JAGDA創作保全
委員会企画・編纂）　2016.3

群馬県EL新聞記事情報リスト　エレクトロニッ
ク・ライブラリー編　エレクトロニック・ライ
ブラリー　2007〜2015　⇒Ⅰ-154
2010-1　2011.2
2010-2　2011.2
2010-3　2011.2
2011-1　2012.2
2011-2　2012.2
2011-3　2012.2
2012-1　2013.2

2012-2　2013.2
2012-3　2013.2
2013-1　2014.2
2013-2　2014.2
2013-3　2014.2
2014-1　2015.2
2014-2　2015.2
2014-3　2015.2
2014-4　2015.2

群馬県ELNET新聞記事情報リスト　エレクトロ
ニック・ライブラリー編　エレクトロニック・
ライブラリー　2016
2015-1　2016.2
2015-2　2016.2
2015-3　2016.2
2015-4　2016.2

慶応義塾大学所蔵古文書目録　慶応義塾大学文学
部古文書室　2011
農村文書 南関東（慶応義塾大学文学部古文書室編）
2011.3

県立神奈川近代文学館収蔵文庫目録　県立神奈川
近代文学館　2005〜2016　⇒Ⅰ-155
19　立原正秋文庫目録（神奈川文学振興会編）
2014.3
20　関英雄文庫目録（神奈川文学振興会編）　2016.
9

工芸ニュース　工芸財団監修　国書刊行会　2013
第1期　2013.4
第2期　復刻版　2013.12

高知県EL新聞記事情報リスト　エレクトロニッ
ク・ライブラリー編　エレクトロニック・ライ
ブラリー　2007〜2015　⇒Ⅰ-155
2010　2011.2
2011-1　2012.2
2011-2　2012.2
2012-1　2013.2
2012-2　2013.2
2013-1　2014.2
2013-2　2014.2
2014-1　2015.2
2014-2　2015.2

高知県ELNET新聞記事情報リスト　エレクトロ
ニック・ライブラリー編　エレクトロニック・
ライブラリー　2016
2015-1　2016.2
2015-2　2016.2

全集・叢書総目録 2011-2016　**197**

出版・書誌

国学院大学所蔵古典籍解題 国学院大学 2014
中世散文文学篇 (国学院大学創立百三十周年記念)
　(国学院大学研究開発推進機構校史・学術資産研究センター編) 2014.2

国伝山宝珠院地蔵寺所蔵文献目録 原卓志, 梶井
　一暁, 平川恵実子編 〔原卓志〕 2013〜2015
上冊 2013.3
下冊 2014.3
索引 2015.3

国内学会誌ガイド メディア・リサーチ・センター編 メディア・リサーチ・センター 2010
　〜2012
2010 2010.10
2012 2012.9

極秘朝鮮総督府言論弾圧資料叢書 鄭晋錫編 韓
　国教会史文献研究院 2007〜2013
1 新聞紙要覧—1926.01 / 新聞紙出版物要項—
　1927.12 2007.10
2 朝鮮に於ける出版物概要—1928.01-1932.12
　2007.10
3 朝鮮出版警察概要—1933.01-1936.12 2007.10
4 朝鮮出版警察概要—1937.01-1940.12 / 諺文新
　聞統制案—1940 2007.10
5 朝鮮出版警察月報 1-2 1928.9-1928.10 2007.
　10
6 朝鮮出版警察月報 3-5 1928.11-1929.1 2007.
　10
7 朝鮮出版警察月報 6-8 1929.2-1929.4 2007.
　10
8 朝鮮出版警察月報 9-11 1929.5-1929.7 2007.
　10
9 朝鮮出版警察月報 12-18 1929.9-1930.2
　2007.10
10 朝鮮出版警察月報 19-25 1930.4-1930.10
　2007.10
11 朝鮮出版警察月報 26-31 1930.11-1931.4
　2007.10
12 朝鮮出版警察月報 32-39 1931.7-1931.12
　2007.10
13 朝鮮出版警察月報 40-51 1932.1-1932.12
　2007.10
14 朝鮮出版警察月報 52-67 1933.1-1934.4
　2007.10
15 朝鮮出版警察月報 68-83 1934.5-1935.8
　2007.10

16 朝鮮出版警察月報 84-99 1935.9-1936.12
　2007.10
17 朝鮮出版警察月報 100-103 1937.1-1937.4
　2007.10
18 朝鮮出版警察月報 104-106 1937.5-1937.7
　2007.10
19 朝鮮出版警察月報 107-108 1937.8-1937.9
　2007.10
20 朝鮮出版警察月報 114-117 1938.3-1938.6
　2007.10
21 朝鮮出版警察月報 118-123 1938.7-1938.12
　2007.10
25 諺文新聞差押記事輯録—1933-1940 / 諺文新
　聞の詩歌—1930.5 / 新聞記事差止関係事項調—
　1937.4, 1938.9 / 不穏刊行物記事輯録 第37輯
　(1934.1) 2013.11
26 朝鮮の言論と世相—1927.10 / 半島の新聞—
　1931.6 2013.11

国立公園 不二出版 2010〜2011
第4巻〜第6巻 昭和7年1月〜昭和9年12月 復刻版
　2010.12
第10巻・第12巻 昭和14年1月・昭和19年6月＋別
　冊1(解題・総目次・索引) 復刻版(船橋治編)
　2011.12

胡蝶掌本 胡蝶の会 2007〜2013
129 本を買う(田中栞著) 2007.4
143 ミステリは本でいっぱい(中村利夫著)
　2008.2
148 本を買う 2(田中栞著) 2008.5
166 蔵書処分の方法(田中栞著) 2009.5
203 平成豆本事情(田中栞著) 2011.6
220 『地上の祭』の謎—武井武雄・銅版絵本(田中
　栞著) 2012.5
240 イタリア訪書旅行(田中栞著) 2013.6

子どもたちへ原爆を語りつぐ本 広島市こども図
　書館 2015
2015(総集版)(広島市こども図書館編) 2015.6

COMIC CATALOG 福家書店編 福家書店
　(発売) 2010〜2012
2011 2010.11
2012 2012.4

今日の琉球 不二出版 2013
第5巻・第8巻 1962年1月・1965年12月 復刻版
　2013.12

総記　　　　　　　　　　　　　　　　　　　　　　　　　　　　　　　出版・書誌

埼玉県EL新聞記事情報リスト　エレクトロニッ
　ク・ライブラリー編　エレクトロニック・ライ
　ブラリー　2007〜2015　⇒Ⅰ-155
2010-1　2011.2
2010-2　2011.2
2010-3　2011.2
2010-4　2011.2
2011-1　2012.2
2011-2　2012.2
2011-3　2012.2
2011-4　2012.2
2011-5　2012.2
2012-1　2013.2
2012-2　2013.2
2012-3　2013.2
2012-4　2013.2
2012-5　2013.2
2013-1　2014.2
2013-2　2014.2
2013-3　2014.2
2013-4　2014.2
2013-5　2014.2
2014-1　2015.2
2014-2　2015.2
2014-3　2015.2
2014-4　2015.2
2014-5　2015.2

埼玉県ELNET新聞記事情報リスト　エレクトロ
　ニック・ライブラリー編　エレクトロニック・
　ライブラリー　2016
2015-1　2016.2
2015-2　2016.2
2015-3　2016.2
2015-4　2016.2
2015-5　2016.2

財団法人松ヶ岡文庫叢書　松ヶ岡文庫　2008〜
　2011　⇒Ⅰ-156
第4　禅八講─鈴木大拙講演録（鈴木大拙著, 常盤
　義伸編, 酒井懋訳）　2011.3

佐賀県EL新聞記事情報リスト　エレクトロニッ
　ク・ライブラリー編　エレクトロニック・ライ
　ブラリー　2007〜2015　⇒Ⅰ-156
2010-1　2011.2
2010-2　2011.2
2011-1　2012.2
2011-2　2012.2
2012-1　2013.2
2012-2　2013.2
2013-1　2014.2
2013-2　2014.2
2014-1　2015.2

2014-2　2015.2

佐賀県ELNET新聞記事情報リスト　エレクトロ
　ニック・ライブラリー編　エレクトロニック・
　ライブラリー　2016
2015-1　2016.2
2015-2　2016.2

佐々木靖章文庫資料目録　群馬県立土屋文明記念
　文学館　2011
2（群馬県立土屋文明記念文学館蔵）（土屋文明記念
　文学館）　2011.3

雑誌名変遷総覧　日外アソシエーツ編集　日外ア
　ソシエーツ　2016
2001-2015-1　人文・社会編　2016.1
2001-2015-2　科学・技術編　2016.1

雑誌『養護/学童養護』　大空社　2014
1（滝沢利行, 七木田文彦編）　2014.1

参考図書解説目録　日外アソシエーツ　2008〜
　2014　⇒Ⅰ-156
2008-2010（日外アソシエーツ編集部編）　2011.7
2011-2013（日外アソシエーツ編集部編集）　2014.
　3

CRIC著作権研修講座講演録　著作権情報セン
　ター　2010〜2012　⇒Ⅰ-179
2010　コンテンツ活用におけるコンプライアンス
　対策と著作権制度　2011.3
2011　著作物の電子化、流通のネットワーク化と
　コンテンツ・ビジネスの対応　2012.3

幸せの絵本　ソフトバンククリエイティブ　2011
家族の絆編　大人と子どもの心をつなぐ絵本100選
　（金柿秀幸編）　2011.11

視覚伝達ラボ・シリーズ　誠文堂新光社　2016
◇雑誌のデザイン─伝わるデザインの思考と技法
　（視覚伝達ラボ編集部編）　2016.10

滋賀県EL新聞記事情報リスト　エレクトロニッ
　ク・ライブラリー編　エレクトロニック・ライ
　ブラリー　2007〜2015　⇒Ⅰ-156
2010-1　2011.2
2010-2　2011.2
2011-1　2012.2
2011-2　2012.2
2012-1　2013.2
2012-2　2013.2

全集・叢書総目録 2011-2016　　**199**

出版・書誌　　　　　　　　　　　　　　　　　　　　　　　　総記

2012-3　2013.2
2013-1　2014.2
2013-2　2014.2
2013-3　2014.2
2014-1　2015.2
2014-2　2015.2
2014-3　2015.2

滋賀県ELNET新聞記事情報リスト　エレクトロ
　ニック・ライブラリー編　エレクトロニック・
　ライブラリー　2016
2015-1　2016.2
2015-2　2016.2
2015-3　2016.2

辞書・事典全情報　日外アソシエーツ　1999～
　2013　⇒Ⅰ－156
2006-2013（日外アソシエーツ編）　2013.9

静岡県EL新聞記事情報リスト　エレクトロニッ
　ク・ライブラリー編　エレクトロニック・ライ
　ブラリー　2007～2015　⇒Ⅰ－156
2010-1　2011.2
2010-2　2011.2
2010-3　2011.2
2010-4　2011.2
2011-1　2012.2
2011-2　2012.2
2011-3　2012.2
2011-4　2012.2
2011-5　2012.2
2012-1　2013.2
2012-2　2013.2
2012-3　2013.2
2012-4　2013.2
2012-5　2013.2
2013-1　2014.2
2013-2　2014.2
2013-3　2014.2
2013-4　2014.2
2013-5　2014.2
2014-1　2015.2
2014-2　2015.2
2014-3　2015.2
2014-4　2015.2
2014-5　2015.2

静岡県ELNET新聞記事情報リスト　エレクトロ
　ニック・ライブラリー編　エレクトロニック・
　ライブラリー　2016
2015-1　2016.2
2015-2　2016.2
2015-3　2016.2
2015-4　2016.2
2015-5　2016.2

実務者のためのコラム集　日本複製権センター
　2014
1（著作権の基礎から最新情報まで　JRRCマガジン
　特別編集）（日本複製権センター）　2014.11

児童と宗教　不二出版　2013
第1巻 - 第5巻＋別冊1　第1巻第1号 - 第7巻第9号
　復刻版　2013.12

児童図書館基本蔵書目録　東京子ども図書館
　2012
1　絵本の庭へ（東京子ども図書館編）　2012.3

斯道文庫書誌叢刊　汲古書院　2011
8　慶応義塾大学附属研究所斯道文庫蔵浜野文庫目
　録（大沼晴暉著, 慶応義塾大学附属研究所斯道文
　庫編）　2011.3

島根県EL新聞記事情報リスト　エレクトロニッ
　ク・ライブラリー編　エレクトロニック・ライ
　ブラリー　2007～2015　⇒Ⅰ－157
2010-1　2011.2
2010-2　2011.2
2011-1　2012.2
2011-2　2012.2
2011-3　2012.2
2012-1　2013.2
2012-2　2013.2
2012-3　2013.2
2013-1　2014.2
2013-2　2014.2
2013-3　2014.2
2014-1　2015.2
2014-2　2015.2

島根県ELNET新聞記事情報リスト　エレクトロ
　ニック・ライブラリー編　エレクトロニック・
　ライブラリー　2016
2015-1　2016.2
2015-2　2016.2

紙魚の昔がたり　八木書店古書出版部　2013
昭和篇　オンデマンド版（反町茂雄編）　2013.12

社会事業　不二出版　2014～2016
第6巻 - 第10巻　昭和3年4月 - 昭和5年1月　復刻版
　2014.1
第21巻～第25巻　昭和9年2月～昭和10年11月　復
　刻版　2015.1
第36巻～第40巻　復刻版（細田哲史編）　2016.1

総 記   出版・書誌

シヤー作業者安全必携　中央労働災害防止協会　1999～2012　⇒Ⅰ-157
金属シヤー編（シヤーの刃部・シヤーの安全装置、安全囲いの取付け、調整等関係特別教育用テキスト）　第5版（中央労働災害防止協会編）　2012.2

JASRAC寄付講座　Risoh　2013～2015
2011年度　著作権ビジネスの理論と実践　3（早稲田大学ロースクール著作権法特殊講義5）（高林竜編著代表）　2013.3
2012年度　著作権ビジネスの理論と実践　4（早稲田大学ロースクール著作権法特殊講義6）（高林竜編著代表）　2014.3
2013年度　著作権ビジネスの理論と実践　5（早稲田大学ロースクール著作権法特殊講義7）（高林竜編著代表）　2015.3

シャッター以前　岡村昭彦の会　1999～2015　⇒Ⅰ-157
Vol.6　没後30年記念号《アキヒコ》を索めて　2015.3

ジヤワ新聞　竜渓書舎　2014
第2巻　第114号‐第231号　編集復刻版（木村一信編・解題）　2014.1

受贈図書三上文庫目録　出光美術館編　出光美術館　2011
上　和書　2011.6
中　調査報告書・展観図録・和文逐次刊行物・論文抜刷　2011.6
下　漢籍・朝鮮文,漢籍・朝鮮文逐次刊行物,欧文図書,欧文逐次刊行物,地図　2011.6

主題書誌索引　日外アソシエーツ　2003～2016　⇒Ⅰ-157
2008-2014（中西裕編）　2016.5

出版状況クロニクル　小田光雄著　論創社　2009～2016　⇒Ⅰ-157
3（2010年3月～2011年12月）　2012.3
4　2012.1～2015.12　2016.5

出版人に聞く　論創社　2010～2016　⇒Ⅰ-157
2　盛岡さわや書店奮戦記（伊藤清彦著）　2011.2
3　再販/グーグル問題と流対協（高須次郎著）　2011.3
4　リブロが本屋であったころ（中村文孝著）　2011.5

5　本の世界に生きて50年（能勢仁著）　2011.7
6　震災に負けない古書ふみくら（佐藤周一著）　2011.9
7　営業と経営から見た筑摩書房（菊池明郎著）　2011.11
8　貸本屋、古本屋、高野書店（高野肇著）　2012.7
9　書評紙と共に歩んだ五〇年（井出彰著）　2012.12
10　薔薇十字社とその軌跡（内藤三津子著）　2013.3
11　名古屋とちくさ正文館（古田一晴著）　2013.9
12　『奇譚クラブ』から『裏窓』へ（飯田豊一著）　2013.11
13　倶楽部雑誌探究（塩沢実信著）　2014.3
14　戦後の講談社と東都書房（原田裕著）　2014.8
15　鈴木書店の成長と衰退（小泉孝一著）　2014.9
16　三一新書の時代（井家上隆幸著）　2014.12
17　『週刊読書人』と戦後知識人（植田康夫著）　2015.4
18　小学館の学年誌と児童書（野上暁著）　2015.8
19　弓立社という出版思想（宮下和夫著）　2015.11
20　『暮しの手帖』と花森安治の素顔（河津一哉, 北村正之著）　2016.10

出版税務会計の要点　日本書籍出版協会出版経理委員会編著　日本書籍出版協会　2004～2014　⇒Ⅰ-157
2007年　2007.1
2011年　2011.2
2013年　2013.2
2014年　2014.2

書誌書目シリーズ　ゆまに書房　1976～2016　⇒Ⅰ-158
72　アーネスト・サトウ関連蔵書目録―ケンブリッジ大学図書館所蔵　第1巻　茶色蔵書目録（小山騰監修・解説）　2016.3
72　アーネスト・サトウ関連蔵書目録―ケンブリッジ大学図書館所蔵　第2巻　薩道蔵書之内戯作洒落及中本随筆寓言之類幷ニ黒色帙入等之書籍目録/薄墨色蔵書目録（小山騰監修・解説）　2016.3
72　アーネスト・サトウ関連蔵書目録―ケンブリッジ大学図書館所蔵　第3巻　日本寛永以前古版書籍之目録/英国送リ日本古版書籍番号順次目録/朝鮮版書籍目録/朝鮮版書籍目録順序次第ノ甫

稿/英国ニ贈ル書籍ノ目録/物語草紙日記ノ類旧
目録ニ有之テ現ニ書籍見アタラヌ分/物語及草紙
日記類ノ部・和歌丼ニ記行類の部/桝目原稿用紙
サトウ蔵書目録/一枚ものサトウ蔵書目録/朱刷
罫紙目録/神戸送リ仏経ニ関係スル仮文ノ書籍目
録/List of Japanese Books（小山騰監修・解説）
2016.3

72　アーネスト・サトウ関連蔵書目録—ケンブリッ
ジ大学図書館所蔵　第4巻　王堂蔵書目録/王堂
蔵書中無之分/王堂君エ贈致スル書籍目録/語学
書目録（小山騰監修・解説）　2016.3

72　アーネスト・サトウ関連蔵書目録—ケンブリ
ッジ大学図書館所蔵　第5巻　Catalogue of W.
G.Aston's Collection of Japanese Books Vol-
ume1・2/アストン蔵書目録（小山騰監修・解説）
2016.3

77　戦前期四大婦人雑誌目次集成　4［第1巻］　婦
人倶楽部　第1巻（与那覇恵子, 平野晶子監修）
2006.3

77　戦前期四大婦人雑誌目次集成　4［第2巻］　婦
人倶楽部　第2巻（与那覇恵子, 平野晶子監修）
2006.3

77　戦前期四大婦人雑誌目次集成　4［第3巻］　婦
人倶楽部　第3巻（与那覇恵子, 平野晶子監修）
2006.3

77　戦前期四大婦人雑誌目次集成　4［第4巻］　婦
人倶楽部　第4巻（与那覇恵子, 平野晶子監修）
2006.3

77　戦前期四大婦人雑誌目次集成　4［第5巻］　婦
人倶楽部　第5巻（与那覇恵子, 平野晶子監修）
2006.3

77　戦前期四大婦人雑誌目次集成　4［第6巻］　婦
人倶楽部　第6巻（与那覇恵子, 平野晶子監修）
2006.3

77　戦前期四大婦人雑誌目次集成　4［第7巻］　婦
人倶楽部　第7巻（与那覇恵子, 平野晶子監修）
2006.3

77　戦前期四大婦人雑誌目次集成　4［第8巻］　婦
人倶楽部　第8巻（与那覇恵子, 平野晶子監修）
2006.3

77　戦前期四大婦人雑誌目次集成　4［第9巻］　婦
人倶楽部　第9巻（与那覇恵子, 平野晶子監修）
2006.3

78　戦前期『週刊朝日』総目次　上巻（黒古一夫監
修, 山川恭子編）　2006.5

78　戦前期『週刊朝日』総目次　中巻（黒古一夫監
修, 山川恭子編）　2006.5

78　戦前期『週刊朝日』総目次　下巻（黒古一夫監
修, 山川恭子編）　2006.5

78　戦前期『週刊朝日』総目次　上巻　オンデマ
ンド版（黒古一夫監修, 山川恭子編集）　2013.4

78　戦前期『週刊朝日』総目次　中巻　オンデマ
ンド版（黒古一夫監修, 山川恭子編集）　2013.4

78　戦前期『週刊朝日』総目次　下巻　オンデマ
ンド版（黒古一夫監修, 山川恭子編集）　2013.4

82　戦前期『サンデー毎日』総目次　上巻（黒古一
夫監修, 山川恭子編）　2007.3

82　戦前期『サンデー毎日』総目次　中巻（黒古一
夫監修, 山川恭子編）　2007.3

82　戦前期『サンデー毎日』総目次　下巻（黒古一
夫監修, 山川恭子編）　2007.3

82　戦前期『サンデー毎日』総目次　上巻　オンデ
マンド版（黒古一夫監修, 山川恭子編集）　2013.
4

82　戦前期『サンデー毎日』総目次　中巻　オンデ
マンド版（黒古一夫監修, 山川恭子編集）　2013.
4

82　戦前期『サンデー毎日』総目次　下巻　オンデ
マンド版（黒古一夫監修, 山川恭子編集）　2013.
4

84　「少年倶楽部・少年クラブ」総目次　上巻（黒
古一夫監修）　2008.8

84　「少年倶楽部・少年クラブ」総目次　中巻（黒
古一夫監修）　2008.8

84　「少年倶楽部・少年クラブ」総目次　下巻（黒
古一夫監修）　2008.8

84　『少年倶楽部・少年クラブ』総目次　上巻　オ
ンデマンド版（黒古一夫監修）　2013.4

84　『少年倶楽部・少年クラブ』総目次　中巻　オ
ンデマンド版（黒古一夫監修）　2013.4

84　『少年倶楽部・少年クラブ』総目次　下巻　オ
ンデマンド版（黒古一夫監修）　2013.4

92　『少女倶楽部・少女クラブ』総目次　上巻（黒
古一夫監修）　2010.3

92　『少女倶楽部・少女クラブ』総目次　下巻（黒
古一夫監修）　2010.3

92　『少女倶楽部・少女クラブ』総目次　オンデマ
ンド版　2013

92　『少女倶楽部・少女クラブ』総目次　上巻　オ
ンデマンド版（黒古一夫監修）　2013.4

92　『少女倶楽部・少女クラブ』総目次　下巻　オ
ンデマンド版（黒古一夫監修）　2013.4

95　大学所蔵貴重書解題集　2011.2

96 高田藩榊原家書目史料集成 第1巻 榊原家（村上）御書物虫曝帳（浅倉有子, 岩本篤志編, 朝倉治彦監修） 2011.3

96 高田藩榊原家書目史料集成 第2巻 榊原家（姫路・高田）書物目録（浅倉有子, 岩本篤志編, 朝倉治彦監修） 2011.3

96 高田藩榊原家書目史料集成 第3巻 近代の榊原家・修道館関係目録（浅倉有子, 岩本篤志編集・解説, 朝倉治彦監修） 2011.3

96 高田藩榊原家書目史料集成 第4巻 榊原家御系図（［浅倉有子, 岩本篤志］［編］, 朝倉治彦監修） 2011.3

97 書物通の書物随筆 第1巻 読史（とくし）随筆（宮里立士, 佐藤哲彦編集・解題, 赤堀又次郎著） 2011.8

97 書物通の書物随筆 第2巻 紙魚の跡（宮里立士, 佐藤哲彦編集・解題, 赤堀又次郎著） 2011.8

97 書物通の書物随筆 第3巻 読書雑記 正（宮里立士, 佐藤哲彦編集・解題, 高梨光司著） 2011.8

97 書物通の書物随筆 第4巻 読書雑記 続（宮里立士, 佐藤哲彦編集・解題, 高梨光司著） 2011.8

97 書物通の書物随筆 第5巻 読書の興味（宮里立士, 佐藤哲彦編集・解題, 高梨光司著） 2011.8

97 書物通の書物随筆 第6巻 古書叢話（宮里立士, 佐藤哲彦編集・解題, 河原万吉著） 2011.8

97 書物通の書物随筆 第7巻 古書通（宮里立士, 佐藤哲彦編集・解題, 河原万吉著） 2011.8

97 書物通の書物随筆 第8巻 読書管見（宮里立士, 佐藤哲彦編集・解題, 桐島像一著） 2011.8

98 大阪出版文化資料集 第1巻 碩園先生追悼録（宮里立士, 佐藤哲彦） 2012.2

98 大阪出版文化資料集 第2巻 高木利太追悼録（宮里立士, 佐藤哲彦編, ［高木まさ］, ［川瀬一馬］［編］） 2012.2

98 大阪出版文化資料集 第3巻 記憶を辿りて（宮里立士, 佐藤哲彦編, 土屋大夢著, ［土屋文集刊行会］［編］） 2012.2

98 大阪出版文化資料集 第4巻 百楽荘漫記（宮里立士, 佐藤哲彦編, 福良竹亭著） 2012.2

98 大阪出版文化資料集 第5巻 大大阪と文化―長春庵随想録（宮里立士, 佐藤哲彦編, 伊達俊光著） 2012.2

98 大阪出版文化資料集 第6巻 大阪明治文化研究会会報―第1号～第16号（宮里立士, 佐藤哲彦編） 2012.2

99 新聞で見る戦時上海の文化総覧―「大陸新報」文芸文化記事細目 上巻（大橋毅彦, 竹松良明, 趙夢雲, 山﨑真紀子, 鈴木将久, 木田隆文, 関根真保, 松本陽子編著） 2012.5

99 新聞で見る戦時上海の文化総覧―「大陸新報」文芸文化記事細目 下巻（大橋毅彦, 竹松良明, 趙夢雲, 山﨑真紀子, 鈴木将久, 木田隆文, 関根真保, 松本陽子編著） 2012.5

99 新聞で見る戦時上海の文化総覧―「大陸新報」文芸文化記事細目 別巻 索引（大橋毅彦, 竹松良明, 趙夢雲, 山﨑真紀子, 鈴木将久, 木田隆文, 関根真保, 松本陽子編著, 宮里立士, 佐藤哲彦別巻編集） 2012.10

100 戦時下における外国文献解説 2第1巻 『日本読書協会会報』昭和13年11月号/12月号〈第217号/第218号〉（宮里立士編集・解説） 2012.8

100 戦時下における外国文献解説 2第2巻 『日本読書協会会報』昭和14年1月号/2月号〈第219号/第220号〉（宮里立士編集・解説） 2012.8

100 戦時下における外国文献解説 2第3巻 『日本読書協会会報』昭和14年3月号/4月号〈第221号/第222号〉（宮里立士編集・解説） 2012.8

100 戦時下における外国文献解説 2第4巻 『日本読書協会会報』昭和14年5月号/6月号〈第223号/第224号〉（宮里立士編集・解説） 2012.8

100 戦時下における外国文献解説 2第5巻 『日本読書協会会報』昭和14年7月号/8月号〈第225号/第226号〉（宮里立士編集・解説） 2012.8

100 戦時下における外国文献解説 2第6巻 『日本読書協会会報』昭和14年9月号/10月号〈第227号/第228号〉 ［復刻］（宮里立士編集・解説） 2012.8

100 戦時下における外国文献解説 2第7巻 『日本読書協会会報』昭和14年11月号/12月号〈第229号/第230号〉（宮里立士編集・解説） 2012.8

100 戦時下における外国文献解説 2第8巻 『日本読書協会会報』昭和15年1月号/2月号〈第231号/第232号〉（宮里立士編集・解説） 2012.8

100 戦時下における外国文献解説 2 第9巻 『日本読書協会会報』昭和15年3月号/4月号〈第233号/第234号〉（宮里立士編集・解説） 2012.11

100 戦時下における外国文献解説 2 第10巻 『日本読書協会会報』昭和15年5月号/6月号〈第235号

出版・書誌　　　　　　　　　　　　　　　　　　　　　　　　　　　　　　　　総記

/第236号）(宮里立士編集・解説)　2012.11

100　戦時下における外国文献解説　2 第11巻　『日本読書協会会報』昭和15年7月号/8月号（第237号/第238号）(宮里立士編集・解説)　2012.11

100　戦時下における外国文献解説　2 第12巻　『日本読書協会会報』昭和15年9月号/10月号（第239号/第240号）(宮里立士編集・解説)　2012.11

100　戦時下における外国文献解説　2 第13巻　『日本読書協会会報』昭和15年11月号/12月号（第241号/第242号）(宮里立士編集・解説)　2012.11

100　戦時下における外国文献解説　2 第14巻　『日本読書協会会報』昭和16年1月号/2月号（第243号/第244号）(宮里立士編集・解説)　2012.11

100　戦時下における外国文献解説　2 第15巻　『日本読書協会会報』昭和16年3月号（第245号）/解説（宮里立士編集・解説)　2012.11

101　南支調査会南方文庫目録　第1巻　南支調査会所属南方文庫所蔵図書目録 分冊第1・第2(宮里立士編集・解題)　2013.1

101　南支調査会南方文庫目録　第2巻　南支調査会所属南方文庫所蔵図書目録 分冊第3・第4(宮里立士編集・解題)　2013.1

101　南支調査会南方文庫目録　第3巻　南支調査会所属南方文庫所蔵図書目録 分冊第5 / 南支調査会紀要―解題(宮里立士編集・解題)　2013.1

102　新発田藩溝口家書目集成　第1巻　直養・直侯期目録(朝倉治彦監修, 岩本篤志, 浅倉有子編)　2013.3

102　新発田藩溝口家書目集成　第2巻　直諒・直溥・直正期目録(朝倉治彦監修, 岩本篤志, 浅倉有子編)　2013.3

102　新発田藩溝口家書目集成　第3巻　近代の目録1(朝倉治彦監修, 岩本篤志, 浅倉有子編)　2013.3

102　新発田藩溝口家書目集成　第4巻　近代の目録2(朝倉治彦監修, 岩本篤志, 浅倉有子編, 岩本篤志, 浅倉有子, 鈴木秋彦解説)　2013.3

103　図書館学講座　第1巻　図書館学講座 第1巻～第4巻(中西裕監修)　2013.6

103　図書館学講座　第2巻　図書館学講座 第5巻～第8巻(中西裕監修)　2013.6

103　図書館学講座　第3巻　図書館学講座 第9巻～第12巻/解題/総目次(中西裕監修)　2013.6

104　本道楽　第8巻　通巻七十九号・第九十号　2013.12

104　本道楽　第9巻　通巻第九十一号・第百二号　2013.12

104　本道楽　第10巻　通巻第百三号・第百十四号　2013.12

104　本道楽　第11巻　通巻第百十五号・第百二十六号　2013.12

104　本道楽　第12巻　通巻第百二十七号・第百三十八号　2013.12

104　本道楽　第13巻　通巻第百三十九号・第百五十三号　2013.12

104　本道楽　第14巻　通巻第百五十四号・第百七十三号/解題　2013.12

105　大阪府立図書館稀覯書展覧会目録　第1巻(宮里立士編集・解説)　2014.3

105　大阪府立図書館稀覯書展覧会目録　第2巻(宮里立士編集・解説)　2014.3

105　大阪府立図書館稀覯書展覧会目録　第3巻(宮里立士編集・解説)　2014.3

105　大阪府立図書館稀覯書展覧会目録　第4巻(宮里立士編集・解説)　2014.3

◇鹿田松雲堂書籍月報　第1巻　第一号～第八号 明治二三年　2014.12

◇鹿田松雲堂書籍月報　第2巻　第九号～第二〇号 明治二四（一八九一）年　2014.12

◇鹿田松雲堂書籍月報　第3巻　第二一号～第二七号 明治二五年　2014.12

◇鹿田松雲堂書籍月報　第4巻　第二八号～第三三号 明治二六年　2014.12

◇鹿田松雲堂書籍月報　第5巻　第三四号～第三九号 明治二七年　2014.12

◇鹿田松雲堂書籍月報　第6巻　第四〇号～第四四号 明治二八年　2014.12

◇鹿田松雲堂書籍月報　第7巻　第四五号～第四八号 明治二九（一八九六）年　2014.12

◇鹿田松雲堂書籍月報　第8巻　第四九号～第五二号 明治三〇年　2014.12

◇鹿田松雲堂書籍月報　第9巻　第五三号～第五五号 明治三一年　2014.12

107　鹿田松雲堂書籍月報　第10巻　第五六号・第五七号 明治三二（一八九九）年　2015.3

107　鹿田松雲堂書籍月報　第11巻　第五八号・第五九号 明治三三（一九〇〇）年　2015.3

107　鹿田松雲堂書籍月報　第12巻　第六〇号・第六一号 明治三四（一九〇一）年　2015.3

107　鹿田松雲堂書籍月報　第13巻　第六二号・第六三号 明治三五（一九〇二）年　2015.3

107　鹿田松雲堂書籍月報　第14巻　第六四号・第

総記　　　　　　　　　　　　　　　　　　　　　　　　出版・書誌

六五号　明治三六（一九〇三）年　2015.3

107　鹿田松雲堂書籍月報　第15巻　第六六号・第
六七号　明治三七（一九〇四）年　2015.3

107　鹿田松雲堂書籍月報　第16巻　第六八号・第
六九号　明治三八（一九〇五）年　2015.3

107　鹿田松雲堂書籍月報　第17巻　第七〇号・第
七一号　明治三九（一九〇六）年　2015.3

107　鹿田松雲堂書籍月報　第18巻　第七二号　明
治四〇（一九〇七）年　2015.3

107　鹿田松雲堂書籍月報　第19巻　第七三号　明
治四一（一九〇八）年　2015.3

◇鹿田松雲堂　古典聚目　第10巻～第18巻　2015.
12

109　「満洲国」公的機関収蔵図書目録　第1巻　満
洲帝国国務院文庫蔵書目録―康徳五年末現在（松
本和久編集，[国務院総務庁官房文書科]〔編〕）
2016.8

109　「満洲国」公的機関収蔵図書目録　第2巻　政
府各官公署保存資料目録―康徳元年十一月底〈国
務院統計処〉（松本和久編集）　2016.8

109　「満洲国」公的機関収蔵図書目録　第3巻　図
書目録―康徳二年四月末現在〈財政部〉／図書目
録―康徳四年十二月末現在〈民生部〉／追加図書
目録―自康徳五年一月至康徳六年三月〈民生部〉
（松本和久編集）　2016.8

109　「満洲国」公的機関収蔵図書目録　第4巻　満
洲帝国外務局図書分類目録―康徳五年八月末現
在／満洲帝国外務局図書分類目録追録　第1輯（康
徳六年八月末現在）／西北問題漢文図書目録―
康徳八年五月〈外務局〉（松本和久編集）　2016.
8

109　「満洲国」公的機関収蔵図書目録　第5巻　満
洲国司法部図書分類目録―康徳二年六月末日現在
／図書目録―康徳十年六月現在〈経済部〉（松本和
久編集，[満洲帝国司法部総務司調査科]〔編〕）
2016.8

109　「満洲国」公的機関収蔵図書目録　第6巻　資
料目録―康徳元年11月〈実業部臨時産業調査局〉
／資料目録―康徳3年12月〈実業部臨時産業調査
局〉（松本和久編集）　2016.11

109　「満洲国」公的機関収蔵図書目録　第7巻　資
料分類目録―康徳5年11月末現在〈産業部〉（松本
和久編集）　2016.11

109　「満洲国」公的機関収蔵図書目録　第8巻　図書
分類目録―康徳2年3月末日現在〈大同学院〉／図
書分類目録追録　第1輯（康徳2年4月～同年末〈大
同学院〉）／図書分類目録追録　第2輯（康徳3年度

〈大同学院〉）／図書分類目録追録　第3輯（康徳
4・5年度〈大同学院〉）（松本和久編集）　2016.11

109　「満洲国」公的機関収蔵図書目録　第9巻　建
国大学図書特殊目録　第1輯（漢文新装本之部康徳
7年3月末現在）／建国大学図書特殊目録　第3輯
（東亜関係洋書之部康徳7年12月末現在）（松本和
久編集）　2016.11

書籍文化史　鈴木俊幸編　鈴木俊幸　2000～2016
⇒Ⅰ-160
第11集　2010.1
12　2011.1
13　2012.1
14　2013.1
15　2014.1
16　2015.1
17　2016.1

書店大戦シリーズ　青田コーポレーション出版部
2013
1　理想の書店―高く掲げよう「お客さま第一」の
旗（青田恵一著）　2013.4

書店男子　リブレ出版　2014
メガネ編（写真集）（AndoSeita[撮影]）　2014.9

序文検索　杉並けやき出版　2014
2冊目　序文跋文あれこれ（かわじもとたか編著）
2014.7

シリーズ・アタラクシア　立正大学情報メディア
センター　2013～2015
vol.1　立正大学蔵書の歴史寄贈本のルーツをたど
る―近世駿河から図書館へ（小此木敏明著，立正
大学大崎図書館編）　2013.3
vol.2　蔵書のはなし―立正大学開校140周年記念今
昔蔵書展資料選（立正大学大崎図書館編）　2014.
3
vol.3　印刷漢文大蔵経の歴史　中国・高麗篇（野沢
佳美著，立正大学品川図書館編）　2015.3

シリーズ〈本の文化史〉　平凡社　2015～2016
1　読書と読者（横田冬彦編）　2015.5
2　書籍の宇宙―広がりと体系（鈴木俊幸編）
2015.5
3　書籍文化とその基底（若尾政希編）　2015.10
4　出版と流通（横田冬彦編）　2016.10

新亜細亜　不二出版　2011
第1巻～第3巻　昭和14年8月～15年4月　復刻版

全集・叢書総目録 2011-2016　**205**

出版・書誌　　　　　　　　　　　　　　　　　　　　　　　　　　　　総記

2011.12

新刊図書雑誌月報　東京堂出版　2014
第7巻 - 第10巻　大正9年 - 12年　復刻版（柴野京
　子監修・解題）　2014.1

新女性　不二出版　2010〜2011　⇒Ⅰ-160
第5巻〜第8巻　第19号〜第31号　復刻版　2010.12
第13巻 - 第16巻　第48号 - 第64号　復刻版　2011.
　12

新入社員のためのテキスト　日本書籍出版協会
　2003〜2015　⇒Ⅰ-160
2　出版営業入門　第3版（日本書籍出版協会研修事
　業委員会編）　2015.3

人民文学　不二出版　2010〜2011　⇒Ⅰ-161
第1巻〜第4巻　昭和25年11月 - 昭和27年3月　復刻
　版　2010.11
第13巻 - 第15巻＋付録1　復刻版　2011.11

人類愛善新聞　不二出版　2012〜2013
第1巻〜第3巻　復刻版　2012.10
第4巻 - 第5巻 - 別冊1　復刻版（対馬路人解説）
　2013.11

スロヴァキアを知るために　さいたま市図書館
　2011
2011（ブラティスラヴァ世界絵本原画展のための
　ブックリスト）（さいたま市図書館編）　2011.7

成功　不二出版　2014〜2016
第1巻〜第4巻　第1巻第1号〜第7巻第1号　復刻版
　2014.11
第5巻〜第8巻　第7巻第2号〜第11巻第5号　復刻版
　2015.3
第13巻〜第16巻 - 別冊1　第16巻第1号〜第19巻第
　1号　復刻版　2015.11
第17巻〜第20巻　復刻版　2016.3
第25巻〜第28巻　第24巻第2号〜第27巻第1号　復
　刻版　2016.11

世界のバリアフリー絵本展　日本国際児童図書評
　議会　2012〜2016
2011（図録（日本語版）：IBBY障害児図書資料セン
　ターの2011年推薦図書）（JBBY「世界のバリア
　フリー絵本展」実行委員会編）　2012.3
2013（図録（日本語版）IBBY障害児図書資料セン
　ターの2013年推薦図書）（JBBY「世界のバリア
　フリー絵本展」実行委員会編）　2014.4

2015（IBBY障害児図書資料センターの2015年推薦
　図書）（JBBY「世界のバリアフリー絵本展」実
　行委員会編）　2016.3
2015（IBBY障害児図書資料センターの2015年推薦
　図書）　2016.3

世界の夢の本屋さん　清水玲奈著　エクスナレッ
　ジ　2012〜2013
2　2012.7
3　2013.11

全集・叢書総目録　日外アソシエーツ編　日外ア
　ソシエーツ　1999〜2011　⇒Ⅰ-161
2005-2010 1　総記　2011.6
2005-2010 2　人文　2011.3
2005-2010 3　社会　2011.5
2005-2010 4　科学 技術 産業　2011.4
2005-2010 5　芸術 言語 文学　2011.4
2005-2010 6　総索引　2011.7

叢書エログロナンセンス　ゆまに書房　2015〜
　2016
◇グロテスク　第1巻〜第5巻　復刊（島村輝監修）
　2015.10
◇グロテスク　第6巻　第2巻第11号・第2巻第12号
　（島村輝監修）　2016.2
◇グロテスク　第7巻　第3巻第1号・新年臨時増刊
　号（島村輝監修）　2016.2
◇グロテスク　第8巻　第4巻第1号・第4巻第2号（島
　村輝監修）　2016.2
◇グロテスク　第9巻　第4巻第3号・第4巻第4号（島
　村輝監修）　2016.2
◇グロテスク　第10巻　第4巻第5号・関連資料/総
　目次/解説（島村輝監修・解説）　2016.2
◇グロテスク　補巻　第2巻第6号・解題（島村輝監
　修・解題）　2016.2
第2期　文芸市場/カーマシヤストラ　第1巻　『文
　芸市場』第3巻第6号/第3巻第7号（島村輝監修）
　2016.12
第2期　文芸市場/カーマシヤストラ　第2巻　『文
　芸市場』第3巻第8号/第3巻第9号（島村輝監修）
　2016.12
第2期　文芸市場/カーマシヤストラ　第3巻　『カー
　マシヤストラ』No.1/No.2（島村輝監修）　2016.
　12
第2期　文芸市場/カーマシヤストラ　第4巻　『カー
　マシヤストラ』No.3/No.4（島村輝監修）　2016.
　12

総 記   出 版・書 誌

第2期　文芸市場/カーマシヤストラ　第5巻　『カー
　　マシヤストラ』No.5/関連資料/解説（島村輝監修・
　　解説）　2016.12

装丁雑記　坂口顕著　展望社　2013
［正］　2013.11
続　2013.11

素材映像目録　内堀基光　2014
ヒト編　Human：人間・その起源を探る―放送大
　　学特別番組（山下俊介, 大石高典, 内堀基光編）
　　2014.3

大中華文庫 中英対訳　大空社　2010～2012
◇収録書目次総覧―第1回配本（大空社編集部編集）
　　2010.3
◇収録書目次総覧―第4回配本（大空社編集部編集）
　　2012.6
◇収録書目次総覧―第5回配本（大空社編集部編集）
　　2012.9

台湾における著作権侵害対策ハンドブック　文化
　　庁長官官房国際課　2011
2（文化科学研究所編）　2011.3

棚ブックス　西日本新聞社　2016
01　カンカンパッチ（sunui著）　2016.5
02　本屋がなくなったら、困るじゃないか―11時
　　間ぐびぐび会議（ブックオカ編）　2016.7

地の塩　不二出版　2014
第3巻～第7巻・別冊1　第66号～第113号　復刻版
　　2014.12

千葉県EL新聞記事情報リスト　エレクトロニッ
　　ク・ライブラリー編　エレクトロニック・ライ
　　ブラリー　2007～2015　⇒Ⅰ-162
2010-1　2011.2
2010-2　2011.2
2010-3　2011.2
2010-4　2011.2
2011-1　2012.2
2011-2　2012.2
2011-3　2012.2
2011-4　2012.2
2011-5　2012.2
2012-1　2013.2
2012-2　2013.2
2012-3　2013.2
2012-4　2013.2
2012-5　2013.2
2013-1　2014.2

2013-2　2014.2
2013-3　2014.2
2013-4　2014.2
2013-5　2014.2
2014-1　2015.2
2014-2　2015.2
2014-3　2015.2
2014-4　2015.2
2014-5　2015.2

千葉県ELNET新聞記事情報リスト　エレクトロ
　　ニック・ライブラリー編　エレクトロニック・
　　ライブラリー　2016
2015-1　2016.2
2015-2　2016.2
2015-3　2016.2
2015-4　2016.2
2015-5　2016.2

中国出版産業データブック　日本僑報社　2015
Vol.1（国家新聞出版ラジオ映画テレビ総局図書出
　　版管理局著, 段景子監修, 井田綾, 舩山明音訳）
　　2015.7

著作権研究所研究叢書　著作権情報センター
　　2009～2014　⇒Ⅰ-162
no.22　著作権法と不正競争防止法の交錯問題に
　　関する研究（著作権法と不正競争防止法委員会
　　［編］）　2012.10
no.23　著作権と表現の自由をめぐる諸問題―著作
　　権と表現の自由委員会（著作権情報センター附属
　　著作権研究所［著］）　2013.3
no.24　著作権白書―著作権産業の側面からみて
　　第4集（著作権情報センター附属著作権研究所
　　［著］）　2013.10
no.25　私的録音録画に関する実態調査報告書（著作
　　権情報センター附属著作権研究所［著］）　2014.
　　3

著作権・著作隣接権論文集　著作権情報センター
　　［編］　著作権情報センター　1999～2016
　　⇒Ⅰ-163
第8回　2012.2
第9回　2014.1
第10回　2016.1

著作権文献・資料目録　大家重夫, 黒沢節男編
　　著作権情報センター　2005～2012　⇒Ⅰ-163
2009　2011.3
2010　2012.3

全集・叢書総目録 2011-2016　**207**

出版・書誌

著作権法コンメンタール 勁草書房 2009〜2015
　⇒Ⅰ-163
1　1条〜25条　第2版(半田正夫, 松田政行編)
　2015.12
2　26条〜88条　第2版(半田正夫, 松田政行編)
　2015.12
3　89条〜124条・附則 著作権等管理事業法　第2
　版(半田正夫, 松田政行編)　2015.12
別冊[2]　平成24年改正解説(池村聡, 壱貫田剛史
　著)　2013.3

著作権法入門 文化庁編著　著作権情報センター
　2010〜2016
2010-2011　2010.9
2011-2012　2011.9
2012-2013　2012.10
2013-2014　2013.10
2014-2015　2014.10
2015-2016　2015.10
2016-2017　2016.10

著作権マニュアル 全国視覚障害者情報提供施設
　協会 2011
2008 別冊　2009年改正著作権法第37条第3項を中
　心に 新版(全国視覚障害者情報提供施設協会著
　作権プロジェクト編)　2011.3

ちりめん本影印集成 中野幸一, 榎本千賀編　勉
　誠出版 2014
第1冊　英語版(日本昔噺輯篇)　2014.2
第2冊　フランス語版・イタリア語版・ロシア語版
　(日本昔噺輯篇)　2014.2
第3冊　ドイツ語版・ポルトガル語版・スウェーデ
　ン語版(日本昔噺輯篇)　2014.2
第4冊　スペイン語版 カタログ3種 解題(日本昔噺
　輯篇)　2014.2

恒藤記念室叢書 大阪市立大学恒藤記念室編　大
　阪市立大学大学史資料室 2011〜2016
1　大空 / 神戸衛生院日記(井川天籟, 井川恭[著])
　2011.3
2　恒藤恭滝川事件関係資料 / 神戸時代の井川(恒
　藤)恭([古沢夕起子][著])　2012.3
3　恒藤恭「欧州留学日記」―1924年 / 恒藤恭学長
　式辞集(恒藤恭[著述])　2013.3
4　恒藤恭「欧州留学日記」―1925年(恒藤恭[著])
　2014.3
5　大阪市立大学恒藤記念室所蔵資料目録 増補改
　訂版(大阪市立大学恒藤記念室編)　2015.3

6　恒藤恭「戦中日記」 1941-1945年(恒藤恭[著])
　2016.3

デザイナーズハンドブック バイインターナショ
　ナル 2015
レイアウト編　豊富な実例で学ぶこれだけは知っ
　ておきたいレイアウトの基礎知識　2015.7

デジタルテキスト編集必携 翔泳社 2012
技法編(長谷川秀記著)　2012.12
基本編(清水隆著, 川月現大編)　2012.12

デスクマニュアルシリーズ 日本病院ライブラ
　リー協会 2008〜2014 ⇒Ⅰ-141
◇ホームスの冒険―謎解き・紐解き・文献検索：医
　学文献を求めて(小林靖明著, 『ホームスの冒険』
　編集委員会編)　2014.3

天理図書館叢書 天理大学出版部 2010
第46輯　天理図書館稀書目録 和漢書之部 第5(天
　理大学附属天理図書館編)　2010.10

東京創元社文庫解説総目録 高橋良平, 東京創元
　社編集部編　東京創元社 2010
[1959.4-2010.3]　2010.12
[1959.4-2010.3] 資料編　2010.12

東京都(板橋区・練馬区)EL新聞記事情報リスト
　エレクトロニック・ライブラリー編　エレクト
　ロニック・ライブラリー 2013〜2015
2012　2013.2
2013　2014.2
2014　2015.2

**東京都(板橋区・練馬区)ELNET新聞記事情報リ
　スト** エレクトロニック・ライブラリー 2016
2015(エレクトロニック・ライブラリー編)　2016.
　2

東京堂月報 柴野京子監修・解説　東京堂出版
　2015〜2016
第14巻・第16巻・別巻1　復刻版　2015.7
第17〜19巻・別巻2　復刻版　2016.1
第20・22巻・別巻3　復刻版　2016.7

**東京都(葛飾区・江戸川区)EL新聞記事情報リス
　ト** エレクトロニック・ライブラリー編　エレ
　クトロニック・ライブラリー 2008〜2015
　⇒Ⅰ-164
2010　2011.2
2011　2012.2

総記　　　　　　　　　　　　　　　　　　　　　　　　　出版・書誌

2012　2013.2
2013　2014.2
2014　2015.2

東京都（葛飾区・江戸川区）ELNET新聞記事情報
　リスト　エレクトロニック・ライブラリー
　2016
2015（エレクトロニック・ライブラリー編）　2016.
　2

東京都（北区・荒川区・足立区）EL新聞記事情報
　リスト　エレクトロニック・ライブラリー編
　エレクトロニック・ライブラリー　2008～2015
　⇒Ⅰ－164
2010　2011.2
2011　2012.2
2012　2013.2
2013　2014.2
2014　2015.2

東京都（北区・荒川区・足立区）ELNET新聞記事
　情報リスト　エレクトロニック・ライブラリー
　2016
2015（エレクトロニック・ライブラリー編）　2016.
　2

東京都（北多摩Ⅰ）EL新聞記事情報リスト　エレ
　クトロニック・ライブラリー編　エレクトロ
　ニック・ライブラリー　2011～2016
2010　2011.2
2011　2012.2
2012　2013.2
2013　2014.2
2014　2015.2
2015　2016.2

東京都（北多摩Ⅱ）EL新聞記事情報リスト　エレ
　クトロニック・ライブラリー編　エレクトロ
　ニック・ライブラリー　2011～2016
2010　2011.2
2011　2012.2
2012　2013.2
2013　2014.2
2014　2015.2
2015　2016.2

東京都江東区EL新聞記事情報リスト　エレクト
　ロニック・ライブラリー編　エレクトロニッ
　ク・ライブラリー　2008～2015　⇒Ⅰ－164
2010　2011.2
2011　2012.2
2012　2013.2
2013　2014.2

2014　2015.2

東京都江東区ELNET新聞記事情報リスト　エレ
　クトロニック・ライブラリー　2016
2015（エレクトロニック・ライブラリー編）　2016.
　2

東京都子供読書活動推進資料　東京都立多摩図書
　館　2009～2014　⇒Ⅰ－164
2010　ほん・本・ごほん　3　行ってみたいなやっ
　てみたいなたいせつなもの（東京都立多摩図書館
　編）　2011.3
2011　読み聞かせABC―集団の子供たちへの読み
　聞かせに（東京都立多摩図書館編）　2012.3
◇羅針盤―高校生のための本42冊　2（東京都立多
　摩図書館編）　2012.12
◇子どもたちに物語の読み聞かせを　改訂（東京都
　立多摩図書館編）　2014.5

東京都（品川区・大田区）EL新聞記事情報リスト
　エレクトロニック・ライブラリー編　エレクト
　ロニック・ライブラリー　2007～2015
　⇒Ⅰ－164
2010　2011.2
2011　2012.2
2012　2013.2
2013　2014.2
2014　2015.2

東京都（品川区・大田区）ELNET新聞記事情報リ
　スト　エレクトロニック・ライブラリー　2016
2015（エレクトロニック・ライブラリー編）　2016.
　2

東京都渋谷区EL新聞記事情報リスト　エレクト
　ロニック・ライブラリー編　エレクトロニッ
　ク・ライブラリー　2008～2015　⇒Ⅰ－164
2010　2011.2
2011　2012.2
2012　2013.2
2013　2014.2
2014　2015.2

東京都渋谷区ELNET新聞記事情報リスト　エレ
　クトロニック・ライブラリー　2016
2015（エレクトロニック・ライブラリー編）　2016.
　2

出版・書誌 総記

東京都新宿区EL新聞記事情報リスト　エレクト
　ロニック・ライブラリー編　エレクトロニッ
　ク・ライブラリー　2008〜2015　⇒Ⅰ-165
2010　2011.2
2011　2012.2
2012　2013.2
2013　2014.2
2014　2015.2

東京都新宿区ELNET新聞記事情報リスト　エレ
　クトロニック・ライブラリー　2016
2015(エレクトロニック・ライブラリー編)　2016.
　2

東京都全域EL新聞記事情報リスト　エレクトロ
　ニック・ライブラリー編　エレクトロニック・
　ライブラリー　2007〜2015　⇒Ⅰ-165
2010-1　2011.2
2010-2　2011.2
2010-3　2011.2
2010-4　2011.2
2010-5　2011.2
2010-6　2011.2
2010-7　2011.2
2010-8　2011.2
2010-9　2011.2
2010-10　2011.2
2010-11　2011.2
2010-12　2011.2
2010-13　2011.2
2010-14　2011.2
2011-1　2012.2
2011-2　2012.2
2011-3　2012.2
2011-4　2012.2
2011-5　2012.2
2011-6　2012.2
2011-7　2012.2
2011-8　2012.2
2011-9　2012.2
2011-10　2012.2
2011-11　2012.2
2011-12　2012.2
2011-13　2012.2
2011-14　2012.2
2011-15　2012.2
2012-1　2013.2
2012-2　2013.2
2012-3　2013.2
2012-4　2013.2
2012-5　2013.2
2012-6　2013.2
2012-7　2013.2
2012-8　2013.2
2012-9　2013.2

2012-10　2013.2
2012-11　2013.2
2012-12　2013.2
2012-13　2013.2
2012-14　2013.2
2012-15　2013.2
2012-16　2013.2
2013-1　2014.2
2013-2　2014.2
2013-3　2014.2
2013-4　2014.2
2013-5　2014.2
2013-6　2014.2
2013-7　2014.2
2013-8　2014.2
2013-9　2014.2
2013-10　2014.2
2013-11　2014.2
2013-12　2014.2
2013-13　2014.2
2013-14　2014.2
2013-15　2014.2
2013-16　2014.2
2013-17　2014.2
2014-1　2015.2
2014-2　2015.2
2014-3　2015.2
2014-4　2015.2
2014-5　2015.2
2014-6　2015.2
2014-7　2015.2
2014-8　2015.2
2014-9　2015.2
2014-10　2015.2
2014-11　2015.2
2014-12　2015.2
2014-13　2015.2
2014-14　2015.2
2014-15　2015.2
2014-16　2015.2
2014-17　2015.2
2014-18　2015.2
2014-19　2015.2
2014-20　2015.2
2014-21　2015.2
2014-22　2015.2
2014-23　2015.2
2014-24　2015.2
2014-25　2015.2

東京都全域ELNET新聞記事情報リスト　エレク
　トロニック・ライブラリー編　エレクトロニッ
　ク・ライブラリー　2016
2015-1　2016.2
2015-2　2016.2
2015-3　2016.2

総記   出版・書誌

2015-4　2016.2
2015-5　2016.2
2015-6　2016.2
2015-7　2016.2
2015-8　2016.2
2015-9　2016.2
2015-10　2016.2
2015-11　2016.2
2015-12　2016.2
2015-13　2016.2
2015-14　2016.2
2015-15　2016.2
2015-16　2016.2
2015-17　2016.2
2015-18　2016.2
2015-19　2016.2
2015-20　2016.2
2015-21　2016.2
2015-22　2016.2
2015-23　2016.2
2015-24　2016.2
2015-25　2016.2

東京都（台東区・墨田区）EL新聞記事情報リスト
　　エレクトロニック・ライブラリー編　エレクト
　　ロニック・ライブラリー　2008～2015
　　⇒Ⅰ－165
2010　2011.2
2011　2012.2
2012　2013.2
2013　2014.2
2014　2015.2

東京都（台東区・墨田区）ELNET新聞記事情報リ
　　スト　エレクトロニック・ライブラリー　2016
2015（エレクトロニック・ライブラリー編）　2016.
　　2

東京都中央区EL新聞記事情報リスト　エレクト
　　ロニック・ライブラリー編　エレクトロニッ
　　ク・ライブラリー　2008～2015　⇒Ⅰ－165
2010　2011.2
2011　2012.2
2012　2013.2
2013　2014.2
2014　2015.2

東京都中央区ELNET新聞記事情報リスト　エレ
　　クトロニック・ライブラリー　2016
2015（エレクトロニック・ライブラリー編）　2016.
　　2

東京都千代田区EL新聞記事情報リスト　エレク
　　トロニック・ライブラリー編　エレクトロニッ
　　ク・ライブラリー　2007～2015　⇒Ⅰ－165
2010-1　2011.2
2010-2　2011.2
2011-1　2012.2
2011-2　2012.2
2012-1　2013.2
2012-2　2013.2
2013-1　2014.2
2013-2　2014.2
2014-1　2015.2
2014-2　2015.2

東京都千代田区ELNET新聞記事情報リスト　エ
　　レクトロニック・ライブラリー編　エレクトロ
　　ニック・ライブラリー　2016
2015-1　2016.2
2015-2　2016.2

東京都（中野区・杉並区）EL新聞記事情報リスト
　　エレクトロニック・ライブラリー編　エレクト
　　ロニック・ライブラリー　2013～2015
2012　2013.2
2013　2014.2
2014　2015.2

東京都（中野区・杉並区）ELNET新聞記事情報リ
　　スト　エレクトロニック・ライブラリー　2016
2015（エレクトロニック・ライブラリー編）　2016.
　　2

東京都（中野区・杉並区・板橋区・練馬区）EL新
　　聞記事情報リスト　エレクトロニック・ライブ
　　ラリー編　エレクトロニック・ライブラリー
　　2007～2012　⇒Ⅰ－166
2010　2011.2
2011　2012.2

東京都（文京区・豊島区）EL新聞記事情報リスト
　　エレクトロニック・ライブラリー編　エレクト
　　ロニック・ライブラリー　2008～2015
　　⇒Ⅰ－166
2010　2011.2
2011　2012.2
2012　2013.2
2013　2014.2
2014　2015.2

東京都（文京区・豊島区）ELNET新聞記事情報リ
　　スト　エレクトロニック・ライブラリー　2016
2015（エレクトロニック・ライブラリー編）　2016.
　　2

全集・叢書総目録 2011-2016　211

出版・書誌   総記

東京都港区EL新聞記事情報リスト　エレクトロ
　ニック・ライブラリー編　エレクトロニック・
　ライブラリー　2007～2015　⇒Ⅰ－166
2010-1　2011.2
2010-2　2011.2
2011-1　2012.2
2011-2　2012.2
2012-1　2013.2
2012-2　2013.2
2013-1　2014.2
2013-2　2014.2
2014-1　2015.2
2014-2　2015.2

東京都港区ELNET新聞記事情報リスト　エレク
　トロニック・ライブラリー編　エレクトロニッ
　ク・ライブラリー　2016
2015-1　2016.2
2015-2　2016.2

東京都（南多摩Ⅰ）EL新聞記事情報リスト　エレク
　トロニック・ライブラリー編　エレクトロニッ
　ク・ライブラリー　2013～2015
2012　2013.2
2013　2014.2
2014　2015.2

東京都（南多摩Ⅰ）ELNET新聞記事情報リスト
　エレクトロニック・ライブラリー　2016
2015（エレクトロニック・ライブラリー編）　2016.
　2

東京都（南多摩Ⅱ）EL新聞記事情報リスト　エレ
　クトロニック・ライブラリー編　エレクトロ
　ニック・ライブラリー　2013～2015
2012　2013.2
2013　2014.2
2014　2015.2

東京都（南多摩Ⅱ）ELNET新聞記事情報リスト
　エレクトロニック・ライブラリー　2016
2015（エレクトロニック・ライブラリー編）　2016.
　2

東京都（南多摩）EL新聞記事情報リスト　エレク
　トロニック・ライブラリー編　エレクトロニッ
　ク・ライブラリー　2007～2012　⇒Ⅰ－166
2010　2011.2
2011　2012.2

東京都（目黒区・世田谷区）EL新聞記事情報リス
　ト　エレクトロニック・ライブラリー編　エレ
　クトロニック・ライブラリー　2007～2015
　⇒Ⅰ－166
2010　2011.2
2011　2012.2
2012　2013.2
2013　2014.2
2014　2015.2

東京都（目黒区・世田谷区）ELNET新聞記事情報
　リスト　エレクトロニック・ライブラリー
　2016
2015（エレクトロニック・ライブラリー編）　2016.
　2

同人経済学概論 Basic discussion of doujin
　economics　五花八門　2014～2015
1　サークル活動の経済原則　第2版（上条紗智著）
　2014.11
2　取引秩序の形成と価格理論（上条紗智著）
　2014.12
3　同人経済活動のマクロ構造（上条紗智著）
　2015.8

同人経済学講座シリーズ　五花八門　2016
1　同人誌即売会の規模決定メカニズム　基礎編
　（上条紗智著）　2016.8
2　同人誌即売会の規模決定メカニズム　応用編
　（上条紗智著）　2016.12

東方学資料叢刊 Oriental studies reference
　series　東アジア人文情報学研究センター［編］
　京都大学人文科学研究所附属東アジア人文情報
　学研究センター　2016
第21冊　京大人文研蔵書印譜　2（矢木毅編）
　2016.1
第22冊　朝鮮本十選（矢木毅編）　2016.8

東邦協会報告　安岡昭男, 有山輝雄監修, 朝井佐智
　子編・解題, 高木宏治編　ゆまに書房　2013
第7巻　第十八・第二十　2013.12
第8巻　第二十一・第二十三　2013.12
第9巻　第二十四・第二十六　2013.12
第10巻　第二十七・第二十九　2013.12
第11巻　第三十・第三十二　2013.12
第12巻　第三十三・第三十五　2013.12
第13巻　第三十六・第三十八/解題・総目次　2013.
　12

総記 出版・書誌

東北文学 不二出版 2016
第1巻〜第4巻・別冊1 創刊号〜第3巻第1号 復刻版 2016.9

東洋学研究情報センター叢刊 東京大学東洋文化研究所附属東洋学研究情報センター 2003〜2016 ⇒Ⅰ-167
第15輯 東京大学東洋文化研究所所蔵社団法人日本ネパール協会旧蔵資料目録（名和克郎編） 2013.2
第17輯 東方文化学院旧蔵建築写真目録（平勢隆郎, 塩沢裕仁, 関紀子, 野久保雅嗣編） 2014.2
第18輯 東京国立博物館所蔵竹島卓一旧蔵「中国史跡写真」目録（田良島哲, 平勢隆郎, 三輪紫都香編） 2015.2
第20輯 広島大学文学部旧蔵漢籍目録（赤迫照子編） 2016.2
第21輯 黄土地上来了日本人［続］―中国山西省三光政策村的記憶（大野紀子編） 2016.3

徳島県EL新聞記事情報リスト エレクトロニック・ライブラリー編 エレクトロニック・ライブラリー 2007〜2015 ⇒Ⅰ-167
2010-1 2011.2
2010-2 2011.2
2011-1 2012.2
2011-2 2012.2
2012-1 2013.2
2012-2 2013.2
2013-1 2014.2
2013-2 2014.2
2014-1 2015.2
2014-2 2015.2

徳島県ELNET新聞記事情報リスト エレクトロニック・ライブラリー編 エレクトロニック・ライブラリー 2016
2015-1 2016.2
2015-2 2016.2

栃木県EL新聞記事情報リスト エレクトロニック・ライブラリー編 エレクトロニック・ライブラリー 2007〜2015 ⇒Ⅰ-167
2010-1 2011.2
2010-2 2011.2
2011-1 2012.2
2011-2 2012.2
2011-3 2012.2
2012-1 2013.2
2012-2 2013.2
2012-3 2013.2
2013-1 2014.2
2013-2 2014.2
2013-3 2014.2
2014-1 2015.2
2014-2 2015.2
2014-3 2015.2

栃木県ELNET新聞記事情報リスト エレクトロニック・ライブラリー編 エレクトロニック・ライブラリー 2016
2015-1 2016.2
2015-2 2016.2
2015-3 2016.2

鳥取県EL新聞記事情報リスト エレクトロニック・ライブラリー編 エレクトロニック・ライブラリー 2007〜2015 ⇒Ⅰ-167
2010-1 2011.2
2010-2 2011.2
2011-1 2012.2
2011-2 2012.2
2011-3 2012.2
2012-1 2013.2
2012-2 2013.2
2012-3 2013.2
2013-1 2014.2
2013-2 2014.2
2013-3 2014.2
2014-1 2015.2
2014-2 2015.2

鳥取県ELNET新聞記事情報リスト エレクトロニック・ライブラリー編 エレクトロニック・ライブラリー 2016
2015-1 2016.2
2015-2 2016.2

富山県EL新聞記事情報リスト エレクトロニック・ライブラリー編 エレクトロニック・ライブラリー 2007〜2015 ⇒Ⅰ-168
2010-1 2011.2
2010-2 2011.2
2010-3 2011.2
2010-4 2011.2
2011-1 2012.2
2011-2 2012.2
2011-3 2012.2
2011-4 2012.2
2012-1 2013.2
2012-2 2013.2
2012-3 2013.2
2012-4 2013.2
2012-5 2013.2
2013-1 2014.2
2013-2 2014.2
2013-3 2014.2

全集・叢書総目録 2011-2016　**213**

出版・書誌　　　　　　　　　　　　　　　　　　　　　　　　　　　　総 記

2013-4　2014.2
2014-1　2015.2
2014-2　2015.2
2014-3　2015.2
2014-4　2015.2

富山県ELNET新聞記事情報リスト　エレクトロ
　ニック・ライブラリー編　エレクトロニック・
　ライブラリー　2016
2015-1　2016.2
2015-2　2016.2
2015-3　2016.2
2015-4　2016.2

どんぐりの会が紹介する児童書リスト　私設ゆり
　がおか児童図書館　2011
その2　小学校低学年の子どもたちへ（どんぐりの
　会編）　2011.11

長崎県EL新聞記事情報リスト　エレクトロニッ
　ク・ライブラリー編　エレクトロニック・ライ
　ブラリー　2007〜2015　⇒Ⅰ-168
2010-1　2011.2
2010-2　2011.2
2010-3　2011.2
2011-1　2012.2
2011-2　2012.2
2012-1　2013.2
2012-2　2013.2
2012-3　2013.2
2013-1　2014.2
2013-2　2014.2
2013-3　2014.2
2014-1　2015.2
2014-2　2015.2
2014-3　2015.2

長崎県ELNET新聞記事情報リスト　エレクトロ
　ニック・ライブラリー編　エレクトロニック・
　ライブラリー　2016
2015-1　2016.2
2015-2　2016.2
2015-3　2016.2

長野県EL新聞記事情報リスト　エレクトロニッ
　ク・ライブラリー編　エレクトロニック・ライ
　ブラリー　2007〜2015　⇒Ⅰ-168
2010-1　2011.2
2010-2　2011.2
2010-3　2011.2
2011-1　2012.2
2011-2　2012.2
2011-3　2012.2
2012-1　2013.2

2012-2　2013.2
2012-3　2013.2
2013-1　2014.2
2013-2　2014.2
2013-3　2014.2
2014-1　2015.2
2014-2　2015.2
2014-3　2015.2
2014-4　2015.2
2014-5　2015.2

長野県ELNET新聞記事情報リスト　エレクトロ
　ニック・ライブラリー編　エレクトロニック・
　ライブラリー　2016
2015-1　2016.2
2015-2　2016.2
2015-3　2016.2
2015-4　2016.2
2015-5　2016.2

奈良県EL新聞記事情報リスト　エレクトロニッ
　ク・ライブラリー編　エレクトロニック・ライ
　ブラリー　2007〜2015　⇒Ⅰ-168
2010-1　2011.2
2010-2　2011.2
2010-3　2011.2
2011-1　2012.2
2011-2　2012.2
2011-3　2012.2
2012-1　2013.2
2012-2　2013.2
2012-3　2013.2
2013-1　2014.2
2013-2　2014.2
2013-3　2014.2
2014-1　2015.2
2014-2　2015.2
2014-3　2015.2

奈良県ELNET新聞記事情報リスト　エレクトロ
　ニック・ライブラリー編　エレクトロニック・
　ライブラリー　2016
2015-1　2016.2
2015-2　2016.2
2015-3　2016.2

新潟県EL新聞記事情報リスト　エレクトロニッ
　ク・ライブラリー編　エレクトロニック・ライ
　ブラリー　2007〜2015　⇒Ⅰ-168
2010-1　2011.2
2010-2　2011.2
2010-3　2011.2
2010-4　2011.2
2011-1　2012.2
2011-2　2012.2

総記

出版・書誌

2011-3　2012.2
2011-4　2012.2
2011-5　2012.2
2012-1　2013.2
2012-2　2013.2
2012-3　2013.2
2012-4　2013.2
2012-5　2013.2
2013-1　2014.2
2013-2　2014.2
2013-3　2014.2
2013-4　2014.2
2013-5　2014.2
2014-1　2015.2
2014-2　2015.2
2014-3　2015.2
2014-4　2015.2
2014-5　2015.2

新潟県ELNET新聞記事情報リスト　エレクトロ
ニック・ライブラリー編　エレクトロニック・
ライブラリー　2016
2015-1　2016.2
2015-2　2016.2
2015-3　2016.2
2015-4　2016.2
2015-5　2016.2

西村明文庫目録　別府大学附属図書館　2013
第2輯（別府大学図書館）　2013.3

日常でコンテンツを扱う際の著作権　上原伸一著
あみのさん　2014〜2015
入門・初級編　2014.2
入門・初級編　第2版　2015.4

日光　不二出版　2016
第1巻〜第3巻・別冊1　創刊号第1巻第9号　復刻版
2016.10

日本近代文学館所蔵資料目録　日本近代文学館
1977〜2011　⇒Ⅰ-169
32　上司小剣コレクション目録（日本近代文学館
編）　2011.3

日本件名図書目録　日外アソシエーツ　1999〜
2016　⇒Ⅰ-169
2010-1　人名・地名・団体名（日外アソシエーツ編）
2011.5
2010-2-[1]　一般件名 あ〜しよ（日外アソシエー
ツ編）　2011.6
2010-2-[2]　一般件名 しら〜わ（日外アソシエー
ツ編）　2011.6

2011-1　人名・地名・団体名（日外アソシエーツ編）
2012.5
2011-2-[1]　一般件名 あ〜しよ（日外アソシエー
ツ編）　2012.6
2011-2-[2]　一般件名 しら〜わ（日外アソシエー
ツ編）　2012.6
2012-1　人名・地名・団体名（日外アソシエーツ編）
2013.5
2012-2-[1]　一般件名 あ〜しょ（日外アソシエー
ツ編）　2013.6
2012-2-[2]　一般件名 しら〜わ（日外アソシエー
ツ編）　2013.6
2013-1　人名・地名・団体名（日外アソシエーツ編）
2014.5
2013-2-[1]　一般件名 あ〜しよ（日外アソシエー
ツ編）　2014.6
2013-2-[2]　一般件名 しら〜わ（日外アソシエー
ツ編）　2014.6
2014-1　人名・地名・団体名（日外アソシエーツ編）
2015.5
2014-2-[1]　一般件名 あ〜しよ（日外アソシエー
ツ編）　2015.6
2014-2-[2]　一般件名 しら〜わ（日外アソシエー
ツ編）　2015.6
2015-1　人名・地名・団体名（日外アソシエーツ編）
2016.5
2015-2-[1]　一般件名 あ〜しよ（日外アソシエー
ツ編）　2016.6
2015-2-[2]　一般件名 しら〜わ（日外アソシエー
ツ編）　2016.6

日本雑誌総目次要覧　日外アソシエーツ　2005〜
2014　⇒Ⅰ-169
2004-2013（中西裕編）　2014.4

日本書誌学大系　青裳堂書店　1978〜2014
⇒Ⅰ-169
100（1）　和刻法帖—中野三敏蔵書目録　目録篇（中
野三敏編）　2011.10
100-2　和刻法帖—中野三敏蔵書目録　図版篇（中
野三敏編）　2011.10
101-1　合巻集覧—早稲田大学所蔵　上　文化4-6
年（棚橋正博, 播本真一, 村田裕司, 佐々木亨, 二
又淳編）　2012.5
103-1　新編蔵書印譜　上　アーソ　増訂（渡辺守
邦, 後藤憲二編）　2013.10
103-2　新編蔵書印譜　中　ターワ　増訂（渡辺守

全集・叢書総目録 2011-2016　**215**

出版・書誌　　　　　　　　　　　　　　　　　　　　　　　　　　　　　　　総記

邦, 後藤憲二編）　2014.2

103-3　新編蔵書印譜　下　索引　増訂（渡辺守邦,
　後藤憲二編）　2014.12

日本婦人　不二出版　2011
第1巻第1号～第2巻第12号　1942年11月～45年1月
　別冊　復刻版　2011.11

ニュースボード　名雲純一編　名雲書店　2009～
　2013　⇒Ⅰ－170
第81号（a catalogue of antiquarian books）　2010.
　7
第82号（a catalogue of antiquarian books）　2010.
　10
第100号（a catalogue of antiquarian books）
　2013.9
第101号（a catalogue of antiquarian books）
　2013.10
第102号（a catalogue of antiquarian books）
　2013.10

裸木新書シリーズ　裸木同人会, 開山堂出版〔発
　売〕　2016
2　同人誌って何だ！―ちっぽけな同人誌『裸木』
　半世紀の呟き（鳥居哲男著）　2016.12

HAB　エイチアンドエスカンパニー　2016
no.2　本と流通（Human And Bookstore）　2016.
　5

版元ドットコム大全　版元ドットコム有限責任事
　業組合　2013
2013（出版社営業ノウハウと版元ドットコム活用
　術）（版元ドットコム有限責任事業組合編著）
　2013.8

ビジネス著作権検定公式テキスト　インプレス
　2016
［2016］（初級・上級）（和田宏徳, 坂本優, 藤原正樹
　著, 紋谷暢男監修）　2016.3

ビジネス著作権法　中央経済社　2014
侵害論編　新版（荒竹純一著）　2014.2

ひとり出版社「岩田書院」の舞台裏　岩田書院
　2013
Part3（2008～2013）（岩田博著）　2013.8

兵庫県EL新聞記事情報リスト　エレクトロニッ
　ク・ライブラリー編　エレクトロニック・ライ
　ブラリー　2007～2015　⇒Ⅰ－170
2010-1　2011.2
2010-2　2011.2
2010-3　2011.2
2010-4　2011.2
2010-5　2011.2
2011-1　2012.2
2011-2　2012.2
2011-3　2012.2
2011-4　2012.2
2011-5　2012.2
2012-1　2013.2
2012-2　2013.2
2012-3　2013.2
2012-4　2013.2
2012-5　2013.2
2012-6　2013.2
2013-1　2014.2
2013-2　2014.2
2013-3　2014.2
2013-4　2014.2
2013-5　2014.2
2013-6　2014.2
2014-1　2015.2
2014-2　2015.2
2014-3　2015.2
2014-4　2015.2
2014-5　2015.2
2014-6　2015.2
2014-7　2015.2

兵庫県ELNET新聞記事情報リスト　エレクトロ
　ニック・ライブラリー編　エレクトロニック・
　ライブラリー　2016
2015-1　2016.2
2015-2　2016.2
2015-3　2016.2
2015-4　2016.2
2015-5　2016.2
2015-6　2016.2
2015-7　2016.2

広島県EL新聞記事情報リスト　エレクトロニッ
　ク・ライブラリー編　エレクトロニック・ライ
　ブラリー　2007～2015　⇒Ⅰ－171
2010-1　2011.2
2010-2　2011.2
2010-3　2011.2
2010-4　2011.2
2010-5　2011.2
2011-1　2012.2
2011-2　2012.2
2011-3　2012.2

総記　　　　　　　　　　　　　　　　　　　　　　　　　　　　出版・書誌

2011-4　2012.2
2011-5　2012.2
2012-1　2013.2
2012-2　2013.2
2012-3　2013.2
2012-4　2013.2
2012-5　2013.2
2012-6　2013.2
2012-7　2013.2
2013-1　2014.2
2013-2　2014.2
2013-3　2014.2
2013-4　2014.2
2013-5　2014.2
2013-6　2014.2
2013-7　2014.2
2014-1　2015.2
2014-2　2015.2
2014-3　2015.2
2014-4　2015.2
2014-5　2015.2
2014-6　2015.2
2014-7　2015.2

広島県ELNET新聞記事情報リスト　エレクトロ
　ニック・ライブラリー編　エレクトロニック・
　ライブラリー　2016
2015-1　2016.2
2015-2　2016.2
2015-3　2016.2
2015-4　2016.2
2015-5　2016.2
2015-6　2016.2
2015-7　2016.2

広島県立歴史博物館資料目録　広島県立歴史博物
　館編　広島県立歴史博物館　2008〜2016
　⇒Ⅴ-116
2　黄葉夕陽文庫目録　書籍篇　2009.3
3　黄葉夕陽文庫目録　木版摺・銅版画・拓本篇
　2010.3
4　黄葉夕陽文庫目録　3　日記・草稿篇　2011.3
5　黄葉夕陽文庫目録　4　地図絵図・記録篇　2012.
　3
6　黄葉夕陽文庫目録　5　絵画・書跡篇1　2013.
　3
7　黄葉夕陽文庫目録　6　絵画・書跡篇2　2014.
　3
8　重要文化財「菅茶山関係資料」指定品目録　2016.
　3

広島市立中央図書館蔵浅野文庫目録　広島市立中
　央図書館編　広島市立中央図書館　2015
和書篇　2015.3
漢籍篇　2015.3

福井県EL新聞記事情報リスト　エレクトロニッ
　ク・ライブラリー編　エレクトロニック・ライ
　ブラリー　2007〜2015　⇒Ⅰ-171
2010-1　2011.2
2010-2　2011.2
2011-1　2012.2
2011-2　2012.2
2011-3　2012.2
2012-1　2013.2
2012-2　2013.2
2012-3　2013.2
2013-1　2014.2
2013-2　2014.2
2013-3　2014.2
2014-1　2015.2
2014-2　2015.2
2014-3　2015.2

福井県ELNET新聞記事情報リスト　エレクトロ
　ニック・ライブラリー編　エレクトロニック・
　ライブラリー　2016
2015-1　2016.2
2015-2　2016.2
2015-3　2016.2

福岡県EL新聞記事情報リスト　エレクトロニッ
　ク・ライブラリー編　エレクトロニック・ライ
　ブラリー　2007〜2015　⇒Ⅰ-171
2010-1　2011.2
2010-2　2011.2
2010-3　2011.2
2010-4　2011.2
2010-5　2011.2
2011-1　2012.2
2011-2　2012.2
2011-3　2012.2
2011-4　2012.2
2011-5　2012.2
2012-1　2013.2
2012-2　2013.2
2012-3　2013.2
2012-4　2013.2
2012-5　2013.2
2012-6　2013.2
2012-7　2013.2
2013-1　2014.2
2013-2　2014.2
2013-3　2014.2
2013-4　2014.2

全集・叢書総目録 2011-2016　　**217**

出版・書誌 総記

2013-5 2014.2
2013-6 2014.2
2013-7 2014.2
2014-1 2015.2
2014-2 2015.2
2014-3 2015.2
2014-4 2015.2
2014-5 2015.2

福岡県ELNET新聞記事情報リスト　エレクトロ
ニック・ライブラリー編　エレクトロニック・
ライブラリー　2016
2015-1 2016.2
2015-2 2016.2
2015-3 2016.2
2015-4 2016.2
2015-5 2016.2

福島県EL新聞記事情報リスト　エレクトロニッ
ク・ライブラリー編　エレクトロニック・ライ
ブラリー　2007〜2015　⇒Ⅰ-171
2010-1 2011.2
2010-2 2011.2
2010-3 2011.2
2010-4 2011.2
2010-5 2011.2
2011-1 2012.2
2011-2 2012.2
2011-3 2012.2
2011-4 2012.2
2011-5 2012.2
2011-6 2012.2
2011-7 2012.2
2011-8 2012.2
2011-9 2012.2
2011-10 2012.2
2011-11 2012.2
2011-12 2012.2
2011-13 2012.2
2011-14 2012.2
2011 別冊　原発関連記事 1　2012.2
2011 別冊　原発関連記事 2　2012.2
2012-1 2013.2
2012-2 2013.2
2012-3 2013.2
2012-4 2013.2
2012-5 2013.2
2012-6 2013.2
2012-7 2013.2
2012-8 2013.2
2012-9 2013.2
2012-10 2013.2
2012-11 2013.2
2012-12 2013.2
2012-13 2013.2

2012-14 2013.2
2012-15 2013.2
2012-16 2013.2
2012-17 2013.2
2013-1 2014.2
2013-2 2014.2
2013-3 2014.2
2013-4 2014.2
2013-5 2014.2
2013-6 2014.2
2013-7 2014.2
2013-8 2014.2
2013-9 2014.2
2013-10 2014.2
2013-11 2014.2
2013-12 2014.2
2014-1 2015.2
2014-2 2015.2
2014-3 2015.2
2014-4 2015.2
2014-5 2015.2
2014-6 2015.2
2014-7 2015.2
2014-8 2015.2
2014-9 2015.2

福島県ELNET新聞記事情報リスト　エレクトロ
ニック・ライブラリー編　エレクトロニック・
ライブラリー　2016
2015-1 2016.2
2015-2 2016.2
2015-3 2016.2
2015-4 2016.2
2015-5 2016.2
2015-6 2016.2
2015-7 2016.2
2015-8 2016.2
2015-9 2016.2

婦人グラフ 復刻版　能沢慧子監修・解説　東京堂
出版　2015
第1巻〜第3巻　復刻版　2015.1
第7巻〜第9巻　復刻版　2015.12

復刻版 文学界　不二出版　2011
第37巻 〜 第42巻　第9号 第10号 〜 第11巻 第4号
2011.1

古本屋ツアー・イン・ジャパン　原書房　2015
それから　珍奇で愉快な一五五のお店(全国古書店
めぐり)(小山力也著)　2015.10

文芸　不二出版　2011〜2015
第6巻〜第10巻　昭和9年4月〜10年1月　復刻版

総記　　　　　　　　　　　　　　　　　　　　　　　　　　　　出版・書誌

2011.9

第11巻 - 第15巻　第3巻第2号 - 第11号　復刻版
（船橋治編）　2012.1

第56巻 - 第60巻＋別冊1　復刻版　2015.1

文献シリーズ　慶応義塾大学三田メディアセン
ター　2013〜2016

no.31　慶応義塾図書館所蔵奈良文庫目録（慶応義
塾大学三田メディアセンター編）　2013.3

no.32　慶応義塾図書館所蔵ドイツ語雑誌解題—経
済・社会・歴史を中心に（矢野久, 古賀理恵子, 谷
藤優美子編著）　2013.9

no.33　荒俣宏旧蔵博物誌コレクション目録（鷲見
洋一監修, 慶応義塾大学三田メディアセンター
編）　2016.3

文献探索人叢書　深井人詩編　金沢文圃閣　2011
〜2016

◇浦西和彦書誌選集—谷沢永一・向井敏・開高健
（浦西和彦編著）　2011

◇鳥居フミ子書誌選集—浄瑠璃（鳥居フミ子編著）
2011

◇高梨章書誌選集—湯浅半月・森潤三郎・井上和
雄（高梨章編著）　2011

◇高松敏男書誌選集—ニーチェNietzsche（高松敏
男編著）　2011

◇渡辺美好書誌選集—吉田松陰・杉森久英（渡辺美
好編著）　2011

◇藤島隆書誌選集—北海道の図書館と図書館人（藤
島隆編著）　2012

◇高梨章書誌選集—奥本大三郎（高梨章編著）
2012

◇大森一彦書誌選集—寺田寅彦・田丸卓郎・小宮
豊隆（大森一彦編著）　2012

◇平井紀子書誌選集—服飾と書誌（平井紀子編著）
2012

◇深川明子著作選集—国語教育・子ども劇場運動・
DV被害者支援（深川明子編著）　2012

11　雪嶋宏一書誌選集—コルディエ, インキュナ
ブラ, アルドゥス書誌論（雪嶋宏一編著）　2013

12　大森一彦書誌選集　2　ファラデー・レーリー・
寺田寅彦ほか（大森一彦編著）　2013

13　深井人詩書誌選集　1　年譜・著作目録（渡辺
美好編）　2014

14　国松春紀書誌選集—大泉黒石・国松孝二・小
林勝・豊島与志雄（国松春紀編著）　2013

15　高沢光雄著作選集—北海道の登山史を解く（高

沢光雄編著）　2013

16　末吉哲郎著作選集—専門図書館とネットワー
ク（末吉哲郎著）　2013

17　高松敏男書誌選集　2　大阪関係書誌（蕨村・大
阪パック・浩々歌客ほか）（高松敏男編著）　2013

18　高梨章書誌選集　3　戦前・戦時の図書館附帯
事業 映画・音楽・ラジオ編（高梨章編著）　2014

19　藤島隆著作選集　2　北海道の図書館と図書館
人 part 2（藤島隆編著）　2014

20　中西裕書誌選集—延原謙・青山霞村・書誌年
鑑（中西裕編著）　2014

21　大久保久雄書誌選集—博文館・大東亜戦争・寿
岳文章・「本の周辺」・「エディター」（大久保久雄
編著）　2014

22　深井人詩書誌選集　2　二次書誌・三次書誌（深
井人詩著, 渡辺美好編）　2015

23　深井人詩書誌選集　3　書誌作成論（深井人詩
著, 渡辺美好編）　2015

24　深井人詩書誌選集　4　文献探索人・書評・師
友・家郷（深井人詩著, 渡辺美好編）　2015

25　国松春紀書誌選集　2（国松春紀編著）　2015

26　飯沢文夫書誌選集—地方史研究雑誌文献情報
の編集と書誌調査にもとづく人物研究（飯沢文夫
編著）　2015

27　高梨章書誌選集　4　戦前・戦時の児童図書館
（高梨章編著）　2015

28　国松春紀書誌選集　3（国松春紀編著）　2016

29　飯沢文夫書誌選集　2　明治大学校歌, 本の街・
神保町, 地方史文献調査（飯沢文夫編著）　2016

文圃文献類従　金沢文圃閣　1999〜2016
⇒Ⅰ - 172

18　『少年少女譚海』目次・解題・索引　第1巻（中
川裕美解説）　2010.4

18　『少年少女譚海』目次・解題・索引　第2巻（中
川裕美解説）　2010.4

20　出版流通メディア資料集成　書籍雑誌業団体
史編 第1巻（柴野京子編・解題）　2010.11

20　出版流通メディア資料集成　書籍雑誌業団体
史編 第2巻（柴野京子編・解題）　2010.11

20　出版流通メディア資料集成　書籍雑誌業団体
史編 第3巻（柴野京子編・解題）　2011.3

20　出版流通メディア資料集成　書籍雑誌業団体
史編 第4巻（柴野京子編・解題）　2011.3

20　出版流通メディア資料集成　書籍雑誌業団体
史編 別巻（柴野京子編・解題）　2011.3

出版・書誌

21 戦時推薦図書目録―全一巻（戦時占領期出版関係史集成 6）（大久保久雄監修）2011.5

22 金星堂/語ろう会のころ―出版書籍商回想録 第1巻（門野虎三著, 金沢文圃閣編集部編）2011.6

22 金星堂/語ろう会のころ―出版書籍商回想録 第2巻（門野虎三著, 金沢文圃閣編集部編）2011.6

23 明治十年代の新刊情報誌―『出版新報』と『出版月報』と 第1巻（稲岡勝編・解題）2011.8

23 明治十年代の新刊情報誌―『出版新報』と『出版月報』と 第2巻（稲岡勝編・解題）2011.8

24 雑誌新聞発行部数事典―昭和戦前期：附. 発禁本部数総覧（小林昌樹編・解説）2011.12

25 書評の書誌―ブックレビュー索引 2011 上巻 人文・社会・自然編（近代書誌懇話会編）2012.2

25 書評の書誌―ブックレビュー索引 2011 下巻 文学・芸術・児童編（近代書誌懇話会編）2012.2

26 明治前期の本屋覚書き（磯部敦編・解題）2012.5

27 日本図書館史年表―弥生時代―1959年（藤野幸雄監修, 田村盛一, 天野敬太郎ほか編）2012.6

28 貸本関係資料集成―戦後大衆の読書装置 第1巻 貸本文化 1-10号（1977年1月―1981年12月）（浅岡邦雄, 大竹正春, 梶井純, 藤島隆編）2012.7

28 貸本関係資料集成―戦後大衆の読書装置 第2巻 貸本文化 11-17号（1983年2月―1990年2月）（浅岡邦雄, 大竹正春, 梶井純, 藤島隆編）2012.7

28 貸本関係資料集成―戦後大衆の読書装置 第3巻 貸本文化 18-20号（1991年7月―2004年6月）（浅岡邦雄, 大竹正春, 梶井純, 藤島隆編）2012.7

28 貸本関係資料集成―戦後大衆の読書装置 第4巻 貸本関係誌紙 全国・都内編1（浅岡邦雄, 大竹正春, 梶井純, 藤島隆編）2012.10

28 貸本関係資料集成―戦後大衆の読書装置 第5巻 貸本関係誌紙 全国・都内編2（浅岡邦雄, 大竹正春, 梶井純, 藤島隆編）2012.10

28 貸本関係資料集成―戦後大衆の読書装置 第6巻 貸本関係誌紙 全国・都内編3（浅岡邦雄, 大竹正春, 梶井純, 藤島隆編）2013.2

28 貸本関係資料集成―戦後大衆の読書装置 第7

巻 貸本関係誌紙 全国・都内編4（浅岡邦雄, 大竹正春, 梶井純, 藤島隆編）2013.2

28 貸本関係資料集成―戦後大衆の読書装置 第8巻 貸本関係誌紙 関東・東北編1（浅岡邦雄, 大竹正春, 梶井純, 藤島隆編）2013.2

28 貸本関係資料集成―戦後大衆の読書装置 第9巻 貸本関係誌紙 関東・東北編2（浅岡邦雄, 大竹正春, 梶井純, 藤島隆編）2013.6

28 貸本関係資料集成―戦後大衆の読書装置 第10巻 貸本関係誌紙 関東・東北編3（浅岡邦雄, 大竹正春, 梶井純, 藤島隆編）2013.6

28 貸本関係資料集成―戦後大衆の読書装置 第11巻 貸本関係誌紙 近畿・中部編1（浅岡邦雄, 大竹正春, 梶井純, 藤島隆編）2013.6

28 貸本関係資料集成―戦後大衆の読書装置 第12巻 貸本関係誌紙 近畿・中部編2（浅岡邦雄, 大竹正春, 梶井純, 藤島隆編）2013.10

28 貸本関係資料集成―戦後大衆の読書装置 第13巻 貸本関係誌紙 近畿・中部編3（浅岡邦雄, 大竹正春, 梶井純, 藤島隆編）2013.10

28 貸本関係資料集成―戦後大衆の読書装置 第14巻 貸本関係誌紙 中国・四国編（浅岡邦雄, 大竹正春, 梶井純, 藤島隆編）2013.10

28 貸本関係資料集成―戦後大衆の読書装置 第15巻 貸本関係誌紙 九州編1（浅岡邦雄, 大竹正春, 梶井純, 藤島隆編）2014.2

28 貸本関係資料集成―戦後大衆の読書装置 第16巻 貸本関係誌紙 九州編2（浅岡邦雄, 大竹正春, 梶井純, 藤島隆編）2014.2

28 貸本関係資料集成―戦後大衆の読書装置 第17巻 貸本関係誌紙 九州編3（浅岡邦雄, 大竹正春, 梶井純, 藤島隆編）2014.2

28 貸本関係資料集成―戦後大衆の読書装置 第18巻 貸本屋営業資料1（浅岡邦雄, 大竹正春, 梶井純, 藤島隆編）2014.6

28 貸本関係資料集成―戦後大衆の読書装置 第19巻 貸本屋営業資料2（浅岡邦雄, 大竹正春, 梶井純, 藤島隆編）2014.6

28 貸本関係資料集成―戦後大衆の読書装置 第20巻 貸本屋営業資料3（浅岡邦雄, 大竹正春, 梶井純, 藤島隆編）2014.6

28 貸本関係資料集成―戦後大衆の読書装置 第21巻 貸本屋営業資料4（浅岡邦雄, 大竹正春, 梶井純, 藤島隆編）2014.10

28 貸本関係資料集成―戦後大衆の読書装置 第

総記　　　　　　　　　　　　　　　　　　　　　　　　　　　　　　　　　　出版・書誌

22巻　貸本屋営業資料5(浅岡邦雄, 大竹正春, 梶井純, 藤島隆編)　2014.10

28　貸本関係資料集成—戦後大衆の読書装置　第23巻　貸本屋営業資料6(浅岡邦雄, 大竹正春, 梶井純, 藤島隆編)　2014.10

28　貸本関係資料集成—戦後大衆の読書装置　第24巻　貸本屋営業資料7(浅岡邦雄, 大竹正春, 梶井純, 藤島隆編)　2014.10

28　貸本関係資料集成—戦後大衆の読書装置　別巻1　関係資料—全国都内編1/2(浅岡邦雄, 大竹正春, 梶井純, 藤島隆編)　2015.2

28　貸本関係資料集成—戦後大衆の読書装置　別巻2　関係資料—東北編/中部編/近畿編/四国編/九州編(浅岡邦雄, 大竹正春, 梶井純, 藤島隆編)　2015.2

28　貸本関係資料集成—戦後大衆の読書装置　別巻3　貸本関係者座談会・聞き書き・回想(浅岡邦雄, 大竹正春, 梶井純, 藤島隆編)　2015.9

28　貸本関係資料集成—戦後大衆の読書装置　別巻4　貸本関係名簿(浅岡邦雄, 大竹正春, 梶井純, 藤島隆編)　2015.9

28　貸本関係資料集成—戦後大衆の読書装置　別巻5　解題・総目次・索引(浅岡邦雄, 大竹正春, 梶井純, 藤島隆編)　2015.9

28　貸本関係資料集成—戦後大衆の読書装置　別巻6　貸本関係文献書誌(大竹正春, 藤島隆編)　2013.10

28　貸本関係資料集成—戦後大衆の読書装置　補遺編　第1巻　貸本屋「マツノ読書会」資料1(浅岡邦雄, 大竹正春, 梶井純, 藤島隆編)　2016.8

28　貸本関係資料集成—戦後大衆の読書装置　補遺編　第2巻　貸本屋「マツノ読書会」資料2(浅岡邦雄, 大竹正春, 梶井純, 藤島隆編)　2016.8

28　貸本関係資料集成—戦後大衆の読書装置　補遺編　第3巻　貸本屋「マツノ読書会」資料3(浅岡邦雄, 大竹正春, 梶井純, 藤島隆編)　2016.8

28　貸本関係資料集成—戦後大衆の読書装置　補遺編　第4巻(浅岡邦雄, 大竹正春, 梶井純, 藤島隆編)　2016.4

28　貸本関係資料集成—戦後大衆の読書装置　補遺編　第5巻　ビジュアル・コミュニケーション史資料編(浅岡邦雄, 大竹正春, 梶井純, 藤島隆編)　2016.4

28　貸本関係資料集成—戦後大衆の読書装置　補遺編　第6巻　関係資料(浅岡邦雄, 大竹正春, 梶井純, 藤島隆編)　2016.12

28　貸本関係資料集成—戦後大衆の読書装置　補遺編　第7巻　貸本屋営業資料8(浅岡邦雄, 大竹正春, 梶井純, 藤島隆編)　2016.12

28　貸本関係資料集成—戦後大衆の読書装置　補遺編　第8巻(浅岡邦雄, 大竹正春, 梶井純, 藤島隆編)　2016.12

29　社会福祉関係書誌集成—戦前戦後期　第1巻(近代書誌懇話会編)　2012.9

29　社会福祉関係書誌集成—戦前戦後期　第2巻(近代書誌懇話会編)　2012.9

29　社会福祉関係書誌集成—戦前戦後期　第3巻(近代書誌懇話会編)　2012.9

29　社会福祉関係書誌集成—戦前戦後期　第4巻(近代書誌懇話会編)　2013.1

29　社会福祉関係書誌集成—戦前戦後期　第5巻(近代書誌懇話会編)　2013.1

29　社会福祉関係書誌集成—戦前戦後期　別巻(近代書誌懇話会編)　2013.1

30　書評の書誌—ブックレビュー索引　2012 上巻　人文・社会・自然編(近代書誌懇話会編)　2012.11

30　書評の書誌—ブックレビュー索引　2012 下巻　文学・芸術・児童編(近代書誌懇話会編)　2012.11

31　書評の書誌—ブックレビュー索引　昭和30年代(1955-1962)(近代書誌懇話会編)　2013.4

32　出版流通メディア資料集成　2(戦時日本出版配給機関誌編)第1巻(柴野京子編・解題)　2013.5

32　出版流通メディア資料集成　2(戦時日本出版配給機関誌編)第2巻(柴野京子編・解題)　2013.5

32　出版流通メディア資料集成　2(戦時日本出版配給機関誌編)第3巻(柴野京子編・解題)　2013.5

32　出版流通メディア資料集成　2(戦時日本出版配給機関誌編)第4巻(柴野京子編・解題)　2013.9

32　出版流通メディア資料集成　2(戦時日本出版配給機関誌編)第5巻(柴野京子編・解題)　2013.9

32　出版流通メディア資料集成　2(戦時日本出版配給機関誌編)第6巻(柴野京子編・解題)　2013.9

32　出版流通メディア資料集成　2(戦時日本出版配給機関誌編)第7巻(柴野京子編・解題)　2014.1

全集・叢書総目録 2011-2016　　221

出版・書誌　　　　　　　　　　　　　　　　　　　　　　　　　　　　　　　　総記

32　出版流通メディア資料集成　2（戦時日本出版配給機関誌編）第8巻（柴野京子編・解題）　2014.1

32　出版流通メディア資料集成　2（戦時日本出版配給機関誌編）第9巻（柴野京子編・解題）　2014.1

32　出版流通メディア資料集成　2（戦時日本出版配給機関誌編）第10巻（柴野京子編・解題）　2014.5

32　出版流通メディア資料集成　2（戦時日本出版配給機関誌編）第11巻（柴野京子編・解題）　2014.5

32　出版流通メディア資料集成　2（戦時日本出版配給機関誌編）第12巻（柴野京子編・解題）　2014.5

33　戦前期の台湾出版目録―帝国日本の「全国」書誌編成　第1巻（春山明哲編・解題）　2013.8

33　戦前期の台湾出版目録―帝国日本の「全国」書誌編成　第2巻（春山明哲編・解題）　2013.8

33　戦前期の台湾出版目録―帝国日本の「全国」書誌編成　第3巻（春山明哲編・解題）　2013.8

33　戦前期の台湾出版目録―帝国日本の「全国」書誌編成　第4巻（春山明哲編・解題）　2013.12

33　戦前期の台湾出版目録―帝国日本の「全国」書誌編成　別巻（春山明哲編・解題）　2013.12

34　書評の書誌―ブックレビュー索引　2013 上巻　人文・社会・自然編（近代書誌懇話会編）　2013.9

34　書評の書誌―ブックレビュー索引　2013 下巻　文学・芸術・児童編（近代書誌懇話会編）　2013.9

35　井上和雄出版・浮世絵関係著作集（高梨章編・解題）　2013.11

37　戦前期「外地」図書館資料集　樺太編　第1巻（鈴木仁編・解題）　2014.8

37　戦前期「外地」図書館資料集　北京編　第1巻（小黒浩司編・解題）　2014.8

37　戦前期「外地」図書館資料集　北京編　第2巻（小黒浩司編・解題）　2014.8

37　戦前期「外地」図書館資料集　北京編　第3巻（小黒浩司編・解題）　2015.4

37　戦前期「外地」図書館資料集　上海編　第1巻（よねい・かついちろう解題）　2015.4

37　戦前期「外地」図書館資料集　上海編　第2巻（よねい・かついちろう解題）　2015.4

37　戦前期「外地」図書館資料集　台湾編　第1巻　私立図書館1（春山明哲編・解題）　2016.6

37　戦前期「外地」図書館資料集　台湾編　第2巻　私立図書館2（春山明哲編・解題）　2016.6

38　高度成長期の出版社調査事典　第1巻（石川巧編・解題）　2014.9

38　高度成長期の出版社調査事典　第2巻（石川巧編・解題）　2014.9

38　高度成長期の出版社調査事典　第3巻（石川巧編・解題）　2015.5

38　高度成長期の出版社調査事典　第4巻（石川巧編・解題）　2015.5

38　高度成長期の出版社調査事典　第5巻（石川巧編・解題）　2015.5

38　高度成長期の出版社調査事典　第6巻（石川巧編・解題）　2016.2

38　高度成長期の出版社調査事典　第7巻（石川巧編・解題）　2016.2

38　高度成長期の出版社調査事典　第8巻（石川巧編・解題）　2016.2

39　戦前「論壇時評」集成―1931-1936年　第1巻（大沢聡編・解題）　2014.9

39　戦前「論壇時評」集成―1931-1936年　第2巻（大沢聡編・解題）　2014.9

40　書評の書誌―ブックレビュー索引　2014 上巻　人文・社会・自然編（近代書誌懇話会編）　2014.12

40　書評の書誌―ブックレビュー索引　2014 下巻　文学・芸術・児童編（近代書誌懇話会編）　2014.12

41　日本古書目録大年表―千代田区立千代田図書館所蔵古書販売目録コレクション　第1巻　本文（近代書誌懇話会編）　2015.1

41　日本古書目録大年表―千代田区立千代田図書館所蔵古書販売目録コレクション　第2巻　解説・索引・資料編1（近代書誌懇話会編）　2015.1

41　日本古書目録大年表―千代田区立千代田図書館所蔵古書販売目録コレクション　第3巻　資料編2（近代書誌懇話会編）　2015.1

42　図書週報―昭和前期書物趣味ネットワーク誌　第10巻　付録資料編（小林昌樹編・解題）　2015.10

43　中国詩詞翻訳索引　第1巻　先秦―五代（相島宏編）　2015.3

43　中国詩詞翻訳索引　第2巻　宋代―清代（相島宏編）　2015.3

44　出版流通メディア資料集成　3-［1］　地域古書店年表―昭和戦前戦後期の古本屋ダイレクト

総 記 　　　　　　　　　　　　　　　　　　　　　　　　　　　　　出版・書誌

リー　第1巻（沖田信悦編）　2015.5

44　出版流通メディア資料集成　3-［2］　地域古
　書店年表―昭和戦前戦後期の古本屋ダイレクト
　リー　第2巻（沖田信悦編）　2015.5

45　戦時戦後の新聞メディア界―『日本新聞報』
　附・『満州新聞協会報』　第1巻　『日本新聞会会
　報』1942年4月1日―43年6月23日（井川充雄編・
　解題）　2015.6

45　戦時戦後の新聞メディア界―『日本新聞報』
　附・『満州新聞協会報』　第2巻　『日本新聞報』
　1943年6月26日―44年1月13日（井川充雄編・解
　題）　2015.6

45　戦時戦後の新聞メディア界―『日本新聞報』附・
　『満州新聞協会報』　第3巻　『日本新聞報』1944
　年1月15日―7月29日（井川充雄編・解題）　2015.
　6

45　戦時戦後の新聞メディア界―『日本新聞報』
　附・『満州新聞協会報』　第4巻　『日本新聞
　報』1944年8月1日―45年4月21日（井川充雄編・
　解題）　2016.1

45　戦時戦後の新聞メディア界―『日本新聞報』
　附・『満州新聞協会報』　第5巻　『日本新聞報』
　1945年4月28日―46年2月25日（井川充雄編・解
　題）　2016.1

45　戦時戦後の新聞メディア界―『日本新聞報』
　附・『満州新聞協会報』　第6巻　『日本新聞報』
　1946年2月28日―11月28日／『満州新聞協会報』
　1944年7月30日―45年3月20日（井川充雄編・解
　題）　2016.1

46　出版流通メディア資料集成　4-［1］　2015.8

46　出版流通メディア資料集成　4-［2］　2015.8

46　出版流通メディア資料集成　4-［3］　2015.8

47　雑誌新聞解題事典1935―附・ジャーナリスト
　名鑑　第1巻（小林昌樹編・解題）　2015.9

47　雑誌新聞解題事典1935―附・ジャーナリスト
　名鑑　第2巻（小林昌樹編・解題）　2015.9

47　雑誌新聞解題事典1935―附・ジャーナリスト
　名鑑　第3巻（小林昌樹編・解題）　2015.9

48　書評の書誌―ブックレビュー索引　2002　人
　文・社会・自然編／文学・芸術・児童編（近代書
　誌懇話会編）　2015.10

49　戦時末期敗戦直後新聞人名事典―附・日本新
　聞年鑑1946　第1巻（井川充雄監修）　2015.12

49　戦時末期敗戦直後新聞人名事典―附・日本新
　聞年鑑1946　第2巻（井川充雄監修）　2015.12

50　書評の書誌―ブックレビュー索引　2015 上巻

人文・社会・自然編（近代書誌懇話会編）　2016.
　5

50　書評の書誌―ブックレビュー索引　2015 下巻
　文学・芸術・児童編（近代書誌懇話会編）　2016.
　5

51　戦前新聞社・ジャーナリスト事典　第1巻　全
　国新聞通信網大観 昭和6年版（井川充雄編・解題）
　2016.7

51　戦前新聞社・ジャーナリスト事典　第2巻　日
　本新聞社史集成 上巻 東京・関東・奥羽編（井川
　充雄編・解題）　2016.7

51　戦前新聞社・ジャーナリスト事典　第3巻　日
　本新聞社史集成 上巻 中部・北海道／樺太編（井
　川充雄編・解題）　2016.7

52　戦前期「外地」雑誌・新聞総覧―朝鮮・満洲・
　台湾の言論界　第1巻　台湾編1（井川充雄監修）
　2016.9

52　戦前期「外地」雑誌・新聞総覧―朝鮮・満洲・
　台湾の言論界　第2巻　台湾編2（井川充雄監修）
　2016.9

52　戦前期「外地」雑誌・新聞総覧―朝鮮・満洲・
　台湾の言論界　第3巻　朝鮮・満洲編1（井川充
　雄監修）　2016.9

53　図書館・読書・出版界データベース集成　昭
　和戦後編 第4巻　出版関係文献資料―1976-83年
　分（金沢文圃閣編集部編）　2016.10

53　図書館・読書・出版界データベース集成　昭
　和戦後編 第5巻　出版関係文献資料―1984-89年
　分（金沢文圃閣編集部編）　2016.10

54　図書館用品カタログ集成　戦前編 第1巻（小黒
　浩司編・解題）　2016.10

54　図書館用品カタログ集成　戦前編 第2巻（小黒
　浩司編・解題）　2016.10

平凡社百年史　平凡社　2015

本巻（1914-2013）（平凡社）　2015.6

別巻　下中弥三郎と平凡社の歩み（1914-1973）（尾
　崎秀樹［著］）　2015.6

BASIC SERIES　エムディエヌコーポレー
　ション　2014

◇基礎からはじめるレイアウトの学校（佐々木剛士,
　市川水緒, 大橋幸二共著, 大里浩二監修）　2014.
　4

便覧図鑑年表全情報　日外アソシエーツ　2010

2000-2010（日外アソシエーツ編）　2010.11

全集・叢書総目録 2011-2016　**223**

出版・書誌

総記

北海道EL新聞記事情報リスト　エレクトロニック・ライブラリー編　エレクトロニック・ライブラリー　2007〜2015　⇒Ⅰ-173

2010-1	2011.2
2010-2	2011.2
2010-3	2011.2
2010-4	2011.2
2010-5	2011.2
2010-6	2011.2
2010-7	2011.2
2010-8	2011.2
2011-1	2012.2
2011-2	2012.2
2011-3	2012.2
2011-4	2012.2
2011-5	2012.2
2011-6	2012.2
2011-7	2012.2
2011-8	2012.2
2012-1	2013.2
2012-2	2013.2
2012-3	2013.2
2012-4	2013.2
2012-5	2013.2
2012-6	2013.2
2012-7	2013.2
2012-8	2013.2
2012-9	2013.2
2012-10	2013.2
2013-1	2014.2
2013-2	2014.2
2013-3	2014.2
2013-4	2014.2
2013-5	2014.2
2013-6	2014.2
2013-7	2014.2
2013-8	2014.2
2013-9	2014.2
2013-10	2014.2
2014-1	2015.2
2014-2	2015.2
2014-3	2015.2
2014-4	2015.2
2014-5	2015.2
2014-6	2015.2
2014-7	2015.2
2014-8	2015.2
2014-9	2015.2
2014-10	2015.2

北海道ELNET新聞記事情報リスト　エレクトロニック・ライブラリー編　エレクトロニック・ライブラリー　2016

2015-1	2016.2
2015-2	2016.2
2015-3	2016.2
2015-4	2016.2
2015-5	2016.2
2015-6	2016.2
2015-7	2016.2
2015-8	2016.2
2015-9	2016.2
2015-10	2016.2

本をめぐる話　東京製本倶楽部会報編集室編　東京製本倶楽部　2008〜2011

1	2008.10
2	2009.1
3	2009.10
4	2011.4

本の未来を考える＝出版メディアパル　出版メディアパル　2003〜2015　⇒Ⅰ-174

No.21　校正のレッスン―活字との対話のために（大西寿男著）　2011.7

No.22　文庫はなぜ読まれるのか―文庫の歴史と現在そして近未来（岩野裕一著）　2012.10

No.23　電子出版学入門―出版メディアのデジタル化と紙の本のゆくえ　改訂3版（湯浅俊彦著）2013.3

No.24　少女雑誌に見る「少女」像の変遷―マンガは「少女」をどのように描いたのか（中川裕美著）2013.4

No.25　本づくりこれだけは―失敗しないための編集術と実務　改訂4版（下村昭夫著）　2013.6

No.26　昭和の出版が歩んだ道―激動の昭和へTime TRaVEL（能勢仁, 八木壮一共著）　2013.11

No.27　校正のレッスン―活字との対話のために　改訂2版（大西寿男著）　2014.5

No.28　表現の自由と出版規制―ドキュメント「時の政権と出版メディアの攻防」（山了吉著）　2015.4

No.29　編集デザイン入門―編集者・デザイナーのための視覚表現法　改訂2版（荒瀬光治著）　2015.9

翻訳図書目録　日外アソシエーツ編　日外アソシエーツ　2004〜2014　⇒Ⅰ-174

2008-2010 1	総記・人文・社会	2011.6
2008-2010 2	科学・技術・産業	2011.6
2008-2010 3	芸術・言語・文学	2011.6
2008-2010 4	総索引	2011.7
2011-2013 1	総記・人文・社会	2014.5
2011-2013 2	科学・技術・産業	2014.5
2011-2013 3	芸術・言語・文学	2014.5

総記　　　　　　　　　　　　　　　　　　　　　　　　　　　出版・書誌

2011-2013 4　総索引　2014.6

毎日新聞外地版　坂本悠一監修・編　ゆまに書房
　2013〜2016
1　朝鮮版(一九二六年一二月・一九二七年一月・
　六月)　2013.10
2　朝鮮版(一九二七年七月・一二月)　2013.10
3　朝鮮版(一九二八年一月・五月)　2013.10
4　朝鮮版(一九二八年六月・九月)　2013.10
5　朝鮮版(一九二八年一〇月・一二月)　2013.10
6　朝鮮版(一九二九年一月・四月)　2014.2
7　朝鮮版(一九二九年五月・八月)　2014.2
8　朝鮮版(一九二九年九月・一二月)　2014.2
9　朝鮮版(一九三〇年一月・六月)　2014.2
10　朝鮮版(一九三〇年七月・一二月)　2014.2
30 - 34　2016.11

満州公論　呂元明, 鈴木貞美, 劉建輝監修　ゆまに
　書房　2011
第1巻　康徳10年11月号、同年12月号　2011.1
第2巻　康徳11年1月号、同年2月号　2011.1
第3巻　康徳11年3月号、同年4月号　2011.1
第4巻　康徳11年5月号、同年6月号　2011.1
第5巻　康徳11年7月号、同年8月号、同年9月号
　2011.1
第6巻　康徳11年10月号、同年11月号、同年12月号
　2011.1
第7巻　康徳12年1月号、同年2月号、同年3月号
　2011.1

三重県EL新聞記事情報リスト　エレクトロニッ
　ク・ライブラリー編　エレクトロニック・ライ
　ブラリー　2007〜2015　⇒Ⅰ-175
2010-1　2011.2
2010-2　2011.2
2011-1　2012.2
2011-2　2012.2
2012-1　2013.2
2012-2　2013.2
2012-3　2013.2
2013-1　2014.2
2013-2　2014.2
2013-3　2014.2
2014-1　2015.2
2014-2　2015.2
2014-3　2015.2

三重県ELNET新聞記事情報リスト　エレクトロ
　ニック・ライブラリー編　エレクトロニック・
　ライブラリー　2016
2015-1　2016.2
2015-2　2016.2
2015-3　2016.2

宮城県EL新聞記事情報リスト　エレクトロニッ
　ク・ライブラリー編　エレクトロニック・ライ
　ブラリー　2007〜2015　⇒Ⅰ-175
2010-1　2011.2
2010-2　2011.2
2010-3　2011.2
2010-4　2011.2
2011-1　2012.2
2011-2　2012.2
2011-3　2012.2
2011-4　2012.2
2011-5　2012.2
2011-6　2012.2
2011-7　2012.2
2011-8　2012.2
2011-9　2012.2
2011-10　2012.2
2011-11　2012.2
2011-12　2012.2
2011-13　2012.2
2011-14　2012.2
2011-15　2012.2
2011-16　2012.2
2012-1　2013.2
2012-2　2013.2
2012-3　2013.2
2012-4　2013.2
2012-5　2013.2
2012-6　2013.2
2012-7　2013.2
2012-8　2013.2
2012-9　2013.2
2012-10　2013.2
2012-11　2013.2
2012-12　2013.2
2012-13　2013.2
2013-1　2014.2
2013-2　2014.2
2013-3　2014.2
2013-4　2014.2
2013-5　2014.2
2013-6　2014.2
2013-7　2014.2
2013-8　2014.2
2013-9　2014.2
2014-1　2015.2
2014-2　2015.2
2014-3　2015.2

全集・叢書総目録 2011-2016　225

出版・書誌　　　　　　　　　　　　　　　　　　　　　　　総記

2014-4　2015.2
2014-5　2015.2
2014-6　2015.2
2014-7　2015.2

宮城県ELNET新聞記事情報リスト　エレクトロ
　ニック・ライブラリー編　エレクトロニック・
　ライブラリー　2016
2015-1　2016.2
2015-2　2016.2
2015-3　2016.2
2015-4　2016.2
2015-5　2016.2
2015-6　2016.2
2015-7　2016.2

宮崎県EL新聞記事情報リスト　エレクトロニッ
　ク・ライブラリー編　エレクトロニック・ライ
　ブラリー　2007〜2015　⇒Ⅰ−175
2010-1　2011.2
2010-2　2011.2
2010-3　2011.2
2011-1　2012.2
2011-2　2012.2
2011-3　2012.2
2012-1　2013.2
2012-2　2013.2
2013-1　2014.2
2013-2　2014.2
2014-1　2015.2
2014-2　2015.2

宮崎県ELNET新聞記事情報リスト　エレクトロ
　ニック・ライブラリー編　エレクトロニック・
　ライブラリー　2016
2015-1　2016.2
2015-2　2016.2

宮田文庫目録　南足柄市立図書館　2015
2015（南足柄市立図書館編）　2015.1

向島文庫目録　氷見市立博物館編　氷見市立博物
　館　2010〜2016　⇒Ⅳ−841
第2集　向島文庫（古書）目録　2011.3
第3集　向島文庫（雑項Ⅰ）目録　2012.3
第4集　向島文庫目録—地図・絵図等，一枚刷，プ
　リント，記念乗車券等　2013.3
第5集　向島文庫目録—行政資料，雑誌，新聞等，
　リーフレット・チラシ等　2015.3
第6集　向島文庫（雑項Ⅱ）目録　2016.3

無尽山荘厳院地蔵寺所蔵文献目録　［原卓志］
　2016
第1冊（原卓志，梶井一暁，平川恵実子編）　2016.3

明治期大阪の演芸速記本基礎研究　たる出版
　2011
続々（四代目旭堂南陵著）　2011.5

明治古典会七夕古書大入札会　明治古典会　2011
　〜2016
第46回（平成23年）（明治古典会）　2011.7
第48回　平成25年（明治古典会）　2013.7
第49回（平成26年）（明治古典会）　2014.7
第50回（平成27年）　2015.7
第51回（平成28年）　2016.7

Mojitama book　東京コミュニケーションアー
　ト専門学校［クリエーティブデザイン科］
　2011〜2014
◇Wagahon—吾輩は本である：本について考える
　本　2011.2
◇ミル×キク＝ミチル—creative basic「みる」「き
　く」　2012.2
◇Doku—creative basic「よむ」あなたにとって
　「よむ」とは？　2013.2
◇いろはに—creative basic「いろ」　2014.1

モデル児童図書目録　福岡市総合図書館　2012
上級　小学5・6年生に読んでほしい本（福岡市総合
　図書館編）　2012.3

物語岩波書店百年史　岩波書店　2013
1　「教養」の誕生（紅野謙介著）　2013.9
2　「教育」の時代（佐藤卓己著）　2013.10
3　「戦後」から離れて（苅部直著）　2013.10

文部時報　日本図書センター　2012
94・97巻（第929・952号）（文部省編）　2012.1

山形県EL新聞記事情報リスト　エレクトロニッ
　ク・ライブラリー編　エレクトロニック・ライ
　ブラリー　2007〜2015　⇒Ⅰ−176
2010-1　2011.2
2010-2　2011.2
2010-3　2011.2
2011-1　2012.2
2011-2　2012.2
2011-3　2012.2
2012-1　2013.2
2012-2　2013.2

総記

2012-3　2013.2
2013-1　2014.2
2013-2　2014.2
2013-3　2014.2
2014-1　2015.2
2014-2　2015.2
2014-3　2015.2

**山形県ELNET新聞記事情報リスト　エレクトロ
ニック・ライブラリー編　エレクトロニック・
ライブラリー　2016**
2015-1　2016.2
2015-2　2016.2
2015-3　2016.2

**山口県EL新聞記事情報リスト　エレクトロニッ
ク・ライブラリー編　エレクトロニック・ライ
ブラリー　2007〜2015　⇒Ⅰ-176**
2010-1　2011.2
2010-2　2011.2
2011-1　2012.2
2011-2　2012.2
2012-1　2013.2
2012-2　2013.2
2012-3　2013.2
2013-1　2014.2
2013-2　2014.2
2013-3　2014.2
2014-1　2015.2
2014-2　2015.2

**山口県ELNET新聞記事情報リスト　エレクトロ
ニック・ライブラリー編　エレクトロニック・
ライブラリー　2016**
2015-1　2016.2
2015-2　2016.2

**山梨県EL新聞記事情報リスト　エレクトロニッ
ク・ライブラリー編　エレクトロニック・ライ
ブラリー　2007〜2015　⇒Ⅰ-176**
2010-1　2011.2
2010-2　2011.2
2011-1　2012.2
2011-2　2012.2
2012-1　2013.2
2012-2　2013.2
2012-3　2013.2
2013-1　2014.2
2013-2　2014.2
2013-3　2014.2
2014-1　2015.2
2014-2　2015.2
2014-3　2015.2

**山梨県ELNET新聞記事情報リスト　エレクトロ
ニック・ライブラリー編　エレクトロニック・
ライブラリー　2016**
2015-1　2016.2
2015-2　2016.2
2015-3　2016.2

山本達郎博士寄贈書目録　東洋文庫　2012
和漢書・越南文献篇（東洋文庫編）　2012.3

**ヤングアダルト図書総目録　ヤングアダルト図書
総目録刊行会　2004〜2016　⇒Ⅰ-176**
2011年版　2011.2
2012年版　2012.2
2013年版　2013.2
2014年版　2014.2
2015年版　2015.2
2016年版　2016.2

**ヤングアダルトの本　日外アソシエーツ編　日外
アソシエーツ　2008〜2011　⇒Ⅰ-176**
職業・仕事への理解を深める4000冊　2011.9

**ユニ知的所有権ブックス　太田出版　2004〜2016
　⇒Ⅰ-176**
no.11　フェア・ユースの考え方（山本隆司編著, 奥
　邨弘司著）　2010.8
no.12　Q&Aで学ぶ図書館の著作権基礎知識　第3
　版（黒沢節男著）　2011.2
NO.15　写真著作権―Q&Aで学ぶ（日本写真家協
　会企画監修, 日本写真家協会著作権委員会編著）
　2012.4
NO.16　映像の著作権―Q&Aで学ぶ（二瓶和紀, 宮
　田ただし著）　2012.7
NO.17　編集者の著作権基礎知識（豊田きいち著）
　2012.11
NO.18　原点から考えるオンライン出版―著作権
　と電子書籍の流通（北村行夫著）　2012.12
NO.19　写真著作権―Q&Aで学ぶ　第2版（日本写
　真家協会企画監修, 日本写真家協会著作権委員会
　編著）　2016.1
NO.20　映像の著作権―Q&Aで学ぶ　第2版（二瓶
　和紀, 宮田ただし著）　2016.1

妖怪カタログ　大屋書房　2014
［2］（大屋書房）（纐纈久里編）　2014.3

出版・書誌

全集・叢書総目録 2011-2016　**227**

出版・書誌　　　　　　　　　　　　　　　　　　　　　　　　　　　　　　　　総記

よくわかる音楽著作権ビジネス　安藤和宏著
　リットーミュージック　2002〜2011
　⇒Ⅰ-177
基礎編　4th Edition　2011.3
実践編　4th Edition　2011.3

よみきかせえほん　兵庫県学校厚生会　2015
第7集（2015）（適書100選）（兵庫県学校厚生会編）
　2015.3

力行世界　不二出版　2013〜2015
第14巻〜第18巻　復刻版　2013.10
第29巻〜第33巻　第357号〜第396号　復刻版
　2014.10
第34巻〜第39巻　復刻版　2015.2

旅行満洲　不二出版　2016
第1巻・第2巻　第1巻第1号〜第3巻第8号　復刻版
　2016.12

レイアウトデザイン見本帖　レイアウトデザイン
　研究会編　ピアソン桐原　2010
書籍編　新装版　2010.11
雑誌編　新装版　2010.11

ロングセラー目録　書店新風会編　書店新風会
　2005〜2015　⇒Ⅰ-178
2011年版　2011.3
2012年版（棚づくりに役立つ）　2012.3
2013年版（棚づくりに役立つ）　2013.3
2014年版（棚づくりに役立つ）　2014.3
2015年版（棚づくりに役立つ）　2015.3

和歌山県EL新聞記事情報リスト　エレクトロ
　ニック・ライブラリー編　エレクトロニック・
　ライブラリー　2007〜2015　⇒Ⅰ-179
2010-1　2011.2
2010-2　2011.2
2011-1　2012.2
2011-2　2012.2
2011-3　2012.2
2012-1　2013.2
2012-2　2013.2
2012-3　2013.2
2013-1　2014.2
2013-2　2014.2
2013-3　2014.2
2014-1　2015.2
2014-2　2015.2
2014-3　2015.2

和歌山県ELNET新聞記事情報リスト　エレクト
　ロニック・ライブラリー編　エレクトロニッ
　ク・ライブラリー　2016
2015-1　2016.2
2015-2　2016.2
2015-3　2016.2

早稲田大学ロースクール著作権法特殊講義　成文
　堂　2010〜2012　⇒Ⅰ-179
2　著作権侵害をめぐる喫緊の検討課題（高林竜編
　著，三村量一［ほか］共著）　2011.3
3　著作権ビジネスの理論と実践　2（高林竜編著，
　渋谷達紀［ほか］共著）　2011.12
4　著作権侵害をめぐる喫緊の検討課題　2（高林竜
　編）　2012.9

An Introduction to Publishing in Japan
　edited by International Committee, Japan
　Book Publishers Association　Japan Book
　Publishers Association　2012〜2014
2012-2013　c2012
2014-2015　c2014

**Catalogue of Dr.T. Yamamoto collection
in Toyo Bunko**　Toyo Bunko　2012
books in European, South Asian and Southeast
　Asian languages (edited by Toyo Bunko Library
　Department)　2012

Idea archive　誠文堂新光社　2011
◇漫画・アニメ・ライトノベルのデザイン―総集
編（アイデア編集部編）　2011.6

Japan library　Japan Publishing Industry
　Foundation for Culture　2015〜2016
◇If there were no Japan―a cultural memoir
　（Roger Pulvers［著］）　2015.3
◇Listen to the voice of the earth―learn about
　earthquakes to save lives（Satoko Oki［著］,
　translated by takako Iwaki)　2015.3
◇Tree-ring management―take the long view and
　grow your business slowly (Hiroshi Tsukakoshi
　［著］, translated by Hart Larrabee)　2015.3
◇Saving the mill―the amazing recovery of one
　of Japan's largest paper mills following the
　2011 earthquake and tsunami(Ryoko Sasa
　［著］, translated by Tony Gonzalez)　2015.3
◇Flower petals fall, but the flower endures―
　The Japanese philosophy of transience (Seiichi

総記

Takeuchi［著］, translated by Michael Brase）
2015.3
◇The people and culture of Japan—
conversations between Donald Keene and Shiba
Ryotaro（Donald Keene, Shiba Ryotaro著,
translated by Tony Gonzalez） 2016.3
◇Kabuki a mirror of Japan—ten plays that offer
a glimpse into evolving sensibilities（by Matsui
Kesako, translated by David Crandall） 2016.
3
◇The building of Horyu-ji—the technique and
wood that made it possible（by Tsunekazu
Nishioka, Jirō Kohara, translated by Michael
Brase） 2016.3
◇Fifteen lectures on Showa Japan—road to the
Pacific War in recent historiography（edited by
Tsutsui Kiyotada, translated by Noda Makito,
Paul Narum） 2016.3
◇Essays on the history of scientific thought in
modern Japan（edited by Osamu Kanamori,
translated by Christopher Carr, M.G.Sheftall）
2016.3

LAYOUT & COLOURS ビー・エヌ・エヌ
新社 2013
01 イラストでアピールするレイアウト＆カラー
ズ—イラストを上手に使った雑誌・カタログの
デザイン事例集 2013.2
02 パパとママにアピールするレイアウト＆カラー
ズ—こども向け商品カタログ・雑誌・パンフレッ
トのデザイン事例集 2013.4
03 写真でアピールするレイアウト＆カラーズ—
写真を効果的に使った雑誌・カタログのデザイ
ン事例集 2013.9
04 セールをアピールするレイアウト＆カラーズ
—注目を集めるためのキャンペーン・セールの
デザイン事例集 2013.11

Paper Goods Books グラフィック社 2012
～2013
［1］ ちいさくてかわいい手づくりの本（美篶堂
著） 2012.4
2 ボブファンデーションのラッピングブック—身
近な紙をリユースしてつくるラッピングのアイ
デア（ボブファンデーション著） 2012.10
3 水縞とつくる紙文具（水縞著） 2012.11
4 材料つきですぐできるはじめての豆本（美篶堂

著） 2013.4

SERIE BIBLIOTHECA 幻戯書房 2016
1/3 みすず書房旧社屋（潮田登久子著） 2016.11

WORKBOOK ON BOOKS 玄光社（発売）
2014～2016
10 装丁・装画の仕事（日本図書設計家協会編集・
制作） 2014.5
11 装丁・装画の仕事 2016 2017（日本図書設計
家協会編） 2016.11

百科・雑学

頭の体操BEST 光文社 2011
2（多湖輝著） 2011.1

おとなの楽習 自由国民社 2008～2013
⇒Ⅲ－599
◇クラシックの偉人伝（偉人伝）（クラシックジャー
ナル編集部著） 2011.4
19 現代史のおさらい（現代用語の基礎知識編, 土
屋彰久, 山田淳一著） 2011.7
20 理科のおさらい 気象（現代用語の基礎知識
編, 山岸照幸著） 2011.7
21 古典のおさらい（現代用語の基礎知識編, 真野
真著） 2011.7
22 保健体育のおさらい 性教育（現代用語の基礎
知識編, 早乙女智子著） 2011.7
23 経済学のおさらい（現代用語の基礎知識編集部
編, 小早川浩著） 2011.9
24 漢字のおさらい（現代用語の基礎知識編, 吉田
誠夫著） 2012.2
25 敬語のおさらい（現代用語の基礎知識編, 三ッ
野薫著） 2012.9
26 四字熟語のおさらい（現代用語の基礎知識編,
土井里香著） 2012.9
27 哲学のおさらい（現代用語の基礎知識編, 﨑井
将之著） 2013.2

学術アーカイブス 学術出版会 2010～2011
⇒Ⅲ－603
◇世界教育名著選集 第1巻 隠者の夕暮（ペスタ
ロッチ原著, 福島政雄著訳） 2010.10
◇世界教育名著選集 第2巻 児童神性論（フレー
ベル原著, 長田新, 稲富栄次郎著訳） 2010.10

全集・叢書総目録 2011-2016 **229**

百科・雑学　　　　　　　　　　　　　　　　　　　　　　　　　　　　　　　　　　　　　総記

◇世界教育名著選集　第3巻　聖の世界と教育（コメニウス原著, 辻幸三郎著訳）　2010.10
◇世界教育名著選集　第4巻　懺悔の教育（エミール）（ルソー原著, 林鎌次郎著訳）　2010.10
◇世界教育名著選集　第5巻　女子教育論（フェヌロン原著, 辻幸三郎著訳）　2010.10
◇世界教育名著選集　第6巻　道徳及宗教教育の本質（ペスタロッチ原著, 長田新著訳）　2010.10
◇世界教育名著選集　第7巻　児童教育論（モンテーニュ原著, 辻幸三郎著訳）　2010.10
◇世界教育名著選集　第8巻　ペスタロッチと女子教育（ナトルプ原著, 福島政雄著訳）　2010.10
◇世界教育名著選集　第9巻　道徳教育可能論（メノン）（プラトン原著, 稲富栄次郎著訳）　2010.10
◇学術辞典叢書　第6巻　自然科学辞典（神田豊穂著）　2010.11
◇学術辞典叢書　第7巻　社会辞典（神田豊穂著）　2010.11
◇学術辞典叢書　第8巻　経済辞典（神田豊穂著）　2010.11
◇学術辞典叢書　第9巻　政治・法律辞典（神田豊穂著）　2010.11
◇学術辞典叢書　第10巻　歴史辞典（神田豊穂著）　2010.11
◇学術辞典叢書　第11巻　思想名著解題1（神田豊穂著）　2011.2
◇学術辞典叢書　第12巻　思想名著解題2（神田豊穂著）　2011.2
◇学術辞典叢書　第13巻　思想名著解題3（神田豊穂著）　2011.2
◇学術辞典叢書　第14巻　思想名著解題4（神田豊穂著）　2011.2
◇学術辞典叢書　第15巻　思想名著解題5（神田豊穂著）　2011.2

学研雑学百科　学研教育出版, 学研パブリッシング　2010～2011　⇒Ⅳ－5
◇やさしくわかる数学のはなし77―ゼロ, 虚数からリーマン予想までまるごとわかる数学ガイド　より深くより楽しく（岡部恒治監修）　2010.12
◇仏教詳解―歴史・教学・経典・習俗まで仏教のすべてを多角的に解説　より深くより楽しく（宇野正樹, 大森義成, 豊嶋泰国, 樋口英北, 不二竜彦, 古川順弘, 吉田邦博著）　2010.12
◇毒学教室―毒のしくみから世界の毒事件簿まで,

毒のすべてをわかりやすく解説！　より深くより楽しく（田中真知著, 鈴木勉監修）　2011.2
◇仏像のなぞとひみつ―種類から時代による造形の違いまで, 仏像の見方を詳しく紹介　より深くより楽しく（頼富本宏監修）　2011.2

芸文類聚訓読付索引　大東文化大学東洋研究所「芸文類聚」研究班著, 大東文化大学東洋研究所編　大東文化大学東洋研究所　1990～2016　⇒Ⅰ－181
巻84　2011.2
巻85　2012.3
巻86　2013.3
巻87　2014.3
巻88　2015.3
巻89　2016.2

古典研究会叢書　汲古書院　2012～2015
◇白氏六帖事類集　3（漢籍之部 42）（［白居易］［撰］）　2012.3
◇論語集解　2（漢籍之部 5）（小林芳規, 石塚晴通, 小助川貞次解題）　2015.12

サプライズbook　アントレックス　2010～2015
◇雑学555連発!!―ウンチク・ベストヒット・コレクション　増補改訂版（雑学脳力研究会監修）　2010.2
◇日本改革宣言（東国原英夫著）　2011.3
◇食べ合わせの天国と地獄―本当に危険なもの!? 健康効果のあるもの!?（白沢卓二監修）　2011.8
◇禁断の向こう側―やったらどうなる？　2012.8
◇相手（オンナ）を虜にするテクニック（千田恵吾監修）　2012.9
◇社会保障一覧表―失業、病気、子育て、地震、介護…困った時に助かる！（小泉正典監修）　2013.2
◇腰・首肩・膝の痛みを取る！（酒井慎太郎［著］）　2013.12
◇The雑学king　2013.12
◇知られざる日本の実力―世界が認める優良企業こんな会社で働きたい！（エディターズ・キャンプ著）　2013.12
◇人生の節目の書類書き方教えます（小泉正典監修）　2014.2
◇身近な食材の毒抜き方法（増尾清著）　2014.3
◇身近にある危ないモノ―家族を守る最新科学知識（佐藤健太郎監修）　2014.5

総記　　　　　　　　　　　　　　　　　　　　　　　　　　　　　　　百科・雑学

◇あの人のスマホの中身─著名人、業界人、一般
　人まで！愛用しているスマホ＆アプリを大公開
　2014.8
◇カンタン！自分で天気予報─雲、太陽、月、動植
　物を見ればすぐわかる（塚本治弘監修）　2014.9
◇血圧、血糖値は下がる！一日常生活のちょっと
　した工夫で（板倉弘重監修）　2014.11
◇戦国武将ならニャンとかしてくれる！─“世知辛
　い世の中”を生きる現代人のために─先人たちか
　らのありがたい70のメッセージ　2014.11
◇「もの忘れ」が気になりだしたら読む本（米山公
　啓監修）　2015.1
◇花粉症を治す！（福田千晶監修）　2015.3
◇ピンチを脱する起死回生の神言葉（カテナ海岸編
　集室企画・構成）　2015.4
◇歯は命─健康寿命が10歳延びる（伊藤道一郎著）
　2015.9

実用百科　ウインドアンドサン　1997〜2012
　⇒Ⅲ−783
◇ホテルウエディング　首都圏版 no.14　2010.12
◇日本の結婚式　no.05　やっぱり素敵！日本の
　結婚式和婚入門　2011.1
◇ホテルウエディング　首都圏版 no.15　先輩花
　嫁300名の生声から徹底分析私たちがホテルウエ
　ディングを選んだ理由（わけ）　2011.4
◇日本の結婚式　no.06　和婚がつなぐ家族の絆
　2011.5
◇ホテルウエディング　首都圏版 no.16　編集部
　と読者が推奨する今、招待されたい美食ホテル
　2011.8
◇日本の結婚式　no.07　進化する平成和婚─あり
　がとう発刊2周年　2011.9
◇ホテルウエディング　首都圏版 no.17　心に残
　るウエディングの三大法則─先輩カップルの失
　敗＆成功例から考える　おもてなし　マナー　演出
　2011.12
◇日本の結婚式　no.08　和婚入門─日本の歴史と
　文化が豊かに息づく　2012.1
◇ホテルウエディング　首都圏版 no.18　今どきウ
　エディング10のお手本─ホテルのトレンド完全
　制覇 おしゃれ花嫁の結婚式でわかった　2012.4
◇日本の結婚式　no.09　結婚式がつなぐ、未来へ
　の希望家族の絆　2012.5

実用百科　実業之日本社　1967〜2013
　⇒Ⅰ−288
◇オールヒットソング　2011年版　2010.12
◇ジェルネイルPerfect Lesson EX─初級から上
　級編まで。ジェルネイルの作り方を完全網羅。
　2010.12
◇Dr.コパの金運！ご利益風水─夢をかなえ富を
　築く　2011年版（小林祥晃著）　2010.12
◇ネイルアートBIBLE EX　2011　今シーズン
　の流行ネイル。珠玉のサンプル集─永久保存版
　2011.1
◇魅惑のパワーストーン─あなたを輝かせ、うる
　おす　2011.2
◇自転車と旅　vol.3　特集：輪行プランニング入
　門　2011.2
◇作って使えるキャシー中島のパッチワーク大好
　き！　vol.4（キャシー中島）　2011.2
◇春夏ニット─手編みで楽しむ　’11　2011.3
◇手編み大好き！─1枚編んだら、やめられない
　’11　2011.4
◇春夏かんたんソーイング─ミセス版　’11　2011.
　4
◇FXシステムトレーダー　2011.5
◇ネイルアートPerfect Lesson EX─365日使える
　デザイン、まるごと全部見せ!!　2011　2011.5
◇ロト6＆ミニロト必勝の極意─数字選択式宝くじ
　2011年前半狙え！高額当選号　本誌「袋とじ
　大予測」ロト6 2等（第521回）1954万円大的中！
　2011.5
◇自分で治せる！マッケンジーエクササイズで腰
　痛スッキリ解消!!（岩貞吉寛監修）　2011.6
◇I LOVE LIBERTY PRINTリバティが好き！
　2011.6
◇FX新時代のトレード戦略─レバレッジ25倍でも
　しっかり稼ぐ！FX2大ツール徹底解説「HIGH・
　LOW」「オートFX」「MT4」　2011.7
◇美しい東北名品お取り寄せ─復興支援・日本人
　の心の原風景“みちのく”の食・物・人　2011.7
◇自転車と旅　vol.4　特集：ぶらりローカル線＋
　自転車の旅　2011.7
◇歌の大全集─最新版　［2011年］　2011.7
◇おしゃれなミセスの’11-’12秋冬ニット　2011.9
◇かわいい糸で編みもの─ふわふわ＆カラフル小
　ものがいっぱい。　2011.9
◇少しの毛糸で色あそび─かわいいニット小もの
　（了戒かずこ［著］）　2011.9

全集・叢書総目録 2011-2016　　**231**

百科・雑学

総記

◇秋冬かんたんソーイング ’11 ミセス版 2011.
10
◇Dr.コパの開運縁起の風水術 2012年版（Dr.コ
パ・小林祥晃著） 2011.10
◇ジェルネイルPerfect Lesson EX 2012 ジェル
ネイルを基礎から学びたいなら！ 2011.10
◇手編み大好き！―1枚編んだら、やめられない
’11-’12 2011.10
◇ロト6＆ミニロト必勝の極意―数字選択式宝くじ
2011年後半〜2012年前半4億円当選祈念号 本誌
「袋とじ大予測」ロト6 3032万円大的中！ 2011.
11
◇Lisa Larson（ジョルニ編集部編） 2011.12
◇ふくよかサイズのきれい服―春夏秋冬 2011.12
◇まっすぐ編みのかんたんニット―春夏・秋冬
2011.12
◇FXシステムトレーダー vol.2 2011.12
◇オールヒットソング 2012年版 2011.12
◇Dr.コパの金運！ご利益風水―夢をかなえ富を
築く 2012年版（小林祥晃著） 2011.12
◇ネイルアートBIBLE EX 2012 優秀ネイルアー
トだけの総集編!!―永久保存版!! 2012.1
◇春夏ニット ’12 手編みで装う 2012.3
◇はじめてのキャンピングカー 2012.4
◇きらきらテープ・麻糸で編む手編みのバッグと
チャーム 2012.4
◇手編み大好き！―1枚編んだら、やめられない
’12 2012.4
◇春夏かんたんソーイング―ミセス版 ’12 2012.
4
◇My Perfectネイルアート―オシャレなネイルアー
トのアイデア＆テクニックが満載!!とじこみ付録
「ネイルスクールガイドBOOK」 2012.5
◇I LOVE LIBERTY PRINT―リバティプリント
で作る服と小もの：リバティが好き！ 2012.5
◇歌の大全集 ［2012］最新版 2012.7
◇韓国時代劇ファン 「王女の男」総力特集号
2012.8
◇ジェルネイルPerfect Lesson EX 2013 ジェル
ネイルをマスターしたいなら必読！ 2012.8
◇少しの毛糸で編めるかわいい花こもの（了戒かず
こ［著］） 2012.9
◇K★POPPER vol.1 U-KISS SHU-I INFI-
NITE 大国男児・カラム CODE-V BIGBANG/
BEAST/TEENTOP/BOYFRIEND 2012.9
◇秋冬ニット―手編みの粋を楽しむ ’12-’13

◇大人のデイリーニット―旬なデザインが手軽に
編める：for around 40 ’12秋冬 2012.9
◇韓国時代劇ファン 「王女の男」ふたたび総力
特集号 2012.10
◇秋冬かんたんソーイング―ミセス版：S〜LLサ
イズ ’12 2012.10
◇手編み大好き！―1枚編んだら、やめられない
’12-’13AUTUMN&WINTER 2012.10
◇アニメ＆ヒーローソング大全集―最新版ベスト
ヒット：「ONE PIECE」「名探偵コナン」譜面特
集ほか 2012.11
◇Lisa Larson 2（ジョルニ編集部編） 2012.11
◇Dr.コパの開運縁起の風水術 2013年版（Dr.コ
パ・小林祥晃著） 2012.11
◇ハワイwith 88TEES（ジョルニ編集部編） 2012.
12
◇くまモン！なかみぎっしりブック 2012.12
◇K★POPPER vol.2 MYNAME FTISLAND
INFINITE ソンミン〈SUPER JUNIOR〉U-
KISS パク・ジェボム ZE：A 2012.12
◇オールヒットソング 2013年版 超保存版
2012.12
◇韓国時代劇ファン 若手韓流スター特集号
2012.12
◇MyBirthday―大人になった少女たちへ！ 1号
限りの復刊 2013.1（第2刷）
◇ネイルアートBIBLE EX 2013 デザインサン
プル満載の永久保存版！流行アートだけを収録
☆ 2013.1
◇スマホ＋カシミール3D GPSログ自由自在―スマ
ホで取れるGPSログ。カシミール3Dでログ地図
やグラフを作ってみよう！ 2013.2
◇中原淳一と『少女の友』―中原淳一・若き日の
名作選 2013.2
◇FXシステムトレーダー vol.3 2013.2
◇春夏ニット―さわやかシックな ’13 2013.3
◇大人のデイリーニット―手編みはおしゃれの新
定番：for around 40 ’13春夏 2013.3
◇今こそ、この株を買おう―厳選袋とじ6銘柄＋推
奨123銘柄＋銘柄診断180 2013.4
◇手編み大好き！―1枚編んだら、やめられない
’13SPRING&SUMMER 2013.4
◇春夏かんたんソーイング―ミセス版 S〜LLサイ
ズ ’13 2013.4
◇ネイルアートアレンジ＆テクニックBOOK―一人

気のアートだけを650点以上掲載‼ 2013.5

◇I LOVE LIBERTY PRINT—作ってみたいリバティプリントの服と小もの リバティが好き！ 2013.5

◇メルセデス・ベンツカスタムガイド—秘密ワザ教えます！ 2013（カスタムガイドシリーズ Vol.1）（ベンツカスタム普及委員会編） 2013.5

◇夏に上がる激アツ株はこれだ！—厳選袋とじ6銘柄＋推奨171銘柄＋銘柄診断180 2013.6

◇海外キッチンインテリア—保存版（giorni MINI BOOK）（ジョルニ編集部編） 2013.6

◇キュンちゃんキュキュン☆と公認ファンブック 2013.7

◇スコアアップ50のヒント人気女子プロ29人が先生！—ドライバーからパターまで1レッスン1分で上達！（ワッグル編集部編集） 2013.11

実用百科 ミディアム 2010〜2013 ⇒Ⅳ-497

◇CYCLE HEADZ magazine vol.04 King of Vintage Indian ハーレー乗りさえ魅了するスピード×デザイン×ステイタス絶対王者インディアン 2010.11

◇CYCLE HEADZ magazine vol.05 TRIUMPH & H-D IRON SPORTS 200万円以下で手に入れる安価でも個性主義リアルチョッパー 2011.4

◇CYCLE HEADZ magazine vol.06 サーフやホットロッドなどカルチャーをMIXした地元スタイル各都市を牽引するバイカーたち 2011.6

◇CYCLE HEADZ magazine vol.07 MOLDING & LONGFORK REVIVAL—アウトローの造形美に今注目！ 2011.9

◇CYCLE HEADZ magazine vol.08 STORE HOPPER—オレたちを興奮させる店はここだ！ 2011.12

◇X-girl 2012 SPRING COMPLETE BOOK 2012.1

◇Cycle headz magazine vol. 9 2012.3

◇働く女性は姿勢ダイエットでキャリアも恋も手に入れる！（武田まり子監修） 2012.7

◇全身トリプル美痩せ！ ミクスドレナージュ（森本チヅ子監修） 2012.7

◇CYCLE HEADZ magazine VOL.10 （2012JULY） 2012.7

◇CYCLE HEADZ magazine VOL.11 （2012OCTOBER） Wild GLIDE—'49ハイドラ〜'80ワイドグライドまでの太くてゴツいフロ

ント周り 2012.9

◇X-girl 2012FALL COMPLETE BOOK 2012.9

◇気持ちいい生理を作る女子人体力学体操—良い生理が美と健康を、悪い生理が不調を生む！（井本邦昭監修） 2012.11

◇モムチャンバンドダイエット（チョンダヨン監修） 2012.12

◇X-girl 2012-13WINTER COMPLETE BOOK 2012.12

◇CYCLE HEADZ magazine VOL.12 （2013JANUARY） OLD SCHOOL is BACK—'60Sスタイルチョッパーの復権 2013.1

◇X-girl 2013SPRING COMPLETE BOOK 2013.3

◇CYCLE HEADZ magazine VOL.13 （2013APRIL） DO IT IN THE DIRT！ ヴィンテージ新時代！ スクランブラーという選択 2013.4

◇X-girl 2013SUMMER COMPLETE BOOK 2013.5

事物起源探究 松永英明執筆・編集・DTP 松永英明 2010

創刊号（ものごとの本当の始まり・起源・経緯をさぐる） 2010.5

第2号 特集：「日本」の起源（ものごとの本当の始まり・起源・経緯をさぐる） 2010.12

〈図解〉まるわかり時事用語 ニュース・リテラシー研究所編著 新星出版社 2011〜2016

2011→2012年版（世界と日本の最新ニュースが一目でわかる！） 2011.1

2012→2013年版（世界と日本の最新ニュースが一目でわかる！） 2012.1

2013→2014年版（世界と日本の最新ニュースが一目でわかる！：絶対押えておきたい、最重要時事を完全図解！） 2013.1

2014→2015年版（世界と日本の最新ニュースが一目でわかる！ 絶対押えておきたい、最重要時事を完全図解！） 2014.1

2015→2016年版（世界と日本の最新ニュースが一目でわかる！ 絶対押えておきたい、最重要時事を完全図解！） 2015.1

2016→2017年版（世界と日本の最新ニュースが一目でわかる！ 絶対押えておきたい、最重要時事を完全図解！） 2016.1

一般論文集・講演集・雑著　　　総 記

ソモサン⇔セッパ！ 公式問答集　扶桑社　2013
2　学歴や知識はいらない潜在知力を駆使せよ
　2013.9
3　学歴や知識はいらない潜在知力を駆使せよ
　2013.12

フタバシャの大百科　双葉社　2014〜2015
◇恋するアニメヒロインイッキ読み99
　（LIBEROSTYLE編集）　2014.2
◇懐かしの80年代アニメ大百科　2014.4
◇80年代アニメ最終回イッキ読み！―決定版
　（LIBEROSTYLE編集）　2014.6
◇マンガ最終回イッキ読み99―決定版（エンディ
　ング研究会編集）　2014.9
◇幕末剣豪列伝99―沖田総司/近藤勇 藤堂平助/永
　倉新八 中村半次郎/岡田以蔵ほか　2014.10
◇世界を操る陰謀99―人口削減計画進行中。
　2014.11
◇マンガ最終回イッキ読み99おかわり！（エンディ
　ング研究会編集）　2014.12
◇ジャイアンツ大百科―決定版 80年間の一軍選手
　全員登場！　2015.1
◇明日誰かに話したくなる世界戦争秘録99―極限
　の状況下で起こった衝撃の事実！　2015.2
◇マンガ最終回イッキ読み99またおかわり！―決
　定版（エンディング研究会編集）　2015.3
◇タイムボカンシリーズメカニック大百科　2015.
　4
◇本当にあった！ 世界の奇習99　2015.5
◇ビジュアルで分かる自衛隊用語辞典（菊池雅之
　［著］）　2015.6

私の東大クイズ　鍾非著　本の泉社　2011〜2014
2　発想力を鍛える180問　2011.5
3　「えっ？ 本当!?」－「意外性」にこだわった雑
　学クイズ－　2013.8
4　広辞苑を関連性で読み解く170問　2014.1

Comodo life book　技術評論社　2011
◇みえないもののうらがわは？―暮らしの道しる
　べ覚書（広田千悦子著）　2011.11

一般論文集・講演集・雑著

医者と僧侶二足のわらじ　探究社　2011
続（ご縁をいただいて）（栗田正弘著）　2011.6

ウソ？ ホント？ おもわず話したくなる雑学あれ
　これ　須田諭一編著　メトロポリタンプレス
　2012
日常生活・ペット編　2012.3
恋愛・健康編　2012.3
歴史・社会・ビジネス編　2012.3

ウチュウジンマーケット　ヒカルランド　2013
Vol.1　宇宙生物からのメッセージ（SCRI宇宙生物
　研究所著）　2013.7

A型自分の説明書　文芸社　2012
続（Jamais Jamais著）　2012.11

AB型自分の説明書　文芸社　2012
続（Jamais Jamais著）　2012.11

S・セキルバーグ関暁夫の都市伝説　竹書房　2010
3（関暁夫著）　2010.11

NHK「こころの遺伝子」ベストセレクション
　NHK「こころの遺伝子」制作班編　主婦と生活
　社　2011
1　三宅裕司の「あなたがいたから」―運命の人伊
　東四朗　2011.2
2　西原理恵子の「あなたがいたから」―運命の人
　鴨志田穣　2011.2
3　鎌田実の「あなたがいたから」―運命の人小林
　一江　2011.2
4　益川敏英の「あなたがいたから」―運命の人坂
　田昌一　2011.3
5　久本雅美の「あなたがいたから」―運命の人喰
　始　2011.3
6　三国連太郎の「あなたがいたから」―運命の人
　木下恵介　2011.3

O型自分の説明書　文芸社　2012
続（Jamais Jamais著）　2012.11

おかんメール　おかんメール制作委員会編　扶桑
　社　2014〜2016
2　2014.10
3　2015.2
4　2015.7
5　2016.3
6　2016.12

書いて遊ぶ　［荒井明由］　2005〜2015
　⇒Ⅰ-188
第4集　楽しく書いて卒寿に至る―2005年（平成17

総 記 一般論文集・講演集・雑著

年）5月から2015年（平成27年）10月まで（荒井明
由著）　2015.10

カリスマの言葉シリーズ　セブン＆アイ出版
　2016
#001　鉄人語録―不屈の精神がみなぎる！（金本
　知憲著）　2016.3
#002　生きるのが楽しくなる脳に効く言葉（中野
　信子著）　2016.3
#003　野村の金言―思考を変えれば人生は劇的に
　変わる（野村克也著）　2016.5
#004　子育て上手になる魔法の言葉（尾木直樹著）
　2016.5
#005　田中角栄名語録―決定版（小林吉弥著）
　2016.8
#006　自然と心が整う法則（ルール）（小池竜之介
　著）　2016.8
#007　開運レッスン（ゲッターズ飯田著）　2016.
　12
#008　男脳女脳人生がときめく脳に効く言葉（中
　野信子著）　2016.12
#009　ボブ・ディラン語録―静寂なる魂の言葉（ジ
　ョー横溝編著）　2016.12
#010　今日から実践！できる企業に学ぶ仕事の
　オキテ（企業社訓研究会編著）　2016.12
#011　時代をつかみとる思考（小室哲哉著）
　2016.12

ギネス世界記録外伝　ゴマブックス　2015
2　ニッポンの笑顔（Guinness World Records Ltd.
　編）　2015.2

きぼっこ　木村桂子　1999～2016　⇒Ⅰ－189
38号（おしゃべりサロン）　2010.12
39号（おしゃべりサロン）　2011.6
40号（おしゃべりサロン）　2011.12
41号（おしゃべりサロン）　2012.6
42号（おしゃべりサロン）　2012.12
43号（おしゃべりサロン）　2013.6
44号（おしゃべりサロン 30周年記念号）　2013.12
45号（おしゃべりサロン）　2014.6
46号（おしゃべりサロン）　2014.12
47号（おしゃべりサロン）　2015.6
48号（おしゃべりサロン）　2015.12
49号（おしゃべりサロン）　2016.6
50号　最終号（おしゃべりサロン）　2016.12

KIMITOMO　ザメディアジョン　2010
BOOK 1　この世界はあなたのものである。（筒井
　はじめ著）　2010.12

ググってはいけない禁断の言葉　鉄人社　2014～
　2016
2015　2014.12
2016　2016.1

くらしの中から　飯田市立中央図書館文章講座同
　窓会編　飯田市立中央図書館　2002～2016
　⇒Ⅰ－189
第28集（文章講座同窓会作品集）　2010.9
第29集（文章講座同窓会作品集）　2011.9
第30集（文章講座同窓会作品集）　2012.9
第31集（文章講座同窓会作品集）　2013.9
第32集（文章講座同窓会作品集）　2015.3
第33集（文章講座同窓会作品集）　2016.3

GEKIDAS激裏情報＠大事典　三才ブックス
　2003～2012　⇒Ⅰ－190
VOL.5（激裏情報著）　2012.5

欅の里　［小町悦子］　2016
完（小町悦子著）　2016.3

研究助成金贈呈式の記録　日本教育公務員弘済会
　宮城支部編　日本教育公務員弘済会宮城支部
　2011～2014
第39回　現代を如何に生きるか　第11集 その1
　［2011］
第40回　現代を如何に生きるか　第11集 その2
　［2012］
第41回　現代を如何に生きるか　第11集 その3
　［2013］
第42回　現代を如何に生きるか　第12集 その1
　［2014］

現代を如何に生きるか　日本教育公務員弘済会宮
　城支部　2013
第11集（研究助成金贈呈式記念講演集）（日本教育
　公務員弘済会宮城支部編）　［2013］

検定クイズ教科別　徳間書店　2012
◇義務教育の算数―あなたの学力、何年生？（横地
　清監修, 義務教育検定クイズ研究会編）　2012.7
◇義務教育の社会―あなたの学力、何年生？（佐藤
　正志監修, 義務教育検定クイズ研究会編）　2012.
　7

一般論文集・講演集・雑著　　　　　　　　　　　　　　　　　　　　　　　　総記

◇義務教育の国語―あなたの学力，何年生？（倉島
　節尚監修，義務教育検定クイズ研究会編）　2012.
　8
◇義務教育の理科―あなたの学力，何年生？（左巻
　健男監修，義務教育検定クイズ研究会編）　2012.
　8

講演会記録　倶進会　2005～2013
2　社会・政治・経済　2005.3
3　文化・思想の諸断面　2013.12

講演ノート集　［宮本恵司］　2012
1（宮本恵司編著）　［2012］

高知新聞ブックレット　高知新聞社　2007～2011
　⇒Ⅰ－191
no.15　へんしも読みたい（土佐民話落語3）（市原
　麟一郎文）　2011.9
no.16　こじゃんと笑うた（土佐民話落語4）（市原
　麟一郎文）　2011.9

心がぽかぽかするニュース　日本新聞協会編　文
　芸春秋　2007～2012　⇒Ⅰ－192
2010（HAPPY NEWS）　2011.7
2011（HAPPY NEWS）　2012.7

ことばのスペクトル　双文社出版　2015
◇「場」のコスモロジー（東洋学園大学ことばを考
　える会編）　2015.3

雑学王・知泉の日めくりうんちく劇場　杉村喜光
　著　静岡新聞社　2013
5～8月編（雑学カレンダー）　2013.4
Part2　9～12月編（雑学カレンダー）　2013.8
Part3　1～4月編（雑学カレンダー）　2013.12

佐藤栄作賞受賞論文集　佐藤栄作記念国連大学協
　賛財団事務局編　佐藤栄作記念国連大学協賛財
　団　2013～2015
第9回―第16回　2013.12
第17回―第29回　2015.4

三愛新書　三愛会　1979～2015　⇒Ⅰ－193
◇人間と文化―教養講演集　76　2010.12
◇人間と文化―教養講演集　77　2011.12
◇人間と文化―教養講演集　78　2012.12
◇人間と文化―教養講演集　79　2013.12
◇人間と文化―教養講演集　80　2014.12
◇人間と文化―教養講演集　81　2015.12

紫牛雑叢　岩永季弘　2002～2011　⇒Ⅰ－193
第7集（岩永季弘著）　2011.9

実録！　サイコ恐怖画像　鉄人社　2014
2015　2014.12

死ぬかと思った　アスペクト　2001～2010
　⇒Ⅰ－193
エクストラ（林雄司編）　2010.12

死ぬほど怖い噂100の真相　鉄人社　2014～2016
2014　2014.1
2016　2016.6

死ぬほど怖いトラウマTV・マンガ大全　鉄人社
　2014～2015
◇（こころに深い傷を残したあの名作・怪作たち）
　2014.9
地獄編　2015.8
◇　決定版　2015.12

自由国民版　自由国民社　2013～2014
◇あなたの人生を変える一筆箋活用術―あなたの
　「ひと言」が幸せをまねく（むらかみかずこ監修）
　2013.8
◇あなたの人生を変える日本のお作法―あなたの
　「気配り」が幸せをまねく（岩下宣子監修）　2013.
　10
◇あなたの人生を変える！　ロト7で8億円を当てる
　本―新発想カジノ式（大内朋洋著）　2014.1

小閑雑感　谷口雅宣著　世界聖典普及協会，生長
　の家　2002～2012　⇒Ⅰ－194
part 17（2009年8月―12月）　2010.11
part 18（2010年1月―5月）　2011.5
part 19（2010年6月―10月）　2011.10
part 20　2010年11月―2011年3月　2012.7

女子高生ちえの社長日記　プレジデント社　2012
part-4　国際化？　中国？　それで、戦略!?（甲斐荘
　正見著）　2012.2

知らなきゃよかった！　本当は怖い雑学　鉄人社
　2016
驚愕編　2016.8

シリーズ『岡山学』　岡山理科大学『岡山学』研
　究会編　吉備人出版　2002～2016　⇒Ⅰ－194
8　高梁川を科学する　part.1　2010.12
9　岡山の「災害」を科学する　2012.3

10 高梁川を科学する　Part2　2012.12
11 瀬戸内海を科学する　Part1　2013.12
12 瀬戸内海を科学する　part 2　2014.12
13 データでみる岡山　2016.1

神陵文庫・神陵文庫紅萌抄　三高自昭会　2001～
　2011　⇒Ⅰ－194
合本10　神陵文庫　第25巻／神陵文庫紅萌抄　第16
　巻（三高自昭会編）　2011.4

人類・社会の新たなる発展を目指して　所真理雄
　編　慶応義塾大学大学院理工学研究科　2012
1 （慶応義塾大学ソニー寄附講座連続公開シンポジ
　ウム）　2012.3
2 （慶応義塾大学ソニー寄附講座連続公開シンポジ
　ウム）　2012.3
3 （慶応義塾大学ソニー寄附講座連続公開シンポジ
　ウム）　2012.8

すてきなあなたに　大橋鎮子編著　暮しの手帖社
　1975～2015　⇒Ⅰ－195
01　ポットに一つあなたに一つ　ポケット版
　2015.4
02　スタインベルグの鏡　ポケット版　2015.4
03　セーヌの影絵　ポケット版　2015.4
04　パリの手袋　ポケット版　2015.4
05　女王陛下のメープルシロップ　ポケット版
　2015.7
06　　2014.12
06　シャボンの匂い　ポケット版　2015.7
07　ヤンソンの誘惑　ポケット版　2015.9
08　針差しのおもてなし　ポケット版　2015.9
09　魔法のはがき　ポケット版　2015.12
10　たのしいクックブック　ポケット版　2015.12

セレンディップハート・セレクション　学研パブ
　リッシング　2008～2012　⇒Ⅱ－63
◇いいことが起こりだす幸運のサインの見つけ方
　（鈴木香月著）　2012.9
◇恋の魔法使いは、ほうきに乗ってやってくる—愛
　されて夢を叶える恋愛おそうじ術（石崎華子著）
　2012.9

ダイヤモンド早わかりブックス　ダイヤモンド社
　2009～2015　⇒Ⅰ－70
◇知的財産権早わかり　2015年版（伊藤真, 角田芳
　末監修）　2015.3

魂のルネッサンス　白馬社　2011
［001］　般若心経の実践法—あなたが変わる（長田
　恒昌著）　2011.11
［002］　ファンタシア「プロポーズ」—不思議世界
　の物語：あなたが変わる（長田恒昌著）　2011.11
［003］　運が良くなる3つの習慣—あなたが変わる
　（長田恒昌著）　2011.11

ちいさいぜ！　ちょこやまくん　メディアファク
　トリー　2012
2 （発見研究所著）　2012.6

ちゃぶ台　ミシマ社　2015～2016
「移住×仕事」号（ミシマ社の雑誌）　2015.10
Vol.2　革命前々夜号（ミシマ社の雑誌）　2016.11

Day Tripper　文芸社　2015
2　夜間高校教師のたわごと（永田俊也著）　2015.
　6

鉄人文庫　鉄人　2016
◇爆笑テストの（珍）解答500連発!!（鉄人社編集部
　編）　2016.12
◇テレビでやってた人気マジックのタネぜんぶバ
　ラします（鉄人社編集部編）　2016.12
◇知らなきゃよかった！　本当は怖い雑学（鉄人社
　編集部編）　2016.12

トイレット文庫　講談社　2011
01　ブッチくん全（オール）百科（天久聖一, タナ
　カカツキ著, 無事故無事雄監修）　2011.7

梨の花　新川寛　2002～2011　⇒Ⅰ－196
4 （評論と随筆）（新川寛著）　2011.11

ナレッジエンタ読本　メディアファクトリー
　2007～2010　⇒Ⅰ－197
31　あなたの隣の秘密結社（秦野啓著）　2010.6

新島講座　同志社新島基金運営委員会編　同志社
　1983～2013　⇒Ⅰ－197
2011　受けるよりは与えるほうが幸いである—新
　島襄のキリスト教：新島講座第29回東京公開講
　演会（水谷誠著）　2012.2
2011　京都の伝統産業の活性化—同志社ビジネス
　スクールの試み：新島講座第29回東京公開講演
　会（村山裕三著）　2012.2
2012　新島八重の印象—その精神力について　新島
　講座第30回東京公開講演会（露口卓也著）　2013.

一般論文集・講演集・雑著　　　　　　　　　　　　　　　　　　　　　　　総 記

3
2012　健康長寿をめざすアンチエイジング研究最
　前線―新島講座第30回東京公開講演会（米井嘉一
　著）　2013.3
第33回（2010年）　なぜアメリカ人は10代の若者を
　嫌うのか？　アメリカの青年期に関する比較展
　望（マイケル W.ザッカーマン著, 二村太郎訳）
　2011.2
第34回（2011年）　地球規模的政治における宗教の
　役割と未来（ジョン L.エスポジト著, 山口航訳）
　2012.3
第35回（2012年）　流動性と多様性に満ちた大陸―
　いかにしてヨーロッパは移民大国になったのか？
　（バージニー・ギルドン著, 尾嶋史章訳）　2013.
　3

ニコニコ動画の中の人　PHP研究所　2011
2冊目　うp主50人くらい（？）…また紹介してみた
　―公式（『ニコ動の中の人』の中の人編）　2011.
　12

而今　［中村勝範］［編］　［中村勝範］　2005〜
　2014　⇒Ⅰ-198
第10巻　［2006］
第11巻　［2007］
第12巻　［2008］
第13巻　［2009］
第14巻　［2009］
第15巻　［2010］
第16巻　［2011］
第17巻　［2012］
第18巻　［2013］
第19巻　［2014］
第20巻　［2014］

日本讃歌　文芸社　2012
2　雲流るる果てに（竹原洋介著）　2012.1

ねずみの歯ぎしり　牧歌舎　2012
続（黒川和子著）　2012.10

バカサイ　扶桑社　2013
'13（天久聖一, 椎名基樹, せきしろ著）　2013.3

爆笑！　母ちゃんからのおバカメール300連発　鉄
　人社　2013
vol.2　2013.1

爆笑テストの珍解答　鉄人社　2015
ことわざ＆四字熟語編　2015.9

爆笑テストの珍解答500連発!!　鉄人社　2011〜
　2016
2011（最新版）　2011.1
vol.2　2012.3
vol.3　2011.10
vol.4（全国の中間期末から集めた）　2012.11
vol.5（全国の中間期末から集めた）　2013.5
vol.6（全国の中間期末から集めた）　2013.12
vol.7（全国の中間期末から集めた）　2014.5
vol.8（全国の中間期末から集めた）　2014.10
vol.9（全国の中間期末から集めた）　2015.4
vol.10（全国の中間期末から集めた）　2015.11
vol.11（全国の中間期末から集めた）　2016.10

林先生が驚く初耳学！　KADOKAWA　2015
1（公式BOOK）　2015.12

万象是師　考古堂書店　2011
続（高橋康昭著）　2011.6

B型自分の説明書　文芸社　2012
続（Jamais Jamais著）　2012.11

翡翠楼　翡翠楼　2009〜2016
11　ペルシア遊記　2008-1（葉月悠著）　2009.8
12　不動産屋が教えてくれた家探しの秘密―書庫
　を作るために（葉月悠著）　2010.8
13　ペルシア遊記　2008-2（葉月悠著）　2010.8
14　アフリカの誘惑―映画で旅するアフリカの歴
　史　1（葉月悠, ひかわ玲子著）　2013.8
15　アフリカの誘惑―映画で旅するアフリカの歴
　史　2-1　南アフリカの黄金伝説―喜望峰を越え
　て1（葉月悠, ひかわ玲子著）　2014.8
16　アフリカの誘惑―映画で旅するアフリカの歴
　史　2-2　南アフリカの黄金伝説―喜望峰を越え
　て2（葉月悠, ひかわ玲子著）　2014.8
17　いかにして、我が家にモロッコランプがついた
　か？―不動産屋が教えてくれた家探しのヒミツ・
　後日談（オタクリフォーム 1）（葉月悠著）　2015.
　8
18　19枚のイスラームタイルを飾る―不動産屋が
　教えてくれた家探しのヒミツ・後日談（オタクリ
　フォーム 2）（葉月悠著）　2016.8

総記　　　　　　　　　　　　　　　　　　　　　　　　　　一般論文集・講演集・雑著

風来坊　斎藤文夫著　［斎藤文夫］　2004〜2015
⇒Ⅰ-199
第7部（人間万事塞翁が馬）　2010.3
第8部（人間万事塞翁が馬）　2012.3
第9部（人間万事塞翁が馬）　2013.11
第10部（人間万事塞翁が馬）　2015.5

ふだん記新書　神奈川ふだん記［グループ］
2002〜2014　⇒Ⅰ-199
315　私はほほえんで（佐藤高子著）　2010.10
316　私のお天道様（中村道子著）　2010.12
317　八十八歳夢の如し―戦地からの帰還のち愛川
町行政にかかわる（内野清司著）　2011.7
◇相州八菅山／八菅山の女たち／相州八菅山の修
験宝喜院（足立原美枝子著）　2012.2
325　また元気に歩いてみたい―43年間「ふだん記」
ありがとう！（熊坂あき子著）　2014.10

ふだん記新書　ふだん記北九州グループ　2016
323　世界に一つだけの花（蟹川紘代著）　2016.7

ふだん記新書　ふだん記全国グループ［出版委員
会］　2000〜2014　⇒Ⅰ-199
◇春の足音―ふだん記で生かされた私（田中信子
著）　2012.10
◇わが人生の一考察（仲本淳著）　2012.10
322　大地とともに（海老沢久子著）　2013.11
324　旅のともしび（流亀太郎著）　2014.10

ふだん記創書　［黒木圭子］　2014
43　この世に生まれ生かされて今（黒木圭子著）
2014.12

ふだん記創書　さいはてのふだん記　2015
42　剝がされた日めくり（松田英昭著）　2015.2

ふだん記創書　［中山靖子］　2015
46　まだまだありがとう（中山靖子著）　2015.12

ふだん記創書　ふだん記雲の碑グループ　2004〜
2011　⇒Ⅰ-199
34　花咲く道へ（小林薫著）　2011.12

ふだん記創書　ふだん記と自分史・さいはてグ
ループ　2012〜2014
40　雑草の詩（中田ふみ子著）　2012.8
41　青春（水津仁郎著）　2014.9

ふだん記本　神奈川ふだん記・うらら文庫　2014
191　うららか―親しき友との作品集　2号（足立
原丸砂子、小島みどり、長谷川キチ、大矢ヒサ子、
梅沢多栄子、熊坂知恵子著）　2014.3

ふだん記本　ドニエプル出版　2009〜2010
⇒Ⅴ-624
186　スローライフを愉しむ（福井久著）　2010.12

ふだん記本　ふだん記関西グループ　2012〜2014
187　流転の恋から六十年（嶋津正彦著）　2012.10
188　まぁええわ　2（久保田照子著）　2012.10
192　鼓草のあゆみ（崎本宜子著）　2014.10

ふだん記本　ふだん記全国グループ出版委員会
2008〜2016　⇒Ⅴ-624
193　機音の中に生きて（山本千枝子著）　2016.3
194　あれから15年―ふだん記全国誌101号―130号
の足跡（新井妙子著）　2016.12

ふだん記本　ふだん記全国八王子編集部　2013
189　いつかある日足跡が（松岡三五郎著）　2013.
9

文響社ミニギフトブックシリーズ　文響社　2016
◇Dear mom（文響社編集部著）　2016.12
◇Dear dad（文響社編集部著）　2016.12
◇With love（文響社編集部著）　2016.12
◇Happy birthday！（文響社編集部著）　2016.12

文章を学ぶ鳥影の集い合同文集　文章を学ぶ鳥影
の集い　1991〜2014　⇒Ⅰ-200
第21集（2011年）　波打つ心　2011.5
第22集（2012年）　春からの歩み　2012.4
第23集（2013年）　どこへ行こうか　2013.4
第24集（2014年）　分身として　2014.4

ヘンな間取り　イースト・プレス　2010
大家さんもびっくり編（ヘンな間取り研究会著）
2010.7

本屋さんでは買えない本　赤見一郎　2006〜2011
⇒Ⅰ-200
3（ひまこうざん著）　2011.9

松本健一講演集　人間と歴史社　2010〜2011
1　維れ新たなり（松本健一著）　2010.12
2　日本近代の憧れと過ち（松本健一著）　2011.3
3　天国はいらないふるさとがほしい―日本再生・こ

逐次刊行物

れからの日本の歩むべき道（松本健一著）　2011.
12

窓　明窓出版編集部編　明窓出版　1991〜2013
⇒I−200
第16集（エッセイ集）　2010.4
第17集（エッセイ集）　2010.12
第18集（エッセイ集）　2012.2
19集（エッセイ集）　2013.11

Mr.都市伝説関暁夫の都市伝説　関暁夫著　竹書
房　2012〜2016
4　2013年新時代の扉がいま開かれる　2012.8
5　メディア洗脳から覚めたみなさんへ　2014.12
6　2018年最後の審判が下される！　2016.8

みみずのうわごと　［福間敏矩］　2011
続（福間敏矩著）　2011.5

Yomipack　読売新聞社　1995〜2011
⇒I−377
◇時の余白に─読売新聞連載コラム傑作選（読売新
聞東京本社宣伝部編）　2011.7

わたしの歌をうたいたい　文芸社　2010
続（寺田知子著）　2010.12

逐次刊行物

カラー復刻『主婦之友』昭和期目次　石川文化事
業財団お茶の水図書館編　石川文化事業財団
2009〜2010
1　昭和2年─昭和10年　2009.2
2　昭和11年─昭和20年　2009.2
3　昭和21年─昭和30年　2010.2

コドモノクニ名作選　アシェット婦人画報社，
ハースト婦人画報社　2010〜2011
上巻（大正・昭和のトップアーティスト100人が贈
るワンダーランド！）　2010.8
下巻（大正・昭和のトップアーティスト100人が贈
るワンダーランド！）　2010.8
vol.2（春）　2011.3
vol.3（夏）　2011.7
vol.4（秋）．2011.10
vol.5（冬）．2011.12

森へゆく径　テン・ブックス　2015
vol.01　特集書を探せ、町へ出よう（編集実践教室
編）　2015.7

琉球要覧　不二出版　2013〜2014
第1巻　1957年版　復刻版（［琉球政府行政主席官
房情報課］［編］）　2013.5
第2巻　1958年版　復刻版（［琉球政府行政主席官
房情報課］［編］）　2013.5
第3巻　1959〜60年版　復刻版（［琉球政府行政主
席官房情報課］［編集］）　2013.10
第4巻　1961年版　復刻版（［琉球政府行政主席官
房情報課］［編集］）　2013.10
第5巻　1962年版　復刻版（［琉球政府計画局広報
課］［編集］）　2013.10
第6巻　1954年版／1963年版　復刻版（［琉球政
府主席官房情報課，琉球政府計画局広報課］［編
集］）　2014.3
第7巻　1964年版　復刻版（［琉球政府計画局広報
課］［編集］）　2014.3
第8巻　1965年版　復刻版（［琉球政府総務局涉外
広報部広報課］［編集］）　2014.3
第9巻　1966年版　復刻版（［琉球政府総務局涉外
広報部広報課］［編集］）　2014.3
第10巻　1967年版　復刻版（［琉球政府総務局涉外
広報部広報課］［編集］）　2014.3
第11巻　沖縄要覧1968年版　復刻版（［琉球政府総
務局涉外広報部広報課］［編集］）　2014.8
第12巻　沖縄要覧昭和44年度版　復刻版（［琉球政
府総務局涉外広報部広報課］［編集］）　2014.8
第13巻　沖縄要覧昭和45年度版　復刻版（［琉球政
府総務局涉外広報部広報課］［編集］）　2014.8
第14巻　沖縄要覧昭和46年度版　復刻版（［琉球政
府］［編集］）　2014.8

団体・博物館

朝霞市博物館館有資料目録　朝霞市博物館　1997
〜2011　⇒I−203
8（朝霞市博物館）　2011.3

伊方町町見郷土収蔵資料目録　伊方町町見郷土
館　2009〜2012　⇒I−204
第2集（伊方町町見郷土館編）　2012.3

総記　　　　　　　　　　　　　　　　　　　　　　　　団体・博物館

岩手県立博物館収蔵資料目録　岩手県立博物館編
　岩手県文化振興事業団　1986〜2013
　⇒Ⅰ−204
第23集　考古　9　2011.3
第24集　生物6　2012.3
第25集　生物7　2013.3

エコミュージアム関ヶ原　エコミュージアム関ヶ
　原編　エコミュージアム関ヶ原　2008〜2014
2003年度―2007年度(活動報告書 揖斐関ヶ原養老
　国定公園東海自然歩道)　[2008]
2008年度―2013年度(活動報告書 揖斐関ヶ原養老
　国定公園東海自然歩道)　[2014]

奥会津博物館収蔵資料目録　南会津町教育委員会
　2010〜2016　⇒Ⅰ−204
第2集　渡辺文学家文書(南会津町教育委員会)
　2011.10
第3集　細川家文書(奥会津博物館編)　2016.8

解説資料　伊丹市立博物館編　伊丹市立博物館
　1992〜2015　⇒Ⅰ−204
第61号　幕末・明治・大正・昭和のメディア展―か
　わら版から伊丹新聞 わが国の新聞発行から150
　年 平成23年度夏期企画展　2011.7
第62号　有岡城から伊丹郷町へ―落城・復興・繁
　栄への道のり 平成23年度秋季企画展　2011.10
第63号　発見!!ひょうごの遺跡―夏季企画展　2012.
　7
第64号　酒造家小西新右衛門家―くらし・まじわ
　り・たしなみ:平成24年度秋季企画展　[2012]
第65号　江戸の旅人―平成25年度夏季企画展
　2013.7
第66号　阪神間の鉄道文化―秋季企画展　2013.10
第67号　伊丹郷町お仕事図鑑―平成二十六年度夏
　季企画展　2014.7
第69号　伊丹のまちの商業デザイン―平成27年度
　秋季企画展　2015.10

柏崎市立博物館調査報告書　柏崎市立博物館
　1997〜2011　⇒Ⅰ−204
第6集　藁のちから・藁のかたち―装う・運ぶ・包
　む・敷く・結ぶ・祈る… 当館収蔵資料を中心に
　平成23年度秋季特別展　2011.10

神奈川県立博物館調査研究報告　神奈川県立生命
　の星・地球博物館　1991〜2012　⇒Ⅰ−204
自然科学 第14号　葉山―嶺岡構造帯の地球科学的

研究　2012.2

館蔵品選集　鳥取市文化財団鳥取市歴史博物館
　2012
2(先人が遺してくれたもの)(鳥取市歴史博物館
　編)　2012.4

京都からの提言―21世紀の日本を考える　京都大
　学「京都からの提言」事務局　2015〜2016
第9回　社会と科学者(京都大学附置研究所・セン
　ターシンポジウム 報告書)(京都大学再生医科学
　研究所総務掛京都大学「京都からの提言」事務
　局編)　2015.1
第10回(京都大学附置研究所・センターシンポジウ
　ム 報告書)(京都大学宇治地区事務部総務課総務
　掛京都大学「京都からの提言」事務局編)　2016.
　1

神戸市立博物館館蔵品目録　神戸市立博物館編
　神戸市立博物館　1999〜2015　⇒Ⅰ−204
考古・歴史の部 27　古文書　10　2011.3
考古・歴史の部 28　古文書　11　2012.3
考古・歴史の部 29　神戸市関係絵地図3　2013.3
考古・歴史の部 30　古文書12　2014.3
考古・歴史の部 31　2015.3
美術の部 27　長崎版画　2011.3
美術の部 28　浮世絵版画総インデックス1(絵師
　名順 あ〜き)　2012.3
美術の部 29　浮世絵版画総インデックス2(絵師
　名順 くにあきく〜にさだ)(歌川国明・国員・国
　計・国一・国貞))　2013.3
美術の部 30　浮世絵版画総インデックス3(絵師
　名順 くにさだ〜くによし(2代歌川国貞、豊原国
　周、歌川国芳ほか))　2014.3
美術の部 31　2015.3

国際会議統計　日本政府観光局コンベンション誘
　致部,インバウンド戦略部　2010〜2016
2009年(日本政府観光局コンベンション誘致部
　(MICE推進担当)編)　2010.11
2010年(日本政府観光局コンベンション誘致部編)
　2011.11
2011年(日本政府観光局コンベンション誘致部編)
　2012.11
2012年(日本政府観光局コンベンション誘致部編)
　2014.2
2013年(日本政府観光局コンベンション誘致部編)
　2015.1

全集・叢書総目録 2011-2016　**241**

団体・博物館 総記

2014年（日本政府観光局インバウンド戦略部編）
　2015.10
2015年（日本政府観光局インバウンド戦略部編）
　2016.12

5年間の歩み　萩博物館　2016
2（平成22年〜26年）（萩博物館開館10周年記念誌）
　（萩博物館）　2016.3

サイエンズ Scienz　サイエンズ研究所　2011〜
　2015
no.1　やさしい社会—will be as one　第2版（サイ
　エンズ研究所編）　2013.10
no.2　人を聴く一心が通う話し合いとは（サイエン
　ズ研究所編）　2011.11
no.3　やさしい社会　2　親しさで繋がる社会とは
　（Piess Network編集部編）　2012.10
no.4　As one一つの社会—やさしい社会をひも解
　く（Piess Network編集部編）　2014.8
no.5　サイエンズ入門—人間を知り、人間らしく
　生きる（Piess Network編集部編）　2015.8

CRDHEワーキングペーパー　東京大学大学総
　合教育研究センター　2011〜2012
no.3　大学におけるIRの役割　2011.10
no.4　大学共同利用機関制度の成立　2012.4

収蔵品目録　福岡市博物館編　福岡市博物館
　1999〜2016　⇒Ⅰ-205
25　平成19年度収集　2010.3
26　平成20年度収集　2011.3
27　平成21年度収集　2012.3
28　平成22年度収集　2013.3
29　平成23年度収集　2014.3
30　平成24年度収集　2015.3
31　平成25年度収集　2016.3

シリーズ現代博物館学　朝倉書店　2014
1　博物館の理論と教育（浜田弘明総編集）　2014.
　11

知床博物館研究報告　斜里町立知床博物館　2016
特別号　第1集（知床博物館）　2016.2

新課程博物館学ハンドブック　米田文孝, 森隆男,
　山口卓也編著　関西大学出版部　2015
1　2015.3
2　2015.3

新博物館学教科書　学文社　2012〜2013
◇博物館学　1　博物館概論*博物館資料論（大堀
　哲, 水嶋英治編著）　2012.4
◇博物館学　3　博物館情報・メディア論*博物館
　経営論（大堀哲, 水嶋英治編著）　2012.11
◇博物館学　2　博物館展示論*博物館教育論（大堀
　哲, 水嶋英治編著）　2012.12
◇博物館学　4　博物館資料保存論*博物館実習論
　（大堀哲, 水嶋英治編著）　2013.3

西南学院大学博物館事業報告　西南学院大学博物
　館　2015
1　大学博物館連携事業—官学・産官学連携事業実
　践報告（安高啓明, 内島美奈子編）　2015.3

全国各種団体名鑑　原書房編集部編　原書房
　2008〜2016　⇒Ⅰ-205
2011 上巻　2010.10
2011 中巻　2010.10
2011 下巻　2010.10
2013 上　2012.9
2013 中　2012.9
2013 下　2012.9
2015 上巻　2014.9
2015 中巻　2014.9
2015 下巻　2014.9
2015 別冊　索引　2014.9
2017 上　2016.9
2017 中　2016.9
2017 下　2016.9

大学の扉を開く　かんさい・大学ミュージアム連
　携実行委員会編　かんさい・大学ミュージアム
　連携実行委員会　2013〜2016
2013（交流する大学ミュージアムを目指して 人材
　育成の手法と実践 事業実施報告書）　［2013］
2014（関西圏大学ミュージアム連携活性化事業/交
　流する大学ミュージアムを目指して 関西におけ
　る文化遺産の継承—実施報告書）　2015.1
2015（関西圏大学ミュージアム連携活性化事業/交
　流する大学ミュージアムを目指して 事業実施報
　告書）　2016.1

大正・昭和前期博物館学基本文献集成　青木豊,
　山本哲也編　雄山閣　2016
上　2016.4
下　2016.5

総記

団体・博物館

東京大学総合文化研究科・教養学部美術博物館資
　料集　東京大学総合文化研究科・教養学部美術
　博物館　2014
5　ユネスコ作成レオナルド・ダ・ヴィンチ複製素
　描画コレクション（東京大学総合文化研究科・教
　養学部美術博物館編）　2014.3

東京都江戸東京博物館資料目録　東京都　2006〜
　2011　⇒Ⅰ-206
占領期カラースライド（東京都江戸東京博物館事業
　企画課資料係編）　2011.3

栃木県立博物館人文部門収蔵資料目録　栃木県立
　博物館　2011
第5集（考古3）　那須の遺跡―渡辺竜瑞先生寄贈資
　料目録　第3集（栃木県立博物館）　2011.3

日本のソロプチミスト・小史　国際ソロプチミス
　トアメリカ日本東リジョン　2013
東リジョン編（編集特別委員会編）　2013.6

博物館学人物史　青木豊、矢島国雄編　雄山閣
　2010〜2012　⇒Ⅴ-17
上　2010.7
下　2012.5

八戸市博物館収蔵資料目録　八戸市博物館編　八
　戸市博物館　1999〜2016　⇒Ⅰ-207
民俗編5　衣・食・住　2011.3
民俗編6　2012.3
民俗編7　2013.3
民俗編8　戦争　2016.3
歴史編8　2014.3
歴史編9　2015.3

日伊協会史　日伊協会　2012
続　1994-2010年の歩み（日伊協会）　2012.3

平塚市博物館資料　平塚市博物館　1978〜2014
　⇒Ⅰ-350
no.57　平塚市博物館所蔵歴史資料目録　8　神奈
　川県立平塚江南高等学校旧蔵資料　2012.9
no.58　コケ植物標本目録　2014.11

無礼講の酒に集うカルヴァドスの会　大石よし子
　2016
資料編　写真集・カルヴァドス通信（大石よし子
　著）　2016.3

北米の小さな博物館　彩流社　2006〜2014
　⇒Ⅰ-208
3（「知」の世界遺産）（北米エスニシティ研究会編）
　2014.1

"まち"と"ミュージアム"の文化が結ぶ幸せなか
　たち　京都府京都文化博物館　2016
2（博学社連携フォーラム・博学社連携シンポジウ
　ム報告書）（京都文化博物館地域共働事業実行委
　員会［著］）　2016.3

山形県立博物館収蔵資料目録　山形県立博物館
　［編］　山形県立博物館　1990〜2015
　⇒Ⅰ-208
植物資料目録5（佐藤泉コレクション・加藤元助コ
　レクション）　2011.3
動物資料目録10　昆虫5（日本産鱗翅目）　2015.9

Senri ethnological reports　The National
　Museum of Ethnology　2011〜2012
95　Bonpo thangkas from Rebkong（Bon stud-
　ies 13）（edited by Bon brgya dge legs lhun
　grub rgya mtsho, Shin'ichi Tsumagari, Musashi
　Tachikawa, Yasuhiko Nagano）　2011.1
96　Socialist　devotees　and　dissenters―
　three　twentieth-century　Mongolian　leaders
　（interviews conducted by Yuki Konagaya, I.
　Lkhagvasuren, translated by Mary Rossabi,
　edited and compiled by Morris Rossabi）　2011.
　2
99　Research notes on the Zhangzhung lan-
　guage by Frederick W.Thomas at the British
　Library（Bon studies 14）（edited by Tsug-
　uhito Takeuchi, Burkhard Quessel, Yasuhiko
　Nagano）　2011.3
101　Altai Uriankhains―historical and ethno-
　graphical　investigation　late　XⅨ-early　X
　X centuries（Ichinkhorloo Lkhagvasuren［著］）
　2012.3
105　Buddhist fire ritual in Japan（Madhavi Kol-
　hatkar, Musashi Tachikawa［著］）　2012.3
107　A　herder,　a　trader,　and　a　lawyer―
　three　twentieth-century　Mongolian　leaders
　（interviews conducted by Yuki Konagaya, I.
　Lkhagvasuren, translated by Mary Rossabi,
　edited and introduced by Morris Rossabi）
　2012.10

ジャーナリズム・新聞 総記

Senri ethnological reports 国立民族学博物館調査報告 The National Museum of Ethnology 2013〜2016

112 Development trajectories for Mongolian women in and after transition (edited by Yuki Konagaya, Maqsooda S.Sarfi) 2013.3

120 Healing alternatives—care and education as a cultural lifestyle (edited by Nanami Suzuki) 2014.9

121 Mongolia's transition from socialism to capitalism—four views (interviews conducted by Yuki Konagaya, I.Lkhagvasuren, translated by Mary Rossabi, edited and introduced by Morris Rossabi) 2014.9

123 Некоторые археологические находки Монголо－советской экспедиции под руководством С.В. Киселева—Городище Каракорум, коллекция Государственного Эрмитажа / Елихина (general editor Ken'ichi Sudo, редактор Юки Конагая, автор Ю.И) 2014.12

125 Asian museums and museology 2013—international research meeting on museology in Myanmar (edited by Naoko Sonoda, Katsumi Tamura, Nu Mra Zan) 2015.2

128 Культурное наследие бурят, эвенков и семейских—предметы материальной и духовной культуры из коллекций этнографического музея народов эабайкалья (Республика Бурятия, Россия) (редакторы Шагланова Ольга А. , Сасаки Сиро) 2015.3

129 Asian museums and museology 2014—international workshop on Asian museums and museology in Thailand (edited by Naoko Sonoda, Kyonosuke Hirai, Jarunee Incherdchai) 2015.3

133 An audiovisual exploration of Philippine music—the historical contribution of Robert Garfias (edited by Terada Yoshitaka) 2016.1

135 Культура народов Сибири и Дальнего Востока в музейных коллекциях России и Японии—методы сбора, учета, хранения и экспозиции (редакторы Шагланова Ольга А., Сасаки Сиро) 2016.3

The University Museum, the University of Tokyo, bulletin The University Museum, the University of Tokyo 2006〜2015

no.42 The Himalayan plants volume 4 (edited by Hideaki Ohba) 2006.3

no.46 The Japanese collection related to natural history in the National Museum of Ethnology, Leiden, the Netherlands (Tokuhei Tagai, Akiko Mikouchi, Matthi Forrer［著］) 2013.3

no.47 Konso-Gardula research project volume 1 (Paleontological collections：background and fossil aves, cercopithecidae, and suidae) (edited by Gen Suwa, Yonas Beyene, Berhane Asfaw) 2014.3

no.48 Konso-Gardula research project volume 2 Archaeological collections—background and the early acheulean assemblages (edited by Yonas Beyene, Berhane Asfaw, Katsuhiro Sano, Gen Suwa) 2015.10

ジャーナリズム・新聞

朝日新聞外地版 坂本悠一監修・編 ゆまに書房 2010〜2011 ⇒Ⅰ－209

67 「南鮮版」「中鮮版」「北西鮮版」一九四五年 2011.11

68 「満洲版」「北支版」「中支版」一九四五年 2011.11

別巻 2011.11

朝日新聞外地版2 坂本悠一監修・編 ゆまに書房 2012〜2014

6 「鮮満版」一九二三年 2012.11

7 「鮮満版」一九二四年 2012.11

8 「鮮満版」一九二五年一月〜六月 2012.11

9 「鮮満版」一九二五年一九二五年七月〜一二月 2012.11

10 「鮮満版」一九二六年一月〜六月 2012.11

11 「鮮満版」一九二六年七月〜一二月 2012.11

17 朝鮮朝日 西北版・南鮮版一九二九年一月・四月 2013.11

18 朝鮮朝日 西北版・南鮮版一九二九年五月・八月 2013.11

19 朝鮮朝日 西北版・南鮮版一九二九年九月・一二月 2013.11

20 朝鮮朝日 西北版・南鮮版一九三〇年一月・四

月 2013.11

21 朝鮮朝日 西北版・南鮮版一九三〇年五月・八月 2013.11

22 朝鮮朝日 西北版・南鮮版一九三〇年九月・一二月 2013.11

28 「朝鮮朝日」一九三三年一月・六月 2014.11

29 朝鮮朝日一九三三年七月・十二月 2014.11

30 朝鮮朝日一九三四年一月〜六月 2014.11

31 朝鮮朝日一九三四年七月・一二月 2014.11

32 朝鮮朝日朝鮮西北版・南鮮版一九三五年一月・六月 2014.11

33 朝鮮西北版・南鮮版一九三五年七月・一一月 2014.11

朝日新聞報道写真集 朝日新聞社編 朝日新聞出版 2011〜2016

2011 2011.1
2012 2012.1
2013 2013.1
2014 2014.1
2015 2015.1
2016 2016.1

朝日選書 朝日新聞出版 2010〜2016

748 負けてたまるか！―青色発光ダイオード開発者の言い分 新版（中村修二著） 2014.11

872 紀元二千六百年―消費と観光のナショナリズム（ケネス・ルオフ著，木村剛久訳） 2010.12

873 モーツァルトの食卓（関田淳子著） 2010.12

874 こうすれば日本も学力世界一―フィンランドから本物の教育を考える（福田誠治著） 2011.2

875 アメリカを変えた日本人―国吉康雄，イサム・ノグチ，オノ・ヨーコ（久我なつみ著） 2011.2

876 原発のどこが危険か―世界の事故と福島原発 新版（桜井淳著） 2011.4

877 化石から生命の謎を解く―恐竜から分子まで（化石研究会編） 2011.4

878 研究最前線邪馬台国―いま、何が、どこまで言えるのか（石野博信，高島忠平，西谷正，吉村武彦編） 2011.6

879 さまよえる孔子、よみがえる論語（竹内実著） 2011.6

880 オサマ・ビンラディンの生涯と聖戦（保坂修司著） 2011.6

881 関東大震災の社会史（北原糸子著） 2011.8

882 液晶の歴史（デイヴィッド・ダンマー，ティム・スラッキン著，鳥山和久訳） 2011.8

883 原子力の社会史―その日本的展開 新版（吉岡斉著） 2011.10

884 諷刺画で読む十八世紀イギリス―ホガースとその時代（小林章夫，斉藤貴子著） 2011.12

886 人類大移動―アフリカからイースター島へ（印東道子編） 2012.2

887 キリスト教は戦争好きか―キリスト教的思考入門（土井健司著） 2012.4

888 「戦争」で読む日米関係100年―日露戦争から対テロ戦争まで（簑原俊洋編） 2012.6

889 道が語る日本古代史（近江俊秀著） 2012.6

890 ニッポンの負けじ魂―「パクス・ヤポニカ」と「軸の時代」の思想（山折哲雄著） 2012.8

891 ネアンデルタール人奇跡の再発見（小野昭著） 2012.8

892 日ソ国交回復秘録―北方領土交渉の真実（松本俊一著，佐藤優解説） 2012.8

893 21世紀の中国 軍事外交篇 軍事大国化する中国の現状と戦略（茅原郁生，美根慶樹著） 2012.10

894 足軽の誕生―室町時代の光と影（早島大祐著） 2012.10

895 21世紀の中国 政治・社会篇 共産党独裁を揺るがす格差と矛盾の構造（毛里和子，加藤千洋，美根慶樹著） 2012.12

896 近代技術の日本的展開―蘭癖大名から豊田喜一郎まで（中岡哲郎著） 2013.2

897 21世紀の中国 経済篇 国家資本主義の光と影（加藤弘之，渡辺真理子，大橋英夫著） 2013.2

898 電力の社会史―何が東京電力を生んだのか（竹内敬二著） 2013.2

899 人口減少社会という希望―コミュニティ経済の生成と地球倫理（広井良典著） 2013.4

900 政治主導VS.官僚支配―自民政権、民主政権、政官20年闘争の内幕（信田智人著） 2013.4

901 生きる力森田正馬の15の提言（帚木蓬生著） 2013.6

902 人類とカビの歴史―闘いと共生と（浜田信夫著） 2013.6

903 COSMOS 上（カール・セーガン著，木村繁訳） 2013.6

904 COSMOS 下（カール・セーガン著，木村繁訳） 2013.6

905 「老年症候群」の診察室―超高齢社会を生きる（大蔵暢著） 2013.8

906 剣術修行の旅日記―佐賀藩・葉隠武士の「諸国廻歴日録」を読む（永井義男著） 2013.8

ジャーナリズム・新聞

907 名誉の殺人―母、姉妹、娘を手にかけた男たち（アイシェ・ヨナル著、安東建訳）　2013.8

908 トリウム原子炉の道―世界の現況と開発秘史（リチャード・マーティン著，野島佳子訳）　2013.10

909 教養として読む現代文学（石原千秋著）　2013.10

910 世界遺産で巡るフランス歴史の旅（松本慎二著）　2013.10

911 あなたはボノボ、それともチンパンジー？―類人猿に学ぶ融和の処方箋（古市剛史著）　2013.12

912 巨大地震の科学と防災（金森博雄著，瀬川茂子，林能成構成）　2013.12

913 日中をひらいた男高碕達之助（牧村健一郎著）　2013.12

914 西洋の書物工房―ロゼッタ・ストーンからモロッコ革の本まで（貴田庄著）　2014.2

915 根来寺を解く―密教文化伝来の実像（中川委紀子著）　2014.2

916 『枕草子』の歴史学―春は曙の謎を解く（五味文彦著）　2014.4

917 光る生物の話（下村脩著）　2014.4

918 病から詩がうまれる―看取り医がみた幸せと悲哀（大井玄著）　2014.4

919 平安人の心で「源氏物語」を読む（山本淳子著）　2014.6

920 東大で文学を学ぶ―ドストエフスキーから谷崎潤一郎へ（辻原登著）　2014.6

921 官房長官側近の政治学（星浩著）　2014.6

922 溺れるものと救われるもの（プリーモ・レーヴィ著，竹山博英訳）　2014.6

923 マラソンと日本人（武田薫著）　2014.8

924 マヤ・アンデス・琉球―環境考古学で読み解く「敗者の文明」（青山和夫，米延仁志，坂井正人，高宮広土著）　2014.8

925 巨匠狩野探幽の誕生―江戸初期、将軍も天皇も愛した画家の才能と境遇（門脇むつみ著）　2014.10

926 データで読む平成期の家族問題―四半世紀で昭和とどう変わったか（湯沢雍彦著）　2014.10

927 戦後70年保守のアジア観（若宮啓文著）　2014.12

928 惑星探査入門―はやぶさ2にいたる道、そしてその先へ（寺薗淳也著）　2014.12

929 志賀直哉、映画に行く―エジソンから小津安二郎まで見た男（貴田庄著）　2015.2

930 日本発掘！―ここまでわかった日本の歴史（文化庁編，小野昭，小林達雄，石川日出志，大塚初重，松村恵司，小野正敏，水野正好著）　2015.2

931 アサーションの心―自分も相手も大切にするコミュニケーション（平木典子著）　2015.4

932 天皇家と生物学（毛利秀雄著）　2015.4

933 ルポ生殖ビジネス―世界で「出産」はどう商品化されているか（日比野由利著）　2015.6

934 中国グローバル化の深層―「未完の大国」が世界を変える（デイビッド・シャンボー著，加藤祐子訳）　2015.6

935 古代文明アンデスと西アジア 神殿と権力の生成（関雄二編）　2015.8

936 戦火のサラエボ100年史―「民族浄化」もう一つの真実（梅原季哉著）　2015.8

937 鉄道への夢が日本人を作った―資本主義・民主主義・ナショナリズム（張彧暋著，山岡由美訳）　2015.10

938 幼さという戦略―「かわいい」と成熟の物語作法（阿部公彦著）　2015.10

939 超高齢社会の法律、何が問題なのか（樋口範雄著）　2015.12

940 海洋大異変―日本の魚食文化に迫る危機（山本智之著）　2015.12

941 例外小説論―「事件」としての小説（佐々木敦著）　2016.2

942 アメリカの排日運動と日米関係―「排日移民法」はなぜ成立したか（簑原俊洋著）　2016.2

943 日本の女性議員―どうすれば増えるのか（三浦まり編著）　2016.4

944 ハプスブルク帝国、最後の皇太子―激動の20世紀欧州を生き抜いたオットー大公の生涯（エーリッヒ・ファイグル著，関口宏道監訳，北村佳子訳）　2016.4

945 ニュートリノ小さな大発見―ノーベル物理学賞への階段（梶田隆章，朝日新聞科学医療部著）　2016.6

946 丸谷才一を読む（湯川豊著）　2016.6

947 嫌韓問題の解き方―ステレオタイプを排して韓国を考える（小倉紀蔵，大西裕，樋口直人著）　2016.6

948 発達障害とはなにか―誤解をとく（古荘純一著）　2016.8

949 飛鳥むかしむかし　飛鳥誕生編（奈良文化財研究所編）　2016.8

総記 / ジャーナリズム・新聞

950 飛鳥むかしむかし 国づくり編（奈良文化財研究所編，早川和子絵） 2016.10

951 政策会議と討論なき国会—官邸主導体制の成立と後退する熟議（野中尚人，青木遥著） 2016.10

952 幕末明治新聞ことはじめ—ジャーナリズムをつくった人びと（奥武則著） 2016.12

953 古代日本の情報戦略（近江俊秀著） 2016.12

朝日・毎日・読売 社説総覧 明文書房編集部編 明文書房 2015〜2016

2015・1 1月〜3月 2015.5

2015・2 4月〜6月 2015.9

2015・3（7月〜9月） 2015.11

2015・4（10月〜12月） 2016.2

2016・1（1月〜3月） 1月〜3月 2016.5

2016・2 4月〜6月 2016.8

2016・3 7月〜9月 2016.11

「石橋湛山記念早稲田ジャーナリズム大賞」記念講座 成文堂 2015〜2016

2015 「今を伝える」ということ（八巻和彦編著） 2015.12

2016 日本のジャーナリズムはどう生きているか（八巻和彦編著） 2016.12

「石橋湛山記念早稲田ジャーナリズム大賞」記念講座 早稲田大学出版部 2013〜2015

2012 「危機」と向き合うジャーナリズム（谷藤悦史コーディネーター） 2013.6

2013 ジャーナリズムの「可能性」（谷藤悦史コーディネーター） 2014.6

2014 ジャーナリズムの「新地平」（谷藤悦史コーディネーター） 2015.6

英文対照 朝日新聞天声人語 朝日新聞論説委員室編，国際編集部訳 原書房 2005〜2016 ⇒Ⅰ−209

2010冬 2011.2

2011春 VOL.164 2011.5

2011夏 VOL.165 2011.8

2011秋 VOL.166 2011.11

2011冬 VOL.167 2012.2

2012春 VOL.168 2012.5

2012夏 VOL.169 2012.8

2012秋 VOL.170 2012.11

2012冬 VOL.171 2013.2

2013春 VOL.172 2013.5

2013夏 VOL.173 2013.8

2013秋 VOL.174 2013.11

2013冬 VOL.175 2014.2

2014春 VOL.176 2014.5

2014夏 VOL.177 2014.8

2014冬 VOL.179 2015.2

2015春 VOL.180 2015.5

2015夏 VOL.181 2015.8

2015秋 VOL.182 2015.11

2015冬 VOL.183 2016.2

2016春 VOL.184 2016.5

2016夏 VOL.185 2016.8

2016秋 VOL.186 2016.11

北の大地とともに 北海道新聞社 2013

資料・年表編（北海道新聞70年史：1942-2012）（北海道新聞社編） 2013.1

共同通信ニュース予定 共同通信社 2005〜2016 ⇒Ⅰ−210

2012（共同通信社編集局予定センター編） 2011.12

2013（共同通信社編集局予定センター編） 2012.12

2014（共同通信社編集局予定センター編） 2013.12

2015（共同通信社編集局予定センター編） 2014.12

2016（共同通信社編集局予定センター編） 2015.12

2017（共同通信社編著） 2016.12

原発とメディア 朝日新聞出版 2013

2 3・11責任のありか（朝日新聞「原発とメディア」取材班著） 2013.7

駒沢大学マスコミ研究所叢書 成文堂 2013

◇政治とメディア（駒沢大学マス・コミュニケーション研究所編） 2013.11

◇社会とメディア（駒沢大学マス・コミュニケーション研究所編） 2013.11

彩流社ブックレット 彩流社 2016

1 市民が明らかにした福島原発事故の真実—東電と国は何を隠ぺいしたか（海渡雄一著，福島原発告訴団監修） 2016.2

2 「慰安婦」問題・日韓「合意」を考える—日本

ジャーナリズム・新聞　　　　　　　　　　　　　　　　　　　総記

軍性奴隷制の隠ぺいを許さないために（前田朗編
著）　2016.3
3　誤報じゃないのになぜ取り消したの？―原発
「吉田調書」報道をめぐる朝日新聞の矛盾（原発
「吉田調書」報道を考える読者の会と仲間たち編
著）　2016.4

事件の取材と報道　朝日新聞出版　2012
2012（朝日新聞事件報道小委員会著）　2012.2

時事新報　竜渓書舎　2000〜2016　⇒Ⅰ-210
第23巻　復刻版（北村正光編）　2005.10
第24巻　復刻版（北村正光編）　2007.9
第24巻　復刻版（北村正光編）　2008.8
第25巻（1）〜（6）　復刻版（北村正光編）　2010.3
第25巻（7）〜（12）　復刻版（北村正光編）　2011.7
第26巻（1）〜（6）　復刻版（北村正光編）　2012.8
第26巻（7）〜（12）　復刻版（北村正光編）　2013.7
第27巻（1）〜（6）　復刻版（北村正光編）　2014.6
第28巻（1）〜（6）　復刻版　2016.12

ジャーナリスト人名事典　日外アソシエーツ
2014
明治〜戦前編（山田健太編）　2014.9
戦後〜現代編（「ジャーナリスト人名事典」編集委
員会編）　2014.12

新聞社の主要製作設備一覧　日本新聞協会技術委
員会編　日本新聞協会　2012〜2015
2012　2012.11
2015　2015.11

全国紙社説索引　明文書房編集部編　明文書房
2011〜2014
2010　朝日・毎日・読売・日経・産経　2011.3
2012　朝日・毎日・読売・日経・産経　2013.4
2013　朝日・毎日・読売・日経・産経　2014.8

全国紙社説総覧　明文書房編集部編　明文書房
2010〜2015　⇒Ⅰ-210
2010-4（10月〜12月）　2011.2
2011-1　1月〜3月（朝日・毎日・読売・日経・産
経）　2011.5
2011-3　7月〜9月　2011.11
2011-4　10月-12月（朝日・毎日・読売・日経・
産経）　2012.2
2012-1　1月-3月（朝日・毎日・読売・日経・産
経）　2012.5

2012-2　4月-6月（朝日・毎日・読売・日経・産
経）　2012.8
2012-3　7月〜9月（朝日・毎日・読売・日経・産
経）　2012.11
2012-4　10月〜12月　2013.2
2013-1　1月〜3月（朝日・毎日・読売・日経・産
経）　2013.5
2013-2（4月〜6月）　2013.8
2013-3（7月-9月）（朝日・毎日・読売・日経・産
経）　2013.11
2013-4（10月〜12月）　2014.2
2014-1　1月〜3月（朝日・毎日・読売・日経・産
経）　2014.5
2014-2　4月〜6月　2014.8
2014-3　7月〜9月　2014.11
2014-4　10月〜12月　2015.2

達人たちの仕事術　日本経済新聞出版社　2011
2　日経新聞×電子版＝最強の情報力（日本経済新
聞出版社編）　2011.10

中国名記者列伝　日本僑報社　2016
第1巻（正義を貫き、その文章を歴史に刻み込んだ
先人たち）（柳斌傑, 李東東編, 加藤青延監訳, 渡
辺明次訳）　2016.9

中国メディアハンドブック　経済広報センター
2012
2012年版（経済広報センター編）　2012.3

天声人語　朝日新聞出版　2011〜2016
2010年7月-12月（朝日新聞論説委員室著）　2011.
3
2011年1月-6月（朝日新聞論説委員室著）　2011.9
2011年7月-12月（朝日新聞論説委員室著）　2012.
3
2012年7月-12月（朝日新聞論説委員室著）　2013.
3
2013年1月-6月（朝日新聞論説委員室著）　2013.9
2013年7月-12月（朝日新聞論説委員室著）　2014.
3
2014年1月-6月（朝日新聞論説委員室著）　2014.9
2014年7月-12月（朝日新聞論説委員室著）　2015.
3
2015年1月-6月（朝日新聞論説委員室著）　2015.9
2015年7月-12月（朝日新聞論説委員室著）　2016.
3
2016年1月-6月（朝日新聞論説委員室著）　2016.9

総記 一般叢書・全集

とっておきの話　日本記者クラブ　2004〜2014
　⇒Ⅰ-211
7（「日本記者クラブ会報」から）（日本記者クラブ）
　2014.11

名古屋新聞・小山松寿関係資料集　山田公平編
　竜渓書舎　2006〜2015　⇒Ⅰ-211
第6巻　2006.7
第7巻　2015.11

日本地域新聞ガイド　日本地域新聞協議会・日本
　地域新聞図書館　2010
2010-2011年版（日本地域新聞協議会）　2010.7

日本マスコミ総覧　文化通信社編集　文化通信社
　2012〜2016
2011年―2012年版　2012.3
2013年―2014年版　2014.3
2015年―2016年版　2016.6

放送人権委員会判断ガイド　放送と人権等権利に
　関する委員会　2010〜2014
2010（三宅弘監修，放送人権委員会事務局編）
　2010.11
2014（放送と人権等権利に関する委員会事務局編，
　坂井真，曽我部真裕監修）　2014.9

マス・コミュニケーション研究　日本マス・コ
　ミュニケーション学会編　日本マス・コミュニ
　ケーション学会，学文社〔発売〕　2005〜2016
　⇒Ⅰ-212
79　特集 多文化社会とメディア　2011.7
81　特集 日本マス・コミュニケーション学会60周
　年記念シンポジウム 震災・原発報道の検証（「3.
　11」と戦後日本社会）　2012.7
82　特集 震災後のメディア、ジャーナリズム研究
　2013.1
83　特集 女性による表現文化の現在とメディア
　2013.7
84　特集 メディアは原子力とどう向き合ってきた
　のか（原子力・原発報道の史相を探る）　2014.1
85　特集 現代のメディアとネットワークにおける
　政治参加　2014.7
86　特集「東京オリンピックの80年史」とメディ
　ア（3.11以降の現代を逆照射する）　2015.1
87　特集 メディアの物質性　2015.7
89　特集 変容する「公共言論空間」を考える　2016.
　7

メディア環境の変化と国際報道　新聞通信調査会
　2012
◇（インターネット時代の通信社）（藤田博司，会
　田弘継，金重紘，我孫子和夫，田久保忠衛［著］）
　2012.1

メディア総研ブックレット　花伝社　1998〜2011
　⇒Ⅰ-212
no.13　メディアは原子力をどう伝えたか（メディ
　ア総合研究所編）　2011.9

読売報道写真集　読売新聞社編　読売新聞社，読
　売新聞東京本社　2011〜2016
2011　2011.2
2012　2012.2
2013　2013.2
2014　2014.2
2015　2015.2
2016　2016.2

私の生きた時代　八朔社　2011
続（ジャーナリストのDNAで考える）（磯部朝彦
　著）　2011.3

私の過去帖　キンダイ通信社　2011
続（寺崎進著）　2011.12

一般叢書・全集

IDP新書　IDP出版　2011〜2016
001　世界最大の気象情報会社になった日（石橋博
　良著）　2011.8
002　不登校カウンセリング（吉田勝明著）　2011.
　4
◇賢者の非常食（小泉武夫著）　2011.10
004　リハビリテーション入門（大田仁史著）
　2012.1
005　職場うつからの生還（吉田勝明著）　2012.3
006　お天気養生訓（関達也著，ウェザーニューズ
　監修）　2012.8
007　末期ガンと漢方―東西医療の融合父に起きた
　奇跡（黒岩祐治著）　2012.12
008　竜巻の謎に挑む―気象学・数値予報の先駆者
　佐々木嘉和（オクラホマ大学名誉教授）（WNI気
　象文化創造センター編）　2013.11
009　隠れフードアレルギー（上符正志著）　2015.
　2
010　世界最強の気象情報会社になる日（石橋博良

著） 2015.7

011　なぜ、ヒツジが空を翔べたのか？―決断力の
ないあなたへ（広川州伸著）　2015.10

012　日本人の弱点（小松正之著）　2015.11

013　百歳時代―"未病"のすすめ（黒岩祐治著）
2016.6

014　子どもの「手づかみ食べ」はなぜ良いのか？
（山口平八, 清水フサ子著）　2016.9

明石ライブラリー　明石書店　1997～2016
⇒Ⅰ－214

142　インドネシアの教育―レッスン・スタディは
授業の質的向上を可能にしたのか（田中義隆著）
2011.1

143　日本の養子縁組―社会的養護施策の位置づけ
と展望（ピーター・ヘイズ, 土生としえ著, 津崎
哲雄監訳, 土生としえ訳）　2011.2

144　生涯学習支援の理論と実践―「教えること」
の現在（ピーター・ジャーヴィス編著, 渡辺洋子,
吉田正純監訳）　2011.2

145　森林破壊の歴史（井上貴子編著）　2011.6

146　グローバル・ティーチャーの理論と実践―英
国の大学とNGOによる教員養成と開発教育の試
み（ミリアム・スタイナー編, 岩崎裕保, 湯本浩
之監訳）　2011.7

147　アメリカの子ども保護の歴史―虐待防止のた
めの改革と提言（ジョン・E.B. マイヤーズ著, 庄
司順一, 渋谷昌史, 伊藤嘉余子訳）　2011.11

148　フィリピンと日本の戦後関係―歴史認識・文
化交流・国際結婚（リディア・N. ユー・ホセ編
著, 佐竹真明, 小川玲子, 堀芳枝訳）　2011.12

149　ウィニコットがひらく豊かな心理臨床―「ほ
どよい関係性」に基づく実践体験論（川上範夫
著）　2012.3

150　グローバル・ディアスポラ　新版（ロビン・
コーエン著, 駒井洋訳）　2012.5

151　アメリカ福音派の歴史―聖書信仰にみるアメ
リカ人のアイデンティティ（青木保憲著）　2012.
6

152　多民族国家シンガポールの政治と言語―「消
滅」した南洋大学の25年（田村慶子著）　2013.3

153　英国の社会的養護の歴史―子どもの最善の利
益を保障する理念・施策の現代化のために（津崎
哲雄著）　2013.4

154　日本経済の潜在成長力と「東アジア経済圏」
の形成―「アジア版ニューディール」に向けて
（蛯名保彦著）　2013.7

155　東北アジア共同体の研究―平和憲法と市民社
会の展開（黒沢惟昭著）　2013.9

156　日韓近代文学の交差と断絶―二項対立に抗し
て（鄭百秀著）　2013.9

157　日中韓の生涯学習―伝統文化の効用と歴史認
識の共有（相庭和彦, 渡邉洋子編著）　2013.11

158　現代市民社会の教育学―ヘーゲル, マルクス,
グラムシ思想の視点から（黒沢惟昭著）　2014.4

159　日本の右翼―歴史的視座からみた思潮と思想
（歩平, 王希亮著, 山辺悠喜子, 宮崎教四郎, 和田
千代子, 斎藤一晴, 奥村正雄訳）　2015.7

160　日本のテレビドキュメンタリーの歴史社会学
（崔銀姫著）　2015.10

161　現代市民社会と生涯学習論―グローバル化と
市場原理への挑戦（相庭和彦著）　2016.7

162　多国籍アグリビジネスと農業・食料支配（北
原克宣, 安藤光義編著）　2016.10

アカデミック・ライブラリー　角川学芸出版
2010～2012　⇒Ⅰ－216
◇郷土再考―新たな郷土研究を目指して（由谷裕哉
編著）　2012.2

アグネ承風社新書　アグネ承風社　2014～2015

001　福祉用具で介護が変わる（朝倉健太郎著）
2014.5

002　髪の毛を切るってなんだろう―美容師・理容
師も意外に知らないヘアカットとハサミの世界
（水谷裕一, 柴田卓也, 朝倉健太郎, 朝倉裕登著）
2015.7

浅野尚遺稿集かけら　浅野尚著　浅野滋津子
2013
第1巻　時間と空間　2013.11
第2巻　論攷/聖書考　2013.11
第3巻　かけら（断簡）/私訳『資本論』　2013.11

朝日おとなの学びなおし！　朝日新聞出版
2012～2013
◇キーワード3つでわかる民法―法学（荘司雅彦著）
2012.1
◇昭和時代―日本史：絶対、知っておきたい史実・
人物（保阪正康著）　2012.1
◇137億光年の宇宙論―天文学（藤田貢崇著）
2012.1
◇心と向き合う臨床心理学―心理学（和田秀樹著）
2012.1
◇課題解明の経済学史―経済学（橘木俊詔著）

2012.1

◇鈴木敏文の実践！ 行動経済学―経営学（鈴木敏文著, 勝見明構成） 2012.2

◇お経で学ぶ仏教―宗教学（蓑輪顕量編著, 東京大学仏教青年会著） 2012.2

◇文系でもわかる統計分析―社会学（須藤康介, 古市憲寿, 本田由紀著） 2012.3

◇不安時代を生きる哲学―哲学（山竹伸二著） 2012.3

◇歴史を見る眼を養う世界史（歴史学）（山内昌之著） 2012.4

◇これだけは知っておきたい幕末・維新（日本史）（一坂太郎著） 2012.5

◇宇宙・物質のはじまりがわかる量子力学（物理学）（広瀬立成著） 2012.6

◇感動する！ 微分・積分（数学）（桜井進著） 2012.8

◇江戸時代―武家政治vs.庶民文化（日本史）（赤坂治績著） 2012.9

◇相対性理論―エネルギー・環境問題への挑戦（物理学）（広瀬立成著） 2012.10

◇考古学が解き明かす古代史―日本の始まりに迫る（日本史）（古庄浩明著） 2012.11

◇西洋美術史―ルネサンスから印象派、ロダン、ピカソまで（美術）（国立西洋美術館編, 青柳正規監修） 2013.1

ASAHI ORIGINAL 朝日新聞出版 2009～2016 ⇒V－218

389 池田理代子の世界―ベルサイユのばら40周年+デビュー45周年記念 2012.9

461 おしゃれで楽しいかごとバッグ―はじめてのクラフトバンド手芸 基本の編み方でつくる20作品（松田裕美著） 2013.12

534 はじめてでも編める麻糸のかごバッグ―手づくりLesson かぎ針で編むかんたんデザイン24点（手づくりLesson） 2015.2

549 はじめてでも編めるエコアンダリヤの帽子とバッグ―大人＆キッズサイズ（手づくりLesson） 2015.3

通巻390号 僕の大好きな、ソウルのおいしいお店 最新版（コウケンテツ著） 2012.10

通巻539号 ＆TRAVEL北海道 2016 2015.3

通巻540号 ＆TRAVEL東京 2016 2015.3

通巻541号 ＆TRAVEL京都 2016 2015.3

通巻542号 ＆TRAVEL沖縄 2016 2015.3

通巻553号 はじめてでもかんたん！ キャンバス手芸―脳の活性化にもぴったり！ 健康手芸80点 コースター マット バッグ がま口 小物入れetc…（手づくりLesson） 2015.4

通巻554号 はじめてでも作れるエコクラフトのかご＆バッグ（手づくりLesson）（荒関まゆみ［著］） 2015.4

通巻581号 はじめて編む赤ちゃんニット―棒針編み＆かぎ針編み（手づくりLesson） 2015.7

通巻589号 ＆TRAVEL台湾 2016 ハンディ版 2015.7

通巻590号 ＆TRAVEL台湾 2016 2015.7

通巻591号 ＆TRAVELハワイ 2016 ハンディ版 2015.8

通巻592号 ＆TRAVELハワイ 2016 2015.8

通巻593号 小さな子どものかわいいニット―90～120cmの2サイズが編める（手づくりLesson） 2015.8

通巻600号 はじめて編む帽子・マフラー・スヌード―simple basic knit（手づくりLesson） 2015.9

通巻601号 手編みの小もの70―ワークショップで人気のアイテムを集めました（岡本啓子監修, 朝日新聞出版編著） 2015.9

通巻635号 ＆TRAVEL沖縄 2017 2016.3

通巻636号 ＆TRAVEL沖縄 2017 ハンディ版 2016.3

通巻637号 ＆TRAVEL京都 2017 2016.3

通巻638号 ＆TRAVEL京都 2017 ハンディ版 2016.3

通巻639号 ＆TRAVEL東京 2017 2016.4

通巻640号 ＆TRAVEL東京 2017 ハンディ版 2016.4

通巻646号 Nikon D500完全マスターガイド 2016.6

通巻647号 フェルト羊毛で作るやっぱりかわいいうちのペット（手づくりLesson）（須佐沙知子著） 2016.4

通巻655号 Canon EOS 80D完全マスターガイド 2016.4

通巻660号 ＆TRAVELソウル 2017 ハンディ版 2016.6

通巻665号 ＆TRAVEL台湾 2017 ハンディ版 2016.7

通巻666号 ＆TRAVEL台湾 2017 2016.7

通巻667号 ＆TRAVELハワイ 2017 ハンディ版 2016.6

通巻668号 ＆TRAVELハワイ 2017 2016.6

一般叢書・全集　　総記

通巻680号　超初心者でも編める！　棒針編みのマフラー・帽子・ミトン（手づくりLesson）　2016.9

通巻701号　＆TRAVEL gourmetおいしいハワイ─最高のレストラン＆カフェ200　2016.11

◇わが家も太陽光発電　2010.7

◇がんを薬で治す─抗がん剤・分子標的薬・ホルモン剤 癌研有明病院の薬物療法を紹介!!　2010-2011年版（畠清彦責任編集）　2010.7

◇財務3表一体理解法超入門編─図解決算書がスラスラわかる（国貞克則著）　2010.9

◇幕末の時を刻んだロンジンの古時計　2010.10

◇フィギュアスケート2010-2011シーズンオフィシャルガイドブック　2010.10

◇Canon EOS 60D─本気で使う魅力の一眼レフ完全マスターガイド　2010.10

◇パソコンで困ったときに開く本　Office 2010（Paso［編］）　2011.3

◇日本・世界地図帳─Dual Atlas　2011-12年版（平凡社地図出版編集・制作）　2011.3

◇Knovaria─肌と体と心のエイジング　2011.4

◇池波正太郎が愛した江戸をゆく─決定版「鬼平」「剣客」「梅安」　パート1（城東・下町篇）（鶴松房治案内人）　2011.4

◇池波正太郎が愛した江戸をゆく─決定版「鬼平」「剣客」「梅安」　パート2（城西・山の手篇）（鶴松房治案内人）　2011.4

◇フィギュアスケート2011-2012シーズンオフィシャルガイドブック　2011.10

◇日本・世界地図帳─Dual Atlas　2012-13年版（平凡社地図出版編集・制作）　2012.3

◇メ〜テレ本─あなたは羊ですか、それとも狼ですか。　2012.10

◇フィギュアスケート2012-2013シーズンオフィシャルガイドブック　2012.10

◇がんを薬で治す─抗がん剤・分子標的薬・ホルモン剤：がん研有明病院の薬物療法を紹介　2013年版（畠清彦責任編集）　2012.11

◇Canon EOS 6D完全マスターガイド　2012.12

◇吹奏楽の星─第60回全日本吹奏楽コンクール第31回全日本小学校バンドフェスティバル第25回全日本マーチングコンテスト総集編　2012.12

◇日本・世界地図帳─デュアル・アトラス　2013-14年版（平凡社地図出版編集・制作）　2013.3

◇早稲田理工PLUS　2013　Break the Impossible！ "未常識" にとらわれよう。（早稲田大学理工学術院総合研究所理工学研究所監修）　2013.4

◇Nikon D7100完全マスターガイド　2013.5

◇いまライブで聴けるみんなが好きな落語家（朝日新聞出版教育・ジュニア編集部編）　2013.9

◇Canon EOS 70D完全マスターガイド　2013.9

◇フィギュアスケート2013-2014シーズンオフィシャルガイドブック　2013.10

◇すぐにうまくなるいいね！　と言われる写真の撮り方レシピ（アサヒカメラブック）（アサヒカメラ編）　2013.11

◇第二の年金がわりになる家─大増税時代に負けない住まいづくり　2013.11

◇美しいプリントを作るための教科書─for Professional（茂手木秀行著）　2013.12

◇Nikon Dfの哲学　2013.12

◇吹奏楽の星　2013年度版　第61回全日本吹奏楽コンクールthe 61st All Japan Band Competition総集編　2013.12

◇乃木坂と、まなぶ─はじける好奇心とまらない（藤原和博, 乃木坂46［著］）　2014.3

◇日本・世界地図帳─デュアル・アトラス　2014-2015年版　2014.3

◇図解デジタルカメラの仕組み─1日の集中講座で操作が自由自在に！（河田一規著）　2014.4

◇早稲田理工PLUS　2014　Break the Impossible！ 前人未到の "その先" へ（早稲田大学理工学術院総合研究所（理工学研究所）監修）　2014.4

◇141ニャンコ─岩合光昭さんセレクト アサヒカメラネコ写真コンテスト優秀作（アサヒカメラ編集部編）　2014.5

◇Nikon D810完全マスターガイド　2014.8

◇秋の京都　2014　紅葉絶景100　2014.9

◇Canon EOS 7D Mark2完全マスターガイド　2014.10

◇東京カフェ─カフェでしたい100のこと。　2015（C&Lifeシリーズ）　2014.10

◇京都カフェ─カフェでしたい100のこと。　2015（C&Lifeシリーズ）　2014.10

◇手芸＆雑貨店─東京・横浜・鎌倉+more　2015（C&Lifeシリーズ）　2014.10

◇渡辺篤史の建もの探訪BOOK─25周年スペシャル版　2014.11

◇Nikon D750完全マスターガイド（赤城耕一, 荻窪圭, 河田一規, 斉издат勝則, まつうらやすし, 三浦健司著）　2014.12

◇吹奏楽の星　2014年度版　第62回全日本吹奏楽コンクールthe 62nd All Japan Band Competition総集編　2014.12

◇コンテストに役立つ極上インクジェットプリント入門（小城崇史著）　2015.2

◇早稲田理工PLUS　2015　Break the Impossible！夢なき者に成功なし（早稲田大学理工学術院総合研究所（理工学研究所）監修）　2015.3

◇日本・世界地図帳―デュアル・アトラス　2015-2016年版　2015.3

◇秋篠宮家25年のあゆみ―佳子さまご成年記念 記念写真集　2015.4

◇山岸伸のポートレート写真を志す人へ（山岸伸著）　2015.4

◇Nikon D7200完全マスターガイド　2015.4

◇鉄道写真図鑑―桜井寛さん×中井精也さんセレクト　2015　2015.4

◇明日を守る家―社会変化に応える住まいづくり　2015.7

◇まち歩き地図東京　2016　街のテーマでお散歩！50コース　ハンディ版　2015.7

◇まち歩き地図京都　2016　街のテーマでお散歩！50コース　ハンディ版　2015.7

◇まち歩き地図東京　2016　街のテーマでお散歩！50コース　2015.7

◇まち歩き地図京都　2016　街のテーマでお散歩！50コース　2015.7

◇大阪カフェ―カフェでしたい100のこと。　2015-16（C&Lifeシリーズ）　2015.7

◇東京手みやげと贈り物―素敵だな、と思われる気の利いたプレゼントあります。（C & Life）（朝日新聞出版編著）　2015.8

◇Canon　EOS　5Ds/5DsR完全マスターガイド　2015.9

◇秋の京都　2015　今だけ！紅葉スペシャル2015　2015.9

◇きょうのにゃんこ100―岩合光昭さんセレクト（アサヒカメラネコ写真コンテスト優秀作品集2）（アサヒカメラ編集部編）　2015.10

◇フィギュアスケート2015-2016シーズンオフィシャルガイドブック　2015.10

◇京都カフェ　2016　カフェの進化がとまらない。（C&Lifeシリーズ）　2015.10

◇東京カフェ　2016　カフェの進化がとまらない。（C&Lifeシリーズ）　2015.10

◇古事記―今こそ知りたい、この国の始まり（三浦佑之監修）　2015.11

◇手芸＆雑貨店―京阪神＋more（C&Lifeシリーズ）　2015.11

◇京都手みやげと贈り物―さすがキョウトな極上の逸品、勢ぞろいです。（C&Lifeシリーズ）（朝日新聞出版生活・文化編集部編著）　2015.12

◇吹奏楽の星　2015年度版　第63回全日本吹奏楽コンクールthe 63rd All Japan Band Competition総集編　2015.11

◇早稲田理工PLUS　2016　Break the Impossible！想像力は世界を包み込む（早稲田大学理工学術院総合研究所（理工学研究所）監修・特別協力）　2016.2

◇日本・世界地図帳―デュアル・アトラス　2016-2017年版　2016.3

◇ばんえい競馬―北海道遺産（山岸伸［著］）　2016.4

◇LUMIXで広がる4Kフォトの世界　2016.4

◇エリザベートをたどる―ハプスブルクを訪ねるウィーン（朝日新聞出版編）　2016.4

◇2016広島カープ栄光への軌跡―永久保存版 絶対優勝特別号　2016.9

◇秋の京都　2016　究極の紅葉絶景BEST　2016.9

◇秋の京都　2016　究極の紅葉絶景BEST　ハンディ版　2016.9

◇東京カフェ　2017　NEWSなカフェに、でかけよう。（C&Lifeシリーズ）　2016.9

◇イノベーションファームってなんだ?!―ベンチャー企業と未来をつくる仕事　2016.10

◇マンガのDNA―手塚治虫文化賞20周年記念MOOK マンガの神様の意思を継ぐ者たち（山岸凉子［ほか］［著］）　2016.10

◇フィギュアスケート2016-2017シーズンオフィシャルガイドブック　2016.10

◇東京ミュージアムさんぽ―アートを探して街へ。（C&Lifeシリーズ）　2016.10

◇京都カフェ　2017　NEWSなカフェに、でかけよう。（C&Lifeシリーズ）　2016.10

◇東京パンガイド―東京の美味しいパン屋さんまとめ。（C&Lifeシリーズ）　2016.12

◇吹奏楽の星　2016年度版　第64回全日本吹奏楽コンクールthe 64th All Japan Band Competition総集編　2016.12

一般叢書・全集　　　　　　　　　　　　　　総記

旭川叢書　旭川振興公社　1967〜2015
　⇒Ⅰ−217
第33巻　旭川、こどものあそび点景（堀川真著, 旭
　川市中央図書館, 旭川市常磐公園編）　2011.3
第34巻　道北を巡った歌人たち（石山宗晏, 西勝
　洋一著, 旭川市中央図書館, 旭川市常磐公園編）
　2013.3
第35巻　旭川の美術家たち―珠玉の宝庫（新明英
　仁著, 旭川市中央図書館, 旭川市常磐公園編）
　2015.3

朝日クリエライブラリー　朝日クリエ　2008〜
　2013　⇒Ⅴ−410
9　無限（アミダ）に向かう科学と仏教（児玉浩憲
　著）　2011.2
10　夢をよじ登る―19歳で留学、自分で創ったア
　メリカ学究生活（安積仰也著）　2011.1
11　ロビンソン・クルーソーの海―診察室から眺
　める自律の思想（片桐英彦著）　2011.5
12　クラシックよ永遠に―名曲喫茶「ショパン」店
　主の追憶（宮本英世著）　2011.7
13　イトマン事件の"へそ"―潰されてたまるか、
　わが社を！（高瀬湊著, 田中邦典監修）　2013.6
14　土太郎物語―夢の村づくり（坂征郎著）　2013.
　7

Asuka business & language books　明日香
　出版社［アシスト出版部, 共同マーケティング事
　業部］　1989〜2015　⇒Ⅳ−814；Ⅴ−374
◇書店パースンの店頭実務マニュアル（ヒロシゲ文
　庫著）　2005.1
◇書店の泣き所と対策（能勢仁著）　2006.2
◇あなたの店でやれること（能勢仁著）　2008.2
◇接客で教わったこと―いま、あなたのお店に求
　められる接客とは？（山岸和実著）　2009.2
◇素人本屋・経営奮戦記―泣き笑い ウソも隠しも
　いたしません！（三宅誠一著）　2010.2
◇決算書で「儲かる本」―今まで誰も教えてくれ
　なかった！（長伸幸著）　2010.10
◇あなたの商品を中国に売る33の方法―もう日本
　だけで商売する時代ではない！（筧武雄, 遠藤誠
　著）　2010.10
◇未来をカタチにする「経営計画」（高山範雄著）
　2010.11
◇ベトナムのことがマンガで3時間でわかる本―中
　国の隣にチャンスがある！（福森哲也著）　2010.
　11

◇はじめての株式投資100問100答（伊東猪佐雄著）
　2010.11
◇すぐやるリーダーの仕事術―後回しゼロ！（今野
　誠一著）　2010.11
◇TOEIC TEST 990点満点英文法・語彙―上級者
　も苦手な文法・語法問題を徹底攻略（植田一三,
　石井隆之著）　2010.11
◇リーダーの修行ノート―あのとき、僕を奮わせ
　た言葉 遠回りでもいい。人生に無駄なことなど
　何一つない。（田中和彦著）　2010.12
◇会社を辞めてフリーで・個人でまずは1年目をク
　リアする〈独立成功〉〈集客・売上UP〉完全マニュ
　アル（横山剛真著）　2010.12
◇小さな会社が営業でNO.1になるランチェスター
　営業戦略―小が大に勝つための方程式（坂上仁志
　著）　2010.12
◇はじめての企業PR100問100答（山見博康著）
　2010.12
◇あなたがいなくても勝手に稼ぐチームの作り方
　（岡田充弘著）　2011.1
◇朝30分！会社勤めをしながら稼ぐ私（わたし）の
　FX投資法（長瀬博雅著）　2011.1
◇言いたいことが確実に伝わるメールの書き方―
　ビジネス・コミュニケーション術（小田順子著）
　2011.1
◇会社を辞めてフリーで・個人で独立成功（かんた
　ん経理・申告・節税）完全マニュアル―まずは1年
　目をクリアする（日向咲嗣, 井上栄次著）　2011.
　1
◇ドラッカーのマネジメントがマンガで3時間で
　わかる本―へぇ〜そうなのか！（津田太愚著）
　2011.1
◇30日間で900点！英語嫌いな私（わたし）の
　TOEIC TEST勉強法（浜口達史著）　2011.1
◇書店さんのためのレジ接客マニュアル・万引き
　防止マニュアル―マンガでわかる（水谷昌子, 能
　勢仁著）　2011.2
◇一生つかえる記憶力が3週間で身につく本（高嶋
　幸広著）　2011.2
◇あたりまえだけどなかなかできない29歳からの
　ルール（村尾隆介著）　2011.2
◇知りたくなくても知っておかなきゃならない中
　国人のルール（水野真澄著）　2011.2
◇トップ営業マンが使っている買わせる営業心理
　術（菊原智明著）　2011.2
◇はじめての！リーダーズノート　決定版（石野
　誠一著）　2011.2

総記　　　　　　　　　　　　　　　　　　　　　　　一般叢書・全集

◇小さな会社の総務12カ月カレンダー　決定版（藤永伸一著）　2011.2

◇田村隆一郎の経営改善に役立つヒント（田村隆一郎著）　2011.3

◇やり過ぎぐらいでちょうどいい！印象に残るビジネスマナー＋α（舟橋孝之, 瀬倉百合子著, インソース編）　2011.3

◇あたりまえだけどなかなかできない叱り方のルール（斎藤直美著）　2011.3

◇結果を出す人の時間の考え方・使い方―雑用も残業もすべての時間を成果につなげる47の提案（小林一光著）　2011.3

◇小学6年分の算数が面白いほど解ける65のルール（間地秀三著）　2011.3

◇即応版！電話の応答が1時間でマスターできる本―すぐに使える電話のとりかた・受け方の決定版！（松尾友子著）　2011.3

◇55分で中東の激変の「なぜ？」がわかる本―最新版（鈴木紘司著）　2011.3

◇あたりまえだけどなかなかできない部長のルール（川崎和則著）　2011.4

◇誰からも頼りにされる人の仕事のやり方―しっかりとした「仕事力」が身につく50の方法（室井俊男著）　2011.4

◇「稼ぐ」社長の経理力（安藤裕子著）　2011.4

◇ネコと私（わたし）のつぶやき英語―大好きなネコと英語でおしゃべり！（エインジェル・久保著）　2011.4

◇読んだら使える日経新聞の読み方―日経新聞は五感をフルに使って読め！これまでなかった情報の読み方と活かし方をついに公開！（角川総一著）　2011.4

◇周囲をなごやかにするものの言い方　決定版（江木基彦著）　2011.4

◇毎月（まいつき）目標達成！3倍稼ぐ営業ダンドリ術―即・使える77TIPS（吉山勇樹著）　2011.5

◇あたりまえだけどなかなかできない37歳からのルール（大木豊成著）　2011.5

◇わかる！使える！50の経営理論がマスターできる本―ドラッカー、ポーター、マズロー、コトラーなど、知っておくべき経営理論とその使い方を図解で理解！（山下久徳著）　2011.5

◇今そこにあるストレスがうそのように解消される本（和久広文著）　2011.5

◇年収200万円からの「お金と人生を真剣に考える」

講義―28歳までに抱えた多額の借金を返済し、7年で資産をつくり、お金に困らなくなった人の自分年金のつくり方（田口智隆著）　2011.5

◇入社3年目までの習慣で、人生の7割は決まる―黙って3年はジャガイモの皮をむけ！あのときの僕に伝えたかった30の言葉（田中和彦著）　2011.6

◇今からでも〈余裕で〉間に合う30歳からの英語（得）勉強法（水谷弘隆著）　2011.6

◇あたりまえだけどなかなかできない読書習慣のルール（松本幸夫著）　2011.6

◇ノート・手帳・企画書に使える！図解表現基本の基本（飯田英明著）　2011.6

◇中学で習う数学が6時間でわかる本（平山雅康著）　2011.6

◇「要領がいいね！」と言われたい人の仕事の習慣―いつのまにか仕事をいっぱい抱え込んでしまう人へ（石谷慎悟著）　2011.7

◇厳しい時代を乗り越える強いリーダーがやるべき88のこと（福原正大著）　2011.7

◇為替が動くとどうなるか　時代即応新版!!（角川総一著）　2011.7

◇中学3年分の物理・化学が面白いほど解ける65のルール（左巻健男著）　2011.7

◇申し訳ないほど効果が上がる英語勉強の7つの方法―働きながら英語力UP！超多忙な私の英語上達テクニック（浜口達史著）　2011.7

◇地主・家主さん、知らずに損していませんか？―不動産・相続に詳しい専門家がずばり教えます！　改訂新版（法律・税金・経営を学ぶ会編）　2011.8

◇小さな会社こそが勝利するポーターの競争戦略―圧倒的に支持される会社を創る方法（今瀬勇二著）　2011.8

◇「すぐやる」人になるための仕事のやり方・考え方―仕事も人生も「先送りにしない」人はどんなことに気を遣っているのか？（鈴木進介著）　2011.8

◇中学3年分の数学が面白いほど解ける65のルール（平山雅康著）　2011.8

◇とにかくすぐに「稼げて・動けて・考えられる」社員のつくり方（小倉広著）　2011.9

◇わかりやすいビジネス英文Eメールの基本公式30―ビジネス現場の英文Eメール作成術（鈴木大介著）　2011.9

◇やむなく会社を辞めて、「フリーで・個人で」仕事をする前に読む本―景気回復なんて待ってい

全集・叢書総目録 2011-2016　　255

一般叢書・全集

総記

られない！（佐藤建一著）　2011.9

◇図解でらくらく！　計算力が面白いほど身につく23のルール（間地秀三著）　2011.9

◇継続か！　倒産か！　自社や得意先が〈ヤバいな〉と気になった時に読む本（内藤明亜著）　2011.9

◇企業文化力と経営力―中小企業よ、今こそ経営力を！（藤田勲、松崎一郎著）　2011.10

◇さっと引いてすぐわかる前置詞の使い方辞典（石井隆之著）　2011.10

◇図解わかる！　ように「書ける力」（西田徹著）　2011.10

◇儲ける会社！　が知っている結果の出るマーケティングのやり方・使い方（村松勝、吉田隆太著）　2011.10

◇〈平清盛〉のことがマンガで3時間でわかる本―へぇ～そうなのか！（津田太愚著）　2011.10

◇今こそこんな上司は辞めなさい！（長井亮著）　2011.10

◇Goody！　やりなおしの英語―納得して着実に表現力が身につく　表現力＝会話力　日本語を英語にするプロセスを徹底解説！（中野幾雄著）　2011.10

◇やっぱり！　インフレがやって来る―あなたの生活を変える、転換期に立ち向かおう！（沢上篤人著）　2011.10

◇外貨で月20万円稼ぎ続けている私（わたし）の連勝法　改訂版（山根亜希子著）　2011.10

◇「やめた！」がなくなる続けるスイッチの作り方（松島直也著）　2011.11

◇正しく儲ける不動産投資―失敗しないために（MBA不動産ビジネス研究会（グロービス経営大学院公認クラブ活動）著）　2011.11

◇「期待以上」と思われるプロの接客作法―「あなたがいるからここに来るの！」最高の接客のしかた・ノウハウを教えます（藤村純子著）　2011.11

◇経営が今！　やるべきこと―経験プラス経営理論で勝ち残る（榎本計介著）　2011.11

◇TOEIC TEST 990点満点リーディング―頻出パターン徹底攻略と語彙問題大特訓：超難問の出題パターンを知り、すばやく確実に正解をつかむための「極意」（植田一三、石井隆之著）　2011.11

◇それでもやってみたい人のはじめての株！　入門の入門（木村佳子著）　2011.11

◇やすらぐ！　愉しみながらの英作文（米沢頼子著）　2011.11

◇図解伝わる！　ように「話せる力」（岩井俊憲著）　2011.12

◇はじめての積立て投資1年生―月1万円からコツコツはじめて増やせるしくみがわかる本：一番やさしい積立投資の本意外にカンタン、しかもラクチン！（竹内弘樹著、尾上堅視監修）　2011.12

◇カッパくんがパンダくんに教える英文法のツボ！（室井康著）　2011.12

◇働く女（ひと）素敵な新ルール（有川真由美著）　2011.12

◇金利が動くとどうなるか　新版（角川総一著）　2011.12

◇すてきな水彩画をパソコンで描（か）いてみませんか―あなたも今日から天才画家：時間を忘れて夢中になる不思議な電彩アート（山田みち子著）　2011.12

◇エクセルで簿記を知らなくてもいとも簡単に経理ができる（杉山靖彦著）　2011.12

◇あたりまえだけどなかなかできない時間のルール（野間健司著）　2012.1

◇「稼げる営業マン」と「ダメ営業マン」の習慣―元トヨタホームのダメ営業マンが4年連続トップ営業マンになれた理由（菊原智明著）　2012.1

◇中学で習う数学の文章題が3分で解ける本（平山雅康著）　2012.1

◇スティーブ・ジョブズのことがマンガで3時間でわかる本―へぇ～そうなのか！（石野みどり著）　2012.1

◇働く女（ひと）夢実現の新ルール（打間奈津子著）　2012.1

◇お金持ちじゃない人の相続の本（市民と相続を考える税理士の会著）　2012.2

◇声をかけなくても！　売ってしまうトップ販売員の習慣―お客様がついつい買ってしまう接客術（成田直人著）　2012.2

◇「こんなはずじゃない自分」に負けない心理学―どんな時もあなたを支える17のことば（晴香葉子著）　2012.2

◇はじめての起業事典―構想から事業が軌道に乗る時まで、必ず直面する悩みを解決！：起業に必要なものすべてを基本からやさしく教えます！（出口秀樹著）　2012.2

◇論語のことがマンガで3時間でわかる本―へぇ～そうなのか！（安恒理著、田中豊監修）　2012.2

◇やっぱり、人事が大事！―賃金体系、評価システム、人事構成などはこうしなさい！（黒川勇二

総 記

著） 2012.2
◇あたりまえだけどなかなかわからない働く人の
　ルール（前川孝雄著） 2012.3
◇「ぐちゃぐちゃチーム」の「ばらばらメンバー」
　をひとつにする方法（西邑浩信著） 2012.3
◇学習マップなら！ 資格試験に超速合格できる本
　（綾部貴淑著） 2012.3
◇高校1年の数学「数1・数A」が10時間でわかる本
　（間地秀三著） 2012.3
◇小さな会社で生まれた心があたたまる12の奇跡
　（角田識之著） 2012.3
◇本とメディアをめぐる「日米紀行」―渡辺将人
　の「異文化コラム」（渡辺将人著） 2012.4
◇「伸びる社員」と「ダメ社員」の習慣―ダメダ
　メ・ヘッポコ社員からデキる社員に変われた理
　由（新田竜著） 2012.9
◇おさらい3時間！ 日本史のイロハ―ストンとわ
　かる「歴史のハテナと流れ」新教科書対応の「わ
　くわく補習35」（大迫秀樹著） 2012.9
◇本屋魂―「門前の小僧」の本屋が語る（田中淳一
　郎著） 2013.5
◇書店員さんができる万引き防止対策（豊川奈帆
　著） 2014.2
◇これからの本屋さんを目指して（佐藤友則著）
　2015.2
◇部下がきちんと動くリーダーの伝え方（吉田幸弘
　著） 2015.10

Asuka business & language books　まこと
　いちオフィス　2010～2011
◇株（資金100万円から）でデイトレ長者になれる
　人・なれない人―塩漬け株もこうすれば宝を生
　む（友成正治著） 2010.12
◇48歳からの人生のルール（入江光海著） 2011.4

アトランチスノート　水星舎　2012～2013
4　灰と死のコラージュ―福島エピローグ（芳賀清
　一著） 2012.1
◇（2011-2013）　2013

アルケミスト双書　創元社　2009～2015
　⇒Ⅰ-223
◇錯視芸術―遠近法と視覚の科学（フィービ・マク
　ノートン著, 駒田曜訳） 2010.8
◇シンメトリー―対称性がつむぐ不思議で美しい物
　語（デーヴィッド・ウェード著, 駒田曜訳） 2010.
　10

◇公式の世界―数学と物理の重要公式150（マシ
　ュー・ワトキンス著, 駒田曜訳） 2010.11
◇幾何学の不思議―遺跡・芸術・自然に現れたミス
　テリー（ミランダ・ランディ著, 駒田曜訳） 2011.
　4
◇進化論の世界―生き物たちの歴史物語（ジェラー
　ド・チェシャー著, 駒田曜訳） 2011.4
◇イスラム芸術の幾何学―天上の図形を描く（ダウ
　ド・サットン著, 武井摩利訳） 2011.5
◇コンパスと定規の数学―手で考える幾何学の世界
　（アンドルー・サットン著, 渡辺滋人訳） 2012.
　1
◇毒のある美しい植物―危険な草木の小図鑑（フレ
　デリック・ギラム著, 山田美明訳） 2012.2
◇太陽, 月, そして地球―秘められた数字の謎（ロ
　ビン・ヒース著, 山田美明訳） 2012.4
◇プラトンとアルキメデスの立体―美しい多面体の
　幾何学（ダウド・サットン著, 駒田曜訳） 2012.
　10
◇Q.E.D.―知的でエレガントな数学的証明（バー
　カード・ポルスター著, 駒田曜訳） 2012.11
◇太陽系の美しいハーモニー―惑星のダンス, 天
　の音楽（ジョン・マーティヌー著, 山田美明訳）
　2013.2
◇ハーモノグラフ―和音が織りなす美しい図像（ア
　ンソニー・アシュトン著, 山田美明訳） 2013.6
◇風水―気と古代風景学の秘密（リチャード・クレ
　イトモア著, 山田美明訳） 2013.7
◇未確認飛行物体―UFOの奇妙な真実（ポール・ホ
　ワイトヘッド, ジョージ・ウィングフィールド著,
　野間ゆう子訳） 2013.8
◇ケルト, 神々の住む聖地―アイルランドの山々
　と自然（ヘクター・マクドネル著, 山田美明訳）
　2014.2
◇イギリスの美しい樹木―魅力あふれる自生の森
　（アンディ・トンプソン著, 山田美明訳） 2014.
　3
◇元素の不思議―世界を読み解く小さな鍵（マッ
　ト・トウィード著, 若林文高監修, 武井摩利訳）
　2014.5
◇ケルト紋様の幾何学―自然のリズムを描く（アダ
　ム・テットロウ著, 山田美明訳） 2014.10
◇美しい曲線の幾何学模様―花と葉とつる草の芸
　術（リサ・デロング著, 山田美明訳） 2014.11
◇ラウンドタワー―アイルランドの不思議な塔の
　物語（ヘクター・マクドネル著, 富永佐知子訳）

一般叢書・全集　　　　　　　　　　　　　　　　　　　　　総　記

2014.12
◇優美な織物の物語─古代の知恵、技術、伝統（クリスティーナ・マーティン著, 山田美明訳）2015.8
◇音楽の美しい宇宙─和声、旋律、リズム（ジェイソン・マーティヌー著, 山田美明訳）2015.9

α la vieガイドブックシリーズ　ギャップ・ジャパン　2010〜2012
18　TOKYOクリニックガイド─ウーマンエイジング編 信頼できてキレイになれるクリニックに出会える本 vol.2　2010.8
19　Kids Navi─子どもの個性を伸ばす 子どもをバランスよく育てるためのスポット vol.2　2010.8
20　Sweet Golf─レディー・スタイル・ゴルフのすすめ　2010.8
21　東京ビューティコンシェルジュ─心と身体を健やかに美しくしてくれるスペシャリストに出会える本　vol.2　2010.10
22　実例に学ぶリフォーム＆リノベーションのアイデアとテクニック　2010.10
23　愛犬との暮らしに役立つガイドブック！─ワンちゃんの一生を強力にサポート Happy Life with Dogs vol.2　2010.10
24　Tokyoアート＆ギャラリーガイド　2010.11
25　男を磨く─TOKYO BEST SHOP GUIDE　2010.11
26　東京ジュエリーショップガイド─自分で選ぶ 自分のための "for me" ジュエリー　2010.11
27　こんにちは赤ちゃん─マタニティ＆育児を快適にするためのお役立ちガイド　2010.11
28　東京アート＆インテリアマップ　vol.3　2010.12
29　女を磨く─TOKYO BEST SHOP GUIDE　2011.1
［30］インテリアショップファイル vol.7　2011.2
31　Kid'sはみな天才！─10歳で大きく差が出る子どもの教育　2011.3
32　BODY・バイブル─大人女子のための体質改善プログラムガイド　2011.4
33　カウンセリングで見極める信頼のクリニックと出会える本　2011.7
34　幸福（しあわせ）ナビゲーションガイド─開運術占いのすべて　2011.7
35　Happy KIDS Life─親子コミュニケーション

応援ガイドブック　2011.8
36　東京プレミアムヘアサロンガイド　vol.2　2011.9
37　わんだふるらいふ─出会いからはじまる "犬との暮らし" をもっと楽しく：Happy Life with Dogs vol.3　2011.12
［38］インテリアショップファイル vol.8　2012.1
39　東京ビューティコンシェルジュ─心と身体を健やかに美しくしてくれるスペシャリストに出会える本 vol.3　2012.1
40　子どもをグングンのばす理想の習い事　2012.2
41　自分磨きを応援する資格・検定・スクールガイド　2012.4
42　最新クリニックガイド─今度こそ悩みを取り去る！ TOKYO CLINIC GUIDE 4　2012.6
◇東京のとびきりおいしい焼き菓子のお店　2010.10
◇東京の本当においしいスイーツ探し─スイーツライターchicoが案内するパティスリーガイド決定版 2（chico監修）2010.12
◇かわいいお店、世界でひとつの雑貨さがし。2011.10

粟津則雄著作集　粟津則雄著　思潮社　2006〜2016　⇒Ⅰ-223
8　文学論2　2014.3
9　作家論2　2014.12
10　美術論2　2015.7
11　小説・随筆　2016.1

暗黒通信団初期頒布物集　暗黒通信団編　暗黒通信団　2012〜2015
巻1　チラシ類　2012.6
巻2　2012.6
巻3　2012.6
巻4　XT著作　2012.6
巻5　その他の著作　2012.6
第6巻　内部回覧文書　2015.1
第7巻　習慣暗黒団　2015.1

生かされて　国民みらい出版　2016
続（谷村亜惟子著）2016.2

総記 一般叢書・全集

石橋湛山全集 石橋湛山著, 石橋湛山全集編纂委
員会編 東洋経済新報社 2010〜2011
⇒Ⅰ-224
第4巻 2010.12
第5巻 2010.12
第6巻 2010.12
第7巻 2011.2
第8巻 2011.2
第9巻 2011.2
第10巻 2011.5
第11巻 2011.5
第12巻 2011.5
第13巻 2011.6
第14巻 2011.6
第15巻 補訂版 2011.7
第16巻(補巻) 2011.7

石原慎太郎の思想と行為 石原慎太郎著 産経新
聞出版 2012〜2013
1 政治との格闘 2012.11
2 「NO」と言える日本 2012.11
3 教育の本質 2013.2
4 精神と肉体の哲学 2013.3
5 新宗教の黎明 2013.4
6 文士の肖像 2013.5
7 同時代の群像 2013.6
8 孤独なる戴冠 2013.7

Izumi Books 本の泉社 2005〜2014
⇒Ⅴ-27
◇育ちゆく力ー「朝市センター保育園」ー高橋迪
子写真集 2(高橋迪子著) 2014.8

いつか読んでみたかった日本の名著シリーズ 致
知出版社 2012〜2016
1 学問のすすめ(福沢諭吉著, 奥野宣之訳) 2012.
9
2 武士道(新渡戸稲造著, 夏川賀央訳) 2012.9
3 西郷南洲遺訓(西郷南洲[述], 桑畑正樹訳)
2012.10
4 代表的日本人(内村鑑三著, 斎藤慎子訳) 2012.
11
5 五輪書(宮本武蔵著, 城島明彦訳) 2012.12
6 歎異抄([親鸞][述], 金山秋男訳) 2013.2
7 茶の本(岡倉天心著, 夏川賀央訳) 2014.4
8 吉田松陰『留魂録』(吉田松陰著, 城島明彦訳)

2014.9
9 風姿花伝(世阿弥著, 夏川賀央訳) 2014.12
10 養生訓(貝原益軒著, 城島明彦訳) 2015.11
11 努力論(幸田露伴著, 夏川賀央訳) 2016.4
12 啓発録(橋本左内著, 夏川賀央訳) 2016.6
13 論語と算盤 上(渋沢栄一著, 奥野宣之訳)
2016.7
13 論語と算盤 下(渋沢栄一著, 奥野宣之訳)
2016.7
14 石田梅岩『都鄙問答』(石田梅岩著, 城島明彦
訳) 2016.9

1冊でわかる 岩波書店 2003〜2011 ⇒Ⅰ-224
◇法哲学(レイモンド・ワックス[著], 中山竜一,
橋本祐子, 松島裕一訳) 2011.3

一灯叢書 致知出版社一灯叢書事業部 2013〜
2015
◇縁と絆ー「新たな門出」と「永遠の別れ」を見つ
め続けて半世紀(武田七郎著) 2013.7
◇生きる。ーあの日あの時があったから(江場康雄
著) 2013.8
◇平成海援隊ー竜馬の夢を追いかけた男 白井治伝
(白井治著) 2013.9
◇未来へ繋ぐ「給食道」ー人づくりこそがすべて
(関幸博著) 2015.7
◇心堅石穿ー意志堅ければ石にさえ穴を開けるこ
とができる(渡辺喜彦著) 2015.10

伊東俊太郎著作集 麗沢大学出版会 2008〜2010
⇒Ⅰ-225
第12巻 欧文論文集(伊東俊太郎著, 村上陽一郎[ほ
か]編) 2010.8

Inax booklet INAX出版 1999〜2011
⇒Ⅰ-226
◇にっぽんの客船タイムトリップ(Inaxギャラ
リー)([野間恒, 志沢政勝, 笠原一人, 丸山雅子]
[執筆]) 2010.12
◇愉快な家ー西村伊作の建築(Inaxギャラリー)
([黒川創, 藤森照信, 大竹誠, 坂倉竹之助, 田中
修司][執筆]) 2011.3
◇凝縮の美学ー名車模型のモデラーたち(INAXギ
ャラリー)(INAXギャラリー企画委員会企画)
2011.6
◇種子のデザインー旅するかたち(Inaxギャラ
リー)(佐ово康生撮影, 岡本素治監修) 2011.9
◇聖なる銀ーアジアの装身具(Inaxギャラリー)(高

一般叢書・全集　　　　　　　　　　　　　　　　　　　　　総　記

木由利子, 熊谷順撮影）　2011.12

イラスト図解　見てわかる読んで納得!!!　日東書
院本社　2012〜2015
◇忍者―起源から忍術・武器まで闇の軍団の真実
に迫る！（川上仁一監修）　2012.12
◇ウイルス・細菌・カビ―ミクロの世界で暗躍する
生命のフィクサーを徹底解剖！（畠山昌則監修）
2013.7
◇戦闘機―真実に迫る！現代戦闘機の永久保存ファ
イル（鍛冶俊樹監修）　2014.8
◇イスラム世界―世界に15億人！イスラムのすべ
てを知るための一冊（私市正年監修）　2015.11

イラストですっきりナットク!!　笠倉出版社
2015
◇少しかしこくなれる名字の話（森岡浩著）　2015.
9
◇少しかしこくなれる野菜の話（藤田智監修）
2015.10
◇少しかしこくなれる元素の話（船登惟希監修）
2015.11

岩波現代全書　岩波書店　2013〜2016
001　ドゥルーズの哲学原理（国分功一郎著）
2013.6
002　「幸せ」の経済学（橘木俊詔著）　2013.6
003　シベリアに独立を！―諸民族の祖国をとりも
どす（田中克彦著）　2013.6
004　円周率が歩んだ道（上野健爾著）　2013.6
005　日本人の心を解く―夢・神話・物語の深層へ
（河合隼雄［著］, 河合俊雄訳）　2013.6
006　原典でよむ日本デモクラシー論集（堀真清編）
2013.7
007　GHQの検閲・諜報・宣伝工作（山本武利著）
2013.7
008　脳と機械をつないでみたら―BMIから見えて
きた（桜井芳雄著）　2013.7
009　いまを生きるための政治学（山口二郎著）
2013.8
010　ベルクソン哲学の遺言（前田英樹著）　2013.
8
011　明治日本の植民地支配―北海道から朝鮮へ
（井上勝生著）　2013.8
012　日本仏教の社会倫理―「正法」理念から考え
る（島薗進著）　2013.9
013　変格探偵小説入門―奇想の遺産（谷口基著）
2013.9

014　農業と人間―食と農の未来を考える（生源寺
真一著）　2013.10
015　東アジア流行歌アワー―越境する音交錯する
音楽人（貴志俊彦著）　2013.10
016　中国とモンゴルのはざまで―ウラーンフーの
実らなかった民族自決の夢（楊海英著）　2013.11
017　人権をめぐる十五講―現代の難問に挑む（辻
村みよ子著）　2013.11
018　日本の社会主義―原爆反対・原発推進の論理
（加藤哲郎著）　2013.12
019　科学をいまどう語るか―啓蒙から批評へ（尾
関章著）　2013.12
020　無心のダイナミズム―「しなやかさ」の系譜
（西平直著）　2014.1
021　多文化であることとは―新しい市民社会の条
件（宮島喬著）　2014.1
022　歌よみ人正岡子規―病ひに死なじ歌に死ぬと
も（復本一郎著）　2014.2
023　中国医学と日本漢方―医学思想の立場から
（舘野正美著）　2014.2
024　スターリニズムの経験―市民の手紙・日記・
回想録から（松井康浩著）　2014.2
025　焼跡からのデモクラシー―草の根の占領期体
験　上（吉見義明著）　2014.3
026　焼跡からのデモクラシー―草の根の占領期体
験　下（吉見義明著）　2014.3
027　図説人体イメージの変遷―西洋と日本古代ギ
リシャから現代まで（坂井建雄著）　2014.3
028　9・30世界を震撼させた日―インドネシア政
変の真相と波紋（倉沢愛子著）　2014.3
029　大平正芳―理念と外交（服部竜二著）　2014.
4
030　アジアの国家史―民族・地理・交流（岩崎育
夫著）　2014.4
031　川端康成魔界の文学（富岡幸一郎著）　2014.
5
032　エラスムス―人文主義の王者（杳掛良彦著）
2014.5
033　環境の経済史―森林・市場・国家（斎藤修著）
2014.6
034　9.11以後のイスラーム政治（小杉泰著）
2014.6
035　絵画の向こう側・ぼくの内側―未完への旅（横
尾忠則著）　2014.6
036　特講漱石の美術世界（古田亮著）　2014.6
037　「東アジアに哲学はない」のか―京都学派と

260　全集・叢書総目録 2011-2016

総記　　　　　　　　　　　　　　　　　　　　　　　　　　一般叢書・全集

新儒家（朝倉友海著）　2014.6

038　人類発祥の地を求めて―最後のアフリカ行
　　（伊谷純一郎著, 伊谷原一編）　2014.7

039　原典でよむ渋沢栄一のメッセージ（島田昌和
　　編）　2014.7

040　データから読むアジアの幸福度―生活の質の
　　国際比較（猪口孝著）　2014.8

041　中国国境熱戦の跡を歩く（石井明著）　2014.
　　8

042　白隠―江戸の社会変革者（高橋敏著）　2014.
　　9

043　東アジア近現代通史―19世紀から現在まで
　　上（和田春樹, 後藤乾一, 木畑洋一, 山室信一, 趙
　　景達, 中野聡, 川島真著）　2014.9

044　東アジア近現代通史―19世紀から現在まで
　　下（和田春樹, 後藤乾一, 木畑洋一, 山室信一, 趙
　　景達, 中野聡, 川島真著）　2014.9

045　戦後韓国と日本文化―「倭色」禁止から「韓
　　流」まで（金成玟著）　2014.10

046　古典注釈入門―歴史と技法（鈴木健一著）
　　2014.10

047　ゲノム科学への道―ノーベル賞講演でたどる
　　（吉川寛著）　2014.11

048　憲法と知識人―憲法問題研究会の軌跡（邱静
　　著）　2014.11

049　キルケゴール―美と倫理のはざまに立つ哲学
　　（藤野寛著）　2014.12

050　ジャーナリズムは再生できるか―激変する英
　　国メディア（門奈直樹著）　2014.12

051　アウンサンスーチーのビルマ―民主化と国民
　　和解への道（根本敬著）　2015.1

052　占領空間のなかの文学―痕跡・寓意・差異（日
　　高昭二著）　2015.1

053　地球科学の開拓者たち―幕末から東日本大震
　　災まで（諏訪兼位著）　2015.1

054　近代医学の先駆者―ハンターとジェンナー
　　（山内一也著）　2015.1

055　近代日本の「南進」と沖縄（後藤乾一著）
　　2015.2

056　対米依存の起源―アメリカのソフト・パワー
　　戦略（松田武著）　2015.2

057　日本の政治を変える―徹底討論 これまでと
　　これから（宮本太郎, 山口二郎著）　2015.3

058　差別の日本近現代史―包摂と排除のはざまで
　　（黒川みどり, 藤野豊著）　2015.3

059　俳人井月―幕末維新 風狂に死す（北村皆雄

著）　2015.3

060　白居易と柳宗元―混迷の世に生の讃歌を（下
　　定雅弘著）　2015.4

061　国勢調査日本社会の百年（佐藤正広著）
　　2015.4

062　ドイツ・ユダヤ思想の光芒（佐藤貴史著）
　　2015.5

063　原典でよむタゴール（タゴール［著］, 森本達
　　雄編訳）　2015.5

064　男の絆の比較文化史―桜と少年（佐伯順子著）
　　2015.6

065　歴史問題ハンドブック（東郷和彦, 波多野澄
　　雄編）　2015.6

066　原典でよむ20世紀の平和思想（小菅信子編）
　　2015.6

067　現代フランス―「栄光の時代」の終焉, 欧州
　　への活路（渡辺啓貴著）　2015.6

068　ヴァイマル憲法とヒトラー―戦後民主主義か
　　らファシズムへ（池田浩士著）　2015.6

069　宰相鈴木貫太郎の決断―「聖断」と戦後日本
　　（波多野澄雄著）　2015.7

070　クロニクル日本の原子力時代―1945～2015年
　　（常石敬一著）　2015.7

071　ぼくらの哀しき超兵器―軍事と科学の夢のあ
　　と（植木不等式著）　2015.8

072　「戦跡」の戦後史―せめぎあう遺構とモニュ
　　メント（福間良明著）　2015.8

073　DNAで語る日本人起源論（篠田謙一著）
　　2015.9

074　華北駐屯日本軍―義和団から盧溝橋への道
　　（桜井良樹著）　2015.9

075　嘘の思想家ルソー（桑瀬章二郎著）　2015.10

076　童謡の近代―メディアの変容と子ども文化
　　（周東美材著）　2015.10

077　ダーウィンの遺産―進化学者の系譜（渡辺政
　　隆著）　2015.11

078　私たちの声を議会へ―代表制民主主義の再生
　　（三浦まり著）　2015.11

079　インテリジェンスの世界史―第二次世界大戦
　　からスノーデン事件まで（小谷賢著）　2015.12

080　カール・バルト―神の愉快なパルチザン（宮
　　田光雄著）　2015.12

081　フロイトの〈夢〉―精神分析の誕生（秋吉良人
　　著）　2016.1

082　無差別テロ―国際社会はどう対処すればよい
　　か（金恵京著）　2016.1

全集・叢書総目録 2011-2016　　261

一般叢書・全集　　　　　　　　　　　　総 記

083　エドゥアール・グリッサン―〈全―世界〉の
　　　ヴィジョン（中村隆之著）　2016.2
084　パウル・ティリヒー「多く赦された者」の神
　　　学（深井智朗著）　2016.2
085　コンサートという文化装置―交響曲とオペラ
　　　のヨーロッパ近代（宮本直美著）　2016.3
086　沖縄戦後民衆史―ガマから辺野古まで（森宣
　　　雄著）　2016.3
087　梁啓超―東アジア文明史の転換（狭間直樹著）
　　　2016.4
088　南米「棄民」政策の実像（遠藤十亜希著）
　　　2016.5
089　戦後日本外交―軌跡と課題（栗山尚一著）
　　　2016.6
090　戦後ドイツの抗議運動―「成熟した市民社会」
　　　への模索（井関正久著）　2016.6
091　選挙と議会の比較政治学（岩崎美紀子著）
　　　2016.6
092　人類の未来と地球科学（井田喜明著）　2016.
　　　7
093　丸刈りにされた女たち―「ドイツ兵の恋人」
　　　の戦後を辿る旅（藤森晶子著）　2016.8
094　修行と信仰―変わるからだ変わるこころ（藤
　　　田庄市著）　2016.9
095　「正しい」を分析する（八木沢敬著）　2016.10
096　モータリゼーションの世紀―T型フォードか
　　　ら電気自動車へ（鈴木直次著）　2016.11
097　日本型新自由主義とは何か―占領期改革から
　　　アベノミクスまで（菊池信輝著）　2016.12

岩波講座現代　大沢真幸，佐藤卓己，杉田敦，中島
　　秀人，諸富徹編集委員　岩波書店　2015〜2016
1　現代の現代性―何が終わり，何が始まったか（全
　　編集委員編）　2015.10
3　資本主義経済システムの展望（諸富徹編）
　　2016.2
4　グローバル化のなかの政治（杉田敦編）　2016.
　　4
5　歴史のゆらぎと再編（佐藤卓己編）　2015.11
6　宗教とこころの新時代（大沢真幸編）　2016.5
7　身体と親密圏の変容（大沢真幸編）　2015.12
8　学習する社会の明日（佐藤卓己編）　2016.7
9　デジタル情報社会の未来（佐藤卓己編）　2016.
　　6

岩波人文書セレクション　岩波書店　2010〜2015
　　⇒Ⅴ－428
◇書誌学談義江戸の板本（中野三敏著）　2010.12
◇「色」と「愛」の比較文化史（佐伯順子著）　2010.
　　12
◇世紀末と漱石（尹相仁著）　2010.12
◇鷗外留学始末（中井義幸著）　2010.12
◇ドン・キホーテの世紀―スペイン黄金時代を読
　　む（清水憲男著）　2010.12
◇アイヌわが人生（貝沢正著，萱野茂［ほか］編）
　　2010.12
◇書の古代史（東野治之著）　2010.12
◇近代日本と東南アジア―南進の「衝撃」と「遺
　　産」（後藤乾一著）　2010.12
◇生き神の思想史―日本の近代化と民衆宗教（小沢
　　浩著）　2010.12
◇近代日本の戦争と政治（三谷太一郎著）　2010.12
◇思想の落し穴（鶴見俊輔著）　2011.11
◇小国―歴史にみる理念と現実（百瀬宏著）　2011.
　　11
◇探偵小説の社会学（内田隆三著）　2011.11
◇民族幻想の蹉跌―日本人の自己像（尹健次著）
　　2011.11
◇世紀末の思想と建築（磯崎新，多木浩二著）
　　2011.11
◇時間についての十二章―哲学における時間の問
　　題（内山節著）　2011.11
◇魔女とヨーロッパ（高橋義人著）　2011.11
◇システム社会の現代的位相（山之内靖著）　2011.
　　11
◇現代日本の社会秩序―歴史的起源を求めて（成沢
　　光著）　2011.11
◇グノーシスの神話（大貫隆訳・著）　2011.11
◇ケインズの哲学（伊藤邦武著）　2011.11
◇女性表現の明治史―樋口一葉以前（平田由美著）
　　2011.11
◇介護問題の社会学（春日キスヨ著）　2011.11
◇女性・ネイティヴ・他者―ポストコロニアリズ
　　ムとフェミニズム（トリン・T．ミンハ［著］，竹
　　村和子訳）　2011.11
◇国家の退場―グローバル経済の新しい主役た
　　ち（スーザン・ストレンジ［著］，桜井公人訳）
　　2011.11
◇悪の哲学ノート（中村雄二郎著）　2012.10
◇日本思想という問題―翻訳と主体（酒井直樹著）
　　2012.10

総記　　　　　　　　　　　　　　　　　　　　　　　　一般叢書・全集

◇ヨーロッパ精神史入門―カロリング・ルネサンスの残光（坂部恵著）　2012.10

◇ランボー、砂漠を行く―アフリカ書簡の謎（鈴村和成著）　2012.10

◇レヴィナス―移ろいゆくものへの視線（熊野純彦著）　2012.10

◇記憶のエチカ―戦争・哲学・アウシュヴィッツ（高橋哲哉著）　2012.10

◇文化の読み方/書き方（クリフォード・ギアーツ［著］，森泉弘次訳）　2012.10

◇身体の宇宙性―東洋と西洋（湯浅泰雄著）　2012.10

◇平面論―1880年代西欧（松浦寿輝著）　2012.10

◇市民権とは何か（デレック・ヒーター［著］，田中俊郎，関根政美訳）　2012.10

◇シモーヌ・ヴェイユ（冨原真弓著）　2012.10

◇中絶論争とアメリカ社会―身体をめぐる戦争（荻野美穂著）　2012.10

◇知の失敗と社会―科学技術はなぜ社会にとって問題か（松本三和夫著）　2012.10

◇東京たてもの伝説（森まゆみ，藤森照信著）　2012.10

◇自己決定権とジェンダー（江原由美子著）　2012.10

◇声のイメージ（柴田南雄著）　2013.10

◇第一次世界大戦と社会主義者たち（西川正雄著）　2013.10

◇グローバル化の遠近法―新しい公共空間を求めて（姜尚中，吉見俊哉著）　2013.10

◇憲法学のフロンティア（長谷部恭男著）　2013.10

◇エーコの読みと深読み（ウンベルト・エーコ，リチャード・ローティ，ジョナサン・カラー，C.ブルック＝ローズ［著］，ステファン・コリーニ編，柳谷啓子，具島靖訳）　2013.10

◇キリシタンの世紀―ザビエル渡日から「鎖国」まで（高瀬弘一郎著）　2013.10

◇ケインズ理論とは何か―市場経済の金融的不安定性（ハイマン.P.ミンスキー［著］，堀内昭義訳）　2014.1

◇自由論―自然と人間のゆらぎの中で（内山節著）　2014.1

◇道具と手仕事（村松貞次郎著）　2014.1

◇文化としてのマナー（熊倉功夫著）　2014.1

◇文化の「発見」―驚異の部屋からヴァーチャル・ミュージアムまで（吉田憲司著）　2014.1

◇ヨーロッパ覇権以前―もうひとつの世界システム　上（J.L.アブー＝ルゴド［著］，佐藤次高，斯波義信，高山博，三浦徹訳）　2014.1

◇ヨーロッパ覇権以前―もうひとつの世界システム　下（J.L.アブー＝ルゴド［著］，佐藤次高，斯波義信，高山博，三浦徹訳）　2014.1

◇裁かれた戦争犯罪―イギリスの対日戦犯裁判（林博史著）　2014.10

◇戦後政治の軌跡―自民党システムの形成と変容（蒲島郁夫著）　2014.10

◇普遍の再生（井上達夫著）　2014.10

◇プルーストの世界を読む（吉川一義著）　2014.10

◇パスカル『パンセ』を読む（塩川徹也著）　2014.10

◇禅仏教とキリスト教神秘主義（門脇佳吉著）　2014.10

◇『イーリアス』ギリシア英雄叙事詩の世界（川島重成著）　2014.10

◇カントを読む―ポストモダニズム以降の批判哲学（牧野英二著）　2014.10

◇ノストラダムス予言集（ノストラダムス［著］，P.ブランダムール校訂，高田勇，伊藤進編訳）　2014.10

◇アメリカ憲法は民主的か（ロバート・A.ダール［著］，杉田敦訳）　2014.10

◇革命前夜の地下出版（ロバート・ダーントン［著］，関根素子，二宮宏之訳）　2015.10

◇十八世紀の江戸文芸―雅と俗の成熟（中野三敏著）　2015.10

◇触発する言葉―言語・権力・行為体（ジュディス・バトラー［著］，竹村和子訳）　2015.10

◇アジアを語ることのジレンマ―知の共同空間を求めて（孫歌著）　2015.10

◇略奪された文化―戦争と図書（松本剛著）　2015.10

◇「権利のための闘争」を読む（村上淳一著）　2015.10

◇文化の新しい歴史学（リン・ハント編，筒井清忠訳）　2015.10

◇ヴェブレン（宇沢弘文著）　2015.10

◇マリー・アントワネットとマリア・テレジア秘密の往復書簡（マリー・アントワネット，マリア・テレジア［著］，パウル・クリストフ編，藤川芳朗訳）　2015.10

◇心・脳・科学（ジョン・サール［著］，土屋俊訳）　2015.10

一般叢書・全集　　　　　　　　　　　　　　　　　　　　　総記

岩波セミナーブックス　岩波書店　1983〜2013
　⇒Ⅴ-428
S11　イスラーム建築の世界史（深見奈緒子著）
　2013.7
S12　中国の恋のうた─『詩経』から李商隠まで（川
　合康三著）　2011.5
S13　アダム・スミス『国富論』を読む（丸山徹著）
　2011.10
S14　ラテン文学を読む─ウェルギリウスとホラー
　ティウス（逸身喜一郎著）　2011.11
S15　デューラーの芸術（ヨーロッパ美術史講義）
　（越宏一著）　2012.7

岩波テキストブックス　岩波書店　1996〜2015
　⇒Ⅰ-228
◇比較憲法　新版（辻村みよ子著）　2011.3
◇西洋政治思想史─視座と論点（川出良枝, 山岡竜
　一著）　2012.1
◇国際倫理学（リチャード・シャプコット［著］, 松
　井康浩, 白川俊介, 千知岩正継訳）　2012.9
◇社会学原論（宮島喬著）　2012.10
◇新EU法　基礎篇（庄司克宏著）　2013.6
◇日本外交史講義　新版（井上寿一著）　2014.3
◇国際平和論（福富満久著）　2014.9
◇新EU法　政策篇（庄司克宏著）　2014.10
◇農業経済学　第4版（荏開津典生, 鈴木宣弘著）
　2015.4

岩波テキストブックスα　岩波書店　2014
◇現代（いま）を生きる日本史（須田努, 清水克行
　著）　2014.11
◇大学一年生の文章作法（山本幸司著）　2014.12

岩波ブックレット　岩波書店　1982〜2016
　⇒Ⅰ-228
no.794　ハイチ復興への祈り─80歳の国際支援（須
　藤昭子著）　2010.10
no.795　認知症30カ条─予防から介護まで（認知症
　予防財団編）　2010.10
no.796　骨の戦世（イクサユ）─65年目の沖縄戦 フ
　ォト・ドキュメント（比嘉豊光, 西谷修編）　2010.
　10
no.797　それでもテレビは終わらない（今野勉, 是
　枝裕和, 境真理子, 音好宏著）　2010.11
no.798　井上ひさしの言葉を継ぐために（井上ひさ
　し, 井上ユリ, 梅原猛, 大江健三郎, 奥平康弘, 沢
　地久枝, 鶴見俊輔著）　2010.12

no.799　壁を壊す!!─サッカー・ワールドカップ北
　朝鮮代表として（鄭大世著）　2010.12
no.800　新・差額ベッド料Q&A─入院する前に知っ
　ておきたい（ささえあい医療人権センターCOML
　編）　2011.1
no.801　終わりなきアスベスト災害─地震大国日
　本への警告（宮本憲一, 森永謙二, 石原一彦編）
　2011.1
no.802　原発と日本の未来─原子力は温暖化対策
　の切り札か（吉岡斉編）　2011.2
no.803　きびしい時代を生きぬく力（香山リカ, 江
　川紹子著）　2011.2
no.804　シベリア抑留は「過去」なのか（栗原俊雄
　著）　2011.3
no.805　就活とブラック企業─現代の若者の働き
　かた事情（森岡孝二編）　2011.3
no.806　「コミュニケーション能力がない」と悩むま
　えに─生きづらさを考える（貴戸理恵著）　2011.
　4
no.807　裁判員時代に死刑を考える（郷田マモラ,
　竹田昌弘著）　2011.5
no.808　雇用破綻最前線─雇い止め・派遣切り・条
　件切り下げ（中野麻美著）　2011.5
no.809　現地発エジプト革命─中東民主化のゆく
　え（川上泰徳著）　2011.5
no.810　今こそ、エネルギーシフト─原発と自然
　エネルギーと私達の暮らし（飯田哲也, 鎌仲ひと
　み著）　2011.5
no.811　父親になる、父親をする─家族心理学の
　視点から（柏木恵子著）　2011.6
no.812　二つの憲法─大日本帝国憲法と日本国憲
　法（井上ひさし著）　2011.6
no.813　被爆を生きて─作品と生涯を語る（林京子
　著, 島村輝聞き手）　2011.7
no.814　取り返しのつかないものを、取り返すた
　めに─大震災と井上ひさし（大江健三郎, 内橋克
　人, なだいなだ, 小森陽一著）　2011.7
no.815　震災トラウマと復興ストレス（宮地尚子
　著）　2011.8
no.816　福島原発震災のまち─フォト・ルポルター
　ジュ（豊田直巳著）　2011.8
no.817　キャッシュ・フォー・ワーク─震災復興
　の新しいしくみ（永松伸吾著）　2011.9
no.818　ドイツは脱原発を選んだ（ミランダ・A.
　シュラーズ著）　2011.9
no.819　原発とヒロシマ─「原子力平和利用」の真

相（田中利幸, ピーター・カズニック著）　2011.
10

no.820　第五福竜丸から「3.11」後へ一被爆者大石
又七の旅路（小沢節子著）　2011.10

no.821　原発をどうするか、みんなで決める一国
民投票へ向けて（飯田哲也, 今井一, 杉田敦, マエ
キタミヤコ, 宮台真司著）　2011.11

no.822　原発への非服従一私たちが決意したこと
（鶴見俊輔, 沢地久枝, 奥平康弘, 大江健三郎著）
2011.11

no.823　メディアをつくる一「小さな声」を伝え
るために（白石草著）　2011.11

no.824　さようなら原発（鎌田慧編）　2011.12

no.825　原発難民日記一怒りの大地から（秋山豊寛
著）　2011.12

no.826　未来に語り継ぐ戦争（東京新聞社会部編）
2012.1

no.827　検証原発労働（日本弁護士連合会編）
2012.1

no.828　グローバル時代のアジア地域統合一日米
中関係とTPPのゆくえ（羽場久美子著）　2012.2

no.829　大災害と子どもの心一どう向き合い支え
るか（冨永良喜著）　2012.2

no.830　「主権者」は誰か一原発事故から考える（日
隅一雄著）　2012.4

no.831　原発と自治体一「核害」とどう向き合う
か（金井利之著）　2012.3

no.832　内部被曝（矢ケ崎克馬, 守田敏也著）
2012.3

No.833　検証大阪の教育改革一いま、何が起こっ
ているのか（志水宏吉著）　2012.4

No.834　中国原発大国への道（郭四志著）　2012.5

No.835　運命を生きる一闘病が開けた人生の扉（浅
野史郎著）　2012.5

No.836　原発は不良債権である（金子勝著）　2012.
5

No.837　「学び」という希望一震災後の教育を考え
る（尾木直樹著）　2012.6

No.838　ひきこもりのライフプラン一「親亡き後」
をどうするか（斎藤環, 畠中雅子著）　2012.6

No.839　避難する権利、それぞれの選択一被曝の
時代を生きる（河﨑健一郎, 菅波香織, 竹田昌弘,
福田健治著）　2012.6

No.840　日本の保育はどうなる一幼保一体化と「こ
ども園」への展望（普光院亜紀著）　2012.6

No.841　希望の大地一「祈り」と「知恵」をめぐ

る旅：フォトエッセイ（桃井和馬著）　2012.6

No.842　学校を改革する一学びの共同体の構想と
実践（佐藤学著）　2012.7

No.843　3.11後の自衛隊一迷走する安全保障政策
のゆくえ（半田滋著）　2012.7

No.844　年表昭和・平成史―1926-2011（中村政則,
森武麿編）　2012.7

No.845　内村鑑三をよむ（若松英輔著）　2012.7

No.846　知っていますか、朝鮮学校（朴三石著）
2012.8

No.847　「マイナンバー法」を問う（清水勉, 桐山
桂一著）　2012.8

No.848　自治体の平和力（池尾靖志著）　2012.8

No.849　震災と言葉（佐伯一麦著）　2012.9

No.850　信用金庫の力一人をつなぐ、地域を守る
（吉原毅著）　2012.9

No.851　地域再生一逆境から生まれる新たな試み
（香坂玲著）　2012.10

No.852　災害支援に女性の視点を！（竹信三恵子,
赤石千衣子編）　2012.10

No.853　何のための秘密保全法か一その本質とね
らいを暴く（海渡雄一, 前田哲男著）　2012.10

No.854　精神科病院を出て、町へ―ACTがつくる
地域精神医療（伊藤順一郎著）　2012.11

No.855　いま考えなければならないこと一原発と
震災後をみすえて（加藤周一, 凡人会著）　2012.
11

No.856　金融危機は再びやってくる一世界経済の
メカニズム（伊藤正直著）　2012.11

No.857　過労死のない社会を（森岡孝二編）　2012.
12

No.858　ルポ労働格差とポピュリズム一大阪で起
きていること（藤田和恵著）　2012.12

No.859　ほんとうにいいの？　デジタル教科書（新
井紀子著）　2012.12

No.860　エネルギー転換の経済効果（小野善康著）
2013.1

No.861　「領土問題」の論じ方（新崎盛暉, 岡田充,
高原明生, 東郷和彦, 最上敏樹著）　2013.1

No.862　ギャンブル大国ニッポン（古川美穂著）
2013.2

No.863　3・11以後何が変わらないのか（大沢真幸,
松島泰勝, 山下祐介, 五十嵐武士, 水野和夫著）
2013.2

No.864　文明の渚（池沢夏樹著）　2013.3

No.865　3.11を心に刻んで　2013（岩波書店編集部

一般叢書・全集　　　　　　　　　　　　　　　　　　総 記

No.866　原発賠償を問う―曖昧な責任、翻弄される避難者（除本理史著）　2013.3

No.867　いま、憲法の魂を選びとる（大江健三郎、奥平康弘、沢地久枝、三木睦子、小森陽一著）　2013.4

No.868　劣化ウラン弾―軍事利用される放射性廃棄物（嘉指信雄、振津かつみ、佐藤真紀、小出裕章、豊田直巳著）　2013.8

No.869　非正規公務員という問題―問われる公共サービスのあり方（上林陽治著）　2013.5

No.870　ハンドブック集団的自衛権（浦田一郎、前田哲男、半田滋著）　2013.5

No.871　安倍改憲政権の正体（斎藤貴男著）　2013.6

No.872　性について語ろう―子どもと一緒に考える（池上千寿子著）　2013.6

No.873　書籍文化の未来―電子本か印刷本か（赤木昭夫著）　2013.6

No.874　安倍政権で教育はどう変わるか（佐藤学、勝野正章著）　2013.6

No.875　放射能汚染と学校給食（牧下圭貴著）　2013.6

No.876　TPPで暮らしはどうなる？（鈴木宣弘、天笠啓祐、山岡淳一郎、色平哲郎著）　2013.7

No.877　新型インフル―パンデミックを防ぐために（外岡立人著）　2013.7

No.878　憲法は誰のもの？―自民党改憲案の検証（伊藤真著）　2013.7

No.879　福島から問う教育と命（中村晋、大森直樹著）　2013.8

No.880　原発は火力より高い（金子勝著）　2013.8

No.881　再生可能エネルギーがひらく未来（エイモリー・ロビンス、新原浩朗、福山哲郎、佐和隆光、村上憲郎、槌屋治紀著）　2013.9

No.882　〈男文化〉よ、さらば―植民地、戦争、原発を語る（辛淑玉、富山妙子著）　2013.9

No.883　「国土強靱化」批判―公共事業のあるべき「未来モデル」とは（五十嵐敬喜著）　2013.10

No.884　自然エネルギーQ&A（自然エネルギー財団編）　2013.10

No.885　日本人は民主主義を捨てたがっているのか？（想田和弘著）　2013.11

No.886　原子力と理科教育―次世代の科学的リテラシーのために（笠潤平著）　2013.11

No.887　非核芸術案内―核はどう描かれてきたか（岡村幸宣著）　2013.12

No.888　守られなかった奇跡の山―高尾山から公共事業を問う（高尾山の自然をまもる市民の会編）　2013.12

No.889　ベアテ・シロタと日本国憲法―父と娘の物語（ナスリーン・アジミ、ミッシェル・ワッセルマン著、小泉直子訳）　2014.1

No.890　海をよみがえらせる―諫早湾の再生から考える（佐藤正典著）　2014.1

No.891　改憲問題Q&A（自由人権協会編）　2014.2

No.892　国家安全保障基本法批判（青井未帆著）　2014.3

No.893　福島を生きる人びと―フォト・ルポルタージュ（豊田直巳著）　2014.3

No.894　3.11を心に刻んで　2014（岩波書店編集部編）　2014.3

No.895　異議あり！新国立競技場―2020年オリンピックを市民の手に（森まゆみ編、山本想太郎、松隈洋、藤本昌也、日置雅晴、森山高至［執筆］）　2014.3

No.896　産後ケア―なぜ必要か何ができるか（福島富士子、みついひろみ著）　2014.4

No.897　アルコールとうつ・自殺―「死のトライアングル」を防ぐために（松本俊彦著）　2014.5

No.898　日本の労働を世界に問う―ILO条約を活かす道（牛久保秀樹、村上剛志著）　2014.5

No.899　社会を結びなおす―教育・仕事・家族の連携へ（本田由紀著）　2014.6

No.900　「学力格差」の実態―調査報告（志水宏吉、伊佐夏実、知念渉、芝野淳一著）　2014.6

No.901　われ反抗す、ゆえにわれら在り―カミュ『ペスト』を読む（宮田光雄著）　2014.6

No.902　科学のこれまで、科学のこれから（池内了著）　2014.6

No.903　つながりを煽られる子どもたち―ネット依存といじめ問題を考える（土井隆義著）　2014.6

No.904　アートで平和をつくる―沖縄・佐喜真美術館の軌跡（佐喜真道夫著）　2014.7

No.905　ブラック企業のない社会へ―教育・福祉・医療・企業にできること（今野晴貴、棗一郎、藤田孝典、上西充子、大内裕和、嶋崎量、常見陽平、ハリス鈴木絵美著）　2014.7

No.906　核兵器を禁止する（川崎哲著）　2014.8

No.907　もっと変わる！介護保険（小竹雅子著）

2014.8

No.908 教育委員会は不要なのか―あるべき改革を考える（中嶋哲彦著）　2014.9

No.909 自転車に冷たい国、ニッポン―安心して走れる街へ（馬場直子著）　2014.9

No.910 私たちは政治の暴走を許すのか（立憲デモクラシーの会編）　2014.10

No.911 アベノミクスと暮らしのゆくえ（山家悠紀夫著）　2014.10

No.912 動かすな、原発。―大飯原発地裁判決からの出発（小出裕章, 海渡雄一, 島田広, 中嶌哲演, 河合弘之著）　2014.10

No.913 いのちが危ない残業代ゼロ制度（森岡孝二, 今野晴貴, 佐々木亮著）　2014.11

No.914 「定常経済」は可能だ！（ハーマン・デイリー著, 枝広淳子聞き手）　2014.11

No.915 ルポ虐待の連鎖は止められるか（共同通信「虐待」取材班著）　2014.11

No.916 外国人労働者受け入れを問う（宮島喬, 鈴木江理子著）　2014.12

No.917 ルポ チェルノブイリ28年目の子どもたち―ウクライナの取り組みに学ぶ（白石草著）　2014.12

No.918 憲法九条は私たちの安全保障です。（梅原猛, 大江健三郎, 奥平康弘, 沢地久枝, 鶴見俊輔, 池田香代子, 金泳鎬, 阪田雅裕著）　2015.1

No.919 火山と原発―最悪のシナリオを考える（古儀君男著）　2015.2

No.920 3.11を心に刻んで　2015（岩波書店編集部編）　2015.3

No.921 秘密保護法対策マニュアル（海渡雄一著）　2015.3

No.922 小学校からの英語教育をどうするか（柳瀬陽介, 小泉清裕著）　2015.3

No.923 安倍政権とジャーナリズムの覚悟（原寿雄著）　2015.4

No.924 知りたい！ ソーシャルワーカーの仕事（木下大生, 藤田孝典著）　2015.5

No.925 原発 決めるのは誰か（吉岡斉, 寿楽浩太, 宮台真司, 杉田敦著）　2015.5

No.926 「エネルギー自治」で地域再生！―飯田モデルに学ぶ（諸富徹著）　2015.6

No.927 原発避難者の声を聞く―復興政策の何が問題か（山本薫子, 高木竜輔, 佐藤彰彦, 山下祐介著）　2015.6

No.928 パレスチナ戦火の中の子どもたち（古居みずえ著）　2015.6

No.929 いま、「靖国」を問う意味（田中伸尚著）　2015.7

No.930 和解は可能か―日本政府の歴史認識を問う（内田雅敏著）　2015.8

No.931 「水素社会」はなぜ問題か―究極のエネルギーの現実（小沢祥司著）　2015.8

No.932 「昭和天皇実録」にみる開戦と終戦（半藤一利著）　2015.9

No.933 「テロに屈するな！」に屈するな（森達也著）　2015.9

No.934 女性活躍後進国ニッポン（山田昌弘著）　2015.9

No.935 だれが墓を守るのか―多死・人口減少社会のなかで（小谷みどり著）　2015.9

No.936 B型肝炎―なぜここまで拡がったのか（奥泉尚洋, 久野華代著）　2015.9

No.937 民主主義をあきらめない（浜矩子, 柳沢協二, 内橋克人著）　2015.10

No.938 学問の自由と大学の危機（広田照幸, 石川健治, 橋本伸也, 山口二郎著）　2016.2

No.939 アクセシブルデザインの発想―不便さから生まれる「便利製品」（星川安之著）　2015.11

No.940 男性の非暴力宣言―ホワイトリボン・キャンペーン（多賀太, 伊藤公雄, 安藤哲也著）　2015.11

No.941 いまこそ民主主義の再生を！―新しい政治参加への希望（中野晃一, コリン・クラウチ, エイミー・グッドマン著）　2015.12

No.942 君が戦争を欲しないならば（高畑勲著）　2015.12

No.943 データでわかる世界と日本のエネルギー大転換（レスター・R.ブラウン, 枝広淳子著）　2016.1

No.944 アメリカ人が伝えるヒロシマ―「平和の文化」をつくるために（スティーブン・リーパー著）　2016.2

No.945 憲法に緊急事態条項は必要か（永井幸寿著）　2016.3

No.946 お買いもので世界を変える（日本弁護士連合会消費者問題対策委員会著）　2016.3

No.947 3.11を心に刻んで　2016（岩波書店編集部編）　2016.3

No.948 水俣病を知っていますか（高峰武著）　2016.4

No.949 電力自由化で何が変わるか（小沢祥司著）

2016.4

No.950　田園回帰がひらく未来―農山村再生の最前線（小田切徳美, 広井良典, 大江正章, 藤山浩著）　2016.5

No.951　〈愛国心〉に気をつけろ！（鈴木邦男著）　2016.6

No.952　分断社会・日本―なぜ私たちは引き裂かれるのか（井手英策, 松沢裕作作成）　2016.6

No.953　「主権者教育」を問う（新藤宗幸著）　2016.6

No.954　語り遺す戦場のリアル（共同通信「戦争証言」取材班編）　2016.7

No.955　ディーゼル車に未来はあるか―排ガス偽装とPM2.5の脅威（杉本裕明, 嵯峨井勝著）　2016.7

No.956　南シナ海でなにが起きているのか―米中対立とアジア・日本（山本秀也著）　2016.8

No.957　兵器と大学―なぜ軍事研究をしてはならないか（池内了, 小寺隆幸編）　2016.9

No.958　アメリカは日本の原子力政策をどうみているか（鈴木達治郎, 猿田佐世編）　2016.10

No.959　相模原事件とヘイトクライム（保坂展人著）　2016.11

No.960　「環境を守る」とはどういうことか―環境思想入門（尾関周二, 環境思想・教育研究会編）　2016.11

No.961　新国富論―新たな経済指標で地方創生（馬奈木俊介, 池田真也, 中村寛樹著）　2016.12

岩波モダンクラシックス　岩波書店　2005～2010　⇒Ⅰ-233

◇バーリンロマン主義講義―美術に関するA.W.メロン講義, 1965年国立美術ギャラリー, ワシントンDC（アイザイア・バーリン［著］, ヘンリー・ハーディ編, 田中治男訳）　2010.10

ウェッジ選書　ウェッジ　2011～2016

40　兵学者吉田松陰―戦略・情報・文明（森田吉彦著）　2011.3

41　新昭和史論―どうして戦争をしたのか（「地球学」シリーズ）（筒井清忠著）　2011.5

42　現代中国を形成した二大政党―国民党と共産党はなぜ歴史の主役になったのか（北村稔著）　2011.8

43　塔とは何か―建てる, 見る, 昇る（林章著）　2012.3

44　ラザフォード・オルコック―東アジアと大英帝国（岡本隆司著）　2012.4

45　あくがれ―わが和泉式部（水原紫苑著）　2012.5

46　スパコンとは何か―1位か2位か, それが問題か（金田康正著）　2012.6

47　「瓢鮎図」の謎―国宝平読ひょうたんなまずをめぐって（芳沢勝弘著）　2012.9

48　達老時代へ―“老いの達人”へのいざない（横山俊夫編著）　2013.10

49　気候は変えられるか？（鬼頭昭雄著）　2013.11

50　鉄といのちの物語―謎とき風土サイエンス（長沼毅著）　2014.1

51　これだけは知っておきたい認知症Q&A55（丸山敬著）　2014.2

52　ネムリユスリカのふしぎな世界―この昆虫は, なぜ「生き返る」ことができるのか？（黄川田隆洋著）　2014.12

53　暮らしを変える驚きの数理工学（合原一幸編著, 占部千由, 近江崇宏, 阿部力也, 長谷川幹雄, 鈴木大慈著）　2015.5

54　サイエンス思考―「知識」を「理解」に変える実践的方法論（和田昭允著）　2015.8

55　上智大学の学生たちの熱い関心を集めた愛と希望の「人口学講義」（鬼頭宏著）　2015.11

56　まるわかり太陽系ガイドブック（寺門和夫著）　2016.3

内村剛介著作集　内村剛介著, 陶山幾朗編集・構成　恵雅堂出版　2008～2013　⇒Ⅰ-234

第5巻　革命とフォークロア　2011.4

第6巻　日本という異郷　2012.3

第7巻　詩・ことば・翻訳　2013.9

AN 21研究シリーズ　文眞堂　2007～2014　⇒Ⅰ-391

no.1　経済・生命・倫理―ヒトと人の間で　増補版（大塚友美編著）　2011.4

no.4　危機管理―新たな疾病との戦い（島方洸一編著）　2011.4

No.5　少子高齢化―21世紀日本の課題（大塚友美編著）　2014.4

SQ選書　社会評論社　2015～2016

01　帝国か民主か―中国と東アジア問題（子安宣邦著）　2015.4

02　左遷を楽しむ―日本道路公団四国支社の一年

（片桐幸雄著）　2015.4

03　今日一日だけ―アル中教師の挑戦（中本新一著）　2015.9

04　障害者が労働力商品を止揚したいわけ―きらない　わけない　ともにはたらく（堀利和編著）2015.9

05　柳宗悦・河井寛次郎・浜田庄司の民芸なくらし（丸山茂樹著）　2015.11

06　千四百年の封印聖徳太子の謎に迫る（やすいゆたか著）　2015.11

07　「人文学」という思考法―〈思考〉を深く読み込むために（真野俊和著）　2015.11

08　樺太〈サハリン〉が宝の島と呼ばれていたころ―海を渡った出稼ぎ日本人（野添憲治著）　2015.11

09　自閉症とこどもの心の研究（黒川新二著）2016.7

10　アソシエーションの政治・経済学―人間学としての障害者問題と社会システム（堀利和著）2016.7

11　ヘーゲル哲学入門（滝口清栄著）　2016.9

12　ヤバすぎる酒飲みたち！―歴史にあらわれた底なしの酒客列伝（中本新一著）　2016.11

13　コトバニキヲツケロ！―現代日本語読本（佐々木健悦著）　2016.11

SUPモダン・クラシックス叢書　上智大学出版　2009〜2014　⇒Ⅰ-396

◇アメリカン・ルネサンス―エマソンとホイットマンの時代の芸術と表現　上（F.O.マシーセン著，飯野友幸，江田孝臣，大塚寿郎，高尾直知，堀内正規訳）　2011.5

◇アメリカン・ルネサンス―エマソンとホイットマンの時代の芸術と表現　下（F.O.マシーセン著，飯野友幸，江田孝臣，大塚寿郎，高尾直知，堀内正規訳）　2011.5

◇悲劇のヴィジョンを超えて――九世紀におけるアイデンティティの探求（モース・ペッカム著，高柳俊一，野谷啓二訳）　2014.6

絵でみるシリーズ　日本能率協会マネジメントセンター　2005〜2011　⇒Ⅰ-234

◇絵でみる貿易のしくみ　改訂版（片山立志著）2011.11

Edu-talkシリーズ　中村堂　2014〜2015

1　ディベートルネサンス―究論復興（松本道弘，菊池省三著）　2014.8

2　東大生を育てた家庭の力（陰山英男，子育てをふり返るママの会著）　2014.11

3　生活とデザイン・芸術―日本文化の可能性（栗原典善，芳沢一夫，柳本浩市著）　2015.3

4　これからの英語教育―フィリピン発・英語学習法（陰山英男，藤岡頼光著）　2015.4

江戸学入門　洋泉社　2014

◇江戸の理系力（洋泉社編集部編）　2014.4

◇江戸と歌舞伎（洋泉社編集部編）　2014.4

NHK出版DVD＋BOOK　NHK出版　2009〜2014

◇赤毛のアンへの旅―あこがれのプリンスエドワード島へ（松本侑子著）　2009.3

◇DVDで学ぶ石飛博光書道の基本（石飛博光著）2013.8

◇よみがえる江戸城（平井聖監修・執筆，小粥祐子執筆）　2014.9

NHKシリーズ　日本放送出版協会，NHK出版1990〜2016　⇒Ⅰ-238

◇人間のこころを描いた世界の映画作家たち―NHKラジオテキスト（NHKこころをよむ）（佐藤忠男著，日本放送協会，日本放送出版協会編）2011.1

◇EU・ヨーロッパ統合の政治史―その成功と苦悩（NHKカルチャーラジオ　歴史再発見）（児玉昌己著）　2011.1

◇永井荷風再考（NHKカルチャーラジオ　文学の世界）（菅野昭正著）　2011.1

◇歌人茂吉人間茂吉（NHKカルチャーラジオ　短歌をよむ）（秋葉四郎著）　2011.1

◇NHKみんなの手話　2011年1月―3月（日本放送協会，日本放送出版協会編）　2011.1

◇NHKスーパーオペラレッスン―バーバラ・ボニーに学ぶ歌の心（日本放送協会，日本放送出版協会（NHK出版）編）　2011.1

◇江姫たちの戦国―NHK大河ドラマ歴史ハンドブック　2011.1

◇働くということ―NHKラジオテキスト（NHKこころをよむ）（坂東真理子著，日本放送協会，日本放送出版協会（NHK出版）編）　2011.4

◇漢詩を読む―日本の漢詩（飛鳥〜平安）NHKラジオテキスト（NHKカルチャーラジオ）（後藤昭雄著，日本放送協会，NHK出版編）　2011.4

◇城と女と武将たち（NHKカルチャーラジオ　歴史

一般叢書・全集　　　　　　　　　　　　　　　　　　　　　　総　記

再発見）（小和田哲男著）　2011.4
◇ギリシャ神話―ルネッサンス・バロック絵画から遡る（NHKカルチャーラジオ 文学の世界）（逸身喜一郎著）　2011.4
◇選は創作なり―高浜虚子を読み解く（NHKカルチャーラジオ 詩歌を楽しむ）（深見けん二著）　2011.4
◇ブッダの最期のことば　上（NHKこころの時代）（田上太秀著）　2011.4
◇ヒンドゥー教の世界　上　その歴史と教え（NHK宗教の時間）（森本達雄著）　2011.4
◇NHKみんなの手話　2011年4月―6月（日本放送協会, NHK出版編）　2011.4
◇NHKアナウンサーとともにことば力アップ―NHKラジオ　2011年4-9月（日本放送協会, NHK出版編）　2011.4
◇田んぼの生きものと農業の心―NHKラジオテキスト（NHKこころをよむ）（宇根豊著, 日本放送協会, NHK出版編）　2011.7
◇NHKみんなの手話　2011年7月―9月（日本放送協会, NHK出版編）　2011.7
◇江戸から考える日本人の心―NHKラジオテキスト（NHKこころをよむ）（大石学著, 日本放送協会, NHK出版編）　2011.10
◇漢詩をよむ―日本の漢詩（鎌倉～江戸中期）NHKラジオテキスト（NHKカルチャーラジオ）（宇野直人著, 日本放送協会, NHK出版編）　2011.10
◇アメリカ先住民から学ぶ―その歴史と思想（NHKカルチャーラジオ 歴史再発見）（阿部珠理著）　2011.10
◇『歎異抄』と現代（NHKカルチャーラジオ 文学の世界）（高史明著）　2011.10
◇詩を読んで生きる小池昌代の現代詩入門（NHKカルチャーラジオ 詩歌を楽しむ）（小池昌代著）　2011.10
◇ブッダの最期のことば　下（NHKこころの時代）（田上太秀著）　2011.10
◇ヒンドゥー教の世界　下　ガンディーの生涯と思想（NHK宗教の時間）（森本達雄著）　2011.10
◇NHKみんなの手話　2011年10月―12月（日本放送協会, NHK出版編）　2011.10
◇NHKアナウンサーとともにことば力アップ―NHKラジオ　2011年10月～2012年3月（日本放送協会, NHK出版編）　2011.10
◇食べるということ―民族と食の文化：NHKラジオテキスト（NHKこころをよむ）（小泉武夫著, 日

本放送協会, NHK出版編）　2012.1
◇シルクロード10の謎―文明交流の地をあるく（NHKカルチャーラジオ 歴史再発見）（中村清次著）　2012.1
◇江戸庶民のカルチャー事情（NHKカルチャーラジオ 文学の世界）（綿抜豊昭著）　2012.1
◇北原白秋―うたと言葉と（NHKカルチャーラジオ 詩歌を楽しむ）（高野公彦著）　2012.1
◇平清盛―NHK大河ドラマ歴史ハンドブック　2012.1
◇わくわくゴロリのつくってあそぼたのしいまち（NHKつくってあそぶ工作絵本）（ヒダオサム, 石崎友紀著）　2012.1
◇NHKみんなの手話　2012年1月―3月（日本放送協会, NHK出版編）　2012.1
◇女のきっぷ―NHKラジオテキスト（NHKこころをよむ）（森まゆみ著, 日本放送協会, NHK出版編）　2012.4
◇漢詩をよむ―日本の漢詩（江戸後期）：NHKラジオテキスト（NHKカルチャーラジオ）（宇野直人著, 日本放送協会, NHK出版編）　2012.4
◇科学の歴史を旅してみよう―コペルニクスから現代まで（NHKカルチャーラジオ 歴史再発見）（小山慶太著）　2012.4
◇エドガー・アラン・ポー文学の冒険家（NHKカルチャーラジオ 文学の世界）（巽孝之著）　2012.4
◇芭蕉はいつから芭蕉になったか（NHKカルチャーラジオ 詩歌を楽しむ）（佐藤勝明著）　2012.4
◇永遠のいのちの教え　上　法華経のことば（NHKこころの時代）（北川前肇著）　2012.4
◇夢窓国師の『夢中問答』をよむ　上　いかにして禅の常識を超えるか（NHK宗教の時間）（西村恵信著）　2012.4
◇NHKみんなの手話　2012年4月―6月（日本放送協会, NHK出版編）　2012.4
◇NHKアナウンサーとともにことば力アップ―NHKラジオ　2012年4月～9月（日本放送協会, NHK出版編）　2012.4
◇最期まで自分らしく生きるために―こころをよむ（NHKラジオテキスト）（清水哲郎著, 日本放送協会, NHK出版編集）　2012.7
◇“謎の文明”マヤの実像にせまる―歴史再発見（カルチャーラジオ）（青山和夫著）　2012.7
◇文学の名表現を味わう―日本語のレトリックとユーモア：文学の世界（カルチャーラジオ）（中村明著）　2012.7

総記　　　　　　　　　　　　　　　　　　　　　　　　　　　　一般叢書・全集

◇みんなの手話―ワンポイント手話　2012年7月〜
　9月（NHKテレビテキスト）（日本放送協会, NHK
　出版編集）　2012.7

◇詩歌を楽しむ　2012年7月〜9月　詩のトビラひ
　らけごま！―「ポケット詩集」を読む（カルチャー
　ラジオ）（田中和雄著）　2012.7

◇人生は「道連れ」―こころをよむ（NHKラジオ
　テキスト）（塩田丸男著, 日本放送協会, NHK出
　版編集）　2012.10

◇新大陸の植物が世界を変えた―歴史再発見（カル
　チャーラジオ）（酒井伸雄著）　2012.10

◇グリム童話の深層をよむ―ドイツ・メルヘンへ
　の誘い　文学の世界（カルチャーラジオ）（高橋義
　人著）　2012.10

◇永遠のいのちの教え　下（2012年10月〜2013年
　3月）　法華経のことば（こころの時代 宗教・人
　生）（北川前肇著）　2012.10

◇夢窓国師の『夢中問答』をよむ　下（2012年10月
　〜2013年3月）　なぜ, 日常生活が修行になるか
　（宗教の時間）（西村恵信著）　2012.10

◇みんなの手話―ワンポイント手話　2012年10月
　〜12月（NHKテレビテキスト）（日本放送協会,
　NHK出版編集）　2012.10

◇詩歌を楽しむ　2012年10月〜12月　ジャズ・ス
　タンダード曲を味わう（カルチャーラジオ）（村
　尾陸男著）　2012.10

◇漢詩をよむ　2012年10月〜2013年3月　日本の漢
　詩〈幕末〜昭和〉（NHKカルチャーラジオ）（日本
　放送協会, NHK出版編集, 宇野直人著）　2012.10

◇NHKアナウンサーとともにことば力アップ
　2012年10月〜2013年3月（NHKラジオテキスト）
　（日本放送協会, NHK出版編集）　2012.10

◇文学・美術に見る仏教の生死観―こころをよむ
　（NHKラジオテキスト）（日本放送協会, NHK出
　版編集, 金岡秀郎著）　2013.1

◇人類への贈り物―発明の歴史をたどる：歴史再
　発見（カルチャーラジオ）（志村幸雄著）　2013.
　1

◇江戸に花開いた「戯作」文学―文学の世界（カル
　チャーラジオ）（棚橋正博著）　2013.1

◇八重の桜（NHK大河ドラマ歴史ハンドブック）
　2013.1

◇みんなの手話―ワンポイント手話　2013年1月
　〜3月（NHKテレビテキスト）（早瀬憲太郎［著］,
　日本放送協会, NHK出版編集）　2013.1

◇詩歌を楽しむ　2013年1月〜3月　啄木再発見―

青春、望郷、日本人の幸福（カルチャーラジオ）
（三枝昂之著）　2013.1

◇道をひらく―内村鑑三のことば（こころの時代
　宗教・人生）（鈴木範久著）　2013.4

◇「黄金」から見直す日本史―歴史再発見（カル
　チャーラジオ）（加藤広著）　2013.4

◇落語・講談に見る「親孝行」―文学の世界（カル
　チャーラジオ）（勝又基著）　2013.4

◇オリンピックと日本人―こころをよむ（NHKラ
　ジオテキスト）（日本放送協会, NHK出版編集,
　池井優著）　2013.4

◇法然の『問答集』をよむ　上（2013年4月〜9月）
　（宗教の時間）（石上善応著）　2013.4

◇詩歌を楽しむ　2013年4月〜6月　「あるがまま」
　の俳人―茶（カルチャーラジオ）（矢羽勝幸著）
　2013.4

◇NHKみんなの手話―ワンポイント手話　2013
　年4月〜6月（NHKテレビテキスト）（早瀬憲太郎
　［著］, 日本放送協会, NHK出版編集）　2013.4

◇漢詩をよむ　2013年4月〜9月（NHKカルチャー
　ラジオ）（日本放送協会, NHK出版編集）　2013.
　4

◇NHKアナウンサーとともにことば力アップ
　2013年4月〜2014年3月（NHKラジオテキスト）
　（NHKアナウンス室, NHK放送研修センター日
　本語センター［執筆］, 日本放送協会, NHK出版
　編集）　2013.4

◇漢字と日本語の文化史―歴史再発見（カルチャー
　ラジオ）（笹原宏之著）　2013.7

◇『シートン動物記』に見る人と自然―文学の世
　界（カルチャーラジオ）（今泉吉晴著）　2013.7

◇農業と人生を面白くする―こころをよむ（NHK
　ラジオテキスト）（日本放送協会, NHK出版編集,
　古野隆雄著）　2013.7

◇詩歌を楽しむ　2013年7月〜9月　オノマトペと
　詩歌のすてきな関係（カルチャーラジオ）（小野
　正弘著）　2013.7

◇NHKみんなの手話―ワンポイント手話　2013
　年7月〜9月（NHKテレビテキスト）（早瀬憲太郎
　［著］, 日本放送協会, NHK出版編集）　2013.7

◇江戸の食・現代の食―歴史再発見（カルチャーラ
　ジオ）（大久保洋子著）　2013.10

◇むかしがたりの楽しみ宇治拾遺物語を繙く―
　文学の世界（カルチャーラジオ）（伊東玉美著）
　2013.10

◇未来志向のこころとからだ―旅・夢―こころをよ

全集・叢書総目録 2011-2016　271

一般叢書・全集 総記

む（NHKラジオテキスト）（日本放送協会, NHK出版編集, 山内潤一郎著） 2013.10

◇法然の『問答集』をよむ 下（宗教の時間）（石上善応著） 2013.10

◇詩歌を楽しむ 2013年10月～12月 サイモン＆ガーファンクルの歌を読む（カルチャーラジオ）（飯野友幸著） 2013.10

◇NHKみんなの手話―ワンポイント手話 2013年10月～12月（NHKテレビテキスト）（早瀬憲太郎［著］, 日本放送協会, NHK出版編集） 2013.10

◇漢詩をよむ 2013年10月～2014年3月 中国のくらしのうた〈秋～冬〉（NHKカルチャーラジオ）（日本放送協会, NHK出版編集, 佐藤保著） 2013.10

◇明治大正のハンサム・ウーマン―メディアが伝えた働く女性 歴史再発見（カルチャーラジオ）（佐伯順子著） 2014.1

◇怪奇幻想ミステリーはお好き？―その誕生から日本における受容まで 文学の世界（カルチャーラジオ）（風間賢二著） 2014.1

◇一茶とその人生―こころをよむ（NHKラジオテキスト）（日本放送協会, NHK出版編集, 渡辺弘著） 2014.1

◇軍師官兵衛（NHK大河ドラマ歴史ハンドブック） 2014.1

◇NHKノージーのひらめき工房―レッツ！ ひらめき工作ブック 2014.1

◇詩歌を楽しむ 2014年1月～3月 藤原流万葉集の歩き方（カルチャーラジオ）（藤原茂樹著） 2014.1

◇NHKみんなの手話―ワンポイント手話 2014年1月～3月（NHKテレビテキスト）（早瀬憲太郎［著］, 日本放送協会, NHK出版編集） 2014.1

◇さとりへの道―華厳経に学ぶ（こころの時代 宗教・人生）（木村清孝著） 2014.4

◇思想史の中のマルクス―資本主義はどこへゆくのか 歴史再発見（カルチャーラジオ）（鈴木直著） 2014.4

◇ユーモア・ウィット・ペーソス―短編小説の名手O・ヘンリー 文学の世界（カルチャーラジオ）（斉藤昇著） 2014.4

◇水と大気の科学―富士山頂の観測から 科学と人間（カルチャーラジオ）（土器屋由紀子著） 2014.4

◇心と暮らしを軽くする―「老前整理」入門 こころをよむ（NHKラジオテキスト）（日本放送協会, NHK出版編集, 坂岡洋子著） 2014.4

◇聖書によむ「人生の歩み」 上（宗教の時間）（船本弘毅著） 2014.4

◇NHKみんなの手話―ワンポイント手話 2014年4月～6月（NHKテレビテキスト）（早瀬憲太郎［著］, 日本放送協会, NHK出版編集） 2014.4

◇漢詩をよむ 2014年4月～9月 中国のこころのうた 上（時代・人物篇）（NHKカルチャーラジオ）（日本放送協会, NHK出版編集, 佐藤保著） 2014.4

◇NHKアナウンサーとともにことば力アップ 2014年4月～2015年3月（NHKラジオテキスト）（NHKアナウンス室, NHK放送研修センター日本語センター［執筆］, 日本放送協会, NHK出版編集） 2014.4

◇聖地エルサレムの歴史―人はこの地になにを求めたのか 歴史再発見（カルチャーラジオ）（笈川博一著） 2014.7

◇生誕450年シェークスピアと名優たち―文学の世界（カルチャーラジオ）（前沢浩子著） 2014.7

◇IT社会とコミュニケーション―過去・現在・未来 科学と人間（カルチャーラジオ）（月尾嘉男著） 2014.7

◇心をつなぐ川を訪ねて―"カワンセラー"が行く 世界の河川 こころをよむ（NHKラジオテキスト）（日本放送協会, NHK出版編集, 山中康裕著） 2014.7

◇NHKみんなの手話―ワンポイント手話 2014年7月～9月（NHKテレビテキスト）（早瀬憲太郎［著］, 日本放送協会, NHK出版編集） 2014.7

◇ヘボンさんと日本の開化―歴史再発見（カルチャーラジオ）（大西晴樹著） 2014.10

◇蕪村の四季―交響する魂 文学の世界（カルチャーラジオ）（玉城司著） 2014.10

◇中高年のための脳トレーニング―科学と人間（カルチャーラジオ）（篠原菊紀著） 2014.10

◇泥の中から咲く―身と心をほぐす13の智恵 こころをよむ（NHKラジオテキスト）（日本放送協会, NHK出版編集, 川村妙慶著） 2014.10

◇聖書によむ「人生の歩み」 下（宗教の時間）（船本弘毅著） 2014.10

◇NHKみんなの手話―ワンポイント手話 2014年10月～12月（NHKテレビテキスト）（早瀬憲太郎［著］, 日本放送協会, NHK出版編集） 2014.10

◇漢詩をよむ 2014年10月～2015年3月 中国のこころのうた 下（喜怒哀楽篇）（NHKカルチャーラジオ）（日本放送協会, NHK出版編集, 佐藤保著）

2014.10

◇風刺文学の白眉『ガリバー旅行記』とその時代—文学の世界(カルチャーラジオ)(原田範行著) 2015.1

◇富士山はどうしてそこにあるのか—日本列島の成り立ち 科学と人間(カルチャーラジオ)(山崎晴雄著) 2015.1

◇物語のなかの宗教—こころをよむ(NHKラジオテキスト)(日本放送協会, NHK出版編集, 島薗進著) 2015.1

◇花燃ゆ(NHK大河ドラマ歴史ハンドブック) 2015.1

◇シルクロード10の謎—歴史再発見 続 流砂に消えた王国・タクラマカン砂漠からの報告(カルチャーラジオ)(中村清次著) 2015.1

◇NHKみんなの手話—ワンポイント手話 2015年1月〜3月(NHKテレビテキスト)(早瀬憲太郎[著], 日本放送協会, NHK出版編集) 2015.1

◇日本仏教のあゆみ—信と行(こころの時代 宗教・人生)(竹村牧男著) 2015.4

◇親鸞聖人からの手紙—今、ここでの救い(宗教の時間)(山崎竜明著) 2015.4

◇人は人をどう癒してきたか—医学の歴史物語 歴史再発見(カルチャーラジオ)(森岡恭彦著) 2015.4

◇十七音の可能性—俳句にかける 文学の世界(カルチャーラジオ)(岸本尚毅著) 2015.4

◇植物の不思議なパワー—科学と人間(カルチャーラジオ)(田中修著) 2015.4

◇漢詩に見る日本人の心—こころをよむ(NHKラジオテキスト)(日本放送協会, NHK出版編集, 宇野直人著) 2015.4

◇NHKみんなの手話 2015年4月〜6月(NHKテレビテキスト)(善岡修講師, 武居渡監修, 日本放送協会, NHK出版編集) 2015.4

◇漢詩をよむ 2015年4月〜9月 中国の四季のうた 春・夏編(NHKカルチャーラジオ)(日本放送協会, NHK出版編集, 赤井益久著) 2015.4

◇NHKアナウンサーとともにことば力アップ 2015年4月〜2016年3月(NHKラジオテキスト)(NHKアナウンス室, NHK放送研修センター日本語センター[執筆], 日本放送協会, NHK出版編集) 2015.4

◇松陰と幕末・明治の志士たち—歴史再発見(カルチャーラジオ)(長谷川勤著) 2015.7

◇ボブ・ディランの世界を読む(カルチャーラジオ)(飯野友幸著) 2015.7

◇私たちはどこから来たのか—人類700万年 科学と人間(カルチャーラジオ)(馬場悠男著) 2015.7

◇生命科学のユートピア—いのちの尊厳は守られるか こころをよむ(NHKラジオテキスト)(日本放送協会, NHK出版編集, 篠原駿一郎著) 2015.7

◇NHKみんなの手話 2015年7月〜9月(NHKテレビテキスト)(善岡修講師, 武居渡監修, 日本放送協会, NHK出版編集) 2015.7

◇親鸞聖人からの手紙—こころは如来とひとし(宗教の時間)(山崎竜明著) 2015.10

◇イスラームを学ぶ—伝統と変化の21世紀 歴史再発見(カルチャーラジオ)(塩尻和子著) 2015.10

◇弥次さん喜多さんの膝栗毛—十返舎一九生誕250年 文学の世界(カルチャーラジオ)(棚橋正博著) 2015.10

◇生物進化の謎と感染症—科学と人間(カルチャーラジオ)(吉川泰弘著) 2015.10

◇いま生きる武士道—その精神と歴史 こころをよむ(NHKラジオテキスト)(日本放送協会, NHK出版編集, 笠谷和比古著) 2015.10

◇NHKみんなの手話 2015年10月〜12月(NHKテレビテキスト)(善岡修講師, 武居渡監修, 日本放送協会, NHK出版編集) 2015.10

◇漢詩をよむ 2015年10月〜2016年3月 中国の四季のうた 秋・冬編(NHKカルチャーラジオ)(日本放送協会, NHK出版編集, 赤井益久著) 2015.10

◇真田三代の挑戦—戦国サバイバルの軌跡を追う 歴史再発見(カルチャーラジオ)(平山優著) 2016.1

◇大人のための宮沢賢治再入門—ほんとうの幸いを探して 文学の世界(カルチャーラジオ)(山下聖美著) 2016.1

◇いのちの揺りかご海の生物の不思議—科学と人間(カルチャーラジオ)(林公義著) 2016.1

◇これが歌舞伎だ！—極みのエンターテインメント こころをよむ(NHKラジオテキスト)(日本放送協会, NHK出版編集, 金田栄一著) 2016.1

◇真田丸(NHK大河ドラマ歴史ハンドブック) 2016.1

◇NHKみんなの手話 2016年1月〜3月(NHKテレビテキスト)(善岡修講師, 武居渡監修, 日本放送協会, NHK出版編集) 2016.1

一般叢書・全集　　　　　　　　　　　　　　　　　　　　　　　　　総記

◇「ブッダ最後の旅」に学ぶ(こころの時代 宗教・人生)(丸井浩著)　2016.4
◇日蓮聖人からの手紙―後世をこそ思ひさだむべき(宗教の時間)(北川前肇著)　2016.4
◇アフリカは今―カオスと希望と 歴史再発見(カルチャーラジオ)(松本仁一著)　2016.4
◇教養としてのドン・キホーテ―世界の多様性から人生の意味を学ぶ 文学の世界(カルチャーラジオ)(吉田彩子著)　2016.4
◇地球と生命の46億年史―科学と人間(カルチャーラジオ)(丸山茂徳著)　2016.4
◇〈聞き上手〉のレッスン―人間関係を良くするヒント こころをよむ(NHKテキスト)(沢村直樹著, 日本放送協会, NHK出版編集)　2016.4
◇NHKみんなの手話　2016年4月～6月(NHKテキスト)(善岡修講師, 武居渡監修, 日本放送協会, NHK出版編集)　2016.4
◇漢詩をよむ　2016年4月→9月　中国山水詩の世界 名勝遊歴編(NHKカルチャーラジオ)(日本放送協会, NHK出版編集, 赤井益久著)　2016.4
◇NHKアナウンサーとともにことば力アップ 2016年4月～2017年3月(NHKテキスト)(NHKアナウンス室, NHK放送研修センター日本語センター[執筆], 日本放送協会, NHK出版編集)　2016.4
◇江戸期に生きた女表現者たち―歴史再発見(カルチャーラジオ)(柴桂子著)　2016.7
◇マーク・トウェイン 人生の羅針盤―弱さを引き受ける勇気 文学の世界(カルチャーラジオ)(石原剛著)　2016.7
◇太陽系外の惑星をさがす―科学と人間(カルチャーラジオ)(井田茂著)　2016.7
◇映画監督が描いた現代―世界の巨匠13人の闘い こころをよむ(NHKテキスト)(佐藤忠男著, 日本放送協会, NHK出版編集)　2016.7
◇NHKみんなの手話　2016年7月～9月(NHKテキスト)(善岡修講師, 武居渡監修, 日本放送協会, NHK出版編集)　2016.7
◇日蓮聖人からの手紙身の財(たから)より、心の財第一なり(宗教の時間)(北川前肇著)　2016.10
◇芸者が支えた江戸の芸―歴史再発見(カルチャーラジオ)(安原真琴著)　2016.10
◇鴨長明と方丈記―波乱の生涯を追う 文学の世界(カルチャーラジオ)(浅見和彦著)　2016.10
◇漱石、近代科学と出会う―科学と人間(カルチャーラジオ)(小山慶太著)　2016.10
◇哀しき恋を味わう―ドイツ文学のなかの〈ダメ男〉こころをよむ(NHKテキスト)(久保哲司著, 日本放送協会, NHK出版編集)　2016.10
◇NHKみんなの手話　2016年10月～12月(NHKテキスト)(善岡修講師, 武居渡監修, 日本放送協会, NHK出版編集)　2016.10
◇漢詩をよむ　2016年10月→2017年3月　中国山水詩の世界 詩人と自然編(NHKカルチャーラジオ)(日本放送協会, NHK出版編集, 赤井益久著)　2016.10

NHKスペシャル　NHK出版　2012～2015
◇宇宙の渚―上空400kmの世界(NHK取材班編著)　2012.4
◇知られざる大英博物館―古代エジプト(NHK「知られざる大英博物館」プロジェクト編著)　2012.6
◇知られざる大英博物館古代ギリシャ(NHK「知られざる大英博物館」プロジェクト編著)　2012.7
◇知られざる大英博物館日本(NHK「知られざる大英博物館」プロジェクト編著)　2012.8
◇日本列島 "大変動期" 最悪のシナリオに備えろ(MEGAQUAKE 2)(NHK取材班著)　2012.8
◇超常現象―科学者たちの挑戦(梅原勇樹, 苅田章著)　2014.3
◇人体ミクロの大冒険―ビジュアル版 細胞のミラクルワールド(坂元志歩, 高間大介, 伊達吉克, NHKスペシャル取材班著)　2014.7
◇盗まれた最高機密―原爆・スパイ戦の真実(山崎啓明著)　2015.11

NHKスペシャル　新日本出版社　2014～2016
◇伝説のイカ宿命の闘い(NHKスペシャル深海プロジェクト取材班編)　2014.3
◇地下に潜む次の脅威(MEGAQUAKE 3)(NHK取材班著)　2014.6
◇沖縄戦全記録(NHKスペシャル取材班著)　2016.5

NHKスペシャル　NHK取材班著　宝島社　2012～2014
◇生活保護3兆円の衝撃　2012.4
◇ここまで来た！ うつ病治療　2012.9
◇メイド・イン・ジャパン逆襲のシナリオ―日の丸家電「失敗の本質」と復活への新戦略　2013.11

総記

一般叢書・全集

◇病の起源―がんと脳卒中 2013.11
◇病の起源―うつ病と心臓病 2014.3

NHKスペシャル 文芸春秋 2012～2013
◇未解決事件グリコ・森永事件～捜査員300人の証言(NHKスペシャル取材班編著) 2012.5
◇未解決事件オウム真理教秘録(NHKスペシャル取材班編著) 2013.5

NHKテキスト 日本放送協会, NHK出版編集 NHK出版 2016
◇ココロの犬塾―空気の読めるワンちゃんをめざせ!(NHK趣味どきっ!)(高倉はるか講師) 2016.4
◇旅したい! おいしい浮世絵―UKIYOE and GOURMET(NHK趣味どきっ!)(林綾野案内人) 2016.4
◇きょうから発酵ライフ―体の真ん中から健・幸・美(NHK趣味どきっ!)(小林弘幸, 小林暁子, 前橋健二, 伏木暢顕講師) 2016.4
◇セスキプラスαでピカピカ! 激落ち掃除術(NHKまる得マガジン)(赤星たみこ講師) 2016.4
◇ポルトガル語講座―入門/ステップアップ 2016年度4～3(語学シリーズ) 2016.4
◇アラビア語講座 2016年度4～9(語学シリーズ) 2016.4
◇腰痛はもう怖くない3秒から始める腰痛体操(NHKまる得マガジン)(松平浩講師) 2016.5
◇はじめてのスマホバッチリ使いこなそう(NHK趣味どきっ!)(石川温講師) 2016.6
◇わたしの部屋の小惑星―アクアリウムとテラリウム(NHK趣味どきっ!)(早坂誠, 中山茜講師) 2016.6
◇私の朝活おいしいスタイル―Breakfast and Activity(NHK趣味どきっ!)(友利新監修, 井沢由美子[ほか]講師) 2016.6
◇健康と美容に役立つ! オイルの賢い使い方(NHKまる得マガジン)(堀知佐子講師, 守口徹監修) 2016.6
◇水中ウォーキングでめざせ! "すっきりボディー"(NHKまる得マガジン)(高橋雄介講師) 2016.7
◇茶の湯裏千家千宗室室茶の湯を楽しむ(NHK趣味どきっ!) 2016.8
◇お寺の知恵拝借(NHK趣味どきっ!) 2016.8
◇歩く旅をしよう―気ままにロングウオーク アンコール放送(NHK趣味どきっ!)(若菜晃子, 松

本泰生, 山浦正昭, シェルパ斉藤講師) 2016.8
◇夏冷えにサヨナラ! ペットボトル温灸術(NHKまる得マガジン)(若林理砂講師, 福田千晶医学監修) 2016.8
◇焼酎を楽しむ―味も香りも百花繚乱!(NHKまる得マガジン)(高橋研講師, 小林昭夫監修) 2016.9
◇全米No.1男が斬る! 損してまっせあなたのゴルフ(NHK趣味どきっ!)(井戸木鴻樹講師) 2016.10
◇お城へ行こう!―名将の素顔をお城が"語る" アンコール放送(NHK趣味どきっ!)(千田嘉博講師) 2016.10
◇お手軽にかわいく! 愛情たっぷりデコ弁(NHKまる得マガジン)(浜千春講師) 2016.10
◇国宝に会いに行く―橋本麻里と旅する日本美術ガイド 2(NHK趣味どきっ!) 2016.10
◇アラビア語講座 2016年度10～3(語学シリーズ) 2016.10
◇"美文字ピラミッド"で学ぶペン字レッスン(NHKまる得マガジン)(高宮暉峰講師) 2016.11
◇あったかボディーでリラックス―カラダを整える温活術(NHK趣味どきっ!)(木村容子, 谷口ももよ, 藪崎友宏講師) 2016.12
◇姫旅―華麗なる戦国ヒロイン紀行(NHK趣味どきっ!)(本郷和人講師) 2016.12
◇幸せになる暮らしの道具の使い方。(NHK趣味どきっ!)(こぐれひでこ[ほか][講師]) 2016.12
◇小山進直伝! おうちで極上チョコレート菓子(NHKまる得マガジン)(小山進講師) 2016.12

NHKテレビテキスト 日本放送協会, NHK出版編集 NHK出版 2012～2016
◇茶の湯表千家もてなしのために(趣味Do楽 月) 2012.6
◇京都で磨くゆかた美人(趣味Do楽 火) 2012.6
◇藤田寛之シングルへの道(趣味Do楽 月)(藤田寛之講師) 2012.8
◇思い出を残そう! 達人が教えるデジタルカメラ(趣味Do楽 火)(大西みつぐ, 海野和男, 広田尚敬, 吉田隆行講師) 2012.8
◇柿沼康二オレ流書の冒険(趣味Do楽 月)(柿沼康二講師) 2012.10
◇誰でも歌はうまくなる!―広瀬香美のボーカル・レッスン(趣味Do楽 火)(広瀬香美講師) 2012.

一般叢書・全集　　　　　　　　　　　　　　　　　　　　　総記

10
◇食材をなが～く楽しむ週末ストック塾（NHKま
　る得マガジン）（奥村彪生講師）　2012.10
◇パティシエ青木定治とつくるあこがれのパリ菓
　子（趣味Do楽 月）（青木定治講師）　2012.12
◇彫刻家・籔内佐斗司流仏像拝観手引―アンコー
　ル放送（趣味Do楽 火）（籔内佐斗司講師）　2012.
　12
◇"洗濯王子"の楽々アイロン術（NHKまる得マガ
　ジン）（中村祐一講師）　2012.12
◇お肌のシワシワ＆ガサガサ解消パーツケアで若さ
　倍増！（NHKまる得マガジン）（吉木伸子講師）
　2013.1
◇藤田寛之シングルへの道（趣味Do楽 月）（藤田寛
　之講師）　2013.2
◇KYOTOで極めるハンサムウーマンライフ―時
　代をひらく古都の女子力（趣味Do楽 火）　2013.
　2
◇これが正しいラジオ体操―たった3分で若さ復
　活！（NHKまる得マガジン）（多胡肇講師、橋本
　健史医学監修）　2013.2
◇快適＆長もち住まいのお手入れ術―気分一新！
　"壁"と"床"（NHKまる得マガジン）（嶋崎都志子
　講師）　2013.3
◇押尾コータローのギターを弾きまくロー！（趣味
　Do楽 月）（押尾コータロー講師）　2013.4
◇なるほど便利！くらしで使えるスマホ＆タブレッ
　ト（趣味Do楽 水）（岡嶋裕史講師）　2013.4
◇体から変えていく人前であがらないスピーチ術
　（NHKまる得マガジン）（鳥谷朝代講師）　2013.
　4
◇籔内佐斗司流仏像拝観手引　日本列島巡礼編（趣
　味Do楽 火）（籔内佐斗司講師）　2013.4
◇スタイリストが教える！おしゃれ着やせ術（NHK
　まる得マガジン）（政近準子講師）　2013.5
◇城戸真亜子の油絵って楽しい！（趣味Do楽 月）
　（城戸真亜子講師）　2013.6
◇田中雅美×中村格子のビューティースイミン
　グ（趣味Do楽 火）（田中雅美, 中村格子講師）
　2013.6
◇思い出を残そう！ 達人が教えるデジタルカメラ
　（趣味Do楽 水）（大西みつぐ、海野和男、広田尚
　敬、吉田隆行講師）　2013.6
◇ゼロから始める写経（NHKまる得マガジン）（利
　根川秀佳講師、大角修監修）　2013.6
◇シニア犬のケアと介護（NHKまる得マガジン）
　（井本史夫講師）　2013.7

◇わたしと野菜のおいしい関係―知って、作って、
　食べて（趣味Do楽 火曜）（関口絢子監修）　2013.
　8
◇柿沼康二オレ流書の冒険―アンコール放送（趣味
　Do楽 水曜）（柿沼康二講師）　2013.8
◇京料理人直伝の薬味術―ワンランクアップ！ 本
　当の使い方が分かる！（NHKまる得マガジン）
　（高橋拓児講師）　2013.8
◇藤田寛之シングルへの道 続 コースを攻める戦
　略と技（趣味Do楽 月曜）（藤田寛之講師）　2013.
　8
◇ロコモが気になる人にも押して元気に"ツボ体操"
　（NHKまる得マガジン）（柳本真弓講師）　2013.
　9
◇歩く旅をしよう―気ままにロングウォーク（趣味
　Do楽 月曜）（若菜晃子、松本泰生、山浦正昭、シェ
　ルパ斉藤講師）　2013.10
◇荒井良二の絵本じゃあにぃ（趣味Do楽 火曜）（荒
　井良二講師）　2013.10
◇スマホでもOK！ 写真から年賀状まで自由自在
　（趣味Do楽 水曜）（岡嶋裕史講師）　2013.10
◇ソムリエ直伝！ 家飲みワインの極意（NHKまる
　得マガジン）（佐藤陽一講師）　2013.10
◇Eダンスアカデミー（教養・文化シリーズ）（USA
　主任講師、TETSUYA講師）　2013.11
◇○△□ではじめるわたし流手描き絵ノート（NHK
　まる得マガジン）（おかだ美保講師）　2013.11
◇落語でブッダ―落語がわかる仏教が楽しくなる
　（趣味Do楽 月曜）（釈徹宗講師）　2013.12
◇めざせカラオケ王（キング）！―広瀬香美のボー
　カル・レッスン RART2（趣味Do楽 火曜）（広瀬
　香美講師）　2013.12
◇心と体をほぐす初めてのホットヨガ（NHKまる
　得マガジン）（三和由香利講師）　2013.12
◇寝て・座ってホットヨガ―アンチエイジングを
　目指す！（NHKまる得マガジン）（三和由香利講
　師）　2014.1
◇英語で楽しむ！ リトル・チャロ―東北編 3か月
　トピック英会話　2014-1～3（語学シリーズ）（江
　原美明講師）　2014.1
◇Eダンスアカデミー―NHK　2014年1月―3月
　「Rising Sun」を踊ろう！（教養・文化シリーズ）
　（USA主任講師、TETSUYA講師）　2014.1
◇茶の湯裏千家―茶の湯と出会う（趣味Do楽 月曜）
　（千宗室［著］）　2014.2
◇KOBEで極める！ 世界のパン（趣味Do楽 火曜）

総記　　　　　　　　　　　　　　　　　　　　　　　　　　一般叢書・全集

（西川功晃［ほか］講師）　2014.2
◇スマホ＆タブレット使いこなそう！　便利なアプ
　リ（趣味Do楽　水曜）（岡嶋裕史講師）　2014.2
◇知ればランクアップ！　スーツの鉄則（NHKまる
　得マガジン）（森岡弘講師）　2014.2
◇エコでおしゃれ！　初めてのふろしき活用法（NHK
　まる得マガジン）（山田悦子講師）　2014.3
◇仲宗根梨乃の美楽クールダンス！（趣味Do楽　月
　曜）（仲宗根梨乃講師）　2014.4
◇藪内佐斗司流ほとけの履歴書―仏像のなぞを
　解きほぐす（趣味Do楽　火曜）（藪内佐斗司講師）
　2014.4
◇ゼロからはじめるデジタル講座くらしのタブレッ
　ト（趣味Do楽　水曜）（熊坂仁美講師）　2014.4
◇心が通じる一筆箋―手書き文字を美しく（NHK
　まる得マガジン）（むらかみかずこ講師）　2014.
　4
◇衣服のつくろい術―お気に入りを長く着る（NHK
　まる得マガジン）（森恵美子講師）　2014.5
◇ボールペンだけで描ける！　簡単＆かわいいイラス
　ト（趣味Do楽　月）（坂本奈緒，カモ講師）　2014.
　6
◇京都で磨くゆかた美人―アンコール放送（趣味
　Do楽　火曜）　2014.6
◇わたしと野菜のおいしい関係―知って、作って、
　食べて　アンコール放送（趣味Do楽　水曜）　2014.
　6
◇体を内から変えるバーエクササイズ―1日3分で
　健康に（NHKまる得マガジン）（中村格子講師）
　2014.6
◇苦手な人でも大丈夫！　1日5分 “そこそこ”片づ
　け術（NHKまる得マガジン）（金子由紀子講師）
　2014.7
◇茶の湯藪内家　織部も親しんだ茶の魅力（趣味Do
　楽　月曜）（藪内紹智，藪内紹由［著］）　2014.8
◇はじめての四国遍路旅（趣味Do楽　火曜）　2014.
　8
◇スマホ＆タブレット使いこなそう！　便利なアプ
　リ（趣味Do楽　水曜）（岡嶋裕史講師）　2014.8
◇おいしく！　元気に！　生薬でおばんざい（NHK
　まる得マガジン）（伊藤美千穂，杉本節子講師）
　2014.8
◇塩谷哲のリズムでピアノ（趣味Do楽　月曜）（塩谷
　哲講師）　2014.9
◇さらばクセ字！　初めての美文字レッスン（NHK
　まる得マガジン）（青山浩之講師）　2014.9
◇ニコライ・バーグマンが贈る北欧スタイル花の

ある暮らし（趣味Do楽　火曜）（ニコライ・バーグ
　マン講師）　2014.10
◇ゼロからはじめるデジタル講座ネットでコミュ
　ニケーション（趣味Do楽　水曜）（熊坂仁美講師）
　2014.10
◇はじめてのスムージー―毎日楽しくヘルシー
　に！（NHKまる得マガジン）（松尾みゆき講師）
　2014.10
◇3か月でフルマラソン―めざせ！　サブ4（趣味Do
　楽　月曜）（金哲彦講師）　2014.11
◇美しく！　おいしく！　和食のマナー（NHKまる
　得マガジン）（千和加子講師）　2014.11
◇にっぽんの布を楽しむ―訪ねて・ふれて・まと
　う（趣味Do楽　火曜）（吉岡幸雄講師）　2014.12
◇いただきますお寺のごはん―心と体が潤うレシ
　ピ（趣味Do楽　水曜）（吉村昇洋，青江覚峰講師）
　2014.12
◇いまどきの冠婚葬祭とおつきあいのマナー（NHK
　まる得マガジン）（近藤珠実講師）　2014.12
◇今さら聞けない！　ゴルフの基本―100を切りた
　いあなたに（趣味Do楽　月曜）（伊藤佳子講師）
　2015.1
◇1分ストレッチ―健康と美ボディーを手に入
　れる（NHKまる得マガジン）（横手貞一朗講師）
　2015.1
◇レンズで見つける！　わたしの京都―女子のカメ
　ラ＆ライフ・レッスン（趣味Do楽　火曜）（山本まり
　こ，安珠，水野歌夕，美和講師）　2015.2
◇使える！　タブレット―アプリととことん活用術（趣
　味Do楽　水曜）（熊坂仁美講師）　2015.2
◇口元エクササイズで若々しく！（NHKまる得マ
　ガジン）（宝田恭子講師）　2015.2
◇茶の湯武者小路千家春の茶事を楽しむ（趣味Do
　楽　月曜）（千宗守［著］）　2015.3
◇イキイキ脳トレ体操―頭と身体を健康に！（NHK
　まる得マガジン）（篠原菊紀講師）　2015.3
◇簡単＆かわいくペットを描こう！（NHK趣味ど
　きっ！　月曜）（カモ，長太心平講師）　2015.4
◇国宝に会いに行く―橋本麻里と旅する日本美術
　ガイド（NHK趣味どきっ！）　2015.4
◇ゼロからスタートもう怖くない！　スマホ（NHK
　趣味どきっ！）（岡嶋裕史講師）　2015.4
◇「とっておきのアルバム」を作る簡単！　写真の整
　理術（NHKまる得マガジン）（Emi講師）　2015.
　4
◇めざせ！　10歳若返り簡単ヘアアレンジ（NHKま

全集・叢書総目録 2011-2016　**277**

一般叢書・全集　　　　　　　　　　　　　　　　　　　　総記

る得マガジン）（野沢道生講師）　2015.5
◇現代テニスで再デビュー――ラク楽 "エース"
　を決めよう（NHK趣味どきっ！）（神尾米講師）
　2015.6
◇美しい文字で心をつかめ！（NHK趣味どきっ！）
　（川尾朋子講師）　2015.6
◇塩谷哲のリズムでピアノ（NHK趣味どきっ！）
　（塩谷哲講師）　2015.6
◇はじめてでも安心！ ゆかたのすっきり着付
　け術（NHKまる得マガジン）（安田多賀子講師）
　2015.6
◇ビールの達人が教える目からウロコビールの
　ABC（NHKまる得マガジン）（藤原ヒロユキ講
　師）　2015.7
◇チーム芹沢に学ぶゴルフ――90切りへの近道（NHK
　趣味どきっ！）（芹沢信雄講師）　2015.8
◇一声入魂！ アニメ声優塾（NHK趣味どきっ！）
　（中川翔子塾長, 野沢雅子［ほか］講師）　2015.8
◇ボールペンだけで描ける！ 簡単＆かわいいイラ
　スト（NHK趣味どきっ！）（坂本奈緒, カモ講師）
　2015.8
◇野菜たっぷりボトルサラダ――毎日食べてヘル
　シーに！（NHKまる得マガジン）（ワタナベマキ
　講師）　2015.8
◇ゆったりヨガで心もからだもリラックス！（NHK
　まる得マガジン）（サントーシマ香講師, 高尾美
　穂医学監修）　2015.9
◇スマホで簡単！ 動画のプレゼント（NHK趣味どき
　っ！）（田代光輝講師）　2015.10
◇女と男の素顔の書――石川九楊の臨書入門（NHK
　趣味どきっ！）（石川九楊講師）　2015.10
◇ニコライ・バーグマンが贈る北欧スタイル花のあ
　る暮らし（NHK趣味どきっ！）（ニコライ・バー
　グマン講師）　2015.10
◇きょうから飲み方が変わる！ 日本酒のいろ
　は（NHKまる得マガジン）（葉石かおり講師）
　2015.10
◇リユースでおしゃれなラッピング（NHKまる得
　マガジン）（正林恵理子講師）　2015.11
◇恋する百人一首（NHK趣味どきっ！）（山口仲美
　案内人）　2015.12
◇開け！ 世界遺産――日本史タイムカプセルの旅
　（NHK趣味どきっ！）　2015.12
◇パソコンで絆深めよう年賀状からSNSまで（NHK
　趣味どきっ！）（岡嶋裕史講師）　2015.12
◇ルールを覚えて美しく！ 今から始める筆ペン

（NHKまる得マガジン）（青山浩之講師）　2015.
12
◇1日1分！ 姿勢改善エクササイズ――ねこ背なおし
　て健康ボディ（NHKまる得マガジン）（碓田拓
　磨講師, 仲真美子医学監修）　2016.1
◇茶の湯表千家千宗左はじめて楽しむ茶の湯（NHK
　趣味どきっ！）　2016.2
◇お城へ行こう！――名将の素顔をお城が "語る"
　（NHK趣味どきっ！）（千田嘉博講師）　2016.2
◇楽しくスマホ――脱初心者への道（NHK趣味どき
　っ！）（岡嶋裕史講師）　2016.2
◇みそ玉で簡単！ 毎日のおかず（NHKまる得マガ
　ジン）（杉本節子講師）　2016.2
◇ヨーグルトでもどす乾物レシピ――からだイキイ
　キ！ 簡単でおいしい（NHKまる得マガジン）（サ
　カイ優佳子講師, 佐藤秀美栄養監修）　2016.3

NHK「100分de名著」ブックス　NHK出版
2012～2016

◇ドラッカー マネジメント（上田惇生著）　2012.
2
◇孔子論語（佐久協著）　2012.2
◇ニーチェ ツァラトゥストラ（西研著）　2012.3
◇福沢諭吉学問のすゝめ（齋藤孝著）　2012.3
◇アラン幸福論（合田正人著）　2012.4
◇宮沢賢治銀河鉄道の夜（ロジャー・パルバース
　著）　2012.5
◇ブッダ真理のことば（佐々木閑著）　2012.6
◇マキャベリ君主論（武田好著）　2012.8
◇兼好法師徒然草（荻野文子著）　2012.10
◇新渡戸稲造武士道（山本博文著）　2012.12
◇パスカル パンセ（鹿島茂著）　2013.3
◇鴨長明方丈記（小林一彦著）　2013.6
◇フランクル夜と霧（諸富祥彦著）　2013.8
◇サン＝テグジュベリ星の王子さま（水本弘文著）
　2013.11
◇般若心経（佐々木閑著）　2014.1
◇アインシュタイン相対性理論（佐藤勝彦著）
　2014.3
◇夏目漱石 こころ（姜尚中著）　2014.5
◇古事記（三浦佑之著）　2014.8
◇松尾芭蕉 おくのほそ道（長谷川櫂著）　2014.10
◇世阿弥 風姿花伝（土屋惠一郎著）　2015.2
◇万葉集（佐佐木幸綱著）　2015.5
◇清少納言 枕草子（山口仲美著）　2015.9
◇紫式部 源氏物語（三田村雅子著）　2015.12

278　全集・叢書総目録 2011-2016

総記　　　　　　　　　　　　　　　　　　　　　　一般叢書・全集

◇柳田国男 遠野物語（石井正己著）　2016.3
◇ブッダ最期のことば（佐々木閑著）　2016.6
◇荘子（玄侑宗久著）　2016.8
◇岡倉天心 茶の本（大久保喬樹著）　2016.10
◇小泉八雲 日本の面影（池田雅之著）　2016.11

NHKブックス　日本放送出版協会, NHK出版
　1964～2016　⇒Ⅰ－243
1155　アドラー人生を生き抜く心理学（岸見一郎
　　著）　2010.4
1165　異端者たちの中世ヨーロッパ（小田内隆著）
　　2010.9
1166　快楽の哲学―より豊かに生きるために（木原
　　武一著）　2010.10
1167　森と人間の文化史　新版（只木良也著）
　　2010.10
1168　法然・愚に還る喜び―死を超えて生きる（町
　　田宗鳳著）　2010.11
1169　中東危機のなかの日本外交―暴走するアメ
　　リカとイランの狭間で（宮田律著）　2010.11
1170　山県有朋と明治国家（井上寿一著）　2010.
　　12
1171　希望論―2010年代の文化と社会（宇野常寛,
　　浜野智史著）　2012.1
1172　クジラは海の資源か神獣か（石川創著）
　　2011.1
1173　資本主義はどこへ向かうのか―内部化する
　　市場と自由投資主義（西部忠著）　2011.2
1174　ノーベル賞でたどるアインシュタインの贈
　　物（小山慶太著）　2011.2
1175　フランス革命を生きた「テロリスト」―ル
　　カルパンティエの生涯（遅塚忠躬著）　2011.3
1176　ポピュリズムを考える―民主主義への再入
　　門（吉田徹著）　2011.3
1177　女の老い・男の老い―性差医学の視点から
　　探る（田中冨久子著）　2011.4
1178　戦争犯罪を裁く―ハーグ国際戦犯法廷の挑
　　戦　上（ジョン・ヘーガン著, 本間さおり訳, 坪
　　内淳監修）　2011.5
1179　戦争犯罪を裁く―ハーグ国際戦犯法廷の挑
　　戦　下（ジョン・ヘーガン著, 本間さおり訳, 坪
　　内淳監修）　2011.5
1180　イカの心を探る―知の世界に生きる海の霊
　　長類（池田譲著）　2011.6
1181　「原子力ムラ」を超えて―ポスト福島のエネ
　　ルギー政策（飯田哲也, 佐藤栄佐久, 河野太郎著）
　　2011.7

1182　伝える！ 作文の練習問題（野内良三著）
　　2011.9
1183　文明を変えた植物たち―コロンブスが遺し
　　た種子（酒井伸雄著）　2011.8
1184　道元の思想―大乗仏教の真髄を読み解く（頼
　　住光子著）　2011.10
1185　アメリカ黒人の歴史（ジェームス・M. バー
　　ダマン著, 森本豊富訳）　2011.11
1186　世界史の中のアラビアンナイト（西尾哲夫
　　著）　2011.12
1187　ITが守る, ITを守る―天災・人災と情報技
　　術（坂井修一著）　2012.2
1188　中東新秩序の形成―「アラブの春」を超え
　　て（山内昌之著）　2012.2
1189　ドル・円・ユーロの正体―市場心理と通貨
　　の興亡（坂田豊光著）　2012.3
1190　「デモ」とは何か―変貌する直接民主主義（五
　　野井郁夫著）　2012.4
1191　詩歌と戦争―白秋と民衆, 総力戦への「道」
　　（中野敏男著）　2012.5
1192　アリストテレスはじめての形而上学（富松保
　　文著）　2012.6
1193　森林飽和―国土の変貌を考える（太田猛彦
　　著）　2012.7
1194　論文の教室―レポートから卒論まで　新版
　　（戸田山和久著）　2012.8
1195　団地の空間政治学（原武史著）　2012.9
1196　図説日本のメディア（藤竹暁編著）　2012.9
1197　生元素とは何か―宇宙誕生から生物進化へ
　　の137億年（道端斉著）　2012.10
1198　明治〈美人〉論―メディアは女性をどう変え
　　たか（佐伯順子著）　2012.11
1199　コモンウェルス―〈帝国〉を超える革命論
　　上（アントニオ・ネグリ, マイケル・ハート著,
　　水嶋一憲監訳, 幾島幸子, 古賀祥子訳）　2012.12
1200　コモンウェルス―〈帝国〉を超える革命論
　　下（アントニオ・ネグリ, マイケル・ハート著,
　　水嶋一憲監訳, 幾島幸子, 古賀祥子訳）　2012.12
1201　なぜ猫は鏡を見ないか？―音楽と心の進化
　　誌（伊東乾著）　2013.1
1202　琳派のデザイン学（三井秀樹著）　2013.2
1203　叛逆―マルチチュードの民主主義宣言（アン
　　トニオ・ネグリ, マイケル・ハート著, 水嶋一憲,
　　清水知子訳）　2013.3
1204　日本銀行論―金融政策の本質とは何か（相沢
　　幸悦著）　2013.5

全集・叢書総目録 2011-2016　**279**

1205 権力移行―何が政治を安定させるのか（牧原出著） 2013.6	会をつくる（神野直彦著） 2015.6
1206 『平家物語』の再誕―創られた国民叙事詩（大津雄一著） 2013.7	1232 外務官僚たちの太平洋戦争（佐藤元英著） 2015.7
1207 ウェブ社会のゆくえ―〈多孔化〉した現実のなかで（鈴木謙介著） 2013.8	1233 イスラームの深層―「遍在する神」とは何か（鎌田繁著） 2015.8
1208 土壌汚染―フクシマの放射性物質のゆくえ（中西友子著） 2013.9	1234 医学の近代史―苦闘の道のりをたどる（森岡恭彦著） 2015.9
1209 雇用再生―持続可能な働き方を考える（清家篤著） 2013.11	1235 天智朝と東アジア―唐の支配から律令国家へ（中村修也著） 2015.10

一般叢書・全集　　　総記

1205　権力移行―何が政治を安定させるのか（牧原出著）　2013.6

1206　『平家物語』の再誕―創られた国民叙事詩（大津雄一著）　2013.7

1207　ウェブ社会のゆくえ―〈多孔化〉した現実のなかで（鈴木謙介著）　2013.8

1208　土壌汚染―フクシマの放射性物質のゆくえ（中西友子著）　2013.9

1209　雇用再生―持続可能な働き方を考える（清家篤著）　2013.11

1210　ほんとうの構造主義―言語・権力・主体（出口顯著）　2013.11

1211　情報社会の情念―クリエイティブの条件を問う（黒瀬陽平著）　2013.12

1212　有性生殖論―「性」と「死」はなぜ生まれたのか（高木由臣著）　2014.1

1213　写楽の深層（秋田巌著）　2014.2

1214　国家緊急権（橋爪大三郎著）　2014.4

1215　宮崎駿論―神々と子どもたちの物語（杉田俊介著）　2014.4

1216　未来をつくる権利―社会問題を読み解く6つの講義（荻上チキ著）　2014.5

1217　自民党政治の変容（中北浩爾著）　2014.5

1218　「自由」はいかに可能か―社会構想のための哲学（苫野一徳著）　2014.6

1219　希望の日本農業論（大泉一貫著）　2014.7

1220　未承認国家と覇権なき世界（広瀬陽子著）　2014.8

1221　新東京風景論―箱化する都市、衰退する街（三浦展著）　2014.9

1222　「棲み分け」の世界史―欧米はなぜ覇権を握ったのか（下田淳著）　2014.10

1223　納豆の起源（横山智著）　2014.11

1224　自然・人類・文明（F.A.ハイエク, 今西錦司著）　2014.11

1225　稲作以前　新版（佐々木高明著）　2014.11

1226　禹王と日本人―「治水神」がつなぐ東アジア（王敏著）　2014.12

1227　「就活」と日本社会―平等幻想を超えて（常見陽平著）　2015.1

1228　現代日本人の意識構造　第8版（NHK放送文化研究所編）　2015.2

1229　弥勒の来た道（立川武蔵著）　2015.3

1230　江戸日本の転換点―水田の激増は何をもたらしたか（武井弘一著）　2015.4

1231　「人間国家」への改革―参加保障型の福祉社会をつくる（神野直彦著）　2015.6

1232　外務官僚たちの太平洋戦争（佐藤元英著）　2015.7

1233　イスラームの深層―「遍在する神」とは何か（鎌田繁著）　2015.8

1234　医学の近代史―苦闘の道のりをたどる（森岡恭彦著）　2015.9

1235　天智朝と東アジア―唐の支配から律令国家へ（中村修也著）　2015.10

1236　古文書はいかに歴史を描くのか―フィールドワークがつなぐ過去と未来（白水智著）　2015.12

1237　マルクス思想の核心―21世紀の社会理論のために（鈴木直著）　2016.1

1238　英語と日本軍―知られざる外国語教育史（江利川春雄著）　2016.3

1239　安全保障を問いなおす―「九条―安保体制」を越えて（添谷芳秀著）　2016.3

1240　気候変動で読む地球史―限界地帯の自然と植生から（水野一晴著）　2016.8

1241　アメリカ大統領制の現在―権限の弱さをどう乗り越えるか（待鳥聡史著）　2016.9

1242　稲と米の民族誌―アジアの稲作景観を歩く（佐藤洋一郎著）　2016.11

1243　生物の「安定」と「不安定」―生命のダイナミクスを探る（浅島誠著）　2016.12

別巻　現在知　Vol.1　郊外その危機と再生（三浦展, 藤村竜至編）　2013.4

別巻　現在知　Vol.2　日本とは何か（萱野稔人編）　2014.3

NHKまる得マガジン　日本放送協会, 日本放送出版協会（NHK出版）編　日本放送出版協会, NHK出版　2003〜2012　⇒Ⅰ-247

◇プロの料理盛りつけ術―わが家の器でおいしく見せる！　2010.12

◇自分を磨く立ち居振る舞いスマートなマナー―NHKテレビテキスト　2010.12

◇これでピカピカ！革靴のお手入れ　2011.4

◇暮らしを変えるナチュラル重曹生活―NHKテレビテキスト　2011.5

◇暮らしにすぐに役立つひもとロープの結び方―NHKテレビテキスト　2011.6

◇暮らしを見直す夏の節電対策―NHKテレビテキスト　2011.7

◇手ぬぐい200%活用術―NHKテレビテキスト

総記 一般叢書・全集

2011.8
◇体と心を解放！ 水野美紀と本格太極拳―NHK
テレビテキスト　2011.9
◇長寿スイッチでアンチエイジング―NHKテレビ
テキスト　2011.10
◇マシッソヨ！ 韓流食材活用術―NHKテレビテキ
スト　2011.11
◇快適エコのライフスタイル冬の省エネ生活―
NHKテレビテキスト　2011.12
◇目立つとこだけ！ ちょこっと掃除―NHKテレ
ビテキスト　2011.12
◇天日で干しておいしく長もち干物・乾物術―NHK
テレビテキスト　2012.1
◇雲南料理にチャレンジ―米・豆腐・お茶・きのこの
魅力がたっぷり！：NHKテレビテキスト　2012.
2
◇春を満喫！ 山菜活用術―NHKテレビテキスト
2012.4
◇いつまでもきれいに！ぬいぐるみのお手入れ（佐
久間博秀講師）　2012.5
◇探してみませんか？ 収納マイスタイル（本多さ
おり講師）　2012.6
◇自宅ですっきり！ さっぱり！ 髪のお手入れ術
（中村啓二講師）　2012.7
◇手軽でエコなキッチン菜園（サカイ優佳子講師,
国吉純園芸監修）　2012.8
◇冠婚葬祭筆ペンの上手な書き方（川辺りえこ講
師）　2012.9
◇アクティブ・ウオーキング―健康ですてきな体形
に！（君塚正道講師, 勝川史憲医学監修）　2012.
11

NTT出版ライブラリーレゾナント　NTT出版
2004～2011　⇒Ⅰ-25
063　妊娠を考える―〈からだ〉をめぐるポリティ
クス（柘植あづみ著）　2010.10
064　ジャズ耳の鍛え方（後藤雅洋著）　2010.12
065　こまやかな文明・日本（千田稔著）　2011.5
066　ジャズ・ヒップホップ・マイルス（中山康樹
著）　2011.9

えひめブックス　愛媛県文化振興財団　1986～
2012　⇒Ⅰ-250
27　えひめ季節ノート（深石一夫著）　2012.3

愛媛文化双書　愛媛文化双書刊行会　1970～2016
⇒Ⅰ-250
54　長州大工が遺した社寺建築―伊予・愛媛にお

ける足跡（犬伏武彦, 川口智, 花岡直樹, 宮本光,
山本茂慎編著）　2011.9
55　近世伊予の画人たち―愛媛近世絵画の諸流（矢
野徹志著）　2016.7

MG BOOKS　エムジー・コーポレーション
2010～2016
◇とっておきの旭山動物園―動物園を散歩しよう。
Photo & Guide ASAHIYAMA ZOO 撮影アドバ
イス付（今津秀邦写真, 旭川市旭山動物園監修）
2010.9
◇TO YOU―大切な君へ（Shirokumakun book）
（そら写真・文）　2011.3
◇北海道の大地から消えた鉄道風景―国鉄末期と
JR懐かしの1500km（上田哲郎撮影, 鉄道で旅す
る北海道編集部編）　2012.3
◇WITH YOU―大好きな君へ（Shirokumakun
book）（そら写真・文）　2012.4
◇がんと命の調和―人啓医療：がんを知り, 最先端治
療を考える（Cancer book）（高柳芳記著）　2013.
1
◇鉄道で旅する北海道　シーズンセレクション1
春夏秋冬列車で巡る北海道―北の大地を周遊総
延長2,500km　2013.4
◇鉄道で旅する北海道―春夏秋冬列車で巡る北海
道 北の大地を周遊総延長2,500km　シーズンセ
レクション2　2013.8
◇DNAを調べて抗がん剤を選ぶ―世界先端技術の
遺伝子検査（高柳芳記著）　2014.1
◇ニューヨーク―じぶん探しの旅（しろくまくん
ブック）（そら写真・文）　2014.4
◇ハワイ―リラックスの旅（しろくまくんブック）
（そら写真・文）　2015.2
◇北海道の大地から消えた鉄道風景―国鉄末期と
JR線。まぶたに残る懐かしの1638km　江差線
増補版（上田哲郎撮影, 鉄道で旅する北海道編集
部編集）　2016.3

エルクシリーズ　柏艪舎　2012～2016
◇ことばと文化―つながる世界（赤坂和雄著）
2012.7
◇モンゴルのゆうぼくみん（[Monsudar]ジョンガ
ルぶもんぶん, トゥルムンフ.Bえ, D.ラクチャ,
ふくしようこやく）　2016.1

緒方洪庵全集　大阪大学出版会　2010～2016
第1巻 扶氏経験遺訓　上（緒方洪庵[著], 適塾記
念会緒方洪庵全集編集委員会編）　2010.11

全集・叢書総目録 2011-2016　281

第2巻　扶氏経験遺訓　下（緒方洪庵［著］, 適塾記念会緒方洪庵全集編集委員会編）　2010.11

第4巻　日記書状　その1（緒方洪庵［著］, 適塾記念会緒方洪庵全集編集委員会編集）　2016.3

岡山文庫　日本文教出版　1964～2016
⇒Ⅰ-252

199　斎藤真一の世界—さすらいの画家　改訂版（斎藤裕重, イシイ省三編）　2012.3

267　岡山の駅舎—カメラ紀行（河原馨著）　2010.10

268　守分十の世界—中国銀行第三代頭取（猪木正実著）　2010.10

269　備中売薬—岡山の置き薬（土岐隆信, 木下浩著）　2011.2

270　倉敷市立美術館—池田遥邨と郷土作家（倉敷市立美術館編）　2011.2

271　津田永忠の新田開発の心（柴田一著）　2011.6

272　岡山ぶらりスケッチ紀行（南一平画, 網本善光文）　2011.6

273　倉敷美観地区—歴史と民俗（吉原睦著）　2011.10

274　森田思軒の世界—明治の翻訳王・ジャーナリスト（倉敷ぶんか倶楽部編）　2011.10

275　三木行治の世界—桃太郎知事の奮闘記（猪木正実著）　2012.2

276　岡山路面電車各駅街歩き（倉敷ぶんか倶楽部編）　2012.2

277　赤磐きらり散策（高畑富子著）　2012.6

278　岡山民俗館—民具100選（岡山民俗学会編）　2012.6

279　笠岡市立竹喬美術館—煌めく竹喬コレクション（笠岡市立竹喬美術館編）　2012.10

280　岡山の夏目金之助（漱石）—岡山逗留と愛弟子廉孫（横山俊之著, 熊代正英編著, 吉備路文学館編）　2012.10

281　吉備の中山を歩く（熊代哲士, 熊代建治著）　2013.2

282　備前刀—日本刀の王者（佐藤寛介, 植野哲也著）　2013.2

283　繊維王国おかやま今昔—綿花・学生服そしてジーンズ（猪木正実著）　2013.6

284　温羅伝説—史料を読み解く（中山薫著）　2013.6

285　現代の歌聖清水比庵（清水比庵［作］, 笠岡市立竹喬美術館, 石井編集事務所書肆亥工房編）

286　鴨方往来拓本散策（坂本亜紀児編著）　2013.10

287　玉島旧柚木家ゆかりの人々（倉敷ぶんか倶楽部編）　2014.2

288　カバヤ児童文庫の世界（岡長平編著）　2014.2

289　野崎邸と野崎武左衛門（塩田王）（猪木正実著）　2014.6

290　岡山の妖怪事典　妖怪編（木下浩編著）　2014.6

291　松村緑の世界（黒田えみ編）　2014.10

292　吉備線各駅ぶらり散策（倉敷ぶんか倶楽部編）　2014.10

293　「郷原漆器」復興の歩み（高山雅之著）　2015.2

294　吉備路に生きた作家たちの心のふるさと—その光りと影を追って（加藤章三編）　2015.2

295　河原修平の世界—自画像の異彩画家（倉敷ぶんか倶楽部編）　2015.6

296　岡山の妖怪事典　鬼・天狗・河童編（木下浩編著）　2015.6

297　岡山の魅力再発見—歴史・伝承・文学・アート（柳生尚志編）　2015.10

298　井原石造物歴史散策（大島千鶴著）　2015.10

299　岡山の銀行—合併・淘汰の150年（猪木正実著, 石井編集事務所書肆亥工房編）　2016.2

300　吹屋ベンガラ—それは岡山文化のエッセンス（臼井洋輔著）　2016.2

301　真備町〈倉敷市〉歩けば（小野克正, 加藤満宏, 中山薫著）　2016.6

302　「備中漆」復興の歩み（高山雅之著）　2016.6

303　写真家山崎治雄の仕事—よみがえる戦後おかやまの記録（山崎治雄［撮影］, 山崎治雄の写真記録を保存顕彰する会編, 石井編集事務所書肆亥工房編）　2016.10

304　十返舎一九が記した岡山（十返舎一九［著］, 吉原睦翻刻）　2016.10

沖浦和光著作集　沖浦和光著　現代書館　2016
第4巻　遊芸・漂白に生きる人びと　2016.10
第5巻　瀬戸内の民俗と差別　2016.12

沖縄学術研究双書　榕樹書林　2011～2016
4　沖縄戦史研究序説—国家総力戦・住民戦力化・防諜（玉木真哲編著）　2011.2
6　沖縄昆虫誌（東清二著）　2013.4

総記　　　　　　　　　　　　　　　　　　　　　　　一般叢書・全集

8　沖縄の教師像―数量・組織・個体の近代史（藤
　沢健一編，藤沢健一，近藤健一郎，照屋信治，松田
　ヒロ子著）　2014.3

9　「海上の道」の汽船航路―沖縄航路案内を読む
　（松浦章著）　2016.2

大人の自由時間　技術評論社　2016

◇机の上の小さな鉄道レイアウト作り―1万円
　から始める30×30cmの鉄道風景（池田邦彦著）
　2016.3

◇藤田智のこだわりの野菜づくり―地方野菜・変
　わり種に挑戦！（藤田智著）　2016.3

◇画僧牧宥恵のなぞって写す仏画入門―心をほぐ
　す写仏の時間（牧宥恵著）　2016.3

◇男の一生モノと暮らす―器皿と料理道具（左古文
　男，児玉勲著，小島真也撮影，一陽楽舎編）　2016.
　7

大人の本棚　みすず書房　2001～2013
　⇒Ⅰ－188

◇短篇で読むシチリア（武谷なおみ編訳）　2011.1

◇天文屋渡世（石田五郎［著］）　2011.1

◇富岡日記（和田英［著］）　2011.2

◇獄中からの手紙―ゾフィー・リープクネヒトへ
　（ローザ・ルクセンブルク［著］，大島かおり編
　訳）　2011.4

◇白桃―野呂邦暢短篇選（野呂邦暢［著］，豊田健次
　編）　2011.5

◇別れの手続き―山田稔散文選（山田稔［著］）
　2011.5

◇チェスの話―ツヴァイク短篇選（シュテファン・
　ツヴァイク［著］，辻瑆，関楠生，内垣啓一，大久
　保和郎共訳）　2011.8

◇アネネクイルコ村へ―紀行文選集（岩田宏［著］）
　2011.12

◇ろんどん怪盗伝（野尻抱影［著］）　2011.12

◇猫の王国（北条文緒［著］）　2011.12

◇狩猟文学マスターピース（服部文祥編）　2011.12

◇美しい書物（栃折久美子［著］）　2011.12

◇ウィリアム・モリス通信（小野二郎［著］，川端康
　雄編）　2012.2

◇安楽椅子の釣り師（湯川豊編）　2012.5

◇一葉のポルトレ　2012.6

◇女の二十四時間―ツヴァイク短篇選（シュテフ
　ァン・ツヴァイク［著］，辻瑆，大久保和郎共訳）
　2012.6

◇死ぬことと生きること（土門拳［著］）　2012.12

◇遠ざかる景色（野見山暁治［著］）　2013.2

◇本読みの獣道（田中真澄［著］）　2013.2

◇こわれがめ―付・異曲（ハインリッヒ・v・クラ
　イスト［著］，山下純照訳）　2013.4

◇草の葉―初版（ウォルト・ホイットマン［著］，富
　山英俊訳）　2013.5

◇白い人びと―ほか短篇とエッセー（フランシス・
　バーネット［著］，中村妙子訳）　2013.5

◇山里に描き暮らす（渡辺隆次［著］）　2013.8

オフサイド・ブックス　彩流社　1998～2011
　⇒Ⅰ－253

60　作家は教えてくれない小説のコツ―驚くほど
　きちんと書ける技術（後木砂男著）　2011.1

On Demand Books　青蛙房　2005～2015
　⇒Ⅴ－686

◇江戸菓子文様―金沢丹後（青蛙選書 13）　オンデ
　マンド版（金沢復一編）　2015.5

On Demand Books　塙書房　2012～2016

◇国語構文論　オンデマンド版（渡辺実著）　2012.
　4

◇律令官僚制の研究　オンデマンド版（吉川真司
　著）　2013.5

◇中世荘園制と鎌倉幕府　オンデマンド版（高橋一
　樹著）　2013.5

◇日本中世の仏教と東アジア　オンデマンド版（横
　内裕人著）　2015.10

◇英雄と伝説（塙新書 50）　オンデマンド版（豊田
　武著）　2016.5

◇上代日本文学と中国文学―出典論を中心とする
　比較文学的考察　上　オンデマンド版（小島憲之
　著）　2016.5

◇上代日本文学と中国文学―出典論を中心とする
　比較文学的考察　中　オンデマンド版（小島憲之
　著）　2016.5

◇上代日本文学と中国文学―出典論を中心とする
　比較文学的考察　下　オンデマンド版（小島憲之
　著）　2016.5

学校で教えない教科書　日本文芸社　1997～2013
　⇒Ⅰ－258

◇人物・事件でわかる日本史―史実の真相が時代の
　流れとともに理解できる（宮滝交二編著）　2010.
　11

◇人物・事件でわかる世界史―歴史上の人物をひ
　もときながら史実を検証（中村宗悦編著）　2010.

全集・叢書総目録 2011-2016　　**283**

一般叢書・全集

11

◇面白いほどよくわかる政治のしくみ―国会、政党、官僚、選挙制度…日本政治のすべてがわかる！(世界情勢を読む会編著) 2010.11

◇面白いほどよくわかる新幹線―線路から車両まで、世界最先端鉄道のすべて(小賀野実著) 2010.12

◇面白いほどよくわかる能・狂言―代表的演目の解説から鑑賞のポイントまで(三浦裕子著) 2010.12

◇面白いほどよくわかる平家物語―全段をコンパクトに現代語訳、すらすら読める丸わかり『平家物語』(金谷俊一郎著) 2011.12

◇面白いほどよくわかる家紋のすべて―歴史的背景から自分自身のルーツが見えてくる！ 新版(安達史人監修) 2012.6

◇面白いほどよくわかる最新経済のしくみ―日本が直面している経済の諸問題がスッキリ理解できる！ 改訂新版(神樹兵輔著) 2012.6

◇面白いほどよくわかる論語―時代を超えて生き続ける、日常生活で役立つ孔子の教え 新版(石田琢智監修) 2012.7

◇面白いほどよくわかる般若心経―大乗仏教の精髄を説く262文字の大宇宙 新版(武田鏡村著) 2012.7

◇面白いほどよくわかる古事記―古代の神々・天皇が織り成す波瀾万丈の物語 新版(吉田敦彦監修, 島崎晋著) 2012.9

◇面白いほどよくわかる日本史―流れとポイント重視で日本の歴史をスンナリ理解！ 新版(加来耕三監修, 鈴木旭著) 2013.5

◇面白いほどよくわかる世界史―流れとポイント重視で世界の歴史をスンナリ理解！ 新版(鈴木晟監修, 鈴木旭, 石川理夫著) 2013.5

◇すべてわかる図解太平洋戦争―地図と写真で読む日米決戦の全貌(世界情勢を読む会編著) 2013.7

◇面白いほどよくわかる孫子の兵法―43の名言から学ぶ勝利への戦略 新版(杉之尾宜生監修) 2013.7

◇すべてわかる世の中のしくみ―テレビ・新聞で取り上げられている事柄がテーマ別に一目でわかる(21世紀ビジョンの会編) 2013.9

◇面白いほどよくわかる日本の神様―古事記を彩る神々の物語を楽しむ 新版(山折哲雄監修, 田中治郎著) 2013.10

桂ブックレット　桂書房　1992～2011
⇒Ⅰ-261

no.5　原発防災を考える―自治体の責務と、ひとりができること　第2版(山本定明著)　2011.4

家電製品資格シリーズ　家電製品協会編　NHK出版　2011～2016

◇AV情報家電の基礎技術―家電製品エンジニア資格　第2版　2011.5

◇電気・電子回路の基礎―〈エンジニアのスキルアップ〉のために　2011.12

◇家電製品アドバイザー資格CSと関連法規　2013年版　2012.12

◇家電製品アドバイザー資格商品知識と取扱い2013年版生活家電編　2012.12

◇家電製品アドバイザー資格商品知識と取扱い2013年版AV情報家電編　2012.12

◇家電製品エンジニア資格AV情報家電のプロダクツ技術　2013年版　2012.12

◇家電製品エンジニア資格生活家電の基礎と製品技術　2013年版　2012.12

◇家電製品エンジニア資格AV情報家電の問題集2010-2012年　2013.2

◇家電製品エンジニア資格生活家電の問題集2010-2012年　2013.2

◇家電製品アドバイザー資格CSと関連法規　2014年版　2014.1

◇家電製品アドバイザー資格商品知識と取扱い2014年版生活家電編　2014.1

◇家電製品アドバイザー資格商品知識と取扱い2014年版AV情報家電編　2014.1

◇家電製品エンジニア資格AV情報家電のプロダクツ技術　2014年版　2014.1

◇家電製品エンジニア資格生活家電の基礎と製品技術　2014年版　2014.1

◇家電製品アドバイザー資格問題&解説集　2014年版　2014.3

◇家電製品アドバイザー資格商品知識と取扱い2015年版AV情報家電編　2014.12

◇家電製品アドバイザー資格商品知識と取扱い2015年版生活家電編　2014.12

◇家電製品アドバイザー資格CSと関連法規　2015年版　2014.12

◇家電製品アドバイザー資格問題&解説集　2015年版　2014.12

◇家電製品エンジニア資格AV情報家電の基礎と製

総記　　　　　　　　　　　　　　　　　　　　　　　　　　　一般叢書・全集

品技術　2015年版　2014.12

◇家電製品エンジニア資格生活家電の基礎と製品
技術　2015年版　2014.12

◇家電製品エンジニア資格問題&解説集　2015年
版　2014.12

◇家電製品アドバイザー資格商品知識と取扱い
2016年版AV情報家電編　2015.12

◇家電製品アドバイザー資格商品知識と取扱い
2016年版生活家電編　2015.12

◇家電製品アドバイザー資格CSと関連法規　2016
年版　2015.12

◇家電製品アドバイザー資格問題&解説集　2016
年版　2015.12

◇家電製品エンジニア資格AV情報家電の基礎と製
品技術　2016年版　2015.12

◇家電製品エンジニア資格生活家電の基礎と製品
技術　2016年版　2015.12

◇家電製品エンジニア資格問題&解説集　2016年
版　2015.12

◇スマートマスター―インテリジェント化する家
と家電のスペシャリスト　2016.1

◇家電製品アドバイザー資格商品知識と取扱い
2017年版AV情報家電編　2016.12

◇家電製品アドバイザー資格商品知識と取扱い
2017年版生活家電編　2016.12

◇家電製品アドバイザー資格CSと関連法規　2017
年版　2016.12

◇家電製品アドバイザー資格問題&解説集　2017
年版　2016.12

◇家電製品エンジニア資格AV情報家電の基礎と製
品技術　2017年版　2016.12

◇家電製品エンジニア資格生活家電の基礎と製品
技術　2017年版　2016.12

◇家電製品エンジニア資格問題&解説集　2017年
版　2016.12

角川選書　角川学芸出版, KADOKAWA　2010〜
2016

477　子規の宇宙(長谷川櫂著)　2010.10

478　奇蹟の正倉院宝物―シルクロードの終着駅
(米田雄介著)　2010.10

479　遣唐使船の時代―時空を駆けた超人たち(遣
唐使船再現シンポジウム編)　2010.10

480　学校にできること――一人称の教育社会学(志
水宏吉著)　2010.11

481　新古今集後鳥羽院と定家(ていか)の時代(田

淵句美子著)　2010.12

482　戦国三姉妹―茶々・初・江の数奇な生涯(小
和田哲男著)　2010.11

483　平城京誕生(吉村武彦, 舘野和己, 林部均著)
2010.11

484　信長革命―「安土幕府」の衝撃(藤田達生著)
2010.12

485　妄想かもしれない日本の歴史(井上章一著)
2011.2

486　太宰治の作り方(田沢拓也著)　2011.3

487　妖怪学の基礎知識(小松和彦編著)　2011.4

488　花びらは散る花は散らない―無常の日本思想
(竹内整一著)　2011.3

489　王朝文学入門(川村裕子著)　2011.5

490　源頼朝の真像(黒田日出男著)　2011.4

491　昭和天皇と弟宮(小田部雄次著)　2011.5

492　和本への招待―日本人と書物の歴史(橋口侯
之介著)　2011.6

493　古墳とはなにか―認知考古学からみる古代
(松木武彦著)　2011.7

494　「ぐずぐず」の理由(鷲田清一著)　2011.8

495　老い衰えゆくことの発見(天田城介著)
2011.9

496　室町幕府崩壊―将軍義教の野望と挫折(森茂
暁著)　2011.10

497　日本の「宗教」はどこへいくのか(山折哲雄
著)　2011.11

498　心は何でできているのか―脳科学から心の哲
学へ(山鳥重著)　2011.12

499　万葉挽歌のこころ―夢と死の古代学(上野誠
著)　2012.1

500　てんてん―日本語究極の謎に迫る(山口謡司
著)　2012.1

501　中世尼僧愛の果てに―『とはずがたり』の世
界(日下力著)　2012.2

502　一流選手の動きはなぜ美しいのか―からだの
動きを科学する(小田伸午著)　2012.2

503　邪馬台国の考古学―魏志東夷伝が語る世界
(東潮著)　2012.3

504　平清盛と後白河院(元木泰雄著)　2012.3

505　新島八重　愛と闘いの生涯(吉海直人著)
2012.4

506　後鳥羽上皇―新古今集はなにを語るか(五味
文彦著)　2012.5

507　愛着崩壊―子どもを愛せない大人たち(岡田
尊司著)　2012.5

全集・叢書総目録 2011-2016　　285

一般叢書・全集

総記

508 陶淵明と白楽天─生きる喜びをうたい続けた詩人（下定雅弘著） 2012.6

509 国宝神護寺三像とは何か（黒田日出男著） 2012.6

510 日本の仏教を築いた名僧たち（山折哲雄, 大角修編著） 2012.7

511 死をみつめて生きる─日本人の自然観と死生観（上田正昭著） 2012.8

512 大坂落城戦国終焉の舞台（渡辺大門著） 2012.9

513 やさしい古典案内（佐々木和歌子著） 2012.10

514 古事記ワンダーランド（鎌田東二著） 2012.10

515 戦いの日本史─武士の時代を読み直す（本郷和人著） 2012.11

516 百人一首で読み解く平安時代（吉海直人著） 2012.11

517 空海と密教美術（正木晃著） 2012.12

518 妖怪学の祖井上円了（菊地章太著） 2013.1

519 風雅と官能の室町歌謡─五感で読む閑吟集（植木朝子著） 2013.1

520 方言漢字（笹原宏之著） 2013.2

521 「暁」の謎を解く─平安人の時間表現（小林賢章著） 2013.3

522 禅八講─鈴木大拙最終講義（鈴木大拙著, 常盤義伸編, 酒井懋訳） 2013.4

523 日本の食はどう変わってきたか─神の食事から魚肉ソーセージまで（原田信男著） 2013.4

524 世界史の読み方（宮崎正勝著） 2013.5

525 世界を変えた数学（佐藤修一著） 2013.5

526 渡来の古代史─国のかたちをつくったのは誰か（上田正昭著） 2013.6

527 庶民たちの朝鮮王朝（水野俊平著） 2013.6

528 ブッダの伝道者たち（佐藤宗淳著） 2013.7

529 江戸の発禁本─欲望と抑圧の近世（井上泰至著） 2013.7

530 遣唐使阿倍仲麻呂の夢（上野誠著） 2013.9

531 黒田官兵衛・長政の野望─もう一つの関ケ原（渡辺大門著） 2013.8

532 オーロラ宇宙の渚をさぐる（上出洋介著） 2013.10

533 豊国祭礼図を読む（黒田日出男著） 2013.11

534 漢詩の扉（斎藤希史著） 2013.12

535 能、ドラマが立ち現れるとき（土屋恵一郎著） 2014.1

536 異端の皇女と女房歌人─式子内親王たちの新古今集（田淵句美子著） 2014.2

537 日本仏教入門（末木文美士著） 2014.3

538 天武天皇の企て─壬申の乱で解く日本書紀（遠山美都男著） 2014.2

539 万葉集と日本人─読み継がれる千二百年の歴史（小川靖彦著） 2014.4

540 宇宙の始まりはどこまで見えたか？─137億年、宇宙の旅（平林久著） 2014.3

541 〈わたし〉の哲学─オートポイエーシス入門（河本英夫著） 2014.5

542 「言海」を読む─ことばの海と明治の日本語（今野真二著） 2014.6

543 仏教学者中村元─求道のことばと思想（植木雅俊著） 2014.7

544 吉田稔麿松陰の志を継いだ男（一坂太郎著） 2014.8

545 ネット社会の「正義」とは何か─集合知と新しい民主主義（西垣通著） 2014.9

546 陰陽師たちの日本史（斎藤英喜著） 2014.10

547 江戸名所図屏風を読む（黒田日出男著） 2014.9

548 日本の古代道路─道路は社会をどう変えたのか（近江俊秀著） 2014.11

549 禅語を読む（西村惠信著） 2014.12

550 平安朝皇位継承の闇（倉本一宏著） 2014.12

551 「食いもの」の神語り─言葉が伝える太古の列島食（木村紀子著） 2015.1

552 空海はいかにして空海となったか（武内孝善著） 2015.2

554 足利直義─兄尊氏との対立と理想国家構想（森茂暁著） 2015.2

555 霊性の哲学（若松英輔著） 2015.3

556 九相図をよむ─朽ちてゆく死体の美術史（山本聡美著） 2015.4

557 利休の茶会（筒井紘一著） 2015.5

558 光と影で見る近代建築（近藤存志著） 2015.6

559 壊れた仏像の声を聴く─文化財の保存と修復（籔内佐斗司著） 2015.7

560 記憶をあやつる（井ノ口馨著） 2015.6

561 感じる言葉オノマトペ（小野正弘著） 2015.8

562 源実朝─歌と身体からの歴史学（五味文彦著） 2015.9

563 真田信繁─幸村と呼ばれた男の真実（平山優

著） 2015.10

564 洛中洛外図・舟木本を読む（黒田日出男著）
2015.11

565 戦争と諜報外交―杉原千畝たちの時代（白石
仁章著） 2015.11

566 怪しいものたちの中世（本郷恵子著） 2015.
12

567 国際交易の古代列島（田中史生著） 2016.1

568 戦争と広告―第二次大戦、日本の戦争広告を
読み解く（森正人著） 2016.2

569 真田信之―真田家を継いだ男の半生（黒田基
樹著） 2016.3

570 忍者の歴史（山田雄司著） 2016.4

571 日本美術のことばと絵（玉虫敏子著） 2016.
5

572 武士はなぜ歌を詠むか―鎌倉将軍から戦国大
名まで（小川剛生著） 2016.6

573 装いの王朝文化（川村裕子著） 2016.7

574 長崎奉行の歴史―苦悩する官僚エリート（木
村直樹著） 2016.7

575 日本思想の言葉―神、人、命、魂（竹内整一
著） 2016.8

576 徳川家臣団の謎（菊地浩之著） 2016.9

577 風土記―日本人の感覚を読む（橋本雅之著）
2016.10

578 羽柴を名乗った人々（黒田基樹著） 2016.11

角川フォレスタ 角川学芸出版、KADOKAWA
2011〜2015

◇オー・ヘンリー傑作選―大平原と大都会の物語 初
訳新訳（オー・ヘンリー著、清水武雄監訳） 2011.
7

◇骨董（津田博司著） 2011.7

◇食物本草をよむ―食べ物で防ぐ自殺・認知症・引
きこもり（青木すみゑ著） 2011.8

◇手のかからない子供の育て方―42のエピソード
で学ぶ（福島さく著） 2011.8

◇年金基金が賢明な投資家であるために（村上正人
著） 2011.9

◇桜会―子に先立たれた母たちの声（松村あい子
著） 2011.9

◇呉服問屋の四季（唯根幸子著） 2011.9

◇年金運用管理心得帖（中沢祥吉著） 2011.10

◇玉手箱をあなたにも―がんからの再生を可能に
した聖書の教え（当義弘著） 2011.10

◇ほんとうの琉球の歴史―神人が聞いた真実の声
（渡久地十美子著） 2011.10

◇ウサギとカメとボク―現代版むかしばなし（松本
こうじ著） 2011.10

◇短歌と人生（杉山喜代子著） 2011.10

◇おかあさんになるあなたへ（照田輝、工藤いつ子
著） 2011.10

◇展望と開運 2012（村山幸徳著） 2011.10

◇よしのよく見よ（上野誠文、えんぴつ社絵、奈良
県吉野町企画・編集） 2011.11

◇平成歌合新古今和歌集百番（上野正比古詠著）
2011.12

◇家を知り、人を知って、塞翁が馬。（前田重一、前
田邦江著） 2011.12

◇Yes、愛am―そうだ、愛が在る（駒場教介著）
2012.1

◇子狐コン吉の冒険（林香住作、藤本タクヤ絵）
2012.2

◇Tapestry芭蕉の世界（高橋政光著） 2012.2

◇つや姫―10万分の1の米（五十嵐佳子著） 2012.
3

◇竜と月（中村慶岳、中村文著） 2012.3

◇人もお金もどんどん集まるサロンの作り方のヒ
ミツ教えます（サニー久永著） 2012.3

◇脳幹が健康の根元―カイロプラクティックの真髄
をマスターしよう 改訂新版（及川実著） 2012.
3

◇あなたの夢実現を加速させる「人脈塾」（鳥居祐
一著） 2012.3

◇「いい病院」への挑戦―患者のためにできるこ
と（宗田理、宗田律著） 2012.3

◇ロイヤル・プロディカル（羽間黒男著） 2012.4

◇日本人の原点を見つめなおす―現代日本の課題
の本質を問う（後藤広志著） 2012.4

◇土日社長になっていきなり年収+96万円稼ぐ法
（松尾昭仁著） 2012.5

◇士業のための「生き残り」経営術（東川仁著）
2012.5

◇万象運命術動心学（みさと動心著） 2012.5

◇二十五歳のふたり（けいけいこ著） 2012.5

◇人生を好転させるたった2つのこと―「自分には何
もない」と思った時に読む本（吉江勝著） 2012.
6

◇個人ではじめる輸入ビジネス―ホントにカンタ
ン！ 誰でもできる！（大須賀祐著） 2012.6

◇職場も家庭もうまくいく「ねぎらい」の魔法（兼
重日奈子著） 2012.8

一般叢書・全集　　　　　　　　　　　　　　　総記

◇生き方が変わる！ 幸せを呼ぶ自愛メソッド（河合政実著）　2012.8

◇「成功」のトリセツ（水野俊哉著）　2012.9

◇クビでも年収1億円（小玉歩著）　2012.9

◇スーパーフリーエージェントスタイル—21世紀型のビジネスの成功条件（与沢翼著）　2012.9

◇あなたにもできる蒼山日菜のレース切り絵　2（蒼山日菜著）　2012.9

◇コミュニティパワー—あなたのビジネスが2か月で変わる方法（田代政貴著，道幸武久監修）　2012.10

◇どすこい！ 肥後もっこす！—私の人生に定年はない（中山逸夫著）　2012.10

◇展望と開運　2013（村山幸徳著）　2012.10

◇着物生活二十年の国さんが伝授する「和」で幸福（しあわせ）になる三十三箇条（茨木国夫著）　2012.11

◇あなたの人生が100倍楽しくなる「国際自由人」という生き方—日本人の新たな未来を創る9ステップ（藤村正憲著）　2012.11

◇営業の魔法勇気の言葉（中村信仁著）　2012.12

◇なぜ、あのガムの包み紙は大きいのか—ドラッカーに学ぶお客様を幸せにする会社の作り方（山下淳一郎著）　2012.12

◇みんなと幸せになるお金の使い方—「ソーシャルレンディング」という新しい投資のカタチ（妹尾賢俊著）　2012.12

◇なぜ君たちは間違った会社選びに必死になるのか（藤井正隆著，坂本光司監修）　2013.1

◇人見知りのための沈黙営業術—売り込みなしでもどんどん売れる！（松橋良紀著）　2013.1

◇「若いね」といわれる美肌づくり—美容皮膚科医が本気で教える肌の悩み別対処法（広瀬嘉恵著）　2013.3

◇47歳からのエンディングデザイン—親のこと、私のことをノートに綴る（若尾裕之著）　2013.3

◇出会って一秒！「5」感で相手の心をつかんで離さない超営業術（いとう伸著）　2013.3

◇大繁盛の秘密教えます！—激セマ立ち飲み焼肉店「六花界」だけに人が集まる理由（森田隼人著）　2013.4

◇海外赴任のために必要なこと—駐在員家族のメンタルヘルス（下野淳子著）　2013.4

◇なぞって書いて運がつく！ しあわせを呼ぶ「梵字」（波羅門編）　2013.4

◇自宅でカンタン！ X体操で腰痛・肩こりは治る！（三上賢一著）　2013.5

◇「気がきく人」と思わせる103の心理誘導テクニック（神岡真司著）　2013.5

◇矢沢永吉に学ぶ成りあがりマーケティング—仕事も人生も楽しくなる15のルール（横田光弘著）　2013.5

◇しつもんマーケティング—あなたのファンが1000人に増える5ステップ（マツダミヒロ著）　2013.6

◇誰にでもできる「検定ビジネス」6つの必勝法—資格は取れる自分で作れ！（中田孝成著）　2013.6

◇35歳になったらマクドナルドでバイトしろ！—誰でも最高のリーダーになれる20の物語（泉忠司, 青木尚士著）　2013.6

◇結局、仕事は「言い方」しだい（斎藤孝著）　2013.7

◇非常識なfacebook活用術（野渡久夫著）　2013.7

◇「悩み」は「お金」に変わる（小野たつなり著）　2013.8

◇占星術チョー入門—スマホでかんたんホロスコープ（キャメレオン竹田著）　2013.8

◇人生の9割は自信があればうまくいく—2週間で驚くほど変わる25の習慣（Atsushi著）　2013.8

◇自分自身を生きる！ 人生を創造する自愛メソッド（河合政実著）　2013.8

◇イザというときのためのあなたの資産を守る海外投資法（午堂登紀雄著）　2013.9

◇営業するなら人の財布を心配するな！—売上が4倍になる魔法のセールス術（吉野真由美著）　2013.9

◇クビでも年収1億円 図解・実践編（小玉歩著）　2013.9

◇「疲れない心」の作り方—イヤな仕事、ツライ営業ですり減らないための44の方法（菊原智明著）　2013.10

◇笑っちゃうほど自由に生きる—20代から必ず知っておきたい4つのこと（平秀信著）　2013.10

◇「僕らはもっと自由になれる」3年で10億円稼いだ私の成功法則（山口堯史著）　2013.10

◇展望と開運　2014（村山幸徳著）　2013.10

◇なぞって書いて運がつく！ 金運を招く「梵字」（波羅門著）　2013.11

◇産後クライシス—なぜ、出産後に夫婦の危機が訪れるのか（岡野あつこ著）　2013.11

◇デキる大人の振る舞い大全（なるほど倶楽部編）　2013.11

総記　　　　　　　　　　　　　　　　　　　　　　　　　一般叢書・全集

◇人を動かす言葉の仕組み（木村博史著）　2013.11
◇情熱―世界の麺を変える男の心得67（藤井薫著）
　2013.12
◇一瞬で自分を変える言葉―アンソニー・ロビン
　ズ名言集（清水康一朗著, セミナーズ編集部訳）
　2013.12
◇やっぱり、飲みにケーションでしょ！（細田収
　著）　2013.12
◇5分の使い方で人生は変わる（小山竜央著）
　2013.12
◇トヨタから学ぶ“ひもとき”の魔法―一人の大天
　才よりも「小さな天才」の集団を作るトヨタの
　人財育成の秘密（石井住枝著）　2014.1
◇「カタカナ英語」ではじめよう！（晴山陽一著）
　2014.1
◇チームの「やる気スイッチ」を入れる5つの方法
　―自ら動き出す自立型スタッフの育て方（徳永拓
　真著）　2014.1
◇もっと知りたい「女性ホルモン」―40歳であわて
　ない！ 50歳で迷わない！（小山嵩夫著）　2014.
　1
◇人生のズレを修正するために今すべきこと―理
　想と現実のギャップを埋める4つの扉（沼倉裕著）
　2014.1
◇海の男のストレスマネジメント―「悩まない」
　「後悔しない」「気にしない」技術（斉藤正明著）
　2014.2
◇億万長者チームの作り方―6ステップで爆発的成
　功をつかむ（クリス岡崎著）　2014.2
◇TEDスピーカーに学ぶ「伝える力」―魂を揺さ
　ぶるプレゼンテーション（BLACK著）　2014.2
◇あなたの1日を3時間増やす「超整理術」（高嶋美
　里著）　2014.2
◇一流の男が「育児」から学んでいる5つのビジネ
　ススキル（嶋津良智著）　2014.3
◇お母さん、明日からぼくの会社はなくなります
　（横須賀輝尚著）　2014.3
◇心の片づけ―日常に平穏と幸せをもたらすカン
　タン瞑想のススメ（熊木幸奈著）　2014.3
◇一流の人が実践している日本語の磨き方（山岸弘
　子著）　2014.3
◇愛されながら、結果を出し続ける仕事術―50歳か
　ら年商70億円企業をつくれた理由（高野直樹著）
　2014.4
◇7日間で悩みが消える心のフタの外し方（岡本マ
　サヨシ著）　2014.4
◇40代で後悔しないためのカスを摑まない技術―

◇自由とお金を手に入れる新しいビジネススキル
　（大坪勇二著）　2014.5
◇その性格は変えられる！ 直せる7つの“ココロ
　癖”（植西聡著）　2014.5
◇予約の取れない医者が教える腸の病気で死なな
　い6つの条件（村田博司著）　2014.6
◇君の眠れる才能を呼び覚ます50の習慣（千田琢哉
　著）　2014.6
◇他では絶対聞けないお金を増やす究極のしくみ
　（真田孔明著）　2014.6
◇完全なる自愛メソッド―最高の人生を選ぶ！（河
　合政実著）　2014.7
◇人生の悩みはお風呂で消える（小山竜央著）
　2014.7
◇誰でもできる、いつでもできる、どこでもでき
　る「身のたけ起業」―一人に必要とされる“エキス
　パート”という生き方（井口晃著）　2014.8
◇健康は八割くらいがちょうどええ（石蔵文信著）
　2014.8
◇しあわせを呼ぶ「梵字」暦　2015（波羅門著）
　2014.8
◇世界は僕らの挑戦を待っている（横井朋幸著）
　2014.9
◇死ぬってどういうことですか？―今を生きるた
　めの9の対論（瀬戸内寂聴、堀江貴文著）　2014.9
◇常識力で勝つ超正統派株式投資法（山崎和邦著）
　2014.9
◇「セールスはママが最強」な7つのワケ（川上美
　保著）　2014.9
◇はだかの王様―億万長者がすべて失ってわかっ
　た絶対にやってはいけない42のこと（与沢翼著）
　2014.10
◇「世界標準」のお金の教養講座（泉正人著）　2014.
　10
◇たった1℃が体を変える―ほんとうに健康になる
　入浴法（早坂信哉著）　2014.10
◇展望と開運　2015（村山幸徳著）　2014.10
◇“器の大きな人”だけが持っている3つの余裕（里
　中李生著）　2014.11
◇自分革命―脳を成長させて思い通りに生きる方
　法（一色真宇著）　2014.11
◇なぜかお金が貯まる口ぐせ（田口智隆著）　2014.
　11
◇逆転スイッチ！―絶体絶命の“ピンチ”を一瞬
　で“チャンス”に変える33の方法（西沢泰生著）
　2014.12
◇仕事の教科書（高橋秀幸著）　2014.12

全集・叢書総目録 2011-2016　　289

一般叢書・全集

◇ボクには足はないけど夢がある！―どん底でつかんだ生き方の極意（池田徳孝著）　2014.12

◇アイデアが湧き出してとまらなくなる "ミラクル★クエスチョン"―IT FLASHES, SWELLS, ACTUALIZATIONS, EXPRESSIONS（山崎拓巳著）　2015.1

◇こもる力（市村よしなり著）　2015.1

角川oneテーマ21　角川書店, 角川学芸出版, KADOKAWA　2010〜2015

A-125　ゼロから学ぶ経済政策―日本を幸福にする経済政策のつくり方（飯田泰之［著］）　2010.11

A-127　オバマの誤算―「チェンジ」は成功したか（上坂昇［著］）　2010.12

A-128　報道再生―グーグルとメディア崩壊（河内孝, 金平茂紀［著］）　2010.12

A-129　バカの正体（テリー伊藤［著］）　2011.1

A-130　信頼する力―ジャパン躍進の真実と課題（遠藤保仁［著］）　2011.1

A-131　野村ボヤキ語録―人を変える言葉, 人を動かす言葉（野村克也［著］）　2011.1

A-132　ツイッター幸福論―ネットワークサイズと日本人（海原純子［著］）　2011.2

A-133　戦争と日本人―テロリズムの子どもたちへ（加藤陽子, 佐高信［述］）　2011.2

A-134　いのち問答―最後の頼みは医療か, 宗教か？（香山リカ, 対本宗訓［述］）　2011.3

A-135　働き盛りがなぜ死を選ぶのか―〈デフレ自殺〉への処方箋（岡田尊司［著］）　2011.4

A-136　難局の思想（西部邁, 佐高信［述］）　2011.5

A-137　悲しみの乗り越え方（高木慶子［著］）　2011.6

A-138　生ききる。（瀬戸内寂聴, 梅原猛［述］）　2011.7

A-139　祈る力―人が生み出す〈癒し〉のエネルギー（対本宗訓［著］）　2011.8

A-140　沖縄と米軍基地（前泊博盛［著］）　2011.9

A-141　人はなぜ「神」を拝むのか？（中村圭志［著］）　2011.9

A-142　孫文―その指導者の資質（舛添要一［著］）　2011.10

A-143　天寿を生きる（祖父江逸郎［著］）　2011.10

A-144　諸行無常を生きる（ひろさちや［著］）　2011.10

A-145　「始末」ということ（山折哲雄［著］）　2011.10

A-146　危機の大学論―日本の大学に未来はあるか？（尾木直樹, 諸星裕［著］）　2011.11

A-147　口説きの技術（山路徹［著］）　2011.12

A-148　苦しみはどこから生まれるのか？（池口恵観［著］）　2012.1

A-149　観察眼（遠藤保仁, 今野泰幸［著］）　2012.1

A-150　日本の領土問題―北方四島, 竹島, 尖閣諸島（保阪正康, 東郷和彦［著］）　2012.2

A-151　語りきれないこと―危機と傷みの哲学（鷲田清一［著］）　2012.2

A-152　医療防衛―なぜ日本医師会は闘うのか（今村聡, 海堂尊［著］）　2012.3

A-153　人間の闇―日本人と犯罪〈猟奇殺人事件〉（一橋文哉［著］）　2012.3

A-154　国家の闇―日本人と犯罪〈蠢動する巨悪〉（一橋文哉［著］）　2012.3

A-155　原子力と宗教―日本人への問い（鎌田東二, 玄侑宗久［著］）　2012.3

A-156　帝国の時代をどう生きるか―知識を教養へ, 教養を叡智へ（佐藤優［著］）　2012.4

A-157　日本人を操る8つの言葉（デュラン・れい子［著］）　2012.4

A-158　女王, エリザベスの治世―先進国の王政記（小林章夫［著］）　2012.5

A-159　「善人」のやめ方（ひろさちや［著］）　2012.7

A-160　女の嗜み―今, 伝えておきたいこと（木村孝［著］）　2012.8

A-161　国防の常識（鍛冶俊樹［著］）　2012.8

A-162　よろこびの禅―人生を変える禅のことば（有馬頼底［著］）　2012.10

A-163　いじめで子どもが壊れる前に（藤川大祐［著］）　2012.10

A-164　原発と日本人―自分を売らない思想（小出裕章, 佐高信［著］）　2012.12

A-165　マネーの闇―巨悪が操る利権とアングラマネーの行方（一橋文哉［著］）　2013.1

A-166　幸せな挑戦―今日の一歩, 明日の「世界」（中村憲剛［著］）　2013.3

A-167　ナマケモノに意義がある（池田清彦［著］）　2013.3

A-168　歴史認識を問い直す―靖国, 慰安婦, 領土問題（東郷和彦［著］）　2013.4

A-169　未来への責任（細野豪志［著］）　2013.6

総記　　　　　　　　　　　　　　　　　　　　　　　　　　一般叢書・全集

A-170　内心、「日本は戦争をしたらいい」と思っているあなたへ（保阪正康、東郷和彦、富坂聡、宇野常寛、江田憲司、鈴木邦男、金平茂紀、松元剛［著］）　2013.6

A-171　阿呆の知恵―自分らしい人生を送るための25のヒント（ひろさちや［著］）　2013.7

A-172　領土の常識（鍛冶俊樹［著］）　2013.7

A-173　勝負強さ（井端弘和［著］）　2013.7

A-174　群れずに生きる（筧利夫［著］）　2013.9

A-175　子どもを伸ばす父親、ダメにする父親（高浜正伸［著］）　2013.9

A-176　奉仕するリーダーになりなさい―世界ナンバー2セールスウーマンの奮闘（和田裕美［著］）　2013.10

A-177　大学のウソ―偏差値60以上の大学はいらない（山内太地［著］）　2013.11

B-138　お客さまの「特別」になる方法―「リレーションシップ・キャピタル」の時代（小阪裕司［著］）　2010.11

B-139　「英語公用語」は何が問題か（鳥飼玖美子［著］）　2010.11

B-140　海戦からみた日露戦争（戸高一成［著］）　2010.12

B-141　夫の転がし方（野村沙知代［著］）　2011.1

B-142　いけばな―出会いと心をかたちにする（勅使河原茜［著］）　2011.2

B-143　日本を変えた昭和史七（なな）大事件（保阪正康［著］）　2011.3

B-144　高校生が読んでいる『武士道』（大森恵子抄訳・解説）　2011.4

B-145　親鸞（津本陽［著］）　2011.4

B-146　海戦からみた日清戦争（戸高一成［著］）　2011.5

B-147　もしも利休があなたを招いたら―茶の湯に学ぶ「逆説」のもてなし（千宗屋［著］）　2011.5

B-148　結果を出す人の「やる気」の技術―「特訓」式モチベーション術（斎藤孝［著］）　2011.8

B-149　仕事力のある人の運動習慣―脳細胞が活発になる二倍速生活（吉田たかよし［著］）　2011.8

B-150　鉄道の未来学（梅原淳［著］）　2011.9

B-151　海戦からみた太平洋戦争（戸高一成［著］）　2011.11

B-152　年賀状の戦後史（内藤陽介［著］）　2011.11

B-153　20代女性がセックスしてない―彼女たちはなぜ男に求められない？（杉浦由美子［著］）

2011.12

B-154　日本人が知らない「怖いビジネス」（門倉貴史［著］）　2012.1

B-155　プロ野球重大事件―誰も知らない“あの真相”（野村克也［著］）　2012.2

B-156　十津川警部とたどる時刻表の旅（西村京太郎［著］）　2012.4

B-157　「処方せん」的読書術―心を強くする読み方、選び方、使い方（奥野宣之［著］）　2012.5

B-158　航空大革命―10年後に航空市場が倍増する（秋本俊二［著］）　2012.7

B-159　新島八重おんなの戦い（福本武久［著］）　2012.8

B-160　十津川警部とたどるローカル線の旅（西村京太郎［著］）　2012.9

B-161　「心の時代」にモノを売る方法―変わりゆく消費者の欲求とビジネスの未来（小阪裕司［著］）　2012.11

B-162　英語でケンカができますか？（長尾和夫、トーマス・マーティン［著］）　2013.2

B-163　42.195kmの科学―マラソン「つま先着地」VS「かかと着地」（NHKスペシャル取材班［著］）　2013.2

B-164　十津川警部とたどる寝台特急の旅（西村京太郎［著］）　2013.3

B-165　嫉妬の法則―恋愛・結婚・SEX（ビートたけし［著］）　2013.4

B-166　増税なしで財政再建するたった一つの方法（門倉貴史［著］）　2013.5

B-167　なぜ阪神はV字回復したのか？（岡田彰布［著］）　2013.9

B-168　間違いだらけの野菜選び（内田悟［著］）　2013.10

B-169　謎と暗号で読み解くダンテ『神曲』（村松真理子［著］）　2013.11

C-195　歯医者の言いなりになるな！―正しい歯科治療とインプラントの危険性（林晋哉、林裕之［著］）　2010.11

C-196　即戦力は3年もたない―組織を強くする採用と人事（樋口弘和［著］）　2010.12

C-197　子どもの頭脳を育てる食事（生田哲［著］）　2011.2

C-198　大局観―自分と闘って負けない心（羽生善治［著］）　2011.2

C-199　損しない人のほめ方の法則（沢村直樹［著］）　2011.3

C-200　サムスンの決定はなぜ世界一速いのか（吉

一般叢書・全集　　　　　　　　　　　　　　　　総記

川良三［著］）　2011.4

C-201　先送りできない日本（にっぽん）—“第二の焼け跡”からの再出発（池上彰［著］）　2011.5

C-202　災害ストレス—直接被災と報道被害（保坂隆編著）　2011.6

C-203　2時間で学ぶ原発・電力の大問題（久我勝利［著］）　2011.6

C-204　節電社会のつくり方—スマートパワーが日本を救う！（加藤敏春［著］）　2011.6

C-205　F1戦略の方程式—世界を制したブリヂストンのF1タイヤ（浜島裕英［著］）　2011.7

C-206　不完全な時代—科学と感情の間で（坂村健［著］）　2011.7

C-207　ボケずに健康長寿を楽しむコツ60—アルツハイマーにならない食べ物、生き方、考え方（生田哲［著］）　2011.7

C-208　日本の照明はまぶしすぎる—節電生活の賢い照明術（東海林弘靖［著］）　2011.8

C-209　腰鍼—心身の痛みを断つ！（竹村文近［著］）　2011.9

C-210　AKB48がヒットした5つの秘密—ブレーク現象をマーケティング戦略から探る（村山涼一［著］）　2011.10

C-211　「できる人」の相談する技術（福田健［著］）　2011.11

C-212　究極のドラッカー（国貞克則［著］）　2011.11

C-213　脳は平気で嘘をつく—「嘘」と「誤解」の心理学入門（植木理恵［著］）　2011.12

C-214　子供がヤル気を出す家庭の秘密—成績がみるみる上がる吉田式テクニック（吉田たかよし［著］）　2011.12

C-215　科学と人間の不協和音（池内了［著］）　2012.1

C-217　解決する脳の力—無理難題の解決原理と80の方法（林成之［著］）　2012.3

C-218　「日本」の売り方—協創力が市場を制す（保井俊之［著］）　2012.3

C-219　日本を追い込む5つの罠（カレル・ヴァン・ウォルフレン［著］、井上実訳）　2012.3

C-220　超〈集客力〉革命—人気美術館が知っているお客の呼び方（蓑豊［著］）　2012.4

C-221　男の器—常識に囚われない生き方（桜井章一［著］）　2012.4

C-222　将棋名人血風録—奇人・変人・超人（加藤一二三［著］）　2012.5

C-223　お化け屋敷になぜ人は並ぶのか—「恐怖」で集客するビジネスの企画発想（五味弘文［著］）　2012.6

C-224　日本に自衛隊が必要な理由（北沢俊美［著］）　2012.6

C-225　歴代首相の経済政策全データ　増補版（草野厚［著］）　2012.6

C-226　アウンサンスーチー—変化するビルマの現状と課題（根本敬、田辺寿夫［著］）　2012.6

C-227　都市と消費とディズニーの夢—ショッピングモーライゼーションの時代（速水健朗［著］）　2012.8

C-228　砂糖をやめればうつにならない（生田哲［著］）　2012.9

C-229　「持たない」ビジネス儲けのカラクリ（金子哲雄［著］）　2012.9

C-230　創造力なき日本—アートの現場で蘇る「覚悟」と「継続」（村上隆［著］）　2012.10

C-231　「アラブの春」の正体—欧米とメディアに踊らされた民主化革命（重信メイ［著］）　2012.10

C-232　働く女性が知っておくべきこと—グローバル時代を生きるあなたに贈る知恵（坂東真理子［著］）　2012.11

C-233　サラリーマン家庭は“増税破産”する！（藤川太、八ツ井慶子［著］）　2012.11

C-234　日本の選択—あなたはどちらを選びますか？：先送りできない日本 2（池上彰［著］）　2012.12

C-235　勝つ組織（佐々木則夫、山本昌邦［著］）　2012.12

C-236　きれいに死ぬための相続の話をしよう—残される家族が困らないために必要な準備（植田統［著］）　2012.12

C-237　挫折を愛する（松岡修造［著］）　2012.12

C-238　デフレに負けない！“攻める”家計術（横山光昭［著］）　2013.1

C-239　7大企業を動かす宗教哲学—名経営者、戦略の源（島田裕巳［著］）　2013.1

C-240　「中卒」でもわかる科学入門—「＋－×÷」で科学のウソは見抜ける！（小飼弾［著］）　2013.2

C-241　医者が考える「見事」な老い方（保坂隆編著）　2013.2

C-242　地熱が日本を救う（真山仁［著］）　2013.3

C-243　羽生善治論—「天才」とは何か（加藤一二

総記　　　　　　　　　　　　　　　　　　　　　　一般叢書・全集

三［著］）　2013.4

C-244　人を見抜く、人を口説く、人を活かす―プロ野球スカウトの着眼点（沢宮優［著］）　2013.6

C-245　本当は危ない植物油―その毒性と環境ホルモン作用（奥山治美［著］）　2013.5

C-246　リッツ・カールトン至高のホスピタリティ（高野登［著］）　2013.5

C-247　韓国反日感情の正体（黒田勝弘［著］）　2013.6

C-248　産科が危ない―医療崩壊の現場から（吉村泰典［著］）　2013.4

C-249　里山資本主義―日本経済は「安心の原理」で動く（藻谷浩介, NHK広島取材班［著］）　2013.7

C-250　仕事が9割うまくいく雑談の技術―人見知りでも上手になれる会話のルール（ビジネス科学委員会［著］）　2013.8

C-251　「命の値段」はいくらなのか？―「国民皆保険」崩壊で変わる医療（真野俊樹［著］）　2013.8

C-252　自律神経を整える「あきらめる」健康法（小林弘幸［著］）　2013.8

C-253　5年後働く自分の姿が見えますか？（岩瀬大輔, 飯田泰之, 古市憲寿, 駒崎弘樹, 経沢香保子, 為末大, 田端信太郎, 加藤嘉一［著］）　2013.9

C-254　さとり世代―盗んだバイクで走り出さない若者たち（原田曜平［著］）　2013.10

C-255　やわらかな雇用成長戦略（小幡績［著］）　2013.10

C-256　腰痛の9割は医者なしで治せる！（坂戸孝志［著］）　2013.11

C-257　「就社志向」の研究―なぜ若者は会社にしがみつくのか（常見陽平［著］）　2013.11

D-1　美しく怒れ（岡本太郎［著］）　2011.9

D-2　日本の決断―あなたは何を選びますか？（池上彰［著］）　2013.12

D-3　JR崩壊―なぜ連続事故は起こったのか？（梅原淳［著］）　2013.12

D-4　世界を標的化するイスラム過激派―「アラブの春」で増եした脅威（宮田律［著］）　2013.12

D-5　金正恩の北朝鮮独裁の深層（黒田勝弘, 武貞秀士［著］）　2013.12

D-6　中国の論点（富坂聰［著］）　2014.1

D-7　税金の抜け穴―国民のほとんどが知らない納税で「得する話」「損する話」（大村大次郎［著］）

2014.1

D-8　医者が考える「見事」な最期の迎え方（保坂隆編著）　2014.1

D-9　政界再編（江田憲司［著］）　2014.2

D-10　若者を殺し続けるブラック企業の構造（川村遼平［著］）　2014.2

D-11　仮面ひきこもり―あなたのまわりにもいる「第2のひきこもり」（服部雄一［著］）　2014.2

D-12　ととのえる―心のストレスを消す禅の知恵（枡野俊明［著］）　2014.3

D-13　大統領を殺す国韓国（辺真一［著］）　2014.3

D-14　ヤンキー化する日本（斎藤環［著］）　2014.3

D-15　怒濤の関西将棋（谷川浩司［著］）　2014.3

D-16　若虎よ！（掛布雅之［著］）　2014.3

D-17　諦めるな！（中畑清［著］）　2014.3

D-18　無罪請負人―刑事弁護とは何か？（弘中惇一郎［著］）　2014.4

D-19　ツカむ！話術（パトリック・ハーラン［著］）　2014.4

D-20　日本人だけが信じる間違いだらけの健康常識（生田哲［著］）　2014.4

D-21　原発ゼロで日本経済は再生する（吉原毅［著］）　2014.4

D-22　金儲けの下手な日本人のためのカジノ論（堀紘一［著］）　2014.5

D-23　沸騰！図書館―100万人が訪れた驚きのハコモノ（樋渡啓祐［著］）　2014.5

D-24　物を売るバカ―売れない時代の新しい商品の売り方（川上徹也［著］）　2014.5

D-25　取材歴59年の記者が見たW杯（ワールドカップ）「裏表」ヒストリー（牛木素吉郎［著］）　2014.5

D-26　100分でわかる企業法務―取締役のための会社法ノート（成和明哲法律事務所編）　2014.5

D-27　信じよ！―日本が世界一になるために必要なこと（イビチャ・オシム［著］）　2014.5

D-28　仕事が9割うまくいく伝え方の技術（本郷陽二［著］）　2014.6

D-29　アトピーは和食で治せ！（永田良隆［著］）　2014.6

D-30　なるだけラクして内臓脂肪を減らす―最新の研究に基づくすぐできる55の方法（板倉弘重［著］）　2014.6

D-31　徳川家が見た幕末の怪（徳川宗英［著］）

一般叢書・全集　　　　　　　　　　　　　　　　　　　　　　　　総記

D-32　「貧乏」のすすめ（ひろさちや［著］）　2014.6

D-33　宇宙飛行士の採用基準—例えばリーダーシップは「測れる」のか（山口孝夫［著］）　2014.7

D-34　誰も語らなかった"日米核密約"の正体—安倍晋三・岸信介をつなぐ日本外交の底流（河内孝［著］）　2014.7

D-35　揺れない心—本当の強さを身につける作法（桜井章一［著］）　2014.7

D-36　北朝鮮と日本人—金正恩体制とどう向き合うか（アントニオ猪木, 辺真一［著］）　2014.7

D-37　ジブリの世界を創る（種田陽平［著］）　2014.7

D-38　ひとりぼっちを笑うな（蛭子能収［著］）　2014.8

D-39　政治改革の熱狂と崩壊（藤井裕久［著］, 菊池正史編）　2014.8

D-40　国家の暴走—安倍政権の世論操作術（古賀茂明［著］）　2014.9

D-41　80歳を過ぎても徹夜で議論できるワケ（田原総一朗［著］）　2014.9

D-42　本の「使い方」—1万冊を血肉にした方法（出口治明［著］）　2014.9

D-43　ウイスキーとダンディズム—祖父・竹鶴政孝の美意識と暮らし方（竹鶴孝太郎［著］）　2014.10

D-44　ユマニチュード—認知症ケア最前線（NHK取材班, 望月健［著］）　2014.10

D-45　私の死生観（与謝野馨, 森本敏, 三枝成彰, 堀紘一, 安藤和津, 奥田瑛二, 川島なお美［著］）　2014.10

D-46　被ばく列島—放射線医療と原子炉（小出裕章, 西尾正道［著］）　2014.10

D-47　韓国人の研究（黒田勝弘［著］）　2014.11

D-48　腹やせは10秒呼吸——一流の男は, 体を躾ける（南雅子［著］）　2014.11

D-49　箱根駅伝—襷をつなぐドラマ（酒井政人［著］）　2014.11

D-50　松井秀喜がダメ監督にならないための55の教え（テリー伊藤［著］）　2014.11

D-51　強打者列伝（野村克也［著］）　2014.12

D-52　日本人改造論—父親は自分のために生きろ（ビートたけし［著］）　2014.12

D-53　未来予測を嗤え！（神永正博, 小飼弾［著］）　2014.12

D-54　「メジャー」を生みだす—マーケティングを超えるクリエイターたち（堀田純司［著］）　2014.12

D-55　吉田松陰—異端のリーダー（津本陽［著］）　2014.12

D-56　中国無秩序の末路—報道で読み解く大国の難題（富坂聡［著］）　2015.1

D-57　スピーチライター——言葉で世界を変える仕事（蔭山洋介［著］）　2015.1

D-58　元・宝塚総支配人が語る「タカラヅカ」の経営戦略（森下信雄［著］）　2015.1

D-59　東大式ゴルフ術（谷垣圭太［著］）　2015.1

D-60　東アジア動乱—地政学が明かす日本の役割（武貞秀士［著］）　2015.1

カフェ天香文庫　伊藤正博　2015

4　私を生かしてくれたもの（伊藤正博著）　2015.12

カフェ天香文庫　柿沢宏仁　2015

5　毒を摂ってはいけない（柿沢宏仁著）　2015.11

カフェ天香文庫　［小林みよ子］　2015

1　ありがとう, 新太郎さん（小林みよ子著）　2015.10

カフェ天香文庫　鈴木和子　2016

11　二度目の文学少女（鈴木和子著）　2016.5

カフェ天香文庫　住吉克明　2015〜2016

6　わが子を戦争にやらない「愛の千人針」（羽柴忠美, 住吉克明著）　2015.11

9　太陽女性研究所（住吉克明著）　2016.5

10　FMパーソナリティー八幡かおりさんへのたより（前野大賞著）　2016.3

カフェ天香文庫　高田信行　2016

14　社交ダンスのコツは片足で立つ（高田信行著）　2016.6

カフェ天香文庫　竹内武男　2016

3　骨盤のゆがみはゆるめて治す（竹内武男著）　2016.4

13　寝てできる骨盤体操（竹内武男著）　2016.7

カフェ天香文庫　田中博　2016

7　都会人がお米を作るとき（田中博著）　2016.3

カフェ天香文庫　常田啓子　2016

12　バルとの対話（常田啓子著）　2016.5

総記　　　　　　　　　　　　　　　　　　　　　　　　　　　　　　　　　一般叢書・全集

カフェ天香文庫　熱風出版　2016
15　ビジネス手法を生かした奇跡の婚活術（関政幸，関純子著）　2016.10

カフェ天香文庫　原房子　2016
2　あっぱれ、音楽療法（原房子著）　2016.2

カフェ天香文庫　守矢真明　2016
8　観音様が教える人と救えない人―人生の七行詩（守矢真明著）　2016.5

河北選書　河北新報出版センター　2010〜2016
　⇒Ⅰ－262
◇カタカナ語目からうろこ（大津幸一著）　2010.11
◇言葉が独創を生む―東北大学ひと語録（阿見孝雄著）　2010.12
◇みやぎ地名の旅（太宰幸子著）　2011.2
◇春をいろどる―みやぎ桜見聞録（高階道子著）　2011.3
◇自信がわく英会話（西原哲雄著）　2011.7
◇せんだい歴史の窓（菅野正道著）　2011.10
◇大震災を詠む川柳―101人それぞれの3・11（川柳宮城野社編）　2011.11
◇祈りの街―仙台三十三観音を訪ねる（河北新報社編集局監修，横山寛著）　2011.12
◇寄り添い支える―公立志津川病院若き内科医の3・11（菅野武著）　2011.12
◇ラジオがつないだ命―FM石巻と東日本大震災（鈴木孝也著）　2012.2
◇中高年のための安全登山のすすめ（八嶋寛著）　2012.4
◇「おくのほそ道」を科学する（蟹沢聡史著）　2012.6
◇とうほく巨樹紀行（植田辰年著）　2012.7
◇政宗の夢常長の現―慶長使節四百年（浜田直嗣著）　2012.10
◇白球夢を追う―みやぎ・野球人の軌跡（高橋義夫，五十嵐直治著）　2012.10
◇梟の花唄―せんだい四季を遊ぶ（管野邦夫著）　2012.12
◇地名は知っていた―津波被災地を歩く　上　気仙沼―塩竈（太宰幸子著）　2012.12
◇地名は知っていた―津波被災地を歩く　下　七ヶ浜―山元（太宰幸子著）　2012.12
◇牡鹿半島は今―被災の浜、再興へ（鈴木孝也著）　2013.3
◇月を見あげて（佐伯一麦著）　2013.9

◇とうほく方言の泉―ことばの玉手箱　上（小林隆，志村文隆，櫛引祐希子，遠藤仁，武田拓，沢村美幸共著）　2013.9
◇とうほく方言の泉―ことばの玉手箱　中（小林隆，志村文隆，櫛引祐希子，遠藤仁，武田拓，沢村美幸共著）　2013.9
◇とうほく方言の泉―ことばの玉手箱　下（小林隆，志村文隆，櫛引祐希子，遠藤仁，武田拓，沢村美幸共著）　2013.9
◇460字の風景―夕刊コラムが映す被災地の今（河北新報論説委員会編）　2013.12
◇東北発10人の新リーダー―復興にかける志（田久保善彦編）　2014.3
◇南三陸町長の3年―あの日から立ち止まることなく（佐藤仁著，石田治聞き手）　2014.3
◇月を見あげて　第2集（佐伯一麦著）　2014.7
◇みやぎ不思議な地名楽しい地名（太宰幸子著）　2014.10
◇表現者たちの「3・11」―震災後の芸術を語る（河北新報社編集局編）　2015.3
◇月を見あげて　第3集（佐伯一麦著）　2015.7
◇みやぎ野の花散歩みち（辺見徳郎著）　2015.9
◇ふるさとの星和名歳時記（千田守康著）　2015.12
◇東北のジュリエット―シェイクスピアの名せりふ（下舘和巳著）　2016.2
◇片平の散歩道―金研百年の歩みとともに（東北大学金属材料研究所編）　2016.5
◇カタカナ語なるほど、そうか！（大津幸一著）　2016.6
◇震災のうた―1800日の心もよう（河北新報社編集局編）　2016.8
◇食の泉―世界の恵みを味わって（宮城学院女子大学編）　2016.11

上方文庫　和泉書院　1986〜2013　⇒Ⅰ－262
37　秀吉伝説序説と『天正軍記』（影印・翻字）（追手門学院大学アジア学科編）　2012.4
38　河内金剛寺の中世的世界（堀内和明著）　2012.8
39　なにわ古書肆鹿田松雲堂五代のあゆみ（四元弥寿著，飯倉洋一，柏木隆雄，山本和明，山本はるみ，四元大計視編）　2012.11
40　平成関西能楽情報（権藤芳一著）　2013.11

かもがわブックレット　かもがわ出版　1987〜2016　⇒Ⅰ－262
131　戦争と教科書―国民総マインド・コントロー

一般叢書・全集　　　　　　　　　　　　　　　　　　　　　　　総記

ルの謎　増補改訂版（小柴昌子著）　2011.7

178　よくわかる子ども・子育て新システム—どうなる保育所・幼稚園・学童保育（中山徹著）　2010.11

179　TPP第3の構造改革（萩原伸次郎著）　2011.3

180　京都に海の水族館？—市民不在のまちづくり計画（京都水族館（仮称）と梅小路公園の未来を考える会編）　2011.4

181　学童保育と子ども・子育て新システム—子どもたちの放課後はどうなる？（丸山啓史, 石原剛志, 中山徹著）　2011.4

182　復興・財源は支え合いでこそ—私たちと地球、明日の人類を救え（毛利正道著）　2011.7

183　これならできる待機児童解消—「新システム」じゃムリ！（中山徹, 大阪保育運動連絡会編）　2011.8

184　インクルーシヴな社会をめざして—〈共に生きる〉とはどういうことか（神戸大学大学院人間発達環境学研究科ヒューマン・コミュニティ創成研究センター, 障害共生支援部門編, 津田英二監修）　2011.10

186　司法が認定した日本軍「慰安婦」—被害・加害事実は消せない！（坪川宏子, 大森典子編著）　2011.12

187　問われる正義—大阪・泉南アスベスト国賠訴訟の焦点（大阪じん肺アスベスト弁護団編）　2012.1

188　子どもと保育が消えてゆく—「子ども・子育て新システム」と保育破壊（川口創著）　2012.2

189　対論普天間基地はなくせる—日米安保の賛成・反対を超えて（伊波洋一, 柳沢協二著）　2012.5

190　ものづくりの現場から—まちの希望がここにある（加藤正文, 綱本武雄編, 小関智弘, 大久保裕晴, 大裏篤, 玉木新雌, 宮永英孝, 吉田修[述]）　2012.7

191　教育の自由と自治の破壊は許しません。—大阪の「教育改革」を超え、どの子も排除しない教育をつくる（中嶋哲彦著）　2013.1

192　いのちの権利はゆずれない—骨格提言・権利条約にもとづく障害者総合福祉法を（障害者自立支援法に異議あり！応益負担に反対する実行委員会編, 佐藤久夫, 藤原精吾, 峰島厚[述]）　2013.1

193　東日本大震災が教えるいのちをまもる保育の基準（小幡幸拓, 加藤望, 北垣智基著）　2013.6

194　スポーツ界の不思議20問20答（桂充弘編）　2013.11

195　軍医殿！腹をやられました—インパール作戦ビルマ敗走記（中野信夫著）　2014.1

196　よくわかる子ども・子育て新制度　1　小規模保育事業（保育行財政研究会編）　2014.3

197　よくわかる子ども・子育て新制度　2　学童保育〈放課後児童健全育成事業〉（保育行財政研究会編）　2014.7

198　転換点にたつオリンピック—異議あり！2020東京オリンピック・パラリンピック（革新都政をつくる会編著）　2014.11

199　国と東電の罪を問う—私にとっての福島原発訴訟（井上淳一, 蓮池透, 堀潤, 松竹伸幸, 「生業を返せ、地域を返せ！」福島原発訴訟原告団・弁護団）　2015.2

200　福島を切り捨てるのですか—“20ミリシーベルト受忍論”批判（白井聡, 「生業を返せ、地域を返せ！」福島原発訴訟原告団・弁護団著）　2015.11

201　安保法案テレビニュースはどう伝えたか—検証・政治権力とテレビメディア（放送を語る会著）　2016.2

202　安保法制違憲訴訟—憲法を取り戻すために（安保法制違憲訴訟の会編著）　2016.6

花乱社選書　花乱社　2012〜2014

1　暗闇に耐える思想—松下竜一講演録（松下竜一著, 新木安利, 梶原得三郎, 藤永伸編）　2012.1

2　筑前竹槍一揆研究ノート（石滝豊美著）　2012.5

3　葉山嘉樹・真実を語る文学（楜沢健他著, 三人の会編）　2012.5

4　薩摩塔の時空—異形の石塔をさぐる（井形進著）　2012.12

5　森里海連環による有明海再生への道—心の森を育む（SPERA森里海・時代を拓く編, 田中克, 吉永郁生監修）　2014.7

ガリバーBOOKS　ガリバープロダクツ　2004〜2016　⇒V-458

◇医者が書いた医者いらずの本—家庭で出来る自然治癒療法（堀信泰著）　2010.5

◇KIYOMORI—平清盛（碓井静照著）　2011.5

◇わたしの人生—ふるさと・家族を想う（杉本てるこ著）　2012.10

◇わたしの人生　続　すてきな人たちとの出会い（杉本てるこ著）　2013.10

◇「挫折」の力（河本浩一著）　2014.3

◇わたしの哲学—修行力（平松恵一著）　2014.6
◇ぼくのねがいごと（ほほえみここ作）　2014.10
◇中国見聞考—現代中国のゆくえ（森本俊彦著）　2015.4
◇地方都市は消える？—あなたの故郷は大丈夫なのか（後藤のぼる著）　2015.4
◇1回5分体が喜ぶ健康術（西本直著，えだお作画）　2016.4
◇現代中国試論—中国の陰と陽（森本俊彦著）　2016.4

河合ブックレット　河合文化教育研究所　1986〜2014　⇒Ⅰ－264
◇科学とのつき合い方　新装版（高木仁三郎著）　2012.3
36　新たなグローバリゼーションの時代を生きて（太田昌国著）　2011.3
37　福島原発事故—原発を今後どうすべきか（小出裕章著）　2012.4
38　伊豆高原アートフェスティバルの不思議（谷川晃一著）　2012.5
39　国家神道と戦前・戦後の日本人—「無宗教」になる前と後（島薗進著）　2014.9

川北義則の名著シリーズ　ロングセラーズ　2014〜2016
◇アラン幸福論（川北義則著）　2014.11
◇福沢諭吉 学問のすゝめ（川北義則著）　2016.1

KAWADE道の手帖　河出書房新社　2005〜2014　⇒Ⅴ－684
◇マクルーハン—生誕100年、メディア（論）の可能性を問う　2011.2
◇作家と戦争—太平洋戦争70年　2011.6
◇ウィトゲンシュタイン—没後60年、ほんとうに哲学するために（哲学入門）　2011.6
◇竹中労—没後20年・反骨のルポライター　2011.7
◇寺田寅彦—いまを照らす科学者のことば（池内了責任編集）　2011.11
◇親鸞—浄土真宗の原点を知る（宗教入門）　2011.12
◇吉田健一—生誕100年最後の文士　2012.2
◇大杉栄—日本で最も自由だった男　2012.2
◇深沢七郎—没後25年ちょっと一服、冥土の道草　2012.5
◇柳宗理—「美しさ」を暮らしの中で問い続けたデザイナー：追悼特集　2012.8
◇中村元—生誕100年：仏教の教え人生の知恵　新装新版 永久保存版　2012.9
◇今和次郎と考現学—暮らしの“今”をとらえた〈目〉と〈手〉　2013.1
◇石牟礼道子—魂の言葉、いのちの海　2013.4
◇宮本常一—旅する民俗学者　増補新版（佐野真一責任編集）　2013.7
◇ドナルド・キーン—世界に誇る日本文学者の軌跡　2014.2
◇谷川健一—越境する民俗学の巨人 追悼総特集　2014.2
◇井筒俊彦—言語の根源と哲学の発生　2014.6
◇木田元—軽妙洒脱な反哲学　2014.12

かんよう選書　かんよう出版　2012〜2013
1　平家伝説と隠れ里（横山高治著）　2012.7
2　原子力とわたしたちの未来—韓国キリスト教の視点から（大韓基督教書会『基督教思想』編，神山美奈子，李相勁，李相勲，洪伊杓訳）　2012.11
3　これが道だ、これに歩め—イザヤ書による説教（井田泉著）　2012.11
4　『ホビット』を読む—『ロード・オブ・ザ・リングズ』への序章（川原有加著）　2013.1

キーステージ21ソーシャルブックス　キーステージ21　2011〜2016
◇何度でも立ち上がれ—僕の人生、起き上がりこぼし（大谷晋二郎著）　2011.3
◇社会を変える教育—英国のシティズンシップ教育とクリック・レポートから（長沼豊，大久保正弘編著，バーナード・クリックほか著，鈴木崇弘，由井一成訳）　2012.10
◇さいごのぞう（井上奈奈絵・文）　2014.1
◇クマと旅をする（前川貴行写真・文）　2016.2

基礎シリーズ　実教出版　1998〜2013　⇒Ⅰ－264
◇最新建築法規入門　2011年度版（松本光平監修）　2011.3
◇最新建築法規入門　［2012年度版］（［松本光平］［ほか著］，松本光平監修）　2012.3
◇最新建築法規入門　［2013］（松本光平監修）　2013.2

吉備人選書　吉備人出版　2002〜2014　⇒Ⅲ－778
9　「連語」を生きる　1（松畑熙一著）　2010.11

一般叢書・全集　　　　　　　　　　　　　　　　　　　　　　　　　　　総記

10　戦国武将・宇喜多四代―岡山城築城物語：劇画（タケバヤシ哲郎画, 市川俊介監修）　2011.12

11　自分づくりの出発点―「連語」を生きる 2（松畑熙一著）　2012.1

12　すてきな絵本タイム（佐々木宏子と岡山・プー横丁の仲間たち編著）　2012.12

13　大西祝―闘う哲学者の生涯（片山純一著）　2013.1

14　「連語」を生きる　3　自分力の磨き方（松畑熙一著）　2014.3

教養得本　新読書社　1998〜2012　⇒Ⅴ-467
◇保育の散歩道（宍戸健夫著）　2012.8

教養・文化シリーズ　日本放送出版協会, NHK出版　1997〜2016　⇒Ⅰ-267
◇坂の上の雲―NHKスペシャルドラマ・ガイド　第2部　2010.11
◇いまからはじめる俳句（別冊NHK俳句）（NHK出版編, 宇多喜代子監修）　2010.12
◇もう一度見たい！ 伝説の名勝負―NHK杯将棋トーナメント60周年記念（別冊NHK将棋講座）（NHK出版編）　2011.2
◇NHK大河ドラマ大全―50作品徹底ガイド 完全保存版　2011.3
◇イ・サン―韓国ドラマ・ガイド　特別編（KTT Worldwide Co., Ltd., NHK出版編）　2011.5
◇トンイ―韓国ドラマ・ガイド　前編　2011.7
◇犬の力、もっと知りたい！―NHK「極める！」スペシャル（NHK出版編）　2011.8
◇マリー＆ガリー科学の発明・発見ものがたり　2011.8
◇坂の上の雲―NHKスペシャルドラマ・ガイド　第3部　2011.11
◇トンイ―韓国ドラマ・ガイド　後編　2011.12
◇はじめておぼえる季語100（別冊NHK俳句）（NHK出版編, 小島健監修）　2012.4
◇トンイ―"Dong Yi" Drama Guide Book special edition　特別編（韓国ドラマ・ガイド）　2012.5
◇恐竜王ティラノサウルス―立体工作付き（小林快次監修）　2012.8
◇王女の男（韓国ドラマ・ガイド）　2012.9
◇NHKスペシャル中国文明の謎―中国四千年の始まりを旅する（NHK「中国文明の謎」取材班編著）　2012.10
◇チャロと歩く東北―NHKテレビリトル・チャロ〜東北編〜ビジュアル・ブック（NHK出版編）

2012.12
◇太陽を抱く月（韓国ドラマ・ガイド）　2013.2
◇もっと知りたい美しい季節のことば（別冊NHK俳句）（宇多喜代子監修, 浦川聡子文, NHK出版編）　2013.4
◇馬医　前編（韓国ドラマ・ガイド）　2013.8
◇馬医　後編（韓国ドラマ・ガイド）　2014.1
◇NHKニュースのキーポイント―世の中まるごと早わかり　2014年版（NHK解説委員室編）　2014.1
◇俳句練習帖―書き込み式ドリルで楽しく上達！（別冊NHK俳句）（小島健著）　2014.4
◇「幸せ」について考えよう（別冊NHK100分de名著）（島田雅彦, 浜矩子, 西研, 鈴木晶著）　2014.5
◇NHK幻解！ 超常ファイル―ダークサイド・ミステリー（NHK「幻解！ 超常ファイル」制作班編著）　2014.7
◇故宮―流転の名品を知る美を見極める（NHKスペシャル）（板倉聖哲, 石川九楊, 今井敦, 西村康彦監修・著, NHK「故宮」取材班編著）　2014.9
◇まんぷくりょうり＆かんたんおやつ―NHKすすめ！ キッチン戦隊クックルン（市瀬悦子料理監修）　2014.11
◇山賊の娘ローニャ　前編　かみなりの夜の子（NHKアニメ・ガイド）（宮崎吾朗監督, アストリッド・リンドグレーン原作）　2014.11
◇NHKニュースのキーポイント―世の中まるごと早わかり　2015年版（NHK解説委員室編）　2014.12
◇老子×孫子「水」のように生きる（別冊NHK100分de名著）（蜂屋邦夫, 湯浅邦弘著）　2015.2
◇山賊の娘ローニャ　後編　春のさけび（NHKアニメ・ガイド）（宮崎吾朗監督, アストリッド・リンドグレーン原作）　2015.3
◇「日本人」とは何者か？―九鬼周造『「いき」の構造』松岡正剛●折口信夫『死者の書』赤坂真理 河合隼雄『中空構造日本の深層』斎藤環●鈴木大拙『日本的霊性』中沢新一（別冊NHK100分de名著）（松岡正剛, 赤坂真理, 斎藤環, 中沢新一著）　2015.5
◇情熱のシーラ（スペインドラマ・ガイド）　2015.7
◇生命大躍進（NHKスペシャル）（NHKスペシャル「生命大躍進」制作班編）　2015.7
◇ピカイア！ カンブリア紀の不思議な生き物たち―NHK科学アニメ・ガイド　2015.8

総記 一般叢書・全集

◇NHK連続テレビ小説まれ写真集(市橋織江著)
2015.10
◇朝ドラの55年―全93作品完全保存版 連続テレ
ビ小説1961年から2015年(NHKドラマ番組部監
修) 2015.11
◇書いて身につく四季の名句120選(別冊NHK俳
句)(鍵和田秞子著) 2015.12
◇アジア巨大遺跡―兵馬俑・バガン・縄文・アン
コール(NHKスペシャル)(NHKスペシャル「ア
ジア巨大遺跡」取材班編) 2016.1
◇NHK杯国際フィギュアスケート競技大会公式メ
モリアルブック(日本スケート連盟監修, NHK出
版編) 2016.1
◇NHKゴー!ゴー!キッチン戦隊クックルンおう
ちでごちそう(市瀬悦子, 井部奈生子料理監修)
2016.2
◇集中講義旧約聖書―「一神教」の根源を見る(別
冊NHK100分de名著)(加藤隆著) 2016.2
◇大河ドラマ検定公式問題集(小和田哲男, 大河ド
ラマ検定委員会監修) 2016.3
◇「平和」について考えよう―フロイト『人はなぜ
戦争をするのか』斎藤環●ブローデル『地中海』
水野和夫 井原西鶴『日本永代蔵』田中優子●ヴォ
ルテール『寛容論』高橋源一郎(別冊NHK100分
de名著)(斎藤環, 水野和夫, 田中優子, 高橋源一
郎著) 2016.5
◇完全解剖ティラノサウルス―最強恐竜進化の謎
(NHKスペシャル)(NHKスペシャル「完全解剖
ティラノサウルス」制作班編, 土屋健執筆) 2016.
9
◇最新科学でハッピー子育て―ママたちが非常事
態!? 夜泣き・イヤイヤ・人見知りにも理由があっ
た!(NHKスペシャル)(NHK出版編) 2016.
10

近代偉人傑作選 ゴマブックス 2014
◇羅生門―国会図書館所蔵図書(芥川竜之介著)
2014.12
◇武士道―国会図書館所蔵図書(新渡戸稲造著)
2014.12

クオン人文・社会シリーズ クオン 2014〜2016
◇再生する都市空間と市民参画―日中韓の比較研
究から(田島夏与, 石坂浩一, 松本康, 五十嵐暁郎
編著) 2014.4
02 朝鮮の女性〈1392-1945〉―身体、言語、心性
(金賢珠, 朴茂瑛, イヨンスク, 許南麟編) 2016.
3

03 ケータイの文化人類学―かくれた次元と日常
性(金暻和著) 2016.2
04 「ものづくり」を変えるITの「ものがたり」―
日本の産業、教育、医療、行政の未来を考える
(廉宗淳著) 2016.8

釧路新書 釧路市教育委員会 2011〜2014
30 石川啄木―その釧路時代 増補/北畠立朴/補
注(鳥居省三著, 釧路市教育委員会生涯学習課編)
2011.1
31 「挽歌」物語―作家原田康子とその時代(盛厚
三著, 釧路市教育委員会生涯学習課編) 2011.10
32 釧路を彩る作家たち―羽生輝・中江紀洋・望
月正男・米坂ヒデノリ・久本春雄・小野寺玄・小
林一雄(瀬戸厚志著, 釧路市立美術館編) 2013.
3
33 くしろの太鼓(北海道くしろ蝦夷太鼓保存会
編) 2014.3

熊日新書 熊日出版(制作) 2014
◇矢嶋楫子の生涯と時代の流れ(斎藤省三著)
2014.10

熊日新書 熊本日日新聞社 1999〜2013
⇒Ⅰ-269
◇くまもとの紫のはなし(熊本県立大学編著)
2011.11
◇ジェーンズが遺したもの(熊本県立大学編著)
2012.3
◇木下韡村の生涯とその魅力―韡村書屋に集まる
廉潔の志士たち(木野主計著) 2013.8
◇「こうのとりのゆりかご」は問いかける―子ど
もの幸せのために(聖粒会慈恵病院編著) 2013.
11
◇蘇峰の時代(熊本県立大学編著) 2013.11

**群書治要三六〇 [魏徵][ほか編さん], マレーシ
ア中華文化教育センター編訳, 西有学会訳 西
有学会 2015**
第1冊 2015.4
第2冊 2015.4

**k.m.p.の、またまたシリーズ エンターブレイ
ン, KADOKAWA 2013**
◇やなコトを、どーにかこーにか。 新装版(なか
がわみどり, ムラマツエリコ著) 2013.10
◇ちいさかったころ。 新装版(ムラマツエリコ,
なかがわみどり著) 2013.11

一般叢書・全集　　総記

◇2人で、おうちで、しごとです。　新装版（なかがわみどり，ムラマツエリコ著）　2013.12

蛍翔手づくり文庫　蛍翔出版倶楽部　1988〜2012
⇒Ⅰ－270
第95集　祖母の残した宝（高須賀和恵著）　2011.1
第96集　花笑み（岩崎文子著）　2011.2
第97集　海―詩集（柳原省三著，佐川敬編）　2011.7
第98集　絆（佐川敬編）　2011.11
第99集　蛍の宿のいい話　第6集（佐川敬編）　2012.2
第100集　坂の下の家（佐川敬著）　2012.6

keiso C books　勁草書房　2005〜2015
◇行政権の法解釈と司法統制　オンデマンド版（山岸敬子著）　2005.1
◇医の倫理を問う―第731部隊での体験から　オンデマンド版（秋元寿恵夫著）　2005.1
◇論語を読む　オンデマンド版（常石茂著）　2005.1
◇温泉権の研究　続　オンデマンド版（川島武宜，潮見俊隆，渡辺洋三編著）　2005.1
◇自白の分析と評価―自白調書の信用性の研究　オンデマンド版（守屋克彦著）　2005.4
◇ベトナム戦争の起源　オンデマンド版（谷川栄彦編著）　2005.8
◇回想の尾崎秀実　オンデマンド版（尾崎秀樹編）　2005.9
◇密教と錬金術　オンデマンド版（佐藤任著）　2005.9
◇カント倫理学の成立―イギリス道徳哲学及びルソー思想との関係　オンデマンド版（浜田義文著）　2005.12
◇ネパールの歴史―対インド関係を中心に（第三世界研究シリーズ）　オンデマンド版（西沢憲一郎著）　2005.12
◇戦後日本の教育行政構造―その形成過程　オンデマンド版（荻原克男著）　2006.6
◇人間機械論の哲学―心身問題と自由のゆくえ　オンデマンド版（坂本百大著）　2006.6
◇中国と朝鮮戦争　オンデマンド版（平松茂雄著）　2006.8
◇中国の海洋戦略　オンデマンド版（平松茂雄著）　2006.8
◇中国の海洋戦略　続　オンデマンド版（平松茂雄著）　2006.8

◇「帰国子女」の位置取りの政治―帰国子女教育学級の差異のエスノグラフィ　オンデマンド版（渋谷真樹著）　2007.4
◇国際文化交流の政治経済学　オンデマンド版（平野健一郎編）　2007.4
◇水俣病の政治経済学―産業史的背景と行政責任　オンデマンド版（深井純一著）　2007.5
◇沖縄戦―沖縄を学ぶ100冊　オンデマンド版（沖縄戦―沖縄を学ぶ100冊刊行委員会編）　2007.8
◇現代日本医療史―開業医制の変遷　オンデマンド版（川上武著）　2010.11
◇レオナルド・ダ・ヴィンチ（思想学説全書）　オンデマンド版（下村寅太郎著）　2011.5
◇マーシャル―近代経済学の創立者（思想学説全書）　オンデマンド版（馬場啓之助著）　2011.5
◇ベイコン（思想学説全書）　オンデマンド版（花田圭介著）　2011.5
◇フォイエルバッハ（思想学説全書）　オンデマンド版（城塚登著）　2011.5
◇シェリング（思想学説全書）　オンデマンド版（藤田健治著）　2011.5
◇人間的な合理性の哲学―パスカルから現代まで　オンデマンド版（伊藤邦武著）　2012.5
◇父子家庭を生きる―男と親の間　オンデマンド版（春日キスヨ著）　2013.2
◇社会倫理思想史　オンデマンド版（淡野安太郎著）　2013.2
◇政治の生理学―必要悪のアートと論理　オンデマンド版（中金聡著）　2013.2
◇なぜ科学批判なのか　オンデマンド版（藤田晋吾著）　2013.2
◇春秋を読む　オンデマンド版（常石茂，稲田孝著）　2013.2
◇女性解放という思想　オンデマンド版（江原由美子著）　2013.2
◇哲学の越境―行為論の領野へ　オンデマンド版（広松渉著）　2013.2
◇トマス・アクィナスの言語ゲーム　オンデマンド版（落合仁司著）　2013.2
◇武谷三男著作集　2　原子力と科学者　オンデマンド版（武谷三男著）　2013.2
◇武谷三男著作集　3　戦争と科学　オンデマンド版（武谷三男著）　2013.2
◇機能する地方自治体　オンデマンド版（牧田義輝著）　2013.6
◇開放マクロ経済学　オンデマンド版（秋葉弘哉

総記

◇著） 2013.6
◇公共投資と道路政策　オンデマンド版(長峯純一, 片山泰輔編著)　2013.6
◇中国の核戦力　オンデマンド版(平松茂雄著)　2013.6
◇記号の呪縛―テクストの解釈と分裂病　オンデマンド版(有馬道子著)　2013.6
◇ラディカル・フェミニズム再興　オンデマンド版(江原由美子著)　2013.6
◇若者文化のフィールドワーク―もう一つの地域文化を求めて　オンデマンド版(伊奈正人著)　2013.6
◇日本人の生死観―医師のみた生と死　オンデマンド版(川上武, 小池保子, 上林茂暢, 庄司道子, 梅谷薫著)　2013.6
◇理性と権力―生産主義的理性批判の試み　オンデマンド版(今村仁司著)　2013.6
◇女性が働く社会　オンデマンド版(篠塚英子著)　2013.6
◇ラスウェルと丸山政治学　オンデマンド版(滝村隆一著)　2013.6
◇近代沖縄の政治構造　オンデマンド版(大田昌秀著)　2013.6
◇北京の中江丑吉―ある個性の記録　オンデマンド版(加藤惟孝著, 阪谷芳直編)　2013.6
◇裁判官の書斎　オンデマンド版(倉田卓次著)　2013.6
◇欲望のウロボロス　オンデマンド版(丸山圭三郎著)　2013.6
◇脱男性の時代―アンドロジナスをめざす文明学　オンデマンド版(渡辺恒夫著)　2013.6
◇現代台湾経済分析―開発経済学からのアプローチ　オンデマンド版(朝元照雄著)　2013.6
◇移民・難民・援助の政治学―オーストラリアと国際社会　オンデマンド版(竹田いさみ著)　2013.6
◇税法学の実践論的展開　オンデマンド版(北野弘久著)　2013.6
◇三浦つとむ選集　5　ものの見方考え方　オンデマンド版(三浦つとむ著)　2013.6
◇「内村鑑三」と出会って　オンデマンド版(堀孝彦, 梶原寿編)　2013.8
◇政府開発援助　第2版　オンデマンド版(樋口貞夫著)　2013.8
◇比較封建制論　オンデマンド版(外村直彦著)　2013.8

◇従業員持株制度の実証的研究　オンデマンド版(園田光司著)　2013.8
◇現代情念論―人間を見つめる　オンデマンド版(中村雄二郎著)　2013.8
◇若きマルクスの思想―社会主義思想の成立　オンデマンド版(城塚登著)　2013.8
◇国家論をめぐる論戦　オンデマンド版(滝村隆一著)　2013.8
◇医療改革と病院―幻想の「抜本改革」から着実な部分改革へ　オンデマンド版(二木立著)　2013.8
◇大正文化―1905～1927　オンデマンド版(南博, 社会心理研究所著)　2013.8
◇空間価値論―都市開発と地価の構造　オンデマンド版(早川和男著)　2013.8
◇科学と人間―ウィトゲンシュタイン的アプローチ　オンデマンド版(黒崎宏著)　2013.8
◇トランス・ジェンダーの文化―異世界へ越境する知　オンデマンド版(渡辺恒夫著)　2013.8
◇明治初期の思想　オンデマンド版(淡野安太郎著)　2013.8
◇本を分類する　オンデマンド版(緑川信之著)　2013.8
◇日本で学ぶ留学生―社会心理学的分析　オンデマンド版(岩男寿美子, 萩原滋著)　2013.8
◇21世紀ライフスタイル革命―生活文化を軸にした経済・社会の創造　オンデマンド版(板東慧著)　2013.8
◇近代日本糖業史　上巻　オンデマンド版(糖業協会編)　2013.8
◇近代日本糖業史　下巻　オンデマンド版(糖業協会編)　2013.8
◇武谷三男著作集　5　自然科学と社会科学　オンデマンド版(武谷三男著)　2013.8
◇武谷三男著作集　6　文化論　オンデマンド版(武谷三男著)　2013.8
◇銀行原理と国際通貨システム　オンデマンド版(松井均著)　2013.10
◇国際関係のカオス状態とパラダイム　オンデマンド版(浦野起央著)　2013.10
◇ロード・プライシング―理論と政策(日本交通政策研究会研究双書 23)　オンデマンド版(関哲雄, 庭田文近編著)　2013.10
◇東アジア経済の連関構造の計量分析(中京大学経済学研究叢書 第15輯)　オンデマンド版(山田光男著)　2013.10

◇あがないの時間割—ふたつの体罰死亡事件　オンデマンド版(塚本有美著)　2013.10

◇物神性の解読—資本主義にとって人間とは何か[新装版]オンデマンド版(高橋洋児著)　2013.10

◇社会思想史　新版　オンデマンド版(淡野安太郎著)　2013.10

◇ナチズムと労働者—ワイマル共和国時代のナチス経営細胞組織　オンデマンド版(原田昌博著)　2013.10

◇公益法人の研究　オンデマンド版(森泉章著)　2013.10

◇囲われた学校—1900年—近代日本教育史論　オンデマンド版(竹中暉雄著)　2013.10

◇中世ハンザ都市の研究—ドイツ中世都市の社会経済構造と商業　オンデマンド版(斯波照雄著)　2013.10

◇現代産業に生きる技—「型」と創造のダイナミズム(名古屋学院大学研究叢書22)　オンデマンド版(十名直喜著)　2013.10

◇近代知多綿織物業の発展—竹之内商店の場合(神戸大学経済学叢書 第15輯)　オンデマンド版(浦長瀬隆著)　2013.10

◇学校文法の語らなかった英語構文(中京大学文化科学叢書 11)　オンデマンド版(足立公也, 都築雅子編著)　2013.10

◇労働者管理企業と労働移動の経済学(中京大学経済学部付属経済研究所研究叢書 第8輯)　オンデマンド版(近藤健児, 多和田真, 松葉敬文編著)　2013.10

◇相手の立場に立つ—ヘアの道徳哲学　オンデマンド版(山内友三郎著)　2013.10

◇権利の言説—共同体に生きる自由の法　オンデマンド版(棚瀬孝雄著)　2013.10

◇女性とライフキャリア　オンデマンド版(東京女子大学女性学研究所, 矢沢澄子, 岡村清子編)　2013.10

◇縁の美学(歌の道の詩学 2)　オンデマンド版(尼ケ崎彬著)　2013.10

◇欧米演劇を探る—オペラ・ミュージカル・ロンドン演劇(中京大学文化科学叢書 3)　オンデマンド版(玉崎紀子, 酒井正志著)　2013.10

◇女であることの希望—ラディカル・フェミニズムの向こう側　オンデマンド版(吉沢夏子著)　2013.10

◇概説特許法・知的財産権条約　オンデマンド版(川口博也著)　2013.10

◇アジア経済動態論—景気サイクルの連関と地域経済統合(神戸大学経済学叢書 第14輯)　オンデマンド版(高橋克秀著)　2013.10

◇行政法解釈の諸問題　オンデマンド版(平岡久著)　2013.10

◇初等統計・計量経済分析のための教育システム(中京大学経済学部付属経済研究所研究叢書 第6輯)　オンデマンド版(木村吉男, 中山恵子編著)　2013.10

◇近世農村地域社会史の研究(中京大学経済学研究叢書 第12輯)　オンデマンド版(阿部英樹著)　2013.10

◇江戸時代の八事山興正寺—八事文庫文書にみる尾張高野の歩み(中京大学経済学研究叢書 第16輯)　オンデマンド版(阿部英樹著)　2013.10

◇三浦つとむ選集　4　芸術論　オンデマンド版(三浦つとむ著)　2013.10

◇三浦つとむ選集　補巻　唯物弁証法の成立と歪曲　オンデマンド版(三浦つとむ著, 板倉聖宣編)　2013.10

◇モンテッソーリ教育思想の形成過程—「知的生命」の援助をめぐって　オンデマンド版(早田由美子著)　2014.3

◇国民投票と欧州統合—デンマーク・EU関係史　オンデマンド版(吉武信彦著)　2014.3

◇バイオ・コリアと女性の身体—ヒトクローンES細胞研究「卵子提供」の内幕　オンデマンド版(淵上恭子著)　2014.3

◇中国の国防と現代化　オンデマンド版(平松茂雄著)　2014.3

◇シジウィックと現代功利主義　オンデマンド版(奥野満里子著)　2014.3

◇花鳥の使(歌の道の詩学 1)　オンデマンド版(尼ケ崎彬著)　2014.3

◇正岡子規　オンデマンド版(梶木剛著)　2014.3

◇語用論的意味理論と法解釈方法論(法律学方法論と刑事法基礎理論 1)　オンデマンド版(増田豊著)　2014.3

◇刑事手続における事実認定の推論構造と真実発見—明治大学社会科学研究所叢書(法律学方法論と刑事法基礎理論 2)　オンデマンド版(増田豊著)　2014.3

◇規範論による責任刑法の再構築—認識論的自由意志論と批判的責任論 明治大学社会科学研究所叢書(法律学方法論と刑事法基礎理論 3)　オンデマンド版(増田豊著)　2014.3

総記　　　　　　　　　　　　　　　　　　　　　　　　一般叢書・全集

◇現代刑法論争　1　第2版　オンデマンド版（植松正，川端博，曽根威彦，日高義博著）　2014.3
◇南博セレクション　1　アメリカそして中国　オンデマンド版（南博著）　2014.3
◇現代刑法論争　2　第2版　オンデマンド版（植松正，川端博，曽根威彦，日高義博著）　2014.3
◇南博セレクション　2　日本の社会と文化　オンデマンド版（南博著）　2014.3
◇南博セレクション　3　芸術の心理　オンデマンド版（南博著）　2014.3
◇南博セレクション　4　マスコミと風俗　オンデマンド版（南博著）　2014.3
◇南博セレクション　5　行動理論・精神分析・哲学　オンデマンド版（南博著）　2014.3
◇南博セレクション　6　社会意識と歴史意識　オンデマンド版（南博著）　2014.3
◇南博セレクション　7　出会いの人生―自伝のこころみ　オンデマンド版（南博著）　2014.3
◇記号と意味　オンデマンド版（加藤茂著）　2014.7
◇国際関係理論史　オンデマンド版（浦野起央著）　2014.7
◇中国は脅威か　オンデマンド版（天児慧編著）　2014.7
◇集いと語りのデモクラシー―リンゼイとダールの多元主義論　オンデマンド版（田村浩志著）　2014.7
◇住民訴訟論　新版　オンデマンド版（関哲夫著）　2014.7
◇都市鉄道の次善料金形成―自動車交通との競合下での理論（中京大学経済学研究叢書　第10輯）オンデマンド版（鈴木崇児著）　2014.7
◇企業内賃金構造と労働市場（神戸大学経済学叢書　第3輯）　オンデマンド版（三谷直紀著）　2014.7
◇中国農村・農業経済の転換　オンデマンド版（厳善平著）　2014.7
◇西洋初期中世貴族の社会経済的基礎（青山学院大学経済研究調査室「研究叢書」5）　オンデマンド版（石川操著）　2014.7
◇米中経済摩擦：中国経済の国際展開　オンデマンド版（大橋英夫著）　2014.7
◇戦後ドイツ金融とリテール・バンキング―銀行の大衆化と金融商品の価格　オンデマンド版（清田匡著）　2014.7
◇アジア金融再生―危機克服の戦略と政策　オンデマンド版（高安健一著）　2014.7

◇ドイツ都市近郊農村史研究―「都市史と農村史のあいだ」序説　オンデマンド版（加藤房雄著）　2014.7
◇人間的国際社会論　オンデマンド版（浦野起央著）　2014.7
◇女性化する福祉社会　オンデマンド版（杉本貴代栄著）　2014.7
◇「世界一」の医療費抑制政策を見直す時期　オンデマンド版（二木立著）　2014.7
◇21世紀への社会保障改革―医療と福祉をどうするか　オンデマンド版（川上武著）　2014.7
◇地域と演劇―演劇文化論集2（中京大学文化科学叢書　4）　オンデマンド版（安藤隆之，井関隆著）　2014.7
◇越境する音楽―文学そして哲学へ　オンデマンド版（足立美比古著）　2014.7
◇比較現代世界の家族　オンデマンド版（塩田長英著）　2014.7
◇フランス語の統語論研究―関係文法の限界と可能性（大阪外国語大学言語社会研究叢書　第3輯）オンデマンド版（木内良行著）　2015.1
◇エスニックの次元―《日本哲学》創始のために　オンデマンド版（佐々木健一著）　2015.1
◇ミモザ幻想―記憶・芸術・国境　オンデマンド版（佐々木健一著）　2015.1
◇近代的育児観への転換―啓蒙家三田谷啓と1920年代　オンデマンド版（首藤美香子著）　2015.1
◇偽りの同盟―チャーチルとスターリンの間　オンデマンド版（秋野豊著）　2015.1
◇中国の戦略的海洋進出　オンデマンド版（平松茂雄著）　2015.1
◇基軸通貨ドルの形成　オンデマンド版（西倉高明著）　2015.1
◇中国社会保障改革の衝撃―自己責任の拡大と社会安定の行方　オンデマンド版（大塚正修，日本経済研究センター編）　2015.1
◇環境経済システムの計算理論　オンデマンド版（山本秀一著）　2015.1
◇資源循環型経済と外部性の内部化　オンデマンド版（小出秀雄著）　2015.1
◇対距離課金による道路整備（日本交通政策研究会研究双書　24）　オンデマンド版（根本敏則，味水佑毅編著）　2015.1
◇チャイニーズ・スタンダード―世界標準に挑む中国　オンデマンド版（藤村幸義著）　2015.1
◇日本経済の再生は近い　オンデマンド版（加藤寛

一般叢書・全集 / 総記

著） 2015.1

◇中国経済の巨大化と香港—そのダイナミズムの解明　オンデマンド版（篠原三代平著）　2015.1

◇敗戦への三つの〈思いこみ〉—外交官が描く実像　オンデマンド版（山口洋一著）　2015.1

◇武谷三男著作集　4　科学と技術　オンデマンド版（武谷三男著）　2015.1

◇カンボジア憲法論　オンデマンド版（四本健二著）　2015.6

◇憲法と資本主義の現在—「百年に一度の危機」のなかで　オンデマンド版（杉原泰雄著）　2015.6

◇公共選択と地方分権　オンデマンド版（長峯純一著）　2015.6

◇労働市場のマクロ分析　オンデマンド版（大住康之著）　2015.6

◇課税主義の財政学（神戸大学経済学叢書 第13輯）オンデマンド版（玉岡雅之著）　2015.6

◇資源配分機構の設計と外部性　オンデマンド版（長名寛明著）　2015.6

◇閉じつつ開かれる世界—メディア研究の方法序説　オンデマンド版（水島久光著）　2015.6

◇現代イランの農村都市—革命・戦争と地方社会の変容　オンデマンド版（鈴木均著）　2015.6

◇福祉社会のジェンダー構造（双書ジェンダー分析5）　オンデマンド版（杉本貴代栄著）　2015.6

◇国家の語り方—歴史学からの憲法解釈　オンデマンド版（小路田泰直著）　2015.6

◇子どもの心を支える—保育力とは何か　オンデマンド版（村田陽子, 友定啓子著）　2015.6

◇学習者の多様なニーズと教育政策—LD・ADHD・高機能自閉症への特別支援教育　オンデマンド版（柘植雅義著）　2015.6

◇ドイツ再生とEU—シュレーダー政権のめざすもの　オンデマンド版（走尾正敬著）　2015.6

◇台湾問題—中国と米国の軍事的確執　オンデマンド版（平松茂雄著）　2015.6

◇住民参加の再生—空虚な市民論を超えて　オンデマンド版（牧田義輝著）　2015.6

◇ゲーム理論の世界　オンデマンド版（鈴木光男著）　2015.6

◇OLの創造—意味世界としてのジェンダー　オンデマンド版（金野美奈子著）　2015.6

◇保健医療分野のODA—陰から光へ　オンデマンド版（我妻堯著）　2015.6

◇医療ソーシャルワークの現代性と国際性—MSW45年の歩みより　オンデマンド版（児島美都子著）　2015.6

◇装うこと生きること—女性たちの日本近代　オンデマンド版（羽生清著）　2015.6

Keibunsha books　啓文社　2012〜2016

◇海を見に行く—詩集（細川悦雄著）　2012.1

◇大ピンチを乗り越えるための名言集—どん底から立ち上がる（来山隆弘著）　2016.11

KEYAKI BOOKLET　けやき出版　2011〜2012

◇日本陸軍の通信諜報戦—北多摩通信所の傍受者たち（鳥居英晴著）　2011.3

◇日本は海と共に生きる—海に残る一筋の光（洋茂著）　2012.6

言視BOOKS　言視舎　2012〜2016

◇東京「消えた山」発掘散歩—都区内の名〈迷〉山と埋もれた歴史を掘り起こす（川副秀樹著）　2012.4

◇東京の「年輪」発掘散歩—旧街道ごとにたどる大都市の「境界」（川副秀樹著）　2013.5

◇泣ける太宰笑える太宰—太宰治アンソロジー　言視舎版（太宰治[著], 宝泉薫編）　2014.5

◇古事記の根源へ—『NHK100分de名著古事記』はなぜ「火の神話」を伝えないのか（村瀬学著）2014.9

◇この映画を観れば世界がわかる—現在を刺激する監督たちのワールドワイドな見取り図（東京フィルメックス編）　2014.10

◇どんな論文でも書けてしまう技術—1億人の「知的生産」講座（鷲田小弥太著）　2014.11

◇東京の「怪道」をゆく—「異界」発掘散歩 遊郭の変遷, 隅田川の周辺ゾーン 七不思議や妖霊伝説の数々……（川副秀樹著）　2014.12

◇プロ野球埋もれたMVPを発掘する本—1950-2014（出野哲也著）　2015.2

◇とっさのコトバ—コミュニケーションが苦手な人のための（岩井一清著）　2015.2

◇75歳まで働き愉しむ方法—「自分ロードマップ」で未来がみえてくる（出川通著）　2015.3

◇いきなり作詞ができてしまう本！—80年代ヒット曲がお手本（葉月けめこ著）　2015.4

◇アニメに学ぶ心理学—『千と千尋の神隠し』を読む（愛甲修子著）　2015.10

◇「戦争映画」が教えてくれる現代史の読み方—キーワードはユダヤ人問題（福井次郎著）　2015.

総記　　　　　　　　　　　　　　　　　　　　　　　　　　　　　　一般叢書・全集

11
◇アマチュア落語に挑戦する本！―独学なのに3ケ
　月で1席できます（室岡ヨシミコ著）　2016.6

現代選書　信山社　2008〜2016
　　⇒Ⅰ−272；Ⅲ−81
3　国際テロリズム入門（初川満編）　2010.7
4　首都直下大地震から会社をまもる（三井康寿著）
　　2011.6
5　女性差別撤廃条約と私たち（林陽子編著）
　　2011.11
6　核軍縮入門（黒沢満著）　2011.7
8　武器輸出三原則入門―「神話」と実像（森本正
　　崇著）　2012.1
9　東日本大震災と原発事故（外尾健一社会法研究
　　シリーズ1）（外尾健一著）　2012.6
10　労働契約法の形成と展開（外尾健一社会法研究
　　シリーズ2）（外尾健一著）　2012.11
21　韓国社会と法（高翔竜著）　2012.12
22　緊急事態の法的コントロール―大震災を例と
　　して（初川満編）　2013.7
23　環境外交―気候変動交渉とグローバル・ガバ
　　ナンス（加納雄大著）　2013.6
24　人にやさしい医療の経済学―医療を市場メカ
　　ニズムにゆだねてよいか（森宏一郎著）　2013.12
25　年金改革の基礎知識（石崎浩著）　2014.3
26　基礎からわかる選挙制度改革（読売新聞政治部
　　編著）　2014.4
27　EUとは何か―国家ではない未来の形（中村民
　　雄著）　2015.3
28　年金改革の基礎知識　第2版（石崎浩著）
　　2016.4
29　EUとは何か―国家ではない未来の形　第2版
　　（中村民雄著）　2016.10
◇環境リスクと予防原則　1　リスク評価―アメリ
　　カ環境法入門1（畠山武道著）　2016.12

現代叢書　東洋書店　2005〜2010　⇒Ⅰ−272
6　核なき世界論（塩原俊彦著）　2010.7

研文選書　研文出版　1978〜2016　⇒Ⅰ−273
107　叙事詩の時代の抒情―江文也の音楽と詩作
　　（王徳威著，三好章訳）　2011.2
108　響きあうテキスト―豊子愷と漱石、ハーン（西
　　槙偉著）　2011.6
109　東西南北の人―杜甫の詩と詩語（後藤秋正著）
　　2011.10

110　岡本花亭（高木重俊著）　2011.10
111　長安百花の時（筧文生著）　2011.12
112　明清史論集　1　風俗と時代観（岸本美緒著）
　　2012.5
113　明清史論集　2　地域社会論再考（岸本美緒
　　著）　2012.6
114　理と詩情―中国文学のうちそと（山本和義著）
　　2012.7
115　並木頼寿著作選　2　近現代の日中関係を問
　　う（並木頼寿著）　2012.8
116　詩仙とその妻たち―李白の実像を求めて（筧
　　久美子著）　2012.11
117　杜甫詩話―何れの日か是れ帰年ならん（後藤
　　秋正著）　2012.11
118　陽明学からのメッセージ（吉田公平著）
　　2013.4
119　五経入門―中国古典の世界（野間文史著）
　　2014.3
120　中国民衆にとっての日中戦争―飢え、社会改
　　革、ナショナリズム（石島紀之著）　2014.7
121　花燃えんと欲す―杜甫詩話　続（後藤秋正著）
　　2014.9
122　中国古典学のかたち（池田秀三著）　2014.11
123　シナに魅せられた人々―シナ通列伝（相田洋
　　著）　2014.11
124　中国学の散歩道―独り読む中国学入門（加地
　　伸行著）　2015.10
125　中国古典学への招待―目録学入門（程千帆，徐
　　有富著，向嶋成美，大橋賢一，樋口泰裕，渡辺大
　　訳）　2016.9

県民カレッジ叢書　富山県民生涯学習カレッジ
　　1989〜2015　⇒Ⅰ−273
103　自分の才能を育む脳の話―考える力とこころ
　　ろ（林成之［述］，富山県民生涯学習カレッジ編）
　　2011.1
104　感動する力（姜尚中［述］，富山県民生涯学習
　　カレッジ編）　2012.1
105　俳句に見る日本人のユーモアと美意識―万葉
　　からの伝統（黛まどか［述］，富山県民生涯学習カ
　　レッジ編）　2013.1
106　日本外交の課題と展望（谷内正太郎［述］，富
　　山県民生涯学習カレッジ編）　2014.1
107　私の人生観、囲碁雑観（武宮正樹［述］，富山県
　　民生涯学習カレッジ編）　2015.1
108　大相撲の文化史（内館牧子［述］，富山県民生
　　涯学習カレッジ編）　2015.12

全集・叢書総目録 2011-2016　　**305**

一般叢書・全集　　　　　　　　　　　　　　　　　　　　　総　記

広済堂ペーパーバックス　広済堂出版, 広済堂あ
　かつき出版事業部　2005〜2014　⇒Ⅰ-190
◇ハリー・ポッターのホントの魔法事典―妖精, 幻
　獣から, アイテム, 魔法使いまで完全解説!!(七
　会静著)　2010.12
◇元・阪神―なぜタイガースを去った？放出され
　た選手, 全収録!!(矢崎良一編)　2010.12
◇青木雄二の「漫画と図解！」超ボロ儲けの裏ワ
　ザ(青木雄二編著)　2010.12
◇ミョ〜な絶滅生物大百科―奇妙キテレツな原初
　の生物から, ド迫力の恐竜, 意外なご先祖まで
　オールカラー(川崎悟司著)　2011.6
◇名字図鑑―名字でわかるあなたのルーツ, 性格,
　運勢, 適職…：スズキくんとサトウくんは生ま
　れつき何かが違う!?(松沢ゆきこ漫画, 高山宗東
　監修)　2011.12
◇ミョーな深海生物大百科―生物界の常識を変え
　た謎の新種から, 巨大なモンスター, 生きた化
　石まで：オールカラー(川崎悟司著)　2012.1
◇ミョ〜な昆虫大百科―オールカラー　ビックリ仰
　天の生き残り戦略から身近な虫の意外なウラの
　顔まで(川崎悟司著)　2014.1

講談社選書メチエ　講談社　1994〜2016
　⇒Ⅰ-274
483　昭和の思想(植村和秀著)　2010.11
484　僧兵＝祈りと暴力の力(衣川仁著)　2010.11
485　マニ教(青木健著)　2010.11
486　室町幕府論(早島大祐著)　2010.12
487　カント『実践理性批判』―完全解読(竹田青
　　　嗣著)　2010.12
488　仏陀南伝の旅(白石凌海著)　2010.12
489　中国「反日」の源流(岡本隆司著)　2011.1
490　交響曲入門(田村和紀夫著)　2011.1
491　三人称の哲学―生の政治と非人称の思想(ロ
　　　ベルト・エスポジト著, 岡田温司監訳, 佐藤真理
　　　恵, 長友文史, 武田宙也訳)　2011.2
492　名作英文学を読み直す(山本史郎著)　2011.
　　　2
493　北条氏と鎌倉幕府(細川重男著)　2011.3
494　アイヌの世界(瀬川拓郎著)　2011.3
495　旧石器時代人の歴史―アフリカから日本列島
　　　へ(竹岡俊樹著)　2011.4
496　アメリカ音楽史―ミンストレル・ショウ, ブ
　　　ルースからヒップホップまで(大和田俊之著)
　　　2011.4

497　本居宣長『古事記伝』を読む　2(神野志隆光
　　　著)　2011.5
498　瞑想する脳科学(永沢哲著)　2011.5
499　治癒の現象学(村上靖彦著)　2011.5
500　近代日本のナショナリズム(大沢真幸著)
　　　2011.6
501　中国が読んだ現代思想―サルトルからデリ
　　　ダ, シュミット, ロールズまで(王前著)　2011.
　　　6
502　株とは何か―市場・投資・企業を読み解く(山
　　　本昌弘著)　2011.6
503　アッティラ大王とフン族―〈神の鞭〉と呼ば
　　　れた男(カタリン・エッシェー, ヤロスラフ・レ
　　　ベディンスキー著, 新保良明訳)　2011.7
504　意識は実在しない―心・知覚・自由(河野哲
　　　也著)　2011.7
505　仏法僧とは何か―『三宝絵』の思想世界(藤
　　　村安芸子著)　2011.7
506　「社会」の誕生―トクヴィル, デュルケーム,
　　　ベルクソンの社会思想史(菊谷和宏著)　2011.8
507　どのような教育が「よい」教育か(苫野一徳
　　　著)　2011.8
508　中東戦記―ポスト9・11時代への政治的ガイ
　　　ド(ジル・ケペル著, 池内恵訳・解説)　2011.9
509　日米同盟はいかに作られたか―「安保体制」
　　　の転換点 1951-1964(吉次公介著)　2011.9
510　中華人民共和国誕生の社会史(笹川裕史著)
　　　2011.9
511　西洋哲学史　1　「ある」の衝撃からはじま
　　　る(神崎繁, 熊野純彦, 鈴木泉責任編集)　2011.
　　　10
512　西洋哲学史　2　「知」の変貌・「信」の階梯
　　　(神崎繁, 熊野純彦, 鈴木泉責任編集)　2011.12
513　西洋哲学史　3　「ポスト・モダン」のまえ
　　　に(神崎繁, 熊野純彦, 鈴木泉責任編集)　2012.6
514　西洋哲学史　4　「哲学の現代」への回り道
　　　(神崎繁, 熊野純彦, 鈴木泉責任編集)　2012.4
515　ひとは生命をどのように理解してきたか(山
　　　口裕之著)　2011.10
516　鎌倉仏教への道―実践と修学・信心の系譜(菊
　　　地大樹著)　2011.11
517　分析哲学入門(八木沢敬著)　2011.11
518　魂と体, 脳―計算機とドゥルーズで考える心
　　　身問題(西川アサキ著)　2011.12
519　記憶の歴史学―史料に見る戦国(金子拓著)
　　　2011.12

総記　　　　　　　　　　　　　　　　　　　　　　　　　　一般叢書・全集

520　道教の世界（菊地章太著）　2012.1

521　音楽とは何か―ミューズの扉を開く七つの鍵（田村和紀夫著）　2012.1

522　ギリシア正教東方の智（久松英二著）　2012.2

523　漢字の魔力―漢字の国のアリス（佐々木睦著）　2012.2

524　完全解読フッサール『現象学の理念』（竹田青嗣著）　2012.3

525　本居宣長『古事記伝』を読む　3（神野志隆光著）　2012.3

526　「ひとりではいられない」症候群―愛と孤独と依存症をめぐるエッセイ（カトリーヌ・オディベール著, 平野暁人訳）　2012.5

527　古代エジプト文明―世界史の源流（大城道則著）　2012.4

528　戦前昭和の国家構想（井上寿一著）　2012.5

529　「三国志」の政治と思想―史実の英雄たち（渡辺義浩著）　2012.6

530　東シナ海文化圏―東の〈地中海〉の民俗世界（野村伸一著）　2012.7

531　ドイツ観念論―カント・フィヒテ・シェリング・ヘーゲル（村岡晋一著）　2012.8

532　「イタリア」誕生の物語（藤沢房俊著）　2012.8

533　愛と欲望のナチズム（田野大輔著）　2012.9

534　精神分析と自閉症―フロイトからヴィトゲンシュタインへ（竹中均著）　2012.9

535　会社を支配するのは誰か―日本の企業統治（吉村典久著）　2012.9

536　義経の冒険―英雄と異界をめぐる物語の文化史（金沢英之著）　2012.10

537　昭和のドラマトゥルギー―戦後期昭和の時代精神（許光俊著）　2012.11

538　子供の哲学―産まれるものとしての身体（檜垣立哉著）　2012.11

539　ソシュール超入門（ポール・ブーイサック著, 鷲尾翠訳）　2012.12

540　ピアニストのノート（ヴァレリー・アファナシエフ著, 大野英士訳）　2012.12

541　イスラムと近代化―共和国トルコの苦闘（新井政美編著）　2013.1

542　吉田神道の四百年―神と葵の近世史（井上智勝著）　2013.1

543　江戸幕府と国防（松尾晋一著）　2013.2

544　意味・真理・存在―分析哲学入門 中級編（八木沢敬著）　2013.2

545　穢れと神国の中世（片岡耕平著）　2013.3

546　卒業式の歴史学（有本真紀著）　2013.3

547　国家とインターネット（和田伸一郎著）　2013.4

548　フィリピンBC級戦犯裁判（永井均著）　2013.4

549　民俗と民芸（前田英樹著）　2013.4

550　弁証法とイロニー―戦前の日本哲学（菅原潤著）　2013.5

551　古代ギリシアの精神（田島正樹著）　2013.5

552　日独伊三国同盟の起源―イタリア・日本から見た枢軸外交（石田憲著）　2013.6

553　漢方医学（渡辺賢治著）　2013.6

554　人はなぜ傷つくのか―異形の自己と黒い聖痕（秋田巌著）　2013.7

555　朱子学（木下鉄矢著）　2013.7

556　戦国大名の「外交」（丸島和洋著）　2013.8

557　ブリティッシュ・ロック―思想・魂・哲学（林浩平著）　2013.8

558　桃源郷―中国の楽園思想（川合康三著）　2013.9

559　海の武士団―水軍と海賊のあいだ（黒嶋敏著）　2013.9

560　「福音書」解読―「復活」物語の言語学（溝田悟士著）　2013.10

561　文明と教養の〈政治〉―近代デモクラシー以前の政治思想（木村俊道著）　2013.10

562　伊勢神宮と三種の神器―古代日本の祭祀と天皇（新谷尚紀著）　2013.11

563　町村合併から生まれた日本近代―明治の経験（松沢裕作著）　2013.11

564　藤原道長「御堂関白記」を読む（倉本一宏著）　2013.12

565　教会の怪物たち―ロマネスクの図像学（尾形希和子著）　2013.12

566　日本の戦争と宗教1899-1945（小川原正道著）　2014.1

567　ベルクソン＝時間と空間の哲学（中村昇著）　2014.1

568　クラシック魔の遊693あるいは標題音楽の現象学（許光俊著）　2014.2

569　古代日本外交史―東部ユーラシアの視点から読み直す（広瀬憲雄著）　2014.2

570　ティムール帝国（川口琢司著）　2014.3

571　魔女狩り―西欧の三つの近代化（黒川正剛著）

全集・叢書総目録 2011-2016　　307

一般叢書・全集 　　　　　　　　　　　　　　　　総 記

2014.3

572　人格系と発達系―〈対話〉の深層心理学（老松克博著）　2014.4

573　見えない世界の物語―超越性とファンタジー（大沢千恵子著）　2014.4

574　潜伏キリシタン―江戸時代の禁教政策と民衆（大橋幸泰著）　2014.5

575　神から可能世界へ―分析哲学入門・上級編（八木沢敬著）　2014.5

576　教会領長崎―イエズス会と日本（安野真幸著）　2014.6

577　記号創発ロボティクス―知能のメカニズム入門（谷口忠大著）　2014.6

578　源実朝―「東国の王権」を夢見た将軍（坂井孝一著）　2014.7

579　感情の政治学（吉田徹著）　2014.8

580　満蒙―日露中の「最前線」（麻田雅文著）　2014.8

581　冷えと肩こり―身体感覚の考古学（白杉悦雄著）　2014.8

582　本居宣長『古事記伝』を読む　4（神野志隆光著）　2014.9

583　緑の党―運動・思想・政党の歴史（小野一著）　2014.9

584　カバラー（知の教科書）（ピンカス・ギラー著, 中村圭志訳）　2014.10

585　パンの世界―基本から最前線まで（志賀勝栄著）　2014.10

586　〈階級〉の日本近代史―政治的平等と社会的不平等（坂野潤治著）　2014.11

587　海洋帝国興隆史―ヨーロッパ・海・近代世界システム（玉木俊明著）　2014.11

588　平泉―北方王国の夢（斉藤利男著）　2014.12

589　原敬―外交と政治の理想　上（伊藤之雄著）　2014.12

590　原敬―外交と政治の理想　下（伊藤之雄著）　2014.12

591　民俗学・台湾・国際連盟―柳田国男と新渡戸稲造（佐谷真木人著）　2015.1

592　スピノザ（知の教科書）（チャールズ・ジャレット著, 石垣憲一訳）　2015.1

593　マーケット・デザイン―オークションとマッチングの経済学（川越敏司著）　2015.2

594　ある豪農一家の近代―幕末・明治・大正を生きた杉田家（家近良樹著）　2015.2

595　「社会（コンヴィヴィアリテ）」のない国、日本―ドレフュス事件・大逆事件と荷風の悲嘆（菊谷和宏著）　2015.3

596　女たちの平安宮廷―『栄花物語』によむ権力と性（木村朗子著）　2015.3

597　権力の空間/空間の権力―個人と国家の〈あいだ〉を設計せよ（山本理顕著）　2015.4

598　地図入門（今尾恵介著）　2015.4

599　軍人皇帝のローマ―変貌する元老院と帝国の衰亡（井上文則著）　2015.5

600　ライプニッツ（知の教科書）（フランクリン・パーキンズ著, 梅原宏司, 川口典成訳）　2015.5

601　フリーメイスン―もうひとつの近代史（竹下節子著）　2015.6

602　大江戸商い白書―数量分析が解き明かす商人の真実（山室恭子著）　2015.7

603　終戦後史1945-1955（井上寿一著）　2015.7

604　精読アレント『全体主義の起源』（牧野雅彦著）　2015.8

605　連続講義現代日本の四つの危機―哲学からの挑戦（斎藤元紀編）　2015.8

606　ブルデュー闘う知識人（加藤晴久著）　2015.9

607　戦国大名論―暴力と法と権力（村井良介著）　2015.9

608　プラトン（知の教科書）（ミヒャエル・エルラー著, 三嶋輝夫, 田中伸司, 高橋雅人, 茶谷直人訳）　2015.10

609　〈お受験〉の歴史学―選択される私立小学校選抜される親と子（小針誠著）　2015.10

610　福沢諭吉の朝鮮―日朝清関係のなかの「脱亜」（月脚達彦著）　2015.10

611　世界史の図式（岩崎育夫著）　2015.11

612　帝国議会―〈戦前民主主義〉の五七年（村瀬信一著）　2015.11

613　ロシアあるいは対立の亡霊―「第二世界」のポストモダン（乗松亨平著）　2015.12

614　国際紛争を読み解く五つの視座―現代世界の「戦争の構造」（篠田英朗著）　2015.12

615　中国外交戦略―その根底にあるもの（三船恵美著）　2016.1

616　フランクル（知の教科書）（諸富祥彦著）　2016.1

617　小津安二郎の喜び（前田英樹著）　2016.2

618　易、風水、暦、養生、処世―東アジアの宇宙観（水野杏紀著）　2016.2

619　怪物的思考―近代思想の転覆者ディドロ（田

口卓臣著） 2016.3

620 都市の起源―古代の先進地域＝西アジアを掘る（小泉竜人著） 2016.3

621 金太郎の母を探ねて―母子をめぐる日本のカタリ（西川照子著） 2016.4

622 江戸諸国四十七景―名所絵を旅する（鈴木健一著） 2016.4

623 来たるべき内部観測――人称の時間から生命の歴史へ（松野孝一郎著） 2016.5

624 もうひとつの「帝銀事件」―二十回目の再審請求「鑑定書」（浜田寿美男著） 2016.5

625 「こつ」と「スランプ」の研究―身体知の認知科学（諏訪正樹著） 2016.6

626 「怪異」の政治社会学―室町人の思考をさぐる（高谷知佳著） 2016.6

627 九鬼周造―理知と情熱のはざまに立つ〈ことば〉の哲学（藤田正勝著） 2016.7

628 夢の現象学・入門（渡辺恒夫著） 2016.7

629 丸山真男の敗北（伊東祐吏著） 2016.8

630 熊楠の星の時間（中沢新一著） 2016.8

631 大東亜共栄圏―帝国日本の南方体験（河西晃祐著） 2016.8

632 新・中華街―世界各地で〈華人社会〉は変貌する（山下清海著） 2016.9

633 英語の帝国―ある島国の言語の1500年史（平田雅博著） 2016.9

634 アメリカ異形の制度空間（西谷修著） 2016.10

635 異端カタリ派の歴史―十一世紀から十四世紀にいたる信仰、十字軍、審問（ミシェル・ロクベール著，武藤剛史訳） 2016.11

636 ノーベル経済学賞―天才たちから専門家たちへ（根井雅弘編著） 2016.10

637 ニッポンエロ・グロ・ナンセンス―昭和モダン歌謡の光と影（毛利真人著） 2016.10

638 絶滅の地球誌（沢野雅樹著） 2016.11

639 聖書入門（フィリップ・セリエ著，支倉崇晴，支倉寿子訳） 2016.12

640 俗語発掘記消えたことば辞典（米川明彦著） 2016.12

講談社プラスアルファ 講談社 2014

◇ 「毒になる言葉」「薬になる言葉」―医者が教える、病気にならない技術（梅谷薫著） 2014.6

◇ 「結果を出す人」のほめ方の極意（谷口祥子著） 2014.6

耕文舎叢書 イザラ書房 2011

5 発生学と世界の発生―2つの週末ゼミナールの6つの講演（カール・ケーニヒ著，石井秀治訳） 2011

耕文舎叢書 耕文舎 2012〜2015

6 エーテル空間（ジョージ・アダムス著，石井秀治訳） 2012

7 空間・反空間のなかの植物（ジョージ・アダムス，オリーヴ・ウィチャー著，石井秀治訳） 2013

8 四つのエーテル―ルドルフ・シュタイナーのエーテル論に向けて 四大・エーテル・形成力（エルンスト・マルティ著，石井秀治訳） 2013

9 認知症―シュタイナーの精神科学にもとづく―アントロポゾフィー医学の治療と介護の現場から（Jan-Pieter van der Steen著，石井秀治訳） 2015

光文社ブックス 光文社 2011〜2016

94 POGの達人―ペーパーオーナーゲーム完全攻略ガイド 2011-2012年（須田鷹雄監修） 2011.6

96 AKB48じゃんけん大会公式ガイドブック2011（FLASH編集部編） 2011.10

99 POGの達人―ペーパーオーナーゲーム完全攻略ガイド 2012〜2013年（須田鷹雄監修） 2012.6

102 大人のマナー集中講座―知っていれば恥をかかない あなたの常識、今のままで大丈夫？ 完全保存版 2012.10

103 AKB48じゃんけん大会公式ガイドブック2012（光文社エンタテインメント編集部編） 2012.10

105 映画ストロベリーナイトオフィシャルブック2013.1

106 スーツの着こなし集中講座 完全保存版2013.4

108 POGの達人―ペーパーオーナーゲーム完全攻略ガイド 2013〜2014年（須田鷹雄監修） 2013.6

110 AKB48じゃんけん大会公式ガイドブック2013（光文社エンタテインメント編集部編） 2013.9

113 POGの達人―ペーパーオーナーゲーム完全攻略ガイド 2014〜2015年（須田鷹雄監修） 2014.6

117 POGの達人―ペーパーオーナーゲーム完全攻略ガイド 2015〜2016年（須田鷹雄監修）

一般叢書・全集　　　　　　　　　　　　　総記

2015.6
121　POGの達人―ペーパーオーナーゲーム完
　　全攻略ガイド　2016〜2017年（須田鷹雄監修）
　　2016.6
122　橋本マナミ タイムストリッパー―時代を駆
　　け巡る女（野沢亘伸撮影）　2016.7
123　寂聴あおぞら説法―切に生きる みちのく天
　　台寺 週刊誌判（瀬戸内寂聴［著］）　2016.9

小久保晴行著作集　小久保晴行　イースト・プ
　　レス　2011〜2016
第1巻　東京江戸川区の挑戦　2011.3
第2巻　江戸川区の人びと　2011.8
第3巻　地球を歩く　2012.8
第4巻　異文化に学ぶ　2013.4
第5巻　「生き勝つ」知恵　2013.12
第6巻　中国と台湾　2014.6
第7巻　好奇心と友情と　2014.12
第8巻　短歌編 1　2015.4
第9巻　短歌編 2　2015.11
第10巻　日々而今　2016.10

国民会館叢書　国民会館　1991〜2016
　　⇒Ⅰ－280
87　「日本」を取り戻そう！―民主党政権には守れ
　　ない国家と国民（高市早苗著）　2011.4
88　武藤千世子の生涯と武藤糸治鐘紡社長誕生の
　　経緯（松田尚士著）　2011.8
89　「戦後」を克服すべし（長谷川三千子著）　2011.
　　12
90　日本の二大課題―皇室典範の改正と長期不況
　　の克服（市村真一著）　2012.4
91　武藤山治をめぐる群像（武藤治太著）　2012.6
92　日本国憲法「天皇」の再検討（所功著）　2013.
　　11
94　福沢諭吉に学んだ武藤山治の先見性（武藤治太
　　著）　2014.6
95　尊皇心とは何か（小林よしのり著）　2014.10
96　今後の防衛力のあり方（杉山蕃著）　2016.2
特別号　武藤山治と国民会館（武藤治太著）　2016.
　　3

コシーナ新書　コシーナブックス　2011〜2014
◇コートの中のイタリア（佐藤直司著）　2011.4
◇震災記（阿部拓也著）　2012.12
◇白菊物語（佐藤直司著）　2013.11
◇ニートを救う地域のネットワーク力（石阪督規

著）　2014.10

こと典百科叢書　大空社　2010〜2016
　　⇒Ⅳ－592
第8巻　屁―増訂改版（福富織部著）　2011.1
第9巻　褌―増補改版（福富織部著）　2011.1
第10巻　臍―改訂版（福富織部著）　2011.1
第11巻　風流俗謡集（湯朝観明編）　2011.1
第12巻　古今服装の研究―増訂版（錦織竹香著）
　　2011.1
第13巻　商品鑑定―増補（小原亀太郎，小瀬伊俊著）
　　2011.1
第14巻　大日本重要物産誌（原昇編）　2011.7
第15巻　全（オール）名勝温泉案内（松川二郎著）
　　2011.7
第16巻　紋の志をり（仲尾源次郎著）　2011.7
第17巻　標語全集（上園政雄編）　2011.7
第18巻　類似植物分類鑑定辞典（斎藤義三郎著）
　　2011.7
第19巻　健康法辞典（伊藤尚賢編）　2011.7
第20巻　日日活用お料理辞典（桜井ちか子著）
　　2011.7
第21巻　最新図解日本造庭法（杉本文太郎著）
　　2012.2
第22巻　標準造園植物と配植（西田富三郎著）
　　2012.2
第23巻　実験茶樹栽培及製茶法（田辺貢著）　2012.
　　2
第24巻　実験応用最新缶詰製造全書（伊谷以知二
　　郎，今井次郎著）　2012.2
第25巻　故実と新式日本婚礼式（尾関方外編）
　　2012.2
第26巻　厠考（李家正文著）　2012.2
第27巻　和漢酒文献類聚（石橋四郎編）　2012.12
第28巻　飯の社会学（吉方一広著）　2012.12
第29巻　茶室と茶庭図解（杉本文太郎著）　2012.
　　12
第30巻　趣味と実用盆栽の仕立方秘訣（盆栽芸術研
　　究会編）　2012.12
第31巻　小笠原流包結のしるべ（花月庵鶴友著）
　　2012.12
第32巻　諸国俚謡傑作集（湯朝竹山人編）　2012.
　　12
第33巻　増補日本南画史（梅沢精一著）　2013.9
第34巻　仏像彫刻（明珍恒男著）　2013.9
第35巻　本邦古硯考（内藤政恒著）　2013.9
第36巻　先賢と遺宅（城戸久著）　2013.9

総記　　　　　　　　　　　　　　　　　　　　　　　　　一般叢書・全集

第37巻　日本珠算史（溝江清著）　2013.9
第38巻　不知火の研究（宮西通可著）　2013.9
第39巻　捕鯨（馬場駒雄著）　2014.7
第40巻　実用味噌醸造法（木下浅吉著）　2014.7
第41巻　通俗講話醤油醸造法（木下浅吉著）　2014.
　　　7
第42巻　和洋左官の知識及彫刻手引（中西由造著）
　　　2014.7
第43巻　左官技法壁の作り方（森規矩郎著）　2014.
　　　7
第44巻　家相と住宅（岡本陽著）　2014.7
第45巻　日本木彫史（坂井犀水著）　2014.7
第46巻　装束図解（関根正直著）　2016.1
第47巻　雅楽（多忠竜著）　2016.1
第48巻　歴代御陵めぐり（合田安吉編著）　2016.1
第49巻　日本全国神社物語（倉田白峯著）　2016.1
第50巻　日本名園記―増補再版（竜居松之助著）
　　　2016.1
第51巻　神祇に関する制度・作法事典（神祇学会
　　　編）　2016.7
第52巻　式辞林（自治館編輯局編）　2016.7
第53巻　図解詩吟法大鑑（古川太郎著）　2016.7
第54巻　水の生活科学（村上秀二著）　2016.7
別巻1　「こと典百科叢書」活用・必携―第1～50
　　　巻・目次索引（大空社編集部編）　2016.1

コトラーが教えてくれたこと　ぱる出版　2012
2　女子大生が変えたブラック企業のマーケティン
　　グ戦略（西内啓著）　2012.1

こはるブックス　北辰堂出版　2010
◇ローカル線もうひとつの世界（森彰英著）　2010.
　　8
◇乱世を駆けぬけた姫お江（新井恵美子著）　2010.
　　12

コーヒータイム人物伝　三元社　2015～2016
◇シェイクスピアとコーヒータイム（スタンリー・
　　ウェルズ著、前沢浩子訳）　2015.10
◇アインシュタインとコーヒータイム（カルロス・
　　I・カル著、大森充香訳）　2015.12
◇ミケランジェロとコーヒータイム（ジェイムズ・
　　ホール著、大木麻利子訳）　2016.8

コーヒーと一冊　ミシマ社京都オフィス　2015～
　　2016
1　佐藤ジュンコのひとり飯な日々（佐藤ジュンコ

著）　2015.5
2　透明の棋士（北野新太著）　2015.5
3　声に出して読みづらいロシア人（松樟太郎著）
　　2015.5
4　イナンナの冥界下り（安田登著）　2015.12
5　辛口サイショーの人生案内（最相葉月著）
　　2015.12
6　K氏の遠吠え―誰も言わへんから言うときます。
　　（江弘毅著）　2015.12
7　脚本版ほしいものはなんですか？（益田ミリ著）
　　2016.9
8　愛と欲望の雑談（岸政彦、雨宮まみ著）　2016.9
9　たもんのインドだもん（矢萩多聞文・絵）　2016.
　　9

GOMA BOOKS　ゴマブックス　2015～2016
◇悪の説得術―人間心理のスキにつけ込む揺さぶ
　　りのテクニック（多湖輝著）　2015.4
◇アトランティスの発見―海底に消えた古代王国
　　（竹内均著）　2015.5
◇わが友本田宗一郎（井深大著）　2015.5
◇催眠術入門―自分と他人の心を自在にあやつる
　　心理技術（多湖輝著）　2015.5
◇空海　無限の言葉―高野山開創1200年（中島孝志,
　　吉川政瑛著）　2015.6
◇心理トリック―人を思いのままにあやつる心理
　　法則（多湖輝著）　2015.6
◇幼稚園では遅すぎる―真の幼児教育とは何か　新
　　版（井深大著）　2015.7
◇深層説得術―どんな相手でも"その気"にさせる
　　方法！（多湖輝著）　2015.7
◇「生活習慣病」がわかる本―健康のため、その
　　"習慣"を改めなさい（日野原重明著）　2015.7
◇哲学の歩き方―人生を散歩するためのガイドブック
　　（竹内均著）　2015.8
◇恋愛の成功法則―彼女の心に火をつける（富田隆
　　著）　2015.8
◇お金の貯まる人はここが違う（邱永漢著）　2015.
　　8
◇アドラー博士の子どもに自信をつける30の方法
　　（星一郎著）　2015.9
◇気ばたらき会話術―人に好かれる話し方（島田一
　　男著）　2015.9
◇定年力（多湖輝著）　2015.9
◇子どもは育て方しだい―0歳だからこそできる教
　　育法（井深大著）　2015.10

全集・叢書総目録 2011-2016　　311

一般叢書・全集　　総記

◇言葉のトリック―うまい話のワナから自分を守る心理術（多湖輝著）　2015.10

◇女の深層心理―隠された心の秘密をあばく！（島田一男著）　2015.10

◇SONY創業者井深大の心の教育（井深大著）　2015.11

◇女のウソの見抜き方―何度だまされたら、目がさめるのか！（島田一男著）　2015.11

◇ゴルフは「自律神経力」で確実に10打縮まる！―練習はいらない！読んで実践すれば、突然スコアが縮まる！（小林弘幸, 横田真一著）　2015.11

◇財務3表がスラスラ理解できて英語力も身につく本（国貞克則著）　2015.12

◇女心の読み方―ふとしたしぐさで本音がわかる（島田一男著）　2015.12

◇お金の原則―邱永漢の基本法則（邱永漢著）　2016.1

◇アドラー博士の子どもを勇気づける20の方法―もう"いくじなし"とは言わせない（星一郎著）　2016.1

◇ビジネスの9割は集中力で決まる！―一流アスリートが実践する集中力を引き出すコツ（森健次朗著）　2016.11

コミュニティ・ブックス　日本地域社会研究所　1985〜2016　⇒Ⅰ - 281

◇江戸健康学―スローな時代のエコな養生法のすすめ（植田美津恵著）　［200 - ］

◇成功する発明虎の巻―ひらめき・アイデアでヒット商品を生み出す！（天谷信介著）　2010.4

◇モティベーションを日本に広めた男の軌跡（有田平著）　2010.4

◇建築デザイン学原論―地球芸術の歴史未来景観（渡辺豊和著）　2010.5

◇まちづくり市民大学―人と地域と未来を育む 切り拓く！つながる！広がる！（瀬沼克彰著）　2010.5

◇知的財産権は誰でもとれる―知財ビジネス入門・新標準テキスト（中本繁実著）　2010.7

◇「縁育て」の楽校―みんなが輝く生涯学習実践記（すぎなみ大人塾だがしや楽校編集委員会編）　2010.7

◇ケータイ・ネットに気をつけろ！―訴えられたらどうするの？（富樫康明著）　2010.7

◇発明魂―大衆発明家の父・豊沢豊雄の生涯（中本繁実著）　2010.7

◇衣・食・住の記念日事典―日常の暮らしが楽しくなる！（加藤迪男編）　2010.8

◇化学物質の功罪―正しい理解への処方箋（榎本真著）　2010.8

◇女性起業家・リーダー名鑑―108人の108以上の仕事 仕事に家庭に社会に輝く女性たち（伊藤淳子編）　2010.9

◇コスモポリタン・ミュージアム―遥かなり、ペルシア（シルクロード研究会編, 山崎梓著）　2010.10

◇子どもの生活科学―ライフハザードからの転回（中井孝章著）　2010.11

◇環境衛生工学の実践―美しい街づくりをめざして イカリ環境事業グループの挑戦！（中本繁実著）　2010.11

◇ヒロくんと銀ちゃんの池―孫に伝える東京ジジの小学生絵日記（浜中博義文, 田島かおり絵）　2010.12

◇臨床美術士になる本―認知症を学び・教え・予防・改善する！ 臨床美術士入門・新標準テキスト・開業マニュアル（芸術造形研究所編）　2011.1

◇大正NEWS年表―日本人にとって大正とはどういう時代であったか 明治と昭和平成の間の小さな時代の大きな出来事を集大成！（加藤迪男編）　2011.1

◇選挙は誰のためにあるのか。―100の質問で解き明かす日本の選挙 選挙プランナー×ツイッター dialogue Public Relations（松田馨著）　2011.2

◇流漂人（タビビト）（崔和伝著）　2011.2

◇ゆきのひのラック（原婦美子絵, 有田やい子文）　2011.3

◇コミュニティ・プロジェクト―人と地域を再生・活性化する！ ひと×まち・むらのメディア化・ブランド化戦略（炭焼三太郎編著）　2011.4

◇グローカリズムの実践―天理思想を生かす！ 地球共生・つなぎの時代へ（井上昭夫著）　2011.6

◇森と鋼鉄のはざまで（小山紗都子著）　2011.6

◇昔懐かしい！ 大正ロマンの旅（加藤迪男編著）　2011.7

◇電子水!!―より安全・安心ないい水をつくる！（松原潔著）　2011.8

◇ゴーイングコンサーン―組織永続（GOING CONCERN）のマネジメントシステム 絶対に負けない・つぶれない経営戦略（小林久貴著）　2011.8

◇シンパイスルナナントカナル！―頑張る中小企業

を応援する：熱きビジネス書（金子充著）　2011.9

◇スポーツ366日話題事典―今日は何の日？　世界新記録の日！（加藤迪男編）　2011.9

◇病院では教えてくれない痛みの取り方―痛みをその場で取ることを追求したあんしん療法のすべて（松島弘之著）　2011.10

◇大災害・国難に立ち向かう！　二宮尊徳のこころ（梅津敏裕著）　2011.10

◇生涯現役の社会参加活動―まちに活気元気を呼ぶ生涯学習：年齢を超越したエージレス社会の構築に向けて（瀬沼克彰著）　2011.10

◇聖書のパワー物語―人生を変える20の秘訣（大沢史伸著）　2011.12

◇どじょう宰相の誕生―これでいいの野田ッ!!：シンパイスルナナントカナル！（金子充，地域未来研究会編）　2011.12

◇シャクンタ（木村昭平絵と文）　2012.1

◇みかぐらうた―人間救済・宇宙的交響の天理讃舞歌（井上昭夫著）　2012.2

◇美キャリア養成講座―自分らしく生きる！　7つの実践モデル（西村由美編著）　2012.4

◇足尾銅山の郷―生きている近代産業遺産（柴岡信一郎写真・文）　2012.4

◇保育新時代―地域あんしん子育てネットワークの構築にむけて（仲本美央，南野奈津子，五十嵐淳子，横畑泰希，鈴木道子，春山勝著，原田弘子，日本地域社会研究所編）　2012.4

◇全国ふるさと富士390余座大観光―FUJIパワーネット！：日本名物やおよろず観光のすすめ（加藤迪男，みんなの富士山学会編）　2012.6

◇三つ子になった雲―難病とたたかった子どもの物語（舩後靖彦文，金子礼絵）　2012.7

◇スマート「知」ビジネス―富を生む！　知的財産創造戦略の展開：発想力×創造力×商品力を磨けば、未来が拓ける！（萩野一彦著）　2012.8

◇美の実学―知る・楽しむ・創る！（一色宏著）　2012.9

◇ストレスを消す技術―新しいメンタル能力開発：逆境・病いに克つ48の自己コントロール法（乾敏晃著）　2012.10

◇まちづくり編集会議―住民主導の文化センターにつどう人たちの物語 Switch-on！（みの〜れ物語制作委員会編）　2012.11

◇十二支（えと）の動物たちの生き方事典（加藤迪男編）　2012.11

◇津波になった水竜神様と希望の光―大自然と共に生きよう！（わたなべまさお文，いわぶちゆい絵）　2012.12

◇カルシウム健康革命―あなたのカルシウム観は間違っていませんか？（沢登春仁，鍵山安男共著）　2013.1

◇女子力の時代を拓く―女性起業家・リーダー名鑑（伊藤淳子編著）　2013.2

◇自分で年金をつくる最高の方法―確定拠出年金の運用〈完全マニュアル〉（大江英樹著）　2013.3

◇せんねんすぎとふしぎなねこ（木村昭平絵と文）　2013.3

◇福猫たちの福活！　大作戦―大人も子どもも楽しめる絵物語　幸運を呼ぶ3匹のネコがあなたの人生を応援します（松村洋子著）　2013.4

◇夢と希望の大国！　モンゴル―大草原で助け支え合って暮らす遊牧民〈ノマド〉の物語（ダシュドングゲレルマ著，ザ・コミュニティ編）　2013.4

◇生涯学習「次」の実践―社会参加×人材育成×地域貢献活動の展開 EVER CULTURE COMMUNITY（瀬沼克彰著）　2013.5

◇家族の絆を深める遺言書のつくり方―想いを伝え、相続争いを防ぐ（古橋清二著）　2013.5

◇退化の改新！　地域社会改造論―一人ひとりが動き出せば世の中が変わる（志賀靖二著）　2013.6

◇新版国民読本―日本が日本であるために　一人ひとりが目標を持てば何とかなる（池田博男著）　2013.7

◇三陸の歴史未来学―先人たちに学び、地域の明日を拓く！（久慈勝男著）　2013.7

◇富士曼荼羅の世界―奇跡のパワスポ大巡礼の旅　富士山世界文化遺産登録記念出版！（みんなの富士山学会編，加藤迪男，石原和拓ほか著）　2013.10

◇明日の学童保育―放課後の子どもたちに「保教育」で夢と元気を！（三浦清一郎，大島まな共著）　2013.11

◇開運水引―誰でも簡単に学べ、上手にできる！　日本の伝統文化・造形美を追求し、楽しい水引・結道の世界を創造する　神さまと縁むすび（玉乃井陽光著，園部三重子監修，園部あゆ菜絵）　2013.11

◇まんだら経営―進化複雑系のビジネス工学（野沢宗二郎著）　2013.12

◇ザ・東京の食ブランド―名品名店が勢ぞろい（広域中央線沿線楽会編）　2014.1

一般叢書・全集　　　　　　　　　　　　　　　　　　　　総記

◇王さまと竜（木村昭平絵と文）　2014.1
◇或る風景画家の寄り道・旅路―人生ぶら～り旅の絵物語 所沢・ニューヨーク・新宿・武蔵野・東京近郊…etc（上田耕也絵、上田美恵子編）　2014.1
◇地域をひらく生涯学習―社会参加から創造へ（瀬沼克彰著）　2014.2
◇ありんこ―人と人・地域と地域をつなぐ超くるま社会の創造 世界でいちばんカワイイくるま（桑原利行著）　2014.2
◇人とかかわるコミュニケーション学習帳―やわらかな人間関係と創造活動のつくり方（松田道雄著）　2014.3
◇「心の危機」の処方箋―「新型うつ病」を克服するチカラ 教育学の立場から（三浦清一郎著）　2014.4
◇現代文明の危機と克服―地域・地球的課題へのアプローチ（木村武史ほか著）　2014.4
◇いのちの森と水のプロジェクト（東出融文、本田麗子絵）　2014.5
◇里山エコトピア―理想郷づくりの絵物語！（炭焼三太郎編著）　2014.5
◇世のため人のため自分のための地域活動―社会とつながる幸せの実践（みんなで本を出そう会編、瀬沼克彰著者代表）　2014.6
◇人生が喜びに変わる1分間呼吸法―How to Live with JOY 本来の自分が光り輝く、愛と喜びのFuji〈不二〉トーラス呼吸法（斎藤祐子著）　2014.6
◇心を軽くする79のヒント―不安・ストレス・うつを解消！（志田清之著）　2014.7
◇不登校、ひとりじゃない―決してひとりで悩まないで！（いばしょづくり編）　2014.10
◇複雑性マネジメントとイノベーション―生きとし生ける経営学（野沢宗二郎著）　2014.11
◇世界初！ コンピュータウイルスを無力化するプログラム革命〈LYEE〉―あらゆる電子機器の危機を解放する（根来文生著、関敏夫監修、エコハ出版編）　2014.11
◇柿の王国―信州・市田の干し柿のふるさと（農と食の王国シリーズ）（鈴木克也著、エコハ出版編）　2015.1
◇国際結婚の社会学―アメリカ人妻の「鏡」に映った日本（三浦清一郎著）　2015.1
◇超やさしい吹奏楽―ようこそ！ ブラバンの世界へ（小高臣彦著）　2015.2
◇山菜王国―おいしい日本菜生ビジネス（農と食の

王国シリーズ）（中村信也、炭焼三太郎監修、ザ・コミュニティ編）　2015.3
◇心身を磨く！ 美人力レッスン―いい女になる78のヒント（高田建司著）　2015.4
◇不登校、学校へ「行きなさい」という前に―今、わたしたちにできること（阿部伸一著）　2015.4
◇あさくさのちょうちん―子供も大人も楽しめる絵本！（木村昭平絵と文）　2015.5
◇生涯学習まちづくりの人材育成―人こそ最大の地域資源である！（瀬沼克彰著）　2015.5
◇石川啄木と宮沢賢治の人間学―ビールを飲む啄木×サイダーを飲む賢治（佐藤竜一著）　2015.5
◇教育小咄―笑って、許して（三浦清一郎著）　2015.5
◇地域活動の時代を拓く―コミュニティづくりのコーディネーター×サポーターの実践事例（みんなで本を出そう会編、瀬沼克彰著者代表）　2015.7
◇大震災に備える！ 防災学習読本―2020年東京オリンピックの日に大地震が起きたらどうするか!? 学生と紡いだ物語（坂井知志、小沼涼編著）　2015.7
◇コミュニティ手帳―都市生活者のための緩やかな共同体づくり 人と人をつなぎ地域を活性化する！（落合英秋、鈴木克也、本多忠夫著、ザ・コミュニティ編）　2015.9
◇成功する発明・知財ビジネス―アイデアと創意工夫がお金になる！ 未来を先取りする知的財産戦略（中本繁実著）　2015.9
◇詩歌自分史のすすめ―不帰春秋片想い（三浦清一郎著）　2015.9
◇「消滅自治体」は都会の子が救う―地方創生の原理と方法（三浦清一郎著）　2015.10
◇新戦力！ 働こう年金族―シニアの元気がニッポンを支える（原忠男編著、中本繁実監修）　2016.1
◇ピエロさんについていくと（金岡雅文作、木村昭平画）　2016.1
◇東日本大震災と子ども―3・11あの日から何が変わったか（宮田美恵子著）　2016.2
◇ニッポンのお・み・や・げ―魅力ある日本のおみやげコンテスト2005-2015受賞作総覧（国土交通省観光庁監修、日本地域社会研究所編）　2016.2
◇コミュニティ学のススメ―ところ定まればこころ定まる（浜口晴彦編著）　2016.3
◇隠居文化と戦え―社会から離れず、楽をせず、健

康寿命を延ばし、最期まで生き抜く（三浦清一郎
著）　2016.3

◇発明！ヒット商品の開発—アイデアは愛である！
1億総発明家時代へ!! アイデアに恋をして億万長
者になろう！（中本繁実著）　2016.5

◇観光立村！ 丹波山通行手形—都会人が山村の未
来を切り拓く（炭焼三太郎, 鈴木克也著）　2016.
6

◇みんなのミュージアム—人が集まる博物館・図
書館をまちなかにたくさんつくろう 博物館・図
書館未来学（塚原正彦著）　2016.6

◇スマート経営のすすめ—ベンチャー精神とイノ
ベーションで生き抜く！（野沢宗二郎著）　2016.
6

◇ニッポン創生！ まち・ひと・しごと創りの総合
戦略—一億総活躍社会を切り拓く（新井信裕著）
2016.7

◇戦う終活—短歌で啖呵（三浦清一郎著）　2016.9

◇レジリエンス経営のすすめ—現代を生き抜く、強
くしなやかな企業のあり方（レジリエンス経営革
命シリーズ）（松田元著, レジリエンスジャパン
推進協議会編）　2016.9

◇関係（三上宥起夫著）　2016.10

◇黄門様ゆかりの小石川後楽園博物志—天下の名
園を愉しむ！（本多忠夫著）　2016.11

◇もちくんのおもちつき—一年中行事えほん 大人に
も役立つおもち解説つき！ 日本っていいね！
（やまぐちひでき絵, たかぎのりこ文）　2016.12

五柳叢書　五柳書院　1986〜2016　⇒Ⅰ-282

95　純粋言語論（瀬尾育生著）　2012.7

96　カラヴァッジオからの旅（千葉成夫著）　2012.
11

97　詩の目詩の耳（井坂洋子著）　2013.8

98　張競の日本文学診断（張競著）　2013.10

99　詩の波詩の岸辺（松浦寿輝著）　2013.11

100　シシュフォスの神話—ワーグナー試論（三宅
幸夫著）　2014.5

101　詩についての小さなスケッチ（小池昌代著）
2014.11

102　イタリア女性文学史—中世から近代へ（望月
紀子著）　2015.12

103　自画像の思想史（木下長宏著）　2016.6

◇おもしろければOKか？—現代演劇考 増補版
（三浦基著）　2016.3

コレジオ・ブックレット　之潮　2011〜2014

1　ピエロがみつけた宝物（芳賀哲著）　2011.9

2　私の精神科看護録（鈴木ツヤ著）　2012.9

3　タフィおじさんのおはなしコート（タフィ・トー
マス著, 三田村慶春, 光藤由美子訳）　2012.10

4　孔雀蝶レンズいっぱい写されて—田中友子遺稿・
追悼集（田中友子遺稿追悼集刊行会編）　2014.5

コロナ・ブックス　平凡社　1996〜2016
⇒Ⅰ-282

154　ル・コルビュジエの愛したクルマ（岡田邦雄
著）　2010.10

156　作家の家（コロナ・ブックス編集部編）　2010.
11

157　古くて美しいもの—古美術入門（関美香著）
2010.12

158　金子光晴の旅—かへらないことが最善だよ。
（金子光晴, 横山良一著）　2011.2

159　四谷シモン人形日記（四谷シモン著）　2011.
3

160　作家の猫 2（コロナ・ブックス編集部編）
2011.6

161　日本の音（コロナ・ブックス編集部編）　2011.
7

162　写真集—誰かに贈りたくなる108冊（森岡督
行著, 平野太呂写真）　2011.9

163　江戸古地図散歩—回想の下町・山手懐旧　新
版（池波正太郎著）　2011.10

164　鎌倉の西洋館—昭和モダン建築をめぐる（柴
田泉著, 萩原美寛写真）　2011.11

165　日本の笑い—遊び、洒落、風刺の日本美術（コ
ロナ・ブックス編集部編）　2011.12

166　はなひとつうつわ—新いけばな入門（関美香著）
2012.1

167　フィン・ユールの世界—北欧デザインの巨匠
（織田憲嗣著）　2012.2

168　作家の旅（コロナ・ブックス編集部編）　2012.
3

169　日本の歳時記（コロナ・ブックス編集部編）
2012.4

170　松本竣介線と言葉（コロナ・ブックス編集部
編）　2012.6

171　ヨーロッパ鉄道紀行—15日間で6カ国をめぐ
る車窓の旅（西森聡写真・文）　2012.6

172　日本の伝統色（コロナ・ブックス編集部編）
2012.7

173　東北の伝承切り紙—神を宿し神を招く（千葉

一般叢書・全集 総記

惣次文, 大屋孝雄写真) 2012.9

174 能面の世界(西野春雄監修, 見市泰男解説)
2012.9

175 パリのインテリア(Press31文・写真) 2012.
11

176 まど・みちお人生処方詩集(まどみちお詩と
絵, 市河紀子選詩) 2012.11

177 神道の美術(加藤健司, 畑中章宏, 平松温子
著) 2012.12

178 作家の犬 2(コロナ・ブックス編集部編)
2013.1

179 日本の美女(コロナ・ブックス編集部編)
2013.2

180 〈遊ぶ〉シュルレアリスム(巌谷国士監修・著)
2013.4

181 スペイン美・食の旅―バスク&ナバーラ(菅
原千代志, 山口純子著) 2013.5

182 河鍋暁斎絵日記―江戸っ子絵師の活写生活
(河鍋暁斎記念美術館編) 2013.7

183 イタリアの色(コロナ・ブックス編集部編)
2013.9

184 織田作之助の大阪―生誕100年記念(オダサ
ク倶楽部編) 2013.9

185 作家の住まい(コロナ・ブックス編集部編)
2013.10

186 あのメニューが生まれた店(菊地武顕著)
2013.11

187 般若心経―二六二文字を読む・知る・書く(角
田泰隆, 金岡秀郎, 名児耶明著) 2013.11

188 ヘンリー・ダーガー非現実を生きる(ヘン
リー・ダーガー[画], 小出由紀子編著) 2013.
12

189 東洋美術をめぐる旅―東京国立博物館東洋館
(東京国立博物館編著) 2013.12

190 名取洋之助―報道写真とグラフィック・デザ
インの開拓者(白山真理著) 2014.1

191 これっていいね雑貨主義(谷川晃一著, 川田
奎也写真) 2014.2

192 パウル・クレー地中海の旅(新藤信著) 2014.
3

193 運慶と鎌倉仏像―霊験仏をめぐる旅(瀬谷貴
之著) 2014.6

194 庭師とあるく京の隠れ庭(小埜雅章著)
2014.7

195 宮本常一と写真(石川直樹, 須藤功, 赤城耕一,
畑中章宏著) 2014.8

196 芹沢銈介文様図譜(芹沢銈介[作], 静岡市立
芹沢銈介美術館, 東北福祉大学芹沢銈介美術工芸
館監修) 2014.9

197 バルセロナのガウディ建築案内(丹下敏明著)
2014.11

198 山本作兵衛と炭鉱(ヤマ)の記録(コロナ・ブッ
クス編集部編) 2014.12

199 塔本シスコ絵の手帖(塔本シスコ[画], コロ
ナ・ブックス編集部編) 2015.2

200 聴竹居―藤井厚二の木造モダニズム建築(松
隈章著, 古川泰造写真) 2015.3

201 暮らしのかご(片柳草生著) 2015.4

202 作家の珈琲(コロナ・ブックス編集部著)
2015.6

203 戦争と平和―〈報道写真〉が伝えたかった日
本(白山真理, 小原真史著) 2015.7

204 銅版画家 南桂子―メルヘンの小さな王国
へ(南桂子[作], コロナ・ブックス編集部編)
2016.3

205 諸星大二郎の世界(コロナ・ブックス編集部
編) 2016.12

206 作家のお菓子(コロナ・ブックス編集部編)
2016.11

最初からそう教えてくれればいいのに！ 秀和
システム 2013〜2016

◇Excel VBAのプログラミングのツボとコツがゼッ
タイにわかる本―デバッグ力でスキルアップ！
(立山秀利著) 2013.12

◇C言語のポインタのツボとコツがゼッタイにわ
かる本(石黒尚久著) 2014.1

◇簿記のツボとコツがゼッタイにわかる本(横山達
大著) 2014.4

◇Excel VBAのプログラミングのツボとコツがゼッ
タイにわかる本 続々(立山秀利著) 2014.4

◇労務管理のツボとコツがゼッタイにわかる本(寺
林顕著, 米沢章吾監修) 2014.5

◇Accessのデータベースのツボとコツがゼッタイ
にわかる本(立山秀利著) 2014.6

◇JavaScriptのプログラミングのツボとコツがゼッ
タイにわかる本(立山秀利著) 2014.12

◇PHPとMySQLのツボとコツがゼッタイにわかる
本(横山達大著) 2014.12

◇繁盛する飲食店が必ずやっている開業資金の調
達方法―利息を約1%抑える借入マニュアル(原
陽介, 大野晃著) 2015.2

総記　　　　　　　　　　　　　　　　　　　　　　　　一般叢書・全集

◇超繁盛店のツボとコツがゼッタイにわかる本（岩崎剛幸著）　2015.3
◇電子工作のツボとコツがゼッタイにわかる本（高橋隆雄著）　2015.3
◇民法のツボとコツがゼッタイにわかる本（石川正樹著）　2015.9
◇Excel VBAでAccessを操作するツボとコツがゼッタイにわかる本（立山秀利著）　2015.12
◇離婚のツボとコツがゼッタイにわかる本（平林剛著）　2016.2
◇契約書のツボとコツがゼッタイにわかる本（萩原勇著）　2016.2
◇民事訴訟法のツボとコツがゼッタイにわかる本（石川正樹著）　2016.3
◇会社法のツボとコツがゼッタイにわかる本（大越一毅著）　2016.3
◇ビジネス英語のツボとコツがゼッタイにわかる本（上田怜奈著）　2016.6
◇民事執行法のツボとコツがゼッタイにわかる本（石川正樹著）　2016.8
◇仕事の数字のツボとコツがゼッタイにわかる本（古山竜司著）　2016.9
◇ホームページ作成のツボとコツがゼッタイにわかる本（中田亨著）　2016.10
◇Pythonプログラミングのツボとコツがゼッタイにわかる本（Shannon Lab著）　2016.12

最新文化賞事典　日外アソシエーツ　2011
2003-2010（日外アソシエーツ編）　2011.2

さきがけ選書　秋田魁新報社　2010〜2012
⇒Ⅰ-283
3　ケアの心看護の力（中村順子著）　2010.10
4　書を愉しむ（長沼雅彦著）　2011.2
5　活性あきたMOT試論（三品勉著）　2012.1
6　芭蕉発句を読み解く―その空間性と五感（安原盛彦著）　2012.2

さきがけブックレット　秋田魁新報社　2016
1　進化するグラミン銀行―ソーシャル・ビジネスの躍動（坪井ひろみ著）　2016.3
2　クマが襲ってきた―秋田魁新報2016報道ファイル（秋田魁新報社編）　2016.12

ザメディアジョンMJ新書　ザメディアジョン　2010
006　学校では学ぶな―人から学ぶ人生と経営に成功する法則（江口歳春著）　2010.5
007　五代目辰さん創業百二十八年を背負う（安藤辰著）　2010.6
008　中学受験は親からのプレゼント（唐沢真古, 平松敦子, 白岩博明著）　2010.9
009　あなたの会社が儲からない本当の理由―こんな社長が会社をつぶす（池尾彰彦著）　2010.10
010　外食FC（フランチャイズ）本部がダメにした日本のFC経営（江口歳春著）　2010.11

サライ・ブックス　小学館　2006〜2012
⇒Ⅴ-50
◇老いて、若返る一人生、90歳からが面白い（日野原重明, 堀文子著）　2011.4
◇命といふもの―堀文子画文集　第3集　名もなきものの力（堀文子著）　2012.4

山陰研究ブックレット　今井印刷　2012〜2015
1　江戸時代の出雲歌壇（芦田耕一著）　2012.3
2　初代松江市長・福岡世徳―その旅と松江振興策（竹永三男著）　2013.3
3　松江城下の町人と能楽（小林准士著）　2014.3
4　明治の松江と漢詩―明治初期の出雲漢詩壇（要木純一著）　2015.3

サンガフロンティア　サンガ　2015〜2016
001　創世記の秘密と法華経―なぜ人を殺してはいけないのか？　〜亡き師への手紙〜（ベニヤミン著）　2015.12
002　迷いをなくす禅の言葉―ぶれない自分をつくる75のエッセンス（平尾隆行著）　2016.1
003　売りたいなら、人格を磨きなさい―売り上げを伸ばす24のジャストセールス理論（滝口祐幸著）　2016.3

サンケイブックス　三恵書房　1977〜2016
⇒Ⅰ-284
◇九星馬券のすべて―激走する穴馬をみつける（岩波智生著）　2010.5
◇ロト6完全予測で一獲千金―1等を狙うのはこの数字だ（山内健司著）　2010.5
◇競艇確勝テクニック―アマからプロになった男の裏ワザ（大島武斗著）　2010.6
◇三原永晃プロ車券の奥義―車券プロの手ほどき（三原永晃著）　2010.8
◇ミニロト究極の新法則―ズバリ1等を狙う数字（坂本祥郎著）　2010.10

一般叢書・全集 　総 記

◇競艇の軸ここが違うプロの目―どんな選手にも必ず死角がある(松長彰著)　2011.1
◇アビリティ指数この1頭で勝負―藤吉式能力指数はここがちがう　再版(藤吉久著)　2011.3
◇ロト6大逆転の新法則―ダイヤモンドカードで買い目が決まる　再版(坂本祥郎著)　2011.3
◇ナンバーズを獲る黄金数字―ナンバーズを極める　3(田中裕介著)　2011.3
◇ミニロト465W(ダブル)の挑戦―4000万円を狙う数字(谷川孝著)　2011.4
◇出走表に隠された超穴馬―前走着順で簡単に穴馬が見つかる!(向井宗園著)　2011.6
◇ボートレース24場完全攻略ガイド―全国ボートレース勝ち歩き!(檜村賢一著)　2011.7
◇ロト6ダイヤモンド数字で1等を狙う―5口の買い目を初公開(坂本祥郎著)　2011.10
◇強運暦―幸運をつかむ!　平成24年版(西田気学研究所編)　2011.10
◇檜村賢一の舟券革命―高配当的中!　5つのサイン(檜村賢一著)　2011.12
◇名勝負でわかる選手心理―競輪列伝(野呂修次郎著)　2012.1
◇競馬おもしろ雑学クイズ―競馬がますます楽しくなる(山中茂紀著)　2012.1
◇ナンバーズを獲る黄金数字―ナンバーズを極める　4(田中裕介著)　2012.3
◇ミニロトFS数字の新法則―ファイブスターカードで買い目が決まる!(坂本祥郎著)　2012.4
◇ロト6最強の「魔の数字」―九星・六曜で買い目が決まる(鮎川幹夫著)　2012.5
◇軸決め最強新アビリティ指数―指数系最高峰複勝率70%(藤吉久著)　2012.6
◇よくわかるボートレースのすべて―みんなでボートレースに行こう!(檜村賢一著)　2012.8
◇強運暦―幸運をつかむ!　平成25年版(西田気学研究所編)　2012.10
◇ロト6アクシス・メソッド2013―驚異の相性数字理論!!(山内健司著)　2013.1
◇獲る!　ナンバーズマーベリースの秘密―★黄金数字で狙う(田中裕介著)　2013.1
◇ボートレースはMB出目で狙え―★出目なのに高的中率(ミラクル研究会編)　2013.2
◇競馬ゴールドオペレーション―展開指数で軸が決まる(中谷恵佑著)　2013.4
◇ロト6当たるダイヤモンド数字―厳選された30個の数字(坂本祥郎著)　2013.5

◇驚きのミニロトFS数字―4000万円を狙う最強の法則(坂本祥郎著)　2013.6
◇ロト7にはこの数字が隠されていた―8億を狙う魔の数字(鮎川幹夫著)　2013.6
◇これが最強のPV馬券だ―馬券プロの必勝法(卯月十三著)　2013.10
◇強運暦―幸運をつかむ!　平成26年版(西田気学研究所編)　2013.10
◇ロト6アクシス・メソッド―脅威の相性数字理論2014(山内健司著)　2013.12
◇ミニロトは強運命数で狙え―465W最新買い目(谷川孝著)　2014.1
◇ナンバーズ2014マーベリースの秘密―黄金数字で狙う(田中裕介著)　2014.1
◇1点勝負468(ヨーロッパ)車券術―ウラタ式レースを絞って儲ける(浦田大輔著)　2014.3
◇競馬不思議な出目本―出目だからこそ獲れるレースがある　NB出目(蒲田真理著)　2014.4
◇舟券で絶対勝つGP3連単―軸艇が決まる(江田幹著)　2014.5
◇隠れたデータで舟券を獲れ―勝率だけではない選手データがある(檜村賢一, ひまひまデータ著)　2014.6
◇競馬はG1レースこそドル箱だ(宮田比呂志著)　2014.10
◇強運暦　平成27年版(西田気学研究所編)　2014.10
◇ロト7この数字を見逃すな―本当にその買い方でいいの?　狙いが変わると当たりも変わる!(山内健司著)　2014.12
◇ロト7九星と六曜魔の法則―8億を狙う「魔の数字」(鮎川幹夫著)　2015.1
◇ロト6アクシス・メソッド　2015　当たる買い方教えます(山内健司著)　2015.1
◇ナンバーズこの数字で勝負―強い数字とマーベリースで狙う(田中裕介著)　2015.3
◇競馬不思議なNB出目―出目だからこそ獲れるレースがある!　大穴編(蒲田真理著)　2015.4
◇よくわかるボートレースのすべて―入門から舟券の狙い方まで　新版(檜村賢一著)　2015.5
◇ロト6攻略魔の数字の脅威―★不思議な数字で一獲千金!!!!(鮎川幹夫著)　2015.6
◇これで競輪のすべてがわかる―競輪はKEIRINに変わった(阿部道著)　2015.8
◇ロト6　1等獲るならダイヤモンド数字――一獲千金

夢じゃない（坂本祥郎著）　2015.10

◇ロト6当たるアクシス・メソッド　2016　軸数字が簡単に決まる裏テク公開（山内健司著）　2015.12

◇競馬この出目はちょっと違うぞ―賢く儲けるABパターン（蒲田真理著）　2016.1

◇最強車券術トップエンドX―軸選手がハッキリ決まる（宮川忠彦著）　2016.2

◇これで穴舟券をどんどん獲れ―破天荒大穴舟券記者登場（石井誠司著）　2016.3

◇ロト7魔の数字で8億円を狙う―九星と六曜の強い数字（鮎川幹夫著）　2016.5

◇ミニロト強運命数―1000万円獲得大作戦　上級編（谷川孝著）　2016.5

◇アビリティ指数究極の奥義編―この軸馬複勝率はすごい（藤吉久著）　2016.7

◇舟券3連単出目王6点勝負―簡単！　使いやすい！迷わない！（河辺公一著）　2016.9

◇ロト7新ダイヤモンド理論（坂本祥郎著）　2016.11

◇驚きの確率W推奨馬で勝負―これでもう軸馬で迷うことはない（河田キイチ著）　2016.12

山日ライブラリー　山梨日日新聞社　2000～2012　⇒Ⅰ－286

◇作文の楽しみ―「銀の泉」を教材に（溝口克己著）　2010.10

◇渡り鳥の世界―渡りの科学入門（中村司著）　2012.1

散文の時間　共和国　2014～2015

◇狂喜の読み屋（都甲幸治著）　2014.6

◇食べること考えること（藤原辰史著）　2014.6

◇ドイツ映画零年（渋谷哲也著）　2015.8

Sanrio SMILES　サンリオ　2012～2016

◇できますか？　小学校で習った社会科（浜田経雄監修，「できますか？　小学校で習った社会科」制作委員会編）　2012.7

◇さか上がりを英語で言えますか？―小学校で習った言葉（守誠著）　2012.11

◇解けますか？　小学校で習った算数（浜田経雄監修，『解けますか？　小学校で習った算数』制作委員会編）　2013.7

◇ハローキティ検定―HELLO KITTY誕生40周年記念出版！　改訂版（ハローキティ検定実行委員会編）　2014.5

◇できますか？　小学校で習った社会科　改訂版（浜田経雄監修，「できますか？　小学校で習った社会科」制作委員会編）　2015.3

◇「行ってきます」を英語で言えますか？―小学校で習った言葉（守誠著）　2015.3

◇解けますか？　小学校で習った算数　2（浜田経雄監修，「解けますか？　小学校で習った算数2」制作委員会編）　2015.9

◇みんなのたあ坊の菜根譚　新装版（辻信太郎著）　2015.12

◇小学校で習った社会科特別授業覚えてますか？日本史（浜田経雄監修，『覚えてますか？　日本史』制作委員会編）　2016.4

慈学選書　慈学社出版　2013～2016

◇仙台藩の罪と罰（吉田正志著）　2013.12

◇会議の政治学　2（森田朗著）　2014.12

◇風格の地方都市（真淵勝著）　2015.4

◇会議の政治学　3　中医協の実像（森田朗著）　2016.5

静岡学術出版教養新書　ITSC静岡学術出版事業部　2007～2014　⇒Ⅰ－286

◇Rider's story―つかの間の自由を求めて　バイク小説短編集　2（武田宗徳著）　2011.5

◇日本的マネジメントの感性―幕末夜話より（八巻直一著）　2011.6

◇自分はこう思う―日々、考え、思うこと…（塩沢祐一著）　2011.6

◇ちょびヒゲ診療日誌―精神科医の見た人間模様　京都暮らし編（須賀英道著）　2012.5

◇おいしい酒の散歩道（飲み語り散歩クラブ著）　2012.11

◇妊娠中毒症と早産の最新ホルモン療法―胎児は今の薬で安全か？（水谷栄彦編著，南竜寿著）　2013.3

◇地域イノベーションのための産学官連携従事者論（二階堂知己，鈴木康之著）　2014.3

静岡学術出版教養ブックス　ITSC静岡学術出版事業部　2009～2016　⇒Ⅱ－36

◇誰も書かなかった知的財産論22のヒント―未来の知財のために（西岡泉著）　2010.8

◇進化するアートスタイル経営―感性論哲学からのアプローチ（21世紀を拓く経営シリーズ　1）（室井俊二監修，山本英夫編著）　2010.12

◇Miare―ココロとカラダを元気にする本（千家佑

一般叢書・全集

総記

吏加著）　2011.1

◇女性のキャリア・チェンジと人間行動（桜木晃裕編著, 宮城大学桜木研究室著）　2011.2

◇字遊字観（吉野公英著）　2011.3

◇ちょっとトクする英文法（内田恵編著, 桑原陽一, 新妻明子著）　2011.4

◇知的資産経営が中小企業を強くする―金融機関も注目その進め方から開示のしかたまで（中小企業診断協会東京支部知的資産経営研究会編）2011.5

◇臨床心理士による「内観」をめぐるはなし―人間関係のふしぎ（真栄城輝明著）　2011.6

◇南方熊楠と神社合祀―いのちの森を守る闘い（芳賀直哉著）　2011.7

◇豚の脳髄はどんな味？―職業会計士が語る「経営の役に立つ」、かもしれない44の体験小話（市川一郎著）　2011.7

◇感動繊維の独創から共創へ―繊維学会夏季セミナー（2011）より 第42回繊維学会夏季セミナーテキスト（繊維学会夏季セミナー実行委員会編）2011.8

◇巨大災害を乗り切る地域防災力―ハードとソフトで高める住民・行政協働の災害対策（鈴木猛康著）　2011.9

◇ナイン・センス―九つの思考空間 マネジメントと地域産業を考える（東海マネジメント研究会著）　2011.10

◇独占禁止法の体系的理解　1　一定の取引分野における競争の実質的制限と正当化事由（大録英一著）　2011.12

◇独占禁止法の体系的理解　2　各類型の区別及び他の法との関係（大録英一著）　2011.12

◇独占禁止法の体系的理解　3　不公正な取引方法各論（大録英一著）　2011.12

◇地代論と価値論の止揚（小栗克之著）　2012.2

◇大学発のキャリアマーケティング―学生ひとり一人へのキャリア支援の面倒見の良さを誇りとしたい（小森一平著）　2012.3

◇ビジネスゲームで学ぶ「経営」のしくみ―君が充分に学んだならば、次は実践経営シミュレーション（田中宏和著）　2012.4

◇観光立国は、夢じゃない！―関西圏における観光振興の諸相（枡田弘明著）　2012.4

◇イギリス再発見―カントリーサイドの小さな旅（八木真知子著）　2012.7

◇雪―一九七〇年ごろの夢、故郷奥羽の地によせて（大岩文千代著）　2012.8

◇大学発のキャリアコンセプトメーキング―就活本を読む前のキャリア開発講義（小森一平著）2012.9

◇夕陽と少年と樹木の挿話（西岡泉著）　2012.11

◇25日生まれの人のためのミステリー―命を守るシンクロニシティ（清家麗子著）　2012.12

◇音楽70歳女子奮戦記（内田明子著）　2013.1

◇人生哲学感情心理療法入門―アルバート・エリス博士のREBTを学ぶ 学会公式テキスト（菅沼憲治, 日本人生哲学感情心理学会編著）　2013.4

◇独占禁止法の体系的理解　4　展望（大録英一著）2013.4

◇技術と洒落とエスプリと―技術エッセイ engineering mind thinking 気づく・調べる・考える（胃の飢ゑ飽き踏み著）　2013.6

◇がん闘病のための100章（青木忠憲著）　2013.6

◇ワイマール共和国の情報戦争―フランス情報資料を用いたドイツ革命とドイツ外交の分析（柏原竜一著）　2013.10

◇薬剤師が勧める「現代養生訓」―腸と心のケアで多くの疾病から解放される「統合医学によるセルフメディケーション」（岩口孝雄, 長谷川記子著）　2013.11

◇大学発のビジネスマインドビルディング―マーケティング思考力を養い、ビジネス社会に向かって飛び立とう（小森一平著）　2014.2

◇商品パッケージの消費者効果―化粧品における新カテゴリー創造の手法「感性記憶型パッケージング」の実証研究（宮本文幸著）　2014.2

◇大学の情報基盤―ある情報センターの挑戦（八巻直一著）　2014.3

◇プラス思考の力―「前向きな子」育てよう！（三浦弘行著）　2014.5

◇ものづくりマネジメントと情報技術（手島歩三, 平野健次編著, 大塚修彬, 柿谷常彰著）　2014.6

◇道徳教育の理論と方法―実践例とともに（今枝弘三著）　2014.11

◇特産品が地域を創生する―農業六次産業化沖縄モデルを全国に、そして世界へ（与那覇修著）2016.7

思想地図β　ゲンロン　2012～2013

vol.3　日本2・0（東浩紀編）　2012.7

vol.4-1　チェルノブイリ・ダークツーリズム・ガイド（東浩紀編）　2013.7

総記 一般叢書・全集

自分流選書 自分流文庫 1995～2013
⇒Ⅰ-292
◇入り舞―楽しく素敵に老いを寿ぐ 認知症・そのままのあなたが最高(三浦真澄著) 2013.4

嶋田厚著作集 嶋田厚著 新宿書房 2014
第1巻 生態としてのコミュニケーション 2014.3
第2巻 小さなデザイン大きなデザイン 2014.3
第3巻 明治以降の文学経験の諸相 2014.3

下野新聞新書 下野新聞社 2012～2016
3 認知症を「知る」―認知症に関わる方たちのために 第3版(橋本律夫[著]) 2016.3
6 ルポ・発達障害―あなたの隣に(下野新聞編集局取材班著) 2012.7
7 終章を生きる―2025年超高齢社会(下野新聞編集局取材班著) 2013.5
8 栃木文化への誘い(国学院大学栃木短期大学編) 2013.10
9 世界を見るための38講(宇都宮大学国際学部編) 2014.11

十八世紀叢書 中川久定、村上陽一郎責任編集 国書刊行会 1997～2011 ⇒Ⅰ-292
第6巻 性―抑圧された領域(阿尾安泰、阿部律子、江花輝昭、辻部大介、辻部亮子、萩原直幸、藤本恭比古訳) 2011.6

Shuwasystem Beginner's Guide Book 秀和システム 2005～2012 ⇒Ⅰ-394
◇韓国鉄道の今と昔をとことん楽しむ本―ポケット図解(やまだトシヒデ著) 2012.4
◇韓国の電車と地下鉄をとことん楽しむ本―ポケット図解(やまだトシヒデ著) 2012.9

樹福新書 樹福書院 2012
0-1 超店舗―幸福の経営を求めて(矢崎勝彦著) 2012.11
0-2 一韓民学者の初めて接した日本の彼方此方―日韓の共福実現を切願する対話の旅程(金泰昌著) 2012.11
0-3 東アジアから世界へ―ともに学びあう山田方谷・譚嗣同・崔漢綺 2012.6

主婦の友百科シリーズ 主婦の友社 1981～2014
⇒Ⅰ-292
◇家庭の医学―すぐわかる、よくわかる [2010年]最新決定版 2010.4
◇素材別大好評おかずBEST600―毎日のおかずレ

シピ(主婦の友cooking) 2011.11
◇大人気料理家50人のニッポンのおかずBest500(主婦の友社編) 2012.10
◇365日野菜のおかず百科―下ごしらえ、保存法、調理のコツがすべてわかる。 増補版 2012.10
◇主婦の友毎日の晩ごはん献立BEST800レシピ 2013.11
◇主婦の友Deluxe―創業プレ100周年記念企画 2014.12

樹林舎叢書 樹林舎 2012～2014
◇竜蛇神―諏訪大明神の中世的展開(原直正著) 2012.12
◇反楽園観光論―バリと沖縄の島嶼をめぐるメモワール(吉田竹也著) 2013.7
◇後藤又兵衛の研究―最後の戦国武将とその系譜(小嶋太門著) 2014.3
◇「エルマーの冒険」に学ぶ観光(平居謙編著) 2014.3
◇山下谷次伝―わが国実業教育の魁 1872-1936(福崎信行著) 2014.8

樹林舎叢書 人間社 2010～2015 ⇒Ⅰ-292
◇竹内文書超古代神世の解明―日月神示の新しい銀河霊界と大霊界の解明(片岡了一著) 2011.1
◇真実の「名古屋論」―トンデモ名古屋論を撃つ(呉智英著) 2012.5
◇いまだから伝えたい戦時下のこと―大学教員の戦争体験記(全国大学生活協同組合連合会東海ブロック教職員委員会編) 2012.7
◇ローリングストーンズストーリー(山田実著) 2013.2
◇歴史の眠る里わが山科(飯田道夫著) 2015.5

『書斎から見た日本の風景』ブックレット みるめ書房 2012
no.1 身辺雑記(柳田勘次著) 2012.3
no.2 三・一一原発事故と脱原発への思い(柳田勘次著) 2012.3

ジョルダンブックス ジョルダン 2009～2013
⇒Ⅲ-24
◇濡れた足音で彼女は近づく(山崎マキコ著) 2010.8
◇僕が愛した歌声(春江一也著) 2010.11
◇SharePoint成功の道標―SharePointコンサルタント秘伝実装から活用のノウハウ(上月祥裕, 西田良映, 栄田香織, 青山昌勝, 山崎淳朗, 塩光献,

金籠真理, 小山才喜著) 2011.5

◇美味いビールは三度注(つ)ぎ！(端田晶著) 2011.8

◇帽子の文化史―究極のダンディズムとは何か(出石尚三著) 2011.9

◇新宿アンデッド(金波三平, 井村恭一著) 2011.11

◇忠臣蔵四十七士の報復(安土弁著) 2011.11

◇モバイルSuica徹底活用術(表現者別冊 得する！スマホ研究所) 2012.1

◇唐組熱狂集成 流体の囁き篇(唐十郎著) 2012.2

◇唐組熱狂集成 迷宮彷徨篇(唐十郎著) 2012.2

◇通信プラン節約術(表現者別冊 得する！スマホ研究所 vol. 2) 2012.5

◇東京ブリッジ(佐藤洋二郎著) 2012.7

◇お客さま学 2(水野勝弘著) 2012.10

◇ビールの世界史こぼれ話(端田晶著) 2013.7

◇アニマルマインドと新・帝国主義―国民と共に歩む, 喜怒哀楽のある国家のために(松原仁著) 2013.7

シリーズいま、どうやって生きていますか？ 編集グループSURE 2014～2015

第1巻 私が書いてきたこと(富岡多恵子著) 2014.10

第5巻 『大東亜共栄圏』の輪郭をめぐる旅―海外神社を撮る(稲宮康人著) 2015.2

シリーズ近江文庫 新評論 2007～2013
　⇒Ⅰ-293

◇足のむくまま―近江再発見(国松巌太郎スケッチ, 北脇八千代文) 2011.4

◇「魚つかみ」を楽しむ―魚と人の新しいかかわり方(中島経夫, うおの会編著) 2011.9

◇紋左衛門行状記―酒と相撲とやきもの作りの放浪人生(冨増純一著) 2011.11

◇「びわ湖検定」でよみがえる―滋賀県っておもしろい(児玉征志著) 2012.6

◇古民家は語る―受け継がれてきた暮らし(吉見静子著) 2013.12

シリーズここからはじまる 青海社 2004～2011
　⇒Ⅰ-293

◇50代からはじめるユーモア―ゴルフと川柳(柏木哲夫著) 2011.8

シリーズ知の図書館 原書房 2014

1　図説世界を変えた50の哲学(ジェレミー・スタンルーム著, 田口未和訳) 2014.4

2　図説世界を変えた50の宗教(ジェレミー・スタンルーム著, 服部千佳子訳) 2014.4

3　図説世界を変えた50の心理学(ジェレミー・スタンルーム著, 伊藤綺訳) 2014.6

4　図説世界を変えた50の医学(スーザン・オールドリッジ著, 野口正雄訳) 2014.6

5　図説世界を変えた50の科学(ピーター・ムーア, マーク・フレアリー著, 小林朋則訳) 2014.10

6　図説世界を変えた50の経済(マシュー・フォーステイター, アンナ・パルマー著, 内田智穂子訳) 2014.10

7　図説世界を変えた50の政治(アン・バーキンズ著, 小林朋則訳) 2014.11

8　図説世界を変えた50のビジネス(ジョン・リブチンスキ著, 月谷真紀訳) 2014.11

シリーズ「知のまなざし」 三元社 2012～2015

◇社会学のまなざし(ましこ・ひでのり著) 2012.3

◇コミュニケーション論のまなざし(小山亘著) 2012.4

◇日本語学のまなざし(安田敏朗著) 2012.6

◇社会言語学のまなざし(佐野直子著) 2015.6

シリーズ22世紀を生きる ミシマ社 2013～2016

◇人生、行きがかりじょう―全部ゆるしてゴキゲンに(バッキー井上著) 2013.10

◇あわいの力―「心の時代」の次を生きる(安田登著) 2014.1

◇「消費」をやめる―銭湯経済のすすめ(平川克美著) 2014.6

◇街場の戦争論(内田樹著) 2014.10

◇お世話され上手(釈徹宗著) 2016.11

新修森有礼全集 文泉堂書店 1999～2015
　⇒Ⅰ-293

別巻 4(森有礼[著], 大久保利謙監修, 上沼八郎, 犬塚孝明共編) 2015.1

新書漢文大系 明治書院 1996～2016
　⇒Ⅰ-293

36　史記〈列伝〉 3(青木五郎著, 小出貫暎編) 2014.4

37　史記〈列伝〉 4([司馬遷][著], 青木五郎著,

総記

小出貫暎編） 2016.10

新潮選書 新潮社 1967～2016 ⇒Ⅰ-294
◇戦後日本漢字史（阿辻哲次著） 2010.11
◇ヒトはなぜ拍手をするのか─動物行動学から見た人間（小林朋道著） 2010.12
◇昆虫未来学─「四億年の知恵」に学ぶ（藤崎憲治著） 2010.12
◇「患者様」が医療を壊す（岩田健太郎著） 2011.1
◇深読みシェイクスピア（松岡和子著） 2011.2
◇諜報の天才杉原千畝（白石仁章著） 2011.2
◇「社会的うつ病」の治し方─人間関係をどう見直すか（斎藤環著） 2011.3
◇「律」に学ぶ生き方の智慧（佐々木閑著） 2011.4
◇水惑星の旅（椎名誠著） 2011.5
◇なぜ日本経済はうまくいかないのか（原田泰著） 2011.5
◇戦前日本の「グローバリズム」─一九三〇年代の教訓（井上寿一著） 2011.5
◇私家版差別語辞典（上原善広著） 2011.5
◇利他学（小田亮著） 2011.5
◇落語進化論（立川志らく著） 2011.6
◇ふたつの故宮博物院（野嶋剛著） 2011.6
◇形態の生命誌─なぜ生物にカタチがあるのか（長沼毅著） 2011.7
◇こころの免疫学（藤田紘一郎著） 2011.8
◇子規は何を葬ったのか─空白の俳句史百年（今泉恂之介著） 2011.8
◇天皇はなぜ滅びないのか（長山靖生著） 2011.9
◇危機の指導者チャーチル（冨田浩司著） 2011.9
◇指揮者の役割─ヨーロッパ三大オーケストラ物語（中野雄著） 2011.9
◇義理と人情─長谷川伸と日本人のこころ（山折哲雄著） 2011.10
◇政治家はなぜ「粛々」を好むのか─漢字の擬態語あれこれ（円満字二郎著） 2011.10
◇ミシュラン三つ星と世界戦略（国末憲人著） 2011.10
◇西行と清盛─時代を拓いた二人（五味文彦著） 2011.11
◇蕩尽王、パリをゆく─薩摩治郎八伝（鹿島茂著） 2011.11
◇説き語り日本書史（石川九楊著） 2011.12
◇科学嫌いが日本を滅ぼす─「ネイチャー」「サイ

エンス」に何を学ぶか（竹内薫著） 2011.12
◇蕩尽する中世（本郷恵子著） 2012.1
◇銀座と資生堂─日本を「モダーン」にした会社（戸矢理衣奈著） 2012.1
◇『帝都復興史』を読む（松葉一清著） 2012.2
◇日露戦争、資金調達の戦い─高橋是清と欧米バンカーたち（板谷敏彦著） 2012.2
◇鉄道復権─自動車社会からの「大逆流」（宇都宮浄人著） 2012.3
◇天下無敵のメディア人間─喧嘩ジャーナリスト・野依秀市（佐藤卓己著） 2012.4
◇ほんとうの診断学─「死因不明社会」を許さない（海堂尊著） 2012.5
◇髑髏となってもかまわない（山折哲雄著） 2012.5
◇未完のファシズム─「持たざる国」日本の運命（片山杜秀著） 2012.5
◇説き語り中国書史（石川九楊著） 2012.5
◇文明が衰亡するとき（高坂正堯著） 2012.5
◇ミッドウェー海戦 第1部 知略と驕慢（森史朗著） 2012.5
◇ミッドウェー海戦 第2部 運命の日（森史朗著） 2012.5
◇日本はなぜ開戦に踏み切ったか─「両論併記」と「非決定」（森山優著） 2012.6
◇水危機ほんとうの話（沖大幹著） 2012.6
◇江戸の天才数学者─世界を驚かせた和算家たち（鳴海風著） 2012.7
◇謎とき『悪霊』（亀山郁夫著） 2012.8
◇消えたヤルタ密約緊急電─情報士官・小野寺信の孤独な戦い（岡部伸著） 2012.8
◇地震と噴火は必ず起こる─大変動列島に住むということ（巽好幸著） 2012.8
◇3・11から考える「この国のかたち」─東北学を再建する（赤坂憲雄著） 2012.9
◇海図の世界史─「海上の道」が歴史を変えた（宮崎正勝著） 2012.9
◇神を哲学した中世─ヨーロッパ精神の源流（八木雄二著） 2012.10
◇資本主義の「終わりの始まり」─ギリシャ、イタリアで起きていること（藤原章生著） 2012.11
◇私の日本古代史 上 天皇とは何ものか─縄文から倭の五王まで（上田正昭著） 2012.12
◇私の日本古代史 下 『古事記』は偽書か─継体朝から律令国家成立まで（上田正昭著） 2012.12

一般叢書・全集   総記

◇皮膚感覚と人間のこころ（伝田光洋著）　2013.1
◇明治神宮―「伝統」を創った大プロジェクト（今
　泉宜子著）　2013.2
◇カネと文学―日本近代文学の経済史（山本芳明
　著）　2013.3
◇アメリカン・コミュニティ―国家と個人が交差
　する場所（渡辺靖著）　2013.4
◇「便利」は人を不幸にする（佐倉統著）　2013.5
◇私たちはなぜ税金を納めるのか―租税の経済思
　想史（諸富徹著）　2013.5
◇金融の世界史―バブルと戦争と株式市場（板谷敏
　彦著）　2013.5
◇ウェブ文明論（池田純一著）　2013.5
◇決断の条件（会田雄次著）　2013.5
◇主戦か講和か―帝国陸軍の秘密終戦工作（山本智
　之著）　2013.6
◇炭素文明論―「元素の王者」が歴史を動かす（佐
　藤健太郎著）　2013.7
◇江戸の色道―古川柳から覗く男色の世界（渡辺信
　一郎著）　2013.8
◇危機の女王エリザベス2世（黒岩徹著）　2013.9
◇ミッキーはなぜ口笛を吹くのか―アニメーショ
　ンの表現史（細馬宏通著）　2013.10
◇座談の思想（鶴見太郎著）　2013.11
◇天皇と葬儀―日本人の死生観（井上亮著）　2013.
　12
◇新・幸福論―「近現代」の次に来るもの（内山節
　著）　2013.12
◇戦争の日本中世史―「下剋上」は本当にあった
　のか（呉座勇一著）　2014.1
◇むしろ素人の方がよい―防衛庁長官・坂田道太が
　成し遂げた政策の大転換（佐瀬昌盛著）　2014.1
◇斎藤茂吉異形の短歌（品田悦一著）　2014.2
◇レーガンとサッチャー―新自由主義のリーダー
　シップ（ニコラス・ワプショット著, 久保恵美子
　訳）　2014.2
◇これを語りて日本人を戦慄せしめよ―柳田国男
　が言いたかったこと（山折哲雄著）　2014.3
◇日本語のミッシング・リンク―江戸と明治の連
　続・不連続（今野真二著）　2014.3
◇昭和天皇「よもの海」の謎（平山周吉著）　2014.
　4
◇誤解学（西成活裕著）　2014.5
◇謎ときガルシア＝マルケス（木村栄一著）　2014.
　5
◇精神論ぬきの保守主義（仲正昌樹著）　2014.5

◇暴力的風景論（武田徹著）　2014.5
◇漢字世界の地平―私たちにとって文字とは何か
　（斎藤希史著）　2014.5
◇奇妙なアメリカ―神と正義のミュージアム（矢口
　祐人著）　2014.6
◇弱者の戦略（稲垣栄洋著）　2014.6
◇ひねくれ古典『列子』を読む（円満字二郎著）
　2014.7
◇国境の人びと―再考・島国日本の肖像（山田吉彦
　著）　2014.8
◇日本古代史をいかに学ぶか（上田正昭著）　2014.
　9
◇日本の感性が世界を変える―言語生態学的文明
　論（鈴木孝夫著）　2014.9
◇貧者を喰らう国―中国格差社会からの警告　増
　補新版（阿古智子著）　2014.9
◇反グローバリズムの克服―世界の経済政策に学
　ぶ（八代尚宏著）　2014.10
◇ビッグデータの罠（岡嶋裕史著）　2014.11
◇成瀬巳喜男映画の面影（川本三郎著）　2014.12
◇ヒトの脳にはクセがある―動物行動学的人間論
　（小林朋道著）　2015.1
◇謎とき『ハックルベリー・フィンの冒険』―あ
　る未解決殺人事件の深層（竹内康浩著）　2015.1
◇反知性主義―アメリカが生んだ「熱病」の正体
　（森本あんり著）　2015.2
◇「空間」から読み解く世界史―馬・航海・資本・
　電子（宮崎正勝著）　2015.3
◇芸人という生きもの（吉川潮著）　2015.3
◇豊臣大坂城―秀吉の築城・秀頼の平和・家康の
　攻略（笠谷和比古, 黒田慶一著）　2015.4
◇シベリア抑留―日本人はどんな目に遭ったのか
　（長勢了治著）　2015.5
◇石油と日本―苦難と挫折の資源外交史（中嶋猪久
　生著）　2015.5
◇「ゆらぎ」と「遅れ」―不確実さの数理学（大平
　徹著）　2015.5
◇謎とき『失われた時を求めて』（芳川泰久著）
　2015.5
◇生命と偶有性（茂木健一郎著）　2015.5
◇「スイス諜報網」の日米終戦工作―ポツダム宣言
　はなぜ受けいれられたか（有馬哲夫著）　2015.6
◇ヒトはこうして増えてきた―20万年の人口変遷
　史（大塚柳太郎著）　2015.7
◇歴史認識とは何か―日露戦争からアジア太平洋戦
　争まで（戦後史の解放 1）（細谷雄一著）　2015.7

総記　　　　　　　　　　　　　　　　　　　　　　　一般叢書・全集

◇ロマネスク美術革命（金沢百枝著）　2015.8
◇地球の履歴書（大河内直彦著）　2015.9
◇瀬戸内の海賊―村上武吉の戦い　増補改訂版（山内譲著）　2015.10
◇つくられた縄文時代―日本文化の原像を探る（山田康弘著）　2015.11
◇日本の少子化百年の迷走―人口をめぐる「静かなる戦争」（河合雅司著）　2015.12
◇美の考古学―古代人は何に魅せられてきたか（松木武彦著）　2016.1
◇宇宙からいかにヒトは生まれたか―偶然と必然の138億年史（更科功著）　2016.2
◇中央銀行が終わる日―ビットコインと通貨の未来（岩村充著）　2016.3
◇EU騒乱―テロと右傾化の次に来るもの（広岡裕児著）　2016.3
◇日本語の謎を解く―最新言語学Q&A（橋本陽介著）　2016.4
◇自由の思想史―市場とデモクラシーは擁護できるか（猪木武徳著）　2016.5
◇サイクス＝ピコ協定百年の呪縛―中東大混迷を解く（池内恵著）　2016.5
◇憲法改正とは何か―アメリカ改憲史から考える（阿川尚之著）　2016.5
◇採用学（服部泰宏著）　2016.5
◇世界地図の中で考える（高坂正堯著）　2016.5
◇オリエント世界はなぜ崩壊したか―異形化する「イスラム」と忘れられた「共存」の叡智（宮田律著）　2016.6
◇日本国民であるために―民主主義を考える四つの問い（互盛央著）　2016.6
◇インドネシアイスラーム大国の変貌―躍進がもたらす新たな危機（小川忠著）　2016.9
◇「ひとり」の哲学（山折哲雄著）　2016.10

新なにわ塾叢書　ブレーンセンター　2012〜2015
4　熱き男たちの鉄道物語―関西の鉄道草創期にみる栄光と挫折（大阪府立大学観光産業戦略研究所，関西大学大阪都市遺産研究センター，大阪府，新なにわ塾叢書企画委員会編著）　2012.4
5　大阪に東洋1の撮影所があった頃―大正・昭和初期の映画文化を考える（大阪府立大学観光産業戦略研究所，関西大学大阪都市遺産研究センター，大阪府，新なにわ塾叢書企画委員会編著）　2013.4
6　再び大阪がまんが大国に甦る日（大阪府立大学

観光産業戦略研究所，関西大学大阪都市遺産研究センター，大阪府，新なにわ塾叢書企画委員会編著）　2014.4
7　「大阪の学校」草創期を読む（大阪府立大学観光産業戦略研究所，関西大学大阪都市遺産研究センター，大阪府，新なにわ塾叢書企画委員会編著，辻本雅史，川島智生，西口忠，藪田貫，山東功講話）　2015.4

人物シリーズ　第三企画出版　2013〜2016
◇耐えてこそ花は咲く―信条は「身の丈経営」（津波古勝三著）　2013.3
◇外から見た日本内に知る列強―元商社マンが切る国際情勢分析（松岡嘉幸著）　2013.3
◇柔道と人間形成―武士道に学ぶ「知徳体」の心（吉田秀彦著）　2013.8
◇長銀破綻のなぜと悔恨―バブルの罠と魔力（上田浩明著）　2013.10
◇日本の物流―世界に誇る日本の文化と心（田中徳忠著）　2014.2
◇北野家の躾と家族愛―母は "強し" 弟は "たけし"（北野大著）　2014.4
◇素直な心が運を呼ぶ―悔いなし我が人生（赤嵩貢著）　2015.8
◇川越を愛し，国政に尽くした菓子屋と政治家の八〇年――生懸命が福を呼ぶ（中野清著）　2016.1
◇やり切れ！　道は拓ける―"自主創造" の精神が発展の原動力（矢崎敦彦著）　2016.10

信毎選書　信濃毎日新聞社　2013〜2016
◇実践的新聞ジャーナリズム入門　増補（猪股征一著）　2016.2
1　悩むこと生きること（今日の視角セレクション1）（姜尚中著）　2013.7
2　知っておきたい長野県の日本一―「しあわせ信州」の秘密（加瀬清志著）　2013.7
3　残したい方言―信州のことばアラカルト（出野憲司著）　2013.7
4　沈まぬ夕陽―満蒙開拓の今を生きる中島多鶴（中繁彦著）　2013.8
5　日本山岳紀行―ドイツ人が見た明治末の信州（W・シュタイニッツァー著，安藤勉訳）　2013.10
6　浅間山信仰の歴史―火の山の鬼と仏と女神たち（岡村知彦著）　2013.12
7　せんせい記者日記（小坂真希著）　2014.1
8　「勘太郎」とは誰なのか？―伊那谷の幕末維新

と天狗党（伊藤春奈著） 2014.2

9 県歌信濃の国（市川健夫, 小林英一著） 2014.5

10 信州の鉄道物語 上 消え去った鉄道編（小林宇一郎, 小西純一監修, 信濃毎日新聞社編） 2014.6

11 信州の鉄道物語 下 走り続ける鉄道編（小林宇一郎, 小西純一監修, 信濃毎日新聞社編） 2014.6

12 ウェストンが来る前から、山はそこにあった—地元目線の山岳史（菊地俊朗著） 2014.8

13 もっと子どもたちと遊びたい！—信大YOU遊の挑戦（中山万美子著） 2015.1

14 知っておきたい長野県の記念日—「しあわせ信州」の現在・過去・未来（加瀬清志著） 2015.2

15 出会いの寺善光寺（堀井正子著） 2015.5

16 過去と向き合い生きる（「今日の視角」セレクション2）（井出孫六著） 2015.8

17 「ちゅうくらい」という生き方—俳人一茶の思想はどこからきたか（渡辺弘著） 2015.11

19 残したい方言 2 暮らしに息づく信州のことば（出野憲司著） 2016.3

20 蚕糸王国信州ものがたり（阿部勇編著） 2016.10

21 愛と感動信濃路うたの旅 上（花嶋堯春著） 2016.12

Suiko books 光村推古書院 2010～2013

156 京都青もみじ（水野克比古著） 2010.5

157 京都五花街—祇園甲部 宮川町 先斗町 上七軒 祇園東（溝縁ひろし著） 2010.12

158 京都電車で行く紅葉散策—Visiting best autumn leaves spots in the old capital（中田昭写真） 2010.10

[159] 京の野仏（水野克比古著） 2010.12

160 古道—歴史の道百選 日本の名景（森田敏隆著） 2011.4

161 京町家拝見（水野克比古著） 2011.5

162 京都名所百景（水野克比古著） 2012.2

163 京都さくら散歩（水野克比古著） 2012.3

164 京都もみじ散歩（水野克比古著） 2012.10

165 京都花散歩（水野克比古著） 2013.3

166 京舞妓 宮川町（溝縁ひろし著, 坪倉利喜雄監修） 2013.4

167 京都茶庭拝見（水野克比古著） 2013.6

168 京都雪景色（水野克比古著） 2013.12

水声文庫 水声社 2006～2016 ⇒V−548

◇西洋美術史を解体する（白川昌生著） 2011.5

◇零度のシュルレアリスム（斉藤哲也著） 2011.5

◇シュルレアリスム美術を語るために（鈴木雅雄, 林道郎著） 2011.6

◇転落譚（中村邦生著） 2011.7

◇マラルメの〈書物〉（清水徹著） 2011.10

◇昭和あるいは戯れるイメージ—『青い山脈』と『きけわだつみのこえ』（浅沼圭司著） 2012.1

◇魔術的リアリズム—20世紀のラテンアメリカ小説（寺尾隆吉著） 2012.10

◇川上未映子を読む（松本和也著） 2013.3

◇物語るイメージ—絵画、絵巻あるいは漫画そして写真、映画など（浅沼圭司著） 2013.12

◇贈与としての美術（白川昌生著） 2014.3

◇戦後文学の旗手中村真一郎—『死の影の下に』五部作をめぐって（鈴木貞美著） 2014.5

◇ナラトロジー入門—プロップからジュネットまでの物語論（橋本陽介著） 2014.7

◇美術、市場、地域通貨をめぐって 新装版（白川昌生著） 2014.10

◇アメリカ映画とカラーライン—映像が侵犯する人種境界線（金沢智著） 2014.12

◇幽霊の真理—絶対自由に向かうために 対話集（荒川修作, 小林康夫著） 2015.3

◇平成ボーダー文化論（阿部嘉昭著） 2015.3

◇ジョイスとめぐるオペラ劇場（宮田恭子著） 2015.6

◇黒いロシア白いロシア—アヴァンギャルドの記憶（武隈喜一著） 2015.8

◇映像アートの原点1960年代—東京、ニューヨーク（飯村隆彦著） 2016.3

◇〈不〉可視の監獄—サミュエル・ベケットの芸術と歴史（多木陽介著） 2016.5

◇宮沢賢治の「序」を読む（浅沼圭司著） 2016.9

◇制作について—模倣、表現、そして引用（浅沼圭司著） 2016.11

◇〈もの派〉の起源—石子順造・李禹煥・グループ〈幻触〉がはたした役割（本阿弥清著） 2016.11

◇絵画との契約—山田正亮再考（松浦寿夫, 中林和雄, 沢山遼, 林道郎著） 2016.12

ずいそうしゃブックレット 足尾に緑を育てる会 2015

18 緑の足尾をめざして—足尾の砂防事業と緑化活動（鶴巻和芳著） 2015.10

総記　　　　　　　　　　　　　　　　　　　**一般叢書・全集**

ずいそうしゃブックレット　随想舎　1988～2016
⇒Ⅰ－297

16　道州制で県民の暮らしはどうなる？―検証と
　　提言福田県政の8年間：第三次県政白書（とちぎ
　　地域・自治研究所）　2012.7

17　八月十五日のうた―戦後に育つ子が伝える父・
　　母・祖父母の戦争 戦後に育つ私たちは、どこか
　　ら来て、どこへ向かうのか（明良佐藤著）　2014.
　　7

19　住民自治が輝くとちぎに―持続可能な地域づ
　　くり 第四次県政白書（とちぎ地域・自治研究所
　　編）　2016.9

SWITCHインタビュー達人達　ぴあ　2014
◇宮藤官九郎×葉加瀬太郎（NHK『SWITCHイン
　タビュー達人達』制作班, 宮藤官九郎, 葉加瀬太
　郎著）　2014.4
◇瀬戸内寂聴×EXILE　ATSUSHI（NHK
　『SWITCHインタビュー達人達』制作班, 瀬戸内
　寂聴, EXILE ATSUSHI著）　2014.4
◇林修×岩瀬大輔（NHK『SWITCHインタビュー
　達人達』制作班, 林修, 岩瀬大輔著）　2014.6
◇是枝裕和×姜尚中（NHK『SWITCHインタビュー
　達人達』制作班, 是枝裕和, 姜尚中著）　2014.7
◇宮本亜門×北川悠仁（NHK『SWITCHインタビ
　ュー達人達』制作班, 宮本亜門, 北川悠仁著）
　2014.7
◇アントニオ猪木×天野篤（NHK『SWITCHイン
　タビュー達人達』制作班, アントニオ猪木, 天野
　篤著）　2014.3
◇小山薫堂×佐藤可士和（NHK『SWITCHインタ
　ビュー達人達』制作班, 小山薫堂, 佐藤可士和著）
　2014.3

**SWITCH LIBRARY　スイッチ・パブリッシ
　ング　1999～2016　⇒Ⅴ－694**
◇ケンブリッジ・サーカス（柴田元幸著）　2010.4
◇死ぬな生きろ（藤原新也著）　2010.7
◇空白―SWITCH INTERVIEW Apr.2010-Mar.
　2012（井上雄彦著）　2012.5
◇こころ朗らなれ、誰もみな（柴田元幸翻訳叢書）
　（アーネスト・ヘミングウェイ著, 柴田元幸訳）
　2012.11
◇アメリカン・マスターピース　古典篇（柴田元幸
　翻訳叢書）（ナサニエル・ホーソーン他著, 柴田
　元幸編訳）　2013.10
◇子供がもらって、そうでもないブローチ集（光浦

靖子著）　2014.1
◇Yukon（佐藤秀明写真）　2014.9
◇木に持ちあげられた家（テッド・クーザー作, ジョ
　ン・クラッセン絵, 柴田元幸訳）　2014.11
◇音楽家のカルテ（椎名林檎［著］）　2014.12
◇教えてください。野坂さん（野坂昭如, 黒田征太
　郎著）　2015.5
◇ブリティッシュ＆アイリッシュ・マスターピー
　ス（柴田元幸翻訳叢書）（ジョナサン・スウィフ
　ト他著, 柴田元幸編訳）　2015.7
◇職業としての小説家（村上春樹著）　2015.9
◇きみはうみ（西加奈子絵と文）　2015.11
◇このあたりの人たち（川上弘美著）　2016.6
◇恐竜がいた（下田昌克絵・恐竜制作, 谷川俊太郎
　詩）　2016.9

図解　KADOKAWA　2014～2016
01　使える失敗学（畑村洋太郎著）　2014.7
02　使えるマクロ経済学（菅原晃著）　2014.10
03　使える哲学（小川仁志著）　2014.12
04　使える統計学（涌井良幸, 涌井貞美著）　2015.
　　2
05　使えるミクロ経済学（菅原晃著）　2015.10
06　使える日本史（後藤武士著）　2016.3
07　使える心理学（植木理恵著）　2016.5

図説マニアックス　幻冬舎コミックス　2013
1　拳銃百科　増補版（安田誠著, あんこ工房,
　　ENDOイラスト, 大波耀子漫画）　2013.2
2　小銃百科　増補版（安田誠著, 御国紗帆, ENDO
　　イラスト, 大波耀子漫画）　2013.2
3　女子高制服百科　増補版（安田誠著）　2013.3
4　女子高制服百科　共学女子編　増補版（安田誠
　　著）　2013.4
5　武器百科　増補版（安田誠著）　2013.5

**SPACE SHOWER BOOKS　スペースシャ
　ワーネットワーク　2013～2016**
◇坂の記憶（岡康道, 麻生哲朗著）　2013.11
◇3日でまわる北欧inコペンハーゲン（Hokuo
　Book）（森百合子著）　2013.11
◇ぼくどうして涙がでるの（伊藤文学著）　2013.12
◇グレース―ファッションが教えてくれたこと（グ
　レース・コディントン著, マイケル・ロバーツ
　［著］, 田代文訳）　2013.12
◇青森県立美術館コンセプトブック（工藤健志編

集・執筆） 2014.1

◇史上最強の台北カオスガイド101（丸屋九兵衛著）2014.2

◇エリック・クラプトン・トレジャーズ（クリス・ウェルチ著, 佐藤信夫訳） 2014.2

◇のんびりイビサ（カルロス矢吹著） 2014.2

◇ばか手芸（べつやくれい著） 2014.2

◇ワインで旅するカリフォルニア（桑田英彦著）2014.2

◇丸屋九兵衛が選ぶ、ヒップホップの決めゼリフ（丸屋九兵衛, 丸屋九兵衛編集） 2014.3

◇亀時間―鎌倉の宿から生まれるつながりの環（桜井雅之著） 2014.3

◇ロックンロールが降ってきた日　2（[秋元美乃, 森内淳]［編]） 2014.3

◇アンプ大名鑑　Fender編（トム・ウィーラー著, 野田恵子訳, ロッキン・エノッキー日本版監修）2014.3

◇禁断の英語塾―WORD IS YOURS（押野素子, 丸屋九兵衛編集＆注釈） 2014.4

◇神様はそんなにひまじゃない―フクダカヨ絵日記（フクダカヨ著） 2014.4

◇ラップのことば　2（猪又孝企画・編集） 2014.4

◇松尾潔のメロウな日々（松尾潔著） 2014.5

THE TOKYO HUNDREDS OSAMU NAGAHAMA―長浜治｜原宿の肖像 Directed by NEIGHBORHOOD 20th ANNIVERSARY ISSUE（長浜治[著・写真・跋文]） 2014.6

◇世界名作映画絵コンテ図鑑（フィオヌラ・ハリガン著, 富永晶子訳） 2014.6

◇うっとりカレーパン（水野仁輔著） 2014.6

◇アップルパイン・みほのカラダいきいき！におわないぬか漬けレシピ（アップルパイン・みほ著）2014.6

◇ブルース・レコード・ジャケット（高地明編著）2014.7

◇建築する動物（インゴ・アルント写真, ユルゲン・タウツ文, 川岸史訳） 2014.7

◇まるごとジャマイカ体感ガイド（池城美菜子著）2014.8

◇ワインで旅するイタリア―ITALIA　WINE COUNTRY（桑田英彦著） 2014.9

◇「ぶどうのなみだ」の風景（映画『ぶどうのなみだ』製作委員会編著） 2014.9

◇伝説の映画美術監督たち×種田陽平（種田陽平

著） 2014.10

◇WORLD BREAKFAST ALLDAYの世界の朝ごはん（WORLD BREAKFAST ALLDAY著）2014.10

◇週刊金沢―2007-2014（金沢ダイスケ著） 2014.11

◇新しい音楽とことば―13人の音楽家が語る作詞術と歌詞論（磯部涼編） 2014.11

◇マイ・リトル・世田谷（しまおまほ著） 2014.11

◇ポール・ランドのデザイン思想（ポール・ランド著, 河村めぐみ訳） 2014.12

◇アンプ大名鑑　Marshall編（マイケル・ドイル, ニック・ボウコット著, 牛沢滋由貴日本語版監修, 脇阪真由, 水科哲哉訳） 2014.12

◇オランダ・ショート・トリップ―アムステルダムから30分で行ける小さな街（赤木真弓, 佐々木素子編著・写真） 2015.3

◇3日でまわる北欧inヘルシンキ（Hokuo Book）（森百合子著） 2015.3

◇京都おしゃれローカル・ガイド―New Kyoto（多屋澄礼著） 2015.3

◇横山健―岸田哲平編（岸田写真研究所 001）（岸田哲平編） 2015.3

◇ココナッツオイルの本（coconut oil project編, 南風食堂料理） 2015.4

◇ロックンロールが降ってきた日　3（[秋元美乃, 森内淳]［編]） 2015.4

◇フランキー・ヴァリ＆ザ・フォー・シーズンズのすべて（斎藤充正著） 2015.5

◇松尾潔のメロウな季節（Rhythm & Business Vol. 2）（松尾潔著） 2015.6

◇ジス・イズ・パリ　復刻版（ミロスラフ・サセック著, 松浦弥太郎訳） 2015.6

◇ジス・イズ・ニューヨーク　復刻版（ミロスラフ・サセック著, 松浦弥太郎訳） 2015.6

◇映画で歩くパリ（佐藤久理子文・写真） 2015.6

◇ジス・イズ・ロンドン　復刻版（ミロスラフ・サセック著, 松浦弥太郎訳） 2015.7

◇ジス・イズ・ヴェニス　復刻版（ミロスラフ・サセック著, 松浦弥太郎訳） 2015.7

◇バック・トゥ・ザ・フューチャー完全大図鑑（マイケル・クラストリン, ランダル・アタマニアック著, 本田佐良訳） 2015.10

◇あからんくん（松本一起詩, 安部竜一画） 2015.10

◇バック・トゥ・ザ・フューチャー完全大図鑑　通

総記　　　　　　　　　　　　　　　　　　　　　　　　　　一般叢書・全集

常版（マイケル・クラストリン, ランダル・アタ
マニアック著, 本田佐良訳）　2015.11
◇夜行性動物写真集（トレア・スコット著, 川岸史
訳）　2015.12
◇near, far―二階堂ふみ写真集（二階堂ふみ, チャ
ド・ムーア著）　2015.12
◇A LIFE IN PICTURES―キース・リチャーズ写
真集（アンディ・ニール著, 佐藤信夫訳）　2015.
12
◇3日でまわる北欧inオスロ（Hokuo Book）（森百
合子著）　2016.2
◇はぐれネズミ純情派。（カワクボタクロウ, ヨコ
タシンノスケ著）　2016.3
◇丸屋九兵衛が選ぶ、ストレイト・アウタ・コン
プトンの決めゼリフ（丸屋九兵衛著）　2016.6
◇IN MY ROOM（蜷川実花著）　2016.6
◇ビアトリクス・ポター物語―ピーターラビット
の生みの親（サラ・グリストウッド著, 本田佐良
訳）　2016.7
◇丸屋九兵衛が選ぶ、ジョージ・クリントンとP
ファンク軍団の決めゼリフ（丸屋九兵衛執筆＆編
集＆実演）　2016.11
◇プリンス1958-2016（モビーン・アザール著, 長谷
川町蔵日本語版監修, 五十嵐涼子訳）　2016.11
◇ファーストアルバム（川島小鳥著）　2016.12

**SPACE SHOWER BOOKS　［ドローイング
アンドマニュアル］　2015**
◇存在しない映画、存在した光景　第1集（菱川勢
一［著］）　2015.11

**SPACE SHOWER BOOKS　ビームス
2016**
◇ビームスの神戸。―GUIDE BOOK FOR
HAPPY TRAVELER FOOD｜SWEETS｜
FASHION｜CRAFT｜BEAUTY　2016.10

生活文化史選書　雄山閣　2011〜2015
◇闇のコスモロジー―魂と肉体と死生観（狩野敏次
著）　2011.2
◇焼肉の誕生（佐々木道雄著）　2011.3
◇猪の文化史　考古編　発掘資料などからみた猪
の姿（新津健著）　2011.5
◇猪の文化史　歴史編　文献などからたどる猪と
人（新津健著）　2011.7
◇御所ことば（井之口有一, 堀井令以知著）　2011.
11

◇香の文化史―日本における沈香需要の歴史（松原
睦著）　2012.4
◇暦入門―暦のすべて（渡辺敏夫著）　2012.5
◇易と日本人―その歴史と思想（服部竜太郎著）
2012.7
◇鉄と人の文化史（窪田蔵郎著）　2013.4
◇江戸の魚食文化―川柳を通して（蟻川トモ子著）
2013.4
◇日本食の伝統文化とは何か―明日の日本食を語
るために（橋本直樹著）　2013.11
◇木と水のいきものがたり―語り継がれる生命の
神秘（狩野敏次著）　2014.4
◇つばき油の文化史―暮らしに溶け込む椿の姿（有
岡利幸著）　2014.12
◇今に活きる大正健康法　物療篇（熊木敏郎著）
2015.4
◇日本人とオオカミ―世界でも特異なその関係と
歴史（栗栖健著）　2015.5
◇今に活きる大正健康法　食養篇（熊木敏郎著）
2015.7

青弓社ライブラリー　青弓社　2004〜2016
⇒Ⅰ−297
66　死刑執行人の日本史―歴史社会学からの接近
（桜井悟史著）　2011.1
67　歴史教育とジェンダー―教科書からサブカルチ
ャーまで（長野ひろ子, 姫岡とし子編著）　2011.
2
68　宝塚ファンの社会学―スターは劇場の外で作
られる（宮本直美著）　2011.3
69　SFで自己を読む―『攻殻機動隊』『スカイ・ク
ロラ』『イノセンス』（浅見克彦著）　2011.5
70　ひとはなぜ乳房を求めるのか―危機の時代の
ジェンダー表象（山崎明子, 黒田加奈子, 池川玲
子, 新保淳乃, 千葉慶著）　2011.8
71　芸術は社会を変えるか？―文化生産の社会学
からの接近（吉沢弥生著）　2011.10
72　「女子」の時代！（馬場伸彦, 池田太臣編著）
2012.4
73　路地裏が文化を生む！―細街路とその界隈の
変容（増淵敏之著）　2012.11
74　占いにはまる女性と若者（板橋作美著）　2013.
3
75　美容整形と〈普通のわたし〉（川添裕子著）
2013.5
76　社会は笑う―ボケとツッコミの人間関係　増
補版（太田省一著）　2013.7

全集・叢書総目録 2011-2016　　329

一般叢書・全集

77　海辺の恋と日本人―ひと夏の物語と近代（瀬崎
圭二著）　2013.8

78　「心の闇」と動機の語彙―犯罪報道の一九九〇
年代（鈴木智之著）　2013.12

79　恋愛ドラマとケータイ（中村隆志編著）　2014.
1

80　台湾ジャニーズファン研究（陳怡禎著）　2014.
2

81　「アイドル」の読み方―混乱する「語り」を問
う（香月孝史著）　2014.3

82　「平成」論（鈴木洋仁著）　2014.4

83　クイズ化するテレビ（黄菊英, 長谷正人, 太田
省一著）　2014.7

84　発表会文化論―アマチュアの表現活動を問う
（宮入恭平編著）　2015.2

85　なぜ女性は仕事を辞めるのか―5155人の軌跡
から読み解く（岩田正美, 大沢真知子編著, 日本
女子大学現代女性キャリア研究所）　2015.6

86　犯罪の世間学―なぜ日本では略奪も暴動もお
きないのか（佐藤直樹著）　2015.12

87　子どもと貧困の戦後史（相沢真一, 土屋敦, 小
山裕, 開田奈穂美, 元森絵里子著）　2016.4

88　ディズニーランドの社会学―脱ディズニー化
するTDR（新井克弥著）　2016.7

Sekaishiso seminar　世界思想社　1974〜2016
⇒Ⅰ-299

◇トランスポジションの思想―文化人類学の再想
像　増補版（太田好信著）　2010.7

◇先端医療の社会学（佐藤純一, 土屋貴志, 黒田浩
一郎編）　2010.7

◇キーコンセプト文化―近代を読み解く（鏡味治也
著）　2010.10

◇作ることの日本近代――九一〇‐四〇年代の精
神史（伊藤徹編）　2010.10

◇構造転換期の中国経済（佐々木信彰編）　2010.12

◇会話分析基本論集―順番交替と修復の組織（H.サ
ックス, E.A.シェグロフ, G.ジェファソン［著］,
西阪仰訳）　2010.12

◇スポーツ応援文化の社会学（高橋豪仁著）　2011.
1

◇観光経験の人類学―みやげものとガイドの「も
のがたり」をめぐって（橋本和也著）　2011.2

◇社会的宗教と他界的宗教のあいだ―見え隠れす
る死者（津城寛文著）　2011.8

◇二つのケルト―その個別性と普遍性（小辻梅子,
山内淳編）　2011.9

◇グローバル化とイスラム―エジプトの「俗人」説
教師たち（八木久美子著）　2011.9

◇グローバリゼーションと都市変容（遠藤薫編）
2011.10

◇国境を越えるアジアの家事労働者―女性たちの
生活戦略（上野加代子著）　2011.12

◇平家物語・木曽義仲の光芒（武久堅著）　2012.2

◇大都市型産業集積と生産ネットワーク（前田啓
一, 町田光弘, 井田憲計編）　2012.5

◇世界システムという考え方―批判的入門（山田信
行著）　2012.10

◇グループ・ダイナミックス入門―組織と地域を
変える実践学（杉万俊夫著）　2013.4

◇科学化する日常の社会学（西山哲郎著）　2013.4

◇ライフ・イベントの社会学　新版（片瀬一男著）
2013.4

◇アメリカの国際観光経済（浅羽良昌著）　2013.7

◇フィクションの中の記憶喪失（小田中章浩著）
2013.10

◇現代芸術としての能（原田香織著）　2014.2

◇介護ライフスタイルの社会学　新版（春日井典子
著）　2014.10

◇国際関係　全訂版（家正治, 岩本誠吾, 桐山孝信,
戸田五郎, 西村智朗, 福島崇宏著）　2014.10

◇「いじめ自殺」の社会学―「いじめ問題」を脱構
築する（北沢毅著）　2015.3

◇メディア学の現在　新訂第2版（渡辺武達, 田口
哲也, 吉沢健吉編）　2015.4

◇現代医療の社会学―日本の現状と課題　新版（中
川輝彦, 黒田浩一郎編）　2015.8

◇国境を越えるアジアの家事労働者―女性たちの生
活戦略　オンデマンド版（上野加代子著）　2016.
11

世界の賞事典　日外アソシエーツ　2015
2005-2014（日外アソシエーツ編）　2015.9

世界マークの石田本シリーズ　創英社/三省堂書
店　2013〜2014

2　超・元気の出る本（石田和男著）　2013.7

3　探求仏教理学研鑽（石田和男著）　2014.6

仙台文庫　メディアデザイン　2011〜2012

1　ブックカフェのある街（前野久美子編著）
2011.1

2　大きな羊のみつけかた―「使える」美術の話（斎

総記　　　　　　　　　　　　　　　　　　　　　　一般叢書・全集

正弘著）　2011.1

3　市民のネットワーキング（市民の仕事術 1）（加藤哲夫著）　2011.6

4　市民のマネジメント（市民の仕事術 2）（加藤哲夫著）　2011.6

5　街はアトリエ（尾﨑行彦著）　2012.4

6　ものみな過去にありて（いがらしみきお著）2012.12

7　ザッカトルテ―雑貨・手紙用品店yutorico.の日々（高橋智美著）　2012.12

別冊　月刊佐藤純子（佐藤純子著）　2012.6

専門基礎ライブラリー　実教出版　2005〜2016
⇒Ⅰ-302

◇文系のための線形代数・微分積分―数学の面白さ/はじめての線形代数/はじめての微分積分/数学史（岡部恒治、木内保、鈴木俊夫、新田義彦、三浦伸夫著、岡部恒治監修）　2011.1

◇フローチャート標準生物学実験（標準生物学実験編修委員会編）　2011.3

◇熱力学―事例でわかる考え方と使い方（君島真仁、佐々木直栄、田中耕太郎、根本泰行、山田純著、金原粲監修）　2011.11

◇制御工学―技術者のための、理論・設計から実装まで：豊橋技術科学大学・高等専門学校制御工学教育連携プロジェクト（寺嶋一彦、兼重明宏ほか著）　2012.3

◇新編基礎化学（金原粲監修、吉田泰彦、安藤寿浩、蒲生西谷美香、田島正弘、宮崎芳雄、矢尾板仁、好野則夫執筆）　2013.3

◇生命科学　改訂版（金原粲監修）　2013.9

◇工学系の力学―実例でわかる、基礎からはじめる工業力学（金原粲監修）　2013.10

◇経済系のための情報活用　1（菊地進、岩崎俊夫編著、藤原新、小沢康裕、桜本健著）　2013.12

◇環境科学　改訂版（金原粲監修）　2014.3

◇生体高分子の基礎―はじめてのバイオ分子化学（長谷川慎、石水毅、有馬一成、前田衣織著）2014.10

◇経済系のための情報活用　2（菊地進、岩崎俊夫編著、小沢康裕、一ノ瀬大輔、桜本健、小西純著）2015.3

◇電気回路　改訂版（金原粲監修、加藤政一、和田成夫、佐野雅敏、田井野徹、鷹野致和、高田進執筆）　2016.11

叢書記号学的実践　水声社　1985〜2014
⇒Ⅰ-311

27　闘う衣服（小野原教子著）　2011.5

28　芸術の作品　1　内在性と超越性（ジェラール・ジュネット著、和泉涼一訳）　2013.1

29　物語における時間と話法の比較詩学―日本語と中国語からのナラトロジー（橋本陽介著）　2014.9

叢書・知を究める　ミネルヴァ書房　2013〜2016

1　脳科学からみる子どもの心の育ち―認知発達のルーツをさぐる（乾敏郎著）　2013.10

2　戦争という見世物―日清戦争祝捷大会潜入記（木下直之著）　2013.11

3　福祉工学への招待―ヒトの潜在能力を生かすモノづくり（伊福部達著）　2014.8

4　日韓歴史認識問題とは何か―歴史教科書・「慰安婦」・ポピュリズム（木村幹著）　2014.10

5　堀河天皇吟抄―院政期の雅と趣（朧谷寿著）2014.11

6　人間（ひと）とは何ぞ―酔翁東西古典詩話（沓掛良彦著）　2015.6

7　18歳からの社会保障読本―不安のなかの幸せをさがして（小塩隆士著）　2015.12

8　自由の条件―スミス・トクヴィル・福沢諭吉の思想的系譜（猪木武徳著）　2016.9

9　犯罪はなぜくり返されるのか―社会復帰を支える制度と人びと（藤本哲也著）　2016.11

叢書・地球発見　ナカニシヤ出版　2005〜2015
⇒Ⅰ-312

15　タウンシップ―土地計画の伝播と変容（金田章裕著）　2015.1

叢書・〈知〉の森　森話社　2004〜2014　⇒Ⅱ-80

8　歴史のなかの家族と結婚―ジェンダーの視点から（伊集院葉子、栗山圭子、長島淳子、石崎昇子、浅野富美枝著、服藤早苗監修）　2011.4

9　村上春樹 表象の圏域―『1Q84』とその周辺（米村みゆき編）　2014.6

10　〈人〉に向きあう民俗学（門田岳久、室井康成編）　2014.6

叢書東北の声　荒蝦夷　2008〜2015

1　離れて思う故郷―東京に生きる山形人の群像（山川徹［著］）　2008.4

2　月夜の蓄音機―吉田コト子、思い出語り（吉田コト［著］、滝沢真喜子聞き書き）　2008.4

3 下北忘れえぬ人びと（田中忠三郎［著］）2008.4

4 いま、地域から―東北学2001/2007 赤坂憲雄エッセイ集（赤坂憲雄［著］）2008.5

5 藤沢周平読本―没後十年（山形新聞社編）2008.8

6 東北知の鉱脈 1（赤坂憲雄［著］）2009.1

7 東北知の鉱脈 2（赤坂憲雄［著］）2009.5

8 美術屋の道具箱（長内努［著］）2009.10

9 聞き書き知られざる東北の技（野添憲治［著］）2009.12

10 遠野/物語考 増補版（赤坂憲雄［著］）2010.1

11 彩雨亭鬼談―杉村顕道怪談全集（杉村顕道［著］）2010.2

12 東北怪談全集（山田野理夫［著］）2010.3

13 話のさかな―コラムで読む三陸さかな歳時記（高成田享と三陸おさかな探険隊［著］）2010.4

14 遠野物語の原風景（内藤正敏［著］）2010.5

15 仙台藩士幕末世界一周―玉虫左太夫外遊禄（玉虫左太夫［著］, 山本三郎訳）2010.8

16 みちのく怪談名作選 vol.1（東雅夫編）2010.11

17 100年目の『遠野物語』119のはなし（木瀬公二［著］）2010.12

18 12の贈り物―東日本大震災支援岩手県在住作家自選短編集（道又力編）2011.8

19 天晴れ！盛岡文士劇―役者になった作家たち（道又力編）2011.11

20 仙台ぐらし（伊坂幸太郎［著］）2012.2

21 東北知の鉱脈 3（赤坂憲雄［著］）2012.5

22 ことばの杜へ（山形新聞社編）2012.7

23 麦の冒険―旅随筆集（佐伯一麦［著］）2012.9

24 みちのく怪談コンテスト傑作選 2010（高橋克彦, 赤坂憲雄, 東雅夫編）2013.2

25 新・遠野物語―遠野まごころネット被災地支援への挑戦 2011-2013（遠野まごころネット編）2013.3

26 みちのく怪談コンテスト傑作選 2011（高橋克彦, 赤坂憲雄, 東雅夫編）2013.8

27 仙台で夏目漱石を読む―仙台文学館ゼミナール講義記録（小森陽一［著］, 仙台文学館編）2013.10

28 蒼茫の大地、滅ぶ（西村寿行［著］）2013.12

29 福島へ/福島から―福島民報〈日曜論壇〉2004-2013 赤坂憲雄エッセイ集（赤坂憲雄［著］）2014.2

30 やまがた再発見 1（山形新聞社編）2014.7

31 高沢マキ詩と詩論（高沢マキ［著］）2014.9

32 異郷被災―東北で暮らすコリアンにとっての3.11 東日本大震災在日コリアン被災体験聞き書き調査から（東日本大震災在日コリアン被災体験聞き書き調査プロジェクト編）2015.7

叢書・文化学の越境 森話社 1996～2016 ⇒I－313

19 王朝びとの生活誌―『源氏物語』の時代と心性（小嶋菜温子, 倉田実, 服藤早苗編）2013.3

20 近代日本の身体表象―演じる身体・競う身体（瀬戸邦弘, 杉山千鶴編）2013.10

21 慰霊の系譜―死者を記憶する共同体（村上興匡, 西村明編）2013.11

22 古代東アジアの「祈り」―宗教・習俗・占術（水口幹記編）2014.9

23 琉球史を問い直す―古琉球時代論（吉成直樹, 高梨修, 池田栄史著）2015.4

24 〈境界〉を越える沖縄―人・文化・民俗（小熊誠編）2016.5

叢書ベリタス 八朔社 1991～2013 ⇒I－313

◇小林多喜二青春の記録―多喜二の文学は時代を超えて力強く読み継がれた（高田光子著）2011.1

◇世界史の地理的構造（上野登著）2012.2

◇中世末期ネーデルラントの都市社会―近代市民性の史的探求（マルク・ボーネ著, ブルゴーニュ公国史研究会訳）2013.12

叢書l'esprit nouveau 白地社 1991～2016 ⇒I－313

20 ふかい森の奥の池の静謐―古代・祝詞・スサノオ（上村武男［著］）2011.2

21 尾崎翠と野溝七生子―二十一世紀を先取りした女性たち（寺田操［著］）2011.5

22 楳図かずおと怪奇マンガ（細川涼一［著］）2012.6

23 どうしたら生きのびることができるのか―琵琶湖・人・地球（永島鉄雄［著］）2012.5

24 吉本隆明孤独な覚醒者（上村武男著）2013.12

25 河内王朝の山海の政―枯野琴と国栖奏（畠山篤［著］）2014.9

26 方法としての菜園（高堂敏治［著］） 2016.6

So-s books アントレックス 2008〜2010
◇あらすじで見る名作文学 ［20－－］
◇あの人の給与明細―気になるあの人の稼ぎがわかる!! 最新107職種 ［200－］
◇仕組みと構造がわかる本―見たかったアソコの様子を透視図でズバリ解説! 2008.10
◇数字テクの心理効果―売上げアップ、商談がスムーズ、評価が急上昇する…数字の魔力 2009.1
◇世界遺産の旅―ビジュアルブック（富井義夫撮影） 2009.11
◇「決断」の時―決断を迫られた時に読む本（爽快・生活シリーズ） 2010.4
◇大発明の意外な真相―こんな人物だからできた? 2010.8

ゾディアック叢書 ゾディアック 2013〜2015
◇日本の選択―日本が21世紀にやるべきこと（永井守昌著） 2013.5
◇明元素人生―明るく元気で素直に生きてこそ人生はより楽しい（岩部金吾著） 2015.12

DIA Collection ダイアプレス 2010〜2016
◇超キレイ♪超かわいい―ともかく綺麗＆可愛い娘限定 vol.2 2010.9
◇大捜索! 消えた有名人 2011.5
◇超キレイ♪超かわいい―ともかく綺麗＆可愛い娘限定 vol.3 2011.5
◇M女をやり放題―終わらない遊戯 2011.8
◇元祖ハメ撮りメーカー! まるごと一冊ハマジムパラダイス 2011.12
◇歴史的大犯罪者が遺した狂気の言葉96（犯罪心理研究所編） 2013.5
◇放送禁止のヤバイ話―テレビでは決して放送できない黒い噂（山口敏太郎著） 2013.5
◇会津戊辰戦争の真実―陰謀の維新史 完全保存版 2013.6
◇衝撃! 世界が驚いた超巨大生物100（驚愕生物研究会編） 2013.6
◇マル得ウマきのこレシピ―かんたん、お手軽に作る（Canacoレシピ考案） 2013.6
◇円安対応! FX初心者BOOK―チャートとイラストで高速理解! 2013.6
◇本当に怖い地球の超常現象（地球の不思議特捜班編） 2013.7

◇寝ている間にスタイルアップきれいなボディラインを作る! 2013.7
◇愛の渇き―江波りゅう写真集（マキハラススム撮影） 2013.7
◇GEL NAIL ART METHOD（ネイルパートナー監修） 2013.8
◇病気知らずのたまねぎレシピ―たまねぎでからだすっきりごはん（Canacoレシピ考案） 2013.8
◇ねばうまレシピ100―滋養強壮・消化促進 高血圧、むくみ、動脈硬化予防・整腸効果（高山かづえレシピ考案） 2013.8
◇得ウマ! 夏野菜レシピ―おいしく健康とキレイを保つ（Canacoレシピ考案） 2013.8
◇ツール・ド・フランスってこういうレースだったんだ!―ツール・ド・フランス観戦のツボがイラストで楽しく丸わかり! 2013.8
◇アイ・キュン!―J・POP GIRLS VOL.1 徹底総括第5回選抜総選挙とAKB48の未来/指原莉乃SPECIAL 2013.8
◇放送禁止VTR全国最恐! 心霊スポット 2013.9
◇心霊都市伝説 2013.9
◇お手軽スムージーレシピ―カラダに美味しい（北原正江監修） 2013.9
◇最強剣豪大全 完全保存版 2013.9
◇知れば知るほど恐ろしい中国史―華麗なる宮廷で行なわれた残虐の歴史 権謀術数渦巻く歴代中国王朝の全て 2013.9
◇間違いだらけの考古学ミステリー（地球の不思議特捜班編） 2013.9
◇夏の甲子園トリビア―47都道府県別対抗（上杉純也著） 2013.9
◇絶対隠したい有名人の黒歴史事典 2013.10
◇爆笑! 世界の「奇跡の一枚」（ムネカタスミト, ジェイビー編著） 2013.10
◇糖質カットスーパーダイエットレシピ―美味しく食べてもやせられる! 2013.10
◇得ウマ! たまごレシピ―ヘルシーな完全栄養食品（Canacoレシピ考案） 2013.10
◇ヨーグルトレシピ100―乳酸菌ってスゴイ!（若宮寿子レシピ考案） 2013.10
◇この先10年稼ぎ続ける正しい株投資入門―どんな経済状況でも利益を上げ続けてきたプロ株式トレーダーが教える! 儲かる株48銘柄 リーマンショック 世界同時株安 震災 ITバブル アベノ

一般叢書・全集

総記

ミクス　2013.10

◇このオンナ、最上級。　vol.2　2013.10

◇アイ・キュン！―J・POP　GIRLS　VOL.2　AKB48 5大ドームツアー完全攻略/指原莉乃ファンのホンネ/NMB48　2013.10

◇門外不出の設計図　シリーズ城編　図面で読み解く「城」の構造と歴史　2013.10

◇戦慄のロボット兵器―無人の殺戮兵器が戦場を支配する！　2013.11

◇学校では絶対教えない仰天!!闇日本史―秘匿された歴史の裏(仰天日本史倶楽部編著)　2013.11

◇残虐！極悪！ヤバい生き物(ヤバい生き物特捜班編)　2013.11

◇得ウマ！パスタレシピ―食欲の秋美味しさ感動モノのオリジナルパスタからスグ使える！納得の定番パスタまで78品！(若宮寿子レシピ考案)　2013.11

◇iPhone 5s 5cパーフェクトBOOK―基本＆神テクやトラブル対策まで!!この1冊ですべてがわかる!!　2013.11

◇細身なのにボインなカノジョ　vol.6　2013.11

◇「昔はおっぱいが好きだった。」でも今は！尻と足キレイなあの娘の気になる下半身　2013.12

◇大注目!!しょうが氷＆しょうがレシピ(Canacoレシピ考案)　2013.12

◇得ウマ！もやしレシピ(もやし生活研究会レシピ考案)　2013.12

◇本当に上達する最速英会話メソッド　2013.12

◇ジェルネイルレシピ―Let's Try Nail Lesson(荒川あり著)　2013.12

◇ほんとにうまい鍋レシピ―おもてなし鍋も！ひとり鍋も!!(川上文代レシピ考案)　2013.12

◇簡単！10分間お掃除テクニック―わが家が劇的にきれいに！キッチン、リビング、玄関、トイレ…カビ、油汚れ、水アカ、ほこり…全部解決！　2013.12

◇世界の最凶独裁者黒歴史FILE―暴力と洗脳が生み出した20世紀の怪物たち。　2014.1

◇犬が年をとったら読む本―愛するペットの老いの問題を解決。　2014.1

◇ZEROから始めるFX　2014.1

◇アイ・キュン！―J・POP　GIRLS　VOL.3　AKB48グループドラフト会議徹底レポート/SKE48支店グループ躍進のキーマンは？　2014.1

◇かわいくてエッチな家庭教師　2014.2

◇極熟DX　2014.3

◇俺のロレックスHEROES―ROLEX752本一生ものロレックスを探せ！　2014.3

◇フィギュアスケート日本男子応援ブック―輝け！銀盤の勇者たち　総力特集★羽生結弦　2014.3

◇素人娘ナンパドキュメント　vol.1　2014.3

◇エッチでイヤらしい宅配痴女　3　2014.3

◇人妻ナンパドキュメント　vol.3　2014.3

◇やっぱナマでしょ素人onlyプラムbook　vol.4　2014.3

◇ショートヘアde初めてのH　4th　2014.3

◇アイ・キュン！―J・POP　GIRLS　VOL.4　AKB48センター狂想曲/渡り廊下走り隊解散の深相/レコ大感動の裏側　2014.3

◇最高の熟女　2014.4

◇一式戦闘機隼のすべて―完全保存版　2014.4

◇春の新歓素人総勢200人ハメ祭り♡　2014.4

◇ふんわりしっとりフレンチトーストに夢中(渡辺トシコレシピ制作・スタイリング)　2014.4

◇フィギュアスケート日本男子応援ブック　2　感動をありがとう！　2014.4

◇アイ・キュン！―J・POP　GIRLS　VOL.5　さらに輝くSKE48/大島優子メモリアル/新組閣を裏読み!!　2014.4

◇旅の恥は掻き捨てイヤらし妻　2014.5

◇世界の絶景聖地―癒しとパワーに満たされた魂ゆさぶる地　2014.5

◇フィギュアスケート日本男子応援ブック　3　世界選手権大特集!!　2014.5

◇細身なのにボインなカノジョ　vol.8　2014.5

◇ゆきずり愛!!　2014.6

◇出会って○秒で合体―アリスJapan 30周年記念人気シリーズ×厳選×best 5　2014.6

◇ねこmono―まるごと1冊ねこグッズ！　2014.6

◇超明解鬼灯の冷徹完全解読本―地獄はこんなに愉快である　2014.6

◇もう病気が怖くない！たまねぎ氷＆にんにくジャム―ヘルシー＆スタミナ満点のレシピ集(村上祥子[著])　2014.6

◇優等生とおマ○マンゴト　vol.4　2014.6

◇ボイン大好きしょう太くんのHなイタズラ　コンプリート2014　2014.6

◇誘惑するワケあり五十路妻　2014.7

◇地球の奇景―魅惑的で摩訶不思議な奇観　2014.7

◇海上自衛隊艦艇パーフェクトガイド―自衛隊創

総記 一般叢書・全集

立60周年 2014.7
◇ワールドサッカースーパースター完全ガイド 2014.7
◇人妻恥悦旅行 vol.2 2014.7
◇青い瞳のニッポンH体験留学 vol.2 2014.7
◇俺のロレックスHEROES vol.2 今すぐ手に入れるスポーツROLEX410本スーパーカタログ 2014.7
◇街角!!素人ナンパspecial!!! 2014.8
◇一生トクするFX―大増税時代に知っておくべきお金の増やし方 2014.8
◇予言・天変地異―その日に備えよ! 2014.8
◇驚くほどお金が貯まる風水生活術―人生が変わる!!不思議なヒントがいっぱい Dr.コパが教えます! 2014.8
◇ニャンコのつぶやき―ニャンとなくタメになる108のことわざと慣用句 2014.8
◇五十路で女優になりました。 2014.8
◇Xperia Z2最強活用BOOK―月額料金のモトをとる凄ワザ135 2014.8
◇Xperia Z2 Tablet最強活用BOOK―迷ったら、この1冊でOK!! 2014.8
◇溜池ゴロー伝説 vol.3 2014.8
◇やっぱナマでしょ素人onlyプラムbook vol.5 2014.8
◇アイ・キュン!―J・POP GIRLS VOL.6 AKB48第6回選抜総選挙歴史的舞台の裏側に迫る/SKE48天下布武の時は来た! 2014.8
◇細身なのにボインなカノジョ vol.9 2014.8
◇地球に君臨する超ド級巨大生物ガイド(驚愕生物研究会編) 2014.9
◇放送禁止VTR全国怨霊心霊地帯―常識が通用しない場所もある…!? 2014.9
◇俺たちの昭和マガジン―PLAY BACK ヒーローはひとりじゃない/昭和バラエティ革命 2014.9
◇帝国海軍の歴史と戦績―デジタル着彩写真で徹底再現 永久保存版 2014.9
◇誰も知らなかった深海生物不思議ガイド―「常識」をくつがえす生き物たちの真実 最新版 2014.9
◇絶景! 天体観測星空ミュージアムガイド 2014.9
◇東欧素人即ハメリアル面接 2014.9
◇スリム系美女とガチハメ!! vol.2 2014.9
◇このオンナ、最上級。 vol.4 2014.9
◇絶叫! 潮吹きお姉さん vol.4 2014.9
◇自宅突撃! 隣の奥さんをナマ撮り 2014.10

◇おから生活みるみるダイエットレシピ―たくさん食べても大丈夫!(家村マリエ[著]) 2014.10
◇LOVE・K-POP―未知の世界から来たモンスターアイドルEXO SPECIAL B.A.P★VIXX★NU'EST★BTOB 2014.10
◇超絶景! 世界のダム 2014.10
◇エッチでイヤラしい宅配痴女 4 2014.10
◇アイ・キュン!―J・POP GIRLS VOL.7 乃木坂46全国ツアー/さっしーVSまゆゆ/HKT48 TIFに参戦! 2014.10
◇超キレイ超かわいい―ともかく綺麗&可愛い娘限定 vol.15 2014.10
◇ニャンともしがたい!!―ニャンとなくタメになるネコにまつわる108のQ&A 2014.11
◇魅惑のパンストlady 2014.11
◇Tokyo街角素人ナンパ 2014.11
◇人妻密会―私を抱いてください。 2014.11
◇野菜たっぷり超簡単レシピ―おいしくて、お手軽&ヘルシー(Canacoレシピ考案) 2014.11
◇7日で腹割り! 筋トレのコツ!!―おしゃれ男子のボディメイキング 2014.11
◇iPhone 6 iOS8仕事に生活にもっと使いこなせるパーフェクトBOOK―基本操作から裏ワザまで完全活用! 2014.11
◇人妻恥悦旅行 vol.3 2014.11
◇細身なのにボインなカノジョ vol.10 2014.11
◇街角! 素人ナンパpremium!! 2014.12
◇素人猥写 2014.12
◇突撃!!Wナンパ 2014.12
◇真田三代―その強さの秘密に迫る! 幸隆・昌幸・幸村 徹底解剖! 真田三代「戦いの系譜」 2014.12
◇清艶可憐な美熟妻 2014.12
◇つるつる宣言 2015.1
◇TOP BOYS 1Dスペシャル―BIGWAVEがやって来た! 2015.1
◇極上美女のビショビショ汁だくエッチ(アリスJapan 30周年記念 第2弾) 2015.1
◇圧力なべRECIPE BOOK―世界150か国以上で愛されるT-fal Cook & Enjoy 2015.1
◇ワンコの主張!―イヌにまつわる111のことわざと慣用句 2015.1
◇世界の名家・大富豪の経済学―資産形成の華麗なるヒストリー 彼らはどのように富と名声を築きあげたのか 完全保存版(城島明彦著) 2015.

一般叢書・全集　　　　　　　　　　　　　総 記

1
◇魅惑の美尻百景　2015.1
◇俺のロレックスHEROES　vol.3　80万円
　UNDER→ROLEXタイプ別カタログTotal463
　2015.1
◇フィギュアスケート日本男子応援ブック　5　羽
　生結弦不屈の舞　2015.1
◇トレンド攻略FX─12の基本形でトレンドに今す
　ぐ乗る！　2015.2
◇和ネコのココロ─可愛い和ネコたちでホッコリ
　＆まったり♡　2015.2
◇運気UPで我が子を守れ！─『ウチの子』を運の
　悪い子にしないための伝統知識　2015.2
◇フィギュアスケート日本男子応援ブック　6　激
　闘NHK杯の涙　2015.2
◇細身なのにボインなカノジョ　vol.11　2015.2
◇本当にすごい!!本当に美しい中世の武器─ゲーム
　やファンタジーに登場する武器のルーツや使い
　方を解説全100種類　2015.3
◇SNSで完全把握！タイプ別女性攻略マニュアル
　100　2015.3
◇とびきりエッチな放課後の優等生　2015.3
◇ありがとうJYJ─K-POP KING　ジェジュン
　Birthday Special　2015.3
◇昭和エロチカ　2015.3
◇覗かれた私性活　2015.3
◇フィギュアスケート日本男子応援ブック　7
　完全再現日本選手権の美しきクライマックス
　2015.3
◇アイ・キュン！─J・POP GIRLS　VOL.8　高橋
　みなみ卒業の真実/指原大スキャンダル　2015.3
◇陸上自衛隊パーフェクトガイド　2015　自衛隊
　創立60周年　2015.3
◇初代タイガーマスクアルティメットガイド
　2015.4
◇フィギュアスケート日本男子応援ブック　8　不
　屈の王者が舞う　2015.4
◇うっかり使うと笑われる恥ずかしい敬語─それ、
　「敬語」のつもり？失礼な言い方になりますよ！
　話し方を磨く!!美しい日本語が身につく88のルー
　ル（大谷清文著）　2015.5
◇高野山聖地巡礼─2015年の最強パワースポット
　完全保存版　開創1200年記念　2015.5
◇超解読〈東京喰種：re〉検体新書─この世界は間
　違っている　人間と喰種による哀しき闘争！
　その果てに待つ真実を徹底考察（小倉喰種研究所編
　著）　2015.5

◇ものぐさでも血糖値が簡単に下がる43の方法（板
　倉弘重監修）　2015.5
◇フィギュアスケート日本男子応援ブック　9　羽
　生結弦最後の闘い世界選手権100カット超　2015.
　5
◇恋猫─可愛い猫たちと学ぶ恋愛＆結婚のタメに
　なる格言　2015.6
◇LOVELY DIVAオールアバウト　テイラー・ス
　ウィフト─世界一の愛されガール　2015.6
◇恐怖の洗脳ファイル　2015.6
◇上手に資産運用！カンタンFX　2015.6
◇超おもしろトリック画像スペシャル─錯視画像
　で認知症にならない脳を作る！　2015.7
◇免疫力を高めて太らない体をつくる！─何を食
　べるかで、今日から始まる人生最大の減量（済陽
　高穂監修）　2015.7
◇おとこの腕時計HEROES Special─緊急発売ボー
　ナス直前！バイヤーズガイド　2015.7
◇もっと知りたい世の中のしくみ─アキラせんせ
　い、教えてください！図解！最新時事（大谷
　清文,日本世相調査研究会編著）　2015.7
◇ワールドトリガー界境防衛機関（ボーダー）潜入
　レポート（ワールドトリガー調査団編著）　2015.
　7
◇食戟のソーマ遠月学園入学願書（ゆきひら料理研
　究会編著）　2015.7
◇アイ・キュン！─J・POP GIRLS　VOL.9
　AKB48　41stシングル選抜総選挙スペシャル
　2015.7
◇江戸の妖怪（江戸妖怪研究会編）　2015.8
◇ガチで怖い心霊映像─超絶衝撃映像！カメラに
　映った怨霊の顔！　2015.8
◇ものぐさでも中性脂肪・コレステロールが簡単
　に下がる！41の方法（板倉弘重監修）　2015.8
◇俺たちの昭和マガジン─PLAY BACK　VOL.2
　ボクらのスーパー戦隊─ゴレンジャーから全て
　を学んだ　2015.8
◇Xperia Z4 Tablet最強活用BOOK─この1冊で劇
　的に変わる！　2015.9
◇超解説！奇皇后と高麗王朝─知られざる歴史がよ
　くわかる（康熙奉,慎虎俊,朋道佳執筆）　2015.9
◇フィギュアスケート日本男子応援ブックアイス
　ショーSP It's Show Time！─羽生結弦さらに大
　きく羽ばたくために　2015.9
◇手間いらずのおにぎらずアイデア便利帳─3ス

一般叢書・全集

テップ 缶詰 時短レシピ（小林美代子レシピ考
案） 2015.9

◇予言！ 恐怖の感染列島―世界が滅ぶパンデミッ
ク・デイ 2015.9

◇刀剣乱舞最強攻略―「池田屋の記憶」対策はこの
一冊があれば万全!! 刀剣男子46体完全フォロー
2015.9

◇戦争奇談意外と知らない太平洋戦争の謎―第二
次世界大戦終結70周年 2015.9

◇日本洗脳計画―戦後70年開封GHQ 本当にあった
アメリカの対日心理工作（歴史MOOK） 2015.
9

◇FX波の乗り方見つけ方!!―FXで手堅く資産を増
やしたい人が読む本 「超」初心者向け 2015.9

◇最強日本刀列伝―初学者にもわかりやすい日本
刀の魅力と楽しみかた 御物・国宝・重文から隠
れた名刀まで〈天下三名槍〉〈天下五剣〉〈琉球の
三宝刀〉 2015.10

◇本当はガッカリ〈？〉な日本史 2015.10

◇異常気象と2020年の日本―カリスマ気象予報士
が緊急レポート！（村山貢司著） 2015.10

◇フィギュアスケート日本男子応援ブロガーブック
2015.10

◇佳子さま流生き方・恋・魅力―麗しのプリンセス
の秘められた素顔＆名言集（松崎敏弥著） 2015.
11

◇プロレス・マスク・ワールド―プロレス・マス
ク・ミュージアム完全ガイド 2015.11

◇ワンピース結末への永久指針（エターナルポー
ス）（ワンピース研究団編著） 2015.11

◇iPhone 6s 6s Plus仕事に生活にもっと使いこな
せるパーフェクトBOOK 2015.11

◇アイ・キュン！―J・POP GIRLS VOL.10
AKB48第6回じゃんけん大会裏スペシャル
2015.11

◇キングダム英雄立志伝―信をはじめとする英雄
たちの未来と、戦国七雄の興亡を徹底解説!!（キ
ングダム研究会編著） 2015.12

◇K-STAR DX―SUPER JUNIORデビュー10周
年を一緒に!! 2015.12

◇UMA未確認生物の真実（岡本英郎, 白神じゅり
こ著） 2015.12

◇フィギュアスケート日本男子応援ブック 11 羽
生結弦再び頂点を目指して 2015.12

◇航空自衛隊パーフェクトガイド 2015 2015.12

◇フィギュアスケート日本男子応援ブック シーズ

ン開幕号 羽生結弦シーズンの幕が開く 2015.
12

◇サイボーグ009SPECIAL―誕生から半世紀。9人
の闘いは終わらない 2016.1

◇電波人間のRPG FREE！レッツ！完全クリア！
（電波人間攻略Team編著） 2016.1

◇決定版！ 作りおきお手軽ダイエットレシピ
BEST123―半年で10キロやせるのも夢じゃな
い！（若宮寿子レシピ考案） 2016.1

◇超解読「ワンパンマン」一撃の心得 2016.1

◇もふもふ。―癒し系アニマルフォトBOOK
2016.1

◇いますぐ試せる!!お得な裏ワザ最新活用ガイド―
インターネットを駆使すればだれでも楽して儲
けられる!! 2016.1

◇お宝！ アイドル番付 2016.1

◇病気にならないのはどっち!?（大竹真一郎監修）
2016.1

◇白洲次郎男の金言―タフ・ネゴシエーターに学
ぶ「負けない交渉術」 2016.1

◇発酵いらずのちぎりパン―おかず・スイーツ・
パーティに（フードクリエイティブファクトリー
監修） 2016.1

◇フィギュアスケート日本男子応援ブック 12 羽
生結弦「やってやる」歴代最高の322・40で完全
制覇 2016.1

◇「もう終わりだ！」と思った時に読む本―一瞬
で人生が変わる珠玉の名言112 ほんの少し心を
休めて明日に向かってみませんか？ 2016.2

◇杉原千畝とその時代―6千人の命を救った男
2016.2

◇FXかんたんテクニカル分析 2016.2

◇『文豪ストレイドッグス』武装探偵社騒動記―
超飛翔考察日本の文学者 文豪・異能元ネタ徹底
解説!! 2016.2

◇『ニセコイ』約束の鍵の秘密（凡矢理高校恋愛研
究会編著） 2016.2

◇フィギュアスケート日本男子応援ブック 13 羽
生を超えられるのは羽生だけ 2016.2

◇スティックおにぎりアイデア便利帳―かんたん
にかわいく作れちゃう！（伊勢茜レシピ考案）
2016.3

◇あんさんぶるスターズ！秘密のラブ・プロデュー
ス（トップアイドル育成チーム編著） 2016.3

◇知らなきゃよかった…偉人の秘密 2016.3

◇K-STAR DX Vol.2 EXO SPECIAL―EXO

祝！ 日本デビュー　2016.3

◇七つの大罪罪を背負いし英雄たち（七つの大罪研究会編著）　2016.4

◇フィギュアスケート日本男子応援ブックDX—羽生結弦世界選手権の王者奪還へ　2016.4

◇しくじりの黒歴史（しくじりの歴史研究会著）　2016.4

◇最新ゲーム完全攻略　Vol.01　ドラクエビルダーズ最新裏攻略ガイド—超速特集（最新ゲーム完全攻略クラブ編著）　2016.4

◇『ノラガミ』神話黄泉解き（ノラガミ研究会編著）　2016.5

◇菜根譚の教え—よりよく生きるための羅針盤　人間通になるために（[洪自誠][著]）　2016.5

◇坂本竜馬　大器の金言—幕末最大の革命家から学ぶ〈すべてを抱擁する〉生きざま　2016.5

◇僕のヒーローアカデミア雄英高校入学案内（雄英高校ヒーロー研究会編著）　2016.5

◇母ちゃんからの笑激しくじりメール（母ちゃんメール保存の会編著）　2016.5

◇K-STAR DX　[Vol.3]　SHINee SPECIAL—SHINeeに首ったけ　2016.5

◇フィギュアスケート日本男子応援ブック　14　羽生結弦熱闘世界選手権完全レポート55P　2016.5

◇最新ゲーム完全攻略　Vol.02　「モンスト」攻略大全2016（モンスト完全攻略チーム編著）　2016.6

◇FAIRY TAIL魔導士ギルド編年史（FAIRY TAIL研究会編著）　2016.7

◇iKON SPECIAL—誰も知らないiKONの素顔　WHO'S iKON？　2016.7

◇夏目漱石没100年の読み直し—漱石先生について知っておきたい59の事柄　2016.7

◇スティーブ・ジョブズ　人生を変革する言葉—産業界の革命児に学ぶ〈世界を変革する〉力　2016.7

◇流出封印映像max—最新版　2016.7

◇最新ゲーム完全攻略　Vol.03　妖怪三国志完全攻略ガイド（妖怪三国志調査団編著）　2016.7

◇マインクラフトレッドストーン＆建築の教科書—スマホやVitaでも60分で城！　はじめてでも安心!!　2016.8

◇東京喰種：re—歪んだ鳥籠の真相（小倉喰種研究所編著）　2016.8

◇勇猛・悲壮辞世の句150—戦国武将・維新志士・帝国軍人…日本男児が遺した最期の言葉！　2016.8

◇ワンピース偉大なる航路（グランドライン）の果て（ワンピース研究会編著）　2016.8

◇アイ・キュン！ Special！—J・POP GIRLS AKB第8回選抜総選挙の全て/欅坂46に大接近！　2016.8

◇封印お宝the best!!　2016.9

◇アドラー心理学で読み解く田中角栄天才の流儀—サラリーマンの身になる田中角栄格言48!!（アドラー東京解釈委員会）　2016.9

◇せんべろ名店酒場散歩—昼べろも角打ちも激安！一杯やりたくなる名店ガイド　2016.9

◇ブラッククローバー黒き魔導書（グリモワール）の謎（魔法研究団編著）　2016.9

◇悪戯　其の2　2016.9

◇K-STAR DX　[Vol.5]　EXO SPECIAL 2（EXO『EX'ACT』王者の帰還/SEVENTEEN/GOT7）　2016.9

◇超キレイ超かわいい—ともかく綺麗＆可愛い娘限定　vol.22　2016.9

◇日本プロレス史の目撃者が語る真相！ 新間寿の我、未だ戦場に在り！　獅子の巻（新間寿[著]）　2016.9

◇疼きっぱなしの六十路妻　2016.10

◇究極羞恥　2016.10

◇昭和の野球名勝負の真相—明かされる新事実　2016.10

◇あの作品のウラが分かる㊙エピソード読本—アニメ・マンガ・映画・ドラマ　2016.10

◇稼げる副業THE BEST—0からはじめるせどり入門　2016.10

◇Shining Moments—フィギュアスケート日本男子7年間の軌跡　羽生結弦2555日の喜びと闘い　2016.10

◇マンガの名言で学ぶ逆転力—人生のリセットボタンはまだ押せる！　珠玉の言魂100選（マンガ名言研究会著）　2016.10

◇流出封印映像max—最新版　vol.2　2016.10

◇細身なのにボインな痴女　vol.2　2016.10

◇JKしつけ　vol.2　2016.10

◇発情五十路妻　vol.3　2016.10

◇人妻ふしだら不倫旅行　2016.11

◇五十路妻ナンパ連れ込みドキュメント　2016.11

◇3月のライオンただいまとおかえりの場所　2016.11

総記　　　　　　　　　　　　　　　　　　　　　　　　　　　　　　一般叢書・全集

◇糖質制限奇跡の2週間ダイエット！―しっかり食べてすっきり痩せる魔法の食事法（大柳珠美監修）　2016.11
◇ドリフターズ極限考察　2016.11
◇フィギュアスケート日本男子Glory Opening―速報！ 2016 Autumn Classic International 平昌へと続く道が、いま、始まる…　2016.11
◇流出!!素人過激映像　vol.4　2016.11
◇Thanks for SMAP―愛と友情そして感謝のメモリーズ いつも、いつまでも。そして、いつかまたー（SMAP研究会「LUCKY-THREE」編著）2016.12
◇流出封印映像max―最新版　vol.3　2016.12

大活字本シリーズ　埼玉福祉会　1984～2016
⇒Ⅰ－313
◇仇討ち　上（池波正太郎著）　2010.11
◇仇討ち　下（池波正太郎著）　2010.11
◇ジョゼと虎と魚たち　上（田辺聖子著）　2010.11
◇ジョゼと虎と魚たち　下（田辺聖子著）　2010.11
◇瑠璃色の石（津村節子著）　2010.11
◇駆けこみ交番　上（乃南アサ著）　2010.11
◇駆けこみ交番　下（乃南アサ著）　2010.11
◇海狼伝　上（白石一郎著）　2010.11
◇海狼伝　中（白石一郎著）　2010.11
◇海狼伝　下（白石一郎著）　2010.11
◇長城のかげ　上（宮城谷昌光著）　2010.11
◇長城のかげ　下（宮城谷昌光著）　2010.11
◇澪つくし　上（明野照葉著）　2010.11
◇澪つくし　下（明野照葉著）　2010.11
◇子づれ兵法者　上（佐江衆一著）　2010.11
◇子づれ兵法者　下（佐江衆一著）　2010.11
◇灰の男　1（小杉健治著）　2010.11
◇灰の男　2（小杉健治著）　2010.11
◇灰の男　3（小杉健治著）　2010.11
◇灰の男　4（小杉健治著）　2010.11
◇陰の絵図　1（新宮正春著）　2010.11
◇陰の絵図　2（新宮正春著）　2010.11
◇陰の絵図　3（新宮正春著）　2010.11
◇陰の絵図　4（新宮正春著）　2010.11
◇長さではない命の豊かさ（日野原重明著）　2010.11
◇春の数えかた（日高敏隆著）　2010.11
◇寿司屋のかみさんおいしい話（佐川芳枝著）2010.11
◇はずれの記　上（宮尾登美子著）　2010.11

◇はずれの記　下（宮尾登美子著）　2010.11
◇英国に就て　上（吉田健一著）　2010.11
◇英国に就て　下（吉田健一著）　2010.11
◇高丘親王航海記　上（渋沢竜彦著）　2011.5
◇高丘親王航海記　下（渋沢竜彦著）　2011.5
◇かげろう（藤堂志津子著）　2011.5
◇消えた相続人　上（山村美紗著）　2011.5
◇消えた相続人　下（山村美紗著）　2011.5
◇重蔵始末　上（逢坂剛著）　2011.5
◇重蔵始末　下（逢坂剛著）　2011.5
◇御書物同心日記　上（出久根達郎著）　2011.5
◇御書物同心日記　下（出久根達郎著）　2011.5
◇絶海にあらず　1（北方謙三著）　2011.5
◇絶海にあらず　2（北方謙三著）　2011.5
◇絶海にあらず　3（北方謙三著）　2011.5
◇絶海にあらず　4（北方謙三著）　2011.5
◇辰巳八景　上（山本一力著）　2011.5
◇辰巳八景　下（山本一力著）　2011.5
◇めぐらし屋（堀江敏幸著）　2011.5
◇渾身　上（川上健一著）　2011.5
◇渾身　下（川上健一著）　2011.5
◇はなかげ　上（藤田宜永著）　2011.5
◇はなかげ　下（藤田宜永著）　2011.5
◇喜娘（きじょう）　上（梓沢要著）　2011.5
◇喜娘（きじょう）　下（梓沢要著）　2011.5
◇青銅の基督（長与善郎著）　2011.5
◇大人の友情（河合隼雄著）　2011.5
◇忘れかけていた大切なこと―ほほえみひとつで人生は変わる（渡辺和子著）　2011.5
◇脳と仮想　上（茂木健一郎著）　2011.5
◇脳と仮想　下（茂木健一郎著）　2011.5
◇食に知恵あり　上（小泉武夫著）　2011.5
◇食に知恵あり　下（小泉武夫著）　2011.5
◇愛する源氏物語　上（俵万智著）　2011.5
◇愛する源氏物語　下（俵万智著）　2011.5
◇佐渡流人行　上（松本清張著）　2011.12
◇佐渡流人行　下（松本清張著）　2011.12
◇泥流地帯　上（三浦綾子著）　2011.12
◇泥流地帯　中（三浦綾子著）　2011.12
◇泥流地帯　下（三浦綾子著）　2011.12
◇裸足と貝殻　上（三木卓著）　2011.12
◇裸足と貝殻　中（三木卓著）　2011.12
◇裸足と貝殻　下（三木卓著）　2011.12
◇きみ去りしのち　上（志水辰夫著）　2011.12
◇きみ去りしのち　下（志水辰夫著）　2011.12

一般叢書・全集　　　　　　　　　　　　　　　　　　　　総記

◇埋もれ火　上（北原亜以子著）　2011.12
◇埋もれ火　下（北原亜以子著）　2011.12
◇椿山　上（乙川優三郎著）　2011.12
◇椿山　下（乙川優三郎著）　2011.12
◇爆心　上（青来有一著）　2011.12
◇爆心　下（青来有一著）　2011.12
◇鱗光の剣―深川群狼伝　上（鳥羽亮著）　2011.12
◇鱗光の剣―深川群狼伝　下（鳥羽亮著）　2011.12
◇五郎治殿御始末（浅田次郎著）　2011.12
◇美女いくさ　上（諸田玲子著）　2011.12
◇美女いくさ　中（諸田玲子著）　2011.12
◇美女いくさ　下（諸田玲子著）　2011.12
◇小さき者へ　上（重松清著）　2011.12
◇小さき者へ　下（重松清著）　2011.12
◇時のしずく　上（中井久夫著）　2011.12
◇時のしずく　下（中井久夫著）　2011.12
◇それからの海舟　上（半藤一利著）　2011.12
◇それからの海舟　下（半藤一利著）　2011.12
◇私の遺言　上（佐藤愛子著）　2011.12
◇私の遺言　下（佐藤愛子著）　2011.12
◇わたしの京都（渡辺淳一著）　2011.12
◇掌の小説　上（川端康成著）　2012.6
◇掌の小説　中（川端康成著）　2012.6
◇掌の小説　下（川端康成著）　2012.6
◇平安妖異伝　上（平岩弓枝著）　2012.6
◇平安妖異伝　下（平岩弓枝著）　2012.6
◇麦屋町昼下がり　上（藤沢周平著）　2012.6
◇麦屋町昼下がり　下（藤沢周平著）　2012.6
◇鈍色の歳時記　上（阿刀田高著）　2012.6
◇鈍色の歳時記　下（阿刀田高著）　2012.6
◇真鶴　上（川上弘美著）　2012.6
◇真鶴　下（川上弘美著）　2012.6
◇手跡指南神山慎吾　上（佐藤雅美著）　2012.6
◇手跡指南神山慎吾　下（佐藤雅美著）　2012.6
◇お狂言師歌吉うきよ暦　上（杉本章子著）　2012.6
◇お狂言師歌吉うきよ暦　下（杉本章子著）　2012.6
◇海辺の小さな町　上（宮城谷昌光著）　2012.6
◇海辺の小さな町　下（宮城谷昌光著）　2012.6
◇御隠居忍法　上（高橋義夫著）　2012.6
◇御隠居忍法　下（高橋義夫著）　2012.6
◇東京大洪水　上（高嶋哲夫著）　2012.6
◇東京大洪水　中（高嶋哲夫著）　2012.6
◇東京大洪水　下（高嶋哲夫著）　2012.6

◇平成大家族　上（中島京子著）　2012.6
◇平成大家族　下（中島京子著）　2012.6
◇牙―江夏豊とその時代　上（後藤正治著）　2012.6
◇牙―江夏豊とその時代　下（後藤正治著）　2012.6
◇悪党芭蕉　上（嵐山光三郎著）　2012.6
◇悪党芭蕉　下（嵐山光三郎著）　2012.6
◇忘れないでね、わたしのこと　上（内館牧子著）　2012.6
◇忘れないでね、わたしのこと　下（内館牧子著）　2012.6
◇忘却の力―創造の再発見（外山滋比古著）　2012.6
◇賊将　上（池波正太郎著）　2012.12
◇賊将　下（池波正太郎著）　2012.12
◇銀座開化おもかげ草紙　上（松井今朝子著）　2012.12
◇銀座開化おもかげ草紙　下（松井今朝子著）　2012.12
◇水曜の朝、午前三時　上（蓮見圭一著）　2012.12
◇水曜の朝、午前三時　下（蓮見圭一著）　2012.12
◇間宮林蔵　上（吉村昭著）　2012.12
◇間宮林蔵　中（吉村昭著）　2012.12
◇間宮林蔵　下（吉村昭著）　2012.12
◇獅子の系譜　上（津本陽著）　2012.12
◇獅子の系譜　中（津本陽著）　2012.12
◇獅子の系譜　下（津本陽著）　2012.12
◇四文字の殺意　上（夏樹静子著）　2012.12
◇四文字の殺意　下（夏樹静子著）　2012.12
◇大盗の夜―土御門家・陰陽事件簿　上（沢田ふじ子著）　2012.12
◇大盗の夜―土御門家・陰陽事件簿　下（沢田ふじ子著）　2012.12
◇素行調査官　上（笹本稜平著）　2012.12
◇素行調査官　中（笹本稜平著）　2012.12
◇素行調査官　下（笹本稜平著）　2012.12
◇オリンピックの身代金　1（奥田英朗著）　2012.12
◇オリンピックの身代金　2（奥田英朗著）　2012.12
◇オリンピックの身代金　3（奥田英朗著）　2012.12
◇オリンピックの身代金　4（奥田英朗著）　2012.12
◇ブッダは、なぜ子を捨てたか（山折哲雄著）

2012.12
◇あだ名の人生（池内紀著）　2012.12
◇反骨―鈴木東民の生涯　上（鎌田慧著）　2012.12
◇反骨―鈴木東民の生涯　中（鎌田慧著）　2012.12
◇反骨―鈴木東民の生涯　下（鎌田慧著）　2012.12
◇司馬さんは夢の中　上（福田みどり著）　2012.12
◇司馬さんは夢の中　下（福田みどり著）　2012.12
◇星への手紙（串田孫一著）　2012.12
◇猫と庄造と二人のおんな（谷崎潤一郎著）　2013.6
◇病みたる秘剣―風車の浜吉・捕物綴　上（伊藤桂一著）　2013.6
◇病みたる秘剣―風車の浜吉・捕物綴　下（伊藤桂一著）　2013.6
◇いつか陽のあたる場所で　上（乃南アサ著）　2013.6
◇いつか陽のあたる場所で　下（乃南アサ著）　2013.6
◇錦　上（宮尾登美子著）　2013.6
◇錦　下（宮尾登美子著）　2013.6
◇鼠―鈴木商店焼打ち事件　上（城山三郎著）　2013.6
◇鼠―鈴木商店焼打ち事件　下（城山三郎著）　2013.6
◇杖下に死す　上（北方謙三著）　2013.6
◇杖下に死す　中（北方謙三著）　2013.6
◇杖下に死す　下（北方謙三著）　2013.6
◇カウント・プラン　上（黒川博行著）　2013.6
◇カウント・プラン　下（黒川博行著）　2013.6
◇怒濤のごとく　1（白石一郎著）　2013.6
◇怒濤のごとく　2（白石一郎著）　2013.6
◇怒濤のごとく　3（白石一郎著）　2013.6
◇怒濤のごとく　4（白石一郎著）　2013.6
◇狸穴あいあい坂　上（諸田玲子著）　2013.6
◇狸穴あいあい坂　下（諸田玲子著）　2013.6
◇おそろし―三島屋変調百物語事始　上（宮部みゆき著）　2013.6
◇おそろし―三島屋変調百物語事始　中（宮部みゆき著）　2013.6
◇おそろし―三島屋変調百物語事始　下（宮部みゆき著）　2013.6
◇近衛家七つの謎―誰も語らなかった昭和史　上（工藤美代子著）　2013.6
◇近衛家七つの謎―誰も語らなかった昭和史　下（工藤美代子著）　2013.6
◇生きものの流儀（日高敏隆著）　2013.6

◇食あれば楽あり　上（小泉武夫著）　2013.6
◇食あれば楽あり　下（小泉武夫著）　2013.6
◇ベラルーシの林檎　上（岸恵子著）　2013.6
◇ベラルーシの林檎　下（岸恵子著）　2013.6
◇寡黙なる巨人（多田富雄著）　2013.6
◇真田軍記（井上靖著）　2013.12
◇天下布武―夢どの与一郎　1（安部竜太郎著）　2013.12
◇天下布武―夢どの与一郎　2（安部竜太郎著）　2013.12
◇天下布武―夢どの与一郎　3（安部竜太郎著）　2013.12
◇天下布武―夢どの与一郎　4（安部竜太郎著）　2013.12
◇絹扇　上（津村節子著）　2013.12
◇絹扇　下（津村節子著）　2013.12
◇少女像（ブロンズ）は泣かなかった　上（内田康夫著）　2013.12
◇少女像（ブロンズ）は泣かなかった　下（内田康夫著）　2013.12
◇道連れ彦輔　上（逢坂剛著）　2013.12
◇道連れ彦輔　下（逢坂剛著）　2013.12
◇愛しいひと　上（明野照葉著）　2013.12
◇愛しいひと　下（明野照葉著）　2013.12
◇花はさくら木　上（辻原登著）　2013.12
◇花はさくら木　下（辻原登著）　2013.12
◇ナイン―9つの奇跡　上（川上健一著）　2013.12
◇ナイン―9つの奇跡　中（川上健一著）　2013.12
◇ナイン―9つの奇跡　下（川上健一著）　2013.12
◇憑神　上（浅田次郎著）　2013.12
◇憑神　下（浅田次郎著）　2013.12
◇隠蔽捜査　上（今野敏著）　2013.12
◇隠蔽捜査　下（今野敏著）　2013.12
◇木骨記　上（市原麻里子著）　2013.12
◇木骨記　下（市原麻里子著）　2013.12
◇清陰星雨　上（中井久夫著）　2013.12
◇清陰星雨　下（中井久夫著）　2013.12
◇生きることの質（日野原重明著）　2013.12
◇明るい方へ―父・太宰治と母・太田静子　上（太田治子著）　2013.12
◇明るい方へ―父・太宰治と母・太田静子　下（太田治子著）　2013.12
◇からだのままに（南木佳士著）　2013.12
◇数学者の言葉では　上（藤原正彦著）　2013.12
◇数学者の言葉では　下（藤原正彦著）　2013.12

一般叢書・全集　　　　　　　　　　　　　　　　　　　　　　　　総記

◇彦左衛門外記　上（山本周五郎著）　2014.6
◇彦左衛門外記　下（山本周五郎著）　2014.6
◇赤い月　上（なかにし礼著）　2014.6
◇赤い月　中（なかにし礼著）　2014.6
◇赤い月　下（なかにし礼著）　2014.6
◇むこうだんばら亭　上（乙川優三郎著）　2014.6
◇むこうだんばら亭　下（乙川優三郎著）　2014.6
◇中国任侠伝　上（陳舜臣著）　2014.6
◇中国任侠伝　下（陳舜臣著）　2014.6
◇安土城の幽霊―「信長の棺」異聞録（加藤広著）
　2014.6
◇日の砦（黒井千次著）　2014.6
◇みのたけの春　上（志水辰夫著）　2014.6
◇みのたけの春　下（志水辰夫著）　2014.6
◇桜ハウス　上（藤堂志津子著）　2014.6
◇桜ハウス　下（藤堂志津子著）　2014.6
◇偽証法廷　上（小杉健治著）　2014.6
◇偽証法廷　中（小杉健治著）　2014.6
◇偽証法廷　下（小杉健治著）　2014.6
◇黒牛と妖怪　上（風野真知雄著）　2014.6
◇黒牛と妖怪　下（風野真知雄著）　2014.6
◇狐火の家　上（貴志祐介著）　2014.6
◇狐火の家　下（貴志祐介著）　2014.6
◇女中譚（中島京子著）　2014.6
◇養老訓（養老孟司著）　2014.6
◇テロルの決算　上（沢木耕太郎著）　2014.6
◇テロルの決算　下（沢木耕太郎著）　2014.6
◇真説光クラブ事件―戦後金融犯罪の真実と闇　上
　（保阪正康著）　2014.6
◇真説光クラブ事件―戦後金融犯罪の真実と闇　下
　（保阪正康著）　2014.6
◇ココロの止まり木（河合隼雄著）　2014.6
◇わたしの四季暦（宮尾登美子著）　2014.6
◇剣鬼　上（柴田錬三郎著）　2014.12
◇剣鬼　下（柴田錬三郎著）　2014.12
◇魚の棲む城　上（平岩弓枝著）　2014.12
◇魚の棲む城　中（平岩弓枝著）　2014.12
◇魚の棲む城　下（平岩弓枝著）　2014.12
◇かもめの日　上（黒川創著）　2014.12
◇かもめの日　下（黒川創著）　2014.12
◇隠し剣孤影抄　上（藤沢周平著）　2014.12
◇隠し剣孤影抄　下（藤沢周平著）　2014.12
◇最後の藁（夏樹静子著）　2014.12
◇眠る鬼―鬼悠市風信帖　上（高橋義夫著）　2014.
　12

◇眠る鬼―鬼悠市風信帖　下（高橋義夫著）　2014.
　12
◇花櫓　上（皆川博子著）　2014.12
◇花櫓　中（皆川博子著）　2014.12
◇花櫓　下（皆川博子著）　2014.12
◇幕末浪漫剣　上（鳥羽亮著）　2014.12
◇幕末浪漫剣　下（鳥羽亮著）　2014.12
◇駐在刑事　上（笹本稜平著）　2014.12
◇駐在刑事　下（笹本稜平著）　2014.12
◇必要のない人（内館牧子著）　2014.12
◇いねむり先生　上（伊集院静著）　2014.12
◇いねむり先生　下（伊集院静著）　2014.12
◇神様（川上弘美著）　2014.12
◇「悩み」の正体（香山リカ著）　2014.12
◇羊の歌―わが回想　上（加藤周一著）　2014.12
◇羊の歌―わが回想　下（加藤周一著）　2014.12
◇医者いらずの本（石川恭三著）　2014.12
◇鈍感力（渡辺淳一著）　2014.12
◇他力　上（五木寛之著）　2014.12
◇他力　下（五木寛之著）　2014.12
◇隠花の飾り　上（松本清張著）　2015.6
◇隠花の飾り　下（松本清張著）　2015.6
◇夕あり朝あり　上（三浦綾子著）　2015.6
◇夕あり朝あり　中（三浦綾子著）　2015.6
◇夕あり朝あり　下（三浦綾子著）　2015.6
◇恋情からくり長屋（辻原登著）　2015.6
◇十一番目の志士　1（司馬遼太郎著）　2015.6
◇十一番目の志士　2（司馬遼太郎著）　2015.6
◇十一番目の志士　3（司馬遼太郎著）　2015.6
◇十一番目の志士　4（司馬遼太郎著）　2015.6
◇江戸群盗伝　上（半村良著）　2015.6
◇江戸群盗伝　下（半村良著）　2015.6
◇春告鳥―女占い十二か月　上（杉本章子著）
　2015.6
◇春告鳥―女占い十二か月　下（杉本章子著）
　2015.6
◇碇星（吉村昭著）　2015.6
◇花の歳月（宮城谷昌光著）　2015.6
◇完本保科肥後守お耳帖　上（中村彰彦著）　2015.
　6
◇完本保科肥後守お耳帖　中（中村彰彦著）　2015.
　6
◇完本保科肥後守お耳帖　下（中村彰彦著）　2015.
　6
◇手紙　上（東野圭吾著）　2015.6

一般叢書・全集

◇手紙　下（東野圭吾著）　2015.6

◇とんび　上（重松清著）　2015.6

◇とんび　下（重松清著）　2015.6

◇「ひと」として大切なこと　上（渡辺和子著）　2015.6

◇「ひと」として大切なこと　下（渡辺和子著）　2015.6

◇反哲学入門　上（木田元著）　2015.6

◇反哲学入門　下（木田元著）　2015.6

◇こころの作法―生への構え、死への構え（山折哲雄著）　2015.6

◇老いるもよし―臨床のなかの出会い（徳永進著）　2015.6

◇失敗の効用（外山滋比古著）　2015.6

◇越前竹人形（水上勉著）　2015.12

◇幕末新選組　上（池波正太郎著）　2015.12

◇幕末新選組　下（池波正太郎著）　2015.12

◇自白―刑事・土門功太朗　上（乃南アサ著）　2015.12

◇自白―刑事・土門功太朗　下（乃南アサ著）　2015.12

◇捨剣―夢想権之助　上（佐江衆一著）　2015.12

◇捨剣―夢想権之助　下（佐江衆一著）　2015.12

◇花あらし　上（阿刀田高著）　2015.12

◇花あらし　下（阿刀田高著）　2015.12

◇あとより恋の責めくれば―御家人大田南畝　上（竹田真砂子著）　2015.12

◇あとより恋の責めくれば―御家人大田南畝　下（竹田真砂子著）　2015.12

◇商人　上（ねじめ正一著）　2015.12

◇商人　下（ねじめ正一著）　2015.12

◇ヘッドライン　上（今野敏著）　2015.12

◇ヘッドライン　下（今野敏著）　2015.12

◇珈琲屋の人々　上（池永陽著）　2015.12

◇珈琲屋の人々　下（池永陽著）　2015.12

◇八丁堀育ち（風野真知雄著）　2015.12

◇無花果の森　上（小池真理子著）　2015.12

◇無花果の森　中（小池真理子著）　2015.12

◇無花果の森　下（小池真理子著）　2015.12

◇日月めぐる　上（諸田玲子著）　2015.12

◇日月めぐる　下（諸田玲子著）　2015.12

◇東京ひとり散歩（池内紀著）　2015.12

◇心の危機をみつめて―精神医学の立場から（平井富雄著）　2015.12

◇不味い！（小泉武夫著）　2015.12

◇短歌をよむ（俵万智著）　2015.12

◇土屋文明歌集（土屋文明自選）　2015.12

◇おふくろの夜回り（三浦哲郎著）　2015.12

◇家族の横顔（沢地久枝著）　2015.12

◇院長の恋（佐藤愛子著）　2016.6

◇平蔵の首　上（逢坂剛著）　2016.6

◇平蔵の首　下（逢坂剛著）　2016.6

◇一命（滝口康彦著）　2016.6

◇青雲遙かに―大内俊助の生涯　1（佐藤雅美著）　2016.6

◇青雲遙かに―大内俊助の生涯　2（佐藤雅美著）　2016.6

◇青雲遙かに―大内俊助の生涯　3（佐藤雅美著）　2016.6

◇青雲遙かに―大内俊助の生涯　4（佐藤雅美著）　2016.6

◇夜の小紋（乙川優三郎著）　2016.6

◇さびしい王様　上（北杜夫著）　2016.6

◇さびしい王様　中（北杜夫著）　2016.6

◇さびしい王様　下（北杜夫著）　2016.6

◇噂の女　上（奥田英朗著）　2016.6

◇噂の女　下（奥田英朗著）　2016.6

◇冬の巡礼　上（志水辰夫著）　2016.6

◇冬の巡礼　下（志水辰夫著）　2016.6

◇月下の恋人　上（浅田次郎著）　2016.6

◇月下の恋人　下（浅田次郎著）　2016.6

◇おいち不思議がたり　上（あさのあつこ著）　2016.6

◇おいち不思議がたり　下（あさのあつこ著）　2016.6

◇第三の時効　上（横山秀夫著）　2016.6

◇第三の時効　下（横山秀夫著）　2016.6

◇ぶらり日本史散策　上（半藤一利著）　2016.6

◇ぶらり日本史散策　下（半藤一利著）　2016.6

◇殿様の通信簿　上（磯田道史著）　2016.6

◇殿様の通信簿　下（磯田道史著）　2016.6

◇いのちの分水嶺―その時、運命が決まった（石川恭三著）　2016.6

◇金子兜太の俳句入門―鑑賞する楽しみつくる愉しさ（金子兜太著）　2016.6

◇不思議の国のトットちゃん　上（黒柳徹子著）　2016.6

◇不思議の国のトットちゃん　下（黒柳徹子著）　2016.6

◇御家人斬九郎　上（柴田錬三郎著）　2016.12

◇御家人斬九郎　下（柴田錬三郎著）　2016.12

◇どこから行っても遠い町　上（川上弘美著）
　2016.12
◇どこから行っても遠い町　下（川上弘美著）
　2016.12
◇夜の橋　上（藤沢周平著）　2016.12
◇夜の橋　下（藤沢周平著）　2016.12
◇江戸の海　上（白石一郎著）　2016.12
◇江戸の海　下（白石一郎著）　2016.12
◇お吉写真帖　上（安部竜太郎著）　2016.12
◇お吉写真帖　下（安部竜太郎著）　2016.12
◇短夜の髪―京都市井図絵　上（沢田ふじ子著）
　2016.12
◇短夜の髪―京都市井図絵　下（沢田ふじ子著）
　2016.12
◇翳りゆく夏　上（赤井三尋著）　2016.12
◇翳りゆく夏　下（赤井三尋著）　2016.12
◇閃光　1（永瀬隼介著）　2016.12
◇閃光　2（永瀬隼介著）　2016.12
◇閃光　3（永瀬隼介著）　2016.12
◇閃光　4（永瀬隼介著）　2016.12
◇家族トランプ　上（明野照葉著）　2016.12
◇家族トランプ　下（明野照葉著）　2016.12
◇あかんべえ　上（宮部みゆき著）　2016.12
◇あかんべえ　中（宮部みゆき著）　2016.12
◇あかんべえ　下（宮部みゆき著）　2016.12
◇私が人生の旅で学んだこと（日野原重明著）
　2016.12
◇俳句への旅　上（森澄雄著）　2016.12
◇俳句への旅　下（森澄雄著）　2016.12
◇老いのかたち（黒井千次著）　2016.12
◇残夢整理―昭和の青春（多田富雄著）　2016.12
◇屋上への誘惑（小池昌代著）　2016.12
◇やまない雨はない―妻の死、うつ病、それから…
　（倉嶋厚著）　2016.12

ダ・ヴィンチブックス　メディアファクトリー,
　KADOKAWA　2005〜2014　⇒Ⅴ－564
◇小説東のエデン劇場版―The King of Eden Par-
　adise Lost（神山健治著）　2010.4
◇チワワが家にやってきた―一犬初心者の予想外（ほ
　しのゆみ著）　2010.7
◇読まずに小説書けますか―作家になるための必
　読ガイド（岡野宏文, 豊崎由美著）　2010.9
◇ダメダメ人間―それでも走りつづけた半生記（鈴
　井貴之著）　2010.9
◇巴里の侍（月島総記著）　2010.12

◇うちのもの暮らし（大田垣晴子著）　2011.1
◇短歌ください（穂村弘著）　2011.3
◇なんだ礼央化―ダ・ヴィンチ版　4　エア結婚始
　めました（土屋礼央著）　2011.3
◇チワワが家にやってきた―一犬初心者の予想外　2
　（ほしのゆみ著）　2011.6
◇「探偵はBARにいる」VISUAL BOOK―大泉洋
　×松田竜平　2011.8
◇原発と祈り―価値観再生道場（内田樹, 名越康文
　著, 橋口いくよ聞き手・文）　2011.12
◇笑えよ（工藤水生著）　2012.3
◇チワワが家にやってきた―一犬初心者の予想外　3
　（ほしのゆみ著）　2012.7
◇CUEのキセキ―クリエイティブオフィスキ
　ューの20年（クリエイティブオフィスキュー著）
　2012.11
◇僕が愛したMEMEたち―いま必要なのは、人に
　エネルギーを与える物語（小島秀夫著）　2013.2
◇本当の大人の作法―価値観再生道場（内田樹, 名
　越康文, 橋口いくよ著）　2013.3
◇文化時評アーカイブス―ダ・ヴィンチ×PLAN-
　ETS　2012-2013（宇野常寛プロデュース）
　2013.3
◇大泉エッセイ―僕が綴った16年（大泉洋著）
　2013.4
◇社会人大学人見知り学部卒業見込（若林正恭著）
　2013.5
◇有川浩の高知案内（有川浩案内, ダ・ヴィンチ編
　集部編）　2013.6
◇季節七十二で候。（大田垣晴子画・文）　2013.6
◇原子爆弾とジョーカーなき世界（宇野常寛著）
　2013.6
◇蚊がいる（穂村弘著）　2013.9
◇ONE（戸次重幸著）　2014.1
◇本当の仕事の作法（価値観再生道場）（内田樹, 名
　越康文, 橋口いくよ著）　2014.3
◇四十路の悩み―女・三界画報（大田垣晴子著）
　2014.11

田岡嶺雲全集　田岡嶺雲［著］, 西田勝編, 家永三
　郎, 小田切秀雄, 竹内好監修　法政大学出版局
　2011〜2014
第3巻　2011.8
第4巻　2014.4

総記　　　　　　　　　　　　　　　　　　　　　　　一般叢書・全集

高橋巌著作集　高橋巌著, 岡沢幸雄編纂　岡沢幸
　雄　2009〜2013　⇒Ⅰ－320
第2巻(1968年―1972年)　2010.11
第3巻　1973年―1977年　2012.1
第4巻　1978年―1980年　2012.11
第5巻　1981年―1982年　2013.12

竹村民郎著作集　竹村民郎著　三元社　2011〜
　2015
1　廃娼運動　2011.9
2　モダニズム日本と世界意識　2012.1
3　阪神間モダニズム再考　2012.7
4　帝国主義と兵器生産　2013.11
5　リベラリズムの経済構造　2015.4

誰でも文庫　大活字文化普及協会　2011〜2015
1　謎解きはディナーのあとで　1巻(東川篤哉
　[著])　2011.8
1　謎解きはディナーのあとで　2巻(東川篤哉
　[著])　2011.8
2　下町ロケット　1巻(池井戸潤[著])　2011.11
2　下町ロケット　2巻(池井戸潤[著])　2011.11
2　下町ロケット　3巻(池井戸潤[著])　2011.11
3　読書力　1巻(斎藤孝著)　2012.9
3　読書力　2巻(斎藤孝著)　2012.9
4　蜩ノ記　1巻(葉室麟[著])　2012.9
4　蜩ノ記　2巻(葉室麟[著])　2012.9
4　蜩ノ記　3巻(葉室麟[著])　2012.9
5　神様のカルテ　1巻(夏川草介[著])　2013.1
5　神様のカルテ　2巻(夏川草介[著])　2013.1
6　ほかならぬ人へ　1(白石一文[著])　2013.8
6　ほかならぬ人へ　2(白石一文[著])　2013.8
7　うつぶし　1(隼見果奈[著])　2013.8
7　うつぶし　2(隼見果奈[著])　2013.8
8　神様のカルテ　2-1(夏川草介[著])　2013.8
8　神様のカルテ　2-2(夏川草介[著])　2013.8
8　神様のカルテ　2-3(夏川草介[著])　2013.8
9　神様のカルテ　3-1(夏川草介[著])　2013.8
9　神様のカルテ　3-2(夏川草介[著])　2013.8
9　神様のカルテ　3-3(夏川草介[著])　2013.8
10　思考の整理学　1巻(外山滋比古[著])　2014.
　3
10　思考の整理学　2巻(外山滋比古[著])　2014.
　3
11　潮鳴り　1巻(葉室麟[著])　2014.5
11　潮鳴り　2巻(葉室麟[著])　2014.5

11　潮鳴り　3巻(葉室麟[著])　2014.5
12　白鷹伝―戦国秘録　長編時代小説　1巻(山本兼
　一[著])　2014.5
12　白鷹伝―戦国秘録　長編時代小説　2巻(山本兼
　一[著])　2014.5
12　白鷹伝―戦国秘録　長編時代小説　3巻(山本兼
　一[著])　2014.5
13　ロスジェネの逆襲　1(池井戸潤[著])　2014.
　7
13　ロスジェネの逆襲　2(池井戸潤[著])　2014.
　7
13　ロスジェネの逆襲　3(池井戸潤[著])　2014.
　7
14　関ヶ原　1(岡田秀文[著])　2014.7
14　関ヶ原　2(岡田秀文[著])　2014.7
14　関ヶ原　3(岡田秀文[著])　2014.7
15　川あかり　1(葉室麟[著])　2015.2
15　川あかり　2(葉室麟[著])　2015.2
15　川あかり　3(葉室麟[著])　2015.2
16　本能寺の変431年目の真実　1(明智憲三郎
　[著])　2015.2
16　本能寺の変431年目の真実　2(明智憲三郎
　[著])　2015.2
16　本能寺の変431年目の真実　3(明智憲三郎
　[著])　2015.2
17　白夜行　1(東野圭吾[著])　2015.5
17　白夜行　2(東野圭吾[著])　2015.5
17　白夜行　3(東野圭吾[著])　2015.5
17　白夜行　4(東野圭吾[著])　2015.5
18　花明かり　1(深川駕籠)(山本一力[著])
　2015.5
18　花明かり　2(深川駕籠)(山本一力[著])
　2015.5
18　花明かり　3(深川駕籠)(山本一力[著])
　2015.5

地球の歩き方BOOKS　地球の歩き方編集室編
　ダイヤモンド・ビッグ社　2005〜2016
　⇒Ⅱ－474
◇お母さんが教える国語親子で成績を上げる魔法
　のアイデア(早川尚子著)　2010.11
◇業界のプロが本音で教える絶対トクする！海外
　旅行の新常識(緒方信一郎著)　2010.12
◇パリの街をメトロでお散歩！―思いのままにパ
　リを巡る、メトロ全14路線完全ガイド　2011.2
◇中学受験小6になってグンと伸びる子、ガクンと

一般叢書・全集　　　　　　　　　　　　総 記

落ちる子6年生で必ず成績の上がる学び方7つの
ルール（akira著）　2011.4

◇ガイド・ニッポンの世界遺産小笠原―父島＆母
島　2011.7

◇アパルトマンでパリジェンヌ体験―5日間から楽
しめる憧れのパリ暮らし（地球の歩き方編集室
著）　2012.3

◇東京23区おみやげさんぽ―たかはしみきのお持
ち帰り（たかはしみき著）　2012.5

◇武智志穂のかわいい京都＊しあわせさんぽ（武智
志穂著）　2012.5

◇大江戸歴史事件現場の歩き方―あの事件はここ
で起きた！（歴史現場研究会編）　2012.8

◇中学受験偏差値が届かなくても受かる子、充分
でも落ちる子必ず合格できる学び方と7つのルー
ル（akira著）　2012.8

◇世界の絶景アルバム101―南米・カリブの旅（地
球の歩き方フォトブック）（武居台三写真・文）
2013.3

◇成功する海外ボランティア21のケース―自分と
世界がハッピーになる！（「地球の歩き方」編集
室（海外ボランティアデスク）著作編集）　2013.
7

◇キレイを叶える週末バンコク―朝から晩まで磨き
あげる美女旅ガイド（白石路以, Tom☆Yam編）
2013.7

◇第一志望合格のためにやってよかった5つのこと
―はじめての中学受験 アンダンテのだんだんと
中受日記 完結編（アンダンテ著）　2013.7

◇「世界イケメンハンター」窪咲子のGIRL'S
TRAVEL（窪咲子著）　2013.11

◇幸せになる、ハワイのパンケーキ＆朝ごはん―
オアフ島で食べたい人気の100皿（永田さち子文,
宮沢拓写真）　2013.11

◇香港トラムでぶらり女子旅（池上千恵［文］, 永
田幸子［写真］, 小野寺光子［イラスト、イラスト
マップ］）　2013.12

◇銀座創業100年を超える老舗の贈り物―大切な人
へ、歴史を添えて渡せる逸品（東京老舗研究会
編）　2014.2

◇史跡と建築で巡る銀座の歩き方（花房孝典著）
2014.4

◇小笠原―父島 母島　改訂第2版　2014.6

◇70年代小学生歳時記―ぼくらの年中行事春・夏・
秋・冬（初見健一著）　2014.7

◇発達障害グレーゾーンまったり息子の成長日記

―保育園から高校受験まで親子で歩んだ5000日
（アンダンテ著）　2014.7

◇エスニックファッションシーズンブック（eTHno
lovers編著）　2014.7

◇撮り・旅！―地球を撮り歩く旅人たち　2014.8

◇秘密のパリ案内Q77　2014.10

◇娘に「リケジョになりたい！」と言われたら―
文系の親に知ってほしい理系女子の世界（秋田直
美著）　2014.11

◇台湾おしゃべりノート―地球の歩き方編集女子
が見つけたTaiwan最強の楽しみ方教えます（阿
多静香, 谷口佳恵, 富永直美著）　2014.11

◇京都ひとりを楽しむまち歩き　2014.11

◇ブルックリン・スタイル―ニューヨーク新世代
アーティストのこだわりライフ＆とっておきア
ドレス（小川佳世子, 海谷菜央子文）　2014.11

◇ニューヨークおしゃべりノート　2　地球の歩き
方編集女子が行く！NY最強ラブ＆子連れリター
ンズ（なかにしなおこ著）　2015.2

◇台北メトロさんぽ―MRTを使って、おいしいと
かわいいを巡る旅♪　2015.6

◇美しき秘密のイタリアへ―51の世界遺産と小さ
な村（森田健一著）　2015.10

◇親が後悔しない、子供に失敗させない中学受験
塾の選び方―塾の違いは『スモールステップ〈1
週間の学習サイクル〉』に表れる！（おおたとし
まさ著）　2015.12

◇熟年夫婦のスペイン行き当たりばったり移住記
―目をつぶって地図を指さしたら、そこはバル
セロナ。（行宗蒼一著）　2016.1

◇青森・函館めぐり―クラフト・建築・おいしい
もの（江沢香織著）　2016.4

筑摩選書　筑摩書房　2010～2016

0001　武道的思考（内田樹著）　2010.10

0002　江戸絵画の不都合な真実（狩野博幸著）
2010.10

0003　荘子（そうじ）と遊ぶ―禅的思考の源流へ
（玄侑宗久著）　2010.10

0004　現代文学論争（小谷野敦著）　2010.10

0005　不均衡進化論（古沢満著）　2010.10

0006　我的日本語（リービ英雄著）　2010.10

0007　日本人の信仰心（前田英樹著）　2010.12

0008　視覚はよみがえる―三次元のクオリア（スー
ザン・バリー著, 宇丹貴代実訳）　2010.12

0009　日本人の暦―今週の歳時記（長谷川櫂著）

総記　　　　　　　　　　　　　　　　　　　　　　　　　　一般叢書・全集

2010.12

0010　経済学的思考のすすめ（岩田規久男著）
2011.1

0011　現代思想のコミュニケーション的転回（高田
明典著）　2011.1

0012　フルトヴェングラー（奥波一秀著）　2011.2

0013　甲骨文字小字典（落合淳思著）　2011.2

0014　瞬間を生きる哲学―〈今ここ〉に佇む技法
（古東哲明著）　2011.3

0015　宇宙誕生―原初の光を探して（マーカス・
チャウン著, 水谷淳訳）　2011.4

0016　最後の吉本隆明（勢古浩爾著）　2011.4

0017　思想は裁けるか―弁護士・海野普吉伝（入江
曜子著）　2011.5

0018　内臓の発見―西洋美術における身体とイメー
ジ（小池寿子著）　2011.5

0019　シック・マザー―心を病んだ母親とその子
どもたち（岡田尊司著）　2011.6

0020　利他的な遺伝子―ヒトにモラルはあるか（柳
沢嘉一郎著）　2011.6

0021　贈答の日本文化（伊藤幹治著）　2011.7

0022　日本語の深層―〈話者のイマ・ココ〉を生き
ることば（熊倉千之著）　2011.7

0023　天皇陵古墳への招待（森浩一著）　2011.8

0024　脳の風景―「かたち」を読む脳科学（藤田一
郎著）　2011.9

0025　芭蕉最後の一句―生命の流れに還る（魚住孝
至著）　2011.9

0026　関羽―神になった「三国志」の英雄（渡辺義
浩著）　2011.10

0027　「窓」の思想史―日本とヨーロッパの建築表
象論（浜本隆志著）　2011.10

0028　日米「核密約」の全貌（太田昌克著）　2011.
11

0029　農村青年社事件―昭和アナキストの見た幻
（保阪正康著）　2011.12

0030　公共哲学からの応答―3・11の衝撃の後で
（山脇直司著）　2011.12

0031　日本の伏流―時評に歴史と文化を刻む（伊東
光晴著）　2011.12

0032　水を守りに、森へ―地下水の持続可能性を
求めて（山田健著）　2012.1

0033　グローバル化と中小企業（中沢孝夫著）
2012.1

0034　反原発の思想史―冷戦からフクシマへ（絓秀
実著）　2012.2

0035　生老病死の図像学―仏教説話画を読む（加須
屋誠著）　2012.2

0036　伊勢神宮と古代王権―神宮・斎宮・天皇が
おりなした六百年（榎村寛之著）　2012.3

0037　主体性は教えられるか（岩田健太郎著）
2012.3

0038　救いとは何か（森岡正博, 山折哲雄著）
2012.3

0039　長崎奉行―等身大の官僚群像（鈴木康子著）
2012.4

0040　100のモノが語る世界の歴史　1　文明の誕
生（ニール・マクレガー著, 東郷えりか訳）　2012.
4

0041　100のモノが語る世界の歴史　2　帝国の興
亡（ニール・マクレガー著, 東郷えりか訳）　2012.
6

0042　100のモノが語る世界の歴史　3　近代への
道（ニール・マクレガー著, 東郷えりか訳）　2012.
8

0043　悪の哲学―中国哲学の想像力（中島隆博著）
2012.5

0044　さまよえる自己―ポストモダンの精神病理
（内海健著）　2012.5

0045　北朝鮮建国神話の崩壊―金日成と「特別狙
撃旅団」（金賛汀著）　2012.6

0046　寅さんとイエス（米田彰男著）　2012.7

0047　災害弱者と情報弱者―3・11後、何が見過ご
されたのか（田中幹人, 標葉隆馬, 丸山紀一朗著）
2012.7

0048　宮沢賢治の世界（吉本隆明著）　2012.8

0049　身体の時間―〈今〉を生きるための精神病理
学（野間俊一著）　2012.9

0050　敗戦と戦後のあいだで―遅れて帰りし者た
ち（五十嵐恵邦著）　2012.9

0051　フランス革命の志士たち―革命家とは何者
か（安達正勝著）　2012.10

0052　ノーベル経済学賞の40年―20世紀経済思想
史入門　上（トーマス・カリアー著, 小坂恵理訳）
2012.10

0053　ノーベル経済学賞の40年―20世紀経済思想
史入門　下（トーマス・カリアー著, 小坂恵理訳）
2012.10

0054　世界正義論（井上達夫著）　2012.11

0055　「加藤周一」という生き方（鷲巣力著）　2012.
11

0056　哲学で何をするのか―文化と私の「現実」か
ら（貫成人著）　2012.12

全集・叢書総目録 2011-2016　　347

一般叢書・全集　　　　　　　　　　　　　　　　　　　　　　　　　　総記

0057　デモのメディア論―社会運動社会のゆくえ（伊藤昌亮著）　2012.12

0058　シベリア鉄道紀行史―アジアとヨーロッパを結ぶ旅（和田博文著）　2013.1

0059　放射能問題に立ち向かう哲学（一ノ瀬正樹著）　2013.1

0060　近代という教養―文学が背負った課題（石原千秋著）　2013.1

0061　比喩表現の世界―日本語のイメージを読む（中村明著）　2013.2

0062　中国の強国構想―日清戦争後から現代まで（劉傑著）　2013.2

0063　戦争学原論（石津朋之著）　2013.3

0064　トラウマ後成長と回復―心の傷を超えるための6つのステップ（スティーヴン・ジョゼフ著, 北川知子訳）　2013.3

0065　プライドの社会学―自己をデザインする夢（奥井智之著）　2013.4

0066　江戸の風評被害（鈴木浩三著）　2013.5

0067　ヨーロッパ文明の正体―何が資本主義を駆動させたか（下田淳著）　2013.5

0068　「魂」の思想史―近代の異端者とともに（酒井健著）　2013.6

0069　数学の想像力―正しさの深層に何があるのか（加藤文元著）　2013.6

0070　社会心理学講義―〈閉ざされた社会〉と〈開かれた社会〉（小坂井敏晶著）　2013.7

0071　一神教の起源―旧約聖書の「神」はどこから来たのか（山我哲雄著）　2013.8

0072　愛国・革命・民主―日本史から世界を考える（三谷博著）　2013.8

0073　世界恐慌―経済を破綻させた4人の中央銀行総裁　上（ライアカット・アハメド著, 吉田利子訳）　2013.9

0074　世界恐慌―経済を破綻させた4人の中央銀行総裁　下（ライアカット・アハメド著, 吉田利子訳）　2013.9

0075　SL機関士の太平洋戦争（椎橋俊之著）　2013.9

0076　民主主義のつくり方（宇野重規著）　2013.10

0077　北のはやり歌（赤坂憲雄著）　2013.10

0078　紅白歌合戦と日本人（太田省一著）　2013.11

0079　脳の病気のすべて―頭痛、めまい、しびれから脳卒中まで（角南典生著）　2013.11

0080　書のスタイル文のスタイル（石川九楊著）　2013.12

0081　生きているとはどういうことか（池田清彦著）　2013.12

0082　江戸の朱子学（土田健次郎著）　2014.1

0083　〈生きた化石〉生命40億年史（リチャード・フォーティ著, 矢野真千子訳）　2014.1

0084　死と復活―「狂気の母」の図像から読むキリスト教（池上英洋著）　2014.2

0085　うつ病治療の基礎知識（加藤忠史著）　2014.2

0086　賃上げはなぜ必要か―日本経済の誤謬（脇田成著）　2014.2

0087　自由か、さもなくば幸福か？―二一世紀の〈あり得べき社会〉を問う（大屋雄裕著）　2014.3

0088　傍らにあること―老いと介護の倫理学（池上哲司著）　2014.4

0089　漢字の成り立ち―『説文解字』から最先端の研究まで（落合淳思著）　2014.4

0090　躁と鬱（森山公夫著）　2014.5

0091　死ぬまでに学びたい5つの物理学（山口栄一著）　2014.5

0092　医療につける薬―内田樹・鷲田清一に聞く（内田樹, 鷲田清一［述］, 岩田健太郎著）　2014.6

0093　キリストの顔―イメージ人類学序説（水野千依著）　2014.6

0094　幕末維新の漢詩―志士たちの人生を読む（林田慎之助著）　2014.7

0095　境界の現象学―始原の海から流体の存在論へ（河野哲也著）　2014.7

0096　万葉集誌（多田一臣編）　2014.8

0097　「健康第一」は間違っている（名郷直樹著）　2014.8

0098　日本の思想とは何か―現存の倫理学（佐藤正英著）　2014.9

0099　明治の「性典」を作った男―謎の医学者・千葉繁を追う（赤川学著）　2014.9

0100　吉本隆明の経済学（吉本隆明［著］, 中沢新一編著）　2014.10

0101　自伝を読む（斎藤孝著）　2014.10

0102　ノイマン・ゲーデル・チューリング（高橋昌一郎著）　2014.10

0103　マルクスを読みなおす（徳川家広著）　2014.11

348　全集・叢書総目録 2011-2016

総記　　　　　　　　　　　　　　　　　　　　　　一般叢書・全集

0104　映画とは何か―フランス映画思想史（三浦哲哉著）　2014.11

0105　昭和の迷走―「第二満州国」に憑かれて（多田井喜生著）　2014.12

0106　現象学という思考―〈自明なもの〉の知へ（田口茂著）　2014.12

0107　日本語の科学が世界を変える（松尾義之著）　2015.1

0108　希望の思想―プラグマティズム入門（大賀祐樹著）　2015.1

0109　法哲学講義（森村進著）　2015.2

0110　「共倒れ」社会を超えて―一生の無条件の肯定へ！（野崎泰伸著）　2015.3

0111　柄谷行人論―〈他者〉のゆくえ（小林敏明著）　2015.4

0112　刺さる言葉―「恐山あれこれ日記」抄（南直哉著）　2015.5

0113　極限の事態と人間の生の意味―大災害の体験から（岩田靖夫著）　2015.5

0114　孔子と魯迅―中国の偉大な「教育者」（片山智行著）　2015.6

0115　マリリン・モンローと原節子（田村千穂著）　2015.6

0116　戦後日本の宗教史―天皇制・祖先崇拝・新宗教（島田裕巳著）　2015.7

0117　戦後思想の「巨人」たち―「未来の他者」はどこにいるか（高沢秀次著）　2015.7

0118　〈日本的なもの〉とは何か―ジャポニスムからクール・ジャパンへ（柴崎信三著）　2015.8

0119　民を殺す国・日本―足尾鉱毒事件からフクシマへ（大庭健著）　2015.8

0120　生きづらさからの脱却―アドラーに学ぶ（岸見一郎著）　2015.9

0121　芭蕉の風雅―あるいは虚と実について（長谷川櫂著）　2015.10

0122　大乗経典の誕生―仏伝の再解釈でよみがえるブッダ（平岡聡著）　2015.10

0123　フロイト入門（中山元著）　2015.11

0124　メソポタミアとインダスのあいだ―知られざる海洋の古代文明（後藤健著）　2015.12

0125　「日本型学校主義」を超えて―「教育改革」を問い直す（戸田忠雄著）　2015.12

0126　刑罰はどのように決まるか―市民感覚との乖離、不公平の原因（森炎著）　2016.1

0127　分断社会を終わらせる―「だれもが受益者」という財政戦略（井手英策, 古市将人, 宮崎雅人著）　2016.1

0128　貨幣の条件―タカラガイの文明史（上田信著）　2016.2

0129　中華帝国のジレンマ―礼的思想と法的秩序（冨谷至著）　2016.2

0130　これからのマルクス経済学入門（松尾匡, 橋本貴彦著）　2016.3

0131　『文芸春秋』の戦争―戦前期リベラリズムの帰趨（鈴木貞美著）　2016.4

0132　イスラームの論理（中田考著）　2016.5

0133　憲法9条とわれらが日本―未来世代へ手渡す（大沢真幸編著）　2016.6

0134　戦略的思考の虚妄―なぜ従属国家から抜け出せないのか（東谷暁著）　2016.7

0135　ドキュメント北方領土問題の内幕―クレムリン・東京・ワシントン（若宮啓文著）　2016.8

0136　独仏「原発」二つの選択（篠田航一, 宮川裕章著）　2016.9

0137　〈業〉とは何か―行為と道徳の仏教思想史（平岡聡著）　2016.10

0138　ローティ―連帯と自己超克の思想（冨田恭彦著）　2016.11

0139　宣教師ザビエルと被差別民（沖浦和光著）　2016.12

X001　筑摩書房の三十年―1940-1970（和田芳恵著）　2011.3

X002　筑摩書房それからの四十年（よんじゅうねん）―1970-2010（永江朗著）　2011.3

X003　明治への視点―『明治文学全集』月報より（筑摩書房編集部編）　2013.4

知的発見！ BOOKS　イースト・プレス　2011～2015

001　江と戦国の姫君たち―女性の目から見た「もうひとつの戦国史」（榎本秋著）　2011.3

002　「日本ダメ論」のウソ―マスコミ・官僚に騙されるな！日本は崩壊しない！（上念司著）　2011.3

003　新大陸（ソーシャルメディア）VS旧大陸（マスメディア）―ソーシャルメディアが世界を動かす（今井照容著）　2011.4

004　歴代総理の経済政策力―グランドビジョンを知れば経済がわかる（三橋貴明著）　2011.4

005　カンの正体―「直勘力」で逆境に強くなる（桜井章一著）　2011.5

006　「できる社長」のお金の使い方―決算書に表れ

全集・叢書総目録 2011-2016　**349**

ない「会社の数字」を読み解く（金児昭著） 2011.
6

007 誰でもわかる放射能Q&A―沢田先生がやさ
しく解説！（沢田哲生著） 2011.6

008 「地デジ化」の大問題―誰も書かなかった「ア
ナログ停波」のカラクリ（坂本衛著） 2011.6

009 「日本経済ダメ論」のウソ―日本が絶対に破
産しない、これだけの理由（三橋貴明, 上念司著）
2011.11

010 平清盛と平家の女たち―愛し、愛された女の
「人生の決断」（榎本秋著） 2011.12

011 プロ野球にとって正義とは何か―落合解任か
ら読み解く「プロの流儀」vs.「会社の論理」（手
束仁著） 2012.3

012 プロ野球「もしも」読本―もし長嶋茂雄が南
海に入団していたら（手束仁著） 2012.11

013 プロ野球なんでもランキング―「記録」と「数
字」で野球を読み解く（広尾晃著） 2013.4

014 プロ野球「ヒーロー」の栄光と挫折―彼らは
夢の舞台の先に何を見たのか（手束仁著） 2013.
5

015 怒られない技術―「失敗」を切り抜ける心理
テクニック（内藤誼人著） 2013.5

016 「アベノミクス亡国論」のウソ―投資シミュ
レーションで読み解く「復活」の根拠（上念司著）
2013.5

017 バカと思われない話し方―頭がいい、悪いは
「モノの言い方」で決まる（樋口裕一著） 2013.
7

018 政治報道のカラクリ―安倍政権誕生の真相
＆操られた平成選挙史（鈴木哲夫著） 2013.9

019 プロ野球「黄金世代」読本―球界を席巻した
「8つの世代」（手束仁著） 2014.1

020 アベノミクスを阻む「7つの敵」―消費増税と
「トンデモ経済学」を論破する（上念司著） 2014.
3

021 江戸全170城最期の運命―幕末の動乱で消え
た城、残った城（八幡和郎著） 2014.4

022 ここがヘンだよ「反日」韓国―彼らがウソ
をつくほど日本が得をする法則（KAZUYA著）
2014.8

023 プロ野球「悪党（ヒール）」読本―「組織の論理」
に翻弄された男たちの物語（手束仁著） 2014.10

024 朝日新聞「大崩壊」の真相―なぜ「クオリティ
ペーパー」は虚報に奔ったのか（西村幸祐監修）
2014.11

025 プロ野球仰天！ 記録大全―球史に刻まれた

「まさか」の名珍場面180（氏田秀男著） 2015.3

026 プロ野球「背番号」雑学読本―なぜエースナ
ンバーは「18」なのか（手束仁著） 2015.6

027 近鉄バファローズの時代―プロ野球史上最も
熱かった球団の50年史（大阪バファローズ研究会
編） 2015.12

知の市場シリーズ　丸善プラネット　2016
◇化学物質総合経営学―規制から管理そして価値
創造へ（化学物質総合経営研究会編著） 2016.6
◇知の市場―社会の現場を人を創る教育の現場に
（総合社会教育研究会編著） 2016.11

「知の再発見」双書　創元社　1990～2014
⇒Ⅰ－321
148 モンスターの歴史（SG絵で読む世界文化史）
（ステファヌ・オードギー著, 遠藤ゆかり訳, 池
上俊一監修） 2010.7

149 アメリカ黒人の歴史―自由と平和への長い道
のり（[SG絵で読む世界文化史]）（バップ・ンデ
ィアイ著, 遠藤ゆかり訳, 明石紀雄監修） 2010.
10

150 道教の世界―宇宙の仕組みと不老不死（[SG
絵で読む世界文化史]）（ヴァンサン・ゴーセル
ル, カロリーヌ・ジス著, 遠藤ゆかり訳, 松本浩
一監修） 2011.1

151 ホメロス―史上最高の文学者（SG絵で読む世
界文化史）（アレクサンドル・ファルヌー著, 遠
藤ゆかり訳, 本村凌二監修） 2011.4

152 スーフィー―イスラームの神秘主義者たち
（SG絵で読む世界文化史）（ティエリー・ザルコ
ンヌ著, 遠藤ゆかり訳, 東長靖監修） 2011.8

153 ロシア正教のイコン（SG絵で読む世界文化
史）（オルガ・メドヴェドコヴァ著, 遠藤ゆかり
訳, 黒川知文監修） 2011.10

154 殺人の歴史（ベルナール・ウダン著, 遠藤ゆ
かり訳, 河合幹雄監修） 2012.3

155 シトー会（レオン・プレスイール著, 杉崎泰
一郎監修, 遠藤ゆかり訳） 2012.8

156 ドガ―踊り子の画家（アンリ・ロワレット著,
千足伸行監修, 遠藤ゆかり訳） 2012.11

157 フラ・アンジェリコ―天使が描いた「光の絵
画」（ヌヴィル・ローレ著, 森田義之監修, 遠藤ゆ
かり訳） 2013.1

158 モン・サン・ミシェル―奇跡の巡礼地（ジャ
ン＝ポール・ブリゲリ著, 池上俊一監修, 岩沢雅
利訳） 2013.1

159　サンティアゴ・デ・コンポステーラと巡礼の道（グザヴィエ・バラル・イ・アルテ著, 杉崎泰一郎監修, 遠藤ゆかり訳）　2013.5

160　カタリ派—中世ヨーロッパ最大の異端（アンヌ・ブルノン著, 池上俊一監修, 山田美明訳）2013.8

161　テロリズムの歴史（フランソワ＝ベルナール・ユイグ著, 加藤朗監修, 遠藤ゆかり訳）　2013.9

162　シャーマニズム（シャルル・ステパノフ, ティエリー・ザルコンヌ著, 中沢新一監修, 遠藤ゆかり訳）　2014.2

163　水の歴史（ジャン・マトリコン著, 沖大幹監修, 遠藤ゆかり訳）　2014.4

164　パブロ・カザルス—奇跡の旋律（ジャン＝ジャック・ブデュ著, 細田晴子監修, 遠藤ゆかり訳）2014.7

165　ピサロ—永遠の印象派（クレール・デュラン＝リュエル・スノレール著, 藤田治彦監修, 遠藤ゆかり訳）　2014.8

知のトレッキング叢書　集英社インターナショナル　2012〜2016

◇考えるとはどういうことか（外山滋比古著）2012.1

◇宇宙はなぜこんなにうまくできているのか（村山斉著）　2012.1

◇宗教はなぜ必要なのか（島田裕巳著）　2012.12

◇生命とは何だろう？（長沼毅著）　2013.1

◇アインシュタイン痛快！宇宙論（村山斉監修, イアン・フリットクロフト原作, ブリット・スペンサー作画, 金子浩訳）　2013.9

◇日本人はなぜ存在するか（与那覇潤著）　2013.10

◇文系のための理系読書術（斎藤孝著）　2013.11

◇驚くべき日本語（ロジャー・パルバース著, 早川敦子訳）　2014.1

◇「サル化」する人間社会（山極寿一著）　2014.7

◇「知」の読書術（佐藤優著）　2014.8

◇日本人の英語はなぜ間違うのか？（マーク・ピーターセン著）　2014.11

◇Think疑え！（ガイ・P・ハリソン著, 松本剛史訳）　2014.12

◇秘伝「書く」技術（夢枕獏著）　2015.1

◇虫から始まる文明論（奥本大三郎著）　2015.2

◇きみと地球を幸せにする方法（植島啓司著）2015.3

◇オオカミがいないと、なぜウサギが減びるのか

（山田健著）　2015.6

◇カメラを持て、町へ出よう—「観察映画」論（想田和弘著）　2015.7

◇生命はいつ、どこで、どのように生まれたのか（山岸明彦著）　2015.9

◇驚くべき日本美術（山下裕二, 橋本麻里著）2015.10

◇日本人と漢字（笹原宏之著）　2015.11

◇新・ワイン学入門（福田育弘著）　2015.12

◇「マイナンバー」が日本を壊す（斎藤貴男著）2016.2

◇北極大異変（エドワード・シュトルジック著, 園部哲訳）　2016.4

◇人生の超難問Q&A（ひろさちや著）　2016.5

◇地図マニア空想の旅（今尾恵介著）　2016.6

中公クラシックス　中央公論新社　2010〜2016

E15　孫子（孫子［著］, 町田三郎訳）　2011.7

J42　随想録（高橋是清著）　2010.11

J43　昭和の精神史（竹山道雄著）　2011.1

J44　日本文化私観（坂口安吾著）　2011.7

J45　東山時代に於ける一縉紳の生活（原勝郎著）2011.9

J46　人間にとって科学とはなにか（湯川秀樹, 梅棹忠夫［著］）　2012.1

J47　二宮翁夜話（二宮尊徳［述］, ［福住正兄］［著］, 児玉幸多訳）　2012.3

J48　氷川清話／夢酔独言（勝海舟, 勝小吉［著］, 川崎宏編）　2012.8

J49　平和の代償（永井陽之助著）　2012.8

J50　古典外交の成熟と崩壊　1（高坂正堯著）2012.12

J51　古典外交の成熟と崩壊　2（高坂正堯著）2012.12

J52　鈴木貫太郎自伝（鈴木貫太郎著, 小堀桂一郎校訂）　2013.7

J53　冷戦の起源—戦後アジアの国際環境　1（永井陽之助著）　2013.11

J54　冷戦の起源—戦後アジアの国際環境　2（永井陽之助著）　2013.11

J55　経済論（高橋是清［著］, 上塚司編）　2013.12

J56　近代快傑録（尾崎行雄著）　2014.2

J57　旋風裡の日本（竹越与三郎著）　2014.3

J58　平民主義（幸徳秋水［著］, 神崎清訳）　2014.11

J59　蹇蹇録（陸奥宗光［著］, 萩原延寿責任編集）

一般叢書・全集

2015.3

J60 鈴木正三著作集 1（鈴木正三［著］，加藤みち子編訳） 2015.4

J61 鈴木正三著作集 2（鈴木正三［著］，加藤みち子編訳） 2015.4

J62 将来の日本 吉田松陰（徳富蘇峰［著］，隅谷三喜男責任編集） 2015.5

J63 精神主義ほか（清沢満之［著］，橋本峰雄責任編集） 2015.8

W64 シュレーバー症例論（フロイト［著］，金関猛訳） 2010.9

W65 社会的分化論—社会学的・心理学的研究（ジンメル［著］，石川晃弘，鈴木春男訳） 2011.3

W66 哲学（ヤスパース［著］，小倉志祥，林田新二，渡辺二郎訳） 2011.5

W67 イギリス憲政論（バジョット［著］，小松春雄訳） 2011.11

W68 景気循環論（ハロッド［著］，宮崎義一訳） 2011.11

W69 心理学的類型（ユング［著］，吉村博次訳） 2012.1

W70 夢解釈〈初版〉 上（フロイト［著］，金関猛訳） 2012.6

W71 夢解釈〈初版〉 下（フロイト［著］，金関猛訳） 2012.6

W72 ヒステリー研究〈初版〉（ブロイアー，フロイト［著］，金関猛訳） 2013.6

W73 文化の定義のための覚書（T・S・エリオット［著］，照屋佳男，池田雅之監訳） 2013.11

W74 戦史（トゥキュディデス［著］，久保正彰訳） 2013.12

W75 神学大全 1（トマス・アクィナス［著］，山田晶訳） 2014.7

W76 神学大全 2（トマス・アクィナス［著］，山田晶訳） 2014.7

W77 随筆集（ベーコン［著］，成田成寿訳） 2014.9

W78 わが半生（W・チャーチル［著］，中村祐吉訳） 2014.10

W79 二十世紀を生きて—ある個人と政治の哲学（ケナン［著］，関元訳） 2015.7

W80 ルネサンス（ペイター［著］，別宮貞徳訳） 2015.7

W81 シュレーバー回想録（D・P・シュレーバー［著］，尾川浩，金関猛訳） 2015.10

W82 アメリカにおけるデモクラシーについて（ト

総 記

クヴィル［著］，岩永健吉郎訳） 2015.10

W83 デカルト的省察（フッサール［著］，船橋弘訳） 2015.11

W84 宗教改革時代のドイツ史 1（ランケ［著］，渡辺茂訳） 2015.12

W85 宗教改革時代のドイツ史 2（ランケ［著］，渡辺茂訳） 2015.12

W86 法の精神（モンテスキュー［著］，井上堯裕訳） 2016.3

W87 ユートピアの終焉—過剰・抑圧・暴力（マルクーゼ［著］，清水多吉訳） 2016.7

W88 近代史における国家理性の理念 1（マイネッケ［著］，岸田達也訳） 2016.9

W89 近代史における国家理性の理念 2（マイネッケ［著］，岸田達也訳） 2016.9

W90 ヴォルテール回想録（ヴォルテール［著］，福鎌忠恕訳） 2016.10

W91 幸福論（アラン［著］，宗左近訳） 2016.12

中公選書 中央公論新社 2011〜2016

001 3.11以後（茂木健一郎，竹内薫著） 2011.11

002 萩原朔太郎（野村喜和夫著） 2011.11

003 帝都復興の時代—関東大震災以後（筒井清忠著） 2011.11

004 英国メディア史（小林恭子著） 2011.11

005 カジノの文化誌（大川潤，佐伯英隆著） 2011.11

006 サムエルソン『経済学』の時代（根井雅弘著） 2012.1

008 「過情報」の整理学—見極める力を鍛える（上野佳恵著） 2012.1

009 生物多様性を考える（池田清彦著） 2012.3

010 無常と偶然—日欧比較文化叙説（野内良三著） 2012.7

011 天皇陵（矢沢高太郎著） 2012.10

012 スペイン王権史（川成洋，坂東省次，桑原真夫著） 2013.3

013 ハイエク—「保守」との訣別（楠茂樹，楠美佐子著） 2013.4

014 唐木順三ライブラリー 1 現代史への試み 喪失の時代（唐木順三著） 2013.6

015 唐木順三ライブラリー 2 詩とデカダンス 無用者の系譜（唐木順三著） 2013.7

016 唐木順三ライブラリー 3 中世の文学 無常（唐木順三著） 2013.9

017 マーサ・ヌスバウム—人間性涵養の哲学（神

総記　　　　　　　　　　　　　　　　　　　　　　　　一般叢書・全集

島裕子著）　2013.9

018　日本映画隠れた名作―昭和30年代前後（川本
　　三郎，筒井清忠著）　2014.7

019　旧日本陸海軍の生態学―組織・戦闘・事件（秦
　　郁彦著）　2014.10

020　日本近代小説史（安藤宏著）　2015.1

021　クーデターの技術（クルツィオ・マラパルテ
　　著，手塚和彰，鈴木純訳）　2015.3

022　満州事変はなぜ起きたのか（筒井清忠著）
　　2015.8

023　陸軍士官学校事件―二・二六事件の原点（筒
　　井清忠著）　2016.6

024　アラン、魂の医術（新田昌英著）　2016.12

中公叢書　中央公論新社　2012〜2016
◇ロカルノ条約―シュトレーゼマンとヨーロッパ
　　の再建（牧野雅彦著）　2012.1
◇政治を生きる―歴史と現代の透視図（飯尾潤，苅
　　部直，牧原出編著）　2012.3
◇西洋史学の先駆者たち（土肥恒之著）　2012.6
◇英連邦―王冠への忠誠と自由な連合（小川浩之
　　著）　2012.7
◇創られたスサノオ神話（山口博著）　2012.12
◇高等教育の時代　上　戦間期日本の大学（天野郁
　　夫著）　2013.3
◇高等教育の時代　下　大衆化大学の原像（天野郁
　　夫著）　2013.3
◇大停滞の時代を超えて（山崎正和著）　2013.7
◇岡倉天心―美と裏切り（清水多吉著）　2013.7
◇最後の岸田国士論（大笹吉雄著）　2013.9
◇海軍戦略家マハン（谷光太郎著）　2013.11
◇イタリアン・セオリー（岡田温司著）　2014.2
◇能を考える（山折哲雄著）　2014.3
◇「肌色」の憂鬱―近代日本の人種体験（真嶋亜有
　　著）　2014.7
◇会津八一（大橋一章著）　2015.1
◇政治勢力としての陸軍―予算編成と二・二六事
　　件（大前信也著）　2015.2
◇芸術学事始め―宇宙を招くもの（小林道憲著）
　　2015.2
◇ウィーン大学生フロイト―精神分析の始点（金関
　　猛著）　2015.3
◇国際平和とは何か―人間の安全を脅かす平和秩
　　序の逆説（吉川元著）　2015.8
◇シノワズリーか、ジャポニスムか―西洋世界に
　　与えた衝撃（東田雅博著）　2015.8

◇中国人的性格（アーサー・H・スミス著，石井宗
　　晄，岩崎菜子訳）　2015.8
◇「サル学」の系譜―人とチンパンジーの50年（中
　　村美知夫著）　2015.9
◇大英帝国の親日派―なぜ開戦は避けられなかった
　　か（アントニー・ベスト著，武田知己訳）　2015.
　　9
◇ライプニッツの情報物理学―実体と現象をコード
　　でつなぐ（内井惣七著）　2016.2
◇『論語』と孔子の生涯（影山輝国著）　2016.3
◇明治のワーグナー・ブーム―近代日本の音楽移
　　転（竹中亨著）　2016.4
◇国際主義との格闘―日本、国際連盟、イギリス
　　帝国（後藤春美著）　2016.5
◇日英開戦への道―イギリスのシンガポール戦略
　　と日本の南進策の真実（山本文史著）　2016.11

中国学芸叢書　戸川芳郎，林田愼之助責任編集
　　創文社　1996〜2016　⇒Ⅰ-323
16　中国文学と日本十二講（村上哲見著）　2013.
　　12
17　中国詩文の美学（興膳宏著）　2016.6

超☆サプライズ　ヒカルランド　2010
　　⇒Ⅰ-324
002　アップルだけがなぜ売れる!?―iPhone, iPad
　　だけじゃない。（竹内薫，神尾寿著）　2010.11

超トリセツ　インターナショナル・ラグジュア
　　リー・メディア（発売）　2011〜2015
◇一番わかる住宅ローンの基本の（き）―どの入門
　　書よりもカンタン！　2011.10
◇Wi-Fi完全マニュアル　2012最新版　2012.3
◇New iPadスターティングガイド　2012.4
◇Googleの説明書―2012年最新機能対応　2012.6
◇iPhone＋iPad最新無料アプリbest 750（岡嶋佑
　　介監修）　2012.8
◇iPadとっておきのテクニック―便利で楽しい実践
　　技が満載：Produced by standards　2012　2012.
　　8
◇Wi-Fiカンタン接続ガイド　2012.10
◇ホームネットワークですべてがつながる本
　　2012.10
◇無料ソフトですべてできる動画編集完全ガイド
　　2012.10
◇iPad mini&iPad便利すぎる！200のテクニック
　　―Wi-Fiモデル／ソフトバンク・auセルラーモデ

ル対応　2013.1

◇わからない人のためのLINE使いこなしガイド
2013.4

◇au版iPhone5パーフェクトガイド─この一冊です
べての操作がわかる！　初めてでも必ず使える
ようになる！　2013.5

◇今日から始める！　ローリスク株入門─安全第一
まったくの初心者が株で儲けるためのガイドブッ
ク　2013.5

◇Xperia Zとっておきのテクニック─001→100 便
利で楽しい実践技が満載　2013.5

◇ELUGA X便利すぎる！　250のテクニック─劇
的な完成度を誇るP-02Eの便利な使い方を完全網
羅！　この一冊で使い勝手が大幅アップ　2013.
5

◇稼ぐ人のFX儲けの流儀　4　2013.5

◇Androidタブレット便利すぎる！270のテクニッ
ク─この1冊で使い勝手が大幅アップ　2013.6

◇投信年鑑ベスト300─高リターン・高分配・低リ
スク！勝てる投資信託はココから選ぶ！　2013.
6

◇iPad mini & iPadもっと便利なテクニック250
─この1冊で使い勝手が大幅アップ！　2013.6

◇GALAXY S4使い始め完全ガイド─初めてのス
マホでもすぐに使えるようになる！　2013.6

◇GALAXY S4便利すぎる！　250のテクニック─
最高スペックを誇るGALAXY S4の使いこなし
テクを完全網羅!! この1冊で使い勝手が大幅アッ
プ　2013.6

◇すべての操作を1日で覚えるXperia使いこなしガ
イド　2013.6

◇Xperia A便利すぎる！　250のテクニック─この
1冊で使い勝手が大幅アップ　2013.6

◇AQUOS PHONE ZETA便利すぎる！250のテク
ニック─この1冊で使い勝手が大幅アップ　2013.
6

◇SoftBank版iPhone5パーフェクトガイド─この
一冊ですべての操作がわかる！　初心者でも必
ず使えるようになる！　2013.7

◇MacBook超実戦テクニック！─MacBook Air &
Pro 200% ACTIVATE MANUAL!! 2013.7

◇稼ぐ人の株投資億超えの方程式─儲けた人の銘
柄選びと取引手法を知る！　2013.7

◇ARROWS NX便利すぎる！　250のテクニック
─超ハイエンド・スマホF-06Eの便利な使い方
を完全網羅！　この1冊で使い勝手が大幅アップ

2013.7

◇株完全ガイド─初心者のための日本一やさしい株
の教科書 自分に合った投資法で上手に儲ける！
2013.7

◇Xperia A使い始め完全ガイド─初めてのスマホ
でもすぐに使えるようになる！　2013.7

◇Androidで始めるLINE使い方ガイド　2013.7

◇株のド素人がネットトレードで100万円稼ぐ方法
─株でいきなり失敗しない！ 取引の仕方を徹底
解説!! 2013.8

◇スマートフォンもっと便利なテクニック305─こ
の1冊で使い勝手が大幅アップ！　2013.8

◇Windows7お助け技1000─高速化・便利技・トラ
ブル対策まで！ この1冊で疑問がすべて解決！
2013.8

◇Xperia A徹底活用テクニック─docomo SO-04E
最新技＆裏技でもっと便利にもっと快適に！
2013.8

◇iPhoneで始めるLINE使い方ガイド　2013.8

◇YouTubeやニコニコ動画をDVDにしてテレビで
見るための本─ネット動画を無料ツールでダウ
ンロード！　2013.8

◇iPad超実戦テクニック！─iPad 200% ACTI-
VATE MANUAL!! iPadで仕事を200%効率化
しよう！　改訂版　2013.8

◇iPhone5便利すぎる！255のテクニック─この1冊
で使い勝手が大幅アップ！　2013最新版　2013.
8

◇FXのド素人がネットトレードで100万円稼ぐ方
法─FXで失敗しない！ 取引の仕方と儲け方を
徹底解説!! 2013.9

◇Nexus7 2013便利すぎる！255のテクニック─第
2世代Nexus7の使いこなしテクを完全網羅!! こ
の1冊で使い勝手が大幅アップ　2013.9

◇iPhone iPod iPadアドバンスド・オーディオ・ガ
イド　2013AUTUMN　2013.9

◇Nexus7 2013完全ガイド─基本操作から便利技ま
で徹底解説　2013.10

◇Androidスマートフォン裏ワザ ザ★ベスト─動
画・音楽・ゲームもぜんぶタダで楽しむ！　2013.
10

◇iPhone5s便利すぎる！　250のテクニック─この
1冊で使い勝手が大幅アップ！　2013.10

◇LINE・Twitter・Facebook便利すぎる！ 200の
テクニック─人気SNSを便利に使いこなすため
の本 情報量No.1　2013.11

◇Xperia A便利すぎる！　255のテクニック─do-

総記　　　　　　　　　　　　　　　　　　　　　　　　　　　一般叢書・全集

como史上最大ヒット！ SO-04Eの便利な使い方を完全網羅！ 情報量No.1 2013.11

◇iPad Air & iPad mini便利すぎる！ 220のテクニック—Wi-Fiモデル、セルラーモデル対応 2013.11

◇iPad Air使い始め完全ガイド—初心者ユーザーもすぐに使えるようになる！ 2013.11

◇稼ぐ人の株投資億超えの方程式 2 大特集安い株で大儲けする2つの方法！ 2013.11

◇一番わかる住宅ローン基本のきーどの入門書よりもカンタン！ 2014 2013.11

◇今すぐわかる！ Windows8—初心者でもこの一冊で完全理解！ 2013.12

◇iPad mini Retinaディスプレイモデル使い始め完全ガイド—初心者ユーザーもすぐに使えるようになる！ 2013.12

◇Xperia Z1f便利すぎる！ 250のテクニック—docomo SO-02Fを徹底的に使いこなす！ 情報量No.1 2013.12

◇Xperia Z1f使い始め完全ガイド—初めてのスマホでもすぐに使えるようになる！ 2013.12

◇FXメタトレーダーベストテクニック—カラー版 2014 2013.12

◇iPhone超実戦テクニック！—iPhone 200% ACTIVATE MANUAL!! iPhoneで仕事を200%効率化しよう！ 2014最新版 2013.12

◇iTunesパーフェクトガイド 2014年最新版 2013.12

◇Xperia Z1使い始め完全ガイド—初めてのスマホでもすぐに使えるようになる！ 2014.1

◇Windows XPを安全・快適に使い続けるための本 2014.2

◇LINEパーフェクトガイド—安全・安心にLINEを使うための入門書の決定版！ 2014年最新版 2014.2

◇iPhone全操作簡単ガイド—使い方や設定方法が必ずわかる！ 2014.3

◇初めてでもできるスマートフォン入門 2014.3

◇初めてでもできるタブレット入門—for Android 2014.3

◇株こそが最強の投資である—1億円稼ぐテクニック 2014.3

◇iPad全操作使いこなしガイド—操作手順や設定ポイントが必ずわかる！ 2014.3

◇WindowsXPから8.1へ！ カンタンお引越しガイド—サポート終了のXPから、新しいOSに今す

ぐ乗り換えよう！ 2014.3

◇稼ぐ人の株投資億超えの方程式 3 決算シーズン銘柄選び最前線 2014.3

◇iPad超実戦テクニック！—iPad 200% ACTIVATE MANUAL!! iPadで仕事を200%効率化しよう！ 2014 2014.3

◇YouTubeやニコニコ動画をDVDにしてテレビで見るための本 2014 ネット動画を無料でダウンロード→DVD化!! 2014.3

◇通信料金がウソみたいに下がる本—払い過ぎをストップ！ スマホも固定回線も劇的に安くなる！ 2014年最新版 2014.4

◇Windows 8.1便利すぎる！ 240のテクニック—この1冊で使い勝手が大幅アップ 2014.5

◇Xperia Z2便利すぎる！ 250のテクニック—docomo SO-03Fを徹底的に使いこなす！ この1冊で使い勝手が大幅アップ 2014.5

◇Xperia Z2使い始め完全ガイド—最新スマホがすぐに使えるようになる！ 2014.5

◇Xperia ZL2便利すぎる！ 250のテクニック—au SOL25を徹底的に使いこなす！ この1冊で使い勝手が大幅アップ 2014.5

◇Xperia ZL2使い始め完全ガイド—最新スマホがすぐに使えるようになる！ 2014.5

◇MacBook超実戦テクニック！—MacBook Air & Pro 200% ACTIVATE MANUAL!! 2014 MacBookは最強の仕事マシンだ！ 2014.5

◇稼ぐ人の株投資億超えの方程式 14年春・夏号 全員億超え！ 株で成功する秘訣！ 勝てる5人の稼ぎ方！ 2014.5

◇Xperia A2便利すぎる！ 250のテクニック—docomo SO-04Fを徹底的に使いこなす！ この1冊で使い勝手が大幅アップ 2014.6

◇Xperia A2使い始め完全ガイド—最新スマホがすぐに使えるようになる！ 2014.6

◇FXメタトレーダーベストインジケータパック 2014 MT4の真価を発揮させるbuild600以降対応のインジケータ集 2014.6

◇iPad Air & iPad mini便利すぎる！ 230のテクニック 2014最新版！ 2014.7

◇この株が騰がる！ 140銘柄攻め方・狙い方 2014夏・秋 2014.7

◇おとなの入門書どうしよう？生命保険の選び方—イラストとマンガで分かりやすく解説！ 2014.8

◇Macユーザーとして恥ずかしくない必須テクニッ

全集・叢書総目録 2011-2016　　355

一般叢書・全集　　　　　　　　　　　　　　　　　　　　　　総記

ク235—Macユーザー必携の一冊！　2014年最新版　2014.8

◇タブレット便利すぎる！200のテクニック　2014.9

◇iPhone 6便利すぎる！200のテクニック　2014.10

◇Xperia Z3便利すぎる！200のテクニック—この1冊で使い勝手が大幅アップ　2014.11

◇稼ぐ人の株投資億超えの方程式　5　教えてYouの稼ぎ方!!　2014.11

◇iPad超実戦テクニック！—iPad 200% ACTIVATE MANUAL!! iPadで仕事を200%効率化しよう！　2015　2014.11

◇iTunes12わからない人のための使いこなしガイド—はじめて使う人のための入門書!!　2014.12

◇iPad Air 2 & mini 3使い始め完全ガイド—初心者ユーザーもすぐに使えるようになる！　2014.12

◇株で毎月100万円稼ぐためのテクニック—初めてでも無理なくできる カラー図解でわかる株の基本と儲け方　2014.12

◇MacBook Air & Pro便利すぎる！235のテクニック—この1冊で使い勝手が大幅アップ　2014.12

◇500円で入門今からはじめる株投資—ウマくいく！ 基本からわかる儲け方　2014.12

◇おとなの入門書得する住宅ローンの借り方・返し方　2015　2014.12

◇初めてでもできるタブレット入門—for Android 2015　2014.12

◇iPad全操作使いこなしガイド—操作手順や設定ポイントが必ずわかる！　2015　2014.12

◇株こそが最強の投資である—1億円稼ぐテクニック　2（standards）　2015.1

◇Macユーザーとして恥ずかしくない必須テクニック240—Macユーザー必携の一冊！　2015年最新版　2015.1

◇iPadアプリ完全ガイド—ベストアプリを使い方までキッチリ解説！　2015年最新版　2015.1

◇Xperia Z3便利すぎる！200のテクニック—この1冊で使い勝手が大幅アップ　改訂版　2015.2

◇なぜ稼げるのか？ 成功者たちのFX—成功トレーダーたちから見えたFXの儲け方　2015.3

◇iPhone6便利すぎる！200のテクニック—この1冊で使い勝手が大幅アップ　改訂版　2015.3

◇iPhone6かんたんパーフェクトガイド　改訂版　2015.3

◇Androidタブレットアプリ完全ガイド—ベストアプリを使い方までキッチリ解説！　2015年最新版　2015.4

◇クラウド仕事術120—Evernote Dropbox Googleを使いこなそう！（MMK International, 河本亮, 小暮ひさのり著）　2015.5

◇Androidタブレット便利すぎる！200のテクニック—この1冊で使い勝手が大幅アップ　2015.5

◇500円で入門iTunes—必ずわかる！ 基本操作を完全マスター　2015.5

◇不動産投資44の法則—成功者だけが知っている！　2015.6

◇Appleバイヤーズ・ガイド　2015.6

◇Xperia Z4便利すぎる！200のテクニック—この1冊で使い勝手が大幅アップ　2015.6

◇Apple仕事術！—Mac、iPad、iPhoneを使いこなして仕事の効率を200%アップ！　2015.7

◇500円で入門これでわかる！ Androidタブレット　2015.7

◇Xperia Z4完全マニュアル—最新スマートフォンの操作方法をかんたん解説　2015.7

◇500円+税で完全解説iPadスタートガイド—基本操作をすぐにマスター！　2015年最新版　2015.7

◇初めてでもできるGoogleのサービス　2015　2015.7

◇Androidスマートフォン便利すぎる！200のテクニック—この1冊で使い勝手が大幅アップ　2015.9

◇初めてでもできるLINEを楽しもう！　2015.9

◇Windows10最強フリーソフトスーパーセレクション！—無料でWindowsを超パワーアップさせよう！　2015.10

◇今日から使えるiPhone6s定番アプリ100本—初心者でもすぐに使える便利アプリを厳選紹介！　2015.10

超トリセツ　standards　2013〜2016

◇Windows 8すぐ効く！ 快適技200（白石岳, 渡辺亘重, 野上輝之, 宮北忠佳執筆）　2013.1

◇iPhone5全機能の【逆引き】テクニック大全—初心者でも今日から使える！ SoftBank/au両対応（牧野武文著）　2013.1

◇今からでも間に合う！ 株&FXを始める本—全ての流れを画像で解説！　2013.7

◇人気アプリをすぐに使えるようになる本—

総 記　　　　　　　　　　　　　　　　　　　　　　　　　　　　一般叢書・全集

for Android スマホを買ったらすぐ入れよう！
2013.8
◇iPhone5s使い始め完全ガイド―初心者ユーザー
もすぐ使えるようになる！　2013.10
◇docomo版iPhone5sパーフェクトガイド―この一
冊ですべての操作がわかる！　入門書決定版!!す
べての操作を完全解説！　2013.10
◇稼ぐ人のFX儲けの流儀　5　2013.10
◇はじめてのFXメタトレーダートレードガイド
2014.1
◇サラリーマンのための節税大全―目指せ節税100
万円！こんなにある「節税」のチャンス！（角
野崇雄，森山謙一，加藤暁光，重松照彦，小笠原薫
子著）　2014.2
◇稼ぐ人のFX儲けの流儀　6　2014.2
◇おとなの入門書Googleのサービス　2014.6
◇おとなの入門書無料クラウドサービス　2014.7
◇おとなの入門書株で稼ごう！―イラストとマン
ガで分かりやすく解説！　2014.7
◇おとなの入門書簡単！　タブレットfor Android
2014.7
◇おとなの入門書簡単！　iTunes―iPhoneやiPadが
もっともっと楽しくなる！　2014.7
◇おとなの入門書トクする相続―イラストとマン
ガで分かりやすく解説！　2014.8
◇おとなの入門書YouTube＆ニコニコ動画―動画
サイトの楽しみ方がバッチリわかる！　2014.8
◇iPad　PERFECT―Ultimate　Manual　for　All
Users iPadの真価を引き出す最強ガイドブック
2014.8
◇おとなの入門書楽々！　つながるWi-Fi―いつで
も、どこでもつながります！　2014.8
◇勝ち組だけが知っている！株52の法則　2014年
度版　2014.8
◇500円＋税ですぐできるグーグル使いこなしガイ
ド―Q&A形式で分かりやすい　2014.12
◇初めてでもできるふるさと納税得とくガイド―
2000円で全国のおいしいモノ、極上のグッズが
もらえる！　2014.12
◇現場で役立つ！Excel仕事術―超便利なテクニッ
クをバッチリ教えます！　2015.1
◇お金が貯まるエクセル活用術　2015.5
◇500円で入門稼げる株投資―イラストとマンガで
分かりやすく解説！　2015.5
◇500円で入門これでわかる！ウィンドウズ10（田
辺良平著）　2015.5

◇500円＋税で入門NISAで簡単！はじめての株投
資―NISAのお得な使い方がしっかりと理解でき
ます！（白石岳著）　2015.7
◇株で稼ごう！―イラストとマンガで分かりやすく
解説！初めての人でも買い時・売り時がわかる！
2016（おとなの入門書）（白石岳著）　2015.10
◇驚くほど仕事が早く終わるエクセル時短テクニッ
ク―この1冊で「仕事が早い人」になれる!!　2016
2015.12
◇Google無料サービス早わかりガイド　2016.1

超☆はらはら　ヒカルランド　2011〜2015

1　イルミナティだけが知っている―闇の支配者「絶
対構造」の超カラクリ　洗脳工学篇（ベンジャミ
ン・フルフォード編著）　2011.4
2　イルミナティだけが知っている―闇の支配者「絶
対構造」の超カラクリ　金融工学篇（ベンジャミ
ン・フルフォード編著）　2011.4
3　原発大震災の超ヤバイ話―知らない方が幸せか
もしれない（安部芳裕著）　2011.7
004　3・11「人工地震説の根拠」衝撃検証―本当か
デマか（泉パウロ著）　2011.8
5　「9・11テロ完全解析」10年目の「超」真実―知
らぬは日本人ばかり　世界の常識ではアルカイダ
は関係なし！（菊川征司著）　2011.8
6　二人だけが知っている超アンダーグランドのし
くみ―3・11人工地震テロ＆金融サイバー戦争　だ
まし討ちに気づかない日本人へ！これ以上奄ら
れるのがいやならこれだけは知っておけ！（ベン
ジャミン・フルフォード, 飛鳥昭雄著）　2011.8
007　地球『超』シークレットゾーン―闇の世界政
府がひた隠すオーバーテクノロジー＆《宇宙中枢
日本》の秘密（飛鳥昭雄著）　2011.12
008　われら二人超アンダーグランドとかく戦えり
―世界経済中枢の「巨大詐欺システム」を全部
ばらす！（ベンジャミン・フルフォード, アレク
サンダー・ロマノフ著）　2012.1
009　戦利品は地球！超知性のエイリアン〈アザー
ズ〉たちの銀河間戦争―NASAも茫然自失！超
先端「深宇宙」レポート（並木伸一郎著）　2012.
1
010　3・11人工地震でなぜ日本は狙われたか―驚
愕の真相　1　地球支配者が天皇家と日本民族を
どうしても地上から抹消したい本当の理由がわ
かった！（泉パウロ著）　2012.2
011　宇宙『超』シークレットゾーン―プラズマで
解き明かす太陽系超先端：NASA＆シークレット

全集・叢書総目録 2011-2016　**357**

一般叢書・全集　　　　　　　　　　　　　　　　　　　　　　　　　　総 記

ガバメントが絶対隠しておきたいショッキング・インテリジェンスのすべて（飛鳥昭雄著）　2012.2

012　3・11人工地震でなぜ日本は狙われたか　2　どうしたら地球支配者からこの国を守れるか―プラズマシールド＆霊的バリアを発動せよ！―驚愕の対策（泉パウロ著）　2012.2

013　「粘土食」自然強健法の超ススメ―NASA宇宙飛行士も放射線対策で食べていた!?（ケイ・ミズモリ著）　2012.3

014　正統竹内文書の日本史「超」アンダーグラウンド　1　古史古伝に込められた秘儀、秘伝、神々の話（秋山真人，竹内睦泰，布施泰和著）　2012.4

015　〈LIVE上映版〉日月神示　上　うれし楽しのミロクの世―新しい宇宙誕生！（〇九十，磊人著）　2012.4

016　〈LIVE上映版〉日月神示　下　祝！日本人の総人事異動が始まりました！（〇九十，磊人著）　2012.4

017　ソウルマトリックス―金融とメディアが超洗脳TEC.で作り上げた暗黒のバーチャル空間（アレクサンダー・ロマノフ著，キアラン山本訳）　2012.5

018　悪魔的未来人「サタン」の超逆襲！―未来は奴隷制よりもひどい家畜人ヤプーの世界（浅利幸彦著）　2012.5

019　国家非常事態緊急会議―超アンダーグランド版：サバタイ派マフィア、300人委員会の脅しに屈するな！：日本人よ！こうして植民支配のくびきを断て!!（菅沼光弘，ベンジャミン・フルフォード，飛鳥昭雄著）　2012.6

020　3・11人工地震でなぜ日本は狙われたか　3　政府は「東京直下型人工地震」で恐喝されていた―福島原発の地下施設で核兵器が製造されていた（泉パウロ著）　2012.6

021　3・11人工地震でなぜ日本は狙われたか　4　地球ファシズムへの策謀―すべてを暴露する「イルミナティカード450枚」の人工予言＋完全解析（泉パウロ著）　2012.8

022　正統竹内文書の日本史「超」アンダーグラウンド　2　"霊的不沈空母"日本が守り続けた宇宙のスーパーテクノロジー（秋山真人，竹内睦泰，布施泰和著）　2012.8

023　日本人はドラコニアン《YAP〈−〉遺伝子》直系！だから、〈超削減〉させられる―断種計画断行で3分の2が死滅／レプティリアン・イルミナティの超冷酷アジェンダ（人類への警告1）（高山長房著）　2012.9

024　日本はドラコニアンが作った世界最強の神州！だから、破滅の深淵から這い上がる一日本はすでに原爆を持っている！HAARPもプラズマ兵器も配備済み（人類への警告2）（高山長房著）　2012.10

025　2013年「超」世界恐慌―ドル消滅のハルマゲドン津波をこう逆用せよ！（飛鳥昭雄著）　2012.11

026　新しい宇宙時代の幕開け　1　ヒトラーの第三帝国は地球内部に完成していた！（ジョン・B・リース著，ケイ・ミズモリ訳）　2012.11

027　新しい宇宙時代の幕開け　2　地球はすでに友好的宇宙人が居住する惑星だった！―シャンバラ・惑星連邦・地球内部の知られざる新事実（ジョン・B・リース著，ケイ・ミズモリ訳）　2012.12

028　正統竹内文書の日本史「超」アンダーグラウンド　3　巫女・審神者・神霊界・神代文字・光通信網（秋山真人，竹内睦泰，布施泰和著）　2012.12

029　3・11人工地震でなぜ日本は狙われたか　5　2013年「大国難の本番」がスタートする!?―東京直下＆東南海3連動地震でイラク同様「尖閣油田7000兆円」が奪われる！（泉パウロ著）　2012.12

030　3・11人工地震でなぜ日本は狙われたか　6　2013年「大国難の本番」はこうして乗り超えよ―着々進行中！天皇家すげ替えと北朝鮮からの核ミサイル（泉パウロ著）　2013.1

031　神国日本VS.ワンワールド支配者―なぜ不死鳥のごとく蘇るのか バビロニア式独裁か日本式共生か/攻防正念場！（菅沼光弘，ベンジャミン・フルフォード，飛鳥昭雄著）　2013.3

032　レインボーチルドレン―超能力が基盤の惑星系から《ムー・日本》に続々転生 どんと来い！ポールシフト、富士山大噴火、列島断裂！（滝沢泰平著）　2013.4

033　TPPとワンワールド支配者―日本完全植民地化の爆裂弾 国家主権譲渡→国家消滅を選択させられる日本（飛鳥昭雄著）　2013.5

034　これが〈人殺し医療サギ〉の実態だ！―よくもここまで騙したな いのちを奪いながら金を奪うワンワールド支配者（ベンジャミン・フルフォード，船瀬俊介著）　2013.6

035　人工地震　7　環境破壊兵器HAARPが福島原発を粉砕した（泉パウロ著）　2013.6

総記 一般叢書・全集

036 神国日本八つ裂きの超シナリオ―見えてきたぞワンワールド支配者の仕掛け罠 絶対に騙されるな！ モンサントと手を組む日本企業はこれだ（菅沼光弘, ベンジャミン・フルフォード, 飛鳥昭雄著） 2013.7

037 ワンワールド支配者の仕掛け罠はこう覆せ！―TPP毒素条項で日本は丸ごと奴隷市場 国家消滅→個人サバイバルのためのヒント満載（船瀬俊介, ジェイ・エピセンター著） 2013.9

038 ドラコニアンvsレプテリアンこれが《吸血と食人》の超絶生態だ！―仮装をかなぐり捨て地上に姿を現した地球最高位の捕食者たち（人類への警告 3）（高山長房著） 2013.10

039 ロスチャイルドの世界覇権奪還で日本の《政治・経済権力機構》はこうなる―NEW司令系統で読み解くこの国のゆくえ（板垣英憲著） 2013.10

040 ロスチャイルドによる衝撃の地球大改造プラン―中国4分割と韓国消滅 金塊大国日本が《NEW大東亜共栄圏》の核になる（板垣英憲著） 2014.5

041 人類はアンドロイド！―電磁波によって完全にコントロールされる世界（高山長房著） 2014.5

042 世界一底なしの闇の国NIPPON！―もはや9割が頭脳メルトダウンか 今この3人が命をかけても伝えたい秘密の真相（船瀬俊介, ベンジャミン・フルフォード, 管野ひろし著） 2014.7

043 この底なしの闇の国NIPPONで覚悟を磨いて生きなさい！―沈むな！ 浮上せよ！（池田整治, 中丸薫著） 2014.8

044 縄文八咫烏直系！ 吉備太秦と世界のロイヤルファミリーはこう動く―地球連邦政府樹立へのカウントダウン！ 人類9割が死滅！ 第三次世界大戦は阻止できるか?!（板垣英憲著） 2014.9

045 99%がバカに洗脳された国NIPPON！―《世界レベルの覚醒》から完全に取り残されてしまった日本人に告げたい《リアル陰謀論》（宮城ジョージ著） 2014.12

046 ハイジャックされた《NIPPON》を99%の人が知らない―魂まで植民地化《1億3千万人》総白痴化計画完了まぢか！ 日本人の脳内ブラックホールを2人が超探査（船瀬俊介, 飛鳥昭雄著） 2015.1

047 吉備太秦が語る「世界を動かす本当の金融のしくみ」―ゴールドマン・ファミリーズ・グループが認める唯一の承認者 地球経済は36桁の天文学的数字《日本の金銀財宝》を担保に回っていた（板垣英憲著） 2015.2

048 あのジャパンハンドラーズが「小沢一郎総理大臣誕生」を自民党に対日要求！―2度目の55年体制の衝撃！ 日本国の《新生となるか、終焉となるか》ついに来た《存亡2選択の時》（板垣英憲著） 2015.3

049 サバイバル・インテリジェンス―NIPPON消滅の前にこれだけは知っておけ！（菅沼光弘, 北芝健, 池田整治著） 2015.6

050 正統竹内文書口伝の『秘儀・伝承』をついに大公開！―竹内家長老からの禁則を破って（秋山真人, 布施泰和, 竹内睦泰著） 2015.7

通勤大学文庫 総合法令出版 2011～2013
◇中村天風に学ぶ―通勤大学図解・速習（松本幸夫著） 2011.7
◇グロービッシュ英単語―たった1500語で"すぐに"通じる（通勤大学英語コース）（清水建二著, ウィリアム・J.カリー監修） 2011.10
◇損益分岐点―[図解でまるわかり]（図解会計コース 6）（平野敦士著） 2012.5
◇通勤大学MBA 2 マーケティング 新版（グローバルタスクフォース編著, 青井倫一監修） 2013.4
◇通勤大学MBA 15 ブランディング（グローバルタスクフォース監修, 坂手康志, 小々馬敦著） 2013.4
◇通勤大学MBA 3 クリティカルシンキング 新版（グローバルタスクフォース編著, 青井倫一監修） 2013.9

津田左右吉セレクション 津田左右吉著 書肆心水 2012
1 津田史学の思想 2012.7
2 日本文化と外来思想 2012.7
3 記紀の構造・思想・記法 2012.8

翼の王国books 木楽舎 2011～2016
◇京都の流儀（徳力竜之介著） 2011.4
◇フェルメール光の王国（福岡伸一著） 2011.8
◇おべんとうの時間 2（阿部了写真, 阿部直美文） 2012.4
◇決定版 日本水族館紀行（島泰三文, 阿部雄介写真） 2013.8
◇路面電車すごろく散歩（鈴木さちこ著） 2014.9
◇京都の流儀 もてなし篇（徳力竜之介著） 2014.

一般叢書・全集　　　　　　　　　　　　　　　　　　　　　　　総記

10
◇おべんとうの時間　3（阿部了写真, 阿部直美文）
2015.4
◇作家と一日（吉田修一著）　2015.10
◇「翼の王国」のおみやげ（長友啓典文・絵）　2016.
6

TeMエッセンシャルズ・シリーズ　戦略参謀研究
所トータルEメディア出版事業部　2013〜2016
◇仕事の上手な進め方―大不況時代を生き抜く　単
行本版　その1　あなたのビジネス能力をチェッ
ク（橋口寿人著）　2013.2
◇ことばは異なもの味なもの―よしのずいから彼
の国見れば（宇井土元著）　2013.3
◇仕事の上手な進め方―大不況時代を生き抜く　単
行本版　その2　仕事の基本を身につける（橋口
寿人著）　2013.4
◇人生がかわる「3つのマジックワード」―人生自
由自在　単行本版（橋口寿人著）　2013.6
◇説得力強化書―できる人は説得がうまい 最強の
「交渉力」とは 単行本版（福田健著）　2013.9
◇この一言で人は動く―yesといわせる伝え方と説
得の技術 人にOKといわせるコツ 単行本版（福
田健著）　2013.9
◇日本埋蔵金地図―最新版 新情報・極秘資料に基
づく　vol.1（八重野充弘著）　2013.10
◇「お上の発想」と「ままごと遊びの国」―御政事
売切れ申し候 単行本版（吉岡健二郎著）　2013.
12
◇井上正鉄神みちうた集―単行本版　再版（「神道
禊教」禊教教典研究所著, 松井嘉和編）　2014.6
◇神道みちうた集―附・謹釈　巻1（坂田多治比安
弘歌）　2014.6
◇神道みちうた集―附・謹釈　巻2（坂田多治比安
弘歌）　2014.6
◇神道みちうた集―附・謹釈　巻3（坂田多治比安
弘歌）　2014.7
◇あっぱれ日本―河東碧梧桐の宇宙と私の人生 単
行本版（来空著）　2015.1
◇あっぱれ日本―河東碧梧桐の宇宙と私の人生 単
行本版　続（来空著）　2015.1
◇もう一つのスチュワーデス物語―いまだから明
かせる「ロンドン採用キャビンアテンダント訓
練奮闘記」　上（川井利夫著）　2015.3
◇もう一つのスチュワーデス物語―いまだから明
かせる「ロンドン採用キャビンアテンダント訓
練奮闘記」　下（川井利夫著）　2015.3

◇「ロングステイエッセイ大賞」受賞作品集―単
行本版　第1回（2014）（ロングステイ財団編著）
2015.3
◇証言・戦場にかける橋―1942-43泰緬鉄道の真相
単行本版（玉山和夫著, 企業OBペンクラブ訳）
2015.4
◇有事列島―シミュレーションシナリオ 小説・201X
年 単行本版（玉山和夫著）　2015.7
◇体裁・乃木大将―一人に三品あり 単行本版（吉岡
健二郎著）　2015.7
◇こたえあわせ―小説 単行本版（小川ちとせ著）
2015.8
◇縄文のDNA―「食」を軸に日本文化の再生と発
展を 単行本版（森田晃司著）　2015.8
◇国民年金を万全にするための株式投資論―単行
本版（野上浩三著）　2015.9（2刷）
◇エゾ共和国物語―北海道が独立していたら… シ
ミュレーション・ノベル 単行本版（玉山和夫著）
2016.5

ディスカヴァー携書　ディスカヴァー・トゥエン
ティワン　2007〜2016　⇒Ⅰ-324
54　ソーシャルメディア革命―「ソーシャル」の波
が「マス」を呑み込む日（立入勝義［著］）　2011.
1
55　越前敏弥の日本人なら必ず悪訳する英文（越前
敏弥［著］）　2011.2
56　すべての日本人のための日本一やさしくて使
える税金の本（久保憂希也［著］）　2011.2
57　中国人は本当にそんなに日本人が嫌いなのか
（加藤嘉一［著］）　2011.3
58　脳科学より心理学―21世紀の頭の良さを身に
つける技術（和田秀樹［著］）　2011.4
59　逆パノプティコン社会の到来―ジョン・キム
のハーバード講義 ウィキリークスからフェイス
ブック革命まで（ジョン・キム［著］）　2011.4
60　世界で損ばかりしている日本人（関本のりえ
［著］）　2011.5
61　進学塾不要論―中学受験は自宅でできる（水島
醉著）　2011.5
62　わが子を東大合格に導く「父親力」（星野哲
［著］）　2011.6
63　「兵法」がわかれば中国人がわかる（古田茂美
［著］）　2011.5
64　人は感情によって進化した―人類を生き残ら
せた心の仕組み（石川幹人［著］）　2011.6
65　ネイティブならそうは言わない日本人が習わ

総記　　　　　　　　　　　　　　　　　　　　　　　　　　　一般叢書・全集

ない英語（デイビッド・セイン, 小池信孝［著］）
2011.6

66　検証東日本大震災そのときソーシャルメディ
アは何を伝えたか？（立入勝義［著］）　2011.6

68　テレビは生き残れるのか─映像メディアは新
しい地平へ向かう（境治［著］）　2011.7

68　数学に感動する頭をつくる（栗田哲也著）
2011.8

69　いつも楽に生きている人の考え方（ウィンディ・
ドライデン著, 野田恭子訳）　2011.9

70　震災婚─震災で生き方を変えた女たち：ライフ
スタイル・消費・働き方（白河桃子［著］）　2011.
10

71　明日のメディア─3年後のテレビ, SNS, 広告,
クラウドの地平線（志村一隆［著］）　2011.10

72　パーソナル・プラットフォーム戦略─自分を
プラットフォーム化する仕事術（平野敦士カール
［著］）　2011.11

73　プライベートからビジネスまで60分でわかる！
図説著作権（中川勝吾［著］）　2011.12

74　中村伊知哉の「新世紀ITビジネス進化論」（中
村伊知哉著, ラジオNikkei編）　2012.1

75　放射能から子どもの未来を守る（児玉竜彦, 金
子勝［著］）　2012.1

76　ビジネスマンのための「人物力」養成講座─
人はあなたのここを見ている（小宮一慶［著］）
2012.1

77　40歳からの記憶術─想起力で差をつける（和田
秀樹［著］）　2012.1

78　劣化する日本再生への10のシナリオ（BSフジ・
プライムニュース編）　2012.3

79　「有名人になる」ということ（勝間和代［著］）
2012.4

80　土井英司の「超」ビジネス書講義─これから
のビジネスに必要なことはすべてビジネス書が
教えてくれる（土井英司［著］）　2012.5

81　チャイナ・ジレンマ─習近平時代の中国とい
かに向き合うか（小原雅博［著］）　2012.6

82　からだの力が目覚める食べ方─究極の健康栄
養学5つの法則（ハーヴィー・ダイアモンド［著］,
弓場隆訳）　2012.7

83　中国人との「関係」のつくりかた（デイヴィッ
ド・ツェ, 古田茂美［著］）　2012.7

84　あなたのまわりの「コミュ障」な人たち（姜昌
勲［著］）　2012.8

85　悩み方の作法（和田秀樹［著］）　2012.8

86　「欲望」のマーケティング─絞り込む, 巻き込
む, 揺り動かす（山本由樹［著］）　2012.10

87　医療が日本の主力商品となる（真野俊樹［著］）
2012.9

88　独学術（白取春彦［著］）　2012.9

89　礼節「再」入門─思いやりと品位を示す不変
の原則25（P.M.フォルニ［著］, 大森ひとみ監修,
上原裕美子訳）　2012.9

90　日本人こそ見直したい, 世界が恋する日本の
美徳（永田公彦［著］）　2012.12

91　ビジネスマンのための「実行力」養成講座─
すごい偉業もこんな小さな一歩から（小宮一慶
［著］）　2012.12

92　脳の中の経済学（大竹文雄, 田中沙織, 佐倉統
［著］）　2012.12

93　一目惚れの科学─ヒトとしての恋愛学入門（森
川友義［著］）　2012.12

94　リフレはヤバい（小幡績［著］）　2013.1

95　コーチングが人を活かす（鈴木義幸［著］）
2013.2

96　なぜ欧米人は平気でルールを変えるのか─ルー
ルメイキング論入門（青木高夫［著］）　2013.3

97　日本プロ野球改造論─日本プロ野球は, 日本
産業の縮図である！（並木裕太［著］）　2013.3

98　いじめ・自殺─この30年で何が変わり, 何が
変わらないのか（宮川俊彦［著］）　2013.4

99　結局, 日本のアニメ, マンガは儲かっている
のか？（板越ジョージ［著］）　2013.4

100　うまくいっている人の考え方─完全版（ジェ
リー・ミンチントン［著］, 弓場隆訳）　2013.4

101　忙しいビジネスマンのための3分間育児（おお
たとしまさ［著］）　2013.5

102　A big cheeseは「大きなチーズ」ではありま
せん（牧野高吉［著］）　2013.6

103　デキるビジネスマンはなぜ歯がきれいなの
か？（吉野敏明［著］）　2013.6

104　日本国憲法はどう生まれたか？─原典か
ら読み解く日米交渉の舞台裏（青木高夫［著］）
2013.7

105　憲法がヤバい（白川敬裕［著］）　2013.7

106　なぜ少数派に政治が動かされるのか？─多数
決民主主義の幻想（平智之［著］）　2013.7

107　「婚活」症候群（山田昌弘, 白河桃子［著］）
2013.7

108　ビジネスマンが大学教授, 客員教授になる方
法（中野雅至［著］）　2013.9

一般叢書・全集　　総 記

109　なぜ、結婚はうまくいかないのか？（森川友義［著］）　2013.9

110　1分間でやる気が出る146のヒント（ドン・エシッグ［著］, 弓場隆訳）　2013.9

111　医者ムラの真実（榎木英介［著］）　2013.10

112　5種複合免疫療法—がん治療の第四の選択（倉持恒雄［著］）　2013.10

113　医学部の大罪（和田秀樹［著］）　2013.11

114　文系大学院生サバイバル（岡崎匡史［著］）　2013.12

115　辞書に載る言葉はどこから探してくるのか？—ワードハンティングの現場から（飯間浩明［著］）　2013.12

116　市民自治—みんなの意思で行政を動かし自らの手で地域をつくる（福嶋浩彦［著］）　2014.2

117　越前敏弥の日本人なら必ず誤訳する英文　リベンジ編（越前敏弥［著］）　2014.3

118　アンチエイジングの鍵をにぎるレスベラトロールの真実（坪田一男, 沢登雅一［著］）　2014.3

119　自分で動ける部下の育て方—期待マネジメント入門（中竹竜二［著］）　2014.4

120　「筋肉」よりも「骨」を使え！（甲野善紀, 松村卓［著］）　2014.5

121　ニュースがよくわかる生命科学超入門（斎藤勝裕［著］）　2014.5

122　カラマーゾフを殺したのは誰か？—世界の名作でリーガルマインドを学ぶ（津田岳宏［著］）　2014.6

123　中学入試レベル大人の算数トレーニング（栗田哲也［著］）　2014.6

124　嫌われないコツ（植西聡［著］）　2014.7

125　誰でもできるけれど、ごくわずかな人しか実行していない成功の法則　決定版（ジム・ドノヴァン［著］, 桜田直美訳）　2014.8

126　3.11万葉集詠み人知らずたちの大震災—NHKドキュメンタリー（玄真行［著］）　2014.8

127　クールジャパンとは何か？（太田伸之［著］）　2014.11

128　気持ちが楽になる禅の言葉（山口昌弘［著・撮影＆ブックデザイナー］）　2014.9

129　特殊清掃—死体と向き合った男の20年の記録（特掃隊長［著］）　2014.9

130　「かまってちゃん」社員の上手なかまい方（大野萌子［著］）　2014.10

131　空海—人生の言葉 現代語訳（空海［著］, 川辺秀美編訳）　2014.10

132　右傾社会ニッポン（中野雅至［著］）　2014.10

133　謝罪の作法（増沢隆太［著］）　2014.12

134　トンデモ地方議員の問題（相川俊英［著］）　2014.12

135　話したい人のための丸ごと覚える厳選英文100（晴山陽一, クリストファー・ベルトン［著］）　2014.12

136　社長にも読ませたい日本一やさしく経営がわかる会計の本（久保憂希也［著］）　2014.12

137　インターネットは永遠にリアル社会を超えられない（古谷経衡［著］）　2015.2

138　ネット風評被害（藪崎真哉［著］）　2015.1

139　円高・デフレが日本を救う（小幡績［著］）　2015.1

140　医師と僧侶が語る死と闘わない生き方（玄侑宗久, 土橋重隆［著］）　2015.2

141　IT社会事件簿（矢野直明［著］）　2015.2

142　日本語脳では出てこない英語フレーズ80（牧野高吉［著］）　2015.4

143　ビジネスマンのための「発想力」養成講座—論理的思考力だけでは生き残れない（小宮一慶［著］）　2015.5

144　中東特派員が見たイスラム世界と「イスラム国」の真実（荒木基［著］）　2015.6

145　萌え家電—家電が家族になる日（大和田茂［著］）　2015.6

146　財政破綻に備える—今なすべきこと（古川元久［著］）　2015.6

147　10万円から始める！〈貯金額別〉初めての人のための資産運用ガイド（内藤忍［著］）　2015.6

148　JAが変われば日本の農業は強くなる（杉浦宣彦［著］）　2015.9

149　心の持ち方　完全版（ジェリー・ミンチントン［著］, 弓場隆訳）　2015.7

150　そのガン、放置しますか？—近藤教に惑わされて、君、死に急ぐなかれ（大鐘稔彦［著］）　2015.7

151　勉強ができる子の育て方（江藤真規［著］）　2015.7

152　ひらめき力は、小学算数で鍛えよ（伊藤邦人［著］）　2015.8

153　恋愛しない若者たち—コンビニ化する性とコスパ化する結婚（牛窪恵［著］）　2015.9

154　東京一極集中が日本を救う（市川宏雄［著］）

2015.10

155 「英語が話せない、海外居住経験なしのエンジニア」だった私が、定年後に同時通訳者になれた理由(田代真一郎[著]) 2015.10

156 となりの漱石(山口謠司[著]) 2015.10

156 結婚しない男たち―増え続ける未婚男性「ソロ男」のリアル(荒川和久[著]) 2015.11

157 あなたの「弱み」を売りなさい。―戦わずに売る新しいブランド戦略(川上徹也[著]) 2015.11

159 第二言語習得論に基づく、もっとも効率的な英語学習法(佐藤洋一[著]) 2015.12

160 NASAより宇宙に近い町工場―僕らのロケットが飛んだ(植松努[著]) 2015.12

161 あなたのまちの政治は案外、あなたの力でも変えられる(五十嵐立青[著]) 2015.12

162 生涯恋愛現役―女のセンシュアル・エイジング入門(岩本麻奈[著]) 2016.4

163 生涯男性現役―男のセンシュアル・エイジング入門(岩本麻奈[著]) 2016.4

164 患者は知らない医者の真実(野田一成[著]) 2016.4

165 同時通訳者が教えるビジネスパーソンの英単語帳〈エッセンシャル〉(関谷英里子[著]) 2016.5

166 18歳選挙権で政治は変わるのか(21世紀の政治を考える政策秘書有志の会[著]) 2016.6

167 夫が怖くてたまらない(梶山寿子[著]) 2016.6

168 ビジネスマンのための最新「数字力」養成講座(小宮一慶[著]) 2016.6

169 世界で一番わかりやすいおいしいお酒の選び方(山口直樹[著]) 2016.7

170 うつの常識、じつは非常識(井原裕[著]) 2016.7

171 自分の価値に気づくヒント(ジェリー・ミンチントン[著], 弓場隆訳) 2016.8

172 日常の中で悟りをひらく10の徳目(南泉和尚[著]) 2016.8

173 伝説の算数教室の授業(宮本哲也[著]) 2016.8

174 五〇歳からの勉強法(和田秀樹[著]) 2016.9

175 40歳を過ぎて英語をはじめるなら、TOEICの勉強は捨てなさい。(藤岡頼光[著]) 2016.11

176 世界が憧れた日本人の生き方(天野瀬捺[著]) 2016.12

177 何をしてもうまくいく人のシンプルな習慣(ジム・ドノヴァン[著], 弓場隆訳) 2016.12

TWJ BOOKS トランスワールドジャパン
2011～2016

◇名医が教える女性ホルモン力UP「−10歳」プログラム―4週間で "若返る"(SMILE vol.1) c2011

◇Snow drop(Musashi著) 2011.1

◇恐怖を克服すれば野望は現実のものとなる―50セント成り上がりの法則(50セント, ロバート・グリーン著, 石川由美子訳) 2011.4

◇HOOPERSバスケットボール1on1 AtoZ(バスケットボール・リーグフーパーズ著) 2011.4

◇誰でも賢くなれる魔法の日本語―すぐに使える150語(唐沢明著) 2011.5

◇野菜の力を発揮するおいしいレシピ100(植木もも子) 2011.6

◇フリーマン―正社員でもフリーターでもない新しい働き方の話をしよう(小山信康著) 2011.7

◇エネシフジャパン―自然エネルギーで日本をシフト! 2011.7

◇ラクしてやせる! ダイエットウォーキング―1日30秒(高岡よしみ著) 2011.9

◇トランプからの幸運のメッセージ(寺田祐著) 2011.10

◇鶏肉の力を発揮するおいしいレシピ100(植木もも子著) 2011.10

◇STARTING POINT―スノーボード入門ハウツーの決定版 2011.11

◇ラクしてスッキリお片づけ―頑張らないのにうまくいく(吉島智美著) 2011.11

◇100YEN丼本―100円で作れる簡単で旨い丼レシピ厳選57(小嶋貴子著) 2011.12

◇辛飯―辛いけど旨い! 簡単レシピ52(タカハシユキ著) 2011.12

◇勝負をこえた生き方―WOWOWコラム「愛'sEYE」(杉山愛著) 2012.1

◇羊毛フェルトで作るリアル猫人形(佐藤法雪著) 2012.2

◇甦れ! 東北の鉄道―復興への軌跡:「三陸鉄道北リアス線」「ひたちなか海浜鉄道湊線」ほか 2012.3

◇ルクエで3分弁当本―簡単で旨い弁当レシピ厳選84(小嶋貴子著) 2012.3

◇犬が死ぬとき後悔しないために―獣医師が教える、愛犬を長生きさせる方法:DOG'S QUALITY

OF LIFE（青井すず著） 2012.3

◇イージー・スケートボーディング—初心者のためのスケートボード入門編　カーブ＆アールトリック編（トランスワールドスケートボーディングジャパン編集部監修） 2012.3

◇腸トレダイエット（SMILE vol.2）（松生恒夫著） 2012.4

◇杉山さんちのおいしい食卓—with 12 yummy stories（杉山直子，玉川友著） 2012.4

◇古今東西風俗散歩—歩いて知る日本の大衆文化史（風きよし著） 2012.5

◇ロンドン成り行き半生記—自費留学生から弁護士になるまで（宮嶌満江著） 2012.6

◇バーオソルメソッド—脂肪がつきにくい身体になる（KENJI SATO著，宮野さや夏取材・文） 2012.6

◇チヂミ50—弱火できれいに焼き上げる韓国のスローフード（ソンソンヒ著，チョウイリャン訳） 2012.6

◇日本女子体育大学附属みどり幼稚園の偏食解消！給食レシピ（みどり幼稚園著） 2012.6

◇ぜったい声優になる！最強トレーニングBOOK（CREATORS BIBLE vol.1）（Knowledge-NEXT監修） 2012.7

◇美人を作るダイエットフレンチ—おいしくて400kcal以下の簡単レシピ（コスギシンイチ著） 2012.7

◇釜本—炊飯器でできる簡単で旨い本格釜飯厳選58（小嶋貴子著） 2012.8

◇肉飯—元気が出て旨い！簡単レシピ50（芳賀大地著） 2012.8

◇Hiroshi'sラテアート＆バリスタスタイル（沢田洋史著） 2012.10

◇目指せ！ライトノベル作家超（スーパー）ガイド（CREATORS BIBLE vol.2）（榎本秋著） 2012.10

◇羊毛フェルトで作るリアル犬人形（佐藤法雪著） 2012.10

◇10,000人以上と面接した人事部長が明かす絶対にやってはいけない!!NG転職活動（谷所健一郎著） 2012.10

◇REAL22—「22歳」のリアル・フォトドキュメント（マリヨリリコ著） 2012.11

◇ゼロからはじめるスノーボードジャンプ（トランスワールドスノーボーディングジャパン編集部［著]） 2012.12

◇HELLO BROOKLYN—ニューヨーク・ブルックリン〈ショップ＆レストランガイド〉 2013.1

◇落合語録—人生を勝ち抜く「俺流」語録（加古大二著） 2013.1

◇笠原将弘俺の和メシ—パパッと激ウマ：極上レシピ94（笠原将弘著） 2013.2

◇新丼本—3ステップで作れる簡単で旨い極みの丼レシピ厳選50（小嶋貴子著） 2013.2

◇なぜ、綾瀬はるかは愛されるのか？—彼女が愛される103の理由（トレンド検証委員会著） 2013.3

◇甲本ヒロト論—自分らしく生きる！（ヒロト論研究会著） 2013.3

◇ginger bal—専門店が教える欧風しょうがレシピ85（GINGER×BAL VEGIN著） 2013.4

◇鉄道ヲタあるある—愛すべき鉄ちゃんの生態図鑑（梶本愛貴文，畦原雄治絵） 2013.5

◇理系女子（リケジョ）あるある—愛すべき!?リケジョの生態公開（みやーん著，村沢綾香絵） 2013.7

◇羊毛フェルトで作る小さなどうぶつたち（佐藤法雪監修） 2013.7

◇LIFE SUCKS—INTERVIEWS with 23 LEGENDS 最低って言えるほど最高な人生を送るレジェンドたちの証言。 2013.8

◇森・西武ライオンズ9年間の黄金伝説—「常勝レオ軍団」の軌跡（加古大二著） 2013.9

◇10代から目指す！声優トレーニング最強BIBLE（声優塾監修） 2013.10

◇HIROSHI SAWADA'S BASIC BARISTA BOOK—エスプレッソマシーンで楽しむ基本の技とアレンジコーヒーレシピ BASIC TECHNIQUE & 51 RECIPES（沢田洋史［著]） 2013.10

◇昭和最後の範士八段が教える最強の剣道（松原輝幸著） 2013.11

◇南房総市日本一おいしいご飯給食—子どもが元気に育つ70品（南房総市著） 2013.11

◇HELLO LOS ANGELES—CALIFORNIA 2013.12

◇パワーポジショントレーニング—劇的横乗り上達トレ（三枝奨著） 2013.12

◇ronronはじめてのぷち革小物（aya著） 2014.1

◇落合監督の1209試合—名将たちのベースボール（加古大二著） 2014.1

◇猫の寿命をあと2年のばすために—獣医師が教え

総 記

一般叢書・全集

る、愛猫と長く一緒にいる方法 QUALITY LIFE FOR CATS（服部幸著） 2014.2

◇「中国人の9割が日本が嫌い」の真実（初田宗久著） 2014.3

◇正しいFUCKの使い方—学校では教えてくれない、取扱注意のFuck、Shit、Damn、Hellを使った99フレーズ（MADSAKI監修, 英語表現研究会著） 2014.4

◇セブン—イレブン流98%のアルバイトが「商売人」に変わるノート（田矢信二著） 2014.7

◇ストリートダンスベーシック—BAD QUEENが教える ストリートダンスの基本ステップ20から応用のふりつけまで（アノマリー監修） 2014.7

◇粘土で作るガーリースタイルのミニチュアスイーツ—Miniature Sen Hana（深津千恵子著） 2014.7

◇甲子園決勝因縁の名勝負20（上杉純也著） 2014.8

◇カープの時代—最強・古葉赤ヘル軍団の11年 1975-1985（加古大二著） 2014.9

◇DARK HORIZON—おとなになったら使うかも知れない基礎英語 SEASON1（ブライアン・レイス著） 2014.10

◇5歳雪上デビューのためのファミリースノーボーディング完全（パーフェクト）ガイド（橋本通代監修） 2014.12

◇HELLO HAKUBA VALLEY—白馬エリア・ローカルガイドブック〈ショップ＆レストランガイド〉 2014.12

◇HELLO SAN FRANCISCO—CALIFORNIA 2014.12

◇スノーボードジャンプ最速上達安全マニュアル—SNOWBOARD BASIC JUMP（岡本圭司監修, トランスワールドスノーボーディングジャパン編集部完全編集） 2015.1

◇ボートレース男子—ボートレーサー写真集 2015.1

◇正しいBITCHの使い方—学校では教えてくれない、取扱注意のBitchを使った99フレーズ（MADSAKI総監修, 英語表現研究会著） 2015.2

◇超ベーシックすぐうまくなる書くチカラ91（高橋俊一著） 2015.3

◇HELLO BROOKLYN—ニューヨーク・ブルックリン〈ショップ＆レストランガイド〉 2nd EDITION 2015.3

◇DARK HORIZON—おとなになったら使うかも

知れない基礎英語 SEASON2 LOVE & ROMANCE編（ブライアン・レイス著） 2015.4

◇アジアン丼本—3ステップで作れる簡単で旨いアジア屋台丼レシピ厳選60（高谷亜由著） 2015.5

◇ふともも写真館 夏の日（ゆりあ著） 2015.7

◇ふくらみの引力—タニマダイバー公式写真集（ekoD Works責任編集, 福沢貴之著） 2015.8

◇天才インコ・ぽぽ美が教えるインコのきもち100—incolish（石綿美香監修） 2015.8

◇ぜったい声優になる！ 最強トレーニングBOOK 改訂版 2015.9

◇30円のブラックサンダーで100億円企業になった理由（エムシー・ブー著） 2015.9

◇100円丼（小嶋貴子著） 2015.9

◇はれますように—気象キャスター寺川奈津美 未来はきっと変えられる（寺川奈津美著） 2015.11

◇ワサップ！ ニューヨークシティ—ニューヨークヒップホップガイド 2015.12

◇ねこぶくろ赤缶（下地のりこ著） c2016

◇パンチドランキン★ブログ—まろ彦との癒されない日々（下地のりこ著） c2016

◇羊毛フェルトで作るもっと！ リアル猫人形（佐藤法雪著） 2016.1

◇TOKYO HAiR—最先端ヘアスタイルストーリー 2016.1

◇クリエーターズルームファイル—NEW YORK. LOS ANGELES.PARIS.BERLIN.TOKYO 2016.2

◇Slow Sunrise—Baby Kiy's 1st.LIFE STYLE BOOK（Baby Kiy著） 2016.3

◇BRAHMAN—To Be Continued… The First History Book Of a Solitary Band "BRAHMAN"（BRAHMAN監修, 荒金良介著） 2016.3

◇大相撲の親方夫人が作る愛情弁当（須藤恵理子著） 2016.3

◇これでできる！ スケートボードABC（トランスワールドスケートボーディングジャパン監修） 2016.3

◇LAWSON流アルバイトが「商売人」に育つ勉強会（田矢信二著） 2016.4

◇HELLO HAWAII—オアフ島/ホノルル・カイルア・ノースショア ハワイ島/コナ・ヒロ・ホノカア〈ショップ＆レストランガイド〉 2016.4

◇￥100トースト—サクサク絶品ごちそうトースト（佐野亜彩著） 2016.5

全集・叢書総目録 2011-2016 **365**

一般叢書・全集　　　　　　　　　　　　　総記

◇秋山具義の＃ナットウフ朝食―せめて朝だけは糖質をおさえようか（秋山具義著）　2016.5
◇猫とわたしの終活手帳（服部幸著）　2016.6
◇天国ポスト―もう会えないあの人に想いを届けます。（寺井広樹著, 志茂田景樹監修）　2016.8
◇ねこヨガ―ねこに習うヨガストレッチ31　2016.9
◇sawada coffee style―バリスタ沢田洋史に学ぶコーヒーショップのつくりかた（沢田洋史著）2016.10
◇イートグッド―価値を売って儲けなさい（佐藤こうぞう著）　2016.11
◇はじめての糸かけ曼荼羅（山中啓江監修）　2016.11

TEDブックス　朝日出版社　2015～2016
◇テロリストの息子（ザック・エブラヒム, ジェフ・ジャイルズ著, 佐久間裕美子訳）　2015.12
◇平静の技法（ピコ・アイヤー著, 菅桁訳）　2015.12
◇未来をつくる建築100（マーク・クシュナー著, ジェニファー・クリッチェルズ編, 牧忠峰訳）2016.10

鉄筆文庫　鉄筆　2014～2016
001　翼（白石一文著）　2014.7
002　反逆する風景（辺見庸著）　2014.10
003　菜根譚―世俗の価値を超えて（野口定男著）2015.4
004　闘争の倫理―スポーツの本源を問う（大西鉄之祐著）　2015.9
005　ピエールとリュース（ロマン・ロラン著, 渡辺淳訳）　2015.12
006　日本国憲法―9条に込められた魂（鉄筆編）2016.3
007　中国四千年の智恵―故事ことわざの語源202（野口定男著）　2016.5
008　知と熱―ラグビー日本代表を創造した男・大西鉄之祐（藤島大著）　2016.10

手のひらの宇宙books　あうん社　2014～2016
創刊0号　自ろん公ろん無ろん―手のひらの宇宙vol.1（24の手のひらの宇宙・人著）　2014.10
第1号　食と農と里山―丹波発　vol.1（26の手のひらの宇宙・人著）　2014.11
第2号　手のひらの宇宙　no.2　自ろん公ろん無ろん vol.2／縁とルーツ vol.1（平野智照編, 24の手のひらの宇宙・人著）　2015.4

第3号　いのちの妙用（はたらき）―最明寺（大槻覚心編著）　2015.4
第4号　手のひらの宇宙　no.3　食と農と里山 vol.2（平野智照編, 23の手のひらの宇宙・人著）　2015.5
第5号　問わずにはいられない―学校事故・事件の現場から（21の被害者家族著, 田原圭子編）　2015.9
第6号　手のひらの宇宙　no.4　自ろん公ろん無ろん vol.3／食と農と里山 vol.3（平野智照編, 22の手のひらの宇宙・人著）　2015.10
第7号　ミロク（五六七）の世明け―宇宙意識覚醒スイッチオンの生き方（青山典生著）　2016.3
第8号　おぉ, 丹波よ！ Tamba（丹波市商工会編, 24の手のひらの宇宙・人著）　2016.3
第9号　手のひらの宇宙　no.5（平野智照編, 24の手のひらの宇宙・人著）　2016.7

寺田寅彦全集　寺田寅彦著　岩波書店　1996～2011　⇒Ⅰ－326
第16巻　書評・序文ほか　2010.12
第17巻　雑纂・年譜／目録　2011.1

デラックス近代映画　近代映画社　2010～2015
◇恋バナchu！ ～おとめのナイショ体験談～―恋する女子のケータイ体験談が1冊に!!　2010.8
◇memew DX　2011　表紙＆ピンナップ武井咲2010.12
◇memew DX　2012　表紙＆ピンナップ スマイレージ　2011.12
◇サヨナラ, ありがとう―FMラジオ局の音が消える日（new moon novels vol.001）（朝霧さぎり著）　2011.12
◇ピエロ―夜明け前（new moon novels vol.002）（小林照弘原作, 草薙だらい作, 信田朋嗣プロデュース）　2012.4
◇ナキガオ―memew presents　ver.2　2012.5
◇ピリオドノムコウ（new moon novels vol.003）（GM YOSH作）　2012.10
◇大きいマス目のナンプレガーデンベストセレクション―極上傑作選　2013年版　2013.8
◇大きいマス目のナンプレガーデンベストセレクション―極上傑作選　2014年版　2014.8
◇解き順表付き難問ナンプレ　2014.11
◇超難ナンプレSuper実力測定　6　2014.12
◇任侠映画のスタアたち―鶴田浩二／高倉健／藤純子／菅原文太 永久保存版　2015.2

◇中級ナンプレSuper実力測定　2015.2

◇中級ナンプレSuper実力測定　2　2015.6

転換期を読む　未来社　2011〜2016

4　国民国家と経済政策（マックス・ウェーバー著, 田中真晴訳）　2012.5

11　ヴィーコの哲学（ベネデット・クローチェ著, 上村忠男編訳）　2011.2

12　ホッブズの弁明/異端（トマス・ホッブズ著, 水田洋編訳・解説）　2011.6

13　イギリス革命講義—クロムウェルの共和国（トマス・ヒル・グリーン著, 田中浩, 佐野正子訳）2011.8

14　南欧怪談三題（ランペドゥーザ, A.フランス, メリメ著, 西本晃二編訳）　2011.10

15　音楽の詩学（イーゴリ・ストラヴィンスキー著, 笠羽映子訳）　2012.7

16　私の人生の年代記—ストラヴィンスキー自伝（イーゴリ・ストラヴィンスキー著, 笠羽映子訳）2013.2

17　教育の人間学的考察　増補改訂版（マルティヌス・J・ランゲフェルト著, 和田修二訳）　2013.4

18　ことばへの凝視—粟津則雄対談集（粟津則雄著）　2013.7

19　宿命（萩原朔太郎著）　2013.7

20　イタリア版「マルクス主義の危機」論争—ラブリオーラ, クローチェ, ジェンティーレ, ソレル（上村忠男監修, イタリア思想史の会編訳）2013.8

21　海女の島—舳倉島　新版（フォスコ・マライーニ著, 牧野文子訳）　2013.9

22　飛ぶくしゃみ—向井豊昭傑作集（向井豊昭著, 岡和田晃編・解説）　2014.1

23　プロレタリアートの理論のために—マルクス主義批判論集（ジョルジュ・ソレル著, 上村忠男, 竹下和亮, 金山準訳）　2014.8

24　精神の自己主張—ティリヒ=クローナー往復書簡1942-1964（フリードリヒ・ヴィルヘルム・グラーフ, アルフ・クリストファーセン編, 茂牧人, 深井智朗, 宮崎直美訳）　2014.11

25　ドイツ的な大学論（フリードリヒ・シュライアマハー著, 深井智朗訳）　2016.2

26　エマソン詩選（ラルフ・ウォルドー・エマソン著, 小田敦子, 武田雅子, 野田明, 藤田佳子訳）2016.5

天才単語帳　いろは出版　2015

◇キュン技—男にキュン技をかけさせる方法（いろは出版編, 八田愛キュン漫画制作）　2015.9

◇休息—猫が教える休息の方法（いろは出版）2015.9

◇寿司—ポケットサイズの寿司図鑑（いろは出版編）　2015.9

展示図録　京都府立山城郷土資料館編　京都府立山城郷土資料館　1982〜2016　⇒Ⅰ−326

33　古事記・日本書紀とやましろ—特別展　2012.10

34　宇治茶の郷のたからもの—茶の木人形と永谷家の製茶機械　特別展　2013.10

35　わざの極意は道具にあり—山城の瓦づくり「山城の瓦製作用具」京都府指定有形民俗文化財指定記念　特別展　2014.10

36　南山城の神社と祈り—特別展　2015.10

38　相楽木綿10年のあゆみ—復元と伝承の取り組み　企画展　2016.7

39　山城の二大古墳群—乙訓古墳群と久津川古墳群　平成二八年度特別展　2016.10

展示図録　京都府立山城郷土資料館編　国民文化祭木津川市実行委員会　2010〜2011

31　平城の北・恭仁宮—木津川流域の奈良時代 特別展 今造る久邇の都は　2010.10

32　木津川ものがたり—木津川が生み, 育てた文化：第二十六回国民文化祭・京都二〇一一恭仁京遷都祭：特別展　2011.10

同学社小辞典シリーズ　同学社　2005〜2015　⇒Ⅴ−326

◇メディア学小辞典（脇阪豊, 吉村淳一編著）2013.5

◇オノマトペ〈擬音語・擬態語〉和独小辞典（根本道也編著, スウェン・ホルスト校閲, 成田克史挿絵・校閲）　2015.12

TOKYO NEWS BOOKS　東京ニュース通信社　2016

◇80年代パ・リーグ今だから言えるホントの話—笑えて熱くてどこか切ない強烈エピソード集（金村義明著）　2016.3

◇気になるハワイ（山下マヌー著）　2016.4

◇東京レコード散歩—昭和歌謡の風景をたずねて（鈴木啓之著）　2016.6

◇愛の讃歌—エディット・ピアフの生きた時代（加

一般叢書・全集　　　　　　　　　　　　総 記

藤登紀子著）　2016.6

◇顔で語るか、背中で語るか。―究極のアウトロー
哲学（小沢仁志, 白竜著）　2016.11

◇私がしあわせな東京豆大福五〇の覚書き（イワイ
サトシ著）　2016.12

道新選書　北海道新聞社　1987〜2014
　⇒Ⅰ－327

47　獄中メモは問う―作文教育が罪にされた時代
（佐竹直子著）　2014.12

DO BOOKS　同文舘出版　2009〜2016
　⇒Ⅳ－815

◇図解よくわかるこれからの物流改善―なるほど！
これでわかった（津久井英喜編著）　2010.11

◇4コマまんがで安全管理と労働災害防止の基本が
よくわかる本（横山誠著）　2010.11

◇断捨離私らしい生き方のすすめ―片づけすれば
自分が見える好きになる（川畑のぶこ著）　2010.
11

◇ビジネスパーソンのための断捨離思考のすすめ
（田崎正巳著）　2010.11

◇繁盛する治療院の患者の心をつかむ会話術―儲
かる治療院がやっている接遇・コミュニケーショ
ンのコツ（岡野宏量著）　2010.12

◇社労士が年収1000万円稼ぐ一番シンプルな方法
（林真人著）　2010.12

◇第一印象で売る！ 信頼と共感の接客術―イメー
ジコンサルタントが教える（谷沢史子著）　2010.
12

◇ターゲット・マーケティング（マーケティング・
ベーシック・セレクション・シリーズ）（木下安
司編著）　2010.12

◇10年間稼ぎ続ける行政書士の「新」成功ルール
（丸山学著）　2011.1

◇図解よくわかるこれからの貿易―なるほど！ こ
れでわかった　新版（高橋靖治著）　2011.2

◇「職人」を教え・鍛え・育てるしつけはこうしな
さい！（阿久津一志著）　2011.2

◇はじめよう！ リサイクルショップ（福本晃著）
2011.2

◇一瞬で売れる！ 買わせる！ キャッチコピーの
つくり方―お客の心をつかむ言葉のテクニック
（加納裕泰著）　2011.2

◇はじめよう小さな飲食店―自己資金150万円か
ら！（土屋光正著）　2011.3

◇社会保険労務士 “スタートダッシュ” 営業法―開

業6カ月で確実に稼げるようになる（田中実著）
2011.3

◇10分で決める！ シンプル企画書の書き方・つく
り方（藤木俊明著）　2011.3

◇ビジネスは、毎日がプレゼン。（村尾隆介著）
2011.3

◇メディアを動かすプレスリリースはこうつくる！
（福満ヒロユキ著）　2011.3

◇図解よくわかるこれからの生産現場改革―なる
ほど！ これでわかった（西沢和夫著）　2011.4

◇35歳からの転職成功ルール（谷所健一郎著）
2011.4

◇部下を叱る技術―部下を育てるリーダーが必ず
身につけている（片山和也著）　2011.4

◇意外に知らない個人事業主のためのお金の借り
方・返し方（大森陽介著）　2011.5

◇不景気でも儲かり続ける店がしていること（米満
和彦著）　2011.5

◇お客様がずっと通いたくなる小さなサロンのつ
くり方（向井邦雄著）　2011.5

◇小さな会社のための正しい「リスケ」の進め方
―1年で資金繰り改善をめざす！（宮内正一著）
2011.5

◇「高売れキャッチコピー」がスラスラ書ける本
（加藤洋一著）　2011.6

◇ビジネスで好印象を与えるメールの7つの決まり
ごと―これだけは覚えたいメール＝マナー＋ルー
ル（水越浩幸著）　2011.6

◇たった5秒のあいさつでお客様をザクザク集める
法（渡瀬謙著）　2011.6

◇ロイヤルティ・マーケティング（マーケティング・
ベーシック・セレクション・シリーズ）（山口正
浩監修, 木下安司編著）　2011.6

◇化粧品ビジネスで成功する10の法則―コンセプト
で勝負！ 小資金でスタート！（新井幸江著）
2011.7

◇親が伸ばす子どもの就活力―わが子を「内定迷
子」にさせない！（小島貴子著）　2011.8

◇説得・説明なしでも売れる！「質問型営業」の
しかけ（青木毅著）　2011.8

◇中小企業診断士2次試験世界一やさしい答案作成
術―2ケ月で効率的に身につける！（斎尾裕史著,
日野真明監修）　2011.8

◇5分で相手を納得させる！「プレゼンの技術」（藤
木俊明著）　2011.8

◇中小企業のための人事労務ハンドブック―採用

368　全集・叢書総目録 2011-2016

総記

から退職までの実務がよくわかる（池内恵介著）
2011.9

◇売れるセミナー講師になる法―セミナー講師育
成率No.1のセミナー女王が教える（前川あゆ著）
2011.9

◇ビジュアル図解 物流センターのしくみ（臼井秀
彰編著, 田中彰夫執筆）2011.9

◇ストーリーでわかる「商標・意匠」しくみと手
続きはじめての一冊（長坂剛人著）2011.10

◇本気で稼ぐ！これからの農業ビジネス―農業所
得1000万円を作りだす「中規模流通」という仕
組み（藤野直人著）2011.10

◇売れない時代は「チラシ」で売れ！―たった1枚
のチラシがあなたの商売を一気に変える！ 小
さくても巨大チェーンに打ち勝つ販促戦略（佐藤
勝人著）2011.10

◇よくわかる希望退職と退職勧奨の実務（林明文
著）2011.10

◇最期まで自分らしく生きる終活のすすめ（丸山学
著）2011.10

◇貿易のしくみと実務（高橋靖治著）2011.10

◇インバスケット・トレーニング―ビジネスの思考
プロセスを劇的に変える！（鳥原隆志著）2011.
11

◇大型店からお客を取り戻す"3つのしかけ"（山田
文美著）2011.11

◇よく売る店は「店長力」で決まる！―専門店は店
長しだいで売上がアップする（蒲康裕著）2011.
11

◇売れる！儲かる！販促キャンペーン実践法（前
沢しんじ著）2011.12

◇開運おそうじ―お家がパワースポットになる！
（二階堂博司著）2011.12

◇銀行員のための"売れるセールスコミュニケー
ション"入門（白戸三四郎著）2011.12

◇小さな不動産屋のはじめ方―経験ゼロでもムリ
なく稼げる！（松村保誠著）2012.1

◇いつも「感じがいい」と言われる女性の話し方
のルール―朝1分の習慣（橋本美穂著）2012.1

◇繁盛店のしかけ48―バイト・パートがワクワク
動きだす！（山口しのぶ著）2012.2

◇どんな問題もシンプルに解決する技術（車塚元章
著）2012.2

◇図解よくわかるこれからのポカミス防止対策―
なるほど！これでわかった（竹内均著）2012.
2

一般叢書・全集

◇「あがり症営業マン」がラクに売るための6つの
習慣（渡瀬謙著）2012.2

◇就業規則のつくり方―会社と従業員を守るルー
ルブック（series総務の仕事これで安心）（岡本豪,
仮谷美香, 松本明弘, 三橋由菁著, 久保社会保険
労務士法人監修）2012.3

◇社会保険・労働保険の届出と手続き―知りたい
ことだけスグわかる！（series総務の仕事これで
安心）（加藤康彦, 五井淳子, 小山泰美著, 久保社
会保険労務士法人監修）2012.3

◇給与計算の実務―ミスなく進める！（series総務
の仕事これで安心）（木嵜真一, 田中実, 福西綾美
著, 久保社会保険労務士法人監修）2012.3

◇労働基準法と労使トラブルQ&A―こんなときど
うする？ を解決する安心知識（series総務の仕
事これで安心）（久保社会保険労務士法人監修）
2012.3

◇「今すぐ」やれば幸運体質！―すべてが一気に
好転しはじめる「たったひとつの習慣」（高嶋美
里著）2012.3

◇「愛される店長」がしている8つのルール―スタッ
フを活かし育てる女性店長の習慣（柴田昌孝著）
2012.3

◇負けない交渉術6つのルール―すべてのビジネス
パーソンのための（向井一男著）2012.3

◇売れる＆儲かる！ニュースレター販促術 最新
版（米満和彦著）2012.5

◇ビジネスリーダーのためのファシリテーション
入門（久保田康司著）2012.5

◇当たる「手書きチラシ」のルール―ニュースレ
ター・DMもつくれる！（今野良香著）2012.5

◇実践！事務所の「5S」―オフィスのムダをなく
して業務効率アップ！（小林啓子著）2012.5

◇はじめよう！小さな雑貨屋さん（佐橋賢治著）
2012.6

◇誰にでもできる「交流会・勉強会」の主催者に
なって稼ぐ法（安井麻代著）2012.6

◇美容室「店販」の教科書（佐藤康弘著）2012.6

◇「気がきく人」のスマート仕事術―ちょっとし
た気配りで"期待以上"の仕事をしよう！（北川
和恵著）2012.6

◇「部下力」のみがき方―上司を上手に使って仕
事を効率化する（新名史典著）2012.6

◇依頼の絶えないコンサル・士業の仕事につなが
る人脈術（東川仁著）2012.6

◇失業保険150％トコトン活用術―辞める前に知っ

一般叢書・全集

総記

ておきたい75の知恵！　［2012］第6版（日向咲嗣著）　2012.6

◇成果にこだわる営業マネージャーは「目標」から逆算する！—プロセスマネジメントは、KPI、G-PDCAサイクルで動き出す！（野部剛著）　2012.7

◇採用・面接で「採ってはいけない人」の見きわめ方（松下直子著）　2012.7

◇イラストでわかる誰でも売れる販売ワザ65（河瀬和幸著）　2012.7

◇営業は「質問」で決まる！—質問型営業で断られずにクロージング（青木毅著）　2012.7

◇結局、いくら貯めればいいの？—30歳からはじめる私らしく貯める・増やすお金の習慣（岩城みずほ著）　2012.8

◇「カウンセラー」になって月収100万円稼ぐ法（北林絵美里著）　2012.8

◇お客さまの記憶に残るお店のリピーターをつくる35のスイッチ（真喜屋実行著）　2012.8

◇スモールハウス—3坪で手に入れるシンプルで自由な生き方（高村友也著）　2012.9

◇「ひらめき」と「直感力」を鍛える本—仕事の質を劇的に変える（森田泰斗著）　2012.9

◇トラブルを防ぐ！　パート・アルバイト雇用の法律Q&A（小岩広宣、山野陽子著）　2012.9

◇「クレーマー」を「リピーター」に変える3つのステップ—ストレスなし！　クレーム対応の基本から売上を伸ばす！　クレームトコトン活用術まで（工藤英一著）　2012.9

◇マンネリな自分を変える本—社会人3年を過ぎたら読む（宮内亨著）　2012.10

◇独学で確実に突破する！「行政書士試験」勉強法（太田孝之著）　2012.10

◇戦略的マーケティング（マーケティング・ベーシック・セレクション・シリーズ）（竹永亮著、山口正浩編著）　2012.10

◇マーケティング・リサーチ（マーケティング・ベーシック・セレクション・シリーズ）（岩瀬敦智著、山口正浩編著）　2012.10

◇小売業・サービス業のための船井流「販促」大全（船井総合研究所編著、小野達郎監修）　2012.10

◇図解製造リードタイム短縮の上手な進め方（五十嵐瞭著）　2012.11

◇30代リーダーが使いこなす部下を大きく成長させる100の言葉（片山和也著）　2012.11

◇ビジネスマンのための「平常心」と「不動心」の鍛え方（藤井英雄著）　2012.11

◇定年前後の人のための「講師デビュー」入門（鈴木誠一郎著）　2012.12

◇小さな飲食店の忘れられない「記念日販促」—お客様が必ずリピートしたくなる"特別なしかけ"（冨田雅紀著）　2012.12

◇「求職者支援制度」150％トコトン活用術—誰でも月10万円もらえる！（日向咲嗣著）　2012.12

◇いつまでも通いたくなる愛される美容室の繁盛メソッド—一生お付き合いするお客様をつくる！（吉村吉晋、杉山寛之著）　2012.12

◇禅から学ぶこころの引き算—重たい気持ちが軽くなるちょっとした習慣（村越英裕著）　2012.12

◇実践！　労災リスクを防ぐ職場のメンタルヘルス5つのルール（根岸勢津子著、中重克巳監修）　2013.1

◇心が折れない！　飛び込み営業8のステップ（添田泰弘著）　2013.1

◇部下を育てる〈承認力〉を身につける本（吉田幸弘著）　2013.2

◇成功する社長が身につけている52の習慣（吉井雅之著）　2013.2

◇たった1年で"紹介が紹介を生む"コンサルタントになる法（水野与志朗著）　2013.2

◇これが「ダンドリ販売術」！—お客様を迷わせず「売りたい商品」がラクラク売れる（羽田徹著）　2013.2

◇30歳からはじめるお金の育て方入門—貯めながら殖やす新しい習慣（渋沢健、中野晴啓、藤野英人著）　2013.2

◇「売れない」を「売れる」に変えるマケ女の発想法（金森努、竹林篤実著）　2013.2

◇「競合店に負けない店長」がしているシンプルな習慣（松下雅憲著）　2013.3

◇集客は「地域のお客様」からはじめよう！—「集める」から「集まる」店へ（望月まもる著）　2013.3

◇「使いづらい部下」を上手に使いこなす法（野口正明著）　2013.3

◇"仕事で損をしない人"になるための48の行動改善（長谷川孝幸著）　2013.3

◇ボランティア僧侶—東日本大震災被災地の声を聴く（藤丸智雄著）　2013.3

◇確実に突破する！「行政書士試験」必勝テキスト　1　憲法・行政法・基礎法学（三木邦裕、太田孝之著）　2013.3

総記　　　　　　　　　　　　　　　　　　　　　　　　　　　　一般叢書・全集

◇お客様の満足をとことん引き出す「共感」の営業—"ストレスフリー"な営業をしよう！（前川あゆ著）　2013.4

◇独学・過去問で効率的に突破する！「技術士試験」勉強法（鳥居直也著）　2013.4

◇40歳からはじめる一生の恋人の見つけ方—大人の女性に幸せを運ぶ"スロー・ラブ"のすすめ（木村隆志著）　2013.4

◇確実に突破する！「行政書士試験」必勝テキスト　2　民法・商法・一般知識等（三木邦裕, 太田孝之著）　2013.4

◇"最低でも目標達成"できる営業マンになる法（水田裕木著）　2013.5

◇女性部下のやる気と本気を引き出す「上司のルール」（大嶋博子著）　2013.5

◇おもてなし接客術—ちょっとした心づかいでこんなに変わる！（井川今日子著）　2013.6

◇つらくなったとき何度も読み返す「ポジティブ練習帳」（志賀内泰弘著）　2013.6

◇繁盛店の店長・リーダーがしている朝礼のスピーチ—スタッフのモチベーションがアップする！（スピーキングエッセイ著）　2013.6

◇洗浄と殺菌のはなし（ビジュアル図解）（新名史典編著, 隈下祐一, 加藤信一著）　2013.7

◇世界で通用する日本人であるために—これからのビジネスリーダーに贈る45の視点（安田信著）　2013.7

◇アプローチは「質問」で突破する！—質問型営業でアポ取り・訪問がラクになる（青木毅著）　2013.7

◇絶対に選ばれる！「ビジネス・プロフィール」のつくり方—起業家・個人事業主のための（福田剛大著）　2013.8

◇小さな不動産屋の儲け方—低予算でもムリなくムダなく集客できる！（松村保誠著）　2013.8

◇ファイナンシャル・プランナーで独立・開業する法（北島祐治著）　2013.8

◇繁盛飲食店だけがやっているあなたの店を女性客でいっぱいにする「色彩」のしかけ（池田早苗著）　2013.8

◇小さな運送・物流会社のための「プロドライバー」を育てる3つのルール（酒井誠著）　2013.8

◇コンサルタントのための"キラーコンテンツ"で稼ぐ法（五藤万晶著）　2013.9

◇「社労士試験」勉強法—モチベーションをキープして合格を勝ち取る！（牧伸英著）　2013.9

◇大逆転の就活攻略法—188社落ちても内定とれた！　10社内定！（高田晃一著）　2013.9

◇「やりたい仕事」で稼ぎ続ける！　フリーランスの仕事術（長谷川華著）　2013.9

◇「FP技能検定」勉強法—過去問で効率的に突破する！（栗本大介著）　2013.9

◇"偶然"をキャッチして幸せの波に乗る7つの法則（善福克枝著）　2013.10

◇はじめよう！　おうちサロン—自分もお客様も幸せになる自宅サロン開業の教科書（赤井理香著）　2013.10

◇稼がない男。（西園寺マキエ著）　2013.10

◇即効即決！　驚異のテレアポ成功術　最新版（竹野恵介著）　2013.10

◇増収増益社長が教える「これが商いだ！」—一人を伸ばせば、会社も自分も伸びる（小田吉彦著）　2013.10

◇カウンセラーが教える「自分を勇気づける技術」（岩井俊憲著）　2013.11

◇不動産のしくみがわかる本—ビジネス図解（向井博監修, 中山聡著）　2013.11

◇事務ミスゼロのチェックリスト50—仕事が効率よくスムーズに進む！（藤井美保代著）　2013.11

◇店長のためのインバスケット・トレーニング—60分で20の問題を解決！　店長力を鍛える実践ドリル（鳥原隆志著）　2013.12

◇「あなたから買いたい」といわれる販売員がしている大切な習慣—販売は"お客様目線"で動き出す！（柴田昌孝著）　2013.12

◇売り続ける店長が実践している「行動習慣」—一年間3000人の店長トレーニングで見つけた（成田直人著）　2013.12

◇カウンセリング販売の技術—お客様のニーズをとことん引き出す！（大谷まり子著）　2013.12

◇お客様がずっと通いたくなる「極上の接客」—リピート率9割を超える小さなサロンがしている（向井邦雄著）　2013.12

◇独学・過去問で効率的に突破する！「司法書士試験」勉強法（三木邦裕著）　2013.12

◇販促はじめの一歩—脱・価格競争！　お客様から愛される小さなお店がしてること（中沢智之著）　2014.1

◇顧客に必ず"Yes"と言わせるプレゼン（新名史典著）　2014.1

◇部下育成にもっと自信がつく本（松下直子著）　2014.1

全集・叢書総目録 2011-2016　　**371**

一般叢書・全集

総記

◇"後悔しない"住宅ローンの借り方・返し方―あわてて家を買う前に知っておきたい！（久保田正広著）　2014.1

◇ストレス体質を卒業し「生きづらさ」を手放す法（加藤史子著）　2014.2

◇「職業訓練」150%トコトン活用術―タダで資格と技術を身につける！　新版（日向咲嗣著）　2014.2

◇ウェブ・デザイナーが独立して年収1000万円稼ぐ法（川島康平著）　2014.3

◇"ものごとが決められない自分"を変える法（林日奈著）　2014.4

◇子どもを"恥をかかない大人"に育てるためのしつけ10の基本ルール（谷垣友傳栄著）　2014.4

◇店長とスタッフのためのクレーム対応基本と実践（間川清著）　2014.4

◇できる人が続けている「先読み仕事術」（北川和恵著）　2014.4

◇お客様が「減らない」店のつくり方（高田靖久著）　2014.5

◇患者さんに信頼される医院の心をつかむ医療コミュニケーション（岸英光監修，藤田菜穂子著）　2014.5

◇図解トラブルを防ぐ！ 外国人雇用の実務―現場で役立つ！（中西優一郎著）　2014.6

◇売れ続ける販売員になるための「あきらめないこころ」のつくり方（たかみず保江著）　2014.6

◇リーダーのコミュニケーションの教科書―相手が"期待以上"に動いてくれる！（沖本るり子著）　2014.6

◇成功する新商品開発プロジェクトのすすめ方（和田憲一郎著）　2014.6

◇店長とスタッフのための接客基本と実践（鈴木比砂江著）　2014.7

◇販売員が壁にぶつかったら読む本（豊島定生著）　2014.7

◇文章上達トレーニング45―ラクに書けて、もっと伝わる！（小川晶子著）　2014.8

◇お客様から教わった営業で大切なたったひとつのこと（佐藤綾著）　2014.9

◇図解よくわかるこれからの店舗のロス対策（なるほど！ これでわかった）（望月守男，秋山哲男著）　2014.9

◇学校では教えない儲かる治療院のつくり方―たった6ヶ月であなたの治療院が患者で溢れ返る（吉田崇著）　2014.10

◇売上につながるディスプレイ―これ1冊でよくわかる！（沼田明美著）　2014.10

◇脳のトリセツ―自分の力を最大限に発揮する！（菅原洋平著）　2014.10

◇自分の手で店をつくる―「ヤフオク！」と「廃材」で格安開業！（馬場仁著）　2014.10

◇「ネットセミナー」のはじめ方―知識・ノウハウを「動画配信」して稼ぐ！（宮川洋著）　2014.10

◇"地域一番"美容院開業・経営のすべて　最新版（やまうちよしなり著）　2014.10

◇「相談からはじまる営業」ならこんなに売れる！（水野与志朗著）　2014.11

◇リハビリ患者を支える人のための本―"寝たきり宣告"から社会復帰した私がお伝えしたいこと（岡崎あや著）　2014.12

◇小さな運送・物流会社のための荷主から信頼される！「プロドライバー」の教科書（酒井誠著）　2014.12

◇「eBay」で月50万円稼ぐ法（藤木雅治著）　2014.12

◇店長とスタッフのための売り場づくり基本と実践（福田ひろひで著）　2015.1

◇こうやって売ればいいんだよ！（竹原賢治著）　2015.1

◇地域密着繁盛店のつくり方―売場表現、販促で勝負する！（阿部貴行著）　2015.1

◇通販のしくみがわかる本―ビジネス図解（大石真著）　2015.1

◇社員をホンキにさせるブランド構築法（ブランド・マネージャー認定協会著）　2015.2

◇「地域一番コンサルタント」になる方法―売上1000万円を稼ぐ！（水沼啓幸著）　2015.2

◇5年以内にコンサルタントで独立して成功する法（水野与志朗著）　2015.3

◇売上1億円！「ビラ配り」だけででっかく稼ぐ法！（山田直美著）　2015.3

◇「お客様が応援したくなる飲食店」になる7つのステップ（久保正英著）　2015.3

◇小さな人気店をつくる！ 移動販売のはじめ方―START YOUR KITCHEN CAR（平山晋著）　2015.3

◇「10年顧客」の育て方―同じお客様に通い続けてもらう！（斎藤孝太著）　2015.4

◇遺言書作成のための適正な遺産分割の考え方・やり方（芳賀由紀子著）　2015.4

◇「これからもあなたと働きたい」と言われる店長

総記　　　　　　　　　　　　　　　　　　　　　　　　　　　　　　一般叢書・全集

がしているシンプルな習慣（松下雅憲著）　2015.
4
◇店長のための「稼ぐスタッフ」の育て方（羽田未
希著）　2015.5
◇過去問で効率的に突破する!「宅建士試験」勉
強法（松村保誠著）　2015.5
◇お客様の期待を超え続ける営業スイッチ!（福島
章著）　2015.5
◇介護リーダーが困ったとき読む本（三田村薫著）
2015.6
◇失業保険150%トコトン活用術―辞める前に知っ
ておきたい75の知恵!　［2015]第7版（日向咲
嗣著）　2015.6
◇反響が事前にわかる! チラシの撒き方・作り方
7ステップ（有田直美著）　2015.7
◇「ちょっとできる人」がやっている仕事のコツ
50（井上幸葉著）　2015.7
◇不動産取引のしくみがわかる本―ビジネス図解
（平田康人著）　2015.7
◇テロ・誘拐・脅迫海外リスクの実態と対策（加藤
晃, 大越修編著, 和田大樹, 石山裕, 吉田彩子著）
2015.7
◇はじめよう!「パン」の店―図解　新版（藤岡千
穂子著）　2015.7
◇新しい思考の習慣―「変われない自分」を変え
る（山口まみ著）　2015.8
◇生きづらさを解消するイメージセラピーCDブッ
ク（紫紋かつ恵著）　2015.8
◇飲食店は“外販”で稼ごう!―オリジナル食品を
通販・催事で売る方法（大滝亮喜著）　2015.9
◇「見込客」を「成約客」に育てる“お礼状”の書
き方・送り方（山田文美著）　2015.9
◇あなたの店を超繁盛店に変える「9つのテクニッ
ク」（佐藤志憲著）　2015.9
◇愛されるサロンオーナーの教科書（下司鮎美著）
2015.9
◇研修・セミナー講師が企業・研修会社から選ば
れる力（原佳弘著）　2015.9
◇わが子を「心が折れない子ども」に育てる方法
（水野まさこ著）　2015.9
◇“来てほしいお客様”で溢れる!「サロン集客」
の教科書（阿部弘康著）　2015.9
◇直販・通販で稼ぐ! 年商1億円農家―お客様と直
接つながる最強の農業経営（寺坂祐一著）　2015.
9
◇「居抜き開業」の成功法則―150万円から繁盛飲

食店をつくる!（土屋光正著）　2015.9
◇お客さまがお店のことを話したくなる! クチコ
ミ販促35のスイッチ（真喜屋実行著）　2015.9
◇初対面でも、目上の人でも、一瞬で心を通い合
わせる方法（飯塚順子著）　2015.9
◇「手書きPOP」のつくり方―売れる! 楽しい!
（増沢美沙緒著）　2015.10
◇女子のひとり起業―マイペースで働く!（滝岡幸
子著）　2015.11
◇ファッション販売のための「本当に似合う商品」
ルールブック（松本千早著）　2015.11
◇「最高の自分」を引き寄せる! 幸運手帳術（赤
井理香著）　2015.11
◇「自分史上最高!」になる“最強セルフイメー
ジ”のつくり方（坂田公太郎著）　2015.12
◇地域コミュニティをつくって稼ぐ地域No.1コン
サルタントがしていること（赤松範胤著）　2015.
12
◇僕はなぜ小屋で暮らすようになったか―生と死
と哲学を巡って（高村友也著）　2015.12
◇採用情報で見極めよ!「ホワイト企業」の選び
方（池内恵介著）　2015.12
◇BtoBマーケティング&セールス大全（岩本俊幸
著）　2016.1
◇図解よくわかるこれからのカイゼン（なるほど!
これでわかった）（近江堅一, 近江良和著）　2016.
1
◇「ちゃんと評価される人」がやっている仕事の
コツ（フラナガン裕美子著）　2016.2
◇売れるコンサルタントになるための営業術（五藤
万晶著）　2016.3
◇「明日、営業に行きたくない!」と思ったら読
む本（太田和雄著）　2016.3
◇個人事業主のための節税のしくみがわかる本―
ビジネス図解（高橋智則著）　2016.4
◇研修・ファシリテーションの技術―場が変わり、
人がいきいき動き出す（広江朋紀著）　2016.4
◇仕事のダンドリ―残業ナシで成果を上げる!（松
本幸夫著）　2016.5
◇“地域一番”繁盛院の接客術―いつもリピーター
で予約がいっぱい!（安東久美著）　2016.5
◇営業プロセス“見える化”マネジメント―1枚の
シートで業績アップ!（山田和裕著）　2016.5
◇1人のお客様が100回再来店する店づくり―お客
様が途切れない店はこうつくる!（石川佐知子
著）　2016.6

全集・叢書総目録 2011-2016　**373**

一般叢書・全集

◇小さな運送・物流会社のための業績アップし続ける3つのしくみ(酒井誠著) 2016.6
◇トップ美容業コンサルタントが教える驚異のカウンセリング会話術(橋本学著) 2016.8
◇飲食店を開店・開業する前に読む本―ゼロから始める繁盛店づくり(藤岡千穂子著) 2016.8
◇1日10分! 強い血管をつくる5つの習慣(杉岡充爾著) 2016.9
◇お客を集めるプロが教える「徹底集客術」(加藤学著) 2016.9
◇一瞬で場をつかむ! プレゼン伝え方のルール(森本曜子著) 2016.9
◇女子のひとり起業2年目の教科書―マイペースでずっと働く!(滝岡幸子著) 2016.9
◇「お教室」のつくり方―"好き・得意"を教える先生になろう!(池田範子著) 2016.9
◇部下からも会社からも信頼される中間管理職の教科書(手塚利男著) 2016.9
◇食品工場の点検と監査(ビジュアル図解) 改訂版(河岸宏和著) 2016.9
◇図解よくわかるこれからのマーケティング―なるほど! これでわかった 最新版(金森努著) 2016.9
◇空き家管理ビジネスがわかる本(中山聡著, 田中和彦監修) 2016.10
◇「言いたいことが言えない人」のための本―ビジネスではアサーティブに話そう! 最新版(畔柳修著) 2016.10
◇3ケ月でクライアントが途切れないカウンセラーになる法(北林絵美里著) 2016.11
◇女性管理職の教科書―仕事にも人生にも自信がもてる!(小川由佳著) 2016.11
◇確実に突破する! 「行政書士試験」必勝テキスト 1 憲法・行政法・基礎法学 最新版(行政書士試験! 合格道場編著) 2016.12
◇確実に突破する! 「行政書士試験」必勝テキスト 2 民法・商法・一般知識等 最新版(行政書士試験! 合格道場編著) 2016.12

東方選書 東方書店 1979〜2015 ⇒Ⅰ-328
39 三国志演義の世界 増補版(金文京著) 2010.5
40 書誌学のすすめ―中国の愛書文化に学ぶ(高橋智著) 2010.9
41 厳復―富国強兵に挑んだ清末思想家(永田圭介著) 2011.7
42 占いと中国古代の社会―発掘された古文献が語る(工藤元男著) 2011.12
43 五胡十六国―中国史上の民族大移動 新訂版(三崎良章著) 2012.10
44 中国の神獣・悪鬼たち―山海経の世界 増補改訂版(伊藤清司著, 慶応義塾大学古代中国研究会編) 2013.6
45 中国語を歩く―辞書と街角の考現学 パート2(荒川清秀著) 2014.6
46 地下からの贈り物―新出土資料が語るいにしえの中国(中国出土資料学会編) 2014.6
47 契丹国―遊牧の民キタイの王朝 新装版(島田正郎編) 2014.12
48 匈奴―古代遊牧国家の興亡 新訂版(沢田勲著) 2015.10

遠見こころライブラリー 遠見書房 2016
◇身体系個性化の深層心理学―あるアスリートのプロセスと対座する(老松克博著) 2016.4
◇香月泰男 黒の創造―心理療法家が語る物語 シベリアを描き続けた画家 制作活動と作品の深層(山愛美著) 2016.4

朱鷺新書 新潟日報事業社 2011
◇たいせつなあなたへ―傷ついた心を癒やす44のメッセージ(藤田市男著) 2011.4
◇新潟湊の繁栄―湊とともに生きた町・人(新潟市編) 2011.7
◇新潟港のあゆみ―新潟の近代化と港(新潟市編) 2011.7
◇人生は終わったと思っていた―アルコール依存症からの脱出(月乃光司著) 2011.12

読本シリーズ 東洋経済新報社 1957〜2016 ⇒Ⅰ-331
◇金融読本 第28版(島村高嘉, 中島真志著) 2011.4
◇世界経済読本 第8版(宮崎勇, 丸茂明則, 大来洋一編) 2012.2
◇日本経済読本 第19版(金森久雄, 大守隆編) 2013.2
◇金融読本 第29版(島村高嘉, 中島真志著) 2014.3
◇日本経済地理読本 第9版(竹内淳彦, 小田宏信編著) 2014.4
◇日本経済読本 第20版(金森久雄, 大守隆編) 2016.3

総記　　　　　　　　　　　　　　　　　　　　　　　　　　　　　　一般叢書・全集

徳間ポケット　徳間書店　2012～2014

001　経済のことはみんなマーケットで学んだ―外資で働き、金融で成功する法（藤巻健史著）2012.10

002　政治家崩壊―「情」の政治を取り戻すために（鈴木宗男著）2012.10

003　習近平が仕掛ける新たな反日（楊中美著）2012.10

004　運気をつかんで離さない人の習慣（植西聡著）2012.10

005　自ら歴史を貶める日本人（西尾幹二、福地惇、柏原竜一、福井雄三著）2012.12

006　中学生に教えたい日本と中国の本当の歴史（黄文雄著）2012.12

007　評価と贈与の経済学（内田樹、岡田斗司夫FREEex著）2013.2

008　デフレ救国論―本当は怖らしいアベノミクスの正体（増田悦佐著）2013.2

009　「糖質オフ」で脳が20歳若返る（白沢卓二著）2013.2

010　中国の「反日」で日本はよくなる（宮崎正弘著）2013.3

011　2015年磯野家の崩壊―アベノミクスの先にある「地獄」（山田順著）2013.3

012　「親活」の非ススメ―"親というキャリア"の危うさ（児美川孝一郎著）2013.3

013　温泉失格―『旅行読売』元編集長が明かす源泉かけ流しとこの国の温泉文化の真偽（飯塚玲児著）2013.3

014　韓国人に教えたい日本と韓国の本当の歴史（黄文雄著）2013.5

015　仕方ない理論―脳が買う気にさせられる消費のメンタリズム（西田文郎著）2013.5

016　金正恩を誰が操っているのか―北朝鮮の暴走を引き起こす元凶（五味洋治著）2013.5

017　経済は「お金の流れ」でよくわかる―金融情報の正しい読み方（岩本沙弓著）2013.7

018　人の話は9割聞くな―「情報遮断力」が強い自分をつくる（おちまさと著）2013.7

019　吉本隆明はどうつくられたか（松崎之貞著）2013.7

020　日本人はなぜ富士山を求めるのか―富士講と山岳信仰の原点（島田裕巳著）2013.9

021　老後のお金は40代から貯めなさい（津田倫男著）2013.9

022　美男子美術館―絵画に隠された物語（山口路子著）2013.9

023　世界から嫌われる中国と韓国感謝される日本（宮崎正弘著）2014.1

徳間ゆうゆう生活シリーズ　徳間書店　2015～2016

◇タケ小山の歳を取っても飛ばしを諦めるな！―強く振るだけであなたのゴルフはまだまだ伸びる（タケ小山著）2015.12

◇ワンランクアップ！50代からの常識＆マナー（矢野三千子監修、相川誠著）2015.12

◇絶対にすべらない！披露宴のあいさつ集（池田孝一郎監修、立山章雄編著）2016.1

◇マイナンバーでこう変わる！遺産相続―遺言書の書き方から節税対策まで得する相続・贈与（叶幸夫、山下實監修）2016.2

◇50代からのお金のトリセツ―知らないと恐ろしいことになる　お金と仲良くなれる68のルール（大谷清文著）2016.4

◇孫にそっと教えたい日本の美しい言葉としきたり―正しい日本語やお行儀が身につく77の教え（山口謡司監修）2016.6

◇葬儀とお墓の「新常識」―簡略化・多様化・個人化時代がやってきた！　小さくても満足なお葬式とお墓（醍醐武明編著）2016.7

◇1日1分！「根幹バランス体操」で腰・肩・膝の痛みがすーっと消える―場所を選ばず自分一人でできるメソッド（橋口保二著）2016.8

DOJIN選書　化学同人　2007～2016　⇒Ⅳ－23

034　だまし絵のトリック―不可能立体を可能にする（杉原厚吉著）2010.9

036　生命の起源を宇宙に求めて―パンスペルミアの方舟（長沼毅著）2010.11

037　なぜヒトは旅をするのか―人類だけにそなわった冒険心（榎本知郎著）2011.1

038　日常に生かす数学的思考法―屁理屈から数学の論理へ（竹山美宏著）2011.3

039　Amazonランキングの謎を解く―確率的な順位付けが教える売上の構造（服部哲弥著）2011.5

040　放射能汚染ほんとうの影響を考える―フクシマとチェルノブイリから何を学ぶか（浦島充佳著）2011.7

041　肥満は進化の産物か？―遺伝子進化が病気を生み出すメカニズム（颯田葉子著）2011.7

042　不便から生まれるデザイン―工学に活かす常

識を超えた発想（川上浩司著）　2011.9

043　トップアスリートの動きは何が違うのか―スポーツ科学でわかる一流選手の秘密（山田憲政著）　2011.11

044　マジックにだまされるのはなぜか―「注意」の認知心理学（熊田孝恒著）　2012.1

045　文化遺産の眠る海―水中考古学入門（岩淵聡文著）　2012.3

46　森の「恵み」は幻想か―科学者が考える森と人の関係（蔵治光一郎著）　2012.5

47　麻酔をめぐるミステリー――手術室の「魔法」を解き明かす（広田弘毅著）　2012.7

48　なぜ疑似科学を信じるのか―思い込みが生みだすニセの科学（菊池聡著）　2012.10

49　パンデミックを阻止せよ！―感染症危機に備える10のケーススタディ（浦島充佳著）　2012.11

50　仏教は宇宙をどう見たか―アビダルマ仏教の科学的世界観（佐々木閑著）　2013.1

51　「左脳・右脳神話」の誤解を解く（八田武志著）　2013.4

52　生まれ変わる動物園―その新しい役割と楽しみ方（田中正之著）　2013.4

53　宇宙探査機はるかなる旅路へ―宇宙ミッションをいかに実現するか（山川宏著）　2013.6

54　エネルギー問題の誤解いまそれをとく―エネルギーリテラシーを高めるために（小西哲之著）　2013.8

55　「美しい顔」とはどんな顔か―自然物から人工物まで、美しい形を科学する（牟田淳著）　2013.9

56　生物の大きさはどのようにして決まるのか―ゾウとネズミの違いを生む遺伝子（大島靖美著）　2013.11

57　落ちない飛行機への挑戦―航空機事故ゼロの未来へ（鈴木真二著）　2014.4

58　和算の再発見―東洋で生まれたもう一つの数学（城地茂著）　2014.6

59　料理と科学のおいしい出会い―分子調理が食の常識を変える（石川伸一著）　2014.6

60　絶対音感神話―科学で解き明かすほんとうの姿（宮崎謙一著）　2014.7

61　地球の変動はどこまで宇宙で解明できるか―太陽活動から読み解く地球の過去・現在・未来（宮原ひろ子著）　2014.8

62　つくられる偽りの記憶―あなたの思い出は本物か？（越智啓太著）　2014.11

63　情報を生み出す触覚の知性―情報社会をいきるための感覚のリテラシー（渡辺淳司著）　2014.12

64　脳がつくる3D世界―立体視のなぞとしくみ（藤田一郎著）　2015.2

65　スポーツを10倍楽しむ統計学―データで一変するスポーツ観戦（鳥越規央著）　2015.5

66　消えるオス―昆虫の性をあやつる微生物の戦略（陰山大輔著）　2015.6

67　消えゆく熱帯雨林の野生動物―絶滅危惧動物の知られざる生態と保全への道（松林尚志著）　2015.8

68　サイバーリスクの脅威に備える―私たちに求められるセキュリティ三原則（松浦幹太著）　2015.11

69　気候を人工的に操作する―地球温暖化に挑むジオエンジニアリング（水谷広著）　2016.1

70　柔らかヒューマノイド―ロボットが知能の謎を解き明かす（細田耕著）　2016.5

71　植物たちの静かな戦い―化学物質があやつる生存競争（藤井義晴著）　2016.8

72　宇宙災害―太陽と共に生きるということ（片岡竜峰著）　2016.11

とんぼの本　新潮社　1983〜2016　⇒Ⅰ-331

◇林芙美子女のひとり旅（角田光代、橋本由起子著）　2010.11

◇「戦争」が生んだ絵、奪った絵（野見山暁治、橋秀文、窪島誠一郎著）　2010.11

◇ド・ローラ節子の和ごころのおもてなし（節子・クロソフスカ・ド・ローラ著）　2011.1

◇韓国むかしの味―食べる旅（平松洋子著）　2011.1

◇キューバへ行（い）きたい（板垣真理子著）　2011.3

◇鮨12ケ月（石丸久尊、杉本伸子、野中昭夫、早瀬圭一著）　2011.4

◇ヴァチカン物語（塩野七生、石鍋真澄ほか著）　2011.6

◇恋する春画―浮世絵入門（橋本治、早川聞多、赤間亮、橋本麻里著）　2011.6

◇日本の建築遺産12選―語りなおし日本建築史（磯崎新著）　2011.6

◇宮沢賢治―雨ニモマケズという祈り（重松清、沢口たまみ、小松健一著）　2011.7

◇直島瀬戸内アートの楽園　改訂版（福武總一郎、安藤忠雄ほか著）　2011.8

総記　　　　　　　　　　　　　　　　　　　　　　　　　　　　　　　　　　　一般叢書・全集

◇親鸞の「迷い」―仏教入門（梅原猛, 釈徹宗著）
2011.9

◇法然の「ゆるし」―仏教入門（梅原猛, 町田宗鳳
著）2011.9

◇イタリア古寺巡礼 フィレンツェ→アッシジ（金
沢百枝, 小沢実著）2011.9

◇京都洋館ウォッチング（井上章一著）2011.11

◇フェルメール巡礼（朽木ゆり子, 前橋重二著）
2011.11

◇高峰秀子暮しの流儀（高峰秀子, 松山善三, 斎藤
明美著）2012.1

◇五重塔入門（藤森照信, 前橋重二著）2012.1

◇白洲正子のきもの（白洲正子, 牧山桂子, 青柳恵
介, 八木健司著）2012.3

◇ヴェネツィア物語（塩野七生, 宮下規久朗著）
2012.5

◇茶碗と茶室―茶の湯に未来はあるか（楽吉左衛
門, 川瀬敏郎, 木村宗慎著）2012.5

◇運慶―リアルを超えた天才仏師（山本勉, みうら
じゅん, ヤノベケンジ, 橋本麻里著）2012.7

◇気になるガウディ（磯崎新著）2012.7

◇日本のかご―えらぶ・かう・つかう（小沢典代著）
2012.9

◇沢村貞子の献立日記（高橋みどり, 黒柳徹子, 山
田太一, 笹本恒子ほか著）2012.9

◇高峰秀子夫婦の流儀（斎藤明美編）2012.11

◇イタリア古寺巡礼―シチリア→ナポリ（金沢百
枝, 小沢実著）2012.11

◇江戸の献立（福田浩, 松下幸子, 松井今朝子著）
2013.1

◇私の好きなもの―暮しのヒント101（岡尾美代
子, 高橋みどり, 東野翠れん, 福田里香ほか著）
2013.1

◇高峰秀子旅の流儀（斎藤明美編）2013.3

◇誰も知らないラファエッロ（石鍋真澄, 堀江敏幸
著）2013.3

◇うちの食器棚―能登ごはん便り（赤木明登, 赤木
智子著）2013.3

◇レオナルド・ダ・ヴィンチ―人体解剖図を読み
解く（前橋重二著）2013.4

◇地元菓子（若菜晃子著）2013.5

◇ワダエミ―世界で仕事をするということ（ワダエ
ミ, 千葉望著）2013.5

◇神のごときミケランジェロ（池上英洋著）2013.
7

◇英国のOFF―上手な人生の休み方（入江敦彦著）

2013.9

◇変り兜―戦国のCOOL DESIGN（橋本麻里著）
2013.9

◇ミヒャエル・エンデが教えてくれたこと―時間・
お金・ファンタジー（池内紀, 小林エリカ, 子安
美知子ほか著）2013.11

◇いま教わりたい和食―銀座「馳走啐啄」の仕事
（平松洋子著）2014.3

◇石井桃子のことば（中川李枝子, 松居直, 松岡享
子, 若菜晃子ほか著）2014.5

◇四時から飲み―ぶらり隠れ酒散歩（林家正蔵著）
2014.9

◇つげ義春―夢と旅の世界（つげ義春, 山下裕二,
戌井昭人, 東村アキコ著）2014.9

◇あらもの図鑑（松野弘編）2014.11

◇熱闘（バトルロイヤル）！日本美術史（辻惟雄, 村
上隆著）2014.11

◇スイスアルプス旅事典（小川清美ほか著）2015.
3

◇謎解きヒエロニムス・ボス（小池寿子著）2015.
4

◇向田邦子おしゃれの流儀（向田和子, かごしま近
代文学館編）2015.5

◇イタリアの小さな工房めぐり（大矢麻里著）
2015.6

◇水木しげる―鬼太郎, 戦争, そして人生（水木し
げる, 梅原猛, 呉智英著）2015.7

◇白洲家の晩ごはん（牧山桂子著）2015.9

◇熱帯建築家―ジェフリー・バワの冒険（隈研吾,
山口由美著）2015.11

◇蜷川幸雄の仕事（蜷川幸雄, 山口宏子ほか著）
2015.12

◇若冲ワンダフルワールド（辻惟雄, 小林忠, 狩野
博幸, 太田彩, 池沢一郎, 岡田秀之著）2016.3

◇新モンゴル紀行―ザナバザルの造りし美仏のも
とへ（菊間潤吾著）2016.4

◇スヌーピーのひみつA to Z（チャールズ・M・シュ
ルツ, 谷川俊太郎, 今井亮一, 井出幸亮著）2016.
5

◇意匠の天才 小村雪岱（原田治, 平田雅樹, 山下裕
二ほか著）2016.6

◇竹宮恵子カレイドスコープ（竹宮恵子, 原田マハ,
石田美紀, 寺山偏陸, さいとうちほ, 勝谷誠彦著）
2016.9

◇ゴヤ「戦争と平和」（大高保二郎著）2016.9

◇台南―「日本」に出会える街（一青妙著）2016.

一般叢書・全集　　　　　　　　　　　　　　　　　　　総記

10
◇正倉院宝物―181点鑑賞ガイド（杉本一樹著）
2016.10

長崎新聞新書　長崎新聞社　2011～2013
009　平戸オランダ商館―復元された日本最古の洋
　　風建築　改訂版（萩原博文著）　2011.12
◇21世紀のヒバクシャ―世界のヒバクシャと放射
　　線障害研究の最前線（長崎・ヒバクシャ医療国際
　　協力会編著）　2011.3
023　高校生一万人署名活動　2　世界に広がるネッ
　　トワーク2001-11（高校生一万人署名活動実行委
　　員会監修）　2011.8
024　福島原発事故―内部被ばくの真実（柴田義貞
　　編集）　2012.5
◇上海メンタルクライシス―海外日本人ビジネス
　　マンの苦悩（小沢寛樹監修, アンド・メンタル編
　　集部編著）　2012.5
026　松尾あつゆき日記―原爆俳句, 彷徨う魂の軌
　　跡（松尾あつゆき［著］, 平田周編著）　2012.8
027　大北電信の若き通信士―フレデリック・コル
　　ヴィの長崎滞在記（長島要一著）　2013.1
◇明治期長崎のキリスト教―カトリック復活とプ
　　ロテスタント伝道　第2版（坂井信生著）　2013.
　　5

永淵閑シリーズ　永淵閑［著］　知玄舎　2014
◇点才教育「小論文・小説」書き方の手引き―国
　　際バカロレアにも通じる論文ライティングの基
　　礎（永淵閑著）　2014.1
書簡　1　タスマニア「般若心経」思索紀行―人間,
　　いかに生きれば美しいか（永淵閑著）　2014.8

中山逍雀陋巷閑話　中山逍雀　2015
之1　現代論語（中山逍雀編著）　2015.8

ナックルズBOOKS　ミリオン出版　2010～2014
18　芸能界暗黒史―1960～2010完全保存版　2010.
　　10
19　放送禁止タブー大全―完全保存版　2010.11
20　芸能界ケンカ最強は誰だ？　SPECIAL　2010.
　　12
21　芸能界ザ・タブー（実話ナックルズ編集部, ナッ
　　クルズザ・タブー編集部, 漫画ナックルズ編集部
　　編）　2011.1
22　芸能界ヤンキーアイドル列伝（田中稲, 歯黒猛
　　夫著）　2011.3
23　芸能人E-1（ero-one）グランプリ―芸能界で一

番エロいのは誰だ!?　2011.3
24　芸能人のお値段―完全保存版　2011.4
25　最強！　グループアイドル裏列伝（田中稲, 歯
　　黒猛夫著）　2011.5
26　人気TV特番タブー噂の真相　2011.6
27　実録死刑囚―誰も書けなかった“13階段”の真
　　実―　2011.7
28　大スター長者番付NO.1決定戦　2011.7
29　闇の支配者たち―「陰謀」「謀略」の数々で全
　　人類を家畜化する…　2011.7
30　不適切・ザ・放送事故―放送事故70年史　2011.
　　8
31　日本のタブーThe Best―知らなかったあな
　　たが悪い！（ナックルズ・ザ・タブー編集部編）
　　2011.9
32　阪神タイガース暗黒のダメ虎史―あのとき虎は
　　弱かった：PLAYBACK 1987-2002そして…（山
　　田隆道著）　2011.10
33　教科書には載らない世界のヘンな保健体育―
　　大人のための教科書（大人のための教科書編集委
　　員会著）　2011.11
34　芸能界と裏社会―光と闇の100年史1912～
　　2012：完全保存版　2011.11
35　人気TV特番タブー疑惑の真相―ビッグダディ
　　家の謎完全暴露!!　2011.12
36　コワい警察―腐敗する巨大組織：実態を記事
　　と漫画で徹底解剖　2012.1
37　男泣き！刑事ドラマ天国―犯罪捜査のことは
　　すべてテレビで学んだ!!（テイクオー・プランニ
　　ング編, 田中稲, 歯黒猛夫, 吉松正人著）　2012.3
38　芸能TVドラマブッタ斬り!!（田中稲, 歯黒猛夫,
　　吉松正人, 東山七子, アキナガマヤ, 歯黒真夫著）
　　2012.3
39　俗悪バラエティ番組事件史　2012.4
40　ザ・タブー女子アナ暗黒全史　2012.6
41　洗脳された芸能人　2012.6
42　放送できない怪事件　2012.7
43　TV素人番組タブーの真相　2012.10
44　裏ワザthe BEST―マネー（秘）術 楽して300
　　万円儲ける　2012.11
45　逝ってしまったスターたち―あの日, 何があっ
　　たのか―？　2010-2012　2012.12
46　放送禁止!!TVハプニング恐怖全書―永久保存
　　版二度と見られない「地方局の放送事故」解禁
　　SPECIAL!!　2013.2
47　芸能界ザ・タブーコンプリートFILE　2013.3

一般叢書・全集

48 放送できない怪事件X 2013.4

49 日本のタブーThe Max—賢い奴ほど知らない話（BLACKザ・タブー編集部編） 2013.5

50 異説！太平洋戦争の真実—知られざる旧日本軍の極秘作戦（太平洋戦争の真実研究会編集・制作） 2013.6

51 激烈！封印映像999—ザ・TVタブー 2013.7

52 都市伝説の正体—知ったら死ぬ！（BLACKザ・タブー編集部編） 2013.12

53 実録！消されたUFO事件ファイル 2014.4

54 封印！発禁映像999—ザ・TVタブー 2014.4

55 太平洋戦争20大決戦の真相（フロッシュ，山崎三郎編集・制作，槙野咲男本文） 2014.8

56 発禁！衝撃映像999—ザ・TVタブー 2014.10

57 ザ・逮捕！—無実のあなたを罪人にする恐怖警察がやって来る!!（BLACKザ・タブー編集部編） 2014.12

◇芸能界「怖い」事件史—芸能界に存在する「見えない国境」に迫る！ 完全保存版 2012.12

◇芸能界ケンカ最強は誰だ？—スペシャルプライス版 2013.3

◇放送禁止タブー大全—完全保存版 スペシャルプライス版 2013.5

◇実録死刑囚—誰も書けなかった"13階段"の真実 スペシャルプライス版 2013.9

◇不適切・ザ・放送事故—放送事故70年史 スペシャルプライス版 2013.11

◇放送できない怪事件 スペシャル・プライス版 2014.6

Nadomame キコキコ商会 2013〜2015

56 ダブキンの豆本（末木智佳子主絵，末木繁久補絵・編集・加工） 2013.6

57 くらしのことわざ絵本（末木智佳子作） 2013.6

59 心の庭で 4 何度も言おう（小林重予作） 2013.12

60 江戸べっ甲磯貝英之（職人豆本 1） 2013.12

61 染絵てぬぐい川上正洋（職人豆本 2） 2013.12

62 江戸指物益田大祐（職人豆本 3） 2013.12

63 錺簪石橋千絵子（職人豆本 4） 2013.12

64 江戸切子山田真照（職人豆本 5） 2013.12

65 足袋仕立て石井健介（職人豆本 6） 2013.12

66 手植えブラシ青山大輔（職人豆本 7） 2013.12

67 東京染小紋岩下江美佳（職人豆本 8） 2013.12

68 江戸木彫横谷昭則（職人豆本 9） 2013.12

69 明咲さんの市松人形 1 市松人形とお着物（職人豆本 10）（山崎明咲作） 2013.12

70 トマトおに（末木智佳子作） 2014.2

72 心の庭で 5 輪郭をなぞる（小林重予作） 2014.5

73 お話をさがして 前編（青山和子著） 2014.11

74 お話をさがして 後編（青山和子著） 2014.12

75 心の庭で 6 ことごとく君（小林重予作） 2015.8

76 明咲さんの市松人形 2 人形を作る（職人豆本 11）（山崎明咲作） 2015.1

77 ハリネズミりっちょ左衛門（末木智佳子作） 2014.12

80 はなげ（末木智佳子絵・文） 2015.1

81 豆本のキコキコ咲展 2015（末木繁久製作編集） 2015.11

82 ぶぅくんハムになる？（堰八紗也佳作） 2015.6

83 子ら（末木智佳子作） 2015.10

Nadomame などまめ社，等豆社 2005〜2013

1 あるくあるく（末木智佳子作） 2008.3

12 ぼうやさん（末木繁久著） 2009.10

26 面影（細川玄佐，末木智佳子画，細川玄原作） 2005.4

27 楽しい珈琲帖 其の2（末木智佳子著作・イラスト） 2005.4

28 にほんのむかしばなし 1（末木智佳子絵） 2006.1

29 にほんのむかしばなし 2（ヒサ・ハンマツ絵） 2006.1

31 Ｎじま公園（末木繁久作） 2006.9

32 キコキコぼうやとてぬぐいぼうや（すえきちかこさく） 2006.10

33 ピー子の絵本（Taka著） 2007.11

34 ジョン（犬）の歌本（Jon（犬）著） 2007.11

36 冬の子ろも（末木智佳子著） 2007.12

37 そんな話—M.M. tiny books（森雅之作） 2008.10

38 桃空（藤村明光市松人形豆写真集 1）（藤村明光［作］） 2008.10

［39］ Kanasola（かとうかなこ著） 2009.10

40 おやつ（末木智佳子［著］） 2009.4

43 隔月誌オルティンドー 創刊第1号（三枝彩子，

一般叢書・全集　　　　　　　　　　　　　　　　　　　　総記

向島ゆり子, 末木繁久編)　2010.6

44　ふつうのひとびと(木村瑔作)　2010.4

45　隔月誌オルティンドー　第2号(三枝彩子, 向島ゆり子, 末木繁久編)　2010.8

46　隔月誌オルティンドー　第3号(三枝彩子, 向島ゆり子, 末木繁久編)　2010.10

47　おばけのうた(すえきちかこ絵)　2010.10

49　隔月誌オルティンドー　第4号(三枝彩子, 向島ゆり子, 末木繁久編)　2010.12

51　隔月誌オルティンドー　第5号(三枝彩子, 向島ゆり子, 末木繁久編)　2011.5

52　Tomisan―トミ藤山画集(末木智佳子絵)　2011.11

53　隔月誌オルティンドー　第6号(三枝彩子, 向島ゆり子, 末木繁久編)　2012.10

54　心の庭で　1　君を想う(小林重予作)　2012.11

55　心の庭で　2　目印を探す(小林重予作)　2013.3

58　心の庭で　3　君と約束(小林重予作)　2013.8

7つの習慣実践シリーズ　キングベアー出版　2015

◇エンパワーメント・コーチング―人・チーム・組織の潜在能力を解き放つ、7つのコーチング・スキル 7つの習慣コーチング(マイケル・シンプソン著, フランクリン・コヴィー・ジャパン訳)　2015.2

◇ストレス・フリー―ストレスから解放される7つの原則 7つの習慣ストレス・マネジメント(マイケル・オルピン, サム・ブラッケン著, フランクリン・コヴィー・ジャパン訳)　2015.2

南島叢書　海風社　1982~2015　⇒Ⅰ-334

92　くろうさぎはねた―あまみの唄あそび(こうだてつひろ詩, 石川えりこ絵)　2011.1

93　気象・気候からみた沖縄ガイド(真木太一著)　2012.10

94　奄美八月踊り唄の宇宙(清真人, 富島甫著)　2013.6

95　二天抱擁―島の小説集(神野麻郎著)　2013.11

96　唄者武下和平のシマ唄語り(武下和平著, 清真人聞き手)　2014.7

97　こころとからだ奄美再生のレシピ―新しい島ぬジュリ料理レシピとエッセイ(田町まさよ著)

2015.9

西尾幹二全集　西尾幹二著　国書刊行会　2011~2016

第1巻　ヨーロッパの個人主義　2012.1

第2巻　悲劇人の姿勢　2012.4

第3巻　懐疑の精神　2012.7

第4巻　ニーチェ　2012.10

第5巻　光と断崖―最晩年のニーチェ　2011.10

第6巻　ショーペンハウアーとドイツ思想　2013.2

第7巻　ソ連知識人との対話　ドイツ再発見の旅　2013.5

第8巻　教育文明論　2013.9

第9巻　文学評論　2014.2

第10巻　ヨーロッパとの対決　2015.1

第11巻　自由の悲劇　2015.6

第12巻　全体主義の呪い　2015.11

第13巻　日本の孤独　2016.4

第14巻　人生論集　2014.7

第15巻　少年記　2016.7

第16巻　沈黙する歴史　2016.12

西宮市文化財資料　西宮市教育委員会　1983~2014　⇒Ⅰ-335

第56号　西宮の祭礼―兵庫県西宮市のだんじり調査報告書　1(西宮市教育委員会編)　2011.3

第57号　甲山八十八ヶ所(西宮歴史調査団調査報告書 第1集)(西宮市立郷土資料館編)　2012.3

第58号　史跡西宮砲台保存管理計画策定報告書(史跡西宮砲台史跡等保存管理計画策定委員会編)　2012.3

第59号　西宮の地蔵(西宮歴史調査団・調査報告書第2集)(西宮市立郷土資料館編)　2013.3

第60号　八十塚古墳群苦楽園文群第5・6・7号墳発掘調査報告書(西宮市教育委員会編)　2014.3

21世紀ガイド図鑑　ほるぷ出版　2016

◇世界の図書館(ビャーネ・ハマー著, [藤田奈緒][翻訳協力])　2016.10

◇世界の議事堂(アイヴァン・ハーバー著, [藤田奈緒][翻訳協力])　2016.10

日日草　徳沢愛子編　徳沢愛子　2003~2016　⇒Ⅰ-335

第64号(個人詩誌)　2013.8

第65号　光希高伶謝記念号(個人詩誌)　2014.2

第66号(個人詩誌)　2015.3

総記　　　　　　　　　　　　　　　　　　　　　　　　　　　　　一般叢書・全集

第67号　戦後70年記念号（個人詩誌）　2015.9

臨時68号　私の年賀状のあゆみ（個人詩誌）　2016.1

第69号（個人詩誌）　2016.7

NICHIBUN BUNKO　日本文芸社　2015

◇ひとり飲み飯肴かな（久住昌之著）　2015.6

◇お前ならできる（小倉全由著）　2015.7

◇武器・兵器でわかる太平洋戦争（太平洋戦争研究会編著）　2015.8

◇人生が劇的に変わるマインドの法則（久瑠あさ美著）　2015.9

◇夢をかなえることだまの力（矢尾こと葉著）　2015.10

◇神さまのお告げで教わった！　しあわせスパイラル（井内由佳著）　2015.11

◇逃亡日記（吾妻ひでお著）　2015.11

日経プレミアシリーズ　日本経済新聞出版社
　2008〜2016　⇒Ⅲ－323

081　日本ラーメン秘史（大崎裕史著）　2011.10

094　太陽熱エネルギー革命（菊池隆，堀田善治著）　2011.3

098　アメリカ人はなぜ肥るのか（猪瀬聖著）　2010.11

099　エグゼクティブの悪いくせ（綱島邦夫著）　2010.11

100　巨大企業に勝つ5つの法則（古庄宏臣，玉田俊平太著）　2010.11

101　指導者バカ（西村卓二著）　2010.12

102　占領下の日本（にっぽん）―写真で読む昭和史（水島吉隆著，太平洋戦争研究会編）　2010.12

103　途上国化する日本（にっぽん）（戸堂康之著）　2010.12

104　カンブリア宮殿「特別版」村上竜×孫正義（村上竜著，テレビ東京報道局編）　2010.12

105　環境ビジネス5つの誤解（尾崎弘之著）　2011.1

106　ジョークで読むロシア（菅野沙織著）　2011.1

107　嘘をつくコレステロール（林洋著，重松洋監修）　2010.12

108　外国人投資家が日本株を買う条件（菊地正俊著）　2011.1

109　不動産で豊かになる10年先の読み方（幸田昌則著）　2011.1

110　途中下車の愉しみ（桜井寛著）　2011.2

111　宇宙をめざした北斎（内田千鶴子著）　2011.2

112　松下幸之助に学ぶ経営学（加護野忠男著）　2011.2

113　世界経済のオセロゲーム（滝田洋一著）　2011.3

114　漢詩を味わう（林田慎之助著）　2011.3

115　江戸のお金の物語（鈴木浩三著）　2011.3

116　仕事オンチな働き者（山崎将志著）　2011.3

117　伸び続ける会社の「ノリ」の法則（遠藤功著）　2011.5

118　日本（にっぽん）をもう一度やり直しませんか（榊原英資著）　2011.4

119　「新型うつ」な人々（見波利幸著）　2011.6

120　陳家の秘伝（陳建一著）　2011.4

121　月いちゴルファーが，80台で上がれる「勝負脳」をつくる本（久富章嗣著，『書斎のゴルフ』編集部構成）　2011.4

122　人事部は見ている。（楠木新著）　2011.6

123　IFRSに異議あり（岩井克人，佐藤孝弘著）　2011.5

124　中部銀次郎のゴルフ哲学（三好徹著）　2011.5

125　緊急提言日本を救う道（堺屋太一編著）　2011.5

126　ユーロ・リスク（白井さゆり著）　2011.6

127　ジョージ五世（君塚直隆著）　2011.6

128　リーダーシップは「第九」に学べ（小松長生著）　2011.9

129　故事成語の知恵（松本肇著）　2011.7

130　アメリカ選択肢なき選択（安井明彦著）　2011.7

131　富士山に千回登りました（実川欣伸著）　2011.7

132　非常時とジャーナリズム（井上亮著）　2011.8

133　原発とレアアース（畔蒜泰助，平沼光著）　2011.8

134　東日本大震災、その時企業は（日本経済新聞社編）　2011.7

135　サボる時間術（理央周著）　2011.9

136　辞める首相辞めない首相（塩田潮著）　2011.9

137　普通のサラリーマンが2年でシングルになるためのラウンド術（山口信吾著）　2011.9

138　弱い日本の強い円（佐々木融著）　2011.10

一般叢書・全集　　　　　　　　　　　　　　　　　　　　　総記

139　「上から目線」の構造（榎本博明著）　2011.10
140　「IT断食」のすすめ（遠藤功, 山本孝昭著）　2011.11
141　日本破綻を防ぐ2つのプラン（小黒一正, 小林慶一郎著）　2011.11
142　就活生の親が今、知っておくべきこと（籠幸子著）　2011.11
143　人はなぜ〈上京〉するのか（難波功士著）　2012.1
144　男子校という選択（おおたとしまさ著）　2011.12
148　岡本太郎の仕事論（平野暁臣著）　2011.11
149　ユーロ危機と超円高恐慌（岩田規久男著）　2011.12
150　お金の正しい守り方（大井幸子著）　2012.1
151　いま中国人は何を考えているのか（加藤嘉一著）　2012.2
152　会社人生は「評判」で決まる（相原孝夫著）　2012.2
153　世界を変えた素人発明家（志村幸雄著）　2012.2
154　20歳からの社会科（明治大学世代間政策研究所編）　2012.3
155　なぜ3人いると噂が広まるのか（増田直紀著）　2012.3
156　ロジカルゴルフースコアアップの方程式（尾林弘太郎著）　2012.4
157　「すみません」の国（榎本博明著）　2012.4
158　中国人エリートは日本人をこう見る（中島恵著）　2012.5
159　仕事の9割は世間話（髙城幸司著）　2012.5
160　リスク、不確実性、そして想定外（植村修一著）　2012.6
161　消費税が日本を救う（熊谷亮丸著）　2012.6
162　日本銀行デフレの番人（岩田規久男著）　2012.6
163　論理的なのに、できない人の法則（高橋誠, 岩田徹著）　2012.7
164　ヒッグス粒子と宇宙創成（竹内薫著）　2012.8
165　ゴルフは寄せとパットから考える（今田竜二著, 『書斎のゴルフ』編集部構成）　2012.11
166　選ばれる営業、捨てられる営業（勝見明著）　2012.8
167　聴かなくても語れるクラシック（中川右介著）　2012.8

168　トップアマだけが知っているゴルフ上達の本当のところ（本条強著）　2012.7
169　京都ここだけの話（日本経済新聞京都支社編）　2012.9
170　読めば上手くなる！ ゴルフ力アップの知恵袋（金谷多一郎著）　2012.9
171　会社で不幸になる人、ならない人（本田直之著）　2012.10
172　中学受験という選択（おおたとしまさ著）　2012.11
173　少女時代と日本の音楽生態系（三浦文夫著）　2012.10
174　ひつまぶしとスマホは、同じ原理でできている（理央周著）　2012.10
175　風力発電が世界を救う（牛山泉著）　2012.11
176　サラリーマンは、二度会社を辞める。（楠木新著）　2012.11
177　昆布と日本人（奥井隆著）　2012.12
178　ユーロ破綻そしてドイツだけが残った（竹森俊平著）　2012.10
179　円安恐慌（菊池真著）　2012.11
180　「30分遅れます」は何分待つの？ 経済学（佐々木一寿著）　2012.12
181　女子校という選択（おおたとしまさ著）　2012.12
182　「やりたい仕事」病（榎本博明著）　2012.11
183　火中の栗の拾い方（髙城幸司著）　2013.1
184　中国台頭の終焉（津上俊哉著）　2013.1
185　お役所しごと入門（山田咲道著）　2013.1
186　ソクラテスはネットの「無料」に抗議する（ルディー和子著）　2013.2
187　経済学の忘れもの（竹内宏著）　2013.2
189　韓国葛藤の先進国（内山清行著）　2013.3
190　今のピアノでショパンは弾けない（高木裕著）　2013.6
191　知的創造の技術（赤祖父俊一著）　2013.3
192　京都ここだけの話 「あんな、実はな…」の巻（日本経済新聞京都支社編）　2013.3
193　岡本綾子のすぐにチェックしたい！ ゴルフの急所（岡本綾子著）　2013.4
194　二代目が潰す会社、伸ばす会社（久保田章市著）　2013.7
195　さようなら昭和の名人名優たち（矢野誠一著）　2013.4
196　ロジカルな田んぼ（松下明弘著）　2013.4
197　藤田寛之のゴルフ哲学（藤田寛之著）　2013.

総記　　　　　　　　　　　　　　　　　　　　　　　　　　　一般叢書・全集

5

198　リスクとの遭遇（植村修一著）　2013.5

199　社交的な人ほどウソをつく（内藤誼人著）
2013.4

200　『養生訓』病気にならない98の習慣（周東寛著，
造事務所編集・構成）　2013.8

201　太る脳，痩せる脳（鳥居邦夫著）　2013.9

202　日本企業は何で食っていくのか（伊丹敬之著）
2013.5

203　食と健康の話はなぜ嘘が多いのか（林洋著，重
松洋監修）　2013.6

204　金融依存の経済はどこへ向かうのか─米欧金
融危機の教訓（池尾和人，21世紀政策研究所編）
2013.7

205　宮本勝昌の10打縮めるゴルフ上達術（宮本勝
昌著）　2013.7

206　あなたのその苦しみには意味がある（諸富祥
彦著）　2013.7

207　ロジカルゴルフ実戦ノート（尾林弘太郎著）
2013.6

208　東京ふしぎ探検隊（河尻定著）　2013.8

209　税務署は見ている。（飯田真弓著）　2013.9

210　謎だらけの日本語（日本経済新聞社編）
2013.9

211　日本経済論の罪と罰（小峰隆夫著）　2013.9

212　ゴルフがぐんと楽しくなるスコアメイクの流
儀（鈴木規夫著）　2013.9

213　中国人の誤解日本人の誤解（中島恵著）
2013.10

214　保険会社が知られたくない生保の話（後田亨
著）　2013.10

215　異文化主張力─グローバルビジネスを勝ち抜
く極意（T・W・カン著）　2013.10

216　初歩からの世界経済（日本経済新聞社編）
2013.10

217　お子様上司の時代（榎本博明著）　2013.9

219　アラフォー男子の憂鬱（常見陽平，おおたと
しまさ編著）　2013.12

220　きみはダイジョブ？（石田衣良著）　2013.11

221　芹沢信雄のこうすれば上手くなる！　ゴルフ
のツボ（芹沢信雄著）　2013.11

222　北朝鮮経済のカラクリ（山口真典著）　2013.
12

223　統計データが語る日本人の大きな誤解（本川
裕著）　2013.11

224　金遣いの王道（林望，岡本和久著）　2013.11

225　社会保障を立て直す─借金依存からの脱却
（八代尚宏著）　2013.12

226　円安シナリオの落とし穴（池田雄之輔著）
2013.12

228　8歳からの内定獲得術（竹内謙礼著）　2014.1

229　おどろき京都案内（日本経済新聞京都支社編）
2014.2

230　巨大津波地層からの警告（後藤和久著）
2014.5

232　進学塾という選択（おおたとしまさ著）
2014.1

233　スマホは人気で買うな！─経済学思考トレー
ニング（吉本佳生編著）　2014.1

234　日本経済を変えた戦後67の転機（日本経済新
聞社編）　2014.1

235　無茶振りの技術（高城幸司著）　2014.3

236　宇宙飛行士の仕事力（林公代著）　2014.3

237　Jリーグ再建計画（大東和美，村井満編）
2014.5

238　世界が見た日本人もっと自信を持っていい理
由（布施克彦，大賀敏子著）　2014.7

240　劣化するシニア社員（見波利幸著）　2014.2

241　司法書士は見た！　実録相続トラブル（川原田
慶太著）　2014.3

242　深読みサッカー論（山本昌邦，武智幸徳著）
2014.4

243　日本政治ひざ打ち問答（御厨貴，芹川洋一著）
2014.4

244　深堀圭一郎のゴルフマネジメント（深堀圭一
郎著）　2014.4

245　ネット炎上職場の防火対策（岡嶋裕史著）
2014.4

246　いつでも90台で上がれる人のゴルフの習慣
（北野正之著）　2014.4

247　男のパスタ道（土屋敦著）　2014.6

248　雇用改革の真実（大内伸哉著）　2014.5

249　そんな営業部ではダメになる（藤本篤志著）
2014.6

250　保険外交員も実は知らない生保の話（後田亨
著）　2014.6

251　阪田哲男のゴルフ魂（阪田哲男著）　2014.7

252　誤解だらけの「食の安全」（有路昌彦著）
2014.7

255　天気予報はこの日「ウソ」をつく（安藤淳著）
2014.8

256　葬儀社だから言えるお葬式の話（川上知紀著）

全集・叢書総目録 2011-2016　　383

一般叢書・全集　　　　　　　　　　　　　　　　　　　　　　総記

2014.12

257　なぜ「田中さん」は西日本に多いのか（小林明著）　2014.8

258　ショットが悪いのに、90が切れてしまうゴルフの鉄則（小池泰輔著）　2014.8

260　がんを「味方」にする生き方（小林博著）2014.9

261　不祥事は、誰が起こすのか（植村修一著）2014.9

262　異常気象が変えた人類の歴史（田家康著）2014.9

263　ロジカルゴルフ―ショートゲームの思考術（尾林弘太郎著）　2014.9

264　4スタンス理論から実現！ 常に100を切るゴルフ（鈴木聡夫著, 広戸聡一監修）　2014.11

265　出世する人は人事評価を気にしない（平康慶浩著）　2014.10

266　もう100は叩かない!!村口史子の楽々ゴルフ（村口史子著）　2014.10

267　日本語ふしぎ探検（日本経済新聞社編）2014.10

268　哲おじさんと学くん（永井均著）　2014.9

269　ハイパフォーマー彼らの法則（相原孝夫著）2014.12

270　日本を救ったリフレ派経済学（原田泰著）2014.11

271　男と女のワイン術（伊藤博之, 柴田さなえ著）2015.1

272　出世する武士、しない武士（大石学編）　2015.3

273　知らないと危ない、会社の裏ルール（楠木新著）　2015.2

274　経済学のセンスを磨く（大竹文雄著）　2015.5

275　塩谷育代のいい「加減」ゴルフのススメ（塩谷育代著）　2015.3

276　男のハンバーグ道（土屋敦著）　2015.6

277　勝つ人のメンタル―トップアスリートに学ぶ心を鍛える法（大儀見浩介著）　2015.4

278　残念なエリート（山崎将志著）　2015.5

279　社長、その商品名、危なすぎます！（富沢正著）　2015.5

280　練習ぎらいでもシングルになれるゴルフ3つの力（佐久間馨著）　2015.7

281　薄っぺらいのに自信満々な人（榎本博明著）2015.6

282　世界のエリート近くで見たら実際はタダの人

（布施克彦, 大賀敏子著）　2015.8

283　宇宙の始まり、そして終わり（小松英一郎, 川端裕人著）　2015.12

284　ビジネスに活かす脳科学（萩原一平著）2015.7

285　反資本主義の亡霊（原田泰著）　2015.7

286　カラダにいい！ がカラダを壊す（亀田圭一著）　2015.9

289　150ヤード以内は必ず3打で上がれる!!アプローチのお約束（タケ小山著）　2015.8

290　大格差社会アメリカの資本主義（吉松崇著）2015.12

291　世界の軍事情勢と日本の危機（高坂哲郎著）2015.10

292　エヴァンゲリオン化する社会（常見陽平著）2015.10

293　中国バブル崩壊（日本経済新聞社編）　2015.10

294　中韓産業スパイ（渋谷高弘著）　2015.11

295　出世する人は一次会だけ参加します―会社人生を決める7つの選択（平康慶浩著）　2015.11

296　男と女のワイン術　2杯め　グッとくる家飲み編（伊藤博之, 柴田さなえ著）　2015.12

297　1日1杯の味噌汁が体を守る（車浮代著）2016.1

298　資本主義がわかる本棚（水野和夫著）　2016.2

299　日本酒テイスティング（北原康行著）　2016.3

300　いらない課長、すごい課長（新井健一著）2016.3

301　クラブを正しく使えばもっと飛ぶ!!（関雅史著）　2016.3

302　人口減が地方を強くする（藤波匠著）　2016.4

303　世界経済大乱（滝田洋一著）　2016.4

304　次のコンペで勝つ！ 10打縮まるゴルフの特講（「書斎のゴルフ」編集部構成）　2016.4

305　緊急解説マイナス金利（清水功哉著）　2016.3

306　空港は誰が動かしているのか（轟木一博著）2016.5

307　税務署は3年泳がせる。（飯田真弓著）　2016.6

308　内藤雄士の「あすゴル！」（内藤雄士著, ゴルフネットワーク監修）　2016.5

309　仕事で結果をだす人のフィジカルルーティン

総記　　　　　　　　　　　　　　　　　　　　　　　　　一般叢書・全集

（山本忠雄著）　2016.8

310　ビールはゆっくり飲みなさい（藤原ヒロユキ
　　　著）　2016.6

311　経理部は見ている。（楠木新著）　2016.9

312　心が折れる職場（見波利幸著）　2016.7

313　「みっともない」と日本人（榎本博明著）
　　　2016.7

314　ビジネス版悪魔の辞典（山田英夫著）　2016.
　　　6

315　すごいインドビジネス（サンジーヴ・スィン
　　　ハ著）　2016.8

316　大人を磨くホテル術（高野登，牛窪恵著）
　　　2016.10

317　脳にきく色身体（からだ）にきく色（入倉隆
　　　著）　2016.8

318　2025年、高齢者が難民になる日（小黒一正編
　　　著）　2016.9

319　こうすれば250ヤードは超える!!飛ばしのお約
　　　束（タケ小山著）　2016.9

320　なぜ酒豪は北と南に多いのか（小林明著）
　　　2016.8

321　英EU離脱の衝撃（菅野幹雄著）　2016.10

322　世界経済まさかの時代（滝田洋一著）　2016.
　　　10

323　先生も知らない世界史（玉木俊明著）　2016.
　　　10

324　御社営業部の「病気」治します（藤本篤志著）
　　　2016.11

325　食の金メダルを目指して（三国清三著）
　　　2016.11

326　中東崩壊（日本経済新聞社編）　2016.11

328　大学付属校という選択―早慶MARCH関関同
　　　立（おおたとしまさ著）　2016.12

329　きもの文化と日本（伊藤元重，矢嶋孝敏著）
　　　2016.12

333　トランプ政権で日本経済はこうなる（熊谷亮
　　　丸，大和総研編著）　2016.12

日経ホームマガジン　日経BP社　2010～2016
◇買っていい食材＆おいしい料理―目瞭然図鑑
　　2010.12
◇おとなのマナー完璧講座　2011.1
◇電車とバスと徒歩で行く『奥の細道紀行』（桜井
　　寛写真文）　2011.1
◇和の作法、和のこころ―日本人の知らない　2011.
　　1
◇お金持ち入門―日経マネー　2011.2

◇食べてもやせる！　男の食事術　2011.3
◇そこまでやるか！　文具王高畑正幸の最強アイテ
　　ム完全批評（高畑正幸［著］）　2011.4
◇働き女子のひとり暮らし完全BOOK―賢く、しっ
　　かり得をする！（日経WOMAN編）　2011.4
◇おとなのマナー　海外旅行編　2011.6
◇冠婚葬祭のマナー―結婚式も法要もこれ一冊あ
　　れば安心です！　2011.7
◇おとなの歴史講座―あなたの知らない歴史の舞
　　台裏　2011.7
◇いま、一番頼れるお金が貯まる本！―月収10万
　　円台★ひとり暮らし★貯蓄ゼロでもOK！（日経
　　WOMAN編）　2011.7
◇完全デジタル時代の薄型テレビ＋レコーダー活
　　用術（安蔵靖志執筆）　2011.8
◇おとなの美術館―アート、レストラン、建築、庭…
　　最新ミュージアムを堪能する　2011.8
◇正しく身に付けたい！　和のマナー和の教養
　　2011.8
◇豊島逸夫が読み解く金（ゴールド）＆世界経済（豊
　　島逸夫［著］）　2011.8
◇この一冊で安心！　働く女性の保険の本（日経
　　WOMAN編）　2011.8
◇女子的スマートフォン活用術―ケータイからラ
　　クラク乗り換える Android iPhone対応版（日経
　　WOMAN編）　2011.8
◇石田純一お金のくどき方―日経マネー　2011.12
◇1カ月でラクラク♪女子力が上がる美文字練習
　　帳（日経ウーマン別冊）（青山浩之監修・手本）
　　2011.12
◇おとなの仏教入門―お釈迦様の悟りから仏事の
　　マナーまで　2012.1
◇大逆転FP花輪陽子のもう100万円貯まる本―日
　　経マネー（花輪陽子［著］）　2012.1
◇美しい日本語と正しい敬語が身に付く本　2012.
　　4
◇女子力アップの整理＆収納術―スッキリ！　新し
　　い生活はじめよう（日経WOMAN編）　2012.4
◇スマホラクラク使いこなし術―アンドロイドの
　　"困った"、ぜ～んぶ解決！　2012.7
◇一生困らないお金の貯めワザ・節約ワザ　2012.
　　7
◇ニッポン全国のご当地No.1は？―47都道府県が
　　よく分かる本（日経おとなのOFF）　2012.8
◇苦手な手紙がすらすら書ける本（日経おとなの
　　OFF）　2012.8

全集・叢書総目録 2011-2016　　**385**

◇親子の鉄道大百科―日経Kids+　2012.8
◇不安を生き抜く！「金」読本―消費増税、年金リスクそろそろ知りたい金のこと（日経マネー）（豊島逸夫責任編集）　2012.10
◇心がラクになる「超訳賢者の言葉」　2012.11
◇おとなの美文字練習帳―1カ月でスイスイ♪品格が上がる　行書編（青山浩之監修・手本）　2012.11
◇美文字を書いて覚える正しい日本語　2012.12
◇金持ち老後VS貧乏老後（日経マネー）　2012.12
◇私が変わる☆毎日が輝く時間術　2012.12
◇中学受験をしない選択―日経Kids+　2013.1
◇漢字がすいすい覚えられる本―間違えやすい読み書きのツボから漢検必勝法まで―漢字習得の極意を教えます（日経おとなのOFF）　2013.1
◇日本人なら知っておきたい日本語の基本―正しい敬語遣い達人の文章術手紙やメールの常識（日経おとなのOFF）　2013.1
◇女子力を磨く美しい言葉と敬語が身に付く日本語練習帳　2013.1
◇太らない！　男の食事術　2013.3
◇美しい人の立ち居振る舞い講座―この一冊であなたの第一印象UP　保存版　2013.4
◇相続金持ちVS相続貧乏―日経ビジネス×日経マネー　2013.4
◇ひとり暮らし完全ガイド―毎日が充実する！　2013.4
◇美しい所作と恥ずかしくない作法が身に付く本（日経おとなのOFF）　2013.5
◇伊勢神宮と出雲大社―もっと知りたい！ニッポン最高峰の神社（日経おとなのOFF）　2013.5
◇女子力アップ＆マナー講座―自分に自信がつく！　2013.5
◇心の教育―日経Kids+　2013.6
◇決定版食べて痩せるおとなのダイエット（日経おとなのOFF）　2013.7
◇働き女子の貯め方＆ふやし方入門―一生困らない！　お金との付き合い方レッスン　2013.7
◇イケア、コストコ、楽天、アマゾン…買い方の（得）ワザ―完全版　2013.8
◇子どもと読みたい100冊の本―日経Kids+　2013.8
◇美部屋をラクラク♪キープ毎日がうまくいく！片づけ＆収納術　2013.8
◇花嫁修業の本―ドレスや指輪よりも大切なことがあります（日経おとなのOFF）　日経おとなの

OFF特別編集　2013.10
◇桐谷広人さんが教える株主優待ガイド（日経マネー）　2013.11
◇将来の不安まるごと解決！おひとりさまのマネー＆ライフ術　2013.11
◇人生も仕事も豊かになる！働き女子の必読本300冊　2013.11
◇偏差値のカラクリ―日経Kids+　2013.12
◇こだわりいっぱいネットで住まい探し読本―日経トレンディネット　2013.12
◇やさしい「美文字」練習帳―1カ月でキラキラ♪好感度が上がる　ひらがな＆カタカナ集中トレーニング（青山浩之監修・手本）　2013.12
◇相続と葬儀で困らない本―自分らしく生前の準備　2014年版（日経おとなのOFF）　2013.12
◇おとなの漢字実戦講座（日経おとなのOFF）　2014.1
◇気持ちが伝わる大人かわいいイラスト練習帳―ペン1本から描けてか・ん・た・ん♪（Cotton'sイラスト指導）　2014.1
◇おとなの算数―解ける！　快感（日経おとなのOFF）　2014.2
◇おとなの不調に効く漢方ツボ押し呼吸法（日経おとなのOFF）　2014.2
◇ななつ星in九州の旅―一生に一度は乗りたい超豪華列車　完全保存版（日経おとなのOFF）（桜井寛写真・文）　2014.4
◇豊島逸夫が語り尽くす金　為替　世界経済（日経マネー）（豊島逸夫［著］）　2014.4
◇新しい自分が見つかる手帳＆ノート術　2014.4
◇医者いらずの食べ方―医者がすすめる、自分で健康になる食事法（日経おとなのOFF）　2014.5
◇中学受験する？　公立に行く？―日経Kids+　2014.5
◇子どもを伸ばすファミリーフィッシングのすすめ。―日経Kids+　2014.5
◇日本で見られる西洋名画の傑作Best100（千速敏男監修）　2014.7
◇働き女子の不調ケア＆リラックス大全―体が重い＆ストレスをすべて解消！　2014.7
◇絶対得する買い方最強ガイド　2014.8
◇知らないと損をする相続＆贈与の落とし穴―日経ビジネス×日経マネー　2014.8
◇楽して得する！　貯めワザ節約テク　2014.8
◇おとなの「ひとり家ごはん」―夜遅く帰った日も、すぐ作れる（日経おとなのoff）（冨田ただす

総記　　　　　　　　　　　　　　　　　　　　　　　　　　　　　　一般叢書・全集

け調理・スタイリング）　2014.8

◇100歳までのお金の作法—何が違う？「老後安心」家族VS.「老後不安」家族　2014.8

◇親と子の相続 生前贈与 葬儀のお金—2015年1月の相続増税に備える もめない、損しない（日経おとなのOFF）　2014.10

◇一生仕事で困らない★働く女性の資格＆スキル勉強術　2014.11

◇仕事が速い女性がやっている時間のルール—ミスゼロ段取り術、輝く女性の朝習慣、仕事＆暮らしの時短テク　2014.12

◇絶対貯まる！ 働く女性のマネーノート—一生お金に困らないマネーライフプラン＆投資講座（日経WOMAN編、深田晶恵考案・監修）　2014.12

◇中学受験で合格する子、涙をのむ子—日経Kids+　2014.12

◇おとなのマナー完璧講座（日経おとなのOFF）新装版　2014.12

◇桐谷広人さんに学ぶ株主優待入門　2015（日経マネー）　2014.12

◇「NISAで勝つ！」投資術（日経マネー）　2015.1

◇仕事が速い女性になる！ Excel丸わかり講座　2015.1

◇女子高生のための進学バイブル　2015.1

◇潜在能力を引き出す育脳メソッド—0歳から始めなくても大丈夫！ 日経Kids+　2015.1

◇仕事ができる女性になるビジネスマナーの法則　2015.2

◇脳に効く！ おとなの算数パズル＆ドリル（日経おとなのOFF）　2015.2

◇開運入門—2015年の金運アップ・縁結び・受験・就職の成功を願う（日経おとなのOFF）　2015.2

◇不動産でお金持ち—「年収500万円」から億万長者になる方法（日経マネー）　2015.4

◇忙しい女性がやっている片づけ＆収納ルール—1日5分で人生が変わる！ 新・片づけ術　2015.4

◇すごい！ 日用品＆雑貨カタログ299—まるまる一冊保存版　2015.5

◇クックパッド忙しい日もぱぱっと作れる定番モテレシピ　2015.5

◇医者がすすめる！ 薬いらずの食べ方（日経おとなのOFF）　2015.5

◇美しい日本語と正しい敬語が身に付く本—日本人だからこそ知っておきたい言葉の知識とマナー　新装版　2015.5

◇言いにくいことの上手な伝え方　2015.7

◇美しい所作と恥ずかしくない作法が身に付く本（日経おとなのOFF）　新装版　2015.7

◇ずるい！ エクセル＆ワードパワポ仕事術—完全版　2015.8

◇100歳までお金に困らない！ 目指せ金持ち老後　2015.8

◇漢方作りおきおかず薬膳ごはん漢方茶—男と女のホルモン力アップ（日経おとなのOFF）　2015.8

◇朝イチの「魚」で脳の活性化＆アンチエイジング—魚の脂肪酸が脳の働きを活発にします！（日経おとなのOFF）　2015.8

◇「肉」で長生き＆ダイエット—いつまでも若さを保つための肉の正しい食べ方があります（日経おとなのOFF）　2015.8

◇間違いだらけの相続＆贈与—日経ビジネス×日経マネー　2015年—2016年最新版　2015.9

◇仕事で信頼される女性の美しいマナー＆話し方　2015.10

◇備えておくべきことがわかる！ 相続 生前贈与 葬儀 お墓のキホン—親がイザというときに困らない！ もめない！（日経おとなのOFF）　2015.10

◇おとなの浅草案内—行くたびに新発見！（日経おとなのOFF）　2015.11

◇日経WOMAN sœur—40歳から、幸運を引き寄せる習慣　2015.12

◇毎日がもっと充実！ 朝と夜の新習慣　2015.12

◇忙しい人もラクラク続く学び方「1日5分」で英語が話せる！　2015.12

◇ほうれい線撃退バイブル—WOMAN nikkei Online 1日1分で5歳若返る！ 働く女性の印象力アップ！（日経ウーマンオンライン編）　2016.1

◇感動する米の食べ方、炊き方—いつものごはんが10倍美味しくなる！（日経おとなのOFF）　2016.1

◇女子高生のための大学進学バイブル　2016.1

◇人生を楽しくする哲学一夜漬け—古今東西の哲学オールスターズが優しくレクチャー（日経おとなのOFF）　2016.1

◇脳が老化しない！ 習慣＆ドリル—毎日の食事、運動、脳活で若返り！（日経おとなのOFF）　2016.1

◇これ1冊でふるさと納税のすべてが分かる本　2016年版（日経マネー）　2016.1

◇本当にいいものだけ！ 日用品＆雑貨342　2016年保存版　2016.3

全集・叢書総目録 2011-2016　　387

一般叢書・全集 総記

◇毎日が充実している人の手帳＆ノート術 2016.4

◇初めてのスイスプライベートバンク入門 2016.5

◇仕事が速い女性がやっている時間のルール 新装版 2016.6

◇おとなの快「腸」生活（日経おとなのOFF） 2016.6

◇お金が貯まる！ スッキリが続く！ 片づけ＆捨て方―着たい服がすぐに見つかるクローゼット収納術 2016.7

◇仕事が速い女性になる！ Excel丸わかり講座 新装版 2016.7

◇死ぬまで住みたい家―人生後半がもっと楽しくなる！（日経おとなのOFF） 2016.7

◇持たない暮らしと片付けの作法―人生後半は「小さく、豊かに」（日経おとなのOFF） 2016.7

◇本当にすごい！ 日用品＆雑貨カタログ350―完全保存版 2016.8

◇いちばんやさしいはじめての「美文字」練習帳―1ページ5分！ の速習版（青山浩之監修・手本，［日経WOMAN］［編］） 2016.8

◇中野ジェームズ修一の1日5分筋トレと1回30秒ストレッチ―トップアスリートを支えるフィジカルトレーナー（日経おとなのOFF）（中野ジェームズ修一［著］） 2016.8

◇美少女キャラIRroidの萌えよ・株式投資（日経マネー） 2016.8

◇50歳から始める「安心老後」準備大全（日経おとなのOFF） 2016.8

◇親子で始めるプログラミング―日経Kids+ 2016.9

◇お金がどんどん増える本――一生お金に困らない！ 2016.10

◇サラリーマンのための退活読本―老後貧乏にならない！（日経マネー） 2016.10

◇最高のひとり時間―忙しい私を賢くリセットする習慣230 2016.11

◇文系の親でもゼロからわかるプログラミング―プログラミングが小学校で必修に！ 2016.12

◇不動産で億万長者！―空前の低金利、サラリーマンが不動産投資で有利な理由（日経マネー） 2016.12

◇老後不安を解消!!確定拠出年金DCをはじめよう（日経マネー） 2016.12

◇1日5分でミスをしない！ ちょっとしたコツ事典 2016.12

◇Dr.鎌田実のカンタンおいしい！ 長寿ごはん―長野県を健康長寿日本一にしたカリスマ医師（日経おとなのOFF）（鎌田実［著］） 2016.12

◇ふるさと納税のすべてが分かる本―絶対お得！ 2017年版（日経マネー） 2016.12

日テレbooks 日本テレビ放送網 2010〜2013

◇読む！ 深イイ話 2010.8

◇「ぶらり途中下車の旅」のススメ 2011.1

◇ガールズパリ―梨花しずちゃんしょこたんとっておきのパリ!! 週末のシンデレラ世界！ 弾丸トラベラー 2011.2

◇「恋のから騒ぎ」卒業メモリアル'10-'11 17期生 2011.3

◇3行ラブレター―読む！ 深イイ話2 2011.3

◆横浜アンパンマンこどもミュージアム＆モール公式ガイドブック '11〜'12 2011.3

◇生きてるだけでなんくるないさ 新装版（玉元栄作［著］） 2011.8

◇高校生クイズのヒーローたちに学ぶ東大・難関大合格の勉強術 2011.9

◇石川遼、20歳（柳沢英俊著） 2011.9

◇MOCO'Sキッチン―Recipe Collection 速水もこみちのおいしい＆カンタンレシピ満載！ 2011.10

◇ガールズ香港・マカオ―しょこたんナビでしずちゃんのぞみ大満足!! 週末のシンデレラ世界！ 弾丸トラベラー 2011.11

◇3行ラブレター―読む！ 深イイ話2 新装版 2011.11

◇家政婦のミタ エピソード・ゼロ 2011.12

◇MOCO'Sキッチン―Recipe Collection：速水もこみちのおいしい＆カンタンレシピ満載！ vol.2 2011.12

◇ALWAYS三丁目の夕日'64オフィシャル・フォト・ブック 2012.1

◇成沢文子女王のレシピ―史上最大の家庭料理コンテスト番組『レシピの女王』で頂点に（成沢文子［著］） 2012.2

◇MOCO'Sキッチン―Recipe Collection：速水もこみちのおいしい＆カンタンレシピ満載！ vol.3（［速水もこみち］［著］） 2012.3

◆横浜アンパンマンこどもミュージアム＆モール公式ガイドブック '12〜'13 2012.3

◇最後のロッカールーム―監督から選手たちへ贈るラスト・メッセージ：全国高校サッカー選手

総記

一般叢書・全集

権大会敗戦直後の感動シーン 2012.12

◇そらジローコミック＆キャラクター・ブック（［佐藤リョージ］［コミックス］） 2013.1

◇泣くな、はらちゃんシナリオBOOK（岡田恵和脚本） 2013.3

◇横浜アンパンマンこどもミュージアム＆モール公式ガイドブック '13〜'14 2013.5

◇解決！ナイナイアンサー魔法の言葉（心屋仁之助著） 2013.7

◇笑顔をつくる幸せごはん―初代レシピの女王成沢文子（第3のレシピ）（成沢文子［著］） 2013.10

◇まいにち楽しいおうちごはん。―第2代レシピの女王柳川香織（第3のレシピ）（柳川香織［著］） 2013.10

日評ベーシック・シリーズ 日本評論社 2014〜2016

◇精神科治療の覚書 新版（中井久夫著） 2014.3

◇子どものメンタルヘルス事典（清水将之著） 2014.4

◇労働法（和田肇、相沢美智子、緒方桂子、山川和義著） 2015.3

◇家族法（本山敦、青竹美佳、羽生香織、水野貴浩著） 2015.3

◇発達障害の謎を解く（鷲見聡著） 2015.4

◇担保物権法（田高寛貴、白石大、鳥山泰志著） 2015.4

◇線形代数―行列と数ベクトル空間（竹山美宏著） 2015.7

◇常微分方程式（井ノ口順一著） 2015.7

◇微分積分―1変数と2変数（川平友規著） 2015.7

◇老化という生存戦略―進化におけるトレードオフ（シリーズ進化生物学の新潮流）（近藤祥司著） 2015.7

◇生命進化のシステムバイオロジー―進化システム生物学入門（シリーズ進化生物学の新潮流）（田中博著） 2015.7

◇物権法（秋山靖浩、伊藤栄寿、大場浩之、水津太郎著） 2015.7

◇大学数学への誘い（佐久間一浩、小畑久美著） 2015.8

◇ロジャーズ―クライアント中心療法の現在 全訂（村瀬孝雄、村瀬嘉代子編著） 2015.9

◇複素解析（宮地秀樹著） 2015.11

◇集合と位相（小森洋平著） 2016.3

◇憲法 2 人権（新井誠、曽我部真裕、佐々木くみ、横大道聡著） 2016.3

◇ベクトル空間（竹山美宏著） 2016.6

◇表現型可塑性の生物学―生態発生学入門（シリーズ進化生物学の新潮流）（三浦徹著） 2016.6

◇憲法 1 総論・統治（新井誠、曽我部真裕、佐々木くみ、横大道聡著） 2016.7

◇民事訴訟法（渡部美由紀、鶴田滋、岡庭幹司著） 2016.11

◇曲面とベクトル解析（小林真平著） 2016.12

日本人の知性 学術出版会 2010
⇒Ⅰ−337；Ⅱ−5

11 天野貞祐（天野貞祐著） 2010.10

12 南博（南博著） 2010.10

13 高橋義孝（高橋義孝著） 2010.10

14 中村光夫（中村光夫著） 2010.10

15 奥野信太郎（奥野信太郎著） 2010.10

16 賀川豊彦（賀川豊彦著） 2010.12

17 式場隆三郎（式場隆三郎著） 2010.12

18 大内兵衛（大内兵衛著） 2010.12

19 辰野隆（辰野隆著） 2010.12

20 古谷綱武（古谷綱武著） 2010.12

日本の賞事典 日外アソシエーツ 2012

2005-2012（日外アソシエーツ編集） 2012.7

人間科学叢書 刀水書房 1981〜2013
⇒Ⅰ−337

45 身分社会と市民社会―19世紀ハンガリー社会史（ケヴェール・ジェルジ著、平田武訳） 2013.2

人間幸福学叢書 人間幸福学研究会 2011〜2014

◇信仰者のための宗教法序説（佐藤悠人著） 2011.6

◇フランス文学と神秘主義（浅岡夢二著） 2011.8

◇ボードレールと霊的世界（浅岡夢二著） 2011.9

◇自由と繁栄の精神を求めて（森香樹、長華子、山道清和著） 2011.10

◇幸福な魂への探求―スピリチュアルケア入門（片岡秋子著） 2012.1

◇美と象徴―カント『判断力批判』の研究（伊藤淳著） 2012.8

◇祭政一致の法律学（佐藤悠人著） 2012.9

◇聖なる表象としての美術史（佐々木秀憲著） 2013.5

◇貨幣経済学の研究―ヴィクセル貨幣理論の再評価を通して（鈴木真実哉著） 2013.10

一般叢書・全集

◇宗教芸術論（佐々木秀憲著）　2013.10
◇経済学説史の再考―現代の科学と経済学（鈴木真実哉著）　2014.1
◇経済学入門―経済学の巨人に学ぶ（鈴木真実哉著）　2014.1
◇「幸福の科学教学実践研究」試論―「私的幸福」論と「公的幸福」論へのアプローチ（金子一之著）　2014.1
◇仏法真理教学論文集　1（近藤海城著）　2014.1
◇夏目漱石前期三部作論（岡本直茂著）　2014.3

人間社文庫　人間社　2015〜2016
◇風俗ルポ昭和末年のトルコロジー（昭和の性文化 1）（伊藤裕作著）　2015.4
◇すとりっぷ小屋に愛をこめて（昭和の性文化 2）（川上譲治著）　2015.4
◇ザ・えろちか―青少年のためのセックス学入門（昭和の性文化 3）（高取英著）　2015.10
◇愛人バンクとその時代（昭和の性文化 4）（伊藤裕作著）　2015.10
◇天白紀行（日本の古層 1）　増補改訂版（山田宗睦）　2016.6

人間選書　農山漁村文化協会　1977〜2012
⇒Ⅰ-338
272　昭和農業技術史への証言　第8集（西尾敏彦編）　2010.10
273　昭和農業技術史への証言　第9集（西尾敏彦編）　2012.2
274　昭和農業技術史への証言　第10集（昭和農業技術研究会，西尾敏彦編）　2012.12

認知科学のフロンティア　大修館書店　2005〜
2011　⇒Ⅰ-87
◇ヒトはいかにしてことばを獲得したか（正高信男，辻幸夫共著）　2011.7

ヌース学術ブックス　ヌース出版　2015
◇生命倫理再考―南方熊楠と共に（唐沢太輔著）　2015.2
◇経営情報学ノート（浜中敏幸著）　2015.5

ヌース教養双書　ヌース出版　2010〜2011
⇒Ⅴ-136
◇生物多様性を生きる（岩槻邦男著）　2010.12
◇国際関係の思想と実際（山本武彦著）　2011.12

ノンフィクション・シリーズ"人間"　佐高信監修・解説　七つ森書館　2011〜2013
1　越山田中角栄（佐木隆三著）　2011.9
2　松下幸之助の昭和史（立石泰則著）　2011.9
3　サーカス村裏通り（久田恵著）　2011.9
4　ストロベリー・ロード（石川好著）　2011.11
5　何日君再来（ホーリイチュンツァイライ）物語―歌い継がれる歌禁じられた時代（中薗英助著）　2012.1
6　反骨のジャーナリスト市長鈴木東民の闘争（鎌田慧著）　2012.4
8　昭和恐慌の隠された歴史―蔵相発言で破綻した東京渡辺銀行（佐高信著）　2012.8
9　火花―北条民雄の生涯（高山文彦著）　2012.10
10　愛の永遠を信じたく候―啄木の妻節子（沢地久枝著）　2013.1

How-nual図解入門　秀和システム　2012〜2016
◇最新建設業界の動向とカラクリがよ〜くわかる本―業界人、就職、転職に役立つ情報満載（業界研究）　第2版（阿部守著）　2012.5
◇新QC七つ道具の使い方がよ〜くわかる本―言語データから情報を得るツール！（ビジネス）（今里健一郎著）　2012.5
◇最新社会保障の基本と仕組みがよ〜くわかる本―国民講座「みんなの社会保障」（ビジネス）　第2版（駒村康平，丸山桂，斎藤香里，永井攻治著）　2012.6
◇最新ホテル業界の動向とカラクリがよ〜くわかる本―業界人、就職、転職に役立つ情報満載（業界研究）　第2版（中村恵二著）　2012.6
◇最新医療制度の基本と仕組みがよ〜くわかる本―医療と介護の課題と医療制度の行方は！（ビジネス）（水田吉彦著）　2012.6
◇最新介護保険の基本と仕組みがよ〜くわかる本―制度運営の仕組みとサービス利用の手続き（ビギナーズ）　第4版（高室成幸監修，ケアマネジメント研究フォーラム著）　2012.6
◇最新鉄道業界の動向とカラクリがよ〜くわかる本―業界人、就職、転職に役立つ情報満載（業界研究）　第2版（佐藤信之著）　2012.6
◇最新住宅ローンの基本と仕組みがよ〜くわかる本―住宅ローンの基礎はこれ一冊でOK！（ビジネス）　第2版（石橋知也著）　2012.7
◇最新短期金融市場の基本がよ〜くわかる本―グローバル危機時代の金融市場入門（ビジネス）（久保田博幸著）　2012.8

総記

一般叢書・全集

◇最新福祉ビジネスの動向とカラクリがよ～くわかる本―業界人、就職、転職に役立つ情報満載（業界研究）（田中元著）　2012.8

◇最新教育ビジネスの動向とカラクリがよ～くわかる本―業界人、就職、転職に役立つ情報満載（業界研究）（川上清市著）　2012.8

◇障害者総合支援法がよ～くわかる本―遂に成立の総合支援法！ これから一体どうなる!?（ビジネス）（福祉行政法令研究会著）　2012.8

◇ISO22301事業継続管理がよ～くわかる本―事業継続マネジメントの国際規格（ビジネス）（打川和男著）　2012.8

◇貿易実務の基本と仕組みがよ～くわかる本―貿易、グローバルビジネスの必須スキル（ビジネス）　第3版（布施克彦著）　2012.8

◇最新映画産業の動向とカラクリがよ～くわかる本―業界人、就職、転職に役立つ情報満載（業界研究）　第2版（中村恵二, 佐野陽子著）　2012.9

◇貿易書類の基本と仕組みがよ～くわかる本―書類がわかれば貿易実務はできる！（ビジネス）　第3版（布施克彦著）　2012.9

◇最新水ビジネスの動向とカラクリがよ～くわかる本―業界人、就職、転職に役立つ情報満載（業界研究）（吉村和就著）　2012.9

◇最新著作権の基本と仕組みがよ～くわかる本―2012年10月からの著作権法改正に対応！（ビジネス）　第2版（リバーシティ法律事務所監修, 橋本拓朗, 横溝昇, 加藤美香保, 梅村陽一郎, 南部朋子著）　2012.9

◇最新医療費の基本と仕組みがよ～くわかる本―診療報酬と薬価、材料価格がわかる！（ビジネス）第3版（菊地敏夫監修, 及川忠著）　2012.9

◇最新病院業界の動向とカラクリがよ～くわかる本―業界人、就職、転職に役立つ情報満載（業界研究）（中村恵二, 鞍貫明子著）　2012.11

◇クリティカル・シンキングがよ～くわかる本―ビジネスと人生設計の課題解決法入門（ビジネス）第2版（今井信行著）　2012.11

◇最新電機業界の動向とカラクリがよ～くわかる本―業界人、就職、転職に役立つ情報満載（業界研究）　第2版（福井晋著）　2012.11

◇最新美容業界の動向とカラクリがよ～くわかる本―業界人、就職、転職に役立つ情報満載（業界研究）　第2版（荒原文著）　2012.12

◇最新債券の基本とカラクリがよ～くわかる本―国債/社債 金利/価格 発行/償還 債券売買 債券先物；「債券取引・債券市場・債券投資」入門（ビジネス）　第2版（久保田博幸著）　2013.1

◇最新ビジネスデューデリがよ～くわかる本―入門講座「ビジネスデューデリジェンス」（ビジネス）　第2版（菅原祥公著）　2013.1

◇最新音楽業界の動向とカラクリがよ～くわかる本―業界人、就職、転職に役立つ情報満載（業界研究）　第3版（大川正義著）　2013.1

◇最新医療サービスの基本と仕組みがよ～くわかる本―医療制度改革で医療事務が変わる！（ビジネス）　第3版（菊地敏夫著）　2013.2

◇ISO39001道路交通安全管理がよ～くわかる本―道路交通安全マネジメントシステムの国際規格（ビジネス）（打川和男著）　2013.2

◇生産現場の管理手法がよ～くわかる本―生産管理のための実務・業務マニュアル（ビジネス）　第2版（菅間正二著）　2013.3

◇障害者総合支援法がよ～くわかる本―遂に施行される障害者総合支援法！（ビジネス）　第2版（福祉行政法令研究会著）　2013.3

◇最新保育サービス業界の動向とカラクリがよ～くわかる本―業界人、就職、転職に役立つ情報満載（業界研究）（大岳広展著）　2013.3

◇最新企業再生の手順と実務がよ～くわかる本―中小企業金融円滑化法が終了しても大丈夫！（ビジネス）（大村健, 由木竜太, 深町周輔, 北村庄吾著）　2013.4

◇最新インテリア業界の動向とカラクリがよ～くわかる本―業界人、就職、転職に役立つ情報満載（業界研究）　第2版（本田栄二著）　2013.4

◇最新インターネット業界のカラクリがよくわかる本―業界人、就職、転職に役立つ情報満載（業界研究）　第2版（中野明著）　2013.5

◇最新コンテンツ業界の動向とカラクリがよくわかる本―業界人、就職、転職に役立つ情報満載（業界研究）　第2版（中野明著）　2013.5

◇最新鉄鋼業界の動向とカラクリがよ～くわかる本―業界人、就職、転職に役立つ情報満載（業界研究）（川上清市著）　2013.5

◇最新放送業界の動向とカラクリがよくわかる本―業界人、就職、転職に役立つ情報満載（業界研究）　第3版（中野明著）　2013.6

◇最新医薬品業界の動向とカラクリがよ～くわかる本―業界人、就職、転職に役立つ情報満載（業界研究）　第4版（荒川博之著）　2013.6

◇最新広告業界の動向とカラクリがよくわかる本

一般叢書・全集　　　　　　　　　　　　　　　　　　　　　　　　　　　　　　総　記

―業界人、就職、転職に役立つ情報満載（業界研究）　第3版（蔵本賢, 林孝憲, 中野明著）　2013.6

◇最新調達・購買の基本とコスト削減がよ～くわかる本―今すぐ役立つバイヤー必携のハンドブック（ビジネス）（牧野直哉著）　2013.6

◇最新ゲーム理論の基本と考え方がよ～くわかる本―ケーススタディ・ビジネスゲーム理論入門（ビジネス）（清水武治著）　2013.7

◇最新通信業界の動向とカラクリがよくわかる本―業界人、就職、転職に役立つ情報満載（業界研究）　第3版（中野明著）　2013.7

◇最新ブライダル業界の動向とカラクリがよ～くわかる本―業界人、就職、転職に役立つ情報満載（業界研究）　第2版（粂美奈子著）　2013.9

◇最新外食業界の動向とカラクリがよ～くわかる本―業界人、就職、転職に役立つ情報満載（業界研究）　第2版（福井晋, 中村恵二, 鞍貫明子著）　2013.9

◇工場管理の改善手法がよ～くわかる本（ビジネス）　第2版（松井順一, 石川秀人著）　2013.9

◇統計解析の基本と実践がよ～くわかる本―データ解析の手法を図解で説明！（ビジネス）（今里健一郎著）　2013.10

◇輸出管理の基本と実務がよ～くわかる本―実務の流れから輸出管理が理解できる！（ビジネス）（橋本かおる著）　2013.10

◇最新為替の基本とカラクリがよ～くわかる本―世界の通貨 為替レート 変動相場制 金融政策 内外金利差 相場変動の仕組みと外貨取引の基礎（ビジネス）（脇田栄一著）　2013.10

◇最新ISO27001 2013の仕組みがよ～くわかる本―情報セキュリティマネジメントの国際規格（ビジネス）（打川和男著）　2013.12

◇最新化学業界の動向とカラクリがよ～くわかる本―業界人、就職、転職に役立つ情報満載（業界研究）　第3版（田島慶三著）　2013.12

◇最新不動産業界の動向とカラクリがよ～くわかる本―業界人、就職、転職に役立つ情報満載（業界研究）　第2版（磯村幸一郎著）　2013.12

◇最新食品業界の動向とカラクリがよ～くわかる本―業界人、就職、転職に役立つ情報満載（業界研究）　第3版（福井晋, 中村恵二, 佐野陽子著）　2013.12

◇最新リース取引の基本と仕組みがよ～くわかる本―仕組みからメリット、実務、業界動向まで（ビジネス）　第5版（加藤建治著）　2013.12

◇最新投資組合の基本と仕組みがよ～くわかる本―金融商品取引業の登録手続きも完璧！（ビジネス）　第3版（青木寿幸著）　2014.2

◇最新薬局業界の動向とカラクリがよ～くわかる本―業界人、就職、転職に役立つ情報満載（業界研究）（藤田道男著）　2014.2

◇台湾ビジネス法務の基本がよ～くわかる本―台湾ビジネスの実際から司法制度まで完全図解（ビジネス）（遠藤誠, 紀鈞涵著）　2014.3

◇多変量解析の基本と実践がよ～くわかる本―データ解析の手法を図解で説明！（ビジネス）（森田浩著）　2014.3

◇最新金融業界の動向とカラクリがよ～くわかる本―業界人、就職、転職に役立つ情報満載（業界研究）　第4版（平木恭一, 奥沢敦司著）　2014.4

◇最新消防法の基本と仕組みがよ～くわかる本（ビジネス）（防災研究会AFRI著）　2014.4

◇最新ネット広告＆スマホSNS広告がよ～くわかる本―効果的な集客のための基礎知識（ビジネス）（佐藤和明著）　2014.7

◇最新介護保険の基本と仕組みがよ～くわかる本―介護制度のしくみと利用の手引き（ビギナーズ）　第5版（高室成幸監修, ケアマネジメント研究フォーラム著）　2014.7

◇最新保険業界の動向とカラクリがよ～くわかる本―業界人、就職、転職に役立つ情報満載（業界研究）　第3版（中村恵二, 高橋洋子著）　2014.7

◇最新投資ファンドの基本と仕組みがよ～くわかる本―金融・経済危機後の投資ファンドを知る！（ビジネス）　第3版（岡林秀明著）　2014.8

◇最新住宅業界の動向とカラクリがよ～くわかる本―業界人、就職、転職に役立つ情報満載（業界研究）　第2版（阿部守著）　2014.8

◇ISO29990の基本と仕組みがよ～くわかる本―学習サービスマネジメントの国際規格（ビジネス）第2版（打川和男著）　2015.2

◇最新保育サービス業界の動向とカラクリがよ～くわかる本―業界人、就職、転職に役立つ情報満載（業界研究）　第2版（大岳広展著）　2015.3

◇最新物流業界の動向とカラクリがよ～くわかる本―業界人、就職、転職に役立つ情報満載（業界研究）　第3版（橋本直行著）　2015.3

◇障害者総合支援法がよ～くわかる本（ビジネス）第3版（福祉行政法令研究会著）　2015.3

◇クラウド未導入企業のためのクラウド型パッケージがよ～くわかる本―社内業務システムを

392　全集・叢書総目録 2011-2016

総記　　　　　　　　　　　　　　　　　　　　　　　　　　一般叢書・全集

クラウド化するツボ（ビジネス）（厂崎敬一郎著）
2015.4
◇最新中期経営計画の基本がよ～くわかる本―計画
策定までのプロセスを完全図解（ビジネス）　第
2版（菅原祥公著）　2015.8
◇最新介護保険の基本と仕組みがよ～くわかる本
―現場で知っておきたい制度のしくみ（ビギナー
ズ）　第6版（高室成幸監修, ケアマネジメント研
究フォーラム著）　2015.9
◇工場・プラントのサイバー攻撃への対策と課題
がよ～くわかる本―制御システムセキュリティ
の基礎知識（ビジネス）（福田敏博著）　2015.9
◇最新総合商社の動向とカラクリがよ～くわかる
本―業界人, 就職, 転職に役立つ情報満載（業界
研究）　第3版（丸紅経済研究所編）　2015.11
◇最新短期金融市場の基本がよ～くわかる本―脱
デフレ時代のマネーマーケット入門（ビジネス）
第2版（久保田博幸著）　2015.12
◇最新食品工場の衛生管理がよ～くわかる本―河岸
式管理法で食の安全・安心を守る！（ビジネス）
（河岸宏和著）　2016.3
◇最新化粧品業界の動向とカラクリがよ～くわか
る本―業界人, 就職, 転職に役立つ情報満載（業
界研究）　第4版（梅本博史著）　2016.5

バウンダリー叢書　海鳴社　2009～2016
⇒Ⅰ－339
◇はじめての整数論（村上雅人編）　2010.12
◇合気流浪―フォースに触れた空手家に蘇る時空
を超えた教え（炭粉良三［著］）　2011.3
◇謎の空手・気空術―合気空手道の誕生（畑村洋数
［著］, 保江邦夫監修）　2011.11
◇合気深淵―フォースを追い求めた空手家に舞い
降りた青い鳥・真法（炭粉良三［著］）　2012.4
◇ユング心理学からみた子どもの深層（秋山さと子
［著］）　2012.11
◇合気解体新書―冠光寺真法修行叙説（炭粉良三
［著］）　2013.2
◇内なる異性―アニムスとアニマ（エンマ・ユング
［著］, 笠原嘉, 吉本千鶴子訳）　2013.3
◇エッシャーの絵から結晶構造へ　増補版（福田
宏, 中村義作［著］）　2013.4
◇わかってしまう相対論―簡単に導けるE＝mc[2]
（福士和之［著］）　2013.7
◇謎の空手・気空術　続　秘技「結び」、そして更な
る深淵へ（保江邦夫監修, 畑村洋数［著］）　2013.
12
◇琉球秘伝・女踊りと武の神髄（宮城隼夫［著］）
2014.3
◇わかってしまう量子論―あなたの観測が宇宙を
変える（福士和之［著］）　2014.6
◇零式活人術―たまたま手にした驚きの施術（炭粉
良三［著］）　2014.11
◇零式活人術　2（炭粉良三［著］）　2015.11
◇気空の拳―空手と合気の融合（小磯康幸, 高萩英
樹［著］）　2016.3
◇日本の心を伝える空手家　銘苅拳一（炭粉良三
［著］）　2016.6

柏艪舎エルクシリーズ　柏艪舎　2006～2011
⇒Ⅰ－340
◇高句麗の十字架（藤原和博著）　2010.11
◇空を拓く―ある戦後開拓の物語（行宗登美著）
2010.12
◇キューバにかかる虹（福山瑛子著）　2011.7
◇介護保険の謎―疎外とシステムを越えて（野坂き
み子著）　2011.11

柏艪舎ネプチューン（ノンフィクション）シリーズ
柏艪舎　2005～2012　⇒Ⅴ－608
◇地名を巡る北海道（森孝著）　2010.12
◇ご主人、『立ち会う』なんて、そんな生やさしい
ものじゃありませんよ。―自宅出産・助産所出
産ドキュメント（横松心平著）　2011.3
◇なまら内村鑑三なわたし―二つの文化のはざま
で（ミシェル・ラフェイ著）　2011.5
◇根岸の里と子規と律（柏艪舎編）　2011.8
◇老人よ、ジャージを捨てよう（鈴木亜絵美, 柏艪
舎編）　2012.1

始まりの本　みすず書房　2011～2014
◇臨床医学の誕生（ミシェル・フーコー［著］, 神谷
美恵子訳）　2011.11
◇二つの文化と科学革命（チャールズ・P. スノー
［著］, 松井巻之助訳）　2011.11
◇天皇の逝く国で　増補版（ノーマ・フィールド
［著］, 大島かおり訳）　2011.11
◇可視化された帝国―近代日本の行幸啓　増補版
（原武史［著］）　2011.11
◇哲学のアクチュアリティ―初期論集（テオドー
ル・W. アドルノ［著］, 細見和之訳）　2011.11
◇進歩の終焉―来るべき黄金時代（ガンサー・S.
ステント［著］, 渡辺格, 生松敬三, 柳沢桂子訳）

全集・叢書総目録 2011-2016　　393

2011.11

◇天皇制国家の支配原理（藤田省三［著］）　2012.1

◇アウグスティヌスの愛の概念（ハンナ・アーレント［著］，千葉真訳）　2012.1

◇ノイズ─音楽 貨幣 雑音（ジャック・アタリ［著］，金塚貞文訳）　2012.4

◇素足の心理療法（霜山徳爾［著］）　2012.4

◇チーズとうじ虫─16世紀の一粉挽屋の世界像（カルロ・ギンズブルグ［著］，杉山光信訳）　2012.6

◇政治的ロマン主義（カール・シュミット［著］，大久保和郎訳）　2012.6

◇プロメテウスの火（朝永振一郎［著］，江沢洋編）　2012.6

◇科学史の哲学（下村寅太郎［著］）　2012.6

◇望郷と海（石原吉郎著）　2012.6

◇隠喩としての病い エイズとその隠喩（スーザン・ソンタグ［著］，富山太佳夫訳）　2012.9

◇カフカとの対話─手記と追想（グスタフ・ヤノーホ［著］，吉田仙太郎訳）　2012.11

◇パリ、病院医学の誕生─革命暦第三年から二月革命へ（アーウィン・H・アッカークネヒト［著］，舘野之男訳）　2012.12

◇物理学への道程（朝永振一郎［著］，江沢洋編）　2012.12

◇サリヴァン、アメリカの精神科医（中井久夫［著］）　2012.12

◇孤独な群衆 上（デイヴィッド・リースマン［著］，加藤秀俊訳）　2013.2

◇孤独な群衆 下（デイヴィッド・リースマン［著］，加藤秀俊訳）　2013.2

◇ロシア革命の考察（E・H・カー［著］，南塚信吾訳）　2013.4

◇ベンヤミン/アドルノ往復書簡─1928-1940 上（ベンヤミン，アドルノ［著］，H・ローニッツ編，野村修訳）　2013.6

◇ベンヤミン/アドルノ往復書簡─1928-1940 下（ベンヤミン，アドルノ［著］，H・ローニッツ編，野村修訳）　2013.6

◇ケアへのまなざし（神谷美恵子［著］）　2013.8

◇ヒステリーの発明─シャルコーとサルペトリエール写真図像集 上（ジョルジュ・ディディ＝ユベルマン［著］，谷川多佳子，和田ゆりえ訳）　2014.1

◇ヒステリーの発明─シャルコーとサルペトリエール写真図像集 下（ジョルジュ・ディディ＝ユベルマン［著］，谷川多佳子，和田ゆりえ訳）　2014.

1

◇沈黙の世界（マックス・ピカート［著］，佐野利勝訳）　2014.2

◇この道、一方通行（ヴァルター・ベンヤミン［著］，細見和之訳）　2014.4

◇行動の構造 上（モーリス・メルロ＝ポンティ［著］，滝浦静雄，木田元訳）　2014.4

◇行動の構造 下（モーリス・メルロ＝ポンティ［著］，滝浦静雄，木田元訳）　2014.4

◇波止場日記─労働と思索（エリック・ホッファー［著］，田中淳訳）　2014.9

畑田家住宅活用保存会出版シリーズ　畑田家住宅活用保存会　2003〜2013　⇒Ⅰ-341

no.8　お茶と日本人の心（千宗守［述］）　2010.12

no.10　超高齢少子化社会を如何に生きるか─医療と教育の両面から考える（畑田耕司，畑田耕一［著］）　2012.12

no.11　免疫とタンパク質分子のはたらき─生命現象を化学の言葉で理解する（畑田耕一，渋谷亘［著］）　2013.12

塙［はなわ］新書　塙書房　1966〜2014　⇒Ⅰ-341

◇日中外交史─北伐の時代（On demand books）オンデマンド版（臼井勝美著）　2011.9

24　初期万葉の女王たち　オンデマンド版（神田秀夫著）　2012.9

082　音感万葉集（美夫君志リブレ）（近藤信義著）　2010.4

083　読みなおす日本の原風景─古典文学史と自然（森朝男著）　2014.10

塙選書/On demand books　塙書房　2011

19　日本歴史地理序説　増補版，オンデマンド版（藤岡謙二郎著）　2011.9

66　日本語方言文法の世界　オンデマンド版（藤原与一著）　2011.9

羽仁もと子著作集　婦人之友社　2007〜2011　⇒Ⅰ-341

第2巻　思想しつつ生活しつつ 上　新版（羽仁もと子著）　2011.5

浜田糸衛生と著作　ドメス出版　2016

上　戦後初期の女性運動と日中友好運動（浜田糸衛［著］，高良真木，高良留美子，吉良森子編）　2016.7

Parade Books パレード 2005～2016
⇒Ｖ－686
◇シネマプロムナード（内山茂著） 2010.9
◇この角を曲がると（もりたちえさく・え） 2010.11
◇新雲流るるままに（ひこひろこ著） 2010.11
◇HP12cによるときめきひらめき金融数学 増補第2版（木村弘之亮著） 2010.11
◇テロメアの報復（香取淳著） 2010.11
◇思い出おかしロンドンライフ（足田汎子絵と文） 2010.12
◇こころのワクチン―子犬に教える、人としあわせに暮らす方法（村田香織著） 2011.1
◇キョンシー電影大全集―キョンシー映画作品集（田中克典、望月遊馬、長田良輔著） 2011.1
◇社会科学青年のエッセイ―開かれた心豊かな社会を目指して（富井晋著） 2011.1
◇僕にできること（持吉MOCCHI著） 2011.1
◇色香―「今昔物語」現代解釈（互井観章著） 2011.1
◇ララぼうとルルぼうとバラの音色（バラあやこ著） 2011.2
◇こころ豊かな国ベルギー―癒しを求めて（辻井輝行著） 2011.2
◇あなたに会えてありがとう（辻井輝行著） 2011.2
◇心の情報処理能力を向上させるための方法―「情報＝形」、「触運動覚」、「情報処理随伴性」、「身体イメージ」を使って、心の情報処理能力（イメージ力、記憶力、理解力、集中力、思考力、判断力、表現力、学習能力…）を向上させよう 基礎編（加藤大治著） 2011.3
◇「開かれた地域主義」とアジア太平洋の地域協力と地域統合―APECの適切性と親和性についての実証的研究（星野三喜夫著） 2011.4
◇医の旅路はるか―曲直瀬道三とその師田代三喜篇（服部忠弘著） 2011.6
◇愛しい人（林歩美著） 2011.6
◇海辺の秘密（秋雨シュン著） 2011.6
◇井伊直弼―精神科医による伝記的資料と各論的ノート（大原和雄著） 2011.7
◇分子と心の働きを知れば本当の健康法がわかる―テラヘルツ波（量子波）が医学を変える（島博基著） 2011.7
◇e love smile―いい愛の笑顔を memory.1（島田妙子著） 2011.7

◇私の多和田物語―お客様と同じ夢を見て（大沢恵理子著） 2011.8
◇人生を変える魔法―インナーチャイルドヒーリング シータヒーリング、NLP（神経言語プログラミング）、認知行動療法、スキーマモデルを統合した癒しの世界（鈴木清和著） 2011.8
◇スマートライフ―渡辺仁史研究室が考える未来の暮らし（［早稲田大学理工研叢書シリーズ］［no.24］）（渡辺仁史研究室編著） 2011.9
◇e love smile―いい愛の笑顔を memory.2（島田妙子著） 2011.9
◇古代の謎・二十の仮説 中編 緊迫の東アジアとヤマト古代王朝の興亡（衣川真澄著） 2011.9
◇大家さ～ん（柏原達治著） 2011.10
◇Bonjour Paris―パリ20区街歩き（谷口侃著） 2011.10
◇ある少年の闇―短編ドラマ（内田光哉著） 2011.10
◇キラキラ酵素ダイエット―DNAから若返る（TOMIKO著） 2011.11
◇四柱推命・実践と理論―実践が理論を造る！：最新四柱推命理論（陽史明著） 2011.11
◇MESSAGE（藤森咲子著） 2011.11
◇日本社会の外国人―人類の「旅」と入国管理制度（大串博行著） 2011.11
◇超笑えるの！（桜田姫香平著） 2011.12
◇お金を配れば日本復活―政府借金は雪だるまにならない（ななみのゆう著） 2011.12
◇舞い降りる想い（marua39著） 2012.2
◇誰も教えなかった中国ビジネスの真実―現代中国ビジネスの落とし穴を解き明かす（笑多智恵著） 2012.2
◇スーパーサプリメントの世界―腸まで届くラクトフェリンが拓く（安藤邦雄著） 2012.2
◇禅を正しく、わかりやすく（中野紀和男著） 2012.2
◇拝啓肺ガンになっちゃいました（髙橋秀夫著） 2012.2
◇お金持ちじゃなくてもボートは買える!!（小笠原渉著） 2012.3
◇ハワイのガイドさん（ハワイ通人著） 2012.3
◇初夏（黒田次郎著） 2012.3
◇ララぼうとルルぼうとみどりの茶茶茶（バラあやこ著） 2012.3
◇ライフログ（ライフログ実行委員会著） 2012.3
◇平清盛と京都の史跡（鳥越幸雄著） 2012.3

一般叢書・全集　　　　　　　　　　　　　　　　　　　　総記

◇心の情報処理能力を向上させるための方法　基礎編　「情報＝形」、「心の情報処理特性：可塑性、自動化、随伴性」、「随意運動」、「触運動覚」、「視覚と触運動覚の連動」、「身体イメージ」、「発声―聴覚系」を使って、心の情報処理能力〈イメージ力、記憶力、表現力、思考力、理解力、集中力、想像力、連想力、学習能力、判断力……〉を向上させよう　第2版(加藤大治著)　2012.3

◇新しくやり直せばいいじゃないか―真夏の谷底でのつぶやき(前川一郎著)　2012.4

◇星の国のピアニスト(星空著)　2012.4

◇THE出会い系サイト―三十路女の冒険！(古久保恵著)　2012.4

◇介護に生きて―癒しほだされ十五年：短歌で綴る(波多野文夫著)　2012.5

◇桜京(般若剣児著)　2012.5

◇白鳥麗子から始まった！―RIEちゃん映画十七本(星光著)　2012.5

◇きらきらのくに(おかすなお著)　2012.6

◇シマウマの逃げ方ライオンの追い方(和田典之著)　2012.7

◇回文平家物語―落ち延びろ滅びの地を(徳永未来著)　2012.7

◇かう―幸せのある場所(ふじいみか作, うざわいくお絵)　2012.7

◇情熱は今も―CD付音楽詩集(アイ植夫著)　2012.7

◇電池構造式(栢原生太著)　2012.7

◇超速逆襲基礎英語―単語帳＋文法書＋問題集　前編(再挑戦シリーズ E02)　新装(小野忠文著)　2012.7

◇超速逆襲基礎英語―単語帳＋文法書＋問題集　後編(再挑戦シリーズ E02)　新装(小野忠文著)　2012.7

◇紙風船―小さな青春短歌集(古川栞著)　2012.8

◇銀環に映った恋(秋野一之著)　2012.8

◇あらじんのまほう(あらじん作, はなもとゆきの絵)　2012.8

◇好きなことば(森田寿郎著)　2012.8

◇ほしくんとカラスのカーくん―しーちゃんからの贈り物(たけだしほ作・絵)　2012.9

◇いぬのてっちゃん(ほしのしんぞう著)　2012.9

◇自治体職員のための問題解決マネジメント入門(矢代隆嗣著)　2012.9

◇橋下徹・劇場型改革派首長の行政マネジメントスタイル―大阪府知事時代(島浩二著)　2012.9

◇生まれたことをどう考えるか(船木英哲著)　2012.9

◇恋に生き恋に死す―ある神風特別攻撃隊員の半生(城成夫著)　2012.10

◇音楽とお茶の時間―クラシック的CDノスタルジア(川田真理子著)　2012.10

◇ライチョウ愛情物語―ぼく、負けないよ(森勝彦著)　2012.10

◇獣名源(江副水城著)　2012.10

◇障害年金の受給ガイド(河地秀夫著)　2012.10

◇わたしはがんばった―ユーイング肉腫を生きた娘の5年間(大塚俊明著)　2012.10

◇ヒグマ徒歩記(上野啓一著)　2012.10

◇あなただけに(SORAO KAKERU著)　2012.10

◇これからはじめる社会福祉法人会計簿記(NKサポートシリーズ 2)(小泉あずさ著者代表, 加藤丈視, 西迫一郎監修)　2012.10

◇あっ腰が痛くない!!―ギックリ腰を防ぐ7テクニック(さいとうぜんきゅうさく, はらのぞみえ)　2012.10

◇ぼけを防ぎ、長寿を保つ健康法―その鍵は脳の栄養にあり(中川八郎著)　2012.10

◇人生のエンドピン(上野克二著)　2012.10

◇穏埜花(おだやか)　No.1　あなたはホームレスをどう考えますか？(桂文雄著)　2012.10

◇人生方程式　No.2　次元で宇宙を悟る(桂文雄著)　2012.10

◇Jリーグを観にいこう！―素人が伝える集客ビジネス(長谷川靖著)　2012.11

◇宇宙の魔法(Alice著)　2012.11

◇植物の意匠(尾崎光子著)　2012.11

◇昭和つれづれ(田村耕介著)　2012.11

◇黄塵雲歌―商周革命演義　1　汞の男 "望" の巻(牟田俊二著)　2012.11

◇あり先生の楽しい江戸文化講座　1(滝島有著)　2012.12

◇一瞬の人生　3　蒼蒼の詩(亀山康雄著)　2012.12

◇迷いの時代に―現役経営者が語る60話(鎌倉国年著)　2013.1

◇湖(秋野一之著)　2013.1

◇おじいちゃまァ！(滝島千枝子著)　2013.1

◇夢の中のひかりであれば(三木文秋著)　2013.2

◇草の笛―平成22年11月版：詩・歌・句集(森一草著)　2013.2

◇ビッグバン宇宙論～最終章～―既に終焉を迎え

総記　　　　　　　　　　　　　　　　　　　　　　　　　　　一般叢書・全集

たビッグバン宇宙論に延命治療を施す科学者たち：ヒッグス粒子発見を受けてビッグバン宇宙論の矛盾を徹底検証（栗阿錦・Y・克哉著）　2013.2

◇人と同じはおもろない―おとんに学んだ経営哲学（岸部成治著）　2013.2

◇A Friend of "Senryu"（Nobuhiro Kitashoji著）　2013.2

◇チリも積もれば山となる？（泉裕著）　2013.2

◇建設業が勝つための見積力（塔筋幸造著）　2013.2

◇大自然の懐に生かされて―大自然から授かった精神性としてのいのちをどう整えていくか（青山巌豪著）　2013.2

◇「知恵」と「意志」の結集で農業を支えよう！（いとやまさし著）　2013.2

◇「こころの病気」と診断されても笑えますか？（いとやまさし著）　2013.2

◇生命再保険の基礎―生命保険・年金・第三分野商品の再保険入門（石川禎久著）　2013.2

◇Sencha Ext JS 4実践開発ガイド　2（小堤一弘著）　2013.2

◇禅を正しく、わかりやすく　続　まず「空」がわかること、ついで「色即是空」がわかること（中野紀和男著）　2013.2

◇おもしろいきもの―ちいさないきもの（ほしのしんぞう著）　2013.3

◇はるかなる「先生」への道（川崎芳徳著）　2013.3

◇ハワイのガイドさん―カンタン！ポケットガイドブック　第2版（ハワイ通人著）　2013.3

◇駿河の国逍遥―歴史と文化のあかしを尋ねて（妹尾俊雄著）　2013.3

◇保育職をめざすあなたの就活手帳―ビジネスマナー講師が教える内定獲得のポイント（竹中恵子, 秋庭京子, 衣笠節子著）　2013.3

◇野球が語る仕事のしくみ仕事のしかた1から9―ピンチをチャンスにする働き方を見つけるために（小野省著）　2013.3

◇SATOYAMAだっちゅ村開拓記（三宅基之著）　2013.3

◇がん患者・家族のためのウェルネスガイド―がんと診断されてもあなたらしく生きるために（キム・シボー, ミッチ・ゴラント著, 竹中文良, 内富庸介監訳）　2013.3

◇タジキスタンの美少女（若林弘著）　2013.4

◇収入UPするか否かの運命の選択（金子沙代著）　2013.5

◇コーラルピンク（今高城治著）　2013.5

◇和紅茶の本―選び方から美味しい淹れ方まで（岡本啓著）　2013.5

◇赤塚情話（秋野一之著）　2013.6

◇日本男子よ着物を着よう！（橘友典著）　2013.6

◇世界遺産を巡る自転車旅（下川靖夫著）　2013.6

◇少年剣士なつか（あいだひさ著）　2013.6

◇ウサギとかめさん（高山千佳子文, 大森淳子絵）　2013.7

◇水虫は治る（守山君子著）　2013.7

◇肝っ玉母さんも楽し！―パーキンソン病の夫を寝たきりにはさせまいぞ（橋爪綾美著）　2013.7

◇光と色ばっぱ（鵜飼隆作, 鵜飼比呂美絵）　2013.7

◇Sencha Touch 2実践開発ガイド（中村久司著, 小堤一弘監修）　2013.7

◇路地の愉悦　水辺の至福―Sentimental Sketch Journey（路次健画・文）　2013.8

◇日本軍は世界で最も人道的な軍隊だった（佐藤貴彦著）　2013.8

◇あの日あの時―杏奈のおばばで嬉しいな（河合洋子著）　2013.9

◇再生（游子作画, 中川なをみ原作）　2013.9

◇白い竜―詩集（神風名門著）　2013.9

◇日本がアフリカを救うのではなくて、アフリカが日本を救うのだと、僕は思う。―TANKA×AFRICA（長谷川祐二著）　2013.9

◇病める魂（山本彰著）　2013.9

◇Grandma, what do you want to be in the future？―私は66歳、99歳まで人生を楽しもうか（桂仁香著, エイドリアン・シェパード, ジェリー・アレン・バージェスII監修）　2013.9

◇これからはファシリテーターの時代だ！―リーダーをも凌駕する新たな役割の可能性（いとやまさし著）　2013.9

◇それが本当にあなたの限界ですか？―「セルフエンジニアリング」のすすめ（いとやまさし著）　2013.9

◇ひざ楽―足うら刺激でカラダとココロが若返る！（佐々木伸幸著）　2013.10

◇バブルの生き証人（仲宗根健効著）　2013.10

◇地上の楽園クライシスミアin South Africa（辻井輝行著）　2013.10

◇社長の名言と迷言。―社長・木村和彦の人を育

一般叢書・全集　　　　　　　　　　　　　　　　　　　　　　　総 記

てた言葉（木村和彦主人公, 木村裕美, 小松範子監修, 鈴木淳吾編著）　2013.10

◇鎌倉武士と史跡散歩（鳥越幸雄著）　2013.11

◇歩のない将棋―生老病死（近藤正栄著）　2013.11

◇根暗女子中学生の思考（秋山のぞね著）　2013.12

◇猫之介道中記しま次郎に捧ぐ…―原発被災者による真実の記憶（猫之介著）　2013.12

◇ハートメイカー――もう、人間に考えるべきことは残されていない。（鈴木剛介著）　2013.12

◇これはこれ、それはそれ　日本編（高橋陽平著）　2013.12

◇太陽の光のような心の訓練（ナムカ・ベル著, 日山智善訳, クンチョック・シタル監修）　2014.1

◇湖畔（岡田幸子著）　2014.1

◇やっぱり！最後は本人訴訟（住友瑞人著）　2014.1

◇ポジティブ三世療法―ポジティブ心理学によるインナーチャイルド療法、前世療法、未来世療法（千田要一著）　2014.1

◇忘れ得ずして（久野カズエ著）　2014.1

◇Voice―小児脳幹部グリオーマガイドブック（小児脳幹部グリオーマの会ボランティアチーム「響」編）　2014.1

◇振り返れば夢の中―母と共に歩いた日々（鈴木茂著）　2014.1

◇虫名源（江副水城著）　2014.2

◇本書（本書著）　2014.2

◇かえるのかぞく（いわもりくにこ著）　2014.2

◇目からウロコのネジレ学入門―すべての病気は背骨の捻じれから（浜田幸男著）　2014.2

◇お母さんのなり方（yuki著）　2014.2

◇図解式年金計算問題集―図解で解き進める　老齢年金編（倉橋宏明著）　2014.2

◇英語は楽しく好きなように身につけよう―「英たの」だから、うまくいく（竹満祥著）　2014.3

◇69歳の「文章修業帖」―55のエッセイとものがたり（和賀清流著）　2014.3

◇ハートメイカー　改訂版（鈴木剛介著）　2014.3

◇COW―A Happy Place（Mika Fujii［著］, Ikuo Uzawa［画］）　2014.3

◇禅を生活に活かす―仕事、生きかた、苦しみからの解放、科学・芸術と禅（中野紀和男著）　2014.3

◇日本の原風景―放浪の写真師　林良平作品集〈1876-1954〉（林良平著）　2014.4

◇君僕（nao著）　2014.4

◇中高年の海外個人旅行―快適に豊かに安く安全に（西本俊雄著）　2014.4

◇話しておきたいことがあるんだ（古森剛著）　2014.4

◇願かけ桜（広城京典著）　2014.4

◇うさぎの恩がえし―東北の復興を願って（長田さち恵著）　2014.4

◇生物の中の人間―共同幻想から共通感覚へ（望月得郎著）　2014.4

◇中野邦一の挑戦―民族の誇りを追及し日本再建に立ち向かった男（中野邦観編著）　2014.4

◇量子論で見直したテラヘルツ波エネルギーの神秘とその応用　第1巻　基礎編（新納清憲著, 村上浩康監修）　2014.4

◇詩人と妖精の女王（雪屋よう子著）　2014.5

◇大人の絵物語（佐橋井久子著）　2014.5

◇小児病院のバイオリニスト―難病の子どもたちが教えてくれたこと（高橋利幸著）　2014.5

◇Microsoft Dynamics AX概説（HOYAサービス著）　2014.5

◇広島・長崎そして福島の雑感―続命と人間の尊厳に向けて（中村誠士著）　2014.5

◇ハートメイカー　完全版（鈴木剛介著）　2014.6

◇私の歩んだ時代のカメラたち（若林のぶゆき著）　2014.6

◇ぼくらのあかし（真奈美著）　2014.6

◇古事記改国譲り（渡辺博之著）　2014.7

◇松の木は蒼く―綱吉の隠し子奮闘記（山脊紅月著）　2014.7

◇釈尊の教えと現代科学―人類を破滅から救う手だてを求めて（櫛田孝司著）　2014.7

◇Q&Aによる中国子会社の不正リスク管理と現地化の為の人事制度及び内部監査の留意点―コンサルタントによるコンサルタント選定の為の注意点解説（斉藤和昇著）　2014.7

◇光る海（久住泰正著）　2014.7

◇京都の夏（青木一浩著）　2014.8

◇集団ストーカー認知・撲滅（安倍幾多郎著）　2014.8

◇隠岐海峡を越え奥出雲路慟哭の旅―得ること叶わなかった親子家族の絆を求めて（隠岐次郎著）　2014.8

◇散歩の途中で…（中村幸視著）　2014.8

◇銀幕の三浦ムラ―1974-2011 ある映画俳優一家37年間の軌跡（星光著）　2014.8

◇空に悲しみがにじむ時まで……（和泉なおふみ

著）　2014.9

◇再会―詩集（神風名門著）　2014.9

◇我に祝福を（神谷和弘著）　2014.9

◇光（光神著）　2014.9

◇vapor trail…―旅の記憶（片田和広著）　2014.9

◇さもありなん―四国霊場開創千二百年記念 確率、宇宙、意識、そして魂（村内弘道著）　2014.9

◇2年2組はぬぅが出る～―まもるのバースデープレゼント（青木なな著）　2014.9

◇江上空手道稽古指導書―伝説の巨人拳聖江上茂が遺した空手道（木下敬之助著, 富士通遊天会編集）　2014.9

◇不登校・ひきこもりから立ち直るための29のメソッド（池上敬著）　2014.9

◇飛蚊症とともに―私達の闘いの日々（徳野善幸, 福田拓郎, 外町知美, 大沢貴志著）　2014.9

◇痛みを起こさない身体を造る！ 日本発、世界基準の治療法J-SEITAI（九原慎介著）　2014.10

◇着物っていいね（橘内たえ子著）　2014.10

◇争族相続騒族―本当にあった怖い相続事例集（NKサポートシリーズ 1）　第2版（足立めぐみ著者代表, NK Professional Group NKアセットチーム監修）　2014.10

◇聞こえますか―城崎・結和苑にて 詩集（佐武寛著）　2014.10

◇「安達清風日記」に読む幕末の鳥取藩（小谷醇著）　2014.10

◇奇跡は起こらない―脊髄梗塞・それでも私は生きてゆく（藤原あや子著）　2014.11

◇闘牛士からギターのプレゼント（ノビー著）　2014.11

◇霊能者凛花の究極の心霊の世界（凛花著）　2014.11

◇新チェーンストア経営理論大全―ようこそ打越祐の世界へ（打越祐監修, 町田守弘編著）　2014.11

◇風宴（朽木曳一郎著）　2014.11

◇南極―遠くて幸せな氷の世界（鄧予立著）　2014.11

◇あいうえをん（たかやまちかこさく, やまもとまもるえ）　2014.12

◇ナマズ―DRY世界を駆け巡る―夢の強力乾燥剤『KS-DRY』の軌跡（伊勢鳴海著）　2014.12

◇みーっけた（もりたちえさく・え）　2014.12

◇ちゃぶ―出会いから、永遠の別れまで（ともすけさく・え）　2014.12

◇想い出の記（水落千二著）　2014.12

◇図解縄文大爆発―人類最古の縄文文明（大谷幸市著）　2015.1

◇霊能者凛花の究極の心霊の世界　大活字版（凛花著）　2015.1

◇喫茶店の伯父さん（佐佐木健布著）　2015.1

◇論集　3（前田幸雄著）　2015.1

◇A Letter from the Royal Family（Lars White著）　2015.2

◇お金じゃないのよ（ボブ・プロクター著, 石田公孝監訳）　2015.2

◇黄塵雲歌―商周革命演義　2　箕の邑主の巻（牟田俊二著）　2015.2

◇園長さんいつもにこにこしてますか―利用者のその声に支えられて、障害者福祉の明日をひらく（古川英希著）　2015.3

◇人間だから、一緒だよ。―介護家族と子育てママの共通点（石井英寿著）　2015.3

◇相対論と星間宇宙旅行（H.リバストーン著）　2015.3

◇緊急提言!!少子過疎化対策―日本の皆様に捧ぐ日本再生論（千枚田明弘著）　2015.3

◇ありがたやありがたや―縁起逸話集（伊川義安著）　2015.3

◇狂った岩石（舞実著）　2015.3

◇警察通訳人（清水真著）　2015.3

◇ヒロシマ桜の下で / ヒロシマの河童（えんこう） / 夢魔女ハナ 2（おおたそら著）　2015.3

◇マンガでよむトラック運送会社の危機管理―会社存続のため、これだけは絶対に知って欲しい！（和田康宏著, 鈴木ぐり作画, トラック・マネジメント協会監修）　2015.3

◇汚れなき誉れ（原田俊介著）　2015.3

◇毎日が奇跡―半身麻痺の妻が難病ALSの夫を自宅で介護した八年間（根本あや子著）　2015.4

◇老いてなお緋々と（沢千波著）　2015.4

◇五代目海舟が行く―慶喜と海舟の血を受け継いだボートデザイナーの自伝（筧治著）　2015.4

◇不屈のワーキングマザー―広告代理店サバイバル（横山めぐみ著）　2015.4

◇夢への階段の登り方―夢には人生を変える力がある（市村洋文著）　2015.4

◇朱いちゃんちゃんこ（中山とし子著）　2015.5

◇紙吹雪一座（サクジロー著）　2015.5

◇私の青春―新満州国五百三十日の旅 昭和十四年七月十九日から十五年十二月二十九日まで清水

一般叢書・全集　　　　　　　　　　　　　　　　　　　　　　　総 記

三千子二十歳（池田三千子著）　2015.5
◇「本当に健康になる食」はこれだ！―バイオ研究者が調べた予防医学の全貌 メタ栄養学が明かす野菜の真実　2015年版（佐伯伸孝著）　2015.5
◇医師が実践ブレストダイエット―すでに答えは頭の中に（岩崎拓也著）　2015.6
◇南スーダンの空に届け―海外渡航100回195全独立国・27地域踏破全旅程公開 タジキスタンの美少女 続編（若林弘著）　2015.6
◇超弦空間の旅人―失われた20年の謎にせまる（瀬川久志著）　2015.6
◇私の孤独なろんどん（東耀子著）　2015.6
◇精神と時間―宇宙はいかに現れるか現れていないものへの接近はいかにして可能か（友永幸二郎著）　2015.6
◇「天草・島原の乱・隠れキリシタン」を訪ねて―命と人間の尊厳の視点から 2014年9月29日―10月23日（中村誠士著）　2015.6
◇誕―平成奇譚集（諏訪青樹著）　2015.6
◇旅行マスターMr.タンの世界遺産紀行 チリ・ペルー編 モアイ像・アマゾン熱帯雨林・ナスカ地上絵・マチュピチュ（鄧予立著）　2015.6
◇水鏡―mix photo art（PCC写真詞画集 1）（清水正久著）　2015.7
◇偏差値めっちゃ上がる、なう―偏差値30の高校生が偏差値70まで成長した勉強法（t.o-ya著）　2015.7
◇キャリコンの力―キャリア・コンサルタントの人間力と能力（キャリア・アソシエイツ著）　2015.7
◇かわいいけどちょっとこわいアスペルガーのおとこのこ（王置祐子著）　2015.7
◇ジョン・ロールズとpolitical liberalism（板橋亮平著）　2015.7
◇山と木と人（なかむらなつこ作・絵）　2015.7
◇JA1AEAの自伝的アマチュア無線史―1950-2014（鈴木肇著）　2015.7
◇新憲法の夜明け（小玉正朋著）　2015.7
◇無音歌（和田節子著）　2015.7
◇日本現代美術の論点（鄭新永著）　2015.7
◇死生観（山寺邦道著）　2015.8
◇色彩楽譜―「音のコード化」による音楽の数値解析（小谷秀行著）　2015.8
◇趣味と実益の0.7坪温室菜園―菜園で書籍代もすぐ回収（大坪章，大坪殖徳著）　2015.8
◇科学で打つ「サイエンステニス」―捻りがスピードを生む（脇屋頌雄著）　2015.8
◇旧約聖書とその時代―定説と仮説 改訂版（井上隆行著）　2015.8
◇小説・絶対国防圏（星光著）　2015.8
◇秋の犬―他二編（日和佑正著）　2015.9
◇宇宙のしくみを知って幸福になろう（市川広幸著）　2015.9
◇横浜つるみ区カレンダー撮影20年の記録―1996年―2015年（若林のぶゆき著）　2015.9
◇かあさんごめん（西浦朋盛著）　2015.9
◇仕事のやり方を変えるヒント―シミュレーションによる効率化（森戸晋，黒沢隆，大久保寛基著，山田素之，吉田靖士編）　2015.9
◇雑踏音楽（三木文秋著）　2015.9
◇後悔しない婚約指輪・結婚指輪選び―新たな提案鍛造オーダーメイドから生まれた『入籍指輪』（鍛造指輪著）　2015.9
◇今を生きる仏教―観音様の一〇八話（月野一匠著）　2015.10
◇りっぱな人たち（今永びっと著）　2015.10
▽てをつなごう（永井みさえ，高原かずきさく・え）　2015.10
◇ねぼすけこけしのわすれもの（えりごりやん著）　2015.11
◇社長、業績を上げたいなら女性社員を辞めさせないで！（響城れい著）　2015.11
◇ホンカク読本―ライター直伝！ 超実践的文章講座（森末祐二著）　2015.11
◇のんばーばるコミュニケーションの花束―一輪の幸せの花をあなたの暮らしに（東山安子，INVCメンバー編著）　2015.11
◇心の風景と地下室―詩集（大山いづみ詩・写真・絵）　2015.11
◇光の中へ―随筆集（前田衛作著）　2015.11
◇医の旅路るてん 曲直瀬玄朔と聖医父曲直瀬道三篇（服部忠弘著）　2015.11
◇STAP細胞残された謎（佐藤貴彦著）　2015.12
◇シャカムニ・ブッダのさとり―「苦」の思想構造（中川雅舟著）　2015.12
▽ザ・有名人占星術（佐保涼著）　2015.12
◇CONVERGE　W（ウィズ）/Me（KO-GRAPH著）　2015.12
◇ここにいるよ―オサム奮闘記 至平成26年12月（西豊子著）　2015.12
◇楽しい介護（元翔著）　2015.12
◇警察署24時（小金沢秀司著）　2015.12

◇ユルクナイ(羽鳥あゆ子著)　2015.12

◇ふと思う系(古森剛著)　2015.12

◇経験豊かな保育者が気になる問題には理由がある―発達障がいに早く気づいて 早く支援してあげる(辻井正著, 勝山結夢編集責任)　2015.12

◇暮らしの中ののんばーばるコミュニケーション―小さな幸せを取り戻すために(東山安子著)　2015.12

◇藤色diary(温著)　2015.12

◇ワン・ディケイド・ボーイ(沢章著)　2015.12

◇プラナリア実験観察図鑑―刃物の下では不死身の生きもの!(宮崎武史著)　2016.2

◇終着駅の詩(うた)(伊藤観司著)　2016.2

◇長寿への道(ノビー著)　2016.2

◇気まぐれ陶磁器紀行(桐石栄二著)　2016.3

◇発音とスペルの法則―英語の教師・学習者の為に(増田紀行著)　2016.3

◇時代(とき)の遺書(かきおき)―こんな時代もあった(宮地敬著)　2016.3

◇永遠の木(桜Rie著)　2016.4

◇生き切る―在日一世一代記(朴鍾翼著)　2016.4

◇反戦平和の歌―芦田高子「内灘」(安田速正著)　2016.5

◇想い出の記―人生を恩師と共に歩み来て(河合洋子著)　2016.6

◇旅行マスターMr.タンの南米探究紀行―カリブ海・ウユニ塩湖・コルコバードの丘・サンバカーニバル(鄧予立著)　2016.6

◇一生稼げるテレマの強化書―MUST 88(清水望著)　2016.6

◇レモン・イエロー(野口昭子著)　2016.6

◇ふくろうフクのともだち(佐々木朋子著)　2016.6

◇素人が歩く初めての大和歴史散歩(小田流霞著)　2016.6

◇マザーズのしあわせなお産のかたち―助産師と歩む妊娠・出産(山守麻衣著)　2016.6

◇なつかがなつかであるために―15歳踏み出す一歩(あいだひさ著)　2016.6

◇小児病院のバイオリニスト　続　笑顔のゆくえ(高橋利幸著)　2016.6

◇必ず見つかる!　あなたの街の優良治療院―全国の治療院から選出　2016年版(『必ず見つかる!あなたの街の優良治療院』取材班著, 整骨院自費移行推進協会監修)　2016.6

◇善活のすすめ(大森善郎著)　2016.7

◇愛のひかり永遠に―コロポックル物語(中捨昭広著)　2016.7

◇保育室のサイレントベイビーたち―ことばの少ない乳児に喃語をうながすファシリテーター(辻井正著, 勝山結夢編集責任)　2016.7

◇海と山の境目(佐藤正隆著)　2016.7

◇ペルーの日系詩人ホセ・ワタナベ―「日本人性」とアイデンティティの追求(ムース・ランディ著)　2016.7

◇忙しいときほど感動しよう―あなたを助ける魔法のサイクル(黒田真理子著)　2016.8

◇水鏡―pcc mix photo art(PCC写真詞画集 2)(清水正久著)　2016.8

◇体は治りたがっている(竜見昇著)　2016.8

◇海辺の揺りイス(桂木明徳著)　2016.8

◇めぐるめく　1　天界に開かれよ(鈴木ひかり著)　2016.8

◇地域密着型飲食店のマネジメントスタイル―消費者視点のマーケティングと事業計画(島浩二著)　2016.9

◇正義について(松沢素衛著)　2016.9

◇ジョン・ロールズと万民の法(板橋亮平著)　2016.9

◇退廃の勧め―故松原呎詩集(故松原呎著)　2016.9

◇走る五人の医師―性同一性障害専門医たちの十年(関西GIDネットワーク著)　2016.10

◇メタボ業務がスマートに! マネジメントをシンプルに変える(広川敬祐編著)　2016.10

◇生物の中の人間　改訂版(望月得郎著)　2016.10

◇ペンキチくん(鈴野はるえ著)　2016.11

◇キャリアカウンセリングとメンタル―心に不安を抱える人へのサポート力向上に(松尾一広著)　2016.11

◇曼珠沙華―句集(磯野良徳著)　2016.11

◇アインシュタインの相対論は物理学か?(甫立智司著)　2016.11

◇Etの日記(滝川悦郎著)　2016.11

◇STAP細胞事件の真相(佐藤貴彦著)　2016.12

◇逆さ吊りの男(濵祥利著)　2016.12

◇行ってきました! 60歳からのヨーロッパファーストクラス列車旅行(網谷幹雄著)　2016.12

◇発明少年・Z―アイデアノートを使った発明能力鍛練法(久野敦司著)　2016.12

◇癒しの追憶―亡き妻との五十年を偲ぶ(尾原重男著)　2016.12

一般叢書・全集　　　　　　　　　　　　　　総 記

◇ホンマ堪忍やで、歯科個別指導（歯科保険研究会個別指導部著）　2016.12
◇初心者が陥るゴルフの罠―スイングギャップの分析方法（古川佳治著, 柳本泰成監修）　2016.12
◇もみじ谷の秘密―ほか4へん（おおたそら著）2016.12

バンクシアブックス　トータルヘルスデザイン2009～2011
2　ピカピカの人生が始まる宇宙へrebirth!!―祝祭・生前葬（千堂薫著, 近藤洋一監修）　2009.10
7　みんなを幸せにするおカネの話―おカネってなぁに？　なーんだ、本当は、そんなことだったのか（みんなの幸せプロジェクト著, 近藤洋一監修）　2010.7
10　なんでも仙人の人生がどんどん良くなるシンプルな教え（みやがわみちこ著・イラスト, 近藤洋一監修）　2011.3

バンドラ文庫　宮本悦也著作普及会　2010～2013⇒Ⅴ－616
◇流行学入門（宮本悦也著）　［2010］
◇読者アンケートno.1―宮本悦也えっせー集（宮本悦也［著］）　［2010］
◇宮本悦也短編自伝小説集 2 / 医学常識革命（宮本悦也［著］）　［2010］
◇諸葛孔明になりそこねた男―宮本悦也「自伝小説」（宮本悦也［著］, 宮本悦也著作普及会編）［2011］
◇「反古染」の研究（宮本悦也［著］）　［2013］
◇三日先を読む会テキスト（宮本悦也［著］）［2013］
◇人間の言語を動物に獲得させる実験（［宮本悦也］［著］）　［2013］
◇45年間の流行学立証運動の記録（宮本悦也［著］）［2013］

バンドラ文庫　Pandra-Bunko　2011
◇Science common sense revolution（Etsuya Miyamoto［著］）　［200－］
◇Classic paradigm revolution（Etsuya Miyamoto［著］）　［200－］
◇Escape from the classic paradigm―the completion of a forecasting theory for colors, patterns, materials and design details and the physical design concept of vision　first volume（Etsuya Miyamoto［著］）　［2011］

◇Escape from the classic paradigm―the completion of a forecasting theory for colors, patterns, materials and design details and the physical design concept of vision.　last volume（Etsuya Miyamoto［著］）　［2011］

万物図鑑シリーズ　笠倉出版社　2013～2015
◇新幹線のすべて―現役全9形式パーフェクトガイド　新幹線は、ここが凄い！　2013.7
◇意外と知らない銃の真実―図解オールカラー（小林宏明著）　2013.12
◇知られざるイージス艦のすべて―写真満載オールカラー（柿谷哲也著）　2014.2
◇日本を満喫できるリゾート列車完全ガイド―全国93列車詳細レポート　2014.3
◇図解オールカラーで直感的にわかる天気と気象がよくわかる本（岩槻秀明他著）　2014.4
◇GUNシューティングバイブル―正しい銃の撃ち方教えます！（つくば戦略研究所編）　2014.6
◇全164か国これが世界の空軍力だ！―写真満載（柿谷哲也著）　2014.6
◇人体の秘密データブック―もっと知りたい！細胞の不思議・脳の謎（竹内修二監修, 木村泰子著）2014.7
◇ナチスドイツの秘密兵器（白石光, 大久保義信著）2014.9
◇日産GT-R進化の歴史―歴代GT-Rの写真が満載2014.9
◇全123か国これが世界の海軍力だ！―写真満載（柿谷哲也著）　2014.10
◇全161か国これが世界の陸軍力だ！―写真満載（竹内修著）　2014.11
◇歩兵装備完全ファイル（大久保義信, 斎木伸生, あかぎひろゆき著）　2014.12
◇自衛隊戦力徹底分析―次世代装備と新編成がわかる！（竹内修, あかぎひろゆき, 奈良原裕也著）2015.1
◇ハチロクの系譜と86の革新―この一冊にその魅力を全て凝縮　2015.2
◇潜水艦完全ファイル―写真満載（中村秀樹著）2015.2
◇最先端未来兵器完全ファイル（竹内修著）　2015.3
◇美しい脳図鑑（篠浦伸禎監修, 木村泰子著）2015.4

総記　　　　　　　　　　　　　　　　　　　　　　　　　　　　　　　　　一般叢書・全集

B&Tブックス　日刊工業新聞社　1995〜2016
　⇒Ⅰ-342
◇トコトンやさしいヒートポンプの本（今日からモ
　ノ知りシリーズ）（射場本忠彦監修）　2010.7
◇トコトンやさしい切削加工の本（今日からモノ知
　りシリーズ）（海野邦昭著）　2010.10
◇王道省エネ推進―リーダーのための省エネルギー
　マネジメント（小林彰著）　2010.10
◇土壌の科学―おもしろサイエンス（土壌と生活研
　究会編著，生源寺眞一監修）　2010.10
◇炭のふしぎ―マンガで教えて…テクノ君！（炭
　活用研究会編著，ヨギリリ漫画，立本英機監修）
　2010.10
◇マンガで教えて…カイゼン君！トヨタ生産方式
　（トヨタ生産方式を考える会編著，輪島正裕画）
　2010.10
◇動き出したレアメタル代替戦略（原田幸明，河西
　純一著）　2010.11
◇図解日立製作所―ひと目でわかる！　次の100年
　へ―。社会イノベーション事業をグローバルに
　展開（明豊著）　2010.11
◇図解よくわかるFTA（自由貿易協定）（嶋正和著）
　2010.11
◇トイレの科学―おもしろサイエンス（中井多喜雄
　著）　2010.11
◇欧州ファブレス半導体産業の真実―ニッポン復
　活のヒントを探る（津田建二著）　2010.11
◇マンガで教えて…カイゼン君！5S（平野裕之，古
　谷誠編著，輪島正裕画）　2010.12
◇水素エネルギー―マンガで教えて…テクノ君！
　（太田健一郎，石原顕光編著，西村直樹漫画，水素
　エネルギー協会監修）　2010.12
◇商標ブランディング―口コミになりやすいネー
　ミングを登録商標でおさえよ！（上村英樹著，杉
　本勝徳監修）　2010.12
◇トコトンやさしい板金の本（今日からモノ知りシ
　リーズ）（安田克彦著）　2011.1
◇天才オダ・ヴィンチから学ぶ驚きの絵コンテ発想
　法！―アイディアが浮かぶ・伝わる・役に立つ
　（大野浩著）　2011.1
◇LED植物工場（高辻正基，森康裕著）　2011.1
◇火災と消化の科学―おもしろサイエンス（中井多
　喜雄著）　2011.1
◇科学でひもとくたのしい静電気―その秘められ
　た力とは？（高柳真著）　2011.1
◇Q&Aでよくわかるここが知りたい世界のRoHS

法（RoHS研究会編著，松浦徹也，林讓，滝山森雄
監修）　2011.1
◇なぜ、日本の水ビジネスは世界で勝てないのか―
　成長市場に挑む日本の戦略（井熊均編著）　2011.
　1
◇企業戦略に活かす！サプライチェーンのCO_2管
　理―「スコープ3」のカーボンマネジメント（岩
　尾康史著）　2011.2
◇トコトンやさしいフェライトの本（今日からモノ
　知りシリーズ）（谷腰欣司著）　2011.2
◇知ってなアカン！知的資産活用術―技術者人生
　に効く知財戦略ノウハウ わかりやすく・やさし
　く・役に立つ（佐野義幸，戟忠希，前井宏之，保居
　優加子著）　2011.2
◇気分のエコでは救えない！―データから考える
　地球温暖化（杉山大志，星野優子，石井孝明著）
　2011.2
◇なぜ、CRMは現場の心に根付かないのか？―お
　客様育成（斎藤孝太著）　2011.2
◇マンガで教えて…カイゼン君！トヨタ式作業改
　善（岡田貞夫編著，輪島正裕画）　2011.3
◇トコトンやさしいゴムの本（今日からモノ知りシ
　リーズ）（ゴムと生活研究会編著，奈良功夫監修）
　2011.3
◇トコトンやさしい品質改善の本（今日からモノ知
　りシリーズ）（岡田貞夫，林勝昭著）　2011.4
◇パナソニックの大転換経営―環境革新企業とモ
　ノづくり立社への挑戦（大倉雄次郎著）　2011.4
◇トコトンやさしい宇宙ロケットの本（今日からモ
　ノ知りシリーズ）　第2版（的川泰宣著）　2011.4
◇ネズミと害虫退治の科学―おもしろサイエンス
　（中井多喜雄著）　2011.4
◇東大で生まれた究極のエントリーシート（中尾政
　之，今井正彦，山下忠紘，伊沢範彦著）　2011.4
◇天平の阿修羅再び―仏像修理40年・松永忠興の
　仕事（関橋眞理編著）　2011.4
◇マンガで教えて…カイゼン君！コストダウン（岡
　田貞夫編著，輪島正裕画）　2011.5
◇トコトンやさしい静電気の本（今日からモノ知り
　シリーズ）（高柳真監修，静電気と生活研究会編
　著）　2011.5
◇トコトンやさしい材料力学の本（今日からモノ知
　りシリーズ）（久保田浪之介著）　2011.6
◇京セラ稲盛和夫心の経営システム（青山敦著）
　2011.6
◇トコトンやさしいトヨタ式設備改善の本（今日か

全集・叢書総目録 2011-2016　　**403**

一般叢書・全集　　　　　　　　　　　　　総記

らモノ知りシリーズ）（岡田貞夫著）　2011.6

◇鉄道ルート形成史—もう一つの坂の上の雲（高松良晴著）　2011.7

◇図解よくわかる電車線路と安全のはなし（鈴木安男, 猿谷応司, 大塚節二著）　2011.7

◇宝石の科学—おもしろサイエンス（宝石と生活研究会編著）　2011.7

◇トコトンやさしい制御の本（今日からモノ知りシリーズ）（門田和雄著）　2011.7

◇ストーリー就活術—書類審査にパスする「履歴書の書き方」と面接で最高の自分を表現する「魔法のステップ」（上村英樹著）　2011.7

◇図解よくわかる「都市鉱山」開発—レアメタルリサイクルが拓く資源大国への道（原田幸明, 醍醐市朗著）　2011.8

◇トコトンやさしい省エネの本（今日からモノ知りシリーズ）（山川文子著）　2011.8

◇アリサのグリーン市民への旅—環境と省エネルギーをやさしく学ぶ（福田遵著）　2011.8

◇トコトンやさしい電子部品の本（今日からモノ知りシリーズ）（谷腰欣司著）　2011.8

◇脳科学の真贋—神経神話を斬る科学の眼（小泉英明著）　2011.8

◇図解よくわかる地震保険（吉田実, 古市昌義監修, 永井隆昭編著）　2011.8

◇図解すぐ役に立つ物流の実務（鈴木邦成著）　2011.9

◇大震災のとき！企業の調達・購買部門はこう動いた—これからのほんとうのリスクヘッジ（坂口孝則, 牧野直哉編, 購買ネットワーク会著）　2011.9

◇中国人観光客を呼び込む必勝術—インバウンドマーケティングの実践（徐向東編著）　2011.9

◇シェールガス争奪戦—非在来型天然ガスがエネルギー市場を変える（伊原賢著）　2011.9

◇身近な金属製品の科学—おもしろサイエンス（坂本卓著）　2011.9

◇トコトンやさしい工作機械の本（今日からモノ知りシリーズ）（清水伸二, 岡部真幸, 坂本治久, 伊東正頼著）　2011.10

◇知ってなアカン！技術者のためのマネジメント思考上達法—わかりやすく・やさしく・役に立つ（戟忠希, 佐野義幸, 二宮和彦, 古川功, 保居優加子著）　2011.10

◇図解よくわかる農業技術イノベーション—農業はここまで工業化・IT化できる（社会開発研究セ

ンター編, 高辻正基, 石原隆司監修）　2011.10

◇エネルギー維新—「フクシマ」後の戦略をデザインする（福江一郎著）　2011.10

◇ストーリーPR術—ソーシャルメディアで心をつかむ（上村英樹著）　2011.10

◇紙の科学—おもしろサイエンス（紙の機能研究会編著, 半田伸一監修）　2011.10

◇トコトンやさしい水道の本（今日からモノ知りシリーズ）（高堂彰二著）　2011.11

◇心をもつロボット—鋼の思考が鏡の中の自分に気づく！（武野純一著）　2011.11

◇未来の働き方をデザインしよう—2030年のエコワークスタイルブック（石田秀輝, 古川柳蔵, コクヨ（株）RDIセンター著）　2011.11

◇図解インドビジネスマップ—主要企業と業界地図（インド・ビジネス・センター編著, 島田卓監修）　2011.11

◇図解グローバル農業ビジネス—新興国戦略が拓く日本農業の可能性（井熊均, 三輪泰史著）　2011.12

◇シャーロック・ホームズはiPadで発想する夢を見るか？—プロでも夢中！『絵コンテ』発想＆発信法（大野浩著）　2011.12

◇トコトンやさしいにおいとかおりの本（今日からモノ知りシリーズ）（倉橋隆, 福井寛, 光田恵著）　2011.12

◇その"技術開発"本当にそのまま続けますか？—技術を"見える化"すれば未来が見える（池沢直樹, 中居隆著）　2011.12

◇旭化成の研究—昨日まで世界になかったものを。（日刊工業新聞特別取材班編）　2012.1

◇鉱物資源フロンティア—陸上から海底まで広がる（細井義孝著）　2012.1

◇トコトンやさしい薬の本（今日からモノ知りシリーズ）（加藤哲太著）　2012.1

◇食品保存の科学—おもしろサイエンス（食品保存と生活研究会編著）　2012.1

◇図解ルネサスエレクトロニクス—ひと目でわかる！：震災を乗り越えて輝きを取り戻せるか？正念場を迎える日の丸半導体（栗下直也著）　2012.1

◇原発に依存しないエネルギー政策を創る—科学技術の視点から：石炭火力発電を当面利用すれば、経済的な負担のない原発代替は可能だ（久保田宏著）　2012.2

◇非球面モールドレンズに挑む！—歴史を変えたパ

総記　　　　　　　　　　　　　　　　　　　　　　　　　　　　一般叢書・全集

ナソニックの技術者たち（パナソニックスーパーレンズ研究会著, 中島昌也, 長岡良富編）　2012.2

◇店長の気持ちスイッチ33（斎藤孝太著）　2012.2

◇破壊の科学—おもしろサイエンス（谷村康行著）　2012.2

◇図解物流効率化のしくみと実務（鈴木邦成著）　2012.3

◇自らを極める営業力—「習慣革命」で「自分ブランド」を創る（朝倉千恵子著）　2012.3

◇震災に負けない復元力のある企業をつくる！（嶋正和, 角野文和, 笠原英樹著）　2012.3

◇インドネシアが選ばれるのには理由（わけ）がある—親日指数世界一の国！（茂木正朗著）　2012.4

◇色の科学（おもしろサイエンス）（山口英一監修, 五感教育研究所編著）　2012.4

◇縮小社会への道—原発も経済成長もいらない幸福な社会を目指して（松久寛編著, 中西香, 宇仁宏幸, 石田靖彦, 佐藤国仁著）　2012.4

◇水の科学（おもしろサイエンス）（神崎愷著）　2012.5

◇ASICAれ！—ホスピタリティがビジネス・広告・会社を変える（河内英司著）　2012.5

◇トコトンやさしいフッ素の本（今日からモノ知りシリーズ）（山辺正顕監修, F&Fインターナショナル編著）　2012.5

◇トコトンやさしい燃焼学の本（今日からモノ知りシリーズ）（久保田浪之介著）　2012.6

◇トコトンやさしいスマートコミュニティの本（今日からモノ知りシリーズ）（新エネルギー・産業技術総合開発機構編著）　2012.6

◇トコトンやさしいエコ・デバイスの本（今日からモノ知りシリーズ）（鈴木八十二編著）　2012.6

◇トコトンやさしいプリント配線板の本（今日からモノ知りシリーズ）（髙木清著）　2012.6

◇FTA自由貿易協定とTPP環太平洋戦略的経済連携協定—図解よくわかるFTA　第2版（嶋正和著）　2012.6

◇トコトンやさしいプレス加工の本（今日からモノ知りシリーズ）（山口文雄著）　2012.7

◇トコトンやさしいシーケンス制御の本（今日からモノ知りシリーズ）（熊谷英樹, 戸川敏寿著）　2012.7

◇トコトンやさしい炭素繊維の本（今日からモノ知りシリーズ）（平松徹編著）　2012.7

◇トコトンやさしい熱設計の本（今日からモノ知りシリーズ）（国峰尚樹, 藤田哲也, 鳳康宏著）　2012.7

◇冷凍技術の科学（おもしろサイエンス）（高橋守監修, 冷凍技術と生活研究会編著）　2012.7

◇リップ化粧品の科学（おもしろサイエンス）（柴田雅史著）　2012.7

◇ストーリー経営—コアなファンが集まる究極のブランディングメソッド（上村英樹著）　2012.7

◇技術融合で「人に役立つ技術」を仕事にする！—「人を不幸にする技術」から脱却しよう（戟忠希, 平松新著）　2012.7

◇トコトンやさしいレアアースの本（今日からモノ知りシリーズ）（藤田和男監修, 西川有司, 藤田豊久, 亀井敬史, 中村繁夫, 金田博彰, 美濃輪武久著）　2012.8

◇トコトンやさしい再生可能エネルギーの本（今日からモノ知りシリーズ）（太田健一郎監修, 石原顕光著）　2012.8

◇発酵食品の科学（おもしろサイエンス）（坂本卓著）　2012.8

◇徹底研究賃貸住宅—少子高齢化時代を切り拓く（高橋俊介著, 楠本博監修）　2012.8

◇環境にやさしいお買い物—あなたもできるお得なエコライフ「日記」（山川文子著）　2012.8

◇進化する火力発電—低炭素化・低コスト化への挑戦（高橋毅編著）　2012.9

◇トコトンやさしい旋盤の本（今日からモノ知りシリーズ）（沢武一著）　2012.9

◇図解日立製作所—社会イノベーション事業をグローバルに展開（ひと目でわかる！）　第2版（明豊著）　2012.9

◇インドネシア・ベトナムの食品市場戦略ガイド（目黒良門著）　2012.9

◇誰も語らなかったアジアの見えないリスク—痛い目に遭う前に読む本（越純一郎編著, 杉田浩一, 高木純孝, 福谷尚久, 楠本隆志, 東聡司, 大水真己著）　2012.9

◇巨大ブロック化する世界と孤立する日本（FTA&TPPで国境がなくなる　1）（嶋正和著）　2012.9

◇気付力が夢を叶える！—研究開発力を格段に高める思考と実践法：モノづくりとっておきノウハウ集（石原信行編著, 猪又明大, 下山武司, 清板ゆかり, 松本訓明, 難波貴代美著）　2012.9

◇半導体衰退の原因と生き残りの鍵（佐野昌著）

全集・叢書総目録 2011-2016　　**405**

一般叢書・全集　　　　　　　　　　　　　　総記

2012.9

◇東大で生まれた「○×」と「なぜ？」で進める究
極の就活（今井正彦著）　2012.9

◇トコトンやさしい下水道の本（今日からモノ知り
シリーズ）（高堂彰二著）　2012.10

◇ボーダレス時代に日本はどう生き残るか
（FTA&TPPで国境がなくなる 2）（嶋正和著）
2012.10

◇耐震、制震、免震の科学（おもしろサイエンス）
（高橋俊介監修, 高層建築研究会編著）　2012.10

◇「折れない」中小企業の作り方―しなやかに生
き抜く20のヒント（奥山睦著）　2012.10

◇お酒の科学（おもしろサイエンス）（佐藤成美著）
2012.10

◇伊藤園の“自然体”経営―伝統と最新手法が織り
なすイノベーション（大倉雄次郎著）　2012.10

◇波の科学―音波・地震波・水面波・電磁波（おも
しろサイエンス）（谷村康行著）　2012.11

◇化石燃料革命―「枯渇」なき時代の新戦略（石川
憲二著）　2012.11

◇性能限界―モノづくり日本に立ちはだかるもう
一つの壁（井熊均著）　2012.11

◇2013年動き出す新しい排出権（斉藤聡著）　2012.
11

◇大腸がんに挑む医術と技術―世界を征するオリ
ンパスの内視鏡（鈴木雅光著）　2012.11

◇天然ガスシフトの時代―燃料から化学産業まで
及ぶインパクト（伊原賢, 末広能史著）　2012.12

◇洋上風力発電―次世代エネルギーの切り札（岩本
晃一著）　2012.12

◇トコトンやさしい印刷の本（今日からモノ知りシ
リーズ）（真山明夫監修, 印刷技術と生活研究会
編著）　2012.12

◇トコトンやさしい光合成の本（今日からモノ知り
シリーズ）（園池公毅著）　2012.12

◇福島原発で何が起こったか―政府事故調技術解
説（淵上正朗, 笠原直人, 畑村洋太郎著）　2012.
12

◇自滅する人類―分子生物学者が警告する100年後
の地球：人類滅亡までのカウントダウンは、す
でに始まっています（坂口謙吾著）　2012.12

◇トコトンやさしい地熱発電の本（今日からモノ知
りシリーズ）（当舎利行, 内田洋平著）　2012.12

◇真空の科学（おもしろサイエンス）（木ノ切恭治
著）　2013.1

◇「東電叩き」シンドローム―脱原発論の病理（東
谷暁著）　2013.1

◇アジア物流と貿易の実務（鈴木邦成著）　2013.1

◇調達・購買の教科書（坂口孝則著）　2013.1

◇接着の科学（おもしろサイエンス）（菅野照造, 堀
井真監修, 高性能接着研究会編著）　2013.2

◇薬草の科学（おもしろサイエンス）（佐竹元吉著）
2013.2

◇今をどう生きるか―あなたを変える“和”のちか
ら（福島祥郎, 椎名勲著）　2013.2

◇直径2センチの激闘―町工場が熱中する全日本製
造業コマ大戦（全日本製造業コマ大戦特別取材班
著）　2013.2

◇ALL SECOM創造する経営―世界へ拡大する安
全・安心サービス（大倉雄次郎著）　2013.2

◇日本人にマネできないアジア企業の成功モデル
（増田辰弘, 馬場隆著）　2013.2

◇技術者のプロマネ！「ミッション遂行力」入門
（二宮和彦, 戟忠希, 平松新著）　2013.2

◇トコトンやさしい金属加工の本（今日からモノ知
りシリーズ）（海野邦昭著）　2013.3

◇トコトンやさしい鍛造加工の本（今日からモノ知
りシリーズ）（篠崎吉太郎著）　2013.3

◇トコトンやさしいレンズの本（今日からモノ知り
シリーズ）（斎藤晴司著）　2013.3

◇トコトンやさしい地震と建物の本（今日からモノ
知りシリーズ）（斉藤大樹著）　2013.3

◇木造建築の科学（おもしろサイエンス）（高橋俊
介, 藤井恵介監修, 高層建築研究会編著）　2013.
3

◇五重塔の科学（おもしろサイエンス）（谷村康行
著）　2013.3

◇シリコンとシリコーンの科学（おもしろサイエン
ス）（山谷正明監修, 信越化学工業編著）　2013.3

◇モノの流れをつくる人―大野耐一さんが伝えたか
ったトップ・管理者の役割（原田武彦著）　2013.
3

◇こうすればできる！ 地域型風力発電―地元に
利益を生み、愛される風車の実現（斉藤純夫著）
2013.3

◇トコトンやさしい歯車の本（今日からモノ知りシ
リーズ）（門田和雄著）　2013.4

◇理系系の「対人関係」テクニック―職場でスト
レスを残さない 一緒に仕事をしたいと思わせる
悩みをスッキリ解決する（内山力著）　2013.4

◇「絵コンテ発想法」寺子屋指南！―紙と筆があ
ればできる驚きの発想法（大野浩著）　2013.4

総 記　　　　　　　　　　　　　　　　　　　　　一般叢書・全集

◇神経細胞の科学―産業に隠されたすばらしい生体の仕組み（おもしろサイエンス）（倉橋隆, 竹内裕子著）　2013.4

◇早わかりミャンマービジネス（ミャンマー経済・投資センター編著）　2013.4

◇トコトンやさしい配管の本（今日からモノ知りシリーズ）（西野悠司著）　2013.5

◇2020年、電力大再編―電力改革で変貌する巨大市場（井熊均著）　2013.5

◇ガラスの科学（おもしろサイエンス）（ニューガラスフォーラム編著）　2013.6

◇カビの科学（おもしろサイエンス）（李憲俊著）　2013.6

◇トコトンやさしい木工の本（今日からモノ知りシリーズ）（赤松明著）　2013.6

◇トコトンやさしいイオン交換の本（今日からモノ知りシリーズ）（岡田哲男, 早下隆士編著）　2013.6

◇トコトンやさしい海底資源の本（今日からモノ知りシリーズ）（大高敏男, 乾睦子著）　2013.6

◇美肌の科学（おもしろサイエンス）（福井寛著）　2013.6

◇足と靴の科学（おもしろサイエンス）（アシックススポーツ工学研究所編著, 西脇剛史監修）　2013.6

◇腰の痛みにさようなら！―専門医が患者の気持ちになって書いた本（小瀬忠男著）　2013.6

◇転がす技術―なぜ、あの会社は畑違いの環境ビジネスで成功できたのか（弓削徹著）　2013.7

◇トコトンやさしいアナログ回路の本（今日からモノ知りシリーズ）（相良岩男著）　2013.7

◇微生物の科学（おもしろサイエンス）（中島春紫著）　2013.7

◇英語で働け！サラリーマン読本―英文契約・交渉・プレゼン、ナンでもコイ！楽しく、役に立ち、超クール！（鮫島活雄, 沢渡あまね著）　2013.7

◇中国に入っては中国式交渉術に従え！―外人・熟人・自己人を理解すれば失敗しない（平沢健一, 安藤雅旺著）　2013.7

◇トコトンやさしいエコハウスの本（今日からモノ知りシリーズ）（鈴木八十二監修, エコハウス検討委員会編）　2013.8

◇トコトンやさしい土壌汚染の本（今日からモノ知りシリーズ）（保坂義男, 大木久光, 高堂彰二, 大岩敏男著）　2013.8

◇最強の営業ツール「儲かる名刺」の作り方（古土慎一著）　2013.8

◇樋口広太郎に学ぶ人生と仕事を磨く言葉―永久に躍動するアサヒビール再建のスピリット（皆木和義著）　2013.8

◇トコトンやさしい無線通信の本（今日からモノ知りシリーズ）（若井一顕著）　2013.8

◇東大で生まれた人気企業の内定を獲得する究極のエントリーシート事例集（今井正彦著）　2013.9

◇トコトンやさしいエントロピーの本（今日からモノ知りシリーズ）（石原顕光著）　2013.9

◇トコトンやさしい天然ガスの本（今日からモノ知りシリーズ）　第2版（藤田和男監修, 島村常男, 井原博之, 佐々木詔雄, 本村真澄著）　2013.9

◇ビザンティン建築の謎―世界遺産に潜む都市防衛機能（武野純一著）　2013.9

◇iPS細胞の世界―未来を拓く最先端生命科学（山中伸弥監修, 京都大学iPS細胞研究所編著）　2013.9

◇トコトンやさしい機械設計の本（今日からモノ知りシリーズ）（Net-P.E.Jp編著, 横田川昌浩, 岡野徹, 高見幸二, 西田麻美著）　2013.9

◇あなたは何ができますか　Part5　進歩する専門学校実学への挑戦（日刊工業新聞特別取材班編）　2013.9

◇なぜ、あの中小企業ばかりに優秀な人材が集まるのか？―お金をかけずにできる、とっておきの採活（常見陽平著）　2013.10

◇トコトンやさしい太陽電池の本（今日からモノ知りシリーズ）　第2版（産業技術総合研究所太陽光発電工学研究センター編著）　2013.10

◇コンクリートの科学（おもしろサイエンス）（明石雄一監修, コンクリートの劣化と補修研究会編著）　2013.10

◇ミドリムシ大活躍！―小さな生物が創る大きなビジネス（石川憲二著）　2013.10

◇トコトンやさしい実用技術を支える法則の本（今日からモノ知りシリーズ）（福田遵著）　2013.10

◇トコトンやさしい原価管理の本（今日からモノ知りシリーズ）（大塚泰雄著）　2013.11

◇インドネシアで快適に滞在するにはコツがある―親日指数世界一の国！（茂木正朋著）　2013.11

◇山で正しく道に迷う本（昆正和著）　2013.11

◇黒田官兵衛に学ぶ経営戦略の奥義 “戦わずして勝つ！”（福永雅文著）　2013.11

◇2030年のライフスタイルが教えてくれる「心豊

全集・叢書総目録 2011-2016　**407**

一般叢書・全集　　　　　　　　　　　　　　　総記

かな」ビジネス—自然と未来に学ぶネイチャー・
テクノロジー（石田秀輝, 古川柳蔵監修, モノづ
くり日本会議ネイチャー・テクノロジー研究会
編）　2013.11
◇ヘーベルハウス41年目の真実—ロングライフへ
の道（山本一元著）　2013.11
◇トコトンやさしい非在来型化石燃料の本（今日か
らモノ知りシリーズ）（藤田和男編著, 高橋明久,
藤岡昌司, 出口剛太, 木村健著）　2013.12
◇安眠の科学（おもしろサイエンス）（内田直著）
2013.12
◇「自動運転」が拓く巨大市場—2020年に本格化
するスマートモビリティビジネスの行方（井熊均
編著）　2013.12
◇下町ボブスレー—僕らのソリが五輪に挑む 大田
区の町工場が夢中になった800日の記録（奥山睦
著）　2013.12
◇トコトンやさしいマシニングセンタの本（今日か
らモノ知りシリーズ）（沢武一著）　2014.1
◇シェールガス革命 "第二の衝撃"—危機に陥る日
本の化学産業（室井高城著）　2014.1
◇ロシアが仕掛ける "本気の極東戦略"（山口英一
著）　2014.1
◇トコトンやさしい石油の本（今日からモノ知り
シリーズ）　第2版（藤田和男, 島村常男, 井原博
之編著, トコトン石油プロジェクトチーム著）
2014.2
◇元素と金属の科学（おもしろサイエンス）（坂本
卓著）　2014.2
◇シェールガス革命が日本に突きつける脅威（野神
隆之著）　2014.2
◇成長する資源大陸アフリカを掘り起こせ—鉱業
技術者が説く資源開発のポテンシャルとビジネ
スチャンス（細井義孝著）　2014.2
◇無理しないから無駄もない「草食系」社員のため
のお手軽キャリアマネジメント—楽しく, 役に
立ち, 超マイペース！（沢渡あまね著）　2014.2
◇トコトンやさしい軸受の本（今日からモノ知りシ
リーズ）（吉武立雄著）　2014.2
◇サプリメント・機能性食品の科学（おもしろサイ
エンス）（近藤和雄, 佐竹元吉著）　2014.3
◇図解物流センターのしくみと実務（鈴木邦成著）
2014.3
◇トコトンやさしい工場管理の本（今日からモノ知
りシリーズ）（岡田貞夫著）　2014.3
◇塩と砂糖と食品保存の科学（おもしろサイエン

ス）（食品保存と生活研究会編著）　2014.3
◇磁力の科学（おもしろサイエンス）（久保田博南,
五日市哲雄著）　2014.3
◇図解よくわかる炭の力（杉浦銀治監修, 炭活用研
究会編著）　2014.3
◇トライボロジーがもたらす驚きの世界（石川憲二
著）　2014.3
◇酸素の科学（おもしろサイエンス）（神崎愷著）
2014.4
◇調達力・購買力の強化書—この本こそがバイヤー
の最強ツールだ！（坂口孝則著）　2014.4
◇奇跡のマーケティング—世紀の怪物・スーパード
ライはこうして生まれた（松井康雄著）　2014.4
◇日本人が理解できない混沌（カオス）の国インド
1　玉ねぎの価格で政権安定度がわかる！—謎を
解き明かす50問！（帝羽ニルマラ純子著）　2014.
4
◇トコトンやさしい3Dプリンタの本（今日からモ
ノ知りシリーズ）（佐野義幸, 柳生浄勲, 結石友
宏, 河島巌著）　2014.5
◇トコトンやさしいプラスチック成形の本（今日か
らモノ知りシリーズ）（横田明著）　2014.6
◇電力小売全面自由化で動き出す分散型エネルギー
（シリーズ電力大再編）（井熊均編著）　2014.6
◇英語で働け！ キャリアアップ読本—変化の時代
で「最後まで生き残る」自分の鍛え方（鮫島活雄,
沢渡あまね, 水谷弘隆著）　2014.6
◇日本人が理解できない混沌（カオス）の国イン
ド　2　政権交代で9億人の巨大中間層が生まれ
る—謎を解き明かす50問！（帝羽ニルマラ純子
著）　2014.6
◇トコトンやさしい化学の本（今日からモノ知りシ
リーズ）（井沢省吾著）　2014.7
◇トコトンやさしい発電・送電の本（今日からモノ
知りシリーズ）（福田遵著）　2014.7
◇地下資源の科学（おもしろサイエンス）（西川有
司著）　2014.7
◇図解日立製作所—変革を進める日本唯一のコン
グロマリット（ひと目でわかる！）　第3版（明豊
著）　2014.7
◇トコトンやさしいSCM（サプライチェーンマネジ
メント）の本（今日からモノ知りシリーズ）　第2
版（鈴木邦成著）　2014.8
◇"とびきりやさしい"ビジネス統計入門（坂口孝
則著）　2014.8
◇トコトンやさしいEMCとノイズ対策の本（今日

408　全集・叢書総目録 2011-2016

総記　　　　　　　　　　　　　　　　　　　　　　　　　一般叢書・全集

からモノ知りシリーズ）（鈴木茂夫著）　2014.9
◇トコトンやさしいメカトロニクスの本（今日から
　モノ知りシリーズ）（三田純義著）　2014.9
◇トコトンやさしい環境汚染の本（今日からモノ知
　りシリーズ）（大岩敏男，大木久光，高堂彰二，保
　坂義男著）　2014.9
◇山で正しく道に迷う絵本―"まさか！"の原因は
　山ではなく，"心"が作りだす（昆正和著）　2014.
　9
◇つくりたいんは世界一のエンジンじゃろうが！
　―機能エンジニアリングのすすめ（羽山信宏著）
　2014.9
◇図解DMG森精機（ひと目でわかる！）（日刊工業
　新聞社編）　2014.10
◇トコトンやさしい放電加工の本（今日からモノ知
　りシリーズ）（武沢英樹著）　2014.10
◇トコトンやさしい電気設備の本（今日からモノ知
　りシリーズ）（福田遵著）　2014.10
◇トコトンやさしい電源回路の本（今日からモノ知
　りシリーズ）（相良岩男著）　2014.10
◇トコトンやさしい粉の本（今日からモノ知りシ
　リーズ）　第2版（山本英夫，伊ケ崎文和，山田昌
　治著）　2014.10
◇粉体の科学（おもしろサイエンス）（内藤牧男，野
　田直希，牧野尚夫著）　2014.11
◇Simply Rich―アムウェイ共同創業者の人生と教
　訓（リッチ・デヴォス著）　2014.12
◇トコトンやさしいセンサの本（今日からモノ知り
　シリーズ）　第2版（山崎弘郎著）　2014.12
◇電力小売全面自由化で動き出すバイオエネルギー
　（シリーズ電力大再編）（井熊均編著）　2014.12
◇植物工場経営―明暗をわける戦略とビジネスモ
　デル 技術中心から経営の時代へ（井熊均，三輪泰
　史編著）　2014.12
◇トコトンやさしいユニバーサルデザインの本（今
　日からモノ知りシリーズ）　第2版（宮入賢一郎，
　実利用者研究機構著）　2014.12
◇図解エイチアンドエフ―大型プレス機械を世界
　に届けるFUKUIのモノづくり会社（ひと目でわ
　かる！）（日刊工業新聞社編）　2015.1
◇トコトンやさしい有機ELの本（今日からモノ知
　りシリーズ）　第2版（森竜雄著）　2015.1
◇音と振動の科学（おもしろサイエンス）（山田伸
　志著）　2015.1
◇毒と薬の科学（おもしろサイエンス）（佐竹元吉
　編著）　2015.1

◇トコトンやさしい鋳造の本（今日からモノ知りシ
　リーズ）（西直美，平塚貞人著）　2015.2
◇トコトンやさしい超音波の本（今日からモノ知
　りシリーズ）　第2版（谷腰欣司，谷村康行著）
　2015.2
◇ワーキングストレスに向き合う力―ストレスコ
　ントロール手法〈コーピング〉でビジネスに強く
　なる（坂上隆之著）　2015.2
◇博士になろう！―理系のための研究生活ガイド
　（坂口謙吾著）　2015.2
◇発酵食品の科学（おもしろサイエンス）　第2版
　（坂本卓著）　2015.2
◇早わかりベトナムビジネス　第3版（ベトナム経
　済研究所編，窪田光純著）　2015.2
◇トコトンやさしい物流の本（今日からモノ知りシ
　リーズ）（鈴木邦成著）　2015.3
◇トコトンやさしいプラスチック材料の本（今日か
　らモノ知りシリーズ）（高野菊雄著）　2015.3
◇地層の科学（おもしろサイエンス）（西川有司著）
　2015.3
◇図解日本アムウェイ―成功を望むすべての人々
　にその機会を提供（ひと目でわかる！）　改訂第
　2版（日刊工業新聞社編）　2015.3
◇翔べ，MRJ―世界の航空機市場に挑む「日の丸
　ジェット」（日刊工業新聞社編，杉本要著）　2015.
　3
◇PM2.5危機の本質と対応―日本の環境技術が世
　界を救う（石川憲二著）　2015.3
◇長もちの科学―良い製品を長く大事に使うため
　の技術（おもしろサイエンス）（京都工芸繊維大
　学長もちの科学研究センター編）　2015.4
◇トコトンやさしい食品添加物の本（今日からモノ
　知りシリーズ）（仲村健弘著）　2015.4
◇錆の科学（おもしろサイエンス）（堀石七生著）
　2015.5
◇トコトンやさしい切削工具の本（今日からモノ知
　りシリーズ）（沢武一著）　2015.5
◇トコトンやさしい圧力容器の本（今日からモノ知
　りシリーズ）（大原良友著）　2015.5
◇2020年，電力大再編　続　見えてきた！エネル
　ギー自由化後の市場争奪戦（井熊均編著）　2015.
　5
◇トコトンやさしい人体のしくみの本（今日からモ
　ノ知りシリーズ）（倉橋隆著）　2015.6
◇トコトンやさしいヨウ素の本（今日からモノ知り
　シリーズ）（海宝竜夫著）　2015.6

全集・叢書総目録 2011-2016　409

一般叢書・全集　　　　　　　　　　　　　　　　　　　　　　総記

◇モノづくりで幸せになれる会社となれない会社
　―下請メーカー18社の転機（坂本光司，林公一編
　著）　2015.6
◇日本型第4次ものづくり産業革命―経営者よ，こ
　のままで生き残れるか（吉川良三編著，日韓IT経
　営協会著）　2015.6
◇トコトンやさしい自動車の化学の本（今日からモ
　ノ知りシリーズ）（井沢省吾著）　2015.6
◇トコトンやさしい自動車エンジンの本（今日から
　モノ知りシリーズ）（原田了著）　2015.7
◇トコトンやさしい熱利用の本（今日からモノ知り
　シリーズ）（福田遵著）　2015.7
◇トコトンやさしいデジタル回路の本（今日からモ
　ノ知りシリーズ）（鈴木大三，鈴木八十二著）
　2015.7
◇インダストリー4.0―ドイツ第4次産業革命が与
　えるインパクト（岩本晃一著）　2015.7
◇なぜ，企業は不祥事を繰り返すのか―有名事件13
　の原因メカニズムに迫る（樋口晴彦著）　2015.8
◇トコトンやさしい蒸留の本（今日からモノ知りシ
　リーズ）（大江修造著）　2015.9
◇トコトンやさしい電気化学の本（今日からモノ知
　りシリーズ）（石原顕光著）　2015.9
◇なぜ，トヨタは700万円で「ミライ」を売ること
　ができたか？―技術革新のメガトレンドが市場
　構造を変える（井熊均，木通秀樹著）　2015.9
◇ジャパン・メイドトゥールビヨン―超高級機械式
　腕時計に挑んだ日本のモノづくり（浅岡肇編著，
　大坪正人，大沢二朗，広田雅将著）　2015.10
◇トコトンやさしい植物工場の本（今日からモノ
　知りシリーズ）（森康裕，高辻正基，石原隆司著）
　2015.10
◇ほんとうの「調達・購買」実践マニュアル―社
　内の「まあいいや」業務を変える知識とノウハ
　ウ（坂口孝則，牧野直哉著）　2015.10
◇トコトンやさしい機械材料の本（今日からモノ知
　りシリーズ）（Net-P.E.Jp編著，横田川昌浩，江口
　雅章，棚橋哲資，藤田政利著）　2015.11
◇トコトンやさしいコンカレント・エンジニアリ
　ングの本（今日からモノ知りシリーズ）（原嶋茂
　著）　2015.11
◇トコトンやさしい圧延の本（今日からモノ知りシ
　リーズ）（曽谷保博監修，JFEスチール圧延技術
　研究会編著）　2015.11
◇トコトンやさしい油圧の本（今日からモノ知りシ
　リーズ）（渋谷文昭著）　2015.11

◇トコトンやさしいロボットの本（今日からモノ知
　りシリーズ）（日本ロボット工業会監修，日刊工
　業新聞社編）　2015.11
◇次世代農業ビジネス経営―成功のための"付加
　価値戦略"（三輪泰史著）　2015.11
◇トコトンやさしい生産技術の本（今日からモノ知
　りシリーズ）（坂倉貢司著）　2015.12
◇トコトンやさしい液晶の本（今日からモノ知り
　シリーズ）　第2版（鈴木八十二，新居崎信也著）
　2016.1
◇トコトンやさしい電波の本（今日からモノ知りシ
　リーズ）　第2版（相良岩男著）　2016.2
◇トコトンやさしい染料・顔料の本（今日からモノ
　知りシリーズ）（中澄博行，福井寛著）　2016.2
◇薄毛の科学（おもしろサイエンス）（板見智監修，
　乾重樹，植木理恵，伊藤泰介，倉田荘太郎，大山学
　著）　2016.2
◇会社を立て直す仕事（小森哲郎著）　2016.2
◇トコトンやさしいバイオミメティクスの本（今日
　からモノ知りシリーズ）（下村政嗣編著，高分子
　学会バイオミメティクス研究会編）　2016.3
◇ブレない自分をつくる「古典」読書術（小倉広，
　人間塾著）　2016.3
◇食品包装の科学（おもしろサイエンス）（石谷孝
　佑監修，日本食品包装協会編著）　2016.3
◇検証電力ビジネス―勝者と敗者の分岐点（井熊均
　編著）　2016.3
◇毎日が開運―幸せを呼ぶ"神まかせ"な生き方（山
　本行徳著）　2016.3
◇これぞ，ザ・ネーミング～。―楽しい笑える遊
　べる儲かる（包行均著）　2016.3
◇匠の技の科学　材料編（おもしろサイエンス）（京
　都工芸繊維大学伝統みらい教育研究センター編）
　2016.3
◇トコトンやさしいエネルギーの本（今日からモノ
　知りシリーズ）　第2版（山﨑耕造著）　2016.4
◇機能性野菜の科学―健康維持・病気予防に働く
　野菜の力（おもしろサイエンス）（佐竹元吉編著）
　2016.5
◇天変地異の科学（おもしろサイエンス）（西川有
　司著）　2016.5
◇トコトンやさしい発酵の本（今日からモノ知り
　シリーズ）　第2版（協和発酵バイオ編）　2016.5
◇トコトンやさしい形状記憶合金の本（今日から
　モノ知りシリーズ）（形状記憶合金協会編著）
　2016.6

総記　　　　　　　　　　　　　　　　　　　　　　　　　　一般叢書・全集

◇製造業の現場バイヤーが教える調達・購買部門の
〈業務力向上〉完全ガイド（牧野直哉著）　2016.
6
◇チャイナショックで荒れ狂うアジアのビジネス・
リスク（越純一郎代表編著, 杉田浩一, 福谷尚久
編著）　2016.6
◇トコトンやさしい蒸気の本（今日からモノ知りシ
リーズ）（勝呂幸男著）　2016.7
◇トコトンやさしい電気自動車の本（今日からモノ
知りシリーズ）　第2版（広田幸嗣著）　2016.8
◇トコトンやさしいポンプの本（今日からモノ知り
シリーズ）（外山幸雄著）　2016.9
◇トコトンやさしい色彩工学の本（今日からモノ知
りシリーズ）（前田秀一著）　2016.9
◇トコトンやさしい段ボールの本（今日からモノ
知りシリーズ）（レンゴー編著, 斎藤勝彦監修）
2016.9
◇トコトンやさしいサーボ機構の本（今日からモノ
知りシリーズ）（Net-P.E.Jp編著, 横田川昌浩, 秋
葉浩良, 中島秀人, 西田麻美著）　2016.10
◇トコトンやさしいドローンの本（今日からモノ知
りシリーズ）（鈴木真二監修, 日本UAS産業振興
協議会編）　2016.10
◇トコトンやさしい電磁気の本（今日からモノ知り
シリーズ）（面谷信著）　2016.10
◇トコトンやさしいばねの本（今日からモノ知りシ
リーズ）（門田和雄著）　2016.11
◇トコトンやさしい工程管理の本（今日からモノ知
りシリーズ）（坂倉貢司著）　2016.11
◇トコトンやさしい橋の本（今日からモノ知りシ
リーズ）（依田照彦著）　2016.12
◇トコトンやさしい人工知能の本（今日からモノ知
りシリーズ）（辻井潤一監修, 産業技術総合研究
所人工知能研究センター編）　2016.12
◇繊維の科学（おもしろサイエンス）（日本繊維技
術士センター編）　2016.12

P-Vine Books　スペースシャワーネットワーク
2012
◇インドホリック—インド一周一四二日間（旅音
著）　2012.4
◇FREE TOKYO—フリーで楽しむ東京ガイド（ジ
ョー横溝著）　2012.4
◇新宿駅最後の小さなお店ベルク—個人店が生き
残るには？（井野朋也著）　2012.7

P-vine books　Pヴァイン・ブックス　2010〜
2012
◇ラップのことば—JAPANESE　HIP　HOP
WORDS（猪又孝著）　2010.4
◇ミュージシャンと猫（佐々木美夏文, 三浦麻旅子
写真）　2011.6
◇ガールフレンド（しまおまほ著）　2011.8
◇ヴォーグ・モデル（ロビン・デリック, ロビン・
ミューア著, 桜井真砂美訳）　2011.9
◇レスポール大名鑑1968〜2009—写真でたどるギ
ブソン・ギター開発全史 後編（ロブ・ローレン
ス著, 小川公貴訳, ロッキン・エノッキー監修）
2011.12
◇北欧のおいしい話—スウェーデンのカフェから,
フィンランドの食卓まで（森百合子著）　2012.1
◇ウィメンズウェア100年史（キャリー・ブラック
マン著, 桜井真砂美訳）　2012.3
◇Top Model—キム・ジェウクと韓国のトップモ
デルたち（キム・ジェウク, チャン・ユンジュ, ソ
ン・ギョンア, ハン・ヘジン, チ・ヒョンジョン
著, 福田知美訳, エスティーム監修）　2012.3
◇プロ無職入門—高木壮太の活ける言葉（高木壮太
著）　2012.3
◇北欧のおいしい時間—デンマークのカフェから,
ノルウェーの食堂まで Hokuo Book（森百合子
著）　2012.3
◇ブルース・ハーモニカよくばりガイド—ブルー
ス＆ソウル・レコーズ・プレゼンツ（妹尾みえ,
KOTEZ著）　2012.3
◇ミュージシャンと猫　2（佐々木美夏文, おおく
ぼひさこ, 三浦麻旅子, 緒車寿一写真）　2012.3
◇bmrレガシースーパープロデューサーズ（bmr編
集部編集）　2012.6
◇HIPS 球体抄（伴田良輔写真・文）　2012.6
◇池袋交差点24時（加藤ひさし, 古市コータロー著）
2012.9

P-vine books　ブルース・インターアクション
ズ　2007〜2011　⇒V－29
◇新宿駅最後の小さなお店ベルク—個人店が生き
残るには？（井野朋也著）　2008.7
◇ラップのことば（猪又孝編）　2010.4
◇マイケル・ジャクソン：メイキング・オブ・スリ
ラー（ダグラス・カークランド著, 押野素子訳）
2010.4
◇Hair & make-up artists—ヘア＆メイクアップ
アーティスト206人の仕事ファイル　2010　2010.

全集・叢書総目録 2011-2016　**411**

一般叢書・全集　　　　　　　　　　　　　　　　総記

4

◇ヤング・マイケル・ジャクソン写真集―1974-1984　初回限定版（トッド・グレイ著, 押野素子訳）　2010.5

◇ハマのメリーJさん―中尊寺ゆつこファンキー名作徹底解剖 完全版（中尊寺ゆつこ作・画, ハマJ研究会編）　2010.5

◇ANONYMOUS POP―小田島等作品集（小田島等著）　2010.6

◇メンズウェア100年史（キャリー・ブラックマン著, 桜井真砂美訳）　2010.6

◇アーサー・ラッセル―ニューヨーク、音楽、その大いなる冒険（ティム・ローレンス著, 山根夏実訳, 野田努監修）　2010.6

◇ジョニ・ミッチェルという生き方―ありのままの私を愛して（ミッシェル・マーサー著, 中谷ななみ訳）　2010.6

◇インドホリック―インド一周142日間（旅音著）　2010.7

◇作曲家・渡辺岳夫の肖像（加藤義彦, 鈴木啓之, 浜田高志編著, 渡辺浩光監修）　2010.7

◇ムンバイなう。―インドで僕はつぶやいた（U-zhaan著）　2010.7

◇アレン・ギンズバーグと旅するサンフランシスコ―カフェとビートとロックとジャズの聖地巡礼ガイド（ビル・モーガン著, 今井栄一訳）　2010.8

◇ヒップ―アメリカにおけるかっこよさの系譜学（ジョン・リーランド著, 篠儀直子, 松井領明訳）　2010.8

◇北欧のテキスタイル―原点となった12人のコレクション（ギセラ・エロン著, 平石律子訳）　2010.8

◇アンダーグラウンド・ロックTシャツ（シーザー・パディーヤ著, 桜井真砂美訳）　2010.8

◇北欧のおいしい話―スウェーデンのカフェから、フィンランドの食卓まで Hokuo Book（森百合子著, 橋本晴子, 北原秀雄監修）　2010.9

◇食の職―小さなお店ベルクの発想（迫川尚子著）　2010.9

◇はじめてのイスタンブール（若山ゆりこ著）　2010.10

◇女の子のためのアプリ生活―iPhone, iPad, iPod touch & Xperia Application Private Book（黒田智之, 石橋ふみ, 小浜なつき著, AppBank監修）　2010.10

◇「歌」を語る―神経科学から見た音楽・脳・思考・文化（ダニエル・J.レヴィティン著, 山形浩生訳）　2010.11

◇展覧会カタログ案内（中嶋大介著）　2010.11

◇ジョン・レノン写真集In His Life（ジョン・ブラニー著, Valeria Manferto De Fabianis［編］, 刈茅由美訳, ザ・ビートルズ・クラブ日本版監修）　2010.11

◇THE PLAY BOOK―空から眺める遊びの現場（アレックス・マクリーン著, プジョー友子訳）　2010.11

◇ブルース・スタンダード100曲―ロックがカヴァーした（〈百曲探訪〉シリーズ）（妹尾みえ, 浜田広也著, 小出斉監修）　2010.11

◇モータウン永遠の100曲（〈百曲探訪〉シリーズ）（岩間慎一, 高橋芳朗, 中河伸俊, 平野孝則著, 出田圭監修）　2010.11

◇80sポップス愛される100曲（〈百曲探訪〉シリーズ）（北井康仁, 山崎智之, 浜田広也著）　2010.11

◇ブルース・ギター大名鑑―写真でたどる名器とブルースの歴史（リック・ベイティー著, 川村まゆみ訳, ブルース＆ソウル・レコーズ監修）　2010.12

◇1980年12月8日ジョン・レノンのいちばん長い日（キース・エリオット・グリーンバーグ著, 刈茅由美訳）　2010.12

◇馬鹿者のためのレクイエム―セルジュ・ゲンスブール写真集（アルノー・ヴィヴィアン著, プジョー友子訳）　2011.1

◇FREE TOKYO―フリー（無料）で楽しむ東京ガイド100（ジョー横溝著）　2011.1

◇ジス・イズ・ロンドン　改定版（ミロスラフ・サセック著, 松浦弥太郎訳）　2011.1

◇レスポール大名鑑1915〜1963―写真でたどるギブソン・ギター開発全史（ロブ・ローレンス著, 小川公貴訳, ロッキン・エノッキー監修）　2011.2

◇THE BEST OF EROTIC JACKET―VINYL, COMPACT DISC & CASSETTE TAPE（テリー・ジョンスン, ムーディ・ムーニー, 黒門ビリー監修・編集, ゴンゾスタ特別監修）　2011.2

◇ハンバーガーの歴史―世界中でなぜここまで愛されたのか？（アンドルー・F.スミス著, 小巻靖子訳）　2011.3

◇THE BAWDIES―THIS IS MY SOUL OFFICIAL BOOK（THE BAWDIES著, 丸屋九兵衛監修）　2011.3

総記

一般叢書・全集

◇リバティーンズ物語—ピート・ドハーティとカール・バラーの悪徳の栄え（ピート・ウェルシュ著、天野智美訳）　2011.3
◇HOMEMADE MUSIC—宅録～D.I.Y.ミュージック・ディスクガイド（江森丈晃編・著）　2011.4
◇HAIR & MAKE-UP ARTISTS—ヘア＆メイクアップアーティスト173人の仕事ファイル 2011　2011.4
◇拡張するファッション—アート、ガーリー、D.I.Y.、ZINE…（林央子著、岡沢浩太郎編）　2011.6
◇RL–ロバート・ジョンスンを読む—アメリカ南部が生んだブルース超人（日暮泰文著）　2011.6
◇TOKYOこだわりの学食（大坪覚著）　2011.7
◇キー・オブ・ライフ「NY（ニューヨーク）編」—クリエイターたちのインテリア（CommuneLtd.、企画・編集）　2011.7
◇チーズの歴史—5000年の味わい豊かな物語（アンドリュー・ドルビー著、久村典子訳）　2011.7
◇ファッション・デザイナーの創作スケッチブック（ハイウェル・デイヴィス著、加藤久美子訳）　2011.7
◇トッド・ラングレンのスタジオ黄金狂時代—魔法使いの創作技術（ポール・マイヤーズ著、奥田祐士訳）　2011.8
◇プライベート・スタジオ作曲術—音楽が生まれる場所を訪ねて（黒田隆憲著）　2011.9

PHPハンドブック　PHP研究所　2010～2013
◇「料理早ワザ」ハンドブック—今すぐ使える！（快適生活研究会著）　2010.11
◇図解月イチゴルファーの上達を阻む72のカン違い（山口信吾著）　2013.7
◇「誕生日別」性格事典—366日の〈性格と運命〉〈恋と結婚〉〈人間関係〉がわかる！（Birthday Handbook）　最新版（ムッシュ　ムラセ著）　2013.10

bio books　ビオ・マガジン　2010～2016
◇ソマチット地球を再生する不死の生命体（福村一郎著）　2010.6
◇春山茂雄の不老革命—若返りの「奇跡」（春山茂雄著）　2010.7
◇神サマとの輪廻転生ゲームに勝つ方法—システム・オブ・GOD〈聖霊編〉（愛内清隆、愛内かこ著）　2010.8
◇光の道へ—確たる基礎とは何か（梵我蓮エソテリカ レベル1）（愛内清隆、愛内かこ著）　2010.10
◇六大行を通じて宇宙の真理に出会う（梵我蓮エソテリカ レベル0）（愛内清隆、愛内かこ著）　2010.12
◇変わりたいあなたへ—あなたはダイアモンド 自分の煌めきに出会う幸せ伝説（迫恭一郎、迫ミレイ著）　2011.1
◇脱毛よさらば！一発見！ 新発毛メカニズム（簡野晃次著、今田路美、三井幸雄監修）　2011.9
◇現実からの飛翔—エネルギーの扉を開く（梵我蓮エソテリカ レベル2）（愛内清隆、愛内かこ著）　2011.10
◇幸せを見つける前世への旅（武茂千恵子著）　2011.11
◇難病を克服する珪素の力（伊藤実喜、菅野光男、寺沢充夫共著、金子昭伯総合監修）　2012.3
◇ヒーリングアイランド小笠原—イルカと泳ごう！（若月佑輝郎著、若月佑輝郎写真）　2012.7
◇湯治エクササイズ—「のばす」「ほぐす」「ゆるめる」自分で出来る痛みやコリの簡単手当法！（杉本錬堂著）　2012.7
◇ゼロオロジー開運ブック—国際ゼロオロジー公式2013年度版（国際ゼロオロジー協会編集）　2012.11
◇あなたの知らない生体ミネラルの真実—次世代療法とミネラルバランスの重要性（沼田光生著）　2013.2
◇幸せを呼ぶ西洋魔術—やさしい魔術入門（愛内清隆、愛内かこ著）　2013.3
◇運命のパートナーと結ばれる幸せな結婚の法則（さとうやすゆき著）　2013.7
◇美愛の幸せ鑑定—ピュアリ・伝説の電話占師（美愛著）　2013.7
◇がんを克服する病院・クリニックガイド—代替医療をとり入れて治療を実践する医師たち ホリスティック医療 統合医療 先端的医療系 自律神経免疫療法 中国医学・漢方 アーユルヴェーダ（帯津良一監修、すこやかの会編）　2013.7
◇桜の木が教えてくれたこと—何があっても絶対、大丈夫！（武田はるか著）　2014.6
◇パウル・シュミットのドイツ波動健康法—自分で守る自分のからだ（ヴィンフリート・ジモン著）　2014.8
◇うつで無職で依存症（横塚紀一著）　2014.10
◇臍帯力—へその緒療法で120歳まで生きよう！ 神秘の臓器「へその緒」の驚異のパワー（松本浩彦

著） 2014.10

◇かみうた―浄化の旋風を巻き起こす奇跡の言霊（天翔八千代著） 2014.11

◇幸せになるお財布習慣―夢を叶えて豊かに生きる法則（松岡紫鳳著, 増田大志監修） 2015.1

◇巨大地震を1週間前につかめ！―これまでの常識を一変させる「予兆解析」のすべて（上部一馬著） 2015.3

◇口の中からはじまる医療革命―内科診療と歯科診療の和合が不調を改善させる！（陰山康成著） 2015.4

◇バラのチカラ―ブルガリアンローズの魅力 バラの伝導師ローズまどかの（ローズまどか著） 2015.4

◇天城流湯治法エクササイズ―のばす・ほぐす・ゆるめる3つの技法で悩みを瞬時に解決！（杉本錬堂著） 2015.11

◇天命を知る前世療法―夢を叶えて幸せになる（武茂千恵子著） 2016.5

◇人類を救う珪素の力―長寿の秘訣はケイ素にあった！（細井睦敬, 菅野光男, 大山良徳共著, 金子昭伯総合監修） 2016.5

◇最強の菌活！ 玄米でプチ発酵万能酵母液のつくり方（堂園仁著） 2016.10

比較社会文化叢書 花書院 2006～2016
　⇒Ⅰ－349

19 戦後在日コリアン表象の反・系譜―〈高度経済成長〉神話と保証なき主体（林相珉著） 2011.3

20 金子光晴の詩法の変遷―その契機と軌跡（金雪梅著） 2011.3

21 日韓の先端技術産業地域政策と地域イノベーション・システム（車相竜著） 2011.3

22 異文化を超えて―"アジアにおける日本"再考（東英寿, 秋吉収編著） 2011.12

23 日本における韓国古典小説の受容（鄭美京著） 2012.3

24 日本語と韓国語における擬態語の対照研究―日本及び韓国の少女マンガにおける感情を表す擬態語を中心に（李大年編著） 2012.3

vol.25 日本人と中国人の不同意表明―ポライトネスの観点から（王萌著） 2013.2

vol.26 村上春樹―イニシエーションの物語（徐忍宇著） 2013.2

vol.27 南蛮系宇宙論の原典的研究（平岡隆二著） 2013.3

vol.28 日本語におけるジェンダー表現―大学生の使用実態および意識を中心に（陳一吟著） 2013.3

vol.29 鈴木正三研究序説（三浦雅彦著） 2013.3

vol.30 中国 "嶺南" 現代文学の新地平―文学研究会広州分会および留学生草野心平を中心に（裴亮著） 2014.3

vol.31 韓国人日本語学習者による日本語テキストの分かりにくさの要因分析（金宥暻著） 2014.2

vol.32 満州間島地域の朝鮮民族と日本語（金珽実著） 2014.3

vol.33 清末民初における欧米小説の翻訳に関する研究―日本経由を視座として（梁艶著） 2015.3

vol.34 長生炭鉱水没事故をめぐる記憶実践―日韓市民の試みから（大和裕美子著） 2015.3

vol.35 イギリスにみる美術の現在―抵抗から開かれたモダニズムへ（石松紀子著） 2015.3

vol.36 近現代文学と東アジア―教育と研究の多様性に向けて―「近現代文学と東アジア」研究会（松本常彦, 波潟剛編） 2016.3

vol.37 日本の企業と大学における国際化の現状―外国人留学生に着目した実証研究（藤美帆著） 2016.3

vol.38 郁達夫の原像―異文化・時代・社会との葛藤（李麗君著） 2016.3

ヒストリカル・スタディーズ 太田出版 2012～2016

01 バナナの世界史―歴史を変えた果物の数奇な運命（ダン・コッペル著, 黒川由美訳） 2012.1

02 エリア51―世界でもっとも有名な秘密基地の真実（アニー・ジェイコブセン著, 田口俊樹訳） 2012.4

03 万引きの文化史（レイチェル・シュタイア著, 黒川由美訳） 2012.10

04 食糧の帝国―食物が決定づけた文明の勃興と崩壊（エヴァン・D・G・フレイザー, アンドリュー・リマス著, 藤井美佐子訳） 2013.2

05 なぜ人間は泳ぐのか？―水泳をめぐる歴史、現在、未来（リン・シェール著, 高月園子訳） 2013.4

06 ベストセラーの世界史（フレデリック・ルヴィロワ著, 大原宣久, 三枝大修訳） 2013.7

07 最後の晩餐の真実（コリン・J・ハンフリーズ著, 黒川由美訳） 2013.7

09 スーパー・コンプリケーション―伝説の時計が生まれるまで（ステイシー・パーマン著, 武藤陽生, 黒木章人訳） 2014.2

総記　　　　　　　　　　　　　　　　　　　　　　　　　　一般叢書・全集

10　タコの才能―いちばん賢い無脊椎動物（キャサリン・ハーモン・カレッジ著, 高瀬素子訳）　2014.4

11　エヴァンジェリカルズ―アメリカ外交を動かすキリスト教福音主義（マーク・R・アムスタッツ著, 加藤万里子訳）　2014.11

12　オン・ザ・マップ―地図と人類の物語（サイモン・ガーフィールド著, 黒川由美訳）　2014.12

13　人類五〇万年の闘い―マラリア全史（ソニア・シャー著, 夏野徹也訳）　2015.3

14　セルデンの中国地図―消えた古地図400年の謎を解く（ティモシー・ブルック著, 藤井美佐子訳）　2015.4

15　ナチ科学者を獲得せよ！―アメリカ極秘国家プロジェクトペーパークリップ作戦（アニー・ジェイコブセン著, 加藤万里子訳）　2015.9

16　ナパーム空爆史―日本人をもっとも多く殺した兵器（ロバート・M・ニーア著, 田口俊樹訳）　2016.3

17　通勤の社会史―毎日5億人が通勤する理由（イアン・ゲートリー著, 黒川由美訳）　2016.4

ビッグマンスペシャル　世界文化社　2010～2016
◇眼鏡Begin　vol.9　2010.11
◇最高級鞄&革小物読本―世界中の名作、大集合！定番&新作　永久保存版　2011.1
◇家呑みプレミアム鍋&丼　2011.1
◇家呑みつまみプレミアム　手軽にほろ酔い編　2011.4
◇大人のスタイル基本の「き」―あなたもきっとお洒落になれる200の法則！　完全保存版　2011.5
◇Begin厳選！殿堂ブランド図鑑―永久保存版　2011.5
◇GO！GO！ROOKIES STYLE　2011.5
◇BREITLINGクロノマット・ブック―時計Beginアーカイブス　2011.6
◇眼鏡Begin　vol.10　2011.6
◇家呑みつまみプレミアム　のどごしサイコー編　2011.8
◇傑作腕時計大全　2011-2012（時計Begin責任編集）　2011.8
◇信長に"消された"100人（日本史100人ファイル）　2011.9
◇近代日本の創業者100人（日本史100人ファイル）　2011.9
◇リフォーム大全集―男の傑作品 服のお悩みは"お直し"で解決！　2011.9

◇日本史"悪役"100人（日本史100人ファイル）　2011.10
◇「技」の巨匠100人（日本史100人ファイル）　2011.10
◇"ナウ"のトリセツ―長い？ 短い？ "イマどき"の賞味期限：いであつし&綿谷画伯の勝手な流行事典：永久保存版（いであつし, 綿谷［寛］［著］）　2011.10
◇『坂の上の雲』の100人（日本史100人ファイル）　2011.11
◇オトナの本格シャツ&タイ検定（Men's Ex & Beginファッション選書）　2011.11
◇オトナの本格スーツ検定（Men's Ex & Beginファッション選書）　2011.11
◇日本史三傑・四天王・五大老100―時代を動かしたのは"ユニット"だ！（日本史100人ファイル）　2011.11
◇最高級靴読本―永久保存版　vol.5　売れ筋&新作全578足　2011.11
◇眼鏡Begin　vol.11　2011.11
◇落合正勝流愛するモノの選びかた（Men's Ex & Beginファッション選書）　2011.12
◇渋ウマつまみ―居酒屋で教わる、安くて旨い150品　2012.1
◇大人の週末靴読本―全540足たっぷりご紹介！：最高級靴読本 番外編　2012.3
◇Begin最新モノ用語の基礎知識（Men's Ex & Beginファッション選書）　2012.4
◇大人のスタイル基本の「き」　春夏編　春夏の着こなしを徹底解説！　2012.4
◇GENTLEMEN'S SNAP―今すぐ真似できる、洒落者たちの着こなし満載！　2012.5
◇眼鏡Begin　Vol.12（2012）　2012.6
◇傑作眼鏡大全（眼鏡Begin責任編集）　2012.9
◇最高級靴読本―究極メンテナンス編　2012.10
◇ひと目でわかる〈王道&最旬〉Vゾーン―超簡単シャツ&タイ選び！　2012.10
◇大人のスタイル基本の「き」　秋冬編　理屈で納得！秋冬着こなし術　2012.10
◇モノ選びのコツ　2012.11
◇眼鏡Begin　Vol.13（2012）　2012.11
◇EC Begin　2012.12
◇ハイエンド超高級腕時計大全　2013.2
◇10万円で買う本格時計　2013.3
◇2013年ここまで変わる！シャツ&タイの新法則　2013.3

一般叢書・全集

◇職人が作る日本の名靴—最高級靴読本番外編：いま、買える職人コレクション全250点　2013.3
◇BEAMS大人のスタイル基本の「き」—すべてBEAMSで買える!!　2013.4
◇眼鏡begin　vol.14　2013　2013.6
◇もっと知りたい！チーズの本（宮内祥子著）2013.6
◇三ツ星サラダBOOK—カンタン！おいしい！きれいになる！（鮫島正樹著・料理制作）　2013.7
◇今すぐできる！ちょっとお洒落なクールビズコーディネイト　2013年猛暑編（BEAMS監修）2013.7
◇最高級靴読本archives　完全保存版　2013.10
◇実践！男のスタイルアップ術—仕事に、休日に200の実例でコーディネイト達人になる！（BEAMS監修）　2013.11
◇眼鏡Begin　Vol.15（2013）　2013.11
◇いい腕時計が欲しくなる！—完全攻略本　2013.11
◇高級腕時計大全—資産価値の高いスーパーブランドを厳選して完全収録！　2014.3
◇はじめての本格眼鏡—旬なブランド100、全国の名店100　2014.4
◇眼鏡Begin　Vol.16（2014）　2014.6
◇眼鏡Begin　vol.17（2014）　2014.12
◇傑作眼鏡大全—最旬フレームを一挙網羅（眼鏡Begin責任編集）　2015.5
◇眼鏡Begin　vol.18（2015）　2015.6
◇缶つま大全　2015.9
◇モノ選びの基礎知識　2015.11
◇眼鏡Begin　vol.19（2015）　2015.12
◇Whitehouse Cox FAN BOOK　c2016
◇眼鏡Begin　vol.20（2016）　2016.6
◇男のお洒落メンテナンス大全集—いいモノを長く使うにはケアが大事！完全保存版　2016.10
◇眼鏡Begin　vol.21（2016）　2016.12

人の森の本　人の森　2015
◇小論文・レポートの書き方—パラグラフ・ライティングとアウトラインを鍛える演習帳（野田直人著）　2015.4
◇真清探当証—真清田神社と継体天皇を結ぶ歴史秘話　復刻版（田中豊編）　2015.4

100万人の教科書　神宮館　2016
◇理不尽な要求を黙らせる最強のクレーム対処術

総記

（紀藤正樹監修）　2016.3
◇手に取るように人を動かす最強のトリック心理学（神岡真司監修）　2016.3
◇神対応のおもてなし—売り上げを10倍にする接客＆販売術（茂木久美子著）　2016.8
◇人生が好転するブレない心を育てるコツ（植西聡著）　2016.10
◇家族が亡くなった後の手続きと相続がわかる本—いざという時に困らない　葬儀　法要　年金　保険　名義変更　相続手続き　相続税（御旅屋尚文, 池田秀樹, 柳勉著）　2016.12

ヒューマニティーズ　岩波書店　2009〜2012
⇒Ⅰ-350
◇政治学（苅部直著）　2012.4
◇文学（小野正嗣著）　2012.4
◇社会学（市野川容孝著）　2012.6

フィギュール彩　彩流社　2013〜2016
1　人生の意味とは何か（T.イーグルトン著, 有泉学宙, 高橋公雄他訳）　2013.9
2　イギリス文化と近代競馬（山本雅男著）　2013.10
3　ジョルジュ・サンドと四人の音楽家—リスト、ベルリオーズ、マイヤベーア、ショパン（坂本千代, 加藤由紀著）　2013.10
4　MLB（メジャーリーグ・ベースボール）人類学—「名言・迷言・妄言」集（宇根夏樹著）　2013.11
5　ルポ精神医療につながれる子どもたち（嶋田和子著）　2013.12
6　同性愛の社会史—イギリス・ルネサンス　新版（アラン・ブレイ著, 田口孝夫, 山本雅男訳）2013.12
7　いまなぜ寺山修司か—盗作作家？覗きマニア？（菅沼定憲著）　2013.12
8　本当はエロいシェイクスピア（小野俊太郎著）2013.12
9　放射能とナショナリズム（小菅信子著）　2014.3
10　天性の小説家ジャン・ジオノー『木を植えた男』を書いた男（山本省著）　2014.3
11　壁の向こうの天使たち—ボーダー映画論（越川芳明著）　2014.3
12　大人の落語評論（稲田和浩著）　2014.4
13　ゴジラの精神史（小野俊太郎著）　2014.5
14　幻の近代アイドル史—明治・大正・昭和の大

総記　　　　　　　　　　　　　　　　　　　　　　　　一般叢書・全集

衆芸能盛衰記（笹山敬輔著）　2014.5

15　快読『赤毛のアン』（菱田信彦著）　2014.5

16　監督ばか（内藤誠著）　2014.6

17　ビジネスマンの視点で見るMLBとNPB（豊浦彰太郎著）　2014.8

18　忠臣蔵はなぜ人気があるのか（稲田和浩著）　2014.9

19　談志天才たる由縁（菅沼定憲著）　2014.10

20　吉本隆明 "心"から読み解く思想（宇田亮一著）　2014.10

21　紀行失われたものの伝説（立野正裕著）　2014.11

22　三島由紀夫外伝（岡山典弘著）　2014.11

23　男女機会均等社会への挑戦—おんなたちのスウェーデン　新版（岡沢憲芙著）　2014.12

24　リゾート開発と鉄道財閥秘史（広岡友紀著）　2014.12

25　アメリカ50年ケネディの夢は消えた？（土田宏著）　2015.1

26　ヘミングウェイとパウンドのヴェネツィア（今村楯夫, 真鍋晶子著）　2015.1

27　村上春樹は電気猫の夢を見るか？—ムラカミ猫アンソロジー（鈴村和成著）　2015.1

28　憲法を使え！—日本政治のオルタナティブ（田村理著）　2015.3

29　前座失格!?（藤原周壱著）　2015.5

30　ソーシャルメディアの罠（宮田穣著）　2015.6

31　J-POP文化論（宮入恭平著）　2015.6

32　レノンとジョブズ—変革を呼ぶフール（井口尚樹著）　2015.6

33　亡国の罪（工藤寛治著）　2015.7

34　怪談論（稲田和浩著）　2015.7

35　紀行星の時間を旅して（立野正裕著）　2015.8

36　フランケンシュタインの精神史—シェリーから『屍者の帝国』へ（小野俊太郎著）　2015.8

37　黒いチェコ（増田幸弘著）　2015.9

38　ワーキングガールのアメリカ—大衆恋愛小説の文化学（山口ヨシ子著）　2015.10

39　1979年の歌謡曲（スージー鈴木著）　2015.11

40　編集ばか（坪内祐三, 名田屋昭二, 内藤誠著）　2015.11

41　憲法の誕生—権力の危険性をめぐって（近藤健著）　2015.11

42　たのしい落語創作（稲田和浩著）　2015.11

43　スター・ウォーズの精神史（小野俊太郎著）　2015.12

44　生きられる都市を求めて—荷風、プルースト、ミンコフスキー（近藤祐著）　2016.1

45　演出家の誕生—演劇の近代とその変遷（川島健著）　2016.1

46　スウェーデン・モデル—グローバリゼーション・揺らぎ・挑戦（岡沢憲芙, 斉藤弥生編著）　2016.1

47　誰もがみんな子どもだった（ジェリー・グリスウォルド著, 渡辺藍衣, 越切瑛理訳）　2016.2

48　チェーホフ短篇小説講義（郡伸哉著）　2016.2

49　ヘンリ・アダムズとその時代—世界大戦の危機とたたかった人々の絆（中野博文著）　2016.3

50　習近平の政治思想形成（柴田哲雄著）　2016.3

51　岐阜を歩く（増田幸弘著）　2016.3

52　憐憫の孤独（ジャン・ジオノ著, 山本省訳）　2016.3

53　演説歌とフォークソング（滝口雅仁著）　2016.4

54　スポーツ実況の舞台裏（四家秀治著）　2016.4

55　テレビと原発報道の60年（七沢潔著）　2016.5

56　三島由紀夫幻の皇居突入計画（鈴木宏三著）　2016.5

57　満蒙をめぐる人びと（北野剛著）　2016.5

58　盗まれた廃墟—ポール・ド・マンのアメリカ（巽孝之著）　2016.5

59　恐怖の表象—映画/文学における〈竜殺し〉の文化史（西山智則著）　2016.5

60　現代アメリカ文学講義（岩元巌著）　2016.6

61　三島SM谷崎（鈴村和成著）　2016.6

62　マグノリアの花—珠玉短編集（ゾラ・ニール・ハーストン著, 松本昇, 西垣内磨留美訳）　2016.6

63　昭和30年代に学ぶコミュニケーション—不易流行の考え方（宮田穣著）　2016.7

64　ウルトラQの精神史（小野俊太郎著）　2016.7

65　1966年の「湘南ポップス」グラフィティ（松生恒夫, 宮治淳一著）　2016.7

66　〈男〉の落語評論（稲田和浩著）　2016.8

67　民主化後の台湾—その外交、国家観、ナショナリズム（河原昌一郎著）　2016.8

68　伊勢広のおもてなし（おだひろひさ文・絵, 今清水隆宏写真）　2016.8

69　体感する戦争文学（新藤謙著）　2016.9

70　デーブ・ジョンソンをおぼえてますか？（田窪潔著）　2016.9

71　百万両の女喜代三（小野公宇一著）　2016.10

全集・叢書総目録 2011-2016　　**417**

一般叢書・全集

総記

72 大阪「映画」事始め（武部好伸著） 2016.10

73 ミルワード先生のシェイクスピア講義（ピーター・ミルワード著，橋本修一訳） 2016.11

74 シティプロモーションでまちを変える（河井孝仁著） 2016.12

75 溺れた女―渇愛的偏愛映画論（睡蓮みどり著）2016.12

76 イマージュの箱舟―家族・動物・風景（石田和男著） 2016.12

77 ドラキュラの精神史（小野俊太郎著） 2016.12

78 温泉ザル―スノーモンキーの暮らし（和田一雄著） 2016.12

For beginnersシリーズ 現代書館 1981～2015 ⇒Ⅰ-351

106 満洲国―砂上の楼閣「満洲国」に抱いた野望 日本オリジナル版（川村湊文） 2011.4

107 労働者の味方マルクス―歴史に最も影響を与えた男マルクス 日本オリジナル版（橋爪大三郎文，ふなびきかずこイラストレーション） 2010.11

108 吉田松陰―右も左もなく，ただ回天の志があった!!（日本オリジナル版） 増補新装版（三浦実文，貝原浩イラストレーション） 2015.3

FUKUOKA U ブックレット 弦書房 2012～2016

1 現代社会はどこに向かうか―生きるリアリティの崩壊と再生（見田宗介著） 2012.7

2 東アジアとは何か―〈文明〉と〈文化〉から考える（小倉紀蔵著） 2012.10

3 考える人・鶴見俊輔（黒川創，加藤典洋著）2013.3

4 〈未来〉との連帯は可能である。しかし，どのような意味で？（大沢真幸著） 2013.8

5 映画、希望のイマージュ―香港とフランスの挑戦（野崎歓著） 2014.2

6 日本の俳句はなぜ世界文学なのか（ドナルド・キーン，ツベタナ・クリステワ著） 2014.7

7 西海のコスモロジー―海人たちの時間と空間（東靖晋著） 2014.11

8 よみがえる夢野久作―『東京人の堕落時代』を読む（四方田犬彦著） 2014.12

9 かくれキリシタンとは何か―オラショを巡る旅（中園成生著） 2015.10

10 林権沢は語る―映画・パンソリ・時代（林権沢

［述］，福岡ユネスコ協会編） 2015.12

11 世界の水辺都市を巡る―ヨーロッパ・アジア、そして日本（陣内秀信著） 2016.3

12 変容するアジアの、いま―新しいアジア経済社会論（末広昭著） 2016.9

「ふくしま」が育んだ朝河貫一シリーズ 朝河貫一博士顕彰協会 2009～2010 ⇒Ⅱ-410

2 朝河貫一と四人の恩師―岡田五兎・和田豊・能勢栄・蒲生義一（武田徹，佐藤陽幸執筆・編集，梅田秀男，安西金造執筆，武田徹編著責任） 2010.11

福本和夫著作集 福本和夫著，石見尚，小島亮，清水多吉，八木紀一郎編 こぶし書房 2008～2011 ⇒Ⅰ-352

第2巻 マルクス主義の理論的研究 2 2010.11

第8巻 獄中思索／私の辞書論 2011.3

ふくろうの本 河出書房新社 1998～2016 ⇒Ⅰ-352

◇図説宗教改革（森田安一著） 2010.6

◇図説アール・デコ建築―グローバル・モダンの力と誇り（吉田鋼市著） 2010.10

◇図説写真で見る満州全史（太平洋戦争研究会編，平塚柾緒著） 2010.11

◇図説伊能忠敬の地図をよむ 改訂増補版/鈴木純子／著（渡辺一郎著） 2010.12

◇図説北欧の建築遺産―都市と自然に育まれた文化（伊藤大介著） 2010.12

◇図説大聖堂物語―ゴシックの建築と美術 新装版（佐藤達生，木俣元一著） 2011.1

◇図説プラハ―塔と黄金と革命の都市（片野優，須貝典子著） 2011.1

◇図説英国レディの世界（岩田託子，川端有子著）2011.2

◇図説ビザンツ帝国―刻印された千年の記憶（根津由喜夫著） 2011.2

◇図説浮世絵入門 新装版（稲垣進一編） 2011.2

◇図説現代殺人事件史―人はなぜ人を殺すのだろうか？ 増補新版（福田洋著，石川保昌編著）2011.3

◇図説魔女狩り（黒川正剛著） 2011.3

◇図説朝鮮戦争（田中恒夫著） 2011.4

◇図説ソ連の歴史（下斗米伸夫著） 2011.4

◇図説英国メイドの日常（村上リコ著） 2011.4

◇図説三国志の世界（林田慎之助著，岡田明彦写真）

総記

一般叢書・全集

2011.5

◇図説テューダー朝の歴史（水井万里子著） 2011.5

◇図説ポルトガルの歴史（金七紀男著） 2011.5

◇図説ギリシア神話 〈英雄たちの世界〉篇 新装版（松島道也, 岡部紘三著） 2011.6

◇図説本の歴史（樺山紘一編） 2011.7

◇図説フランスの歴史（佐々木真著） 2011.7

◇図説日米開戦への道（太平洋戦争研究会編, 平塚敏克著） 2011.7

◇図説韓国の国宝（水野さや著） 2011.7

◇図説スイスの歴史（踊共二著） 2011.8

◇図説浮世絵に見る日本ふるさと百景（藤原千恵子編） 2011.8

◇図説オーストリアの歴史（増谷英樹, 古田善文著） 2011.9

◇図説バルカンの歴史 増補改訂新版（柴宜弘著） 2011.10

◇図説日本の近代100年史（近現代史編纂会編, 水島吉隆著） 2011.10

◇図説平清盛（樋口州男, 鈴木彰, 錦昭江, 野口華世著） 2011.11

◇図説ヨーロッパ100名城公式ガイドブック（紅山雪夫文, 樺山紘一, 日本城郭協会監修） 2011.11

◇図説メソポタミア文明（前川和也編著） 2011.12

◇図説錬金術（吉村正和著） 2012.1

◇図説騎士の世界（池上俊一著） 2012.2

◇図説バラの世界（大場秀章文, 鈴木せつ子写真） 2012.2

◇図説シャーロック・ホームズ 改訂新版（小林司, 東山あかね著） 2012.2

◇図説ハンガリーの歴史（南塚信吾著） 2012.3

◇図説キリスト教会建築の歴史（中島智章著） 2012.4

◇図説オランダの歴史（佐藤弘幸著） 2012.4

◇図説日本国憲法の誕生（西修著） 2012.4

◇図説英国ティーカップの歴史—紅茶でよみとくイギリス史（Cha Tea紅茶教室著） 2012.5

◇図説ジプシー（関口義人著） 2012.5

◇図説密教の世界（正木晃著） 2012.5

◇図説英国執事—貴族をささえる執事の素顔（村上リコ著） 2012.6

◇図説エリザベス一世（石井美樹子著） 2012.6

◇図説エジプトの「死者の書」 新装版（村治笙子, 片岸直美文, 仁田三夫写真） 2012.7

◇図説ブリューゲル—風景と民衆の画家（岡部紘三著） 2012.8

◇図説明治の企業家（宮本又郎編著） 2012.8

◇図説戊辰戦争（木村幸比古編著） 2012.10

◇図説宮中晩餐会（松平乗昌編） 2012.11

◇図説大奥の世界（山本博文編著） 2012.11

◇図説明治の宰相（伊藤雅人, 前坂俊之編著） 2013.1

◇図説フランス革命史（竹中幸史著） 2013.1

◇図説神道—八百万の神々と日本人（三橋健著） 2013.2

◇図説赤毛のアン（奥田実紀著） 2013.3

◇図説平泉—浄土をめざしたみちのくの都（大矢邦宣著） 2013.4

◇図説地獄絵の世界（小栗栖健治著） 2013.7

◇図説近代魔術（吉村正和著） 2013.9

◇図説アルプスの少女ハイジ—『ハイジ』でよみとく19世紀スイス（ちばかおり, 川島隆著） 2013.9

◇図説タータン・チェックの歴史（奥田実紀著） 2013.11

◇図説英国インテリアの歴史—魅惑のヴィクトリアン・ハウス（小野まり著） 2013.11

◇図説アレクサンドロス大王（森谷公俊著, 鈴木革写真） 2013.12

◇図説不思議の国のアリス 新装版（桑原茂夫著） 2013.12

◇図説アジア文字入門 新装版（東京外国語大学アジア・アフリカ言語文化研究所編） 2014.1

◇図説アラビアンナイト 新装版（西尾哲夫著） 2014.1

◇図説ピラミッドの歴史（大城道則著） 2014.2

◇図説ヒエロニムス・ボス—世紀末の奇想の画家（岡部紘三著） 2014.4

◇図説英国紅茶の歴史（Cha Tea紅茶教室著） 2014.5

◇図説世界古地図コレクション 新装版（三好唯義編） 2014.6

◇図説日本古地図コレクション 新装版（三好唯義, 小野田一幸著） 2014.6

◇図説ブルボン王朝（長谷川輝夫著） 2014.7

◇図説西洋建築の歴史—美と空間の系譜 増補新装版（佐藤達生著） 2014.8

◇図説世界の文字とことば 新装版（町田和彦編） 2014.8

◇図説英国貴族の令嬢（村上リコ著） 2014.9

◇図説ブラジルの歴史（金七紀男著） 2014.10

全集・叢書総目録 2011-2016　**419**

一般叢書・全集

総記

◇図説ロシアの歴史　増補新装版（栗生沢猛夫著）2014.10

◇図説吉田松陰―幕末維新の変革者たち（木村幸比古著）　2015.1

◇図説ベルギー――美術と歴史の旅（森洋子編著）2015.1

◇図説英国貴族の暮らし　新装版（田中亮三著）2015.1

◇図説中世ヨーロッパの暮らし（河原温, 堀越宏一著）　2015.2

◇図説イタリア・ルネサンス美術史（松浦弘明著）2015.3

◇図説ユダヤ教の歴史（市川裕編著）　2015.3

◇図説満鉄―「満洲」の巨人　増補新装版（西沢泰彦著）　2015.4

◇図説日本インテリアの歴史―室内でみる日本住宅　古代から近代まで（小泉和子編著）2015.5

◇図説ヴィクトリア朝の暮らし――ビートン夫人に学ぶ英国流ライフスタイル（Cha Tea紅茶教室著）2015.5

◇図説イギリスの歴史　増補新版（指昭博著）2015.6

◇図説バルカンの歴史　新装版（柴宜弘著）　2015.7

◇図説日本語の歴史（今野真二著）　2015.11

◇図説だまし絵―もうひとつの美術史　新装版（谷川渥著）　2015.12

◇図説ナポレオン―政治と戦争 フランスの独裁者が描いた軌跡（松嶌明男著）　2016.1

◇図説長崎の教会堂―風景のなかの建築（木方十根, 山田由香里著）　2016.2

◇図説フランスの歴史　増補新版（佐々木真著）2016.3

◇図説ジャンヌ・ダルク―フランスに生涯をささげた少女（上田耕造著）　2016.7

◇図説英国ナショナル・トラスト―美しいイギリスを遺した人々（小野まり著）　2016.8

◇図説エジプトの「死者の書」　新装版（村治笙子, 片岸直美文, 仁田三夫写真）　2016.8

◇図説英国レディの世界　新装版（岩田託子, 川端有子著）　2016.9

◇図説コーヒー（UCCコーヒー博物館著）　2016.10

◇図説ウィーンの歴史（増谷英樹著）　2016.10

◇図説ヨーロッパの王朝　新装版（加藤雅彦著）2016.10

◇図説英国ファンタジーの世界（奥田実紀著）2016.11

Book工房　水山産業出版部　2009～2011
⇒Ⅴ-681

◇ハッピーアドバイスが聞けない育児パパへ―キレイ事一切無しの育児本（元姫路市民著）　2009.8

◇空き箱（ふるる著）　2010.6

◇The Japanese koto―a beginner's textbook（author Erika Trent, advisory editor Joseph Amato）　2010.10

◇同行二人・善通寺の使いが頭の中にやってきた!!!（山内たい著）　2010.11

◇催眠のゴルフ―シングルへの新たな挑戦（村上勝彦著）　2010.12

◇ベートーヴェンその精神と創作環境―当時の手紙からその背景を知る（ベートーヴェン[筆], 藤田俊之編著）　2011.1

ブックレット〈書物をひらく〉　平凡社　2016

1　死を想え『九相詩』と『一休骸骨』（今西祐一郎著）　2016.12

2　漢字・カタカナ・ひらがな―表記の思想（入口敦志著）　2016.12

3　漱石の読みかた『明暗』と漢籍（野網摩利子著）2016.12

ふれあいbooks　東京都教職員互助会　2010～2011　⇒Ⅱ-411

◇私の書道（長谷照子著）　2011.9

◇偃師二里頭遺跡の緑松石竜形器と禹に関する考察（荒木日呂子著）　2011.10

プレイブックス　青春出版社　1989～2012
⇒Ⅰ-356

P-917　ゴルフプロのダウンブロー最新理論（森守洋著）　2011.2

P-918　大学生がダマされる50の危険（三菱総合研究所, 全国大学生活協同組合連合会著）　2011.2

P-919　「折れない心」をつくるたった1つの習慣（植西聡著）　2011.4

P-920　この一冊で「女性心理」と「男性心理」が面白いほどわかる！　図解版（おもしろ心理学会編）　2011.4

P-921　保存容器でつくるごはんのとも―まぜてチンするだけ 「おハコ」レシピ（検見崎聡美著）2011.4

総記　　　　　　　　　　　　　　　　　　　　　　　一般叢書・全集

P-922　石原壮一郎のオトナの怒り方（石原壮一郎
著）　2011.5

P-923　「原子力事故」自衛マニュアル―“その時”
すべきこと、絶対してはいけないこと　緊急改
訂版（事故・災害と生活を考える会著，桜井淳監
修）　2011.4

P-924　敬語の単語帳―仕事がうまくいく！（唐沢
明著）　2011.6

P-925　仕事の8割は人に任せなさい！―他人の頭
を上手に借りる「しくみ」の作り方（臼井由妃著）
2011.6

P-926　「そうじ」と「料理」の早ワザ裏ワザ基本
ワザ―この一冊でラクチン家事！（ホームライフ
セミナー編）　2011.7

P-927　放射能汚染から家族を守る食べ方の安全マ
ニュアル（野口邦和著）　2011.7

P-928　痛みとりストレッチ―95％の首・肩・腰・
膝の不調が消える！（宗田大著）　2011.8

P-929　「続ける・やめる」は脳でコントロールでき
る！―脳神経外科医が教える（奥村歩著）　2011.
9

P-930　新人OL、社長になって会社を立て直す（佐
藤義典著）　2011.9

P-931　新人OLと3時間！一緒に覚える敬語（渡辺
由佳監修）　2011.11

P-932　「切れない絆」をつくるたった1つの習慣
（植西聰著）　2011.12

P-933　「私（わたし）らしい」幸せが必ず見つかる
笑顔の魔法（のさかれいこ著）　2011.11

P-934　報われない人の9つの習慣（小宮一慶著）
2011.12

P-935　やってはいけない家事の習慣―掃除・洗濯・
料理のツボはこれだけでいい！（ホームライフセ
ミナー編）　2011.12

P-936　ハケン美人OLが教える頭ひとつ抜け出す
パソコンの基本ワザ（コスモピアパソコンスクー
ル著）　2011.12

P-937　インパクトから考えるとゴルフは急に上手
くなる！（森守洋著）　2011.12

P-938　残念な人のお金の習慣（山﨑将志著）
2011.12

P-939　心も脳も整える！セロトニン呼吸法（有田
秀穂，高橋玄朴著）　2012.1

P-940　いま注意すべき大地震―緊急警告：地殻・
マグマ・噴火からの日本総点検（木村政昭著）
2012.1

P-941　「消費マンション」を買う人「資産マンショ
ン」を選べる人―同じ価格なのに、3年で1000万円
差がつく！（吉崎誠二，船井総研リアルエステー
トビジネスチーム著）　2012.1

P-942　肩こり・腰痛こんなにラクになるなんて！―
即効1分間キャットレッチ（碓田拓磨著）　2012.
2

P-943　「結び方・しばり方」の早引き便利帳―見て
すぐできる！（ホームライフ取材班編）　2012.2

P-944　もうダメだと思ったときから始まる「就活」
大逆転術（戸山孝著）　2012.2

P-945　新TOEICテスト通勤電車で600点とれる方
法（菊池健彦著）　2012.3

P-946　クッキングシートでつくる「かみワザ」レシ
ピ―包んでチンするだけ（検見崎聡美著）　2012.
3

P-947　もう恥をかかない！大人の「常識力」―
図解1分ドリル（知的生活追跡班編）　2012.3

ブレインズ叢書　メディア総合研究所　2008～
2010　⇒Ⅰ-357

4　質疑応答のプロになる！―映画に参加するため
に（松江哲明著）　2010.10

文化とまちづくり叢書　岸和田市文化財団，水曜
社　2012

◇浪切ホール―2002-2010：いま、ここ、から考え
る地域のこと文化のこと：岸和田市文化財団ド
キュメントブック（岩淵拓郎編）　2012.4

文化とまちづくり叢書　水曜社　2004～2016
⇒Ⅰ-357

◇固有価値の地域観光論―京都の文化政策と市民
による観光創造（冨本真理子著）　2011.3

◇公共文化施設の公共性―運営・連携・哲学（藤野
一夫編）　2011.4

◇官民協働の文化政策―人材・資金・場（松本茂章
著）　2011.5

◇浜松市の合併と文化政策―地域文化の継承と創
造（山北一司著）　2011.7

◇文化財の価値を評価する―景観・観光・まちづ
くり（垣内恵美子編著，岩本博幸，氏家清和，奥山
忠裕，児玉剛史著）　2011.10

◇チケットを売り切る劇場―兵庫県立芸術文化セ
ンターの軌跡（垣内恵美子，林伸光編著）　2012.
3

◇フィリピンのアートと国際文化交流（鈴木勉著）
2012.5

全集・叢書総目録 2011-2016　　**421**

一般叢書・全集　　　　　　　　　　　　　　　　　　　　　　総記

◇団地再生まちづくり　3　団地再生・まちづくり
プロジェクトの本質（団地再生支援協会, 団地再
生研究会, 合人社計画研究所編著）　2012.6
◇文化からの復興―市民と震災といわきアリオス
と（ニッセイ基礎研究所, いわき芸術文化交流館
アリオス編著）　2012.7
◇愛される音楽ホールのつくりかた―沖縄シュガー
ホールとコミュニティ（中村透著）　2012.8
◇市民ベンチャーNPOの底力―まちを変えた「ぽ
んぽこ」の挑戦　増補新版（富永一夫, 中庭光彦
共著）　2012.10
◇文化と固有価値のまちづくり―人間復興と地域
再生のために（池上惇著）　2012.10
◇文化的景観を評価する―世界遺産富山県五箇山
合掌造り集落の事例（垣内恵美子著）　2012.11
◇障害者の芸術表現―共生的なまちづくりにむけ
て（川井田祥子著）　2013.2
◇アーツマネジメント学―芸術の営みを支える理
論と実践的展開（小暮宣雄著）　2013.3
◇文化芸術振興の基本法と条例（文化政策の法的基
盤 1）（根木昭, 佐藤良子著）　2013.4
◇公共ホールと劇場・音楽堂法（文化政策の法的基
盤 2）（根木昭, 佐藤良子著）　2013.4
◇文化資本としてのデザイン活動―ラテンアメリ
カ諸国の新潮流（鈴木美和子著）　2013.7
◇医学を基礎とするまちづくり（細井裕司, 後藤春
彦編著）　2014.1
◇フットパスによるまちづくり―地域の小径を楽
しみながら歩く（神谷由紀子編著）　2014.5
◇災害資本主義と「復興災害」―人間復興と地域
生活再生のために（池田清著）　2014.10
◇創造の場から創造のまちへ―クリエイティブシ
ティのクオリア（萩原雅也著）　2014.10
◇地域創生の産業システム―もの・ひと・まちづ
くりの技と文化（十名直喜編著）　2015.3
◇パブリックアートの展開と到達点―アートの公
共性・地域文化の再生・芸術文化の未来（松尾豊
著）　2015.3
◇日本の文化施設を歩く―官民協働のまちづくり
（松本茂章著）　2015.4
◇NPOの後継者―僕らが主役になれる場所（富永
一夫, 永井祐子著）　2015.5
◇トリエンナーレはなにをめざすのか―都市型芸
術祭の意義と展望（吉田隆之著）　2015.8
◇地域社会の未来をひらく―遠野・京都二都をつな
ぐ物語（遠野みらい創りカレッジ編著）　2015.9

◇団地再生まちづくり　4　進むサステナブルな団
地・まちづくり（団地再生支援協会, 団地再生研
究会, 合人社計画研究所編著）　2015.9
◇アートの力と地域イノベーション―芸術系大学
と市民の創造的協働（本田洋一著）　2016.3
◇町屋・古民家再生の経済学―なぜこの土地に多く
の人々が訪ねてくるのか（山崎茂雄編著）　2016.
3

「文化の航跡」ブックレット　　「文化の航跡」刊行
会　2010〜2015
1　京の町歩き―東山山麓フィールドワーク（長沼
光彦, 服部昭郎, 岡村敬二編）　2010.3
2　万葉集「思京歌」を読む（堀勝博著）　2010.3
3　詩の本―京都ノートルダム女子大学図書館所蔵
（長沼光彦著）　2010.3
4　日中近代語彙変遷における宣教師出版活動の影
響（朱鳳著）　2011.3
5　日本語教師をめざして―京都ノートルダム女子
大学日本語教育実習レポート（堀勝博, 朱鳳, 田
中貴子編）　2011.3
6　京のキリスト教―聖トマス学院とノートルダム
教育修道女会を訪ねて（蒔苗暢夫, 長沼光彦編）
2012.3
7　ロマン派音楽の諸相（［小川光］［著］）　2012.3
8　比較古都論（服部昭郎, 長沼光彦編）　2013.3
9　京都洛北祈りの十字路を歩く―京都ノートルダ
ム女子大学〈北山探検隊〉の記録（岡村敬二, 長沼
光彦編）　2013.3
10　アラビアンナイトと北アフリカの物語（鷲見朗
子編）　2014.3
11　図書館が紡ぐ学びの世界（岩崎れい編）　2015.
3

文春学芸ライブラリー　文芸春秋　2013〜2016
◇近代以前（思想 1）（江藤淳著）　2013.10
◇保守とは何か（思想 2）（福田恒存著, 浜崎洋介
編）　2013.10
◇支那論（歴史 1）（内藤湖南著）　2013.10
◇天才・菊池寛―逸話でつづる作家の素顔（雑英 1）
（文芸春秋編）　2013.10
◇デフレ不況をいかに克服するか―ケインズ1930
年代評論集（雑英 2）（ジョン・メイナード・ケイ
ンズ著, 松川周二編訳）　2013.10
◇聖書の常識（思想 3）（山本七平著）　2013.12
◇わが万葉集（思想 4）（保田与重郎著）　2013.12
◇近世大名家臣団の社会構造（歴史 2）（磯田道史

総記　　　　　　　　　　　　　　　　　　　　　　　　　　　　一般叢書・全集

著）　2013.12

◇指導者とは（雑英 3）（リチャード・ニクソン著,
徳岡孝夫訳）　2013.12

◇完本ベストセラーの戦後史（雑英 4）（井上ひさ
し著）　2014.2

◇「小さきもの」の思想（思想 5）（柳田国男著, 柄
谷行人編）　2014.2

◇モンゴルとイスラーム的中国（歴史 3）（楊海英
著）　2014.2

◇ルネサンス経験の条件（思想 6）（岡崎乾二郎著）
2014.2

◇関西と関東（歴史 4）（宮本又次著）　2014.4

◇天皇論—象徴天皇制度と日本の来歴（思想 7）（坂
本多加雄著）　2014.4

◇インタヴューズ　1　マルクスからトルストイま
で（雑英 5）（クリストファー・シルヴェスター
編, 新庄哲夫他訳）　2014.4

◇インタヴューズ　2　ヒトラーからヘミングウェ
イまで（雑英 6）（クリストファー・シルヴェス
ター編, 新庄哲夫他訳）　2014.4

◇ロゴスとイデア（思想 8）（田中美知太郎著）
2014.6

◇ナショナリズムと宗教（思想 9）（中島岳志著）
2014.6

◇小林秀雄の思ひ出（雑英 8）（郡司勝義著）　2014.
6

◇インタヴューズ　3　毛沢東からジョン・レノン
まで（雑英 7）（クリストファー・シルヴェスター
編, 新庄哲夫他訳）　2014.6

◇ヒトラーの時代（歴史 5）（野田宣雄著）　2014.8

◇大衆への反逆（思想 10）（西部邁著）　2014.8

◇重臣たちの昭和史　上（歴史 6）（勝田竜夫著）
2014.8

◇重臣たちの昭和史　下（歴史 7）（勝田竜夫著）
2014.8

◇常識の立場—「文芸春秋」傑作論選（思想 11）（文
芸春秋編）　2014.10

◇岸信介の回想（雑英 9）（岸信介, 矢次一夫, 伊藤
隆著）　2014.10

◇アメリカ外交の魂—帝国の理念と本能（歴史 8）
（中西輝政著）　2014.10

◇完本皇居前広場（歴史 9）（原武史著）　2014.10

◇西郷隆盛紀行（歴史 10）（橋川文三著）　2014.10

◇鎌倉時代（歴史 11）（竜粛著, 本郷和人編）　2014.
12

◇国家とは何か（思想 12）（福田恒存著, 浜崎洋介

編）　2014.12

◇吉田松陰（歴史 12）（玖村敏雄著）　2014.12

◇現代家系論（雑英 11）（本田靖春著）　2015.2

◇対談天皇日本史（歴史 14）（山崎正和著）　2015.
2

◇特高二・二六事件秘史（歴史 15）（小坂慶助著）
2015.2

◇日本人と「日本病」について（雑英 12）（山本七
平, 岸田秀著）　2015.2

◇一九四六年憲法—その拘束（思想 13）（江藤淳著）
2015.4

◇西欧の正義日本の正義（雑英 13）（日本文化会議
編）　2015.4

◇皇太子の窓（雑英 14）（E・G・ヴァイニング著,
小泉一郎訳）　2015.4

◇世渡りの道（雑英 15）（新渡戸稲造著）　2015.4

◇剣の刃（歴史 13）（シャルル・ド・ゴール著, 小
野繁訳）　2015.6

◇独逸デモクラシーの悲劇（思想 14）（岡義武著）
2015.6

◇近世快人伝—頭山満から父杉山茂丸まで（雑英
16）（夢野久作著）　2015.6

◇失われた兵士たち—戦争文学試論（雑英 17）（野
呂邦暢著）　2015.6

◇日本の運命を変えた七つの決断（歴史 16）（猪木
正道著）　2015.8

◇対談戦争と文学と（雑英　18）（大岡昇平著）
2015.8

◇戦中派の死生観（雑英 19）（吉田満著）　2015.8

◇近代政治家評伝—山県有朋から東条英機まで（雑
英 20）（阿部真之助著）　2015.10

◇五衰の人—三島由紀夫私記（雑英 21）（徳岡孝夫
著）　2015.10

◇真田幸村（歴史 18）（小林計一郎著）　2015.10

◇イギリス王室とメディア—エドワード大衆王と
その時代（歴史 19）（水谷三公著）　2015.10

◇小林秀雄の流儀（雑英 22）（山本七平著）　2015.
12

◇敗者の戦後（歴史 20）（入江隆則著）　2015.12

◇職人衆昔ばなし（雑英 23）（斎藤隆介著）　2015.
12

◇昭和史の軍人たち（歴史 17）（秦郁彦著）　2016.
2

◇人間とは何か（思想 15）（福田恒存著, 浜崎洋介
編）　2016.2

◇ゴシック美術形式論（雑英 24）（ウィルヘルム・

全集・叢書総目録 2011-2016　　**423**

一般叢書・全集　　　　　　　　　　　　　　総記

ヴォリンガー著, 中野勇訳）　2016.2

◇戦後政治家論―吉田・石橋から岸・池田まで（雑英 25）（阿部真之助著）　2016.4

◇私の岩波物語（雑英 26）（山本夏彦著）　2016.4

◇鯨の話（雑英 27）（小川鼎三著）　2016.4

◇日本の古代を読む（思想 16）（上野誠編）　2016.6

◇完本南洲残影（歴史 25）（江藤淳著）　2016.6

◇私のロシア文学（雑英 30）（渡辺京二著）　2016.8

◇漱石の漢詩（雑英 29）（和田利男著）　2016.8

◇悪としての世界史（歴史 26）（三木亘著）　2016.8

◇神経症の時代―わが内なる森田正馬（雑英 31）（渡辺利夫著）　2016.10

Bunsei Shoin digital library　文生書院
2010～2013

◇初期在北米日本人の記録　北米編 第160冊　北米世俗観（奥泉栄三郎監修, 田村松魚著）　2010.12

◇初期在北米日本人の記録　北米編 第161冊　アメリカの横ッ腹 漫画・漫談（奥泉栄三郎監修, 宍戸左行著）　2010.12

◇初期在北米日本人の記録　北米編 第162冊　斜に見た世界（奥泉栄三郎監修, 石井伝一著）　2010.12

◇国宝法隆寺聖霊院修理工事報告（国宝・重要文化財建造物修理工事報告書集成 法隆寺国宝保存工事報告書 補完 1 第12冊）（藤井恵介監修, ［法隆寺国宝保存委員会］［編］）　2013.7

◇国宝法隆寺五重塔修理工事報告（国宝・重要文化財建造物修理工事報告書集成 法隆寺国宝保存工事報告書 補完 2 第13冊）（藤井恵介監修, ［法隆寺国宝保存委員会］［編］）　2013.7

◇国宝法隆寺五重塔修理工事報告附図（国宝・重要文化財建造物修理工事報告書集成 法隆寺国宝保存工事報告書 補完 3 第13冊）（藤井恵介監修, ［法隆寺国宝保存委員会］［編］）　2013.7

◇国宝法隆寺金堂修理工事報告（国宝・重要文化財建造物修理工事報告書集成 法隆寺国宝保存工事報告書 補完 4 第14冊）（藤井恵介監修, ［法隆寺国宝保存委員会］［編］）　2013.7

◇国宝法隆寺金堂修理工事報告附図（国宝・重要文化財建造物修理工事報告書集成 法隆寺国宝保存工事報告書 補完 5 第14冊）（藤井恵介監修, ［法隆寺国宝保存委員会］［編］）　2013.7

◇重要文化財法隆寺新堂修理工事報告（国宝・重要文化財建造物修理工事報告書集成 法隆寺国宝保存工事報告書 補完 6 第15冊）（藤井恵介監修, ［法隆寺国宝保存委員会］［編］）　2013.7

平凡社選書　平凡社　1971～2015　⇒Ⅰ-357

230　絵草紙屋江戸の浮世絵ショップ（鈴木俊幸著）　2010.12

231　儀礼と権力天皇の明治維新（ジョン・ブリーン著）　2011.8

232　江戸の読書会―会読の思想史（前田勉著）　2012.10

233　偽書『本佐録』の生成―江戸の政道論書（山本真功著）　2015.11

平凡社ライブラリー　平凡社　2004～2016　⇒Ⅰ-358

710　史記（一海知義著）　2010.10

711　再生産について―イデオロギーと国家のイデオロギー諸装置　上（ルイ・アルチュセール著, 西川長夫, 伊吹浩一, 大中一弥, 今野晃, 山家歩訳）　2010.10

712　再生産について―イデオロギーと国家のイデオロギー諸装置　下（ルイ・アルチュセール著, 西川長夫, 伊吹浩一, 大中一弥, 今野晃, 山家歩訳）　2010.10

713　精神について―ハイデッガーと問い　新版（ジャック・デリダ著, 港道隆訳）　2010.10

714　史記列伝　1（司馬遷著, 野口定男訳）　2010.11

715　カルロ・レーヴィ『キリストはエボリで止まってしまった』を読む―ファシズム期イタリア南部農村の生活（上村忠男著）　2010.11

716　美の遍歴（白洲正子著）　2010.12

717　江戸の罪と罰（平松義郎著）　2010.12

718　史記列伝　2（司馬遷著, 野口定男訳）　2010.12

719　生死（しょうじ）問答―平成の養生訓（五木寛之, 帯津良一著）　2011.1

720　そうざい料理帖　巻1（池波正太郎著, 矢吹申彦料理相伴, 平凡社, 高丘卓編）　2011.1

721　そうざい料理帖　巻2（池波正太郎著, 矢吹申彦料理相伴, 平凡社, 高丘卓編）　2011.1

722　こぐこぐ自転車（伊藤礼著）　2011.1

723　史記列伝　3（司馬遷著, 野口定男訳）　2011.1

724　ルネサンス文化史―ある史的肖像（エウジェ

総記　　　　　　　　　　　　　　　　　　　　　　　　　　　　　　　　一般叢書・全集

ニオ・ガレン著, 沢井繁男訳）　2011.2

725　ブルース・ピープル―白いアメリカ, 黒い音楽（リロイ・ジョーンズ著, 飯野友幸訳）　2011.2

726　もう一度読みたかった本（柳田邦男著）　2011.2

727　柳宗理エッセイ（柳宗理著）　2011.2

728　細野晴臣分福茶釜（細野晴臣著, 鈴木惣一朗聞き手）　2011.2

729　日本語の語源　増補（阪倉篤義著）　2011.3

730　声の呼吸法―美しい響きをつくる（米山文明著）　2011.3

731　字書を作る（白川静著）　2011.3

732　回思九十年（きゅうじゅうねん）（白川静著）　2011.3

733　呪の思想―神と人との間（白川静, 梅原猛著）　2011.4

734　沈黙の中世（網野善彦, 石井進, 福田豊彦著）　2011.4

735　叛逆の精神―大杉栄評論集（大杉栄著）　2011.5

736　評伝中野重治　増訂（松下裕著）　2011.5

737　昼の学校夜の学校＋（森山大道著）　2011.6

738　完訳キーワード辞典（レイモンド・ウィリアムズ著, 椎名美智, 武田ちあき, 越智博美, 松井優子訳）　2011.6

739　山本五十六（半藤一利著）　2011.7

740　和解のために―教科書・慰安婦・靖国・独島（朴裕河著, 佐藤久訳）　2011.7

741　装釘考　新版（西野嘉章著）　2011.8

742　禅の第一義（鈴木大拙著）　2011.8

743　ある革命家の思い出　上（ピョートル・クロポトキン著, 高杉一郎訳）　2011.9

744　和本入門―千年生きる書物の世界（橋口侯之介著）　2011.9

745　開かれ―人間と動物（ジョルジョ・アガンベン著, 岡田温司, 多賀健太郎訳）　2011.10

746　平家物語, 史と説話（五味文彦著）　2011.10

747　江戸の本屋と本づくり―〈続〉和本入門（橋口侯之介著）　2011.10

748　大森荘蔵セレクション（大森荘蔵著, 飯田隆, 丹治信春, 野家啓一, 野矢茂樹編）　2011.11

749　ある革命家の思い出　下（ピョートル・クロポトキン著, 高杉一郎訳）　2011.11

750　完全言語の探求（ウンベルト・エーコ著, 上村忠男, 廣石正和訳）　2011.12

751　清盛以前―伊勢平氏の興隆　増補改訂（高橋昌明著）　2011.12

752　坐禅は心の安楽死―ぼくの坐禅修行記（横尾忠則著）　2012.1

753　ファニー・ヒル―快楽の女の回想（ジョン・クリーランド著, 小林章夫訳）　2012.1

754　ジェローム神父（ホラー・ドラコニア少女小説集成）（高丘卓責任編集, マルキ・ド・サド著, 渋沢竜彦訳, 会田誠絵）　2012.1

755　精神のエネルギー（アンリ・ベルクソン著, 原章二訳）　2012.2

756　蔦屋重三郎　新版（鈴木俊幸著）　2012.2

757　菊灯台（ホラー・ドラコニア少女小説集成）（高丘卓責任編集, 渋沢竜彦著, 山口晃絵）　2012.2

758　政治と思想1960-2011（柄谷行人著）　2012.3

759　狐媚記（ホラー・ドラコニア少女小説集成）（高丘卓責任編集, 渋沢竜彦著, 鴻池朋子絵）　2012.3

760　科学的精神の形成―対象認識の精神分析のために（ガストン・バシュラール著, 及川馥訳）　2012.4

761　ページをめくる指―絵本の世界の魅力（金井美恵子著）　2012.4

762　虫を食べる人びと（三橋淳編著）　2012.5

763　職人歌合（網野善彦著）　2012.5

764　おばけずき―鏡花怪異小品集（泉鏡花著, 東雅夫編）　2012.6

765　お茶のある暮らし（谷本陽蔵著）　2012.6

766　共産主義者宣言（カール・マルクス著, 金塚貞文訳, 柄谷行人付論）　2012.7

767　椿説泰西浪曼派文学談義（由良君美著）　2012.7

768　自伝（ジャンバッティスタ・ヴィーコ著, 上村忠男訳）　2012.8

769　文学におけるマニエリスム―言語錬金術ならびに秘教的組み合わせ術（グスタフ・ルネ・ホッケ著, 種村季弘訳）　2012.8

770　植草甚一コラージュ日記―東京1976（植草甚一著, 瀬戸俊一編）　2012.8

771　闘う純米酒―神亀ひこ孫物語　新版（上野敏彦著）　2012.9

772　山頂への道（山口耀久著）　2012.9

773　京のわる口（秦恒平著）　2012.10

774　小島烏水―山の風流使者伝　上（近藤信行著）　2012.10

全集・叢書総目録 2011-2016　　**425**

775 「太平記読み」の時代―近世政治思想史の構想（若尾政希著）　2012.11

776 高校生からの古典読本（岡﨑真紀子, 千本英史, 土方洋一, 前田雅之編著）　2012.11

777 飲食事典　上巻　あ―そ（本山荻舟著）　2012.12

778 飲食事典　下巻　た―わ（本山荻舟著）　2012.12

779 シェイクスピア―言語・欲望・貨幣（テリー・イーグルトン著, 大橋洋一訳）　2013.1

780 〈新編〉不穏の書, 断章（フェルナンド・ペソア著, 沢田直訳）　2013.1

781 批判的想像力のために―グローバル化時代の日本（テッサ・モーリス＝スズキ著）　2013.2

782 紅茶の文化史（春山行夫著）　2013.2

783 ドストエフスキーの創作の問題―付：より大胆に可能性を利用せよ（ミハイル・バフチン著, 桑野隆訳）　2013.3

784 思考と動き（アンリ・ベルクソン著, 原章二訳）　2013.4

785 宮本常一の写真に読む失われた昭和（佐野真一著）　2013.4

786 サーカスが来た！―アメリカ大衆文化覚書（亀井俊介著）　2013.5

787 ヘーゲル初期哲学論集（G.W.F.ヘーゲル著, 村上恭一訳）　2013.5

788 農民ユートピア国旅行記（アレクサンドル・チャヤーノフ著, 和田春樹, 和田あき子訳）　2013.6

789 百鬼園百物語―百間怪異小品集（内田百間著, 東雅夫編）　2013.6

790 マグナ・グラエキア―ギリシア的南部イタリア遍歴（グスタフ・ルネ・ホッケ著, 種村季弘訳）　2013.7

791 少女たちの植民地―関東州の記憶から（藤森節子著）　2013.7

792 憲法は, 政府に対する命令である。　増補（C.ダグラス・ラミス著）　2013.8

793 菊と刀―日本文化の型（ルース・ベネディクト著, 越智敏之, 越智道雄訳）　2013.8

794 形而上学叙説／ライプニッツ―アルノー往復書簡（G.W.ライプニッツ, アルノー著, 橋本由美子監訳, 秋保亘, 大矢宗太朗訳）　2013.8

795 憲法近代知の復権へ（樋口陽一著）　2013.9

796 〈新編〉ワーグナー（三光長治著）　2013.9

797 ボルヘス・エッセイ集（ホルヘ・ルイス・ボルヘス著, 木村栄一編訳）　2013.10

798 言葉のゆくえ―明治二〇年代の文学（谷川恵一著）　2013.10

799 向こう岸から（アレクサンドル・ゲルツェン著, 長縄光男訳）　2013.11

800 技術への問い（マルティン・ハイデッガー著, 関口浩訳）　2013.11

801 美学イデオロギー（ポール・ド・マン著, 上野成利訳）　2013.12

802 中国奥地紀行　1（イザベラ・バード著, 金坂清則訳）　2013.12

803 豊乳肥臀　上（莫言著, 吉田富夫訳）　2014.1

804 豊乳肥臀　下（莫言著, 吉田富夫訳）　2014.1

805 中国奥地紀行　2（イザベラ・バード著, 金坂清則訳）　2014.2

806 聖徳太子の真実（大山誠一編）　2014.2

807 グラディーヴァ／妄想と夢（ヴィルヘルム・イェンゼン, ジークムント・フロイト著, 種村季弘訳）　2014.3

808 ニヒルとテロル（秋山清著）　2014.3

809 わがまま骨董（菊地信義著）　2014.4

810 地を泳ぐ―随筆集（藤田嗣治著）　2014.4

811 愛書狂（G.フローベールほか著, 生田耕作編訳）　2014.5

812 文字答問（白川静著）　2014.5

813 季語成り立ち辞典（榎本好宏著）　2014.6

814 可愛い黒い幽霊―宮沢賢治怪異小品集（宮沢賢治著, 東雅夫編）　2014.7

815 レズビアン短編小説集―女たちの時間　新装版（ヴァージニア・ウルフほか著, 利根川真紀編訳）　2015.6

816 ラスネール回想録―十九世紀フランス詩人＝犯罪者の手記（ピエール＝フランソワ・ラスネール著, 小倉孝誠, 梅沢礼訳）　2014.8

817 ぼくはナチにさらわれた（アロイズィ・トヴァルデツキ著, 足達和子訳）　2014.9

818 宮沢賢治とディープエコロジー―見えないもののリアリズム（グレゴリー・ガリー著, 佐復秀樹訳）　2014.9

819 小鳥烏水―山の風流使者伝　下（近藤信行著）　2014.10

820 貧困の哲学　上（ピエール＝ジョゼフ・プルードン著, 斉藤悦則訳）　2014.10

821 貧困の哲学　下（ピエール＝ジョゼフ・プルードン著, 斉藤悦則訳）　2014.11

822 少女への手紙（ルイス・キャロル著, 高橋康也, 高橋迪訳） 2014.11

823 排外主義克服のための朝鮮史（梶村秀樹著） 2014.12

824 召使心得―他四篇 スウィフト諷刺論集（ジョナサン・スウィフト著, 原田範行編訳） 2015.1

825 園芸家の一年（カレル・チャペック著, 飯島周訳） 2015.2

826 美少年尽くし―江戸男色談義（佐伯順子著） 2015.2

827 モノと子どもの昭和史（天野正子, 石谷二郎, 木村涼子著） 2015.3

828 なぜ書きつづけてきたかなぜ沈黙してきたか―済州島四・三事件の記憶と文学 増補（金石範, 金時鐘著, 文京洙編） 2015.4

829 古典BL小説集（ラシルド, 森茉莉ほか著, 笠間千浪編） 2015.5

830 たそがれの人間―佐藤春夫怪異小品集（佐藤春夫著, 東雅夫編） 2015.7

831 自分ひとりの部屋（ヴァージニア・ウルフ著, 片山亜紀訳） 2015.8

832 D.H.ロレンス幻視譚集（D.H.ロレンス著, 武藤浩史編訳） 2015.9

833 ルネッサンス夜話―近代の黎明に生きた人びと（高階秀爾著） 2015.10

834 ヤコブソン・セレクション（ロマン・ヤコブソン著, 桑野隆, 朝妻恵里子編訳） 2015.11

835 日本の無思想 増補改訂（加藤典洋著） 2015.12

836 笑い／不気味なもの―付：ジリボン「不気味な笑い」（アンリ・ベルクソン, ジークムント・フロイト著, 原章二訳） 2016.1

837 大江戸死体考―人斬り浅右衛門の時代 増補（氏家幹人著） 2016.2

838 カラヴァッジョ伝記集（石鍋真澄編訳） 2016.3

839 日露戦争史 1（半藤一利著） 2016.4

840 日露戦争史 2（半藤一利著） 2016.5

841 私の浅草（沢村貞子著） 2016.6

842 日露戦争史 3（半藤一利著） 2016.6

843 怪談入門―乱歩怪異小品集（江戸川乱歩著, 東雅夫編） 2016.7

844 クィア短編小説集―名づけえぬ欲望の物語（A.C.ドイル, H.メルヴィルほか著, 大橋洋一監訳, 利根川真紀, 磯部哲也, 山田久美子訳） 2016.8

845 グリズリー―アラスカの王者 新装版（星野道夫著） 2016.9

846 病短編小説集（E.ヘミングウェイ, W.S.モームほか著, 石塚久郎監訳） 2016.9

847 水の音楽―オンディーヌとメリザンド（青柳いづみこ著） 2016.10

848 文字講話 1（白川静著） 2016.10

849 文字講話 2（白川静著） 2016.11

850 文字講話 3（白川静著） 2016.12

ベストセレクト　ベストブック　2006〜2016
⇒V－263

◇最新「宗教」教団ガイドブック―全国の有名教団を徹底研究！（宗教教団新研究会著） 2011.9

◇合コンの達人（ツーフェイス著） 2012.5

◇『優駿』四代目編集長の競馬放浪記―遠くて近きは人馬の仲（福田喜久男著） 2012.6

◇LOTO6血液型別攻略法―A型, B型, O型, AB型別のブレッドバランス法!!（大内朝洋著） 2012.6

◇社会人の教科書―笑われる前に読みなさい：研修会社のテキストが本になりました（NMR経営実務研究会著） 2012.8

◇平成考現学―混迷の時代を読む技術（小後遊二著, 大前研一監修） 2012.10

◇六本木アンダーワールド（杉良治著） 2012.10

◇新米社長・夢子ゼロからはじめる会社の税務―カリスマ税理士・エリカが教える税金ストーリー（冨永英里著） 2012.11

◇縁―人の輪が仕事を大きくする：アフラック創業者大竹美喜の軌跡（馬場隆明著） 2013.1

◇攻め勝つ！管理職のための仕事術（NMR経営実務研究会著） 2013.3

◇イラッとしたときのあたまとこころの整理術―仕事に負けない自分の作り方（竹内義晴著） 2013.5

◇ブサナンパ―伝説のナンパ師鍵英之自伝（鍵英之著） 2014.6

◇ある日、わが子がモンスターになっていた―西鉄バスジャック犯の深層（入江吉正著） 2014.8

◇仕事の礼儀45―ビジネスマナーを間違いなく身につける本 研修会社のテキストが本になりました（NMR経営実務研究会編・著） 2014.9

◇韓国人は、なぜノーベル賞を獲れないのか？―和の日本 恨の韓国（山本峯章著） 2014.11

◇利休WABI粋に生きる男の法則―媚びて生きる

一般叢書・全集　　　　　　　　　　　　総記

か、美に死ぬか（井沢直樹著）　2014.12

◇「地方創生」！ それでも輝く地方企業の理由（野口秀行，谷田貝孝一，弓削徹著）　2015.3

◇昭和天皇は、朝日新聞がお嫌いだったのか―巨大メディアーその捏造の歴史（池原冨貴夫著）　2015.4

◇人は理では動かず情で動く―田中角栄 人心収攬の極意（向谷匡史著）　2015.6

◇陸軍中野学校実録　決定版（日下部一郎著）　2015.7

◇生臭坊主 "ぶっちゃけ説法"―テレビじゃ言えないホントの話（いのうえけんいち著）　2015.8

◇知らないではすまされない！ わが子を守る法律知識―SNSと未成年（高野浩樹著）　2015.9

◇怒りや哀しみを笑い飛ばす技―笑化力（黒岩勇一著）　2015.10

◇超一流人物に学ぶ人を惹きつける力（向谷匡史著）　2015.11

◇50歳から始める驚異の「行住坐臥」整体健康法―ボケ・寝たきりの不安を消す（須藤剛著）　2015.12

◇新社会人に贈る護身術としての法律講座―社会の荒波を乗り切る5つの奥義（外岡潤著）　2016.2

◇「無心」という生き方（形山睡峰著）　2016.7

◇仕事を投げ出したくなった時に読む金言・格言（黒岩勇一編著）　2016.10

◇ゲーテの処世訓―悩める日本人へ贈る、生きるためのエネルギーと知恵（ゲーテ［著］，鈴木憲也編著）　2016.11

ベストヒットシリーズ　ガリバープロダクツ　1996〜2012　⇒Ⅰ－362

◇シンクロナイズド「念」―医者が書いた誰にでも出来る遠隔治療（ガリバーbooks）（堀信泰著）　2011.5

◇放射能と子ども達―ヒロシマ、チェルノブイリ、セミパラチンスク、そしてフクシマ（ガリバーbooks）（碓井静照著）　2012.1

ポイエーシス叢書　未来社　1990〜2016　⇒Ⅰ－364

◇自由の経験（ジャン＝リュック・ナンシー著，沢田直訳）　2011.5

22　歴史家と母たち―カルロ・ギンズブルグ論（上村忠男著）　2012.4

36　経験としての詩―ツェラン・ヘルダーリン・ハ

イデガー（フィリップ・ラクー＝ラバルト著，谷口博史訳）　2012.5

◇アウシュヴィッツと表象の限界（ソール・フリードランダー編，上村忠男，小沢弘明，岩崎稔訳）　2013.5

60　翻訳のポイエーシス―他者の詩学（湯浅博雄著）　2012.2

61　理性の行方―ハーバーマスと批判理論（木前利秋著）　2014.6

62　哲学を回避するアメリカ知識人―プラグマティズムの系譜（コーネル・ウェスト著，村山淳彦，堀智弘，権田建二訳）　2014.9

63　赦すこと―赦し得ぬものと時効にかかり得ぬもの（ジャック・デリダ著，守中高明訳）　2015.7

64　人間という仕事―フッサール、ブロック、オーウェルの抵抗のモラル（ホルヘ・センプルン著，小林康夫，大池惣太郎訳）　2015.11

65　ピエタボードレール（ミシェル・ドゥギー著，鈴木和彦訳）　2016.4

66　オペラ戦後文化論　1　肉体の暗き運命1945-1970（小林康夫著）　2016.3

67　反原子力の自然哲学（佐々木力著）　2016.6

68　信と知―たんなる理性の限界における「宗教」の二源泉（ジャック・デリダ著，湯浅博雄，大西雅一郎訳）　2016.11

69　最後のユダヤ人（ジャック・デリダ著，渡名喜庸哲訳）　2016.10

POPEYE BOOKS　マガジンハウス　2015

◇ズームイン、服！（坂口恭平著）　2015.2

◇この店、あの場所―Here, There and Everywhere（松浦弥太郎著）　2015.10

本田財団レポート　本田財団　2004〜2016　⇒Ⅰ－366

no.134　脳の世紀―未開の地に向かう脳研究の今（伊藤正男［述］）　［2010］

no.135　日本におけるナノテク・材料研究と今後の課題（岸輝雄［述］）　［2010］

no.136　情動の神経生物学―医学と文化の帰結 第31回本田賞授与式記念講演（アントニオ・ダマジオ［述］）　［2010］

no.137　地球の歴史と文明―第116回本田財団懇談会（松井孝典［述］）　［2011］

no.138　日本の科学技術政策の未来―第4期科学技術基本計画に向けて 第117回本田財団懇談会（相

総記　　　　　　　　　　　　　　　　　　　　　　　　　一般叢書・全集

沢益男［述］）　［2011］

no.139　東日本大震災―生の記憶を基盤としたパ
ラダイムシフトへ向けて 第118回本田財団懇談
会（石田秀輝［述］）　［2011］

no.140　国家の勢いと科学技術外交―第119回本田
財団懇談会（薬師寺泰蔵［述］）　［2011］

no.141　表面の科学とエコテクノロジーに対する
分子的理解―第32回本田賞授与式記念講演（カ
ボール・ソモルジャイ［述］）　［2011］

no.142　生き方としての科学―オープンシステムサ
イエンスのすすめ：第120回本田財団懇談会（所
真理雄［述］）　［2011］

no.143　先駆けた国際産学連携研究は何をもたら
したか―エバーメクチンの発見とその後の展開：
第121回本田財団懇談会（大村智［述］）　［2012］

no.144　元素戦略―材料から未来を創る：第122回
本田財団懇談会（細野秀雄［述］）　［2012］

no.145　自然はゆらぎを好むが無駄を嫌う―熱エ
ネルギー・エントロピーの魔力 第123回本田財
団懇談会（鈴木増雄［述］）　［2012］

no.146　環境政策と絶対的経営―エコデザインで
未来を創る 第124回本田財団懇談会（山本良一
［述］）　［2012］

no.147　ナノフォトニクス―光でナノを見る 第125
回本田財団懇談会（河田聡［述］）　［2013］

no.148　ヒトの脳内水分子を活用したエコテクノ
ロジー―第33回本田賞授与式記念講演（デニ・ル
ビアン［述］）　［2012］

no.149　核融合エネルギー―国際協力で進む人類
究極のエネルギー源の開発 第126回本田財団懇
談会（関昌弘［述］）　［2013］

no.150　第3の科学―計算力学がもたらす科学技
術革新 第34回本田賞授与式記念講演（ティンズ
リー・オーデン［述］）　［2013］

no.151　宇宙のしわと種―第127回本田財団懇談会
（村山斉［述］）　［2013］

no.152　ヒト多能性幹細胞（ES/iPS細胞）の再生医
療と創薬への応用―世界の現状と実用化に必要
な技術開発 第128回本田財団懇談会（中辻憲夫
［述］）　［2013］

no.153　日本のおもてなしを変える、自社一貫製
造『ロイヤルブルーティー』―新しいお茶文化
のマーケット創造 第129回本田財団懇談会（吉本
桂子［述］）　［2014］

no.154　暴れる地球を理解する―地震を予知する
ための新しい考え方と取り組み 第130回本田財

団懇談会（阪口秀［述］）　［2014］

no.155　技術革新の成長と限界における材料の役
割―第35回本田賞授与式記念講演（ヘルムート・
クレメンス［述］）　［2014］

no.156　日本経済の潜在成長力―アベノミクスの
可能性と課題 第131回本田財団懇談会（小島明
［述］）　［2014］

no.157　酒と蕎麦から学ぶ先進ものづくり―第132
回本田財団懇談会（古川修［述］）　［2014］

no.158　ライフスタイル変革のイノベーション―第
134回本田財団懇談会（古川柳蔵［述］）　［2015］

no.159　中東、アラブ、イスラムの世界、そこが知り
たいアラブ世界の理解への挑戦―第135回本田財
団懇談会（Abdalla El-Moamen［述］）　［2015］

no.160　医療ロボット工学とコンピュータ統合支
援治療―第36回本田賞授与式記念講演（ラッセ
ル・テイラー［述］）　［2015］

no.161　セルロースナノファイバー－日本には資
源も知恵もある―第136回本田財団懇談会（矢野
浩之［述］）　［2015］

no.162　イノベーション―活性化の方策―第137回
本田財団懇談会（後藤晃［述］）　［2016］

no.163　僕はミドリムシで世界を救うことに決めま
した。―第138回本田財団懇談会（出雲充［述］）
［2016］

no.164　産学連携によるイノベーションの創出―第
139回本田財団懇談会（山本貴史［述］）　［2016］

no.165　新規セルロースナノファイバーの調製と
特性・機能 / 植物系ナノ材料の創成（本田賞授
与式記念講演 第37回）（磯貝明, 矢野浩之［述］）
［2016］

no.166　世界調査で分かった健康長寿の食べ方上
手―第140回本田財団懇談会（家森幸男［述］）
［2016］

毎日が発見ブックス　角川SSコミュニケーション
ズ, 角川マーケティング　2005〜2011
　⇒Ⅰ-366
◇消しゴムで和のはんこ（がなはようこ著）　2010.
11
◇認知症の防ぎ方と介護のコツ―家族と自分の不
安を減らす本（小阪憲司著）　2011.2
◇神様がつくった病―おばぁちゃんと私の認知症
物語（杉山奈津子著）　2011.3

全集・叢書総目録 2011-2016　**429**

一般叢書・全集

My book 文化創作出版 1981〜2010
⇒Ⅰ-367
◇心の病は大丈夫！―精神科病院のすすめ（愛知県精神科病院協会著） 2010.9

magazinehouse pocket マガジンハウス 2013
001 7日でできる思考のダイエット（佐野研二郎著） 2013.8
002 高血圧、高血糖＆不整脈の私でも、エベレストに登れた健康法（三浦雄一郎著, 白沢卓二解説） 2013.8
003 エニアグラムで分かる9つの性格（ティム・マクリーン, 高岡よし子監修） 2013.8
004 男子家事―料理・洗濯・掃除は、男の道楽！（阿部絢子監修） 2013.8
005 お金が貯まらない人の悪い習慣39（田口智隆著） 2013.8
006 水と塩を変えると病気にならない（新谷弘実著） 2013.9
007 男のミカタ 1 夢の中まで語りたい（松久淳, 大泉洋著） 2013.9
008 つまずくことが多い人ほど、大きなものを掴んで成功している。―日本人への遺言（松原泰道著） 2013.9
010 アーティストになれる人、なれない人（宮島達男編） 2013.9
011 男のミカタ 2 酒の席で説教はやめてください（松久淳, 大泉洋著） 2013.10

マダム・ヒロBOOK マダム・ヒロ編 丸善プラネット 2011〜2014
vol.1 食は三代一元から博子、そして美重子へ（大林美重子著） 2011.11
Vol.2 血と水の一滴―沖縄に散った青年軍医（大林嵜史監修, 芹沢健介作） 2014.6

まちライブラリー文庫 まちライブラリー 2014〜2016
◇マイクロ・ライブラリー図鑑―全国に広がる個人図書館の活動と514のスポット一覧（磯井純充著） 2014.5
◇海中ロボットが見守る海の健康―海からみた世界の話をきこう！ まちライブラリーアカデミックカフェ（有馬正和著） 2016.2
◇クルーズと船舶技術―タイタニックからセウォル号まで まちライブラリーアカデミックカフェ

◇（池田良穂著） 2016.2
◇動物と人仲良く暮らすために必要なこと―獣医学の見地から伝える大切なこと まちライブラリーアカデミックカフェ（笹井和美著） 2016.2
◇コンピュータを活用した未来の読書を考えよう―reading-life logとは？ まちライブラリーアカデミックカフェ（黄瀬浩一, カイ・クンツェ著） 2016.2
◇参加するみどりのまちづくり―まちライブラリーアカデミックカフェ（増田昇著） 2016.2
◇昆虫少年から昆虫中年へ―日本人の自然に対する感性を紐解く まちライブラリーアカデミックカフェ（八木孝司著） 2016.2
◇工学技術のあゆみとこれからの時代―まちライブラリーアカデミックカフェ（奥野武俊著） 2016.2
◇コミュニティとマイクロ・ライブラリー（まちライブラリー, マイクロ・ライブラリーサミット実行委員会2015編） 2016.3

学びやぶっく 明治書院 2010〜2014
40 江戸・東京坂道ものがたり（しゃかい）（酒井茂之著） 2010.8
41 全国お元気商店街百選（せいかつ）（お元気商店街研究会編） 2010.8
45 戦国三姉妹の栄華と悲惨―茶々・お初・お江（しゃかい）（立石優著） 2010.11
46 東大式知的な人の麻雀術（さんすう）（井出洋介監修） 2010.11
47 誰でも手話リンガル（こくご）（松森果林著） 2010.12
48 動物たちのウンコロジー（りか）（今泉忠明著） 2011.1
49 頭の柔軟度がわかる大人の算数偏差値（さんすう）（歌丸優一著） 2011.1
50 二人の兵法孫子―孫武と孫臏の謎（しゃかい）（永井義男著） 2011.2
51 気がついた時はもう遅い慢性腎臓病（たいいく）（頼岡徳在著） 2011.2
52 オトナのための社会見学ガイドブック（しゃかい）（群青洋介監修） 2011.3
53 キッチン漢方の底力（せいかつ）（猪越恭也, 江上栄子著） 2011.3
54 江戸・東京橋ものがたり（しゃかい）（酒井茂之著） 2011.4
55 古城と名城―その歴史秘話（しゃかい）（立石優著） 2011.5

56 落語こわい、こわい落語（げいじゅつ）（野口卓著） 2011.5

57 文字の探訪―書の魅力（げいじゅつ）（堀野哲仙著） 2011.6

58 悩んだときに読みたい日本人の名言（せいかつ）（立石優著） 2011.7

59 これ1冊でできる！ わが家の防災マニュアル（せいかつ）（国崎信江著） 2011.8

60 日本の森林を考える（りか）（田中惣次著） 2011.10

61 田舎暮らしの方法（せいかつ）（岩佐十良監修） 2011.11

62 童謡のふるさとを訪ねて（げいじゅつ）（横山太郎著） 2011.12

63 書き込める記念日の本（せいかつ）（記念日研究会著） 2012.2

64 免許皆伝漢字道場（こくご）（明治書院編集部編） 2012.5

65 現代の不眠―24時間型社会のぐっすり眠り学（たいいく）（塩見利明著） 2012.6

66 都会でできる自然観察 動物編（りか）（唐沢孝一著） 2012.7

67 大江戸災害ものがたり（しゃかい）（酒井茂之著） 2012.10

68 ワクチン鎖国ニッポン―世界標準に向けて（たいいく）（大西正夫著） 2012.11

69 「終活」設計（せいかつ）（丸山和也編著） 2013.3

70 戦わない知恵「戦国策」―戦略と説得術（しゃかい）（遠藤嘉浩著） 2013.4

71 マンガでわかるあなたの相続（せいかつ）（石橋三千男、末本朱美著） 2013.7

72 いくつ分かる？ 名作のイントロ（こくご）（中江有里監修） 2013.7

73 相関図つき源氏物語（こくご）（北川真理著） 2013.9

74 字源―ちょっと深い漢字の話（こくご）（加藤道理著） 2013.10

75 漢詩をつくろう（こくご）（新田大作著） 2013.10

76 あなたも作詞家―岩谷時子に学ぶ5つのステップ（げいじゅつ）（菅野こうめい著） 2014.6

ManaMana ヒカルランド 2013

001 LIVING IN THE SUN―希望を生きるあなたへ（多田亜沙美著） 2013.2

002 今日から宇宙一幸せ（東浜理沙著） 2013.2

003 言葉いじり読本 同音異義のフレーズを楽しむ編（大友源彦、高橋忠男著） 2013.2

004 HEART OF THE SUN―愛を生きるあなたへ（tomoe文、多田亜佐美写真） 2013.3

005 ミラクルスピーカー大天使との会話―エゴを超えたパワフルな未来図の描き方 言葉のエンジェルチャーム（メアリー・サマーレイン著, 石原まどか訳） 2013.4

006 フンザ―魔法の風が吹く谷へ（清水久美子著） 2013.5

MARBLE BOOKS マーブルブックス編 メディアパル 2013～2014

◇MIA FARROW―Perfect style of MIA FASHION, BEAUTY, WORKS, LOVE…all about Mia farrow（Love Fashionista） 2013.6

◇Love！TAYLOR SWIFT―perfect style of TAYLOR FASHION, BEAUTY, LOVE, WORKS…ALL ABOUT TAYLOR SWIFT（Love Fashionista） 2013.7

◇GRACE KELLY―perfect style of GRACE Fashion, Beauty, Love, Works…All About Grace Kelly（Love Fashionista） 2013.8

◇Love！BRIGITTE BARDOT―perfect style of B.B. FASHION, BEAUTY, WORKS AND LOVE.ALL ABOUT B.B（Love Fashionista） 2013.9

◇Love！CATHERINE DENEUVE―perfect style of DENEUVE Fashion, Beauty, Works And Love.All About Deneuve（Love Fashionista） 2013.10

◇CARA DELEVINGNE―FASHION STYLE BOOK（Love Fashionista） 2013.11

◇GODARD MUSE―perfect style of Godard's World MOVIE, FASHION, BEAUTY AND MARRIAGE ALL ABOUT GODARD MUSE（Love Fashionista） 2013.12

◇Sarah Jessica Parker―perfect style of SATC（Love Fashionista） 2014.1

◇ELLE FANNING―FASHION STYLE BOOK（Love Fashionista） 2014.2

◇FEMME FATALE―perfect style of Mon Amour（Love Fashionista） 2014.3

◇EMMA WATSON STYLE BOOK―ALL ABOUT EMMA（Love Fashionista） 2014.5

◇CHLOË MORETZ STYLE BOOK―ALL ABOUT CHLOË（Love Fashionista） 2014.8

◇Natalie Portman—PERFECT STYLE OF NA-TALIE（Love Fashionista）　2014.10

Marble books　三交社　2010　⇒Ⅳ－709
◇ハッピー・ハートの方程式（桃華絵里著）　2010.12

Marble books　マーブルトロン［マーブルブックス編集部, 出版本部］　2004〜2013　⇒Ⅳ－709
◇僕の虹、君の星—ときめきと切なさの21の物語（ハービー・山口著）　2010.8
◇おだんごカフェのからだにやさしい野菜引きレシピ—調味料と手間は最小限、野菜ひとつから探せる 毎日の「自然派おかず」151品（Daily made）（山本路子（みるまゆ）著）　2010.8
◇ストロベリー・ジュース・フォーエバー（服部みれい著）　2010.8
◇はっちゃんち。　改訂新版（ハニー写真）　2010.9
◇ニコール・リッチー（Love Fashionista）（ブランドン・ハースト著, 中村有以, 長沢あかね訳）　2010.9
◇自家製ミックス粉でつくる、なつかしいママの味—粉もの大好き！（田内しょうこ著）　2010.9
◇ビヨンセ（Love Fashionista）（ブランドン・ハースト著, 川上志津訳）　2010.10
◇追いかけられる女になる—男がハマる、「愛され上手」のテクニック（織田隼人著）　2010.10
◇ミアズブレッドのパンに合う「食べるスープ」のつくり方—明日からのスープづくりが変わる！（森田三和著）　2010.10
◇好好（はおはお）台湾—台湾にハマって抜け出せなくなるかもしれないガイドブック（青木由香著）　2010.10
◇山戸家の野菜おかず—7つの「おかずの素」で作るからだにやさしいレシピ。（Daily made）（山戸ユカ著）　2010.11
◇レディー・ガガ スタイル（Love Fashionista）（ブランドン・ハースト著, 桜井真砂美訳）　2010.11
◇おだんごカフェのからだにやさしい米粉のお菓子—毎日のおやつからとっておきケーキまで。米粉で作る、簡単＆素朴スイーツ66レシピ（Daily made）（山本路子（みるまゆ）著）　2010.11
◇ジャスティン・ビーバー—ビバ!!ビーバー（チャス・ニューキー＝バーデン著, 富原まさ江, 佐藤志緒訳）　2010.11

◇ニコール・リッチー スタイル（Love Fashionista）（ブランドン・ハースト著, 加藤久美子訳）　2010.12
◇森きみタイム（森貴美子著）　2010.12
◇Cahier romantique—酒井景都のロマンティック・ノート（酒井景都著）　2010.12
◇江の一生—戦国美女浅井三姉妹（渡辺誠著）　2010.12
◇東京、オーロラ（青柳圭介著）　2010.12
◇マイリー・サイラス（Love Fashionista）（ブランドン・ハースト著, 佐藤志緒, 壁谷さくら訳）　2011.1
◇危機を切り抜ける中小企業経営虎の巻—経営者が絶対知りたい！（栗野公正著）　2011.1
◇プリンセス ケイト—英国王室への道（クラウディア・ジョセフ著, 菊池由美, 島田楓子, 高橋美江, スコジ泉訳）　2011.1
◇超訳万葉集—心に響く“万葉”の言葉（植田裕子超訳）　2011.1
◇最初の教え—ネイティブ・アメリカンの知恵と祈りの言葉（スタン・パディラ編・画, 北山耕平訳・構成）　2011.1
◇ジャスティン・ビーバー フィーバー!!ビーバー（チャス・ニューキー＝バーデン著, 富原まさ江, 佐藤志緒訳）　2011.1
◇スタイリスト野村和世のオトナ女子おしゃれ計画（野村和世著）　2011.2
◇内気でも活躍できる営業の基本—研修会社インソース新卒3年目・中島が伝える営業の頑張り方（中島未奈美, 舟橋孝之著, インソース編）　2011.2
◇矢田堀家の体にやさしい汁もの、おかず、干し野菜（矢田堀節子著）　2011.2
◇恋のライバルのいるあなたへ—あの人の「1番」になるために、あなたがすべきこと（織田隼人著）　2011.2
◇「からだにやさしい新・食べるスローやせ」レシピ。—朝、晩400kcal、でも大満足！の2週間サイクルダイエット（川上文代著）　2011.2
◇脳をつくる、カラダをつくる、きりん幼稚園ごはん—ママのそこが知りたい！がわかる。（きりん幼稚園編）　2011.3
◇ジョン・レノンとビートルズ—ジュリアン・レノンが集めたジョン・レノンのメモリアルアイテム（ジュリアン・レノン, ブライアン・サウソール著, 菊池由美, 笹山裕子, 高橋美江訳）　2011.3

◇テイラー・モムセン スタイル（Love Fashionista）（ブランドン・ハースト著, 佐藤志緒訳） 2011.3

◇読むダイエット—"太る人"の心のメカニズム（ジェニーン・ロス著, 川田志津訳） 2011.3

◇基本のマナーBOOK—入社・転職・異動から、上司や先輩との付き合いかたまで、知らないと困る お仕事編（西出ひろ子監修） 2011.3

◇而今禾の本—つくる、つかう、つながる。衣食する日々。（米田恭子著） 2011.4

◇ダイアナ クロニクル—伝説のプリンセス最後の真実（ティナ・ブラウン著, 菊池由美, 笹山裕子, 村上利佳, 高橋美江訳） 2011.4

◇バースデームーン—月を見ると、こころが綺麗になる 月が教えてくれる、あなたの過去・現在、そして未来（蓮見天翔, 88d著） 2011.4

◇Rachel Zoe L.A.Style A to ZOE—レイチェル・ゾー・LA・スタイル・A to Z LAセレブスタイルのトップスタイリスト、レイチェルが教えてくれる「ファッション」と「おしゃれ」、基本のA to Z。（Love Fashionista）（レイチェル・ゾー, ローズ・アポダカ著, 栗原百代訳） 2011.4

◇桜井食堂—誰でも作れる、ほんとうに失敗のない家族ごはん（桜井誠著） 2011.5

◇リアルジャイアンから悩める君たちへ（山崎武司著） 2011.5

◇キャス・キッドソンのヴィンテージスタイル（キャス・キッドソン著, いしもとあやこ訳） 2011.5

◇Peeping Girls Life（寺坂Johney！ 著） 2011.5

◇アンビエント・ドライヴァー（細野晴臣［著］） 2011.5

◇基本のマナーBOOK—引っ越し、贈り物、公園デビューから、ご近所付き合いまで、知らないと困る 日常生活編（西出ひろ子監修） 2011.5

◇あゆみごと。—田辺あゆみのゆるびしライフ（田辺あゆみ著） 2011.6

◇オージャスのひみつ—こころとからだの生命エネルギーを増やしてなりたい自分になる方法（服部みれい著, 蓮村誠監修） 2011.6

◇愛をこめて（藤代冥砂著） 2011.6

◇かんたん！ つけるだけ！ オリジナルヘッドアクセサリー—普段使いのカチューシャやヘアピン、ミニハット、ウェディング用の花輪、ボンネ、浴衣用のアクセまで…etc、これ1冊で作れちゃう（Daily made）（XSXS著） 2011.6

◇ザ・ローリング・ストーンズ オルタモントの真実—メレディス・ハンターはなぜ殺されたのか!?（サム・カトラー著, 川田志津訳） 2011.6

◇悪運の払い方—あなたの「ついてない…」を必ず変える!!：Make you lucky and happy book!!（あべけいこ著） 2011.6

◇プラネタリウム散歩—日帰り宇宙旅行 最新鋭から変わりだねまで、全国48カ所を網羅！（マーブルブックス編） 2011.7

◇花はそっと、日常に。—選ぶ、かざる、愛でる。いつもの暮らしの景色を変える花の選び方、しつらい方。（平井かずみ著） 2011.7

◇テイラー・スウィフト スタイル（Love Fashionista）（ブランドン・ハースト著, 佐藤志緒訳） 2011.7

◇Brigitte Bardot—perfect style of B.B. 2011.7

◇からだに効く、自然派おかずとごはん—「6つの食材」で免疫力強化＋ナチュラルダイエット（中島まき［著］） 2011.7

◇Peeping Girls Life 2（寺坂Johney！著） 2011.7

◇美しい教会を旅して（KIKI著・写真） 2011.8

◇ジミーチュウ ストーリー—世界中の女性を虜にする"魔法のハイヒール"。誕生と美の軌跡！（ローレン・ゴールドスタイン・クロウ, サグラ・マセイラ・デ・ローゼン著, 川田志津訳） 2011.8

◇眠活—眠るだけビューティー法則 1日9時間のキレイの近道"睡眠美容術"（友野なお著） 2011.8

◇子どもたちを守るためのいちばんわかりやすい放射線対策の本（青木晃監修, 竹沢瑞穂聞き手） 2011.8

◇十旗総覧—名古屋おもてなし武将隊all members complete book（マーブルブックス編） 2011.8

◇Jane Birkin—perfect style of Jane B fashion, beauty, love, works all about Jane Birkin（Love fashionista） 2011.8

◇ミアズブレッドのとっておきのサンドイッチのつくり方—味の工夫、具材の工夫、組み合わせの工夫、もっとたのしい、もっとおいしいアイデア満載！（森田三和著） 2011.9

◇12星座のノート—わたしという星になる（Saya著） 2011.9

◇それでも、あなたは新築マンションを買いますか？—今、いちばん賢い「家」の買い方とは？（牧野知弘著） 2011.9

◇Yunkoro HEART（小原優花（ゆんころ）［著］）

一般叢書・全集

2011.9

◇ヒトのチカラ。―東日本大震災被災地、災害ボランティアセンターで起こったいくつものドラマ。ボランティアって何するの？（小田原きよし著）　2011.9

◇Love the coat！―super fashion style book ファッション・アイコンたちから学ぶ、秋～春のコートスタイル大紹介!!（マーブルブックス編）2011.9

◇スタイル美人塾（森本容子著）　2011.10

◇オードリー・ヘプバーンとティファニーで朝食を―オードリーが創った、自由に生きる女性像（サム・ワッソン著, 清水晶子訳）　2011.10

◇Alexa Chung Fashion STYLE BOOK―Classy, mode and good girl…（マーブルブックス編）2011.10

◇ICELANDIC HONEYMOON（掛川陽介写真, 森貴美子著）　2011.10

◇月に映すあなたの一日―ネイティブ・アメリカンの364のことわざが示す今日を生きる指針（北山耕平訳と編纂）　2011.10

◇KATE MOSS―perfect style of KATE（Love Fashionista）　2011.10

◇Love Beauty―ビューティーモデル田中マヤの「きれい」のひみつ（田中マヤ著）　2011.11

◇ケイティ・ペリー スタイル（Love Fashionista）（ブランドン・ハースト, コレット・センシア著, 川田志津訳）　2011.11

◇蓮村先生、おしえてください！―女子のお悩みQ&A：ココロとカラダの"毒出し"相談室（蓮村誠著）　2011.11

◇超訳カント―時代を照らすカントの言葉（イマヌエル・カント原著, 早間央訳・監修）　2011.11

◇TWIGGY―perfect style of TWIGGY（Love Fashionista）　2011.11

◇女子のための冷えとりレシピ―野菜でつくる冷えないからだ（庄司いずみ著）　2011.12

◇南風食堂のホールクッキング！（南風食堂［著］）2011.12

◇超訳枕草子―王朝ガールズトーク×イラストエッセイ（清少納言著, 森千章訳・絵）　2011.12

◇小林麻耶のゴルフに恋して―ベストスコア「88」までのgolf diary（小林麻耶著, 伊藤祐子監修）2011.12

◇ブレイク・ライブリー スタイル（Love Fashionista）（マーブルブックス編）　2011.12

◇超訳万葉集　2　心重なる、恋の歌（植田裕子超訳）　2011.12

◇一行美容―女子よ、チリも積もればモア・ビューティ！バスルームに置きたい美容救急本！（吉川千明著）　c2012

◇Arrange Catalogue―perfect style of Celeb Hair 2012.1

◇Catherine Deneuve―perfect style of Deneuve（Love Fashionista）（マーブルブックス編）2012.1

◇霊界散歩―怖いけど、ちょっと覗いてみたい、死後の世界。今を、もっと幸せに生きるための案内書。（はる［著］）　2012.1

◇あかちゃんができる気功学―不妊を治すこころとからだの本（あんどうよしみ著）　2012.1

◇スイート・リトル・ライズ（Love Fashionista）（ローレン・コンラッド著, 西川久美子訳）　2012.1

◇「最新」我が家のための液状化対策―震災による「液状化危険地域」に住むあなたへ。液状化の正体、対策、保険の使い方、行政からの助成の受け方まで（大田原博亮, 小森恭司, 西沢倫太郎執筆, 岡二三生監修）　2012.1

◇スイーツデコ雑貨を作ろう！―カップケーキ、マカロン、アイス、ドーナツ…樹脂粘土を使って"ミニチュアお菓子"をハンドメイド。（関口真優著）　2012.1

◇おだんごカフェの卵・乳製品をつかわないからだにやさしいお菓子（Daily made）（山本路子（みるまゆ）著）　2012.1

◇MIRANDA KERR―FASHION STYLE BOOK（Love Fashionista）（マーブルブックス編）　2012.2

◇あの店に会いに行（い）く―人生の想い出にしたい全国の名店（成田一徹［著］）　2012.2

◇Rachel Zoe―Perfect Style of L.A（Love Fashionista）（マーブルブックス編）　2012.2

◇シェフのベーカリーカフェレシピ―人気店のあの味を食べたい、作りたいあなたへパン作りから、パンがおいしくなる料理68レシピを紹介！2012.3

◇小林麻耶のゴルフに恋して―ベストスコア「88」までのgolf diary　新装版（小林麻耶著, 伊藤祐子監修）　2012.3

◇乙女の金沢―カフェ、雑貨、和菓子、散歩道…かわいい金沢案内　新版（岩本歩弓著）　2012.3

◇ココ・シャネル伝説の軌跡（ジャスティン・ピカ

ディ著, 栗原百代, 高橋美江訳） 2012.3

◇Nicole Richie—perfect style of Nicole（Love Fashionista）（マーブルブックス編） 2012.3

◇アニマルガールズ（アニマルガールズ制作委員会著） 2012.3

◇はちみつ味噌のレシピ—味つけがぴたりと決まる手作り調味料（daily made）（ダンノマリコ著） 2012.4

◇生活美人—明日が美しくなる、暮らしのヒント（平井かずみ著） 2012.4

◇ヘミシンクで「人生は変えられる」のか？—世にも不思議な異次元体験：The Hemisync Esoterica（まるの日圭, 松村潔著） 2012.4

◇Yunkoro・Message（小原優花（ゆんころ）著） 2012.4

◇ケチャップレシピ—手作り万能ケチャップでかんたん！95のごはん：野菜とトマトケチャップでつくるきれいなからだ（庄司いずみ著） 2012.5

◇星とモノサシ（蛭田亜紗子著） 2012.5

◇LADY GAGA MESSAGE—I always have a vision！（ブランドン・ハースト著, 川田志津訳） 2012.5

◇The Body Order Method—Rehabilitation/Conditioning/Training（大島康嗣著） 2012.5

◇AUDREY HEPBURN—perfect style of Audrey（Love Fashionista）（マーブルブックス編） 2012.5

◇Love the bags—super fashion style book バッグが主人公！セレブのコーディネート・スナップ集。バッグのストーリー、トレンド、選び方大紹介!!（マーブルブックス編） 2012.5

◇ソウル案内—韓国のいいものを探して（平井かずみ著） 2012.6

◇特撮仕事人—特撮監督仏田洋の世界：仮面ライダー、スーパー戦隊シリーズの特撮監督が明かす、撮影の裏側（仏田洋著, 鴬谷五郎インタビュアー・本文執筆） 2012.6

◇Just Married！—perfect style of Wedding（Love Fashionista）（マーブルブックス編） 2012.6

◇Olsen Sisters Fashion Style Book—It sisters!!Ashley Mary-Kate（Love Fashionista）（マーブルブックス編） 2012.6

◇Chloë Sevigny—perfect style of Chloë（Love Fashionista）（マーブルブックス編） 2012.6

◇Emma Watson—The muse of new age：Fashion Style Book（Love Fashionista）（マーブルブックス編） 2012.7

◇新大久保コリアンタウンin Tokyo—食べて、笑って、恋をして。（hime著） 2012.7

◇humming life（森貴美子著） 2012.7

◇It Couples—perfect style of Lovers（Love Fashionista） 2012.7

◇MAKE YOU UP—ETERNAL BEAUTY RULES（MICHIRU著） 2012.7

◇FRENCH CHIC—perfect style of Parisienne（Love Fashionista）（マーブルブックス編） 2012.7

◇Rosie Huntington-Whiteley Fashion Style Book—Angel, Muse, Hottest Woman, ALL About Rosie（Love Fashionista）（マーブルブックス編） 2012.8

◇東京ロマンチック案内—レストラン、喫茶店、美術館、博物館…ノスタルジック＆モダンな東京案内（甲斐みのり著） 2012.8

◇MARILYN MONROE—perfect style of MONROE（Love Fashionista）（マーブルブックス編） 2012.8

◇柳原和子もうひとつの「遺言」—がん患者に贈る言葉と知恵（柳原和子［著］, 工藤玲子編著） 2012.9

◇ハグモミ—こんなにすごい「手」のちから！触れて感じるからだケア：WHOLE TREAT（手島渚著） 2012.9

◇野菜がたくさん食べられる素朴おやつ—卵とバターを使わない、毎日作りたくなるレシピ。（山戸ユカ著） 2012.9

◇桜井食堂 パスタ編 絶対失敗しない、ほんとうにおいしいパスタ（桜井誠著） 2012.9

◇〆まで楽しい山芉鍋—肉魚なしでも美味しい、野菜たっぷり鍋。（山戸ユカ著） 2012.10

◇ライフ・イズ・ロマンティーク（市川美希子著） 2012.10

◇天野屋長太鼓判！塩麴レシピ（daily made）（野沢幸代著） 2012.10

◇超訳デカルト—人生を導くデカルトの言葉（デカルト［著］, 早間央監修, 北沢睦世訳・構成） 2012.10

◇おだんごカフェの卵・乳製品をつかわないオーブンいらずの簡単お菓子（daily made）（山本路子著） 2012.10

◇Chloë Moretz Fashion Style Book Our Next

一般叢書・全集　　　　　　　　　　　　　　　　　　　　　　総記

Fashion Muse—Our Next Fashion Muse（Love Fashionista）（マーブルブックス編）　2012.11

◇「美脚をつくる骨盤」セルフストレッチ—コンプレックス下半身から一生モデル脚！（松乃わなり監修）　2012.11

◇Jessica Alba Fashion Style Book—Beauty, Fashion & Happy Mom Life…（Love Fashionista）（マーブルブックス編）　2012.11

◇OLIVIA PALERMO FASION STYLE BOOK—MY STYLE IS "CLASSIC", BUT NOT CONSERVATIVE.（Love Fashionista）（マーブルブックス編）　2012.12

◇いのちのレシピ—死の淵から生還した奇跡の "食" ヒストリー（花田美奈子著）　2012.12

◇SOFIA COPPOLA—perfect style of Sofia's World（Love Fashionista）（マーブルブックス編）　2012.12

◇FLAT HOUSE LIFE—米軍ハウス、文化住宅、古民家……古くて新しい「平屋暮らし」のすすめ　vol.2（アラタ・クールハンド著）　2012.12

◇Love！Miranda Kerr—perfect style of Miranda：FASHION, BEAUTY, LOVE, WORKS…ALL ABOUT MIRANDA KERR（Love Fashionista）（マーブルブックス編）　2013.1

◇LONDON GIRLY—perfect style of girly（Love Fashionista）（マーブルブックス編）　2013.2

◇GOSSIP GIRL—Blake Lively×Leighton Meester：perfect style of GOSSIP GIRL：Fashion, Beauty, Love, work all about Blake & Leighton（Love Fashionista）（マーブルブックス編）　2013.3

◇Love！Jane Birkin—perfect style of Jane（Love Fashionista）（マーブルブックス編）　2013.4

丸山真男集別集　丸山真男著, 東京女子大学丸山真男文庫編　岩波書店　2014〜2015
第1巻　1933-1949　2014.12
第2巻　1950-1960　2015.3
第3巻　1963-1996　2015.6

丸山真男話文集　丸山真男［著］, 丸山真男手帖の会編　みすず書房　2008〜2015　⇒Ⅰ-367
続1　2014.3
続2　2014.7
続3　2014.11
続4　2015.5

万葉新書　万葉舎　2011〜2015
001　ウェイヴァリー—あるいは60年前の物語　上（ウォルター・スコット歴史小説名作集）（ウォルター・スコット作, 佐藤猛郎訳）　2011.9
002　ウェイヴァリー—あるいは60年前の物語　中（ウォルター・スコット歴史小説名作集）（ウォルター・スコット作, 佐藤猛郎訳）　2011.9
003　ウェイヴァリー—あるいは60年前の物語　下（ウォルター・スコット歴史小説名作集）（ウォルター・スコット作, 佐藤猛郎訳）　2011.9
004　メディアの日本語—音声はどう伝えているか（長谷川勝彦著）　2011.11
005　ふたりぼっち—精神科ソーシャルワーカーからの手紙（助川征雄著）　2015.6
006　量子エニグマ暗号—サイバー攻撃への究極的な防御技術（広田修, 二見史生著）　2013.10

みちのく文庫　ツーワンライフ　2014
Vol.001　新考察「銀河鉄道の夜」誕生の舞台—物語の舞台が矢巾・南昌山である二十考察　賢治が愛した南昌山と親友藤原健次郎　宮沢賢治没後八十年記念出版（松本隆著）　2014.3
Vol.002　"関東軍防疫給水部" の不都合な真実—岩手県出身元七三一部隊員の証言（高橋竜児著編）　2014.11

港区人物誌　港区教育委員会　2003〜2012　⇒Ⅴ-653
5　ジョサイアコンドル（港区立港郷土資料館編）　2012.3

みなみ文庫　みなみ出版　2016
◇添乗員MoMoのニッポン食いしん坊手帖（MoMo著）　2016.6
◇添乗員MoMoの幽霊事件簿（MoMo著）　2016.7

ミネルヴァ・アーカイブズ　ミネルヴァ書房　2008〜2015　⇒Ⅰ-367
◇旧制高等学校教育の展開（筧田知義著）　2011.7
◇日本民家の研究—その地理学的考察（杉本尚次著）　2011.7
◇狩野亨吉の研究（鈴木正著）　2013.9
◇キタ—中之島・堂島・曽根崎・梅田（風土記大阪2）（宮本又次著）　2013.9
◇ヘレニズムとオリエント—歴史のなかの文化変容（大戸千之著）　2013.9
◇明治国家の成立—天皇制成立史研究（大江志乃夫著）　2013.9

◇象徴・神話・文化（E・カッシーラー著，D・P・ヴィリーン編，神野慧一郎，薗田坦，中才敏郎，米沢穂積訳）　2013.12

◇新宮涼庭伝（山本四郎著）　2014.8

◇モラル・サイエンスとしての経済学（間宮陽介著）　2014.8

◇自由の科学—ヨーロッパ啓蒙思想の社会史　1（ピーター・ゲイ著，中川久定，鷲見洋一，中川洋子，永見文雄，玉井通和訳）　2014.8

◇自由の科学—ヨーロッパ啓蒙思想の社会史　2（ピーター・ゲイ著，中川久定，鷲見洋一，中川洋子，永見文雄，玉井通和訳）　2014.8

◇変動の社会学—社会学的説明に関する論集（N.J.スメルサー著，橋本真訳）　2015.9

◇日本人の贈答（伊藤幹治，栗田靖之編著）　2015.9

◇発達心理学入門—精神発達の比較心理学（H.ウェルナー著，園原太郎監修，鯨岡峻，浜田寿美男訳）　2015.9

◇シンボルの形成—言葉と表現への有機—発達論的アプローチ（H.ウェルナー，B.カプラン著，柿崎祐一監訳，鯨岡峻，浜田寿美男訳）　2015.9

◇租税回避の研究（清永敬次著）　2015.9

MINERVA人文・社会科学叢書　ミネルヴァ書房　1994〜2016　⇒Ⅰ-368

115　東アジア共同体の構築（西口清勝，夏剛編著）　2006.8

145　戦後日本の地方議会—1955〜2008（馬渡剛著）　2010.9

163　反米の系譜学—近代思想の中のアメリカ（ジェームズ・W.シーザー著，村田晃嗣，伊藤豊，長谷川一年，竹島博之訳）　2010.7

164　北一輝の「革命」と「アジア」（萩原稔著）　2011.1

165　渋沢栄一の福祉思想—英国との対比からその特質を探る（大谷まこと著）　2011.4

166　近代日本の社会事業思想—国家の「公益」と宗教の「愛」（姜克実著）　2011.3

167　カール・シュミットの「危険な精神」—戦後ヨーロッパ思想への遺産（ヤン・ヴェルナー・ミューラー著，中道寿一訳）　2011.4

168　明治期医療・衛生行政の研究—長与専斎から後藤新平へ（笠原英彦，小島和貴著）　2011.6

169　議会制の歴史社会学—英独両国制の比較史的考察（島田幸典著）　2011.9

170　賃金・人事制度改革の軌跡—再編過程とその影響の実態分析（岩崎馨，田口和雄編著）　2012.2

171　福祉政策の形成と国家の役割—プラクティカルな政策をめざして（大山博著）　2012.2

172　アレン・ヤングの経済思想—不確実性と管理の経済学（松尾隆著）　2012.2

173　近代東京の私立中学校—上京と立身出世の社会史（武石典史著）　2012.2

174　戦後日本政党政治史論（的場敏博著）　2012.3

175　「リベラル・ナショナリズム」の再検討—国際比較の観点から見た新しい秩序像（富沢克編著）　2012.3

176　カールツァイスの経営倫理—エルンスト・アッベの経営思想（野藤忠著）　2012.3

177　主権国家体系の生成—「国際社会」認識の再検証（山影進編著）　2012.3

178　三宅雪嶺の政治思想—「真善美」の行方（長妻三佐雄著）　2012.4

179　政策変容と制度設計—政界・省庁再編前後の行政（森田朗，金井利之編著）　2012.4

180　英国福祉ボランタリズムの起源—資本・コミュニティ・国家（岡村東洋光，高田実，金澤周作編著）　2012.5

181　統治能力—ガバナンスの再設計（イェヘッケル・ドロア著，足立幸男，佐野亘監訳）　2012.7

182　グローバル・サウスにおける重層的ガヴァナンス構築—参加・民主主義・社会運動（松下冽著）　2012.10

183　自由の秩序—カントの法および国家の哲学（W.ケアスティング著，舟場保之，寺田俊郎監訳，御子柴善之，小野原雅夫，石田京子，桐原隆弘訳）　2013.1

184　労働時間の決定—時間管理の実態分析（石田光男，寺井基博編著）　2012.12

185　ドイツ社会保障の危機—再統一の代償（ゲルハルト・A.リッター著，竹中亨監訳）　2013.1

186　近代英米法思想の展開—ホッブズ＝クック論争からリアリズム法学まで（戒能通弘著）　2013.2

187　日米構造協議の政治過程—相互依存下の通商交渉と国内対立の構図（鈴木一敏著）　2013.2

188　高齢者雇用政策の日韓比較（李崱碩著）　2013.3

189　ドイツ正統史学の国際政治思想—見失われた

一般叢書・全集

欧州国際秩序論の本流（大原俊一郎著） 2013.3

190 アメリカ経済財政史1929-2009―建国理念に導かれた政策と発展動力（室山義正著） 2013.5

191 メディアとネットワークから見た日本人の投票意識―社会学モデルの復権（白崎護著） 2013.6

192 イスラエル・パレスチナ和平交渉の政治過程―オスロ・プロセスの展開と挫折（江崎智絵著） 2013.8

193 植民地インドのナショナリズムとイギリス帝国観―ガーンディー以前の自治構想（上田知亮著） 2014.2

194 英国所得保障政策の潮流―就労を軸とした改革の動向（井上恒男著） 2014.3

195 「緑の成長」の社会的ガバナンス―北欧と日本における地域・企業の挑戦（長岡延孝著） 2014.2

196 日米における政教分離と「良心の自由」（和田守編著） 2014.3

197 地方財政赤字の実証分析―国際比較における日本の実態（和足憲明著） 2014.4

198 国際政治のなかの国際保健事業―国際連盟保健機関から世界保健機関、ユニセフへ（東洋文化研究所叢刊 第28輯）（安田佳代著） 2014.4

199 スコットランド啓蒙とは何か―近代社会の原理（田中秀夫著） 2014.6

200 スウェーデンの賃金決定システム―賃金交渉の実態と労使関係の特徴（西村純著） 2014.8

201 キェルケゴールの信仰と哲学―生と思想の全体像を問う（鈴木祐丞著） 2014.10

202 学歴主義と労働社会―高度成長と自営業の衰退がもたらしたもの（野村正実著） 2014.11

203 熟慮と討議の民主主義理論―直接民主制は代議制を乗り越えられるか（柳瀬昇著） 2015.2

204 中東秩序をめぐる現代トルコ外交―平和と安定の模索（今井宏平著） 2015.2

205 近代日本の労務供給請負業（西成田豊著） 2015.4

206 現場主義の国際比較―英独米日におけるエンジニアの形成（谷口明丈編） 2015.4

207 野党とは何か―組織改革と政権交代の比較政治（吉田徹編著） 2015.8

208 近世西海村の家族と地域性―歴史人口学から近代のはじまりを問う（中島満大著） 2016.3

209 二重の罠を超えて進む中国型資本主義―「曖昧な制度」の実証分析（加藤弘之、梶谷懐編著）2016.3

210 「労働力」の成立と現代市民社会（近代日本の歴史認識 2）（東条由紀彦編著） 2016.5

211 なぜ日本型統治システムは疲弊したのか―憲法学・政治学・行政学からのアプローチ（大石真監修、県公一郎、笠原英彦編著） 2016.6

Minerva21世紀ライブラリー ミネルヴァ書房
1992～2016 ⇒Ⅰ-369

90 西田哲学と田辺哲学の対決―場所の論理と弁証法（嶺秀樹著） 2012.9

91 連帯と共生―新たな文明への挑戦（津田直則著） 2014.2

92 近代日本哲学のなかの西田哲学―比較思想的考察（小坂国継著） 2016.9

目にやさしい大活字 smart publishing シーアンドアール研究所 2013～2016

◇ワクワク仕事チームを生み出す上司力（小林英二著） 2013.6

◇仕事で成功するたった1つのルール―人を喜ばせるために仕事をしなさい！（浜口直太著） 2013.6

◇運と縁を引き寄せるたった6つの習慣（臼井由妃著） 2013.6

◇デジタル時代のマナーとルール（イマジンプラス著） 2013.6

◇電気自動車は日本を救う（御堀直嗣著） 2013.12

◇太陽系惑星の謎を解く（池内了監修、渡部好恵著） 2013.12

◇カーナビの謎を解く―図解でウンチク（青砥浩史著） 2013.12

◇超伝導の謎を解く―図解でウンチク（村上雅人著） 2013.12

◇マンガでわかる「孫子の兵法」に学ぶビジネス戦略（矢野新一著、久井孝義漫画） 2013.12

◇マンガでわかるランチェスター戦略（矢野新一著、山吹あらら漫画） 2013.12

◇あのー、それは違法行為ですけど…―知らないうちにあなたは犯罪者？（牧野二郎著） 2013.12

◇セルフマーケティング―自分のポジションを"無理せず"高める実践術（中江哲夫著） 2013.12

◇なぜ、一番早く出社する人は出世するのか？―ランチェスター戦略的生き方人生を変える逆転打の発想術（矢野新一著） 2013.12

◇こんな社員になりなさい！（めざせ！ 仕事のプロ）（染谷和巳著） 2013.12

総記　　　　　　　　　　　　　　　　　　　　　　一般叢書・全集

◇大人論―劣化する日本人への警告（信田和宏著）
　2013.12
◇ソーシャル時代のハイブリッド読書術（倉下忠憲
　著）　2014.1
◇人の心を動かすリーダーの超チューニング力―
　相手の心の「やる気スイッチ」を科学するマネ
　ジメント（小林英二, 倉成央著）　2014.1
◇大人の流儀Facebook×Twitter×LINE（森嶋良
　子著）　2014.1
◇教えて伊藤先生！ 憲法改正って何？（伊藤真著）
　2014.1
◇なぜ、好きなものだけ食べてはいけないの？―
　服部幸応の食育読本（服部幸応著）　2014.3
◇スティーブ・ジョブズその波乱の生涯―COMICS
　（シーアンドアール研究所編著）　2014.3
◇仕事がつまらない君へ（小林英二著）　2014.3
◇「段取り力」を磨けば仕事は成功する！―めざ
　せ！ 仕事のプロ（高橋宗照著）　2014.3
◇モチベーションが上がるワクワク仕事術―めざ
　せ！ 仕事のプロ（小林英二著）　2014.3
◇「ひらめき」を生む発想術（宮永博史著）　2014.
　3
◇男が上がる！ 外見力（大森ひとみ著）　2014.3
◇モテる男の身だしなみ―今の時代、男もオシャ
　レをするのは当たり前。仕事も恋も、第一印象
　で勝負が決まる！（首藤真一良著）　2014.3
◇KDPではじめるセルフ・パブリッシング―資金
　0でできる個人出版！ あなたも作家になれる！
　（倉下忠憲著）　2015.1
◇SEOに効く！ Webサイトの文章作成術（ふくだ
　たみこ著, 鈴木将司監修）　2015.1
◇YouTube動画SEOで客を呼び込む（鈴木将司著）
　2015.1
◇EVERNOTE「超」仕事術（倉下忠憲著）　2015.
　1
◇EVERNOTE「超」知的生産術（倉下忠憲著）
◇クラウド「超」活用術―新時代のワークスタイ
　ル（北真也著）　2015.1
◇Toodledo「超」タスク管理術―クラウドがあなた
　の仕事を即効率化する（北真也, 佐々木正悟著）
　2015.1
◇Androidスマホ＆クラウド「超」仕事術（アキヅ
　キダイスケ著）　2015.1
◇クラウド時代のハイブリッド手帳術（倉下忠憲
　著）　2015.1

◇「できない人」の育て方辞めさせ方　新版（谷所
　健一郎著）　2016.2
◇人事のトラブル防ぎ方・対応の仕方（谷所健一郎
　著）　2016.2
◇「履歴書のウソ」の見抜き方調べ方（谷所健一郎
　著）　2016.2
◇できる人を見抜く面接官の技術（谷所健一郎著）
　2016.2
◇超電導リニアの謎を解く―SUPERサイエンス
　（村上雅人, 小林忍著）　2016.2
◇再就職できない中高年にならないための本―42
　歳以上のためのキャリア構築術（谷所健一郎著）
　2016.2

メメント選書　メメント・モリ・ショボー　2012
◇小さな二つの家物語（森美樹著）　2012.3
◇80歳からの胃癌（森美樹著）　2012.7

MOKU選書　MOKU出版　2011〜2016
◇救われ上手になる本―生活が楽しくなる仏教（浜
　野善祐著）　2011.5
◇本来の面目に生きる―自己とのめぐりあい（田名
　網泰禅著）　2011.8
◇遍照―いんげんさんの仏暮らし（桜井密厳著）
　2012.2
◇凡夫力―社会に飛び立つ君に伝えたいこと（松川
　聖業著）　2012.3
◇ありがとうの音色を響かせて（高橋こずえ著）
　2012.3
◇三峯、いのちの聖地（中山高嶺著）　2012.4
◇「群れ」の文化と「個」の確立―群れの文化史観
　序説（黒井英雄著）　2012.4
◇小中学校でリーダーを育てる―後輩たちへ、教
　師を目指す学生たちへ（加納玲子著）　2012.7
◇大丈夫か、日本人（坂田良仁著）　2012.7
◇随処作主（したがうところにしゅとなる）―三輪
　山広慶字四五〇年の行履に生きる（覚山俊雄著）
　2012.8
◇随流去―幸せに生きる禅の智慧（福島伸悦著）
　2012.10
◇閑酔―つれづれに祖国を懐う（船岡芳昭著）
　2013.3
◇小説バーナード・リーチ―chronology 富本・柳・
　浜田・河井（あいがわたけし著）　2013.3
◇おかげさまの風流―回り道の生き方（小林昭彦
　著）　2013.6
◇平気のこころ―たくましく生きるためのヒント

全集・叢書総目録 2011-2016　　439

一般叢書・全集　総記

（野口正見著）　2013.11
◇けじめのある子の育てかた―親子で楽しくなる（松宮千鶴子著）　2013.12
◇こころよく生きるための十六の智慧（佐藤宏道著）　2014.3
◇戦後教育からの脱却―教育現場から見えた戦後日本の真実（山桐博著）　2014.7
◇「自己」を学ぶ―生・死をつなぐ（松本晧一著）　2014.11
◇僕らがいちばん安心できる場所―東京多摩学園ものがたり（山下更正著, ふるさと福祉会監修）　2015.5
◇なんだ？ これは！―めいさい幼稚園はひみつきち（栗原広臣著）　2015.5
◇「さくら」の知恵―童謡「ぞうさん」に学ぶ道徳教育（関口純一著）　2015.6
◇二三ヶ丘に咲く花―自分色の花がひらく無限の可能性（鶴岡佐奈江著）　2015.7
◇やる気を引き出す力！―一教師の本気が中学校教育の源泉だ！（滝島薫著）　2016.3
◇とみせ幼稚園園長けいこ先生が教える生きる喜びを味わう「共育て保育」のコツ!!―「とみせ」は大自然とともにある心のふるさと幼稚園（水上慶子著）　2016.5

もりおか暮らし物語読本　もりおか暮らし物語読本刊行委員会, 盛岡出版コミュニティー　2010～2015
001　めん都もりおか（松田十刻著）　2010.12
002　文学のまち盛岡―追悼中津文彦さん（道又力編, 岩手の文学展実行委員会監修）　2012.6
003　演劇のまち盛岡―復活文士劇二十年の歩み（道又力編, 盛岡文士劇公演実行委員会監修）　2015.3

もりおか文庫　謙徳ビジネスパートナーズ　2016
◇26年2か月―啄木の生涯　改訂再刊（松田十刻著）　2016.10

もりおか文庫　盛岡出版コミュニティー　2010～2016
◇宮沢賢治愛のうた（沢口たまみ著）　2010.4
◇スコッチ・オデッセイ―1971黄金の特級時代を想う（盛岡スコッチハウス編著）　2011.1
◇スコッチ・オデッセイ―1971黄金の特級時代を想う　改訂版（盛岡スコッチハウス編著）　2012.7
◇スコッチ・オデッセイ―1971黄金の特級時代を

想う　新版（盛岡スコッチハウス編）　2014.10
◇原敬の180日間世界一周（松田十刻著）　2014.8
◇森荘已池ノート―新装再刊ふれあいの人々宮沢賢治（森荘已池著）　2016.8

mont-bell BOOKS　ネイチュアエンタープライズ　2014～2016
◇軌跡（辰野勇著）　2014.11
◇神々の山嶺（いただき）創作ノート（夢枕獏著）　2016.3
◇ナイル川を下ってみないか（野田知佑著）　2016.11

矢田俊文著作集　矢田俊文著　原書房　2014～2015
第1巻　石炭産業論　2014.7
第2巻［上］　地域構造論 上（理論編）　2015.2
第2巻［下］　地域構造論 下（分析編）　2015.7

柳瀬正夢全集　柳瀬正夢[著], 柳瀬正夢全集刊行委員会編　三人社　2013～2016
第1巻　2013.12
第2巻　2014.7
第3巻　2015.1
第4巻　2016.12

山渓カラー名鑑　山と渓谷社　1991～2011　⇒Ⅰ-372
◇日本の樹木　増補改訂新版/門田裕一/改訂版監修（林弥栄編・解説, 畔上能力, 菱山忠三郎解説）　2011.12
◇日本のきのこ　増補改訂新版/保坂健太郎, 細矢剛, 長沢栄史/監修（今関六也, 大谷吉雄, 本郷次雄編・解説）　2011.12

有斐閣双書Keyword　有斐閣　2011～2016　⇒Ⅰ-373
◇観光学キーワード（Keyword series）（山下晋司編）　2011.6
◇現代哲学キーワード（KEYWORD SERIES）（野家啓一, 門脇俊介編）　2016.1

有隣新書　有隣堂　1976～2016　⇒Ⅰ-373
68　川崎・たちばなの古代史―寺院・郡衙・古墳から探る（村田文夫著）　2010.12
69　米軍基地と神奈川（栗原尚弥編著）　2011.12
70　横浜の戦国武士たち（下山治久著）　2012.8
71　首都圏の地震と神奈川（神沼克伊著）　2012.9

72 三渓園の建築と原三渓（西和夫著） 2012.11

73 戦国大名北条氏―合戦・外交・領国支配の実像（下山治久著） 2014.3

74 湘南C-X物語―新しいまちづくりの試み（菅孝能, 長瀬光市著） 2014.6

75 日本海の拡大と伊豆弧の衝突―神奈川の大地の生い立ち（藤岡換太郎, 平田大二編著） 2014.12

76 浦賀奉行所（西川武臣著） 2015.3

77 日本史のなかの横浜（五味文彦著） 2015.8

78 相模湾深海の八景―知られざる世界を探る（藤岡換太郎著） 2016.6

YUBISASHI羅針盤プレミアムシリーズ 情報センター出版局 2011

◇拝啓 大阪府知事橋下徹様―あなたは日本を変えてくれますか？（倉田薫著） 2011.8

2-01 日本海から希望が見える―若者よ、くじけるな！ 十年後のための日本人の境気（沼田憲男著） 2011.4

3-01 放射線被ばく危険度チェック―放射線汚染国で生き残るための105の知恵（具然和著） 2011.11

4-01 「ゴッホ」にいつまでだまされ続けるのか―はじめてのゴッホ贋作入門（小林英樹著） 2011.7

5-01 がん患者はがんでは死なない（チェ・イルボン著, 舘野哲訳） 2011.7

ゆまに学芸選書ULULA ゆまに書房 2010～2014

1 松平定信の生涯と芸術（磯崎康彦著） 2010.10

2 新・倭館―鎖国時代の日本人町（田代和生著） 2011.9

3 江戸尾張文人交流録―芭蕉・宣長・馬琴・北斎・一九（青木健著） 2011.9

4 富豪への道と美術コレクション―維新後の事業家・文化人の軌跡（志村和次郎著） 2011.10

5 東京満蒙開拓団（東京の満蒙開拓団を知る会著） 2012.9

6 菊と葵―後水尾天皇と徳川三代の相克（田中剛著） 2012.9

7 江戸のヒットメーカー―歌舞伎作者・鶴屋南北の足跡（津川安男著） 2012.11

8 江戸遊女紀聞―売女とは呼ばせない（渡辺憲司著） 2013.1

9 美術のポリティクス―「工芸」の成り立ちを焦点として（北沢憲昭著） 2013.7

10 我、遠遊の志あり―笹森儀助風霜録（松田修一著） 2014.4

11 ユダヤ人と大衆文化（堀邦維著） 2014.4

ユーラシア選書 東洋書店 2006～2012 ⇒Ⅰ-374

16 フロイトとドストエフスキイ―精神分析とロシア文化（岩本和久著） 2010.8

17 ガスパイプラインとロシア―ガスプロムの世界戦略（酒井明司著） 2010.8

18 トルストイ大地の作家（糸川紘一著） 2012.6

ユーラシア・ブックレット ユーラシア研究所編 東洋書店 2000～2015 ⇒Ⅰ-374

no.151 漱石と「露西亜の小説」（大木昭男［著］） 2010.6

no.152 BRICs経済図説（吉井昌彦, 西島章次, 加藤弘之, 佐藤隆広［著］） 2010.6

no.153 ロシアの旧秘密都市（片桐俊浩［著］） 2010.6

no.154 チェブラーシカ（佐藤千登勢［著］） 2010.6

no.155 トルコから見たユーラシア―経済連携を中心に（長場紘［著］） 2010.6

no.156 司馬遼太郎とロシア（高橋誠一郎［著］） 2010.10

no.157 一九世紀ロシアと作家ガルシン―暗殺とテロルのあとで（大山麻稀子［著］） 2010.10

no.158 トルストイ・クロニクル―生涯と活動（藤沼貴［著］） 2010.10

no.159 新ロシア経済図説（岡田進［著］） 2010.10

no.160 南東欧（バルカン）経済図説（小山洋司［著］） 2010.10

no.161 シベリア野鳥紀行（福田俊司［著］） 2011.4

no.162 変わるロシアの教育（岩崎正吾, 関啓子［著］） 2011.4

no.163 ロシア語セカンドステップ vol.2 名詞の変化マスター（源貴志［著］） 2011.4

no.164 皇帝たちのサンクト・ペテルブルグ―ロマノフ家名跡案内（宇多文雄［著］） 2011.4

no.165 ロシアン・ビューティー―ビジネス体験から覗いた美の世界（中尾ちあこ［著］） 2011.4

no.166 ロシア軍は生まれ変われるか（小泉悠

一般叢書・全集　　　　　　　　　　　　　　　　　　　　　　総記

［著］）　2011.10

no.167　ロシアの人口問題―人が減りつづける社会（雲和広［著］）　2011.10

no.168　アレンスキー―忘れられた天才作曲家（高橋健一郎［著］）　2011.10

no.169　ニコライ堂小史―ロシア正教受容150年をたどる（長縄光男［著］）　2011.10

no.170　ウクライナ・ベラルーシ・モルドバ経済図説（服部倫卓［著］）　2011.10

no.171　コーカサス―戦争と平和の狭間にある地域（富樫耕介［著］）　2012.4

no.172　美味しい中央アジア―食と歴史の旅（先崎将弘［著］）　2012.4

no.173　原子力大国ロシア―秘密都市・チェルノブイリ・原発ビジネス（藤井晴雄, 西条泰博［著］）　2012.4

no.174　スターリンの赤軍粛清―統帥部全滅の謎を追う（平井友義［著］）　2012.4

no.175　北方領土問題―論点整理（石郷岡建［著］）　2012.4

no.176　暮らしの中のロシア・イコン（中沢敦夫, 宮崎衣澄［著］）　2012.10

no.177　ニコライ堂と日本の正教聖堂（池田雅史［著］）　2012.10

no.178　コムソモリスク第二収容所―日ソの証言が語るシベリア抑留の実像（富田武編著）　2012.10

no.179　ロシアの自動車市場―激戦区のゆくえ（坂口泉, 富山栄子［著］）　2012.10

no.180　ラフマニノフ―明らかになる素顔（一柳富美子［著］）　2012.10

no.181　ミステリとしての『カラマーゾフの兄弟』―スメルジャコフは犯人か？（高野史緒［著］）　2013.5

no.182　二一世紀ロシア小説はどこへ行く―最新ロシア文学案内（ボリス・ラーニン, 貝沢哉［著］）　2013.5

no.183　日本文学ロシア人はどう読んでいるか（坂庭淳史［著］）　2013.5

no.184　令嬢たちの知的生活―十八世紀ロシアの出版と読書（中神美砂［著］）　2013.5

no.185　住宅貧乏都市モスクワ（道上真有［著］）　2013.5

no.186　千島はだれのものか―先住民・日本人・ロシア人（黒岩幸子［著］）　2013.12

no.187　日本はロシアのエネルギーをどう使うか

（本村真澄［著］）　2013.12

no.188　ウクライナに抑留された日本人（O.ポトィリチャク, V.カルポフ, 竹内高明著, 長勢了治編訳）　2013.12

no.189　ロシア・フィギュアスケートのたのしみ（長谷川仁美文）　2013.12

no.190　美しすぎるロシア人コスプレイヤー―モスクワアニメ文化事情（西田裕希［著］）　2013.12

no.191　ロシアとユダヤ人―苦悩の歴史と現在（高尾千津子［著］）　2014.5

no.192　ロシアで生きる―ソ連解体と女性たち（五十嵐徳子［著］）　2014.5

no.193　北太平洋世界とアラスカ毛皮交易―ロシア・アメリカ会社の人びと（森永貴子［著］）　2014.5

no.194　ハンガリー経済図説（田中宏［著］）　2014.5

no.195　国際兵器市場とロシア（山添博史［著］）　2014.5

196　黒沢明と「デルス・ウザーラ」（ウラジーミル・ワシーリエフ著, 池田正弘訳）　2015.2

197　チェコ・スロバキア経済図説（池本修一, 松沢祐介著）　2015.2

198　母なるヴォルガ―ロシア史をたどる川旅（村井淳著）　2015.2

199　ソローキンとペレーヴィン―対話する二つの個性（ボリス・ラーニン, 貝沢哉著）　2015.2

200　知られざる日露国境を歩く―樺太・択捉・北千島に刻まれた歴史（相原秀起著）　2015.2

YOMIURI SPECIAL　読売新聞東京本社　2010〜2016

49　就職に強い大学　2011年版　2010.7

50　勝ち組になる！大学・大学院ガイド　2011年版　2010.8

51　中高一貫校の実力―中学受験を目指すママとパパのための学校＆塾ガイド（読売新聞教育支援部編）　2010.10

52　箱根駅伝ガイド決定版　2011（読売新聞社編）　2010.12

53　病院の実力　2011　がんに克つ（読売新聞医療情報部編）　2010.12

56　病院の実力　2011　総合編（読売新聞医療情報部編）　2011.2

58　青春グラフィティー―同窓会コンサート　2011.7

総記　　　　　　　　　　　　　　　　　　　　　　　　　　　一般叢書・全集

59　就職に強い大学　2012　2011.7

60　中学受験合格ガイド―最強の進学塾選び・最適の学校選び・最新の情報＆アドバイス　2012（読売新聞教育支援部編）　2011.7

62　病院の実力　51歳からの気になる病気（読売新聞医療情報部編）　2011.11

63　箱根駅伝ガイド決定版　2012（読売新聞社編）　2011.12

65　病院の実力　2012 総合編（読売新聞医療情報部編）　2012.2

67　就職に強い大学　2013　2012.7

68　中学受験ガイド　2013　最新情報が満載！ 学校選び・塾選びはこの一冊から（読売新聞教育支援部編）　2012.7

69　圧勝V原巨人―全員野球で奪回！（読売巨人軍監修）　2012.10

70　病院の実力―こころ・ストレス・認知症（読売新聞医療情報部編）　2012.10

71　日本一！ 原巨人―完全制覇!!（読売巨人軍監修）　2012.11

72　箱根駅伝ガイド決定版　2013（読売新聞社編）　2012.12

73　病院の実力　2013総合編（読売新聞医療情報部編）　2013.2

75　学習院大学の就職力。―学習院TIMES Special Edition　2013.7

76　就職に強い大学　2014　2013.7

77　中学受験ガイド　2014　最新情報が満載！ 学校選び・塾選びに最適な一冊（読売新聞学事支援部編）　2013.7

78　病院の実力―女性の病気、子どもの病気（読売新聞医療部編）　2013.10

79　V2原巨人―進化した全員野球で圧巻連覇！（読売巨人軍監修）　2013.10

81　箱根駅伝ガイド決定版　2014（読売新聞社編）　2013.12

82　病院の実力　2014総合編（読売新聞医療部編）　2014.2

84　受けたい医療101―新しい治療 体にやさしい治療（読売新聞医療部編）　2014.6

85　就職に強い大学　2015　2014.7

86　中学受験ガイド　2015　必読情報が満載！ 学校選び・塾選びはこの一冊から（読売新聞学事支援部編）　2014.7

87　V3原巨人―驚異の総合力で3連覇！ 2014 YOMIURI GIANTS（読売巨人軍監修）　2014.10

88　病院の実力―腰・首・足・関節の治療（読売新聞医療部編）　2014.10

90　箱根駅伝ガイド決定版　2015（読売新聞社編）　2014.12

91　病院の実力　2015総合編（読売新聞医療部編）　2015.2

93　中学受験ガイド　2016　大学入試改革も見据えた学校選び・塾選び情報満載（読売新聞教育ネットワーク事務局編）　2015.7

95　病院の実力―夫婦で考える病気（読売新聞医療部編）　2015.11

97　箱根駅伝ガイド決定版　2016（読売新聞社編）　2015.12

98　病院の実力　2016総合編（読売新聞医療部編）　2016.2

101　熊本地震―読売新聞特別縮刷版 カラー版 2016年4月15日付～4月27日付読売新聞西部本社版　2016.5

102　中学受験ガイド　2017　学校選び・塾選びの決定版！ この1冊で準備万端！（読売新聞教育ネットワーク事務局編）　2016.7

103　病院の実力―目・耳・鼻の病気（読売新聞医療部編）　2016.11

105　箱根駅伝ガイド決定版　2017（読売新聞社編）　2016.12

40分でわかる！ シリーズ　双葉社　2015

◇健康診断の○と×（大竹真一郎監修, レッカ社編著）　2015.6

◇知って得する値段のカラクリ（洞口勝人監修, レッカ社編著）　2015.7

◇とにかく得するすごい心理学（斉藤勇監修, レッカ社編著）　2015.9

らくらく本　講談社　2013～2015

◇寅さんの伝言―朝日新聞版 マドンナから山田洋次監督まで “寅さん関係者” インタビュー集大成（小泉信一著）　2013.6

◇富士鉄―世界遺産・富士山と列車を撮る週末ぶらり旅（佐々倉実撮影・文）　2013.6

◇あなたの “がんリスク” を確実に減らす本（寺本研一著）　2013.8

◇超高速！ 参勤交代（土橋章宏著）　2013.9

◇志茂田式ぐるぐるフィットネス―魅せるカラダ、魅せる心の作り方（志茂田景樹著）　2013.9

◇お宝貨幣なんでも読本―開運！ ホンモノの寛永

全集・叢書総目録 2011-2016　443

一般叢書・全集　　　　　　　　　　　　　　　　　　　　　　総記

通宝つき おかねの歴史からコインの鑑定、収集情報まで（竹内俊夫著）　2013.11

◇OVER60―60歳からはじめる愛と青春（アダム徳永著）　2013.11

◇京都の闇―本当は怖い「平安京」観光案内（関裕二著）　2013.11

◇医者に手抜きされて死なないための患者力（増田美加著）　2014.11

◇超高速！参勤交代 老中の逆襲―THE RETURN OF ROJU（土橋章宏著）　2015.9

ラピュータブックス　ラピュータ　2009～2015
⇒Ｖ-202

◇子どものスポーツ障害とリハビリテーション―重症度に応じたリハビリ・プログラムを病態別に紹介（か・ら・だシリーズ）（小山郁著）　2010.4

◇クロモリ自転車の組み立てと調整―いま手に入る部品でつくるロードとランドナー（マンツーマンシリーズ）（大前仁著）　2010.5

◇奇跡の住まい―自然素材で健康的な家をローコストで建てる（横田満康著）　2010.6

◇大人の自転車ツーリング―自転車を、旅を、もっともっと愉しむために（マンツーマンシリーズ）（門岡淳著）　2010.7

◇子どもたちよ、冒険しよう―生きる力は、旅することからわいてくる（三輪主彦、丸山純、中山嘉太郎、坪井伸吾、埜口保男著）　2010.7

◇自転車でどこまでも走る―千葉から直江津へ、自分の限界に挑む400kmロングライド（のぐちやすお著）　2010.9

◇小径車の愉しみ方―和田サイクルおすすめ（和田良夫著）　2010.10

◇現場で役立つ子どもの栄養学入門―食育からスポーツ栄養までの基本50講（か・ら・だシリーズ）（柳川昌彦、土屋美穂著）　2011.2

◇世界一周バイクの旅十五万キロ―アフリカ・中東編（坪井伸吾著）　2011.9

◇ロスからニューヨーク走り旅―北米大陸横断単独マラソン5393km（坪井伸吾著）　2012.5

◇ブラックアジア―売春地帯をさまよい歩いた日々 第1部 カンボジア・タイ編（鈴木傾城著）　2013.11

◇末期ガンからの生還―あきらめない！生死をわけた名医との出会い（高田裕一著）　2014.4

◇ブラックアジア インド番外編 絶対貧困の光景―夢見ることを許されない女たち（鈴木傾城著）　2014.6

◇老犬ものがたり―まいにちがシアワセ記念日 フォトエッセイ（ホタパパ著）　2014.11

◇間違いだらけの「日本」の家づくり（加藤伯欧著）　2014.12

◇ブラックアジア インドネシア辺境編 堕ちた女の棲む孤島（鈴木傾城著）　2014.12

◇ブラックアジア 第2部 タイ〈パタヤ〉編―いいヤツは天国へ逝く、ワルはパタヤへ行く（鈴木傾城著）　2015.5

◇漫遊役者東野英治郎―昭和芸能「情と葛藤」の人生（LJライブラリー 1）（東野英心著）　2015.7

◇決定版！30年史「海外ツーリング」読本―夢とバイクは国境を越える 1985～2015（ワールド・ツーリング・ネットワーク・ジャパン編著）　2015.8

L'ami叢書　編集ラミ　2015

◇女（根本順善著）　2015.3

◇友よ、戦争をしない世界を創ろう！（桃山直太郎著）　2015.4

◇冬の花火―2015昭和懺悔の記（根本順善著）　2015.8

らんぷの本　河出書房新社　2000～2016
⇒Ｖ-22

◇昭和の家事―母たちのくらし（小泉和子著）　2010.11

◇作家と温泉―お湯から生まれた27の文学（草彅洋平編）　2011.1

◇藤田ミラノ―ヨーロッパに花開いた日本の抒情（Mascot）（藤田ミラノ著、中村圭子編）　2011.3

◇消えゆく同潤会アパートメント―同潤会が描いた都市の住まい・江戸川アパートメント 新装版（橋本文隆、内田青蔵、大月敏雄編、兼平雄樹写真）　2011.4

◇竹久夢二―大正モダン・デザインブック（Mascot）新装版（石川桂子、谷口朋子編）　2011.5

◇昭和モダンキモノ―抒情画に学ぶ着こなし術（Mascot）新装版（弥生美術館、中村圭子編）　2011.6

◇夢みる頃をすぎても―Sweet Time（Mascot）（高柳佐知子著）　2011.7

◇東北のアルバム―ふるさとの記憶（小野幹写真）　2011.8

◇中原淳一―少女雑誌『ひまわり』の時代（Mascot）

（内田静枝編, ひまわりや監修） 2011.9

◇昭和のくらし博物館　新装版（小泉和子文, 田村祥男写真） 2011.9

◇大人の東京散歩―消えた風景を訪ねる（鈴木伸子文, 加藤嶺夫写真） 2011.10

◇お屋敷散歩（内田青蔵文, 小野吉彦写真） 2011.11

◇高畠華宵―大正・昭和★レトロビューティー（Mascot）　新装版（松本品子編） 2011.12

◇昭和美少年手帖（Mascot）　新装版（中村圭子編） 2012.1

◇昭和路地裏大博覧会　新装版（市橋芳則著） 2012.1

◇女中がいた昭和（小泉和子編） 2012.2

◇鈴木悦郎―詩と音楽の童画家（Mascot）（鈴木悦郎［画・述］, 野崎泉編） 2012.2

◇ケイト・グリーナウェイ―ヴィクトリア朝を描いた絵本作家（Mascot）（川端有子編著） 2012.3

◇日本の「かわいい」図鑑―ファンシー・グッズの100年（mascot）（中村圭子編） 2012.4

◇怪獣博士！ 大伴昌司「大図解」画報（mascot）（堀江あき子編） 2012.6

◇田村セツコ―HAPPYをつむぐイラストレーター（mascot）（田村セツコ著, 内田静枝編） 2012.10

◇モダンガール大図鑑―大正・昭和のおしゃれ女子（mascot）（生田誠著） 2012.11

◇魔性の女挿絵集（イラストレーション）―大正～昭和初期の文学に登場した妖艶な悪女たち（mascot）（中村圭子編著） 2013.3

◇少女たちの昭和（小泉和子編） 2013.6

◇絵ごよみ昭和のくらし―母たちが子どもだったころ（mascot）（亀井三恵子著） 2013.8

◇小林かいち―乙女デコ・京都モダンのデザイナー（mascot）（生田誠, 石川桂子著） 2013.9

◇佐々木マキ―アナーキーなナンセンス詩人（mascot）（佐々木マキ, 小原央明編） 2013.10

◇井上洋介図鑑―漫画、タブロー、絵本……奇想天外な表現世界（mascot）（井上洋介著, 松本育子編） 2013.12

◇伊ండ彦造―降臨！ 神業絵師（mascot）（松本品子, 三谷薫編） 2013.12

◇蕗谷虹児　新装版（蕗谷虹児著） 2013.12

◇村岡花子の世界―赤毛のアンとともに生きて（mascot）（村岡恵理監修, 内田静枝編） 2014.4

◇武井武雄―イルフの王様（mascot）（イルフ童画館編著） 2014.5

◇藤井千秋―爽やかに清らかに。エレガントな抒情世界（mascot）（松本育子編） 2014.9

◇高荷義之―鋼の超絶技巧画報 TAKANI ART WORKS（mascot）（高荷義之著, 堀江あき子編） 2014.10

◇昭和少年SF大図鑑―昭和20～40年代僕らの未来予想図（mascot）　新装版（堀江あき子編） 2014.10

◇昭和の結婚（小泉和子編） 2014.11

◇女学生手帖―大正・昭和乙女らいふ（mascot）　新装版（弥生美術館, 内田静枝編） 2014.12

◇女流作家のモダン東京―花子と白蓮が歩いた街（mascot）（生田誠編著） 2015.1

◇水森亜土（mascot）　新装版（水森亜土著, 内田静枝編） 2015.2

◇橘小夢―幻の画家謎の生涯を解く（mascot）（加藤宏明, 加藤千鶴監修, 中村圭子編） 2015.3

◇森本美由紀―女の子の憧れを描いたファッションイラストレーター（mascot）（内田静枝編） 2015.6

◇昭和の家事―母たちのくらし　新装版（小泉和子著） 2015.7

◇陸奥A子―『りぼん』おとめチック・ワールド（mascot）（陸奥A子著, 外舘恵子編） 2015.9

◇内藤ルネ―少女たちのカリスマ・アーティスト Miracle Lovely！ Forever New!!（mascot）　増補新装版（内藤ルネ著） 2015.10

◇谷崎潤一郎文学の着物を見る―耽美・華麗・悪魔主義（mascot）（大野らふ, 中村圭子編著） 2016.3

◇昭和なくらし方―電気に頼らない、買わない・捨てない、始末のよいくらし（小泉和子著） 2016.6

River books　リヴァープレス社　2011～2012

◇森の呟き―木漏れ日の、光の路を辿れば。（村井宏著） 2011.6

◇道野辺に、添うて歩けば。―重石晃子エッセイ＆画集（重石晃子著） 2011.11

◇旅立ちのカルテ。―理想の在宅ホスピスケア実現に向けて。（及川優著） 2012.7

竜ブックス　竜王文庫　2011～2015

◇ハピネス心理学―私の人生にミラクルを起こした（宮崎英二, 上村ひでみ♪エリザベス♪監修・

編著）2011.8

◇女性のための2輪のヨーガのススメ—A（ヨーガ）+B□（藤崎麻里著）2014.10

◇碁の方程式　原論編　強くなるための囲碁理論—対局ソフトからわかった囲碁のゲーム理論（越田正常著）2015.11

リュウ・ブックスアステ新書　経済界　2002〜
2010 ⇒Ⅰ-381

099　恋話術—愛しの彼に「好き」と言わせる（野口敏, 梶村操共著）2010.11

100　読むだけで人生が変わるたった一つの方法—伊勢白山道Q&A事典（リーマンさん著）2010.12

101　帝国ホテルサービスの真髄（国友隆一著）2010.11

102　どうして、国を守らなければいけないの？（滝沢中著）2010.12

103　育毛セラピー—読めば読むほどフサフサになる　いつまでもハゲと思うなよ（鈴木拓也著）2010.12

リンダパブリッシャーズの本　泰文堂　2015〜
2016

◇クックパッドダイエット手帳　2015-2016（クックパッドダイエットラボ著）2015.1

◇99のなみだ・春（涙がこころを癒す短篇小説集）（リンダパブリッシャーズ編集部編著）2015.2

◇世界は犬たちの愛に満ちている。（松丸さとみ著）2015.2

◇国選ペテン師千住庸介（城山真一著）2015.2

◇さよなら歌舞伎町（荒井晴彦, 中野太原作, 相田冬二小説）2015.2

◇栃木の法則（栃木の法則研究委員会編）2015.2

◇福島の法則（福島の法則研究委員会編）2015.2

◇青森の法則（青森の法則研究委員会編）2015.2

◇萌猫（もえにゃん）（五十嵐健太著）2015.2

◇うちねこ（おしたりぬこ著）2015.2

◇ふともも写真館（ゆりあ著）2015.3

◇幸運は不運のあとにやってくる（植西聡著）2015.3

◇あなたってよく見るとドブネズミみたいな顔してるわね（SYUPRO-DX原作, 横田純小説）2015.3

◇ねこ書店（ささくまこ著）2015.3

◇富山の法則（富山の法則研究委員会編）2015.3

◇滋賀の法則（滋賀の法則研究委員会編）2015.3

◇三重の法則（三重の法則研究委員会編）2015.3

◇ねこマガジン　vol.1（中山祥代著）2015.3

◇千葉を斬る（小川隆行著）2015.4

◇鹿児島の法則（鹿児島の法則研究委員会編）2015.4

◇泣ける！　北海道（リンダパブリッシャーズ編集部編）2015.4

◇99のありがとう・桜—日本中から寄せられた20の感動物語（谷口雅美編著）2015.4

◇チームワークは奇跡を起こす。（中昌子著）2015.4

◇40歳からの営業マンがやるべきこと絶対にやってはいけないこと（菊原智明著）2015.4

◇気くばりの教科書—その気くばりが職場を劇的に変える（笹西真理著）2015.4

◇99のなみだ・夏（涙がこころを癒す短篇小説集）（リンダパブリッシャーズ編集部編著）2015.4

◇日本一わかりやすいアドラー心理学入門（谷口のりこ, 土居一江著）2015.4

◇99のなみだ—本当にあったこころを癒す10の物語　第6夜（リンダパブリッシャーズ編集部編著）2015.4

◇うらばなし。—うらちゃんの365日（JOE著）2015.5

◇何の因果か、漫画オタ外人と結婚してしまった。（ムッキーwith J著）2015.5

◇自分史上最高の美肌づくり—間違いだらけの化粧品選び（かずのすけ著）2015.5

◇金沢の法則（金沢の法則研究委員会編）2015.5

◇本当のサービスって何だろう？（横田純編著）2015.5

◇上司が熱く語るほど部下がドン引きするワケ（吉田こうじ著）2015.5

◇3000倍、引き寄せる。—すべての願いはかなうようにできている。（ミナミAアシュタール著）2015.5

◇100%仕事のミスをなくす技術—図解でひと目でわかる　基本編（新井こず枝著）2015.5

◇高卒OLが独学でTOEICで800点取って英語がペラペラになった勉強法（白石真由著）2015.6

◇幸せになる勇気—超訳マザー・テレサ（もりたまみ著）2015.6

◇覚悟のコツ—ブレずに潔く、気持ちよく生きる9つのコツ（植西聡著）2015.6

◇茨城の法則（茨城の法則研究委員会編）2015.6

◇おやこぐらし。（まえだゆずこ著）2015.6

総記　　　　　　　　　　　　　　　　　　　　　　　　　　　　　　　　　　　　一般叢書・全集

◇1年で20キロやせた私が見つけた月1断食ダイエット（尾山奈央著）　2015.6

◇99のなみだ―本当にあったこころを癒す10の物語　第4夜　ポケット版（リンダパブリッシャーズ編集部著）　2015.6

◇100％仕事のミスをなくす技術―図解でひと目でわかる　コミュニケーション編（新井こず枝著）　2015.6

◇驚くほど肌がきれいになるベストレシピ100―スキンケア大学 スキンケア大学の管理栄養士が選ぶ美肌レシピランキング（リッチメディア著）　2015.7

◇冷凍するだけ極うまレシピ110（しらいしやすこ著）　2015.7

◇犬のコント（松下アキラ［著］）　2015.7

◇だからハルキはこの世界から消えることにした（紺野理々著）　2015.7

◇キャットショップあいざわの奇跡（梅原満知子著）　2015.7

◇マンガでわかるみるみる運気があがる本（富士川碧砂著, アラキノゾミ作画）　2015.7

◇マンガでわかる道民も知らない北海道（山吹たくの著）　2015.7

◇この猫（こ）に会えて本当によかった。（小栗也絵著）　2015.8

◇3年でトヨタを卒業。貯金もゼロ、人脈もゼロ。そんな私が自分の会社をつくることになった話。（藤嶋京子著）　2015.8

◇あなたが太るのは全部、ダイエットのせい（たかぎりょうこ著）　2015.8

◇マンガでわかる引き寄せの法則（山川紘矢監修, 蛭田直美原作, 長谷川梢作画）　2015.8

◇世界でいちばんうれしい言葉（めしょん著）　2015.8

◇親の家は片づけるな。（岡田敏子著）　2015.8

◇僕と父ちゃんと執行猶予（蘭佳代子著）　2015.8

◇岡山の新常識（岡山の新常識研究委員会編）　2015.8

◇郵便局使い倒し手帳（新田恵子著）　2015.8

◇99のなみだ・秋（涙がこころを癒す短篇小説集）（リンダパブリッシャーズ編集部編著）　2015.8

◇マンガでよくわかる美しい大和言葉（沢木つま原作, 葛岡容子漫画）　2015.8

◇スピリチュアル星占い　2016年（富士川碧砂著）　2015.8

◇ネット風俗嬢（中山美里著）　2015.9

◇99のありがとう・雨―日本中から寄せられた20の感動物語（谷口雅美編著）　2015.9

◇99のありがとう―日本中から寄せられた21の感動物語　ポケット版（谷口雅美編著）　2015.9

◇陰陽占術　平成28年（橋本京明著）　2015.9

◇埼玉の法則（埼玉の法則研究委員会編）　2015.10

◇愛犬のなみだ―本当にあった犬とわたしの愛情物語（リンダパブリッシャーズ編集部著）　2015.10

◇なぜ彼は、コインランドリー投資を選んだのか？（三原淳著）　2015.10

◇生前父は（竹之内響介著）　2015.10

◇幸福の科学（秋谷航平著）　2015.10

◇交番の夜　ポケット版（名取佐和子著）　2015.10

◇ニューヨーク流美しく生きる100の言葉（珠咲りんこ著）　2015.10

◇1分間セラピー―ストレスからあなたを守る48の方法（松本幸夫著）　2015.10

◇言葉にできない悲しみ（リンダパブリッシャーズ編集部編）　2015.10

◇40歳オーバーでニート状態だったぼくが初めてTOEICを受けていきなり930点取って人生を劇的に変えた、効果絶大な英語勉強法（春名久史著）　2015.10

◇マンガでわかるいつもうまくいく人の習慣（笹西真理監修, 珠希けい原作, スルメ王子作画）　2015.10

◇マンガでわかるあがらない技術（鋤谷亜弥監修, 谷口雅美原作, 林りえ作画）　2015.10

◇IKKOのちょっと開運（IKKO著）　2015.11

◇がんばるな―あなたは今のままで素晴らしい（だからこそ@神戸［著］）　2015.11

◇ボケないのは、どっち？（米山公啓著）　2015.11

◇がんにならないのは、どっち？―決定版（狭間研至著）　2015.11

◇他人（ひと）の引き寄せ体験ほど役に立つものはない。―3000倍、引き寄せる。2（ミナミAアシュタール著）　2015.11

◇マンガでわかる雑談力があがる本（鋤谷亜弥監修, 青木健生原作, かわじ作画）　2015.11

◇チャンスの法則―ネガティブな感情をチャンスに変える77の方法（大林素子著）　2015.11

◇ジュニア99のなみだ（リンダパブリッシャーズ編集部編）　2015.11

◇マラバ・テマルとの十四日間（山田明著）　2015.12

全集・叢書総目録 2011-2016　　447

一般叢書・全集

◇集中力の磨き方―「真の実力」を発揮するための95のコツ(植西聡著) 2015.12

◇フランス流華麗に生きる100の言葉(珠咲りんこ著) 2015.12

◇すぐに思い出す技術(米山公啓著) 2015.12

◇田中角栄明日を生き抜く365日の言葉(津田太愚編著) 2015.12

◇人生はパンダが教えてくれる―あなたを幸せに導くパンダからのメッセージ(蛭田直美著) 2015.12

◇人生を愛する勇気―世界の偉人たち101の言葉(もりたまみ著) 2015.12

◇泣ける犬の話―いちしっぽ(松丸さとみ著) 2016.1

◇自分を信じる勇気―超訳モーツァルト(天乃聖樹著) 2016.1

◇レシピブログみんながよろこぶ人気レシピ99―レシピブログの人気コーナーよろこばレシピが本になりました!(リンダパブリッシャーズ編集部編著) 2016.1

◇99のなみだ・冬(涙がこころを癒す短篇小説集)(リンダパブリッシャーズ編集部編著) 2016.1

◇マンガでわかるはじめての片付け―リバウンドしない片付けなんてありません!(岡田敏子監修, 白石マミ原作, 此林ミサ作画) 2016.1

◇もしもディズニーの卒業生がレストランを開いたら(香取貴信原作, 水元あきつぐ漫画監修, 小山高志郎作画) 2016.1

◇マンガでわかる1分間勉強法(石井貴士原作, 希世鳥ぷこ作画, 松崎玲シナリオ) 2016.1

◇マンガでよくわかる敬語入門(瀬戸矢まりの監修, 青木健生原作, 葛岡容子作画) 2016.1

◇大空では毎日、奇蹟が起きている。 ポケット版(リンダパブリッシャーズ編集部著) 2016.1

◇今すぐ20歳若返る!―40代以上の9割が知らずに損しています!すぐに若くなる50の習慣大公開(南雲吉則著) 2016.2

◇引き寄せの女神様が我が家にやってきたのはマジうれしいけど、なんだかS気味なのが気になる件(フォルトゥナ・オケアニス著, リンダパブリッシャーズ企画・編集) 2016.2

◇ようこそ、日本人の知らない日本へ(春名久史著) 2016.2

◇もしも人生を2回送ることができたなら?―幸せの扉を開くサトリの教え(はらいかわてつや著) 2016.3

◇あなたがいい。超訳手塚治虫―勇気をくれる51の言葉(おかのきんや著) 2016.3

◇ちきぽんの朝ラクべんとう(中原美香子著) 2016.3

◇アレルギー性鼻炎は輪ゴム1本でよくなる(田川直樹, おかのきんや著) 2016.3

◇高3秋まで部活バカだったのに早稲田に合格したケイコと模試でE判定しか取れなかったのに慶応に合格したマナブが痛感した、現役合格するためにいちばん大切なのに、99%の受験生がギリギリまで気づかないこと。(早大生ケイコ, 慶大生マナブ著) 2016.3

◇優先順位の王様(松本幸夫著) 2016.3

◇私は私―超訳ココ・シャネル(山口路子著) 2016.3

◇孫子ノート―弱者の最高戦略書(根本浩著) 2016.3

◇それでもなお、人を愛しなさい。―マザー・テレサ愛の言葉(もりたまみ著) 2016.3

◇ふともも写真館 2(ゆりあ著) 2016.3

◇99のなみだ―本当にあったこころを癒す10の物語 第5夜 ポケット版(リンダパブリッシャーズ編集部著) 2016.3

◇神奈川の公式(神奈川の公式研究委員会編) 2016.4

◇99のありがとう・空―日本中から寄せられた21の感動物語(谷口雅美編著) 2016.4

◇すごい自己紹介―人も仕事もお金も引き寄せる(横川裕之著) 2016.4

◇野球の神様がぼくに勇気をくれた365日の言葉(木村成著) 2016.4

◇イギリス、日本、フランス、アメリカ、全部住んでみた私の結論。どこに行っても日本は大人気!(オティエ由美子著) 2016.5

◇99のなみだベストセレクション(リンダパブリッシャーズ編集部著) 2016.5

◇夢を叶えたいなら、その夢に「名前」をつければいいんです。(ミナミAアシュタール著) 2016.5

◇お母さんのなみだ(リンダパブリッシャーズ編集部編) 2016.6

◇99のありがとう・桜―日本中から寄せられた20の感動物語 ポケット版(谷口雅美編著) 2016.6

◇本気で始める人の株式投資の教科書。(丸山晴美, 戸松信博共著) 2016.6

◇北海道の法則デラックス(北海道の法則研究委員

総記　　　　　　　　　　　　　　　　　　　　一般叢書・全集

会編）　2016.6
◇マンガ版世界の大富豪2000人に学んだ成幸術　上
　人生を変える本（トニー野中原案・監修，蛭田直
　美原作，葛岡容子作画）　2016.6
◇アドラー365日の言葉（津田太愚編著）　2016.7

レグルス文庫　第三文明社　1971〜2014
　⇒Ⅰ-384
256　法華文句　3（［智顗］［説］，［灌頂］［記］，菅
　　　野博史訳註）　2010.12
257　法華文句　4（［智顗］［説］，［灌頂］［記］，菅
　　　野博史訳註）　2011.9
270　教育の世紀へ―親と教師に贈るメッセージ
　　　（池田大作著）　2011.3
271　トインビーとの対話―現代への挑戦・希望の
　　　道（吉沢五郎著）　2011.11
272　最澄と日蓮―法華経と国家へのアプローチ
　　　（小島信泰著）　2012.9
273　地球平和の政治学―日本の平和主義と安全保
　　　障（秋元大輔著）　2014.9

Y's BOOKS　ワイズファクトリー　2014〜
2015
◇ボケたくなければカレーを食べなさい―医者が
　教える「カレーが健康によい理由」（川嶋朗著）
　2014.12
◇『富岡日記』と世界遺産富岡製糸場を歩く心の
　旅（［和田英］［著］，足立裕編）　2015.4
◇超高齢社会が日本を変える！―医療と介護，住民
　をつなぐICTネットワーク（梅田智広著）　2015.
　10

わかっちゃう図解　新紀元社　2011〜2013
◇サムライ（サムライ研究会著）　2011.12
◇パワーストーン（草野巧著）　2011.12
◇遺伝子（都河明子著）　2013.7

「わかる！」本　「知っている…」が「わかる！」
　になる　メイツ出版　2010〜2016
◇戦国時代―群雄割拠の乱世を駆け抜けた英雄た
　ちの物語。（両洋歴史研究会著）　2010.5
◇世界の名画―名画にまつわるエピソードから巨
　匠たちの生涯まで。（大友義博監修）　2010.9
◇日本史＆世界史歴史年表―この一冊でテレビ・映
　画・小説がもっと楽しめる！ビジュアル版（カ
　ルチャーランド著）　2011.1
◇世界の不思議―地球上に存在する「謎」の数々
　と，そこに隠された秘密。（カルチャーランド著）

2011.10
◇日本の城―戦国〜幕末の歴史が刻まれた城郭を
　徹底解剖（城郭歴史研究会著）　2011.10
◇江戸の町と暮らしがわかる本―この一冊で時代
　小説・ドラマ・映画がもっと楽しめる！：ビジュ
　アル版（江戸歴史研究会著）　2011.12
◇日本歴史地図―この一冊でテレビ・映画・小説
　がもっと楽しめる！：ビジュアル版（カルチャー
　ランド著）　2012.2
◇写真で見る三国志―英雄たちの足跡（藤井勝彦
　著）　2012.6
◇御朱印見かた・楽しみかた―神社・お寺がもっとわ
　かる，もっと楽しくなる！（八木透監修）　2012.
　7
◇この一冊でわかる！図解世界の歴史―ビジュア
　ル版（カルチャーランド著）　2012.7
◇京都歴史地図―この一冊で小説・ドラマがもっ
　と楽しめる！：平安から幕末までの歴史がわか
　る！：ビジュアル版（両洋歴史研究会著）　2012.
　9
◇本当のイヌのきもちがわかる本―もっと知りた
　い！（村瀬英俊監修）　2012.12
◇わかる！使える！人間関係の心理学―ちょっ
　としたしぐさや話し方で「相手の心・自分の魅
　せ方・人の動かし方」がわかる！（大村政男，浮
　谷秀一監修）　2012.12
◇わかる楽典―誰でも楽譜が読めるようになる
　本：ゼロからすぐに身につく！（江崎浩司監修）
　2012.12
◇日本の世界遺産―ビジュアル版　オールガイド（カ
　ルチャーランド著）　2013.8
◇古地図―読み方・楽しみ方　時代を遡る「今昔」
　探訪をもっとディープに味わう！（安藤優一郎監
　修）　2013.9
◇知っておきたい日本の札所めぐり歩き方・楽しみ
　方徹底ガイドブック―全国各地の巡礼コースを，
　縁起から特徴までご紹介（八木透監修）　2013.10
◇気象と天気図がわかる本―身近な空模様のしく
　みや種類がもっとよくわかる！（天気検定協会監
　修）　2014.7
◇一番よくわかる！脳のしくみ―「活きる脳の知
　識」がわかる！使える！（加藤俊徳監修）　2014.
　7
◇ニホンの神様・聖地マップ―神話の系譜・祭りを
　知り，神社をめぐる（記紀と神社をめぐる会著）
　2015.7
◇世界遺産必ず知っておきたい150選―ビジュアル

一般叢書・全集　　　　　　　　　　　　　　　　総記

版（カルチャーランド著）　2016.3

〈私の大学〉テキスト版　こぶし書房　2012〜
2016
1　映画（シネマ）は《私の大学》でした（小宮山量
平著）　2012.7
2　サーカスは私の〈大学〉だった（大島幹雄著）
2013.2
3　ぼくは「しんかい6500」のパイロット（吉梅剛
著）　2013.7
4　ぼくは高尾山の森林保護員（宮入芳雄著）
2014.2
5　東北朝市紀行（池田進一著）　2014.11
6　深海でサンドイッチ─「しんかい6500」支援母
船「よこすか」の食卓（平井明日菜, 上垣喜寛著）
2015.10
7　なぜニワトリは毎日卵を産むのか─鳥と人間の
うんちく文化学（森誠著）　2015.12
8　北陸朝市紀行（池田進一著）　2016.11

WAC BUNKO　ワック　2010〜2016
B-135　世界史のなかの満洲帝国と日本（宮脇淳子
著）　2010.10
B-136　中国の恫喝に屈しない国（西村真悟著）
2010.12
B-137　中国がなくても、日本経済はまったく心配
ない！（三橋貴明著）　2010.12
B-138　それでも、中国は日本を越えることができ
ない！─ほんとうの理由77（黄文雄著）　2011.1
B-139　「日中戦争」は侵略ではなかった　改訂版
（黄文雄著）　2011.3
B-140　中国「日本侵略」の野望をこう打ち砕け！
（平松茂雄, 田母神俊雄著）　2011.3
B-141　中国の「日本買収」計画（有本香著）　2011.
4
B-142　「老い」を愉しめる生き方（三浦朱門著）
2011.4
B-143　定年が楽しみになる生き方（吉越浩一郎著）
2011.4
B-144　私は、いかにして「日本信徒」となったか
（呉善花著）　2011.6
B-145　いまこそ、「不屈の日本」を信じるとき─日本
経済・新成長戦略の指針！（前田匡史著）　2011.
6
◇本当は怖いだけじゃない放射線の話　改訂版（大
朏博善著）　2011.6
B-147　小が大に勝つ兵法の実践─リーダーシップ

とは何か（中条高徳著）　2011.6
B-148　心も脳も元気になるストレス整理術！─
不快なストレス好ましいストレス（有田秀穂著）
2011.6
B-149　哲人政治家李登輝の原点（黄文雄著）
2011.8
B-150　「昭和の大戦」の真実　正（黄文雄著）
2011.8
B-151　「昭和の大戦」の真実　続（黄文雄著）
2011.9
B-152　ボクは猫よ（曽野綾子著）　2011.10
B-153　美しく齢（とし）を重ねる（金美齢著）
2011.11
B-154　私の愛した巨人（ジャイアンツ）（清武英利
著）　2011.12
B-155　2012年、中国の真実（宮崎正弘著）　2011.
12
B-156　ボクは猫よ　2（曽野綾子著）　2012.1
B-157　40歳までにやっておくべきこと─人生に後
悔しないために（中島孝志著）　2012.1
B-158　中国と中国人は、この五文字で理解できる
─心を許せない隣人（黄文雄著）　2012.1
B-159　皇太子さまへの御忠言（西尾幹二著）
2012.3
B-160　「見かけ」がすべての韓流─なぜ、大統領
までが整形するのか（呉善花著）　2012.3
B-161　"健康常識"はウソだらけ─免疫力アップが
すべてのポイント！（奥村康著）　2012.4
B-162　ソニーを創った男井深大（小林峻一著）
2012.6
B-163　韓国・北朝鮮を永久に黙らせる100問100答
（黄文雄著）　2012.7
B-164　中国を永久に黙らせる100問100答（渡部昇
一著）　2012.8
B-165　組織が勝つための知恵─いま、戦争論クラ
ウゼヴィッツを読み解く（田母神俊雄著）　2012.
8
B-167　女子社員のためのビジネスノート─女子社
員こそボードを目指せ！（吉越浩一郎著）　2012.
10
B-168　「慰安婦問題」は韓国と朝日の捏造だ─100
問100答　改訂版（黄文雄著）　2012.9
B-169　虚言と虚飾の国・韓国（呉善花著）　2012.
9
B-170　2013年の「中国」を予測する─中国社会の
崩壊が始まった！（宮崎正弘, 石平著）　2012.9
B-171　出来る人ほど情報収集はしないもの！─情

総記　　　　　　　　　　　　　　　　　　　　　　　　　一般叢書・全集

報洪水に溺れないために（津田久資著）　2012.10

B-172　これからはインド、という時代（日下公人，
森尻純夫著）　2012.10

B-173　世界中に嫌われる国・中国崩壊のシナリオ
（黄文雄著）　2012.10

B-174　相手が悪いと思う中国人相手に悪いと思う
日本人（加瀬英明，石平著）　2012.12

B-175　あっぱれ！懲りない朝日新聞〈笑〉（勝谷
誠彦著）　2013.2

B-176　2013年後期の「中国」を予測する―習近平
の断末魔の叫びが聞こえる（宮崎正弘，石平著）
2013.4

B-177　「近くて遠い国」でいい、日本と韓国（渡部
昇一，呉善花著）　2013.4

B-178　「複合汚染国家」中国　新版（黄文雄著）
2013.5

B-179　裁判官が日本を滅ぼす　新版（門田隆将著）
2013.6

B-180　安倍晋三が、日本を復活させる（渡部昇一，
日下公人著）　2013.6

B-181　2014年～世界の真実（長谷川慶太郎著）
2013.7

B-182　完全解読「中国外交戦略」の狙い（遠藤誉
著）　2013.7

B-183　「タバコと酒」の健康常識はウソだらけ（橋
内章著）　2013.8

B-184　出身地を知らなければ、中国人は分らない
（宮崎正弘著）　2013.9

B-185　ボケない、老いない脳。―これで認知症に
ならない生活習慣！（石浦章一著）　2013.10

B-186　ほんとうは、「日韓併合」が韓国を救った！
新版（松木国俊著）　2013.10

B-187　「太平洋戦争」は無謀な戦争だったのか（ジ
ェームズ・B・ウッド著，茂木弘道訳）　2013.12

B-188　零戦なぜ、これほど愛されるのか（三野正
洋著）　2013.12

B-189　2014年の「中国」を予測する―中国大陸
から次々と逃げ出すヒトとカネ（宮崎正弘，石平
著）　2013.12

B-190　すべては朝日新聞から始まった「慰安婦問
題」（山際澄夫著）　2014.1

B-191　自らの身は顧みず（田母神俊雄著）　2014.
1

B-192　「断食」が健康のための最高の方法だ！（石
原結実著）　2014.2

B-193　もう、この国は捨て置け！―韓国の狂気と

異質さ（呉善花，石平著）　2014.2

B-194　醜いが、目をそらすな、隣国・韓国！（古
田博司著）　2014.3

B-195　日本人はなぜ「小さないのち」に感動する
のか（呉善花著）　2014.3

B-196　なぜ、中国人とドイツ人は馬が合うのか？
（宮崎正弘，川口マーン惠美著）　2014.4

B-197　あの「中国の狂気」は、どこから来るのか
（金文学著）　2014.5

B-198　こうして捏造された韓国「千年の恨み」（松
木国俊著）　2014.6

B-199　もう、無韓心でいい（古谷経衡著）　2014.
8

B-200　もしガンになったら、でも、ならないため
に（石原結実著）　2014.7

B-201　TOEICじゃない、必要なのは経済常識（セ
ンス）を身につけることだ！―若いビジネスマン
諸君！（上念司著）　2014.9

B-202　2015年～世界の真実（長谷川慶太郎著）
2014.7

B-203　関東大震災「朝鮮人虐殺」はなかった！（加
藤康男著）　2014.8

B-204　2015年中国の真実―中国は習近平に潰され
る？（宮崎正弘，石平著）　2014.9

B-206　安心と平和の常識―「安心して暮らせる生
活」など、もともとこの世にない（曽野綾子著）
2014.10

B-207　「反日中韓」を操るのは、じつは同盟国・
アメリカだった！（馬淵睦夫著）　2014.10

B-208　快眠力―健康のすべては、快眠から始ま
る！（成井浩司著）　2014.11

B-209　いよいよ、日本の時代がやって来た！―終
戦70年（日下公人著）　2014.12

B-210　アジアの解放、本当は日本軍のお陰だっ
た！―終戦70年（高山正之著）　2014.12

B-211　読む年表日本の歴史―よく分かる！（渡部
昇一著）　2015.1

B-212　やはり、日本経済の未来は世界一明るい！
（増田悦佐著）　2015.2

B-213　中国との貿易をやめても、まったく日本は困
らない！―中国経済の真実（三橋貴明著）　2015.
2

B-214　読む年表中国の歴史―よく分かる！（岡田
英弘著）　2015.3

B-215　日本の将来はじつに明るい！―これからの
日本を読み解く（日下公人，上念司著）　2015.3

全集・叢書総目録 2011-2016　**451**

一般叢書・全集　　　　　　　　　　　　　　総記

B-216　悪口を言う人は、なぜ、悪口を言うのか（和田秀樹著）　2015.4

B-217　戦艦大和最後の乗組員の遺言（八杉康夫著）　2015.4

B-218　なぜ、日本人は横綱になれないのか（舞の海秀平著）　2015.5

B-219　こうして突破できる日本経済―激動する世界経済！（宮崎正弘, 渡辺哲也著）　2015.5

B-220　反日をやめたら成り立たない国・韓国（呉善花, 石平著）　2015.5

B-221　そうか、だから日本は世界で尊敬されているのか！（馬渕睦夫著）　2015.6

B-222　日本の歴史　7　「戦後」混迷の時代から―戦後篇（渡部昇一著）　2015.7

B-223　特攻を見送った男の契り（清武英利著）　2015.7

B-224　2016年世界の真実（長谷川慶太郎著）　2015.9

B-225　だから、これまでの健康・医学常識を疑え！（和田秀樹著）　2015.9

B-226　沖縄よ、甘えるな！―新・沖縄ノート（恵隆之介著）　2015.9

B-227　日本の歴史　6　自衛の戦争だった「昭和の大戦」―昭和篇（渡部昇一著）　2015.10

B-228　私たちの予測した通り、いよいよ自壊する中国！（宮崎正弘, 石平著）　2015.10

B-229　三島事件もう一人の主役―烈士と呼ばれた森田必勝（中村彰彦著）　2015.11

B-230　世界が邪悪に満ちている だが、日本は……。―直言・本音対談（日下公人, 高山正之著）　2015.12

B-231　カイゼン魂―トヨタを創った男豊田喜一郎（野口均著）　2016.1

B-232　日本人が気付かない世界―素晴らしい国・日本（ケビン・M・ドーク著）　2016.2

B-233　日本の歴史　5　世界史に躍り出た日本―明治篇（渡部昇一著）　2016.2

B-234　こうして、2016年、「日本の時代」が本格的に始まった！（日下公人著）　2016.2

B-235　最後は孤立して自壊する中国―2017年習近平の中国（石平, 村上政俊著）　2016.5

B-236　世界から好かれている国・日本―地球を40周まわって気付いたこと（黄文雄著）　2016.6

B-237　日本の歴史　4　世界一の都市江戸の繁栄江戸篇（渡部昇一著）　2016.6

B-238　曽野綾子自伝―この世に恋して（曽野綾子著）　2016.8

B-239　2017年世界の真実（長谷川慶太郎著）　2016.8

B-240　日本の歴史　3　戦乱と文化の興隆 戦国篇（渡部昇一著）　2016.8

B-241　こんな朝日新聞に誰がした？（長谷川煕, 永栄潔著）　2016.12

B-242　日本の歴史　2　日本人のなかの武士と天皇 中世篇（渡部昇一著）　2016.9

B-243　日本刀は素敵（渡辺妙子著）　2016.10

B-244　ようやく「日本の世紀」がやってきた―今、世界で何が起こっているか（馬渕睦夫, 日下公人著）　2016.10

B-245　日本の歴史　1　神話の時代から―古代篇（渡部昇一著）　2016.11

B-247　たばこはそんなに悪いのか（喫煙文化研究会著, 恩蔵茂, 武田良夫, 山森貴司編）　2016.12

ワードマップ　新曜社　1986〜2016　⇒Ⅰ－386

◇防災・減災の人間科学―いのちを支える、現場に寄り添う（矢守克也, 渥美公秀編著, 近藤誠司, 宮本匠著）　2011.1

◇プログラム評価―対人・コミュニティ援助の質を高めるために（安田節之著）　2011.5

◇パーソナルネットワーク―人のつながりがもたらすもの（安田雪著）　2011.7

◇学校臨床社会学―教育問題の解明と解決のために（今津孝次郎著）　2012.4

◇状況と活動の心理学―コンセプト・方法・実践（茂呂雄二, 有元典文, 青山征彦, 伊藤崇, 香川秀太, 岡部大介編）　2012.5

◇二十世紀美術―1900-2010（海野弘著）　2012.7

◇現代エスノグラフィー―新しいフィールドワークの理論と実践（藤田結子, 北村文編）　2013.3

◇現代中国―複眼で読み解くその政治・経済・文化・歴史（大沢昇著）　2013.8

◇現代形而上学―分析哲学が問う、人・因果・存在の謎（鈴木生郎, 秋葉剛史, 谷川卓, 倉田剛著）　2014.2

◇ナショナリズムとグローバリズム―越境と愛国のパラドックス（大沢真幸, 塩原良和, 橋本努, 和田伸一郎著）　2014.8

◇現代アメリカ―日米比較のなかで読む（渡辺靖編, 和泉真澄, 倉科一希, 庄司香, 舌津智之, 柳生智子著）　2014.10

◇批判的思考―21世紀を生きぬくリテラシーの基

総記　　　　　　　　　　　　　　　　　　　　　　一般叢書・全集

盤（楠見孝, 道田泰司編）　2015.1

◇TEA　理論編　複線径路等至性アプローチの基
礎を学ぶ（安田裕子, 滑田明暢, 福田茉莉, サトウ
タツヤ編）　2015.3

◇TEA　実践編　複線径路等至性アプローチを活
用する（安田裕子, 滑田明暢, 福田茉莉, サトウタ
ツヤ編）　2015.3

◇犯罪捜査の心理学―凶悪犯の心理と行動に迫る
プロファイリングの最先端（越智啓太著）　2015.
12

◇グラウンデッド・セオリー・アプローチ―理論
を生みだすまで　改訂版（戈木クレイグヒル滋子
著）　2016.7

Bilingual Guide to Japan　小学館　2016

◇神社バイリンガルガイド（加藤健司監修, 岩崎隼
画）　2016.5

◇和食調味料バイリンガルガイド（松田美智子監
修）　2016.12

Collected works of Japanologists　エディ
ション・シナプス　2011

◇F.V.ディキンズ書簡英文翻刻・邦訳集―アーネ
スト・サトウ, 南方熊楠（他）宛（F.V.ディキンズ
［著］, 岩上はる子, ピーター・コーニッキ編集・
解説）　2011.7

Collected works of Japanologists　Eureka
Press　2013～2015

◇The diaries of Sir Ernest Mason Satow―1861-
1869（Ernest Mason Satow［著］, edited and an-
notated by Robert Morton, Ian Ruxton）　2013

◇The diaries of Sir Ernest Mason Satow―1900-
1906 British envoy in Peking　volume 1　1900-
1903（Ernest Mason Satow［著］, edited and an-
notated by Ian Ruxton）　2015

◇The diaries of Sir Ernest Mason Satow―1900-
1906 British envoy in Peking　volume 2　1904-
1906（Ernest Mason Satow［著］, edited and an-
notated by Ian Ruxton）　2015

Coyote　スイッチ・パブリッシング　2013～
2015

special issue 2013　Tokyo literary city　2013.5

No.55（Spring2015）　特集・旅する二人（キャパと
ゲルダ 沢木耕太郎追走）　2015.3

special issue　2016　冬こそ沖縄島旅のすすめ
2015.11

F FILES　新紀元社　2011～2016

no.028　図解巫女（朱鷺田祐介著）　2011.4

no.029　図解牢獄・脱獄（牢獄研究会著）　2011.5

no.030　図解現代の陸戦（毛利元貞著）　2011.5

no.031　図解三国志（藤井勝彦著）　2011.6

no.032　図解魔導書（草野巧著）　2011.8

no.033　図解日本神話（山北篤著）　2011.11

no.034　図解ガンファイト（大波篤司著）　2012.3

no.035　図解古代兵器（水野大樹著）　2012.3

No.036　図解食の歴史（高平鳴海, 愛甲えめたろう,
銅大, 草根胡丹, 天宮華蓮著）　2012.5

No.037　図解装飾品（池上良太著）　2012.6

No.038　図解紋章（秦野啓著）　2013.3

No.039　図解火砲（水野大樹著）　2013.7

No.040　図解黒魔術（草野巧著）　2013.8

No.041　図解ダーティヒロイン（藤井勝彦著）
2013.10

No.042　図解フロンティア（高平鳴海著）　2014.2

No.043　図解組織・結社（山北篤著）　2014.3

No.044　図解ケルト神話（池上良太著）　2014.5

No.045　図解空母（野神明人, 坂本雅之著）　2014.
6

No.046　図解踊り子（高平鳴海著）　2014.10

No.047　図解特殊部隊（大波篤司著）　2014.11

No.048　図解魔術の歴史（草野巧著）　2015.3

No.049　図解軍用車両（野神明人著）　2015.5

No.050　図解忍者（山北篤著）　2015.8

No.051　図解旧約聖書（池上良太著）　2015.11

No.052　図解スナイパー（大波篤司著）　2016.6

No.053　図解城塞都市（開発社著）　2016.9

No.054　図解中世の生活（池上正太著）　2016.10

FLOWER & BEE　集英社　2015～2016

◇ずっと大好きSNOOPY！―PEANUTS 65TH
ANNIVERSARY BOOK　2015.9

◇いつでも一緒！SNOOPY―PEANUTS
BRAND BOOK　2016.10

◇水晶玉子のオリエンタル占星術―幸運を呼ぶ365
日メッセージづき　開運暦　2017（水晶玉子著）
2016.10

Forest 2545 Shinsyo　フォレスト出版　2010
～2016

011　行動科学で人生を変える（石田淳著）　2010.
4

012　私に売れないモノはない！（ジョー・ジラー

全集・叢書総目録 2011-2016　**453**

一般叢書・全集　　　　　　総記

ド, スタンリー・H.ブラウン著, 石原薫訳）　2010.4

013　コミュニケーション力を高める文章の技術（芦永奈雄著）　2010.5

014　38歳までにするべき3つのこと（箱田忠昭著）　2010.5

015　なぜ、脳は神を創ったのか？（苫米地英人著）　2010.6

016　「お金」と「自由」を手に入れる！経済自由人という生き方（本田健著）　2010.6

017　怒らない技術（嶋津良智著）　2010.7

018　テロリスト化するクレーマーたち（毛利元貞著）　2010.8

019　あなたにも来る怖い相続（松田茂樹著）　2010.8

020　一生クビにならない脳（篠原菊紀著）　2010.9

021　「論理力」短期集中講座（出口汪著）　2010.9

022　日本人の小学生に100％英語をマスターさせる法（鵜沢戸久子著）　2010.10

023　MBAで学ぶ負けない戦略思考「ゲーム理論」入門（若菜力人著）　2010.10

024　ローマ字で読むな！（船津洋著）　2010.11

025　短く伝える技術―短文力と仕事とコミュニケーションが変わる！（山田進一著）　2010.11

026　バイリンガルは二重人格（苫米地英人著）　2010.12

027　トラウマを消す技術（マイケル・ボルダック著, 堀江信宏訳）　2010.12

028　世界に通用する子供の育て方（中嶋嶺雄著）　2011.1

029　日本人のためのフェイスブック入門―インターネットを超えた！最強のコミュニケーションツール（松宮義仁著）　2011.1

030　なぜか、人とお金がついてくる50の習慣（たかの友梨著）　2011.2

031　お金が貯まる！家の買い方（浦田健著）　2011.2

032　新「伸びる人」の条件―天才じゃなくても結果が出る「5つの力」の鍛え方（安達元一著）　2011.3

033　体内時計を調節する技術（平沢栄次著）　2011.3

034　ゾーンに入る技術―「驚異の集中力」が最高の能力を引き出す！（辻秀一著）　2011.4

035　コーチが教える！「すぐやる」技術―頭でわかっていても、なかなか行動できない人を、「すぐ

やる人」に変える50の方法（井上裕之著）　2011.4

036　一人でも部下がいる人のためのパワハラ入門―知らないではすまされない職場の法律（千葉博著）　2011.5

037　「オトナ脳」は学習できない！―クリティカルエイジを克服する大人のための勉強法（苫米地英人著）　2011.5

038　日本人のためのスマートフォン入門―今さら聞けない！スマートフォンの基礎からビジネス活用術まで（松宮義仁著）　2011.6

039　日本人だけが知らない！世界標準のコミュニケーション術（近藤藤太著）　2011.6

040　強力なモチベーションを作る15の習慣（松本幸夫著）　2011.7

041　「続ける」技術　新版（石田淳著）　2011.7

042　終わらす技術（野呂エイシロウ著）　2011.8

043　夢をかなえる方程式（苫米地英人著）　2011.8

044　AKB48総選挙に学ぶ心をつかむ技術（三浦博史著）　2011.9

045　なぜ、社長のベンツは4ドアなのか？―誰も教えてくれなかった！裏会計学　新版（小堺桂悦郎著）　2011.9

046　3・11後、日本人はどう生きるべきか？（菅下清広著）　2011.10

047　NATO（ノーアクショントーキングオンリー）と言われる日本人―今すぐ逆境から起き上がる5つの力（浅野哲著）　2011.10

048　ソブリンリスクの正体（浜矩子著）　2011.11

049　衝動買いさせる技術（松本朋子著）　2011.11

050　なぜ、あの人の「主張」だけ通るのか？―ディベートの達人が教える説得する技術（太田竜樹著）　2011.12

051　「遊ぶ人」ほど成功するホントの理由―300万人の人生を変えた「口ぐせ博士」が教える「勝手に成功する脳」の作り方（佐藤富雄著）　2011.12

052　一流をつくる「直感力」トレーニング（児玉光雄著）　2012.1

053　数字はウソをつく―仕事に使える会計入門（平林亮子著）　2012.1

054　なぜ、留学生の99％は英語ができないのか？（藤永丈司著）　2012.2

055　「できる人」を1分で見抜く77の法則（谷所健一郎著）　2012.2

総記　　　　　　　　　　　　　　　　　　　　　　　　　一般叢書・全集

056　リーダーの「新常識」―部下のベストを引き
　　出す行動科学の教科書（石田淳著）　2012.3

057　悩まずに！ 今すぐ顧客が集まるマーケティ
　　ング（町田和隆著）　2012.3

058　5感を揺さぶり相手を口説くプレゼンテーショ
　　ン（小林弘茂著）　2012.4

059　中国美女の正体（宮脇淳子，福島香織著）
　　2012.4

060　怒らない技術　2　それでも怒ってしまうア
　　ナタへ（嶋津良智著）　2012.5

061　年収200万円からの「結婚してお金持ちにな
　　る」方法（谷所健一郎著）　2012.5

062　メダリストの言葉はなぜ心に響くのか？（青
　　島健太著）　2012.6

063　一瞬であなたの人生を変えるシンプルな習慣
　　（佐藤富雄著）　2012.6

064　思い通りに人をあやつる101の心理テクニッ
　　ク（神岡真司著）　2012.7

065　ビジネスマンのためのコンビニ栄養学（北嶋
　　佳奈著）　2012.7

067　情報量が10倍になるNLP速読術（松島直也
　　著）　2012.8

068　まとめる技術―カリスマリーダー抜きで「勝
　　つ組織」を作る方法（中竹竜二著）　2012.9

069　ライバルに差をつける半径5m活用思考（森吉
　　弘著）　2012.9

070　フェイスブックで「気疲れ」しない人づきあ
　　いの技術（五百田達成著）　2012.10

071　「ゆううつな月曜日」をシンプルにやり過ご
　　す28のテクニック（中島孝志著）　2012.10

072　バカを治す（適菜収著）　2012.11

073　「考える力」を身につける本（出口汪著）
　　2012.11

074　「インド式計算」で会社の数字に強くなろう
　　（松本幸夫著）　2012.12

075　エレファント・シンドローム―なぜ99％の大
　　人は自由になれないのか？（浜口隆則著）　2012.
　　12

076　納得しないと動かない症候群（松本幸夫著）
　　2013.1

077　ゴルフは「ナイスショット」だけ憶えなさい
　　（内藤雄士著）　2013.1

078　週末を10倍楽しむJR線乗りつぶしの旅　関
　　東編（赤川良二著）　2013.2

079　笑う裏社会（島田文昭著）　2013.2

080　忙しい人のためのマラソン講座（前田浩実著）

2013.3

081　最短で最高の結果を出す「超効率」勉強法（横
　　溝慎一郎著）　2013.3

082　人は誰でも候補者になれる！―政党から公認
　　をもらって国会議員に立候補する方法（石井貴士
　　著）　2013.4

083　読むだけで絶対やめられる禁パチセラピー
　　（パチン・カー著）　2013.5

084　「話す力」を身につける本―誰からも好かれ
　　る48のヒント（福田健著）　2013.5

085　日本人のためのKindle入門―キンドルであな
　　たの人生を変える（松宮義仁著）　2013.6

086　手強い相手の懐に入る技術（内田雅章著）
　　2013.6

087　みっともない男にならない生き方（桜井章一
　　著）　2013.7

088　「面倒くさい人」と賢くつき合う心理学（斉藤
　　勇監修，日本博識研究所編著）　2013.7

089　子どもが変わる怒らない子育て（嶋津良智著）
　　2013.8

090　プロカウンセラーの一瞬で心を見抜く技術
　　（前田大輔著）　2013.8

091　怒る一流怒れない二流（向谷匡史著）　2013.
　　9

092　浮気がバレる男、バレない女（今野裕幸著）
　　2013.9

093　わかりやすい文章を書く技術（樋口裕一著）
　　2013.10

094　脳は記憶を消したがる（前野隆司著）　2013.
　　10

095　安河内哲也の大人のための英語勉強法（安河
　　内哲也著）　2013.11

096　本当は語学が得意な日本人（李久惟著）
　　2013.12

097　子どもが勉強好きになる子育て（篠原菊紀著）
　　2014.1

098　箸の持ち方―人間の価値はどこで決まるの
　　か？（適菜収著）　2014.2

099　面白いほど雑談が弾む101の会話テクニック
　　（神岡真司著）　2014.3

100　頭のいい子が育つ超・睡眠法（遠藤拓郎著）
　　2014.4

101　評価される人が使いこなす仕事の浅知恵67
　　（車塚元章著）　2014.5

102　嫉妬のお作法（川村佳子著）　2014.6

103　笑日韓論（水野俊平著）　2014.7

104　出口汪の使える論理力（出口汪著）　2014.8

全集・叢書総目録 2011-2016　　**455**

一般叢書・全集　　　　　　　　　　　　　　　　　　総記

105　一発合格者が磨いている「超効率」勉強力（横溝慎一郎著）　2014.9

106　煩悩バンザイ！（向谷匡史著）　2014.10

107　阪神タイガースのすべらない話―伝説のトラ番記者の「取材ネタノート」（楊枝秀基著）　2014.11

108　不安をなくす技術（嶋津良智著）　2015.1

109　そのカタカナ英語、外国人には通じません（ダニエル・カール著）　2015.3

110　嫌われる男こそ一流（里中李生著）　2015.5

111　長生きする人は唾液が多い（本田俊一著）　2015.7

111　呼吸で心を整える（倉橋竜哉著）　2016.1

112　口ベタでも上手くいく人は、コレをやっている（サチン・チョードリー著）　2015.9

113　日本人のためのクラウドファンディング入門（板越ジョージ著）　2015.10

114　あなたの「影響力」が武器となる101の心理テクニック（神岡真司著）　2015.11

116　読まずに死ねない哲学名著50冊（平原卓著）　2016.3

117　野菜は小さい方を選びなさい（岡本よりたか著）　2016.4

118　幸せを拒む病（笠原敏雄著）　2016.6

119　子どもが変わる運動能力を伸ばす育て方（伊藤一哉著）　2016.8

120　頭がよくなる！大人の論理力ドリル（出口汪著）　2016.9

121　お坊さんに学ぶ長生きの練習（藤原東演著）　2016.11

Gakuto international series　Gakkotosho
2010〜2015

◇Finite and infinite dimensional attractors for evolution equations of mathematical physics（Mathematical sciences and applications volume 33）（Messoud Efendiev［著］）　［2010］

◇International symposium on computational science　2011（Mathematical sciences and applications volume 34）（Seiro Omata, Karel Svadlenka［編］）　c2011

◇Mathematical analysis on the navier-stokes equations and related topics, past and future―in memory of Professor Tetsuro Miyakawa（Mathematical sciences and applications volume 35）（T. Adachi［ほか編］）　c2011

◇Nonlinear Analysis in Interdisciplinary Sciences―The Proceedings of Fifth Polish-Japanese Days on Modellings, Theory and Simulations（Mathematical Sciences and Applications Volume36）（T.Aiki, T.Fukao, N.Kenmochi, M.Niezgódka, M.Ôtani［編］）　2013.11

◇The proceedings on Mathematical Fluid Dynamics and Nonlinear Wave（Mathematical Sciences and Applications Volume37）（Takayuki Kobayashi, Senjo Shimizu, Yuko Enomoto, Norikazu Yamaguchi, Takayuki Kubo［編］）　2015.4

handkerchief books　サンダーアールラボ
2015〜2016

◇大切なことはすべて腸内細菌から学んできた―人生を発酵させる生き方の哲学（光岡知足［著］）　2015.12

◇僕が飼っていた牛はどこへ行った？―「十牛図」からたどる「居心地よい生き方」をめぐるダイアローグ（藤田一照, 長沼敬憲［述］）　2015.12

◇じぶん哲学―シルクハットから鳩が出てくるのはマジックでしょうか？（土橋重隆, 幕内秀夫［述］）　2016.2

◇TISSUE　01　内なる「世界」と向き合う（ハンカチーフ・ブックス編集部編）　2016.4

◇ちいさなしあわせを積み重ねて（跡部明美［著］）　2016.4

◇Ko'da styleのトートバッグ―things that are possible because its Ko'da style（こうだかずひろ［述］, ハンカチーフ・ブックス編）　2016.9

◇TISSUE　02　特集 野性（ハンカチーフ・ブックス編集部編, 長沼敬憲責任編集）　2016.10

homo viator　太田出版　2015〜2016

◇日本と中国、「脱近代」の誘惑―アジア的なものを再考する（梶谷懐著）　2015.6

◇脳がわかれば心がわかるか―脳科学リテラシー養成講座（山本貴光, 吉川浩満著）　2016.6

◇幸福はなぜ哲学の問題になるのか（青山拓央著）　2016.9

INITIAL　松本工房, INITs　2010〜2016
⇒Ⅳ‐470

#2　文学の視座からの青木繁における美的仮象の創造―明治期のロマン主義受容の射程（Doctoral Dissertation Series）（中野久美子著）　2010.9

◇Meaning in Language and Music―Sign and

Slaughter (Doctoral Dissertation Series 3) (ア
ブドゥルラッハマン・ギュルベヤズ著)　2016.2

Japanese-English Bilingual Books　誠文堂
新光社　2015

◇英語訳付き包丁と研ぎハンドブック―包丁と砥石
の種類、研ぎ方がわかる (月山義高刃物店監修)
2015.2

◇英語訳付きふろしきハンドブック―ふだんづか
いの結び方と包み方 (山田悦子著)　2015.2

◇ニッポンの台所道具と手入れ術―英語訳付き 受
け継がれる職人・作家の手仕事 (日野明子著)
2015.3

◇英語訳付きゆかたの着つけハンドブック―基本
からお手入れまでふだんづかいの楽しみ方 (安田
多賀子著)　2015.5

◇英語訳付き日本料理むきものハンドブック―四
季折々の料理を彩る野菜の飾り切り (島谷宗宏
著)　2015.6

◇竹かごハンドブック―英語訳付き 竹かごの素材、
種類、選び方から、編み方、メンテナンスまで
わかる (竹かご部編)　2015.6

◇英語訳付き日本の神輿と祭りハンドブック―神
輿の歴史・鑑賞知識から、各地のお祭り情報ま
で (宮本卯之助監修)　2015.7

LTCB International Library selection　長銀
国際ライブラリー叢書　International House of
Japan　2011～2016

no.28　The Sino-Japanese war―and the birth
of Japanese nationalism (Saya Makito [著],
translated by David Noble)　2011.3

no.29　Taction―the drama of the stylus in orien-
tal calligraphy (Ishikawa Kyuyoh [著], trans-
lated by Waku Miller)　2011.3

no.30　A history of Japanese political thought,
1600-1901 (Watanabe Hiroshi [著], translated
by David Noble)　2012.9

no.31　Matsumoto Shigeharu bearing witness
(Kaimai Jun [著], English adaptation by
Waku Miller)　2012.3

no.32　The power of the weave―the hidden
meanings of cloth (Tanaka Yuko [著], trans-
lated by Geraldine Harcourt)　2013.3

no.33　Toshihiko Izutsu and the philosophy of
word―in search of the spiritual orient (Eisuke
Wakamatsu [著], translated by Jean Connell

Hoff)　2014.3

no.34　The Akita ranga school and the cul-
tural context in Edo Japan (Imahashi Riko
[著], translated by Ruth S.McCreery)　2016.
3

no.35　The rise of sharing―fourth-stage con-
sumer society in Japan (Miura Atsushi [著],
translated by Dana Lewis)　2014.6

no.36　Japan's Asian diplomacy―a legacy of
two millennia (by Ogura Kazuo, translated by
David Noble)　2015.5

no.37　Holy foolery―in the life of Japan a his-
torical overview (Higuchi Kazunori [著], trans-
lated by Waku Miller)　2015.3

no.38　The comfort women―historical, political,
legal, and moral perspectives (Kumagai Naoko
[著], translated by David Noble)　2016.6

no.39　How like a god―deification in Japanese
religion (Sato Hiroo [著], translated by David
Noble)　2016.10

madame FIGARO BOOKS　阪急コミュニ
ケーションズ, CCCメディアハウス　2013～
2016

◇ワインに合うフランスとっておき田舎レシピ (伊
藤由佳子著)　2013.2

005　私が目覚める、読書案内。(フィガロジャポン
編集部編)　2013.5

◇イタリアの引き出し (内田洋子著)　2013.6

◇パリ&パリから行くアンティーク・マーケット
散歩 (石沢季里著)　2013.7

◇おいしいフランスおいしいパリ (稲葉由紀子著)
2014.4

◇パリ行ったことないの (山内マリコ著)　2014.12

◇原由美子のきもの暦 (原由美子著)　2015.12

◇パリ、異邦人たちの味 (稲葉由紀子著)　2016.2

◇パリのマルシェを歩く (原田幸代著)　2016.10

Magazine house 45 minutes series　マガジ
ンハウス　2011

#12　放射能汚染の基礎知識。―どこまでなら安
全か? どこから危険なのか? 45分でわかる!
(朝長万左男著)　2011.5

#13　子どもを理科好きにする50の方法。―お風
呂で、キッチンで、公園で。小さな好奇心が「好
き」を生む! 45分でわかる! (滝上豊著)　2011.
8

#14 数字で学ぶ仏教語。―「一念」「四天王」「七宝」…、なにげなく使っているけど仏教語です！：45分でわかる！（星飛雄馬著）2011.9

#15 神道―日本人の原点を知る。―震災での日本人の団結力は、神道の文化に根ざしているかもしれない。：45分でわかる！（井上順孝著）2011.9

#16 どうなる？ 日本のエネルギー問題。―再生可能エネルギーと分散型ネットワークが鍵：45分でわかる！（小林義行著）2011.9

#17 あなたの都市に地震が来たらどうしますか？―いざというときのための備えと工夫の「都市防災」。：45分でわかる！（中林一樹著）2011.10

#18 太陽光発電の賢い買い方選び方。―メーカー選びから設置のポイントまで。：45分でわかる！（菱田剛志著）2011.10

#19 自衛隊の基礎知識と災害派遣。―この一冊で自衛隊の基本の基がわかります。：45分でわかる！（高木泉著）2011.10

#20 明るい未来が見えてくる！ 最先端科学技術15。―2012年キーワードは、この1冊で大丈夫！：45分でわかる！（山田久美著）2011.11

#21 平清盛と28人の男と女の裏表。―清盛は悪党か？ 改革者か？ 45分でわかる！（金谷俊一郎著）2011.12

#22 誰でもできるやさしい作曲術。―「やりたい」と思ったら、必ずできるようになる！：45分でわかる！（青島広志著）2011.12

MEDIATIONS 中央公論新社 2012～2013
◇ジョン・フローリオ―シェイクスピア時代のイングランドにおける―イタリア人の生涯（フランシス・A.イェイツ著, 正岡和恵, 二宮隆洋訳）2012.3
◇北米インディアンの神話文化（フランツ・ボアズ著, 前野佳彦編・監訳, 磯村尚弘, 加野泉, 坂本麻裕子, 菅原裕子, 根本峻瑠訳）2013.9

Miscellanea Deutsches Institut für Japanstudien 2013～2015
18 Modernisierungsprozesse in Japan（Gabriele Vogt, Phoebe Holdgrün（Herausgeberinnen））2013
19 Parental well-being in Japan（Barbara Holthus, Matthias Huber, Hiromi Tanaka［著］）2015.6

MU NONFIX 学研パブリッシング 2014～2015
◇「フルベッキ写真」の暗号（斎藤充功著）2014.6
◇怪奇事件の謎（小池壮彦著）2014.7
◇現役鉄道員 “幽霊” 報告書―幽霊が出る駅、路線……教えます！（氷川正著）2014.8
◇伝説の秘密諜報員ベラスコ―“天皇の金塊” の真実を知っていた男（高橋五郎著）2014.9
◇原爆奇譚―今明かされる “究極の原爆の秘密”（高橋五郎著）2015.3

New Liberal Arts Selection 有斐閣 2003～2016 ⇒Ⅰ-394
◇社会福祉学（平岡公一, 杉野昭博, 所道彦, 鎮目真人著）2011.12
◇政治学 補訂版（久米郁男, 川出良枝, 古城佳子, 田中愛治, 真渕勝著）2011.12
◇国際政治学（中西寛, 石田淳, 田所昌幸著）2013.4
◇臨床心理学（丹野義彦, 石垣琢麿, 毛利伊吹, 佐々木淳, 杉山明子著）2015.4
◇統計学 改訂版（森棟公夫, 照井伸彦, 中川満, 西埜晴久, 黒住英司著）2015.9
◇マクロ経済学 新版（斉藤誠, 岩本康志, 太田聡一, 柴田章久著）2016.4

OnDeck Books OnDeck Books 2013
◇電子書籍ストア利用動向調査―OnDeck 2013年10月調査版（OnDeck編集部編）2013.12

OnDeck books インプレスR&D 2013
◇田原蕃太奇談（逸名著, 木手暁訳）2013.2
◇はなびら―詩集（枝常亜良太編著）2013.2

pen BOOKS 阪急コミュニケーションズ, CCCメディアハウス 2006～2016 ⇒Ⅴ-28
012 印象派。―絵画を変えた革命家たち（ペン編集部編）2010.10
013 恐竜の世界へ。―ここまでわかった！恐竜研究の最前線（ペン編集部編, 真鍋真監修）2011.7
014 やっぱり好きだ！ 草間弥生。（ペン編集部編）2011.7
015 キリスト教とは何か。 1 西洋美術で読み解く、聖書の世界（ペン編集部編, 池上英洋監修）2011.12
016 キリスト教とは何か。 2 もっと知りたい！

文化と歴史（ペン編集部編）　2011.12

017　神社とは何か？　お寺とは何か？―神社＆仏閣　2　必ず訪れたい寺社巡りガイド（ペン編集部編）　2012.4

018　ルネサンスとは何か。（池上英洋監修, ペン編集部編）　2012.11

019　ユダヤとは何か。―聖地エルサレムへ（市川裕監修, ペン編集部編）　2012.12

020　イスラムとは何か。（ペン編集部編）　2013.3

021　ロシア・東欧デザイン（ペン編集部編）　2013.8

022　美の起源、古代ギリシャ・ローマ（ペン編集部編）　2014.8

023　若冲その尽きせぬ魅力。（狩野博幸監修, ペン編集部編）　2016.4

◇今宵も一杯（友田晶子著）　2011.7

◇ジャン・プルーヴェ―20世紀デザインの巨人（ジャン・プルーヴェ［作］, ペン編集部編）　2012.10

◇創造の現場。（ベンジャミン・リー写真, ペン編集部編）　2014.9

◇バーカウンターは人生の勉強机である―salon de SHIMAJI（島地勝彦著）　2014.9

P.press＋　パレード　2010〜2012

◇居心地のいい部屋（Ayusara著）　2010.11

◇Sencha Ext JS 4実践開発ガイド（小堤一弘著）　2011.9

◇天涯の呟き（天涯風呟著）　2011.11

◇マンガでよむ荷主に指名される新トラック運送経営のヒント（和田康宏著, 鈴木ぐり作画）　2011.12

◇どうなる鎌倉世界遺産登録―ユネスコへの推薦：ジャーナリストが見た「武家の古都」（高木規矩郎著）　2012.7

Pre-war Japan a collection of year books in English series　Edition Synapse　2013〜2016

◇The Japan year book—complete cyclopædia of general information and statistics on Japan series 1 (1905-1911) volume 1 (1905)　2013

◇The Japan year book—complete cyclopædia of general information and statistics on Japan series 1 (1905-1911) volume 2 (1906)　2013

◇The Japan year book—complete cyclopædia of general information and statistics on Japan series 1 (1905-1911) volume 3 (1907)　2013

◇The Japan year book—complete cyclopædia of general information and statistics on Japan series 1 (1905-1911) volume 4 (1908-9)　2013

◇The Japan year book—complete cyclopædia of general information and statistics on Japan series 1 (1905-1911) volume 5 (1910)　2013

◇The Japan year book—complete cyclopædia of general information and statistics on Japan series 1 (1905-1911) volume 6 (1911)　2013

◇The Japan year book—complete cyclopædia of general information and statistics on Japan Series 3 (1918-1923) volume 13 (1918)　2016

◇The Japan year book—complete cyclopædia of general information and statistics on Japan　Series 3 (1918-1923) volume 14 (1919-20)　2016

◇The Japan year book—complete cyclopædia of general information and statistics on Japan　Series 3 (1918-1923) volume 15 (1920-21)　2016

◇The Japan year book—complete cyclopædia of general information and statistics on Japan　Series 3 (1918-1923) volume 16 (1921-22)　2016

◇The Japan year book—complete cyclopædia of general information and statistics on Japan Series 3 (1918-1923) volume 17 (1923)　2016

Series 30 Seconds　スタジオタッククリエイティブ　2013

◇30秒で学ぶ哲学思想―思考を呼び起こす50の哲学思想（バリー・ローワー監修, ジュリアン・バジーニ, カティ・バローグ, ジェイムズ・ガーヴェイ, バリー・ローワー, ジェレミー・スタンルーム執筆, 寺田俊郎監訳, 佐良土茂樹, 津田良生, 中村信隆, 目黒広和訳）　2013.3

◇30秒で学ぶ科学理論―示唆に富んだ50の科学理論（ポール・パーソンズ編, 佐良土茂, 佐良土茂樹, 佐良土賢樹訳）　2013.3

The faculty of languages and cultures library　Hana-Shoin　2011〜2012

no.2　A morphological conflation approach to the historical development of preterite-present verbs—Old English, Proto-Germanic, and Proto-Indo-European (Toshiya　Tanaka［著］)

2011

no.9 Capitalism for the poor—does microenterprise work in the developed world？（Miyuki Inaba［著］）　2012

THE INTERVIEWS　サンポスト　2015～
2016

1　得意なことを継続すればそれはあなたのスペシャルになる（童門冬二, 重田玲著）　2015.6

2　人生は愛と友情と、そして裏切りとでできている（西村京太郎, 重田玲著）　2015.7

3　背伸びせず会社を成長させる経営術（米浜鉦二, 金子奈緒者）　2016.1

4　耳にかじりついても勝つ（輪島功一著, 重田玲インタビュー）　2016.1

5　げんこつで世界を変えろ！―反逆のアーティスト、海を渡る（篠原有司男著, 大貫祥子インタビュー）　2016.5

The New Fifties　講談社　1997～2016
⇒Ⅰ-396

◇茶の湯とキムチ（丁宗鉄著）　2010.11

◇吉田拓郎とつま恋と僕（木下晃著）　2010.11

◇47都道府県の戦国姫たちの野望―詳細地図・系図・戦国大名総覧（八幡和郎著）　2011.6

◇三浦雄一郎の「歩く技術」―60歳からの街歩き・山歩き（三浦雄一郎, 三浦豪太著）　2011.10

◇デジタル鳥瞰江戸の崖東京の崖（芳賀ひらく著）　2012.8

◇デジタル鳥瞰47都道府県庁所在都市　東日本編（八幡和郎著）　2015.8

◇デジタル鳥瞰47都道府県庁所在都市　西日本編（八幡和郎著）　2015.8

◇色鉛筆リアル画超入門（林亮太著）　2016.12

The world's bestselling series　ガイアブックス　2009～2011　⇒Ⅰ-397

◇世界の聖地バイブル―パワースポット＆スピリチュアルスポットのガイド決定版（アンソニー・テイラー著, 鈴木宏子訳）　2011.2

◇タロットバイブル―カードとスプレッドを完全習得するための決定版ガイド（サラ・バートレット著, 乙須敏紀訳）　2011.2

tiara books　ジュリアン　2011～2012

◇また、やっちまった！（野浪まこと著）　2011.8

◇妻力貯金―つまちょ（横山光昭著）　2012.6

U25 | SURVIVAL MANUAL SERIES
ディスカヴァー・トゥエンティワン　2012～2014

03　やんちゃであれ！―仕事は最高のエンターテイメントだ！（須田将啓, 田中禎人［著］）　2012.10

04　冒険に出よう―未熟でも未完成でも "今の自分" で突き進む。（安藤美冬［著］）　2012.11

05　未来が変わる働き方（慎泰俊［著］）　2013.2

07　世界へはみ出す―日本でダメなら、海外へ行く。（金城拓真［著］）　2013.5

10　"美しい瞬間" を生きる（向田麻衣［著］）　2014.7

WAVE Pocket Series　WAVE出版　2016

◇社長は少しバカがいい。―乱世を生き抜くリーダーの鉄則（鈴木喬著）　2016.12

◇強く生きたいあなたへ（坂本光司著）　2016.12

古典籍叢書

群書類従　塙保己一編纂　八木書店古書出版部　2013

第1輯　神祇部　オンデマンド版　2013.4

第2輯　神祇部　オンデマンド版　2013.4

第3輯　帝王部　オンデマンド版　2013.4

第4輯　補任部　オンデマンド版　2013.4

第5輯　系譜部 伝部 官職部　オンデマンド版　2013.4

第6輯　律令部 公事部　オンデマンド版　2013.4

第7輯　公事部　オンデマンド版　2013.4

第8輯　装束部 文筆部　オンデマンド版　2013.4

第9輯　文筆部 消息部　オンデマンド版　2013.4

第10輯　和歌部　オンデマンド版　2013.4

第11輯　和歌部　オンデマンド版　2013.4

第12輯　和歌部　オンデマンド版　2013.4

第13輯　和歌部　オンデマンド版　2013.4

第14輯　和歌部　オンデマンド版　2013.4

第15輯　和歌部　オンデマンド版　2013.4

第16輯　和歌部　オンデマンド版　2013.4

第17輯　連歌部 物語部　オンデマンド版　2013.4

第18輯　日記部 紀行部　オンデマンド版　2013.4

第19輯　菅絃部 蹴鞠部 鷹部 遊戯部 飲食部　オンデマンド版　2013.4

第20輯　合戦部　オンデマンド版　2013.4

総記   古典籍叢書

第21輯　合戦部　オンデマンド版　2013.4
第22輯　武家部　オンデマンド版　2013.4
第23輯　武家部　オンデマンド版　2013.4
第24輯　釈家部　オンデマンド版　2013.4
第25輯　雑部　オンデマンド版　2013.4
第26輯　雑部　オンデマンド版　2013.4
第27輯　雑部　オンデマンド版　2013.4
第28輯　雑部　オンデマンド版　2013.4
第29輯　雑部　オンデマンド版　2013.4
第30輯　正続分類総目録 文献年表　オンデマンド
　版　2013.4

国学院大学貴重書影印叢書　大学院六十周年記念
　国学院大学影印叢書編集委員会編　朝倉書店
　2013〜2016
第1巻　金葉和謌集 令義解 朝野群載 梁塵秘抄口
　伝集―大学院開設六十周年記念(松尾葦江責任編
　集)　2013.2
第2巻　神皇正統記 職原抄(大学院開設六十周年記
　念)(北畠親房著, 谷口雅博, 松尾葦江責任編集)
　2014.2
第3巻　井上毅宛明治顕官書翰集(大学院開設六十
　周年記念)　2015.2
第4巻　日本書紀 / 古語拾遺 / 神祇典籍集(大学院
　開設六十周年記念)(岡田荘司責任編集,［斎部広
　成］［撰］)　2016.2

新釈漢文大系　明治書院　1960〜2016
　⇒Ⅰ-293
75　唐宋八大家文読本　6(向嶋成美, 高橋明郎著)
　2016.5
106　白氏文集　10(岡村繁著)　2014.12
107　白氏文集　11(岡村繁著)　2015.9
115　史記　13(列伝6)(［司馬遷］［原著], 青木五
　郎著)　2013.12
118　白氏文集　7 下(岡村繁著)　2011.6
119　白氏文集　12下(岡村繁著)　2016.11
120　史記　14(列伝7)(［司馬遷］［原著], 青木五
　郎著)　2014.6
別巻　漢籍解題事典(内山知也著)　2013.5

真福寺善本叢刊　臨川書店　1998〜2011
　⇒Ⅰ-296
第2期 第2巻(仏法部5)　講説論義集(国文学研究
　資料館編)　2011.3

続群書類従　塙保己一編纂, 太田藤四郎補　八木
　書店古書出版部　2013
第1輯 上　神祇部　オンデマンド版　2013.4
第1輯 下　神祇部　オンデマンド版　2013.4
第2輯 上　神祇部　オンデマンド版　2013.4
第2輯 下　神祇部　オンデマンド版　2013.4
第3輯 上　神祇部　オンデマンド版　2013.4
第3輯 下　神祇部　オンデマンド版　2013.4
第4輯 上　帝王部 補任部　オンデマンド版　2013.
　4
第4輯 下　補任部　オンデマンド版　2013.4
第5輯 上　系図部　オンデマンド版　2013.4
第5輯 下　系図部　オンデマンド版　2013.4
第6輯 上　系図部　オンデマンド版　2013.4
第6輯 下　系図部　オンデマンド版　2013.4
第7輯 上　系図部　オンデマンド版　2013.4
第7輯 下　系図部　オンデマンド版　2013.4
第8輯 上　伝部　オンデマンド版　2013.4
第8輯 下　伝部　オンデマンド版　2013.4
第9輯 上　伝部　オンデマンド版　2013.4
第9輯 下　伝部　オンデマンド版　2013.4
第10輯 上　官職部 律令部 公事部　オンデマンド
　版　2013.4
第10輯 下　公事部　オンデマンド版　2013.4
第11輯 上　公事部　オンデマンド版　2013.4
第11輯 下　公事部 装束部　オンデマンド版　2013.
　4
第12輯 上　文筆部　オンデマンド版　2013.4
第12輯 下　文筆部　オンデマンド版　2013.4
第13輯 上　文筆部　オンデマンド版　2013.4
第13輯 下　文筆部 消息部　オンデマンド版　2013.
　4
第14輯 上　和歌部　オンデマンド版　2013.4
第14輯 下　和歌部　オンデマンド版　2013.4
第15輯 上　和歌部　オンデマンド版　2013.4
第15輯 下　和歌部　オンデマンド版　2013.4
第16輯 上　和歌部　オンデマンド版　2013.4
第16輯 下　和歌部　オンデマンド版　2013.4
第17輯 上　和歌部 連歌部　オンデマンド版　2013.
　4
第17輯 下　連歌部　オンデマンド版　2013.4
第18輯 上　物語部　オンデマンド版　2013.4
第18輯 下　物語部 日記部 紀行部　オンデマンド
　版　2013.4
第19輯 上　管絃部　オンデマンド版　2013.4

古典籍叢書

総記

第19輯 中 蹴鞠部 鷹部 オンデマンド版 2013.4

第19輯 下 遊戯部 飲食部 オンデマンド版 2013.4

第20輯 上 合戦部 オンデマンド版 2013.4

第20輯 下 合戦部 オンデマンド版 2013.4

第21輯 上 合戦部 オンデマンド版 2013.4

第21輯 下 合戦部 オンデマンド版 2013.4

第22輯 上 合戦部 オンデマンド版 2013.4

第22輯 下 合戦部 オンデマンド版 2013.4

第23輯 上 合戦部 オンデマンド版 2013.4

第23輯 下 武家部 オンデマンド版 2013.4

第24輯 上 武家部 オンデマンド版 2013.4

第24輯 下 武家部 オンデマンド版 2013.4

第25輯 上 武家部 オンデマンド版 2013.4

第25輯 下 釈家部 オンデマンド版 2013.4

第26輯 上 釈家部 オンデマンド版 2013.4

第26輯 下 釈家部 オンデマンド版 2013.4

第27輯 上 釈家部 オンデマンド版 2013.4

第27輯 下 釈家部 オンデマンド版 2013.4

第28輯 上 釈家部 オンデマンド版 2013.4

第28輯 下 釈家部 オンデマンド版 2013.4

第29輯 上 雑部 オンデマンド版 2013.4

第29輯 下 雑部 オンデマンド版 2013.4

第30輯 上 雑部 オンデマンド版 2013.4

第30輯 下 雑部 オンデマンド版 2013.4

第31輯 上 雑部 オンデマンド版 2013.4

第31輯 下 雑部 オンデマンド版 2013.4

第32輯 上 雑部 オンデマンド版 2013.4

第32輯 下 雑部 オンデマンド版 2013.4

第33輯 上 雑部 オンデマンド版 2013.4

第33輯 下 雑部 オンデマンド版 2013.4

第34輯 拾遺部 オンデマンド版 2013.4

第35輯 拾遺部 オンデマンド版 2013.4

第36輯 拾遺部 オンデマンド版 2013.4

第37輯 拾遺部 オンデマンド版 2013.4

補遺1[上] 満済准后日記 上 オンデマンド版（満済［著］） 2013.4

補遺1[下] 満済准后日記 下 オンデマンド版（満済［著］） 2013.4

補遺2[上] 看聞御記 上 オンデマンド版 2013.4

補遺2[下] 看聞御記 下 オンデマンド版 2013.4

補遺3-[1] お湯殿の上の日記 1 オンデマンド

補遺3-[2] お湯殿の上の日記 2 オンデマンド版 2013.4

補遺3-[3] お湯殿の上の日記 3 オンデマンド版 2013.4

補遺3-[4] お湯殿の上の日記 4 オンデマンド版 2013.4

補遺3-[5] お湯殿の上の日記 5 オンデマンド版 2013.4

補遺3-[6] お湯殿の上の日記 6 オンデマンド版 2013.4

補遺3-[7] お湯殿の上の日記 7 オンデマンド版 2013.4

補遺3-[8] お湯殿の上の日記 8 オンデマンド版 2013.4

補遺3-[9] お湯殿の上の日記 9 オンデマンド版 2013.4

補遺3-[10] お湯殿の上の日記 10 オンデマンド版 2013.4

補遺3-[11] お湯殿の上の日記 11 オンデマンド版 2013.4

続々群書類従 八木書店古書出版部 2013

第1 神祇部 オンデマンド版（国書刊行会編纂）2013.4

第2 史伝部 1 オンデマンド版（国書刊行会編纂）2013.4

第3 史伝部 2 オンデマンド版（国書刊行会編纂）2013.4

第4 史伝部 3 オンデマンド版（国書刊行会編纂）2013.4

第5 記録部 オンデマンド版（国書刊行会編纂）2013.4

第6 法制部 1 オンデマンド版（国書刊行会編纂）2013.4

第7 法制部 2 オンデマンド版（国書刊行会編纂）2013.4

第8 地理部 1 オンデマンド版（国書刊行会編纂）2013.4

第9 地理部 2 オンデマンド版（国書刊行会編纂）2013.4

第10 教育部 オンデマンド版（国書刊行会編纂）2013.4

第11 宗教部 1 オンデマンド版（国書刊行会編纂）2013.4

第12 宗教部 2 オンデマンド版（国書刊行会編纂）2013.4

第13 詩文部 オンデマンド版（国書刊行会編纂）
2013.4

第14 歌文部 1 オンデマンド版（国書刊行会編纂） 2013.4

第15 歌文部 2 オンデマンド版（国書刊行会編纂） 2013.4

第16 雑部 1 オンデマンド版（国書刊行会編纂）
2013.4

第17 雑部 2 オンデマンド版（古書保存会編纂）
2013.4

尊経閣善本影印集成 前田育徳会尊経閣文庫編
八木書店 1993～2012 ⇒Ⅰ-313

48 雲図鈔（[藤原重隆][著]） 2012.1

49 無題号記録 / 春玉秘抄（[源有仁][撰]）
2011.9

52 局中宝（[中原師光][著]） 2012.8

大東急記念文庫善本叢刊 築島裕、島津忠夫、井上宗雄、長谷川強、岡崎久司編 五島美術館大東急記念文庫 1976～2016 ⇒Ⅰ-319

中古中世篇 第10巻 諸芸 1 影印（島津忠夫責任編集） 2012.7

中古中世篇 第11巻 諸芸 2（島津忠夫責任編集）
2013.10

中古中世篇 第14巻 伝記・願文・語学等（築島裕責任編集） 2016.9

中古中世篇 別巻2［第1巻］ 伊呂波字類抄 第1巻
（築島裕責任編集） 2012.5

中古中世篇 別巻2［第2巻］ 伊呂波字類抄 第2巻
（築島裕責任編集） 2012.10

中古中世篇 別巻2［第3巻］ 伊呂波字類抄 第3巻
（[橘忠兼][著]、築島裕責任編集） 2013.4

中古中世篇 別巻2［第4巻］ 伊呂波字類抄 第4巻
（[橘忠兼][著]、築島裕責任編集） 2014.1

中古中世篇 別巻2［第5巻］ 伊呂波字類抄 第5巻
（[橘忠兼][著]、築島裕責任編集） 2015.2

東洋文庫 平凡社 1963～2016 ⇒Ⅰ-329

798 笑雲入明記―日本僧の見た明代中国（笑雲瑞訢著、村井章介、須田牧子編） 2010.10

800 訓民正音（趙義成訳注） 2010.11

801 蕪村句集講義 1（内藤鳴雪、正岡子規、高浜虚子、河東碧梧桐ほか著、佐藤勝明校注） 2010.12

802 蕪村句集講義 2（内藤鳴雪、正岡子規、高浜虚子、河東碧梧桐ほか著、佐藤勝明校注） 2011.1

803 関東往還記（性海[著]、細川涼一訳注）
2011.1

804 蕪村句集講義 3（内藤鳴雪、正岡子規、高浜虚子、河東碧梧桐ほか著、佐藤勝明校注） 2011.2

805 トルキスタン文化史 1（V.V.バルトリド[著]、小松久男監訳） 2011.2

806 トルキスタン文化史 2（V.V.バルトリド[著]、小松久男監訳） 2011.3

807 花甲録―日中友好の架け橋（内山完造著）
2011.3

808 国語のため（上田万年著、安田敏朗校注）
2011.4

809 新羅殊異伝―散逸した朝鮮説話集（小峯和明、増尾伸一郎編訳） 2011.6

810 本阿弥行状記（日暮聖、加藤良輔、山口恭子訳注） 2011.7

811 政談―服部本（荻生徂徠著、平石直昭校注）
2011.9

812 花間集―晩唐・五代の詞のアンソロジー（趙崇祚編、青山宏訳注） 2011.9

813 インドの驚異譚―10世紀〈海のアジア〉の説話集 1（ブズルク・ブン・シャフリヤール[蒐集・編纂]、家島彦一訳） 2011.10

814 ウラル・バトゥル―バシュコルト英雄叙事詩（坂井弘紀訳） 2011.11

815 インドの驚異譚―10世紀〈海のアジア〉の説話集 2（ブズルク・ブン・シャフリヤール[蒐集・編纂]、家島彦一訳） 2011.12

816 江戸後期の詩人たち（富士川英郎著） 2012.1

817 共同研究転向 1（戦前篇 上）（思想の科学研究会編） 2012.2

818 共同研究転向 2（戦前篇 下）（思想の科学研究会編） 2012.2

819 完訳日本奥地紀行 1 横浜―日光―会津―越後（イザベラ・バード[著]、金坂清則訳注）
2012.3

820 新訳ラーマーヤナ 1（ヴァールミーキ[編著]、中村了昭訳） 2012.4

821 鳥の言葉―ペルシア神秘主義比喩物語詩（アッタール[著]、黒柳恒男訳） 2012.5

822 新訳ラーマーヤナ 2（ヴァールミーキ[編著]、中村了昭訳） 2012.6

823 完訳日本奥地紀行 2 新潟―山形―秋田

古典籍叢書　　　　　　　　　　　　　　　　　　　　　　　　　　総記

―青森（イザベラ・バード［著］，金坂清則訳注）
2012.7

824　共同研究 転向　3　戦中篇 上（思想の科学研
究会編）　2012.8

825　共同研究 転向　4　戦中篇 下（思想の科学研
究会編）　2012.8

826　ユースフとズライハ（ジャーミー［著］，岡田
恵美子訳）　2012.9

827　新訳ラーマーヤナ　3（ヴァールミーキ［編
著］，中村了昭訳）　2012.10

828　完訳日本奥地紀行　3　北海道・アイヌの世界
（イザベラ・バード［著］，金坂清則訳注）　2012.
11

829　新訳ラーマーヤナ　4（ヴァールミーキ［編
著］，中村了昭訳）　2012.12

830　シャマニズム―アルタイ系諸民族の世界像
1（ウノ・ハルヴァ［著］，田中克彦訳）　2013.1

831　共同研究 転向　5　戦後篇 上（思想の科学研
究会編）　2013.2

832　共同研究 転向　6　戦後篇 下（思想の科学研
究会編）　2013.3

833　完訳日本奥地紀行　4　東京―関西―伊勢 日
本の国政（イザベラ・バード［著］，金坂清則訳
注）　2013.3

834　新訳ラーマーヤナ　5（ヴァールミーキ［編
著］，中村了昭訳）　2013.4

835　シャマニズム―アルタイ系諸民族の世界像
2（ウノ・ハルヴァ［著］，田中克彦訳）　2013.5

836　新訳ラーマーヤナ　6（ヴァールミーキ［編
著］，中村了昭訳）　2013.6

837　目録学発微―中国文献分類法（余嘉錫著，古
勝隆一，嘉瀬達男，内山直樹訳注）　2013.7

838　新訳ラーマーヤナ　7（ヴァールミーキ［編
著］，中村了昭訳）　2013.8

839　明史選挙志　1　明代の学校・科挙・任官制
度（井上進，酒井恵子訳注）　2013.9

840　新訳日本奥地紀行（イザベラ・バード［著］，
金坂清則訳）　2013.10

841　論語集注　1（朱熹［著］，土田健次郎訳注）
2013.10

842　マヌ法典（渡瀬信之訳注）　2013.11

843　世説新語　1（劉義慶撰，井波律子訳注）
2013.11

844　中庸の神学―中世イスラームの神学・哲学・
神秘主義（ガザーリー［著］，中村広治郎訳註）
2013.12

845　世説新語　2（劉義慶撰，井波律子訳注）
2014.1

846　新民説（梁啓超［著］，高嶋航訳注）　2014.3

847　世説新語　3（劉義慶撰，井波律子訳注）
2014.3

848　朝鮮開化派選集―金玉均・朴泳孝・兪吉濬・
徐載弼（金玉均，朴泳孝，兪吉濬，徐載弼［著］，月
脚達彦訳注）　2014.4

849　世説新語　4（劉義慶撰，井波律子訳注）
2014.5

850　論語集注　2（朱熹［著］，土田健次郎訳注）
2014.6

851　世説新語　5（劉義慶撰，井波律子訳注）
2014.7

852　交隣提醒（雨森芳洲［著］，田代和生校注）
2014.8

853　バーブル・ナーマ―ムガル帝国創設者の回想
録　1（バーブル［著］，間野英二訳注）　2014.9

854　論語集注　3（朱熹［著］，土田健次郎訳注）
2014.10

855　バーブル・ナーマ―ムガル帝国創設者の回想
録　2（バーブル［著］，間野英二訳注）　2014.11

856　東洋音楽史（田辺尚雄［著］，植村幸生校注）
2014.12

857　バーブル・ナーマ―ムガル帝国創設者の回想
録　3（バーブル［著］，間野英二訳注）　2015.1

858　論語集注　4（朱熹［著］，土田健次郎訳注）
2015.2

859　沖縄物産志―附・清国輸出日本水産図説（河
原田盛美著，増田昭子編，高江洲昌哉，中野泰，中
林広一校注）　2015.3

860　乾浄筆譚―朝鮮燕行使の北京筆談録　1（洪大
容著，夫馬進訳注）　2016.11

861　西湖夢尋（張岱［著］，佐野公治訳注）　2015.
6

862　アルパムス・バトゥル―テュルク諸民族英雄
叙事詩（坂井弘紀訳）　2015.7

863　江戸詩人評伝集―詩誌『雅友』抄　1（今関天
彭著，揖斐高編）　2015.9

864　自省録（李退渓著，難波征男校注）　2015.10

865　蝦夷志 南島志（新井白石著，原田信男校注）
2015.11

866　江戸詩人評伝集―詩誌『雅友』抄　2（今関天
彭著，揖斐高編）　2015.11

867　哲学者の自己矛盾―イスラームの哲学批判
（ガザーリー［著］，中村広治郎訳註）　2015.12

総記 古典籍叢書

868 メッカ巡礼記—旅の出会いに関する情報の備忘録 1（イブン・ジュバイル［著］，家島彦一訳注） 2016.1

869 メッカ巡礼記—旅の出会いに関する情報の備忘録 2（イブン・ジュバイル［著］，家島彦一訳注） 2016.3

870 エリュトラー海案内記 1（蔀勇造訳註） 2016.4

871 メッカ巡礼記—旅の出会いに関する情報の備忘録 3（イブン・ジュバイル［著］，家島彦一訳注） 2016.5

872 陳独秀文集 1 初期思想・文化言語論集（陳独秀［著］，長堀祐造，小川利康，小野寺史郎，竹元規人編訳） 2016.6

873 呉越春秋—呉越興亡の歴史物語（趙曄［著］，佐藤武敏訳注） 2016.7

874 エリュトラー海案内記 2（蔀勇造訳註） 2016.8

875 海東高僧伝（覚訓著，小峯和明，金英順編訳） 2016.9

876 陳独秀文集 2 政治論集1（1920-1929）（陳独秀［著］，石川禎浩，三好伸清編訳） 2016.10

877 徂徠集—序類 1（荻生徂徠著，沢井啓一，岡本光生，相原耕作，高山大毅訳注） 2016.11

878 渡辺崋山書簡集（渡辺崋山［著］，別所興一訳注） 2016.12

図書寮叢刊 宮内庁書陵部 1971～2015 ⇒Ⅰ-331
◇九条家本玉葉 13（［九条兼実］［著］） 2011.3
◇看聞日記 6（［伏見宮貞成親王］［著］） 2012.3
◇九条家本玉葉 14（［九条兼実］［著］） 2013.3
◇看聞日記 7（［伏見宮貞成親王］［著］） 2014.3
◇九条家本紙背文書集—中右記 2015.3

図書寮叢刊 宮内庁書陵部編 明治書院 1970～2015 ⇒Ⅰ-331
九条家本玉葉13 自建久2年夏至建久3年冬 2011.4
九条家本玉葉14 自建久四年至建仁三年 2013.4
看聞日記6 自永享九年正月至嘉吉三年三月 2012.4
九条家本紙背文書集 中右記 2015.3

冷泉家時雨亭叢書 冷泉家時雨亭文庫編 朝日新聞社 1992～2016 ⇒Ⅴ-676
第85巻 古今和歌集—蒔絵小箱三代集本 2016.8

第88巻 新古今和歌集—打曇表紙本 / 風雅和歌集—春夏（光厳天皇撰） 2014.12

第89巻［1］ 新千載和歌集—西南院本（［藤原為定］［撰］） 2016.12

第89巻［2］ 代々勅撰御詠 2016.12

第90巻 擬定家本私家集 続 2015.2

第91巻 平安私家集 13 / 擬定家本私家集 続々 2015.4

第92巻［1］ 中世私家集 12-［1］ 2015.12

第92巻［2］ 中世私家集 12-［2］ 2015.12

第93巻 草根集 上（［正徹］［著］，［正広］［編纂］） 2015.8

第94巻 草根集 下（［正徹］［著］，［正広］［編纂］） 2016.4

第95巻 歌林良材集 / 歌合集 続（一条兼良著） 2016.2

第96巻 中世歌学集 続 / 千首和歌 2016.6

第99巻［1］ 源氏物語 柏木 / 河海抄 第15巻（［紫式部］，［四辻善成］［著］） 2015.6

第99巻［2］ 後陽成天皇源氏物語講釈聞書 2015.6

別巻2 明月記—翻刻 1 自治承四年至建永元年 2012.1

別巻3 翻刻明月記 2（自承元元年至嘉禄二年）（藤原定家著） 2014.11

全集・叢書名索引

全集・叢書名索引　　あすかひし

【 あ 】

IS人材のためのキャリア形成のヒント（日本
　情報システム・ユーザー協会）……………… 69
iOS SDKプログラミング・リファレンス（マ
　イナビ）……………………………………… 69
I/O BOOKS（工学社）……………………… 69
ijデジタルBOOK（インプレスジャパン）… 83
愛知教育大学ブックレット（愛知教育大学出
　版会）………………………………………… 1
愛知県EL新聞記事情報リスト（エレクトロ
　ニック・ライブラリー）………………… 185
愛知県ELNET新聞記事情報リスト（エレク
　トロニック・ライブラリー）…………… 185
愛知大学経営総合科学研究所叢書（愛知大学
　経営総合科学研究所）……………………… 1
愛知大学文学会叢書（梓出版社）…………… 1
愛知大学文学会叢書（春風社）……………… 1
愛知大学文学会叢書（ナカニシヤ出版）…… 1
愛知大学文学会叢書（文緝堂）……………… 1
ITスキル標準導入活用事例集（情報処理推進
　機構IT人材育成本部ITスキル標準セン
　ター）……………………………………… 84
IT Text（オーム社）………………………… 84
ITナビゲーター（東洋経済新報社）………… 85
IDP新書（IDP出版）……………………… 249
ITブッククラシックス（技術評論社）……… 85
IT Leaders選書（インプレス）……………… 85
IT・Literacy（日本文教出版）……………… 85
ITロードマップ（東洋経済新報社）………… 85
iPhoneアプリを作ってみよう（秀和システ
　ム）………………………………………… 85
iPhoneアプリ・クリエイターズファイル（翔
　泳社）……………………………………… 85
青森県EL新聞記事情報リスト（エレクトロ
　ニック・ライブラリー）………………… 185
青森県ELNET新聞記事情報リスト（エレク
　トロニック・ライブラリー）…………… 185
青山学院大学経済研究所研究叢書（汲古書
　院）………………………………………… 2
青山学院大学経済研究所研究叢書（日本経済
　評論社）…………………………………… 2
青山学院大学総合研究所叢書（アルク企画開
　発部）……………………………………… 2
青山学院大学総合研究所叢書（学文社）…… 2
青山学院大学総合研究所叢書（教文館）…… 2

青山学院大学総合研究所叢書（勁草書房）… 2
青山学院大学総合研究所叢書（弘文堂）…… 2
青山学院大学総合研究所叢書（新教出版社）… 2
青山学院大学総合研究所叢書（水声社）…… 2
青山学院大学総合研究所叢書（宣伝会議）… 2
青山学院大学総合研究所叢書（同文舘出版）… 2
青山学院大学総合研究所叢書（日本キリスト
　教団出版局）……………………………… 2
青山学院大学総合研究所叢書（日本評論社）… 2
青山学院大学総合研究所叢書（文真堂）…… 2
青山学院大学総合研究所叢書（平凡社）…… 2
青山学院大学総合研究所叢書（ミネルヴァ書
　房）………………………………………… 2
青山学院大学総合研究所叢書（有志舎）…… 2
青山学院大学総合研究所叢書（有信堂高文
　社）………………………………………… 2
青山学院大学総合研究所叢書（ヨベル）…… 2
アーカイブズ講座報告書（中津市教育委員
　会）……………………………………… 173
明石ライブラリー（明石書店）…………… 250
アカデミック・ライブラリー（角川学芸出
　版）……………………………………… 250
秋田県EL新聞記事情報リスト（エレクトロ
　ニック・ライブラリー）………………… 185
秋田県ELNET新聞記事情報リスト（エレク
　トロニック・ライブラリー）…………… 186
アクティブラーニングで学ぶJavaプログラミ
　ングの基礎（コロナ社）………………… 85
アグネ承風社新書（アグネ承風社）……… 250
朝霞市博物館館有資料目録（朝霞市博物館）
　…………………………………………… 240
浅野尚遺稿集かけら（浅野滋津子）……… 250
朝日おとなの学びなおし！（朝日新聞出版）
　…………………………………………… 250
ASAHI ORIGINAL（朝日新聞出版）…… 251
旭川叢書（旭川振興公社）………………… 254
朝日クリエライブラリー（朝日クリエ）… 254
朝日新聞外地版（ゆまに書房）…………… 244
朝日新聞外地版2（ゆまに書房）………… 244
朝日新聞報道写真集（朝日新聞出版）…… 245
朝日選書（朝日新聞出版）………………… 245
朝日・毎日・読売 社説総覧（明文書房）… 247
アジア研究所叢書（亜細亜大学アジア研究
　所）………………………………………… 3
あしあと（浦和子どもの本連絡会）……… 173
明日へ翔ぶ（風間書房）…………………… 3
Asuka business & language books（明日香出
　版社[アシスト出版部, 共同マーケティング
　事業部]）………………………………… 254

全集・叢書総目録 2011-2016　**469**

あすかひし

全集・叢書名索引

Asuka business & language books（まことい
ちオフィス）……………………………… 257
頭の体操BEST（光文社）……………… 229
新しい絵本1000（NPO読書サポート）……… 186
新しい教育をつくる司書教諭のしごと（全国
学校図書館協議会）……………………… 173
厚木の図書館（厚木市教育委員会教育総務部
中央図書館, 社会教育部中央図書館）……… 173
熱田神宮熱田文庫蔵書目録（熱田神宮宮庁）
……………………………………………… 186
アップルトレーニングシリーズ（ボーンデジ
タル）………………………………………… 85
Adobe JavaScriptシリーズ（インプレス
R&D, インプレス〔発売〕）………………… 86
アトランチスノート（水星舎）…………… 257
REBOKシリーズ（近代科学社）………… 86
アルケミスト双書（創元社）………………… 257
アルゴリズムイントロダクション（近代科学
社）…………………………………………… 86
アルゴリズムを学ぼう（アスキー・メディア
ワークス）…………………………………… 86
α la vieガイドブックシリーズ（ギャップ・
ジャパン）………………………………… 258
粟津則雄著作集（思潮社）………………… 258
暗黒通信団初期頒布物集（暗黒通信団）……… 258
アンダンテ（京都家庭文庫地域文庫連絡会40
周年記念事業実行委員会）……………… 173
アンドロイドプログラミング最初の一歩（パ
ルフ出版）…………………………………… 86
Androidプログラミングレシピ（インプレス
ジャパン）…………………………………… 86

【い】

ELNET新聞記事年鑑（エレクトロニック・
ライブラリー）…………………………… 186
医学用語シソーラス（医学中央雑誌刊行会）
……………………………………………… 174
生かされて（国民みらい出版）…………… 258
伊方町町見郷土館収蔵資料目録（伊方町町見
郷土館）…………………………………… 240
石川県EL新聞記事情報リスト（エレクトロ
ニック・ライブラリー）………………… 188
石川県ELNET新聞記事情報リスト（エレク
トロニック・ライブラリー）…………… 188
「石橋湛山記念早稲田ジャーナリズム大賞」
記念講座（成文堂）……………………… 247

「石橋湛山記念早稲田ジャーナリズム大賞」
記念講座（早稲田大学出版部）………… 247
石橋湛山全集（東洋経済新報社）………… 259
石原慎太郎の思想と行為（産経新聞出版）…… 259
医者と僧侶二足のわらじ（探究社）……… 234
Izumi Books（本の泉社）………………… 259
市川市の図書館（市川市教育委員会生涯学習
部中央図書館）…………………………… 174
いちばんやさしいExcel 2016（日経BP社）…… 86
いちばんやさしいWord 2016（日経BP社）…… 86
いつか読んでみたかった日本の名著シリーズ
（致知出版社）…………………………… 259
1冊でわかる（岩波書店）………………… 259
一灯叢書（致知出版社一灯叢書事業部）…… 259
伊東俊太郎著作集（麗沢大学出版会）…… 259
伊東富太郎コレクション（桑名市教育委員
会）………………………………………… 188
Inax booklet（INAX出版）……………… 259
茨城県EL新聞記事情報リスト（エレクトロ
ニック・ライブラリー）………………… 188
茨城県ELNET新聞記事情報リスト（エレク
トロニック・ライブラリー）…………… 189
茨城県図書館協会調査研究委員会報告書（茨
城県図書館協会）………………………… 174
いま、この本（杉並区立中央図書館）…… 189
今すぐ使えるかんたんEx（技術評論社）…… 86
Imasugu Tsukaeru Kantan Series（技術評論
社）………………………………………… 87
今すぐ使えるかんたんPLUS（技術評論社）…… 89
今すぐ使えるかんたんPLUS+（技術評論社）
……………………………………………… 90
今すぐ使えるかんたんmini（技術評論社）…… 90
いま、世界で読まれている105冊（テン・
ブックス）………………………………… 174
イメージ別レイアウトシリーズ（パイ・イン
ターナショナル）………………………… 189
イメージ別レイアウトスタイルシリーズ（パ
インターナショナル）…………………… 189
イラスト＆ケーススタディー（PHP研究所）
……………………………………………… 95
イラスト図解式 わかりやすさにこだわった
（SBクリエイティブ）…………………… 95
イラスト図解 見てわかる読んで納得!!!（日東
書院本社）………………………………… 260
イラストですっきりナットク!!（笠倉出版
社）………………………………………… 260
eラーニングを利用した情報処理基礎（学術
図書出版社）……………………………… 95
医療情報リテラシー（政光プリプラン）…… 95

470 全集・叢書総目録 2011-2016

岩崎文庫貴重書書誌解題（東洋文庫）………… 189
岩田書院ブックレット（岩田書院）………… 174
岩手県EL新聞記事情報リスト（エレクトロ
　ニック・ライブラリー）……………… 189
岩手県ELNET新聞記事情報リスト（エレク
　トロニック・ライブラリー）………… 189
岩手県立博物館収蔵資料目録（岩手県文化振
　興事業団）……………………………… 241
岩波現代全書（岩波書店）……………… 260
岩波講座計算科学（岩波書店）…………… 95
岩波講座現代（岩波書店）……………… 262
岩波人文書セレクション（岩波書店）… 262
岩波セミナーブックス（岩波書店）…… 264
岩波テキストブックス（岩波書店）…… 264
岩波テキストブックスα（岩波書店）… 264
岩波ブックレット（岩波書店）………… 264
岩波モダンクラシックス（岩波書店）… 268
印刷博物館講演録（凸版印刷印刷博物館）… 189
インターネット社会を生きるための情報倫理
　（実教出版）…………………………… 95
インターフェースspecial（CQ出版）…… 95
インターフェースzero（CQ出版）……… 96
インターフェース・デザイン・シリーズ
　（CQ出版）……………………………… 96
インタフェースデザインの心理学（オライ
　リー・ジャパン）……………………… 96
Informatics & IDEA（SBクリエイティブ）… 96
インフラエンジニアの教科書（シーアンド
　アール研究所）………………………… 96
インプレスR&Dインターネットメディア総
　合研究所「OnDeck調査レポートシリーズ」
　（インプレスR&Dインターネットメディア
　総合研究所）…………………………… 96
インプレスR&Dインターネットメディア総
　合研究所「新産業技術レポートシリーズ」
　（インプレスR&Dインターネットメディア
　総合研究所）…………………………… 96
インプレスR&Dインターネットメディア総
　合研究所「新産業調査レポートシリーズ」
　（インプレスR&Dインターネットメディア
　総合研究所）…………………………… 97
インプレスR&Dインターネットメディア総
　合研究所「電子書籍ビジネスシリーズ」
　（インプレスR&Dインターネットメディア
　総合研究所）…………………………… 190
インプレスR&D<next publishing>（インプ
　レスR&D）……………………………… 100

インプレス［ビジネスメディア］「新産業技術
　レポートシリーズ」（インプレスビジネス
　メディア）……………………………… 106
インプレス選書（インプレスジャパン）…… 106
インプレス総合研究所「新産業調査レポート
　シリーズ」（インプレス）…………… 106
インプレスビジネスメディアインターネット
　メディア総合研究所「新産業調査レポート
　シリーズ」（インプレスビジネスメディ
　ア）……………………………………… 106
インプレスビジネスメディアインプレス総合
　研究所「新産業調査レポートシリーズ」
　（インプレスビジネスメディア）…… 106
インプレスビジネスメディア「新産業調査レ
　ポートシリーズ」（インプレスビジネスメ
　ディア）………………………………… 190

【 う 】

ヴァチカン教皇庁図書館展 Bibliotheca
　Apostolica Vaticana exhibition（凸版印刷
　印刷博物館）…………………………… 190
Visual（ヴィジュアル）Basic 2010逆引き大
　全至高の技（秀和システム）………… 106
上を目指すプログラマーのためのiPhoneアプ
　リ開発テクニック（インプレスジャパン）
　…………………………………………… 106
ウェッジ選書（ウェッジ）……………… 268
Web Site Expert（技術評論社）………… 106
WEB+DB PRESS（技術評論社）……… 106
Webデザイナー養成講座（技術評論社）…… 107
ウェブの仕事力が上がる標準ガイドブック
　（ワークスコーポレーション, ボーンデジタ
　ル）……………………………………… 107
ウェブビズ（技術評論社）……………… 107
WEB+DB PRESS plusシリーズ（技術評論
　社）……………………………………… 107
Web MOVIE Creators'（翔泳社）……… 108
ウソ？ ホント？ おもわず話したくなる雑学
　あれこれ（メトロポリタンプレス）… 234
内村剛介著作集（恵雅堂出版）………… 268
ウチュウジンマーケット（ヒカルランド）… 234

【 え 】

ASシリーズ Academia society（大学教育出版）················· 3
AN 21研究シリーズ（文真堂）········ 268
A型自分の説明書（文芸社）··········· 234
衛星通信ガイドブック（サテマガBI（ビー・アイ））···················· 108
映像情報社会システムシリーズ（日本・社会システムラボラトリー）··········· 108
AB型自分の説明書（文芸社）··········· 234
英文対照 朝日新聞天声人語（原書房）········· 247
Excel徹底活用シリーズ（SB［ソフトバンク］クリエイティブ）··········· 109
Excelの極意（毎日コミュニケーションズ）··········· 109
エコミュージアム関ヶ原（エコミュージアム関ヶ原）··········· 241
SEを極める50の鉄則（日経BP社）··········· 109
SEC books（オーム社）··········· 109
SEC books（佐伯印刷）··········· 109
SEC books（情報処理推進機構）··········· 109
SEは死滅する（日経BP社）··········· 110
SQL Server 2012の教科書（ソシム）··········· 110
SQL Server 2016の教科書（ソシム）··········· 110
SQL Server2012逆引き大全515の極意（秀和システム）··········· 110
SQ選書（社会評論社）··········· 268
SCC Books（エスシーシー）··········· 110
S・セキルバーグ関暁夫の都市伝説（竹書房）··········· 234
SUPモダン・クラシックス叢書（上智大学出版）··········· 269
エディターシップ（日本編集者学会，トランスビュー［発売］）··········· 190
"絵で見てわかる"シリーズ（翔泳社）··········· 111
絵でみるシリーズ（日本能率協会マネジメントセンター）··········· 269
Edu-talkシリーズ（中村堂）··········· 269
江戸学入門（洋泉社）··········· 269
NHK ITホワイトボックス（講談社）··········· 111
NHK「こころの遺伝子」ベストセレクション（主婦と生活社）··········· 234
NHK出版DVD＋BOOK（NHK出版）··········· 269
NHKシリーズ（日本放送出版協会，NHK出版）··········· 269

NHKスペシャル（NHK出版）··········· 274
NHKスペシャル（新日本出版社）··········· 274
NHKスペシャル（宝島社）··········· 274
NHKスペシャル（文芸春秋）··········· 275
NHKテキスト（NHK出版）··········· 275
NHKテレビテキスト（NHK出版）··········· 275
NHK「100分de名著」ブックス（NHK出版）··········· 278
NHKブックス（日本放送出版協会，NHK出版）··········· 279
NHKまる得マガジン（日本放送出版協会，NHK出版）··········· 280
NTT出版ライブラリーレゾナント（NTT出版）··········· 281
愛媛県EL新聞記事情報リスト（エレクトロニック・ライブラリー）··········· 190
愛媛県ELNET新聞記事情報リスト（エレクトロニック・ライブラリー）··········· 190
えひめブックス（愛媛県文化振興財団）········ 281
愛媛文化双書（愛媛文化双書刊行会）········· 281
FOM出版のみどりの本（FOM出版）········· 112
FPGAプログラミング大全（秀和システム）··········· 114
「絵本で子育て」叢書（「絵本で子育て」センター）··········· 174
絵本の読み聞かせガイド（ライフ出版社）····· 174
「絵本は人生に三度」手帖（平凡社）··········· 174
MICSオケイジョナル・ペーパー（明治学院［大学］キリスト教研究所）··········· 3
MSDNプログラミングシリーズ（日経BP社）··········· 114
MG BOOKS（エムジー・コーポレーション）··········· 281
MdN DESIGN BASICS（エムディエヌコーポレーション）··········· 190
エルクシリーズ（柏艪舎）··········· 281
エンジニア〈確実〉養成講座Ver.1.0（技術評論社）··········· 114
エンタテインメントコンピューティング（情報処理学会）··········· 114
エンタテインメントと著作権―初歩から実践まで―（著作権情報センター）··········· 190
エンベデッドシステムマーケット（富士経済）··········· 114

全集・叢書名索引　　　　　　　　　　　　　　　　　　　　かつかいね

【お】

桜美林ブックス（桜美林学園出版部）............. 3
大分県EL新聞記事情報リスト（エレクトロ
　ニック・ライブラリー）..................... 190
大分県ELNET新聞記事情報リスト（エレク
　トロニック・ライブラリー）................. 190
大垣市立図書館郷土資料目録（大垣市教育委
　員会）..................................... 190
大河内文庫目録（大東文化大学図書館）........ 191
大阪大学新世紀レクチャー（大阪大学出版
　会）....................................... 3
大阪大学総合学術博物館叢書（大阪大学出版
　会）....................................... 4
大阪府EL新聞記事情報リスト（エレクトロ
　ニック・ライブラリー）..................... 191
大阪府ELNET新聞記事情報リスト（エレク
　トロニック・ライブラリー）................. 191
大手前大学公開講座講義録（大手前大学）....... 4
大手前大学比較文化研究叢書（思文閣出版）..... 4
大屋幸世叢刊（日本古書通信社）............... 191
緒方洪庵全集（大阪大学出版会）............... 281
O型自分の説明書（文芸社）................... 234
岡山県EL新聞記事情報リスト（エレクトロ
　ニック・ライブラリー）..................... 192
岡山県ELNET新聞記事情報リスト（エレク
　トロニック・ライブラリー）................. 192
岡山大学文学部研究叢書（岡山大学文学部）..... 4
岡山文庫（日本文教出版）..................... 282
おかんメール（扶桑社）....................... 234
沖浦和光著作集（現代書館）................... 282
おきなわ（不二出版）......................... 192
沖縄学術研究双書（榕樹書林）................. 282
沖縄県EL新聞記事情報リスト（エレクトロ
　ニック・ライブラリー）..................... 192
沖縄県ELNET新聞記事情報リスト（エレク
　トロニック・ライブラリー）................. 192
沖縄文化（不二出版）......................... 192
奥会津博物館収蔵資料目録（南会津町教育委
　員会）..................................... 241
おとなの楽習（自由国民社）................... 229
大人の教養読本知恵のわ（日経BPコンサル
　ティング）................................. 4
大人の自由時間（技術評論社）................. 283
大人のための絵本セラピー（瑞雲舎）........... 174
大人の本棚（みすず書房）..................... 283

おはなし会プログラム（NPO読書サポート）
　... 174
オフサイド・ブックス（彩流社）............... 283
Object Oriented SELECTION（翔泳社）..... 114
覚えないで作るAndroid業務アプリ即席組み
　立てキット（秀和システム）................. 115
Oracle現場主義（SBクリエイティブ）......... 115
On Demand Books（青蛙房）............... 283
On Demand Books（塙書房）............... 283
音訳テキスト（全国視覚障害者情報提供施設
　協会）..................................... 174

【か】

外国著作権法令集（著作権情報センター）
　... 192
解説資料（伊丹市立博物館）................... 241
解題書目（青森県立図書館）................... 193
開知新聞（不二出版）......................... 193
書いて遊ぶ（［荒井明由]）..................... 234
科学研究費報告書（東京学芸大学）............. 4
香川県EL新聞記事情報リスト（エレクトロ
　ニック・ライブラリー）..................... 193
香川県ELNET新聞記事情報リスト（エレク
　トロニック・ライブラリー）................. 193
学園評論（不二出版）......................... 193
学習院大学研究叢書（学習院大学）............. 4
学術アーカイブス（学術出版会）............... 229
学術選書（京都大学学術出版会）............... 5
学術選書（三重大学出版会）................... 5
学術叢書（学術出版会）....................... 5
学生のための情報リテラシー（東京電機大学
　出版局）................................... 115
学図教ブックレット（日本学校図書館教育協
　議会）..................................... 174
鹿児島県EL新聞記事情報リスト（エレクト
　ロニック・ライブラリー）................... 193
鹿児島県ELNET新聞記事情報リスト（エレ
　クトロニック・ライブラリー）............... 193
柏崎市立博物館調査報告書（柏崎市立博物
　館）....................................... 241
家族で楽しむ絵本とあそび（生命保険協会）
　... 175
ガタスタ屋の矜持（本の雑誌社）............... 175
学会年報・研究報告論文総覧（日外アソシ
　エーツ）................................... 193

全集・叢書総目録 2011-2016　**473**

かつけんう

全集・叢書名索引

学研WOMAN（学研パブリッシング, 学研プラス）……………………… 115

学研雑学百科（学研教育出版, 学研パブリッシング）………………… 230

学校で教えない教科書（日本文芸社）……… 283

学校図書館員の専門性を探る（日本図書館協会学校図書館部会）……………… 175

学校図書館学（青弓社）………………… 175

学校図書館から教育を変える（国土社）……… 175

学校図書館関係者スキルアップ研修会報告書（大分県立図書館）………………… 175

学校図書館図解・演習シリーズ（青弓社）…… 175

桂ブックレット（桂書房）………………… 284

家電製品資格シリーズ（NHK出版）……… 284

角川EPUB選書（KADOKAWA）………… 115

角川インターネット講座（KADOKAWA）……………………………………… 116

角川選書（角川学芸出版, KADOKAWA）…… 285

角川フォレスタ（角川学芸出版, KADOKAWA）…………………………… 287

角川oneテーマ21（角川書店, 角川学芸出版, KADOKAWA）……………………… 290

神奈川県EL新聞記事情報リスト（エレクトロニック・ライブラリー）…………… 193

神奈川県ELNET新聞記事情報リスト（エレクトロニック・ライブラリー）………… 194

神奈川県立博物館調査研究報告（神奈川県立生命の星・地球博物館）……………… 241

神奈川大学人文学研究叢書（御茶の水書房）…… 6

神奈川大学人文学研究叢書（研文出版）……… 7

神奈川大学人文学研究叢書（青娥書房）……… 7

神奈川大学人文学研究叢書（青弓社）……… 7

神奈川大学入門テキストシリーズ（御茶の水書房）………………………………… 7

金沢大学日中無形文化遺産プロジェクト報告書（金沢大学人間社会研究域）………… 7

金沢大学人間社会研究叢書（世界思想社）……… 7

カフェ天香文庫（伊藤正博）……………… 294

カフェ天香文庫（柿沢宏仁）……………… 294

カフェ天香文庫（［小林みよ子］）………… 294

カフェ天香文庫（鈴木和子）……………… 294

カフェ天香文庫（住吉克明）……………… 294

カフェ天香文庫（高田信行）……………… 294

カフェ天香文庫（竹内武男）……………… 294

カフェ天香文庫（田中博）………………… 294

カフェ天香文庫（常田啓子）……………… 294

カフェ天香文庫（熱風出版）……………… 295

カフェ天香文庫（原房子）………………… 295

カフェ天香文庫（守矢真明）……………… 295

河北選書（河北新報出版センター）……… 295

蒲池正夫図書館関係著作集（植村芳浩）…… 175

上方文庫（和泉書院）……………………… 295

かもがわブックレット（かもがわ出版）…… 295

カラー復刻『主婦之友』昭和期目次（石川文化事業財団）…………………………… 240

花乱社選書（花乱社）……………………… 296

カリスマの言葉シリーズ（セブン＆アイ出版）…………………………………… 235

ガリバーBOOKS（ガリバープロダクツ）…… 296

河合ブックレット（河合文化教育研究所）…… 297

川北義則の名著シリーズ（ロングセラーズ）…………………………………………… 297

川越市立中央図書館収蔵文書目録（川越市立中央図書館）……………………… 194

河出ブックス（河出書房新社）…………… 194

KAWADE道の手帖（河出書房新社）……… 297

関西大学東西学術研究所国際共同研究シリーズ（関西大学出版部）……………………… 8

関西大学東西学術研究所国際共同研究シリーズ（関西大学東西学術研究所）…………… 8

関西大学東西学術研究所訳注シリーズ（関西大学出版部）……………………………… 8

関西大学東西学術研究所訳注シリーズ（関西大学東西学術研究所）………………… 8

関西大学泊園文庫自筆稿本目録稿（関西大学アジア文化研究センター）……………… 195

関西大学文化交渉学教育研究拠点次世代国際学術フォーラムシリーズ（関西大学文化交渉学教育研究拠点）……………………… 8

関西学院大学研究叢書（朝日出版社）……… 8

関西学院大学研究叢書（大阪大学出版会）…… 8

関西学院大学研究叢書（関西学院大学出版会）……………………………………… 8

関西学院大学研究叢書（教文館）………… 9

関西学院大学研究叢書（研究社）………… 9

関西学院大学研究叢書（彩流社）………… 9

関西学院大学研究叢書（松籟社）………… 9

関西学院大学研究叢書（新教出版社）……… 9

関西学院大学研究叢書（新評論）………… 9

関西学院大学研究叢書（世界思想社）……… 9

関西学院大学研究叢書（創文社）………… 9

関西学院大学研究叢書（千倉書房）……… 9

関西学院大学研究叢書（中央公論新社）…… 9

関西学院大学研究叢書（ナカニシヤ出版）…… 9

関西学院大学研究叢書（日本キリスト教団出版局）……………………………………… 9

関西学院大学研究叢書（日本評論社）……… 9

関西学院大学研究叢書（法律文化社）……… 9

全集・叢書名索引　　　　　　　　　　　　　　　　　　　　くみこみし

関西学院大学研究叢書（ミネルヴァ書房）……… 9
関西学院大学研究叢書（有斐閣）………………… 9
館蔵品選集（鳥取市文化財団鳥取市歴史博物
　館）…………………………………………… 241
かんたん「通勤快読」（技術評論社）………… 116
かんたんプログラミングVisual Basic 2010
　（技術評論社）……………………………… 117
かんよう選書（かんよう出版）……………… 297

【き】

機械学習プロフェッショナルシリーズ（講談
　社）…………………………………………… 117
飢餓陣営叢書（言視舎）……………………… 195
菊池市中央公民館蔵和漢籍目録（菊池市教育
　委員会）……………………………………… 196
キーステージ21ソーシャルブックス（キース
　テージ21）………………………………… 297
基礎情報処理（日経BP社）………………… 117
基礎シリーズ（実教出版）…………………… 297
北の大地とともに（北海道新聞社）………… 247
KINECT for Windows SDKプログラミング
　（秀和システム）…………………………… 117
ギネス世界記録外伝（ゴマブックス）……… 235
吉備人選書（吉備人出版）…………………… 297
技評SE選書（技術評論社）………………… 117
岐阜県EL新聞記事情報リスト（エレクトロ
　ニック・ライブラリー）…………………… 196
岐阜県ELNET新聞記事情報リスト（エレク
　トロニック・ライブラリー）……………… 196
岐阜女子大学文化情報研究センターデジタル
　ミュージアム案内（岐阜女子大学サテライ
　トキャンパス文化情報研究センター）…… 117
きぼっこ（木村桂子）………………………… 235
KIMITOMO（ザメディアジョン）………… 235
きみには関係ないことか（かもがわ出版）…… 196
君尹彦氏文書目録（豊頃町教育委員会）…… 196
逆転の読書（文芸社）………………………… 175
九州大学人文学叢書（九州大学出版会）…… 10
究books（日本図書設計家協会）…………… 196
共愛学園前橋国際大学ブックレット（上毛新
　聞社事業局出版部）………………………… 10
教育研究プロジェクト特別講義（総合研究大
　学院大学文化科学研究科日本文学研究専
　攻）…………………………………………… 10
今日から始める弥生給与（ソシム）………… 117
教情研究（日本教育情報学会）……………… 117

共同通信ニュース予定（共同通信社）……… 247
京都学園大学総合研究所叢書（晃洋書房）…… 10
京都学園大学総合研究所叢書（ナカニシヤ出
　版）…………………………………………… 10
京都学園大学総合研究所叢書（日本評論社）
　……………………………………………… 10
京都からの提言―21世紀の日本を考える（京
　都大学「京都からの提言」事務局）……… 241
京都女子大学研究叢刊（京都女子大学）…… 11
京都大学人文科学研究所共同研究資料叢刊
　（京都大学人文科学研究所）……………… 11
京都大学人文科学研究所共同研究報告（晃洋
　書房）………………………………………… 11
京都府EL新聞記事情報リスト（エレクトロ
　ニック・ライブラリー）…………………… 196
京都府ELNET新聞記事情報リスト（エレク
　トロニック・ライブラリー）……………… 196
教養教育院セミナー報告（東北大学教養教育
　院）…………………………………………… 11
教養得本（新読書社）………………………… 298
教養・文化シリーズ（日本放送出版協会，
　NHK出版）………………………………… 298
基督教青年（不二出版）……………………… 196
記録学研究（ビスタ ピー・エス）………… 175
キーワードで学ぶ最新情報トピックス（日経
　BP社）……………………………………… 117
近現代のブックデザイン考（武蔵野美術大学
　美術館・図書館）…………………………… 196
近代偉人傑作選（ゴマブックス）…………… 299
近代雑誌目次文庫（ゆまに書房）…………… 197

【く】

Quick Master of Web Design（技術評論社）
　……………………………………………… 117
クオン人文・社会シリーズ（クオン）……… 299
ググってはいけない禁断の言葉（鉄人社）…… 235
釧路新書（釧路市教育委員会）……………… 299
熊日新書（熊日出版(制作)）………………… 299
熊日新書（熊本日日新聞社）………………… 299
熊本県EL新聞記事情報リスト（エレクトロ
　ニック・ライブラリー）…………………… 197
熊本県ELNET新聞記事情報リスト（エレク
　トロニック・ライブラリー）……………… 197
熊本大学政創研叢書（成文堂）……………… 11
組込みエンジニア教科書（翔泳社）………… 118
組込みシステム基礎技術全集（CQ出版）…… 118

全集・叢書総目録 2011-2016　**475**

くむくむ

全集・叢書名索引

くむ組む（くむ組む） ……………………… 175

倉敷の図書館（倉敷市立図書館） …………… 175

くらしの中から（飯田市立中央図書館） ……… 235

グラフィックデザイナーのための本（日本グ
　ラフィックデザイナー協会） ……………… 197

グリーン・プレスDIGITALライブラリー
　（グリーン・プレス） ……………………… 118

GLOCOLブックレット（大阪大学グローバ
　ルコラボレーションセンター） …………… 11

黒田寛一読書ノート（こぶし書房） ………… 175

群書治要三六〇（西有学会） ………………… 299

群書類従（八木書店古書出版部） …………… 460

群馬県EL新聞記事情報リスト（エレクトロ
　ニック・ライブラリー） …………………… 197

群馬県ELNET新聞記事情報リスト（エレク
　トロニック・ライブラリー） ……………… 197

【け】

KSPシリーズ（京都図書館情報学研究会）
　…………………………………………………… 175

k.m.p.の、またまたシリーズ（エンターブレ
　イン, KADOKAWA） ……………………… 299

慶応義塾大学教養研究センター極東証券寄附
　講座（慶応義塾大学出版会） ……………… 11

慶応義塾大学教養研究センター選書（慶応義
　塾大学教養研究センター） ………………… 11

慶応義塾大学所蔵古文書目録（慶応義塾大学
　文学部古文書室） …………………………… 197

計算科学講座（共立出版） …………………… 118

蛍翔手づくり文庫（蛍翔出版倶楽部） ……… 300

keiso C books（勁草書房） ………………… 300

計測自動制御学会先端電子計測部会講演会 資
　料（計測自動制御学会計測部門先端電子計
　測部会） ……………………………………… 118

Keibunsha books（啓文社） ………………… 304

芸文類聚訓読付索引（大東文化大学東洋研究
　所） …………………………………………… 230

ケヴィン・ケリー著作選集（ボット出版） … 118

GEKIDAS激裏情報＠大事典（三才ブックス）
　…………………………………………………… 235

欅の里（［小町悦子］） ……………………… 235

KEYAKI BOOKLET（けやき出版） ……… 304

研究助成金贈呈式の記録（日本教育公務員弘
　済会宮城支部） ……………………………… 235

研究資料（兵庫県立大学政策科学研究所） …… 12

研究資料シリーズ（早稲田大学アジア太平洋
　研究センター） ……………………………… 13

研究双書（アジア経済研究所） ……………… 13

研究叢書（桃山学院大学総合研究所） ……… 14

言視BOOKS（言視舎） ……………………… 304

現代を如何に生きるか（日本教育公務員弘済
　会宮城支部） ………………………………… 235

現代選書（信山社） …………………………… 305

現代選書（東洋書店） ………………………… 305

現代電子情報通信選書『知識の森』（オーム
　社） …………………………………………… 118

現代図書館情報学シリーズ（樹村房） ……… 176

現代プレミアブック（講談社） ……………… 119

検定クイズ教科別（徳間書店） ……………… 235

原発とメディア（朝日新聞出版） …………… 247

現場のプロが教えるWebディレクションの最
　新常識（エムディエヌコーポレーション,
　インプレス〔発売〕） ……………………… 119

研文選書（研文出版） ………………………… 305

県民カレッジ叢書（富山県民生涯学習カレッ
　ジ） …………………………………………… 305

県立神奈川近代文学館収蔵文庫目録（県立神
　奈川近代文学館） …………………………… 197

【こ】

耕（山梨子どもの本研究会） ………………… 176

公益財団法人鍋島報效会研究助成研究報告書
　（鍋島報效会） ……………………………… 14

講演会記録（倶進会） ………………………… 236

講演ノート集（［宮本恵司］） ……………… 236

公開講座「情報と人間」講演録（白鷗大学
　［情報処理教育研究センター］） ………… 119

皇学館大学講演叢書（皇学館大学出版部） …… 14

工芸ニュース（国書刊行会） ………………… 197

広済堂ペーパーバックス（広済堂出版, 広済
　堂あかつき出版事業部） …………………… 306

講座図書館情報学（ミネルヴァ書房） ……… 176

講談社選書メチエ（講談社） ………………… 306

講談社プラスアルファ（講談社） …………… 309

高知県EL新聞記事情報リスト（エレクトロ
　ニック・ライブラリー） …………………… 197

高知県ELNET新聞記事情報リスト（エレク
　トロニック・ライブラリー） ……………… 197

高知新聞ブックレット（高知新聞社） ……… 236

高等選書（国際高等研究所） ………………… 15

高等研報告書（国際高等研究所） …………… 15

全集・叢書名索引　　　　　　　　　　　　　さいえんす

甲南大学総合研究所叢書（甲南大学総合研究所）……………………………………… 15
耕文舎叢書（イザラ書房）……………… 309
耕文舎叢書（耕文舎）…………………… 309
光文社ブックス（光文社）……………… 309
神戸学院大学人文学部人間文化研究叢書（人文書院）……………………………… 16
神戸国際大学経済文化研究所叢書（アビッツ）……………………………………… 16
神戸国際大学経済文化研究所叢書（ミネルヴァ書房）………………………………… 16
神戸市外国語大学研究叢書（神戸市外国語大学外国学研究所）………………… 16
神戸女学院大学総文叢書（冬弓舎）…… 16
神戸市立博物館館蔵品目録（神戸市立博物館）……………………………………… 241
国学院大学貴重書影印叢書（朝倉書店）… 461
国学院大学所蔵古典籍解題（国学院大学）…… 198
国際会議統計（日本政府観光局コンベンション誘致部、インバウンド戦略部）…… 241
国際学術文化振興センター学術叢書（Josai International Center for the Promotion of Art and Science Josai University）………… 16
国際教養大学課題解決型科目授業報告書（国際教養大学教務課教育推進プロジェクトチーム）…………………………………… 17
国際教養大学課題解決型授業報告書（Akita International University〔Educational Renovation Project Team〕）…………… 17
国際子ども図書館調査研究シリーズ ILCL research series（国立国会図書館国際子ども図書館）……………………………… 176
国際シンポジウム（国際日本文化研究センター）…………………………………… 17
国際文化研究所モノグラフシリーズ（kansai Gaidai University）……………………… 17
国伝山宝珠院地蔵寺所蔵文献目録（〔原卓志〕）…………………………………… 198
国内学会誌ガイド（メディア・リサーチ・センター）………………………………… 198
極秘朝鮮総督府言論弾圧資料叢書（韓国教会史文献研究院）………………………… 198
小久保晴行著作集（イースト・プレス）… 310
国民会館叢書（国民会館）……………… 310
国立公園（不二出版）…………………… 198
ココ出る！（アイテック）……………… 119
心がぽかぽかするニュース（文芸春秋）… 236
心の影（みすず書房）…………………… 119
コシーナ新書（コシーナブックス）…… 310

胡蝶掌本（胡蝶の会）…………………… 198
古典研究会叢書（汲古書院）…………… 230
こと典百科叢書（大空社）……………… 310
ことばのスペクトル（双文社出版）…… 236
子どもたちへ原爆を語りつぐ本（広島市こども図書館）………………………… 198
コドモノクニ名作選（アシェット婦人画報社、ハースト婦人画報社）…………… 240
子どもの本と児童文化講座（沖縄県子どもの本研究会）…………………………… 176
コトラーが教えてくれたこと（ぱる出版）… 311
5年間の歩み（萩博物館）……………… 242
この文庫がすごい！（宝島社）………… 176
コノマド（技術評論社）………………… 119
こはるブックス（北辰堂出版）………… 311
コーヒータイム人物伝（三元社）……… 311
コーヒーと一冊（ミシマ社京都オフィス）… 311
駒沢大学マスコミ研究所叢書（成文堂）… 247
困ったときには図書館へ（悠光堂）…… 177
GOMA BOOKS（ゴマブックス）……… 311
COMIC CATALOG（福家書店〈発売〉）… 198
コミュニティ・ブックス（日本地域社会研究所）……………………………………… 312
五柳叢書（五柳書院）…………………… 315
これからはじめるVisual C++ 2010（秀和システム）……………………………… 120
コレジオ・ブックレット（之潮）……… 315
コレだけ！技シリーズ（技術評論社）… 120
コロナ・ブックス（平凡社）…………… 315
怖い本と楽しい本（毎日新聞社）……… 177
コンセプチュアル・ブックガイドシリーズ（明月堂書店）………………………… 177
コンタクト・ゾーンの人文学（晃洋書房）… 17
今日の琉球（不二出版）………………… 198
コンピュータ科学者がみた日本語の表記と入力（くろしお出版）…………………… 120
Computer Graphics Gems JP（ボーンデジタル）……………………………………… 120
コンピュータサイエンス教科書シリーズ（コロナ社）……………………………… 120
コンピュータの構成と設計（日経BP社）… 120
コンピュータ理論の起源（近代科学社）… 120
コンフリクトの人文学（大阪大学出版会）… 17

【 さ 】

サイエンズ Scienz（サイエンズ研究所）……… 242

全集・叢書総目録 2011-2016　**477**

さいしよか　　　　　　　　　　　　　　　　　　　　　　　　　　　　　　全集・叢書名索引

最初からそう教えてくれればいいのに！
　（秀和システム） ………………………… 316
最新文化賞事典（日外アソシエーツ） ………… 317
埼玉学園大学研究叢書（明石書店） …………… 17
埼玉学園大学研究叢書（笠間書院） …………… 17
埼玉学園大学研究叢書（三元社） ……………… 17
埼玉学園大学研究叢書（社会評論社） ………… 17
埼玉学園大学研究叢書（ナカニシヤ出版） …… 17
埼玉学園大学研究叢書（人間と歴史社） ……… 18
埼玉学園大学研究叢書（白桃書房） …………… 18
埼玉学園大学研究叢書（八千代出版） ………… 18
埼玉県EL新聞記事情報リスト（エレクトロ
　ニック・ライブラリー） ……………………… 199
埼玉県ELNET新聞記事情報リスト（エレク
　トロニック・ライブラリー） ………………… 199
財団法人松ヶ岡文庫叢書（松ヶ岡文庫） ……… 199
サイバーセキュリティ（［内閣官房情報セ
　キュリティセンター］情報セキュリティ政
　策会議, サイバーセキュリティ戦略本部）
　…………………………………………………… 120
彩流社ブックレット（彩流社） ………………… 247
堺市の図書館を考える（堺市の図書館を考え
　る会） …………………………………………… 177
佐賀県EL新聞記事情報リスト（エレクトロ
　ニック・ライブラリー） ……………………… 199
佐賀県ELNET新聞記事情報リスト（エレク
　トロニック・ライブラリー） ………………… 199
佐賀大学文化教育学部研究叢書（作品社） …… 18
佐賀大学文化教育学部研究叢書（知泉書館）
　……………………………………………………… 18
佐賀大学文化教育学部研究叢書（明治図書出
　版） ……………………………………………… 18
さきがけ選書（秋田魁新報社） ………………… 317
さきがけブックレット（秋田魁新報社） ……… 317
佐々木靖章文庫資料目録（群馬県立土屋文明
　記念文学館） …………………………………… 199
The Java Series（丸善出版） …………………… 120
雑学王・知泉の日めくりうんちく劇場（静岡
　新聞社） ………………………………………… 236
雑誌名変遷総覧（日外アソシエーツ） ………… 199
雑誌『養護/学童養護』（大空社） …………… 199
札幌大学附属総合研究所booklet（札幌大学
　附属総合研究所） ……………………………… 18
佐藤栄作賞受賞論文集（佐藤栄作記念国連大
　学協賛財団） …………………………………… 236
サプライズbook（アントレックス） ………… 230
ザメディアジョンMJ新書（ザメディアジョ
　ン） ……………………………………………… 317
サライ・ブックス（小学館） …………………… 317

三愛新書（三愛会） ……………………………… 236
山陰研究ブックレット（今井印刷） …………… 317
サンガフロンティア（サンガ） ………………… 317
サンケイブックス（三恵書房） ………………… 317
参考図書解説目録（日外アソシエーツ） ……… 199
30時間アカデミック（実教出版） ……………… 120
30時間でマスター（実教出版） ………………… 120
サンデー・プログラマのための教科書シリー
　ズ（CQ出版） ………………………………… 120
山日ライブラリー（山梨日日新聞社） ………… 319
算譜科学研究速報（産業技術総合研究所［組
　込みシステム技術連携研究体］） …………… 121
散文の時間（共和国） …………………………… 319
Sanrio SMILES（サンリオ） …………………… 319

【し】

The Art of Computer Programming（ドワ
　ンゴ） …………………………………………… 121
CRIC著作権研修講座講演録（著作権情報セ
　ンター） ………………………………………… 199
CRDHEワーキングペーパー（東京大学大学
　総合教育研究センター） ……………………… 242
幸せの絵本（ソフトバンククリエイティブ）
　…………………………………………………… 199
CVIMチュートリアルシリーズ（アドコム・
　メディア） ……………………………………… 121
シェアNo.1の秘訣（財界研究所） ……………… 121
JLA図書館実践シリーズ（日本図書館協会）
　…………………………………………………… 177
JLA図書館情報学テキストシリーズ（日本図
　書館協会） ……………………………………… 177
JLSブックレット（Jissen Librarianshipの
　会） ……………………………………………… 178
慈学選書（慈学社出版） ………………………… 319
視覚伝達ラボ・シリーズ（誠文堂新光社） …… 199
滋賀県EL新聞記事情報リスト（エレクトロ
　ニック・ライブラリー） ……………………… 199
滋賀県ELNET新聞記事情報リスト（エレク
　トロニック・ライブラリー） ………………… 200
滋賀の図書館（滋賀県公共図書館協議会） …… 178
紫牛雑叢（岩永季弘） …………………………… 236
事件の取材と報道（朝日新聞出版） …………… 248
JISAブックレッツ（情報サービス産業協会）
　…………………………………………………… 121
時事新報（竜渓書舎） …………………………… 248
C# プログラミングの冒険（技術評論社） …… 121

478　全集・叢書総目録 2011-2016

全集・叢書名索引　　　　　　　　　しやわしん

司書教諭テキストシリーズ（樹村房）………… 178
辞書・事典全情報（日外アソシエーツ）……… 200
静岡学術出版教養新書（ITSC静岡学術出版
　事業部）…………………………………… 319
静岡学術出版教養ブックス（ITSC静岡学術
　出版事業部）……………………………… 319
静岡学術出版静岡産業ブックス（ITSC静岡
　学術出版事業部）………………………… 122
静岡県EL新聞記事情報リスト（エレクトロ
　ニック・ライブラリー）………………… 200
静岡県ELNET新聞記事情報リスト（エレク
　トロニック・ライブラリー）…………… 200
静岡産業大学オオバケBOOKS（静岡新聞
　社）…………………………………………… 18
静岡大学公開講座ブックレット（静岡大学生
　涯学習教育研究センター, 静岡大学社会連
　携推進機構, 静岡大学イノベーション社会
　連携推進機構）……………………………… 18
静岡大学人文学部研究叢書（新評論）………… 18
静岡大学人文学部研究叢書（南山堂）………… 18
静岡大学人文学部研究叢書（六一書房）……… 18
静岡大学人文学部叢書（自治体研究社）……… 18
静岡大学人文学部叢書（風響社）……………… 18
静岡大学人文社会科学部研究叢書（御茶の水
　書房）………………………………………… 18
静岡大学人文社会科学部研究叢書（汲古書
　院）…………………………………………… 19
静岡大学人文社会科学部研究叢書（好文出
　版）…………………………………………… 19
静岡大学人文社会科学部研究叢書（晃洋書
　房）…………………………………………… 19
静岡大学人文社会科学部研究叢書（思文閣出
　版）…………………………………………… 19
静岡大学人文社会科学部研究叢書（昭和堂）
　………………………………………………… 19
静岡大学人文社会科学部研究叢書（知泉書
　館）…………………………………………… 19
静岡大学人文社会科学部研究叢書（南山堂）
　………………………………………………… 19
静岡大学人文社会科学部研究叢書（日本評論
　社）…………………………………………… 19
静岡大学人文社会科学部研究叢書（羽衣出
　版）…………………………………………… 19
静岡大学人文社会科学部研究叢書（風響社）
　………………………………………………… 19
静岡大学人文社会科学部研究叢書（文真堂）
　………………………………………………… 19
自然言語処理シリーズ（コロナ社）………… 122

《思想・多島海》シリーズ（法政大学出版局）
　………………………………………………… 19
思想地図β（ゲンロン）……………………… 320
実習ライブラリ（サイエンス社）…………… 122
実践図書館情報学シリーズ（学芸図書）…… 178
実践報告集（三重県学校図書館協議会）…… 178
実務者のためのコラム集（日本複製権セン
　ター）……………………………………… 200
実用百科（ウインドアンドサン）…………… 231
実用百科（実業之日本社）…………………… 231
実用百科（ミディアム）……………………… 233
実録！ サイコ恐怖画像（鉄人社）………… 236
児童と宗教（不二出版）……………………… 200
児童図書館基本蔵書目録（東京子ども図書
　館）………………………………………… 200
斯道文庫書誌叢刊（汲古書院）……………… 200
死ぬかと思った（アスペクト）……………… 236
死ぬほど怖い噂100の真相（鉄人社）……… 236
死ぬほど怖いトラウマTV・マンガ大全（鉄
　人社）……………………………………… 236
事物起源探究（松永英明）…………………… 233
自分で選べるパソコン到達点。（技術評論
　社）………………………………………… 122
自分流選書（自分流文庫）…………………… 321
嶋田厚著作集（新宿書房）…………………… 321
島根県EL新聞記事情報リスト（エレクトロ
　ニック・ライブラリー）………………… 200
島根県ELNET新聞記事情報リスト（エレク
　トロニック・ライブラリー）…………… 200
紙魚の昔がたり（八木書店古書出版部）…… 200
下野新聞新書（下野新聞社）………………… 321
JavaFX GUIプログラミング（カットシステ
　ム）………………………………………… 122
Java Programming Guide（秀和システム）
　……………………………………………… 122
社会事業（不二出版）………………………… 200
シヤー作業者安全必携（中央労働災害防止協
　会）………………………………………… 201
JASRAC寄付講座（Risoh）………………… 201
シャッター以前（岡村昭彦の会）…………… 201
ジャーナリスト人名事典（日外アソシエー
　ツ）………………………………………… 248
Java言語プログラミングレッスン（ソフトバ
　ンククリエイティブ）…………………… 122
Javaの手ほどき（誠文堂新光社）…………… 122
ジャパンナレッジライブラリアンシリーズ
　（ネットアドバンス）……………………… 122
ジヤワ新聞（竜渓書舎）……………………… 201

全集・叢書総目録 2011-2016　479

しやんるこ   全集・叢書名索引

ジャンルコードと分類法（Paradoxical
　Library）…………………………………… 122
週刊アスキーBOOKS（アスキー・メディア
　ワークス）………………………………… 122
自由国民版（自由国民社）………………… 236
収蔵品目録（福岡市博物館）……………… 242
18歳の読書論（晃洋書房）………………… 178
十八世紀叢書（国書刊行会）……………… 321
10万人のためのIT経営バイブル（日経BP社）
　………………………………………………… 123
Shuwasystem Beginner's Guide Book（秀和
　システム）………………………………… 321
Shuwasystem PC Guide Book（秀和システ
　ム）…………………………………………… 123
受贈図書三上文庫目録（出光美術館）…… 201
主題書誌索引（日外アソシエーツ）……… 201
出版状況クロニクル（論創社）…………… 201
出版人に聞く（論創社）…………………… 201
出版税務会計の要点（日本書籍出版協会）…… 201
樹福新書（樹福書院）……………………… 321
主婦の友百科シリーズ（主婦の友社）…… 321
趣味発見！（FOM出版）…………………… 123
趣味発見！プレミアム（FOM出版）……… 124
樹林舎叢書（樹林舎）……………………… 321
樹林舎叢書（人間社）……………………… 321
Shoeisha digital first（翔泳社）…………… 124
小閑雑感（世界聖典普及協会, 生長の家）…… 236
上智大学新書（Sophia University Press上智
　大学出版）……………………………………… 19
上智大学ヨーロッパ研究所研究叢書（上智大
　学ヨーロッパ研究所）……………………… 20
湘南国際村ブックレット（［かながわ国際交
　流財団湘南国際村学術研究センター]）……… 20
情報演習（カットシステム）……………… 125
情報科学こんせぷつ（朝倉書店）………… 125
情報がひらく新しい世界（共立出版）…… 126
情報技術シリーズ（日本理工出版会）…… 126
情報系教科書シリーズ（オーム社）……… 126
情報工学テキストシリーズ（共立出版）… 126
情報工学入門選書（オーム社）…………… 126
情報システム入門（日科技連出版社）…… 126
情報システムユーザースキル標準導入活用事
　例集（情報処理推進機構IT人材育成本部IT
　スキル標準センター）…………………… 126
情報処理安全確保支援士試験対策（TAC出版
　事業部）…………………………………… 126
情報処理学会シンポジウムシリーズ（情報処
　理学会）…………………………………… 126

情報処理技術者高度試験速習シリーズ（TAC
　出版事業部）……………………………… 127
情報デザインシリーズ（東京電機大学出版
　局）………………………………………… 127
情報とフィールド科学（京都大学学術出版
　会）…………………………………………… 20
情報ネットワーク科学シリーズ（コロナ社）
　………………………………………………… 127
情報books plus！（実教出版）…………… 127
情報リテラシー（FOM出版）……………… 128
情報リテラシー（日経BP社）……………… 128
『書斎から見た日本の風景』ブックレット
　（みるめ書房）…………………………… 321
女子高生ちえの社長日記（プレジデント社）
　………………………………………………… 236
書誌書目シリーズ（ゆまに書房）………… 201
書籍文化史（鈴木俊幸）…………………… 205
書店大戦シリーズ（青田コーポレーション出
　版部）……………………………………… 205
書店男子（リブレ出版）…………………… 205
序文検索（杉並けやき出版）……………… 205
書物学（勉誠出版）………………………… 178
ジョルダンブックス（ジョルダン）……… 321
知らないと困るWebデザインの新ルール（エ
　ムディエヌコーポレーション）………… 128
知らないと困るWebの新ルール（エムディエ
　ヌコーポレーション）…………………… 128
知らなきゃよかった！本当は怖い雑学（鉄
　人社）……………………………………… 236
シリーズアジャイルソフトウェア開発技術
　（東京電機大学出版局）………………… 128
シリーズ・アタラクシア（立正大学情報メ
　ディアセンター）………………………… 205
シリーズいま、どうやって生きていますか？
　（編集グループSURE）…………………… 322
シリーズ絵本をめぐる活動（朝倉書店）…… 178
シリーズ絵本セラピー講座（あいり出版）…… 178
シリーズ近江文庫（新評論）……………… 322
シリーズ『岡山学』（吉備人出版）……… 236
シリーズ学習者のエンパワーメント（全国学
　校図書館協議会）………………………… 178
シリーズ学校図書館（少年写真新聞社）…… 178
シリーズ学校図書館学（全国学校図書館協議
　会）………………………………………… 178
シリーズ現代博物館学（朝倉書店）……… 242
シリーズここからはじまる（青海社）…… 322
シリーズ「知の津梁」琉球大学ブックレット
　（琉球大学）………………………………… 20
シリーズ知の図書館（原書房）…………… 322

480　全集・叢書総目録 2011-2016

全集・叢書名索引　　　　　　　　　　　　　すひとます

シリーズ「知のまなざし」（三元社）………… 322
シリーズ図書館情報学（東京大学出版会）…… 178
シリーズ・図書館情報学のフロンティア（勉
　誠出版）……………………………………… 179
シリーズ22世紀を生きる（ミシマ社）………… 322
シリーズ〈本の文化史〉（平凡社）…………… 205
シリーズ私と図書館（女性図書館職研究会・
　日本図書館研究会図書館職の記録研究グ
　ループ）……………………………………… 179
知りたい！ テクノロジー（技術評論社）…… 128
事例でわかる情報モラル（実教出版）………… 128
知床博物館研究報告（斜里町立知床博物館）
　…………………………………………………… 242
新亜細亜（不二出版）…………………………… 205
進化技術ハンドブック（近代科学社）………… 128
新課程博物館学ハンドブック（関西大学出版
　部）……………………………………………… 242
新刊図書雑誌月報（東京堂出版）……………… 206
人工知能テクノロジー（日経BP社）………… 128
人工知能の未来（日経BP社）………………… 128
新釈漢文大系（明治書院）……………………… 461
新修森有礼全集（文泉堂書店）………………… 322
新書漢文大系（明治書院）……………………… 322
新女性（不二出版）……………………………… 206
神速Photoshop（アスキー・メディアワーク
　ス, KADOKAWA）…………………………… 128
新潮選書（新潮社）……………………………… 323
新天理図書館善本叢書（天理大学出版部）…… 20
新なにわ塾叢書（ブレーンセンター）………… 325
新入社員のためのテキスト（日本書籍出版協
　会）……………………………………………… 206
新博物館学教科書（学文社）…………………… 242
真福寺善本叢刊（臨川書店）…………………… 461
人物シリーズ（第三企画出版）………………… 325
人文科学研究所報告書（大東文化大学人文科
　学研究所）……………………………………… 20
人文学のフロンティア大阪市立大学人文選書
　（和泉書院）…………………………………… 20
人文研ブックレット（中央大学人文科学研究
　所）……………………………………………… 20
人文研ブックレット（同志社大学人文科学研
　究所）…………………………………………… 21
人文社会科学研究科研究プロジェクト報告書
　（千葉大学大学院人文社会科学研究科）…… 21
人文社会科学ライブラリー（東北大学出版
　会）……………………………………………… 23
新聞社の主要製作設備一覧（日本新聞協会）
　…………………………………………………… 248
人文知（東京大学出版会）……………………… 23

「新聞読んで」感想文コンクール受賞作品集
　（北国新聞社）………………………………… 179
新編図書館学教育資料集成（教育史料出版
　会）……………………………………………… 179
信毎選書（信濃毎日新聞社）…………………… 325
人民文学（不二出版）…………………………… 206
新・明解C言語（SBクリエイティブ）……… 128
神陵文庫・神陵文庫紅萌抄（三高自昭会）…… 237
人類愛善新聞（不二出版）……………………… 206
人類・社会の新たなる発展を目指して（慶応
　義塾大学大学院理工学研究科）…………… 237
新わかりやすいJava（秀和システム）……… 128

【す】

Suiko books（光村推古書院）………………… 326
水声文庫（水声社）……………………………… 326
ずいそうしゃブックレット（足尾に緑を育て
　る会）…………………………………………… 326
ずいそうしゃブックレット（随想舎）………… 327
SWITCHインタビュー達人達（ぴあ）……… 327
SWITCH LIBRARY（スイッチ・パブリッ
　シング）………………………………………… 327
数字で見る図書館活動（調布市立図書館）…… 179
図解（KADOKAWA）…………………………… 327
図解事典（秀和システム）……………………… 129
〈図解〉まるわかり時事用語（新星出版社）
　…………………………………………………… 233
Scalaテキスト（カットシステム）…………… 129
椙山女学園大学研究叢書（岡田宏子）………… 23
椙山女学園大学研究叢書（成文堂）…………… 23
椙山女学園大学研究叢書（税務経理協会）…… 23
椙山女学園大学研究叢書（ナカニシヤ出版）
　…………………………………………………… 23
椙山女学園大学研究叢書（風媒社）…………… 23
すぐにパソコンが使える本（日経BP社）…… 129
すぐわかるポケット！（アスキー・メディア
　ワークス）……………………………………… 129
図説マニアックス（幻冬舎コミックス）……… 327
スッキリわかるJava入門（インプレス[ジャ
　パン]）………………………………………… 129
ずっと受けたかったソフトウェアエンジニア
　リングの授業（翔泳社）……………………… 129
ずっと受けたかったソフトウェアエンジニア
　リングの新人研修（翔泳社）………………… 129
すてきなあなたに（暮しの手帖社）…………… 237
スピードマスター（技術評論社）……………… 130

全集・叢書総目録 2011-2016　**481**

すへすしや

SPACE SHOWER BOOKS（スペースシャ
ワーネットワーク）……………………… 327
SPACE SHOWER BOOKS（［ドローイング
アンドマニュアル］）……………………… 329
SPACE SHOWER BOOKS（ビームス）…… 329
ず・ぽん（ポット出版）…………………… 179
Smart Mobile Developer（翔泳社）………… 130
three.jsによるHTML5 3Dグラフィックス
（カットシステム）………………………… 130
スロヴァキアを知るために（さいたま市図書
館）…………………………………………… 206

【 せ 】

聖学院大学研究叢書（聖学院大学出版会）……… 23
聖カタリナ大学・聖カタリナ大学短期大学部
研究叢書（創風社出版）……………………… 23
生活・言語文化国際交流研究会研究論文集
（「生活・言語文化」国際交流研究会編集委
員会）…………………………………………… 23
生活文化史選書（雄山閣）…………………… 329
青弓社ライブラリー（青弓社）……………… 329
成蹊大学アジア太平洋研究センター叢書（風
間書房）……………………………………… 24
成蹊大学アジア太平洋研究センター叢書（現
代人文社）…………………………………… 24
成蹊大学アジア太平洋研究センター叢書（コ
ロナ社）……………………………………… 24
成蹊大学アジア太平洋研究センター叢書（彩
流社）………………………………………… 24
成蹊大学アジア太平洋研究センター叢書（三
元社）………………………………………… 24
成蹊大学アジア太平洋研究センター叢書（新
曜社）………………………………………… 24
成蹊大学アジア太平洋研究センター叢書（多
賀出版）……………………………………… 24
成蹊大学アジア太平洋研究センター叢書（東
方書店）……………………………………… 24
成蹊大学アジア太平洋研究センター叢書（東
北大学出版会）……………………………… 24
成蹊大学アジア太平洋研究センター叢書（未
来社）………………………………………… 24
成蹊大学人文叢書（風間書房）……………… 24
成功（不二出版）……………………………… 206
生存学研究センター報告（立命館大学グロー
バルCOEプログラム「生存学」創成拠点,
立命館大学生存学研究センター）………… 24

誠道学術叢書（誠道書店）…………………… 179
誠道学術叢書wide版（誠道書店）…………… 179
西南学院大学博物館事業報告（西南学院大学
博物館）……………………………………… 242
Sekaishiso seminar（世界思想社）…………… 330
世界の賞事典（日外アソシエーツ）………… 330
世界のバリアフリー絵本展（日本国際児童図
書評議会）…………………………………… 206
世界の夢の本屋さん（エクスナレッジ）…… 206
世界マークの石田本シリーズ（創英社/三省
堂書店）……………………………………… 330
z/OSテクニカル・ハンドブック（アルテシー
ド）…………………………………………… 130
セミナーテキスト（日経BP社）…………… 130
セレンディップハート・セレクション（学研
パブリッシング）…………………………… 237
全国各種団体名鑑（原書房）………………… 242
全国紙社説索引（明文書房）………………… 248
全国紙社説総覧（明文書房）………………… 248
全集・叢書総目録（日外アソシエーツ）…… 206
仙台文庫（メディアデザイン）……………… 330
先輩が教える（カットシステム）…………… 131
専門基礎ライブラリー（実教出版）………… 331
専門情報機関総覧（専門図書館協議会）……… 179

【 そ 】

叢書・ウニベルシタス（法政大学出版局）……… 25
叢書エログロナンセンス（ゆまに書房）……… 206
叢書記号学的実践（水声社）………………… 331
叢書コンフリクトの人文学（大阪大学出版
会）…………………………………………… 32
叢書・知を究める（ミネルヴァ書房）……… 331
叢書・地球発見（ナカニシヤ出版）………… 331
叢書・〈知〉の森（森話社）………………… 331
叢書東北の声（荒蝦夷）……………………… 331
叢書・文化学の越境（森話社）……………… 332
叢書ベリタス（八朔社）……………………… 332
叢書l'esprit nouveau（白地社）……………… 332
装丁雑記（展望社）…………………………… 207
続群書類従（八木書店古書出版部）………… 461
即戦力エンジニア養成講座（技術評論社）…… 131
続々群書類従（八木書店古書出版部）……… 462
素材映像目録（内堀基光）…………………… 207
So-s books（アントレックス）……………… 333
速効！ ポケットマニュアル（毎日コミュニ
ケーションズ, マイナビ［出版］）………… 131

482 全集・叢書総目録 2011-2016

全集・叢書名索引　　　　　　　　　　　　　　　　　　　　　ちゆうこく

ゾディアック叢書（ゾディアック）…………333
その本、読みたい！（国土社）……………179
Software Design総集編（技術評論社）………132
Software Design plusシリーズ（技術評論社）
　………………………………………………132
ソフトウェア・テストPRESS（技術評論社）
　………………………………………………135
ソモサン⇔セッパ！公式問答集（扶桑社）
　………………………………………………234
尊経閣善本影印集成（八木書店）…………463

【た】

DIA Collection（ダイアプレス）……………333
大学教育と「絵本の世界」（創風社）………179
大学生の知の情報ツール（共立出版）………135
大学図書館の近代化をめざして・その行方
　（金子豊）…………………………………179
大学の扉を開く（かんさい・大学ミュージア
　ム連携実行委員会）………………………242
大活字本シリーズ（埼玉福祉会）…………339
大正・昭和前期博物館学基本文献集成（雄山
　閣）…………………………………………242
大中華文庫 中英対訳（大空社）……………207
大東急記念文庫善本叢刊（五島美術館大東急
　記念文庫）…………………………………463
大図研シリーズ（大学図書館問題研究会出版
　部, 出版委員会）…………………………179
ダイヤモンド早わかりブックス（ダイヤモン
　ド社）………………………………………237
台湾における著作権侵害対策ハンドブック
　（文化庁長官官房国際課）………………207
ダ・ヴィンチブックス（メディアファクト
　リー, KADOKAWA）………………………344
田岡嶺雲全集（法政大学出版局）…………344
高橋巌著作集（岡沢幸雄）…………………345
高橋敏也の改造バカ一台＆動く改造バカ超大
　全（インプレス）…………………………135
拓殖大学研究叢書（鳳書房）…………………32
拓殖大学研究叢書（成文堂）…………………32
拓殖大学研究叢書（税務経理協会）…………32
拓殖大学研究叢書（拓殖大学）………………32
竹村民郎著作集（三元社）…………………345
達人たちの仕事術（日本経済新聞出版社）…248
棚ブックス（西日本新聞社）………………207
楽しいかけあい語りのガイド―子どもへの指
　導法（一声社）……………………………180

魂のルネッサンス（白馬社）………………237
多摩デポブックレット（共同保存図書館・多
　摩）…………………………………………180
誰でも文庫（大活字文化普及協会）………345

【ち】

地域研究叢書（京都大学学術出版会）………32
ちいさいぜ！ちょこやまくん（メディア
　ファクトリー）……………………………237
知をめぐる対話（かながわ国際交流財団湘南
　国際村学術研究センター）…………………32
地球の歩き方BOOKS（ダイヤモンド・ビッ
　グ社）………………………………………345
筑摩選書（筑摩書房）………………………346
知的発見！BOOKS（イースト・プレス）……349
知の市場シリーズ（丸善プラネット）……350
知の科学（オーム社）………………………135
知の形成シリーズ・生活の中の教養（釧路短
　期大学生活科学科, 生涯教育センター）……32
「知の再発見」双書（創元社）………………350
地の塩（不二出版）…………………………207
知のトレッキング叢書（集英社インターナ
　ショナル）…………………………………351
千葉県EL新聞記事情報リスト（エレクトロ
　ニック・ライブラリー）…………………207
千葉県ELNET新聞記事情報リスト（エレク
　トロニック・ライブラリー）……………207
ちゃぶ台（ミシマ社）………………………237
中央研究院人文社会科学研究中心専書（中央
　研究院人文社会科学研究中心）……………32
中央大学学術シンポジウム研究叢書（中央大
　学出版部）……………………………………32
中央大学学術図書（中央大学出版部）………33
中央大学人文科学研究所研究叢書（中央大学
　出版部）………………………………………33
中京大学文化科学叢書（勁草書房）…………33
中京大学文化科学叢書（中京大学文化科学研
　究所）…………………………………………33
中京大学文化科学叢書（東方書店（発売））…33
中公クラシックス（中央公論新社）………351
中公選書（中央公論新社）…………………352
中公叢書（中央公論新社）…………………353
中国学芸叢書（創文社）……………………353
中国出版産業データブック（日本僑報社）…207
中国名記者列伝（日本僑報社）……………248

全集・叢書総目録 2011-2016　　483

ちゅうこく

中国メディアハンドブック（経済広報セン
　ター）‥‥‥‥‥‥‥‥‥‥‥‥‥‥‥ 248
中部学院大学シリーズ（Kadokawa）‥‥‥‥ 33
中部学院大学シリーズ（みらい）‥‥‥‥‥ 33
中部大学ブックシリーズアクタ（中部大学）
　‥‥‥‥‥‥‥‥‥‥‥‥‥‥‥‥‥‥‥ 33
調査研究報告（学習院大学東洋文化研究所）
　‥‥‥‥‥‥‥‥‥‥‥‥‥‥‥‥‥‥‥ 34
超☆サプライズ（ヒカルランド）‥‥‥‥ 353
超トリセツ（インターナショナル・ラグジュ
　アリー・メディア（発売））‥‥‥‥‥‥ 353
超トリセツ（standards）‥‥‥‥‥‥‥‥ 356
超☆はらはら（ヒカルランド）‥‥‥‥‥ 357
超わかるシリーズ（スタンダーズ）‥‥‥ 135
著作権研究所研究叢書（著作権情報セン
　ター）‥‥‥‥‥‥‥‥‥‥‥‥‥‥‥ 207
著作権・著作隣接権論文集（著作権情報セン
　ター）‥‥‥‥‥‥‥‥‥‥‥‥‥‥‥ 207
著作権文献・資料目録（著作権情報セン
　ター）‥‥‥‥‥‥‥‥‥‥‥‥‥‥‥ 207
著作権法コンメンタール（勁草書房）‥‥ 208
著作権法入門（著作権情報センター）‥‥ 208
著作権マニュアル（全国視覚障害者情報提供
　施設協会）‥‥‥‥‥‥‥‥‥‥‥‥‥ 208
ちりめん本影印集成（勉誠出版）‥‥‥‥ 208

【つ】

通勤大学文庫（総合法令出版）‥‥‥‥‥ 359
次の本へ（苦楽堂）‥‥‥‥‥‥‥‥‥‥ 180
津田左右吉セレクション（書肆心水）‥‥ 359
恒藤記念室叢書（大阪市立大学大学史資料
　室）‥‥‥‥‥‥‥‥‥‥‥‥‥‥‥‥ 208
翼の王国books（木楽舎）‥‥‥‥‥‥‥ 359
鶴岡は読書のまち（「読書のまち鶴岡」宣言
　をすすめる会）‥‥‥‥‥‥‥‥‥‥‥ 180

【て】

TeMエッセンシャルズ・シリーズ（戦略参謀
　研究所トータルEメディア出版事業部）‥‥ 360
TCLブックレット Tokyo Children's Library
　booklet（東京子ども図書館）‥‥‥‥‥ 180
ディジタル信号処理シリーズ（CQ出版）‥‥ 135

ディスカヴァー携書（ディスカヴァー・トゥ
　エンティワン）‥‥‥‥‥‥‥‥‥‥‥ 360
TWJ BOOKS（トランスワールドジャパン）
　‥‥‥‥‥‥‥‥‥‥‥‥‥‥‥‥‥ 363
Day Tripper（文芸社）‥‥‥‥‥‥‥‥ 237
TU選書（大正大学出版会）‥‥‥‥‥‥ 34
できる逆引き（インプレス［ジャパン］）‥‥ 135
できるクリエイターシリーズ（インプレス
　［ジャパン］）‥‥‥‥‥‥‥‥‥‥‥ 135
できる大事典（インプレス［ジャパン］）‥‥ 135
できるビジネス（インプレス）‥‥‥‥‥ 136
できるfor Woman（インプレス）‥‥‥‥ 136
できるPRO（インプレス［ジャパン］）‥‥ 136
できるポケット（インプレス［ジャパン］）
　‥‥‥‥‥‥‥‥‥‥‥‥‥‥‥‥‥ 136
できるポケット＋（インプレスジャパン）‥‥ 140
デザイナーズハンドブック（パイインターナ
　ショナル）‥‥‥‥‥‥‥‥‥‥‥‥‥ 208
DESIGN&WEB TECHNOLOGY（翔泳社）
　‥‥‥‥‥‥‥‥‥‥‥‥‥‥‥‥‥ 141
デザインの学校（技術評論社）‥‥‥‥‥ 141
デジタル仕事術（技術評論社）‥‥‥‥‥ 142
デジタル・スタディーズ（東京大学出版会）
　‥‥‥‥‥‥‥‥‥‥‥‥‥‥‥‥‥ 142
デジタルテキスト編集必携（翔泳社）‥‥ 208
デジタルハリウッドの本 基礎からしっかり学
　べる信頼の一冊（技術評論社）‥‥‥‥ 142
デジハリデザインスクールシリーズ（技術評
　論社）‥‥‥‥‥‥‥‥‥‥‥‥‥‥‥ 142
帝塚山大学出版会叢書（帝塚山大学出版会）
　‥‥‥‥‥‥‥‥‥‥‥‥‥‥‥‥‥ 34
デスクマニュアルシリーズ（日本病院ライブ
　ラリー協会）‥‥‥‥‥‥‥‥‥‥‥‥ 208
TechNet ITプロシリーズ（日経BP社）‥‥ 142
鉄人文庫（鉄人社）‥‥‥‥‥‥‥‥‥‥ 237
TEDブックス（朝日出版社）‥‥‥‥‥‥ 366
鉄筆文庫（鉄筆）‥‥‥‥‥‥‥‥‥‥‥ 366
手のひらの宇宙books（あうん社）‥‥‥‥ 366
寺田寅彦全集（岩波書店）‥‥‥‥‥‥‥ 366
デラックス近代映画（近代映画社）‥‥‥ 366
転換期を読む（未来社）‥‥‥‥‥‥‥‥ 367
天才単語帳（いろは出版）‥‥‥‥‥‥‥ 367
展示図録（京都府立山城郷土資料館）‥‥ 367
展示図録（国民文化祭木津川市実行委員会）
　‥‥‥‥‥‥‥‥‥‥‥‥‥‥‥‥‥ 367
天声人語（朝日新聞出版）‥‥‥‥‥‥‥ 248
天理図書館叢書（天理大学出版部）‥‥‥ 208

全集・叢書名索引 とうきょう

【と】

トイレット文庫（講談社）························· 237
同学社基本用語辞典シリーズ（同学社）········ 143
同学社小辞典シリーズ（同学社）················ 367
東京創元社文庫解説総目録（東京創元社）···· 208
東京大学総合文化研究科・教養学部美術博物
　館資料集（東京大学総合文化研究科・教養
　学部美術博物館）···························· 243
東京（板橋区・練馬区）EL新聞記事情報リ
　スト（エレクトロニック・ライブラリー）
　··· 208
東京（板橋区・練馬区）ELNET新聞記事情
　報リスト（エレクトロニック・ライブラ
　リー）··· 208
東京堂月報（東京堂出版）····················· 208
東京都江戸東京博物館資料目録（東京都）···· 243
東京都（葛飾区・江戸川区）EL新聞記事情報
　リスト（エレクトロニック・ライブラ
　リー）··· 208
東京都（葛飾区・江戸川区）ELNET新聞記事
　情報リスト（エレクトロニック・ライブラ
　リー）··· 209
東京都（北区・荒川区・足立区）EL新聞記事
　情報リスト（エレクトロニック・ライブラ
　リー）··· 209
東京都（北区・荒川区・足立区）ELNET新聞
　記事情報リスト（エレクトロニック・ライ
　ブラリー）····································· 209
東京都（北多摩Ⅰ）EL新聞記事情報リスト
　（エレクトロニック・ライブラリー）········ 209
東京都（北多摩Ⅱ）EL新聞記事情報リスト
　（エレクトロニック・ライブラリー）········ 209
東京都江東区EL新聞記事情報リスト（エレ
　クトロニック・ライブラリー）··············· 209
東京都江東区ELNET新聞記事情報リスト
　（エレクトロニック・ライブラリー）········ 209
東京都子供読書活動推進資料（東京都立多摩
　図書館）······································· 209
東京都（品川区・大田区）EL新聞記事情報リ
　スト（エレクトロニック・ライブラリー）
　··· 209
東京都（品川区・大田区）ELNET新聞記事情
　報リスト（エレクトロニック・ライブラ
　リー）··· 209
東京都渋谷区EL新聞記事情報リスト（エレ
　クトロニック・ライブラリー）··············· 209

東京都渋谷区ELNET新聞記事情報リスト
　（エレクトロニック・ライブラリー）········ 209
東京都新宿区EL新聞記事情報リスト（エレ
　クトロニック・ライブラリー）··············· 210
東京都新宿区ELNET新聞記事情報リスト
　（エレクトロニック・ライブラリー）········ 210
東京都全域EL新聞記事情報リスト（エレク
　トロニック・ライブラリー）··············· 210
東京都全域ELNET新聞記事情報リスト（エ
　レクトロニック・ライブラリー）··········· 210
東京都（台東区・墨田区）EL新聞記事情報リ
　スト（エレクトロニック・ライブラリー）
　··· 211
東京都（台東区・墨田区）ELNET新聞記事情
　報リスト（エレクトロニック・ライブラ
　リー）··· 211
東京都中央区EL新聞記事情報リスト（エレ
　クトロニック・ライブラリー）··············· 211
東京都中央区ELNET新聞記事情報リスト
　（エレクトロニック・ライブラリー）········ 211
東京都千代田区EL新聞記事情報リスト（エ
　レクトロニック・ライブラリー）··········· 211
東京都千代田区ELNET新聞記事情報リスト
　（エレクトロニック・ライブラリー）········ 211
東京都（中野区・杉並区）EL新聞記事情報リ
　スト（エレクトロニック・ライブラリー）
　··· 211
東京都（中野区・杉並区）ELNET新聞記事情
　報リスト（エレクトロニック・ライブラ
　リー）··· 211
東京都（中野区・杉並区・板橋区・練馬
　区）EL新聞記事情報リスト（エレクトロ
　ニック・ライブラリー）····················· 211
東京都（文京区・豊島区）EL新聞記事情報リ
　スト（エレクトロニック・ライブラリー）
　··· 211
東京都（文京区・豊島区）ELNET新聞記事情
　報リスト（エレクトロニック・ライブラ
　リー）··· 211
東京都港区EL新聞記事情報リスト（エレク
　トロニック・ライブラリー）··············· 212
東京都港区ELNET新聞記事情報リスト（エ
　レクトロニック・ライブラリー）··········· 212
東京都（南多摩I）EL新聞記事情報リスト（エ
　レクトロニック・ライブラリー）··········· 212
東京都（南多摩I）ELNET新聞記事情報リスト
　（エレクトロニック・ライブラリー）········ 212
東京都（南多摩II）EL新聞記事情報リスト
　（エレクトロニック・ライブラリー）········ 212

全集・叢書総目録 2011-2016　485

とうきょう

東京都（南多摩II）ELNET新聞記事情報リスト（エレクトロニック・ライブラリー）…… 212

東京都（南多摩）EL新聞記事情報リスト（エレクトロニック・ライブラリー）………… 212

東京都（目黒区・世田谷区）EL新聞記事情報リスト（エレクトロニック・ライブラリー）……………………… 212

東京都（目黒区・世田谷区）ELNET新聞記事情報リスト（エレクトロニック・ライブラリー）……………………… 212

TOKYO NEWS BOOKS（東京ニュース通信社）………………………… 367

同志社大学人文科学研究所研究叢書（現代史料出版）…………………… 34

同志社大学人文科学研究所研究叢書（晃洋書房）………………………… 34

同志社大学人文科学研究所研究叢書（人文書院）………………………… 34

同志社大学人文科学研究所研究叢書（同文舘出版）……………………… 34

同志社大学人文科学研究所研究叢書（日本生活協同組合連合会出版部）………… 34

同志社大学人文科学研究所研究叢書（不二出版）………………………… 34

同志社大学人文科学研究所研究叢書（法律文化社）……………………… 34

同志社大学人文科学研究所研究叢書（ミネルヴァ書房）………………… 35

同人経済学概論 Basic discussion of doujin economics（五花八門）……… 212

同人経済学講座シリーズ（五花八門）………… 212

道新選書（北海道新聞社）……………… 368

東大教師が新入生にすすめる本（東京大学出版会）………………………… 180

DO BOOKS（同文舘出版）……………… 368

東方学資料叢刊 Oriental studies reference series（京都大学人文科学研究所附属東アジア人文情報学研究センター）………… 212

東邦協会報告（ゆまに書房）…………… 212

東方選書（東方書店）…………………… 374

東北文学（不二出版）…………………… 213

東洋学研究情報センター叢刊（東京大学東洋文化研究所附属東洋学研究情報センター）……………………… 35

東洋通信（東洋大学通信教育部）……… 35

東洋文庫（平凡社）……………………… 463

遠見こころライブラリー（遠見書房）……… 374

朱鷺新書（新潟日報事業社）…………… 374

徳島県EL新聞記事情報リスト（エレクトロニック・ライブラリー）…………… 213

徳島県ELNET新聞記事情報リスト（エレクトロニック・ライブラリー）…………… 213

読者からの手紙（サンマーク出版）…… 180

独習KMC（京大マイコンクラブ）…… 143

独習コンピュータ科学基礎（翔泳社）……… 143

独習Java（翔泳社）……………………… 143

独習情報処理技術（翔泳社）…………… 143

読書感想文コンクール受賞作品集（別府溝部学園短期大学図書館）……… 180

読書三昧（宮川久子）…………………… 180

読書指導の新しい展開（明治図書出版）……… 180

読本シリーズ（東洋経済新報社）……… 374

徳間ポケット（徳間書店）……………… 375

徳間ゆうゆう生活シリーズ（徳間書店）……… 375

図書館を家具とレイアウトで生きかえらせるシリーズ（図書館づくりと子どもの本の研究所）……………………… 180

図書館学古典翻訳セレクション（金沢文圃閣）………………………… 181

図書館サポートフォーラムシリーズ（日外アソシエーツ）…………………… 181

図書館小稿集（日出弘）………………… 181

図書館情報学シリーズ（学文社）……… 181

図書館政策資料（日本図書館協会）…… 181

図書館調査研究リポート（国立国会図書館関西図書館協力課）……………… 181

図書館と私の出会い（［佐々木孝一］）……… 181

図書館の基本を求めて（大学教育出版）……… 181

図書館の自由ニューズレター集成（日本図書館協会）…………………… 181

図書館流通センター図書館経営寄附講座・調査研究報告（筑波大学大学院図書館情報メディア研究科図書館流通センター図書館経営寄附講座）………………… 181

図書寮叢刊（宮内庁書陵部）…………… 465

図書寮叢刊（明治書院）………………… 465

DOJIN選書（化学同人）……………… 375

栃木県EL新聞記事情報リスト（エレクトロニック・ライブラリー）…………… 213

栃木県ELNET新聞記事情報リスト（エレクトロニック・ライブラリー）…………… 213

栃木県立博物館人文部門収蔵資料目録（栃木県立博物館）…………………… 243

とっておきの話（日本記者クラブ）…… 249

鳥取県EL新聞記事情報リスト（エレクトロニック・ライブラリー）…………… 213

全集・叢書名索引

にしようか

鳥取県ELNET新聞記事情報リスト（エレクトロニック・ライブラリー）………… 213
トップエスイー実践講座（近代科学社）……… 143
富山県EL新聞記事情報リスト（エレクトロニック・ライブラリー）……………… 213
富山県ELNET新聞記事情報リスト（エレクトロニック・ライブラリー）………… 214
とりこになる本（アーツアンドクラフツ）…… 181
都立図書館・学校支援シリーズ（東京都立多摩図書館[児童青少年資料係]）………… 182
どんぐりの会が紹介する児童書リスト（私設ゆりがおか児童図書館）…………… 214
トンデモ本の新世界（文芸社）……………… 182
トンデモ本の世界（楽工社）………………… 182
トンデモマンガの世界（楽工社）…………… 182
とんぼの本（新潮社）………………………… 376

【 な 】

長崎県EL新聞記事情報リスト（エレクトロニック・ライブラリー）……………… 214
長崎県ELNET新聞記事情報リスト（エレクトロニック・ライブラリー）………… 214
長崎新聞新書（長崎新聞社）………………… 378
長野県EL新聞記事情報リスト（エレクトロニック・ライブラリー）……………… 214
長野県ELNET新聞記事情報リスト（エレクトロニック・ライブラリー）………… 214
永淵閑シリーズ（知玄舎）…………………… 378
中山道雀陋巷閑話（中山道雀）……………… 378
名古屋外大ワークス（名古屋外国語大学出版会）…………………………………… 35
名古屋学院大学総合研究所研究叢書（渓水社）…………………………………… 35
名古屋学院大学総合研究所研究叢書（晃洋書房）…………………………………… 35
名古屋市立大学人間文化研究叢書（新泉社）………………………………………… 35
名古屋市立大学人間文化研究叢書（刀水書房）…………………………………… 35
名古屋市立大学人間文化研究叢書（風媒社）………………………………………… 35
名古屋市立大学人間文化研究叢書（丸善プラネット）…………………………… 35
名古屋新聞・小山松寿関係資料集（竜渓書舎）…………………………………… 249
梨の花（新川寛）……………………………… 237

ナチュラルコンピューティング・シリーズ（近代科学社）…………………………… 143
ナックルズBOOKS（ミリオン出版）……… 378
Nadomame（キコキコ商会）………………… 379
Nadomame（などまめ社, 等旦社）………… 379
7つの習慣実践シリーズ（キングベアー出版）……………………………………… 380
奈良教育大学ブックレット（東山書房）……… 35
奈良県EL新聞記事情報リスト（エレクトロニック・ライブラリー）……………… 214
奈良県ELNET新聞記事情報リスト（エレクトロニック・ライブラリー）………… 214
奈良女子大学文学部〈まほろば〉叢書（かもがわ出版）…………………………… 35
ナレッジエンタ読本（メディアファクトリー）……………………………………… 237
南山大学学術叢書（共立出版）………………… 35
南山大学学術叢書（勁草書房）………………… 35
南山大学学術叢書（彩流社）…………………… 35
南山大学学術叢書（成文堂）…………………… 36
南山大学学術叢書（名古屋大学出版会）……… 36
南山大学学術叢書（日本評論社）……………… 36
南山大学学術叢書（風行社）…………………… 36
南山大学学術叢書（勉誠出版）………………… 36
南山大学学術叢書（法律文化社）……………… 36
南山大学学術叢書（ミネルヴァ書房）………… 36
南山大学学術叢書（有志舎）…………………… 36
南島叢書（海風社）…………………………… 380

【 に 】

新潟県EL新聞記事情報リスト（エレクトロニック・ライブラリー）……………… 214
新潟県ELNET新聞記事情報リスト（エレクトロニック・ライブラリー）………… 215
新潟県立大学公開講座（新潟県立大学地域連携センター）………………………… 36
新潟大学人文学部研究叢書（知泉書館）……… 36
新島講座（同志社）…………………………… 237
ニコニコ動画の中の人（PHP研究所）……… 238
而今（[中村勝範]）…………………………… 238
西尾幹二全集（国書刊行会）………………… 380
西宮市文化財資料（西宮市教育委員会）…… 380
西村明文庫目録（別府大学附属図書館）…… 215
21世紀ガイド図鑑（ほるぷ出版）…………… 380
二松学舎大学学術叢書（研文出版）…………… 36
二松学舎大学学術叢書（思文閣出版）………… 36

全集・叢書総目録 2011-2016　487

にちしよう

日常を拓く知（世界思想社）……………… 36
日常でコンテンツを扱う際の著作権（あみの
　さん）………………………………………… 215
日日草（徳沢愛子）………………………… 380
日文研叢書（三元社）……………………… 36
日文研叢書（思文閣出版）……………… 37
日文研叢書（［人間文化研究機構］国際日本文
　化研究センター）………………………… 37
日文研叢書（法蔵館）……………………… 37
日文研叢書（臨川書店）…………………… 37
日文研フォーラム（国際日本文化研究セン
　ター）………………………………………… 37
NICHIBUN BUNKO（日本文芸社）……… 381
日経プレミアシリーズ（日本経済新聞出版
　社）…………………………………………… 381
日経ホームマガジン（日経BP社）……… 385
日光（不二出版）…………………………… 215
日中国際学術セミナー論文集（島根大学）…… 37
日中国際学術セミナー論文集（島根大学・寧
　夏大学国際共同研究所）………………… 37
日テレbooks（日本テレビ放送網）……… 388
日評ベーシック・シリーズ（日本評論社）…… 389
日本近代図書館学叢書（慧文社）……… 182
日本近代文学館所蔵資料目録（日本近代文学
　館）…………………………………………… 215
日本件名図書目録（日外アソシエーツ）……… 215
日本雑誌総目次要覧（日外アソシエーツ）…… 215
日本讚歌（文芸社）………………………… 238
日本十進分類法（日本図書館協会）…… 182
日本書誌学大系（青裳堂書店）………… 215
日本女子大学叢書（明石書店）………… 37
日本女子大学叢書（学文社）…………… 37
日本女子大学叢書（翰林書房）………… 37
日本女子大学叢書（くろしお出版）…… 38
日本女子大学叢書（現代書館）………… 38
日本女子大学叢書（春風社）…………… 38
日本女子大学叢書（堳書房）…………… 38
日本女子大学叢書（ブリュッケ）……… 38
日本女子大学叢書（木鐸社）…………… 38
日本人の知性（学術出版会）…………… 389
日本大学文理学部叢書（日本大学文理学部）
　………………………………………………… 38
日本大学法学部叢書（弘文堂）………… 38
日本大学法学部叢書（国書刊行会）…… 38
日本大学法学部叢書（三恵社）………… 38
日本大学法学部叢書（時潮社）………… 38
日本大学法学部叢書（駿河台出版社）…… 38
日本大学法学部叢書（中央経済社）…… 38
日本大学法学部叢書（日本加除出版）…… 38

日本大学法学部叢書（吉川弘文館）…… 38
日本地域新聞ガイド（日本地域新聞協議会・
　日本地域新聞図書館）…………………… 249
日本・中国・韓国子ども童話交流参加者感想
　文（日中韓子ども童話交流事業実行委員
　会）…………………………………………… 182
日本の賞事典（日外アソシエーツ）…… 389
日本のソロプチミスト・小史（国際ソロプチ
　ミストアメリカ日本東リジョン）……… 243
日本婦人（不二出版）……………………… 216
日本マスコミ総覧（文化通信社）……… 249
ニュースボード（名雲書店）…………… 216
人間科学叢書（刀水書房）……………… 389
人間幸福学叢書（人間幸福学研究会）…… 389
人間社文庫（人間社）…………………… 390
人間選書（農山漁村文化協会）………… 390
認知科学のフロンティア（大修館書店）…… 390

【ぬ】

ヌース学術ブックス（ヌース出版）…… 390
ヌース教養双書（ヌース出版）………… 390

【ね】

NEKO series（SB［ソフトバンク］クリエイ
　ティブ）……………………………………… 143
猫町ブックレット（猫町文庫）………… 182
ねずみの歯ぎしり（牧歌舎）…………… 238
ネットワーク時代の図書館情報学（勉誠出
　版）…………………………………………… 182
ネットワークセキュリティ（情報通信振興
　会）…………………………………………… 144
ネットワークトラブル対応徹底解説（日経
　BP社）……………………………………… 144

【の】

ノンフィクション・シリーズ "人間"（七つ森
　書館）………………………………………… 390
ノンフィクションはこれを読め！（中央公
　論新社）……………………………………… 182

【 は 】

How-nual図解入門（秀和システム）……… 390
バウンダリー叢書（海鳴社）……………… 393
バカサイ（扶桑社）…………………………… 238
爆笑！ 母ちゃんからのおバカメール300連発
　（鉄人社）……………………………………… 238
爆笑テストの珍解答（鉄人社）…………… 238
爆笑テストの珍解答500連発!!（鉄人社）…… 238
博物館学人物史（雄山閣）………………… 243
博物館、図書館、教育、観光などのデジタル・
　アーカイブ学習用素材（岐阜女子大学）…… 144
柏艪舎エルクシリーズ（柏艪舎）………… 393
柏艪舎ネプチューン（ノンフィクション）シ
　リーズ（柏艪舎）………………………… 393
始まりの本（みすず書房）………………… 393
初めてのC++プログラミング初学者にささ
　げる問題集＆解答解説集（デザインエッ
　グ）……………………………………………… 144
初めてのPerl（オライリー・ジャパン）… 144
はじめよう学校図書館（全国学校図書館協議
　会）……………………………………………… 182
裸木新書シリーズ（裸木同人会, 開山堂出版
　〔発売〕）…………………………………… 216
畑田家住活用保存会出版シリーズ（畑田家
　住宅活用保存会）………………………… 394
〈はたらくことば〉の科学（櫂歌書房）… 144
八戸市博物館収蔵資料目録（八戸市博物館）
　………………………………………………… 243
パッケージソリューション・マーケティング
　便覧（富士キメラ総研）………………… 144
塙［はなわ］新書（塙書房）……………… 394
塙選書/On demand books（塙書房）……… 394
羽仁もと子著作集（婦人之友社）………… 394
HAB（エイチアンドエスカンパニー）…… 216
パーフェクトガイドシリーズ（SB［ソフトバ
　ンク］クリエイティブ）………………… 144
浜田糸衛生と著作（ドメス出版）………… 394
林先生が驚く初耳学！（KADOKAWA）…… 238
林晴比古実用マスターシリーズ（ソフトバン
　ククリエイティブ）……………………… 144
葉山芸大BOOK（用美社）………………… 182
Parade Books（パレード）………………… 395
パワーテクニック（技術評論社）………… 145
バンクシアブックス（トータルヘルスデザイ
　ン）……………………………………………… 402

万象是師（考古堂書店）…………………… 238
阪大リーブル（大阪大学出版会）………… 38
パンドラ文庫（宮本悦也著作普及会）…… 402
パンドラ文庫（Pandra-Bunko）………… 402
阪南大学叢書（金沢文圃閣）……………… 39
阪南大学叢書（金子書房）………………… 39
阪南大学叢書（現代図書）………………… 39
阪南大学叢書（晃洋書房）………………… 39
阪南大学叢書（税務経理協会）…………… 39
阪南大学叢書（文理閣）…………………… 39
阪南大学叢書（ミネルヴァ書房）………… 40
阪南大学翻訳叢書（晃洋書房）…………… 40
阪南大学翻訳叢書（ナカニシヤ出版）…… 40
阪南大学翻訳叢書（日外アソシエーツ）… 40
阪南大学翻訳叢書（文理閣）……………… 40
万物図鑑シリーズ（笠倉出版社）………… 402
版元ドットコム大全（版元ドットコム有限責
　任事業組合）……………………………… 216

【 ひ 】

B&Tブックス（日刊工業新聞社）………… 403
日伊協会史（日伊協会）…………………… 243
P-Vine Books（スペースシャワーネットワー
　ク）……………………………………………… 411
P-vine books（Pヴァイン・ブックス）…… 411
P-vine books（ブルース・インターアクショ
　ンズ）………………………………………… 411
PHPによるWebアプリケーションスーパーサ
　ンプル（ソフトバンククリエイティブ）…… 145
PHPハンドブック（PHP研究所）………… 413
PHP Programming Guide（秀和システム）
　………………………………………………… 145
bio books（ビオ・マガジン）……………… 413
比較社会文化叢書（花書院）……………… 414
比較文化研究ブックレット（神奈川新聞社）
　………………………………………………… 40
東村山市文庫サークル連絡会（［東村山市文
　庫サークル連絡会］）……………………… 182
B型自分の説明書（文芸社）……………… 238
Beginner's Best Guide to Programming（翔
　泳社）………………………………………… 145
ビジネス著作権検定公式テキスト（インプレ
　ス）……………………………………………… 216
ビジネス著作権法（中央経済社）………… 216
ビジネスファミ通（エンターブレイン,
　Kadokawa）……………………………… 145

ひしほけつ

PCポケットカルチャー（技術評論社）……… 145
翡翠楼（翡翠楼）………………………………… 238
ヒストリカル・スタディーズ（太田出版）…… 414
ビッグデータ・IoT・AI総覧（日経BP社）… 145
ビッグデータ・IoT総覧（日経BP社）……… 145
ビッグデータ総覧（日経BP社）……………… 145
ビッグマンスペシャル（世界文化社）……… 415
人の森の本（人の森）………………………… 416
ひとり出版社「岩田書院」の舞台裏（岩田書
　院）…………………………………………… 216
bibliotheca hermetica叢書（勁草書房）……… 40
125ライブラリー（中央大学出版部）………… 40
100倍活用ポケット（アスペクト）…………… 145
100万人の教科書（神宮館）…………………… 416
ヒューマニティーズ（岩波書店）…………… 416
HUMAN（平凡社）……………………………… 40
Human（角川学芸出版）……………………… 41
兵庫県EL新聞記事情報リスト（エレクトロ
　ニック・ライブラリー）…………………… 216
兵庫県ELNET新聞記事情報リスト（エレク
　トロニック・ライブラリー）……………… 216
兵庫県子どもの図書館研究会のあゆみ（兵庫
　県子どもの図書館研究会）………………… 182
標準化ガイドブック（日本画像情報マネジメ
　ント協会）…………………………………… 146
平塚市博物館資料（平塚市博物館）………… 243
広島経済大学研究双書（翰林書房）………… 41
広島経済大学研究双書（渓水社）…………… 41
広島経済大学研究双書（ジャパンインターナ
　ショナル総合研究所）……………………… 41
広島経済大学研究双書（創文企画）………… 41
広島経済大学研究双書（中央経済社）……… 41
広島経済大学研究双書（広島経済大学地域経
　済研究所）…………………………………… 41
広島経済大学研究双書（不昧堂出版）……… 41
広島経済大学地域経済研究所報告書（広島経
　済大学地域経済研究所）…………………… 41
広島県EL新聞記事情報リスト（エレクトロ
　ニック・ライブラリー）…………………… 216
広島県ELNET新聞記事情報リスト（エレク
　トロニック・ライブラリー）……………… 217
広島県立歴史博物館資料目録（広島県立歴史
　博物館）……………………………………… 217
広島修道大学学術選書（いなほ書房）……… 41
広島修道大学学術選書（海文堂出版）……… 41
広島修道大学学術選書（学文社）…………… 41
広島修道大学学術選書（九州大学出版会）… 41
広島修道大学学術選書（勁草書房）………… 42
広島修道大学学術選書（商事法務）………… 42

広島修道大学学術選書（中央経済社）……… 42
広島修道大学学術選書（同文舘出版）……… 42
広島修道大学学術選書（日本経済評論社）…… 42
広島修道大学学術選書（日本評論社）……… 42
広島修道大学学術選書（白桃書房）………… 42
広島修道大学学術選書（雄松堂書店）……… 42
広島修道大学学術選書（レクシスネクシス・
　ジャパン）…………………………………… 42
広島修道大学研究叢書（広島修道大学学術交
　流センター）………………………………… 42
広島修道大学研究叢書（広島修道大学ひろし
　ま未来協創センター）……………………… 42
広島修道大学テキストシリーズ（晃洋書房）
　……………………………………………… 42
広島修道大学テキストシリーズ（創成社）…… 42
広島市立中央図書館蔵浅野文庫目録（広島市
　立中央図書館）……………………………… 217
広島大学出版会オンデマンド（広島大学出版
　会）…………………………………………… 42
広島大学文書館研究叢書（広島大学文書館）
　……………………………………………… 183
弘大ブックレット（弘前大学出版会）……… 42

【 ふ 】

フィギュール彩（彩流社）…………………… 416
風来坊（［斎藤文夫］）………………………… 239
Ferris books（フェリス女学院大学）………… 43
For beginnersシリーズ（現代書館）………… 418
福井県EL新聞記事情報リスト（エレクトロ
　ニック・ライブラリー）…………………… 217
福井県ELNET新聞記事情報リスト（エレク
　トロニック・ライブラリー）……………… 217
福井県大学連携リーグ双書（福井県大学連携
　リーグ）……………………………………… 43
福岡県EL新聞記事情報リスト（エレクトロ
　ニック・ライブラリー）…………………… 217
福岡県ELNET新聞記事情報リスト（エレク
　トロニック・ライブラリー）……………… 218
FUKUOKA U ブックレット（弦書房）……… 418
「ふくしま」が育んだ朝河貫一シリーズ（朝
　河貫一博士顕彰協会）……………………… 418
福島県EL新聞記事情報リスト（エレクトロ
　ニック・ライブラリー）…………………… 218
福島県ELNET新聞記事情報リスト（エレク
　トロニック・ライブラリー）……………… 218

全集・叢書名索引　　　　　　　　　　　　　　　　　　　　　ほいえしす

福島図書館研究所叢書（福島図書館研究所）
　　　……………………………………… 183
福本和夫著作集（こぶし書房）………… 418
ふくろうの本（河出書房新社）………… 418
婦人グラフ　復刻版（東京堂出版）……… 218
フタバシャの大百科（双葉社）………… 234
ふだん記新書（神奈川ふだん記［グループ］）
　　　……………………………………… 239
ふだん記新書（ふだん記北九州グループ）…… 239
ふだん記新書（ふだん記全国グループ［出版
　　委員会］）…………………………… 239
ふだん記創書（［黒木圭子］）………… 239
ふだん記創書（さいはてのふだん記）……… 239
ふだん記創書（［中山靖子］）………… 239
ふだん記創書（ふだん記雲の碑グループ）…… 239
ふだん記創書（ふだん記と自分史・さいはて
　　グループ）…………………………… 239
ふだん記本（神奈川ふだん記・うらら文庫）
　　　……………………………………… 239
ふだん記本（ドニエプル出版）………… 239
ふだん記本（ふだん記関西グループ）……… 239
ふだん記本（ふだん記全国グループ出版委員
　　会）…………………………………… 239
ふだん記本（ふだん記全国八王子編集部）…… 239
仏教大学研究叢書（仏教大学）………… 43
ブックガイドシリーズ（人文書院）……… 183
ブックガイドシリーズ基本の30冊（人文書
　　院）…………………………………… 183
Book工房（水山産業出版部）………… 420
ブックレット群馬大学（上毛新聞社事業局出
　　版部）………………………………… 43
ブックレット〈書物をひらく〉（平凡社）…… 420
ブックレット新潟大学（新潟日報事業社）…… 44
復刻版　文学界（不二出版）…………… 218
プリミエ・コレクション（京都大学学術出版
　　会）…………………………………… 44
古本屋ツアー・イン・ジャパン（原書房）…… 218
ふれあいbooks（東京都教職員互助会）……… 420
無礼講の酒に集うカルヴァドスの会（大石よ
　　し子）………………………………… 243
ブレイブックス（青春出版社）………… 420
ブレインズ叢書（メディア総合研究所）…… 421
プログラマー〈確実〉養成講座Ver.1.0（技術
　　評論社）……………………………… 146
Programmer's SELECTION（翔泳社）…… 146
PROGRAMMER'S RECIPE（翔泳社）……… 147
プログラマの種シリーズ：SE必修！（ソフ
　　トバンククリエイティブ）………… 147
プログラミング学習シリーズ（翔泳社）…… 147

プログラミングの教科書（技術評論社）……… 147
プログラミングのための計算機科学入門
　　（オーム社）………………………… 147
文化とまちづくり叢書（岸和田市文化財団,
　　水曜社）……………………………… 421
文化とまちづくり叢書（水曜社）……… 421
「文化の航跡」ブックレット（「文化の航跡」
　　刊行会）……………………………… 422
文京学院大学総合研究所叢書（文京学院大学
　　総合研究所）………………………… 45
文響社ミニギフトブックシリーズ（文響社）
　　　……………………………………… 239
文芸（不二出版）………………………… 218
文献シリーズ（慶応義塾大学三田メディアセ
　　ンター）……………………………… 219
文献探索人叢書（金沢文圃閣）………… 219
文春学芸ライブラリー（文芸春秋）……… 422
文章を学ぶ鳥影の集い合同文集（文章を学ぶ
　　鳥影の集い）………………………… 239
Bunsei Shoin digital library（文生書院）…… 424
文圃文献類従（金沢文圃閣）…………… 219

【へ】

平凡社選書（平凡社）…………………… 424
平凡社百年史（平凡社）………………… 223
平凡社ライブラリー（平凡社）………… 424
ベーシック司書講座・図書館の基礎と展望
　　（学文社）…………………………… 183
BASIC SERIES（エムディエヌコーポレー
　　ション）……………………………… 223
BASIC MASTER SERIES（秀和システム）
　　　……………………………………… 147
BASIC LESSON For Web Engineers（ソフ
　　トバンク(SB)クリエイティブ）…… 151
ベストセレクト（ベストブック）……… 427
ベストヒットシリーズ（ガリバープロダク
　　ツ）…………………………………… 428
ヘンな間取り（イースト・プレス）……… 239
便覧図鑑年表全情報（日外アソシエーツ）…… 223

【ほ】

ポイエーシス叢書（未来社）…………… 428

全集・叢書総目録 2011-2016　**491**

ほうそうし

放送人権委員会判断ガイド（放送と人権等権利に関する委員会）……249

放送大学教材（放送大学教育振興会）……45

放送大学叢書（左右社）……51

放送大学大学院教材（放送大学教育振興会）……52

北大文学研究科ライブラリ（北海道大学出版会）……54

北米の小さな博物館（彩流社）……243

ポケットカルチャー（技術評論社）……151

ポケット詳解（秀和システム）……151

ポケット百科（翔泳社）……151

Pocket Reference（技術評論社）……152

ポスト・ブックレビューの時代（右文書院）……183

北海道EL新聞記事情報リスト（エレクトロニック・ライブラリー）……224

北海道ELNET新聞記事情報リスト（エレクトロニック・ライブラリー）……224

北海道大学大学院文学研究科研究叢書（北海道大学出版会）……54

POPEYE BOOKS（マガジンハウス）……428

本をめぐる話（東京製本倶楽部）……224

本を読もう！（和光大学附属梅根記念図書・情報館）……183

本田財団レポート（本田財団）……428

本に遇う（言視舎, 彩流社）……183

本の未来を考える＝出版メディアパル（出版メディアパル）……224

翻訳図書目録（日外アソシエーツ）……224

本屋さんでは買えない本（赤見一郎）……239

本はおもしろい（神田外語大学附属図書館）……183

【 ま 】

マイクロソフト公式解説書（日経BPソフトプレス, 日経BP社）……153

マイクロソフトコンサルティングサービステクニカルリファレンスシリーズ（日経BP社）……153

マイコン活用シリーズ（CQ出版）……153

Mynavi Advanced Library（マイナビ）……154

毎日が発見ブックス（角川SSコミュニケーションズ, 角川マーケティング）……429

毎日新聞外地版（ゆまに書房）……225

My book（文化創作出版）……430

My Linuxシリーズ（CQ出版）……154

magazinehouse pocket（マガジンハウス）……430

マス・コミュニケーション研究（日本マス・コミュニケーション学会, 学文社〔発売〕）……249

マダム・ヒロBOOK（丸善プラネット）……430

"まち"と"ミュージアム"の文化が結ぶ幸せなかたち（京都府京都文化博物館）……243

まちライブラリー文庫（まちライブラリー）……430

MacPeople Books（アスキー・メディアワークス）……154

MacFan BOOKS（毎日コミュニケーションズ, マイナビ［出版］）……154

まったく初めての人の超ビギナー本（マイナビ出版）……155

松本健一講演集（人間と歴史社）……239

松山大学研究叢書（御茶の水書房）……55

松山大学研究叢書（ぎょうせい（発売））……55

松山大学研究叢書（晃洋書房）……55

松山大学研究叢書（成文堂）……55

松山大学研究叢書（せりか書房）……55

松山大学研究叢書（日本経済評論社）……55

松山大学研究叢書（ひつじ書房）……55

松山大学研究叢書（ふくろう出版）……55

窓（明窓出版）……240

学びやぶっく（明治書院）……430

ManaMana（ヒカルランド）……431

MARBLE BOOKS（メディアパル）……431

Marble books（三交社）……432

Marble books（マーブルトロン［マーブルブックス編集部, 出版本部］）……432

丸善ライブラリー（丸善出版）……155

マルチプラットフォームのためのOpenGL ES入門（カットシステム）……156

丸山真男集別集（岩波書店）……436

丸山真男話文集（みすず書房）……436

満州公論（ゆまに書房）……225

万葉新書（万葉舎）……436

【 み 】

三重県EL新聞記事情報リスト（エレクトロニック・ライブラリー）……225

三重県ELNET新聞記事情報リスト（エレクトロニック・ライブラリー）……225

全集・叢書名索引　　　　　　　　　　　　　　　　　　　　　　　ものかたり

身近な図書館を求めて（福島市の図書館を育
　てる市民の会）……………………………… 183
Mr.都市伝説関暁夫の都市伝説（竹書房）…… 240
みちのく文庫（ツーワンライフ）…………… 436
港区人物誌（港区教育委員会）……………… 436
みなみ文庫（みなみ出版）…………………… 436
ミネルヴァ・アーカイブズ（ミネルヴァ書
　房）…………………………………………… 436
MINERVA人文・社会科学叢書（ミネルヴァ
　書房）………………………………………… 437
Minerva21世紀ライブラリー（ミネルヴァ書
　房）…………………………………………… 438
みみずのうわごと（［福間敏矩］）…………… 240
宮城県EL新聞記事情報リスト（エレクトロ
　ニック・ライブラリー）…………………… 225
宮城県ELNET新聞記事情報リスト（エレク
　トロニック・ライブラリー）……………… 226
宮崎県EL新聞記事情報リスト（エレクトロ
　ニック・ライブラリー）…………………… 226
宮崎県ELNET新聞記事情報リスト（エレク
　トロニック・ライブラリー）……………… 226
宮崎公立大学定期公開講座（鉱脈社）……… 55
宮田文庫目録（南足柄市立図書館）………… 226
未来へつなぐデジタルシリーズ（共立出版）
　………………………………………………… 156
みんなで使おう！ 学校図書館（東京学芸大
　学附属学校運営部）………………………… 183
みんなの図書館（蛭川済美図書館100周年記
　念事業実行委員会）………………………… 184

【む】

向島文庫目録（氷見市立博物館）…………… 226
武蔵野大学シリーズ（武蔵野大学出版会）…… 55
無尽山荘厳院地蔵寺所蔵文献目録（［原卓
　志］）………………………………………… 226

【め】

明解C++（SBクリエイティブ）…………… 156
明治期大阪の演芸速記本基礎研究（たる出
　版）…………………………………………… 226
明治大学公開文化講座（明治大学人文科学研
　究所）………………………………………… 55

明治大学人文科学研究所叢書（エイデル研究
　所）…………………………………………… 55
明治大学人文科学研究所叢書（おうふう）…… 55
明治大学人文科学研究所叢書（笠間書院）…… 55
明治大学人文科学研究所叢書（晃洋書房）…… 55
明治大学人文科学研究所叢書（書肆心水）…… 55
明治大学人文科学研究所叢書（而立書房）…… 56
明治大学人文科学研究所叢書（成文堂）…… 56
明治大学人文科学研究所叢書（知泉書館）…… 56
明治大学人文科学研究所叢書（東京大学出版
　会）…………………………………………… 56
明治大学人文科学研究所叢書（日本経済評論
　社）…………………………………………… 56
明治大学人文科学研究所叢書（白水社）…… 56
明治大学人文科学研究所叢書（ひつじ書房）
　………………………………………………… 56
明治大学人文科学研究所叢書（文化書房博文
　社）…………………………………………… 56
明治大学人文科学研究所叢書（文真堂）…… 56
明治大学人文科学研究所叢書（明治書院）…… 56
明治大学人文科学研究所叢書（山川出版社）
　………………………………………………… 56
明治大学人文科学研究所叢書（雄山閣）…… 56
明治大学リバティブックス（明治大学出版
　会）…………………………………………… 56
メディア学大系（コロナ社）………………… 156
メディア環境の変化と国際報道（新聞通信調
　査会）………………………………………… 249
メディアセブンアニュアル（コミュニティデ
　ザイン協議会）……………………………… 184
メディア専門職養成シリーズ（学文社）…… 184
メディア総研ブックレット（花伝社）……… 249
目にやさしい大活字 smart publishing（シー
　アンドアール研究所）……………………… 438
明治古典会七夕古書大入札会（明治古典会）
　………………………………………………… 226
メメント選書（メメント・モリ・ショボー）
　………………………………………………… 439

【も】

MOKU選書（MOKU出版）………………… 439
Mojitama book（東京コミュニケーション
　アート専門学校［クリエーティブデザイン
　科］）………………………………………… 226
モデル児童図書目録（福岡市総合図書館）…… 226
物語岩波書店百年史（岩波書店）…………… 226

全集・叢書総目録 2011-2016　　493

ものとにん

ものと人間の文化史（法政大学出版局）········ 56
森へゆく径（テン・ブックス）··············· 240
もりおか暮らし物語読本（もりおか暮らし物
　語読本刊行委員会，盛岡出版コミュニ
　ティー）································· 440
もりおか文庫（謙徳ビジネスパートナーズ）
　··· 440
もりおか文庫（盛岡出版コミュニティー）····· 440
文部時報（日本図書センター）··············· 226
mont-bell BOOKS（ネイチュアエンタープ
　ライズ）································· 440

【 や 】

やさしいC（ソフトバンククリエイティブ）
　··· 157
やさしいJava（SB［ソフトバンク］クリエイ
　ティブ）································· 157
やさしいプログラミング（カットシステム）
　··· 157
やさしく学べるExcel 2010スクール標準教科
　書（日経BP社）························· 157
やさしく学べるWord 2010スクール標準教科
　書（日経BP社）························· 157
矢田俊文著作集（原書房）··················· 440
柳瀬正夢全集（三人社）····················· 440
ヤフー黒帯シリーズ（SBクリエイティブ）
　··· 157
山形県IT関連企業ガイドブック（山形県情報
　産業協会）······························· 157
山形県EL新聞記事情報リスト（エレクトロ
　ニック・ライブラリー）··················· 226
山形県ELNET新聞記事情報リスト（エレク
　トロニック・ライブラリー）··············· 227
山形県立博物館収蔵資料目録（山形県立博物
　館）····································· 243
山形大学人文学部叢書（山形大学人文学部）
　··· 57
山口県EL新聞記事情報リスト（エレクトロ
　ニック・ライブラリー）··················· 227
山口県ELNET新聞記事情報リスト（エレク
　トロニック・ライブラリー）··············· 227
山口県立大学桜の森アカデミーブックレット
　（マルニ）······························· 57
山渓カラー名鑑（山と渓谷社）··············· 440
山梨県EL新聞記事情報リスト（エレクトロ
　ニック・ライブラリー）··················· 227

山梨県ELNET新聞記事情報リスト（エレク
　トロニック・ライブラリー）··············· 227
山本達郎博士寄贈書目録（東洋文庫）········· 227
ヤングアダルト図書総目録（ヤングアダルト
　図書総目録刊行会）······················· 227
ヤングアダルトの本（日外アソシエーツ）····· 227

【 ゆ 】

有斐閣双書Keyword（有斐閣）··············· 440
有隣新書（有隣堂）························· 440
愉快な本と立派な本（毎日新聞社）··········· 184
豊かな心と確かな学力を育成する学校図書館
　教育指導資料（大分県教育委員会）········· 184
ユニ知的所有権ブックス（太田出版）········· 227
UPコレクション（東京大学出版会）·········· 57
YUBISASHI羅針盤プレミアムシリーズ（情
　報センター出版局）······················· 441
ゆまに学芸選書ULULA（ゆまに書房）········ 441
ユーラシア選書（東洋書店）················· 441
ユーラシア・ブックレット（東洋書店）········ 441

【 よ 】

妖怪カタログ（大屋書房）··················· 227
よくわかる音楽著作権ビジネス（リットー
　ミュージック）··························· 228
よくわかるマスター（FOM出版）··········· 157
横浜市立大学新叢書（横浜市立大学学術研究
　会）····································· 58
YOMIURI SPECIAL（読売新聞東京本社）
　··· 442
読売報道写真集（読売新聞社，読売新聞東京
　本社）··································· 249
よみがえるケイブンシャの大百科（いそっぷ
　社）····································· 184
よみきかせえほん（兵庫県学校厚生会）······· 228
Yomipack（読売新聞社）··················· 240
40分でわかる！ シリーズ（双葉社）········· 443

全集・叢書名索引 わかつちや

【ら】

ライブラリ情報学コア・テキスト（サイエンス社）……………………………… 157
ライブラリー図書館情報学（学文社）………… 184
ライブラリーぶっくす（勉誠出版）…………… 184
らくらく本（講談社）…………………………… 443
ラピュータブックス（ラピュータ）…………… 444
L'ami叢書（編集ラミ）………………………… 444
らんぷの本（河出書房新社）…………………… 444

【り】

River books（リヴァープレス社）…………… 445
リサーチ・シリーズ（早稲田大学アジア太平洋研究センター）……………………………… 58
力行世界（不二出版）…………………………… 228
立正大学文学部学術叢書（Kadokawa）……… 58
立命館大学人文学企画叢書（文理閣）………… 58
立命館大学文学部人文学研究叢書（風間書房）………………………………………………… 58
Linux逆引き大全360の極意（秀和システム）……………………………………………… 157
Linux逆引き大全555の極意（秀和システム）……………………………………………… 157
Linux逆引き大全600の極意（秀和システム）……………………………………………… 158
リバティアカデミーブックレット（明治大学リバティアカデミー）………………………… 59
りぶらりあ選書（法政大学出版局）…………… 59
リモート監視関連市場徹底総調査（富士経済）………………………………………………… 158
琉球要覧（不二出版）…………………………… 240
竜谷叢書（和泉書院）…………………………… 59
竜谷叢書（開拓社）……………………………… 59
竜谷叢書（晃洋書房）…………………………… 59
竜谷叢書（彩流社）……………………………… 59
竜谷叢書（三人社）……………………………… 59
竜谷叢書（自照社出版）………………………… 60
竜谷叢書（清文堂出版）………………………… 60
竜谷叢書（永田文昌堂）………………………… 60
竜谷叢書（法蔵館）……………………………… 60
竜谷叢書（ミネルヴァ書房）…………………… 60
竜谷叢書（竜谷学会）…………………………… 60

竜谷大学国際社会文化研究所叢書（くろしお出版）………………………………………………… 60
竜谷大学国際社会文化研究所叢書（晃洋書房）………………………………………………… 60
竜谷大学国際社会文化研究所叢書（日本経済評論社）…………………………………………… 60
竜谷大学国際社会文化研究所叢書（日本評論社）………………………………………………… 60
琉大生のための情報リテラシーガイドブック（琉球大学）……………………………………… 158
竜ブックス（竜王文庫）………………………… 445
リュウ・ブックスアステ新書（経済界）……… 446
旅行満洲（不二出版）…………………………… 228
リンダパブリッシャーズの本（泰文堂）……… 446

【れ】

レイアウトデザイン見本帖（ピアソン桐原）……………………………………………… 228
冷泉家時雨亭叢書（朝日新聞社）……………… 465
レクチャーノート/ソフトウェア学（近代科学社）……………………………………………… 158
レクチャーブックス・お話入門（東京子ども図書館）…………………………………………… 184
レグルス文庫（第三文明社）…………………… 449
LET'S ENJOY COMPUTING（学術図書出版社）…………………………………………… 158
レファレンス研究分科会報告（私立大学図書館協会東地区部会研究部レファレンス研究分科会）…………………………………………… 184
レファレンス事例集（北九州市立中央図書館）………………………………………………… 184

【ろ】

ロングセラー目録（書店新風会）……………… 228
論理と感性の先端的教育研究拠点（慶応義塾大学グローバルCOEプログラム人文科学分野論理と感性の先端的教育研究拠点）……… 158

【わ】

Y's BOOKS（ワイズファクトリー）………… 449
わかっちゃう図解（新紀元社）………………… 449

全集・叢書総目録 2011-2016　**495**

わかやまけ

和歌山県EL新聞記事情報リスト（エレクトロニック・ライブラリー）…………… 228

和歌山県ELNET新聞記事情報リスト（エレクトロニック・ライブラリー）………… 228

わかりやすいC（秀和システム）………… 158

わかりやすいJava（秀和システム）……… 158

わかりやすいパターン認識（オーム社）…… 158

わかる！図書館情報学シリーズ（勉誠出版）
………………………………………… 184

わかるPOCKET（学研パブリッシング）… 158

「わかる！」本「知っている…」が「わかる！」になる（メイツ出版）………… 449

鷲田小弥太書評集成（言視舎）………… 185

早稲田大学アジア・ムスリム研究所リサーチペーパー・シリーズ Waseda University Institute for Asian Muslim Studies research paper series（早稲田大学重点領域［研究］機構プロジェクト研究所早稲田大学アジア・ムスリム研究所）…………… 60

早稲田大学学術叢書（早稲田大学出版部）…… 60

早稲田大学図書館文庫目録（早稲田大学図書館）………………………………… 61

早稲田大学ブックレット（早稲田大学出版部）………………………………… 61

早稲田大学モノグラフ Waseda University monograph（早稲田大学出版部）……… 62

早稲田大学ロースクール著作権法特殊講義（成文堂）………………………… 228

私の生きた時代（八朔社）……………… 249

わたしの歌をうたいたい（文芸社）……… 240

私の過去帖（キンダイ通信社）………… 249

〈私の大学〉テキスト版（こぶし書房）…… 450

私の東大クイズ（本の泉社）…………… 234

WAC BUNKO（ワック）……………… 450

ワードマップ（新曜社）………………… 452

【 英数 】

ADDISON-WESLEY PROFESSIONAL COMPUTING SERIES（丸善出版）…… 158

ADVANCED MASTER（秀和システム）… 158

Android Programming Guide（秀和システム）…………………………… 159

An Introduction to Publishing in Japan（Japan Book Publishers Association）…… 228

/ART/OF/REVERSING（オライリー・ジャパン）…………………………… 159

Artwork sample（技術評論社）………… 159

Ascii Addison Wesley programming series（アスキー・メディアワークス）…… 159

ASPECT LIGHTBOX（アスペクト）……… 159

Bilingual Guide to Japan（小学館）……… 453

Books for Web Creative（技術評論社）…… 159

CARLS series of advanced study of logic and sensibility（Centre for Advanced Research on Logic and Sensibility the Global COE Program, Keio University）…… 65

Catalogue of Dr.T. Yamamoto collection in Toyo Bunko（Toyo Bunko）………… 228

Centre for Advanced Research on Logic and Sensibility（Keio University Press）…… 65

CG Pro Insights（ボーンデジタル）…… 159

Codezine（翔泳社）……………………… 159

CodeZine BOOKS（翔泳社）…………… 159

Collected works of Japanologists（エディション・シナプス）………………… 453

Collected works of Japanologists（Eureka Press）……………………………… 453

Collection UTCP（UTCP）………………… 65

Comodo life book（技術評論社）………… 234

Computer Science Library（サイエンス社）
………………………………………… 160

COMPUTER TECHNOLOGY（CQ出版）
………………………………………… 160

Coyote（スイッチ・パブリッシング）…… 453

DB magazine selection（翔泳社）……… 160

DB selection（翔泳社）………………… 160

Design & IDEA（SBクリエイティブ）… 160

Design lab+（ソフトバンククリエイティブ）
………………………………………… 160

Developer's Library（ピアソン桐原）… 160

DEV Engineer's Books（翔泳社）……… 161

DIGITAL DESIGN MASTER SERIES（ウイネット）……………………………… 161

F FILES（新紀元社）…………………… 453

FLOWER & BEE（集英社）…………… 453

Forest 2545 Shinsyo（フォレスト出版）…… 453

for Smartphone Developers（マイナビ）… 161

Gakuto international series（Gakkotosho）
………………………………………… 456

Get！ CompTIA（ウチダ人材開発センタ）
………………………………………… 161

Global COE program international conference series（名古屋大学大学院文学研究科）…………………………… 65

全集・叢書名索引 **PAPER**

Google Expert Series（インプレスジャパン）
…………………………………………… 161

Handbook Series（ソフトバンククリエイ
ティブ）……………………………………… 161

handkerchief books（サンダーアールラボ）
…………………………………………… 456

Hobby×iPhone Series（メディアファクト
リー）………………………………………… 161

homo viator（太田出版）………………… 456

Human-harmonized information technology
（Springer）………………………………… 161

Idea archive（誠文堂新光社）…………… 228

Impress kiso series（インプレス［ジャパ
ン］）………………………………………… 161

impress top gear（インプレス）………… 162

Industrial computing series（CQ出版）…… 162

InfoCom Be-TEXT（オーム社）………… 162

Information & Computing（サイエンス社）
…………………………………………… 162

Information science & engineering（サイエ
ンス社）……………………………………… 162

INITIAL（松本工房, INITs）…………… 456

INTRODUCTION KIT SERIES（秀和シス
テム）………………………………………… 162

IT architects' archive（翔泳社）………… 163

Japanese-English Bilingual Books（誠文堂
新光社）……………………………………… 457

Japan library（Japan Publishing Industry
Foundation for Culture）………………… 228

JSPS（Japan Society for the Promotion of
Science）…………………………………… 65

Kansai University Institute of Oriental and
Occidental Studies Study Report Series
（Kansai University Press）……………… 65

Keio communication review（［Keio
Institute for Journalism, Media &
Communication Studies］）………………… 65

Keio SFC Journal（慶応義塾大学湘南藤沢学
会）…………………………………………… 66

La science sauvage de poche（明治大学出版
会）…………………………………………… 66

LAYOUT & COLOURS（ビー・エヌ・エヌ
新社）………………………………………… 229

Library card photo collection series（URO
Quality Labs）…………………………… 185

LTCB International Library selection 長銀
国際ライブラリー叢書（International
House of Japan）………………………… 457

madame FIGARO BOOKS（阪急コミュニ
ケーションズ, CCCメディアハウス）……… 457

Magazine house 45 minutes series（マガジン
ハウス）……………………………………… 457

MEDIATIONS（中央公論新社）………… 458

Miscellanea（Deutsches Institut für
Japanstudien）…………………………… 458

Monograph series（上智大学アジア文化研究
所）…………………………………………… 66

Monograph series（Research Institute for
Language and Culture, Yasuda Women's
University）………………………………… 66

Monograph series 研究叢書（Research
Institute, Momoyama Gakuin University）
…………………………………………… 67

Monograph series in foreign studies 研究叢
書（Research Institute of Foreign Studies,
Kobe City University of Foreign Studies）
…………………………………………… 67

MU NONFIX（学研パブリッシング）……… 458

Nanzan University Monograph Series
（Maruzen Planet）………………………… 67

New Liberal Arts Selection（有斐閣）……… 458

NEXT-ONE（翔泳社）…………………… 163

Next Publishing（インプレスR&D）……… 163

Nichibunken monograph series（The
International Research Center for
Japanese Studies）………………………… 67

NII technical report（National Institute of
Informatics）……………………………… 163

OBJECT TECHNOLOGY SERIES（オー
ム社）………………………………………… 164

OCAMI studies（Osaka Municipal
Universities Press）……………………… 67

Occasional papers（上智大学アジア文化研究
所）…………………………………………… 67

Occasional research reports of international
oriental studies 国際東方学研究叢刊
（Institute for Research in Humanities,
Kyoto University）……………………… 67

OnDeck Books（OnDeck Books）………… 458

OnDeck books（インプレスR&D）……… 458

OSHIGE INTRODUCTION NOTE（ソー
テック社）…………………………………… 164

Outline of the Kyoto University Library
Network（Kyoto University Library
Network）………………………………… 185

Paper Goods Books（グラフィック社）……… 229

全集・叢書総目録 2011-2016　**497**

PASOA

全集・叢書名索引

Paso ASAHI ORIGINAL（朝日新聞出版）
.... 164

pen BOOKS（阪急コミュニケーションズ，
CCCメディアハウス）.......................... 458

Perfect Master（秀和システム）.............. 165

PERFECT SERIES（技術評論社）............ 166

Pieria Books（東京外国語大学出版会）......... 67

P.press+（パレード）............................. 459

Premiere Collection（Kyoto University
Press）.. 67

Pre-war Japan a collection of year books in
English series（Edition Synapse）........... 459

Prime master series（秀和システム）.......... 166

Proceedings in information and
communications technology PICT
（Springer）... 167

Professional Ruby series（翔泳社）............. 167

Report of research collaboration &
management support course for
international research output training 国
際研究発信力強化プログラム・リサーチ
C&M報告書（Center for On-Site
Education and Research, Integrated Area
Studies Unit, Center for the Promotion of
Interdisciplinary Education and Research,
Kyoto University）................................... 67

Report on the research projects（Graduate
School of Humanities and Social Sciences,
Chiba University）................................... 68

ROA Holdings, Inc.report（ROA Holdings）
.... 167

Senri ethnological reports（The National
Museum of Ethnology）......................... 243

Senri ethnological reports 国立民族学博物館
調査報告（The National Museum of
Ethnology）... 244

SERIE BIBLIOTHECA（幻戯書房）.......... 229

Series 30 Seconds（スタジオタッククリエイ
ティブ）... 459

SFC-RMN（慶応義塾大学湘南藤沢学会）....... 68

SFC-SWP（慶応義塾大学湘南藤沢学会）........ 68

SI libretto（専修大学出版局）...................... 69

Small Business Support（翔泳社）.............. 168

smart phone programming bible（ソシム）
.... 169

SOFTWARE PATTERNS SERIES（丸善出
版）... 169

Studies in computational intelligence
（Springer）... 169

TECHNICAL MASTER（秀和システム）
.... 169

The Addison-Wesley Microsoft Technology
Series（日経BP社）............................... 170

The Addison-Wesley Signature Series（ピア
ソン桐原）.. 170

The Big Nerd Ranch Guide（ピアソン桐原）
.... 170

The faculty of languages and cultures
library（Hana-Shoin）............................ 459

THE INTERVIEWS（サンポスト）............ 460

The Japanese Society for Oceanic Studies
monograph series（The Japanese Society
for Oceanic Studies）............................... 69

The New Fifties（講談社）....................... 460

Theory in practice（オライリー・ジャパン）
.... 170

The University Museum, the University of
Tokyo, bulletin（The University Museum,
the University of Tokyo）....................... 244

The world's bestselling series（ガイアブック
ス）... 460

THINK IT BOOKS（インプレス）............ 170

tiara books（ジュリアン）....................... 460

Tokyo tech be-text（オーム社）................. 171

U25│SURVIVAL MANUAL SERIES（ディ
スカヴァー・トゥエンティワン）.............. 460

University of Hyogo monograph（Institute
for Policy Analysis and Social Innovation
University of Hyogo）.............................. 69

UNIX & Information Science（サイエンス
社）... 171

User Hand Book（秀和システム）.............. 171

VRSJ research report（The Virtual Reality
Society of Japan）................................... 172

WAVE Pocket Series（WAVE出版）.......... 460

Web designing books（毎日コミュニケー
ションズ，マイナビ）............................ 172

WEB Engineer's Books（翔泳社）............. 172

WEB PROFESSIONAL（アスキー・メディ
アワークス，KADOKAWA）.................. 172

WORKBOOK ON BOOKS（玄光社（発
売））.. 229

YOUR BOOKS（双葉社）....................... 173

全集・叢書総目録 2011-2016
Ⅰ 総 記

2018年1月25日　第1刷発行

発　行　者／大高利夫
編集・発行／日外アソシエーツ株式会社
　　　　　　〒140-0013 東京都品川区南大井6-16-16 鈴中ビル大森アネックス
　　　　　　電話 (03)3763-5241 (代表)　FAX(03)3764-0845
　　　　　　URL　http://www.nichigai.co.jp/
発　売　元／株式会社紀伊國屋書店
　　　　　　〒163-8636 東京都新宿区新宿 3-17-7
　　　　　　電話 (03)3354-0131 (代表)
　　　　　　ホールセール部 (営業) 電話 (03)6910-0519

電算漢字処理／日外アソシエーツ株式会社
印刷・製本／株式会社平河工業社

不許複製・禁無断転載　　　　　　《中性紙H-三菱書籍用紙イエロー使用》
＜落丁・乱丁本はお取り替えいたします＞
ISBN978-4-8169-2691-4　　　**Printed in Japan, 2018**

本書はディジタルデータでご利用いただくことが
できます。詳細はお問い合わせください。

全集・叢書総目録2005-2010

Ⅰ 総　記	A5・440頁	定価 (本体23,000円＋税)	2011.6刊
Ⅱ 人　文	A5・640頁	定価 (本体23,000円＋税)	2011.3刊
Ⅲ 社　会	A5・920頁	定価 (本体28,000円＋税)	2011.5刊
Ⅳ 科学・技術・産業	A5・940頁	定価 (本体28,000円＋税)	2011.4刊
Ⅴ 芸術・言語・文学	A5・870頁	定価 (本体28,000円＋税)	2011.4刊
Ⅵ 総索引	A5・450頁	定価 (本体12,000円＋税)	2011.7刊

2005〜2010年に国内で刊行された「全集・叢書」類の各巻内容を記録した図書目録。全集、講座、叢書、選集、著作集など2.6万種、13.4万冊を主題別に収録。

学会年報・研究報告論文総覧2010-2016

①総合／②人文・芸術／③社会科学
B5・590頁　定価 (本体46,000円＋税)　2017.10刊

④教育・生活・情報／⑤言語・文学・外国研究
B5・560頁　定価 (本体46,000円＋税)　2017.12刊

2010〜2016年に国内で刊行された各種学術団体の年次研究報告書・紀要類・論文集の書誌事項と内容細目を記載。既存の論文検索データベースに収録されなかったものを主な収録対象としているので、それらを補完するツールとして効率的な調査ができる。

翻訳図書目録2014-2016

Ⅰ 総記・人文・社会	A5・1,030頁	定価 (本体27,500円＋税)	2017.5刊
Ⅱ 科学・技術・産業	A5・750頁	定価 (本体27,500円＋税)	2017.5刊
Ⅲ 芸術・言語・文学	A5・1,080頁	定価 (本体30,000円＋税)	2017.5刊
Ⅳ 総索引	A5・900頁	定価 (本体18,500円＋税)	2017.6刊

2014〜2016年に国内で刊行された翻訳図書、約1.9万点を分野別に収録、原著者名見出し (カナ表記五十音順) の下に一覧できる。単行書のほか、多数の著者による全集・合集・論文集に収載された作品も収録。

データベースカンパニー
日外アソシエーツ　〒140-0013　東京都品川区南大井 6-16-16
TEL.(03)3763-5241　FAX.(03)3764-0845　http://www.nichigai.co.jp/